江西省圖書館古籍普查登記目録

（六）

索引

全國古籍普查登記目録

國家圖書館出版社
National Library of China Publishing House

書名筆畫字頭索引

一畫

一 …… 27
乙 …… 27

二畫

二 …… 27
十 …… 30
丁 …… 34
七 …… 34
卜 …… 36
八 …… 36
人 …… 37
入 …… 37
九 …… 38
力 …… 39
了 …… 39

三畫

三 …… 39
干 …… 44
于 …… 44
工 …… 44
士 …… 44
土 …… 44
下 …… 44
大 …… 44
丈 …… 54
才 …… 54
寸 …… 55
弋 …… 55
上 …… 55
口 …… 55
巾 …… 55
山 …… 56
千 …… 58
川 …… 59
及 …… 59
久 …… 59
丸 …… 59
之 …… 59
尸 …… 59
己 …… 59
已 …… 59
女 …… 59
小 …… 60
子 …… 65

四畫

王 …… 67
井 …… 69
天 …… 69
无 …… 71
元 …… 71
廿 …… 73
木 …… 74
五 …… 74
支 …… 79
不 …… 79
太 …… 79
尤 …… 83
友 …… 83
屯 …… 84
比 …… 84
切 …… 84
牙 …… 84
止 …… 84
少 …… 84
日 …… 85
中 …… 86
內 …… 89

牛……89
午……89
毛……90
手……90
壬……90
升……90
仁……91
片……91
仇……91
化……91
介……91
今……91
分……92
公……94
月……95
戶……95
氏……95
勿……95
丹……95
勾……96
卞……96
六……96
文……97
方……104
火……105
斗……105
心……105
尹……105
尺……105
引……107
卍……108
巴……108
以……108
孔……108
毋……108
水……108

五畫

玉……110
刊……113
未……114
邗……114
示……114
巧……114
正……114
功……114
去……114
甘……114
世……114
艾……115
古……115
本……127
札……133
可……133
丙……133
左……133
石……137
右……139
布……139
戊……139
平……139
打……140
北……140
占……141
目……141
且……141
甲……142
申……142
田……142
由……142
冊……142
史……142
只……146
叩……146
冉……146
四……146
生……162
乍……162
禾……162
丘……162
仕……162

代 …… 162
仙 …… 163
白 …… 163
瓜 …… 165
用 …… 165
印 …… 165
句 …… 166
外 …… 166
冬 …… 166
包 …… 167
主 …… 167
市 …… 167
立 …… 167
玄 …… 167
半 …… 167
汀 …… 167
永 …… 167
仍 …… 168
司 …… 168
民 …… 168
弘 …… 168
出 …… 169
加 …… 169
皮 …… 169
台 …… 169
幼 …… 169

六畫

匡 …… 170
邦 …… 170
式 …… 170
刑 …… 170
迂 …… 170
圭 …… 170
吉 …… 170
考 …… 171
老 …… 172
地 …… 172
耳 …… 175
芝 …… 175
臣 …… 175
吏 …… 175
再 …… 175
西 …… 175
在 …… 180
百 …… 180
有 …… 180
而 …… 183
存 …… 183
列 …… 183
成 …… 183
扣 …… 184
夷 …… 184
攷 …… 184
至 …… 184
此 …… 184
光 …… 184
曲 …… 186
同 …… 187
吊 …… 188
因 …… 188
回 …… 188
朱 …… 189
缶 …… 192
先 …… 192
舌 …… 193
竹 …… 193
休 …… 194
伍 …… 194
伏 …… 194
伐 …… 194
延 …… 194
仲 …… 194
任 …… 194
仰 …… 194
仿 …… 194
自 …… 194
伊 …… 195
血 …… 195
向 …… 195
似 …… 195

后 …… 195
行 …… 195
舟 …… 195
全 …… 195
合 …… 196
企 …… 197
邠 …… 197
朵 …… 197
危 …… 197
各 …… 197
名 …… 198
多 …… 198
月 …… 198
交 …… 198
亦 …… 199
羊 …… 199
米 …… 199
州 …… 199
汗 …… 199
江 …… 199
汲 …… 211
池 …… 211
汝 …… 211
守 …… 211
宅 …… 211
安 …… 212
字 …… 213
祁 …… 215
艮 …… 215
阮 …… 215
收 …… 215
艸 …… 216
防 …… 216
如 …… 216
好 …… 216
牟 …… 217
丞 …… 217

七畫

形 …… 217
戒 …… 217
吞 …… 217
攻 …… 217
赤 …… 217
均 …… 217
孝 …… 217
志 …… 218
劫 …… 218
芙 …… 218
邯 …… 218
芸 …… 218
芷 …… 219
花 …… 219
芥 …… 219
芬 …… 220
芳 …… 220
克 …… 220
杜 …… 220
杏 …… 221
杉 …… 221
杞 …… 221
李 …… 222
車 …… 224
甫 …… 224
更 …… 224
吾 …… 224
豆 …… 225
酉 …… 225
辰 …… 225
邳 …… 225
夾 …… 225
扶 …… 225
批 …… 225
抄 …… 225
折 …… 225
投 …… 225
抗 …… 225
求 …… 226
步 …… 227
肖 …… 227
盱 …… 227

里 …… 227
見 …… 227
呆 …… 228
足 …… 228
男 …… 228
困 …… 228
串 …… 229
呂 …… 229
吟 …… 230
別 …… 230
吹 …… 230
吳 …… 230
呹 …… 232
岐 …… 232
刪 …… 232
岑 …… 232
牡 …… 232
利 …… 233
私 …… 233
我 …… 233
兵 …… 233
邱 …… 233
何 …… 233
佐 …… 233
估 …… 233
攸 …… 233
作 …… 233
身 …… 234
佛 …… 234
近 …… 234
巵 …… 235
返 …… 235
余 …… 235
希 …… 235
坐 …… 235
谷 …… 235
豸 …… 235
孚 …… 235
含 …… 235
肝 …… 235
角 …… 235
言 …… 235
疔 …… 235
辛 …… 235
快 …… 235
判 …… 236
弟 …… 236
汪 …… 236
沅 …… 236
沔 …… 236
沙 …… 236
沖 …… 236
汽 …… 236
汾 …… 237
泛 …… 237
汴 …… 237
沈 …… 237
決 …… 237
完 …… 237
宋 …… 237
宏 …… 241
冶 …… 242
良 …… 242
初 …… 242
君 …… 243
壯 …… 243
改 …… 243
阿 …… 243
妙 …… 243
邵 …… 243
忍 …… 244
甬 …… 244

八畫

奉 …… 244
玩 …… 244
武 …… 244
青 …… 245
表 …… 246
長 …… 246
坦 …… 247

幸 ………………………………………… 247
坡 ………………………………………… 247
奔 ………………………………………… 247
亞 ………………………………………… 247
取 ………………………………………… 247
若 ………………………………………… 247
茂 ………………………………………… 247
苗 ………………………………………… 247
英 ………………………………………… 247
苑 ………………………………………… 248
范 ………………………………………… 248
苾 ………………………………………… 249
直 ………………………………………… 249
苕 ………………………………………… 249
荅 ………………………………………… 249
茅 ………………………………………… 249
枉 ………………………………………… 249
林 ………………………………………… 249
板 ………………………………………… 250
來 ………………………………………… 250
松 ………………………………………… 250
杭 ………………………………………… 251
述 ………………………………………… 251
枕 ………………………………………… 252
東 ………………………………………… 252
臥 ………………………………………… 258
事 ………………………………………… 258
刺 ………………………………………… 259
兩 ………………………………………… 259
雨 ………………………………………… 260
郁 ………………………………………… 261
奈 ………………………………………… 261
奇 ………………………………………… 261
抱 ………………………………………… 261
拙 ………………………………………… 261
披 ………………………………………… 262
非 ………………………………………… 262
叔 ………………………………………… 262
卓 ………………………………………… 262
虎 ………………………………………… 262
尚 ………………………………………… 262
昊 ………………………………………… 265
果 ………………………………………… 265
味 ………………………………………… 265
杲 ………………………………………… 266
昆 ………………………………………… 266
昌 ………………………………………… 266
明 ………………………………………… 266
易 ………………………………………… 271
迪 ………………………………………… 274
典 ………………………………………… 274
忠 ………………………………………… 274
呻 ………………………………………… 276
邵 ………………………………………… 276
狀 ………………………………………… 276
呼 ………………………………………… 276
咏 ………………………………………… 276
岸 ………………………………………… 277
帖 ………………………………………… 277
帕 ………………………………………… 277
岷 ………………………………………… 277
垂 ………………………………………… 277
制 ………………………………………… 277
知 ………………………………………… 277
牧 ………………………………………… 278
物 ………………………………………… 278
乖 ………………………………………… 278
和 ………………………………………… 278
秇 ………………………………………… 278
委 ………………………………………… 278
佳 ………………………………………… 278
侍 ………………………………………… 278
岳 ………………………………………… 278
使 ………………………………………… 279
例 ………………………………………… 279
岱 ………………………………………… 279
兒 ………………………………………… 279
佩 ………………………………………… 279
依 ………………………………………… 282
欣 ………………………………………… 282
往 ………………………………………… 282
所 ………………………………………… 282

金 …… 282
命 …… 286
采 …… 286
受 …… 286
念 …… 286
肺 …… 286
周 …… 286
匋 …… 295
狎 …… 295
炙 …… 295
京 …… 295
享 …… 295
夜 …… 295
庚 …… 295
放 …… 296
刻 …… 296
於 …… 296
育 …… 296
性 …… 296
怪 …… 296
怡 …… 297
券 …… 297
卷 …… 297
炎 …… 297
法 …… 297
沽 …… 297
河 …… 297
況 …… 298
泊 …… 298
泡 …… 298
注 …… 298
泮 …… 298
治 …… 298
宗 …… 298
定 …… 298
宜 …… 299
官 …… 300
空 …… 300
宛 …… 300
郎 …… 300
房 …… 300
建 …… 300
居 …… 300
屈 …… 301
弧 …… 301
弦 …… 301
陋 …… 301
陔 …… 301
姑 …… 301
姤 …… 301
姓 …… 301
始 …… 301
承 …… 301
孟 …… 301
函 …… 303

九畫

耔 …… 304
契 …… 304
奏 …… 304
春 …… 304
珂 …… 315
珍 …… 315
玲 …… 315
封 …… 315
城 …… 315
政 …… 315
郝 …… 315
甚 …… 315
荆 …… 315
革 …… 316
草 …… 316
莒 …… 316
莛 …… 316
茶 …… 316
荀 …… 317
茗 …… 317
荒 …… 317
茨 …… 317
故 …… 317
胡 …… 317

荔 …… 318
南 …… 318
柯 …… 322
查 …… 322
相 …… 322
柚 …… 323
柞 …… 323
柏 …… 323
柳 …… 323
柈 …… 323
軌 …… 323
勅 …… 323
要 …… 323
咸 …… 323
威 …… 323
研 …… 323
厚 …… 324
耐 …… 324
奎 …… 324
持 …… 324
括 …… 324
拾 …… 324
指 …… 324
拯 …… 324
毖 …… 325
貞 …… 325
省 …… 325
眄 …… 325
是 …… 325
則 …… 325
冒 …… 325
映 …… 325
星 …… 325
昨 …… 325
昭 …… 326
畏 …… 326
毗 …… 326
昆 …… 326
界 …… 326
虹 …… 326
思 …… 326
韋 …… 327
品 …… 327
咽 …… 327
咬 …… 327
峒 …… 327
迴 …… 327
幽 …… 327
拜 …… 327
看 …… 328
香 …… 328
秋 …… 328
科 …… 329
重 …… 329
段 …… 340
便 …… 340
修 …… 341
保 …… 341
侶 …… 341
俄 …… 341
俗 …… 341
信 …… 341
皇 …… 342
鬼 …… 347
泉 …… 347
禹 …… 348
侯 …… 348
帥 …… 348
追 …… 348
俟 …… 348
盾 …… 348
衎 …… 348
待 …… 348
衍 …… 348
律 …… 348
後 …… 349
俞 …… 351
弇 …… 351
食 …… 351
逃 …… 351
皃 …… 351
脉 …… 351

胎 …… 351
勉 …… 351
風 …… 351
急 …… 351
計 …… 352
訂 …… 352
亭 …… 352
度 …… 352
庭 …… 352
疫 …… 352
施 …… 352
奕 …… 353
音 …… 353
帝 …… 353
恒 …… 353
恪 …… 353
美 …… 353
姜 …… 353
迷 …… 353
前 …… 353
首 …… 354
逆 …… 354
炳 …… 354
洪 …… 354
洹 …… 355
洞 …… 355
洄 …… 355
洗 …… 355
活 …… 356
染 …… 356
洵 …… 356
洛 …… 356
净 …… 356
洨 …… 356
洋 …… 356
洴 …… 357
津 …… 357
宣 …… 357
宦 …… 357
客 …… 357
冠 …… 357
軍 …… 357
扁 …… 357
祖 …… 357
神 …… 357
祝 …… 358
祠 …… 358
郡 …… 358
退 …… 358
既 …… 358
屈 …… 358
屏 …… 359
陣 …… 359
眉 …… 359
胥 …… 359
陝 …… 359
陟 …… 360
姚 …… 360
飛 …… 360
盈 …… 360
癸 …… 360
柔 …… 361
孩 …… 361
紅 …… 361
約 …… 362
紀 …… 362
紉 …… 363

十畫

耕 …… 363
馬 …… 363
秦 …… 363
泰 …… 363
珠 …… 364
珮 …… 364
敖 …… 364
班 …… 364
素 …… 364
栽 …… 365
起 …… 365
袁 …… 365

都 …… 366
恐 …… 366
恥 …… 366
華 …… 366
莽 …… 367
莫 …… 367
莊 …… 367
荷 …… 367
荻 …… 367
莘 …… 367
莞 …… 368
真 …… 368
桂 …… 368
桐 …… 368
勑 …… 369
桃 …… 369
格 …… 369
校 …… 370
栟 …… 372
桉 …… 372
根 …… 372
連 …… 372
鬲 …… 372
栗 …… 372
酌 …… 372
夏 …… 372
砲 …… 372
原 …… 372
逐 …… 373
烈 …… 373
盍 …… 373
捕 …… 373
振 …… 373
捐 …… 373
挹 …… 373
哲 …… 373
挨 …… 373
致 …… 373
晉 …… 373
柴 …… 373
逌 …… 374
時 …… 374
財 …… 376
晁 …… 376
晏 …… 376
恩 …… 376
豈 …… 376
峽 …… 376
峭 …… 376
峴 …… 376
峨 …… 376
氣 …… 376
造 …… 376
乘 …… 376
秣 …… 376
秘 …… 376
透 …… 377
借 …… 377
倚 …… 377
倡 …… 377
個 …… 378
倭 …… 378
倪 …… 378
皋 …… 378
躬 …… 378
息 …… 378
師 …… 378
徑 …… 378
徐 …… 378
殷 …… 379
般 …… 379
航 …… 379
針 …… 379
豹 …… 379
奚 …… 379
倉 …… 379
飣 …… 379
翁 …… 379
脩 …… 379
胭 …… 379
脈 …… 379
烏 …… 380

逢 …… 380
留 …… 380
芻 …… 380
託 …… 380
訓 …… 380
記 …… 380
訒 …… 381
高 …… 381
郭 …… 382
席 …… 382
座 …… 382
效 …… 382
病 …… 382
疹 …… 382
唐 …… 382
部 …… 388
畜 …… 388
悟 …… 389
悔 …… 389
悅 …… 389
瓶 …… 389
益 …… 389
兼 …… 389
朔 …… 389
烟 …… 389
剡 …… 389
浦 …… 389
涑 …… 389
酒 …… 389
浙 …… 389
涇 …… 390
涉 …… 390
娑 …… 390
消 …… 390
浩 …… 390
海 …… 390
涂 …… 392
浮 …… 392
流 …… 393
浣 …… 393
浪 …… 393
浸 …… 393
宸 …… 393
家 …… 393
宮 …… 394
容 …… 394
窌 …… 394
案 …… 394
袖 …… 394
祥 …… 394
書 …… 394
展 …… 402
屑 …… 402
陸 …… 402
陵 …… 404
陳 …… 404
陰 …… 406
陶 …… 406
恕 …… 407
娛 …… 407
畚 …… 407
通 …… 407
能 …… 410
桑 …… 410
務 …… 410
孫 …… 411
純 …… 411
納 …… 411
紙 …… 412

十一畫

理 …… 412
現 …… 412
琉 …… 412
規 …… 412
埤 …… 412
教 …… 412
培 …… 413
執 …… 413
埽 …… 413
勘 …… 413

聊 …… 413
菁 …… 414
黄 …… 414
著 …… 415
萸 …… 415
菜 …… 415
菊 …… 415
萃 …… 415
菩 …… 415
萍 …… 415
菀 …… 416
菉 …… 416
乾 …… 416
菰 …… 416
埜 …… 416
梵 …… 416
梧 …… 416
桯 …… 416
梅 …… 416
麥 …… 417
桴 …… 417
梓 …… 417
梯 …… 417
梭 …… 417
曹 …… 417
敕 …… 418
堅 …… 418
戚 …… 418
帶 …… 418
硃 …… 418
爽 …… 418
盛 …… 418
雩 …… 418
雪 …… 419
捧 …… 419
捫 …… 419
推 …… 419
頂 …… 419
採 …… 419
授 …… 421
探 …… 421
掃 …… 421
救 …… 421
處 …… 421
常 …… 421
野 …… 422
晨 …… 422
眼 …… 422
畐 …… 422
問 …… 422
曼 …… 422
晦 …… 422
晞 …… 423
晚 …… 423
異 …… 423
略 …… 424
蚺 …… 424
蛇 …… 424
鄂 …… 424
婁 …… 424
國 …… 424
唾 …… 429
唯 …… 429
啖 …… 429
啜 …… 430
帳 …… 430
崧 …… 430
崑 …… 430
崔 …… 430
崇 …… 430
過 …… 432
梨 …… 432
移 …… 432
動 …… 432
笛 …… 432
笙 …… 432
符 …… 432
笠 …… 432
笥 …… 432
第 …… 433
敏 …… 434
偃 …… 434

偶 …… 434
偷 …… 434
進 …… 434
偏 …… 434
術 …… 434
得 …… 434
從 …… 434
船 …… 435
釣 …… 435
斜 …… 435
週 …… 435
魚 …… 435
象 …… 435
逸 …… 435
猗 …… 436
猊 …… 436
祭 …… 436
許 …… 436
訟 …… 436
訪 …… 436
麻 …… 436
庾 …… 437
產 …… 437
庸 …… 437
康 …… 438
鹿 …… 438
旌 …… 438
褎 …… 438
章 …… 438
竟 …… 439
商 …… 439
望 …… 439
率 …… 439
情 …… 439
惜 …… 439
悼 …… 440
惕 …… 440
剪 …… 440
清 …… 440
添 …… 441
渚 …… 441
淩 …… 442
淇 …… 442
淛 …… 442
淮 …… 442
淨 …… 442
淳 …… 442
淡 …… 443
淚 …… 443
深 …… 443
婆 …… 443
梁 …… 443
涵 …… 443
寇 …… 443
寀 …… 443
寅 …… 443
寄 …… 443
宿 …… 447
啓 …… 447
將 …… 448
張 …… 448
強 …… 449
隋 …… 449
陽 …… 449
隆 …… 450
娵 …… 450
婚 …… 450
婦 …… 450
習 …… 450
翏 …… 450
參 …… 450
貫 …… 451
鄉 …… 451
組 …… 452
絃 …… 452
紹 …… 452
巢 …… 452

十二畫

貳 …… 452
絜 …… 453

琴 …… 453
琳 …… 453
瑯 …… 453
堯 …… 453
堪 …… 453
項 …… 453
越 …… 453
博 …… 454
彭 …… 454
報 …… 454
達 …… 454
壹 …… 456
壺 …… 456
斯 …… 456
葉 …… 456
散 …… 456
葬 …… 456
募 …… 456
萬 …… 456
葛 …… 459
董 …… 459
葆 …… 460
葩 …… 460
敬 …… 460
落 …… 460
葦 …… 460
朝 …… 460
喪 …… 460
棋 …… 460
植 …… 460
焚 …… 461
椒 …… 461
棲 …… 461
棉 …… 461
棣 …… 461
惠 …… 461
粟 …… 461
棗 …… 461
棘 …… 461
酯 …… 461
硯 …… 461
雁 …… 461
厥 …… 461
殖 …… 461
殘 …… 461
雲 …… 461
搭 …… 463
揀 …… 463
揚 …… 463
揭 …… 464
揣 …… 464
插 …… 464
搜 …… 464
援 …… 464
揮 …… 464
握 …… 464
雅 …… 464
斐 …… 464
呰 …… 464
紫 …… 464
虛 …… 465
棠 …… 465
晴 …… 465
最 …… 466
暵 …… 466
量 …… 466
貽 …… 466
鼎 …… 466
閏 …… 469
開 …… 469
閑 …… 469
開 …… 469
遏 …… 470
景 …… 470
跌 …… 471
貴 …… 471
蛟 …… 471
鄖 …… 472
單 …… 472
喉 …… 472
喻 …… 472
買 …… 472

嵐 …… 472
巤 …… 472
黑 …… 472
圍 …… 472
無 …… 472
鉼 …… 472
短 …… 472
智 …… 472
剩 …… 473
嵇 …… 473
程 …… 473
稀 …… 473
棃 …… 473
等 …… 473
策 …… 473
答 …… 474
筆 …… 474
備 …… 474
傅 …… 474
貸 …… 475
順 …… 475
堡 …… 475
集 …… 475
雋 …… 476
焦 …… 476
臯 …… 476
皖 …… 476
遁 …… 476
御 …… 476
復 …… 500
循 …… 500
徧 …… 500
須 …… 500
舒 …… 500
鉅 …… 500
鈍 …… 500
鈔 …… 501
鈐 …… 501
欽 …… 501
鈞 …… 511
畬 …… 511
番 …… 512
傖 …… 512
爲 …… 512
飲 …… 512
腓 …… 512
勝 …… 512
觚 …… 512
然 …… 512
貿 …… 512
鄒 …… 512
詁 …… 512
評 …… 512
診 …… 514
註 …… 514
詠 …… 515
詞 …… 515
詔 …… 516
詒 …… 516
就 …… 516
敦 …… 516
痘 …… 517
痩 …… 517
痢 …… 517
痧 …… 518
痛 …… 518
遊 …… 518
童 …… 518
惰 …… 518
惺 …… 518
愧 …… 518
惲 …… 518
善 …… 518
普 …… 518
粧 …… 519
尊 …… 519
道 …… 519
遂 …… 520
曾 …… 521
馮 …… 523
湛 …… 523
湖 …… 523

湘 …… 525
減 …… 525
湯 …… 525
測 …… 525
渭 …… 526
滑 …… 526
淵 …… 526
渝 …… 526
游 …… 526
溉 …… 527
湑 …… 527
湧 …… 527
寒 …… 527
富 …… 527
寓 …… 527
窗 …… 527
運 …… 527
補 …… 527
裕 …… 528
祿 …… 528
尋 …… 528
畫 …… 529
遐 …… 529
犀 …… 529
孱 …… 529
費 …… 529
巽 …… 529
疎 …… 529
疏 …… 529
絮 …… 529
媚 …… 529
賀 …… 529
登 …… 529
發 …… 529
婺 …… 529
結 …… 529
絳 …… 530
絕 …… 530
幾 …… 530

十三畫

瑟 …… 530
瑞 …… 530
瑜 …… 530
填 …… 530
載 …… 530
遠 …… 530
鼓 …… 531
塘 …… 531
聖 …… 531
鄞 …… 532
勤 …… 532
蓮 …… 532
蒔 …… 532
墓 …… 532
幕 …… 532
夢 …… 532
蒼 …… 533
蓬 …… 533
蒻 …… 533
蒿 …… 533
蒲 …… 533
蓉 …… 534
蒙 …… 534
蒓 …… 534
蒸 …… 534
椿 …… 534
禁 …… 534
楚 …… 534
楝 …… 535
楷 …… 535
楊 …… 535
楞 …… 537
槐 …… 537
榆 …… 537
楓 …… 537
槎 …… 537
楹 …… 538
較 …… 538

賈 …… 538
酬 …… 538
蜃 …… 538
感 …… 538
璺 …… 538
碑 …… 539
碎 …… 539
匯 …… 539
電 …… 539
雷 …… 539
揩 …… 539
損 …… 539
頓 …… 539
裘 …… 539
督 …… 539
歲 …… 539
粲 …… 539
虞 …… 539
當 …… 540
睦 …… 540
睡 …… 540
愚 …… 540
歇 …… 540
暗 …… 540
路 …… 540
遣 …… 540
蛾 …… 540
蜕 …… 540
畹 …… 540
農 …… 540
署 …… 541
罪 …… 541
蜀 …… 541
嵊 …… 541
嵩 …… 541
圓 …… 541
稚 …… 541
稗 …… 541
愁 …… 542
箅 …… 542
筠 …… 542
筮 …… 542
筱 …… 542
節 …… 542
與 …… 542
傳 …… 542
催 …… 543
傷 …… 543
傭 …… 544
魁 …… 544
粤 …… 544
微 …… 544
鉛 …… 544
愈 …… 544
會 …… 544
愛 …… 545
飴 …… 545
覓 …… 545
詹 …… 545
肆 …… 545
解 …… 545
試 …… 546
詩 …… 547
誠 …… 561
話 …… 561
詳 …… 561
裏 …… 561
稟 …… 561
痲 …… 561
瘍 …… 561
靖 …… 561
新 …… 562
意 …… 583
雍 …… 583
慎 …… 583
義 …… 583
遡 …… 584
慈 …… 584
煙 …… 584
煉 …… 584
資 …… 584
滇 …… 588

滙 …… 588
源 …… 588
溫 …… 588
滌 …… 589
準 …… 589
溪 …… 589
滄 …… 589
滚 …… 589
滂 …… 589
福 …… 589
肅 …… 590
羣 …… 590
際 …… 590
嫁 …… 590
遜 …… 591
經 …… 591
綏 …… 594
彙 …… 594

十四畫

駁 …… 595
瑣 …… 595
碧 …… 595
瑤 …… 596
趙 …… 596
嘉 …… 596
截 …… 597
墖 …… 597
臺 …… 597
壽 …… 597
聚 …… 597
蓺 …… 597
蓴 …… 597
慕 …… 597
蔣 …… 597
薖 …… 597
蔡 …… 597
蔗 …… 598
熙 …… 598
蔞 …… 598
蘛 …… 598
榴 …… 598
榜 …… 598
榕 …… 598
輓 …… 598
監 …… 598
爾 …… 600
需 …… 602
霆 …… 602
摘 …… 602
蜚 …… 602
對 …… 602
幣 …… 603
愢 …… 603
賑 …… 603
暇 …… 603
罧 …… 603
暢 …… 603
閨 …… 603
聞 …… 603
閩 …… 603
間 …… 603
閤 …… 603
嘆 …… 603
蜨 …… 603
團 …… 603
鳴 …… 603
嘯 …… 603
噉 …… 604
嘐 …… 604
圖 …… 604
鄦 …… 605
製 …… 605
稧 …… 605
種 …… 605
箋 …… 606
算 …… 606
劄 …… 607
箏 …… 607
管 …… 607
毓 …… 607

僊 …… 607
僑 …… 607
僧 …… 607
槃 …… 608
銅 …… 608
銀 …… 608
鄱 …… 608
遯 …… 608
鳳 …… 608
疑 …… 608
雒 …… 608
誡 …… 608
語 …… 608
說 …… 608
誦 …… 612
塾 …… 612
廣 …… 613
腐 …… 616
瘧 …… 616
瘍 …… 616
瘟 …… 616
瘦 …… 617
瘋 …… 617
塵 …… 617
彰 …… 617
韶 …… 617
端 …… 617
適 …… 617
齊 …… 617
精 …… 618
鄰 …… 618
粹 …… 618
鄭 …… 618
歉 …… 619
滎 …… 619
漢 …… 619
滿 …… 621
漆 …… 621
漸 …… 621
漕 …… 621
漱 …… 621
漱 …… 621
漁 …… 622
漪 …… 623
漳 …… 623
演 …… 623
滬 …… 623
賓 …… 623
窨 …… 623
寧 …… 623
蜜 …… 624
實 …… 624
肇 …… 624
禊 …… 624
盡 …… 624
隨 …… 624
熊 …… 626
鄧 …… 626
翟 …… 626
翠 …… 626
綺 …… 626
綱 …… 626
網 …… 628
維 …… 628
綿 …… 628
綸 …… 628
綢 …… 628
綴 …… 628
綠 …… 628

十五畫

慧 …… 629
璜 …… 629
璇 …… 629
髯 …… 629
熱 …… 629
鞏 …… 629
摯 …… 629
增 …… 629
穀 …… 640
蕙 …… 640

蕺 ………………………………………… 640
邁 ………………………………………… 640
蕉 ………………………………………… 640
蕃 ………………………………………… 641
樞 ………………………………………… 641
標 ………………………………………… 641
櫄 ………………………………………… 641
樗 ………………………………………… 641
樓 ………………………………………… 641
樊 ………………………………………… 641
敷 ………………………………………… 641
暫 ………………………………………… 641
輪 ………………………………………… 641
輟 ………………………………………… 642
甌 ………………………………………… 642
歐 ………………………………………… 642
醉 ………………………………………… 644
遼 ………………………………………… 644
確 ………………………………………… 645
震 ………………………………………… 645
撫 ………………………………………… 645
鄴 ………………………………………… 645
輝 ………………………………………… 645
賞 ………………………………………… 645
賦 ………………………………………… 645
賭 ………………………………………… 646
賬 ………………………………………… 646
賜 ………………………………………… 647
瞑 ………………………………………… 647
閱 ………………………………………… 647
影 ………………………………………… 647
遺 ………………………………………… 647
蝴 ………………………………………… 647
數 ………………………………………… 647
嶠 ………………………………………… 647
墨 ………………………………………… 647
稽 ………………………………………… 649
稻 ………………………………………… 649
黎 ………………………………………… 649
稼 ………………………………………… 649
篋 ………………………………………… 649
範 ………………………………………… 649
箴 ………………………………………… 649
篆 ………………………………………… 649
膍 ………………………………………… 649
儉 ………………………………………… 649
儀 ………………………………………… 649
質 ………………………………………… 651
德 ………………………………………… 651
衛 ………………………………………… 652
徵 ………………………………………… 652
磐 ………………………………………… 652
盤 ………………………………………… 652
銷 ………………………………………… 652
鋤 ………………………………………… 652
劍 ………………………………………… 653
劒 ………………………………………… 653
貓 ………………………………………… 653
餘 ………………………………………… 653
滕 ………………………………………… 653
魯 ………………………………………… 653
劉 ………………………………………… 653
潁 ………………………………………… 654
請 ………………………………………… 654
諸 ………………………………………… 654
諏 ………………………………………… 655
課 ………………………………………… 655
論 ………………………………………… 655
調 ………………………………………… 657
談 ………………………………………… 657
摩 ………………………………………… 657
褒 ………………………………………… 657
瘞 ………………………………………… 657
瘡 ………………………………………… 657
慶 ………………………………………… 657
廢 ………………………………………… 657
毅 ………………………………………… 657
養 ………………………………………… 657
翦 ………………………………………… 659
遵 ………………………………………… 659
導 ………………………………………… 659
潔 ………………………………………… 659

潮 …… 659
潛 …… 659
潤 …… 660
澗 …… 660
澂 …… 660
澳 …… 660
潘 …… 660
潯 …… 660
澄 …… 660
寫 …… 661
審 …… 661
憨 …… 661
慰 …… 661
履 …… 661
層 …… 661
遲 …… 661
選 …… 661
駕 …… 661
豫 …… 661
樂 …… 662
練 …… 663
緬 …… 663
緝 …… 663
緯 …… 664
編 …… 664
緣 …… 664
畿 …… 664

十六畫

靜 …… 664
駱 …… 664
駮 …… 664
駢 …… 664
撼 …… 665
擇 …… 665
壇 …… 665
擁 …… 665
燕 …… 665
薑 …… 665
薛 …… 665
薇 …… 666
薈 …… 666
薦 …… 666
蕭 …… 666
翰 …… 666
頤 …… 666
薩 …… 666
樹 …… 666
橫 …… 667
橋 …… 667
檇 …… 667
樵 …… 667
橘 …… 667
輯 …… 667
輶 …… 667
整 …… 667
賴 …… 668
橐 …… 668
融 …… 668
醒 …… 668
勵 …… 668
歷 …… 668
曆 …… 673
霏 …… 673
霍 …… 673
頻 …… 673
餐 …… 673
盧 …… 673
縣 …… 673
曉 …… 674
曇 …… 674
器 …… 674
戰 …… 674
還 …… 674
圜 …… 674
黔 …… 674
螬 …… 674
憩 …… 674
積 …… 674
穆 …… 675
篤 …… 675

篔 …… 675
篷 …… 675
舉 …… 675
興 …… 675
學 …… 675
儒 …… 677
衡 …… 677
錢 …… 677
錫 …… 678
錦 …… 678
錄 …… 678
劒 …… 678
餞 …… 678
館 …… 678
雕 …… 679
鮑 …… 679
獲 …… 679
獨 …… 679
鴛 …… 679
謀 …… 679
諧 …… 679
諭 …… 679
謚 …… 679
諺 …… 679
謎 …… 679
諮 …… 679
憑 …… 679
凝 …… 680
磨 …… 680
辨 …… 680
親 …… 681
龍 …… 681
憺 …… 682
憶 …… 682
甑 …… 682
螢 …… 682
營 …… 682
燈 …… 682
澣 …… 682
澠 …… 682
潞 …… 682
澡 …… 682
澤 …… 682
激 …… 682
澮 …… 682
濂 …… 683
憲 …… 683
寰 …… 683
窹 …… 683
禪 …… 683
閻 …… 683
避 …… 683
隱 …… 683
縉 …… 684

十七畫

麓 …… 684
環 …… 684
趨 …… 684
戴 …… 684
蟄 …… 684
聲 …… 684
聰 …… 685
聯 …… 685
鞞 …… 685
藍 …… 685
藏 …… 685
舊 …… 685
韓 …… 685
隸 …… 686
檉 …… 687
檢 …… 687
檀 …… 687
懋 …… 687
轅 …… 687
擊 …… 687
臨 …… 687
壓 …… 688
邇 …… 689
霜 …… 689
霞 …… 689

擬 …… 689
擲 …… 689
豳 …… 689
壑 …… 689
戲 …… 689
嬰 …… 689
闈 …… 689
牆 …… 689
嶺 …… 689
嶽 …… 689
點 …… 689
壘 …… 689
魏 …… 689
輿 …… 690
優 …… 690
儲 …… 690
龜 …… 690
徽 …… 690
鍥 …… 690
鍊 …… 691
鍼 …… 691
鍾 …… 691
爵 …… 691
邈 …… 691
鮚 …… 691
鮮 …… 691
螽 …… 691
講 …… 691
謝 …… 691
謙 …… 692
襄 …… 692
應 …… 692
療 …… 693
麋 …… 693
甕 …… 693
燭 …… 693
鴻 …… 693
濤 …… 693
濬 …… 693
濟 …… 693
濯 …… 693
賽 …… 693
邃 …… 693
禮 …… 694
歟 …… 698
檗 …… 698
甓 …… 698
彌 …… 698
翼 …… 698
孺 …… 698
績 …… 698
縵 …… 698
總 …… 698
縱 …… 698
繆 …… 698

十八畫

騎 …… 698
瓊 …… 698
釐 …… 698
聶 …… 698
藕 …… 698
職 …… 698
藝 …… 698
鞮 …… 699
藺 …… 699
藤 …… 699
藥 …… 700
轉 …… 700
覆 …… 700
醫 …… 700
霧 …… 705
擷 …… 705
豐 …… 705
叢 …… 705
題 …… 705
瞿 …… 705
瞻 …… 705
闕 …… 705
曠 …… 705
� …… 705

蟫 …… 705
蟠 …… 705
鵑 …… 705
鞰 …… 705
穫 …… 706
簪 …… 706
簡 …… 706
簣 …… 706
鵝 …… 706
鵞 …… 706
雙 …… 706
歸 …… 707
鎖 …… 708
翻 …… 708
雛 …… 708
𢕟 …… 708
臍 …… 708
謹 …… 708
謫 …… 708
顏 …… 708
雜 …… 708
離 …… 709
燼 …… 709
隴 …… 709
彝 …… 710
繞 …… 710
織 …… 710
繕 …… 710
斷 …… 710

十九畫

騷 …… 710
難 …… 710
撻 …… 710
蘧 …… 710
蘄 …… 710
勸 …… 710
蘇 …… 711
警 …… 711
藹 …… 711
藻 …… 711
蘂 …… 711
蘟 …… 711
麓 …… 711
麗 …… 711
礦 …… 711
願 …… 712
攈 …… 712
曝 …… 712
關 …… 712
疇 …… 713
蟻 …… 713
嚴 …… 713
韡 …… 713
韜 …… 713
羅 …… 713
犢 …… 714
籀 …… 714
簷 …… 714
鏡 …… 714
辭 …… 714
鵬 …… 714
鯤 …… 714
譚 …… 714
識 …… 715
證 …… 715
廬 …… 715
龐 …… 716
癡 …… 716
瓣 …… 716
韻 …… 716
懷 …… 718
類 …… 718
瀚 …… 719
瀕 …… 719
瀘 …… 720
瀛 …… 720
繩 …… 720
繹 …… 720
繪 …… 721
繡 …… 722

二十畫

馨 ······ 723
蘭 ······ 723
櫪 ······ 723
酆 ······ 724
懸 ······ 724
闌 ······ 724
鶡 ······ 724
蟻 ······ 724
蠙 ······ 724
嚶 ······ 724
嚼 ······ 724
籌 ······ 724
纂 ······ 724
覺 ······ 724
鐔 ······ 724
鐫 ······ 724
鐘 ······ 724
釋 ······ 724
饒 ······ 725
臏 ······ 725
觸 ······ 725
護 ······ 725
議 ······ 725
懺 ······ 725

二十一畫

夔 ······ 725
灌 ······ 725
瀲 ······ 725
寶 ······ 725
竇 ······ 726
繼 ······ 726
鰲 ······ 726
鬘 ······ 726
權 ······ 726
櫻 ······ 726
顨 ······ 726
露 ······ 726
攝 ······ 726
齩 ······ 726
贐 ······ 726
躋 ······ 726
躍 ······ 726
儼 ······ 726
鐵 ······ 726
臟 ······ 727
辯 ······ 727
爛 ······ 727
鶯 ······ 727
灤 ······ 727
灕 ······ 727
顧 ······ 727
鶴 ······ 727
蠡 ······ 728
續 ······ 728

二十二畫

聽 ······ 732
蘿 ······ 732
驚 ······ 732
鷗 ······ 732
霽 ······ 733
躔 ······ 733
體 ······ 733
鑄 ······ 733
鑑 ······ 733
讀 ······ 733
鷓 ······ 738
龔 ······ 738
竊 ······ 738
孿 ······ 738

二十三畫

驗 ······ 738
顯 ······ 739
鷸 ······ 739

癯 …… 739
麟 …… 739
蠲 …… 739
瀛 …… 739
纔 …… 739
欒 …… 739
變 …… 739

二十四畫

觀 …… 739
蠹 …… 740
鹽 …… 740
釀 …… 740
靈 …… 740
蠶 …… 740
羈 …… 741
籬 …… 741
齅 …… 741
衢 …… 741
鱣 …… 741
贛 …… 741

二十五畫

顱 …… 741

二十六畫

灤 …… 741

二十七畫

蠡 …… 741
鱷 …… 741

二十九畫

驪 …… 741
鬱 …… 741

三十畫

鸞 …… 742

三十二畫

籲 …… 742

其他

□ …… 742

書名筆畫索引

一畫

一八九八年之西美戰史不分卷……… 4－289
一山文存十二卷………………………… 4－290
一山文存三卷…………………………… 4－290
一山文存三卷…………………………… 4－290
一西自記年譜一卷附述一卷………… 4－290
一行居集八卷首一卷………………… 4－290
一草亭目科全書一卷………………… 4－290
一草亭目科全書四卷………………… 4－289
一草亭目科全書四卷………………… 4－290
一草亭眼科全集書四卷……………… 4－290
一草亭讀史漫筆二卷………………… 4－289
一品集二卷……………………………… 4－290
一乘決疑論一卷………………………… 4－290
一乘決疑論一卷………………………… 4－290
一笑軒文鈔不分卷…………………… 4－290
一粒粟地理一卷………………………… 4－290
一貫堪輿八卷…………………………… 4－290
一溉堂詩集一卷………………………… 4－290
一統志案說十六卷…………………… 4－290
一統志案說十六卷…………………… 4－290
一微塵集五卷…………………………… 4－290
一甌睡足詩草二卷…………………… 4－290
一輻集十八卷…………………………… 4－290
一聲長嘯萬松間圖題詞一卷續編一卷………………………………………… 4－290
一鑑亭詠古彙存二卷雜詠彙存六卷………………………………………… 4－290
乙巳占十卷……………………………… 4－316
乙巳年酬世全書不分卷……………… 4－316
乙巳東瀛游記一卷…………………… 4－316
乙未亭詩集六卷………………………… 4－316
乙酉年江西拔優同年譜不分卷……… 4－316

二畫

二十一史………………………………… 1－348
二十一史………………………………… 1－348
二十一史………………………………… 1－348
二十一史………………………………… 1－349
二十一史文選一百卷………………… 1－349
二十一史論贊三十六卷……………… 1－349
二十一史論贊輯要三十六卷………… 1－349
二十一膏良方一卷…………………… 1－348
二十一膏良方一卷…………………… 1－348
二十一膏良方一卷…………………… 1－348
二十一膏良方一卷…………………… 1－348
二十一膏良方一卷…………………… 1－348
二十二子………………………………… 1－343
二十二子………………………………… 1－343
二十二子………………………………… 1－343
二十二子………………………………… 1－343
二十二子………………………………… 1－343
二十二子………………………………… 1－343
二十二子………………………………… 1－343
二卜二了………………………………… 1－343
二十二子合刻…………………………… 1－343
二十二子合刻…………………………… 1－343
二十二子摘錦三十卷………………… 1－343
二十二子摘錦三十卷………………… 1－343
二十二史文鈔一百九卷……………… 1－343
二十二史文鈔一百九卷……………… 1－343
二十二史文鈔一百九卷……………… 1－343
二十二史文鈔一百九卷……………… 1－343
二十二史紀事提要八卷……………… 1－343
二十二史感應錄二卷………………… 1－342
二十二史感應錄二卷首一卷………… 1－343
二十二史感應錄二卷緒論一卷……… 1－343
二十二史感應錄二卷緒論一卷……… 1－343
二十二史感應錄二卷緒論一卷……… 1－343

二十子全書…………………………… 1－349
二十五子彙函………………………… 1－348
二十五子彙函………………………… 1－348
二十五子彙函………………………… 1－348
二十五子彙函………………………… 1－348
二十五子彙函………………………… 1－348
二十五子彙函………………………… 1－348
二十五子彙函………………………… 1－348
二十五子彙函………………………… 1－348
二十四山便覽不分卷………………… 1－344
二十四史……………………………… 1－344
二十四史……………………………… 1－344
二十四史……………………………… 1－344
二十四史……………………………… 1－344
二十四史……………………………… 1－344
二十四史……………………………… 1－344
二十四史……………………………… 1－344
二十四史……………………………… 1－344
二十四史……………………………… 1－344
二十四史……………………………… 1－344
二十四史……………………………… 1－344
二十四史……………………………… 1－344
二十四史……………………………… 1－344
二十四史……………………………… 1－344
二十四史……………………………… 1－344
二十四史……………………………… 1－344
二十四史……………………………… 1－344
二十四史……………………………… 2－264
二十四史人物類考四十六卷………… 1－347
二十四史九通政典類要合編三百二十卷……………………………… 1－346
二十四史九通政典類要合編三百二十卷……………………………… 1－346
二十四史九通政典類要合編三百二十卷……………………………… 1－346
二十四史三表………………………… 1－347
二十四史三表………………………… 1－347
二十四史三表………………………… 1－347
二十四史三表………………………… 1－347
二十四史三表………………………… 1－347
二十四史附考證……………………… 1－344
二十四史附考證……………………… 1－344
二十四史附考證……………………… 1－345
二十四史附考證……………………… 1－345
二十四史附考證……………………… 1－345
二十四史附考證……………………… 1－345
二十四史附考證……………………… 1－345
二十四史附考證……………………… 1－345
二十四史附考證……………………… 1－345
二十四史附考證……………………… 1－345
二十四史附考證……………………… 1－345
二十四史附考證……………………… 1－345
二十四史附考證……………………… 1－345
二十四史附考證……………………… 1－345
二十四史附考證……………………… 1－345
二十四史附考證……………………… 1－345
二十四史附考證……………………… 1－345
二十四史附考證……………………… 1－345
二十四史附考證……………………… 1－345
二十四史附考證……………………… 1－345
二十四史附考證……………………… 1－345
二十四史附考證……………………… 1－345
二十四史附考證……………………… 1－346
二十四史附考證……………………… 1－346
二十四史附考證……………………… 1－346
二十四史附考證……………………… 1－346
二十四史附考證……………………… 1－346
二十四史附考證……………………… 1－346
二十四史附考證……………………… 1－346
二十四史附考證……………………… 1－346
二十四史附考證……………………… 1－346
二十四史附考證……………………… 1－346
二十四史附考證……………………… 1－346
二十四史附考證……………………… 1－346
二十四史附考證……………………… 1－346
二十四史附考證……………………… 1－346
二十四史姓氏韻編六十四卷………… 1－348
二十四史姓氏韻編六十四卷………… 1－348
二十四史姓氏韻編六十四卷………… 1－348
二十四史策案十二卷………………… 1－345

二十四史論海三十二卷…………………… 1－346
二十四史論海三十二卷近科鄉會史
事論海四卷…………………………… 1－346
二十四史論海三十二卷近科鄉會史
事論海四卷…………………………… 1－346
二十四史論新編二十三卷…………… 1－347
二十四史論新編二十三卷…………… 1－347
二十四史論贊七十八卷……………… 1－347
二十四史論贊七十八卷……………… 1－347
二十四史論贊七十八卷……………… 1－347
二十四史論贊七十八卷……………… 1－347
二十四史論贊七十八卷……………… 1－347
二十四史論贊七十八卷……………… 1－347
二十四史論贊七十八卷……………… 1－347
二十四史論贊七十八卷……………… 1－347
二十四史論贊七十八卷……………… 1－347
二十四史緯三百三十卷首一卷……… 1－347
二十四孝詩一卷……………………… 1－348
二十四孝詩鈔一卷…………………… 1－348
二十四孝圖說一卷…………………… 1－348
二十四泉草堂集十二卷……………… 1－343
二十四書品一卷……………………… 2－380
二十四書品一卷……………………… 2－380
二十四書品一卷……………………… 2－380
二十四畫品一卷……………………… 2－380
二十四畫品一卷……………………… 2－380
二丨四畫品一卷……………………… 2－380
二文公文集…………………………… 1－349
二水樓文集二十卷…………………… 1－349
二水樓詩集十八卷…………………… 1－349
二水樓詩集十八卷文集二十卷首一
卷……………………………………… 1－349
二水樓詩集十八卷文集二十卷首一
卷……………………………………… 1－349
二水樓詩集十八卷文集二十卷首一
卷……………………………………… 1－349
二申野錄八卷………………………… 1－342
二百十五科鄉試會文統不分卷……… 1－339
二曲先生集二十二卷………………… 1－341
二曲集二十六卷……………………… 1－341
二曲集二十六卷……………………… 1－341
二曲集二十四卷……………………… 1－341
二曲集四十六卷……………………… 1－341
二曲集四十六卷……………………… 1－341
二曲集錄要四卷首一卷附歷年紀略
一卷…………………………………… 1－341
二竹齋詩鈔六卷文集二卷…………… 1－350
二如亭群芳譜三十卷首一卷………… 1－341
二如亭群芳譜三十卷首一卷………… 1－341
二如亭群芳譜三十卷首一卷………… 1－342
二如亭群芳譜三十卷首一卷………… 1－342
二如亭群芳譜三十卷首一卷………… 1－342
二如亭群芳譜三十卷首一卷………… 1－342
二如亭群芳譜三十卷首一卷………… 1－342
二如亭群芳譜三十卷首一卷………… 1－342
二如亭群芳譜三十卷首一卷………… 1－342
二如亭群芳譜三十卷首一卷………… 1－342
二如亭群芳譜三十卷首一卷………… 1－342
二如亭群芳譜三十卷首一卷………… 1－342
二如亭群芳譜三十卷首一卷………… 1－342
二如亭群芳譜三十卷首一卷………… 1－342
二如亭群芳譜三十卷首一卷………… 1－342
二如亭群芳譜三十卷首一卷………… 1－342
二如亭群芳譜三十卷首一卷………… 1－342
二如亭群芳譜三十卷首一卷………… 1－342
二如亭羣芳譜二十八卷首一卷……… 1－341
二如亭羣芳譜二十八卷首一卷……… 1－341
二如亭羣芳譜二丨八卷首一卷……… 1－341
二如亭羣芳譜二十八卷首一卷……… 1－341
二酉山房試帖四卷…………………… 1－349
二酉堂叢書…………………………… 1－349
二酉堂叢書…………………………… 1－349
二酉堂叢書…………………………… 1－349
二酉堂叢書…………………………… 1－349
二希堂文集十一卷首一卷…………… 1－349
二希堂文錄二卷……………………… 1－349
二妙集八卷逸文一卷………………… 1－341
二妙鈔後編二卷……………………… 1－341
二林居集二十四卷…………………… 1－340
二林居集二十四卷…………………… 1－340
二知軒詩鈔十四卷…………………… 1－350
二金蜨堂尺牘一卷…………………… 1－340

二刻增訂釋義經書便用通考雜字一卷…… 1－340
二南文集二卷…… 1－341
二南文集二卷救世苦口吟一卷…… 1－341
二南制義一卷…… 1－341
二研齋遺藁四卷…… 1－349
二思堂叢書…… 1－349
二段詩集八卷補遺一卷…… 1－340
二祖十四宗皇明通紀二十七卷…… 1－350
二都四圖堂冊不分卷…… 1－340
二峩草堂遺稿二卷…… 1－340
二家宮詞二卷…… 1－340
二家詠古詩一卷二家試帖二卷…… 1－353
二家詞鈔五卷…… 1－340
二家詞鈔五卷…… 1－353
二家詩鈔…… 1－340
二家詩鈔…… 1－340
二程文集十二卷…… 1－340
二程文集十二卷…… 1－340
二程先生書五十一卷…… 1－340
二程全書五十一卷…… 1－340
二程全書六十二卷…… 1－339
二程全書六十七卷…… 1－340
二程全書六十七卷…… 1－340
二程全書六十七卷…… 1－340
二程全書六十六卷…… 1－339
二程全書六十六卷…… 1－340
二程全書六十六卷…… 1－340
二馮詩集…… 1－340
二銘艸堂金石聚十六卷…… 1－341
二樟詩鈔四卷…… 1－350
二餘堂詩稿一卷…… 1－350
二餘堂叢書…… 1－350
二論引端四卷…… 1－341
二論備旨童子進學解二卷…… 1－340
二樂堂初稿二卷…… 1－350
二樂堂初稿二卷…… 1－350
二樵樵者壯遊圖記四卷…… 1－341
二樵樵者壯遊圖記四卷…… 1－341
十一朝東華約錄二百三十二卷…… 3－213
十一朝東華約錄二百三十二卷…… 3－213
十一經初學讀本…… 3－213
十一經初學讀本…… 3－213
十一經初學讀本…… 3－213
十一經音訓…… 3－213
十一經音訓…… 3－213
十一經音訓…… 3－214
十一經問對五卷…… 3－213
十二石齋詩話四卷…… 3－201
十二門論一卷…… 3－201
十二研齋詩集一卷…… 3－201
十二萬秋秘笈不分卷…… 3－201
十二硯齋金石過眼錄十八卷…… 3－201
十二樹梅花書屋叢著…… 3－201
十二樹梅花書屋叢著…… 3－201
十七史…… 3－205
十七史…… 3－205
十七史…… 3－205
十七史…… 3－205
十七史…… 3－205
十七史…… 3－205
十七史…… 3－205
十七史…… 3－205
十七史…… 3－205
十七史商榷一百卷…… 3－206
十七史商榷一百卷…… 3－206
十七史商榷一百卷…… 3－206
十七史商榷一百卷…… 3－206
十七史商榷一百卷…… 3－206
十七史商榷一百卷…… 3－206
十七史商榷一百卷…… 3－206
十七史商榷一百卷…… 3－206
十七史商榷一百卷…… 3－206
十七史商榷一百卷…… 3－206
十七史商榷一百卷…… 3－206
十七史詳節二百七十三卷…… 3－206
十七朝史事新論正集四卷續集六卷…… 3－205
十七朝史事新論正集四卷續集六卷…… 3－205
十八扯一卷…… 3－200
十八家詩鈔二十八卷…… 3－200

十八家詩鈔二十八卷…………………… 3－200
十八家詩鈔二十八卷…………………… 3－201
十八家詩鈔二十八卷…………………… 3－201
十八家詩鈔二十八卷…………………… 3－201
十八家詩鈔二十八卷…………………… 3－201
十九世紀外交史十七章………………… 3－203
十九世紀外交史十七章………………… 3－203
十九世紀外交史十七章………………… 3－203
十九世紀列國政治文編十四卷………… 3－203
十九世紀列國政治文編十四卷………… 3－203
十九世紀列國政治文編十四卷………… 3－203
十九世紀列國政治文編十四卷………… 3－203
十九世紀歐洲政治史論四卷…………… 3－203
十九科同館試帖選□□卷……………… 3－203
十三科館賦新編不分卷………………… 3－211
十三峯書屋全集九卷…………………… 3－206
十三翎閣文稿一卷詩鈔一卷…………… 3－211
十三經不二字一卷……………………… 3－206
十三經不二字一卷……………………… 3－206
十三經不二字一卷……………………… 3－206
十三經分類政要十卷附諸經略說一
卷經義辨訛一卷經義辨疑一卷…… 3－207
十三經分類政要十卷附諸經略說一
卷經義辨訛一卷經義辨疑一卷…… 3－207
十三經分類政要十卷附諸經略說一
卷經義辨訛一卷經義辨疑一卷…… 3－207
十三經分類政要十卷附諸經略說一
卷經義辨訛一卷經義辨疑一卷…… 3－207
十三經古注……………………………… 3－207
十三經古注……………………………… 3－208
十三經古注……………………………… 3－208
十三經札記二十二卷…………………… 3－210
十三經札記二十二卷附十六卷………… 3－210
十三經札記二十二卷附十六卷………… 3－210
十三經注疏……………………………… 3－210
十三經注疏……………………………… 3－210
十三經注疏……………………………… 3－210
十三經注疏……………………………… 3－210
十三經注疏……………………………… 3－210
十三經注疏……………………………… 3－210
十三經注疏……………………………… 3－210
十三經注疏……………………………… 3－210
十三經注疏……………………………… 3－210
十三經注疏……………………………… 3－211
十三經注疏附考證……………………… 3－211
十三經注疏附考證……………………… 3－211
十三經注疏附考證……………………… 3－211
十三經注疏附考證……………………… 3－211
十三經注疏附考證……………………… 3－211
十三經注疏卷數撰人歌一卷二十四
史卷數撰人歌一卷……………………… 3－211
十三經注疏校勘記識語四卷…………… 3－211
十三經拾遺十六卷……………………… 3－210
十三經拾遺十六卷……………………… 3－210
十三經拾遺十六卷……………………… 3－210
十三經拾遺十六卷……………………… 3－210
十三經客難……………………………… 3－209
十三經客難……………………………… 3－209
十三經客難……………………………… 3－209
十三經客難……………………………… 3－209
十三經客難……………………………… 3－209
十三經客難……………………………… 3－209
十三經客難……………………………… 3－209
十三經客難……………………………… 3－210
十三經客難……………………………… 3－210
十三經客難……………………………… 3－210
十三經客難……………………………… 3－210
十三經策案二十二卷…………………… 3－206
十三經策案二十二卷…………………… 3－206
十三經策案二十二卷…………………… 3－206
十三經策案二十二卷…………………… 3－206
十三經策案二十二卷…………………… 3－206
十三經策案二十二卷…………………… 3－206
十三經策案二十二卷…………………… 3－207
十三經策案二十二卷…………………… 3－207
十三經策案二十二卷…………………… 3－207
十三經策案二十二卷…………………… 3－207
十三經策案二十二卷…………………… 3－207
十三經策案二十二卷…………………… 3－207
十三經策案二十二卷…………………… 3－207
十三經策案二十二卷…………………… 3－207
十三經策案二十二卷…………………… 3－207

十三經策案二十二卷 …………………… 3－207
十三經策案二十二卷 …………………… 3－207
十三經策案二十二卷 …………………… 3－207
十三經策案二十二卷 …………………… 3－207
十三經策案二十二卷 …………………… 3－207
十三經策案二十二卷 …………………… 3－207
十三經集字分畫便查一卷 ……………… 3－208
十三經集字音釋四卷 …………………… 3－209
十三經集字音釋四卷 …………………… 3－209
十三經集字摹本不分卷 ………………… 3－208
十三經集字摹本不分卷 ………………… 3－208
十三經集字摹本不分卷 ………………… 3－208
十三經集字摹本不分卷 ………………… 3－208
十三經集字摹本不分卷 ………………… 3－208
十三經集字摹本不分卷 ………………… 3－208
十三經集字摹本不分卷 ………………… 3－208
十三經集字摹本不分卷 ………………… 3－208
十三經集字摹本不分卷 ………………… 3－208
十三經集字摹本不分卷 ………………… 3－208
十三經集字摹本不分卷 ………………… 3－208
十三經集字摹本不分卷 ………………… 3－208
十三經集字摹本不分卷 ………………… 3－208
十三經集字摹本不分卷 ………………… 3－208
十三經集字摹本不分卷 ………………… 3－208
十三經集字摹本不分卷 ………………… 3－208
十三經集字摹本不分卷 ………………… 3－208
十三經集字摹本不分卷 ………………… 3－208
十三經集字摹本不分卷 ………………… 3－208
十三經集字摹本不分卷 ………………… 3－208
十三經集字摹本不分卷 ………………… 3－208
十三經集字摹本不分卷 ………………… 3－209
十三經集字摹本不分卷 ………………… 3－209
十三經集字摹本不分卷 ………………… 3－209
十三經集字摹本不分卷 ………………… 3－209
十三經集字摹本不分卷 ………………… 3－209
十三經集字摹本不分卷 ………………… 3－209
十三經集字摹本不分卷 ………………… 3－209
十三經集字摹本不分卷 ………………… 3－209
十三經集字摹本不分卷 ………………… 3－209
十三經集字摹本不分卷 ………………… 3－209
十三經集字摹本不分卷 ………………… 3－209
十三經集字摹本不分卷 ………………… 3－209
十三經集字摹本不分卷 ………………… 3－209
十三經註疏 …………………………… 3－211
十三經註疏 …………………………… 3－211
十三經註疏 …………………………… 3－211
十三經註疏 …………………………… 3－211
十三經註疏 …………………………… 3－211
十三經註疏 …………………………… 3－211
十三經註疏 …………………………… 3－211
十三經註疏 …………………………… 3－211
十三經註疏 …………………………… 3－211
十三經註疏 …………………………… 3－211
十三經源流略一卷附武經七書源流略一卷二十四史書目紀一卷蓬山逸響一卷 …………………………… 3－210
十三經源流略一卷附武經七書源流略一卷二十四史書目紀一卷蓬山逸響一卷 …………………………… 3－210
十三經舊學加商二卷 …………………… 3－209
十三經類語十四卷 ……………………… 3－210
十三經讀本 …………………………… 3－207
十三經讀本 …………………………… 3－207
十子全書 ……………………………… 3－214
十子全書 ……………………………… 3－214
十子全書 ……………………………… 3－214
十子全書 ……………………………… 3－214
十子全書 ……………………………… 3－214
十子全書 ……………………………… 3－214
十子全書 ……………………………… 3－214
十子全書 ……………………………… 3－214
十子全書 ……………………………… 3－214
十五弗齋文存一卷詩存一卷 …………… 3－212
十六國春秋一百卷 ……………………… 3－204
十六國春秋一百卷 ……………………… 3－204
十六國春秋一百卷 ……………………… 3－204
十六國春秋一百卷 ……………………… 3－204
十六國春秋一百卷 ……………………… 3－204
十六國春秋一百卷 ……………………… 3－204
十六國春秋一百卷 ……………………… 3－204
十六國春秋一百卷 ……………………… 3－204
十六國春秋一百卷 ……………………… 3－205

十六國春秋一百卷…………………… 3－205
十六國春秋一百卷…………………… 3－205
十六國春秋一百卷…………………… 3－205
十六國春秋輯補一百卷年表一卷…… 3－204
十六國疆域志十六卷………………… 3－205
十四層啓蒙捷訣集二卷……………… 3－212
十四層啓蒙捷訣集二卷……………… 3－212
十四層啓蒙捷訣集二卷……………… 3－212
十四層啓蒙捷訣集二卷……………… 3－212
十四層啓蒙捷訣集二卷……………… 3－212
十先生中庸集解二卷附錄一卷……… 3－212
十先生中庸集解二卷附錄一卷……… 3－212
十名家文選不分卷…………………… 3－205
十杉亭帖體詩鈔五卷續編二卷……… 3－211
十杉亭帖體詩鈔五卷續編二卷……… 3－211
十杉亭帖體詩鈔五卷續編二卷……… 3－211
十杉亭帖體詩鈔五卷續編二卷……… 3－211
十杉亭帖體詩鈔五卷續編二卷……… 3－212
十杉亭帖體詩鈔五卷續編二卷……… 3－212
十杉亭帖體詩鈔五卷續編二卷……… 3－212
十杉亭帖體詩鈔五卷續編二卷……… 3－212
十杉亭帖體詩鈔五卷續編二卷……… 3－212
十杉亭帖體詩鈔五卷續編二卷……… 3－212
十杉亭帖體詩鈔五卷續編二卷……… 3－212
十杉亭帖體詩鈔五卷續編二卷……… 3－212
十杉亭帖體詩鈔五卷續編二卷……… 3－212
十住毗婆沙論十五卷………………… 3－214
十科策畧箋釋十卷…………………… 3－204
十科策畧箋釋十卷…………………… 3－204
十科策畧箋釋十卷…………………… 3－204
十科策畧箋釋十卷…………………… 3－204
十科策畧箋釋十卷…………………… 3－204
十科策畧箋釋十卷…………………… 3－204
十科策畧箋釋十卷…………………… 3－204
十洲春語三卷………………………… 3－214
十家唐詩……………………………… 3－203
十家詩詳注七卷……………………… 3－202
十家詩詳注七卷……………………… 3－202
十家詩詳注七卷……………………… 3－202
十家詩詳注七卷……………………… 3－202
十家詩詳注七卷……………………… 3－202
十家詩詳注七卷……………………… 3－202
十家詩詳注七卷……………………… 3－202
十家詩詳注七卷……………………… 3－202
十家詩詳注七卷……………………… 3－203
十家詩詳注七卷……………………… 3－203
十家詩詳注七卷……………………… 3－203
十家詩詳注七卷……………………… 5－392
十家語錄摘要二卷附詠梅軒劄記一
　卷劄記增訂一卷…………………… 3－203
十國春秋一百十四卷………………… 3－202
十國春秋一百十四卷………………… 3－202
十國春秋一百十四卷………………… 3－202
十國春秋一百十四卷………………… 3－202
十國春秋一百十四卷………………… 3－202
十國春秋一百十四卷………………… 3－202
十國春秋一百十四卷………………… 3－202
十國宮詞一卷………………………… 3－202
十國雜事詩十七卷敘目二卷………… 3－202
十國雜事詩十七卷敘目二卷………… 3－202
十萬卷樓叢書………………………… 3－212
十萬卷樓叢書………………………… 3－212
十萬卷樓叢書………………………… 3－212
十朝東華錄五百二十五卷…………… 3－201
十朝東華錄五百二十五卷…………… 3－201
十朝東華錄五百二十五卷同治東華
　續錄一百卷………………………… 3－201
十朝聖訓九百二十二卷……………… 3－201
十朝聖訓九百二十二卷……………… 5－392
十朝聖訓九百二十二卷……………… 5－392
十朝聖訓九百二十二卷……………… 5－392
十詠樓賦鈔不分卷…………………… 3－214
十種古逸書…………………………… 3－214
十種古逸書…………………………… 3－214
十種唐詩選…………………………… 3－214
十種唐詩選…………………………… 3－214
十種唐詩選…………………………… 3－214
十種唐詩選…………………………… 3－214
十種唐詩選…………………………… 3－214
十種唐詩選…………………………… 3－214
十種唐詩選…………………………… 3－214
十誦齋集六卷………………………… 3－212

十駕齋養新録二十卷餘録三卷……… 3－203
十駕齋養新録二十卷餘録三卷……… 3－203
十駕齋養新録二十卷餘録三卷……… 3－203
十駕齋養新録二十卷餘録三卷……… 3－203
十駕齋養新録二十卷餘録三卷……… 3－203
十駕齋養新録二十卷餘録三卷……… 3－203
十藥神書注解一卷…………………… 3－213
十藥神書注解一卷…………………… 3－213
十藥神書注解一卷…………………… 3－213
十藥神書注解一卷…………………… 3－213
十藥神書注解一卷…………………… 3－213
十藥神書注解一卷…………………… 3－213
十藥神書注解一卷…………………… 3－213
十藥神書注解一卷…………………… 3－213
十藥神書注解一卷…………………… 3－213
十藥神書注解一卷…………………… 3－213
十藥神書注解一卷…………………… 3－213
丁文誠公奏稿二十六卷首一卷……… 1－260
丁文誠公奏稿二十六卷首一卷……… 1－260
丁文誠公奏稿二十六卷首一卷……… 1－260
丁文誠公奏稿二十六卷首一卷……… 1－261
丁未和會類要四卷…………………… 1－260
丁未和會類要四卷…………………… 1－260
丁未和會類要四卷…………………… 1－260
丁未和會類要四卷…………………… 1－260
丁未和會類要四卷…………………… 1－260
丁未和會類要四卷…………………… 1－260
丁卯集箋註八卷……………………… 1－260
丁卯集箋註八卷……………………… 1－260
丁亥入都紀程二卷…………………… 1－260
丁亥窗草一卷………………………… 1－260
丁酉直省闈墨不分卷………………… 1－261
丁祭舞譜一卷………………………… 1－260
［丁會經理收執］（清道光二十六年
至同治七年）……………………… 5－286
七十二忠事實攷二卷 ……………… 3－18
七十二候表一卷 …………………… 3－18
七十二葬法一卷 …………………… 3－18
七十二葬法一卷 …………………… 3－18
七十家賦鈔六卷 …………………… 3－18
七十家賦鈔六卷 …………………… 3－18
七十家賦鈔六卷 …………………… 3－18
七十家賦鈔六卷 …………………… 3－18
七十家賦鈔六卷 …………………… 3－18
七十家賦鈔六卷 …………………… 3－18
七十家賦鈔六卷 …………………… 3－18
七十壽言不分卷 …………………… 2－30
七子詩選十四卷 …………………… 3－19
七子詩選十四卷 …………………… 3－19
［七支祠紗燈會賬簿］不分卷（清光
緒九年至一九四九年）…………… 5－332
七巧新譜不分卷 …………………… 3－17
七克真訓二卷 ……………………… 3－17
七言古詩聲調細論一卷附録一卷 …… 3－18
七言律詩鈔十八卷 ………………… 3－19
七注陰符經不分卷 ………………… 3－19
［七房來享堂賬簿］不分卷（清道光
十四年至光緒三十一年）………… 5－332
七政四餘命學不分卷 ……………… 3－19
七政臺曆全書不分卷 ……………… 3－19
七政臺曆全書不分卷 ……………… 3－19
七政臺曆全書不分卷 ……………… 3－19
七政臺曆全書不分卷 ……………… 3－19
七科鄉會墨選劍珠不分卷 ………… 3－17
七修類藁五十一卷續藁七卷 ……… 3－18
七修類藁五十一卷續藁七卷 ……… 3－18
七修類藁五十一卷續藁七卷 ……… 3－18
七修類藁五十一卷續藁七卷 ……… 3－18
七修類藁五十一卷續藁七卷 ……… 3－18
七修類藁五十一卷續藁七卷 ……… 3－18
七修類藁摘鈔一卷 ………………… 3－18
七泉遺稿四卷附録一卷 …………… 3－17
七家後漢書 ………………………… 3－11
七家後漢書 ………………………… 3－12
七家後漢書 ………………………… 3－12
七家後漢書 ………………………… 3－12
七家後漢書 ………………………… 3－12
七家詞鈔 …………………………… 3－11
七家詞鈔…………………………… 5－241
七家試帖輯注彙鈔七卷 …………… 3－15
七家試帖輯注彙鈔七卷 …………… 3－15
七家試帖輯注彙鈔七卷 …………… 3－15

七家試帖輯注彙鈔七卷 ………………… 3－15
七家試帖輯注彙鈔七卷 ………………… 3－15
七家試帖輯注彙鈔七卷 ………………… 3－15
七家試帖輯注彙鈔七卷 ………………… 3－15
七家試帖輯注彙鈔七卷 ………………… 3－16
七家試帖輯注彙鈔七卷 ………………… 3－16
七家試帖輯注彙鈔七卷 ………………… 3－16
七家試帖輯注彙鈔七卷 ………………… 3－16
七家試帖輯注彙鈔七卷 ………………… 3－16
七家試帖輯注彙鈔七卷 ………………… 3－16
七家試帖輯注彙鈔七卷 ………………… 3－16
七家試帖輯注彙鈔七卷 ………………… 3－16
七家試帖輯注彙鈔七卷 ………………… 3－16
七家試帖輯注彙鈔七卷 ………………… 3－16
七家試帖輯注彙鈔七卷 ………………… 3－16
七家試帖輯注彙鈔七卷 ………………… 3－16
七家詩合注七卷 ……………………… 3－12
七家詩詳注七卷 ……………………… 3－12
七家詩詳注七卷 ……………………… 3－12
七家詩詳注七卷 ……………………… 3－12
七家詩選七卷 ………………………… 3－12
七家詩選七卷 ………………………… 3－12
七家詩選七卷 ………………………… 3－12
七家詩選七卷 ………………………… 3－12
七家詩選七卷 ………………………… 3－12
七家詩選七卷 ………………………… 3－12
七家詩選七卷 ………………………… 3－12
七家詩選七卷 ………………………… 3－13
七家詩選七卷 ………………………… 3－13
七家詩選七卷 ………………………… 3－13
七家詩選七卷 ………………………… 3－13
七家詩選七卷 ………………………… 3－13
七家詩選七卷 ………………………… 3－13
七家詩選七卷 ………………………… 3－13
七家詩選七卷 ………………………… 3－13
七家詩選七卷 ………………………… 3－13
七家詩選七卷……………………………… 5－245
七家詩選□□卷 ……………………… 3－12
七家詩選注釋七卷 …………………… 3－13
七家詩選注釋七卷 …………………… 3－13
七家詩選注釋七卷 …………………… 3－13
七家詩選注釋七卷 ……………………… 3－13
七家詩選注釋七卷 ……………………… 3－13
七家詩選注釋七卷 ……………………… 3－13
七家詩選注釋七卷 ……………………… 3－13
七家詩選注釋七卷 ……………………… 3－13
七家詩選注釋七卷 ……………………… 3－13
七家詩選注釋七卷 ……………………… 3－13
七家詩選注釋七卷 ……………………… 3－13
七家詩選注釋七卷 ……………………… 3－13
七家詩選注釋七卷 ……………………… 3－13
七家詩選注釋七卷 ……………………… 3－14
七家詩選注釋七卷 ……………………… 3－14
七家詩選注釋七卷 ……………………… 3－14
七家詩選注釋七卷 ……………………… 3－14
七家詩選注釋七卷 ……………………… 3－14
七家詩選注釋七卷 ……………………… 3－14
七家詩選注釋七卷 ……………………… 3－14
七家詩選注釋七卷 ……………………… 3－14
七家詩選注釋七卷 ……………………… 3－14
七家詩選注釋七卷 ……………………… 3－14
七家詩選注釋七卷 ……………………… 3－14
七家詩選注釋七卷 ……………………… 3－14
七家詩選注釋七卷 ……………………… 3－14
七家詩選注釋七卷 ……………………… 3－14
七家詩選注釋七卷 ……………………… 3－14
七家詩選注釋七卷 ……………………… 3－14
七家詩選注釋七卷 ……………………… 3－14
七家詩選注釋七卷 ……………………… 3－14
七家詩選注釋七卷 ……………………… 3－15
七家詩選注釋七卷 ……………………… 3－15
七家詩選注釋七卷 ……………………… 3－15
七家詩選注釋七卷 ……………………… 3－15
七家詩選注釋七卷 ……………………… 3－15
七家詩選注釋七卷 ……………………… 3－15
七家詩選注釋七卷 ……………………… 3－15
七家詩選注釋七卷 ……………………… 3－15
七家詩選注釋七卷 ……………………… 3－15
七家詩選注釋七卷 ……………………… 3－15
七家詩選注釋七卷 ……………………… 3－15
七家詩選注釋七卷 ……………………… 3－15
七家詩選注釋七卷 ……………………… 3－15

七家詩選箋注七卷 …………………… 3－12
七家詩選箋注七卷 …………………… 3－12
七家詩輯注彙鈔 ……………………… 3－12
七家詩輯注彙鈔 ……………………… 3－12
七家詩輯注彙鈔 ……………………… 3－12
七家詩輯注彙鈔 ……………………… 3－12
七國新學備要八章 …………………… 3－11
七國新學備要八章 …………………… 3－11
七頌堂詩集十卷文集一卷尺牘一卷
…………………………………………… 3－18
七經考義聯珠二十卷 ………………… 3－17
七經考義聯珠二十卷 ………………… 3－17
七經考義聯珠二十卷 ………………… 3－17
七經考義聯珠二十卷 ………………… 3－17
七經解五卷 …………………………… 3－16
七經精義 ……………………………… 3－16
七經精義 ……………………………… 3－16
七經精義 ……………………………… 3－16
七經精義 ……………………………… 3－16
七經精義 ……………………………… 3－16
七經精義 ……………………………… 3－16
七經精義 ……………………………… 3－16
七經精義 ……………………………… 3－16
七經精義 ……………………………… 3－17
七經精義 ……………………………… 3－17
七經精義 ……………………………… 3－17
七經精義 ……………………………… 3－17
七經精義 ……………………………… 3－17
七經精義 ……………………………… 3－17
七經精義 ……………………………… 3－17
七經精義 ……………………………… 3－17
七經精義 ……………………………… 3－17
七經精義 ……………………………… 3－17
七經精義 ……………………………… 3－17
七經精義 ……………………………… 3－17
七經精義 ……………………………… 3－17
七經精義 ……………………………… 3－17
七經樓文鈔六卷 ……………………… 3－17
七緯三十八卷 ………………………… 3－18
七錄齋集六卷論略二卷續刻五卷 …… 3－17
卜兆真機六卷 ………………………… 1－63
卜法詳考四卷 ………………………… 1－62
卜筮正宗十四卷 ……………………… 1－62
卜筮正宗十四卷 ……………………… 1－63
卜筮正宗十四卷 ……………………… 1－63
卜筮正宗十四卷 ……………………… 1－63
卜筮正宗十四卷 ……………………… 1－63
卜筮正宗十四卷 ……………………… 1－63
卜筮正宗十四卷 ……………………… 1－63
卜筮正宗十四卷 ……………………… 1－63
卜筮正宗十四卷 ……………………… 1－63
八十一歸算學啓蒙四卷……………… 1－9
八十日環遊記四卷三十七回………… 1－9
八大功臣手札十卷…………………… 1－6
八大功臣手札八卷…………………… 1－6
八大功臣手札八卷…………………… 1－6
八大功臣手札八卷…………………… 1－6
八大家文鈔…………………………… 1－6
八史經籍志三十卷…………………… 1－9
八史經籍志三十卷…………………… 1－9
八代文粹二百二十卷目錄十八卷……… 1－6
八代詩選二十卷……………………… 1－6
八代詩選二十卷……………………… 1－6
八宅四書四卷 ………………………… 1－10
八宅明鏡二卷 ………………………… 1－10
八宅明鏡二卷 ………………………… 1－10
八宅明鏡二卷 ………………………… 1－10
八宅秘書不分卷 ……………………… 1－10
八科鄉會墨繩不分卷………………… 1－8
八美圖前集二十卷後集二十九卷……… 1－8
八家四六文鈔九卷…………………… 1－7
八家四六文鈔九卷…………………… 1－7
八家四六文鈔九卷…………………… 1－7
八家四六文鈔九卷…………………… 1－7
八家四六文鈔九卷…………………… 1－7
八家四六文鈔九卷…………………… 1－7
八家四六文鈔九卷…………………… 1－7
八家四六文鈔九卷…………………… 1－7
八家四六文鈔九卷…………………… 1－7
八家四六文鈔九卷…………………… 1－7
八家四六文鈔九卷…………………… 1－7
八家四六文註八卷首一卷…………… 1－7

八家四六文註八卷首一卷……………… 1－7
八家四六文註八卷首一卷……………… 1－7
八家四六文註八卷首一卷……………… 1－8
八家四六文註八卷首一卷……………… 1－8
八家四六文註八卷首一卷……………… 1－8
八家四六文註八卷首一卷……………… 1－8
八家四六文註八卷首一卷……………… 1－8
八家四六文註八卷首一卷……………… 1－8
八家四六文註八卷首一卷……………… 1－8
八家四六文註八卷首一卷……………… 1－8
八家四六文註八卷首一卷……………… 1－8
八宮圖訣八卷首一卷…………………… 1－7
八紘譯史三卷…………………………… 1－7
八紘譯史三卷…………………………… 1－7
八紘譯史四卷…………………………… 1－7
八紘譯史四卷…………………………… 2－221
八順探母一卷失金釵記一卷…………… 1－9
八銘堂塾鈔二集五卷…………………… 1－9
八銘堂塾鈔初集五卷…………………… 1－9
八銘堂塾鈔初集五卷…………………… 1－9
八銘堂塾鈔初集不分卷二集不分卷
……………………………………………… 1－9
八銘塾鈔二集不分卷…………………… 1－8
八銘塾鈔二集不分卷…………………… 1－8
八銘塾鈔二集不分卷…………………… 1－8
八銘塾鈔二集不分卷…………………… 1－9
八銘塾鈔不分卷………………………… 1－8
八銘塾鈔不分卷………………………… 1－8
八銘塾鈔初集不分卷…………………… 1－8
八銘塾鈔初集不分卷二集不分卷……… 1－8
八賢手札八卷…………………………… 1－9
八賢手札八卷…………………………… 1－9
八賢手札八卷…………………………… 1－9
八賢手札八卷…………………………… 1－9
八賢手札八卷…………………………… 1－9
八賢手札八卷…………………………… 1－9
八線備旨四卷…………………………… 1－9
八線備旨四卷…………………………… 1－9
八線備旨四卷…………………………… 1－9
八線備旨四卷 ………………………… 1－10
八線備旨四卷 ………………………… 1－10
八線備旨四卷 ………………………… 1－10
八線備旨四卷 ………………………… 1－10
八線備旨四卷 ………………………… 1－10
八線備旨四卷 ………………………… 1－10
八線類編三卷 ………………………… 1－10
八編類纂二百八十五卷圖二卷………… 1－6
人生必讀書十二卷 …………………… 3－71
人生必讀書十二卷 …………………… 3－71
人生必讀書四卷 ……………………… 3－71
人生必讀書四卷 ……………………… 3－71
人生要覽三卷 ………………………… 3－71
人表考九卷 …………………………… 3－70
人海記二卷 …………………………… 3－71
人境廬詩草十一卷 …………………… 3－71
人壽金鑑二十二卷 …………………… 3－71
人壽金鑑二十二卷 …………………… 3－72
人範六卷 ……………………………… 3－70
人範六卷 ……………………………… 3－70
人範六卷 ……………………………… 3－71
人範須知六卷 ………………………… 3－71
人譜一卷 ……………………………… 3－71
人譜一卷 ……………………………… 3－71
人譜一卷人譜類記二卷 ……………… 3－71
人譜一卷人譜類記二卷 ……………… 3－71
人譜一卷人譜類記二卷 ……………… 3－71
人譜一卷人譜類記二卷 ……………… 3－71
人譜一卷人譜類記二卷 ……………… 3－71
人譜一卷人譜類記二卷 ……………… 3－71
人譜六卷首一卷 ……………………… 3－71
人譜類記二卷 ………………………… 3－71
人譜類記六卷 ………………………… 3－71
人譜類記增訂六卷 …………………… 3－71
人譜類記增訂六卷 …………………… 3－71
入地眼全書十卷 ……………………… 3－85
入地眼全書十卷 ……………………… 3－85
入地眼全書十卷 ……………………… 3－85
入地眼全書十卷 ……………………… 3－86
入地眼全書十卷 ……………………… 3－86
入地眼全書十卷 ……………………… 3－86
入地眼全書十卷 ……………………… 3－86
入地眼全書十卷 ……………………… 3－86

入地眼全書十卷 …………………… 3－86
入地眼全書十卷 …………………… 3－86
入門部黑囊經不分卷 ……………… 3－86
入泮試卷選刻不分卷 ……………… 3－86
入學階梯六卷 ……………………… 3－86
九九銷夏錄十四卷………………… 2－227
九天珠玉三卷……………………… 2－228
九天珠玉不分卷…………………… 2－228
九公山房詩稿二十二卷目錄二卷…… 2－226
九芝仙館文鈔一卷………………… 2－230
九芝仙館文鈔一卷………………… 2－231
［嘉慶］九江府志三十卷首一卷 …… 5－301
［嘉慶］九江府志三十卷首一卷 …… 5－301
［同治］九江府志五十四卷首一卷末一卷……………………………… 5－360
［同治］九江府志五十四卷首一卷末一卷……………………………… 5－360
［同治］九江府志五十四卷首一卷末一卷……………………………… 5－360
九星水法不分卷…………………… 2－230
九皇尊經註解三卷首一卷………… 2－226
九華山志十卷……………………… 2－226
九卿議定物料價值八卷…………… 2－227
九家合刻試帖詩課合存九卷題目一卷……………………………… 2－226
九家詩詳註七卷…………………… 2－226
九家詩讀本一卷…………………… 5－214
九家詩讀本一卷…………………… 5－214
九家詩讀本一卷…………………… 5－214
九家詩讀本一卷…………………… 5－214
九家詩讀本一卷…………………… 5－214
九家詩讀本一卷…………………… 5－214
九通……………………………… 2－228
九通……………………………… 2－228
九通……………………………… 2－228
九通……………………………… 2－228
九通……………………………… 2－228
九通……………………………… 2－228
九通……………………………… 2－228
九通……………………………… 2－228
九通……………………………… 2－228
九通……………………………… 2－228
九通……………………………… 2－228
九通……………………………… 2－228
九通……………………………… 2－228
九通……………………………… 2－228
九通分類總纂二百四十卷………… 2－228
九通分類總纂二百四十卷………… 2－228
九通分類總纂二百四十卷………… 2－229
九通分類總纂二百四十卷………… 2－229
九通分類總纂二百四十卷………… 2－229
九通分類總纂二百四十卷………… 2－229
九通目錄四十卷…………………… 2－229
九通全書…………………………… 2－229
九通全書…………………………… 2－229
九通全書…………………………… 2－229
九通全書…………………………… 2－229
九通序錄四卷……………………… 2－230
九通序錄四卷……………………… 2－230
九通序錄四卷……………………… 2－230
九通序錄四卷……………………… 2－230
九通通二百四十八卷首一卷……… 2－229
九通通二百四十八卷首一卷……… 2－229
九通通二百四十八卷首一卷……… 2－229
九通提要十二卷…………………… 2－229
九通提要十二卷…………………… 2－229
九通提要十二卷…………………… 2－229
九通提要十二卷…………………… 2－229
九國志十二卷……………………… 2－226
九章算術九卷……………………… 2－230
九章算術九卷……………………… 2－230
九章算術九卷……………………… 2－230
九章算術細草圖說九卷海島算經細草圖說一卷……………………… 2－230
九章算術細草圖說九卷海島算經細草圖說一卷……………………… 2－230
九章算術細草圖說九卷海島算經細草圖說一卷……………………… 2－230
九章算術細草圖說九卷海島算經細草圖說一卷……………………… 2－230
九章算術細草圖說九卷海島算經細草圖說一卷……………………… 2－230

九章算術細草圖說九卷海島算經細
草圖說一卷 …… 2－230
九葉芸香館吟草一卷 …… 2－230
九朝東華錄一百二十卷 …… 2－226
九朝東華錄一百二十卷 …… 2－226
九朝野記四卷 …… 2－226
九畹山房制義不分卷 …… 2－230
九經五十一卷附四卷 …… 2－227
九經今義二十八卷 …… 2－227
九經古義十六卷 …… 2－227
九經古義十六卷 …… 2－227
九經堂增訂詳註廣日記故事不分卷
…… 2－227
九經補注 …… 2－227
九經補注 …… 2－227
九經補注 …… 2－227
九經圖不分卷 …… 2－227
九疑山志四卷 …… 2－230
九數外錄一卷 …… 2－228
九數通考十一卷首一卷末一卷 …… 2－227
九數通考十一卷首一卷末一卷 …… 2－227
九數通考十一卷首一卷末一卷 …… 2－227
九數通考十一卷首一卷末一卷 …… 2－227
九數通考十一卷首一卷末一卷 …… 2－227
九數通考十一卷首一卷末一卷 …… 2－227
九數通考續集十卷 …… 2－227
九數通考續集十卷 …… 2－228
九數通考續集十卷 …… 2－228
九鐘精舍金石跋尾甲編一卷 …… 2－231
九靈山房集三十卷補編二卷 …… 2－227
九靈山房集三十卷補編二卷 …… 2－227
九靈山房集三十卷補編二卷遺藁詩
四卷文一卷首一卷補編一卷 …… 2－227
九靈山房集三十卷補編二卷遺藁詩
四卷文一卷首一卷補編一卷 …… 2－227
力本文集十三卷 …… 2－292
力本文集十三卷 …… 2－292
力學不分卷 …… 2－292
力學須知一卷 …… 2－292
了凡四訓一卷 …… 2－259
了凡四訓一卷 …… 2－259

三畫

三十六孝事實考二卷 …… 3－97
三十都二畐壹甲常豐戶一卷常裕戶
一卷 …… 3－97
三十家詩鈔六卷 …… 3－97
三十家詩鈔六卷 …… 3－97
三才甲子三卷 …… 3－88
三才甲子三卷 …… 3－88
三才甲子三卷 …… 3－88
三才甲子三卷 …… 3－88
三才甲子三卷 …… 3－88
三才甲子三卷 …… 3－88
三才甲子三卷 …… 3－88
三才甲子三卷 …… 3－88
三才甲子三卷 …… 3－88
三才甲子三卷 …… 3－88
三才甲子三卷 …… 3－88
三才甲子三卷 …… 3－88
三才略三卷 …… 3－88
三才略三卷 …… 3－88
三才略三卷 …… 3－89
三才略三卷 …… 3－89
三才略三卷 …… 3－89
三才略三卷 …… 3－89
三才略三卷 …… 3－89
三才略三卷 …… 3－89
三才略三卷 …… 3－89
三才略三卷 …… 3－89
三才略三卷 …… 3－89
三才略三卷 …… 3－89
三才略三卷 …… 3－89
三才略三卷 …… 3－89
三才略三卷 …… 3－89
三才揭要十二卷 …… 3－88
三才發祕九卷 …… 3－88
三才發秘九卷 …… 3－88
三才圖會一百六卷 …… 3－89
三才圖會一百六卷 …… 3－89
三千字文合訂三卷 …… 3－95

三元三要八宅救害明鏡二卷………… 3－104
三元三要八宅救害明鏡二卷………… 3－104
三元三要八宅救害明鏡二卷………… 3－104
三元秘旨不分卷……………………… 3－103
三元秘授六集六卷法竅一卷………… 3－103
三元秘授六集六卷法竅一卷………… 3－103
三元秘授六集六卷法竅一卷………… 3－103
三不亦軒韻語留刪一卷 …………… 3－88
三公奏議 ………………………… 3－90
［同治］三水縣志十二卷首一卷 …… 5－364
三古圖四十二卷 ………………… 3－90
三古圖四十二卷 ………………… 3－90
三史拾遺五卷 …………………… 3－97
三生堂詩鈔三卷……………………… 4－497
三白寶海三卷 …………………… 3－88
三芝山房讀史隨筆二卷……………… 3－104
三百六十行必要尺牘十九卷附三百
六十行對聯一卷通商章程善後條
約一卷 ……………………………… 3－88
三因極一病證方論十八卷…………… 3－102
三因極一病證方論十八卷…………… 3－102
三合便覽十二卷 ………………… 3－92
三字經一卷………………………… 3－105
三字經一卷………………………… 3－106
三字經一卷………………………… 3－106
三字經口義一卷……………………… 3－104
三字經注解備要一卷………………… 3－106
三字經注解備要一卷………………… 3－106
三字經訓詁一卷……………………… 3－104
三字經訓詁一卷……………………… 3－104
三字經訓詁一卷……………………… 3－104
三字經訓詁一卷……………………… 3－104
三字經訓詁一卷……………………… 3－104
三字經訓詁一卷……………………… 3－105
三字經訓詁一卷……………………… 3－105
三字經訓詁一卷……………………… 3－105
三字經訓詁一卷……………………… 3－105
三字經訓詁一卷……………………… 3－105
三字經訓詁一卷……………………… 3－105
三字經訓詁一卷……………………… 3－105
三字經訓詁一卷……………………… 3－105
三字經訓詁一卷……………………… 3－105
三字經訓詁一卷……………………… 3－105
三字經訓詁一卷……………………… 3－105
三字經訓詁一卷……………………… 3－105
三字經訓詁一卷……………………… 3－105
三字經訓詁一卷……………………… 3－105
三字經訓詁一卷……………………… 3－105
三字經訓詁一卷……………………… 3－105
三字經訓詁一卷……………………… 3－105
三字經訓詁一卷……………………… 3－105
三字經訓詁一卷……………………… 3－105
三字經訓詁一卷……………………… 3－105
三字經訓詁一卷……………………… 3－105
三字經訓詁一卷……………………… 5－357
三字經訓詁一卷……………………… 5－360
三字經試帖□□卷…………………… 3－104
三字鑑四卷………………………… 3－104
三字鑑四卷………………………… 3－104
三字鑑四卷………………………… 3－104
三角須知一卷 …………………… 3－93
三角數理十二卷 ………………… 3－93
三角數理十二卷 ………………… 3－93
三角數理十二卷 ………………… 3－93
三角數理十二卷 ………………… 3－93
三角數理十二卷 ………………… 3－93
三角數理十二卷 ………………… 3－93
三角數理十二卷 ………………… 3－93
三宋人集 ………………………… 3－97
三松堂集二十四卷續集六卷 ……… 3－97
三味齋詩初稿四卷…………………… 3－102
三岡識畧十卷 …………………… 3－90
三命通會十二卷 ………………… 3－95
三命通會十二卷 ………………… 3－95
三命通會十二卷 ………………… 3－95
三命通會十二卷 ………………… 3－95
三命通會十二卷 ………………… 3－95
三命通會十二卷 ………………… 3－95
三命通會十二卷 ………………… 3－95
三命通會十二卷 ………………… 3－95
三命通會十二卷 ………………… 3－95
三命通會十二卷 ………………… 3－95
三刻太醫院補注婦人良方大全二十

四卷 …………………………………… 3－93
三刻黄維章先生詩經嫏嬛體注八卷
…………………………………………… 3－93
三刻詩經體注八卷 ……………………… 3－93
三注悟真篇………………………………… 3－104
三垣筆記四卷……………………………… 3－104
三指禪三卷………………………………… 3－104
三指禪三卷………………………………… 3－104
三指禪三卷………………………………… 3－104
三指禪三卷………………………………… 3－104
三指禪三卷………………………………… 3－104
三指禪三卷………………………………… 3－104
三省黄河全圖不分卷 …………………… 3－95
三省黄河全圖不分卷 …………………… 3－95
三省黄河全圖不分卷 …………………… 3－96
三省黄河全圖不分卷 …………………… 3－96
三省黄河全圖不分卷 …………………… 3－96
三省黄河全圖不分卷 …………………… 3－96
三省黄河全圖不分卷 …………………… 3－96
三省黄河全圖不分卷 …………………… 3－96
三省黄河全圖不分卷 …………………… 3－96
三省黄河全圖不分卷 …………………… 3－96
三省黄河全圖不分卷 …………………… 3－96
三省黄河全圖不分卷 …………………… 3－96
三省黄河全圖不分卷 …………………… 3－96
三省黄河全圖不分卷 …………………… 3－96
三省黄河全圖不分卷 …………………… 3－96
三省黄河全圖不分卷 …………………… 3－96
三省黄河全圖不分卷 …………………… 3－96
三省黄河全圖不分卷 …………………… 3－96
三省黄河全圖不分卷 …………………… 3－96
三省黄河全圖不分卷 …………………… 3－96
三省黄河全圖不分卷 …………………… 3－96
三省黄河全圖不分卷 …………………… 3－97
三省邊防備覽十八卷 …………………… 3－95
三星堂續修會册不分卷…………………… 3－102
三修上高縣賓興堂志不分卷……………… 3－102
三修上高縣賓興堂志不分卷……………… 3－102
三修上高縣賓興堂志不分卷……………… 3－102
三修上高縣賓興堂志不分卷……………… 3－102
三修文昌橋志略二卷 …………………… 4－30
三洲日記八卷(清光緒十二年至十
五年) …………………………………… 3－104
三耻齋初稿十二卷 ……………………… 3－90
三耻齋初稿八卷 ………………………… 3－90
三耻齋初稿八卷 ………………………… 3－90
三耻齋初稿九卷 ………………………… 3－90
三耻齋初稿九卷 ………………………… 3－90
三華集五卷 ……………………………… 3－92
三華集徵還隨草二卷 …………………… 3－92
三晉詩選十四卷 ………………………… 3－93
三徐事實一卷……………………………… 4－232
三訓合讀三卷……………………………… 3－102
三唐人集 ………………………………… 3－99
三唐合抄□□卷 ………………………… 3－99
三唐詩品三卷 …………………………… 3－99
三流道里表不分卷 ……………………… 3－94
三流道里表不分卷 ……………………… 3－94
三流道里表不分卷 ……………………… 3－94
三家宫詞三卷 …………………………… 3－92
三家醫案合刻三卷 ……………………… 3－93
三家醫案合刻三卷 ……………………… 3－93
三家醫案合刻三卷 ……………………… 3－93
三家醫案合刻三卷 ……………………… 3－93
三家醫案合刻三卷 ……………………… 3－93
三家醫案合刻三卷 ……………………… 3－93
三家醫案合刻三卷 ……………………… 3－93
三通七百四十八卷………………………… 3－101
三通七百四十八卷………………………… 3－101
三通七百四十八卷………………………… 3－101
三通七百四十八卷………………………… 3－101
三通七百四十八卷………………………… 3－101
三通七百四十八卷………………………… 3－101
三通考詳節七十六卷……………………… 3－100
三通考詳節七十六卷……………………… 3－100
三通考詳節七十六卷……………………… 3－100
三通考詳節七十六卷……………………… 3－100
三通考詳節七十六卷……………………… 3－101
三通考輯要七十六卷 …………………… 3－99
三通考輯要七十六卷 …………………… 3－99
三通考輯要七十六卷 …………………… 3－99
三通考輯要七十六卷 …………………… 3－99

三通考輯要七十六卷 …………………… 3－99
三通考輯要七十六卷 …………………… 3－99
三通考輯要七十六卷 …………………… 3－99
三通考輯要七十六卷 …………………… 3－99
三通考輯要七十六卷 …………………… 3－99
三通考輯要七十六卷…………………… 3－100
三通考輯要七十六卷…………………… 3－100
三通考輯要七十六卷…………………… 3－100
三通考輯要七十六卷…………………… 3－100
三通考輯要七十六卷…………………… 3－100
三通考輯要七十六卷…………………… 3－100
三通考輯要七十六卷…………………… 3－100
三通考輯要七十六卷…………………… 3－100
三通考輯要七十六卷…………………… 3－100
三通考輯要七十六卷…………………… 3－100
三通考輯要七十六卷…………………… 3－100
三通考輯要七十六卷…………………… 5－356
三通考纂要七十卷……………………… 3－101
三通序三卷……………………………… 3－102
三通序不分卷…………………………… 3－101
三通序不分卷…………………………… 3－101
三通序不分卷…………………………… 3－101
三通序不分卷…………………………… 3－101
三通序不分卷…………………………… 3－101
三通序不分卷…………………………… 3－101
三通序不分卷…………………………… 3－101
三通序不分卷…………………………… 3－101
三通序不分卷…………………………… 3－101
三通序不分卷…………………………… 3－101
三通序不分卷…………………………… 3－101
三通序不分卷…………………………… 3－102
三通序不分卷…………………………… 3－102
三通序不分卷…………………………… 3－102
三通典序三卷 ………………………… 3－99
三通集要策母三卷 …………………… 3－99
三通警策甲編三卷乙編二卷 ………… 3－99
[三教雜纂]一卷 …………………… 5－343
三教寶卷一卷 ………………………… 3－93
三盛詩鈔三卷附一卷 ………………… 3－97
三盛詩鈔三卷附一卷 ………………… 3－97
三盛詩鈔三卷附一卷 ………………… 3－97
三盛詩鈔三卷附一卷 ………………… 3－97
三盛詩鈔三卷附一卷 ………………… 3－97
三盛詩鈔三卷附一卷 ………………… 3－97
三盛詩鈔三卷附一卷 ………………… 3－97
三異筆談四卷………………………… 3－102
三國志六十五卷 ……………………… 3－91
三國志六十五卷 ……………………… 3－91
三國志六十五卷 ……………………… 3－91
三國志六十五卷 ……………………… 3－91
三國志六十五卷 ……………………… 3－91
三國志六十五卷 ……………………… 3－91
三國志六十五卷 ……………………… 3－91
三國志六十五卷 ……………………… 3－91
三國志六十五卷 ……………………… 3－91
三國志六十五卷 ……………………… 3－91
三國志六十五卷 ……………………… 3－91
三國志六十五卷 ……………………… 3－91
三國志六十五卷 ……………………… 3－92
三國志六十五卷 ……………………… 3－92
三國志六十五卷 ……………………… 3－92
三國志六十五卷 ……………………… 3－92
三國志六十五卷 ……………………… 3－92
三國志六十五卷 ……………………… 3－92
三國志六十五卷 ……………………… 3－92
三國志六十五卷 ……………………… 3－92
三國志六十五卷 ……………………… 3－92
三國志六十五卷 ……………………… 3－92
三國志六十五卷 ……………………… 3－92
三國志六十五卷………………………… 5－341
三國志考證八卷 ……………………… 3－91
三國志考證八卷 ……………………… 3－91
三國志考證八卷 ……………………… 3－91
三國志□□卷 ………………………… 3－91
三國志注證遺四卷 …………………… 3－92
三國志書第一種六十卷一百二十回
…………………………………………… 3－92
三國志評論一卷 ……………………… 1－55
三國志裴注述二卷 …………………… 3－92
三國志辨疑三卷 ……………………… 3－91
三國志辨疑三卷 ……………………… 3－91
三國志證聞三卷 ……………………… 3－92

三國志證聞三卷 ………………………… 3－92
三國職官表三卷 ………………………… 3－90
三魚堂日記(清康熙五年至三十一
年) ……………………………………… 3－102
三魚堂文集十二卷外集六卷………… 3－103
三魚堂文集十二卷外集六卷附錄一
卷…………………………………… 3－103
三魚堂文集十二卷外集六卷附錄一
卷…………………………………… 3－103
三魚堂文集十二卷外集六卷附錄二
卷賸言十二卷……………………… 3－103
三魚堂四書大全……………………… 3－103
三魚堂四書大全……………………… 3－103
三魚堂四書大全……………………… 3－103
三魚堂四書大全……………………… 3－103
三魚堂四書大全……………………… 3－103
三魚堂賸言十二卷…………………… 3－103
三場程式一卷 ………………………… 3－89
三場程式一卷 ………………………… 3－89
三場程式一卷 ………………………… 3－89
三場程式一卷 ………………………… 3－89
三場程式一卷附添注塗改款式一卷
……………………………………… 3－89
三喜堂文集二卷……………………… 3－102
三喜堂詩草二卷……………………… 3－102
三萬卷書齋選本二卷………………… 3－102
三朝北盟會編二百五十卷 …………… 3－89
三朝北盟會編二百五十卷首一卷 …… 3－89
三朝北盟會編二百五十卷首一卷 …… 3－90
三朝北盟會編二百五十卷首一卷 …… 3－90
三朝北盟會編二百五十卷首一卷 …… 3－90
三朝聖訓不分卷 ……………………… 3－90
三朝墨準新編不分卷 ………………… 3－90
三朝墨準新編不分卷 ………………… 3－90
三統術衍三卷三統術鈐一卷………… 3－102
三統術詳說四卷……………………… 3－102
三統術詳說四卷……………………… 3－102
三統術詳說四卷弧三角平視法一卷
摹印述一卷………………………… 3－102
三聖經靈驗圖注三卷 ………………… 3－97
三農紀十卷 …………………………… 3－95
三廉贈別錄一卷 ……………………… 3－94
三廉贈別錄一卷 ……………………… 3－94
三壽贈言四卷 ………………………… 3－97
三輔黃圖六卷補遺一卷 ……………… 3－90
三輔黃圖六卷補遺一卷 ……………… 3－90
三漫集四卷 …………………………… 3－95
三綱制服尊尊述義三卷 ……………… 3－90
三賢文集……………………………… 3－102
三影閣箏語三卷……………………… 3－102
三餘堂古文析義十四卷……………… 3－103
三餘堂古文析觀解六卷……………… 3－103
三餘堂古文觀止十二卷……………… 3－103
三餘堂古文觀止十二卷……………… 3－103
三餘堂詳校醫宗必讀十卷…………… 3－103
三餘偶筆十六卷……………………… 3－103
三餘偶筆十六卷……………………… 3－103
三餘集四卷…………………………… 3－103
三劉家集不分卷 ……………………… 3－94
三劉家集不分卷 ……………………… 3－94
三劉家集不分卷 ……………………… 3－95
三劉家集不分卷 ……………………… 3－95
三禮序錄彙編□□卷 ………………… 3－94
三禮述注 ……………………………… 3－94
三禮述注 ……………………………… 3－94
三禮約編喈鳳 ………………………… 3－94
三禮約編喈鳳 ………………………… 3－94
三禮約編喈鳳 ………………………… 3－94
三禮約編喈鳳 ………………………… 3－94
三禮約編喈鳳 ………………………… 3－94
三禮約編喈鳳 ………………………… 3－94
三禮約編喈鳳 ………………………… 3－94
三禮約編喈鳳 ………………………… 3－94
三禮約編喈鳳 ………………………… 3－94
三禮通釋二百八十卷首一卷 ………… 3－94
三禮圖二十卷 ………………………… 3－94
三禮圖二十卷 ………………………… 3－94
三禮編繹二十六卷 …………………… 3－94
三藩紀事本末二十二卷 ……………… 3－90
三藩紀事本末四卷 …………………… 3－90
三藩紀事本末四卷 …………………… 3－90
三蘇文集四十四卷 …………………… 3－98

三蘇先生文集七十卷 …………………… 3－99
三蘇先生文粹七十卷 …………………… 3－98
三蘇先生文粹七十卷 …………………… 3－98
三蘇先生文粹七十卷 …………………… 3－99
三蘇先生文粹六十六卷 ………………… 3－98
三蘇全集 ………………………………… 3－98
三蘇全集 ………………………………… 3－98
三蘇全集 ………………………………… 3－98
三蘇全集 ………………………………… 3－98
三蘇策論十二卷 ………………………… 3－97
三蘇策論十二卷 ………………………… 3－97
三蘇策論十二卷 ………………………… 3－98
三蘇策論十二卷 ………………………… 3－98
三蘇策論十二卷 ………………………… 3－98
三蘇策論十二卷 ………………………… 3－98
三蘇策論十二卷 ………………………… 3－98
三蘇策論十二卷 ………………………… 3－98
三蘇策論十二卷 ………………………… 3－98
三蘇策論十二卷 ………………………… 3－98
三蘇策論十二卷 ………………………… 3－98
三蘇策論十二卷 ………………………… 3－98
三蘇策論十二卷 ………………………… 3－98
三韻合編六十卷………………………… 3－104
三寶心鐙十三卷 ………………………… 3－88
三讓堂重訂古文釋義新編八卷 ……… 3－95
三讓堂重訂古文釋義新編八卷 ……… 3－95
三讓堂重訂古文釋義新編八卷 ……… 3－95
干王洪仁玕親筆供一卷 ……………… 2－37
干支集錦二十四卷…………………… 1－389
干支集錦二十四卷…………………… 1－389
干支集錦二十四卷…………………… 1－389
于文定公讀史漫錄二十卷…………… 4－408
于埜左氏錄二卷……………………… 4－408
于埜左氏錄二卷……………………… 4－408
于埜左氏錄二卷……………………… 4－408
于清端公政書八卷…………………… 4－408
于湖小集六卷金陵雜事詩一卷……… 4－408
工部局衛生清冊一卷………………… 1－407
工程做法七十四卷…………………… 1－407
工業與國政相關論二卷……………… 1－407
士那補釋一卷………………………… 3－242
士那補釋一卷………………………… 3－242
士林金鑑一卷………………………… 3－242
士商類要四卷………………………… 3－243
士禮居藏書題跋記六卷……………… 3－242
士禮居藏書題跋記續編五卷………… 3－242
士禮居叢書…………………………… 3－242
士禮居叢書…………………………… 3－242
[土地清冊]不分卷 …………………… 5－372
下學菴算書三種……………………… 4－110
大士堂冊不分卷……………………… 1－223
大小雅堂詩集一卷冰蠶詞一卷……… 1－226
大小雅堂詩集一卷詩餘一卷………… 1－226
大元聖政國朝典章六十卷…………… 1－230
大日本維新史二卷…………………… 1－223
大中丞靜齋朱公奏疏一卷附詩文遺稿一卷 ……………………………… 1－231
大中丞靜齋朱公奏疏一卷附詩文遺稿一卷 ……………………………… 1－231
大六壬大全十三卷…………………… 1－203
大六壬指南五卷……………………… 1－203
大六壬指南五卷……………………… 1－203
大六壬指南五卷……………………… 1－203
大六壬指南五卷……………………… 1－203
大六壬揔會心機獨悟絕法一卷……… 1－203
大六壬尋原四卷……………………… 1－203
大六壬尋原四卷……………………… 1－203
大六壬尋原四卷……………………… 1－203
大六壬尋原四卷……………………… 1－203
大文堂古文十二卷…………………… 1－225
大文堂古文十二卷…………………… 1－225
大文堂古文集解六卷………………… 1－225
大文堂古文觀止六卷………………… 1－225
大文堂古文觀止六卷………………… 1－225
大文堂四書體註合講十九卷………… 1－225
大文堂四書體註合講孟子七卷……… 1－225
大文堂合纂四書體註十九卷………… 1－225
大文堂合纂四書體註十九卷………… 1－225
大文堂重訂古文釋義新編八卷……… 1－225
大文堂重訂古文釋義新編八卷……… 1－225
大文堂重訂古文釋義新編八卷……… 1－225
大文堂重訂古文釋義新編八卷……… 1－225

大文堂重訂古文釋義新編八卷……… 1－226
大文堂綱鑑易知錄九十二卷………… 1－225
大方六言不分卷……………………… 1－201
大方等大集月藏經十卷……………… 1－200
大方廣佛華嚴經入不思議解脱境界
普賢行願品一卷…………………… 1－200
大方廣佛華嚴經入不思議解脱境界
普賢行願品一卷…………………… 1－373
大方廣佛華嚴經六十卷……………… 1－200
大方廣佛華嚴經合論一百二十卷…… 1－200
大方廣佛華嚴經合論一百二十卷…… 1－200
大方廣佛華嚴經要解一卷…………… 1－200
大方廣佛華嚴經著述集要…………… 1－200
大方廣佛華嚴經普賢行願品一卷…… 1－200
大方廣圓覺修多羅了義經二卷……… 1－201
大方廣圓覺修多羅了義經二卷……… 1－201
大方廣圓覺修多羅了義經二卷……… 1－201
大方廣圓覺修多羅了義經二卷……… 1－201
大方廣圓覺修多羅了義經二卷……… 1－201
大方廣圓覺修多羅了義經近釋六卷
……………………………………… 1－201
大方廣圓覺修多羅了義經近釋六卷
……………………………………… 1－201
大方廣圓覺經大疏十六卷首一卷…… 1－200
大生要旨五卷………………………… 1－223
大生要旨五卷………………………… 1－223
大生要旨五卷………………………… 1－223
大生要旨五卷………………………… 1－223
大生要旨五卷………………………… 1－223
大生要旨五卷………………………… 1－223
大生要旨五卷………………………… 1－223
大生要旨五卷………………………… 1－223
大司馬襄楙毛公奏議選二卷補遺一
卷附毛詩選一卷平南錄一卷襄楙
先生外集二卷……………………… 2－112
大臣法則八卷………………………… 1－198
大成易旨四卷………………………… 1－198
大成通志十八卷……………………… 1－198
大成通志十八卷……………………… 1－198
大成通志十八卷首二卷……………… 1－198
大字斷句繪本本草備要八卷………… 1－231
大別山志十卷首一卷………………… 1－198
大佛頂如來密因修證了義諸菩薩萬
行首楞嚴經十卷…………………… 1－201
大佛頂如來密因修證了義諸菩薩萬
行首楞嚴經十卷…………………… 1－201
大佛頂如來密因修證了義諸菩薩萬
行首楞嚴經十卷…………………… 1－201
大佛頂如來密因修證了義諸菩薩萬
行首楞嚴經十卷…………………… 1－201
大佛頂如來密因修證了義諸菩薩萬
行首楞嚴經通義十卷補遺一卷懸
鏡一卷……………………………… 1－201
大佛頂首楞嚴正脈科文……………… 1－202
大佛頂首楞嚴經正脈疏四十卷……… 1－202
大佛頂首楞嚴經正脈疏四十卷……… 1－202
大佛頂首楞嚴經疏解蒙鈔十卷首二
卷佛頂五錄八卷…………………… 1－202
大佛頂首楞嚴經疏解蒙鈔十卷首二
卷佛頂五錄八卷…………………… 1－202
大佛頂首楞嚴經疏解蒙鈔六十卷首
一卷………………………………… 1－201
大佛頂首楞嚴經疏解蒙鈔六十卷首
一卷………………………………… 1－201
大佛頂首楞嚴經疏解蒙鈔六十卷首
一卷………………………………… 1－201
大佛頂首楞嚴經疏解蒙鈔六十卷首
一卷………………………………… 1－201
大佛頂首楞嚴經疏解蒙鈔六十卷首
一卷………………………………… 1－201
大佛頂首楞嚴經疏解蒙鈔六十卷首
一卷………………………………… 1－202
大佛頂首楞嚴經疏解蒙鈔六十卷首
一卷………………………………… 1－202
大宋文鑑一百五十卷………………… 1－223
大宋重修廣韻五卷…………………… 1－223
大宋重修廣韻五卷…………………… 1－223
大宋重修廣韻五卷…………………… 1－223
大宋重修廣韻五卷…………………… 1－224
大宋重修廣韻五卷…………………… 1－224
[同治]大冶縣志十八卷首一卷 …… 5－354
大英國志八卷續刻一卷……………… 1－230

大英國志八卷續刻一卷 ………………… 1－230
大英國志八卷續刻一卷 ………………… 1－230
大英國志八卷續刻一卷 ………………… 1－230
大事記十二卷通釋三卷解題十二卷
…………………………………………… 1－223
大事記十二卷通釋三卷解題十二卷
…………………………………………… 1－223
大明一統志九十卷 ……………………… 1－203
大明一統志九十卷 ……………………… 1－204
大明一統志九十卷 ……………………… 1－204
大明三藏法數五十卷 …………………… 1－203
大易參訂折中講義補象十卷 …………… 1－229
大易參訂折中講義補象十卷 …………… 1－229
大易參訂折中講義補象十卷 …………… 1－230
大易參訂折中講義補象十卷 …………… 1－230
大易緝說十卷 …………………………… 1－230
大金國志四十卷 ………………………… 1－202
大金國志四十卷 ………………………… 1－202
大金國志四十卷 ………………………… 1－202
大金國志四十卷 ………………………… 1－202
大金國志四十卷 ………………………… 1－202
大金國志四十卷 ………………………… 1－203
大金集禮四十卷 ………………………… 1－203
大金集禮四十卷 ………………………… 1－203
大泌山房集一百三十四卷目錄二卷
…………………………………………… 1－203
大宗地玄文本論略注四卷首一卷 ……… 1－231
大宗地玄文本論略註四卷首一卷 ……… 1－231
大宗師趙閬仙先生鑒定四書題說□
□卷 ……………………………………… 1－231
大函副墨二十二卷附汪南明年譜一
卷 ………………………………………… 1－202
大亭山館叢書 …………………………… 1－225
大美國史畧八卷 ………………………… 1－203
大美國史畧八卷 ………………………… 1－203
大洋洲蕭侯廟志八卷 …………………… 1－229
大洋洲蕭侯廟志八卷 …………………… 1－229
大乘入楞伽經七卷 ……………………… 1－199
大乘入楞伽經七卷 ……………………… 1－199
大乘止觀法門釋要六卷 ………………… 1－199
大乘止觀法門釋要六卷 ………………… 1－199
大乘中觀釋論十卷 ……………………… 1－199
大乘起信論一卷 ………………………… 1－198
大乘起信論直解二卷 …………………… 1－198
大乘起信論科注一卷 …………………… 1－198
大乘起信論科注一卷 …………………… 1－198
大乘起信論纂註二卷 …………………… 1－198
大乘起信論纂註二卷 …………………… 1－198
大乘起信論纂註二卷 …………………… 1－199
大乘理趣六波羅密多經十卷 …………… 1－198
大乘密嚴經三卷 ………………………… 1－198
大般若波羅蜜多經六百卷 ……………… 1－198
大般涅槃經四十卷 ……………………… 1－198
大般涅槃經四十卷 ……………………… 1－198
大般涅槃經四十卷 ……………………… 1－198
大唐六典三十卷 ………………………… 1－224
大唐六典三十卷 ………………………… 1－224
大唐六典三十卷 ………………………… 1－224
大唐開元占經一百二十卷 ……………… 1－224
大唐創業起居注三卷 …………………… 2－112
大唐新語十三卷 ………………………… 1－224
[同治]大庾縣志二十六卷首一卷 … 5－354
[同治]大庾縣志二十六卷首一卷 … 5－354
[同治]大庾縣志二十六卷首一卷 … 5－354
大清一統志三百五十六卷 ……………… 1－221
大清一統志三百五十六卷 ……………… 1－221
大清一統志三百五十六卷 ……………… 1－221
大清一統志五百卷 ……………………… 1－222
大清一統志五百卷 ……………………… 1－222
大清一統志四百二十四卷 ……………… 1－221
大清一統志四百二十四卷 ……………… 1－221
大清一統志四百二十四卷 ……………… 1－221
大清一統志四百二十四卷 ……………… 1－221
大清一統志表不分卷 …………………… 1－221
大清一統志表不分卷 …………………… 1－221
大清一統志表不分卷 …………………… 1－221
大清一統志表不分卷 …………………… 1－221
大清一統志表不分卷 …………………… 1－221
大清十朝聖訓九百二十二卷 …………… 1－218
大清中外壹統輿圖十六卷 ……………… 1－222
大清中外壹統輿圖中一卷南十卷北
二十卷首一卷 …………………………… 1－222

大清中外壹統輿圖中一卷南十卷北二十卷首一卷……………………… 1-222
大清中外壹統輿圖中一卷南十卷北二十卷首一卷……………………… 1-222
大清中外壹統輿圖中一卷南十卷北二十卷首一卷……………………… 1-222
大清中外壹統輿圖中一卷南十卷北二十卷首一卷……………………… 1-222
大清中外壹統輿圖中一卷南十卷北二十卷首一卷……………………… 1-222
大清中外壹統輿圖中一卷南十卷北二十卷首一卷……………………… 1-222
大清中外壹統輿圖中一卷南十卷北二十卷首一卷……………………… 1-223
大清中樞備覽二卷(清光緒三十四年夏季)……………………………… 1-222
大清中樞備覽不分卷(清光緒八年)……………………………………… 1-222
大清中樞備覽不分卷(清嘉慶三年秋)……………………………… 1-222
大清中樞備覽不分卷(清嘉慶四年)……………………………………… 1-222
大清刑律分則草案一卷……………… 1-220
大清刑律草案二編…………………… 1-220
大清刑律草案二編…………………… 1-220
大清刑律草案二編附律目考………… 1-220
大清光緒二十一年時憲書一卷……… 1-205
大清光緒二十一年時憲書不分卷…… 1-205
大清光緒二十二年時憲書一卷……… 1-205
大清光緒二十二年歲次丙申時憲書一卷…………………………………… 1-205
大清光緒二十七年時憲書不分卷…… 1-205
大清光緒二十八年歲次壬寅時憲書一卷…………………………………… 1-205
大清光緒二十九年時憲書不分卷…… 1-205
大清光緒二十年時憲書不分卷……… 1-205
大清光緒二十年通書一卷…………… 1-205
大清光緒二十年歲次甲午時憲書一卷…………………………………… 1-205
大清光緒十二年時憲書不分卷……… 1-206
大清光緒十七年時憲書一卷………… 1-206
大清光緒十八年通書不分卷………… 1-206
大清光緒十九年通書一卷…………… 1-206
大清光緒十五年時憲書不分卷……… 1-207
大清光緒十五年通書一卷…………… 1-207
大清光緒十五年通書不分卷………… 1-207
大清光緒十四年時憲書一卷………… 1-207
大清光緒十四年通書不分卷………… 1-207
[大清光緒十年通書]不分卷 ……… 5-277
大清光緒八年通書一卷……………… 1-205
大清光緒八年通書一卷……………… 1-205
大清光緒九年通書一卷……………… 1-205
大清光緒三十二年時憲書一卷……… 1-206
大清光緒三十二年通書不分卷……… 1-206
大清光緒三十三年通書一卷 ………… 2-96
大清光緒三十五年時憲書一卷……… 1-206
大清光緒三十四年歲次戊申時憲書一卷……………………………… 1-206
大清光緒元年通書一卷……………… 1-207
大清光緒廿一年通書不分卷………… 1-206
大清光緒廿二年日用便覽一卷……… 1-206
大清光緒廿六年通書一卷…………… 1-206
大清光緒廿年通書一卷……………… 1-206
大清光緒廿陸年日用便覽一卷……… 1-206
大清光緒廿壹年通書一卷…………… 1-206
大清光緒五年通書一卷……………… 1-207
大清光緒六年時憲書一卷…………… 1-205
大清光緒玖年通書一卷……………… 1-205
大清光緒叁拾四年通書一卷………… 1-206
大清光緒叁拾四年通書一卷………… 1-206
大清光緒叁拾叁年通書一卷………… 1-206
大清光緒叁拾叁年通書一卷………… 1-206
大清光緒叁拾壹年通書一卷………… 1-206
大清光緒拾年通書一卷……………… 1-207
大清光緒拾玖年通書一卷…………… 1-207
大清光緒拾玖年通書一卷…………… 1-207
大清光緒拾叁年通書一卷…………… 1-207
[大清光緒拾陸年通書]不分卷 …… 5-277
大清光緒拾壹年通書一卷…………… 1-207
[大清光緒拾壹年通書]不分卷 …… 5-277
[大清光緒拾肆年通書]不分卷 …… 5-277
大清光緒柒年通書一卷……………… 1-206

大清光緒捌年通書一卷……………… 1－205
大清光緒陸年通書一卷……………… 1－205
大清光緒通書二卷(光緒十四年至
光緒十五年) ……………………… 1－207
大清光緒通書十三卷(光緒七年至
光緒十九年) ……………………… 1－207
大清光緒通書不分卷(清光緒二年
至三十四年) ……………………… 1－207
大清光緒貳年日用便覽一卷………… 1－205
大清光緒貳年通書一卷……………… 1－205
[大清光緒貳拾伍年通書]不分卷 … 5－277
大清光緒貳拾玖年通書一卷………… 1－205
大清光緒肆年通書一卷……………… 1－207
大清光緒新法令十三卷附錄一卷…… 1－207
大清光緒新法令十三卷附錄一卷…… 1－207
[大清同治十年通書]不分卷 ……… 5－277
大清同治三年通書一卷……………… 1－219
大清同治六年通書一卷……………… 1－219
大清同治四年新通書一卷…………… 1－219
大清同治伍年通書一卷……………… 1－220
大清同治玖年通書一卷……………… 1－219
[大清同治叁年通書]不分卷 ……… 5－277
大清同治拾年通書一卷……………… 1－219
大清同治拾叁年通書一卷…………… 1－219
大清同治拾叁年通書一卷…………… 1－219
大清同治拾貳年通書一卷…………… 1－219
大清同治拾貳年通書一卷…………… 1－219
大清同治拾貳年通書一卷…………… 1－219
大清同治拾貳年通書一卷…………… 1－219
大清同治拾壹年通書一卷…………… 1－219
大清同治拾壹年通書一卷…………… 1－219
大清同治拾肆年通書一卷…………… 1－219
大清同治柒年通書一卷……………… 1－219
大清同治捌年通書一卷……………… 1－219
大清同治捌年通書一卷……………… 1－219
大清同治陸年通書一卷……………… 1－219
大清同治貳年通書一卷……………… 1－219
大清同治貳年通書一卷……………… 1－219
大清同治肆年通書一卷……………… 1－219
大清州縣名急就章不分卷…………… 1－223
大清法政彙編………………………… 1－205
大清法規大全一百五十九卷………… 1－204
大清法規大全一百五十九卷………… 1－204
大清法規大全一百五十九卷………… 1－204
大清法規大全一百六十八卷………… 1－204
大清咸豐二年合參通書不分卷……… 1－220
[大清咸豐七年通書]不分卷 ……… 5－278
[大清咸豐八年通書]不分卷 ……… 5－277
[大清咸豐八年通書]不分卷 ……… 5－278
[大清咸豐三年通書]不分卷 ……… 5－278
[大清咸豐三年通書]不分卷 ……… 5－278
[大清咸豐三年通書]不分卷 ……… 5－278
大清咸豐叁年通書一卷……………… 1－220
大清咸豐柒年通書一卷……………… 1－220
大清咸豐肆年通書一卷……………… 1－220
大清重刻龍藏彙記一卷……………… 1－223
大清律例三十九卷…………………… 1－212
大清律例四十七卷…………………… 1－212
大清律例四十七卷…………………… 1－212
大清律例四十七卷…………………… 1－212
大清律例四十七卷…………………… 1－212
大清律例四十七卷…………………… 1－212
大清律例四十七卷…………………… 1－212
大清律例四十七卷…………………… 1－212
大清律例四十七卷…………………… 1－212
大清律例四十七卷…………………… 1－212
大清律例四十七卷…………………… 2－112
大清律例四十七卷…………………… 2－112
大清律例四十七卷…………………… 2－112
大清律例刑案彙纂集成四十卷督捕
則例二卷…………………………… 1－215
大清律例刑案彙纂集成四十卷督捕
則例二卷…………………………… 1－215
大清律例刑案彙纂集成四十卷督捕
則例二卷…………………………… 1－215
大清律例刑案彙纂集成四十卷督捕
則例二卷…………………………… 1－215
大清律例刑案彙纂集成四十卷督捕
則例二卷…………………………… 1－215
大清律例刑案彙纂集成四十卷督捕
則例二卷…………………………… 1－215
大清律例刑案彙纂集成四十卷督捕

則例二卷……1-215
大清律例刑案彙纂集成四十卷督捕則例二卷……1-215
大清律例刑案彙纂集成四十卷督捕則例二卷……1-215
大清律例刑案彙纂集成四十卷督捕則例二卷……1-215
大清律例刑案彙纂集成四十卷督捕則例二卷……1-215
大清律例刑案彙纂集成四十卷督捕則例二卷……1-215
大清律例刑案彙纂集成四十卷督捕則例二卷……1-216
大清律例刑案彙纂集成四十卷督捕則例二卷……1-216
大清律例刑案彙纂集成四十卷督捕則例二卷……1-216
大清律例刑案彙纂集成四十卷督捕則例二卷……1-216
大清律例全編三十三卷首一卷……1-211
大清律例全編三十三卷首一卷……1-211
大清律例全編三十三卷首一卷督捕則例二卷……1-211
大清律例全纂四十卷……1-212
大清律例全纂四十卷督捕則例二卷……1-212
大清律例全纂集成三十三卷首一卷……1-211
大清律例全纂集成三十三卷首一卷……1-211
大清律例全纂集成三十三卷首一卷……1-212
大清律例□□卷……1-210
大清律例按語一百四卷……1-210
大清律例根原一百二十四卷……1-210
大清律例根原一百二十四卷……1-210
大清律例根原一百二十四卷……1-210
大清律例根原一百二十四卷督捕則例二卷……1-210
大清律例通考四十卷……1-212
大清律例通考四十卷……1-212
大清律例通纂四十卷……1-212
大清律例通纂四十卷……1-212
大清律例通纂四十卷……1-212
大清律例通纂四十卷……1-213
大清律例通纂四十卷……1-213
大清律例通纂四十卷督捕則例附纂二卷……1-213
大清律例通纂四十卷督捕則例附纂二卷……1-213
大清律例集要新編四十卷……1-211
大清律例集註三十三卷……1-211
大清律例集註三十三卷……2-98
大清律例統纂集成四十卷……1-213
大清律例統纂集成四十卷……1-213
大清律例統纂集成四十卷……1-213
大清律例統纂集成四十卷……1-213
大清律例統纂集成四十卷……1-213
大清律例統纂集成四十卷……1-213
大清律例統纂集成四十卷……1-213
大清律例統纂集成四十卷……1-213
大清律例統纂集成四十卷……1-213
大清律例統纂集成四十卷……1-213
大清律例統纂集成四十卷……1-213
大清律例統纂集成四十卷……1-213
大清律例統纂集成四十卷……1-213
大清律例統纂集成四十卷……1-214
大清律例統纂集成四十卷……1-214
大清律例統纂集成四十卷首一卷……1-214
大清律例統纂集成四十卷督捕則例附纂二卷……1-214
大清律例統纂集成四十卷督捕則例附纂二卷……1-214
大清律例統纂集成四十卷督捕則例附纂二卷……1-214
大清律例統纂集成四十卷督捕則例附纂二卷……1-214
大清律例統纂集成四十卷督捕則例附纂二卷……1-214
大清律例統纂集成四十卷督捕則例

附纂二卷 ………………………………… 1－214
大清律例統纂集成四十卷督捕則例
附纂二卷 ………………………………… 1－214
大清律例統纂集成四十卷督捕則例
附纂二卷 ………………………………… 1－214
大清律例會通新纂四十卷 …………… 1－210
大清律例會通新纂四十卷 …………… 1－210
大清律例會通新纂四十卷 …………… 1－210
大清律例會通新纂四十卷 …………… 1－210
大清律例會通新纂四十卷 …………… 1－210
大清律例新增統纂集成四十卷 ……… 1－214
大清律例新增統纂集成四十卷 ……… 1－214
大清律例新增統纂集成四十卷 ……… 1－214
大清律例新增統纂集成四十卷 ……… 1－214
大清律例新增統纂集成四十卷督捕
則例附纂二卷 …………………………… 1－214
大清律例新增統纂集成四十卷督捕
則例附纂二卷 …………………………… 1－215
大清律例彙編三十三卷 ……………… 1－210
大清律例彙輯便覽四十卷 …………… 1－210
大清律例彙輯便覽四十卷督捕則例
二卷五軍道里表一卷三流道里表
一卷 ……………………………………… 1－210
大清律例彙輯便覽四十卷督捕則例
二卷五軍道里表一卷三流道里表
一卷 ……………………………………… 1－211
大清律例彙輯便覽四十卷督捕則例
二卷五軍道里表一卷三流道里表
一卷 ……………………………………… 1－211
大清律例彙輯便覽四十卷督捕則例
二卷五軍道里表一卷三流道里表
一卷 ……………………………………… 1－211
大清律例彙輯便覽四十卷督捕則例
二卷五軍道里表一卷三流道里表
一卷 ……………………………………… 1－211
大清律例彙輯便覽四十卷督捕則例
二卷五軍道里表一卷三流道里表
一卷 ……………………………………… 1－211
大清律例彙輯便覽四十卷督捕則例
二卷五軍道里表一卷三流道里表
一卷 ……………………………………… 1－211
大清律例彙輯便覽四十卷督捕則例
二卷五軍道里表一卷三流道里表
一卷秋審實緩比較彙案一卷部頒
新增一卷 ………………………………… 1－211
大清律例增修統纂集成四十卷 ……… 1－216
大清律例增修統纂集成四十卷 ……… 1－216
大清律例增修統纂集成四十卷 ……… 1－216
大清律例增修統纂集成四十卷督捕
則例附纂二卷 …………………………… 1－216
大清律例增修統纂集成四十卷督捕
則例附纂二卷 …………………………… 1－216
大清律例增修統纂集成四十卷督捕
則例附纂二卷 …………………………… 1－216
大清律例增修統纂集成四十卷督捕
則例附纂二卷 …………………………… 1－216
大清律例增修統纂集成四十卷督捕
則例附纂二卷 …………………………… 1－216
大清律例增修統纂集成四十卷督捕
則例附纂二卷 …………………………… 1－216
大清律例增修統纂集成四十卷督捕
則例附纂二卷 …………………………… 1－216
大清律例增修統纂集成四十卷督捕
則例附纂二卷 …………………………… 1－217
大清律例增修統纂集成四十卷督捕
則例附纂二卷 …………………………… 1－217
大清律例增修統纂集成四十卷督捕
則例附纂二卷 …………………………… 1－217
大清律例增修統纂集成四十卷督捕
則例附纂二卷 …………………………… 1－217
大清律例增修統纂集成四十卷督捕
則例附纂二卷 …………………………… 1－217
大清律例增修統纂集成四十卷督捕
則例附纂二卷 …………………………… 1－217
大清律例增修統纂集成四十卷督捕
則例附纂二卷 …………………………… 1－217
大清律例增修統纂集成四十卷督捕
則例附纂二卷 …………………………… 1－217
大清律例增修統纂集成四十卷督捕
則例附纂二卷 …………………………… 1－217
大清律例增修統纂集成四十卷督捕
則例附纂二卷 …………………………… 1－217

大清律例增修統纂集成四十卷督捕則例附纂二卷 …… 1－217
大清律例增修統纂集成四十卷督捕則例附纂二卷 …… 1－217
大清律例增修統纂集成四十卷督捕則例附纂二卷 …… 1－217
大清律例增修統纂集成四十卷督捕則例附纂二卷 …… 1－218
大清律例增修統纂集成四十卷督捕則例附纂二卷 …… 1－218
大清律例增修統纂集成四十卷督捕則例附纂二卷 …… 1－218
大清律例增修統纂集成四十卷督捕則例附纂二卷 …… 1－218
大清律例增修統纂集成四十卷督捕則例附纂二卷 …… 1－218
大清律例增修統纂集成四十卷督捕則例附纂二卷 …… 1－218
大清律例總類不分卷 …… 1－218
大清律集解附例三十卷 …… 1－209
大清律集解附例三十卷 …… 1－209
大清律集解附例三十卷附一卷 …… 1－210
大清律集解附例三十卷附一卷 …… 1－210
大清律集解附例三十卷附服制一卷圖一卷大清律例總類六卷 …… 1－209
大清律集解附例三十卷附服制一卷圖一卷大清律例總類六卷 …… 1－209
大清律集解附例三十卷圖一卷服制一卷律例總類六卷 …… 1－210
大清律集解附例三十卷圖一卷服制一卷律例總類六卷 …… 1－210
大清律纂修條例五十卷 …… 1－218
大清律纂修條例不分卷 …… 1－218
大清宣統二年通書一卷 …… 1－220
大清宣統二年通書一卷 …… 1－220
大清宣統二年通書一卷 …… 1－220
大清宣統二年通書一卷 …… 1－220
大清宣統三年時憲書一卷 …… 1－220
大清宣統三年時憲書一卷 …… 1－220
大清宣統三年通書不分卷 …… 1－221
大清宣統元年通書一卷 …… 1－221
大清宣統新法令不分卷 …… 1－221
大清宣統新法令不分卷 …… 1－221
[大清通書]不分卷 …… 5－277
[大清通書]不分卷 …… 5－277
[大清通書]不分卷 …… 5－277
大清通禮五十四卷 …… 1－218
大清通禮五十四卷 …… 1－218
大清通禮五十四卷 …… 1－219
大清通禮五十卷 …… 1－218
大清通禮五十卷 …… 1－218
大清通禮五十卷 …… 1－218
大清通禮品官士庶人喪禮傳二卷 …… 1－218
大清通禮品官士庶儀纂六卷 …… 1－218
大清現行刑律三十六卷首一卷附禁煙條例一卷秋審條款一卷 …… 1－220
大清現行刑律三十六卷首一卷附禁煙條例一卷秋審條款一卷 …… 1－220
大清現行刑律案語不分卷 …… 1－220
大清現行刑律案語不分卷 …… 1－220
大清現行法律章程彙纂二卷 …… 1－220
大清教育新法令二十六章 …… 1－208
大清教育新法令十三編續編十一編 …… 1－208
大清乾隆四十三年歲次戊戌榮東隨意登載一卷 …… 1－218
大清國大英國會議條款一卷 …… 1－207
大清壹統輿圖中一卷南十卷北二十卷首一卷 …… 1－222
大清壹統輿圖中一卷南十卷北二十卷首一卷 …… 1－222
大清壹統輿圖中一卷南十卷北二十卷首一卷 …… 1－222
大清壹統輿圖中一卷南十卷北二十卷首一卷 …… 1－222
[大清道光二十二年通書]不分卷 …… 5－276
[大清道光二十二年通書]不分卷 …… 5－276
大清道光二十七年通書一卷 …… 1－204
[大清道光二十七年通書]不分卷 …… 5－276
[大清道光二十九年通書]不分卷 …… 5－276
[大清道光二十三年通書]不分卷 …… 5－277
[大清道光二十五年通書]不分卷 …… 5－277

[大清道光二十六年通書]不分卷 …… 5－276
[大清道光十年通書]不分卷 ……… 5－277
大清道光三年通書一卷……………… 1－204
[大清道光廿年通書]不分卷 ……… 5－277
[大清道光六年通書]不分卷 ……… 5－277
大清道光伍年通書一卷……………… 1－204
大清道光叁拾年通書一卷…………… 1－204
[大清道光拾柒年通書]不分卷 …… 5－277
大清道光拾捌年通書一卷…………… 1－204
[大清道光拾陸年通書]不分卷 …… 5－277
大清道光拾貳年通書一卷…………… 1－204
大清道光拾貳年通書一卷…………… 1－204
大清道光柒年通書一卷……………… 1－204
大清道光捌年通書一卷……………… 1－204
大清道光貳拾玖年通書一卷………… 1－204
[大清道光貳拾捌年通書]不分卷 … 5－277
大清搢紳全書不分卷………………… 1－208
大清搢紳全書不分卷(清光緒二十
　三年) …………………………… 1－208
大清搢紳全書不分卷(清光緒十三
　年) ……………………………… 1－208
大清搢紳全書不分卷(清道光十五
　年至宣統二年) ………………… 1－208
大清搢紳全書四卷…………………… 1－208
大清搢紳全書四卷…………………… 1－208
大清搢紳全書四卷…………………… 1－208
大清搢紳全書四卷…………………… 1－208
大清搢紳全書四卷…………………… 1－208
大清會典一百六十二卷……………… 1－207
大清會典四卷………………………… 1－207
大清會典四卷………………………… 1－207
大清新刑律二編……………………… 1－220
大清新法令十三類附錄三種………… 1－220
[大清嘉慶拾玖年通書]不分卷 …… 5－277
大清嘉慶貳拾年通書一卷…………… 1－208
大清縉紳全書不分卷(清光緒二十
　八年) …………………………… 1－208
大清縉紳全書不分卷(清光緒二十
　三年冬) ………………………… 1－208
大清縉紳全書不分卷(清光緒二十
　三年冬) ………………………… 1－208
大清縉紳全書不分卷(清光緒二十
　六年) …………………………… 1－208
大清縉紳全書不分卷(清光緒二十
　四年) …………………………… 1－208
大清縉紳全書不分卷(清光緒二十
　四年) …………………………… 1－208
大清縉紳全書不分卷(清光緒十二
　年) ……………………………… 1－209
大清縉紳全書不分卷(清光緒十二
　年秋) …………………………… 1－209
大清縉紳全書不分卷(清光緒十八
　年) ……………………………… 1－209
大清縉紳全書不分卷(清光緒十八
　年) ……………………………… 1－209
大清縉紳全書不分卷(清光緒十九
　年) ……………………………… 1－209
大清縉紳全書不分卷(清光緒十五
　年) ……………………………… 1－209
大清縉紳全書不分卷(清光緒十五
　年) ……………………………… 1－209
大清縉紳全書不分卷(清光緒五年)
　………………………………… 1－209
大清縉紳全書不分卷(清同治十三
　年) ……………………………… 1－209
大清縉紳全書不分卷(清同治十年)
　………………………………… 1－209
大清縉紳全書不分卷(清同治元年)
　………………………………… 1－209
大清縉紳全書不分卷(清同治四年)
　………………………………… 1－209
大清縉紳全書不分卷(清宣統二年)
　………………………………… 1－209
大清縉紳全書不分卷(清宣統元年)
　………………………………… 1－209
大清縉紳全書不分卷(清乾隆五十
　年) ……………………………… 1－209
大清縉紳全書不分卷(清道光二十
　九年) …………………………… 1－208
大清縉紳全書不分卷(道光十三年)
　………………………………… 1－208
大婚禮節一卷………………………… 1－202

大雲山房文稿二集四卷………………… 1－230
大雲山房文稾初集四卷………………… 1－230
大雲山房文稾初集四卷………………… 1－230
大雲山房文稾初集四卷二集四卷…… 1－230
大雲山房文稾初集四卷二集四卷言
事二卷……………………………… 1－230
大雲山房文稾初集四卷二集四卷言
事二卷……………………………… 1－230
大雲山房文稾初集四卷二集四卷言
事二卷……………………………… 1－230
大雲山房文稾初集四卷二集四卷言
事二卷……………………………… 1－230
大雲山房文稾初集四卷二集四卷言
事二卷……………………………… 1－230
大雲山房文稾初集四卷二集四卷言
事二卷……………………………… 1－230
大雲山房文稾初集四卷二集四卷言
事二卷……………………………… 1－231
大雲山房言事二卷……………………… 1－231
大雅堂訂正枕中十書…………………… 1－229
大悲心咒持誦簡法一卷………………… 1－198
大悲經五卷……………………………… 1－198
大悲懺儀合節一卷……………………… 1－198
大道尊經不分卷………………………… 1－200
大業雜記一卷…………………………… 2－112
大意尊聞三卷…………………………… 1－230
大義覺迷錄四卷………………………… 1－230
大滌山房詩錄八卷試帖一卷………… 1－200
大廣益會玉篇三十卷…………………… 1－202
大廣益會玉篇三十卷…………………… 1－202
大廣益會玉篇三十卷…………………… 1－202
大廣益會玉篇三十卷玉篇廣韻指南
一卷………………………………… 1－202
大潛山房詩鈔一卷……………………… 1－204
大曆詩略六卷…………………………… 1－203
大學一卷………………………………… 1－229
大學一卷中庸一卷……………………… 1－229
大學大全章句一卷……………………… 1－226
大學示掌一卷中庸示掌一卷………… 1－226
大學古本質言一卷……………………… 1－226
大學古本質言一卷……………………… 1－226
大學古本質言一卷……………………… 1－226
大學直解二卷…………………………… 1－229
大學衍義四十三卷……………………… 1－227
大學衍義四十三卷……………………… 1－227
大學衍義四十三卷……………………… 1－227
大學衍義四十三卷……………………… 1－227
大學衍義四十三卷……………………… 1－228
大學衍義四十三卷……………………… 1－228
大學衍義四十三卷……………………… 1－228
大學衍義四十三卷……………………… 1－228
大學衍義四十三卷……………………… 1－228
大學衍義四十三卷……………………… 1－228
大學衍義四十三卷……………………… 1－228
大學衍義四十三卷……………………… 1－228
大學衍義四十三卷……………………… 1－228
大學衍義四十三卷……………………… 1－228
大學衍義四十三卷……………………… 1－228
大學衍義四十三卷……………………… 1－228
大學衍義四十三卷……………………… 1－228
大學衍義四十三卷……………………… 1－228
大學衍義四十三卷……………………… 1－228
大學衍義四十三卷……………………… 1－228
大學衍義四十三卷……………………… 1－228
大學衍義四十三卷……………………… 1－228
大學衍義四十三卷……………………… 1－228
大學衍義四十三卷……………………… 1－228
大學衍義四十三卷……………………… 1－228
大學衍義四十三卷……………………… 1－229
大學衍義四十三卷……………………… 1－229
大學衍義四十三卷……………………… 1－229
大學衍義四十三卷……………………… 1－229
大學衍義四十三卷……………………… 1－229
大學衍義補一百六十卷………………… 1－229
大學衍義補一百六十卷首一卷……… 1－226
大學衍義補一百六十卷首一卷……… 1－226
大學衍義補一百六十卷首一卷……… 1－226
大學衍義補一百六十卷首一卷……… 1－226
大學衍義補一百六十卷首一卷……… 1－226
大學衍義補一百六十卷首一卷……… 1－227
大學衍義補一百六十卷首一卷……… 1－227

大學衍義補一百六十卷首一卷……… 1－227
大學衍義補一百六十卷首一卷……… 1－227
大學衍義補一百六十卷首一卷……… 1－227
大學衍義補一百六十卷首一卷……… 1－227
大學衍義補一百六十卷首一卷……… 1－227
大學衍義補一百六十卷首一卷……… 1－227
大學衍義補一百六十卷首一卷……… 1－227
大學衍義補輯要十二卷首一卷……… 1－226
大學衍義補輯要十二卷首一卷……… 1－227
大學衍義輯要六卷……………………… 1－227
大學衍義輯要六卷大學衍義補輯要十二卷……………………………… 1－227
大學衍義體要十六卷…………………… 1－229
大學衍義體要十六卷…………………… 1－229
大學通八卷……………………………… 1－226
大學堂章程不分卷……………………… 1－226
大學章句一卷…………………………… 1－229
大學章句本義匯參三卷首一卷……… 1－229
大學章句本義匯參三卷首一卷……… 1－229
大學貫通全解二卷……………………… 1－226
大學集說啓蒙一卷……………………… 1－226
大學集說啓蒙一卷中庸集說啓蒙一卷…………………………………… 1－226
大學疏義一卷…………………………… 1－226
大學意讀一卷…………………………… 1－229
大學義疏一卷中庸義疏二卷………… 1－229
大學稽中傳三卷………………………… 1－226
大學翼真七卷…………………………… 1－229
大學闡要一卷…………………………… 1－226
大錢圖錄一卷…………………………… 1－204
大戴禮記十三卷………………………… 1－199
大戴禮記十三卷………………………… 1－199
大戴禮記十三卷………………………… 1－199
大戴禮記十三卷………………………… 1－200
大戴禮記十三卷………………………… 1－200
大戴禮記十三卷………………………… 1－200
大戴禮記十三卷………………………… 1－200
大戴禮記十三卷………………………… 1－200
大戴禮記十三卷………………………… 1－200
大戴禮記十三卷………………………… 1－200
大戴禮記補注十三卷序錄一卷……… 1－199
大戴禮記補注十三卷序錄一卷……… 1－199
大戴禮記補注十三卷序錄一卷……… 1－199
大戴禮記解詁十三卷…………………… 1－199
大戴禮記解詁十三卷…………………… 1－199
大戴禮記解詁十三卷…………………… 1－199
大戴禮記解詁十三卷…………………… 1－199
大戴禮記解詁十三卷…………………… 1－199
大戴禮記解詁十三卷…………………… 1－199
大戴禮記解詁十三卷…………………… 1－199
大戴禮記解詁十三卷…………………… 1－199
大戴禮記解詁十三卷…………………… 1－199
大戴禮記解詁十三卷…………………… 1－199
大戴禮記解詁十三卷…………………… 1－199
大題三萬選不分卷……………………… 1－224
大題五萬選不分卷……………………… 1－225
大題文府不分卷………………………… 1－224
大題文府不分卷………………………… 1－224
大題文府不分卷………………………… 1－224
大題文府不分卷………………………… 1－224
大題文府不分卷………………………… 1－224
大題文府不分卷………………………… 1－224
大題文府不分卷………………………… 1－224
大題文府不分卷………………………… 1－225
大題文府不分卷………………………… 1－225
大題文府不分卷………………………… 1－225
大題文府不分卷………………………… 1－225
大題文府不分卷………………………… 1－225
大題文府不分卷………………………… 1－225
大題雋快二編不分卷…………………… 1－224
大題雋快初編不分卷…………………… 1－224
大題羣玉府不分卷……………………… 1－224
大題羣玉府不分卷……………………… 1－224
大題篋存草不分卷……………………… 1－224
大題觀海二集不分卷…………………… 1－224
大櫟園詩鈔四卷………………………… 1－203
大觀堂文集十九卷首一卷…………… 1－202
[丈量魚鱗清冊]不分卷 …………… 5－387
才子西廂醉心篇一卷…………………… 1－463
才子雜字二卷 ………………………… 1－67
才調集十卷 …………………………… 1－67
才調集十卷 …………………………… 1－67

才調集十卷 …………………………… 1－67
才調集十卷 …………………………… 1－67
才調集補註十卷 ……………………… 1－67
才調集補註十卷 ……………………… 1－67
才調集補註十卷 ……………………… 1－67
才調集補註十卷 ……………………… 1－67
才調集選三卷 ………………………… 1－67
寸心草堂詩鈔六卷集外詩二卷補遺
一卷 ………………………………… 1－193
寸心草堂詩鈔六卷集外詩二卷補遺
一卷 ………………………………… 1－193
寸草軒詩存四卷 …………………… 1－193
寸草軒詩存四卷 …………………… 1－193
寸草軒詩存四卷 …………………… 1－193
寸草軒詩存四卷 …………………… 1－193
寸草軒詩存四卷 …………………… 1－193
寸草軒詩存四卷 …………………… 1－193
寸草軒詩存四卷 ……………………… 2－94
寸陰叢錄四卷 ……………………… 1－193
寸園存粕初編十二卷 ……………… 1－193
寸園存粕初編十二卷 ……………… 1－193
弋陽三賢集 ………………………… 4－316
[乾隆]弋陽縣志十三卷首一卷 …… 5－338
[同治]弋陽縣志十四卷首一卷 …… 5－369
[同治]弋陽縣志十四卷首一卷 …… 5－369
上六團賓興堂志不分卷 …………… 3－125
上六團賓興堂志不分卷 …………… 3－125
[同治]上江兩縣志二十九卷首一卷
…………………………………… 5－364
[同治]上江兩縣志二十九卷首一卷
…………………………………… 5－364
上高重修躍錦橋善後會籍三卷首一
卷 ………………………………… 3－124
上高重修躍錦橋善後會籍三卷首一
卷 ………………………………… 3－124
上高重修躍錦橋善後會籍三卷首一
卷 ………………………………… 3－124
上高重修躍錦橋善後會籍三卷首一
卷 ………………………………… 3－124
上高景高書院冊四卷首一卷 ……… 3－124
上高景高書院冊四卷首一卷 ……… 3－124
[嘉慶]上高縣志十七卷首一卷末一
卷 ………………………………… 5－302
[嘉慶]上高縣志十七卷首一卷末一
卷 ………………………………… 5－302
[嘉慶]上高縣志十七卷首一卷末一
卷 ………………………………… 5－302
[嘉慶]上高縣志十七卷首一卷末一
卷 ………………………………… 5－302
上高縣育秀堂志不分卷 …………… 3－124
上高縣賓興堂志不分卷 …………… 3－124
上海千頃堂書莊精校新增繪圖幼學
故事瓊林四卷首一卷 …………… 3－125
上海曹氏鄉賢錄六卷 ……………… 3－125
[同治]上海縣志三十二卷首一卷末
一卷 ……………………………… 5－364
[同治]上海縣志三十二卷首一卷末
一卷 ……………………………… 5－364
[同治]上海縣志三十二卷首一卷末
一卷 ……………………………… 5－364
[同治]上海縣志三十二卷首一卷末
一卷 ……………………………… 5－364
[光緒]上猶縣志十八卷首一卷 …… 5－295
[光緒]上猶縣志十八卷首一卷 …… 5－295
[光緒]上猶縣志十八卷首一卷 …… 5－295
[乾隆]上猶縣志十三卷 …………… 5－336
上湖分類文編十卷 ………………… 3－125
[光緒]上虞縣志四十八卷首一卷末
一卷 ……………………………… 5－295
[光緒]上虞縣志四十八卷首一卷末
一卷 ……………………………… 5－295
[上諭]一卷(嘉慶四年春月) ……… 5－343
上諭內閣一百五十九卷 …………… 3－125
[同治]上饒縣志二十六卷首一卷 … 5－364
[同治]上饒縣志二十六卷首一卷 … 5－364
[同治]上饒縣志二十六卷首一卷 … 5－364
[同治]上饒縣志二十六卷首一卷 … 5－365
[乾隆]上饒縣志十三卷 …………… 5－336
口碑錄一卷 ………………………… 2－249
口齒類要一卷 ……………………… 2－249
巾經纂二十卷 ……………………… 2－175
巾經纂二十卷 ……………………… 2－175

巾經纂二十卷…………………………2－175
巾經纂二十卷…………………………2－175
巾經纂二十卷…………………………4－106
巾經纂不分卷…………………………2－175
巾箱試帖不分卷………………………2－175
山木居士外集四卷……………………3－113
山木居士外集四卷……………………3－113
山木居士外集四卷……………………3－113
山木居士外集四卷……………………3－113
山左校士錄四書文不分卷……………3－114
山右金石錄一卷………………………3－114
[山田契抄白]不分卷 …………………5－343
[乾隆]山西志輯要十卷首一卷 ……5－336
[光緒]山西通志一百八十四卷首一卷…………………………………5－295
[光緒]山西通志一百八十四卷首一卷…………………………………5－295
[雍正]山西通志二百三十卷 ………5－382
[雍正]山西通志二百三十卷 ………5－383
山西闈墨不分卷………………………3－113
山西疆域沿革圖譜五卷………………3－113
山羊全書一卷…………………………3－114
山谷內集詩注二十卷…………………3－108
山谷內集詩注二十卷…………………3－108
山谷內集詩注二十卷…………………3－108
山谷內集詩注二十卷…………………3－108
山谷內集詩注二十卷…………………3－108
山谷外集詩注十七卷…………………3－108
山谷外集詩注十七卷…………………3－108
山谷外集詩注十七卷…………………3－108
山谷外集詩注十七卷…………………3－108
山谷外集詩注十七卷…………………3－108
山谷外集詩註十七卷…………………3－108
山谷外集詩註十七卷…………………3－108
山谷外集詩註十七卷…………………3－109
山谷外集詩註十七卷…………………3－109
山谷外集詩註十七卷…………………3－109
山谷外集詩註十七卷…………………3－109
山谷外集詩註十七卷…………………3－109
山谷外集詩註十七卷…………………3－109
山谷外集詩註十七卷…………………3－109
山谷外集詩註十七卷…………………3－109
山谷外集詩註十七卷…………………3－109
山谷外集詩註十七卷…………………3－109
山谷外集詩註十七卷…………………3－109
山谷外集詩註十七卷…………………3－110
山谷外集詩註十七卷…………………3－110
山谷外集詩註十七卷…………………3－110
山谷外集詩註十七卷…………………5－391
山谷老人刀筆二十卷…………………3－108
山谷老人刀筆二十卷山谷題跋四卷…………………………………3－108
山谷先生年譜十五卷…………………5－165
山谷先生年譜十五卷…………………5－165
山谷先生年譜三十卷…………………4－498
山谷先生年譜三十卷…………………4－498
山谷先生年譜三十卷…………………4－498
山谷別集詩注二卷……………………3－108
山谷別集詩注二卷……………………3－108
山谷別集詩注二卷……………………3－108
山谷別集詩注二卷……………………3－108
山谷別集詩注二卷……………………3－108
山谷別集詩註二卷……………………3－108
山谷別集詩註二卷……………………3－108
山谷別集詩註二卷……………………3－109
山谷別集詩註二卷……………………3－109
山谷別集詩註二卷……………………3－109
山谷別集詩註二卷……………………3－109
山谷別集詩註二卷……………………3－109
山谷別集詩註二卷……………………3－109
山谷別集詩註二卷……………………3－109
山谷別集詩註二卷……………………3－109
山谷別集詩註二卷……………………3－109
山谷別集詩註二卷……………………3－109
山谷別集詩註二卷……………………3－109
山谷別集詩註二卷……………………3－110
山谷別集詩註二卷……………………3－110
山谷別集詩註二卷……………………3－110
山谷別集詩註二卷……………………5－391
山谷詩內集注二十卷…………………3－110
山谷詩內集注二十卷…………………3－110
山谷詩內集注二十卷…………………3－110

山谷詩外集注十七卷…………………… 3－110
山谷詩外集注十七卷…………………… 3－110
山谷詩外集注十七卷補四卷………… 3－110
山谷詩外集注十七卷補四卷………… 3－110
山谷詩別集注二卷……………………… 3－110
山谷詩別集注二卷補一卷…………… 3－110
山谷詩別集注二卷補一卷…………… 3－110
山谷詩集注二十卷……………………… 3－108
山谷詩集注二十卷……………………… 3－108
山谷詩集注二十卷……………………… 3－109
山谷詩集注二十卷……………………… 3－109
山谷詩集注二十卷……………………… 3－109
山谷詩集注二十卷……………………… 3－109
山谷詩集注二十卷……………………… 3－109
山谷詩集注二十卷……………………… 3－109
山谷詩集注二十卷……………………… 3－109
山谷詩集注二十卷……………………… 3－109
山谷詩集注二十卷……………………… 3－109
山谷詩集注二十卷……………………… 3－109
山谷詩集注二十卷……………………… 3－109
山谷詩集注二十卷……………………… 3－110
山谷詩集注二十卷……………………… 3－110
山谷詩集注二十卷……………………… 3－110
山谷詩集注二十卷……………………… 5－391
山谷詩鈔不分卷………………………… 3－108
山東奏定賑捐章程不分卷…………… 3－107
山東軍興紀畧二十二卷……………… 3－107
山東軍興紀畧二十二卷……………… 3－107
［雍正］山東通志三十六卷首一卷　… 5－382
［雍正］山東通志三十六卷首一卷　… 5－382
山東運河備覽十卷圖一卷…………… 3－107
山法全書十九卷首二卷……………… 3－107
山法全書十九卷首二卷……………… 3－107
山法全書十九卷首二卷……………… 3－108
山法全書十九卷首二卷……………… 3－108
山法全書十九卷首二卷……………… 3－108
山法全書十九卷首二卷……………… 3－108
山泉吳氏小傳一卷　………………… 4－61
山洋指迷原本四卷…………………… 3－114
山洋指迷原本四卷…………………… 3－114
山海經十八卷………………………… 3－111
山海經十八卷………………………… 3－111
山海經十八卷………………………… 3－111
山海經十八卷………………………… 3－111
山海經十八卷………………………… 3－111
山海經十八卷………………………… 3－111
山海經十八卷………………………… 3－111
山海經十八卷………………………… 3－111
山海經十八卷………………………… 3－111
山海經十八卷………………………… 3－111
山海經十八卷………………………… 3－112
山海經十八卷………………………… 3－112
山海經十八卷………………………… 3－112
山海經十八卷………………………… 3－112
山海經十八卷………………………… 3－112
山海經十八卷………………………… 3－112
山海經十八卷………………………… 3－112
山海經十八卷………………………… 3－112
山海經十八卷………………………… 3－112
山海經十八卷………………………… 3－112
山海經十八卷………………………… 3－112
山海經十八卷………………………… 3－112
山海經十八卷古今本篇目考一卷…… 3－112
山海經十八卷圖一卷………………… 3－112
山海經十八卷圖一卷………………… 3－112
山海經十八卷圖五卷古今本篇目考
　一卷………………………………… 3－112
山海經十八卷圖五卷古今本篇目考
　一卷………………………………… 3－112
山海經十八卷圖讚一卷……………… 3－112
山海經十八卷圖讚一卷……………… 3－112
山海經十八卷圖讚一卷……………… 3－112
山海經十八卷圖讚一卷訂譌一卷…… 3－112
山海經存九卷首一卷………………… 3－110
山海經補注一卷……………………… 3－110
山海經補注一卷……………………… 3－112
山海經補注一卷……………………… 3－112
山海經補注一卷……………………… 3－112
山海經箋疏十八卷圖讚一卷訂譌一
　卷敘錄一卷………………………… 3－111
山海經箋疏十八卷圖讚一卷訂譌一
　卷敘錄一卷………………………… 3－111

山海經箋疏十八卷圖讚一卷訂譌一
卷敘錄一卷 ………………………… 3－111
山海經箋疏十八卷圖讚一卷訂譌一
卷敘錄一卷 ………………………… 3－111
山海經箋疏十八卷圖讚一卷訂譌一
卷敘錄一卷 ………………………… 3－111
山海經箋疏十八卷圖讚一卷訂譌一
卷敘錄一卷 ………………………… 3－111
山海經箋疏十八卷圖讚一卷訂譌一
卷敘錄一卷 ………………………… 3－111
山海經箋疏十八卷圖讚一卷訂譌一
卷敘錄一卷 ………………………… 3－111
山海經箋疏十八卷圖讚一卷訂譌一
卷敘錄一卷 ………………………… 5－391
山海經廣注十八卷 ……………………… 3－110
山海經廣注十八卷 ……………………… 3－110
山海經廣注十八卷 ……………………… 3－110
山海經廣注十八卷 ……………………… 3－110
山海經廣注十八卷山海經雜述一卷
……………………………………… 3－111
山海經廣注十八卷山海經雜述一卷
……………………………………… 3－111
山海經廣注十八卷讀山海經語一卷
山海經雜述一卷 ……………………… 3－110
山海經廣注十八卷讀山海經語一卷
山海經雜述一卷 ……………………… 3－111
山海經雜述一卷 ……………………… 3－112
山海經雜述一卷 ……………………… 3－112
山海經雜述一卷圖五卷 ……………… 3－113
山海漫談五卷 ………………………… 3－113
山帶閣注楚辭六卷首一卷餘論二卷
說韻一卷 …………………………… 3－107
山堂肆考二百二十八卷補遺十二卷
……………………………………… 3－113
山堂肆考二百二十八卷補遺十二卷
……………………………………… 3－113
山堂肆考二百二十八卷補遺十二卷
……………………………………… 3－113
山堂肆考二百二十八卷補遺十二卷
……………………………………… 3－113
山虀詩選十五卷 ……………………… 3－113
山聞詩一卷續集一卷 ………………… 3－113
山樵書外紀一卷 ……………………… 4－329
山曉閣文選 …………………………… 3－113
山曉閣文選 …………………………… 3－113
山曉閣重訂昭明文選十二卷 ………… 3－114
山曉閣重訂昭明文選十二卷 ………… 3－114
山曉閣重訂昭明文選十二卷 ………… 3－114
山曉閣國策選四卷 …………………… 3－113
山曉閣國語四卷 ……………………… 3－113
山曉閣選古文全集三十二卷 ………… 3－113
山曉閣選明文全集二十四卷 ………… 3－114
山曉閣選明文全集二十四卷 ………… 3－114
山曉閣選明文續集八卷 ……………… 3－114
千古奇聞八卷 ………………………… 3－23
千字文一卷 …………………………… 3－25
千字文重注一卷 ……………………… 3－25
千字文釋義一卷 ……………………… 3－25
千字文釋義一卷 ……………………… 3－25
千字文釋義一卷 ……………………… 3－25
千字文釋義一卷 ……………………… 3－25
千字文釋義一卷 ……………………… 3－25
千字文釋義一卷 ……………………… 3－25
千字文釋義一卷 ……………………… 3－25
千字文釋義一卷 ……………………… 3－25
千字文釋義一卷 ……………………… 3－25
千字文釋義一卷 ……………………… 3－25
千字文釋義一卷 ……………………… 3－25
千字文釋義一卷 ……………………… 3－105
千字文釋義一卷 ……………………… 3－105
千字文釋義一卷 ……………………… 3－105
千字文釋義一卷 ……………………… 3－105
千字文釋義一卷 ……………………… 3－105
千字文釋義一卷 ……………………… 3－105
千字文釋義一卷 ……………………… 3－105
千金裘二十七卷 ……………………… 3－24
千金裘二十七卷 ……………………… 3－24
千金裘二十七卷 ……………………… 3－24
千金裘二十七卷 ……………………… 3－24
千金裘二十七卷 ……………………… 3－24

千金裘二十七卷 …………………… 3－24
千金裘二十七卷 …………………… 3－24
千金裘二十七卷 …………………… 3－24
千金裘二十七卷 …………………… 3－24
千金裘二十七卷 …………………… 3－24
千金裘二十七卷 …………………… 3－24
千金裘二十七卷 …………………… 3－24
千金裘二十七卷…………………… 5－249
千金裘二十七卷…………………… 5－249
千金裘二集二十六卷 ……………… 3－23
千金裘二集二十六卷 ……………… 3－23
千金裘不分卷 ……………………… 3－23
千金歌一卷 ………………………… 3－23
千金翼方三十卷 …………………… 3－24
千金翼方三十卷 …………………… 3－24
千金翼方三十卷 …………………… 3－24
千金翼方三十卷 …………………… 3－24
千金翼方三十卷 …………………… 3－24
千金翼方三十卷 …………………… 3－25
千金翼方三十卷…………………… 5－249
千金寶要六卷 ……………………… 3－23
千金寶要六卷 ……………………… 3－23
千金寶要六卷附清寧丸方一卷 ……… 3－23
千秋金鑑錄五卷 …………………… 3－25
千秋金鑑錄五卷…………………… 3－426
千秋金鑑錄五卷…………………… 3－426
千秋金鑑錄五卷…………………… 3－426
千秋金鑑錄五卷…………………… 3－426
千秋金鑑錄五卷…………………… 3－426
千秋金鑑錄五卷…………………… 3－426
千秋金鑑錄五卷…………………… 3－426
千秋金鑑錄五卷…………………… 3－426
千家姓串一卷 ……………………… 3－23
千家詩二卷 ………………………… 3－23
千家詩二卷 ………………………… 3－23
千家詩二卷 ………………………… 3－23
千家詩二卷 ………………………… 3－23
千家詩二卷 ………………………… 3－23
千家詩二卷 ………………………… 3－23
千甓亭古塼圖釋二十卷 …………… 3－25
千甓亭古塼圖釋二十卷 …………… 3－25
千甓亭磚錄六卷 …………………… 3－25
千甓亭磚錄六卷 …………………… 3－25
［光緒］川沙廳志十四卷首一卷補遺
　一卷…………………………………… 5－289
及時山房文草六卷………………… 2－111
及時山房續文草十卷……………… 2－111
久誦延年一卷……………………… 2－231
丸丹全集不分卷…………………… 3－493
丸散膏丹集錄不分卷……………… 3－493
之游唾餘錄二卷不夜書屋試律偶存
　一卷…………………………………… 5－106
尸子二卷存疑一卷………………… 3－154
尸子二卷存疑一卷………………… 3－154
己山先生文集十卷別集四卷……… 2－117
己山先生文集十卷別錄四卷……… 2－117
己丑新科闈墨不分卷(清光緒十五
　年) ………………………………… 2－117
己未詞科錄十二卷(清康熙十八年)
　……………………………………… 2－117
己卯直墨不分卷…………………… 2－117
己卯直墨不分卷…………………… 2－117
己任編……………………………… 2－117
己任編……………………………… 3－328
己亥雜詩一卷……………………… 2－117
己吾集十四卷……………………… 2－117
己吾集十四卷……………………… 2－118
己吾集十四卷……………………… 2－118
己酉未改稾不分卷………………… 2－118
己酉年官商快覽不分卷(清宣統元
　年) ………………………………… 2－118
已畦詩集十卷殘餘一卷…………… 4－316
已得叢書總目五卷………………… 4－316
女人□事不下妙方不分卷………… 2－467
女才子十二卷首一卷……………… 2－466
女小學一卷呂近溪先生女兒語一卷
　……………………………………… 2－468
女小學韻語二卷…………………… 2－468
女子二十四孝圖說一卷…………… 2－468
女子初等小學修身教科書不分卷…… 2－468

女子家庭模範一卷 …………………… 2－468
女四書集注四卷 …………………… 2－467
女四書集注四卷 …………………… 2－467
女四書集注四卷 …………………… 2－467
女四書集注四卷 …………………… 2－467
女四書集注四卷 …………………… 2－467
女四書集注四卷 …………………… 2－467
女四書集注四卷 …………………… 2－468
女四書集注四卷 …………………… 2－468
女四書集注四卷 …………………… 2－468
女四書集注四卷 …………………… 2－468
女四書集注四卷 …………………… 2－468
女孝經一卷 …………………… 2－468
女科二卷 …………………… 2－466
女科二卷 …………………… 2－466
女科二卷附隨緣便錄一卷 …………………… 2－466
女科二卷附隨緣便錄一卷 …………………… 2－466
[女科]不分卷 …………………… 5－332
女科切要八卷 …………………… 2－466
女科仙方四卷 …………………… 2－466
女科仙方四卷 …………………… 2－466
女科仙方四卷 …………………… 2－466
女科仙方四卷 …………………… 2－466
女科仙方四卷 …………………… 2－466
女科仙方四卷 …………………… 2－466
女科仙方四卷 …………………… 2－466
女科仙方四卷 …………………… 2－466
女科仙方四卷 …………………… 2－466
女科仙方四卷 …………………… 2－466
女科仙方四卷 …………………… 2－467
女科仙方四卷 …………………… 2－467
女科仙方四卷 …………………… 2－467
女科百問二卷 …………………… 2－466
女科良方三卷 …………………… 2－466
女科要旨四卷 …………………… 2－467
女科要旨四卷 …………………… 2－467
女科要旨四卷 …………………… 2－467
女科要訣一卷 …………………… 2－467
女科要訣一卷 …………………… 2－467
女科要訣一卷 …………………… 2－467
女科要訣一卷 …………………… 2－467
女科要訣□卷 …………………… 2－467
女科專門不分卷 …………………… 2－467
女科經綸八卷 …………………… 2－466
女科經論八卷 …………………… 2－466
女科撮要二卷 …………………… 2－466
女科輯要二卷 …………………… 2－466
女科輯要二卷 …………………… 2－466
女科輯要二卷 …………………… 2－466
女科證治準繩五卷 …………………… 2－467
女科證治準繩五卷 …………………… 2－467
女科證治準繩五卷 …………………… 2－467
女範節訓六卷 …………………… 5－240
女學六卷 …………………… 2－468
女學六卷 …………………… 2－468
女學六卷 …………………… 2－468
女學典型三卷 …………………… 2－468
小十誦寮詩存四卷 …………………… 4－136
小三吾亭文甲集一卷 …………………… 4－136
小三吾亭詩八卷詞三卷 …………………… 4－136
小方壺存稿十八卷 …………………… 4－134
小方壺齋輿地叢鈔十二帙補編十二帙再補編十二帙 …………………… 4－134
小方壺齋輿地叢鈔十二帙補編十二帙再補編十二帙 …………………… 4－134
小方壺齋輿地叢鈔十二帙補編十二帙再補編十二帙 …………………… 4－134
小方壺齋輿地叢鈔十二帙補編十二帙再補編十二帙 …………………… 4－134
小方壺齋輿地叢鈔十二帙補編十二帙再補編十二帙 …………………… 4－134
小石山房印譜六卷 …………………… 4－136
小石山房印譜六卷 …………………… 4－137
小石山房叢書 …………………… 4－136
小石山房叢書 …………………… 4－136
小石山房叢書 …………………… 4－136
小四書 …………………… 4－137
小四書 …………………… 4－137
小四書 …………………… 4－137
小代數學例題詳解一卷 …………………… 4－134
小同詩草二卷 …………………… 4－140
小西腴山館詩集八卷文集十二卷小

西腴山館主人自著年譜二卷……… 4－147
小西腴山館詩集八卷文集十二卷小
西腴山館主人自著年譜二卷……… 4－147
小西腴山館詩集八卷文集十二卷小
西腴山館主人自著年譜二卷……… 4－147
小沙子史略一卷……………………… 1－307
小沙子史略一卷……………………… 1－307
小沙子史略一卷……………………… 1－307
小初詩稿九卷………………………… 4－133
小初詩稿三十七卷…………………… 4－133
小坡識小錄四卷……………………… 4－136
小知錄十二卷………………………… 4－147
小知錄十二卷………………………… 4－147
小知錄十二卷………………………… 4－147
小知錄十二卷………………………… 4－147
小兒科證不分卷……………………… 4－134
小兒推拿秘訣不分卷………………… 4－134
小兒語二卷…………………………… 4－134
小兒語述義不分卷…………………… 4－134
小兒諸熱辨一卷……………………… 4－134
小兒諸熱辨一卷……………………… 4－134
小忽雷二卷…………………………… 4－135
小草齋文集二十八卷………………… 4－133
小洞山房詩草四卷…………………… 4－134
小桐軒稿二卷………………………… 4－316
小桐軒稿制藝一卷試帖一卷………… 2－496
小桃李園文鈔四卷…………………… 4－137
小桃李園文鈔四卷…………………… 4－137
小桃李園詩鈔十四卷………………… 4－137
小桃李園詩鈔十四卷………………… 4－137
小桃源詩鈔二卷……………………… 4－137
小峴山人詩集二十六卷文集六卷…… 4－140
小倉山房文集三十五卷……………… 4－133
小倉山房文集三十卷外集七卷……… 4－133
小倉山房文集不分卷………………… 4－133
小倉山房文集補遺一卷……………… 4－133
小倉山房尺牘十卷…………………… 4－130
小倉山房尺牘十卷…………………… 4－130
小倉山房尺牘十卷…………………… 4－130
小倉山房尺牘十卷…………………… 4－130
小倉山房尺牘十卷…………………… 4－130
小倉山房尺牘十卷…………………… 5－398
小倉山房尺牘八卷…………………… 4－130
小倉山房尺牘八卷…………………… 4－130
小倉山房四六八卷…………………… 4－132
小倉山房四六八卷…………………… 4－132
小倉山房四六八卷…………………… 5－398
小倉山房外集七卷…………………… 4－133
小倉山房外集八卷袁太史稿一卷…… 4－132
小倉山房往還書劄全集十八卷……… 4－133
小倉山房往還書劄全集十八卷……… 4－133
小倉山房往還書劄全集十八卷……… 4－133
小倉山房詩集三十一卷本朝文讀本
一卷………………………………… 4－131
小倉山房詩集三十一卷補遺一卷…… 4－131
小倉山房詩集三十一卷補遺一卷…… 4－131
小倉山房詩集三十一卷補遺一卷…… 4－131
小倉山房詩集三十一卷補遺一卷…… 4－131
小倉山房詩集三十一卷補遺一卷…… 4－131
小倉山房詩集三十一卷補遺一卷…… 4－131
小倉山房詩集三十一卷補遺一卷…… 4－131
小倉山房詩集三十一卷補遺一卷…… 4－131
小倉山房詩集三十一卷補遺一卷…… 4－131
小倉山房詩集三十一卷補遺一卷…… 4－131
小倉山房詩集三十一卷補遺一卷…… 4－132
小倉山房詩集三十一卷補遺一卷…… 4－132
小倉山房詩集三十一卷補遺一卷…… 4－132
小倉山房詩集三十一卷補遺一卷…… 4－132
小倉山房詩集三十一卷補遺一卷…… 4－132
小倉山房詩集三十一卷補遺一卷…… 4－132
小倉山房詩集三十一卷補遺一卷…… 4－132
小倉山房詩集三十一卷補遺一卷…… 4－132
小倉山房詩集三十一卷補遺一卷…… 4－132
小倉山房詩集三十一卷補遺一卷…… 4－132
小倉山房詩集三十一卷補遺一卷…… 4－132
小倉山房詩集三十一卷補遺一卷…… 4－132
小倉山房詩集三十一卷補遺一卷…… 4－132
小倉山房詩集三十一卷補遺一卷…… 4－132
小倉山房詩集三十一卷補遺一卷…… 4－132
小倉山房詩集三十一卷補遺一卷…… 4－132
小倉山房詩集三十一卷補遺一卷…… 4－132
小倉山房詩集三十一卷補遺一卷…… 4－132

小倉山房詩集三十一卷補遺一卷…… 4－132
小倉山房詩集三十七卷補遺二卷…… 4－130
小倉山房詩集三十七卷補遺二卷…… 4－130
小倉山房詩集三十七卷補遺二卷…… 4－130
小倉山房詩集三十七卷補遺二卷…… 4－130
小倉山房詩集三十七卷補遺二卷…… 4－130
小倉山房詩集三十七卷補遺二卷…… 4－130
小倉山房詩集三十七卷補遺二卷…… 4－131
小倉山房詩集三十七卷補遺二卷…… 4－131
小倉山房詩集三十七卷補遺二卷文集三十五卷…………………………… 4－131
小倉山房詩集三十七卷補遺二卷文集三十五卷…………………………… 4－131
小倉山房詩集三十七卷補遺二卷文集三十五卷外集八卷………………… 4－131
小倉山房詩集三十七卷補遺二卷文集三十五卷外集八卷………………… 4－131
小倉山房詩集三十七卷補遺二卷文集三十五卷外集八卷………………… 4－131
小畜集三十卷外集七卷………………… 4－133
小容齋詩鈔十卷………………………… 4－136
小容齋詩鈔十卷………………………… 4－136
小琉球漫志十卷………………………… 4－135
小琅嬛試帖□□卷……………………… 4－135
小窓自紀四卷…………………………… 4－133
小鄉嬛山館彙刊類書…………………… 4－135
小鄉嬛山館彙刊類書…………………… 4－135
小鄉嬛山館彙刊類書…………………… 4－135
小鄉嬛山館彙刊類書…………………… 4－135
小鄉嬛山館彙刊類書…………………… 4－135
小鄉嬛山館彙刊類書…………………… 4－135
小鄉嬛山館彙刊類書…………………… 4－135
小鄉嬛山館彙刊類書…………………… 4－135
小鄉嬛山館彙刊類書…………………… 4－135
小瑯嬛經義後編一卷…………………… 5－398
小萬卷樓叢書…………………………… 4－140
小萬卷樓叢書…………………………… 4－140
小萬卷樓叢書…………………………… 4－140
小萬卷齋詩稿三十二卷詩續稿十二卷文稿二十四卷經進稿四卷……… 4－140
小萬卷齋詩稿三十二卷詩續稿十二卷文稿二十四卷經進稿四卷……… 4－140
小萬卷齋詩稿三十二卷詩續稿十二卷文稿二十四卷經進稿四卷……… 4－140
小萬卷齋詩稿三十二卷詩續稿十二卷文稿二十四卷經進稿四卷……… 4－140
小萬卷齋詩續稿十二卷………………… 4－140
小萬卷齋經進稿四卷…………………… 4－140
小雲林閣試帖一卷……………………… 4－147
小搭春華不分卷………………………… 4－134
小搭清真一卷…………………………… 4－134
小搭藏珍□□卷………………………… 4－134
小腆紀年附考二十卷…………………… 4－139
小腆紀年附考二十卷…………………… 4－139
小腆紀年附考二十卷…………………… 4－139
小腆紀年附考二十卷…………………… 4－139
小腆紀年附考二十卷…………………… 4－139
小腆紀年附考二十卷…………………… 4－139
小腆紀年附考二十卷…………………… 4－139
小腆紀年附考二十卷…………………… 4－139
小腆紀年附考二十卷…………………… 4－139
小腆紀傳六十五卷……………………… 4－139
小腆紀傳六十五卷……………………… 4－139
小遊仙館聯存一卷……………………… 4－147
小遊仙館聯存一卷梅麓試帖一卷…… 4－147
小窗清紀二卷…………………………… 4－134
小蒼翠軒詩草八卷首一卷……………… 4－133
小蒼翠軒詩草八卷首一卷……………… 4－133
小蒼翠軒詩草八卷首一卷……………… 4－133
小蒼翠軒詩草八卷首一卷……………… 4－133
小蒼翠軒詩草八卷首一卷……………… 4－133
小蓬萊山人［程組］年譜一卷 ……… 4－136
小蓬萊閣金石文字不分卷……………… 4－136
小蓬萊閣金石文字不分卷……………… 4－136
小蓬萊館珍藏書畫碑搨不分卷……… 4－136
小園詠古七律詩一卷…………………… 4－147
小傳備查一卷…………………………… 4－133
小試新學準繩初編四卷………………… 4－137
小詩航詩鈔三卷………………………… 4－136
小滄浪筆談四卷………………………… 4－133
小滄溟館初集六卷二集九卷三集十二卷四集六卷五集五卷……………… 4－133

小滄溟館初集六卷二集九卷三集十
二卷四集六卷五集五卷…………… 4－133
小滄溟館初集六卷二集九卷三集十
二卷四集六卷五集五卷…………… 4－133
小爾雅一卷……………………………… 1－200
小爾雅一卷……………………………… 1－334
小爾雅一卷……………………………… 4－193
小爾雅訓纂六卷……………………… 4－134
小爾雅疏八卷………………………… 4－134
小爾雅疏證五卷……………………… 4－134
小爾雅疏證五卷……………………… 5－398
小滸彭氏裕後堂一卷………………… 4－135
小綠山房詩草不分卷………………… 4－135
小綠山房詩草不分卷………………… 4－135
小綠山房詩草□□卷………………… 4－135
小綠山房詩草□□卷………………… 4－135
小綠石齋雜著三卷…………………… 4－135
小頻伽集三卷………………………… 4－136
小學大全名解六卷…………………… 4－145
小學六卷……………………………… 4－145
小學六卷……………………………… 4－145
小學六卷……………………………… 4－145
小學六卷……………………………… 4－145
小學六卷……………………………… 4－145
小學六卷……………………………… 4－146
小學六卷……………………………… 4－146
小學六卷附文公朱夫子年譜一卷…… 4－146
小學六卷附文公朱夫子年譜一卷…… 4－146
小學六卷附文公朱夫子年譜一卷…… 4－146
小學六卷附文公朱夫子年譜一卷…… 4－146
小學六卷附文公朱夫子年譜一卷…… 4－146
小學六卷附文公朱夫子年譜一卷…… 4－146
小學六卷附文公朱夫子年譜一卷…… 4－146
小學六卷附文公朱夫子年譜一卷…… 4－146
小學六卷附文公朱夫子年譜一卷…… 4－146
小學六卷附文公朱夫子年譜一卷…… 4－146
小學史斷二卷………………………… 4－146
小學句讀記六卷……………………… 4－145
小學外篇不分卷……………………… 4－146
小學考五十卷………………………… 4－145
小學考五十卷………………………… 4－145
小學考五十卷………………………… 4－145
小學考五十卷………………………… 4－145
小學考五十卷………………………… 4－145
小學考五十卷………………………… 4－145
小學考五十卷………………………… 5－398
小學考五十卷………………………… 5－398
小學弦歌八卷………………………… 4－146
小學弦歌八卷………………………… 4－146
小學弦歌八卷………………………… 4－146
小學理科四卷………………………… 4－145
小學教育改良芻議案一卷…………… 4－145
小學紺珠十卷………………………… 4－140
小學紺珠十卷………………………… 4－140
小學紺珠十卷………………………… 4－140
小學萬國地理教科書一卷…………… 4－146
小學答問一卷………………………… 4－140
小學順文直解四卷標題備旨衍義合
參不分卷………………………………… 4－146
小學集註二卷首一卷………………… 4－143
小學集註二卷首一卷………………… 4－143
小學集註二卷首一卷………………… 4－143
小學集註二卷首一卷………………… 4－143
小學集註二卷首一卷………………… 4－143
小學集註二卷首一卷………………… 4－143
小學集註二卷首一卷………………… 4－143
小學集註二卷首一卷………………… 4－143
小學集註六卷………………………… 4－143
小學集註六卷………………………… 4－143
小學集註六卷………………………… 4－143
小學集註六卷………………………… 4－143
小學集註六卷………………………… 4－143
小學集註六卷………………………… 4－143
小學集註六卷………………………… 4－143
小學集註六卷………………………… 4－143
小學集註六卷………………………… 4－143
小學集註六卷………………………… 4－143
小學集註六卷………………………… 4－143
小學集註六卷………………………… 4－143
小學集註六卷………………………… 4－143
小學集註六卷………………………… 4－144
小學集註六卷………………………… 4－144

小學集註六卷……………………………… 4－144
小學集註六卷……………………………… 4－144
小學集註六卷……………………………… 4－144
小學集註六卷……………………………… 4－144
小學集註六卷……………………………… 4－144
小學集註六卷……………………………… 4－144
小學集註六卷……………………………… 4－144
小學集註六卷……………………………… 4－144
小學集註六卷……………………………… 4－144
小學集註六卷……………………………… 4－144
小學集註六卷首一卷……………………… 4－144
小學集註六卷首一卷……………………… 4－144
小學集註六卷首一卷……………………… 4－144
小學集註六卷首一卷……………………… 4－144
小學集註六卷首一卷……………………… 4－144
小學集註六卷首一卷……………………… 4－145
小學集註六卷首一卷……………………… 4－145
小學集註六卷首一卷……………………… 4－145
小學集註六卷首一卷……………………… 4－145
小學集註六卷首一卷……………………… 4－145
小學集註六卷首一卷……………………… 4－145
小學集註六卷首一卷……………………… 4－145
小學集註六卷首一卷……………………… 4－145
小學集解六卷……………………………… 4－141
小學集解六卷……………………………… 4－141
小學集解六卷……………………………… 4－141
小學集解六卷……………………………… 4－141
小學集解六卷……………………………… 4－141
小學集解六卷……………………………… 4－141
小學集解六卷……………………………… 4－141
小學集解六卷……………………………… 4－141
小學集解六卷……………………………… 4－141
小學集解六卷……………………………… 4－141
小學集解六卷……………………………… 4－141
小學集解六卷……………………………… 4－141
小學集解六卷……………………………… 4－141
小學集解六卷……………………………… 4－141
小學集解六卷……………………………… 4－141
小學集解六卷……………………………… 4－141
小學集解六卷……………………………… 4－141
小學集解六卷……………………………… 4－141
小學集解六卷……………………………… 4－141
小學集解六卷……………………………… 4－142
小學集解六卷……………………………… 4－142
小學集解六卷……………………………… 4－142
小學集解六卷……………………………… 4－142
小學集解六卷……………………………… 4－142
小學集解六卷……………………………… 4－142
小學集解六卷……………………………… 4－142
小學集解六卷……………………………… 4－142
小學集解六卷……………………………… 4－142
小學集解六卷……………………………… 4－142
小學集解六卷……………………………… 4－142
小學集解六卷……………………………… 4－142
小學集解六卷……………………………… 4－142
小學集解六卷……………………………… 4－142
小學集解六卷……………………………… 4－142
小學集解六卷……………………………… 4－142
小學集解六卷……………………………… 4－142
小學集解六卷……………………………… 4－142
小學集解六卷……………………………… 4－142
小學集解六卷……………………………… 4－142
小學集解六卷……………………………… 4－142
小學集解六卷……………………………… 4－142
小學集解六卷……………………………… 4－142
小學集解六卷……………………………… 4－142
小學發明六卷……………………………… 4－140
小學發明六卷……………………………… 4－140
小學鉤沈十九卷…………………………… 4－140
小學鉤沈十九卷…………………………… 4－140
小學鉤沈十九卷…………………………… 4－140
小學鉤沈十九卷…………………………… 4－141
小學鉤沈十九卷…………………………… 4－141
小學鉤沈續編八卷………………………… 4－141
小學詳解六卷附孝經疏義一卷忠經
　疏義一卷………………………………… 4－146
小學詳解六卷附孝經疏義一卷忠經
　疏義一卷………………………………… 4－147
小學詳解六卷附孝經疏義一卷忠經
　疏義一卷………………………………… 4－147
小學詳解六卷附孝經疏義一卷忠經
　疏義一卷………………………………… 4－147

小學彙函…………………………………… 4－141
小學彙函…………………………………… 4－141
小學韻語一卷……………………………… 4－147
小學韻語一卷……………………………… 4－147
小學韻語一卷……………………………… 4－147
小學韻語一卷……………………………… 4－147
小學韻語一卷……………………………… 4－147
小學類編…………………………………… 4－145
小衡箕說二卷……………………………… 4－135
小隱詩鈔一卷……………………………… 4－147
小檀欒室彙刻閨秀詞……………………… 4－137
小檀欒室彙刻閨秀詞……………………… 4－137
小謨觴館文集注四卷續注二卷……… 4－136
小謨觴館文集注四卷續注二卷……… 4－136
小謨觴館文集注四卷續注二卷……… 4－136
小謨觴館文集注四卷續集注二卷…… 4－136
小謨觴館詩集八卷詩餘附錄一卷文
集四卷…………………………………… 4－135
小謨觴館詩集注八卷詩續集注二卷
文集注四卷文續集注二卷詩餘附
錄注一卷續集詩餘附錄注一卷…… 4－136
小題八集二十卷…………………………… 4－137
小題八集二十卷…………………………… 4－137
小題三萬選不分卷………………………… 4－138
小題五萬選不分卷………………………… 4－139
小題五萬選不分卷………………………… 4－139
小題六集人觀不分卷……………………… 4－137
小題文一貫不分卷………………………… 4－139
小題文苑六卷……………………………… 4－139
小題文府不分卷…………………………… 4－138
小題文府不分卷…………………………… 4－138
小題文府不分卷…………………………… 4－138
小題文府不分卷…………………………… 4－138
小題文府不分卷…………………………… 4－138
小題文府不分卷…………………………… 4－138
小題文府不分卷…………………………… 4－138
小題文府不分卷…………………………… 4－138
小題文府續集不分卷……………………… 4－138
小題文府續集不分卷……………………… 4－138
小題文府續集不分卷……………………… 4－138
小題文莩新集不分卷……………………… 4－138
小題文藪二集不分卷……………………… 4－138
小題文藪不分卷…………………………… 4－138
小題文藪不分卷…………………………… 4－138
小題文藪不分卷…………………………… 4－138
小題文藪貳編不分卷……………………… 4－139
小題正鵠三集不分卷……………………… 4－139
小題正鵠三集不分卷……………………… 4－139
小題正鵠三集不分卷……………………… 4－139
小題正鵠初集不分卷二集不分卷三
集不分卷………………………………… 4－139
小題正鵠初集不分卷二集不分卷三
集不分卷四集不分卷………………… 4－139
小題正鵠初集不分卷二集不分卷三
集不分卷四集不分卷………………… 4－139
小題四萬選不分卷………………………… 4－138
小題尖鋒不分卷…………………………… 4－137
小題尖鋒不分卷…………………………… 4－137
小題求是不分卷…………………………… 4－138
小題別體一卷……………………………… 4－137
小題味新不分卷…………………………… 4－138
小題明時文七十一篇不分卷………… 4－137
小題金丹不分卷…………………………… 4－137
小題拾芥編初集不分卷二集不分卷
……………………………………………… 4－138
小題偶鈔二集不分卷……………………… 4－138
小題偶鈔初集不分卷……………………… 4－138
小題聯珠四卷……………………………… 4－137
小題驪珠三卷……………………………… 4－137
小蘇潭詞六卷……………………………… 4－137
小羅浮山館詩鈔十五卷………………… 4－135
小廬詩存十四卷…………………………… 4－135
小廬詩存十四卷…………………………… 4－135
子山雜錄不分卷…………………………… 5－237
子史切要表一卷…………………………… 5－242
子史切要表一卷…………………………… 5－242
子史切要表一卷…………………………… 5－242
子史切要表一卷…………………………… 5－242
子史試帖彙鈔十卷………………………… 5－242
子史精華一百六十卷……………………… 5－238
子史精華一百六十卷……………………… 5－238
子史精華一百六十卷……………………… 5－238

子史精華一百六十卷…………………… 5－238
子史精華一百六十卷…………………… 5－238
子史精華一百六十卷…………………… 5－238
子史精華一百六十卷…………………… 5－238
子史精華一百六十卷…………………… 5－238
子史精華一百六十卷…………………… 5－238
子史精華一百六十卷…………………… 5－239
子史精華一百六十卷…………………… 5－239
子史精華一百六十卷…………………… 5－239
子史精華一百六十卷…………………… 5－239
子史精華一百六十卷…………………… 5－239
子史精華一百六十卷…………………… 5－239
子史精華一百六十卷…………………… 5－239
子史精華一百六十卷…………………… 5－239
子史精華一百六十卷…………………… 5－239
子史精華一百六十卷…………………… 5－239
子史精華一百六十卷…………………… 5－239
子史精華一百六十卷…………………… 5－239
子史精華一百六十卷…………………… 5－239
子史精華一百六十卷…………………… 5－239
子史精華一百六十卷…………………… 5－239
子史精華一百六十卷…………………… 5－240
子史精華一百六十卷…………………… 5－240
子史精華一百六十卷…………………… 5－240
子史精華一百六十卷…………………… 5－240
子史精華一百六十卷…………………… 5－240
子史精華一百六十卷…………………… 5－240
子史精華一百六十卷…………………… 5－240
子史精華一百六十卷…………………… 5－240
子史精華一百六十卷…………………… 5－240
子史精華一百六十卷…………………… 5－240
子史精華一百六十卷…………………… 5－240
子史精華一百六十卷…………………… 5－240
子史精華一百六十卷…………………… 5－240
子史精華一百六十卷…………………… 5－240
子史精華一百六十卷…………………… 5－240
子史精華一百六十卷…………………… 5－240
子史精華一百六十卷…………………… 5－241
子史精華一百六十卷…………………… 5－241
子史精華一百六十卷…………………… 5－241
子史精華一百六十卷…………………… 5－241
子史精華一百六十卷…………………… 5－241
子史精華一百六十卷…………………… 5－241
子史精華一百六十卷…………………… 5－241
子史精華一百六十卷…………………… 5－241
子史精華一百六十卷…………………… 5－241
子史精華一百六十卷…………………… 5－241
子史精華一百六十卷…………………… 5－241
子史精華一百六十卷…………………… 5－241
子史精華一百六十卷…………………… 5－241
子史精華一百六十卷…………………… 5－241
子史精華一百六十卷…………………… 5－241
子史精華一百六十卷…………………… 5－241
子史精華一百六十卷…………………… 5－242
子史精華一百六十卷…………………… 5－242
子史精華一百六十卷…………………… 5－242
子史精華一百六十卷…………………… 5－242
子史精華一百六十卷…………………… 5－242
子史精華一百六十卷…………………… 5－242
子史精華一百六十卷…………………… 5－242
子史精華一百六十卷…………………… 5－242
子史精華一百六十卷…………………… 5－242
子史精華一百六十卷…………………… 5－242
子史輯要詩賦題解四卷………………… 5－238
子史輯要詩賦題解四卷續編四卷…… 5－238
子史輯要詩賦題解四卷續編四卷…… 5－238
子史輯要詩賦題解四卷續編四卷…… 5－238
子史輯要詩賦題解四卷續編四卷…… 5－238
子史輯要詩賦題解四卷續編四卷…… 5－238
子史輯要詩賦題解四卷續編四卷…… 5－238
子史輯要詩賦題彙聯四卷……………… 5－237
子史輯要詩賦題彙聯四卷……………… 5－237
子史輯要詩賦題彙聯四卷……………… 5－237
子史輯要詩賦題彙聯四卷……………… 5－237
子史輯要詩賦題彙聯四卷……………… 5－237
子史輯要詩賦題彙聯四卷……………… 5－237
子史輯要詩賦題彙聯四卷……………… 5－237
子史輯要詩賦題彙聯四卷……………… 5－238
子史輯要詩賦題彙聯四卷……………… 5－238
子史輯要題解合編四卷………………… 5－238
子良詩存二十二卷……………………… 5－237
子良詩存二十二卷……………………… 5－237

子良詩存二十二卷…………………… 5－237
子良詩存二十二卷…………………… 5－237
子良詩存二十二卷…………………… 5－237
子良詩存二十二卷…………………… 5－237
子良詩存二十二卷子良試帖一卷…… 5－237
子良詩錄十卷………………………… 5－237
子良詩錄十卷………………………… 5－237
[子美全記]不分卷　………………… 5－389
子華子二卷…………………………… 5－236
子華子十卷…………………………… 5－237
子書二十八種………………………… 5－244
子書二十八種………………………… 5－244
子書二十三種………………………… 5－244
子書二十三種………………………… 5－244
子書二十三種………………………… 5－244
子書二十五種………………………… 5－244
子書二十五種………………………… 5－244
子書二十五種………………………… 5－244
子書二十五種………………………… 5－244
子書百家……………………………… 5－243
子書百家……………………………… 5－243
子書百家……………………………… 5－243
子書百家……………………………… 5－243
子書百家……………………………… 5－243
子書百家……………………………… 5－243
子書百家……………………………… 5－243
子書百家……………………………… 5－243
子書百家……………………………… 5－243
子書百家……………………………… 5－243
子書百家……………………………… 5－243
子書百家……………………………… 5－243
子書百家……………………………… 5－243
子書百家……………………………… 5－243
子書百家……………………………… 5－243
子書百家……………………………… 5－243
子書百家……………………………… 5－243
子書百家……………………………… 5－243
子書百家……………………………… 5－243
子書百家……………………………… 5－243
子書百家……………………………… 5－244
子書百家……………………………… 5－244
子書百家……………………………… 5－244
子書百家……………………………… 5－244
子書百家……………………………… 5－244
子書百家……………………………… 5－244
子略四卷目一卷……………………… 5－237
子笙賦鈔一卷………………………… 5－237
子陽餘文四卷附稿二卷……………… 5－404
子藥準則一卷………………………… 5－244
子藥準則一卷………………………… 5－244

四畫

王山遺響六卷　……………………… 4－10
王山遺響六卷　……………………… 4－10
王山遺響六卷　……………………… 4－10
王山遺響六卷　……………………… 4－10
王山遺響六卷　……………………… 4－10
王子安集註二十卷首一卷末一卷　…… 4－13
王元美先生文選二十六卷　………… 4－13
王元圃古大學石經合考定本一卷附
　論文理脈絡………………………… 1－374
王元圃古大學石經合考定本一卷附
　論文理脈絡………………………… 1－374
王元圃古大學石經合考定本一卷附
　論文理脈絡………………………… 1－374
王元圃雜著　………………………… 4－13
王元圃雜著　………………………… 4－13
王氏彙刻唐人集　…………………… 4－10
王氏醫案二卷續編八卷　…………… 4－10
王氏醫案續編八卷　………………… 4－10
王氏醫案續編八卷　………………… 4－10
王文公年譜考略節要四卷附存二卷
　…………………………………… 4－11
王文成公文選八卷　………………… 4－11
王文成公全書三十八卷　…………… 4－10
王文成公全書三十八卷　…………… 4－10
王文成公全書三十八卷　…………… 4－10
王文成公全書三十八卷　…………… 4－10
王文成公全書三十八卷　…………… 4－11
王文恪公集三十六卷　……………… 4－11

王文恪公集三十六卷 …………………… 4－11
王文雄年譜一卷 ……………………… 4－11
王文肅公遺文一卷 …………………… 4－11
王本史記一百三十卷…………………… 4－7
王石和文八卷 ………………………… 4－10
王右丞集二十八卷首一卷末一卷 …… 4－12
王右丞集二十八卷首一卷末一卷 …… 4－12
王右丞集二十八卷首一卷末一卷 …… 4－12
王右丞集二十八卷首一卷末一卷 …… 4－12
王右丞集二十八卷首一卷末一卷 …… 4－12
王右丞集二十八卷首一卷末一卷 …… 4－12
王光祿詩九卷…………………………… 4－7
王光祿遺文集六卷……………………… 4－7
王先生十七史蒙求十六卷 …………… 4－11
王先生十七史蒙求十六卷 …………… 4－11
王先生十七史蒙求十六卷 …………… 4－11
王先生十七史蒙求十六卷 …………… 4－11
王先生十七史蒙求十六卷 …………… 4－11
王先生十七史蒙求十六卷 …………… 4－11
王先生十七史蒙求十六卷 …………… 4－11
王先生十七史蒙求十六卷…………… 5－396
王竹亭先生遺詩一卷 ………………… 3－87
王竹亭先生遺詩一卷 ………………… 3－87
王竹亭先生遺詩一卷 ………………… 3－87
王宇泰先生訂補古今醫鑑十六卷 …… 4－13
王辰北通書不分卷……………………… 4－7
王壯武公遺集二十四卷 ……………… 4－13
王忠文公集二十五卷 ………………… 4－13
王忠文公集二十卷 …………………… 4－13
王忠文公集二十卷 …………………… 4－13
王狀元集百家注編年杜陵詩史三十二卷………………………………… 5－396
王建詩八卷……………………………… 4－8
王建詩集十卷…………………………… 4－8
王孟詩評九卷…………………………… 4－9
王荆公唐百家詩選二十卷……………… 4－8
王荆公唐百家詩選二十卷……………… 4－8
王荆公唐百家詩選二十卷……………… 4－8
王荆公唐百家詩選二十卷……………… 4－8
王荆文公詩五十卷……………………… 4－8
王貞白詩一卷補遺一卷附錄一卷 …… 4－13
王貞白詩一卷補遺一卷附錄一卷 …… 4－13
王貞白詩一卷補遺一卷附錄一卷 …… 4－13
王貞白詩一卷補遺一卷附錄一卷 …… 4－13
王貞白詩一卷補遺一卷附錄一卷 …… 4－13
王弇州集二十卷 ……………………… 4－11
王洪緒先生外科證治全生三卷附增補跌打損傷一卷………………………… 4－8
王洪緒先生外科證治全生三卷附增補跌打損傷一卷………………………… 4－8
王洪緒先生外科證治全生五卷………… 4－8
王洪緒先生外科證治全生不分卷……… 4－7
王洪緒先生外科證治全生不分卷……… 4－7
王洪緒先生外科證治全生不分卷……… 4－7
王洪緒先生外科證治全生不分卷附跌打損傷一卷………………………… 4－7
王洪緒先生外科證治全生不分卷附增補跌打損傷一卷…………………… 4－7
王洪緒先生外科證治全生不分卷附增補跌打損傷一卷…………………… 4－7
王洪緒先生外科證治全生不分卷附增補跌打損傷一卷…………………… 4－8
王洪緒先生外科證治全生合刊不分卷………………………………… 4－8
王益吾所刻書 ………………………… 4－12
王益吾所刻書 ………………………… 4－12
王孫經秋興譜一卷 …………………… 4－10
王黄州小畜集三十卷…………………… 4－8
王菉友先生著書四種…………………… 4－9
王船山先生[夫之]年譜二卷 ………… 4－7
王船山先生經史論八種………………… 4－7
王船山先生經史論八種………………… 4－7
王船山先生經史論八種………………… 4－7
王船山先生經史論八種………………… 4－7
王船山先生經史論八種………………… 4－7
王船山先生經史論八種………………… 4－7
王船山先生經史論八種………………… 4－7
王陽明先生文鈔二十卷 ……………… 4－12
王陽明先生文選七卷 ………………… 4－12
王陽明先生文選七卷 ………………… 4－12
王陽明先生文選七卷 ………………… 4－12
王陽明先生全集二十二卷首一卷 …… 4－11

王陽明先生全集二十二卷首一卷 …… 4－11
王陽明先生全集二十二卷首一卷 …… 4－11
王陽明先生全集二十二卷首一卷 …… 4－12
王陽明先生全集二十二卷首一卷 …… 4－12
王陽明先生全集十六卷目錄二卷 …… 4－12
王陽明先生傳習錄一卷 ……………… 4－11
王陽明先生傳習錄五卷 ……………… 4－11
王農山稿一卷 ………………………… 4－10
王會篇箋釋三卷……………………… 5－396
王詹事集一卷 ………………………… 4－13
王鳳洲先生綱鑑正史全編二十四卷
…………………………………………… 4－7
王鳳喈稿不分卷……………………… 4－7
王漁洋遺書 …………………………… 4－13
王漁洋遺書 …………………………… 4－13
王邁人傳文一卷……………………… 4－9
王徵士集四卷附錄一卷 …………… 4－13
王摩詰集六卷 ………………………… 4－10
王摩詰集六卷 ………………………… 4－10
王摩詰集六卷 ………………………… 4－10
王摩詰詩集六卷 ……………………… 4－10
王遵巖集十卷 ………………………… 4－13
王篛林先生題跋十七卷 …………… 4－10
王龍谿先生全集二十卷……………… 4－9
王龍谿先生全集二十卷……………… 4－9
王龍谿先生全集二十卷……………… 4－9
王隱晉書地道記一卷 ……………… 4－12
王隱晉書地道記一卷 ……………… 4－12
王臨川文集四卷……………………… 4－9
王臨川文集四卷……………………… 4－9
王臨川文集四卷……………………… 4－9
王臨川全集一百卷目錄二卷……… 4－8
王臨川全集一百卷目錄二卷……… 4－8
王臨川全集一百卷目錄二卷……… 4－8
王臨川全集一百卷目錄二卷……… 4－8
王臨川全集一百卷目錄二卷……… 4－8
王臨川全集一百卷目錄二卷……… 4－8
王臨川全集一百卷目錄二卷……… 4－8
王臨川全集一百卷目錄二卷……… 4－9
王臨川全集一百卷目錄二卷……… 4－9
王臨川全集一百卷目錄二卷……… 4－9
王臨川全集一百卷目錄二卷……… 4－9
王臨川全集一百卷目錄二卷……… 4－9
王臨川全集一百卷目錄二卷……… 4－9
王臨川全集一百卷目錄二卷……… 4－9
王臨川全集一百卷目錄二卷……… 4－9
王臨川全集一百卷目錄二卷……… 4－9
王臨川全集一百卷目錄二卷……… 4－9
王臨川全集一百卷目錄二卷……… 4－9
王臨川全集二十四卷………………… 4－8
井蛙錄四卷…………………………… 2－215
井蛙錄四卷…………………………… 2－215
井蛙雜記十卷………………………… 2－215
井礦工程三卷………………………… 2－215
井礦工程三卷………………………… 2－215
天下一統志九十卷…………………… 3－459
天下一統志九十卷…………………… 3－459
天下三大龍圖說一卷………………… 3－459
天下才子必讀書十五卷……………… 3－458
天下才子必讀書十五卷……………… 3－458
天下才子必讀書十五卷末一卷……… 3－458
天下山河兩戒考十四卷圖一卷……… 3－459
天下山河兩戒考十四卷圖一卷……… 3－459
天下五洲各大國志要一卷…………… 3－459
天下五洲各大國志要一卷…………… 3－459
天下郡國利病書一百二十卷………… 3－458
天下郡國利病書一百二十卷………… 3－458
天下郡國利病書一百二十卷………… 3－458
天下郡國利病書一百二十卷………… 3－458
天下郡國利病書一百二十卷………… 3－458
天下郡國利病書一百二十卷………… 3－458
天下郡國利病書一百二十卷………… 3－458
天下郡國利病書一百二十卷………… 3－458
天下郡國利病書一百二十卷………… 3－458
天下郡國利病書一百二十卷………… 3－458
天下郡國利病書一百二十卷………… 3－458
天下郡國利病書一百二十卷………… 3－458
天下郡國利病書一百二十卷………… 3－459
天下郡國利病書一百二十卷………… 3－459
天下郡國利病書一百二十卷………… 3－459
天下郡國利病書一百二十卷………… 3－459
天下郡國利病書一百二十卷………… 3－459

天下郡國利病書一百二十卷…………3-459
天下郡國利病書詳節十八卷…………3-458
天下路程□卷…………3-459
天子崗地記不分卷…………3-462
天子肆獻祼饋食禮纂三卷…………3-462
天子肆獻祼饋食禮纂四卷田賦考一卷…………3-462
天元引蒙釋例一卷…………3-461
[天元玉曆]□□卷…………5-352
天元玉曆祥異賦不分卷…………3-461
天元古鏡歌三卷…………3-460
天元草五卷…………3-460
天元餘義二卷…………3-461
天元曆理全書十二卷首一卷…………3-460
天元曆理全書十二卷首一卷…………3-461
天中記六十卷…………3-461
天中記六十卷…………3-461
天中記六十卷…………3-461
天中記六十卷…………3-461
天文大象賦二卷…………3-457
天文不分卷…………3-457
天文地球圖說三卷續編二卷…………3-457
天文地學歌括二卷…………3-457
天文書四卷…………3-457
天文啟蒙七卷首一卷…………3-457
天文揭要二卷…………3-457
天文揭要二卷…………3-457
天文歌畧一卷…………3-457
天文歌畧一卷…………3-457
天文算學部□□卷…………3-457
天文算學纂要二十卷首一卷附國朝萬年書二卷推測易知四卷…………3-457
天文算學纂要二十卷首一卷附國朝萬年書二卷推測易知四卷…………3-457
天方典禮擇要解二十卷後編一卷……3-456
天玉經說七卷…………3-460
天仙正理直論增注不分卷…………3-459
[天主教義]□卷…………5-352
[天主教經]□卷…………5-352
天台八教大意一卷…………3-457
天台山全志十八卷…………3-457
天台四教儀一卷…………3-457
天地間集一卷…………4-104
天地間集一卷…………4-105
天成對偶一卷…………3-455
天長宣氏三十六聲粉鐸圖詠一卷鐸餘逸韻一卷…………3-455
天雨花三十回…………3-460
天雨花三十回…………3-460
天雨花三十回…………3-460
天雨花三十回…………3-460
天門詩文稿不分卷…………3-456
天岳山館文鈔四十卷…………3-461
天岳山館文鈔四十卷…………3-461
天岳山館文鈔四十卷…………3-461
天岳山館文鈔四十卷…………3-461
天岳山館文鈔四十卷…………3-461
天岳山館文鈔四十卷…………3-461
天岳山館文鈔四十卷…………3-461
天岳山館文鈔四十卷…………3-461
天岳山館文鈔四十卷…………3-461
天岳山館文鈔四十卷…………3-461
天星選擇纂要三卷…………3-460
天香全集…………3-459
天香全集…………3-459
天香全集…………3-459
天香全集…………5-395
天咫偶聞十卷…………3-461
天瓶齋書畫題跋二卷…………3-456
天崇十家文鈔十卷…………3-455
天崇文欣賞集註釋六卷…………3-456
天崇文選初集一卷二集一卷…………3-456
天崇文龍讐一集不分卷二集不分卷…………3-455
天崇文龍讐一集不分卷二集不分卷…………3-456
天崇合抄□卷…………3-455
天崇欣賞集四卷…………3-456
[天象]不分卷…………5-352
天象災祥分類考一卷…………3-459
天象災祥分類考一卷…………3-460
天道溯原三卷…………3-456

天游閣詩五卷詩補一卷附錄一卷…… 3－460
天補樓行記一卷………………………… 3－455
天補樓行記一卷………………………… 3－455
天祿閣外史八卷………………………… 3－456
天祿閣外史八卷………………………… 3－456
天祿閣外史八卷………………………… 3－456
天祿閣外史八卷………………………… 3－456
天祿識餘二卷…………………………… 3－456
天聖明道本國語二十一卷……………… 3－456
天聖明道本國語二十一卷……………… 3－456
天聖明道本國語二十一卷……………… 3－456
天蓋樓四書語錄四十六卷……………… 3－456
天蓋樓偶評不分卷……………………… 3－456
天傭子集二十卷首一卷末一卷……… 3－460
天傭子集十卷首一卷末一卷………… 3－460
天傭子集八卷…………………………… 3－460
天經地義錄□□卷……………………… 3－456
天經或問後集不分卷…………………… 3－456
天瘦閣詩半六卷………………………… 3－457
天瘦閣詩半六卷………………………… 3－457
天瘦閣詩半六卷………………………… 3－457
天瘦閣詩半六卷………………………… 3－457
天瘦閣詩半六卷………………………… 3－457
天慵菴筆記二卷………………………… 3－460
天演論二卷……………………………… 3－460
天演論二卷……………………………… 3－460
大演論二卷……………………………… 3－460
天演論二卷……………………………… 3－460
天演論二卷……………………………… 3－460
天演論二卷……………………………… 3－460
天演論二卷……………………………… 3－460
天機切要口傳真訣一卷………………… 3－456
天韻閣詩存一卷………………………… 3－461
天繪閣初稾四卷………………………… 3－456
天寶圖十卷……………………………… 3－455
天寶圖十卷……………………………… 3－455
无能子三卷 …………………………… 4－58
元人十種詩……………………………… 5－8
元山詩鈔一卷…………………………… 5－8
元氏長慶集六十卷 …………………… 5－12
元氏長慶集六十卷 …………………… 5－12
元氏長慶集六十卷補遺六卷附錄一
卷 ………………………………………… 5－12
元文類七十卷目錄三卷 ……………… 5－12
元文類七十卷目錄三卷 ……………… 5－12
元文類七十卷目錄三卷 ……………… 5－12
元文類七十卷目錄三卷 ……………… 5－12
元文類七十卷目錄三卷 ……………… 5－12
元本論語注疏札記一卷……………… 2－370
元本論語注疏札記一卷……………… 2－371
元史二百十卷目錄二卷 ……………… 5－10
元史二百十卷目錄二卷 ……………… 5－10
元史二百十卷目錄二卷 ……………… 5－10
元史二百十卷目錄二卷 ……………… 5－10
元史二百十卷目錄二卷 ……………… 5－10
元史二百十卷目錄二卷 ……………… 5－10
元史二百十卷目錄二卷 ……………… 5－10
元史二百十卷目錄二卷 ……………… 5－10
元史二百十卷目錄二卷 ……………… 5－10
元史二百十卷目錄二卷 ……………… 5－10
元史二百十卷附考證………………… 5－9
元史二百十卷附考證 ………………… 5－10
元史二百十卷附考證 ………………… 5－10
元史二百十卷附考證 ………………… 5－10
元史紀事本末二十七卷 ……………… 5－10
元史紀事本末二十七卷 ……………… 5－10
元史紀事本末二十七卷 ……………… 5－10
元史紀事本末二十七卷 ……………… 5－10
元史紀事本末二十七卷 ……………… 5－11
元史紀事本末二十七卷 ……………… 5－11
元史紀事本末二十七卷 ……………… 5－11
元史紀事本末二十七卷 ……………… 5－11
元史紀事本末二十七卷 ……………… 5－11
元史紀事本末二十七卷 ……………… 5－11
元史紀事本末二十七卷 ……………… 5－11
元史紀事本末二十七卷 ……………… 5－11
元史紀事本末二十七卷 ……………… 5－11
元史紀事本末二十七卷 ……………… 5－11
元史紀事本末二十七卷 ……………… 5－11
元史紀事本末二十七卷 ……………… 5－11
元史紀事本末二十七卷 ……………… 5－11
元史紀事本末二十七卷 ……………… 5－11

元史紀事本末二十七卷 ……………… 5－11
元史新編九十五卷 …………………… 5－12
元史新編九十五卷 …………………… 5－12
元史藝文志四卷宋遼金元四史朔閏
考二卷 ……………………………… 5－12
元史類編四十二卷 …………………… 5－11
元史類編四十二卷 …………………… 5－11
元史類編四十二卷 …………………… 5－11
元史譯文證補三十卷 ………………… 5－12
元史譯文證補三十卷 ………………… 5－12
元白長慶集……………………………… 5－5
元曲選…………………………………… 5－8
元曲選…………………………………… 5－8
元年九月分大建征收厘金報銷日稿
一卷……………………………………… 5－8
元亨療牛集二卷附駝經一卷………… 5－8
元亨療馬集四卷……………………… 5－7
元亨療馬集四卷……………………… 5－7
元亨療馬集四卷……………………… 5－7
元亨療馬集四卷……………………… 5－7
元亨療馬集四卷圖像水黄牛經大全
二卷……………………………………… 5－7
元亨療馬集四卷圖像水黄牛經大全
二卷……………………………………… 5－7
元亨繪圖療牛馬全集………………… 5－7
元明七大家古文十三卷……………… 5－8
元明七大家古文十三卷……………… 5－8
元明七大家古文十三卷……………… 5－8
元明七大家古文十三卷……………… 5－8
元和姓纂十卷………………………… 5－7
元和姓纂十卷………………………… 5－7
元和姓纂十卷………………………… 5－7
元和姓纂十卷………………………… 5－7
元和郡縣志四十卷…………………… 5－7
元和郡縣補志九卷…………………… 5－7
元和郡縣圖志四十卷………………… 5－7
元和郡縣圖志四十卷………………… 5－7
元和郡縣圖志四十卷………………… 5－7
元和郡縣圖志闕卷逸文三卷………… 5－7
元城語錄解三卷……………………… 5－5
元宰必讀書一卷 …………………… 5－13
元宰必讀書一卷 …………………… 5－13
元宰必讀書一卷彭凝祉先生雜說一
卷 …………………………………… 5－13
元宰必讀書原編一卷彭凝祉先生雜
說附編二卷 ………………………… 5－13
元朝名臣事略十五卷………………… 5－5
元朝名臣事略十五卷………………… 5－5
元朝祕史十五卷首一卷……………… 5－5
元朝祕史十五卷首一卷……………… 5－5
元朝祕史十五卷首一卷……………… 5－5
元朝祕史十五卷首一卷……………… 5－5
元朝捷錄一卷……………………… 2－235
元詩百一鈔八卷補遺一卷…………… 5－8
元詩百一鈔八卷補遺一卷…………… 5－8
元詩百一鈔八卷補遺一卷…………… 5－8
元詩別裁集八卷補遺一卷…………… 5－8
元詩別裁集八卷補遺一卷…………… 5－8
元詩別裁集八卷補遺一卷…………… 5－8
元詩別裁集八卷補遺一卷…………… 5－9
元詩別裁集八卷補遺一卷…………… 5－9
元詩別裁集八卷補遺一卷…………… 5－9
元詩選…………………………………… 5－9
元詩選…………………………………… 5－9
元詩選…………………………………… 5－9
元詩選…………………………………… 5－9
元詩選…………………………………… 5－9
元詩選…………………………………… 5－9
元詩選…………………………………… 5－9
元詩選…………………………………… 5－9
元詩選…………………………………… 5－9
元詩選…………………………………… 5－9
元詩選…………………………………… 5－9
元詩選…………………………………… 5－9
元詩選六卷補遺一卷………………… 5－9
元詩選六卷補遺一卷………………… 5－9
元詩選六卷補遺一卷………………… 5－9
元詩選六卷補遺一卷………………… 5－9
元詩選癸集十卷……………………… 5－9
元詩選癸集十卷……………………… 5－9
元詩選癸集十卷……………………… 5－9
元經十卷……………………………… 5－8

元經薛氏傳十卷…………………………… 5－8
元經薛氏傳十卷…………………………… 5－8
元遺山先生文選七卷 ………………… 5－13
元遺山先生全集 ……………………… 5－13
元遺山先生全集 ……………………… 5－13
元遺山先生集四十卷首一卷 ………… 5－12
元遺山先生集四十卷首一卷 ………… 5－12
元遺山詩集箋注十四卷附錄一卷補
　載一卷 ……………………………… 5－12
元遺山詩集箋注十四卷附錄一卷補
　載一卷 ……………………………… 5－12
元遺山詩集箋注十四卷附錄一卷補
　載一卷 ……………………………… 5－12
元穆文鈔一卷……………………………… 5－8
元憲集三十六卷 ……………………… 5－12
元豐九域志十卷…………………………… 5－6
元豐九域志十卷…………………………… 5－6
元豐九域志十卷…………………………… 5－6
元豐九域志十卷…………………………… 5－6
元豐九域志十卷…………………………… 5－6
元豐金石跋尾一卷………………………… 5－5
元豐題跋一卷……………………………… 5－7
元豐類稿五十卷…………………………… 5－6
元豐類稿五十卷…………………………… 5－6
元豐類稿五十卷…………………………… 5－6
元豐類稿五十卷…………………………… 5－6
元豐類稿五十卷…………………………… 5－6
元豐類稿五十卷…………………………… 5－6
元豐類稿五十卷…………………………… 5－6
元豐類稿五十卷…………………………… 5－6
元豐類稿五十卷…………………………… 5－6
元豐類稿五十卷…………………………… 5－6
元豐類稿五十卷…………………………… 5－6
元豐類稿五十卷…………………………… 5－6
元豐類稿五十卷…………………………… 5－6
元豐類稿五十卷…………………………… 5－6
元豐類稿五十卷…………………………… 5－6
元豐類稿五十卷…………………………… 5－6
元豐類稿五十卷…………………………… 5－6
元豐類稿五十卷…………………………… 5－6
元豐類稿五十卷…………………………… 5－6
元豐類稿五十卷…………………………… 5－7
元豐類稿五十卷…………………………… 5－7
元豐類稿五十卷首一卷…………………… 5－7
廿一史四譜五十四卷………………… 2－460
廿一史四譜五十四卷………………… 2－460
廿一史約編八卷首一卷……………… 2－460
廿一史約編八卷首一卷……………… 2－460
廿一史約編八卷首一卷……………… 2－460
廿一史約編八卷首一卷……………… 2－460
廿一史約編八卷首一卷……………… 2－461
廿一史約編八卷首一卷……………… 2－461
廿一史約編八卷首一卷……………… 2－461
廿一史約編八卷首一卷……………… 2－461
廿一史約編八卷首一卷……………… 2－461
廿一史約編八卷首一卷……………… 2－461
廿一史約編八卷首一卷……………… 2－461
廿一史約編八卷首一卷……………… 2－461
廿一史約編八卷首一卷……………… 2－461
廿一史約編八卷首一卷……………… 2－461
廿一史約編八卷首一卷……………… 2－461
廿一史約編八卷首一卷……………… 2－461
廿一史約編八卷首一卷……………… 2－461
廿一史約編八卷首一卷……………… 2－461
廿一史約編八卷首一卷後編一卷…… 2－461
廿一史提綱歌二卷…………………… 2－460
廿一史提綱歌二卷…………………… 2－460
廿一史提綱歌二卷…………………… 2－460
廿一史彈詞注十一卷………………… 2－460
廿一史彈詞注十一卷………………… 2－460
廿一史彈詞注十一卷………………… 2－460
廿一史彈詞注十一卷………………… 2－460
廿一史彈詞注十卷…………………… 2－460
廿一史彈詞注十卷…………………… 2－460
廿一史彈詞注十卷…………………… 2－460
廿二子全書…………………………… 2－460
廿二史文鈔一百九卷………………… 2－458
廿二史考異一百卷…………………… 2－458
廿二史紀事提要八卷………………… 2－458
廿二史策案十二卷首一卷…………… 2－457
廿二史策案十二卷首一卷…………… 2－457
廿二史策案十二卷首一卷…………… 2－458

廿二史策案十二卷首一卷……………… 2－458
廿二史策案十二卷首一卷……………… 2－458
廿二史策案十二卷首一卷……………… 2－458
廿二史策案十二卷首一卷……………… 2－458
廿二史策案十二卷首一卷……………… 2－458
廿二史蒙求疊韻十六卷………………… 2－458
廿二史劄記三十六卷補遺一卷………… 2－458
廿二史劄記三十六卷補遺一卷………… 2－458
廿二史劄記三十六卷補遺一卷………… 2－458
廿二史劄記三十六卷補遺一卷………… 2－458
廿二史劄記三十六卷補遺一卷………… 2－458
廿二史劄記三十六卷補遺一卷………… 2－458
廿二史劄記三十六卷補遺一卷………… 2－458
廿二史劄記三十六卷補遺一卷………… 2－458
廿二史劄記三十六卷補遺一卷………… 2－458
廿二史劄記三十六卷補遺一卷………… 2－458
廿二史劄記三十六卷補遺一卷………… 2－458
廿二史劄記三十六卷補遺一卷………… 2－459
廿二史劄記三十六卷補遺一卷………… 2－459
廿二史劄記三十六卷補遺一卷………… 2－459
廿二史劄記三十六卷補遺一卷………… 2－459
廿二史劄記三十六卷補遺一卷………… 2－459
廿二史劄記三十六卷補遺一卷………… 2－459
廿二史劄記三十六卷補遺一卷………… 2－459
廿二史劄記三十六卷補遺一卷………… 2－459
廿二史劄記三十六卷補遺一卷………… 2－459
廿二史劄記三十六卷補遺一卷………… 2－459
廿二史劄記三十六卷補遺一卷………… 2－459
廿二史劄記三十六卷補遺一卷………… 2－459
廿二史劄記三十六卷補遺一卷………… 2－459
廿二史劄記三十六卷補遺一卷………… 2－459
廿二史劄記三十六卷補遺一卷………… 2－459
廿二史劄記三十六卷補遺一卷………… 2－459
廿二史劄記三十六卷補遺一卷………… 2－459
廿二史劄記三十六卷補遺一卷………… 2－459
廿二史劄記三十六卷補遺一卷………… 5－220
廿四山局一卷…………………………… 5－235
廿四史約編八卷首一卷………………… 2－460
廿四史新論二集二十四卷……………… 2－460
廿四史論菁華六卷……………………… 2－460
木卜堂課幼草不分卷…………………… 2－438
木天清課□□卷………………………… 2－438
木天清課□□卷………………………… 2－438
木天清課□□卷………………………… 2－438
木卯居詩草四卷………………………… 2－438
木卯居詩草四卷………………………… 2－438
木郎祈雨咒一卷………………………… 2－438
木屑三集………………………………… 5－211
木屑集十種二十六卷…………………… 2－438
木屑集十種二十六卷…………………… 2－438
木屑集十種二十六卷…………………… 2－438
木犀軒叢書……………………………… 2－438
木鳶詩集六卷賦稿一卷………………… 2－438
木樨香不分卷…………………………… 2－438
五十名家書札不分卷 ………………… 4－79
五十名家書札不分卷 ………………… 4－79
五七言今體詩鈔十八卷 ……………… 4－78
五七言今體詩鈔十八卷 ……………… 4－78
五七言今體詩鈔十八卷 ……………… 4－78
五七言今體詩鈔十八卷 ……………… 4－78
五七言今體詩鈔十八卷 ……………… 4－78
五七言今體詩鈔十八卷 ……………… 4－78
五七言今體詩鈔十八卷 ……………… 4－79
五七言今體詩鈔十八卷 ……………… 4－79
五七言今體詩鈔十八卷 ……………… 4－79
五七言今體詩鈔十八卷………………… 4－412
五七言今體詩鈔十八卷………………… 4－412
五七言今體詩鈔十八卷………………… 5－397
五大洲政治通考四十八卷 …………… 4－67
五大洲政治通考四十八卷 …………… 4－67
五大洲政治通考四十八卷 …………… 4－67
五大書院課藝七卷 …………………… 4－66
五子近思錄十四卷 …………………… 4－82
五子近思錄十四卷 …………………… 4－82
五子近思錄十四卷 …………………… 4－82
五子近思錄發明十四卷 ……………… 4－82
五子近思錄發明十四卷 ……………… 4－82
五子近思錄發明十四卷 ……………… 4－82
五子近思錄發明十四卷 ……………… 4－82
五子近思錄發明十四卷 ……………… 4－82
五子近思錄輯要十四卷 ……………… 4－82
五公山人集十六卷 …………………… 4－69

五公轉天圖經一卷 …………………… 4－69
五方元音二卷 ………………………… 4－69
五史斠議五卷 ………………………… 4－79
五代史七十四卷 ……………………… 4－68
五代史七十四卷 ……………………… 4－68
五代史七十四卷 ……………………… 4－68
五代史七十四卷 ……………………… 4－68
五代史七十四卷 ……………………… 4－68
五代史七十四卷 ……………………… 4－68
五代史七十四卷 ……………………… 4－68
五代史七十四卷 ……………………… 4－68
五代史七十四卷 ……………………… 4－68
五代史七十四卷 ……………………… 4－68
五代史七十四卷 ……………………… 4－68
五代史七十四卷 ……………………… 4－68
五代史七十四卷 ……………………… 4－68
五代史七十四卷 ……………………… 4－68
五代史七十四卷 ……………………… 4－69
五代史七十四卷 ……………………… 4－69
五代史七十四卷附考證 ……………… 4－69
五代史七十四卷附考證 ……………… 4－69
五代史七十四卷附考證 ……………… 4－69
五代史七十四卷附考證 ……………… 4－69
五代史昉截二卷 ……………………… 4－67
五代史校勘札記七十四卷 …………… 4－69
五代史記七十四卷 …………………… 4－67
五代史記七十四卷 …………………… 4－67
五代史記七十四卷 …………………… 4－67
五代史記七十四卷 …………………… 4－67
五代史記七十四卷 …………………… 4－67
五代史記七十四卷 …………………… 4－67
五代史記七十四卷 …………………… 4－67
五代史記七十四卷 …………………… 4－67
五代史記七十四卷 …………………… 4－67
五代史記七十四卷 …………………… 4－67
五代史記七十四卷 …………………… 4－67
五代史記七十四卷 …………………… 4－68
五代史記纂誤補四卷 ………………… 4－68
五代史記纂誤續補六卷 ……………… 4－68
五代史記纂誤續補六卷 ……………… 4－68
五代史補五卷 ………………………… 3－227
五代史補五卷 ………………………… 4－67
五代史補五卷 ………………………… 4－69
五代史闕文一卷 ……………………… 3－227
五代史闕文一卷 ……………………… 4－67
五代史闕文一卷 ……………………… 4－69
五代史纂誤三卷 ……………………… 5－397
五代春秋志疑一卷 …………………… 4－67
五代詩話十二卷 ……………………… 4－67
五代詩話十二卷 ……………………… 4－67
五代詩話十卷 ………………………… 4－67
五百四峯堂詩鈔二十五卷 …………… 4－66
［五行大要］不分卷 ………………… 5－374
［五行要義］不分卷 ………………… 5－374
［五名堂進出總數］不分卷（清咸豐
二年至同治十三年） ………………… 5－375
五色線二卷 …………………………… 4－79
五坊中元會冊一卷 …………………… 4－69
五車樓五訂正韻四書纂序說約集註
定本十九卷 …………………………… 4－66
五車樓新刻應疇褀聯四卷 …………… 4－66
五車韻瑞一百六十卷 ………………… 4－66
五車韻瑞一百六十卷 ………………… 4－66
五車韻瑞一百六十卷洪武正韻一卷
……………………………………… 4－66
五言排律依永集八卷 ………………… 4－79
五言排律依永集八卷 ………………… 4－79
五言詩十七卷 ………………………… 4－79
五言詩律不分卷 ……………………… 4－79
［五言詩選鈔］不分卷 ……………… 5－375
［五言勸善歌］不分卷 ……………… 5－375
五松園文稿一卷嘉穀堂集一卷 ……… 4－79
五知齋琴譜八卷 ……………………… 4－80
五知齋琴譜八卷 ……………………… 4－80
五知齋琴譜八卷 ……………………… 4－80
五知齋琴譜八卷 ……………………… 4－80
五知齋琴譜八卷 ……………………… 4－80
五服釋例二十卷 ……………………… 4－69
五柳鄉談一卷 ………………………… 4－78
五省溝洫圖說一卷 …………………… 4－79
五省溝洫圖說一卷 …………………… 4－79
五省溝洫圖說一卷 …………………… 4－79

五星集腋四卷 …………………………… 4－79
五星集腋四卷 …………………………… 4－79
五科考卷懷新集不分卷 ……………… 4－77
五美緣全傳八十回 …………………… 4－78
五美緣全傳八十回 …………………… 4－78
五洲各國政治考十卷 ………………… 4－81
五洲各國政治考十卷 ………………… 4－81
五洲各國政治考十卷 ………………… 4－81
五洲各國政治考十卷 ………………… 4－81
五洲各國政治考十卷 ………………… 4－81
五洲各國政治考十卷 ………………… 4－81
五洲各國政治考八卷 ………………… 4－81
五洲各國政治考八卷 ………………… 4－81
五洲政治藝學策論二卷 ……………… 4－82
五洲政藝撮要二十六卷 ……………… 4－82
五洲政藝撮要二十六卷 ……………… 4－82
五洲括地歌一卷 ……………………… 4－81
五洲圖考四卷 ………………………… 4－81
五洲圖考四卷 ………………………… 4－82
五祖黄梅寶卷二卷 …………………… 4－82
五桂樓書目四卷 ……………………… 4－69
五桂樓書目四卷 ……………………… 4－69
五峰胡先生文集五卷 ………………… 4－69
五唐人集 ……………………………… 4－79
五朝小品大觀不分卷 ………………… 4－66
五朝名臣言行錄前集十卷後集十四卷 ………………………………… 4－66
五朝名臣言行錄前集十卷後集十四卷四朝名臣言行錄別集上十三卷下十三卷皇朝道學名臣言行外錄十七卷皇朝名臣言行續錄八卷 …… 4－66
五朝絕句詩選十卷 …………………… 4－66
五雲樓詳訂古文評註全集十卷 ……… 4－79
五雲樓詳訂古文評註全集十卷 ……… 4－80
五雅 …………………………………… 4－79
五雅 …………………………………… 4－79
五雅 …………………………………… 4－79
五湖漁莊圖題詞四卷 ………………… 4－69
五溪丁氏世美集八卷首一卷末一卷 ………………………………… 4－79
五經 …………………………………… 4－69
五經小學述二卷 ……………………… 4－77
五經分類文鈔二十六卷 ……………… 4－71
五經分類輯要二十八卷 ……………… 4－71
五經分類輯要二十八卷 ……………… 4－71
五經文字三卷 ………………………… 4－77
五經文字三卷 ………………………… 4－77
五經文字三卷 ………………………… 4－77
五經文字三卷 ………………………… 4－77
五經文苑摭華八卷 …………………… 4－77
五經文府不分卷 ……………………… 4－77
五經文府不分卷 ……………………… 4－77
五經文府不分卷 ……………………… 4－77
五經文府不分卷 ……………………… 4－77
五經文府不分卷 ……………………… 5－397
五經文郛十八卷 ……………………… 4－77
五經文郛十八卷 ……………………… 4－77
五經文海五卷 ………………………… 4－77
五經文魁不分卷 ……………………… 4－77
五經文鵠不分卷 ……………………… 4－77
五經四書 ……………………………… 4－76
五經同異三卷 ………………………… 4－76
五經合纂大成 ………………………… 4－71
五經合纂大成 ………………………… 4－71
五經合纂大成 ………………………… 4－71
五經合纂大成 ………………………… 4－71
五經合纂大成 ………………………… 4－71
五經合纂大成 ………………………… 4－71
五經合纂大成 ………………………… 4－72
五經味根錄 …………………………… 4－76
五經味根錄 …………………………… 4－76
五經味根錄 …………………………… 4－76
五經味根錄 …………………………… 4－77
五經典要註釋五卷 …………………… 4－71
五經典要註釋五卷 …………………… 4－71
五經衷要 ……………………………… 4－77
五經旁訓 ……………………………… 4－75
五經旁訓 ……………………………… 4－75
五經旁訓 ……………………………… 4－75
五經旁訓 ……………………………… 4－75
五經旁訓 ……………………………… 4－75
五經旁訓 ……………………………… 4－75

五經旁訓 …………………………… 4-75
五經旁訓 …………………………… 4-75
五經旁訓 …………………………… 4-75
五經旁訓 …………………………… 4-75
五經旁訓 …………………………… 4-75
五經旁訓 …………………………… 4-75
五經旁訓 …………………………… 4-75
五經旁訓 …………………………… 4-75
五經旁訓 …………………………… 4-75
五經旁訓 …………………………… 4-75
五經旁訓 …………………………… 4-75
五經旁訓 …………………………… 4-75
五經旁訓 …………………………… 4-75
五經旁訓 …………………………… 4-75
五經旁訓 …………………………… 4-75
五經旁訓 …………………………… 4-76
五經旁訓 …………………………… 4-76
五經旁訓 …………………………… 4-76
五經旁訓 …………………………… 4-76
五經旁訓 …………………………… 4-76
五經旁訓 …………………………… 4-76
五經旁訓 …………………………… 4-76
五經旁訓辨體合訂 ………………… 4-76
五經旁訓辨體合訂 ………………… 4-76
五經旁訓辨體合訂 ………………… 4-76
五經旁訓辨體合訂 ………………… 4-76
五經揭要 …………………………… 4-72
五經揭要 …………………………… 4-72
五經揭要 …………………………… 4-72
五經揭要 …………………………… 4-72
五經揭要 …………………………… 4-72
五經揭要 …………………………… 4-72
五經揭要 …………………………… 4-72
五經揭要 …………………………… 4-72
五經揭要 …………………………… 4-72
五經揭要 …………………………… 4-72
五經揭要 …………………………… 4-72
五經揭要 …………………………… 4-72
五經揭要 …………………………… 4-72
五經揭要 …………………………… 4-72
五經揭要 …………………………… 4-72
[五經程墨]□□卷 ………………… 5-374
五經備旨 …………………………… 4-69
五經備旨 …………………………… 4-70
五經備旨 …………………………… 4-70
五經備旨 …………………………… 4-70
五經備旨 …………………………… 4-70
五經備旨 …………………………… 4-70
五經備旨 …………………………… 4-70
五經備旨 …………………………… 4-70
五經備旨 …………………………… 4-70
五經備旨 …………………………… 4-70
五經備旨 …………………………… 4-70
五經備旨 …………………………… 4-70
五經備旨 …………………………… 4-70
五經備旨 …………………………… 4-70
五經備旨 …………………………… 4-70
五經備旨 …………………………… 4-70
五經備旨 …………………………… 4-70
五經備旨 …………………………… 4-70
五經備旨 …………………………… 4-70
五經備旨 …………………………… 4-70
五經備旨 …………………………… 4-70
五經備旨 …………………………… 4-70
五經備旨 …………………………… 4-70
五經備旨 …………………………… 4-70
五經備旨 …………………………… 4-70
五經備旨 …………………………… 4-71
五經備旨 …………………………… 4-71
五經備旨 …………………………… 4-71
五經備旨 …………………………… 4-71
五經備旨 …………………………… 4-71
五經備旨 …………………………… 4-71
五經備旨 …………………………… 4-71
五經備旨 …………………………… 4-71
五經備旨 …………………………… 4-71
五經集解三十卷附錄三卷 ………… 4-72
五經集解三十卷附錄三卷 ………… 4-72
五經集解三十卷附錄三卷 ………… 4-72
五經集解三十卷附錄三卷 ………… 4-72
五經集解三十卷附錄三卷 ………… 4-72
五經集解三十卷附錄三卷石經考辨

二卷增訂畊餘瑣錄十二卷 ………… 4－72
五經歲徧齋校書 ………………………… 4－76
五經詳說四百五十四卷 ……………… 4－77
五經義初編不分卷 …………………… 4－77
五經義初編不分卷 …………………… 4－77
五經圖說五卷 ………………………… 4－76
五經說七卷 …………………………… 4－76
[五經説鈔]不分卷 ………………… 5－351
五經精義 ……………………………… 4－73
五經擬題類典三十八卷 ……………… 4－75
五經擬題類典三十八卷 ……………… 4－75
五經擬題類典續集三十七卷 ………… 4－75
五經鴻裁 ……………………………… 4－72
五經類典囊括六十四卷 ……………… 4－74
五經類典囊括六十四卷 ……………… 4－74
五經類典囊括六十四卷 ……………… 4－74
五經類典囊括六十四卷 ……………… 4－74
五經類典囊括六十四卷 ……………… 4－74
五經類典囊括六十四卷 ……………… 4－74
五經類典囊括六十四卷 ……………… 4－74
五經類編二十八卷 …………………… 4－73
五經類編二十八卷 …………………… 4－73
五經類編二十八卷 …………………… 4－73
五經類編二十八卷 …………………… 4－73
五經類編二十八卷 …………………… 4－73
五經類編二十八卷 …………………… 4－73
五經類編二十八卷 …………………… 4－73
五經類編二十八卷 …………………… 4－73
五經類編二十八卷 …………………… 4－73
五經類編二十八卷 …………………… 4－73
五經類編二十八卷 …………………… 4－73
五經類編二十八卷 …………………… 4－73
五經類編二十八卷 …………………… 4－73
五經類編二十八卷 …………………… 4－73
五經類編二十八卷 …………………… 4－73
五經類編二十八卷 …………………… 4－73
五經類編二十八卷 …………………… 4－73
五經類編二十八卷 …………………… 4－73
五經類編二十八卷 …………………… 4－73
五經類編二十八卷 …………………… 4－73
五經類編二十八卷 …………………… 4－73
五經類編二十八卷 …………………… 4－74
五經類編二十八卷 …………………… 4－74
五經類編二十八卷 …………………… 4－74
五經類編二十八卷 …………………… 4－74
五經類編二十八卷 …………………… 4－74
五經類編二十八卷 …………………… 4－74
五經類編二十八卷 …………………… 4－74
五經類編二十八卷 …………………… 4－74
五經類編二十八卷 …………………… 4－74
五經類編二十八卷 …………………… 4－74
五經類編二十八卷 …………………… 4－74
五經類編二十八卷 …………………… 4－74
五經類編二十八卷 …………………… 4－74
五經類編二十八卷 …………………… 4－74
五經類編二十八卷 …………………… 4－74
五經蠡測六卷 ………………………… 4－74
五經體注大全 ………………………… 4－76
五經體注大全 ………………………… 4－76
五經體注大全 ………………………… 4－76
五經體注大全 ………………………… 4－76
五經體注大全 ………………………… 4－76
五經體注大全合參 …………………… 4－76
五經讀五卷 …………………………… 4－71
五經讀本 ……………………………… 4－71
五種秘竅全書 ………………………… 4－80
五種秘竅全書 ………………………… 4－80
五種遺規 ……………………………… 4－80
五種遺規 ……………………………… 4－80
五種遺規 ……………………………… 4－80
五種遺規 ……………………………… 4－80
五種遺規 ……………………………… 4－80
五種遺規 ……………………………… 4－80
五種遺規 ……………………………… 4－80
五種遺規 ……………………………… 4－80
五種遺規 ……………………………… 4－80
五種遺規 ……………………………… 4－80
五種遺規 ……………………………… 4－80
五種遺規 ……………………………… 4－80
五種遺規 ……………………………… 4－80
五種遺規 ……………………………… 4－80
五種遺規 ……………………………… 4－80

五種遺規 …………………………………… 4－81
五種遺規 …………………………………… 4－81
五種遺規 …………………………………… 4－81
五種遺規 …………………………………… 4－81
五種遺規 …………………………………… 4－81
五種遺規 …………………………………… 4－81
五種遺規 …………………………………… 4－81
五種遺規 …………………………………… 4－81
五種遺規 …………………………………… 4－81
五種遺規 …………………………………… 4－81
五種遺規 …………………………………… 4－81
五種遺規摘鈔 ……………………………… 4－81
五燈會元二十卷 …………………………… 4－69
五禮通考二百六十二卷首四卷目錄二卷 …………………………………… 4－77
五禮通考二百六十二卷首四卷目錄二卷 …………………………………… 4－78
五禮通考二百六十二卷首四卷目錄二卷 …………………………………… 4－78
五禮通考二百六十二卷首四卷目錄二卷 …………………………………… 4－78
五禮通考二百六十二卷首四卷目錄二卷 …………………………………… 4－78
五禮通考二百六十二卷首四卷目錄二卷 …………………………………… 4－78
五禮通考二百六十二卷首四卷目錄二卷 …………………………………… 4－78
五禮通考二百六十二卷首四卷目錄二卷 …………………………………… 4－78
五禮通考二百六十二卷首四卷目錄二卷 …………………………………… 4－78
五禮通考二百六十二卷首四卷目錄二卷 …………………………………… 4－78
支那文明史論一卷 ………………………… 5－106
支機石傳奇一卷 …………………………… 5－106
不乃羹駢體文鈔四卷 ……………………… 1－66
不可錄一卷 ………………………………… 1－66
不可錄一卷 ………………………………… 1－66
不易介集詩稾三卷 ………………………… 1－66
不知醫必要四卷 …………………………… 1－67
不知醫必要四卷 …………………………… 1－67
不思議光菩薩所說經一卷 ………………… 5－208
不得已二卷 ………………………………… 1－66
不慊齋漫存七卷 …………………………… 1－66
不遮山閣詩鈔十二卷 ……………………… 1－67
不櫛吟三卷 ………………………………… 1－67
太乙山房文集十五卷 ……………………… 3－420
太乙山房文集十五卷 ……………………… 3－420
太乙山房陳大士易經讀一卷 ……………… 3－420
太乙舟文集八卷 …………………………… 3－420
太乙舟文集八卷 …………………………… 3－420
太乙舟文集八卷 …………………………… 3－421
太乙舟文集八卷 …………………………… 3－421
太乙舟文集八卷 …………………………… 5－395
太乙神針方一卷 …………………………… 3－420
太乙秘典不分卷 …………………………… 3－420
太乙統宗寶鑒二十四卷 …………………… 3－420
太乙統宗寶鑒十九卷 ……………………… 3－420
太乙數統宗大全四十卷 …………………… 3－420
太乙數統宗大全四十卷 …………………… 3－420
太上修真黃庭內景五經闡義一卷 ………… 3－413
太上修真黃庭內景五經闡義一卷 ………… 3－413
太上洞玄靈寶文昌梓潼本愿真經一卷 …………………………………… 3－411
太上洞玄靈寶無量度人上品妙經一卷 …………………………………… 3－411
太上黃庭經註三卷 ………………………… 3－413
太上救苦天尊說拔度血湖寶懺一卷 …………………………………… 3－413
太上道德經解一卷 ………………………… 3－411
太上感應篇一卷 …………………………… 3－412
太上感應篇一卷 …………………………… 3－412
太上感應篇一卷 …………………………… 3－413
太上感應篇一卷 …………………………… 3－413
太上感應篇一卷 …………………………… 3－413
太上感應篇一卷 …………………………… 3－413
太上感應篇二卷 …………………………… 3－411
太上感應篇二卷 …………………………… 3－411
太上感應篇合註二卷首一卷 ……………… 3－411
太上感應篇合註二卷首一卷 ……………… 3－411
太上感應篇直講一卷 ……………………… 3－413
太上感應篇直講一卷 ……………………… 3－413

太上感應篇注證八卷 …………………… 3－413
太上感應篇集註二卷陰隲文集訓一卷身世準繩一卷 …………………… 3－411
太上感應篇集傳四卷 …………………… 3－411
太上感應篇註一卷 …………………… 3－413
太上感應篇註合鈔二卷首一卷 ……… 3－413
太上感應篇試帖詩一卷 ……………… 3－412
太上感應篇試帖詩一卷 ……………… 3－412
太上感應篇詩帖二卷太上感應篇纂註一卷 …………………… 3－412
太上感應篇詩帖二卷太上感應篇纂註一卷 …………………… 3－412
太上感應篇詩帖二卷太上感應篇纂註一卷 …………………… 3－412
太上感應篇經史集說通解四卷 ……… 3－412
太上感應篇圖說八卷首一卷 ………… 3－412
太上感應篇圖說八卷首一卷 ………… 3－412
太上感應篇圖說八卷首一卷 ………… 3－412
太上感應篇圖說八卷首一卷 ………… 3－412
太上感應篇圖說八卷首一卷 ………… 3－412
太上感應篇圖說八卷首一卷 ………… 3－412
太上感應篇圖說不分卷 ……………… 3－412
太上感應篇圖說不分卷 ……………… 3－412
太上感應篇圖說不分卷 ……………… 3－412
太上感應篇圖說不分卷 ……………… 3－412
太上感應篇圖說不分卷 ……………… 3－412
太上感應篇箋註一卷 ………………… 3－412
太上感應篇箋註一卷 ………………… 3－412
太上感應篇增訂圖說十二卷 ………… 3－413
太上感應篇贅言一卷 ………………… 3－413
太上感應靈篇彙纂句解註釋集美大全□□卷 …………………… 3－411
太上說三元三官寶經一卷 …………… 3－413
太上寶筏圖說八卷 …………………… 3－411
太上寶筏圖說八卷 …………………… 3－411
太上寶筏圖說八卷首一卷 …………… 3－411
太上靈寶淨明宗教錄十卷 …………… 3－413
太上靈寶淨明宗教錄十卷 …………… 3－413
太上靈寶淨明宗教錄十卷 …………… 3－413
太元經易補注六卷 …………………… 3－421
太古傳宗琵琶調西廂記曲譜二卷宮詞曲譜二卷絃索調時劇新譜二卷 …………………… 3－409
太平御覽一千卷目錄十五卷 ………… 3－410
太平御覽一千卷目錄十五卷 ………… 3－410
太平御覽一千卷目錄十五卷 ………… 3－411
太平御覽一千卷目錄十五卷 ………… 3－411
太平御覽一千卷目錄十五卷 ………… 3－411
太平御覽一千卷目錄十五卷 ………… 3－411
太平御覽一千卷目錄十卷 …………… 3－410
太平御覽一千卷目錄十卷 …………… 3－410
太平經國之書十一卷首一卷 ………… 3－410
太平廣記五百卷目錄十卷 …………… 3－409
太平廣記五百卷目錄十卷 …………… 3－409
太平廣記五百卷目錄十卷 …………… 3－409
太平廣記五百卷目錄十卷 …………… 3－409
太平廣記五百卷目錄十卷 …………… 3－409
太平廣記五百卷目錄十卷 …………… 3－410
太平寰宇記二百卷目錄二卷 ………… 3－410
太平寰宇記二百卷目錄二卷 ………… 3－410
太平寰宇記二百卷目錄二卷 ………… 3－410
太平寰宇記二百卷目錄二卷 ………… 3－410
太平寰宇記二百卷目錄二卷 ………… 3－410
太平寰宇記二百卷目錄二卷 ………… 3－410
太平寰宇記二百卷目錄二卷 ………… 3－410
太史升菴全集八十一卷目錄二卷 …… 3－414
太史升菴全集八十一卷目錄二卷 …… 3－414
太史升菴全集八十一卷目錄二卷 …… 3－414
太史升菴全集八十一卷目錄二卷 …… 3－414
太史升菴全集八十一卷目錄二卷 …… 3－414
太史升菴全集八十一卷目錄二卷 …… 3－414
太史升菴全集八十一卷目錄二卷 …… 3－414
太史升菴全集八十一卷目錄二卷 …… 3－415
太史升菴遺集二十六卷 ……………… 3－415
太史來瞿唐先生年譜一卷 …………… 2－254
太史華句八卷 ………………………… 3－414
太史華句八卷 ………………………… 3－414
太史華句八卷 ………………………… 3－414
太史張天如詳節春秋綱目左傳句解六卷 …………………… 3－416
太史張天如詳節春秋綱目句解左傳彙雋六卷 …………………… 3－415

太史張天如詳節春秋綱目句解左傳
彙雋六卷 …………………………… 3－415
太史張天如詳節春秋綱目句解左傳
彙雋六卷 …………………………… 3－415
太史張天如詳節春秋綱目句解左傳
彙雋六卷 …………………………… 3－415
太史張天如詳節春秋綱目句解左傳
彙雋六卷 …………………………… 3－415
太史張天如詳節春秋綱目句解左傳
彙雋六卷 …………………………… 3－415
太史張天如詳節春秋綱目句解左傳
彙雋六卷 …………………………… 3－415
太史張天如詳節春秋綱目句解左傳
彙雋六卷 …………………………… 3－415
太史張天如詳節春秋綱目句解左傳
彙雋六卷 …………………………… 3－415
太史張天如詳節春秋綱目句解左傳
彙雋六卷 …………………………… 3－415
太史張天如詳節春秋綱目句解左傳
彙雋六卷 …………………………… 3－415
太史張天如詳節春秋綱目句解左傳
彙雋六卷 …………………………… 3－415
太史張天如詳節春秋綱目句解左傳
彙雋六卷 …………………………… 3－415
太史張天如詳節春秋綱目句解左傳
彙雋六卷 …………………………… 3－415
太史張天如詳節春秋綱目句解左傳
彙雋六卷 …………………………… 3－415
太史張天如詳節春秋綱目句解左傳
彙雋六卷 …………………………… 3－415
太史張天如詳節春秋綱目句解左傳
彙雋六卷 …………………………… 3－416
太史張天如詳節春秋綱目句解左傳
彙雋六卷 …………………………… 3－416
太史張天如詳節春秋綱目句解左傳
彙雋六卷 …………………………… 3－416
太史張天如詳節春秋綱目句解左傳
彙雋六卷 …………………………… 3－416
太史張天如詳節春秋綱目句解左傳
彙雋六卷 …………………………… 3－416
太史張天如詳節春秋綱目句解左傳
彙雋六卷 …………………………… 3－416
太史張天如詳節春秋綱目句解左傳
彙雋六卷 …………………………… 3－416
太史張天如詳節春秋綱目句解左傳
彙雋六卷 …………………………… 3－416
太史張天如詳節春秋綱目句解左傳
彙雋六卷 …………………………… 3－416
太史張天如詳節春秋綱目句解左傳
彙雋六卷 …………………………… 3－416
太史張天如詳節春秋綱目句解左傳
彙雋六卷 …………………………… 3－416
太史張天如詳節春秋綱目句解左傳
彙雋六卷 …………………………… 3－416
太史張天如詳節春秋綱目句解左傳
彙雋六卷 …………………………… 3－416
太史張天如詳節春秋綱目句解左傳
彙雋六卷 …………………………… 3－416
太玄十卷 …………………………… 3－417
太玄經集注十卷 …………………… 3－416
太玄經集注十卷 …………………… 3－417
太玄經集注十卷 …………………… 3－417
太和堂詩鈔一卷 …………………… 3－409
太和縣禦寇始末二卷 ……………… 3－409
太和縣禦寇始末二卷 ……………… 3－409
太函集一百二十卷目錄六卷 ……… 3－409
太素脈秘訣二卷 …………………… 3－416
太素齋詞二卷 ……………………… 3－416
太素齋詞二卷 ……………………… 3－416
太華山紫金鎮兩世修行劉香寶卷全
集二卷 ……………………………… 3－409
太師誠意伯劉文成公集二十卷首一
卷 …………………………………… 3－413
太師誠意伯劉文成公集二十卷首一
卷 …………………………………… 3－413
太師誠意伯劉文成公集二十卷首一
卷 …………………………………… 3－413
太師誠意伯劉文成公集二十卷首一
卷 …………………………………… 3－413
太師誠意伯劉文成公集二十卷首一
卷 …………………………………… 3－414
太師誠意伯劉文成公集二十卷首一

卷 …………………………………… 3-414
太師誠意伯劉文成公集十八卷 ……… 3-414
[道光]太康縣志八卷 ……………… 5-282
太極圖分解一卷 …………………… 3-409
太極圖說總論一卷 ………………… 3-409
太極圖數 …………………………… 3-409
太湖竹枝詞二卷 …………………… 3-409
太湖備考十六卷首一卷 …………… 3-409
太醫院補遺本草歌訣雷公炮製八卷
…………………………………… 3-417
太醫院增補青囊藥性賦直解一卷醫
方捷徑一卷 ……………………… 3-418
太醫院增補青囊藥性賦直解一卷醫
方捷徑一卷 ……………………… 3-418
太醫院增補青囊藥性賦直解一卷醫
方捷徑一卷 ……………………… 3-418
太醫院增補青囊藥性賦直解一卷醫
方捷徑一卷 ……………………… 3-418
太醫院增補青囊藥性賦直解一卷醫
方捷徑一卷 ……………………… 3-418
太醫院增補青囊藥性賦直解一卷醫
方捷徑一卷 ……………………… 3-418
太醫院增補青囊藥性賦直解一卷醫
方捷徑一卷 ……………………… 3-418
太醫院增補青囊藥性賦直解一卷醫
方捷徑一卷 ……………………… 3-418
太醫院增補青囊藥性賦直解一卷醫
方捷徑一卷 ……………………… 3-418
太醫院增補青囊藥性賦直解一卷醫
方捷徑一卷 ……………………… 3-418
太醫院增補青囊藥性賦直解一卷醫
方捷徑一卷 ……………………… 3-418
太醫院增補青囊藥性賦直解一卷醫
方捷徑一卷 ……………………… 3-418
太醫院增補青囊藥性賦直解一卷醫
方捷徑一卷 ……………………… 3-418
太醫院增補青囊藥性賦直解一卷醫
方捷徑一卷 ……………………… 3-418
太醫院增補青囊藥性賦直解一卷醫
方捷徑一卷 ……………………… 3-418
太醫院增補青囊藥性賦直解一卷醫
方捷徑一卷 ……………………… 3-418
太醫院增補青囊藥性賦直解一卷醫
方捷徑一卷 ……………………… 3-418
太醫院增補青囊藥性賦直解一卷醫
方捷徑一卷 ……………………… 3-418
太醫院增補青囊藥性賦直解一卷醫
方捷徑一卷 ……………………… 3-418
太醫院增補青囊藥性賦直解一卷醫
方捷徑一卷 ……………………… 3-418
太醫院增補青囊藥性賦直解一卷醫
方捷徑一卷 ……………………… 3-419
太醫院增補青囊藥性賦直解一卷醫
方捷徑一卷 ……………………… 3-419
太醫院增補青囊藥性賦直解一卷醫
方捷徑一卷 ……………………… 3-419
太醫院增補青囊藥性賦直解一卷醫
方捷徑一卷 ……………………… 3-419
太醫院增補青囊藥性賦直解一卷醫
方捷徑一卷 ……………………… 3-419
太醫院增補青囊藥性賦直解一卷醫
方捷徑一卷 ……………………… 3-419
太醫院增補青囊藥性賦直解一卷醫
方捷徑一卷 ……………………… 3-419
太醫院增補青囊藥性賦直解一卷醫
方捷徑一卷 ……………………… 3-419
太醫院增補青囊藥性賦直解一卷醫
方捷徑一卷 ……………………… 3-419
太醫院增補青囊藥性賦直解一卷醫
方捷徑一卷 ……………………… 3-419
太醫院增補青囊藥性賦直解一卷醫
方捷徑一卷 ……………………… 3-419
太醫院增補青囊藥性賦直解一卷醫
方捷徑一卷 ……………………… 3-419
太醫院增補青囊藥性賦直解一卷醫
方捷徑一卷 ……………………… 3-419
太醫院增補青囊藥性賦直解一卷醫
方捷徑一卷 ……………………… 3-419
太醫院增補青囊藥性賦直解一卷醫
方捷徑一卷 ……………………… 3-419
太醫院增補青囊藥性賦直解一卷醫
方捷徑一卷 ……………………… 3-419

太醫院增補青囊藥性賦直解一卷醫方捷徑一卷 …… 3-419
太醫院增補青囊藥性賦直解一卷醫方捷徑一卷 …… 3-419
太醫院增補青囊藥性賦直解一卷醫方捷徑一卷 …… 3-419
太醫院增補青囊藥性賦直解一卷醫方捷徑一卷 …… 3-419
太醫院增補青囊藥性賦直解一卷醫方捷徑一卷 …… 3-419
太醫院增補青囊藥性賦直解一卷醫方捷徑一卷 …… 3-419
太醫院增補青囊藥性賦直解一卷醫方捷徑一卷 …… 3-419
太醫院增補青囊藥性賦直解一卷醫方捷徑一卷 …… 3-420
太醫院增補青囊藥性賦直解二卷 …… 3-417
太醫院增補青囊藥性賦直解二卷 …… 3-417
太醫院增補青囊藥性賦直解二卷 …… 3-417
太醫院增補青囊藥性賦直解二卷 …… 3-417
太醫院增補青囊藥性賦直解二卷首一卷 …… 3-417
太醫院增補青囊藥性賦直解二卷首一卷 …… 3-417
太醫院增補青囊藥性賦直解二卷醫方捷徑二卷 …… 3-417
太醫院增補青囊藥性賦直解二卷醫方捷徑二卷 …… 3-417
太醫院增補青囊藥性賦直解二卷醫方捷徑二卷 …… 3-417
太醫院增補青囊藥性賦直解二卷醫方捷徑二卷 …… 3-417
太醫院增補青囊藥性賦直解二卷醫方捷徑二卷 …… 3-417
太醫院增補青囊藥性賦直解二卷醫方捷徑二卷 …… 3-417
太醫院增補青囊藥性賦直解二卷醫方捷徑二卷 …… 3-417
太醫院增補青囊藥性賦直解二卷醫方捷徑二卷 …… 3-417
太醫院增補青囊藥性賦直解二卷醫方捷徑二卷 …… 3-417
太醫院增補青囊藥性賦直解二卷醫方捷徑二卷 …… 3-417
太醫院增補青囊藥性賦直解二卷醫方捷徑二卷 …… 3-417
太醫院增補青囊藥性賦直解十卷 …… 5-395
太醫院增補青囊藥性賦直解三卷 …… 3-418
太醫院增補青囊藥性賦直解五卷醫方捷徑一卷增訂醫門初學萬金一統要訣不分卷 …… 3-418
太醫院增補青囊藥性賦直解四卷 …… 3-418
太醫院增補青囊藥性賦直解醫方捷徑二卷 …… 3-420
太醫院增補青囊藥性賦直解醫方捷徑二卷 …… 3-420
太醫院增補青囊藥性賦直解醫方捷徑二卷 …… 3-420
太醫院增補青囊藥性賦直解醫方捷徑二卷 …… 3-420
太醫院增補青囊藥性賦直解醫方捷徑二卷 …… 3-420
太醫院增補青囊藥性賦直解醫方捷徑十卷 …… 3-420
太醫院增補青囊藥性賦直解醫方捷徑十卷 …… 3-420
太醫院增補青囊藥性賦直解醫方捷徑十卷 …… 3-420
太醫院增補青囊藥性賦直解醫方捷徑十卷 …… 3-420
太醫院增補青囊藥性賦直解醫方捷徑八卷首一卷末一卷 …… 3-420
太鶴山人集十三卷 …… 3-409
尤西堂稿一卷 …… 4-392
尤西堂稿註釋不分卷 …… 4-392
尤西堂樂府 …… 4-392
友三友圖締言初集一卷續集一卷 …… 4-395
友三友圖締言初集一卷續集一卷 …… 4-395
友三友圖締言初集一卷續集一卷 …… 4-395
友三友圖締言初集一卷續集一卷 …… 4-395
友仁書室譜不分卷 …… 4-395
友石山房詩稿七卷文稿三卷 …… 4-396

友石山房詩稿七卷文稿三卷………… 4－396
友石山房詩稿七卷文稿三卷………… 4－396
友石軒印存一卷……………………… 4－396
友竹山房詩草七卷補遺一卷續鈔七
卷末一卷………………………… 4－396
友聲集……………………………… 4－395
友聲集文二卷詩五卷……………… 4－396
友聲集文二卷詩五卷……………… 4－396
友聲集尺牘二卷…………………… 4－396
屯溪公濟局徵信錄不分卷………… 3－490
比目魚傳奇二卷三十二齣 ………… 1－52
比目魚傳奇二卷三十二齣 ………… 1－52
比目魚傳奇二卷三十二齣 ………… 1－52
比目魚傳奇二卷三十二齣 ………… 1－52
比目魚傳奇二卷三十二齣 ………… 1－52
比目魚傳奇二卷三十二齣 ………… 1－52
比丘尼傳四卷 ……………………… 1－52
比雅十卷 …………………………… 1－53
切字捷要二卷 ……………………… 3－39
切法階梯不分卷 …………………… 3－37
切音蒙引一卷 ……………………… 3－38
切問齋文鈔三十卷 ………………… 3－38
切問齋文鈔三十卷 ………………… 3－38
切問齋文鈔三十卷 ………………… 3－38
切問齋文鈔三十卷 ………………… 3－38
切問齋文鈔三十卷 ………………… 3－38
切問齋文鈔三十卷 ………………… 3－38
切問齋文鈔三十卷 ………………… 3－38
切問齋文鈔三十卷 ………………… 3－38
切問齋文鈔三十卷 ………………… 3－38
切問齋文鈔三十卷 ………………… 3－38
切問齋文鈔三十卷 ………………… 3－38
切問齋文鈔三十卷 ………………… 3－38
切問齋集十二卷首一卷 …………… 3－37
切問齋集十二卷首一卷 …………… 3－37
切問齋集十六卷 …………………… 3－37
切問齋集十六卷 …………………… 3－38
切韻入門不分卷 …………………… 3－38
切韻考四卷 ………………………… 3－38
切韻考四卷 ………………………… 3－38
切韻考四卷 ………………………… 3－38
切韻指南不分卷 …………………… 3－38
切韻指掌圖一卷 …………………… 3－38
切韻指掌圖一卷 …………………… 3－38
切韻指掌圖一卷 …………………… 3－38
切韻指掌圖一卷 …………………… 3－38
切韻指掌圖一卷附檢例一卷 ……… 3－38
牙牌神數註解抄覽不分卷………… 4－261
牙牌數不分卷……………………… 5－399
牙牌靈數不分卷…………………… 4－261
牙牌靈數不分卷…………………… 4－261
牙牌靈數不分卷…………………… 4－261
牙牌靈數不分卷…………………… 4－261
止園筆談八卷……………………… 5－110
止齋先生文集五十二卷附錄一卷…… 5－110
少芝山房遺稿二卷………………… 3－137
少吏論辨正一卷…………………… 3－136
少室山房筆叢四十八卷詩藪內編六
卷外編四卷雜編六卷…………… 3－136
少華山人文集十五卷詩集四卷前集
十三卷後集九卷續集十五卷……… 3－136
少嵒文稿初刻二卷詩稿十五卷……… 3－137
少嵒賦草四卷……………………… 3－136
少嵒賦草四卷……………………… 3－136
少嵒賦草四卷……………………… 3－136
少嵒賦草四卷……………………… 3－136
少嵒賦草四卷……………………… 3－137
少嵒賦草四卷……………………… 3－137
少嵒賦草四卷……………………… 3－137
少嵒賦草四卷……………………… 3－137
少嵒賦草四卷……………………… 3－137
少湖徐先生學則辨一卷…………… 2－359
少湖徐先生學則辨一卷…………… 2－360
少湖徐先生學則辨一卷…………… 2－360
少湖徐先生學則辨一卷…………… 2－360
少湖徐先生學則辨一卷…………… 2－360
少湖徐先生學則辨一卷…………… 2－360
少湖徐先生學則辨一卷…………… 2－360
少湖徐先生學則辨一卷…………… 2－360
少湖徐先生學則辨一卷…………… 2－361
少湖徐先生學則辨一卷…………… 2－361
少湖徐先生學則辨一卷…………… 2－361

少微通鑑節要五十卷 …………………… 3－136
少廣縋鑿一卷 ……………………………… 5－256
少鶴詩抄十三卷(少鶴内集十卷鶴再南飛集一卷龍城集一卷賓山續集一卷) ……………………………… 3－136
日下尊聞錄五卷 ………………………… 3－77
日下舊聞四十二卷 ……………………… 3－77
日下舊聞四十二卷 ……………………… 3－77
日下舊聞四十二卷 ……………………… 3－77
日下舊聞四十二卷 ……………………… 3－77
日下舊聞四十二卷 ……………………… 3－77
日下舊聞四十二卷 ……………………… 3－77
日月交食不分卷 ………………………… 3－77
日月眼科一卷 …………………………… 3－77
日月蝕節要七章 ………………………… 3－77
日本之佳人一卷 ………………………… 3－76
日本外史二十二卷 ……………………… 3－75
日本地理兵要十卷 ……………………… 3－74
日本全史二十二卷 ……………………… 3－75
日本武備教育不分卷 …………………… 3－75
日本帝國憲法義解一卷 ………………… 3－74
日本書目志十五卷 ……………………… 3－75
日本現勢論一卷 ………………………… 3－75
日本國志四十卷首一卷 ………………… 3－74
日本國志四十卷首一卷 ………………… 3－74
日本國志四十卷首一卷 ………………… 3－75
日本國志四十卷首一卷 ………………… 3－75
日本國志四十卷首一卷 ………………… 3－75
日本國志四十卷首一卷 ………………… 3－75
日本國志四十卷首一卷 ………………… 3－75
日本國志四十卷首一卷 ………………… 3－75
日本國志四十卷首一卷 ………………… 3－75
日本新史攬要七卷 ……………………… 3－75
日本新史攬要七卷 ……………………… 3－75
日本新政考二卷 ………………………… 3－76
日本維新三十年史十二編附錄一卷 ……………………………………… 3－75
日本維新三十年史十二編附錄一卷 ……………………………………… 3－75
日本維新三十年史十二編附錄一卷 ……………………………………… 3－75
日本維新慷慨史二卷 …………………… 3－75
日本雜事詩二卷 ………………………… 3－76
日本雜事詩二卷 ………………………… 3－76
日本雜事詩二卷 ………………………… 3－76
日本雜事詩二卷 ………………………… 3－76
日本雜事詩二卷 ………………………… 3－76
日本議會史 ……………………………… 3－76
日本變法次第類攷初集不分卷二集不分卷三集不分卷 …………………… 3－74
[日用生活法式]□□卷 ………………… 5－343
日知筆記一卷 …………………………… 3－77
日知筆記一卷 …………………………… 3－77
日知筆記一卷 …………………………… 3－77
日知筆記一卷 …………………………… 3－77
日知薈說四卷 …………………………… 3－77
日知薈說四卷 …………………………… 3－77
日知錄三十二卷 ………………………… 3－79
日知錄三十二卷 ………………………… 3－79
日知錄三十二卷 ………………………… 3－79
日知錄三十二卷 ………………………… 3－79
日知錄三十二卷 ………………………… 3－79
日知錄三十二卷 ………………………… 3－79
日知錄三十二卷 ………………………… 3－79
日知錄三十二卷 ………………………… 3－79
日知錄三十二卷 ………………………… 3－79
日知錄三十二卷 ………………………… 3－79
日知錄三十二卷 ………………………… 3－79
日知錄三十二卷 ………………………… 3－79
日知錄三十二卷 ………………………… 3－79
日知錄三十二卷 ………………………… 3－79
日知錄三十二卷 ………………………… 3－79
日知錄三十二卷 ………………………… 3－79
日知錄三十二卷 ………………………… 3－79
日知錄三十二卷 ………………………… 3－79
日知錄三十二卷 ………………………… 3－79
日知錄三十二卷 ………………………… 3－79
日知錄三十二卷 ………………………… 3－80
日知錄三十二卷日知錄之餘四卷 …… 3－80

日知錄三十二卷日知錄之餘四卷 …… 3－80
日知錄三十二卷日知錄之餘四卷菰中隨筆一卷 …………………………… 3－80
日知錄之餘四卷 ……………………… 3－80
日知錄之餘四卷 ……………………… 3－80
日知錄之餘四卷 ……………………… 3－80
日知錄之餘四卷 ……………………… 3－80
日知錄之餘四卷 ……………………… 3－80
日知錄之餘四卷 ……………………… 3－80
日知錄集釋三十二卷 ………………… 3－77
日知錄集釋三十二卷 ………………… 3－77
日知錄集釋三十二卷 ………………… 3－77
日知錄集釋三十二卷 ………………… 3－78
日知錄集釋三十二卷 ………………… 3－78
日知錄集釋三十二卷 ………………… 3－78
日知錄集釋三十二卷 ………………… 3－78
日知錄集釋三十二卷 ………………… 3－78
日知錄集釋三十二卷 ………………… 3－78
日知錄集釋三十二卷 ………………… 3－78
日知錄集釋三十二卷 ………………… 3－78
日知錄集釋三十二卷 ………………… 3－78
日知錄集釋三十二卷 ………………… 3－78
日知錄集釋三十二卷 ………………… 3－78
日知錄集釋三十二卷 ………………… 3－78
日知錄集釋三十二卷 ………………… 3－78
日知錄集釋三十二卷 ………………… 3－78
日知錄集釋三十二卷 ………………… 3－78
日知錄集釋三十二卷 ………………… 3－78
日省編不分卷 ………………………… 3－76
［日記流水］（清光緒元年至二年） … 5－343
日涉編十二卷 ………………………… 3－76
日涉編十二卷 ………………………… 3－76
日湖漁唱一卷補遺一卷續補遺一卷 ……………………………………… 3－76
日損益齋文集八卷古今體詩十八卷 ……………………………………… 3－77
日損益齋時藝全稿不分卷 ………… 3－76
日損益齋試帖四卷 ………………… 3－77
日課軒詩鈔一卷 …………………… 3－76
日講四書解義二十六卷 …………… 3－76
日講四書解義二十六卷 …………… 3－76
日講四書解義二十六卷 …………… 3－76
日講春秋解義六十四卷總說一卷 …… 3－76
日講春秋解義六十四卷總說一卷 …… 3－76
日講書經解義十三卷 ……………… 3－76
日講書經解義不分卷 ……………… 3－76
中日修好條約不分卷 ……………… 5－119
中日修好條規一卷通商章程一卷中國海關稅則一卷日本國海關稅則一卷 …………………………………… 5－118
中外地輿圖說集成一百三十卷皇輿全圖一卷首三卷 ……………………… 5－119
中外地輿圖說集成一百三十卷皇輿全圖一卷首三卷 ……………………… 5－119
中外地輿圖說集成一百三十卷皇輿全圖一卷首三卷 ……………………… 5－119
中外地輿圖說集成一百三十卷皇輿全圖一卷首三卷 ……………………… 5－119
中外地輿圖說集成一百三十卷皇輿全圖一卷首三卷 ……………………… 5－119
中外交涉類要表不分卷 …………… 5－120
中外交涉類要表四卷光緒通商綜覈表十六卷附中西紀年周始表一卷 ……………………………………… 5－120
中外政治策論彙編二十四卷 ……… 5－121
中外政治策論彙編二十四卷 ……… 5－121
中外政治藝學策論三卷 …………… 5－121
中外政治類編十五卷 ……………… 5－121
中外政俗異同考二卷 ……………… 5－121
中外政學五種 ……………………… 5－121
中外紀年通表六卷 ………………… 5－120
中外時務策府統宗四十四卷附讀西學書法一卷西學書目表四卷 ……… 5－120
中外時務策府統宗四十四卷附讀西學書法一卷西學書目表四卷 ……… 5－120
中外時務策府統宗四十四卷附讀西學書法一卷西學書目表四卷 ……… 5－120
中外時務策府統宗四十四卷附讀西學書法一卷西學書目表四卷 ……… 5－120
中外時務策府統宗四十四卷附讀西學書法一卷西學書目表四卷 ……… 5－120
中外時務策府統宗四十四卷附讀西

學書法一卷西學書目表四卷……… 5－120
中外時務策府統宗四十四卷附讀西
學書法一卷西學書目表四卷……… 5－120
中外時務經濟統宗十八卷…………… 5－120
中外時務經濟統宗十八卷…………… 5－121
中外時務經濟統宗十八卷…………… 5－121
中外通商始末記二十卷……………… 5－121
中外策問類編三十二卷首一卷……… 5－119
中外經世緒言十六卷續編八卷……… 5－120
中外經世緒言十六卷續編八卷……… 5－120
中外經世緒言十六卷續編八卷……… 5－120
中外經世緒言十六卷續編八卷……… 5－120
中外經世緒言十六卷續編八卷……… 5－120
中外衛生要旨四卷…………………… 5－121
中外藝學新策四卷…………………… 5－121
中西人物通考一百卷………………… 5－123
中西互論一卷………………………… 5－122
中西武備新書甲集□□卷…………… 5－123
中西政學問對三十六卷……………… 5－123
中西紀事二十四卷…………………… 5－122
中西紀事二十四卷…………………… 5－122
中西紀事二十四卷…………………… 5－122
中西紀事二十四卷…………………… 5－122
中西紀事二十四卷…………………… 5－122
中西紀事二十四卷…………………… 5－122
中西紀事二十四卷…………………… 5－122
中西紀事二十四卷…………………… 5－122
中西紀事二十四卷…………………… 5－122
中西紀事二十四卷…………………… 5－122
中西紀事二十四卷…………………… 5－123
中西時務策論正宗一卷……………… 5－123
中西時務策論正宗一卷……………… 5－123
中西時務策論正宗一卷……………… 5－123
中西時務類考九卷…………………… 5－123
中西時務類考九卷…………………… 5－123
中西匯通醫書五種…………………… 5－122
中西匯通醫書五種…………………… 5－122
中西匯通醫書五種…………………… 5－122
中西匯通醫經精義二卷……………… 5－122
中西匯通醫經精義二卷……………… 5－122
中西匯通醫經精義二卷……………… 5－122
中西匯通醫經精義二卷……………… 5－122
中西匯通醫經精義二卷……………… 5－122
中西算學大成一百卷………………… 5－123
中西算學大成一百卷………………… 5－123
中西算學大成一百卷………………… 5－123
中西算學大成一百卷………………… 5－123
中西算學大成一百卷………………… 5－123
中西算學大成一百卷………………… 5－123
中西算學集要五種…………………… 5－123
中西算學叢書初編…………………… 5－123
中西算學題鏡八卷…………………… 5－123
中西醫解二卷………………………… 5－123
中州人物考八卷……………………… 5－127
中州同官錄不分卷…………………… 5－127
中州全韻二十二卷首一卷…………… 5－127
中州名賢文表內集三十卷…………… 5－127
中州金石記五卷……………………… 5－126
中州金石記五卷……………………… 5－126
中州金石記五卷……………………… 5－126
中州金石記五卷……………………… 5－126
中州音韻一卷………………………… 5－127
中州集一卷…………………………… 5－126
中州集十卷首一卷中州樂府一卷…… 5－126
中州集十卷首一卷中州樂府一卷…… 5－126
中州集十卷首一卷中州樂府一卷…… 5－126
中州集十卷首一卷中州樂府一卷…… 5－126
中州集十卷首一卷中州樂府一卷…… 5－126
中州集十卷首一卷中州樂府一卷…… 5－126
中亞洲俄屬游記二卷………………… 5－124
中亞洲俄屬游記二卷………………… 5－124
中英條約一卷………………………… 5－124
中東戰紀本末八卷續編四卷三編四
卷……………………………………… 5－116
中東戰紀本末八卷續編四卷三編四
卷……………………………………… 5－116
中東戰紀本末八卷續編四卷三編四
卷……………………………………… 5－116
中和堂商芝館揀選上藥精製各項蠟
丸一卷………………………………… 5－118
中卷經一卷…………………………… 5－118
中法俄英歷年交涉事宜章程條約一

卷 …………………………………… 5－117
中星表一卷 ………………………………… 5－123
中俄交涉史一卷 …………………………… 5－117
中俄交涉記四卷 …………………………… 5－117
中俄改訂條約一卷 ………………………… 5－117
中俄和約一卷 ……………………………… 5－117
中俄和約一卷 ……………………………… 5－117
中俄界約斠注七卷首一卷 ………………… 5－117
中俄界約斠注七卷首一卷 ………………… 5－117
中俄界約斠注七卷首一卷 ………………… 5－117
中皇明聖經一卷 …………………………… 5－118
中皇明聖經一卷 …………………………… 5－118
中洲草堂遺集二十三卷首一卷末一
卷 …………………………………… 5－127
中華古今注三卷 …………………………… 5－118
中華古今注三卷 …………………………… 5－118
中華古今注三卷 …………………………… 5－118
中華古今注三卷 …………………………… 5－118
中華古今注三卷 …………………………… 5－118
中原音韻二卷 ……………………………… 5－126
中原音韻二卷 ……………………………… 5－126
中原音韻二卷 ……………………………… 5－126
中峰淨土詩一卷 …………………………… 4－473
中唐十二家詩集 …………………………… 5－119
中唐孟郊詩一卷 …………………………… 5－119
中晚唐詩五十一卷 ………………………… 5－122
中晚唐詩五十一卷 ………………………… 5－122
中晚唐詩五十一卷 ………………………… 5－122
中晚唐詩叩彈集十二卷續集三卷 …… 5－121
中晚唐詩叩彈集十二卷續集三卷 …… 5－121
中晚唐詩叩彈集十二卷續集三卷 …… 5－121
中晚唐詩叩彈集十二卷續集三卷 …… 5－121
中晚唐詩叩彈集十二卷續集三卷 …… 5－121
中晚唐詩叩彈集十二卷續集三卷 …… 5－121
中晚唐詩叩彈集十二卷續集三卷 …… 5－121
中晚唐詩紀六十二卷 ……………………… 5－121
中國女史二十一卷 ………………………… 5－118
中國文明小史十五章一卷 ………………… 5－118
中國古世公法論略一卷 …………………… 3－497
中國地理不分卷 …………………………… 5－117
中國地理教科書四卷附錄一卷 ……… 5－117
中國地理問答不分卷 ……………………… 5－117
中國地理新編四卷 ………………………… 5－117
中國地理新編四卷 ………………………… 5－117
中國地理課本二卷 ………………………… 5－117
中國名畫集不分卷 ………………………… 5－118
中國宜廣新學以輔舊學說一卷 ……… 5－118
中國政治一卷 ……………………………… 5－118
中國能化舊爲新乃能以新存舊論一
卷 …………………………………… 5－118
中國朝鮮商民水陸貿易章程一卷 …… 5－117
中國魂二卷 ………………………………… 5－118
中國電報新編一卷 ………………………… 5－117
中國歷史教科書七卷 ……………………… 5－118
中國歷史教科書四卷 ……………………… 5－118
中國歷史講義不分卷 ……………………… 5－118
中庸一卷 …………………………………… 5－125
中庸一卷 …………………………………… 5－125
中庸一卷 …………………………………… 5－125
中庸一卷 …………………………………… 5－125
中庸一卷 …………………………………… 5－125
中庸一卷 …………………………………… 5－126
中庸一卷 …………………………………… 5－126
中庸大全章句二卷 ………………………… 5－124
中庸切已錄不分卷 ………………………… 5－124
中庸示掌一卷 ……………………………… 5－125
中庸四記一卷 ……………………………… 5－125
中庸直指不分卷 …………………………… 5－126
中庸直指不分卷 …………………………… 5－126
中庸述朱大全三卷 ………………………… 5－125
中庸或問三卷 ……………………………… 5－124
中庸注一卷 ………………………………… 5－126
中庸指掌二卷 ……………………………… 5－126
中庸衍義十七卷 …………………………… 5－125
中庸衍義十七卷 …………………………… 5－125
中庸衍義十七卷 …………………………… 5－125
中庸衍義十七卷 …………………………… 5－125
中庸衍義十七卷 …………………………… 5－125
中庸衍義十七卷 …………………………… 5－125
中庸衍義十七卷 …………………………… 5－125
中庸衍義十七卷 …………………………… 5－125
中庸衍義十七卷 …………………………… 5－125

中庸衍義十七卷…………………… 5－125
中庸衍義十七卷…………………… 5－125
中庸衍義十七卷…………………… 5－125
中庸衍義十七卷…………………… 5－125
中庸章句本義匯參六卷首一卷……… 5－126
中庸閒筆講義後集一卷…………… 5－125
中庸剩義四卷……………………… 5－124
中庸集說三卷……………………… 5－124
中庸集說啓蒙一卷………………… 5－124
中庸意讀一卷……………………… 5－126
中庸義疏三卷……………………… 5－126
[中庸論]不分卷 ………………… 5－388
中庸輯畧二卷……………………… 5－124
中庸講義三十三卷………………… 5－124
中庸闡要一卷……………………… 5－124
中庸闡義七卷……………………… 5－124
中庸闡義七卷……………………… 5－124
中庸釋一卷………………………… 5－125
中等教育日本歷史二卷…………… 5－116
中等教育日本歷史二卷…………… 5－116
中等教育倫理學二編……………… 5－116
中等教育倫理學二編……………… 5－116
中復堂全集………………………… 5－117
中復堂全集………………………… 5－117
中復堂全集………………………… 5－117
中復堂全集………………………… 5－117
中復堂遺稿五卷續編二卷附年譜一卷…………………………………… 5－117
中說二卷…………………………… 5－119
中說二卷…………………………… 5－119
中說二卷…………………………… 5－119
中說十卷…………………………… 5－119
中說十卷…………………………… 5－119
中說十卷…………………………… 5－119
中說十卷…………………………… 5－119
中說十卷…………………………… 5－119
中說十卷…………………………… 5－119
中說十卷…………………………… 5－119
中說十卷…………………………… 5－119
中論二卷…………………………… 5－118
中論二卷…………………………… 5－118
中興小紀四十卷…………………… 5－124
中興名臣事略八卷………………… 1－500
中興名臣事略八卷………………… 5－124
中興名臣事略八卷………………… 5－124
中興名臣事略八卷………………… 5－124
中興名臣事略八卷………………… 5－124
中興名臣事略八卷………………… 5－124
中興間氣集二卷…………………… 5－124
中學中國歷史教科書不分卷……… 5－124
中藏經八卷………………………… 5－116
内外教育小史二卷………………… 2－456
内自訟齋文集十卷………………… 2－456
内省筆記一卷……………………… 2－456
内省齋文集三十二卷……………… 2－456
内省齋文集三十二卷……………… 2－456
内則衍義十六卷…………………… 2－456
内則衍義十六卷…………………… 2－456
内則衍義十六卷…………………… 2－456
内則衍義十六卷…………………… 2－456
内則衍義十六卷…………………… 2－456
[内科妙方]一卷 ………………… 5－332
内科新說二卷……………………… 2－456
内科摘要二卷……………………… 2－456
内傳天皇鰲極鎮世神書□卷……… 2－455
内經知要二卷……………………… 2－456
内經知要不分卷…………………… 2－456
内經評文素問二十四卷遺篇一卷… 2－456
内經圖翼十一卷…………………… 2－456
内閣漢票簽中書舍人題名一卷…… 2－455
内閣撰擬文字二卷………………… 2－456
内閣撰擬文字二卷………………… 2－456
内閣撰擬文字二編二卷…………… 2－456
内閣撰擬文字三編一卷…………… 2－456
牛氏家言二卷感遇錄一卷………… 2－464
牛痘新書濟世一卷………………… 2－464
牛痘新書濟世一卷………………… 2－464
牛痘新書濟世一卷………………… 2－464
午亭文編五十卷 ………………… 4－82
午亭文編五十卷 ………………… 4－82
午亭文編五十卷 ………………… 4－82
午亭文編五十卷 ………………… 4－82

午亭文編五十卷 …………………………… 4－82
午亭文編五十卷 …………………………… 4－82
午亭文編五十卷 …………………………… 4－82
午亭文編五十卷 …………………………… 4－83
午亭文編五十卷 …………………………… 4－83
午亭文編五十卷 …………………………… 4－83
毛晉汲古閣珍藏秘本書目不分卷 …… 5－98
毛瑟槍學一卷 ……………………………… 2－390
毛詩二十卷 ………………………………… 2－391
毛詩二十卷 ………………………………… 2－391
毛詩二十卷 ………………………………… 2－391
毛詩二十卷附考證 ………………………… 2－391
毛詩二十卷附考證 ………………………… 2－391
毛詩天文考一卷 …………………………… 2－392
毛詩天文考一卷 …………………………… 2－392
毛詩天文考一卷 …………………………… 2－392
毛詩正變指南圖一卷 ……………………… 2－392
毛詩古音考四卷讀詩拙言一卷屈宋
古音義三卷 ………………………………… 2－391
毛詩古音攷四卷 …………………………… 2－391
毛詩古音攷四卷 …………………………… 2－391
毛詩本義十六卷 …………………………… 2－390
毛詩本義十六卷 …………………………… 2－390
毛詩本義十六卷 …………………………… 2－390
毛詩本義十六卷 …………………………… 2－390
毛詩本義十六卷 …………………………… 2－390
毛詩本義十六卷 …………………………… 2－390
毛詩本義十六卷 …………………………… 2－390
毛詩本義十六卷 …………………………… 2－390
毛詩本義十六卷 …………………………… 2－390
毛詩均譜八卷補遺一卷附校勘記一
卷 …………………………………………… 2－391
毛詩均譜八卷補遺一卷附校勘記一
卷 …………………………………………… 2－391
毛詩明辨錄十卷 …………………………… 2－392
毛詩周韻誦法十卷 ………………………… 2－392
毛詩注疏二十卷 …………………………… 2－392
毛詩注疏二十卷詩譜序一卷 ……………… 2－392
毛詩注疏二十卷詩譜序一卷 ……………… 2－392
毛詩注疏二十卷詩譜序一卷 ……………… 2－392
毛詩注疏二十卷詩譜序一卷 ……………… 2－393
毛詩注疏二十卷詩譜序一卷 ……………… 2－393
毛詩注疏二十卷詩譜序一卷 ……………… 2－393
毛詩注疏三十卷首一卷 …………………… 2－393
毛詩草木疏校正二卷 ……………………… 2－390
毛詩故訓傳定本三十卷 …………………… 2－391
毛詩故訓傳定本三十卷 …………………… 2－391
毛詩故訓傳定本三十卷 …………………… 2－391
毛詩故訓傳定本小箋三十卷 ……………… 2－391
毛詩故訓傳鄭箋三十卷 …………………… 2－391
毛詩要義二十卷譜序要義一卷 …………… 2－392
毛詩要義二十卷譜序要義一卷 …………… 2－392
毛詩要義二十卷譜序要義一卷 …………… 2－392
毛詩要義二十卷譜序要義一卷 …………… 2－392
毛詩要義二十卷譜序要義一卷 …………… 2－392
毛詩後箋三十卷 …………………………… 2－391
毛詩馬王微四卷 …………………………… 2－392
毛詩詁訓傳二十卷 ………………………… 2－391
毛詩補正二十五卷 ………………………… 2－390
毛詩補箋二十卷 …………………………… 2－390
毛詩補箋二十卷 …………………………… 2－390
毛詩傳箋通釋三十二卷 …………………… 2－390
毛詩說三十卷 ……………………………… 2－392
毛詩稽古編三十卷 ………………………… 2－391
毛詩禮徵十卷 ……………………………… 2－392
毛詩禮徵十卷 ……………………………… 2－392
毛詩讀三十卷 ……………………………… 2－391
毛鄭詩釋四卷 ……………………………… 2－393
手卷經一卷 ………………………………… 3－256
[壬子稾]不分卷 …………………………… 5－343
壬戌詩草不分卷 …………………………… 3－72
壬寅全年新時務通攷四卷 ………………… 3－72
壬寅直省闈墨□卷 ………………………… 3－72
壬寅闈藝代表集不分卷 …………………… 3－72
壬課纂義不分卷 …………………………… 3－72
升菴外集一百卷 …………………………… 3－144
升菴先生文集八十一卷目錄四卷 ………… 3－144
升菴先生年譜一卷 ………………………… 3－414
升菴先生年譜一卷 ………………………… 3－414
升菴先生年譜一卷 ………………………… 3－414
升菴先生年譜一卷 ………………………… 3－414
升菴先生年譜一卷 ………………………… 3－414

升菴先生年譜一卷 …………………… 3-414
升菴先生年譜一卷 …………………… 3-415
升庵外集一百卷 ……………………… 3-144
升庵外集一百卷 ……………………… 3-144
升庵先生文集八十一卷目錄四卷 …… 3-144
仁在堂全集十一集續刻三集 ………… 3-72
仁在堂全集十一集續刻三集 ………… 3-72
仁在堂全集十一集續刻三集 ………… 3-72
仁在堂全集十一集續刻三集 ………… 3-72
仁在堂全集十一集續刻三集 ………… 3-72
仁在堂全集十四集 …………………… 3-72
仁在堂全集十四集 …………………… 3-72
仁在堂律賦箋注一卷 ………………… 3-72
仁在堂律賦箋注一卷 ………………… 3-72
仁在堂律賦箋注一卷 ………………… 3-72
仁在堂時藝核二卷 …………………… 3-73
仁在堂時藝核續編不分卷 …………… 3-73
仁在堂時藝階一卷 …………………… 3-73
仁在堂時藝階六卷 …………………… 3-73
仁在堂時藝階六卷 …………………… 3-73
仁在堂時藝階六卷 …………………… 3-73
仁在堂時藝詩賦全書 ………………… 3-73
仁在堂時藝詩賦全集 ………………… 3-73
仁在堂時藝詩賦全集 ………………… 3-73
仁在堂時藝詩賦全集 ………………… 3-73
仁在堂時藝詩賦全集 ………………… 3-73
仁在堂時藝綜一卷 …………………… 3-73
仁在堂時藝課二卷 …………………… 3-73
仁在堂時藝辨一卷 …………………… 3-73
仁在堂時藝辨二卷 …………………… 3-73
仁在堂時藝辨二卷 …………………… 3-73
仁在堂詩賦合刻不分卷 ……………… 3-73
仁在堂關中書院課士詩不分卷 ……… 3-72
仁在堂關中書院課士賦不分卷 ……… 3-72
仁壽坊同慶堂田冊不分卷 …………… 3-72
[仁壽宮記]一卷 ……………………… 5-343
仁壽鏡不分卷 ………………………… 3-72
仁濟和保險有限公司合辦地二十屆
　賬略不分卷 ………………………… 3-72
片玉山房花箋錄二十卷 ……………… 2-492
片玉詞二卷補遺一卷 ………………… 2-492
片石詩鈔七卷末一卷 ………………… 2-492
片石詩鈔七卷末一卷 ………………… 2-492
仇十洲繡像列女傳二卷 ……………… 1-126
化愚俗歌一卷 ………………………… 2-63
化愚俗歌一卷 ………………………… 2-63
化學一卷 ……………………………… 2-62
化學工藝二集四卷 …………………… 2-62
化學大成 ……………………………… 2-62
化學大成 ……………………………… 2-62
化學分原八卷 ………………………… 2-62
化學考質八卷附表一卷 ……………… 2-62
化學考質八卷附表一卷 ……………… 2-62
化學求數十五卷 ……………………… 2-62
化學求數十五卷 ……………………… 2-62
化學須知一卷 ………………………… 2-62
化學鑑原二十卷 ……………………… 2-62
化學鑑原六卷 ………………………… 2-62
化學鑑原六卷 ………………………… 2-62
化學鑑原六卷 ………………………… 2-62
化學鑑原補編六卷附卷一卷 ………… 2-62
化學鑑原補編六卷附錄一卷 ………… 2-62
化學鑑原補編六卷附錄一卷 ………… 2-62
介石園餘草一卷 ……………………… 2-172
介石齋印存一卷 ……………………… 2-173
介存齋論詞雜著一卷 ………………… 5-178
介軒文鈔八卷詩鈔十卷外集二卷 …… 2-173
介軒文鈔八卷詩鈔十卷外集二卷 …… 2-173
介圃詩鈔七卷 ………………………… 2-172
介峯劄記四卷 ………………………… 2-172
介卿遺艸一卷 ………………………… 2-34
介卿遺艸一卷 ………………………… 2-34
今文大小題商九卷 …………………… 2-177
今文大小題商不分卷 ………………… 2-177
今文大小題商不分卷 ………………… 2-177
今文尚書考證三十卷 ………………… 2-177
今文尚書考證三十卷 ………………… 2-177
今文尚書考證三十卷 ………………… 2-177
今水經一卷表一卷 …………………… 2-177
今古地理述十八卷首三卷末一卷 …… 2-175
今古地理述十八卷首三卷末一卷 …… 2-175
今古地理述十八卷首三卷末一卷 …… 2-175

今古地理述十八卷首三卷末一卷…… 2－176
今古地理述十八卷首三卷末一卷…… 2－176
今古地理述十八卷首三卷末一卷…… 2－176
今古奇觀四十卷……………………… 2－176
今古奇觀四十卷……………………… 2－176
今古奇觀四十卷……………………… 2－176
今古奇觀四十卷……………………… 2－176
今古奇觀四十卷……………………… 2－176
今古奇觀四十卷……………………… 2－176
今古奇觀四十卷……………………… 2－176
今古奇觀四十卷……………………… 2－176
今古奇觀四十卷……………………… 2－176
今古奇觀四十卷……………………… 2－176
今古奇觀四十卷……………………… 2－176
今古奇觀四十卷……………………… 2－176
今古奇觀四十卷……………………… 2－176
今古奇觀四十卷……………………… 2－176
今古奇觀四十卷……………………… 2－176
今古奇觀四十卷……………………… 2－176
今古奇觀四十卷……………………… 2－176
今古奇觀四十卷……………………… 2－177
今古奇觀四十卷……………………… 2－177
今古奇觀四十卷……………………… 2－177
今古奇觀四十卷……………………… 2－177
今古奇觀四十卷……………………… 2－177
今古奇觀四十卷……………………… 2－177
今古奇觀四十卷……………………… 2－177
今古學考二卷………………………… 2－177
今古學考二卷………………………… 2－177
今言四卷……………………………… 2－177
今雨堂詩墨二卷……………………… 2－177
今雨堂詩墨二卷……………………… 2－177
今雨堂詩墨四卷……………………… 2－178
今詩所見集□□卷…………………… 2－177
今韻三辨九卷………………………… 2－178
今體類選□集………………………… 2－177
今體類選□集………………………… 2－177
分甘餘話四卷………………………… 1－360
分甘餘話四卷………………………… 1－360
分甘餘話四卷………………………… 1－360
分門錦字□□卷……………………… 1－367
分法小題拆字不分卷………………… 1－360
分法小題拆字新本不分卷…………… 1－360
分法小題拆字新本不分卷…………… 1－360
分法類編不分卷……………………… 1－360
［分宜］宜風興賢堂分修崇祀錄不分
卷…………………………………… 5－287
分宜課士詩一卷宜春課士詩一卷…… 1－367
［乾隆］分宜縣志二十卷首一卷 …… 5－333
［同治］分宜縣志十卷首一卷 ……… 5－355
［同治］分宜縣志十卷首一卷 ……… 5－355
［道光］分宜縣志三十二卷首一卷 … 5－278
分國左傳十八卷……………………… 1－360
［分詞摘句集錦］□□卷 …………… 5－287
［道光］分湖小識六卷 ……………… 5－278
分韻文選題解擇要一卷……………… 3－194
分韻字彙撮要四卷…………………… 1－367
分韻試帖清雅集二卷………………… 1－367
分韻詩賦題解統編一百六卷………… 1－367
分韻詩賦題解統編一百六卷………… 1－367
分韻詩賦題解統編一百六卷………… 1－367
分韻詩賦題解統編一百六卷………… 1－367
分韻詩鵠二卷………………………… 1－367
分韻撮要字彙二卷…………………… 1－367
分類文腋八卷………………………… 1－365
分類文腋八卷………………………… 1－366
分類文腋八卷………………………… 1－366
分類文編不分卷……………………… 1－365
分類文編不分卷……………………… 1－365
分類尺牘備覽十卷續分類尺牘備覽
四卷………………………………… 1－360
分類尺牘備覽十卷續分類尺牘備覽
四卷………………………………… 1－360
分類尺牘備覽三十卷………………… 1－360
分類尺牘備覽三十卷………………… 1－360
分類尺牘備覽三十卷………………… 1－360
分類尺牘備覽三十卷………………… 1－360
分類尺牘新裁六卷…………………… 1－361
分類尺牘新語二十四卷……………… 1－361
分類尺牘緘腋□□卷………………… 1－360
分類史事政治論海十六卷…………… 1－365
分類史事政治論海十六卷…………… 1－365

分類史事政治論海十六卷…………… 1－365
分類字錦六十四卷…………………… 1－366
分類字錦六十四卷…………………… 1－366
分類字錦六十四卷…………………… 1－366
分類字錦六十四卷…………………… 1－366
分類字錦六十四卷…………………… 1－366
分類字錦六十四卷…………………… 1－366
分類字錦六十四卷…………………… 1－366
分類字錦六十四卷…………………… 1－366
分類字錦六十四卷…………………… 1－366
分類字錦六十四卷…………………… 1－367
分類時務通纂三百卷………………… 1－365
分類評註百子金丹不分卷…………… 1－363
分類補注李太白詩二十五卷………… 1－360
分類補注李太白詩二十五卷………… 1－360
分類補註李太白詩二十五卷………… 1－360
分類補註李太白詩二十五卷………… 1－360
分類試帖連珠六卷…………………… 1－365
分類試帖連珠六卷…………………… 1－365
分類詩腋八卷………………………… 1－363
分類詩腋八卷………………………… 1－363
分類詩腋八卷………………………… 1－363
分類詩腋八卷………………………… 1－363
分類詩腋八卷………………………… 1－363
分類詩腋八卷………………………… 1－363
分類詩腋八卷………………………… 1－363
分類詩腋八卷………………………… 1－363
分類詩腋八卷………………………… 1－363
分類詩腋八卷………………………… 1－363
分類詩腋八卷………………………… 1－363
分類詩腋八卷………………………… 1－363
分類詩腋八卷………………………… 1－364
分類詩腋八卷………………………… 1－364
分類詩腋八卷………………………… 1－364
分類詩腋八卷………………………… 1－364
分類詩腋八卷………………………… 1－364
分類詩腋八卷………………………… 1－364
分類詩腋八卷………………………… 1－364
分類詩腋八卷………………………… 1－364
分類詩腋八卷………………………… 1－364
分類詩腋八卷………………………… 1－364
分類詩腋八卷………………………… 1－364
分類詩腋八卷………………………… 1－364
分類詩腋八卷………………………… 1－364
分類詩腋八卷………………………… 1－364
分類詩腋八卷………………………… 1－364
分類詩腋八卷………………………… 1－364
分類詩腋八卷………………………… 1－364
分類詩腋八卷………………………… 1－364
分類詩腋八卷………………………… 1－364
分類詩腋八卷………………………… 1－364
分類詩腋八卷………………………… 1－364
分類詩腋八卷………………………… 1－364
分類詩腋八卷………………………… 1－364
分類詩腋八卷………………………… 1－365
分類詩腋八卷………………………… 1－365
分類詩腋八卷………………………… 1－365
分類詩腋八卷………………………… 1－365
分類詩腋八卷………………………… 1－365
分類詩腋八卷………………………… 1－365
分類詩腋八卷………………………… 1－365
分類詩腋八卷………………………… 1－365
分類詩腋八卷………………………… 1－365
分類詩腋八卷………………………… 1－365
分類詩腋八卷………………………… 1－365
分類詩腋八卷………………………… 1－365
分類詩腋八卷………………………… 1－365
分類詩腋八卷………………………… 1－365
分類詩腋八卷………………………… 2－335
分類詩話六卷………………………… 1－363
分類詩話六卷………………………… 1－363
分類詩選註釋八卷…………………… 1－363
分類詳註飲香尺牘四卷……………… 1－366
分類詳註飲香尺牘四卷……………… 1－366
分類詳註飲香尺牘四卷……………… 1－366
分類詳註飲香尺牘四卷……………… 1－366
分類翡翠尺牘□□卷………………… 1－361
[分類對語]□□卷 ………………… 5－287
分類賦學雞蹠集三十卷附錄一卷…… 1－361
分類賦學雞蹠集三十卷附錄一卷…… 1－361
分類賦學雞蹠集三十卷附錄一卷…… 1－361

分類賦學雞蹠集三十卷附録一卷…… 1－361
分類賦學雞蹠集三十卷附録一卷…… 1－361
分類賦學雞蹠集三十卷附録一卷…… 1－361
分類賦學雞蹠集三十卷附録一卷…… 1－361
分類賦學雞蹠集三十卷附録一卷…… 1－361
分類賦學雞蹠集三十卷附録一卷…… 1－361
分類賦學雞蹠集三十卷附録一卷…… 1－361
分類賦學雞蹠集三十卷附録一卷…… 1－361
分類賦學雞蹠集三十卷附録一卷…… 1－361
分類賦學雞蹠集三十卷附録一卷…… 1－361
分類賦學雞蹠集三十卷附録一卷…… 1－361
分類賦學雞蹠集三十卷附録一卷…… 1－361
分類賦學雞蹠集三十卷附録一卷…… 1－361
分類賦學雞蹠集三十卷附録一卷…… 1－361
分類緘腋四卷………………………… 1－361
分類緘腋四卷………………………… 1－362
分類緘腋四卷………………………… 1－362
分類緘腋四卷………………………… 1－362
分類緘腋四卷………………………… 1－362
分類緘腋四卷………………………… 1－362
分類緘腋四卷………………………… 1－362
分類緘腋四卷………………………… 1－362
分類緘腋四卷………………………… 1－362
分類緘腋四卷………………………… 1－362
分類緘腋四卷………………………… 1－362
分類緘腋四卷………………………… 1－362
分類緘腋四卷………………………… 1－362
分類緘腋四卷………………………… 1－362
分類緘腋四卷………………………… 1－362
分類緘腋四卷………………………… 1－362
分類緘腋四卷………………………… 1－362
分類緘腋四卷………………………… 1－362
分類緘腋四卷………………………… 2－319
分類編次李太白文集五卷…………… 1－360
分類歷代通鑑輯覽六十四卷歷代治
　亂興亡鏡一卷……………………… 1－362
分類歷代通鑑輯覽六十四卷歷代治
　亂興亡鏡一卷……………………… 1－362
分類歷代通鑑輯覽六十四卷歷代治
　亂興亡鏡一卷……………………… 1－362
分類歷代通鑑輯覽六十四卷歷代治
　亂興亡鏡一卷……………………… 1－362
分類歷代通鑑輯覽六十四卷歷代治
　亂興亡鏡一卷……………………… 1－362
分類歷代通鑑輯覽六十四卷歷代治
　亂興亡鏡一卷……………………… 1－363
分類歷代通鑑輯覽六十四卷歷代治
　亂興亡鏡一卷……………………… 1－363
分類歷代通鑑輯覽六十四卷歷代治
　亂興亡鏡一卷……………………… 1－363
[分類聯文]不分卷 ………………… 5－287
分類韻錦十二卷……………………… 1－366
分類韻錦十二卷……………………… 1－366
分類韻錦十二卷……………………… 1－366
分類韻錦十二卷……………………… 1－366
分類韻錦十二卷……………………… 1－366
分體利試詩法入門十九卷…………… 1－367
分體利試詩法入門十九卷…………… 1－367
公立江西法政講習所講義不分卷…… 1－407
公立江西法政講習所講義不分卷…… 1－407
公民必讀初編不分卷………………… 1－407
公羊春秋經傳驗推補證十一卷首一
　卷…………………………………… 1－408
公羊傳初學讀本不分卷……………… 1－408
公羊傳初學讀本不分卷……………… 1－408
公羊傳評二卷穀梁傳評一卷………… 1－408
公羊傳選一卷………………………… 1－408
公羊傳選二卷穀梁傳選二卷………… 1－408
公羊傳選二卷穀梁傳選二卷………… 1－408
公羊傳選二卷穀梁傳選二卷………… 1－408
公羊穀梁春秋合編附註疏纂十二卷
　……………………………………… 1－408
公羊穀梁春秋合編附註疏纂十二卷
　……………………………………… 1－408
公羊穀梁春秋合編附註疏纂十二卷
　……………………………………… 1－408
公羊穀梁春秋合編附註疏纂十二卷
　……………………………………… 1－408
公羊穀梁春秋合編附註疏纂十二卷
　……………………………………… 1－408
公羊穀梁春秋合編附註疏纂十二卷
　……………………………………… 1－409

公羊穀梁春秋合編附註疏纂十二卷
…………………………………… 1－409
[同治]公安縣志八卷首一卷 ……… 5－357
公車上書記一卷………………… 1－407
公言集三卷續編一卷…………… 1－408
公門果報錄一卷………………… 1－407
公門果報錄一卷………………… 1－407
公法會通十卷…………………… 1－407
公法會通十卷…………………… 1－407
公法會通十卷…………………… 1－407
公法總論一卷…………………… 1－407
公是弟子記四卷………………… 1－407
公是集五十四卷………………… 1－407
公是集五十四卷………………… 1－407
公是集五十四卷………………… 1－407
公是遺書………………………… 1－407
公是遺書………………………… 1－407
公是遺書………………………… 1－407
公是遺書………………………… 1－408
公是遺書………………………… 1－408
公是遺書………………………… 1－408
公美公會田冊不分卷…………… 1－407
公孫龍子三卷…………………… 1－408
公孫龍子注一卷………………… 1－408
公孫龍子注一卷………………… 1－408
公餘閒吟一卷…………………… 1－409
月山書堂吟稿一卷 …………… 5－23
月川府君[王友端]行述一卷 ………… 5－22
月日紀古十二卷 ……………… 5－23
月日紀古十二卷 ……………… 5－23
月日紀古十二卷 ……………… 5－23
月午樓古詩十九首詳解二卷 ……… 5－23
月令七十二候贊一卷 ………… 5－23
月令廣義二十四卷首一卷 ……… 5－22
月令廣義二十四卷首一卷 ……… 5－22
月令精鈔二卷附唐虞三代考徵一卷
…………………………………… 5－23
月令粹編二十四卷圖說一卷 ……… 5－22
月令粹編二十四卷圖說一卷 ……… 5－22
月令粹編二十四卷圖說一卷 ……… 5－22
月令粹編二十四卷圖說一卷 ……… 5－22
月令粹編二十四卷圖說一卷 ……… 5－22
月令粹編二十四卷圖說一卷 ……… 5－22
月令粹編不分卷 ……………… 5－22
月令輯要二十四卷首一卷 ……… 5－22
月令輯要二十四卷圖說一卷 ……… 5－22
月令輯要二十四卷圖說一卷 ……… 5－23
月河精舍叢鈔 ………………… 5－22
月波洞中記一卷 ……………… 5－22
月波舫遺稿一卷………………… 3－295
月波舫遺稿一卷………………… 3－295
月宮僊度一卷 ………………… 5－22
月鹿堂文集八卷 ……………… 5－23
月湄詞四卷 …………………… 5－23
月塘香草集二卷 ……………… 5－23
月塘書屋詩存十一卷 ………… 5－23
月滄文集八卷首一卷 ………… 5－22
月滿樓甄藻錄四卷 …………… 5－23
戶籍法講義十章 ……………… 2－58
[氏族譜]不分卷 ……………… 5－350
勿憚改齋續草四卷 …………… 4－86
丹山堂古文觀止十二卷………… 1－235
丹丸集錄一卷…………………… 1－235
丹邱生集五卷附錄一卷………… 1－235
丹桂籍四卷首一卷末一卷……… 1－235
丹桂籍四卷首一卷末一卷……… 1－235
丹桂籍四卷首一卷末一卷……… 1－235
丹桂籍四卷首一卷末一卷……… 2－113
[光緒]丹徒縣志六十卷首四卷 …… 5－290
[丹國條約稅則]一卷 ………… 5－278
丹陽集二十四卷………………… 1－236
[光緒]丹陽縣志三十六卷首一卷 …… 1－27
丹棱文鈔四卷…………………… 1－235
丹鉛總錄二十七卷……………… 1－235
丹鉛總錄二十七卷……………… 1－235
丹鉛總錄二十七卷……………… 1－235
丹溪心法附餘二十四卷首一卷……… 1－236
丹溪心法附餘二十四卷首一卷……… 1－236
丹溪先生心法五卷……………… 1－235
丹溪先生心法五卷附錄一卷……… 1－235
丹溪先生心法五卷附錄一卷……… 1－235
丹溪先生心法五卷附錄一卷……… 1－235

丹溪先生心法五卷附錄一卷………… 1－235
丹溪先生治法心要八卷……………… 1－235
丹溪先生治法心要八卷……………… 1－236
丹溪全書……………………………… 1－235
丹溪全書……………………………… 1－235
丹臺玉案六卷………………………… 1－235
丹臺玉案六卷………………………… 1－235
丹臺玉案六卷………………………… 1－235
丹霞山館文集一卷…………………… 2－113
勾股六術一卷………………………… 1－409
勾股六術一卷………………………… 1－409
勾股算術細草一卷…………………… 1－410
勾股舉隅一卷………………………… 1－409
卞氏三種 …………………………… 1－56
六一山房稿二卷……………………… 2－347
六一居士全集錄五卷外集錄二卷…… 2－347
六一題跋十一卷……………………… 2－347
六十自嘲文一卷……………………… 2－345
六十壽言駢體文二卷………………… 2－345
六十種曲……………………………… 2－345
六九軒算書…………………………… 2－344
六九軒算書…………………………… 2－344
六子全書……………………………… 2－347
六子書………………………………… 2－347
六子書………………………………… 2－347
六子書………………………………… 2－347
六壬神課金口訣三卷………………… 2－345
六壬神課金口訣三卷………………… 2－345
六壬眎斯二卷………………………… 2－345
［六壬書］不分卷 ………………… 5－331
六壬經緯六卷………………………… 2－345
六壬粹言六卷首一卷………………… 2－345
六壬斷訣不分卷 …………………… 5－15
六壬類聚四卷………………………… 2－345
六壬類聚四卷………………………… 2－345
六臣註文選六十卷…………………… 2－343
六臣註文選六十卷…………………… 2－343
六臣註文選六十卷…………………… 2－343
六臣註文選六十卷…………………… 2－343
六臣註文選六十卷…………………… 2－343
六臣註文選六十卷…………………… 2－343
六合紀事四卷………………………… 2－343
六如居士外集六卷…………………… 2－345
六如居士詩文集七卷補遺一卷……… 2－345
六如居士詩文集七卷補遺一卷……… 2－345
六言詩鈔一卷………………………… 2－347
六言雜字不分卷……………………… 2－347
六事箴言一卷………………………… 2－345
六事箴言續錄一卷…………………… 2－345
六刻增補萬病回春原本八卷………… 2－344
六科證治準繩………………………… 2－344
六科證治準繩………………………… 2－344
六氣元機一卷經脈歌一卷風溫條例
　一卷濕熱條辨一卷………………… 2－344
六部處分則例五十二卷……………… 2－342
六家文選六十卷……………………… 2－343
六家文選六十卷……………………… 2－343
六家文選六十卷……………………… 2－344
六家詞………………………………… 2－343
六書分類十二卷首一卷……………… 2－345
六書分類十二卷首一卷……………… 2－345
六書分類十二卷首一卷……………… 2－345
六書分類十二卷首一卷……………… 2－345
六書分類十二卷首二卷……………… 2－345
六書正譌五卷………………………… 2－346
六書正譌五卷………………………… 2－346
六書正譌五卷………………………… 2－346
六書正譌五卷………………………… 2－346
六書故三十三卷六書通釋一卷……… 2－345
六書音均表五卷……………………… 2－346
六書音均表五卷……………………… 2－346
六書音均表五卷……………………… 2－346
六書音均表五卷……………………… 2－346
六書音均表五卷……………………… 2－346
六書叚借經徵四卷…………………… 2－346
六書通十卷…………………………… 2－346
六書通十卷…………………………… 2－346
六書通十卷…………………………… 2－346
六書通十卷…………………………… 2－346
六書通十卷…………………………… 2－346
六書通十卷…………………………… 2－346
六書通十卷…………………………… 2－346

六書通十卷…………………………… 2－346
六書通十卷…………………………… 2－346
六書準不分卷………………………… 2－347
六書精蘊六卷………………………… 2－346
六書辨訛輯要三卷…………………… 2－345
六書轉注錄十卷……………………… 2－346
六書轉注錄十卷……………………… 2－347
六書繫韻二十四卷首一卷檢字二卷
…………………………………………… 2－345
六通訂誤不分卷……………………… 2－347
六通訂誤不分卷……………………… 2－347
六梅書屋尺牘四卷…………………… 2－344
六梅書屋尺牘四卷…………………… 2－344
六朝文絜四卷………………………… 2－343
六朝文絜四卷………………………… 2－343
六朝文絜四卷………………………… 2－343
六朝文絜四卷………………………… 2－343
六朝文絜四卷………………………… 2－343
六朝文絜四卷………………………… 2－343
六朝文絜箋注十二卷………………… 2－342
六朝文絜箋注十二卷………………… 2－342
六朝文絜箋注十二卷………………… 2－342
六朝四家全集………………………… 2－342
六朝事迹編類十四卷………………… 2－342
六朝事迹編類十四卷………………… 2－342
六朝事迹編類十四卷………………… 2－342
六朝唐賦讀本不分卷………………… 2－342
六朝唐賦讀本不分卷………………… 2－342
六朝唐賦讀本不分卷………………… 2－342
六朝唐賦讀本不分卷………………… 2－342
六朝唐賦讀本不分卷………………… 2－342
六朝詩集……………………………… 2－342
六經天文編二卷……………………… 2－344
六經天文編二卷……………………… 2－344
六經奥論六卷首一卷………………… 2－344
六經圖二十四卷……………………… 2－344
六經圖二十四卷……………………… 2－344
六經圖二十四卷……………………… 2－344
六經圖二十四卷……………………… 2－344
六經圖十二卷………………………… 2－344
六經圖十二卷………………………… 2－344
六經圖六卷…………………………… 1－6
六禮或問十二卷首一卷末一卷……… 2－344
六禮或問十二卷首一卷末一卷……… 2－344
六藝綱目二卷附錄二卷……………… 2－347
六藝綱目二卷附錄二卷……………… 2－347
六韜六卷……………………………… 2－347
文山先生全集二十八卷 ……………… 4－34
文山先生全集二十卷 ………………… 4－34
文山先生全集十六卷 ………………… 4－34
文山別集 ……………………………… 4－34
文子十二卷 …………………………… 4－54
文木山房集四卷 ……………………… 4－34
文太青先生文集二卷 ………………… 4－35
文中子中說一卷 ……………………… 4－54
文中子中說十卷 ……………………… 4－54
文中子中說注十卷 …………………… 4－54
文公家禮儀節八卷 …………………… 4－31
文公家禮儀節八卷 …………………… 4－31
文公家禮儀節八卷 …………………… 4－31
文公家禮儀節八卷 …………………… 4－31
文公家禮儀節八卷 …………………… 4－31
文公家禮儀節八卷 …………………… 4－31
文公家禮儀節八卷 …………………… 4－31
文公家禮儀節八卷 …………………… 4－31
文公家禮儀節八卷 …………………… 4－31
文公家禮儀節八卷 …………………… 4－31
文文山傳信錄十二卷 ………………… 4－35
文文忠公事略四卷 …………………… 4－35
文文忠公事略四卷 …………………… 4－35
文心雕龍十卷 ………………………… 4－40
文心雕龍十卷 ………………………… 4－40
文心雕龍十卷 ………………………… 4－40
文心雕龍十卷 ………………………… 4－40
文心雕龍十卷 ………………………… 4－40
文心雕龍十卷 ………………………… 4－40
文心雕龍十卷 ………………………… 4－40
文心雕龍十卷 ………………………… 4－40
文心雕龍十卷 ………………………… 4－40
文心雕龍十卷 ………………………… 4－40
文心雕龍十卷 ………………………… 4－41
文心雕龍十卷 ………………………… 4－41

文心雕龍十卷 …………………………… 4－41
文心雕龍十卷 …………………………… 4－41
文心雕龍十卷 …………………………… 4－41
文心雕龍十卷 …………………………… 4－41
文心雕龍十卷 …………………………… 4－41
文心雕龍十卷 …………………………… 4－41
文心雕龍十卷 …………………………… 4－41
文心雕龍十卷 …………………………… 4－41
文心雕龍十卷 …………………………… 4－41
文心雕龍十卷 …………………………… 4－41
文心雕龍三卷 …………………………… 4－40
文心雕龍不分卷 ………………………… 4－40
文水李忠肅先生集六卷附傳神道碑
　墓誌銘輓詩一卷 ……………………… 4－34
文史通義八卷 …………………………… 4－34
文史通義八卷 …………………………… 4－34
文史通義八卷 …………………………… 4－34
文史通義八卷校讐通義三卷文史通
　義補編一卷識語三卷 ………………… 4－34
文光堂古文觀止六卷 …………………… 4－32
文光堂四書體註合講十九卷 ………… 4－32
文光堂重訂古文釋義新編八卷 ……… 4－32
文光堂重訂古文釋義新編八卷 ……… 4－32
文江留愛集一卷 ………………………… 4－32
文字發凡四卷 …………………………… 4－54
文字發凡四卷 …………………………… 4－54
文字蒙求四卷 …………………………… 4－54
文苑英華一千卷 ………………………… 4－52
文苑英華一千卷 ………………………… 4－52
文苑英華辨證十卷 ……………………… 4－52
文苑集成三十三卷 ……………………… 4－52
文苑滑稽八卷 …………………………… 4－52
文苑彙雋二十四卷 ……………………… 4－52
文苑聯珠八卷 …………………………… 4－52
文直行書文選十七卷詩部十二卷首
　一卷附錄一卷 ………………………… 4－54
文林綺繡 ………………………………… 4－33
文林綺繡 ………………………………… 4－33
文林綺繡 ………………………………… 4－33
文昌化書制藝不分卷 …………………… 4－30
文昌孝經二卷 …………………………… 4－30
文昌孝經二卷首一卷 …………………… 4－30
文昌帝君本願經一卷 …………………… 4－29
文昌帝君四字孝經一卷 ………………… 4－29
文昌帝君孝經一卷 ……………………… 4－29
文昌帝君孝經一卷 ……………………… 4－29
文昌帝君孝經一卷 ……………………… 4－29
文昌帝君孝經一卷 ……………………… 4－29
文昌帝君陰隲文一卷歷代帝王歌一
　卷讀史論略一卷 ……………………… 5－198
文昌帝君陰隲文註證不分卷 ………… 4－29
文昌帝君陰隲文註證不分卷 ………… 4－29
文昌帝君陰隲文詩箋不分卷 ………… 4－29
文昌帝君陰隲圖錄不分卷 …………… 4－29
文昌帝君蕉牎十則直解不分卷 ……… 4－29
文昌帝君勸敬惜字文詩一卷 ………… 4－29
文昌宮志不分卷 ………………………… 4－29
文昌宮續捐冊不分卷 …………………… 4－29
文昌宮續捐冊不分卷 …………………… 4－29
文昌橋志八卷附二卷 …………………… 4－30
文昌雜錄六卷補遺一卷 ……………… 5－396
文明軒四書傳鏡□□卷 ………………… 4－34
文忠烈公祟祀原案錄一卷 …………… 2－354
文忠烈公祟祀原案錄一卷 …………… 2－355
文忠烈公祟祀原案錄一卷 …………… 2－355
文忠烈公祟祀原案錄一卷 …………… 2－355
文忠烈公祟祀原案錄一卷 …………… 2－355
文忠烈公祟祀原案錄一卷 …………… 2－355
文忠烈公祟祀原案錄一卷 …………… 2－355
文忠烈公祟祀原案錄一卷 …………… 2－355
文忠烈公祟祀原案錄一卷 …………… 2－355
文法入門不分卷 ………………………… 4－31
文法大全八卷增補虛字註釋六卷 …… 4－31
[文法]不分卷 ………………………… 5－373
文法狐白前集五卷後集五卷 ………… 4－31
文法狐白前集六卷後集四卷 ………… 4－31
文法度針不分卷 ………………………… 4－31
文定待不分卷 …………………………… 4－30
文定待不分卷 …………………………… 4－30
文定待不分卷 …………………………… 4－30
文定集二十四卷 ………………………… 4－31
文定集二十四卷拾遺一卷 …………… 4－31

文貞公集十二卷 ………………………… 4－53
文貞公集十二卷 ………………………… 4－53
文貞公集十二卷 ………………………… 4－54
文則一卷 …………………………………… 4－52
文科大詞典十二集 ……………………… 4－32
文信國公集二十卷首一卷 ……………… 4－41
文信國公集二十卷首一卷 ……………… 4－41
文信國公集二十卷首一卷 ……………… 4－41
文帝全書十四卷 ………………………… 4－30
文帝全書三十二卷 ……………………… 4－30
文帝全書三十二卷附文昌宫羣真著
　述六種□□卷 ………………………… 4－30
文帝全書三十二卷附文昌宫羣真著
　述六種□□卷 ………………………… 4－30
文帝全書三十二卷附文昌宫羣真著
　述六種□□卷 ………………………… 4－30
文帝全書三十三卷 ……………………… 4－30
文帝全書五十卷附録一卷 ……………… 4－30
文帝寶誥太上老君寶誥不分卷 ……… 4－30
文室不分卷 ……………………………… 4－34
文恭集四十卷 …………………………… 4－31
文恭集四十卷 …………………………… 4－31
文恭集四十卷 …………………………… 4－31
文恭集四十卷 …………………………… 4－31
文恭集四十卷 …………………………… 4－32
文莫室詩八卷 …………………………… 4－34
文料大成四十卷補編一卷 ……………… 4－33
文料大成四十卷補編一卷 ……………… 4－33
文料大成四卷 …………………………… 4－33
文料大成四卷 …………………………… 4－33
文料大成四卷 …………………………… 4－33
文料珠璣□□卷 ………………………… 4－33
文料補編不分卷 ………………………… 4－32
文海披沙八卷 …………………………… 4－32
文家稽古編十卷首一卷 ………………… 4－32
文家稽古編十卷首一卷 ………………… 4－32
文家稽古編十卷首一卷 ………………… 4－32
文萃十三種 ……………………………… 4－30
文堂集驗方四卷 ………………………… 4－35
文訣七卷 ………………………………… 4－32
文訣幼學須知不分卷 …………………… 4－32
文章正宗復刻三十卷 …………………… 4－53
文章正宗復刻三十卷續十二卷 ……… 4－53
文章正宗復刻三十卷續十二卷 ……… 4－53
文章軌範七卷 …………………………… 4－52
文章軌範八卷 …………………………… 4－52
文章指南五集 …………………………… 4－53
文章指南五集 …………………………… 4－53
文章遊戲二編八卷三編八卷四編八
　卷 ……………………………………… 4－53
文章遊戲三編八卷 ……………………… 4－53
文章遊戲不分卷 ………………………… 4－52
文章遊戲初編八卷 ……………………… 4－52
文章遊戲初編八卷 ……………………… 4－53
文章遊戲初編八卷二編八卷 ………… 4－53
文章遊戲初編八卷二編八卷三編八
　卷四編八卷 …………………………… 4－53
文章遊戲初編八卷二編八卷三編八
　卷四編八卷 …………………………… 4－53
文章游戲三編八卷 ……………………… 4－53
文章游戲四編八卷 ……………………… 4－53
文章游戲初編八卷 ……………………… 4－53
文章游戲初編八卷 ……………………… 4－53
文章游戲初編八卷二編八卷三編八
　卷四編八卷 …………………………… 4－53
文章游戲初編八卷二編八卷三編八
　卷四編八卷 …………………………… 4－53
文章鼻祖六卷 …………………………… 4－52
文章練要十卷 …………………………… 4－52
文章練要左傳評十卷 …………………… 4－52
文章練要左傳評十卷 …………………… 4－52
文章練要左傳評十卷 …………………… 4－52
文章練要左傳評十卷 …………………… 4－52
文章讀本不分卷 ………………………… 4－52
文清公薛先生文集二十四卷 ………… 4－34
文清公薛先生文集二十四卷 ………… 4－34
文清公薛敬軒先生行實一卷 ………… 4－249
文清公薛敬軒先生行實一卷 ………… 5－169
文敬胡先生集三卷 ……………………… 4－32
文敬胡先生集三卷 ……………………… 5－396
文雲閣[廷式]先生年譜四卷 ………… 4－52
[文集]不分卷 ………………………… 5－374

[文集]不分卷 …………………………… 5－374
[文集]不分卷 …………………………… 5－374
[文集]不分卷 …………………………… 5－374
[文集]不分卷 …………………………… 5－374
[文集]不分卷 …………………………… 5－374
[文鈔]不分卷 …………………………… 5－373
[文鈔]不分卷 …………………………… 5－373
[文鈔]不分卷 …………………………… 5－373
[文鈔]不分卷 …………………………… 5－373
[文鈔]不分卷 …………………………… 5－373
[文鈔]不分卷 …………………………… 5－373
[文鈔]不分卷 …………………………… 5－373
[文鈔]不分卷 …………………………… 5－373
[文鈔]不分卷 …………………………… 5－373
[文鈔]不分卷 …………………………… 5－373
[文鈔]不分卷 …………………………… 5－373
[文鈔]不分卷 …………………………… 5－373
[文鈔]不分卷 …………………………… 5－373
[文鈔]不分卷 …………………………… 5－373
[文鈔]不分卷 …………………………… 5－373
[文鈔]不分卷 …………………………… 5－373
[文鈔]不分卷 …………………………… 5－373
[文鈔]不分卷 …………………………… 5－373
[文鈔]不分卷 …………………………… 5－373
[文鈔]不分卷 …………………………… 5－373
[文鈔]不分卷 …………………………… 5－373
[文鈔]不分卷 …………………………… 5－373
[文鈔]不分卷 …………………………… 5－373
文腋中後比不分卷 ………………………… 4－52
文腋類編十卷 ……………………………… 4－52
文腋類編十卷 ……………………………… 4－52
[文評]不分卷 …………………………… 5－374
[文詞雜鈔]一卷 ………………………… 5－373
文道十書 …………………………………… 4－30
文富堂古文觀止六卷 ……………………… 4－31
文誠公函牘二卷 …………………………… 4－30
文誠公奏議六卷函牘二卷文稿拾遺
一卷詩稿拾遺一卷首一卷 ………… 4－30
文肅王公奏草二十三卷 …………………… 4－34
文肅公文集三十四卷外集一卷 ………… 4－34
文肅公圭峯羅先生文集三十七卷附
錄一卷 …………………………………… 4－34
文經堂古文析義六卷 ……………………… 4－32
文端公[錢陳羣]年譜三卷 ……………… 4－31
文標集三卷外錄一卷 ……………………… 4－29
文標集外錄一卷 …………………………… 4－29
[文論]不分卷 …………………………… 5－374
文廟丁祭譜四卷 …………………………… 4－33
文廟上丁禮樂備考四卷 …………………… 4－33
文廟上丁禮樂備考四卷 …………………… 4－33
文廟上丁禮樂備考四卷 …………………… 4－33
文廟上丁禮樂備考四卷 …………………… 4－33
文廟上丁禮樂備考四卷 …………………… 4－33
文廟考略一卷 ……………………………… 4－33
文廟祀位一卷 ……………………………… 4－33
文廟祀典考五十卷首一卷 ………………… 4－33
文廟紀畧四卷 ……………………………… 4－33
文廟通考六卷首一卷 ……………………… 4－33
文廟通考六卷首一卷 ……………………… 4－33
文廟通考六卷首一卷 ……………………… 4－33
文廟通考六卷首一卷 ……………………… 4－33
文廟通錄七卷 ……………………………… 4－34
文廟賢儒景行錄六卷 ……………………… 4－34
[文選]一卷 ……………………………… 5－374
文選五卷 …………………………………… 4－51
文選不分卷 ………………………………… 4－42
[文選]不分卷 …………………………… 5－374
[文選]不分卷 …………………………… 5－374
[文選]不分卷 …………………………… 5－374
[文選]不分卷 …………………………… 5－374
[文選]不分卷 …………………………… 5－374
[文選]不分卷 …………………………… 5－374
[文選]不分卷 …………………………… 5－374
[文選]不分卷 …………………………… 5－374
[文選]不分卷 …………………………… 5－374
[文選]不分卷 …………………………… 5－374
[文選]不分卷 …………………………… 5－374
[文選]不分卷 …………………………… 5－374
[文選]不分卷 …………………………… 5－374
[文選]不分卷 …………………………… 5－374
[文選]不分卷 …………………………… 5－374

[文選]不分卷 …… 5－374
文選分韻彙編五卷 …… 4－42
文選六十卷 …… 4－43
文選六十卷 …… 4－43
文選六十卷 …… 4－43
文選六十卷 …… 4－43
文選六十卷 …… 4－43
文選六十卷 …… 4－43
文選六十卷 …… 4－44
文選六十卷 …… 4－44
文選六十卷 …… 4－44
文選六十卷 …… 4－44
文選六十卷 …… 4－44
文選六十卷 …… 4－44
文選六十卷 …… 4－44
文選六十卷 …… 4－44
文選六十卷 …… 4－44
文選六十卷 …… 4－44
文選六十卷 …… 4－44
文選六十卷 …… 4－44
文選六十卷 …… 4－44
文選六十卷 …… 4－44
文選六十卷 …… 4－44
文選六十卷 …… 4－44
文選六十卷 …… 4－44
文選六十卷 …… 4－44
文選六十卷 …… 4－44
文選六十卷 …… 4－45
文選六十卷 …… 4－45
文選六十卷 …… 4－45
文選六十卷 …… 4－45
文選六十卷 …… 4－45
文選六十卷 …… 4－45
文選六十卷 …… 4－45
文選六十卷 …… 4－45
文選六十卷 …… 4－45
文選六十卷 …… 4－45
文選六十卷 …… 4－45
文選六十卷 …… 4－45
文選六十卷 …… 4－45
文選六十卷 …… 4－45
文選六十卷 …… 4－45
文選六十卷 …… 4－45
文選六十卷 …… 4－45
文選六十卷 …… 4－45
文選六十卷 …… 4－45
文選六十卷 …… 4－45
文選六十卷 …… 4－45
文選六十卷 …… 4－46
文選六十卷 …… 4－46
文選六十卷 …… 4－46
文選六十卷 …… 4－46
文選六十卷 …… 4－46
文選六十卷 …… 4－46
文選六十卷 …… 4－46
文選六十卷 …… 4－46
文選六十卷 …… 4－46
文選六十卷 …… 4－46
文選六十卷 …… 4－46
文選六十卷 …… 4－46
文選六十卷 …… 4－46
文選六十卷 …… 4－46
文選六十卷 …… 4－46
文選六十卷 …… 4－46
文選六十卷 …… 4－46
文選六十卷 …… 4－46
文選六十卷 …… 4－46
文選六十卷 …… 4－46
文選六十卷 …… 4－47
文選六十卷 …… 4－47
文選六十卷 …… 4－47
文選六十卷 …… 4－47
文選六十卷 …… 4－47
文選六十卷 …… 4－47
文選六十卷 …… 4－47
文選六十卷 …… 4－47
文選六十卷 …… 4－47
文選六十卷 …… 4－47
文選六十卷 …… 4－47
文選六十卷 …… 4－47
文選六十卷 …… 4－47
文選六十卷 …… 4－47

文選六十卷 ································ 4－47
文選六十卷 ································ 4－47
文選六十卷 ································ 4－47
文選六十卷 ································ 4－47
文選六十卷 ································ 4－48
文選六十卷 ································ 4－48
文選六十卷 ································ 4－48
文選六十卷 ································ 4－48
文選六十卷 ································ 4－48
文選六十卷 ································ 4－48
文選六十卷 ································ 4－48
文選六十卷 ································ 4－48
文選六十卷 ································ 4－48
文選六十卷 ································ 4－48
文選六十卷 ································ 4－48
文選六十卷 ································ 4－48
文選六十卷 ································ 4－48
文選六十卷 ································ 4－48
文選六十卷 ································ 4－48
文選六十卷 ································ 4－48
文選六十卷 ································ 4－48
文選六十卷 ································ 4－49
文選六十卷 ································ 4－49
文選六十卷 ································ 4－49
文選六十卷 ································ 4－49
文選六十卷 ································ 4－49
文選六十卷 ································ 4－49
文選六十卷 ································ 4－49
文選六十卷 ································ 4－49
文選六十卷 ································ 4－49
文選六十卷 ································ 4－49
文選六十卷 ································ 4－49
文選六十卷 ································ 4－49
文選六十卷 ································ 4－49
文選六十卷 ································ 4－49
文選六十卷 ································ 4－49
文選六十卷 ································ 4－49
文選六十卷 ································ 4－49
文選六十卷 ································ 4－50
文選六十卷 ································ 4－50
文選六十卷 ································ 4－50
文選六十卷 ································ 4－50
文選六十卷 ································ 4－50
文選六十卷 ································ 4－50
文選六十卷 ································ 4－50
文選六十卷 ································ 4－50
文選六十卷 ································ 4－50
文選六十卷 ································ 4－50
文選六十卷 ································ 4－50
文選六十卷 ································ 4－50
文選六十卷 ································ 4－50
文選六十卷 ································ 4－50
文選六十卷 ································ 4－50
文選六十卷 ································ 4－50
文選六十卷 ································ 4－50
文選古字通補訓四卷拾遺一卷 ········ 4－42
文選四種 ································ 4－51
文選四種 ································ 4－51
文選考異十卷 ································ 4－43
文選考異十卷 ································ 4－43
文選考異十卷 ································ 4－43
文選音義八卷 ································ 4－51
文選音義八卷 ································ 4－51
文選針度十七卷 ································ 4－51
文選旁證四十六卷 ································ 4－51
文選旁證四十六卷 ································ 4－51
文選旁證四十六卷 ································ 4－51
文選旁證四十六卷 ································ 4－51
文選集腋二卷 ································ 4－42
文選集腋二卷 ································ 4－42
文選集腋二卷 ································ 4－42
文選集腋二卷 ································ 4－42
文選集腋六卷 ································ 4－42
文選集腋六卷 ································ 4－42
文選集腋六卷 ································ 4－42
文選集腋六卷 ································ 4－42
文選集腋六卷 ································ 4－42
文選集腋六卷 ································ 4－42
文選集腋六卷 ································ 4－43
文選集腋六卷 ································ 4－43
文選集腋六卷 ································ 4－43
文選集腋六卷 ································ 4－43

文選集腋六卷 …………………………… 4-43
文選集評十五卷首一卷末一卷 ……… 4-42
文選集評十五卷首一卷末一卷 ……… 4-42
文選集評十五卷首一卷末一卷 ……… 4-42
文選集評十五卷首一卷末一卷 ……… 4-42
文選集評十五卷首一卷末一卷 ……… 4-42
文選集評十五卷首一卷末一卷 ……… 4-42
文選集釋二十四卷 …………………… 4-42
[文選鈔]不分卷 …………………… 5-374
[文選評]不分卷 …………………… 5-374
文選補遺四十卷 ……………………… 4-41
文選補遺四十卷首一卷 ……………… 4-41
文選補遺四十卷首一卷 ……………… 4-41
文選詩分韻摘句不分卷 ……………… 4-51
文選詩騷不分卷 ……………………… 4-51
文選摘鈔二卷 ………………………… 4-51
文選課虛四卷 ………………………… 4-43
文選課虛四卷 ………………………… 4-43
文選錦字錄二十一卷 ………………… 4-43
文選類林十八卷 ……………………… 4-43
文選類雋十四卷 ……………………… 4-43
文選類雋十四卷 ……………………… 4-43
文選類腋十六卷 ……………………… 4-43
文選纂註評苑二十六卷 ……………… 4-51
文選纂註評林十二卷 ………………… 4-51
文編六十四卷 ………………………… 4-29
文壇博鈔□□卷 ……………………… 4-35
文學初階六卷 ………………………… 4-51
文學典林六卷 ………………………… 4-51
文學國策二卷 ………………………… 4-51
文學彙典不分卷 ……………………… 4-51
文學獻臣公贈言不分卷 ……………… 4-51
文館詞林一千卷 ……………………… 4-32
文館詞林一千卷 ……………………… 4-32
文襄公奏議八卷補遺一卷 …………… 4-40
[文濤詩文集]不分卷 ……………… 5-374
文藝金針不分卷 ……………………… 4-52
文轍二卷 ……………………………… 4-53
文獻通考二十四卷首一卷 …………… 4-35
文獻通考二十四卷首一卷 …………… 4-35
文獻通考二十四卷首一卷 …………… 4-35
文獻通考二十四卷首一卷 …………… 4-35
文獻通考二十四卷首一卷 …………… 4-35
文獻通考二十四卷首一卷 …………… 4-35
文獻通考二十四卷首一卷 …………… 4-35
文獻通考三百四十八卷 ……………… 4-36
文獻通考三百四十八卷 ……………… 4-36
文獻通考三百四十八卷 ……………… 4-36
文獻通考三百四十八卷 ……………… 4-36
文獻通考三百四十八卷 ……………… 4-36
文獻通考三百四十八卷 ……………… 4-36
文獻通考三百四十八卷 ……………… 4-36
文獻通考三百四十八卷 ……………… 4-36
文獻通考三百四十八卷 ……………… 4-36
文獻通考三百四十八卷 ……………… 4-36
文獻通考三百四十八卷 ……………… 4-36
文獻通考三百四十八卷 ……………… 4-37
文獻通考三百四十八卷 ……………… 4-37
文獻通考三百四十八卷 ……………… 4-37
文獻通考三百四十八卷 ……………… 4-37
文獻通考三百四十八卷 ……………… 4-37
文獻通考三百四十八卷 ……………… 4-37
文獻通考三百四十八卷 ……………… 4-37
文獻通考三百四十八卷 ……………… 4-37
文獻通考三百四十八卷 ……………… 4-37
文獻通考三百四十八卷 ……………… 4-37
文獻通考三百四十八卷 ……………… 4-37
文獻通考三百四十八卷 ……………… 4-37
文獻通考三百四十八卷 ……………… 4-37
文獻通考三百四十八卷考證三卷 …… 4-37
文獻通考三百四十八卷考證三卷 …… 4-37
文獻通考正續合編三十二卷首一卷
……………………………………… 4-39
文獻通考正續合編三十二卷首一卷
……………………………………… 4-39
文獻通考正續合編三十二卷首一卷
……………………………………… 4-39
文獻通考正續合編三十二卷首一卷
……………………………………… 4-39
文獻通考正續合編三十二卷首一卷
……………………………………… 4-39

文獻通考正續合編三十二卷首一卷 …… 4－39
文獻通考正續合編三十二卷首一卷 …… 4－39
文獻通考正續合編三十二卷首一卷 …… 4－39
文獻通考正續合纂四十四卷 …… 4－39
文獻通考正續合纂四十四卷 …… 4－39
文獻通考正續合纂四十四卷 …… 4－39
文獻通考正續合纂四十四卷 …… 5－397
文獻通考序一卷 …… 4－39
文獻通考序一卷 …… 4－39
文獻通考紀要二卷 …… 4－36
文獻通考紀要二卷 …… 4－36
文獻通考紀要二卷 …… 4－36
文獻通考紀要二卷 …… 4－36
文獻通考紀要二卷 …… 4－36
文獻通考紀要二卷 …… 4－36
文獻通考紀要四卷 …… 4－36
文獻通考鈔二十四卷 …… 4－35
文獻通考詳節二十四卷 …… 4－38
文獻通考詳節二十四卷 …… 4－38
文獻通考詳節二十四卷 …… 4－38
文獻通考詳節二十四卷 …… 4－38
文獻通考詳節二十四卷 …… 4－38
文獻通考詳節二十四卷 …… 4－38
文獻通考詳節二十四卷 …… 4－38
文獻通考詳節二十四卷 …… 4－38
文獻通考詳節二十四卷 …… 4－38
文獻通考詳節二十四卷 …… 4－38
文獻通考詳節二十四卷 …… 4－38
文獻通考詳節二十四卷 …… 4－38
文獻通考詳節二十四卷 …… 4－38
文獻通考詳節二十四卷 …… 4－38
文獻通考詳節二十四卷 …… 4－38
文獻通考詳節二十四卷 …… 4－38
文獻通考詳節二十四卷 …… 4－38
文獻通考詳節二十四卷 …… 4－38
文獻通考詳節二十四卷 …… 4－39
文獻通考詳節二十四卷 …… 4－39
文獻通考詳節二十四卷 …… 4－39
文獻通考詳節二十四卷 …… 4－39
文獻通考詳節二十四卷 …… 5－396
文獻通考輯要二十四卷欽定續文獻通考輯要二十六卷皇朝文獻通考輯要二十六卷 …… 4－35
文獻通考纂二十二卷 …… 4－39
文獻通考纂二十四卷 …… 4－40
文獻通考纂□□卷 …… 4－39
文獻通考纂要二卷首一卷續文獻通考纂要二卷首一卷 …… 5－397
文獻通考纂要二卷首一卷續文獻通考纂要二卷首一卷 …… 5－397
文獻徵存錄十卷 …… 4－40
文獻徵存錄十卷 …… 4－40
文獻徵存錄十卷 …… 4－40
文獻徵存錄十卷 …… 4－40
文獻徵存錄十卷 …… 4－40
文獻徵存錄十卷 …… 4－40
文繼□□卷 …… 4－32
文髓九卷附錄一卷 …… 4－34
文體明辯六十一卷首一卷目錄六卷附錄十四卷附錄目錄二卷 …… 4－35
文體明辯六十一卷首一卷目錄六卷附錄十四卷附錄目錄二卷 …… 4－35
文體明辯四十八卷 …… 4－35
[方氏四書文]不分卷 …… 5－287
方氏墨譜六卷首一卷 …… 1－357
方氏墨譜六卷首一卷 …… 1－357
方玉堂文稿九卷 …… 1－357
方玉堂集二十八卷 …… 1－357
方正學先生遜志齋集七卷首一卷 …… 1－358
方石書話一卷 …… 1－357
方田通法補例六卷 …… 1－357
方便集不分卷 …… 1－357
方泉先生詩集三卷 …… 1－357
方脈辨症一卷 …… 1－357
方書一卷 …… 1－357
[方書]一卷 …… 5－287
方雪齋試帖不分卷 …… 1－357
方雪齋試帖□□卷 …… 1－357
方望溪文鈔六卷 …… 1－357

方望溪評點史記四卷…………………… 3－228
方望溪評點史記四卷…………………… 3－228
方望溪評點史記四卷…………………… 3－228
方輿紀要五卷…………………………… 1－357
方輿紀要不分卷………………………… 1－357
方輿紀要形勢論略二卷………………… 1－357
方輿紀要序一卷………………………… 1－357
方輿紀要序一卷………………………… 1－357
方輿紀要序一卷………………………… 1－357
方輿紀要簡覽三十四卷………………… 1－357
方輿紀要簡覽三十四卷………………… 1－357
方證雜錄九卷…………………………… 1－358
方靈皐全稿不分卷……………………… 1－357
火攻挈要三卷…………………………… 2－108
火攻挈要三卷…………………………… 2－108
火攻挈要三卷…………………………… 2－108
火攻備要三卷…………………………… 2－108
火珠林一卷……………………………… 2－109
火珠林一卷……………………………… 2－109
火龍經三卷……………………………… 2－108
火龍經三卷……………………………… 2－108
斗石山房賦存不分卷…………………… 1－300
斗間寶气集二卷………………………… 1－299
斗齋詩選二卷…………………………… 1－300
心日齋詞集……………………………… 4－160
心白日齋集六卷………………………… 4－160
心吾子詩鈔十二卷……………………… 4－160
心易溯原二十四卷首一卷……………… 4－160
心易溯原二十四卷首一卷……………… 4－160
心香室詩鈔四卷詩餘一卷……………… 4－160
心香室詩鈔四卷詩餘一卷……………… 4－160
心香閣墨商不分卷……………………… 4－160
心純一山房一卷………………………… 4－160
心理學不分卷…………………………… 4－160
心得急登一卷…………………………… 4－160
心得瑣言三卷…………………………… 4－160
心遠堂新編小學纂註六卷朱子小學
總論一卷………………………………… 4－161
心傳韻語五卷…………………………… 4－160
心源匙鍾不分卷………………………… 4－160
心經參講一卷…………………………… 4－160
心算初學六卷…………………………… 4－160
心算教授法一卷………………………… 4－160
心箴不分卷……………………………… 4－161
心盦詩品詩四卷………………………… 4－160
心聲草一卷……………………………… 4－160
心齋十種………………………………… 4－161
心齋十種………………………………… 4－161
心勸集七卷續增一卷…………………… 4－160
心鐵石齋存稿四十卷聯句詩一卷心
鐵石齋年譜一卷………………………… 4－160
心鐵石齋存稿四十卷聯句詩一卷心
鐵石齋年譜一卷………………………… 4－160
心鐵石齋存稿四十卷聯句詩一卷心
鐵石齋年譜一卷………………………… 4－160
尹和靖先生集一卷……………………… 4－376
尹訥庵先生遺稿十卷首一卷…………… 4－376
尺木堂古文集解六卷…………………… 1－119
尺木堂古文覺斯八卷…………………… 1－119
尺木堂古文覺斯八卷…………………… 1－119
尺木堂古文觀止十二卷………………… 1－119
尺木堂古文觀止六卷…………………… 1－119
尺木堂古文觀止六卷…………………… 1－119
尺木堂明鑑易知錄十五卷……………… 1－119
尺木堂綱鑑易知錄二十卷……………… 1－113
尺木堂綱鑑易知錄二十卷……………… 1－113
尺木堂綱鑑易知錄二十卷……………… 1－113
尺木堂綱鑑易知錄二十卷……………… 1－113
尺木堂綱鑑易知錄二十卷……………… 1－113
尺木堂綱鑑易知錄二十卷明鑑易知
錄四卷…………………………………… 1－113
尺木堂綱鑑易知錄二十卷明鑑易知
錄四卷…………………………………… 1－113
尺木堂綱鑑易知錄二十卷明鑑易知
錄四卷…………………………………… 1－113
尺木堂綱鑑易知錄九十二卷…………… 1－113
尺木堂綱鑑易知錄九十二卷…………… 1－113
尺木堂綱鑑易知錄九十二卷…………… 1－113
尺木堂綱鑑易知錄九十二卷…………… 1－113
尺木堂綱鑑易知錄九十二卷…………… 1－114
尺木堂綱鑑易知錄九十二卷…………… 1－114
尺木堂綱鑑易知錄九十二卷…………… 1－114

尺木堂綱鑑易知錄九十二卷………… 1－114
尺木堂綱鑑易知錄九十二卷………… 1－114
尺木堂綱鑑易知錄九十二卷………… 1－114
尺木堂綱鑑易知錄九十二卷………… 1－114
尺木堂綱鑑易知錄九十二卷………… 1－114
尺木堂綱鑑易知錄九十二卷………… 1－114
尺木堂綱鑑易知錄九十二卷………… 1－114
尺木堂綱鑑易知錄九十二卷………… 1－114
尺木堂綱鑑易知錄九十二卷………… 1－114
尺木堂綱鑑易知錄九十二卷………… 1－114
尺木堂綱鑑易知錄九十二卷………… 1－114
尺木堂綱鑑易知錄九十二卷………… 1－114
尺木堂綱鑑易知錄九十二卷………… 1－114
尺木堂綱鑑易知錄九十二卷………… 1－114
尺木堂綱鑑易知錄九十二卷………… 1－115
尺木堂綱鑑易知錄九十二卷………… 1－115
尺木堂綱鑑易知錄九十二卷………… 1－115
尺木堂綱鑑易知錄九十二卷………… 1－115
尺木堂綱鑑易知錄九十二卷………… 1－115
尺木堂綱鑑易知錄九十二卷………… 1－115
尺木堂綱鑑易知錄九十二卷………… 1－115
尺木堂綱鑑易知錄九十二卷………… 1－115
尺木堂綱鑑易知錄九十二卷………… 1－115
尺木堂綱鑑易知錄九十二卷………… 1－115
尺木堂綱鑑易知錄九十二卷………… 1－115
尺木堂綱鑑易知錄九十二卷………… 1－115
尺木堂綱鑑易知錄九十二卷………… 1－115
尺木堂綱鑑易知錄九十二卷………… 1－115
尺木堂綱鑑易知錄九十二卷………… 1－115
尺木堂綱鑑易知錄九十二卷………… 1－115
尺木堂綱鑑易知錄九十二卷………… 1－115
尺木堂綱鑑易知錄九十二卷………… 1－115
尺木堂綱鑑易知錄九十二卷………… 1－116
尺木堂綱鑑易知錄九十二卷………… 1－116
尺木堂綱鑑易知錄九十二卷………… 1－116
尺木堂綱鑑易知錄九十二卷………… 1－116
尺木堂綱鑑易知錄九十二卷………… 1－116
尺木堂綱鑑易知錄九十二卷………… 1－116
尺木堂綱鑑易知錄九十二卷………… 1－116
尺木堂綱鑑易知錄九十二卷………… 1－116
尺木堂綱鑑易知錄九十二卷………… 1－116
尺木堂綱鑑易知錄九十二卷………… 1－116
尺木堂綱鑑易知錄九十二卷………… 1－116
尺木堂綱鑑易知錄九十二卷………… 1－116
尺木堂綱鑑易知錄九十二卷………… 1－116
尺木堂綱鑑易知錄九十二卷………… 1－116
尺木堂綱鑑易知錄九十二卷………… 1－116
尺木堂綱鑑易知錄九十二卷………… 1－117
尺木堂綱鑑易知錄九十二卷明鑑易知錄十五卷………………………… 1－117
尺木堂綱鑑易知錄九十二卷明鑑易知錄十五卷………………………… 1－117
尺木堂綱鑑易知錄九十二卷明鑑易知錄十五卷………………………… 1－117
尺木堂綱鑑易知錄九十二卷明鑑易知錄十五卷………………………… 1－117
尺木堂綱鑑易知錄九十二卷明鑑易知錄十五卷………………………… 1－117
尺木堂綱鑑易知錄九十二卷明鑑易知錄十五卷………………………… 1－117
尺木堂綱鑑易知錄九十二卷明鑑易知錄十五卷………………………… 1－117
尺木堂綱鑑易知錄九十二卷明鑑易知錄十五卷………………………… 1－117
尺木堂綱鑑易知錄九十二卷明鑑易知錄十五卷………………………… 1－117
尺木堂綱鑑易知錄九十二卷明鑑易知錄十五卷………………………… 1－117
尺木堂綱鑑易知錄九十二卷明鑑易知錄十五卷………………………… 1－117
尺木堂綱鑑易知錄九十二卷明鑑易知錄十五卷………………………… 1－117
尺木堂綱鑑易知錄九十二卷明鑑易知錄十五卷………………………… 1－117
尺木堂綱鑑易知錄九十二卷明鑑易知錄十五卷………………………… 1－118
尺木堂綱鑑易知錄九十二卷明鑑易知錄十五卷………………………… 1－118
尺木堂綱鑑易知錄九十二卷明鑑易

知錄十五卷…………………………… 1－118
尺木堂綱鑑易知錄九十二卷明鑑易
知錄十五卷…………………………… 1－118
尺木堂綱鑑易知錄九十二卷明鑑易
知錄十五卷…………………………… 1－118
尺木堂綱鑑易知錄九十二卷明鑑易
知錄十五卷…………………………… 1－118
尺木堂綱鑑易知錄九十二卷明鑑易
知錄十五卷…………………………… 1－118
尺木堂綱鑑易知錄九十二卷明鑑易
知錄十五卷…………………………… 1－118
尺木堂綱鑑易知錄九十二卷明鑑易
知錄十五卷…………………………… 1－118
尺木堂綱鑑易知錄九十二卷明鑑易
知錄十五卷…………………………… 1－118
尺木堂綱鑑易知錄九十二卷明鑑易
知錄十五卷…………………………… 1－118
尺木堂綱鑑易知錄九十二卷明鑑易
知錄十五卷…………………………… 1－118
尺木堂綱鑑易知錄九十二卷明鑑易
知錄十五卷…………………………… 1－118
尺木堂綱鑑易知錄九十二卷明鑑易
知錄十五卷…………………………… 1－118
尺木堂綱鑑易知錄九十二卷明鑑易
知錄十五卷…………………………… 1－119
尺木堂綱鑑易知錄九十二卷明鑑易
知錄十五卷…………………………… 1－119
尺木堂綱鑑易知錄九十二卷明鑑易
知錄十五卷…………………………… 1－119
尺木堂綱鑑易知錄九十二卷明鑑易
知錄十五卷…………………………… 1－119
尺木堂綱鑑易知錄九十二卷明鑑易
知錄十五卷…………………………… 1－119
尺木堂綱鑑易知錄九十二卷明鑑易
知錄十五卷…………………………… 1－119
尺木堂綱鑑易知錄九十二卷明鑑易
知錄十五卷…………………………… 1－119
尺木堂綱鑑易知錄九十二卷明鑑易
知錄十五卷…………………………… 1－119
尺木堂綱鑑易知錄九十二卷明鑑易
知錄十五卷…………………………… 1－119
尺木堂綱鑑易知錄九十二卷明鑑易
知錄十五卷…………………………… 1－119
[尺牘]不分卷 ……………………… 5－275
尺牘見心集□卷……………………… 1－113
尺牘別裁類選四卷…………………… 1－112
尺牘初桄二卷………………………… 1－112
尺牘指南一卷………………………… 1－113
尺牘致復集二卷……………………… 1－113
尺牘雲程二卷………………………… 1－113
[尺牘選]不分卷 …………………… 5－275
尺牘輯要八卷………………………… 1－112
尺牘輯要八卷………………………… 1－112
尺牘輯要八卷………………………… 1－112
尺牘輯要八卷首二卷………………… 1－113
尺牘輯要八卷首二卷………………… 1－113
[尺牘雜鈔]不分卷 ………………… 5－275
[尺牘雜编]一卷 …………………… 5－275
尺牘嚶求集一卷 ……………………… 3－52
引申義舉例二卷……………………… 4－377
引痘略一卷…………………………… 4－376
引痘略一卷…………………………… 4－376
引痘略一卷…………………………… 4－376
引痘略一卷…………………………… 4－376
引痘略一卷…………………………… 4－376
引痘略一卷…………………………… 4－376
引痘略一卷…………………………… 4－376
引痘略一卷…………………………… 4－376
引痘略一卷…………………………… 4－376
引痘略一卷…………………………… 4－377
引痘略一卷…………………………… 4－377
引痘略一卷…………………………… 4－377
引痘略一卷…………………………… 4－377
引痘略一卷…………………………… 4－377
引痘略一卷…………………………… 4－377
引痘略一卷…………………………… 4－377
引痘略一卷…………………………… 4－377
引痘略一卷…………………………… 4－377
引痘略一卷…………………………… 4－377
引痘略一卷…………………………… 4－377
引痘略一卷…………………………… 4－377
引痘略一卷…………………………… 4－377

引痘略一卷……………………………… 4－377
引痘略一卷……………………………… 4－377
引痘略一卷……………………………… 4－377
引痘略一卷……………………………… 4－377
引痘略一卷……………………………… 4－377
引痘略一卷……………………………… 4－377
引痘略一卷……………………………… 4－377
引痘略一卷……………………………… 4－377
引痘略一卷……………………………… 4－377
引痘略一卷……………………………… 4－377
引痘略一卷……………………………… 5－400
引蒙百首一卷…………………………… 4－377
引種牛痘紀要一卷……………………… 4－378
引種牛痘紀要一卷……………………… 4－378
卍齋璅錄十卷…………………………… 3－495
巴山七種 ……………………………… 1－10
巴西國地理兵要一卷巴西政治攷一
卷 ……………………………………… 1－10
［以賢房世系圖］不分卷 ……………… 5－381
孔子年譜一卷…………………………… 2－248
孔子年譜輯註一卷……………………… 2－248
孔子家語十卷…………………………… 2－248
孔子家語十卷…………………………… 2－248
孔子家語十卷…………………………… 2－248
孔子家語十卷…………………………… 2－248
孔子家語十卷…………………………… 2－248
孔子家語八卷…………………………… 2－248
孔子家語八卷…………………………… 2－248
孔子家語四卷…………………………… 2－248
孔子家語四卷…………………………… 2－248
孔子集語二卷…………………………… 2－247
孔子集語二卷…………………………… 2－247
孔子集語十七卷………………………… 2－248
孔子集語十七卷………………………… 2－248
孔子集語十七卷………………………… 2－248
孔子集語十七卷………………………… 2－248
孔子集語十七卷………………………… 2－248
孔子集語十七卷………………………… 2－248
孔子聖跡圖不分卷……………………… 2－248
孔子編年五卷…………………………… 2－247
孔子編年五卷…………………………… 2－247
孔子編年五卷…………………………… 2－247
孔子編年五卷…………………………… 2－247
孔子編年五卷…………………………… 4－317
孔子編年四卷…………………………… 2－247
孔子編年四卷…………………………… 2－247
孔子編年四卷…………………………… 2－247
孔氏家語十卷…………………………… 2－247
孔氏家語十卷…………………………… 2－247
孔氏家語十卷…………………………… 2－247
孔氏家語十卷…………………………… 2－247
孔氏家語十卷…………………………… 2－247
孔氏家語十卷…………………………… 2－247
孔氏家語十卷…………………………… 2－247
孔氏家語十卷…………………………… 2－247
孔氏家語十卷…………………………… 2－247
孔氏家語十卷…………………………… 4－308
孔氏家語十卷…………………………… 4－310
孔氏家語十卷…………………………… 4－316
孔武仲集十七卷………………………… 2－247
孔門易緒十六卷首一卷………………… 2－247
孔門師弟年表一卷後說一卷孟子時
事年表一卷後說一卷…………………… 2－247
孔門實紀十二卷首一卷………………… 2－247
孔易闡真二卷…………………………… 2－247
孔叢子三卷……………………………… 2－246
孔叢子三卷……………………………… 2－246
孔叢四卷………………………………… 2－246
孔叢伯說經五稿………………………… 2－246
毋自欺室文集十卷 …………………… 4－58
毋質堂詩鈔十卷 ……………………… 4－58
水心文集二十九卷……………………… 3－299
水心文集二十九卷……………………… 3－299
水心文集二十九卷……………………… 3－299
水心先生文集二十九卷補遺一卷…… 3－299
水心先生別集十六卷…………………… 3－299
水田居文集五卷………………………… 3－299
水田居文集五卷………………………… 3－299
水田居文集五卷………………………… 3－299
水田居文集五卷………………………… 3－299
水田居文集五卷………………………… 3－299
水田居存詩三卷………………………… 3－299

水田居存詩三卷…………………………3－299
水田居全集……………………………3－299
水田居全集……………………………3－299
水田居激書二卷………………………3－299
水田居激書二卷………………………3－299
水田居激書二卷………………………3－299
水田居激書二卷………………………3－299
水田居激書二卷………………………3－299
水田居激書不分卷……………………3－299
水田居激書不分卷……………………3－299
水邨詩義一卷…………………………3－296
水竹主人詩鈔十一卷…………………3－300
水竹主人詩鈔十一卷…………………3－300
水竹主人詩鈔十一卷…………………3－300
水竹居賦注釋不分卷…………………3－300
水明樓集一卷朝隱巵衍二卷…………3－298
水府廟籖一卷…………………………3－296
水法圖說一卷…………………………3－296
水法圖說一卷…………………………3－296
水南灌叟遺稿六卷……………………3－298
水南灌叟遺稿六卷……………………3－298
水南灌叟遺稿六卷……………………3－298
水南灌叟遺稿六卷……………………3－298
水耘詩稿詩十三卷詞一卷……………3－300
水師操法十八卷首一卷附一卷………3－299
水流雲在不分卷………………………3－298
水陸戰守攻略方術秘書七種…………3－298
水雲村泯稿二十卷……………………3－300
水道直指一卷…………………………3－296
水道提綱二十八卷……………………3－296
水道提綱二十八卷……………………3－296
水道提綱二十八卷……………………3－296
水道提綱二十八卷……………………3－296
水道提綱二十八卷……………………3－296
水道提綱二十八卷……………………3－296
水道提綱二十八卷……………………3－296
水道源流五卷…………………………3－296
水雷秘要五卷圖一卷…………………3－298
水經四十卷……………………………3－296
水經四十卷……………………………3－296
水經四十卷……………………………3－296
水經四十卷……………………………3－296
水經四十卷……………………………3－296
水經四十卷……………………………3－297
水經四十卷……………………………3－297
水經注不分卷…………………………3－297
水經注四十卷…………………………3－297
水經注四十卷…………………………3－297
水經注四十卷…………………………3－297
水經注四十卷…………………………3－297
水經注四十卷首一卷…………………3－297
水經注四十卷首一卷…………………3－298
水經注四十卷首一卷…………………3－298
水經注四十卷首一卷…………………3－298
水經注四十卷首一卷…………………3－298
水經注四十卷補遺一卷………………3－297
水經注西南諸水考三卷………………3－298
水經注西南諸水考三卷………………3－298
水經注滙校四十卷首一卷……………3－297
水經注滙校四十卷首一卷……………3－297
水經注滙校四十卷首一卷……………3－297
水經注圖一卷附錄一卷………………3－298
水經注圖一卷附錄一卷………………3－298
水經注圖一卷附錄一卷………………3－298
水經注圖一卷附錄一卷………………3－298
水經注圖四十卷補一卷………………3－298
水經注箋四十卷………………………3－297
水經注釋四十卷首一卷水經注箋刊誤十二卷……3－297
水經注釋四十卷首一卷水經注箋刊誤十二卷……3－297
水經注釋地四十卷補遺二卷水道直指一卷……3－297
水經注釋地四十卷補遺二卷水道直指一卷……3－297
水經注釋地四十卷補遺二卷水道直指一卷……3－297
水學須知一卷…………………………3－299
水鏡亭草不分卷………………………3－298
水鏡集四卷……………………………3－298
水鏡集四卷……………………………3－298
水巖月麓山房詩藁一卷………………3－300

五畫

玉山草堂集二卷集外詩一卷………… 4－425
玉山草堂續集六卷…………………… 4－425
玉山詞三卷…………………………… 4－425
玉山樓綱鑑易知錄九十二卷明鑑易
　知錄十五卷………………………… 4－425
［同治］玉山縣志十卷首一卷附補遺
　一卷………………………………… 5－370
［同治］玉山縣志十卷首一卷附補遺
　一卷………………………………… 5－370
［同治］玉山縣志十卷首一卷附補遺
　一卷………………………………… 5－370
玉井山館文略五卷…………………… 4－424
玉井山館文略五卷文續二卷………… 4－424
玉井山館文續二卷…………………… 4－424
玉井山館筆記一卷舊遊日記一卷…… 4－424
玉井山館集二十五卷………………… 4－424
玉井草廬詩鈔二卷…………………… 4－423
玉尺堂輯宋大家三蘇文瀾五卷首一
　卷…………………………………… 4－418
玉尺堂輯宋大家東坡蘇文彙四卷…… 4－418
玉尺樓賦選五卷……………………… 4－418
玉芝堂談薈三十六卷………………… 4－427
玉芝堂談薈三十六卷………………… 4－427
玉芝堂談薈三十六卷………………… 4－427
玉芝堂談薈三十六卷………………… 4－427
玉芝堂談薈三十六卷………………… 4－427
玉芝堂談薈三十六卷………………… 4－427
玉函山房輯佚書……………………… 4－422
玉函山房輯佚書……………………… 4－422
玉函山房輯佚書……………………… 4－422
玉函山房輯佚書……………………… 4－422
玉函山房輯佚書……………………… 4－422
玉函山房輯佚書……………………… 4－422
玉函山房輯佚書……………………… 4－422
玉函山房輯佚書……………………… 4－422
玉函山房輯佚書……………………… 4－422
玉函山房輯佚書……………………… 4－422
玉函山房輯佚書……………………… 4－422
玉函山房輯佚書……………………… 4－422
玉函山房輯佚書……………………… 4－423
玉函山房輯佚書……………………… 4－423
玉函山房輯佚書……………………… 4－423
玉函山房輯佚書……………………… 4－423
玉函山房輯佚書……………………… 4－423
玉函真義天元歌一卷………………… 4－423
玉函真義天元歌一卷………………… 4－423
玉函真義天元歌一卷………………… 4－423
玉函真義天元歌一卷………………… 4－423
玉函真義天元歌一卷………………… 4－423
玉函真義天元歌一卷………………… 4－423
玉函真義古鏡歌三卷………………… 4－423
玉函真義古鏡歌三卷………………… 4－423
玉函真義古鏡歌三卷………………… 4－423
玉函真義古鏡歌三卷………………… 4－423
玉函真義古鏡歌三卷………………… 4－423
玉函真義古鏡歌三卷………………… 4－423
玉函經銅函經真經不分卷…………… 4－422
玉城紀圍詩鈔一卷…………………… 4－418
玉茗堂四種傳奇……………………… 4－424
玉茗堂四種傳奇……………………… 4－424
玉茗堂四種傳奇……………………… 4－424
玉茗堂四種傳奇八卷………………… 5－401
玉茗堂四種傳奇八卷………………… 5－401
玉茗堂全集四十六卷………………… 4－424
玉茗堂全集四十六卷………………… 4－424
玉茗堂全集四十六卷………………… 4－424
玉茗堂全集四十六卷………………… 4－424
玉茗堂全集四十六卷………………… 4－424
玉茗堂全集四十六卷………………… 4－424
玉茗堂摘評王弇洲先生豔異編十二
　卷…………………………………… 4－425
玉茗堂還魂記二卷五十五齣………… 4－424
玉茗堂還魂記二卷五十五齣………… 4－424
玉津閣文略九卷……………………… 4－423
玉耕堂詩鈔二卷……………………… 4－419
玉華洞志六卷附紀遊詩一卷………… 4－423
玉圃堂選古文廣義正集十六卷……… 4－425
玉師堂傳奇十種……………………… 4－425
玉師堂傳奇十種……………………… 4－425

玉海二百卷辭學指南四卷附刻詩攷一卷詩地理攷六卷漢藝文志攷證十卷通鑑地理通釋十四卷漢制攷四卷踐阼篇集解一卷周易鄭康成注一卷姓氏急就篇二卷急就篇補注四卷周書王會補注一卷小學紺珠十卷六經天文篇二卷通鑑答問五卷…… 4-419

玉海二百卷辭學指南四卷附刻詩攷一卷詩地理攷六卷漢藝文志攷證十卷通鑑地理通釋十四卷漢制攷四卷踐阼篇集解一卷周易鄭康成注一卷姓氏急就篇二卷急就篇補注四卷周書王會補注一卷小學紺珠十卷六經天文篇二卷通鑑答問五卷…… 4-419

玉海二百卷辭學指南四卷附刻詩攷一卷詩地理攷六卷漢藝文志攷證十卷通鑑地理通釋十四卷漢制攷四卷踐阼篇集解一卷周易鄭康成注一卷姓氏急就篇二卷急就篇補注四卷周書王會補注一卷小學紺珠十卷六經天文篇二卷通鑑答問五卷…… 4-419

玉海二百卷辭學指南四卷附刻詩攷一卷詩地理攷六卷漢藝文志攷證十卷通鑑地理通釋十四卷漢制攷四卷踐阼篇集解一卷周易鄭康成注一卷姓氏急就篇二卷急就篇補注四卷周書王會補注一卷小學紺珠十卷六經天文篇二卷通鑑答問五卷…… 4-419

玉海二百卷辭學指南四卷附刻詩攷一卷詩地理攷六卷漢藝文志攷證十卷通鑑地理通釋十四卷漢制攷四卷踐阼篇集解一卷周易鄭康成注一卷姓氏急就篇二卷急就篇補注四卷周書王會補注一卷小學紺珠十卷六經天文篇二卷通鑑答問五卷…… 4-419

玉海二百卷辭學指南四卷附刻詩攷一卷詩地理攷六卷漢藝文志攷證十卷通鑑地理通釋十四卷漢制攷四卷踐阼篇集解一卷周易鄭康成注一卷姓氏急就篇二卷急就篇補注四卷周書王會補注一卷小學紺珠十卷六經天文篇二卷通鑑答問五卷…… 4-419

玉海二百卷辭學指南四卷附刻詩攷一卷詩地理攷六卷漢藝文志攷證十卷通鑑地理通釋十四卷漢制攷四卷踐阼篇集解一卷周易鄭康成注一卷姓氏急就篇二卷急就篇補注四卷周書王會補注一卷小學紺珠十卷六經天文篇二卷通鑑答問五卷…… 4-419

玉海二百卷辭學指南四卷附刻詩攷一卷詩地理攷六卷漢藝文志攷證十卷通鑑地理通釋十四卷漢制攷四卷踐阼篇集解一卷周易鄭康成注一卷姓氏急就篇二卷急就篇補注四卷周書王會補注一卷小學紺珠十卷六經天文篇二卷通鑑答問五卷…… 4-419

玉海二百卷辭學指南四卷附刻詩攷一卷詩地理攷六卷漢藝文志攷證十卷通鑑地理通釋十四卷漢制攷四卷踐阼篇集解一卷周易鄭康成注一卷姓氏急就篇二卷急就篇補注四卷周書王會補注一卷小學紺珠十卷六經天文篇二卷通鑑答問五卷…… 4-420

玉海二百卷辭學指南四卷附刻詩攷一卷詩地理攷六卷漢藝文志攷證十卷通鑑地理通釋十四卷漢制攷四卷踐阼篇集解一卷周易鄭康成注一卷姓氏急就篇二卷急就篇補注四卷周書王會補注一卷小學紺珠十卷六經天文篇二卷通鑑答問五卷…… 4-420

玉海二百卷辭學指南四卷附刻詩攷一卷詩地理攷六卷漢藝文志攷證

十卷通鑑地理通釋十四卷漢制攷四卷踐阼篇集解一卷周易鄭康成注一卷姓氏急就篇二卷急就篇補注四卷周書王會補注一卷小學紺珠十卷六經天文篇二卷通鑑答問五卷 ………………………………… 4－420
玉海二百卷辭學指南四卷附刻詩攷一卷詩地理攷六卷漢藝文志攷證十卷通鑑地理通釋十四卷漢制攷四卷踐阼篇集解一卷周易鄭康成注一卷姓氏急就篇二卷急就篇補注四卷周書王會補注一卷小學紺珠十卷六經天文篇二卷通鑑答問五卷 ………………………………… 4－420
玉海二百卷辭學指南四卷附刻詩攷一卷詩地理攷六卷漢藝文志攷證十卷通鑑地理通釋十四卷漢制攷四卷踐阼篇集解一卷周易鄭康成注一卷姓氏急就篇二卷急就篇補注四卷周書王會補注一卷小學紺珠十卷六經天文篇二卷通鑑答問五卷 ………………………………… 4－420
玉海二百卷辭學指南四卷附刻詩攷一卷詩地理攷六卷漢藝文志攷證十卷通鑑地理通釋十四卷漢制攷四卷踐阼篇集解一卷周易鄭康成注一卷姓氏急就篇二卷急就篇補注四卷周書王會補注一卷小學紺珠十卷六經天文篇二卷通鑑答問五卷 ………………………………… 4－420
玉海二百卷辭學指南四卷附刻詩攷一卷詩地理攷六卷漢藝文志攷證十卷通鑑地理通釋十四卷漢制攷四卷踐阼篇集解一卷周易鄭康成注一卷姓氏急就篇二卷急就篇補注四卷周書王會補注一卷小學紺珠十卷六經天文篇二卷通鑑答問五卷 ………………………………… 4－421
玉海二百卷辭學指南四卷附刻詩攷一卷詩地理攷六卷漢藝文志攷證十卷通鑑地理通釋十四卷漢制攷四卷踐阼篇集解一卷周易鄭康成注一卷姓氏急就篇二卷急就篇補注四卷周書王會補注一卷小學紺珠十卷六經天文篇二卷通鑑答問五卷 ………………………………… 4－421
玉海二百卷辭學指南四卷附刻詩攷一卷詩地理攷六卷漢藝文志攷證十卷通鑑地理通釋十四卷漢制攷四卷踐阼篇集解一卷周易鄭康成注一卷姓氏急就篇二卷急就篇補注四卷周書王會補注一卷小學紺珠十卷六經天文篇二卷通鑑答問五卷 ………………………………… 4－421
玉海二百卷辭學指南四卷附刻詩攷一卷詩地理攷六卷漢藝文志攷證十卷通鑑地理通釋十四卷漢制攷四卷踐阼篇集解一卷周易鄭康成注一卷姓氏急就篇二卷急就篇補注四卷周書王會補注一卷小學紺珠十卷六經天文篇二卷通鑑答問五卷 ………………………………… 4－421
玉海二百卷辭學指南四卷附刻詩攷一卷詩地理攷六卷漢藝文志攷證十卷通鑑地理通釋十四卷漢制攷四卷踐阼篇集解一卷周易鄭康成注一卷姓氏急就篇二卷急就篇補注四卷周書王會補注一卷小學紺珠十卷六經天文篇二卷通鑑答問五卷 ………………………………… 4－421
玉海二百卷辭學指南四卷詩考一卷詩地理考六卷漢藝文志考證十卷通鑑地理通釋十四卷漢制考四卷踐阼篇集解一卷周易鄭康成注一

卷姓氏急救篇二卷急就篇補注四卷周書王會補注一卷小學紺珠十卷六經天文篇二卷通鑑答問五卷 …… 4－421
玉海二百卷辭學指南四卷詩考一卷詩地理考六卷漢藝文志考證十卷通鑑地理通釋十四卷漢制考四卷踐阼篇集解一卷周易鄭康成注一卷姓氏急救篇二卷急就篇補注四卷周書王會補注一卷小學紺珠十卷六經天文篇二卷通鑑答問五卷 …… 4－421
玉海二百卷辭學指南四卷詩考一卷詩地理考六卷漢藝文志考證十卷通鑑地理通釋十四卷漢制考四卷踐阼篇集解一卷周易鄭康成注一卷姓氏急救篇二卷急就篇補注四卷周書王會補注一卷小學紺珠十卷六經天文篇二卷通鑑答問五卷 …… 4－422
玉海摘要二十一卷 …… 4－422
玉堂才調集三十一卷 …… 4－425
玉堂才調集不分卷 …… 4－425
玉堂字彙十二集 …… 4－426
玉堂字彙十二集 …… 4－426
玉堂字彙四集 …… 4－426
玉堂字彙四集 …… 4－426
玉堂集賦不分卷 …… 4－425
玉堂鳴盛集四卷 …… 4－426
玉堂課草十二卷 …… 4－426
玉堂課草十二卷 …… 4－426
玉笥山房制義不分卷 …… 4－425
玉笥山房要集四卷文坿一卷 …… 4－425
玉臺畫史五卷別錄一卷 …… 4－425
玉臺新詠十卷 …… 4－425
玉臺新詠十卷 …… 4－425
玉臺新詠十卷 …… 4－425
玉臺新詠十卷 …… 4－425
玉輦真經安門密法一卷 …… 4－425
玉蔬軒存草一卷 …… 4－425
玉磑集四卷 …… 4－426
玉篇校刊札記一卷 …… 1－202
玉篇殘四卷又二卷 …… 4－425
玉篇殘四卷又二卷 …… 4－425
玉餘尺牘附編八卷 …… 4－427
玉餘尺牘附編八卷 …… 4－427
玉餘尺牘附編八卷 …… 4－427
玉機微義五十卷 …… 4－423
玉歷鈔傳不分卷附經驗良方一卷 …… 4－424
玉歷鈔傳警世不分卷 …… 4－424
玉歷鈔傳警世不分卷 …… 4－424
玉歷鈔傳警世不分卷 …… 5－401
玉歷鈔傳警世不分卷附經驗百方一卷 …… 4－424
玉歷鈔傳警世不分卷附經驗百方一卷 …… 4－424
玉歷鈔傳警世不分卷附經驗百方一卷眼科神應方一卷 …… 4－424
玉谿生年譜訂誤一卷 …… 1－353
玉谿生年譜訂誤一卷 …… 1－353
玉谿生詩詳註三卷首一卷 …… 4－426
玉谿生詩詳註三卷樊南文集詳註八卷首一卷 …… 4－426
玉谿生詩意八卷 …… 4－426
玉谿生詩意八卷 …… 4－426
玉谿生詩意八卷 …… 4－426
玉谿生詩箋註三卷首一卷 …… 4－426
玉谿生詩箋註三卷首一卷 …… 4－426
玉谿生詩箋註三卷首一卷 …… 4－426
玉谿生詩箋註三卷首一卷 …… 4－426
玉谿生詩箋註三卷樊南文集箋註八卷首一卷 …… 4－426
玉谿生詩箋註三卷樊南文集箋註八卷首一卷 …… 4－426
玉鎮山房近體剩稿不分卷 …… 4－427
玉雞苗館叢書 …… 4－423
玉雞苗館叢書 …… 4－423
玉瀾集一卷 …… 4－17
玉瀾集一卷 …… 4－17
刊謬正俗八卷 …… 2－238
刊謬正俗八卷 …… 2－238
刊謬正俗八卷 …… 2－238

未灰齋文集八卷 …………………… 4－19
未灰齋文集八卷外集一卷 …………… 4－19
未毁草文一卷詩一卷試帖一卷制義
一卷 ………………………………… 4－19
邗上題襟集一卷 …………………… 2－12
示我周行三卷……………………… 3－243
示我周行三卷續一卷……………… 3－243
示我周行六卷……………………… 3－243
示我周行六卷……………………… 3－243
巧搭分品一卷……………………… 4－137
巧搭捷訣二集四卷 ………………… 3－37
巧搭捷訣不分卷 …………………… 3－37
巧搭從新不分卷 …………………… 3－37
巧搭從新不分卷 …………………… 3－37
巧搭從新不分卷 …………………… 3－37
巧對録八卷 ………………………… 3－37
巧團圓傳奇二卷二十四齣 ………… 3－37
正安集二卷………………………… 5－103
正字千文一卷 ……………………… 5－71
正字通十二集三十六卷…………… 5－105
正宗幼科四卷……………………… 5－105
[正草書法集]不分卷 ……………… 5－388
正音咀華三卷續編一卷…………… 5－105
正祖聖德堂詳訂古文評註全集十卷
……………………………………… 5－105
正氣堂集十七卷近稿一卷餘集五卷
續集七卷洗海近事二卷…………… 5－104
正氣堂集十七卷近稿一卷餘集五卷
續集七卷洗海近事二卷…………… 5－104
正氣堂集十七卷近稿一卷餘集五卷
續集七卷洗海近事二卷…………… 5－104
正氣堂集十七卷近稿一卷餘集五卷
續集七卷洗海近事二卷…………… 5－104
正氣集三卷………………………… 5－104
正氣歌一卷………………………… 5－402
正教奉褒不分卷…………………… 5－103
正訛八卷…………………………… 5－103
正蒙二卷…………………………… 5－103
正蒙二卷…………………………… 5－103
正蒙二卷…………………………… 5－103
正蒙十七卷………………………… 5－103
正蒙輯釋四卷……………………… 5－103
正蒙釋四卷………………………… 5－104
正誼書院課選不分卷……………… 5－104
正誼堂文集四十卷首二卷………… 5－105
正誼堂全書………………………… 5－104
正誼堂全書………………………… 5－104
正誼堂全書………………………… 5－104
正誼堂全書………………………… 5－104
正誼堂全書………………………… 5－104
正誼堂全書………………………… 5－104
正誼堂全書………………………… 5－104
正誼堂全書………………………… 5－104
正誼齋叢書………………………… 5－105
正覺樓叢刻………………………… 5－103
正續名世文宗十六卷……………… 5－104
功順堂叢書………………………… 1－409
功順堂叢書………………………… 1－409
功餘拾唾四卷首一卷……………… 1－409
去傲齋四書存十六卷 ……………… 3－60
甘氏奇門一得二卷………………… 1－389
甘泉鄉人稿二十四卷……………… 2－437
甘泉鄉人稿二十四卷曝書雜記三卷
……………………………………… 1－389
甘莊恪公全集十六卷……………… 1－389
甘莊恪公全集十六卷……………… 1－389
甘莊恪公全集十六卷……………… 1－389
甘莊恪公全集十六卷……………… 1－389
甘莊恪公全集十六卷……………… 1－389
[咸豐]甘棠小志四卷首一卷末一卷
……………………………………… 5－376
甘適生先生賦稿一卷……………… 1－389
甘露園長書九卷…………………… 1－388
甘露園長書九卷…………………… 1－389
甘露園短書十一卷………………… 1－389
世本六卷…………………………… 3－243
世本輯補十卷……………………… 3－243
世本輯補十卷……………………… 3－243
世守拙齋尺牘四卷………………… 3－243
世守拙齋詩存三卷詩餘一卷……… 3－243
世守拙齋詩存三卷詩餘一卷……… 3－243
世守拙齋題跋二卷………………… 3－243

世守拙齋識小編十卷 …………………… 3－243
世守拙齋識小編十卷 …………………… 3－243
世守拙齋識小編十卷 …………………… 3－243
世祀錄二卷 ……………………………… 3－245
世忠堂文集六卷守城善後記畧一卷
世忠堂文集家傳一卷 ………………… 3－245
世忠堂文集六卷守城善後記畧一卷
世忠堂文集家傳一卷 ………………… 3－245
世忠錄一卷 ……………………………… 3－245
世宗憲皇帝上諭內閣一百五十九卷
…………………………………… 3－245
世宗憲皇帝上諭內閣一百五十九卷
…………………………………… 3－245
世宗憲皇帝上諭內閣一百五十九卷
…………………………………… 3－245
世宗憲皇帝上諭內閣一百五十九卷
首一卷 ……………………………… 3－245
世宗憲皇帝御製文集三十卷目錄四
卷 …………………………………… 3－246
世宗憲皇帝聖訓一卷 ………………… 3－246
世宗憲皇帝諭旨不分卷 ……………… 3－246
世界地理志六卷勘誤一卷 …………… 3－243
世界地理志六卷勘誤一卷首一卷 …… 3－243
世界讀本一卷 …………………………… 3－243
世恩堂文鈔一卷 ………………………… 2－27
世補齋醫書 ……………………………… 3－243
世綂紀年一卷 …………………………… 3－245
世經堂近稿□□卷 ……………………… 3－243
世說新語八卷 …………………………… 3－243
世說新語八卷 …………………………… 3－244
世說新語八卷 …………………………… 3－244
世說新語八卷 …………………………… 3－244
世說新語八卷 …………………………… 3－244
世說新語三卷 …………………………… 3－245
世說新語三卷 …………………………… 3－245
世說新語三卷 …………………………… 3－245
世說新語三卷 …………………………… 3－245
世說新語三卷 …………………………… 3－245
世說新語三卷 …………………………… 3－245
世說新語三卷 …………………………… 3－245
世說新語六卷 …………………………… 3－244
世說新語六卷 …………………………… 3－244
世說新語六卷 …………………………… 3－245
世說新語六卷 …………………………… 3－245
世說新語補二十卷 ……………………… 3－244
世說新語補二十卷 ……………………… 3－244
世說新語補二十卷 ……………………… 3－244
世說新語補二十卷 ……………………… 3－244
世說新語補二十卷 ……………………… 3－244
世說新語補二十卷 ……………………… 3－244
世說新語補二十卷 ……………………… 3－244
世說新語補四卷 ………………………… 3－244
世說新語補四卷 ………………………… 3－245
世德錄□□卷 …………………………… 3－243
世德續錄一卷 …………………………… 3－243
艾千子先生文鈔一卷 …………………… 1－1
艾千子先生全稿一卷 …………………… 1－1
艾千子先生全稿七卷 …………………… 1－1
艾陽記別一卷 …………………………… 1－1
艾學開譚二十卷 ………………………… 1－1
古井遺忠集一卷 ………………………… 1－418
古夫于亭雜錄五卷 ……………………… 1－410
古夫于亭雜錄五卷 ……………………… 1－410
古今小品八卷 …………………………… 1－416
古今正宗賦一卷 ………………………… 1－417
古今史論大觀前編十五卷後編十七
卷 …………………………………… 1－413
古今史論大觀前編十五卷後編十七
卷 …………………………………… 1－413
古今史論大觀前編十五卷後編十七
卷 …………………………………… 1－413
古今史論大觀前編十五卷後編十七
卷 …………………………………… 1－413
古今史論統編十六卷 …………………… 1－413
古今史論觀海甲編二十二卷乙編二
十卷丙編二十六卷丁編二十二卷
…………………………………… 1－413
古今四大家策論十卷 …………………… 1－414
古今四大家策論十卷 …………………… 1－414
古今四大家策論十卷 …………………… 1－414
古今四大家策論十卷 …………………… 1－414
古今四大家策論十卷 …………………… 1－414

古今列女傳三卷………………………… 1－412
古今列女傳四卷………………………… 1－413
古今攷對一卷…………………………… 1－412
古今名醫彙粹八卷……………………… 1－413
古今名醫彙粹八卷……………………… 1－413
古今快事二十八卷……………………… 1－412
古今長者錄八卷………………………… 1－412
古今事物考八卷………………………… 1－413
古今注三卷……………………………… 5－118
古今治河要策四卷……………………… 1－417
古今治統二十卷………………………… 1－417
古今治統二十卷………………………… 1－417
古今治統二十卷………………………… 1－417
古今治統二十卷………………………… 1－417
古今治統二十卷………………………… 1－417
古今治統二十卷………………………… 1－417
古今治統二十卷………………………… 1－417
古今治統二十卷………………………… 1－417
古今治統二十卷………………………… 1－417
古今治統二十卷………………………… 1－417
古今治統二十卷………………………… 1－418
古今治統二十卷………………………… 1－418
古今治統二十卷………………………… 2－494
古今治統二十卷附明治統一卷………… 1－418
古今秘苑三十二卷……………………… 1－413
古今酒令二卷…………………………… 1－412
古今書刻二卷…………………………… 1－413
古今逸史………………………………… 1－416
古今萬姓統譜一百四十卷歷代帝王
姓系統譜六卷氏族博考十四卷…… 1－416
古今萬姓統譜一百四十卷歷代帝王
姓系統譜六卷氏族博考十四卷…… 1－416
古今萬姓統譜一百四十卷歷代帝王
姓系統譜六卷氏族博考十四卷…… 1－416
古今游名山記十七卷總錄三卷……… 1－416
古今游名山記三卷……………………… 1－416
古今楹聯彙刻小傳十二卷首集一卷
外集一卷………………………… 1－416
古今詩話八卷…………………………… 1－413
古今詩話選雋二卷……………………… 1－413
古今經義□□卷………………………… 1－412
古今圖書集成一萬卷目錄四十卷…… 1－414
古今圖書集成一萬卷目錄四十卷…… 1－414
古今圖書集成一萬卷目錄四十卷…… 1－414
古今圖書集成一萬卷目錄四十卷…… 1－414
古今圖書集成一萬卷目錄四十卷…… 1－415
古今圖書集成一萬卷目錄四十卷…… 1－415
古今圖書集成一萬卷目錄四十卷…… 1－415
古今圖書集成一萬卷目錄四十卷…… 1－415
古今圖書集成一萬卷目錄四十卷…… 1－415
古今圖書集成一萬卷目錄四十卷…… 1－415
古今算學叢書…………………………… 1－414
古今僞書考一卷………………………… 1－416
古今說部叢書…………………………… 1－413
古今說部叢書…………………………… 1－413
古今說海………………………………… 1－414
古今說海………………………………… 1－414
古今說海………………………………… 1－414
古今說海………………………………… 1－414
古今說海………………………………… 1－414
古今歷驗奇方二十三卷首一卷……… 1－412
古今歷驗奇方二十三卷首一卷……… 1－412
古今歷驗奇方二十三卷首一卷……… 1－412
古今歷驗奇方二十三卷首一卷……… 1－412
古今錢文考略一卷……………………… 1－413
古今錢文考略一卷……………………… 1－413
古今錢略三十二卷首一卷末一卷…… 1－413
古今濡削選章四十卷…………………… 1－413
古今醫案按十卷………………………… 1－416
古今醫統正脈全書……………………… 1－416
古今醫統正脈全書……………………… 1－416
古今醫統正脈全書……………………… 1－416
古今醫統正脈全書……………………… 1－416
古今醫統正脈全書……………………… 1－416
古今醫詩五十三卷……………………… 1－416
古今韻略五卷…………………………… 1－417
古今韻略五卷…………………………… 1－417
古今韻略五卷…………………………… 1－417
古今韻略五卷…………………………… 1－417
古今韻略五卷…………………………… 1－417
古今韻略五卷…………………………… 1－417
古今韻略五卷…………………………… 1－417

古今韻略五卷…………………………… 1－417
古今韻會舉要三十卷………………… 1－416
古今韻會舉要三十卷………………… 1－417
古今類傳四卷………………………… 1－412
古今類傳四卷………………………… 1－412
古今類傳四卷………………………… 1－412
古今類傳四卷………………………… 1－412
古今類傳四卷………………………… 1－412
古今類傳四卷………………………… 1－412
古今類傳四卷………………………… 1－412
古今類傳四卷………………………… 1－412
古今類傳歲時類四卷………………… 1－412
古今類傳歲時類四卷………………… 1－412
古今類傳歲時類四卷………………… 1－412
古月軒文存二卷……………………… 1－454
古月軒文存二卷……………………… 1－454
古月軒詩存五卷……………………… 1－454
古月軒詩存五卷文存二卷…………… 1－454
古月軒詩存五卷文存二卷西江泛宅
　集三卷……………………………… 1－454
古文一隅三卷………………………… 1－448
古文七種……………………………… 1－435
古文八大家公暇錄六卷……………… 1－424
古文八卷……………………………… 1－424
古文小品咀華四卷…………………… 1－448
古文分編集評初集五卷二集五卷三
　集八卷四集四卷…………………… 1－430
古文分編集評初集五卷二集五卷三
　集八卷四集四卷…………………… 1－430
古文分編集評初集五卷二集五卷三
　集八卷四集四卷…………………… 1－430
古文分編集評初集五卷二集五卷三
　集八卷四集四卷…………………… 1－430
古文分編集評初集五卷二集五卷三
　集八卷四集四卷…………………… 1－430
古文分編集評初集五卷二集五卷三
　集八卷四集四卷…………………… 1－430
古文分編集評初集五卷二集五卷三
　集八卷四集四卷…………………… 1－430
古文分編集評初集五卷二集五卷三
　集八卷四集四卷…………………… 1－430
古文分編集評初集五卷二集五卷三
　集八卷四集四卷…………………… 1－430
古文分編集評初集五卷二集五卷三
　集八卷四集四卷…………………… 1－431
古文分編集評初集五卷二集五卷三
　集八卷四集四卷…………………… 1－431
古文分編集評初集五卷二集五卷三
　集八卷四集四卷…………………… 1－431
古文分編集評初集五卷二集五卷三
　集八卷四集四卷…………………… 1－431
古文分編集評初集五卷二集五卷三
　集八卷四集四卷…………………… 1－431
古文分編集評初集五卷二集五卷三
　集八卷四集四卷…………………… 1－431
古文分編集評初集五卷二集五卷三
　集八卷四集四卷…………………… 1－431
古文分編集評初集五卷二集五卷三
　集八卷四集四卷…………………… 1－431
古文分編集評初集五卷二集五卷三
　集八卷四集四卷…………………… 1－431
古文分編集評初集五卷二集五卷三
　集八卷四集四卷…………………… 1－431
古文分編集評初集五卷二集五卷三
　集八卷四集四卷…………………… 1－431
古文分編集評初集五卷二集五卷三
　集八卷四集四卷…………………… 1－431
古文分編集評初集五卷二集五卷三
　集八卷四集四卷…………………… 1－431
古文分編集評初集五卷二集五卷三
　集八卷四集四卷…………………… 1－431
古文未曾有集八卷…………………… 1－438
古文未曾有集八卷…………………… 1－438
古文未曾有集八卷…………………… 1－438
古文未曾有集八卷…………………… 1－438
古文未曾有集八卷…………………… 1－439
古文未曾有集八卷…………………… 1－439
古文未曾有集八卷 …………………… 3－68
古文正集二編………………………… 1－451
古文四象四卷………………………… 1－438
古文近道集八卷……………………… 1－433
古文近道集八卷……………………… 1－433

古文近道集不分卷 …………………… 1－433
古文快筆貫通解三卷 …………………… 1－433
古文快筆貫通解三卷 …………………… 1－433
古文快筆貫通解三卷 …………………… 1－433
古文快筆貫通解三卷 …………………… 1－433
古文快筆貫通解三卷 …………………… 1－433
古文快筆貫通解四卷 …………………… 1－433
古文快筆貫通解四卷 …………………… 1－434
古文快筆貫通解四卷 …………………… 1－434
古文快筆貫通解四卷 …………………… 1－434
古文快筆貫通解四卷 …………………… 1－434
古文快筆貫通解四卷 …………………… 1－434
古文快筆貫通解四卷 …………………… 1－434
古文快筆貫通解四卷 …………………… 1－434
古文快筆貫通解四卷 …………………… 1－434
古文快筆貫通解四卷 …………………… 1－434
古文快筆貫通解四卷 …………………… 1－434
古文快筆貫通解四卷 …………………… 1－434
古文快筆貫通解四卷 …………………… 1－434
古文快筆貫通解四卷 …………………… 1－434
古文快筆貫通解四卷 …………………… 1－434
古文快筆貫通解四卷 …………………… 1－434
古文快筆貫通解四卷 …………………… 1－434
古文快筆貫通解四卷 …………………… 1－434
古文快筆貫通解四卷 …………………… 1－434
古文快筆貫通解四卷 …………………… 1－434
古文快筆貫通解四卷 …………………… 1－434
古文快筆貫通解四卷 …………………… 1－434
古文快筆貫通解四卷 …………………… 1－434
古文快筆貫通解四卷 …………………… 1－434
古文快筆貫通解四卷 …………………… 1－435
古文快筆貫通解四卷 …………………… 1－435
古文快筆貫通解四卷 …………………… 1－435
古文快筆貫通解□□卷 ………………… 1－433
古文快筆貫通解□□卷 ………………… 1－433
古文快筆貫通解□□卷 ………………… 1－433
古文苑二十一卷 ………………………… 1－451
古文苑二十一卷 ………………………… 1－451
古文苑二十一卷 ………………………… 1－451
古文苑九卷 ……………………………… 1－451
古文苑九卷 ……………………………… 1－451
古文苑九卷 ……………………………… 1－451
古文苑九卷 ……………………………… 1－451
古文析義二編八卷 ……………………… 1－439
古文析義二編八卷 ……………………… 1－439
古文析義二編八卷 ……………………… 1－439
古文析義二編八卷 ……………………… 1－439
古文析義十六卷 ………………………… 1－442
古文析義十六卷 ………………………… 1－443
古文析義十六卷 ………………………… 1－443
古文析義十六卷 ………………………… 1－443
古文析義十六卷 ………………………… 1－443
古文析義十六卷 ………………………… 1－443
古文析義十六卷 ………………………… 1－443
古文析義十六卷 ………………………… 1－443
古文析義十六卷 ………………………… 1－443
古文析義十六卷 ………………………… 1－443
古文析義十六卷 ………………………… 1－443
古文析義十六卷 ………………………… 1－443
古文析義十六卷 ………………………… 1－443
古文析義十六卷 ………………………… 1－443
古文析義十六卷 ………………………… 1－443
古文析義十六卷 ………………………… 1－443
古文析義十六卷 ………………………… 1－443
古文析義十六卷 ………………………… 1－443
古文析義十六卷 ………………………… 1－443
古文析義十六卷 ………………………… 1－443
古文析義十六卷 ………………………… 1－443
古文析義十六卷 ………………………… 1－443
古文析義十六卷 ………………………… 1－443
古文析義十六卷 ………………………… 1－443
古文析義十六卷 ………………………… 1－443
古文析義十六卷 ………………………… 1－444
古文析義十六卷 ………………………… 1－444
古文析義十六卷 ………………………… 1－444
古文析義十六卷 ………………………… 1－444
古文析義十六卷 ………………………… 1－444
古文析義十六卷 ………………………… 1－444
古文析義十六卷 ………………………… 1－444
古文析義十六卷 ………………………… 1－444
古文析義十六卷 ………………………… 1－444
古文析義十六卷 ………………………… 1－444
古文析義十六卷 ………………………… 1－444

古文析義十六卷…………………………1－444
古文析義十六卷…………………………1－444
古文析義十六卷…………………………1－444
古文析義十六卷…………………………1－444
古文析義十六卷…………………………1－444
古文析義十六卷…………………………1－444
古文析義十六卷…………………………1－444
古文析義十六卷…………………………1－444
古文析義十六卷…………………………1－444
古文析義十六卷…………………………1－444
古文析義十六卷…………………………1－444
古文析義十六卷…………………………1－445
古文析義十六卷…………………………1－445
古文析義十六卷…………………………1－445
古文析義十六卷…………………………1－445
古文析義十六卷…………………………1－445
古文析義十六卷…………………………1－445
古文析義十六卷…………………………1－445
古文析義十六卷…………………………1－445
古文析義十六卷…………………………1－445
古文析義十六卷…………………………1－445
古文析義十六卷…………………………1－445
古文析義十六卷…………………………1－445
古文析義十六卷…………………………1－445
古文析義十六卷…………………………1－445
古文析義十六卷…………………………1－445
古文析義十六卷…………………………1－445
古文析義十六卷…………………………1－445
古文析義十六卷…………………………1－445
古文析義十六卷…………………………1－445
古文析義十六卷…………………………1－445
古文析義十六卷…………………………1－445
古文析義十六卷…………………………1－445
古文析義十六卷…………………………1－445
古文析義十六卷…………………………1－445
古文析義十六卷…………………………1－446
古文析義十六卷…………………………1－446
古文析義十六卷…………………………1－446
古文析義十六卷…………………………1－446
古文析義十六卷…………………………1－446
古文析義十六卷…………………………1－446
古文析義十六卷…………………………1－446
古文析義十六卷…………………………1－446
古文析義十六卷…………………………1－446
古文析義十六卷…………………………1－446
古文析義十六卷…………………………1－446
古文析義十六卷…………………………1－446
古文析義十六卷…………………………1－446
古文析義十六卷…………………………1－446
古文析義十六卷…………………………1－446
古文析義十六卷…………………………1－446
古文析義十六卷…………………………1－446
古文析義十六卷…………………………1－446
古文析義十六卷…………………………1－446
古文析義十六卷…………………………1－446
古文析義十六卷…………………………1－446
古文析義十六卷…………………………1－446
古文析義十六卷…………………………1－446
古文析義十六卷…………………………1－447
古文析義十六卷…………………………1－447
古文析義十六卷…………………………1－447
古文析義十六卷…………………………1－447
古文析義十四卷…………………………1－447
古文析義十四卷…………………………1－447
古文析義十四卷…………………………1－447
古文析義十四卷…………………………1－447
古文析義十四卷…………………………1－447
古文析義十四卷…………………………1－447
古文析義十四卷…………………………1－447
古文析義十四卷…………………………1－447
古文析義十四卷…………………………1－447
古文析義十四卷…………………………1－447
古文析義十四卷…………………………1－447
古文析義十四卷…………………………1－447
古文析義十四卷…………………………1－447
古文析義十四卷…………………………1－447
古文析義十四卷…………………………1－447
古文析義十四卷…………………………1－447
古文析義十四卷…………………………1－447
古文析義十四卷…………………………1－447
古文析義十四卷…………………………1－447
古文析義十四卷…………………………1－447

古文析義十四卷 …………………………… 1－448
古文析義十四卷 …………………………… 1－448
古文析義十四卷 …………………………… 1－448
古文析義十四卷 …………………………… 1－448
古文析義十四卷 …………………………… 1－448
古文析義十四卷 …………………………… 1－448
古文析義不分卷 …………………………… 1－439
古文析義不分卷 …………………………… 1－439
古文析義不分卷 …………………………… 1－439
古文析義不分卷 …………………………… 1－439
古文析義六卷 ……………………………… 1－439
古文析義六卷 ……………………………… 1－439
古文析義六卷 ……………………………… 1－439
古文析義六卷 ……………………………… 1－439
古文析義六卷 ……………………………… 1－439
古文析義六卷 ……………………………… 1－439
古文析義六卷 ……………………………… 1－439
古文析義六卷 ……………………………… 1－439
古文析義六卷 ……………………………… 1－439
古文析義六卷 ……………………………… 1－439
古文析義六卷 ……………………………… 1－439
古文析義六卷 ……………………………… 1－440
古文析義六卷 ……………………………… 1－440
古文析義六卷 ……………………………… 1－440
古文析義六卷 ……………………………… 1－440
古文析義六卷 ……………………………… 1－440
古文析義六卷 ……………………………… 1－440
古文析義六卷 ……………………………… 1－440
古文析義六卷 ……………………………… 1－440
古文析義六卷 ……………………………… 1－440
古文析義六卷 ……………………………… 1－440
古文析義六卷 ……………………………… 1－440
古文析義六卷 ……………………………… 1－440
古文析義六卷 ……………………………… 1－440
古文析義六卷 ……………………………… 1－440
古文析義六卷 ……………………………… 1－440
古文析義六卷 ……………………………… 1－440
古文析義六卷 ……………………………… 1－440
古文析義六卷 ……………………………… 1－440
古文析義六卷 ……………………………… 1－440
古文析義六卷 ……………………………… 1－440
古文析義六卷 ……………………………… 1－440
古文析義六卷 ……………………………… 1－440
古文析義六卷 ……………………………… 1－441
古文析義六卷 ……………………………… 1－441
古文析義六卷 ……………………………… 1－441
古文析義六卷 ……………………………… 1－441
古文析義六卷 ……………………………… 1－441
古文析義六卷 ……………………………… 1－441
古文析義六卷 ……………………………… 1－441
古文析義六卷 ……………………………… 1－441
古文析義六卷 ……………………………… 1－441
古文析義六卷 ……………………………… 1－441
古文析義六卷 ……………………………… 1－441
古文析義六卷 ……………………………… 1－441
古文析義六卷 ……………………………… 1－441
古文析義六卷 ……………………………… 1－441
古文析義六卷 ……………………………… 1－441
古文析義六卷 ……………………………… 1－441
古文析義六卷 ……………………………… 1－441
古文析義六卷 ……………………………… 1－441
古文析義六卷 ……………………………… 1－441
古文析義六卷 ……………………………… 1－441
古文析義六卷 ……………………………… 1－441
古文析義六卷 ……………………………… 1－441
古文析義六卷 ……………………………… 1－442
古文析義六卷 ……………………………… 1－442
古文析義六卷 ……………………………… 1－442
古文析義六卷 ……………………………… 1－442
古文析義六卷 ……………………………… 1－442
古文析義六卷 ……………………………… 1－442
古文析義六卷二編八卷 …………………… 1－442
古文析義六卷二編八卷 …………………… 1－442
古文析義六卷二編八卷 …………………… 1－442
古文析義六卷二編八卷 …………………… 1－442
古文析義六卷二編八卷 …………………… 1－442
古文析義六卷二編八卷 …………………… 1－442
古文析義六卷二編八卷 …………………… 1－442
古文析義六卷二編八卷 …………………… 1－442

古文析義六卷二編八卷………………… 1－442
古文析義六卷二編八卷………………… 1－442
古文析義六卷二編八卷………………… 1－442
古文析義六卷二編八卷………………… 1－442
古文析義六卷二編八卷………………… 1－442
古文析義六卷二編八卷………………… 1－442
古文析義初編六卷二編八卷…………… 1－439
古文析義初編六卷二編八卷…………… 1－439
古文奇賞二十二卷續古文奇賞三十
四卷奇賞齋廣文苑英華二十六卷
四續古文奇賞五十三卷明文奇賞
四十卷…………………………………… 1－435
古文尚書十卷…………………………… 1－436
古文尚書考二卷………………………… 1－436
古文尚書私議三卷……………………… 1－436
古文尚書冤詞平議二卷………………… 1－436
古文尚書撰異三十二卷………………… 1－436
古文尚書撰異三十二卷………………… 1－436
古文尚書撰異三十二卷………………… 1－436
古文尚書撰異三十二卷………………… 1－436
古文怡情二集□□卷…………………… 1－448
古文品外錄二十四卷…………………… 1－435
古文眉詮七十九卷首一卷……………… 1－435
古文眉詮七十九卷首一卷……………… 1－435
古文眉詮七十九卷首一卷……………… 1－435
古文眉詮七十九卷首一卷……………… 1－435
古文眉詮七十九卷首一卷……………… 1－435
古文眉詮七十九卷首一卷……………… 1－435
古文眉詮七十九卷首一卷……………… 1－435
古文約選不分卷………………………… 1－451
古文約選不分卷………………………… 1－451
古文約選不分卷………………………… 1－451
古文約選不分卷………………………… 1－451
[古文約選]□□卷 ……………………… 5－289
古文約選讀本一卷……………………… 1－451
古文雅正十四卷………………………… 1－448
古文雅正十四卷………………………… 1－448
古文雅正十四卷………………………… 1－448
古文雅正十四卷………………………… 1－448
古文雅正十四卷………………………… 1－448
古文雅正十四卷………………………… 1－448
古文雅正十四卷………………………… 1－448
古文雅正十四卷………………………… 1－448
古文雅正十四卷………………………… 1－448
古文雅正十四卷………………………… 1－448
古文喈鳳新編八卷……………………… 1－433
古文筆法二十卷首一卷………………… 1－426
古文筆法八卷首一卷…………………… 1－425
古文筆法八卷首一卷…………………… 1－425
古文筆法八卷首一卷…………………… 1－425
古文筆法八卷首一卷…………………… 1－425
古文筆法八卷首一卷…………………… 1－425
古文筆法八卷首一卷…………………… 1－425
古文筆法八卷首一卷…………………… 1－425
古文筆法百篇二十卷首一卷…………… 1－425
古文筆法百篇二十卷首一卷…………… 1－425
古文筆法百篇二十卷首一卷…………… 1－425
古文筆法百篇二十卷首一卷…………… 1－425
古文筆法百篇二十卷首一卷…………… 1－425
古文筆法百篇二十卷首一卷…………… 1－426
古文筆法百篇二十卷首一卷…………… 1－426
古文筆法百篇二十卷首一卷…………… 1－426
古文筆法百篇二十卷首一卷…………… 1－426
古文筆法百篇二十卷首一卷…………… 1－426
古文筆法百篇二十卷首一卷…………… 1－426
古文筆法百篇二十卷首一卷…………… 1－426
古文筆法百篇二十卷首一卷…………… 1－426
古文筆法百篇二十卷首一卷…………… 1－426
古文筆法百篇二十卷首一卷…………… 1－426
古文筆法百篇二十卷首一卷…………… 1－426
古文筆法百篇二十卷首一卷…………… 1－426
古文筆法百篇二十卷首一卷…………… 1－426
古文筆法百篇二十卷首一卷…………… 1－426
古文筆法百篇二十卷首一卷…………… 1－426
古文筆法百篇二十卷首一卷…………… 1－426
古文筆法百篇八卷首一卷……………… 1－425
古文筆法百篇八卷首一卷……………… 1－425
古文筆法百篇八卷首一卷……………… 1－425
古文筆法百篇八卷首一卷……………… 1－425
古文筆法百篇八卷首一卷……………… 1－425
古文筆法百篇八卷首一卷……………… 1－425
[古文評選]不分卷 ……………………… 5－289

古文詞略二十四卷 …… 1 – 427
古文詞略二十四卷 …… 1 – 427
古文詞略二十四卷 …… 1 – 427
古文詞略二十四卷 …… 1 – 427
古文詞略二十四卷 …… 1 – 427
古文詞略二十四卷 …… 1 – 427
古文詞略二十四卷 …… 1 – 427
古文詞略二十四卷 …… 1 – 427
古文淵鑒六十四卷 …… 1 – 449
古文淵鑒六十四卷 …… 1 – 449
古文淵鑒六十四卷 …… 1 – 449
古文淵鑒六十四卷 …… 1 – 449
古文淵鑒六十四卷 …… 1 – 449
古文淵鑒六十四卷 …… 1 – 449
古文淵鑒六十四卷 …… 1 – 449
古文淵鑒六十四卷 …… 1 – 449
古文淵鑒六十四卷 …… 1 – 450
古文淵鑒六十四卷 …… 1 – 450
古文淵鑒六十四卷 …… 1 – 450
古文淵鑒六十四卷 …… 1 – 450
古文淵鑒六十四卷 …… 1 – 450
古文淵鑒六十四卷 …… 1 – 450
古文淵鑒六十四卷 …… 1 – 450
古文淵鑒六十四卷 …… 1 – 450
古文淵鑒六十四卷 …… 1 – 450
古文淵鑒六十四卷 …… 1 – 450
古文淵鑒六十四卷 …… 1 – 450
古文淵鑒六十四卷 …… 1 – 450
古文淵鑒六十四卷 …… 1 – 450
古文淵鑒六十四卷 …… 1 – 450
古文淵鑒六十四卷 …… 1 – 450
古文淵鑒六十四卷 …… 1 – 450
古文精言詳註旁訓合選十六卷 …… 1 – 433
古文精義十五卷 …… 1 – 433
古文精藻二卷 …… 1 – 433
古文精藻二卷 …… 1 – 433
古文賞心集新編八卷 …… 1 – 435
古文賞心集新編八卷 …… 1 – 435
古文賞音十二卷 …… 1 – 435
古文賞音十二卷 …… 1 – 436
古文賞音十二卷 …… 1 – 436
古文賞音十二卷 …… 1 – 436
[古文選]不分卷 …… 5 – 289
[古文選評]不分卷 …… 5 – 289
古文選輯讀本不分卷 …… 1 – 448
古文輯畧不分卷 …… 1 – 433
古文輯註八卷 …… 1 – 433
古文翼八卷 …… 1 – 448
古文翼八卷 …… 1 – 448
古文翼八卷 …… 1 – 449
古文翼八卷 …… 1 – 449
古文翼八卷 …… 1 – 449
古文翼八卷 …… 1 – 449
古文翼八卷 …… 1 – 449
古文翼八卷 …… 1 – 449
古文翼八卷 …… 1 – 449
古文翼八卷 …… 1 – 449
古文翼八卷 …… 1 – 449
古文翼八卷 …… 1 – 449
古文翼八卷 …… 1 – 449
古文翼八卷 …… 1 – 449
古文翼八卷 …… 1 – 449
古文歸□□卷 …… 1 – 433
古文雜鈔不分卷 …… 3 – 71
古文瀆編 …… 1 – 430
古文辭類纂十五卷 …… 1 – 429
古文辭類纂十五卷 …… 1 – 430
古文辭類纂十五卷 …… 1 – 430
古文辭類纂十五卷 …… 1 – 430
古文辭類纂十五卷 …… 1 – 430
古文辭類纂十五卷 …… 1 – 430
古文辭類纂七十五卷 …… 1 – 429
古文辭類纂七十五卷 …… 1 – 429
古文辭類纂七十五卷 …… 1 – 429
古文辭類纂七十五卷 …… 1 – 429
古文辭類纂七十五卷 …… 1 – 429
古文辭類纂七十五卷 …… 1 – 429
古文辭類纂七十五卷 …… 1 – 429
古文辭類纂七十五卷附錄一卷 …… 1 – 429
古文辭類纂七十五卷附錄一卷 …… 1 – 429
古文辭類纂七十四卷 …… 1 – 427

古文辭類纂七十四卷…………………… 1－427
古文辭類纂七十四卷…………………… 1－427
古文辭類纂七十四卷…………………… 1－427
古文辭類纂七十四卷…………………… 1－427
古文辭類纂七十四卷…………………… 1－427
古文辭類纂七十四卷…………………… 1－427
古文辭類纂七十四卷…………………… 1－427
古文辭類纂七十四卷…………………… 1－427
古文辭類纂七十四卷…………………… 1－427
古文辭類纂七十四卷…………………… 1－427
古文辭類纂七十四卷…………………… 1－427
古文辭類纂七十四卷…………………… 1－427
古文辭類纂七十四卷…………………… 1－427
古文辭類纂七十四卷…………………… 1－427
古文辭類纂七十四卷…………………… 1－427
古文辭類纂七十四卷…………………… 1－428
古文辭類纂七十四卷…………………… 1－428
古文辭類纂七十四卷…………………… 1－428
古文辭類纂七十四卷…………………… 1－428
古文辭類纂七十四卷…………………… 1－428
古文辭類纂七十四卷…………………… 1－428
古文辭類纂七十四卷…………………… 1－428
古文辭類纂七十四卷…………………… 1－428
古文辭類纂七十四卷…………………… 1－428
古文辭類纂七十四卷…………………… 1－428
古文辭類纂七十四卷…………………… 1－428
古文辭類纂七十四卷…………………… 1－428
古文辭類纂七十四卷…………………… 1－428
古文辭類纂七十四卷…………………… 1－428
古文辭類纂七十四卷…………………… 1－428
古文辭類纂七十四卷…………………… 1－429
古文辭類纂七十四卷…………………… 1－429
古文辭類纂七十四卷…………………… 1－429
古文辭類纂七十四卷…………………… 1－429
古文辭類纂七十四卷…………………… 1－429
古文辭類纂七十四卷…………………… 1－429
古文辭類纂三編二十八卷……………… 1－429
古文類編□□卷…………………………… 1－435
古文類編□□卷…………………………… 1－435
古文釋義新編八卷……………………… 1－436
古文釋義新編八卷……………………… 1－436
古文釋義新編八卷……………………… 1－436
古文釋義新編八卷……………………… 1－436
古文釋義新編八卷……………………… 1－436
古文釋義新編八卷……………………… 1－436
古文釋義新編八卷……………………… 1－436
古文釋義新編八卷……………………… 1－436
古文釋義新編八卷……………………… 1－436
古文釋義新編八卷……………………… 1－436
古文釋義新編八卷……………………… 1－436
古文釋義新編八卷……………………… 1－437
古文釋義新編八卷……………………… 1－437
古文釋義新編八卷……………………… 1－437
古文釋義新編八卷……………………… 1－437
古文釋義新編八卷……………………… 1－437
古文釋義新編八卷……………………… 1－437
古文釋義新編八卷……………………… 1－437
古文釋義新編八卷……………………… 1－437
古文釋義新編八卷……………………… 1－437
古文釋義新編八卷……………………… 1－437
古文釋義新編八卷……………………… 1－437
古文釋義新編八卷……………………… 1－437
古文釋義新編八卷……………………… 1－437
古文釋義新編八卷……………………… 1－437
古文釋義新編八卷……………………… 1－437
古文釋義新編八卷……………………… 1－437
古文釋義新編八卷……………………… 1－437
古文釋義新編八卷……………………… 1－437
古文釋義新編八卷……………………… 1－437
古文釋義新編八卷……………………… 1－437
古文釋義新編八卷……………………… 1－437
古文釋義新編八卷……………………… 1－437
古文釋義新編八卷……………………… 1－437
古文釋義新編八卷……………………… 1－437
古文釋義新編八卷……………………… 1－438
古文釋義新編八卷……………………… 1－438
古文釋義新編八卷……………………… 1－438
古文釋義新編八卷……………………… 1－438
古文釋義新編八卷……………………… 1－438
古文釋義新編八卷……………………… 1－438
古文釋義新編八卷……………………… 1－438
古文釋義新編八卷……………………… 1－438

古文釋義新編八卷……………………… 1－438
古文釋義新編八卷……………………… 1－438
古文釋義新編八卷……………………… 1－438
古文釋義新編八卷……………………… 1－438
古文釋義新編八卷……………………… 1－438
古文釋義新編八卷……………………… 1－438
古文釋義新編八卷……………………… 1－438
古文釋義新編八卷……………………… 1－438
古文釋義新編八卷……………………… 1－438
古文釋義新編八卷……………………… 1－438
古文讀本一卷………………………… 1－430
古文讀本一卷………………………… 1－430
古文讀本二卷………………………… 1－430
[古文讀本]不分卷 ………………… 5－289
古文觀止十二卷……………………… 1－431
古文觀止十二卷……………………… 1－431
古文觀止十二卷……………………… 1－431
古文觀止十二卷……………………… 1－432
古文觀止十二卷……………………… 1－432
古文觀止十二卷……………………… 1－432
古文觀止十二卷……………………… 1－432
古文觀止十二卷……………………… 1－432
古文觀止十二卷……………………… 1－432
古文觀止十二卷……………………… 1－432
古文觀止十二卷……………………… 1－432
古文觀止十二卷……………………… 1－432
古文觀止十二卷……………………… 1－432
古文觀止十二卷……………………… 1－432
古文觀止十二卷……………………… 1－432
古文觀止十二卷……………………… 1－432
古文觀止十二卷……………………… 1－432
古文觀止十二卷……………………… 1－432
古文觀止十二卷……………………… 1－432
古文觀止十二卷……………………… 1－432
古文觀止十二卷……………………… 1－432
古文觀止十二卷……………………… 1－432
古文觀止十二卷……………………… 1－432
古文觀止十二卷……………………… 1－432
古文觀止十二卷……………………… 1－433
古文觀止十二卷……………………… 1－433
古文觀止詳注六卷…………………… 1－433
古方八陣八卷………………………… 1－410
古玉圖考不分卷……………………… 1－454
古玉圖考不分卷……………………… 1－454
古本周易參同契集注二卷…………… 1－410
古本周易參同契集注二卷…………… 2－486
古本難經闡注二卷…………………… 1－410
古史輯要六卷首一卷………………… 1－420
古汀碧山堂結訟案卷一卷…………… 1－424
[光緒]古州廳志十卷首一卷 ……… 5－290
[光緒]古州廳志十卷首一卷 ……… 5－290
古志石華三十卷……………………… 1－454
古吳童氏重校醫宗必讀十卷………… 1－451
古吳童氏重校醫宗必讀十卷………… 1－451
古吳童氏重校醫宗必讀十卷………… 1－451
古吳童氏重校醫宗必讀十卷………… 1－451
古佛應驗明聖經三卷………………… 1－410
古事比五十二卷……………………… 1－420
古事比五十二卷……………………… 1－420
古事比五十二卷……………………… 1－421
古事比五十二卷……………………… 1－421
古事比五十二卷……………………… 1－421
古事比五十二卷……………………… 1－421
古事比五十二卷……………………… 1－421
古事比五十二卷……………………… 1－421
古事比五十二卷……………………… 1－421
古事辨二卷…………………………… 1－421
古易匯詮不分卷……………………… 1－453
古周禮釋評六卷……………………… 1－454
古刻叢鈔一卷………………………… 1－418
古春軒詩鈔二卷……………………… 1－410
古春軒詩鈔二卷……………………… 1－410
古城文集六卷首一卷補遺一卷……… 1－410
古城文集六卷首一卷補遺一卷……… 1－410
古城文集六卷首一卷補遺一卷……… 1－410
古南餘話五卷………………………… 1－419
古南餘話五卷………………………… 1－419
古南餘話五卷………………………… 1－419
古南餘話五卷………………………… 1－419
古南餘話五卷………………………… 1－419
古香山館存稿十六卷………………… 1－451

古香樓吟稿三卷西山紀遊詩一卷詞稿一卷…………………………… 1－451
古香樓遺稿十卷………………………… 1－451
古香齋四書十九卷……………………… 1－452
古香齋新刻袖珍御纂朱子全書六十六卷…………………………………… 1－452
古香齋新刻袖珍淵鑑類函四百五十卷目錄四卷………………………… 1－452
古香齋新刻袖珍淵鑑類函四百五十卷目錄四卷………………………… 1－452
古香齋新刻袖珍淵鑑類函四百五十卷目錄四卷………………………… 1－452
古香齋新刻袖珍淵鑑類函四百五十卷目錄四卷………………………… 1－452
古香齋新刻袖珍淵鑑類函四百五十卷目錄四卷………………………… 1－452
古香齋新刻袖珍淵鑑類函四百五十卷目錄四卷………………………… 1－452
古香齋新刻袖珍淵鑑類函四百五十卷目錄四卷………………………… 1－452
古香齋新刻袖珍淵鑑類函四百五十卷目錄四卷………………………… 1－453
古香齋新刻袖珍淵鑑類函四百五十卷目錄四卷………………………… 1－453
古香齋新刻袖珍資治通鑑綱目三編二十卷…………………………… 1－453
古香齋鑒賞袖珍史記一百三十卷…… 1－452
古香齋鑒賞袖珍史記一百三十卷…… 1－452
古香齋鑒賞袖珍初學記三十卷……… 1－451
古香齋鑒賞袖珍春明夢餘錄七十卷…………………………………………… 1－452
古泉匯首集四卷元集十四卷亨集十四卷利集十八卷貞集十四卷……… 1－419
古泉匯首集四卷元集十四卷亨集十四卷利集十八卷貞集十四卷首一卷……………………………………… 1－419
古泉滙首集四卷元集十四卷亨集十四卷利集十八卷貞集十四卷首一卷……………………………………… 1－419
古泉叢話三卷…………………………… 1－419
古泉叢話三卷…………………………… 1－419
古律經傳附考五卷……………………… 1－419
古音略例一卷…………………………… 1－454
古音叢目五卷…………………………… 1－453
古音類表九卷首一卷………………… 1－453
古祠主譜五卷…………………………… 1－410
古祠主譜五卷…………………………… 1－410
古紅梅閣集八卷附錄一卷…………… 1－411
古紅梅閣集八卷附錄一卷…………… 1－411
古紅梅閣集八卷附錄一卷…………… 1－411
古桐書屋六種…………………………… 1－424
古格言十二卷…………………………… 1－411
古唐詩合解十二卷……………………… 1－421
古唐詩合解十二卷……………………… 1－421
古唐詩合解十二卷……………………… 1－421
古唐詩合解十二卷……………………… 1－421
古唐詩合解十二卷……………………… 1－421
古唐詩合解十二卷……………………… 1－421
古唐詩合解十二卷……………………… 1－421
古唐詩合解十二卷……………………… 1－421
古唐詩合解十二卷……………………… 1－421
古唐詩合解十二卷……………………… 1－421
古唐詩合解十二卷……………………… 1－421
古唐詩合解十二卷……………………… 1－421
古唐詩合解十二卷……………………… 1－422
古唐詩合解十二卷……………………… 1－422
古唐詩合解十二卷古詩四卷………… 1－422
古唐詩合解十二卷古詩四卷………… 1－422
古唐詩合解十二卷古詩四卷………… 1－422
古唐詩合解十二卷古詩四卷………… 1－422
古唐詩合解十二卷古詩四卷………… 1－422
古唐詩合解十二卷古詩四卷………… 1－422
古唐詩合解十二卷古詩四卷………… 1－422
古唐詩合解十二卷古詩四卷………… 1－422
古唐詩合解十二卷古詩四卷………… 1－422
古唐詩合解十二卷古詩四卷………… 1－422
古唐詩合解十二卷古詩四卷………… 1－422
古唐詩合解十二卷古詩四卷………… 1－422
古唐詩合解十二卷古詩四卷………… 1－422
古唐詩合解十二卷古詩四卷………… 1－422
古唐詩合解十二卷古詩四卷………… 1－422
古唐詩合解十二卷古詩四卷………… 1－422

古唐詩合解十二卷古詩四卷………… 1－422
古唐詩合解十二卷古詩四卷………… 1－422
古唐詩合解十二卷古詩四卷………… 1－422
古唐詩合解十二卷古詩四卷………… 1－423
古唐詩合解十二卷古詩四卷………… 1－423
古唐詩合解十二卷古詩四卷………… 1－423
古唐詩合解十二卷古詩四卷………… 1－423
古唐詩合解十二卷古詩四卷………… 1－423
古唐詩合解十二卷古詩四卷………… 1－423
古唐詩合解十二卷古詩四卷………… 1－423
古唐詩合解十二卷古詩四卷………… 1－423
古唐詩合解十二卷古詩四卷………… 1－423
古唐詩合解十二卷古詩四卷………… 1－423
古唐詩合解十二卷古詩四卷………… 1－423
古唐詩合解十二卷古詩四卷………… 1－423
古唐詩合解十二卷古詩四卷………… 1－423
古唐詩合解十二卷古詩四卷………… 1－423
古唐詩合解十二卷古詩四卷………… 1－423
古唐詩合解十二卷古詩四卷………… 1－423
古唐詩合解十二卷古詩四卷………… 1－423
古唐詩合解十二卷古詩四卷………… 1－423
古唐詩合解十二卷古詩四卷………… 1－423
古唐詩合解十二卷古詩四卷………… 1－423
古唐詩合解十二卷古詩四卷………… 1－423
古唐詩合解十二卷古詩四卷………… 1－424
古唐詩合解十二卷古詩四卷………… 1－424
古唐詩合解十二卷古詩四卷………… 1－424
古唐詩選七卷………………………… 1－424
［乾隆］古浪縣志一卷　……………… 5－334
古書疑義舉例七卷…………………… 1－421
古書疑義舉例七卷…………………… 1－421
古梅家韻不分卷……………………… 1－419
古梅家韻不分卷……………………… 1－419
古逸書三十卷首一卷末一卷………… 1－453
古逸叢書……………………………… 1－453
古逸叢書……………………………… 1－453
古逸叢書……………………………… 1－453
古逸叢書……………………………… 1－453
古聖賢像傳畧十六卷………………… 1－419
古椿軒詩鈔二卷……………………… 1－410
古愚老人消夏錄……………………… 1－454
古愚老人消夏錄……………………… 1－454
古愚老人消夏錄……………………… 1－454
古微書三十六卷……………………… 1－424
古微書三十六卷……………………… 1－424
古微堂内集二卷外集八卷…………… 1－424
古微堂内集二卷外集八卷…………… 1－424
古微堂内集二卷外集八卷…………… 1－424
古微堂内集三卷外集七卷…………… 1－424
古微堂内集三卷外集七卷…………… 1－424
古微堂内集三卷外集七卷…………… 1－424
古微堂内集三卷外集七卷…………… 1－424
古微堂内集三卷外集七卷…………… 1－424
古微堂内集三卷外集七卷…………… 1－424
古微堂内集三卷外集七卷…………… 1－424
古微堂内集三卷外集七卷…………… 1－424
古微堂内集三卷外集七卷…………… 1－424
古微堂内集三卷外集七卷…………… 1－424
古詩文集不分卷……………………… 1－420
［古詩目］一卷　……………………… 5－289
古詩鈔不分卷………………………… 1－419
古詩源十四卷………………………… 1－420
古詩源十四卷………………………… 1－420
古詩源十四卷………………………… 1－420
古詩源十四卷………………………… 1－420
古詩源十四卷………………………… 1－420
古詩源十四卷………………………… 1－420
古詩源十四卷………………………… 1－420
古詩源十四卷………………………… 1－420
古詩源十四卷………………………… 1－420
古詩源十四卷………………………… 1－420
古詩源十四卷………………………… 3－8
古詩源十四卷　……………………… 3－20
古詩源十四卷　……………………… 3－24
古詩源十四卷　……………………… 3－29
古詩源十四卷　……………………… 3－29
古詩源十四卷　……………………… 3－41
古詩源十四卷　……………………… 3－45
古詩源十四卷　……………………… 3－57
古詩源四卷…………………………… 1－420
古詩源四卷…………………………… 1－420
古詩箋三十二卷……………………… 1－419

古詩箋三十二卷 …… 1－419
古詩箋三十二卷 …… 1－420
古詩箋三十二卷 …… 1－420
古詩箋三十二卷 …… 1－420
古詩箋意一卷 …… 1－420
古詩選十三卷 …… 1－420
古詩選四卷 …… 1－420
古詩選四卷 …… 1－420
古詩歸十五卷 …… 1－419
古詩歸十五卷 …… 1－419
古詩歸十五卷唐詩歸三十六卷 …… 1－419
古經解鉤沈三十卷 …… 1－418
古經解鉤沈三十卷 …… 1－418
古經解鉤沈三十卷 …… 1－418
古經解鉤沈三十卷 …… 1－418
古經解鉤沈三十卷 …… 1－418
古經解鉤沈三十卷 …… 1－418
古經解鉤沈三十卷 …… 1－418
古經解鉤沈三十卷 …… 1－418
古經解彙函 …… 1－418
古經解彙函 …… 1－418
古經解彙函 …… 1－418
古經解彙函 …… 1－418
古經解彙函 …… 1－418
古經解彙函 …… 1－418
古經解彙函 …… 1－418
古經解彙函 …… 1－418
古經疑言四卷 …… 1－418
古賦辨體十卷 …… 1－410
古賦辨體十卷 …… 1－411
古賦識小錄八卷 …… 1－411
古樂府十卷 …… 1－454
古樂府十卷 …… 1－454
古樂經傳五卷 …… 1－454
古樂經傳五卷 …… 1－454
古學考一卷 …… 1－453
古學記問錄十五卷 …… 1－453
古學彙纂十卷 …… 1－453
古學彙纂十卷 …… 1－453
古學鴻裁十五卷詩學鴻裁二卷 …… 1－453
古谿試帖□□卷 …… 1－451
古謠諺一百卷 …… 1－453
古謠諺一百卷 …… 1－453
[古禮考]一卷 …… 5－289
古籒拾遺三卷附宋政和禮器文字考一卷 …… 1－454
古籒拾遺三卷附宋政和禮器文字考一卷 …… 1－454
古韻通說二十卷 …… 1－454
古韻標準四卷詩韻舉例一卷 …… 1－454
古韻標準四卷詩韻舉例一卷 …… 3－75
古懽錄八卷 …… 1－411
古懽錄八卷 …… 1－411
古懽齋文錄不分卷 …… 1－411
古懽齋文錄不分卷 …… 1－411
古懽齋文錄不分卷 …… 1－411
古懽齋文錄四卷 …… 1－411
古懽齋文錄四卷 …… 1－411
古懽齋文錄四卷 …… 1－411
古歡堂集二十二卷 …… 1－411
古歡堂集二十二卷 …… 1－411
古歡堂集二十二卷 …… 1－411
古歡堂集二十二卷 …… 1－411
古歡堂集二十二卷 …… 1－411
古歡堂詩集十五卷 …… 1－411
古歡堂詩集十五卷 …… 1－411
本色山人詩稿四卷附錄一卷 …… 1－52
本事詞二卷 …… 1－52
本事詩十二卷 …… 1－52
本事詩十二卷 …… 1－52
本事詩十二卷 …… 1－52
本草三家合註三卷 …… 1－45
本草三家合註三卷 …… 1－45
本草三家合註六卷 …… 1－45
本草三家合註六卷 …… 1－45
本草三家合註六卷 …… 1－45
本草三家合註六卷 …… 1－45
本草分經二卷 …… 1－37
本草分經二卷 …… 1－37
本草分經二卷 …… 1－37
本草分經二卷 …… 1－37
本草分經二卷 …… 1－37

本草分經二卷 ………………………… 1－37
本草求真九卷主治二卷脈理求真一卷圖一卷 ………………………… 1－45
本草求真九卷主治二卷脈理求真一卷圖一卷 ………………………… 1－45
本草求真九卷主治二卷脈理求真一卷圖一卷 ………………………… 1－45
本草求真九卷主治二卷脈理求真一卷圖一卷 ………………………… 1－45
本草求真九卷主治二卷脈理求真三卷 ………………………… 1－44
本草求真九卷主治二卷脈理求真三卷 ………………………… 1－44
本草求真九卷主治二卷脈理求真三卷 ………………………… 1－44
本草求真九卷主治二卷脈理求真三卷 ………………………… 1－44
本草求真九卷主治二卷脈理求真三卷 ………………………… 1－44
本草求真九卷主治二卷脈理求真三卷 ………………………… 1－44
本草求真九卷主治二卷脈理求真三卷 ………………………… 1－44
本草求真九卷主治二卷脈理求真三卷 ………………………… 1－44
本草求真九卷主治二卷脈理求真三卷 ………………………… 1－44
本草求真九卷主治二卷脈理求真三卷 ………………………… 1－44
本草求真九卷主治二卷脈理求真三卷 ………………………… 1－45
本草求真九卷主治二卷脈理求真三卷 ………………………… 1－45
本草求真九卷主治二卷脈理求真三卷 ………………………… 1－45
本草求真九卷主治二卷脈理求真三卷 ………………………… 1－45
本草求真九卷主治二卷脈理求真三卷 ………………………… 1－45
本草求真九卷主治二卷脈理求真三卷 ………………………… 1－45
本草求真九卷附脈理求真三卷 ……… 1－44
本草原始十二卷 ………………………… 1－50
本草原始十二卷 ………………………… 1－50
本草原始十二卷 ………………………… 1－50
本草通元二卷 ………………………… 1－45
本草通元二卷 ………………………… 1－45
本草通元二卷 ………………………… 1－46
本草問答二卷 ………………………… 1－46
本草問答二卷 ………………………… 1－46
本草問答二卷 ………………………… 1－46
本草問答二卷 ………………………… 1－46
本草崇原三卷 ………………………… 1－35
本草崇原三卷 ………………………… 1－35
本草從新十八卷 ………………………… 1－36
本草從新十八卷 ………………………… 1－36
本草從新十八卷 ………………………… 1－36
本草從新十八卷 ………………………… 1－36
本草從新十八卷 ………………………… 1－36
本草從新十八卷 ………………………… 1－36
本草從新十八卷 ………………………… 1－36
本草從新十八卷 ………………………… 1－36
本草從新十八卷 ………………………… 1－36
本草從新十八卷 ………………………… 1－36
本草從新十八卷 ………………………… 1－36
本草從新十八卷 ………………………… 1－36
本草從新十八卷 ………………………… 1－36
本草從新十八卷 ………………………… 1－36
本草從新十八卷 ………………………… 1－37
本草從新十八卷 ………………………… 1－37
本草從新十八卷 ………………………… 1－37
本草從新六卷 ………………………… 1－35
本草從新六卷 ………………………… 1－35
本草從新六卷 ………………………… 1－35
本草從新六卷 ………………………… 1－35
本草從新六卷 ………………………… 1－35
本草從新六卷 ………………………… 1－35
本草從新六卷 ………………………… 1－36
本草從新六卷 ………………………… 1－36
本草從新六卷 ………………………… 1－36
本草從新六卷 ………………………… 1－36
本草從新六卷 ………………………… 1－36

本草從新六卷 …………………………… 1－36
本草從新六卷 …………………………… 1－36
本草從新六卷 …………………………… 1－36
本草萬方針線八卷 ……………………… 1－44
本草萬方針線八卷 ……………………… 1－46
本草萬方鍼線八卷 ……………………… 1－37
本草萬方鍼線八卷 ……………………… 1－43
本草萬方鍼線八卷 ……………………… 1－43
本草萬方鍼線八卷 ……………………… 1－43
本草萬方鍼線八卷 ……………………… 1－43
本草萬方鍼線八卷 ……………………… 1－43
本草萬方鍼線八卷 ……………………… 1－44
本草萬方鍼線八卷 ……………………… 1－46
本草萬方鍼線八卷 ……………………… 1－46
本草萬方鍼線八卷 ……………………… 1－46
本草萬方鍼線八卷 ……………………… 1－46
本草萬方鍼線八卷 ……………………… 1－46
本草萬方鍼線八卷 ……………………… 1－46
本草萬方鍼線八卷 ……………………… 1－46
本草萬方鍼線八卷 ……………………… 1－46
本草萬方鍼線八卷 ……………………… 1－46
本草萬方鍼線八卷 ……………………… 1－46
本草萬方鍼線八卷 ……………………… 1－46
本草萬方鍼線八卷 ……………………… 1－46
本草備要八卷 …………………………… 1－34
本草備要八卷 …………………………… 1－34
本草備要八卷 …………………………… 1－34
本草備要八卷 …………………………… 1－34
本草備要八卷 …………………………… 1－34
本草備要八卷 …………………………… 1－34
本草備要八卷 …………………………… 1－34
本草備要八卷 …………………………… 1－34
本草備要八卷 …………………………… 1－34
本草備要八卷 …………………………… 1－34
本草備要八卷 …………………………… 1－34
本草備要八卷 …………………………… 1－34
本草備要八卷 …………………………… 1－34
本草備要八卷 …………………………… 1－34
本草備要八卷 …………………………… 1－35
本草備要八卷湯頭歌訣一卷 …………… 1－35
本草備要四卷 …………………………… 1－35
本草備要四卷 …………………………… 1－35
本草備要四卷 …………………………… 1－35
本草備要四卷 …………………………… 1－35
本草備要四卷 …………………………… 1－35
本草備要四卷 …………………………… 1－35
本草備要四卷 …………………………… 1－35
本草備要四卷 …………………………… 1－35
本草備要四卷 …………………………… 1－35
本草備要四卷 …………………………… 1－35
本草備要四卷附經絡歌訣一卷醫方
湯頭歌括一卷 …………………………… 1－35
本草備要四卷附經絡歌訣一卷醫方
湯頭歌括一卷 …………………………… 1－35
本草備要四卷附經絡歌訣一卷醫方
湯頭歌括一卷 …………………………… 1－35
本草經解要四卷附餘一卷 ……………… 1－44
本草經解要四卷附餘一卷 ……………… 1－44
本草彙言二十卷 ………………………… 1－44
本草綱目五十二卷 ……………………… 1－37
本草綱目五十二卷 ……………………… 1－37
本草綱目五十二卷 ……………………… 1－37
本草綱目五十二卷 ……………………… 1－38
本草綱目五十二卷 ……………………… 1－38
本草綱目五十二卷 ……………………… 1－38
本草綱目五十二卷 ……………………… 1－38
本草綱目五十二卷 ……………………… 1－38
本草綱目五十二卷 ……………………… 1－38
本草綱目五十二卷 ……………………… 1－38
本草綱目五十二卷 ……………………… 1－38
本草綱目五十二卷 ……………………… 1－38
本草綱目五十二卷 ……………………… 1－38
本草綱目五十二卷 ……………………… 1－38
本草綱目五十二卷 ……………………… 1－38
本草綱目五十二卷 ……………………… 1－38
本草綱目五十二卷 ……………………… 1－38
本草綱目五十二卷 ……………………… 1－38
本草綱目五十二卷 ……………………… 1－38
本草綱目五十二卷 ……………………… 1－38
本草綱目五十二卷 ……………………… 1－38
本草綱目五十二卷 ……………………… 1－38
本草綱目五十二卷 ……………………… 1－38

本草綱目五十二卷 …………………… 1-38
本草綱目五十二卷 …………………… 1-38
本草綱目五十二卷 …………………… 1-38
本草綱目五十二卷 …………………… 1-39
本草綱目五十二卷 …………………… 1-39
本草綱目五十二卷 …………………… 1-39
本草綱目五十二卷 …………………… 1-39
本草綱目五十二卷 …………………… 1-39
本草綱目五十二卷 …………………… 1-39
本草綱目五十二卷 …………………… 1-39
本草綱目五十二卷 …………………… 1-39
本草綱目五十二卷 …………………… 1-39
本草綱目五十二卷 …………………… 1-39
本草綱目五十二卷 …………………… 1-39
本草綱目五十二卷 …………………… 1-39
本草綱目五十二卷 …………………… 1-39
本草綱目五十二卷 …………………… 1-39
本草綱目五十二卷 …………………… 1-39
本草綱目五十二卷 …………………… 1-39
本草綱目五十二卷 …………………… 1-39
本草綱目五十二卷 …………………… 1-39
本草綱目五十二卷 …………………… 1-39
本草綱目五十二卷 …………………… 1-40
本草綱目五十二卷 …………………… 1-40
本草綱目五十二卷 …………………… 1-40
本草綱目五十二卷 …………………… 1-40
本草綱目五十二卷 …………………… 1-40
本草綱目五十二卷 …………………… 1-40
本草綱目五十二卷 …………………… 1-40
本草綱目五十二卷 …………………… 1-40
本草綱目五十二卷 …………………… 1-40
本草綱目五十二卷 …………………… 1-40
本草綱目五十二卷 …………………… 1-40
本草綱目五十二卷 …………………… 1-40
本草綱目五十二卷 …………………… 1-40
本草綱目五十二卷 …………………… 1-40
本草綱目五十二卷 …………………… 1-40
本草綱目五十二卷 …………………… 1-40
本草綱目五十二卷 …………………… 1-40
本草綱目五十二卷 …………………… 1-40
本草綱目五十二卷 …………………… 1-40
本草綱目五十二卷 …………………… 1-40
本草綱目五十二卷 …………………… 1-40
本草綱目五十二卷 …………………… 1-41
本草綱目五十二卷 …………………… 1-41
本草綱目五十二卷 …………………… 1-41
本草綱目五十二卷 …………………… 1-41
本草綱目五十二卷 …………………… 1-41
本草綱目五十二卷 …………………… 1-41
本草綱目五十二卷 …………………… 1-41
本草綱目五十二卷 …………………… 1-41
本草綱目五十二卷 …………………… 1-41
本草綱目五十二卷 …………………… 1-41
本草綱目五十二卷 …………………… 1-41
本草綱目五十二卷 …………………… 1-41
本草綱目五十二卷 …………………… 1-41
本草綱目五十二卷 …………………… 1-41
本草綱目五十二卷 …………………… 1-41
本草綱目五十二卷 …………………… 1-41
本草綱目五十二卷 …………………… 1-41
本草綱目五十二卷 …………………… 1-41
本草綱目五十二卷 …………………… 1-41
本草綱目五十二卷 …………………… 1-41
本草綱目五十二卷 …………………… 1-41
本草綱目五十二卷 …………………… 1-42
本草綱目五十二卷 …………………… 1-42
本草綱目五十二卷 …………………… 1-42
本草綱目五十二卷 …………………… 1-42
本草綱目五十二卷 …………………… 1-42
本草綱目五十二卷 …………………… 1-42
本草綱目五十二卷 …………………… 1-42
本草綱目五十二卷 …………………… 1-42
本草綱目五十二卷 …………………… 1-42
本草綱目五十二卷 …………………… 1-42
本草綱目五十二卷 …………………… 1-42
本草綱目五十二卷附圖二卷 ………… 1-42
本草綱目五十二卷附圖二卷 ………… 1-42
本草綱目五十二卷附圖二卷 ………… 1-42
本草綱目五十二卷附圖三卷 ………… 1-42
本草綱目五十二卷附圖三卷 ………… 1-42
本草綱目五十二卷附圖三卷 ………… 1-42
本草綱目五十二卷附圖三卷 ………… 1-42

本草綱目五十二卷附圖三卷 ………… 1－42
本草綱目五十二卷附圖三卷 ………… 1－43
本草綱目五十二卷附圖三卷 ………… 1－43
本草綱目五十二卷附圖三卷 ………… 1－43
本草綱目五十二卷附圖三卷 ………… 1－43
本草綱目五十二卷附圖三卷 ………… 1－43
本草綱目五十二卷附圖三卷 ………… 1－43
本草綱目五十二卷附圖三卷 ………… 1－43
本草綱目五十二卷附圖三卷 ………… 1－43
本草綱目五十二卷附圖三卷 ………… 1－43
本草綱目五十二卷附圖三卷 ………… 1－43
本草綱目五十二卷附圖三卷 ………… 1－43
本草綱目五十二卷附圖三卷 ………… 1－43
本草綱目五十二卷附圖三卷 ………… 1－43
本草綱目五十二卷附圖三卷 ………… 1－43
本草綱目五十二卷附圖三卷 ………… 1－43
本草綱目五十二卷附圖三卷 ………… 1－43
本草綱目五十二卷附圖三卷 ………… 1－44
本草綱目五十二卷附圖三卷瀕湖脈學一卷奇經八脈考一卷 ………… 1－44
本草綱目易知錄八卷 ………… 1－44
本草綱目易知錄八卷 ………… 1－44
本草綱目易知錄八卷 ………… 1－44
本草綱目拾遺十卷 ………… 1－37
本草綱目拾遺十卷 ………… 1－37
本草綱目拾遺十卷 ………… 1－44
本草綱目拾遺鈔一卷 ………… 1－37
本草綱目萬方類編三十二卷 ………… 1－37
本草綱目萬方類編三十二卷 ………… 1－37
本草綱目萬方類編三十二卷 ………… 1－37
本草綱目釋名不分卷 ………… 1－37
[本草藥性]一卷 ………… 5－274
[本草藥性]一卷 ………… 5－274
本草醫方合編 ………… 1－46
本草醫方合編 ………… 1－46
本草醫方合編 ………… 1－46
本草醫方合編 ………… 1－46
本草醫方合編 ………… 1－46
本草醫方合編 ………… 1－47
本草醫方合編 ………… 1－47
本草醫方合編 ………… 1－47
本草醫方合編 ………… 1－47
本草醫方合編 ………… 1－47
本草醫方合編 ………… 1－47
本草醫方合編 ………… 1－47
本草醫方合編 ………… 1－47
本草醫方合編 ………… 1－47
本草醫方合編 ………… 1－47
本草醫方合編 ………… 1－47
本草醫方合編 ………… 1－47
本草醫方合編 ………… 1－47
本草醫方合編 ………… 1－47
本草醫方合編 ………… 1－47
本草醫方合編 ………… 1－47
本草醫方合編 ………… 1－47
本草醫方合編 ………… 1－47
本草醫方合編 ………… 1－47
本草醫方合編 ………… 1－47
本草醫方合編 ………… 1－47
本草醫方合編 ………… 1－47
本草醫方合編 ………… 1－47
本草醫方合編 ………… 1－47
本草醫方合編 ………… 1－47
本草醫方合編 ………… 1－47
本草醫方合編 ………… 1－47
本草醫方合編 ………… 1－47
本草醫方合編 ………… 1－47
本草醫方合編 ………… 1－47
本草醫方合編 ………… 1－47
本草醫方合編 ………… 1－47
本草醫方合編 ………… 1－47
本草醫方合編 ………… 1－47
本草醫方合編 ………… 1－48
本草醫方合編 ………… 1－48
本草醫方合編 ………… 1－48
本草醫方合編 ………… 1－48
本草醫方合編 ………… 1－48
本草醫方合編 ………… 1－48
本草醫方合編 ………… 1－48
本草醫方合編 ………… 1－48
本草醫方合編 ………… 1－48
本草醫方合編 ………… 1－48
本草醫方合編 ………… 1－48

本草醫方合編 …………………………… 1－48
本草醫方合編 …………………………… 1－48
本草醫方合編 …………………………… 1－48
本草醫方合編 …………………………… 1－48
本草醫方合編 …………………………… 1－48
本草醫方合編 …………………………… 1－48
本草醫方合編 …………………………… 1－48
本草醫方合編 …………………………… 1－48
本草醫方合編 …………………………… 1－48
本草醫方合編 …………………………… 1－48
本草醫方合編 …………………………… 1－48
本草醫方合編 …………………………… 1－48
本草醫方合編 …………………………… 1－48
本草醫方合編 …………………………… 1－48
本草醫方合編 …………………………… 1－48
本草醫方合編 …………………………… 1－48
本草醫方合編 …………………………… 1－48
本草醫方合編 …………………………… 1－48
本草醫方合編十二卷 ………………… 1－49
本草醫方合編十二卷 ………………… 1－49
本草醫方合編十二卷 ………………… 1－49
本草醫方合編十二卷 ………………… 1－49
本草醫方合編十二卷 ………………… 1－49
本草醫方合編十二卷 ………………… 1－49
本草醫方合編十二卷 ………………… 1－49
本草醫方合編十二卷 ………………… 1－49
本草醫方合編十二卷 ………………… 1－49
本草醫方合編十二卷 ………………… 1－49
本草醫方合編十二卷 ………………… 1－50
本草醫方合編十二卷 ………………… 1－50
本草醫方合編十二卷 ………………… 1－50
本草醫方合編十二卷 ………………… 1－50
本草醫方合編十二卷 ………………… 1－50
本草醫方合編十二卷 ………………… 1－50
本草醫方合編十二卷 ………………… 1－50
本草醫方合編十四卷 ………………… 1－50
本草醫方合編九卷 …………………… 1－48
本草醫方合編九卷 …………………… 1－49
本草醫方合編九卷 …………………… 1－49
本草醫方合編九卷 …………………… 1－49
本草醫方合編九卷 …………………… 1－49
本草醫方合編九卷 …………………… 1－49
本草醫方合編九卷 …………………… 1－49
本草醫方合編九卷 …………………… 1－49
本草醫方合編九卷 …………………… 1－49
本草醫方合編九卷 …………………… 1－49
本草醫方合編九卷 …………………… 1－49
本草類方十卷 ………………………… 1－44
本草釋名不分卷 ……………………… 1－45
本草釋名類聚二卷 …………………… 1－45
本屋正總不分卷(清光緒五年至光緒十二年)………………………… 1－52
本堂先生文集九十四卷佚文詩二卷附錄二卷首一卷 …………………… 1－52
本堂先生文集九十四卷佚文詩二卷附錄二卷首一卷 …………………… 1－52
本朝文讀本不分卷 …………………… 1－51
本朝文讀本不分卷 …………………… 1－51
本朝文讀本不分卷 …………………… 1－51
本朝文讀本不分卷 …………………… 1－51
本朝文讀本不分卷 …………………… 1－51
本朝文讀本不分卷 …………………… 1－51
本朝名家小題授讀不分卷 …………… 1－51
本朝名家詩鈔小傳四卷 ……………… 1－51
本朝律賦集腋八集 …………………… 1－51
本朝律賦集腋八集 …………………… 1－51
本朝律賦集腋八集 …………………… 1－51
本朝從祀三先生傳一卷 ……………… 1－50
本朝聖政捷錄六卷…………………… 1－272
本朝試賦新硎五卷補編一卷首一卷 …………………………………… 1－51
本朝歷科墨卷選不分卷 ……………… 1－51
本朝館閣詩二十卷附錄一卷續附錄一卷 ……………………………… 1－51
本朝館閣詩二十卷附錄一卷續附錄一卷 ……………………………… 1－51
本朝館閣詩二十卷附錄一卷續附錄一卷 ……………………………… 1－51
本朝館閣賦後集七卷補遺一卷附錄一卷 ……………………………… 1－50
本朝館閣賦後集七卷補遺一卷附錄一卷 ……………………………… 1－50

本朝館閣賦後集七卷補遺一卷附錄一卷 …… 1－50
本朝館閣賦後集七卷補遺一卷附錄一卷 …… 1－50
本朝館閣賦後集七卷補遺一卷附錄一卷 …… 1－50
本朝館閣賦後集七卷補遺一卷附錄一卷 …… 1－50
本朝館閣賦前集十二卷 …… 1－50
本朝館閣賦前集十二卷 …… 1－50
本朝館閣賦前集十二卷 …… 1－50
本朝館閣賦前集十二卷 …… 1－50
本朝館閣賦前集十二卷 …… 1－50
本朝館閣賦前集十二卷 …… 1－50
本朝應制古學指南集不分卷 …… 1－51
本朝應制和聲集六卷首三卷二集三卷首一卷二集補編一卷 …… 1－51
本朝應制排律漱芳集六卷首一卷 …… 1－51
本經逢原四卷 …… 1－51
本經逢原四卷 …… 1－52
本經逢原四卷 …… 1－52
本經逢原四卷 …… 1－52
本經疏證十二卷續疏六卷序疏要八卷 …… 1－52
本經疏證十二卷續疏六卷序疏要八卷 …… 1－52
本經疏證十二卷續疏六卷序疏要八卷 …… 1－52
本經疏證十二卷續疏六卷序疏要八卷 …… 1－52
札樸十卷 …… 5－83
札樸十卷 …… 5－83
札樸十卷 …… 5－83
札樸十卷 …… 5－83
札樸十卷 …… 5－83
札樸十卷 …… 5－83
可乎可不可乎不可軒詩草二卷 …… 2－244
可乎可不可乎不可軒詩草二卷 …… 2－244
可乎可不可乎不可軒詩草二卷 …… 2－244
可青山館詩存二卷 …… 2－244
可泉擬涯翁擬古樂府二卷 …… 2－244
可儀堂一百二十名家制義不分卷 …… 2－244
可儀堂一百二十名家制義不分卷 …… 2－244
可儀堂一百二十名家制義四十八卷 …… 2－244
可儀堂一百二十名家制義四十八卷 …… 2－244
可儀堂一百二十名家制義四十八卷 …… 2－244
可儀堂一百二十名家制義四十八卷 …… 2－244
可廬著述十種敘例一卷 …… 2－244
丙丁龜鑑五卷續錄二卷 …… 1－59
丙午日本游記一卷附錄一卷 …… 1－59
左氏春秋紀事本末十四卷 …… 5－268
左氏春秋紀事本末十四卷 …… 5－268
左氏春秋紀事本末十四卷首一卷 …… 5－268
左氏春秋傳異文考六卷 …… 5－268
左氏春秋鐫二卷春秋胡氏傳辨疑二卷 …… 5－268
左氏傳說二十卷首一卷 …… 5－268
左氏辯例□卷 …… 5－268
左文襄公文集五卷詩集一卷聯語一卷說帖一卷 …… 5－269
左文襄公文集五卷詩集一卷聯語一卷藝學說帖一卷 …… 5－269
左文襄公批札七卷 …… 5－268
左文襄公［宗棠］年譜十卷 …… 5－268
左文襄公［宗棠］年譜十卷 …… 5－268
左文襄公［宗棠］年譜十卷 …… 5－268
左文襄公奏疏初編三十八卷續編七十六卷三編六卷 …… 5－269
左文襄公奏疏初編三十八卷續編七十六卷三編六卷 …… 5－269
左文襄公奏疏初編三十八卷續編七十六卷三編六卷 …… 5－270
左文襄公奏稿六十四卷 …… 5－269
左文襄公奏稿六十四卷 …… 5－269
左文襄公奏稿六十四卷 …… 5－269
左文襄公奏稿六十四卷 …… 5－269
左文襄公奏稿初編三十八卷續編七十六卷三編六卷 …… 5－269

左文襄公奏稿初編三十八卷續編七十六卷三編六卷……………………5－269
左文襄公奏稿初編三十八卷續編七十六卷三編六卷……………………5－269
左文襄公奏稿初編三十八卷續編七十六卷三編六卷……………………5－269
左文襄公咨札二卷……………………5－269
左文襄公書牘十六卷批札二十六卷咨札一卷告示一卷謝摺二卷首一卷……………………5－269
左文襄公書牘節要二十六卷…………5－268
左文襄公書牘節要二十六卷…………5－269
左汾近稿一卷 ……………………3－32
左汾近稿一卷 ……………………3－32
左汾近稿一卷 ……………………3－32
左汾近稿一卷 ……………………3－32
左汾近稿一卷 ……………………3－32
左汾近稿一卷 ……………………3－32
左汾近稾一卷 ……………………3－32
左忠毅公[光斗]年譜二卷 …………5－273
左宗棠挽聯不分卷……………………5－273
左恪靖伯奏稿三十八卷………………5－267
左恪靖伯奏稿三十八卷………………5－268
左恪靖伯奏稿三十八卷………………5－268
左恪靖侯奏稿初編三十八卷續編七十六卷三編六卷……………………5－268
左恪靖侯奏稿初編三十八卷續編七十六卷三編六卷……………………5－268
左海文集十卷…………………………5－267
左海文集十卷…………………………5－267
左海全集………………………………5－267
左海全集………………………………5－267
左海交游錄一卷………………………5－267
左海交游錄一卷………………………5－267
左海交游錄一卷………………………5－267
左海交游錄一卷………………………5－267
左海交游錄一卷………………………5－267
左海交游錄一卷………………………5－267
左通補釋三十二卷……………………5－268
左通補釋三十二卷……………………5－268
左通補釋三十二卷……………………5－268
左國類典詳注六卷……………………5－267
左傳不分卷……………………………5－262
左傳分國紀事本末二十二卷…………5－263
左傳分國紀事本末二十二卷…………5－263
左傳分國紀事本末二十二卷…………5－263
左傳分國摘要二十卷世系圖一卷……5－263
左傳文法讀本十二卷…………………5－266
左傳文法讀本十二卷…………………5－266
左傳史論二卷…………………………2－308
左傳史論二卷…………………………2－308
左傳史論二卷…………………………2－308
左傳史論二卷…………………………2－308
左傳史論二卷…………………………2－308
左傳史論二卷…………………………2－308
左傳史論二卷…………………………2－308
左傳史論二卷…………………………2－308
左傳史論二卷…………………………2－308
左傳史論二卷…………………………2－308
左傳史論二卷…………………………2－309
左傳史論二卷…………………………2－309
左傳史論二卷…………………………2－309
左傳史論二卷…………………………2－309
左傳史論二卷…………………………2－309
左傳史論二卷…………………………2－309
左傳史論二卷…………………………2－309
左傳史論二卷…………………………2－309
左傳史論二卷…………………………2－309
左傳史論二卷…………………………2－309
左傳史論二卷…………………………2－309
左傳史論二卷…………………………2－309
左傳史論二卷…………………………2－309
左傳史論二卷…………………………2－310
左傳史論二卷…………………………2－310
左傳史論二卷…………………………2－310
左傳史論二卷…………………………2－310
左傳史論二卷…………………………2－310
左傳史論二卷…………………………5－265
左傳史論二卷…………………………5－265
左傳史論二卷…………………………5－265
左傳史論二卷…………………………5－265
左傳句解□卷…………………………5－265

左傳杜林合註五十卷…………………… 5－263
左傳杜解補正三卷…………………… 5－263
左傳事緯十二卷……………………… 5－266
左傳事緯十二卷……………………… 5－266
左傳事緯十二卷……………………… 5－266
左傳事緯十二卷……………………… 5－266
左傳事緯十二卷左傳字釋一卷……… 5－266
左傳易讀六卷………………………… 5－267
[左傳典故]不分卷 ………………… 5－390
左傳咀華二十二卷…………………… 5－265
左傳拾遺二卷………………………… 5－265
左傳便讀六卷………………………… 5－262
左傳紀事本末五十三卷……………… 5－263
左傳紀事本末五十三卷……………… 5－263
左傳紀事本末五十三卷……………… 5－263
左傳紀事本末五十三卷……………… 5－263
左傳紀事本末五十三卷……………… 5－263
左傳紀事本末五十三卷……………… 5－263
左傳紀事本末五十三卷……………… 5－263
左傳紀事本末五十三卷……………… 5－263
左傳紀事本末五十三卷……………… 5－263
左傳紀事本末五十三卷……………… 5－264
左傳紀事本末五十三卷……………… 5－264
左傳紀事本末五十三卷……………… 5－264
左傳紀事本末五十三卷……………… 5－264
左傳紀事本末五十三卷……………… 5－264
左傳紀事本末五十三卷……………… 5－264
左傳紀事本末五十三卷……………… 5－264
左傳紀事本末五十三卷……………… 5－264
左傳紀事本末五十三卷……………… 5－264
左傳紀事本末五十三卷……………… 5－264
左傳紀事本末五十三卷……………… 5－264
左傳紀事本末五十三卷……………… 5－264
左傳紀事本末五十三卷……………… 5－264
左傳紀事本末五十三卷……………… 5－264
左傳紀事本末五十三卷……………… 5－264
左傳紀事本末五十三卷……………… 5－264
左傳紀事本末五十三卷……………… 5－264
左傳紀事本末五十三卷……………… 5－264
左傳紀事本末五十三卷……………… 5－265
左傳紺珠二卷………………………… 5－263
左傳紺珠二卷………………………… 5－263
左傳紺珠八卷………………………… 5－263
左傳紺珠八卷………………………… 5－263
左傳集類提要四卷…………………… 5－263
左傳鈔六卷…………………………… 5－262
左傳鈔六卷…………………………… 5－263
左傳鈔六卷…………………………… 5－263
[左傳評林]不分卷 ………………… 5－390
左傳統箋三十五卷…………………… 5－266
左傳義法舉要一卷…………………… 5－267
左傳經世鈔二十三卷………………… 5－265
左傳經世鈔二十三卷………………… 5－265
左傳經世鈔二十三卷………………… 5－265
左傳經世鈔二十三卷………………… 5－265
左傳經世鈔二十三卷………………… 5－265
左傳經世鈔二十三卷………………… 5－265
左傳經世鈔二十三卷………………… 5－265
左傳經世鈔二十三卷………………… 5－265
左傳選十四卷………………………… 5－266
左傳選十四卷………………………… 5－266
左傳選十四卷………………………… 5－266
左傳選十四卷………………………… 5－266
左傳選十四卷………………………… 5－266
左傳選十四卷………………………… 5－266
左傳選十四卷………………………… 5－266
左傳選十四卷………………………… 5－266
左傳選十四卷………………………… 5－266
左傳選十四卷………………………… 5－266
左傳選十四卷………………………… 5－266
左傳選十四卷………………………… 5－266
左傳選十四卷………………………… 5－266
左傳選十四卷………………………… 5－266
[左傳選]不分卷 …………………… 5－390
左傳選鈔讀本不分卷………………… 5－266
[左傳選評]六卷 …………………… 5－390
左傳舊疏考正八卷…………………… 5－265
左傳舊疏考正八卷…………………… 5－265
左傳舊疏考正八卷…………………… 5－265
左傳濟變錄二卷……………………… 5－265
左傳翼三十八卷……………………… 5－267
左傳翼三十八卷……………………… 5－267

左傳翼三十八卷……………………… 5－267
左傳翼三十八卷……………………… 5－267
左傳翼三十八卷……………………… 5－267
左傳翼三十八卷……………………… 5－267
左傳翼三十八卷……………………… 5－267
左傳類賦一卷附左傳類聯一卷……… 5－265
左類編韻鄉音字彙釋義集要抄錄四
　卷…………………………………… 5－268
左繡三十卷…………………………… 1－152
左繡三十卷…………………………… 1－152
左繡三十卷…………………………… 1－152
左繡三十卷…………………………… 1－152
左繡三十卷…………………………… 1－152
左繡三十卷…………………………… 1－152
左繡三十卷…………………………… 1－153
左繡三十卷…………………………… 1－153
左繡三十卷…………………………… 1－153
左繡三十卷…………………………… 1－153
左繡三十卷…………………………… 1－153
左繡三十卷…………………………… 1－153
左繡三十卷…………………………… 1－153
左繡三十卷…………………………… 1－153
左繡三十卷…………………………… 1－153
左繡三十卷…………………………… 1－153
左繡三十卷…………………………… 1－153
左繡三十卷…………………………… 1－153
左繡三十卷…………………………… 1－153
左繡三十卷…………………………… 1－154
左繡三十卷…………………………… 1－154
左繡三十卷…………………………… 1－154
左繡三十卷…………………………… 1－154
左繡三十卷…………………………… 1－154
左繡三十卷…………………………… 1－154
左繡三十卷…………………………… 1－154
左繡三十卷…………………………… 1－154
左繡三十卷…………………………… 1－154
左繡三十卷…………………………… 1－154
左繡三十卷…………………………… 1－155
左繡三十卷…………………………… 1－155
左繡三十卷…………………………… 1－155
左繡三十卷…………………………… 1－155
左繡三十卷…………………………… 1－155
左繡三十卷…………………………… 1－155
左繡三十卷…………………………… 1－155
左繡三十卷…………………………… 1－155
左繡三十卷…………………………… 1－155
左繡三十卷…………………………… 1－155
左繡三十卷…………………………… 1－155
左繡三十卷…………………………… 1－155
左繡三十卷…………………………… 1－155
左繡三十卷…………………………… 1－156
左繡三十卷…………………………… 1－156
左繡三十卷…………………………… 1－156
左繡三十卷…………………………… 1－156
左繡三十卷…………………………… 1－156
左繡三十卷…………………………… 1－156
左繡三十卷…………………………… 1－156
左繡三十卷…………………………… 1－156
左繡三十卷…………………………… 1－156
左繡三十卷…………………………… 1－156
左繡三十卷…………………………… 1－156
左繡三十卷…………………………… 1－156
左繡三十卷…………………………… 1－157
左繡三十卷…………………………… 1－157
左繡三十卷…………………………… 1－157
左繡三十卷…………………………… 1－157
左繡三十卷…………………………… 1－157
左繡三十卷…………………………… 1－157
左繡三十卷…………………………… 1－157
左繡三十卷…………………………… 1－157
左繡三十卷…………………………… 1－157
左繡三十卷…………………………… 1－157
左繡三十卷…………………………… 1－157
左繡三十卷…………………………… 1－157
左繡三十卷…………………………… 1－159
左繡三十卷…………………………… 1－159
左繡三十卷…………………………… 1－159
左繡三十卷 ………………………… 2－17
左繡三十卷首一卷…………………… 5－270
左繡三十卷首一卷…………………… 5－270
左繡三十卷首一卷…………………… 5－270
左繡三十卷首一卷…………………… 5－270

左繡三十卷首一卷……………………… 5－270
左繡三十卷首一卷……………………… 5－270
左繡三十卷首一卷……………………… 5－270
左繡三十卷首一卷……………………… 5－270
左繡三十卷首一卷……………………… 5－270
左繡三十卷首一卷……………………… 5－270
左繡三十卷首一卷……………………… 5－270
左繡三十卷首一卷……………………… 5－270
左繡三十卷首一卷……………………… 5－270
左繡三十卷首一卷……………………… 5－270
左繡三十卷首一卷……………………… 5－270
左繡三十卷首一卷……………………… 5－270
左繡三十卷首一卷……………………… 5－270
左繡三十卷首一卷……………………… 5－270
左繡三十卷首一卷……………………… 5－271
左繡三十卷首一卷……………………… 5－271
左繡三十卷首一卷……………………… 5－271
左繡三十卷首一卷……………………… 5－271
左繡三十卷首一卷……………………… 5－271
左繡三十卷首一卷……………………… 5－271
左繡三十卷首一卷……………………… 5－271
左繡三十卷首一卷……………………… 5－271
左繡三十卷首一卷……………………… 5－271
左繡三十卷首一卷……………………… 5－271
左繡三十卷首一卷……………………… 5－271
左繡三十卷首一卷……………………… 5－271
左繡三十卷首一卷……………………… 5－271
左繡三十卷首一卷……………………… 5－271
左繡三十卷首一卷……………………… 5－271
左繡三十卷首一卷……………………… 5－271
左繡三十卷首一卷……………………… 5－271
左繡三十卷首一卷……………………… 5－271
左繡三十卷首一卷……………………… 5－272
左繡三十卷首一卷……………………… 5－272
左繡三十卷首一卷……………………… 5－272
左繡三十卷首一卷……………………… 5－272
左繡三十卷首一卷……………………… 5－272
左繡三十卷首一卷……………………… 5－272
左繡三十卷首一卷……………………… 5－272
左繡三十卷首一卷……………………… 5－272
左繡三十卷首一卷……………………… 5－272
左繡三十卷首一卷……………………… 5－272
左繡三十卷首一卷……………………… 5－272
左繡三十卷首一卷……………………… 5－272
左繡三十卷首一卷……………………… 5－272
左繡三十卷首一卷……………………… 5－272
左繡三十卷首一卷……………………… 5－272
左繡三十卷首一卷……………………… 5－272
左繡三十卷首一卷……………………… 5－272
左繡三十卷首一卷……………………… 5－272
左繡三十卷首一卷……………………… 5－272
左繡三十卷首一卷……………………… 5－272
左繡三十卷首一卷……………………… 5－272
左繡三十卷首一卷……………………… 5－273
左繡三十卷首一卷……………………… 5－273
左繡三十卷首一卷……………………… 5－273
左繡三十卷首一卷……………………… 5－273
左繡三十卷首一卷……………………… 5－273
左繡三十卷首一卷……………………… 5－273
左繡三十卷首一卷……………………… 5－273
左繡三十卷首一卷……………………… 5－273
左繡三十卷首一卷……………………… 5－273
左繡三十卷首一卷……………………… 5－273
左繡三十卷首一卷……………………… 5－273
左繡三十卷首一卷……………………… 5－273
左繡三十卷首一卷……………………… 5－273
左繡三十卷首一卷……………………… 5－273
左繡三十卷首一卷……………………… 5－273
左繡三十卷首一卷……………………… 5－273
左繡三十卷首一卷……………………… 5－273
左鑒十卷附錄一卷……………………… 5－267
石友齋重訂唐詩歸三十六卷………… 3－218
石仙傳不分卷…………………………… 3－218
石臼前集九卷後集七卷……………… 3－215
石攻氏札記不分卷……………………… 3－215
石初集十卷附錄一卷………………… 3－215
石林居士集……………………………… 3－216
石林歌史一卷…………………………… 3－216
石林樓詩草十五卷……………………… 3－216
石門文字禪三十卷……………………… 3－216
石門集一卷……………………………… 3－216
石門集十卷首一卷末一卷…………… 3－216

[光緒]石門縣志十一卷首一卷 …… 5－295
石徂徠先生文鈔一卷附錄一卷……… 3－215
[道光]石城縣志八卷圖一卷 ………… 1－7
[道光]石城縣志八卷圖一卷 ……… 5－282
石南詞鈔二卷………………………… 3－216
石南詞鈔續編二卷…………………… 3－216
石南詞鈔續編二卷…………………… 3－216
石南詩鈔三卷………………………… 3－216
石南詩鈔三卷………………………… 3－216
石南詩鈔三卷………………………… 3－216
石南詩鈔三卷………………………… 3－216
石香秘錄一卷………………………… 4－109
石香秘錄一卷………………………… 5－155
石室秘籙六卷………………………… 3－217
石室秘籙六卷………………………… 3－217
石室秘籙六卷………………………… 3－217
石室秘籙六卷………………………… 3－217
石室秘籙六卷………………………… 3－217
石室秘籙六卷………………………… 3－217
石室秘籙六卷………………………… 3－217
石室秘籙六卷………………………… 3－217
石室秘籙六卷………………………… 3－217
石室秘籙六卷………………………… 3－217
石室秘籙六卷………………………… 3－217
石室秘籙六卷………………………… 3－217
石室秘籙六卷………………………… 3－217
石室秘籙六卷………………………… 3－217
石室秘籙六卷………………………… 3－217
石室秘籙六卷………………………… 3－217
石室秘籙六卷………………………… 3－217
石室秘籙六卷………………………… 3－217
石屏詩鈔一卷………………………… 3－216
石倉十二代詩選□□卷…………… 3－214
石倉十二代詩選□□卷…………… 3－215
石倉十二代詩選□□卷…………… 3－215
石畦集………………………………… 3－216
石崖渡繼盛會錄不分卷……………… 3－218
石笥山房文集六卷補遺一卷詩集十一卷詩餘一卷補遺二卷續補遺二卷………………………………… 3－217
石笥山房文集六卷補遺一卷詩集十一卷詩餘一卷補遺二卷續補遺二卷………………………………… 3－217
石笥山房文集六卷補遺一卷詩集十一卷詩餘一卷補遺二卷續補遺二卷………………………………… 3－218
石笥山房文集六卷補遺一卷詩集十一卷詩餘一卷補遺二卷續補遺二卷………………………………… 3－218
石笥山房文集六卷補遺一卷詩集十一卷詩餘一卷補遺二卷續補遺二卷………………………………… 3－218
石笥山房文集六卷補遺一卷詩集十一卷詩餘一卷補遺二卷續補遺二卷………………………………… 3－218
石笥山房文集六卷詩集十一卷詩餘一卷………………………………… 3－218
石笥山房文集六卷詩集十一卷詩餘一卷………………………………… 3－218
石渠閣訂正坡仙遊戲三昧三集……… 3－216
石渠閣訂正食物本草□□卷………… 3－216
石渠閣校刻庭訓百家評注文章軌範七卷………………………………… 3－216
石渠餘紀六卷………………………… 3－216
石渠餘紀六卷………………………… 3－216
石渠餘紀六卷………………………… 3－217
石渠餘紀六卷………………………… 3－217
石渠餘紀六卷………………………… 3－217
石琴詩鈔十二卷……………………… 3－216
石雲山人詩集二十三卷……………… 3－219
石雲先生遺稿一卷江滸迂談一卷…… 3－219
石雲居士孫君墓志銘一卷…………… 3－219
石湖先生詩鈔六卷…………………… 3－215
石湖先生詩鈔六卷…………………… 3－215
石湖居士詩集三十四卷……………… 3－215
石湖草堂詩六卷……………………… 3－215
石蓮盦彙九金人集一百五十五卷…… 3－215
石園文稿三集四卷集杜一卷集句一卷楚遊詩草□□卷………………… 3－219
石園文稿三集四卷集杜一卷集句一卷楚遊詩草□□卷………………… 3－219
石園文稿初集一卷二集二卷癸未小

草二卷偶錄二卷集杜一卷集句二
卷石園詩話二卷 …………………… 3－219
石園文稿初集一卷二集二卷癸未小
草二卷偶錄二卷集杜一卷集句二
卷石園詩話二卷 …………………… 3－219
石園文稿初集一卷二集二卷癸未小
草二卷偶錄二卷集杜一卷集句二
卷石園詩話二卷 …………………… 3－219
石園全集三十卷 …………………… 3－218
石園全集三十卷 …………………… 3－218
石園全集三十卷 …………………… 3－218
石園全集三十卷 …………………… 3－218
［石園集］ …………………… 5－346
石園集十一卷 …………………… 3－218
石園集十一卷 …………………… 3－218
石溪周先生文集八卷 …………………… 3－218
石溪蔡氏崇祀錄不分卷 …………………… 3－218
石窟一徵九卷 …………………… 3－215
石窟一徵九卷 …………………… 3－215
石經考文提要十三卷 …………………… 3－215
石經考文提要十三卷 …………………… 3－215
石經考異二卷 …………………… 3－215
石經彙函 …………………… 3－215
石經齋校訂詩韻尤雅五卷 …………………… 3－215
石間山房集 …………………… 3－216
石墨鐫華八卷 …………………… 3－216
石頭記八卷八十回 …………………… 3－218
石頭記八卷八十回 …………………… 3－218
石齋先生經傳九種 …………………… 3－219
石齋詠業不分卷 …………………… 3－219
石鏡山房四書說統三十七卷 …………………… 3－215
石鐘山志十六卷首一卷 …………………… 3－219
石鐘山志十六卷首一卷 …………………… 3－219
石鐘山志十六卷首一卷 …………………… 3－219
石鐘山志十六卷首一卷 …………………… 3－219
石鐘山志十六卷首一卷 …………………… 3－219
石鐘山志十六卷首一卷 …………………… 3－219
石鐘山志十六卷首一卷 …………………… 3－219
石鐘山志十六卷首一卷 …………………… 3－219
石鐘山志十六卷首一卷 …………………… 3－219
石鐘山志十六卷首一卷 …………………… 3－220
石鐘山志十六卷首一卷 …………………… 3－220
石鐘山志十六卷首一卷 …………………… 3－220
石鐘山志十六卷首一卷 …………………… 3－220
石鐘山志十六卷首一卷 …………………… 5－392
右台仙館筆記十六卷 …………………… 4－404
右台仙館筆記十六卷 …………………… 4－404
右台仙館筆記十六卷 …………………… 4－404
右台仙館筆記十六卷 …………………… 4－404
布帆無恙草三卷忍冬小草二卷 ……… 1－67
布帆無恙草三卷忍冬小草二卷 ……… 1－67
布帆無恙草三卷忍冬小草二卷 ……… 1－67
布衣陳先生遺集四卷 …………………… 1－67
布衣陳先生遺集四卷 …………………… 1－67
戊子直省闈墨一卷 …………………… 4－87
戊丙文錄二卷 …………………… 4－86
戊申年官商快覽一千種不分卷 ……… 4－87
戊申年官商快覽一千種不分卷 ……… 4－87
戊申游草一卷附錄一卷 …………………… 4－87
戊戌年官商快覽壹百種不分卷 ……… 4－87
戊戌奏草一卷附講習雜錄二卷虛字
淺解一卷 …………………… 4－87
戊戌政變記九卷 …………………… 4－87
戊戌新政芻言一卷 …………………… 4－87
戊戌變法搉議一卷 …………………… 4－87
戊笈談兵十卷首一卷 …………………… 4－86
戊笈談兵十卷首一卷 …………………… 4－86
戊笈談兵十卷首一卷 …………………… 4－86
戊笈談兵十卷首一卷 …………………… 4－86
戊笈談兵十卷首一卷 …………………… 4－86
戊寅年總課不分卷 …………………… 4－87
戊寅進貨清總 …………………… 4－87
平山冷燕四卷 …………………… 2－494
平平言四卷 …………………… 2－494
平平言四卷 …………………… 2－494
平平摘錄不分卷 …………………… 2－494
平苗紀略一卷 …………………… 2－494
平定粵匪紀略十八卷附記四卷 ……… 2－493
平定粵匪紀略十八卷附記四卷 ……… 2－493
平定粵匪紀略十八卷附記四卷 ……… 2－493
平定粵匪紀略十八卷附記四卷 ……… 2－493
平定粵匪紀略十八卷附記四卷 ……… 2－493

平定關隴紀畧十三卷…………………… 2－493
平津館叢書……………………………… 2－493
平津館叢書……………………………… 2－493
平津館叢書……………………………… 2－493
平津館叢書……………………………… 2－494
平津館叢書……………………………… 2－494
平津館叢書……………………………… 2－494
平津館叢書……………………………… 2－494
平津館叢書……………………………… 2－494
平津館叢書……………………………… 2－494
平津館叢書……………………………… 2－494
平津館叢書……………………………… 2－494
平津讀碑記八卷續記一卷……………… 2－493
［乾隆］平原縣志十卷首一卷 ……… 5－336
平浙紀略十六卷………………………… 2－495
平浙紀略十六卷………………………… 2－495
平書八卷………………………………… 2－494
平庵詩集十二卷………………………… 2－493
平陽全書十五卷………………………… 2－494
平陽全書十五卷………………………… 2－494
平陽全書十五卷………………………… 2－494
平陽全書十五卷………………………… 2－494
［乾隆］平陽縣志二十卷首一卷 …… 5－336
平等閣詩話二卷………………………… 2－493
［乾隆］平番縣志一卷 ……………… 5－335
平湖胡國期先生四書大題稿三卷…… 2－493
平湖葛毓珊先生小影題詠不分卷…… 2－493
平湖葛毓珊先生小影題詠不分卷…… 2－493
平湖葛毓珊先生小影題詠不分卷…… 2－493
平園四書文不分卷……………………… 2－495
平園雜著内編十四卷…………………… 2－495
平園雜著内編十四卷…………………… 2－495
平園雜著内編十四卷…………………… 2－495
平園雜著内編十四卷…………………… 2－495
平園雜著内編十四卷…………………… 2－495
平園雜著内編十四卷…………………… 2－495
平園雜著内編十四卷…………………… 2－495
平園雜著内編十四卷…………………… 2－495
平園雜著内編十四卷…………………… 2－495
平園雜著内編十四卷…………………… 2－495
平園雜著内編十四卷…………………… 2－495
平園雜著内編十四卷…………………… 2－495
平園雜著内編十四卷…………………… 5－391
平臺紀略一卷…………………………… 2－494
平養堂文編十卷………………………… 2－494
平聲之音韻不分卷……………………… 2－494
打金枝二卷……………………………… 1－198
打洞結拜一卷賣皮弦一卷趙太祖千
　里送金娘一卷………………………… 1－197
北山漫稿一卷 ………………………… 1－33
北史一百卷 …………………………… 1－33
北史一百卷 …………………………… 1－33
北史一百卷 …………………………… 1－33
北史一百卷 …………………………… 1－33
北史一百卷 …………………………… 1－33
北史一百卷 …………………………… 1－33
北史一百卷 …………………………… 1－33
北史一百卷附考證 …………………… 1－33
北行日記一卷(清道光十五年) ……… 1－32
北行草二卷 …………………………… 1－32
北江全集 ……………………………… 1－32
北江詩話六卷 ………………………… 1－32
北江詩話六卷 ………………………… 1－32
北東園筆錄初編六卷續編六卷三編
　六卷四編六卷 ……………………… 1－31
北東園筆錄初編六卷續編六卷三編
　六卷四編六卷 ……………………… 1－32
北征事蹟一卷 ………………………… 1－34
北征詩集一卷北征錄三卷 …………… 1－34
北海道拓殖概觀六章 ………………… 1－32
［光緒］北流縣志二十四卷 ………… 5－289
［光緒］北流縣志二十四卷 ………… 5－289
北埜閒抄四卷 ………………………… 1－34
北埜閒抄四卷 ………………………… 1－34
北埜閒抄四卷 ………………………… 1－34
北埜閒抄四卷成臯雜著一卷玫瑰山
　房小草一卷 ………………………… 1－34
北堂書鈔一百六十卷 ………………… 1－33
北堂書鈔一百六十卷首一卷 ………… 1－33
北堂書鈔一百六十卷首一卷 ………… 1－33
北堂書鈔一百六十卷首一卷 ………… 1－33
［北鄉戶業租價］一卷 ……………… 5－274

北極高度表一卷 …………………… 1－28
北湖小志六卷首一卷 ………………… 1－32
北窗詩草不分卷 …………………… 1－31
北溪先生四書字義二卷 ……………… 1－33
北溪先生四書字義二卷 ……………… 1－33
北溪先生四書字義二卷 ……………… 1－34
北溪先生全集 ……………………… 1－33
北溪先生全集 ……………………… 1－33
北溪先生全集 ……………………… 1－33
北溪先生書問四卷 ………………… 1－33
北齊書五十卷 ……………………… 1－32
北齊書五十卷 ……………………… 1－32
北齊書五十卷 ……………………… 1－32
北齊書五十卷 ……………………… 1－32
北齊書五十卷 ……………………… 1－32
北齊書五十卷 ……………………… 1－32
北齊書五十卷 ……………………… 1－32
北齊書五十卷 ……………………… 1－32
北齊書五十卷 ……………………… 1－32
北齊書五十卷 ……………………… 1－32
北齊書五十卷附考證 ………………… 1－32
北磵文集十卷 ……………………… 1－32
北嶽山房文集十四卷首一卷詩集四
　卷 ………………………………… 1－34
[占卜書]不分卷 …………………… 5－386
[占卜書鈔]不分卷 ………………… 5－386
[占卜書鈔]不分卷 ………………… 5－386
[占法釋文]不分卷 ………………… 5－386
[占候]不分卷 ……………………… 5－386
[占候]不分卷 ……………………… 5－386
[占經]不分卷 ……………………… 5－386
[占經]不分卷 ……………………… 5－386
目科正宗十六卷首一卷末一卷 ……… 2－440
目耕帖三十一卷 …………………… 2－438
目耕齋二集不分卷 ………………… 2－440
目耕齋二集不分卷 ………………… 2－440
目耕齋三集五卷 …………………… 2－440
目耕齋全集不分卷 ………………… 2－440
目耕齋初集不分卷 ………………… 2－438
目耕齋初集不分卷 ………………… 2－438
目耕齋初集不分卷 ………………… 2－439
目耕齋初集不分卷 ………………… 2－439
目耕齋初集不分卷二集不分卷三集
　不分卷 …………………………… 2－439
目耕齋初集不分卷二集不分卷三集
　不分卷 …………………………… 2－439
目耕齋初集不分卷二集不分卷三集
　不分卷 …………………………… 2－439
目耕齋初集不分卷二集不分卷三集
　不分卷 …………………………… 2－439
目耕齋試帖四卷 …………………… 2－440
目耕齋讀本不分卷 ………………… 2－439
目耕齋讀本不分卷二刻不分卷小題
　不分卷 …………………………… 2－439
目耕齋讀本不分卷二集不分卷三集
　不分卷 …………………………… 2－439
目耕齋讀本初集不分卷 …………… 2－439
目耕齋讀本初集不分卷二集不分卷
　三集不分卷 ……………………… 2－439
目耕齋讀本初集不分卷二集不分卷
　三集不分卷 ……………………… 2－439
目耕齋讀本初集不分卷二集不分卷
　三集不分卷 ……………………… 2－439
目耕齋讀本初集不分卷二集不分卷
　三集不分卷 ……………………… 2－439
目耕齋讀本初集不分卷二集不分卷
　三集不分卷 ……………………… 2－439
目耕齋讀本初集不分卷二集不分卷
　三集不分卷 ……………………… 2－439
目耕齋讀本初集不分卷二集不分卷
　三集不分卷 ……………………… 2－439
目耕齋讀本初集不分卷二集不分卷
　三集不分卷 ……………………… 2－439
目耕齋讀本初集不分卷二集不分卷
　三集不分卷 ……………………… 2－439
目耕齋讀本初集不分卷二集不分卷
　小題不分卷 ……………………… 2－440
目耕齋讀本初集不分卷二集不分卷
　小題不分卷 ……………………… 2－440
且怡草堂評選小題能與集新編讀本
　四卷 ……………………………… 3－39
且怡草堂評選小題能與集新編讀本

四卷 …………………………………… 3－39
且菴和尚住此溪山居集一卷………… 5－395
甲子紀元一卷………………………… 1－393
甲子紀元一卷………………………… 1－393
甲子紀元一卷………………………… 1－394
甲子紀元一卷………………………… 1－394
甲子紀元一卷………………………… 1－394
甲子會紀一卷………………………… 3－240
甲午直省鄉墨不分卷(清光緒二十年) …………………………………… 2－137
甲申傳信錄十卷……………………… 2－137
甲辰年恩科會墨一卷(清光緒三十年) …………………………………… 2－137
甲辰政藝通報不分卷 ………………… 4－60
甲辰歲紅字頭通書大成不分卷……… 2－137
甲秀園文集二十八卷………………… 2－137
甲癸集不分卷………………………… 2－137
甲班實習教授評案…………………… 2－137
申文定公書經講義會編六卷………… 3－139
申文定公書經講義會編六卷………… 3－139
申文定公書經講義會編六卷………… 3－139
申報館叢書…………………………… 3－139
申凫盟先生年譜略一卷……………… 1－190
申學士校正古本官板書經大全十卷首一卷……………………………… 3－139
申齋劉先生文集十五卷……………… 3－139
田下郭南軒公祠題主錄□□卷……… 3－462
田下郭南軒公祠題主錄□□卷……… 3－462
[田地清冊]不分卷 ………………… 5－352
田叔禾小集十二卷…………………… 3－462
[田畝清冊]一卷 …………………… 5－352
田畝清冊不分卷……………………… 3－462
田間文集三十卷附年譜一卷………… 3－462
由拳集二十三卷……………………… 4－392
冊府元龜一千卷目錄十卷 …………… 1－81
冊府元龜一千卷目錄十卷 …………… 1－81
冊府元龜一千卷目錄十卷 …………… 1－81
冊府元龜一千卷目錄十卷 …………… 1－81
冊府元龜一千卷目錄十卷 …………… 1－82
冊府元龜一千卷目錄十卷 …………… 1－82
冊府元龜一千卷目錄十卷 …………… 1－82
冊府元龜一千卷目錄十卷 …………… 1－82
史目表一卷…………………………… 3－237
史目表一卷…………………………… 3－237
史目表一卷…………………………… 3－237
史目表二卷…………………………… 3－237
史外八卷……………………………… 3－239
史外八卷……………………………… 3－239
史外八卷……………………………… 3－239
史外八卷……………………………… 3－239
史外八卷……………………………… 3－239
史外八卷……………………………… 3－239
史外八卷……………………………… 3－239
史外八卷……………………………… 3－239
史外八卷……………………………… 3－239
史外八卷……………………………… 3－239
史外八卷……………………………… 3－239
史外八卷……………………………… 3－239
史外八卷……………………………… 3－239
史外八卷……………………………… 3－240
史外八卷……………………………… 3－240
史存三十卷…………………………… 3－225
[史志]□□卷 ……………………… 5－350
史抄不分卷…………………………… 3－225
史序錄一卷…………………………… 3－240
史林測義三十八卷…………………… 3－235
史林測義三十八卷…………………… 3－235
史事備題論藪二十卷首一卷………… 3－237
史事備題論藪二十卷首一卷………… 3－237
史事備題論藪二十卷首一卷………… 3－237
史事備題論藪二十卷首一卷………… 3－237
史事備題論藪二十卷首一卷………… 3－237
史事備題論藪二十卷首一卷………… 3－237
史事備題論藪二十卷首一卷………… 5－392
史事新論十二卷……………………… 3－237
史忠正公文集四卷首一卷…………… 3－242
史忠正公文集四卷首一卷末一卷…… 3－242
史忠正公集四卷首一卷末一卷……… 3－241
史忠正公集四卷首一卷末一卷……… 3－241
史忠正公集四卷首一卷末一卷……… 3－242
史忠正公集四卷首一卷末一卷……… 3－242
史姓韻編二十四卷…………………… 3－240

史姓韻編二十四卷……………………… 3-240
史姓韻編六十四卷……………………… 3-240
史姓韻編六十四卷……………………… 3-240
史姓韻編六十四卷……………………… 3-240
史姓韻編六十四卷……………………… 3-240
史姓韻編六十四卷……………………… 3-240
史糾十五卷……………………………… 3-235
史要增注七卷…………………………… 3-241
史記一百三十卷………………………… 3-228
史記一百三十卷………………………… 3-228
史記一百三十卷………………………… 3-228
史記一百三十卷………………………… 3-228
史記一百三十卷………………………… 3-228
史記一百三十卷………………………… 3-228
史記一百三十卷………………………… 3-228
史記一百三十卷………………………… 3-228
史記一百三十卷………………………… 3-228
史記一百三十卷………………………… 3-228
史記一百三十卷………………………… 3-228
史記一百三十卷………………………… 3-228
史記一百三十卷………………………… 3-229
史記一百三十卷………………………… 3-229
史記一百三十卷………………………… 3-229
史記一百三十卷………………………… 3-229
史記一百三十卷………………………… 3-229
史記一百三十卷………………………… 3-229
史記一白三十卷………………………… 3-229
史記一百三十卷………………………… 3-229
史記一百三十卷………………………… 3-229
史記一百三十卷………………………… 3-229
史記一百三十卷………………………… 3-229
史記一百三十卷………………………… 3-229
史記一百三十卷………………………… 3-229
史記一百三十卷………………………… 3-229
史記一百三十卷………………………… 3-229
史記一百三十卷………………………… 3-229
史記一百三十卷………………………… 3-230
史記一百三十卷………………………… 3-230
史記一百三十卷………………………… 3-230
史記一百三十卷………………………… 3-230
史記一百三十卷………………………… 3-230
史記一百三十卷………………………… 3-230
史記一百三十卷………………………… 3-230
史記一百三十卷………………………… 3-230
史記一百三十卷………………………… 3-230
史記一百三十卷………………………… 3-230
史記一百三十卷………………………… 3-230
史記一百三十卷………………………… 3-230
史記一百三十卷………………………… 3-230
史記一百三十卷………………………… 3-230
史記一百三十卷………………………… 3-231
史記一百三十卷………………………… 3-231
史記一百三十卷………………………… 3-231
史記一百三十卷………………………… 3-231
史記一百三十卷………………………… 3-231
史記一百三十卷………………………… 3-231
史記一百三十卷………………………… 3-231
史記一百三十卷………………………… 3-231
史記一百三十卷………………………… 3-231
史記一百三十卷………………………… 3-231
史記一百三十卷………………………… 3-231
史記一百三十卷………………………… 3-231
史記一百三十卷………………………… 3-231
史記一百三十卷………………………… 3-231
史記一百三十卷………………………… 3-232
史記一百三十卷………………………… 3-232
史記一百三十卷………………………… 3-232
史記一百三十卷………………………… 3-232
史記一百三十卷………………………… 3-232
史記一百三十卷………………………… 3-232
史記一百三十卷………………………… 3-232
史記一百三十卷………………………… 3-232
史記一百三十卷………………………… 3-232
史記一百三十卷………………………… 3-232
史記一百三十卷………………………… 3-233
史記一百三十卷………………………… 3-233
史記一百三十卷………………………… 3-233
史記一百三十卷………………………… 3-233
史記一百三十卷………………………… 3-233
史記一百三十卷………………………… 3-233
史記一百三十卷………………………… 3-233
史記一百三十卷………………………… 3-233

史記一百三十卷…………………………3－233
史記一百三十卷…………………………3－233
史記一百三十卷…………………………3－233
史記一百三十卷首一卷…………………3－233
史記一百三十卷首一卷…………………3－233
史記八書八卷史記年表十卷……………3－225
史記正譌三卷……………………………3－233
史記正譌三卷……………………………3－234
史記全文十四卷…………………………3－227
史記志疑三十六卷………………………3－234
史記別鈔二卷……………………………3－226
史記注補正一卷…………………………3－234
史記索隱三十卷…………………………3－227
史記索隱三十卷…………………………3－227
史記索隱三十卷…………………………3－227
史記索隱三十卷…………………………3－227
史記索隱三十卷…………………………3－227
史記索隱三十卷…………………………3－227
史記菁華録六卷…………………………3－226
史記菁華録六卷…………………………3－226
史記菁華録六卷…………………………3－226
史記菁華録六卷…………………………3－226
史記菁華録六卷…………………………3－226
史記菁華録六卷…………………………3－226
史記菁華録六卷…………………………3－226
史記菁華録六卷…………………………3－226
史記菁華録六卷…………………………3－226
史記菁華録六卷…………………………3－226
史記菁華録六卷…………………………3－226
史記菁華録六卷…………………………3－226
史記菁華録六卷…………………………3－226
史記菁華録六卷…………………………3－226
史記菁華録六卷…………………………3－226
史記菁華録六卷…………………………3－226
史記菁華録六卷…………………………3－226
史記菁華録六卷…………………………3－226
史記菁華録六卷…………………………3－226
史記菁華録六卷…………………………3－227
史記評林一百三十卷……………………3－227
史記評林一百三十卷……………………3－227
史記評林一百三十卷……………………3－227
史記評林一百三十卷……………………3－227
史記評林一百三十卷首一卷讀史總
評一卷史記短長說一卷…………………3－227
史記補一卷………………………………3－227
史記補一卷………………………………3－227
史記論文一百三十卷……………………3－227
史記論文一百三十卷……………………3－227
史記論文一百三十卷……………………3－227
史記論文一百三十卷……………………3－227
史記論文一百三十卷……………………3－227
史記選六卷………………………………3－227
史記選六卷………………………………3－228
史記選六卷………………………………3－228
史記選六卷………………………………3－228
史記選六卷………………………………3－228
史記選六卷………………………………3－228
史記選六卷………………………………3－228
史記選六卷………………………………3－228
史記選六卷………………………………3－228
[史記選鈔]不分卷 ……………………5－350
史記辨證十卷……………………………3－226
史記纂不分卷……………………………3－234
[史部目録]不分卷 ……………………5－349
史案二十卷………………………………3－225
史案二十卷………………………………3－225
史書纂略四十四卷………………………3－238
史通二十卷………………………………3－238
史通削繁四卷……………………………3－238
史通削繁四卷……………………………3－238
史通削繁四卷……………………………3－238
史通削繁四卷……………………………3－238
史通削繁四卷……………………………3－238
史通削繁四卷……………………………3－238
史通削繁四卷……………………………3－238
史通削繁四卷……………………………3－238
史通削繁四卷……………………………3－238
史通削繁四卷……………………………3－238
史通削繁四卷……………………………3－238
史通削繁四卷……………………………3－239
史通削繁四卷……………………………3－239
史通削繁四卷……………………………3－239

史通削繁四卷 …………………………… 3－239
史通削繁四卷 …………………………… 3－239
史通削繁四卷 …………………………… 3－239
史通削繁四卷 …………………………… 3－239
史通削繁四卷 …………………………… 3－239
史通訓故補二十卷 ……………………… 3－239
史通訓故補二十卷 ……………………… 3－239
史通通釋二十卷 ………………………… 3－238
史通通釋二十卷 ………………………… 3－238
史通通釋二十卷附錄一卷 ……………… 3－238
史通通釋二十卷附錄一卷 ……………… 3－238
史通通釋二十卷附錄一卷 ……………… 3－238
史通通釋二十卷附錄一卷 ……………… 3－238
史通通釋二十卷附錄一卷 ……………… 3－238
史通通釋二十卷附錄一卷 ……………… 3－238
史略十五卷末一卷 ……………………… 3－237
史略八十七卷 …………………………… 3－236
史略八十七卷 …………………………… 3－236
史略八十七卷 …………………………… 3－237
史略八十七卷 …………………………… 3－237
史略八十七卷 …………………………… 3－237
史略□□卷 ……………………………… 3－236
史策備要六卷 …………………………… 3－225
史筌五卷首一卷 ………………………… 3－237
史腴二卷 ………………………………… 3－241
史腴二卷 ………………………………… 3－241
史腴二卷 ………………………………… 3－241
史腴二卷 ………………………………… 3－241
史惺堂先生遺稿十四卷附編一卷 ……… 3－240
史測十四卷 ……………………………… 3－225
史感一卷物感一卷 ……………………… 3－225
史漢評林 ………………………………… 3－225
史漢評林 ………………………………… 3－225
史餘二十卷補錄一卷 …………………… 3－241
史餘萃覽四卷 …………………………… 3－241
史論十六卷 ……………………………… 3－235
史論十六卷 ……………………………… 3－235
史論五種 ………………………………… 3－236
史論五種 ………………………………… 3－236
史論五種 ………………………………… 3－236
史論五種 ………………………………… 3－236
史論五種 ………………………………… 3－236
史論五種 ………………………………… 3－236
史論五種 ………………………………… 3－236
史論五種 ………………………………… 3－236
史論五種 ………………………………… 3－236
史論五種 ………………………………… 3－236
史論五種 ………………………………… 3－236
史論五種 ………………………………… 3－236
史論五種 ………………………………… 3－236
史論五種 ………………………………… 3－236
史論五種 ………………………………… 3－236
史論五種 ………………………………… 3－236
史論五種 ………………………………… 3－236
史論五種 ………………………………… 3－236
史論不分卷 ……………………………… 3－235
史論不分卷 ……………………………… 3－235
史論正鵠初集四卷二集四卷三集八卷 …………………………………… 3－236
史論正鵠初集四卷二集四卷三集八卷 …………………………………… 3－236
史論捃華前編十八卷後編十五卷 ……… 3－235
史論啓蒙一卷 …………………………… 3－235
史論鉤沈八卷 …………………………… 3－235
史論鉤沈八卷 …………………………… 3－235
史論彙選甲編八卷乙編八卷 …………… 3－235
史論薈萃六卷 …………………………… 3－235
史緯三百三十卷 ………………………… 3－240
史緯三百三十卷 ………………………… 3－240
史緯三百三十卷首一卷 ………………… 3－240
史緯三百三十卷首一卷 ………………… 3－240
史學小叢書 ……………………………… 3－241
史學提要二卷 …………………………… 3－240
史學提要二卷 …………………………… 3－240
史學提要二卷 …………………………… 3－240
史學提要二卷 …………………………… 3－241
史學提要二卷 …………………………… 3－241
史學提要五卷 …………………………… 3－241
史學提要五卷 …………………………… 3－241
史學提要箋釋五卷 ……………………… 3－241
史學提要箋釋五卷 ……………………… 3－241
史學提要箋釋五卷 ……………………… 3－241

史學提要箋釋五卷……………………… 3－241
史學提要箋釋五卷……………………… 3－241
史學提要箋釋五卷……………………… 3－241
史學提要箋釋五卷……………………… 3－241
史學提要續不分卷……………………… 3－241
史學綱領四卷…………………………… 3－240
史學薪傳八卷…………………………… 3－241
史學叢書二集…………………………… 3－240
史闕十四卷……………………………… 3－237
史闕十四卷……………………………… 3－237
史闕十四卷……………………………… 3－237
史闕十四卷……………………………… 3－237
史鑑年表彙編十四卷…………………… 3－235
史鑑年表彙編十四卷…………………… 3－235
史鑑節要便讀六卷……………………… 3－234
史鑑節要便讀六卷……………………… 3－234
史鑑節要便讀六卷……………………… 3－234
史鑑節要便讀六卷……………………… 3－234
史鑑節要便讀六卷……………………… 3－234
史鑑節要便讀六卷……………………… 3－234
史鑑節要便讀六卷……………………… 3－234
史鑑節要便讀六卷……………………… 3－234
史鑑節要便讀六卷……………………… 3－234
史鑑節要便讀六卷……………………… 3－234
史鑑節要便讀六卷……………………… 3－234
史鑑節要便讀六卷……………………… 3－234
史鑑節要便讀六卷……………………… 3－234
史鑑節要便讀六卷……………………… 3－234
史鑑節要便讀六卷……………………… 3－234
史鑑節要便讀六卷……………………… 3－234
史鑑節要便讀六卷……………………… 3－234
史鑑節要便讀六卷……………………… 3－234
史鑑節要便讀六卷……………………… 3－234
史鑑節要便讀六卷……………………… 3－234
史鑑節要便讀六卷……………………… 3－235
史鑑節要便讀六卷……………………… 3－235
史鑑節要便讀六卷……………………… 3－235
史鑑節要便讀六卷……………………… 3－235
史鑑節要便讀六卷……………………… 3－235
史鑑節要便讀六卷末一卷……………… 3－235
史鑑節要便讀六卷首一卷……………… 3－235
只可編五卷……………………………… 5－106
只可編五卷……………………………… 5－106
叩鉢齋纂行廚集十七卷………………… 2－249
叩鉢齋纂行廚集十七卷………………… 2－249
叩鉢齋纂行廚集十七卷………………… 2－249
叩鉢齋纂行廚集十七卷………………… 2－249
叩囊韻語一卷…………………………… 2－249
冉蟫庵先生語錄類編五卷 …………… 3－70
四大名家策論□□卷…………………… 3－318
四大奇書第一種二十三卷首一卷一百二十回…………………… 3－318
四大奇書第一種二十三卷首一卷一百二十回…………………… 3－318
四大奇書第一種二十卷一百二十回…………………… 3－318
四大奇書第一種十九卷首一卷一百二十回…………………… 3－326
四大奇書第一種十九卷首一卷一百二十回…………………… 3－326
四大奇書第一種十九卷首一卷一百二十回…………………… 3－326
四大奇書第一種十九卷首一卷一百二十回…………………… 3－326
四大奇書第一種三國志一百二十回…………………… 3－325
四大奇書第一種五十一卷一百二十回…………………… 3－326
四大奇書第一種五十一卷一百二十回…………………… 3－326
四大奇書第一種六十卷一百二十回…………………… 3－318
四大奇書第一種六十卷一百二十回…………………… 3－318
四大奇書第一種六十卷一百二十回…………………… 3－319
四大奇書第一種六十卷一百二十回…………………… 3－319
四大奇書第一種六十卷一百二十回…………………… 3－319
四大奇書第一種六十卷一百二十回…………………… 3－319

四大奇書第一種六十卷一百二十回 …… 3－319
四大奇書第一種六十卷一百二十回 …… 3－319
四大奇書第一種六十卷一百二十回 …… 3－319
四大奇書第一種六十卷一百二十回 …… 3－319
四大奇書第一種六十卷一百二十回 …… 3－319
四大奇書第一種六十卷一百二十回 …… 3－319
四大奇書第一種六十卷一百二十回 …… 3－319
四大奇書第一種六十卷一百二十回 …… 3－319
四大奇書第一種六十卷一百二十回 …… 3－319
四大奇書第一種六十卷一百二十回 …… 3－319
四大奇書第一種六十卷一百二十回 …… 3－320
四大奇書第一種六十卷一百二十回 …… 3－320
四大奇書第一種六十卷一百二十回 …… 3－320
四大奇書第 種六十卷 百二十回 …… 3－320
四大奇書第一種六十卷一百二十回 …… 3－320
四大奇書第一種六十卷一百二十回 …… 3－320
四大奇書第一種六十卷一百二十回 …… 3－320
四大奇書第一種六十卷一百二十回 …… 3－320
四大奇書第一種六十卷一百二十回 …… 3－320
四大奇書第一種六十卷一百二十回 …… 3－320
四大奇書第一種六十卷一百二十回 …… 3－320
四大奇書第一種六十卷一百二十回 …… 3－320
四大奇書第一種六十卷一百二十回 …… 3－320
四大奇書第一種六十卷一百二十回 …… 3－321
四大奇書第一種六十卷一百二十回 …… 3－321
四大奇書第一種六十卷一百二十回 …… 3－321
四大奇書第一種六十卷一百二十回 …… 3－321
四大奇書第一種六十卷一百二十回 …… 3－321
四大奇書第一種六十卷一百二十回 …… 3－321
四大奇書第一種六十卷一百二十回 …… 3－321
四大奇書第一種六十卷一百二十回 …… 3－321
四大奇書第一種六十卷一百二十回 …… 3－321
四大奇書第一種六十卷一百二十回 …… 3－321
四大奇書第一種六十卷一百二十回 …… 3－321
四大奇書第一種六十卷一百二十回 …… 3－321
四大奇書第一種六十卷一百二十回 …… 3－321
四大奇書第一種六十卷一百二十回 …… 3－321
四大奇書第一種六十卷一百二十回 …… 3－322
四大奇書第一種六十卷一百二十回 …… 3－322
四大奇書第一種六十卷一百二十回 …… 3－322

四大奇書第一種六十卷一百二十回 ………………………………………… 3-322
四大奇書第一種六十卷一百二十回 ………………………………………… 3-322
四大奇書第一種六十卷一百二十回 ………………………………………… 3-322
四大奇書第一種六十卷一百二十回 ………………………………………… 3-322
四大奇書第一種六十卷一百二十回 ………………………………………… 3-322
四大奇書第一種六十卷一百二十回 ………………………………………… 3-322
四大奇書第一種六十卷一百二十回 ………………………………………… 3-322
四大奇書第一種六十卷一百二十回 ………………………………………… 3-322
四大奇書第一種六十卷一百二十回 ………………………………………… 3-322
四大奇書第一種六十卷一百二十回 ………………………………………… 3-322
四大奇書第一種六十卷一百二十回 ………………………………………… 3-322
四大奇書第一種六十卷一百二十回 ………………………………………… 3-322
四大奇書第一種六十卷一百二十回 ………………………………………… 3-322
四大奇書第一種六十卷一百二十回 ………………………………………… 3-323
四大奇書第一種六十卷一百二十回 ………………………………………… 3-323
四大奇書第一種六十卷一百二十回 ………………………………………… 3-323
四大奇書第一種六十卷一百二十回 ………………………………………… 3-323
四大奇書第一種六十卷一百二十回 ………………………………………… 3-323
四大奇書第一種六十卷一百二十回 ………………………………………… 3-323
四大奇書第一種六十卷一百二十回 ………………………………………… 3-323
四大奇書第一種六十卷一百二十回 ………………………………………… 3-323
四大奇書第一種六十卷一百二十回 ………………………………………… 3-323
四大奇書第一種六十卷一百二十回 ………………………………………… 3-323
四大奇書第一種六十卷一百二十回 ………………………………………… 3-323
四大奇書第一種六十卷一百二十回 ………………………………………… 3-323
四大奇書第一種六十卷一百二十回 ………………………………………… 3-323
四大奇書第一種六十卷一百二十回 ………………………………………… 3-323
四大奇書第一種六十卷一百二十回 ………………………………………… 3-323
四大奇書第一種六十卷一百二十回 ………………………………………… 3-324
四大奇書第一種六十卷一百二十回 ………………………………………… 3-324
四大奇書第一種六十卷一百二十回 ………………………………………… 3-324
四大奇書第一種六十卷一百二十回 ………………………………………… 3-324
四大奇書第一種六十卷一百二十回 ………………………………………… 3-324
四大奇書第一種六十卷一百二十回 ………………………………………… 3-324
四大奇書第一種六十卷一百二十回 ………………………………………… 3-324
四大奇書第一種六十卷一百二十回 ………………………………………… 3-324
四大奇書第一種六十卷一百二十回 ………………………………………… 3-324
四大奇書第一種六十卷一百二十回 ………………………………………… 3-324
四大奇書第一種六十卷一百二十回 ………………………………………… 3-324
四大奇書第一種六十卷一百二十回 ………………………………………… 3-324

四大奇書第一種六十卷一百二十回 …… 3-324
四大奇書第一種六十卷一百二十回 …… 3-324
四大奇書第一種六十卷一百二十回 …… 3-324
四大奇書第一種六十卷一百二十回 …… 3-324
四大奇書第一種六十卷一百二十回 …… 3-324
四大奇書第一種六十卷一百二十回 …… 3-324
四大奇書第一種六十卷一百二十回 …… 3-325
四大奇書第一種六十卷一百二十回 …… 3-325
四大奇書第一種六十卷一百二十回 …… 3-325
四大奇書第一種六十卷一百二十回 …… 3-325
四大奇書第一種六十卷一百二十回 …… 3-325
四大奇書第一種六十卷一百二十回 …… 3-325
四大奇書第一種六十卷一百二十回 …… 3-325
四大奇書第 種六十卷 百二十回 …… 3-325
四大奇書第一種六十卷一百二十回 …… 3-325
四大奇書第一種六十卷一百二十回 …… 3-325
四大奇書第一種六十卷一百二十回 …… 3-325
四大奇書第一種六十卷一百二十回 …… 3-325
四大奇書第一種六十卷一百二十回 …… 3-325
四大奇書第一種六十卷一百二十回 …… 3-325
四大奇書第一種六十卷一百二十回 …… 3-325
四大奇書第一種□□卷一百二十回 …… 3-318
四大家策論彙編□□卷 …… 3-318
[嘉慶]四川通志二百四卷首二十二卷 …… 5-302
[嘉慶]四川通志二百四卷首二十二卷 …… 5-302
[嘉慶]四川通志二百四卷首二十二卷 …… 5-302
[嘉慶]四川通志二百四卷首二十二卷 …… 5-302
四子全書 …… 3-370
四子詩錄 …… 3-370
四子詩錄 …… 3-370
四子詩錄 …… 3-370
四子譜二卷 …… 3-370
四元玉鑑省筆一卷 …… 3-369
四元玉鑑細草三卷 …… 3-369
四元玉鑑細草三卷四象細草假令之圖一卷 …… 3-369
四元玉鑑細草三卷四象細草假令之圖一卷附補增一卷 …… 3-369
四元玉鑑細草三卷四象細草假令之圖一卷附補增一卷 …… 3-369
四元釋例一卷 …… 3-369
四元釋例一卷 …… 3-369
四友堂原板小學正義六卷 …… 3-368
四六全書彙編十卷 …… 3-328
四六全書彙編十卷 …… 3-328
四六初徵二十卷 …… 3-327
四六金鍼一卷 …… 2-209
四六法海十二卷 …… 3-327
四六法海十二卷 …… 3-327
四六法海十二卷 …… 5-393
四六星海八卷 …… 3-328
四六採腴二十卷 …… 3-327
四六叢話三十三卷 …… 3-327
四六叢話三十三卷 …… 3-327
四六叢話三十三卷 …… 3-327

四六叢話三十三卷選詩叢話一卷…… 3－327
四六叢話三十三卷選詩叢話一卷…… 3－327
四六叢話三十三卷選詩叢話一卷…… 3－327
四六類腋不分卷………………………… 3－327
四六類腋不分卷………………………… 3－327
四六類編十三卷………………………… 3－327
四水子遺著一卷………………………… 2－437
四本堂座右編二集二十四卷………… 3－317
四史……………………………………… 3－329
四史……………………………………… 3－329
四史……………………………………… 3－329
四史……………………………………… 3－329
四史……………………………………… 3－329
四史……………………………………… 3－329
四史四百十五卷………………………… 3－329
四史四百十五卷………………………… 3－329
四史四百十五卷………………………… 3－329
四史四百十五卷………………………… 3－329
四史四百十五卷………………………… 3－329
四史四百十五卷………………………… 3－329
四史四百十五卷………………………… 3－330
四史四百十五卷………………………… 3－330
四史四百十五卷………………………… 3－330
四史勸說十六卷………………………… 3－329
四史勸說十六卷………………………… 3－329
四印齋所刻詞…………………………… 3－292
四印齋所刻詞…………………………… 3－368
四印齋彙刻宋元三十一家詞三十一
卷……………………………………… 3－368
四民月令一卷…………………………… 3－328
四此堂稿十卷…………………………… 3－318
四此堂稿十卷…………………………… 3－318
四此堂稿十卷…………………………… 3－318
四此堂稿十卷…………………………… 3－318
四此堂稿十卷…………………………… 3－318
四此堂稿十卷…………………………… 3－318
四此堂稿十卷…………………………… 3－318
四此堂稿十卷…………………………… 3－318
四安堂詩鈔二卷首一卷……………… 3－317
四字鑑引八卷…………………………… 3－370
四字鑑略詳註六卷……………………… 3－370
四言舉要不分卷………………………… 3－420
四言雜字一卷…………………………… 3－368
四忠遺集………………………………… 3－369
四忠遺集………………………………… 3－369
四忠遺集………………………………… 3－369
四知堂文集三十六卷………………… 3－369
四知堂文集三十六卷………………… 3－369
四知堂文集三十六卷………………… 3－369
四知堂文集三十六卷………………… 3－369
四知堂文集三十六卷………………… 3－369
四知堂文集三十六卷………………… 3－369
四知堂文集三十六卷………………… 3－369
四知堂文集三十六卷………………… 3－369
四知堂文集三十六卷………………… 3－369
四耐齋讀書約錄一卷………………… 3－329
四品彙鈔………………………………… 3－329
四科簡效方四卷………………………… 3－326
四修上高縣賓興堂志不分卷………… 3－366
四修上高縣賓興堂志不分卷………… 3－366
四修上高縣賓興堂志不分卷………… 3－366
四修上高縣賓興堂志不分卷………… 3－366
四修上高縣賓興堂志不分卷………… 3－366
四修上高縣賓興堂志不分卷………… 3－367
四修上高縣賓興堂志不分卷………… 3－367
四修上高縣賓興堂志不分卷………… 3－367
四修上高縣賓興堂志不分卷………… 3－367
四修上高縣賓興堂志不分卷………… 3－367
四修上高縣賓興堂志不分卷………… 3－367
四修上高縣賓興堂志不分卷………… 3－367
四修上高縣賓興堂志不分卷………… 3－367
四修上高縣賓興堂志不分卷………… 3－367
四修上高縣賓興堂志不分卷………… 3－367
四修上高縣賓興堂志不分卷………… 3－367
四修上高縣賓興堂志不分卷………… 3－367
四修上高縣賓興堂志不分卷………… 3－367
四修上高縣賓興堂志不分卷………… 3－367
四音定切四卷…………………………… 3－368
四音定切四卷…………………………… 3－368
四美合編四卷…………………………… 3－328
四洪年譜………………………………… 3－326
四洪年譜………………………………… 3－326

四洪年譜 …………………………… 3－326
四洪年譜 …………………………… 3－326
四洪年譜 …………………………… 3－326
四祕全書 …………………………… 3－328
［四時天地山水］五卷 ………… 5－351
四秘全書 …………………………… 3－328
四秘全書 …………………………… 3－328
四秘全書 …………………………… 3－328
四秘全書 …………………………… 3－328
四秘全書 …………………………… 3－328
四秘全書 …………………………… 3－328
四秘全書 …………………………… 3－328
四秘全書 …………………………… 3－328
四庫未收書目提要五卷 ………… 3－326
四庫未收書目提要五卷 ………… 3－327
四庫未收書目提要五卷 ………… 4－362
四庫未收書目提要五卷 ………… 4－362
四庫未收書目提要五卷 ………… 4－364
四庫全書總目二百卷四庫簡明目錄
　二十卷 …………………………… 3－326
四庫簡明目錄標注二十卷附錄一卷
　…………………………………… 3－326
四益館經學叢書 ………………… 3－368
四益館經學叢書 ………………… 3－368
四家詠史樂府十五卷 …………… 3－326
四家詠史樂府十五卷 …………… 3－326
四家賦鈔四卷 …………………… 3－326
四家纂文敘錄彙編四卷附錄一卷 …… 3－326
四書人名考二十卷 ……………… 3－348
四書人物類典串珠四十卷 ……… 3－348
四書人物類典串珠四十卷 ……… 3－348
四書人物類典串珠四十卷 ……… 3－348
四書人物類典串珠四十卷 ……… 3－348
四書人物類典串珠四十卷 ……… 3－348
四書人物類典串珠四十卷 ……… 3－348
四書人物類典串珠四十卷 ……… 3－348
四書人物類典串珠四十卷 ……… 3－348
四書人物類典串珠四十卷 ……… 3－348
四書人物類典串珠四十卷 ……… 3－349
四書人物類典串珠四十卷 ……… 3－349
四書人物類典串珠四十卷 ……… 3－349
四書人物類典串珠四十卷 ……… 3－349
四書人物類典串珠四十卷 ……… 3－349
四書人物類典串珠四十卷 ……… 3－349
四書人物類典串珠四十卷 ……… 3－349
四書人物類典串珠四十卷 ……… 3－349
四書人物類典串珠四十卷 ……… 3－349
四書人物類典串珠四十卷 ……… 3－349
四書人物類典串珠四十卷 ……… 3－349
四書人物類典串珠四十卷 ……… 3－349
四書人物類典串珠四十卷 ……… 3－349
四書人物類典串珠四十卷 ……… 3－349
四書人物類典串珠四十卷 ……… 3－349
四書人物類典串珠四十卷 ……… 3－349
四書人物類典串珠四十卷 ……… 3－349
四書人物類典串珠四十卷 ……… 3－349
四書人物類典串珠四十卷 ……… 3－349
四書人物類典串珠四十卷 ……… 3－349
四書人物類典串珠四十卷 ……… 3－350
四書人物類典串珠四十卷 ……… 3－350
四書人物類典串珠四十卷 ……… 3－350
四書人物類典串珠四十卷 ……… 3－350
四書人物類典串珠四十卷 ……… 3－350
四書人物類典串珠四十卷 ……… 3－350
四書人物類典串珠四十卷 ……… 3－350
四書人物類典串珠四十卷 ……… 3－350
四書人物類典串珠四十卷 ……… 3－350
四書人物類典串珠四十卷 ……… 3－350
四書人物類典串珠四十卷 ……… 3－350
四書人物類典串珠四十卷 ……… 3－350
四書人物類典串珠四十卷 ……… 3－350
四書大全三十七卷附四書備考三十
　七卷 ……………………………… 3－330
四書大全說約合參正解十七卷 ……… 3－331
四書大注匯參合講題鏡合纂七卷 …… 3－331
四書大注匯參合講題鏡合纂七卷 …… 3－331
四書小參一卷四書問答一卷 ………… 3－358
四書五經音義辨讀□□卷 ………… 3－358
四書五經新義不分卷 …………… 3－357
四書五經義合編不分卷 ………… 3－358

四書五經義合編不分卷………………… 3－358
四書五經義策論二卷…………………… 3－357
四書五經義策論正續合編不分卷…… 3－357
四書五經義策論正續合編不分卷…… 3－358
四書五經義策論正續合編不分卷…… 3－358
四書五經義策論初編不分卷………… 3－357
四書五經義讀本不分卷……………… 3－358
四書五經類典集成三十四卷………… 3－357
四書五經類典集成三十四卷………… 3－357
四書五經類典集成三十四卷………… 3－357
［四書］不分卷 ……………………… 5－351
［四書］不分卷 ……………………… 5－351
［四書］不分卷 ……………………… 5－351
［四書］不分卷 ……………………… 5－351
［四書］不分卷 ……………………… 5－351
［四書］不分卷 ……………………… 5－351
［四書］不分卷 ……………………… 5－351
四書反身錄八卷首一卷……………… 3－334
四書反身錄八卷首一卷……………… 3－334
四書反身錄八卷首一卷……………… 3－335
四書反身錄不分卷…………………… 3－335
四書反身錄六卷二孟續補二卷……… 3－335
［四書文通］不分卷 ………………… 5－351
［四書文鈔］不分卷 ………………… 5－351
四書心印不分卷……………………… 3－358
四書心印不分卷……………………… 3－358
四書心印不分卷……………………… 3－358
四書引解二十六卷…………………… 3－360
四書引解二十六卷…………………… 3－360
四書引解二十六卷…………………… 3－360
四書引詩字韻異同辨□□卷………… 3－360
四書正本十九卷附四書句辨一卷字辨一卷四書圖一卷…………………… 3－360
四書正本十九卷附四書句辨一卷字辨一卷疑字辨一卷四書圖一卷…… 3－360
四書正本十九卷附四書句辨一卷字辨一卷疑字辨一卷四書圖一卷…… 3－360
四書正疑二十卷……………………… 5－393
四書古人典林十二卷………………… 3－335
四書古人典林十二卷………………… 3－335
四書古人典林十二卷………………… 3－335
四書古人典林十二卷………………… 3－335
四書古人典林十二卷………………… 3－335
四書古人典林十二卷………………… 3－335
四書古人典林十二卷………………… 3－335
四書古人典林十二卷………………… 3－335
四書古注羣義彙解…………………… 3－335
四書古注羣義彙解…………………… 3－335
四書古注羣義彙解…………………… 3－335
四書本注擇粹□□卷………………… 3－330
四書左國彙纂四卷…………………… 3－365
四書左國彙纂四卷…………………… 3－365
四書左國彙纂四卷…………………… 3－365
四書左國彙纂四卷…………………… 3－365
四書左國彙纂四卷…………………… 3－365
四書左國彙纂四卷…………………… 3－365
四書左國彙纂四卷…………………… 3－365
四書左國彙纂四卷…………………… 3－365
四書左國彙纂四卷…………………… 3－365
四書左國輯要四卷…………………… 3－365
四書左國輯要四卷…………………… 3－366
四書左國輯要四卷…………………… 3－366
四書左國輯要四卷…………………… 3－366
四書左國輯要四卷…………………… 3－366
四書左國輯要四卷…………………… 3－366
四書左國輯要四卷…………………… 3－366
四書左國輯要四卷…………………… 3－366
四書左國輯要四卷…………………… 3－366
四書主意千古定本三十六卷………… 3－365
四書考二十八卷考異一卷…………… 3－345
四書考二十八卷考異一卷…………… 3－345
四書考二十八卷考異一卷…………… 3－345
四書考異三十六卷…………………… 3－346
四書考輯要二十卷…………………… 3－345
四書考輯要二十卷地圖一卷………… 3－345
四書考輯要二十卷地圖一卷………… 3－345
四書考輯要二十卷地圖一卷………… 3－345
四書考輯要二十卷地圖一卷………… 3－346
四書考輯要二十卷地圖一卷………… 3－346
四書考輯要二十卷地圖一卷………… 3－346
四書考輯要二十卷地圖一卷………… 3－346
四書地記六卷………………………… 3－331

四書存真□□卷………………………… 3-330
四書朱子大全精言四十一卷………… 3-363
四書朱子大全精言四十一卷………… 3-363
四書朱子大全精言四十一卷………… 3-363
四書朱子大全精言四十一卷………… 3-363
四書朱子大全精言四十一卷………… 3-363
四書朱子大全精言四十一卷………… 3-364
四書朱子大全精言四十一卷………… 3-364
四書朱子大全精言四十一卷………… 3-364
四書朱子大全精言四十一卷………… 3-364
四書朱子大全精言四十一卷………… 3-364
四書朱子大全精言四十一卷………… 3-364
四書朱子大全精言四十一卷………… 3-364
四書朱子大全精言四十一卷………… 3-364
四書朱子大全精言四十一卷………… 5-394
四書朱子本義匯參四十七卷………… 3-361
四書朱子本義匯參四十七卷………… 3-361
四書朱子本義匯參四十三卷首四卷 ……………………………………… 3-361
四書朱子本義匯參四十三卷首四卷 ……………………………………… 3-361
四書朱子本義匯參四十三卷首四卷 ……………………………………… 3-361
四書朱子本義匯參四十三卷首四卷 ……………………………………… 3-361
四書朱子本義匯參四十三卷首四卷 ……………………………………… 3-362
四書朱子本義匯參四十三卷首四卷 ……………………………………… 3-362
四書朱子本義匯參四十三卷首四卷 ……………………………………… 3-362
四書朱子本義匯參四十三卷首四卷 ……………………………………… 3-362
四書朱子本義匯參四十三卷首四卷 ……………………………………… 3-362
四書朱子本義匯參四十三卷首四卷 ……………………………………… 3-362
四書朱子本義匯參四十三卷首四卷 ……………………………………… 3-362
四書朱子本義匯參四十三卷首四卷 ……………………………………… 3-362
四書朱子本義匯參四十三卷首四卷 ……………………………………… 3-362
四書朱子本義匯參四十三卷首四卷 ……………………………………… 3-362
四書朱子本義匯參四十三卷首四卷 ……………………………………… 3-362
四書朱子本義匯參四十三卷首四卷 ……………………………………… 3-362
四書朱子本義匯參四十三卷首四卷 ……………………………………… 3-362
四書朱子本義匯參四十三卷首四卷 ……………………………………… 3-362
四書朱子本義匯參四十三卷首四卷 ……………………………………… 3-362
四書朱子本義匯參四十三卷首四卷 ……………………………………… 3-362
四書朱子本義匯參四十三卷首四卷 ……………………………………… 3-362
四書朱子本義匯參四十三卷首四卷 ……………………………………… 3-362
四書朱子本義匯參四十三卷首四卷 ……………………………………… 3-363
四書朱子本義匯參四十三卷首四卷 ……………………………………… 3-363
四書朱子本義匯參四十三卷首四卷 ……………………………………… 3-363
四書朱子本義匯參四十三卷首四卷 ……………………………………… 3-363
四書朱子本義匯參四十三卷首四卷 ……………………………………… 3-363
四書朱子本義匯參四十三卷首四卷 ……………………………………… 3-363
四書朱子本義匯參四十三卷首四卷 ……………………………………… 3-363
四書朱子本義匯參四十三卷首四卷 ……………………………………… 3-363
四書朱子本義匯參四十三卷首四卷 ……………………………………… 3-363

四書朱子本義匯參四十三卷首四卷 …………………………………… 3－363
四書朱子本義匯參四十三卷首四卷 …………………………………… 3－363
四書朱子本義匯參四十三卷首四卷 …………………………………… 3－363
四書朱子本義匯參四十三卷首四卷 …………………………………… 3－363
四書朱子本義匯參四十三卷首四卷 …………………………………… 3－363
四書朱子異同條辨四十卷 …………… 3－364
四書朱子異同條辨四十卷 …………… 3－364
四書朱子異同條辨四十卷 …………… 3－364
四書朱子異同條辨四十卷 …………… 3－364
四書朱子異同條辨四十卷 …………… 3－364
四書朱子語類三十八卷 ……………… 3－364
四書全文不分卷 ……………………… 3－347
四書合講二十卷附人物考一卷 ……… 3－336
四書合講二十卷附人物考一卷 ……… 3－336
四書合講十九卷 ……………………… 3－336
四書合講十九卷 ……………………… 3－336
四書合講十九卷 ……………………… 3－336
四書合講十九卷 ……………………… 3－336
四書合講十九卷 ……………………… 3－336
四書合講十九卷 ……………………… 3－336
四書合講十九卷 ……………………… 3－336
四書合講十九卷 ……………………… 3－336
四書合講十九卷 ……………………… 3－336
四書合講十九卷 ……………………… 3－336
四書合講十九卷 ……………………… 3－336
四書合講十九卷 ……………………… 3－336
四書合講十九卷 ……………………… 3－336
四書合講十九卷 ……………………… 3－336
四書合講十九卷 ……………………… 3－336
四書合講十九卷 ……………………… 3－336
四書合講十九卷 ……………………… 3－336
四書合講十九卷 ……………………… 3－336
四書合講十九卷 ……………………… 3－337
四書合講十九卷 ……………………… 3－337
四書合講十九卷 ……………………… 3－337
四書合講十九卷圖說一卷 …………… 3－337
四書合講十九卷圖說一卷 …………… 3－337
四書合講十九卷圖說一卷 …………… 3－337
四書合講十九卷圖說一卷 …………… 3－337
四書合講十九卷圖說一卷 …………… 3－337
四書合講十九卷圖說一卷 …………… 3－337
四書合講十九卷圖說一卷 …………… 5－393
四書合講十九卷圖說一卷 …………… 5－393
四書合纂大成不分卷 ………………… 3－337
四書合纂大成不分卷 ………………… 3－337
四書多識錄八卷 ……………………… 3－334
四書多識錄不分卷 …………………… 3－334
四書字詁七十八卷 …………………… 3－365
四書求是十六卷 ……………………… 3－347
四書近指二十卷 ……………………… 3－344
四書改錯二十二卷 …………………… 3－335
四書改錯二十二卷 …………………… 3－335
四書改錯二十二卷 …………………… 3－335
四書改錯二十二卷 …………………… 3－335
四書改錯二十二卷 …………………… 3－335
四書改錯二十二卷 …………………… 3－335
四書改錯平十四卷 …………………… 3－335
四書直解二十七卷 …………………… 3－360
四書述不分卷 ………………………… 3－351
四書述朱大全四十一卷 ……………… 3－351
四書或問三十九卷 …………………… 3－338
四書或問考異一卷 …………………… 3－338
四書或問語類大全合訂四十一卷 …… 3－338
四書或問語類大全合訂四十一卷 …… 3－338
四書或問語類集解釋注大全四十一卷 …………………………………… 3－338
四書味根錄三十七卷 ………………… 3－355
四書味根錄三十七卷 ………………… 3－355
四書味根錄三十七卷 ………………… 3－355
四書味根錄三十七卷 ………………… 3－355
四書味根錄三十七卷 ………………… 3－355
四書味根錄三十七卷 ………………… 3－355
四書味根錄三十七卷 ………………… 3－356
四書味根錄三十七卷 ………………… 3－356
四書味根錄三十七卷 ………………… 3－356
四書味根錄三十七卷 ………………… 3－356
四書味根錄三十七卷 ………………… 3－356

四書味根錄三十七卷…………………… 3－356
四書味根錄三十七卷…………………… 3－356
四書味根錄三十七卷…………………… 3－356
四書味根錄三十七卷…………………… 3－356
四書味根錄三十七卷…………………… 3－356
四書味根錄三十七卷…………………… 3－356
四書味根錄三十七卷…………………… 3－356
四書味根錄三十七卷…………………… 3－356
四書味根錄三十七卷…………………… 3－356
四書味根錄三十七卷…………………… 3－356
四書味根錄三十七卷…………………… 3－356
四書味根錄三十七卷…………………… 3－356
四書味根錄三十七卷…………………… 3－356
四書味根錄三十七卷…………………… 3－356
四書味根錄三十七卷…………………… 3－356
四書味根錄三十七卷…………………… 3－356
四書味根錄三十七卷…………………… 3－357
四書味根錄三十七卷…………………… 3－357
四書味根錄三十七卷…………………… 3－357
四書味根錄三十七卷…………………… 3－357
四書味根錄三十七卷…………………… 3－357
四書味根錄三十七卷…………………… 3－357
四書味根錄三十七卷…………………… 3－357
四書味根錄三十七卷…………………… 3－357
四書味根錄三十七卷…………………… 3－357
四書味根錄三十七卷…………………… 3－357
四書味根錄三十七卷…………………… 3－357
四書味根錄三十七卷…………………… 3－357
四書味根錄三十七卷…………………… 3－357
四書味根錄三十九卷…………………… 3－355
四書味根錄三十九卷…………………… 3－355
四書味根錄三十九卷…………………… 3－355
四書味根錄三十九卷…………………… 3－355
四書味根錄三十九卷…………………… 3－355
四書味根錄三十九卷…………………… 3－355
四書味根錄六十一卷…………………… 3－355
四書明儒大全精義三十八卷………… 3－347
四書典林三十卷………………………… 3－331
四書典林三十卷………………………… 3－331
四書典林三十卷………………………… 3－331
四書典林三十卷………………………… 3－331
四書典林三十卷………………………… 3－331
四書典林三十卷………………………… 3－331
四書典林三十卷………………………… 3－331
四書典林三十卷………………………… 3－331
四書典林三十卷………………………… 3－331
四書典林三十卷………………………… 3－331
四書典林三十卷………………………… 3－331
四書典林三十卷………………………… 3－331
四書典林三十卷………………………… 3－331
四書典林三十卷………………………… 3－332
四書典林三十卷………………………… 3－332
四書典林三十卷………………………… 3－332
四書典林三十卷四書古人典林十二卷………………………… 3－332
四書典林三十卷四書古人典林十二卷………………………… 3－332
四書典林三十卷四書古人典林十二卷………………………… 3－332
四書典林三十卷四書古人典林十二卷………………………… 3－332
四書典林三十卷四書古人典林十二卷………………………… 3－332
四書典林三十卷四書古人典林十二卷………………………… 3－332
四書典林三十卷四書古人典林十二卷………………………… 3－332
四書典林三十卷四書古人典林十二卷………………………… 3－332
四書典林三十卷四書古人典林十二卷………………………… 3－332
四書典制新穎三十五卷……………… 3－334
四書典制滙海四十卷………………… 3－332
四書典制滙海四十卷………………… 3－332
四書典制辨正四卷補遺一卷………… 3－332
四書典制類聯八卷…………………… 3－333
四書典制類聯三十三卷……………… 3－333
四書典制類聯三十三卷……………… 3－333
四書典制類聯三十三卷……………… 3－333
四書典制類聯三十三卷……………… 3－333
四書典制類聯三十三卷……………… 3－333
四書典制類聯音注十卷……………… 3－334

四書典制類聯音注三十三卷………… 3－333
四書典制類聯音注三十三卷………… 3－333
四書典制類聯音注三十三卷………… 3－333
四書典制類聯音注三十三卷………… 3－333
四書典制類聯音注三十三卷………… 3－333
四書典制類聯音注三十三卷………… 3－333
四書典制類聯音注三十三卷………… 3－333
四書典制類聯音注三十三卷………… 3－333
四書典制類聯音注三十三卷………… 3－333
四書典制類聯音注三十三卷………… 3－333
四書典制類聯音注三十三卷………… 3－333
四書典制類聯音注三十三卷………… 3－333
四書典制類聯音注三十三卷………… 3－333
四書典制類聯音注三十三卷………… 3－333
四書典制類聯音注三十三卷………… 3－334
四書典制類聯音注三十三卷………… 3－334
四書典制類聯音注三十三卷………… 3－334
四書典制類聯音注三十三卷………… 3－334
四書典制類聯音注三十三卷………… 3－334
四書典制類聯音注三十三卷………… 3－334
四書典制類聯音注三十三卷………… 3－334
四書典制類聯音注三十三卷………… 3－334
四書典制類聯音注三十三卷………… 3－334
四書典制類聯音注四卷……………… 3－334
四書典制類聯音注四卷……………… 3－334
四書典故快觀四卷…………………… 3－331
四書典故辨正二十卷附録一卷……… 3－331
四書典故辨正二十卷附録一卷……… 3－331
四書典故辨正二十卷附録一卷……… 3－331
四書典故辨正二十卷附録一卷……… 3－331
四書典掖類聯不分卷………………… 3－332
四書典裁十卷首一卷………………… 3－331
四書典腋十八卷……………………… 3－332
四書典腋十八卷……………………… 3－332
［四書］□□卷　………………… 5－351
四書拾義五卷………………………… 3－350
四書便蒙十九卷……………………… 3－330
四書便蒙十九卷……………………… 3－330
四書便蒙節注十九卷………………… 3－330
四書訂正講說三十八卷……………… 3－334
四書恒解十四卷……………………… 3－337
四書約旨十九卷孟子考略一卷……… 3－360
［四書時文］不分卷　……………… 5－351
四書訓義三十八卷…………………… 3－358
四書訓義三十六卷…………………… 3－358
四書訓義三十六卷…………………… 3－358
四書益智録二十卷…………………… 3－359
四書家塾讀本句讀一卷四書章句集
　注定本辨一卷……………………… 3－360
四書家塾讀本句讀一卷四書章句集
　注定本辨一卷……………………… 3－360
四書通二十六卷……………………… 3－354
四書通旨六卷………………………… 3－355
四書通旨六卷………………………… 3－355
四書通典備考十二卷………………… 3－354
四書通義二十九卷…………………… 3－355
四書通證六卷………………………… 3－355
四書異文考四卷……………………… 3－359
四書異同商不分卷…………………… 3－359
四書章句附考四卷…………………… 3－360
四書章句附考四卷…………………… 3－360
四書章句便蒙十九卷………………… 3－360
四書章句集注二十六卷……………… 3－360
四書章句集注二十六卷……………… 3－360
四書章句集注十九卷………………… 3－360
四書章句集注十九卷………………… 3－360
四書章旨全本不分卷………………… 3－360
四書翊注四十二卷…………………… 3－359
四書參證三十卷……………………… 3－330
四書閑筆講義四卷…………………… 3－358
四書答問十二卷……………………… 3－330
四書答問十二卷……………………… 5－393
四書備考不分卷……………………… 3－330
四書備考四卷………………………… 3－330
四書備旨□□卷……………………… 3－330
四書集成二十九卷…………………… 3－338
四書集字一卷五經集字一卷………… 3－343
四書集字音義辨一卷………………… 3－343
四書集字音義辨不分卷……………… 3－343
四書集字音義辨不分卷……………… 3－343
四書集注……………………………… 3－338
四書集注……………………………… 3－338

四書集注 …… 3－338
四書集注二十六卷 …… 3－339
四書集注十九卷 …… 3－339
四書集注十九卷 …… 3－339
四書集注十九卷 …… 3－339
四書集注十九卷 …… 3－339
四書集注十九卷 …… 3－339
四書集注十九卷 …… 3－339
四書集注十九卷 …… 3－339
四書集注十九卷 …… 3－339
四書集注十九卷 …… 3－339
四書集注十九卷 …… 3－339
四書集注十九卷 …… 3－339
四書集注十九卷 …… 3－339
四書集注十九卷 …… 3－339
四書集注十九卷 …… 3－339
四書集注十九卷 …… 3－339
四書集注十九卷 …… 3－339
四書集注十九卷 …… 3－339
四書集注十九卷 …… 3－339
四書集注十九卷 …… 3－339
四書集注十九卷 …… 3－339
四書集注十九卷 …… 3－340
四書集注十九卷 …… 3－340
四書集注十九卷 …… 3－340
四書集注十九卷 …… 3－340
四書集注十九卷 …… 3－340
四書集注十九卷 …… 3－340
四書集注十九卷 …… 3－340
四書集注十九卷 …… 3－340
四書集注十九卷 …… 3－340
四書集注十九卷 …… 3－340
四書集注十九卷 …… 3－340
四書集注十九卷 …… 3－340
四書集注十九卷 …… 3－340
四書集注十九卷 …… 3－340
四書集注十九卷 …… 3－340
四書集注十九卷 …… 3－340
四書集注十九卷 …… 3－340
四書集注十九卷 …… 3－340
四書集注十九卷 …… 3－340
四書集注十九卷 …… 3－340
四書集注十九卷 …… 3－340
四書集注十九卷 …… 3－340
四書集注十九卷 …… 3－340
四書集注十九卷 …… 3－340
四書集注十九卷 …… 3－341
四書集注十九卷 …… 3－341
四書集注十九卷 …… 3－341
四書集注十九卷 …… 3－341
四書集注十九卷 …… 3－341
四書集注十九卷 …… 3－341
四書集注十九卷 …… 3－341
四書集注十九卷 …… 3－341
四書集注十九卷 …… 3－341
四書集注十九卷 …… 3－341
四書集注十九卷 …… 3－341
四書集注十九卷 …… 3－341
四書集注十九卷 …… 3－341
四書集注十九卷 …… 3－341
四書集注十九卷 …… 3－341
四書集注十九卷 …… 3－341
四書集注十九卷 …… 3－341
四書集注十九卷 …… 3－341
四書集注十九卷 …… 3－341
四書集注十九卷 …… 3－341
四書集注十九卷 …… 3－341
四書集注十九卷 …… 3－341
四書集注十九卷 …… 3－342
四書集注十九卷 …… 3－342
四書集注十九卷 …… 3－342
四書集注十九卷 …… 3－342
四書集注十九卷 …… 3－342
四書集注十九卷 …… 3－342
四書集注十九卷 …… 3－342
四書集注十九卷 …… 3－342
四書集注十九卷 …… 3－342
四書集注十九卷 …… 3－342
四書集注十九卷 …… 3－342
四書集注十九卷 …… 3－342
四書集注十九卷 …… 3－342
四書集注十九卷 …… 3－342

四書集注十九卷……………………… 3－342
四書集注十九卷……………………… 3－342
四書集注十九卷……………………… 3－342
四書集注十九卷……………………… 3－342
四書集注十九卷……………………… 3－342
四書集注十九卷……………………… 3－343
四書集注十九卷……………………… 3－343
四書集注十九卷……………………… 3－343
四書集注十九卷……………………… 3－370
四書集注十九卷……………………… 3－370
四書集注十九卷……………………… 3－370
四書集注十九卷……………………… 3－370
四書集注十九卷……………………… 3－370
四書集注十九卷……………………… 5－393
四書集注十九卷附四書句辨一卷疑字辨一卷四書圖一卷……………… 3－343
四書集注十九卷附四書句辨一卷疑字辨一卷四書圖說一卷…………… 3－343
四書集注十九卷附四書圖一卷四書句辨一卷字辨一卷………………… 3－343
四書集注大全………………………… 3－338
四書集注大全………………………… 3－338
四書集注大全四十三卷……………… 3－338
四書集注正蒙十九卷四書集字音義辨一卷……………………………… 3－343
四書集注正蒙釋文合刻十九卷……… 3－343
四書集注本義匯参四十七卷………… 3－338
四書集注本義匯参四十七卷………… 3－338
四書集注補十四卷…………………… 3－338
四書集益六卷………………………… 3－338
四書集註十九卷……………………… 3－343
四書集註十九卷……………………… 3－343
四書集疏附正二十二卷……………… 3－338
四書集說二十八卷…………………… 3－338
四書集說四十一卷補義七卷………… 3－338
四書集說四十一卷補義七卷………… 3－338
四書集編二十九卷…………………… 3－338
四書集讀不分卷……………………… 3－338
四書衆解合糾十四卷………………… 3－361
四書註朱不分卷……………………… 5－394
四書註疏大全合纂三十七卷………… 3－365
四書註疏大全合纂三十六卷………… 3－365
四書疏注撮言大全三十七卷………… 3－351
四書疏注撮言大全三十七卷………… 3－351
四書疏注撮言大全三十七卷………… 3－351
四書蒙求十九卷……………………… 3－347
四書稗疏二卷附四書考異一卷……… 3－330
四書會要錄三十卷…………………… 3－337
四書會要錄三十卷…………………… 3－337
四書會要錄三十卷…………………… 3－337
四書會要錄三十卷…………………… 3－337
四書會要錄三十卷…………………… 3－337
四書會要錄三十卷…………………… 3－337
四書會要錄三十卷…………………… 3－337
四書解細論四卷……………………… 3－344
四書解細論四卷……………………… 3－344
四書解義……………………………… 3－344
四書試帖四卷秋心齋試帖賸四卷…… 3－350
四書詮義三十八卷…………………… 3－347
四書詮義三十八卷…………………… 3－347
四書詮義三十八卷…………………… 3－347
四書詮義三十八卷…………………… 3－347
四書詮義三十八卷…………………… 3－348
四書詮義三十八卷…………………… 3－348
四書詮義三十八卷…………………… 3－348
四書詮義三十八卷…………………… 3－348
四書詮義三十八卷…………………… 3－348
四書詮義三十八卷…………………… 3－348
四書詮義三十八卷…………………… 3－348
四書詮義三十八卷…………………… 3－348
四書詮義三十八卷…………………… 3－348
四書詳說不分卷……………………… 3－358
四書義十二卷附五經義一卷………… 3－359
四書義不分卷………………………… 3－359
四書義不分卷………………………… 3－359
四書義正鵠不分卷…………………… 3－359
四書義正鵠不分卷…………………… 3－359
四書義史證六卷……………………… 3－359
四書義□□卷………………………… 3－359
四書義萃精□□卷…………………… 3－359
四書溫故錄十一卷…………………… 3－357
四書溫故錄十一卷…………………… 3－357

四書溫故錄不分卷……………………… 3－357
四書經史摘證七卷……………………… 3－344
四書經史摘證七卷……………………… 3－344
四書經史摘證七卷……………………… 3－344
四書經史摘證七卷……………………… 3－344
四書經史摘證七卷……………………… 3－344
四書經史摘證七卷……………………… 3－344
四書經史摘證七卷……………………… 3－344
四書經史摘證七卷……………………… 3－344
四書經史摘證七卷……………………… 3－344
四書經注集證十九卷…………………… 3－344
四書經注集證十九卷…………………… 3－344
四書經注集證十九卷…………………… 3－344
四書經注集證十九卷…………………… 3－344
四書經注集證十九卷…………………… 3－344
四書經注集證十九卷…………………… 3－345
四書經注集證十九卷…………………… 3－345
四書經注集證十九卷…………………… 3－345
四書經注集證十九卷…………………… 3－345
四書經注集證十九卷…………………… 3－345
四書經注集證十九卷…………………… 3－345
四書經注集證十九卷…………………… 3－345
四書經注集證十九卷…………………… 3－345
四書經注集證十九卷…………………… 3－345
四書經注集證十九卷…………………… 3－345
四書經注集證十九卷…………………… 3－345
四書經傳典要四卷……………………… 3－344
四書經疑貫通八卷……………………… 3－344
四書彙解四十卷………………………… 3－337
四書摭餘說七卷………………………… 3－361
四書摭餘說七卷………………………… 3－361
四書摭餘說七卷………………………… 3－361
四書摭餘說七卷………………………… 3－361
四書摭餘說七卷………………………… 3－361
四書摭餘說七卷………………………… 3－361
四書摭餘說七卷………………………… 3－361
四書摭餘說七卷………………………… 3－361
四書摭餘說七卷………………………… 3－361
四書摭餘說七卷………………………… 3－361
四書摭餘說七卷………………………… 3－361
四書摭餘說七卷………………………… 3－361
四書摭餘說七卷………………………… 3－361
四書圖史合攷二十四卷………………… 3－355
四書圖考十三卷………………………… 3－355
四書圖表就正一卷……………………… 3－355
四書圖表就正一卷……………………… 3－355
四書圖表就正一卷……………………… 3－355
四書管窺七卷…………………………… 3－335
四書管窺七卷…………………………… 3－336
四書疑言十卷附古經疑言四卷………… 3－358
四書疑言十卷附古經疑言四卷………… 3－358
四書疑言十卷附古經疑言四卷………… 3－358
四書疑題析義七卷……………………… 3－358
四書疑題析義七卷……………………… 3－358
四書語錄五卷…………………………… 3－360
四書語錄五卷…………………………… 3－360
四書語錄五卷…………………………… 3－360
四書說苑十一卷首一卷補遺一卷續
　遺一卷……………………………… 3－352
四書說約三十三卷……………………… 3－352
四書說約三十三卷……………………… 3－352
四書說約三十三卷……………………… 3－352
四書說約三十三卷……………………… 3－352
四書精義正宗不分卷…………………… 3－345
四書精義正宗不分卷…………………… 3－345
四書精義四十卷………………………… 3－345
四書隨見錄三十七卷首六卷…………… 3－352
四書隨見錄三十七卷首六卷…………… 3－352
四書隨見錄三十七卷首六卷…………… 3－352
四書隨見錄三十七卷首六卷…………… 3－352
四書徵十二卷…………………………… 3－361
四書徵十二卷…………………………… 3－361
四書諸儒輯要四十卷…………………… 3－364
四書諸儒輯要四十卷…………………… 3－364
四書諸儒輯要四十卷…………………… 3－364
四書諸儒輯要四十卷…………………… 3－365
四書諸儒輯要四十卷…………………… 3－365
四書論義二卷…………………………… 3－347
四書辨疑十五卷………………………… 3－330
四書辨疑十五卷………………………… 3－330
四書辨證十卷…………………………… 3－330
四書臆說二卷…………………………… 3－359

四書臆說二卷…………………………… 3－359
四書講意不分卷………………………… 3－343
四書講義困勉錄三十七卷……………… 3－343
四書講義困勉錄三十七卷續困勉錄
　六卷…………………………………… 3－343
四書講義困勉錄三十七卷續困勉錄
　六卷…………………………………… 3－343
四書講義困勉錄三十七卷續困勉錄
　六卷…………………………………… 3－344
四書講義續困勉錄六卷………………… 3－344
四書翼注論文三十八卷………………… 3－359
四書翼注論文三十八卷………………… 3－359
四書翼注論文三十八卷………………… 3－359
四書翼注論文三十八卷………………… 3－359
四書翼注論文三十八卷………………… 3－359
四書翼注論文三十八卷………………… 3－359
四書翼注論文三十八卷………………… 3－359
四書翼傳三義…………………………… 3－359
四書題鏡十卷…………………………… 3－353
四書題鏡十卷…………………………… 3－353
四書題鏡十卷…………………………… 3－353
四書題鏡十卷…………………………… 3－354
四書題鏡三十九卷……………………… 3－353
四書題鏡三十九卷……………………… 3－353
四書題鏡三十九卷……………………… 3－353
四書題鏡三十九卷……………………… 3－353
四書題鏡三十九卷……………………… 3－353
四書題鏡三十六卷……………………… 3－353
四書題鏡三十六卷……………………… 3－353
四書題鏡三十六卷……………………… 3－353
四書題鏡三十六卷……………………… 3－353
四書題鏡三十六卷……………………… 3－353
四書題鏡三十六卷……………………… 3－353
四書題鏡三十六卷……………………… 3－353
四書題鏡三十六卷總論一卷…………… 3－353
四書題鏡三十六卷總論一卷…………… 3－353
四書題鏡三十六卷總論一卷…………… 3－353
四書題鏡不分卷………………………… 3－352
四書題鏡不分卷………………………… 3－352
四書題鏡不分卷………………………… 3－352
四書題鏡不分卷………………………… 3－352
四書題鏡不分卷………………………… 3－352
四書題鏡不分卷………………………… 3－352
四書題鏡不分卷………………………… 3－352
四書題鏡不分卷………………………… 3－352
四書題鏡不分卷………………………… 3－352
四書題鏡不分卷………………………… 3－352
四書題鏡不分卷………………………… 3－352
四書題鏡不分卷………………………… 3－353
四書題鏡不分卷………………………… 3－353
四書題鏡不分卷………………………… 3－353
四書題鏡不分卷………………………… 5－393
四書類典賦二十四卷…………………… 3－346
四書類典賦二十四卷…………………… 3－346
四書類典賦二十四卷…………………… 3－346
四書類典賦二十四卷…………………… 3－346
四書類典賦二十四卷…………………… 3－346
四書類典賦二十四卷…………………… 3－346
四書類典賦二十四卷…………………… 3－346
四書類典賦二十四卷…………………… 3－346
四書類典賦二十四卷…………………… 3－346
四書類典賦二十四卷…………………… 3－346
四書類典賦二十四卷…………………… 3－346
四書類典賦二十四卷…………………… 3－346
四書類典賦二十四卷…………………… 3－346
四書類典賦二十四卷…………………… 3－346
四書類典賦二十四卷…………………… 3－346
四書類典賦六十六卷…………………… 3－347
四書類典賦六十六卷…………………… 3－347
四書類典賦六十六卷…………………… 3－347
四書類典賦六十六卷…………………… 3－347
四書類典賦六十六卷…………………… 3－347
四書類典賦六十六卷…………………… 3－347
四書類典賦六十六卷…………………… 3－347
四書類典賦六十六卷…………………… 3－347
四書類典賦六十六卷…………………… 3－347
四書類典賦六十六卷…………………… 3－347
四書類典賦六十六卷…………………… 3－347
四書纂言四十卷………………………… 3－365
四書纂疏二十六卷……………………… 3－365
四書纂箋二十八卷……………………… 3－365
四書釋文十九卷四書字辨一卷疑字

辨一卷音義辨一卷句辨一卷……… 3－351
四書釋文十九卷四書字辨一卷疑字
辨一卷音義辨一卷句辨一卷……… 3－351
四書釋文圈點□□卷………………… 3－351
四書釋地一卷續一卷又續一卷……… 3－351
四書釋地一卷續一卷又續一卷三續
一卷附孟子生卒年月考一卷……… 3－351
四書釋地一卷續一卷又續一卷三續
一卷附孟子生卒年月考一卷……… 3－351
四書釋地一卷續一卷又續一卷三續
一卷附孟子生卒年月考一卷……… 3－351
四書釋地一卷續一卷又續一卷三續
二卷附孟子生卒年月考一卷……… 3－351
四書釋地一卷續一卷又續一卷三續
二卷附孟子生卒年月考一卷……… 3－351
四書釋地一卷續一卷又續一卷三續
二卷附孟子生卒年月考一卷……… 3－351
四書釋地一卷續一卷又續一卷三續
二卷附孟子生卒年月考一卷……… 3－351
四書釋地補一卷續補一卷又續補一
卷三續補一卷……………………… 3－350
四書釋地補一卷續補一卷又續補一
卷三續補一卷……………………… 3－350
四書釋地補一卷續補一卷又續補一
卷三續補一卷……………………… 3－350
四書釋地補一卷續補一卷又續補一
卷三續補一卷……………………… 3－350
四書釋地補一卷續補一卷又續補一
卷三續補一卷……………………… 3－350
四書釋地補一卷續補一卷又續補一
卷三續補一卷……………………… 3－351
四書襯十九卷………………………… 3－330
四書襯十九卷………………………… 3－330
四書襯十九卷………………………… 3－330
四書襯十九卷………………………… 3－330
四書蠡言撮要不分卷………………… 3－347
四書續考四卷………………………… 3－358
四書體注合講十九卷………………… 3－354
四書體注合講十九卷………………… 3－354
四書體注合講十九卷………………… 3－354
四書體注合講十九卷………………… 3－354
四書體注合講十九卷………………… 3－354
四書體注合講十九卷………………… 3－354
四書體注合講十九卷………………… 3－354
四書體注合講十九卷………………… 3－354
四書體注合講十九卷………………… 3－354
四書體注合講十九卷………………… 3－354
四書體注合講十九卷………………… 3－354
四書體注合講十九卷………………… 3－354
四書體注合講十九卷………………… 3－354
四書體注合講十九卷………………… 3－354
四書體注合講十九卷………………… 3－354
四書體注合講十九卷………………… 3－354
四書體注合講十九卷………………… 3－354
四書體注合講十九卷………………… 3－354
四書體注合講十九卷………………… 3－354
四書讀不分卷………………………… 3－334
四書讀不分卷………………………… 3－334
四書讀不分卷………………………… 3－334
四書讀本……………………………… 3－334
四焉齋文集八卷詩集六卷…………… 3－367
四焉齋文集八卷詩集六卷…………… 3－367
四教義六卷…………………………… 3－326
四教義六卷…………………………… 3－326
四雪草堂重訂通俗隋唐演義二十卷
一百回……………………………… 3－367
四雪草堂重訂通俗隋唐演義二十卷
一百回……………………………… 3－367
四象細草假令之圖一卷……………… 4－166
四朝先賢六家年譜…………………… 3－318
四朝先賢六家年譜…………………… 3－318
四朝名臣言行錄別集二十六卷……… 3－318
四朝聞見錄甲集一卷乙集一卷丙集
一卷丁集一卷戊集一卷…………… 3－318
四聖心源十卷………………………… 3－329
四聖懸樞五卷………………………… 3－329
四照堂文集十二卷詩集四卷………… 3－369
四裔編年表四卷……………………… 3－368
四裔編年表四卷……………………… 3－368
四裔編年表四卷……………………… 3－368
四裔編年表四卷……………………… 3－368
四裔編年表四卷……………………… 3－368

四裔編年表四卷………………………… 3－368
四溟山人詩十卷………………………… 3－328
四溟山人詩集十卷……………………… 3－328
四溟山人詩集十卷……………………… 3－328
四溟山人詩集十卷……………………… 3－328
四溟山人詩集十卷……………………… 3－328
四溟山人詩集十卷……………………… 3－328
四塞紀略賦一卷………………………… 3－329
四種遺規………………………………… 3－370
四種遺規………………………………… 3－370
四餘堂遺稿三卷………………………… 3－369
四憶堂詩集六卷………………………… 3－368
四憶堂詩集六卷………………………… 3－368
四憶堂詩集六卷………………………… 3－368
四憶堂詩集六卷………………………… 3－368
四憶堂詩集六卷遺稿一卷……………… 3－368
四憶堂詩集六卷遺稿一卷……………… 3－368
四禪詩選三十卷………………………… 3－318
四聲切韻表一卷………………………… 3－329
四聲切韻表補正三卷首一卷末一卷
…………………………………………… 3－329
四聲易知錄四卷附文字偏旁舉略一
卷………………………………………… 3－329
四聲辨義詩韻三十六卷………………… 3－329
四禮合參十五卷………………………… 3－327
四禮合參十五卷………………………… 3－327
四禮約言四卷…………………………… 5－202
四禮約言四卷…………………………… 5－202
四禮約言四卷…………………………… 5－202
四禮從宜一卷…………………………… 3－327
四禮從宜摘要四卷……………………… 3－327
四禮輯畧四卷…………………………… 3－327
四禮輯畧四卷…………………………… 3－327
四禮翼八卷……………………………… 3－327
四禮翼八卷……………………………… 3－327
四翼附編四卷…………………………… 3－368
四體千字文一卷………………………… 3－366
四體字法四卷…………………………… 3－366
四體書法不分卷………………………… 3－366
四體書法不分卷………………………… 3－366
四體書法不分卷………………………… 3－366
四體書法不分卷………………………… 3－366
四體書法不分卷………………………… 3－366
四體書法不分卷………………………… 3－366
四體書法不分卷………………………… 3－366
四體書法不分卷………………………… 3－366
生人眼目二卷…………………………… 3－144
生平紀略一卷…………………………… 3－144
生養記一卷……………………………… 3－144
乍浦九山補志十二卷 ………………… 5－83
乍浦竹枝詞一卷 ……………………… 5－83
[光緒]禾川書糾繆不分卷 ………… 5－291
禾郡五十一家選集一卷 ……………… 2－29
丘海二公文集合編 …………………… 3－49
仕學全書三十五卷……………………… 3－246
仕學全書三十五卷……………………… 3－246
仕學備餘六卷…………………………… 3－246
仕學備餘六卷…………………………… 3－246
仕學備餘六卷…………………………… 3－246
仕學備餘四卷占象附錄一卷占驗附
錄一卷…………………………………… 3－246
仕學備餘四卷占象附錄一卷占驗附
錄一卷…………………………………… 3－246
代形合參三卷附一卷…………………… 1－233
代形合參三卷附一卷…………………… 1－233
代數易知錄十八卷首一卷……………… 1－233
代數通藝錄十六卷……………………… 1－233
代數通藝錄十六卷……………………… 1－233
代數通藝錄十六卷……………………… 1－233
代數通藝錄十六卷……………………… 1－233
代數通藝錄十六卷……………………… 1－233
代數通藝錄十六卷……………………… 1－233
代數通藝錄十六卷……………………… 1－233
代數通藝錄十六卷……………………… 1－233
代數通藝錄十六卷……………………… 1－233
代數通藝錄十六卷……………………… 1－233
代數通藝錄十六卷……………………… 1－233
代數術二十五卷首一卷………………… 1－232
代數術二十五卷首一卷………………… 1－232
代數術二十五卷首一卷………………… 1－232
代數術二十五卷首一卷………………… 1－232
代數術二十五卷首一卷………………… 1－232

代數術二十五卷首一卷……………… 1－232
代數術二十五卷首一卷……………… 1－232
代數術二十五卷首一卷……………… 1－232
代數術二十五卷首一卷……………… 1－232
代數術二十五卷首一卷……………… 1－233
代數術補式二十六卷首一卷………… 1－232
代數術補式二十六卷首一卷………… 1－232
代數術補式二十六卷首一卷………… 1－232
代數術補式二十六卷首一卷………… 1－232
代數術補式二十六卷首一卷………… 1－232
代數術補式二十六卷首一卷………… 1－232
代數備旨二卷………………………… 1－231
代數備旨二卷………………………… 1－231
代數備旨二卷………………………… 1－231
代數備旨二卷………………………… 1－231
代數備旨二卷………………………… 1－231
代數備旨十三章總答一章…………… 1－231
代數備旨十三章總答一章…………… 1－231
代數備旨全艸十三章………………… 1－231
代數備旨全草十三章………………… 1－231
代數備旨全草十三章………………… 1－231
代數難題解法十六卷………………… 1－232
代數鑰七卷…………………………… 1－233
仙方合編六卷………………………… 4－111
仙方便覽一卷………………………… 4－111
仙佛合宗一卷………………………… 4－111
仙佛合宗語錄一卷…………………… 4－111
仙佛合宗語錄一卷…………………… 4－111
仙佛奇蹤八卷………………………… 4－111
仙拈集四卷…………………………… 4－112
[仙官]不分卷 ………………………… 5－376
仙屏書屋文稿不分卷………………… 4－112
仙屏書屋初集年記三十一卷………… 4－112
仙屏書屋初集詩錄十六卷後錄二卷
…………………………………………… 4－112
仙屏書屋初集詩錄十六卷後錄二卷
…………………………………………… 4－112
仙屏書屋初集詩錄十六卷後錄二卷
…………………………………………… 4－112
仙傳白喉治法要言一卷……………… 4－111
仙傳各種經驗奇方□□卷…………… 4－111
仙傳痘疹奇書三卷…………………… 4－111
仙傳痘疹奇書三卷…………………… 5－398
仙館唱酬一卷………………………… 4－112
白下愚園題景七十詠二卷 ………… 1－15
白下瑣言十卷 ……………………… 1－15
白氏文集七十一卷 ………………… 1－15
白氏長慶集七十一卷目錄二卷附錄
一卷 ……………………………… 1－15
白氏長慶集七十一卷目錄二卷附錄
一卷 ……………………………… 1－15
白氏長慶集七十一卷目錄二卷附錄
一卷 ……………………………… 1－15
白水堂詩集二十六卷 ……………… 1－15
白石山房集二十七卷 ……………… 1－15
白石山房集二十七卷 ……………… 1－15
白石山房集二十六卷 ……………… 1－15
白石山房集二十六卷 ……………… 1－15
白石林通書一卷 …………………… 1－15
白石道人四種 ……………………… 1－14
白石道人四種 ……………………… 1－14
白石道人集 ………………………… 1－14
白石道人集 ………………………… 1－14
白石道人歌曲六卷歌詞別集一卷附
音樂舉要一卷樂星圖譜一卷 ……… 1－14
白石詩集一卷詞集一卷 …………… 1－15
白田草堂存稿二十四卷附一卷 …… 1－15
白田草堂存稿二十四卷附一卷 …… 1－15
白田草堂存稿二十四卷附錄一卷 … 1－15
白圭堂詩鈔八卷續鈔六卷 ………… 1－11
白圭堂詩鈔八卷續鈔六卷 ………… 1－11
白圭堂詩鈔八卷續鈔六卷 ………… 1－11
白圭堂詩鈔八卷續鈔六卷 ………… 1－11
白圭堂詩鈔八卷續鈔六卷 ………… 1－11
白圭堂詩鈔八卷續鈔六卷…………… 1－350
白圭堂詩鈔六卷續鈔六卷 ………… 1－11
白圭堂詩鈔六卷續鈔六卷 ………… 1－11
白圭堂詩鈔六卷續鈔六卷 ………… 1－11
白衣感應觀音經不分卷 …………… 1－18
白芙堂算學叢書 …………………… 1－10
白芙堂算學叢書 …………………… 1－10
白芙堂算學叢書 …………………… 1－10

白芙堂算學叢書 …………………………… 1－10
白芙堂算學叢書 …………………………… 1－10
白芙堂算學叢書 …………………………… 1－10
白芙堂算學叢書 …………………………… 1－10
白芙堂算學叢書 …………………………… 1－11
白芙堂算學叢書 …………………………… 1－11
白芙堂算學叢書 …………………………… 1－11
白芙堂算學叢書 …………………………… 1－11
白芙堂算學叢書 …………………………… 1－11
白芙堂算學叢書 …………………………… 1－11
白芙堂算學叢書 …………………………… 1－11
白芙堂算學叢書 …………………………… 1－11
白芙堂算學叢書 …………………………… 1－11
白芙堂算學叢書 …………………………… 1－11
白芙堂算學叢書 …………………………… 1－11
白芙堂算學叢書 …………………………… 1－11
白芙堂算學叢書 …………………………… 1－11
白谷山人稿□□卷 ………………………… 1－11
白沙子全集十卷古詩教解二卷首一
　卷末一卷 ………………………………… 1－14
白沙子全集十卷古詩教解二卷首一
　卷末一卷 ………………………………… 1－14
白沙子全集六卷首一卷附錄一卷 …… 1－14
白沙子全集六卷首一卷附錄一卷 …… 1－14
白沙子全集六卷首一卷附錄一卷 …… 1－14
白茅堂集四十六卷 ………………………… 1－14
白虎通二卷 ………………………………… 1－12
白虎通二卷 ………………………………… 1－12
白虎通二卷 ………………………………… 1－12
白虎通二卷 ………………………………… 1－12
白虎通二卷 ………………………………… 1－12
白虎通二卷 ………………………………… 1－13
白虎通四卷 ………………………………… 1－13
白虎通四卷 ………………………………… 1－13
白虎通四卷 ………………………………… 1－13
白虎通四卷 ………………………………… 1－13
白虎通疏證十二卷 ………………………… 1－13
白虎通疏證十二卷 ………………………… 1－13
白虎通疏證十二卷 ………………………… 1－13
白虎通德論二卷 …………………………… 1－12
白虎通德論四卷 …………………………… 1－12
白虎通德論四卷 …………………………… 1－12
白虎通德論四卷 …………………………… 1－12
白虎通德論四卷 …………………………… 1－12
白杜堂叢臧不分卷 ………………………… 1－18
白香山詩長慶集二十卷後集十七卷
　別集一卷補遺二卷 ……………………… 1－16
白香山詩長慶集二十卷後集十七卷
　別集一卷補遺二卷 ……………………… 1－16
白香山詩長慶集二十卷後集十七卷
　別集一卷補遺二卷 ……………………… 1－16
白香山詩長慶集二十卷後集十七卷
　別集一卷補遺二卷 ……………………… 1－16
白香山詩長慶集二十卷後集十七卷
　別集一卷補遺二卷 ……………………… 1－16
白香山詩長慶集二十卷後集十七卷
　別集一卷補遺二卷 ……………………… 1－16
白香山詩長慶集二十卷後集十七卷
　別集一卷補遺二卷 ……………………… 1－16
白香山詩長慶集二十卷後集十七卷
　別集一卷補遺二卷 ……………………… 1－16
白香山詩長慶集二十卷後集十七卷
　別集一卷補遺二卷 ……………………… 1－16
白香山詩長慶集二十卷後集十七卷
　別集一卷補遺二卷 ……………………… 1－16
白香山詩長慶集二十卷後集十七卷
　別集一卷補遺二卷 ……………………… 1－16
白香山詩長慶集二十卷後集十七卷
　別集一卷補遺二卷 ……………………… 1－16
白香山詩長慶集二十卷後集十七卷
　別集一卷補遺二卷 ……………………… 1－16
白香山詩長慶集二十卷後集十七卷
　別集一卷補遺二卷 ……………………… 1－17
白香山詩長慶集二十卷後集十七卷
　別集一卷補遺二卷 ……………………… 1－17
白香山詩長慶集二十卷後集十七卷
　別集一卷補遺二卷 ……………………… 1－17
白香山詩長慶集二十卷後集十七卷
　別集一卷補遺二卷 ……………………… 1－17
白香山詩長慶集二十卷後集十七卷
　別集一卷補遺二卷 ……………………… 1－17
白香山詩長慶集二十卷後集十七卷

別集一卷補遺二卷 …………………… 1－17
白香山詩長慶集二十卷後集十七卷
別集一卷補遺二卷 …………………… 1－17
白香亭詩存一卷 …………………… 1－17
白香亭詩集三卷 …………………… 1－17
白香亭詩集三卷 …………………… 1－17
白香亭詩集三卷 …………………… 1－17
白香亭詩集三卷 …………………… 1－17
白香亭詩集三卷 …………………… 1－17
白香詞譜一卷 …………………… 1－15
白香詞譜一卷晚翠軒詞韻一卷 ……… 1－15
白香詞譜一卷晚翠軒詞韻一卷 ……… 1－15
白香詞譜箋四卷 …………………… 1－15
白華後稿四十卷年譜一卷 …………… 1－13
白華前稿六十卷 …………………… 1－13
白華前稿六十卷 …………………… 1－13
白華前稿六十卷 …………………… 1－13
白華絳柎閣詩集十卷 ……………… 1－13
白鹿洞書院志十二卷 ……………… 1－13
白鹿書院志十九卷 ………………… 1－13
白鹿書院志十九卷 ………………… 1－13
白鹿書院志十九卷 ………………… 1－13
白鹿書院志十九卷 ………………… 1－14
白鹿書院志十九卷 ………………… 1－14
白鹿書院志十九卷 ………………… 1－14
白鹿書院志十九卷 ………………… 1－14
白鹿書院志十九卷 ………………… 1－14
白鹿書院志十九卷 ………………… 1－14
白鹿書院志十九卷 ………………… 1－14
白雲山人詩草一卷 ………………… 1－18
白雲山房文集六卷 ………………… 1－18
白雲文集五卷詩集二卷續集八卷 …… 1－18
白雲先生許文懿公傳集四卷………… 1－355
白雲先生許文懿公傳集四卷………… 1－356
白雲謠一卷 ………………………… 1－18
白雲續集八卷 ……………………… 1－18
白喉全生集一卷 …………………… 1－12
白喉全生集一卷 …………………… 1－12
白喉治法抉微一卷………………… 2－112
白喉治法忌表抉微 ………………… 1－12
白喉治法忌表抉微 ………………… 1－12
白喉辨症一卷 ……………………… 1－12
白湖文藁八卷 ……………………… 1－12
白湖文藁八卷 ……………………… 1－12
白湖文藁八卷 ……………………… 1－12
白湖文藁八卷 ……………………… 1－12
白湖文藁八卷 ……………………… 1－12
白湖文藁八卷 ……………………… 1－12
白湖詩稿八卷 ……………………… 1－12
白湖詩藁八卷 ……………………… 1－12
白湖詩藁八卷 ……………………… 1－12
白蓮集十卷 ………………………… 1－13
白蓮集十卷風騷旨格一卷 ………… 1－13
白榆集二十八卷 …………………… 1－18
白榆集二十卷 ……………………… 1－18
白燕倡和集六卷 …………………… 1－17
白嶽盦詩話二卷…………………… 1－353
白蘇齋類集十八卷 ………………… 1－15
白鶴堂文稿不分卷 ………………… 1－11
白鷺洲書院志八卷首一卷 ………… 1－14
白鷺洲書院志八卷首一卷 ………… 1－14
瓜廬詩一卷………………………… 1－456
[用度日記]不分卷(清道光二十年
至二十四年) ……………………… 5－383
用數(光緒三十一年) ……………… 4－392
用數(光緒三十一年至光緒三十三
年) ………………………………… 4－392
用器畫緒言一卷…………………… 4－392
用藥歌訣一卷……………………… 4－392
印心石屋文鈔十三卷……………… 4－378
印心石屋文鈔不分卷……………… 4－378
印心石屋文鈔不分卷……………… 4－409
印典八卷…………………………… 2－434
印典八卷…………………………… 2－434
印典八卷…………………………… 2－434
印典八卷…………………………… 2－434
印香閣印譜一卷…………………… 4－378
印亭日記不分卷(清光緒十七年)
………………………………………… 4－378
印度劄記二卷……………………… 4－378
印度劄記二卷……………………… 4－378
印雪軒詩稿一卷…………………… 4－378

印譜一卷…………………………………… 4－378
[印譜]一卷 ……………………………… 5－381
[印譜]不分卷 …………………………… 1－286
[印譜]不分卷 …………………………… 5－381
印譜不分卷印說不分卷………………… 4－378
印證不分卷……………………………… 4－379
句曲外史集三卷………………………… 2－234
句股引蒙不分卷………………………… 2－234
句容金石記十卷附錄一卷……………… 2－235
句餘土音三卷附全謝山先生遺詩一
卷…………………………………………… 2－235
外史□□卷……………………………… 3－492
外交報不分卷…………………………… 3－490
外治良方不分卷………………………… 3－492
外科十法一卷…………………………… 3－491
外科十法一卷…………………………… 3－491
外科十法一卷…………………………… 3－491
外科八法一卷…………………………… 3－490
外科大成四卷…………………………… 3－490
外科大成四卷…………………………… 3－490
外科心法一卷…………………………… 3－491
外科心法七卷…………………………… 3－491
外科心法七卷…………………………… 3－491
外科正宗十二卷………………………… 3－491
外科正宗十二卷………………………… 3－491
外科正宗十二卷………………………… 3－491
外科正宗十二卷………………………… 3－491
外科正宗十二卷………………………… 3－491
外科正宗十二卷………………………… 3－491
外科正宗十二卷………………………… 3－491
外科正宗十二卷………………………… 3－491
外科正宗十二卷………………………… 3－491
外科正宗十二卷………………………… 3－491
外科各方二卷…………………………… 3－490
外科症治全生五卷附跌打大全一卷
…………………………………………… 3－492
外科症治全生不分卷附跌打大全一
卷…………………………………………… 3－492
外科症治全生不分卷附跌打大全一
卷…………………………………………… 3－492
外科症治全生不分卷附跌打大全一
卷…………………………………………… 3－492
外科症治全生集三卷…………………… 3－492
外科症治全生集六卷…………………… 3－492
外科症治全生集六卷…………………… 3－492
外科症治全生集六卷…………………… 3－492
外科症治全生集六卷…………………… 3－492
外科症治全生集六卷…………………… 3－492
外科症治全生集六卷…………………… 3－492
外科症治全生集六卷…………………… 3－492
外科症治全生集六卷…………………… 3－492
外科症治全生集六卷…………………… 3－492
外科症治全生集六卷…………………… 3－492
外科症治全生集六卷…………………… 3－492
外科症治全生集四卷…………………… 3－492
外科理例七卷附方一卷………………… 3－491
外科備用不分卷………………………… 3－490
外科補遺秘授經驗奇方一卷…………… 4－185
外科準繩六卷…………………………… 3－492
外科準繩六卷…………………………… 3－492
外科精義二卷…………………………… 3－491
外科精義四卷…………………………… 3－491
外科樞要四卷…………………………… 3－491
外科輯要四卷…………………………… 3－491
[外科藥書]不分卷 ……………………… 5－372
外科雜治不分卷………………………… 3－491
外科證治全書五卷末一卷……………… 3－492
外科證治全書五卷末一卷……………… 3－492
[外科驗方]不分卷 ……………………… 5－372
外國白話史二卷………………………… 3－490
外國師船圖表十六卷…………………… 3－490
冬心先生集四卷………………………… 1－273
冬花庵燼餘稾三卷……………………… 1－273
冬青樹引註一卷登西臺慟哭記註一
卷…………………………………………… 4－104
冬青樹引註一卷登西臺慟哭記註一
卷…………………………………………… 4－105
冬官旁求二卷…………………………… 1－273
冬官旁求二卷…………………………… 1－273
冬官旁求二卷…………………………… 1－273
冬官旁求二卷…………………………… 1－273
冬官旁求二卷…………………………… 1－273

冬官旁求二卷…………………………1－273
包長明先生傳稿不分卷 ………………1－26
包待制陳州糶米雜劇一卷 ……………1－26
主客圖一卷……………………………5－212
主客圖一卷……………………………5－212
市南子二十二卷制勅六卷……………3－246
立分鬮書不分卷………………………2－292
立言堂四書體註合講十九卷…………2－293
立命舉隅一卷…………………………2－292
立命驗方揀編一卷……………………2－292
立命驗方揀編一卷……………………2－292
立命驗方揀編一卷……………………2－293
立命驗方揀編一卷……………………2－293
立命驗方揀編一卷……………………2－293
立崖先生文集七卷詩集一卷…………4－447
立崖先生文集八卷……………………2－293
立誠軒錄十三卷………………………2－292
立誠編詩選不分卷……………………2－292
立誠編賦選不分卷……………………2－292
玄女一百二十秘授靈應神傳脈絡真
　經一卷……………………………4－247
玄女默告科文不分卷…………………4－247
玄天上帝金科玉律不分卷……………4－247
玄天上帝金科玉律不分卷……………4－247
玄門傳度醮科一卷……………………4－247
玄居集十卷首一卷……………………4－247
半厂叢書初編 …………………………1－24
半古樓集三卷 …………………………1－25
半字集二卷 ……………………………1－25
半舫草堂賦略不分卷…………………1－416
半舫詩存八卷首一卷附駢體文存一
　卷賦存一卷 ………………………1－25
半舫齋古文八卷 ………………………1－25
半舫齋古文八卷 ………………………1－25
半舫齋古文八卷 ………………………1－25
半畝園叢書 ……………………………1－25
半間梅花吟一卷春遊紀事詩一卷 ……1－25
半窗史畧四十二卷 ……………………1－24
半窗史畧四十二卷 ……………………1－24
半窗史畧四十二卷 ……………………1－24
半窗史畧四十二卷 ……………………1－24
半窗史畧四十二卷 ……………………1－24
半窗史畧四十二卷 ……………………1－24
半窗史畧四十二卷 ……………………1－24
半窗史畧四十二卷 ……………………1－24
半窗史略四十二卷 ……………………1－24
半窗史略四十二卷 ……………………1－24
半窗史略四十二卷 ……………………1－24
半窗史略四十二卷 ……………………1－24
半園尺牘二十五卷補遺六卷 …………1－25
半園尺牘二十五卷補遺六卷 …………1－25
半園尺牘二十五卷補遺六卷 …………1－25
半農先生春秋說十五卷 ………………1－25
半農先生春秋說十五卷 ………………1－25
半農先生春秋說十五卷 ………………1－25
半蕪園集十五卷 ………………………1－25
半蕪園集十五卷 ………………………1－25
半齋雜錄十四卷 ………………………1－25
[乾隆]汀州府志四十五卷首一卷 ……5－337
[乾隆]汀州府志四十五卷首一卷 ……5－337
永言堂四書體註合講十九卷…………4－390
永康胡氏退補齋詩存十六卷首一卷
　文存十二卷………………………3－489
[乾隆]永清縣志二十五卷附文徵五
　卷…………………………………5－339
永新詩徵三十三卷首一卷附錄九卷
　……………………………………4－390
永新詩徵三十三卷首一卷附錄九卷
　……………………………………4－390
永新詩徵三十三卷首一卷附錄九卷
　……………………………………4－390
[同治]永新縣志二十六卷首一卷 ……5－369
[同治]永新縣志二十六卷首一卷 ……5－370
[同治]永新縣志二十六卷首一卷 ……5－370
[萬曆]永新縣志八卷首一卷 …………5－372
[同治]永新縣志稿十卷 ………………5－370
[同治]永新縣志稿十卷 ………………5－370
永福庵文字緣略一卷…………………4－390
永嘉先生八面鋒十三卷………………4－390
永嘉先生八面鋒十三卷………………4－390
永嘉禪宗集二卷………………………4－390
永嘉叢書………………………………4－390
永嘉叢書………………………………4－390

永寧通書天集三卷地集三卷人集三卷和集三卷 …… 4－390
永寧通書天集三卷地集三卷人集三卷和集三卷 …… 4－390
永寧通書天集三卷地集三卷人集三卷和集三卷 …… 4－390
[同治]永寧縣志十卷首一卷 …… 5－369
[同治]永寧縣志十卷首一卷 …… 5－369
[道光]永寧縣志八卷首一卷 …… 5－284
[道光]永寧縣志八卷首一卷 …… 5－284
永慶橋會錄不分卷 …… 4－390
永樂大典目錄六十卷 …… 4－390
永曆實錄二十六卷 …… 4－390
[同治]永豐縣志四十卷 …… 5－369
[同治]永豐縣志四十卷 …… 5－369
[同治]永豐縣志四十卷 …… 5－369
永懷堂文鈔十卷 …… 4－390
永懷堂制義不分卷 …… 4－390
忉三官會目錄不分卷 …… 2－444
司天考十六卷 …… 3－314
司直古文草六卷 …… 3－314
司直古文草六卷 …… 3－314
司直寄迂草六卷 …… 3－314
司直詩存六卷 …… 3－314
司命寶訓不分卷 …… 3－314
司命寶訓不分卷 …… 3－314
司空詩品注釋一卷 …… 3－313
司空詩品注釋一卷 …… 3－313
司馬太師溫國文正公傳家集八十卷目錄二卷 …… 3－313
司馬氏書儀十卷 …… 3－313
司馬氏書儀十卷 …… 3－313
司馬氏書儀十卷 …… 3－313
司馬文正公集八十二卷首一卷目錄二卷 …… 3－314
司馬文正公傳家集八十卷目錄二卷 …… 3－314
司馬文正公傳家集八十卷目錄二卷 …… 3－314
司馬文正公傳家集八十卷目錄二卷 …… 3－314
司馬文正公傳家集八十卷目錄二卷 …… 3－314
司馬文正公傳家集八十卷目錄二卷 …… 3－314
司馬文正公傳家集八十卷目錄二卷 …… 3－314
司馬文正公傳家集八十卷目錄二卷 …… 3－314
司馬溫公切韻一卷 …… 5－127
司馬溫公文集十四卷 …… 3－313
司馬溫公文集十四卷 …… 3－313
司馬溫公文集十四卷 …… 3－313
司馬溫公文集十四卷 …… 3－313
司馬溫公文集十四卷 …… 3－314
司馬溫公文集八十二卷 …… 3－313
司馬溫公文集八十二卷目錄二卷 …… 3－313
司馬溫公通鑑論一卷 …… 3－313
司馬溫公稽古錄二十卷 …… 3－313
司馬溫公稽古錄二十卷 …… 3－313
司馬溫公稽古錄二十卷 …… 3－313
司馬溫公稽古錄二十卷 …… 3－313
司馬溫公稽古錄二十卷 …… 3－313
司馬溫公稽古錄二十卷附校勘記一卷 …… 3－313
司馬溫公稽古錄二十卷附校勘記一卷 …… 3－313
司馬頭陀水法不分卷 …… 5－393
司馬頭陀鉄案五卷 …… 3－313
司農俚輯四卷 …… 3－314
民立畫報不分卷 …… 2－414
民教相安議一卷 …… 2－414
[民國]豐城縣志三十六卷附例議一卷 …… 5－331
[民國]鹽乘十二卷首一卷 …… 5－331
民族小說洪秀全演義四集五十四回 …… 5－165
弘正四傑詩集 …… 2－36
弘正四傑詩集 …… 2－36
弘正四傑詩集 …… 2－36
弘明集十四卷 …… 2－36
弘明集十四卷 …… 2－36

弘明集十四卷 ………………………… 2－36
弘簡錄二百五十四卷 ………………… 2－36
弘簡錄二百五十四卷 ………………… 2－36
弘簡錄二百五十四卷 ………………… 2－36
弘簡錄二百五十四卷 ………………… 2－36
弘簡錄二百五十四卷 ………………… 2－36
出入滙慶不分卷……………………… 1－128
出山草譜八卷………………………… 1－128
出山草譜八卷………………………… 1－128
出山草譜八卷………………………… 1－128
出山草譜八卷………………………… 1－128
出山草譜八卷………………………… 1－128
出山草譜八卷………………………… 1－128
出山草譜四卷………………………… 1－128
出使英法義比四國日記六卷(清光緒十六年至十七年) ……………… 1－129
出使英法義比四國日記六卷(清光緒十六年至十七年) ……………… 1－129
出使英法義比四國日記六卷(清光緒十六年至十七年) ……………… 1－129
出使美日秘國日記十六卷(清光緒十五年至十九年) ………………… 1－128
出使美日秘國日記十六卷(清光緒十五年至十九年) ………………… 1－128
出使須知一卷………………………… 1－129
出塞稿四卷…………………………… 1－128
出曜經二十卷………………………… 1－129
加批細校改良文法筆算數學全部演草二十四章………………………… 2－134
加批增補四書味根錄三十七卷……… 2－134
加減成案新編六卷…………………… 2－134
加減成案新編六卷兩岐成案二卷…… 2－134
皮氏經學叢書………………………… 2－491
皮氏經學叢書………………………… 2－491
台州叢書……………………………… 3－408
台州叢書……………………………… 3－408
台州叢書……………………………… 3－408
幼科指歸二卷………………………… 4－405
幼科哲倆不分卷……………………… 4－405
幼科推拿秘書五卷…………………… 4－404
幼科集要二卷………………………… 4－404
幼科集要二卷………………………… 4－404
幼科經驗不分卷……………………… 4－404
幼科鋉鏡六卷………………………… 4－404
幼科鋉鏡六卷………………………… 4－404
幼科鋉鏡六卷………………………… 4－405
幼科鋉鏡六卷………………………… 4－405
幼科鋉鏡六卷………………………… 4－405
幼科鋉鏡六卷………………………… 4－405
幼科鋉鏡六卷………………………… 4－405
幼科鋉鏡六卷………………………… 4－405
幼科鋉鏡六卷………………………… 4－405
幼科鋉鏡六卷………………………… 4－405
幼科鋉鏡六卷………………………… 4－405
幼科鋉鏡六卷………………………… 4－405
幼科鋉鏡六卷………………………… 4－405
幼科鋉鏡六卷………………………… 4－405
幼科鋉鏡六卷………………………… 4－405
[幼科醫書合鈔]不分卷 ……………… 5－383
幼科醫學指南四卷…………………… 4－404
幼科證治準繩九卷…………………… 4－405
幼科證治準繩九卷…………………… 4－405
幼科證治準繩九卷…………………… 4－405
幼科證治準繩九卷…………………… 4－405
幼科證治準繩抄不分卷……………… 4－405
幼科鐵鏡六卷………………………… 4－404
幼科鐵鏡六卷………………………… 4－404
幼科鐵鏡六卷………………………… 4－404
幼科鐵鏡六卷………………………… 4－404
幼科鐵鏡六卷………………………… 4－404
幼科鐵鏡六卷………………………… 4－404
幼科鐵鏡六卷………………………… 4－404
幼科鐵鏡六卷………………………… 4－404
幼華琴譜六卷………………………… 4－404
幼學必讀三字鑑直解二卷…………… 4－405
幼學必讀三字鑑直解二卷…………… 4－405
幼學求源三十三卷…………………… 4－405
幼學求源三十三卷…………………… 4－405
幼學求源三十三卷…………………… 4－406
幼學求源三十三卷…………………… 4－406
幼學求源三十三卷…………………… 4－406
幼學求源三十三卷…………………… 4－406

幼學求源三十三卷 …………………… 4－406
幼學求源三十三卷 …………………… 4－406
幼學求源三十三卷 …………………… 4－406
幼學求源三十三卷 …………………… 4－406
幼學求源三十三卷 …………………… 4－406
幼學求源三十三卷 …………………… 4－406
幼學求源三十三卷 …………………… 4－406
幼學求源三十三卷 …………………… 4－406
幼學求源三十三卷 …………………… 4－406
幼學求源三十三卷 …………………… 4－406
幼學求源三十三卷 …………………… 4－406
幼學求源三十三卷 …………………… 4－406
幼學求源三十三卷 …………………… 4－406
幼學求源三十三卷 …………………… 4－406
幼學求源三十三卷 …………………… 4－407
幼學求源三十三卷 …………………… 4－407
幼學求源三十三卷 …………………… 4－407
幼學求源三十三卷 …………………… 4－407
幼學求源三十三卷 …………………… 4－407
幼學求源三十三卷 …………………… 4－407
幼學求源三十三卷 …………………… 4－407
幼學求源三十三卷 …………………… 5－401
幼學須知直解二卷 …………………… 4－407
幼學須知直解二卷 …………………… 4－407
幼學須知直解二卷 …………………… 4－407
幼學須知直解二卷 …………………… 4－407
幼學須知直解二卷 …………………… 4－407
幼學須知直解二卷 …………………… 4－407
幼學須知直解二卷 …………………… 4－407
幼學須知直解二卷 …………………… 4－407
幼學須知直解二卷 …………………… 4－407
幼學須知直解二卷 …………………… 4－407
幼學須知直解二卷 …………………… 4－407
幼學須知直解二卷 …………………… 4－407
幼學須知直解二卷 …………………… 4－408
幼學補編不分卷 …………………… 4－405

六畫

匡喆刻經頌十二卷 …………………… 2－249
匡謬正俗八卷 …………………… 2－249
[邦計論]不分卷 …………………… 5－274
式古堂目録十七卷 …………………… 3－246
式訓堂叢書 …………………… 3－246
式訓堂叢書 …………………… 3－246
式訓堂叢書 …………………… 3－246
式訓堂叢書 …………………… 3－246
刑名一得二卷 …………………… 4－221
刑律不分卷 …………………… 4－221
刑律平議彙編一卷 …………………… 4－221
刑部比照加減成案三十二卷首一卷 …………………… 4－221
刑部比照加減成案三十二卷首一卷 …………………… 4－221
刑部比照加減成案三十二卷首一卷 …………………… 4－221
刑部比照加減成案續編三十二卷 …… 4－221
刑部條例不分卷(乾隆二十七年至三十一年) …………………… 4－221
刑部駁案提要八卷 …………………… 4－221
刑部駁案新抄不分卷(乾隆三十四年至四十八年) …………………… 4－221
刑部駁案彙鈔八卷 …………………… 4－221
刑案成式十卷 …………………… 4－221
刑案匯覽六十卷首一卷末一卷拾遺備考一卷 …………………… 4－221
刑案匯覽六十卷首一卷末一卷拾遺備考一卷 …………………… 4－221
刑錢必覽十卷 …………………… 4－221
刑錢必覽十卷 …………………… 4－221
刑錢必覽十卷 …………………… 4－222
刑錢必覽十卷 …………………… 4－222
刑錢必覽十卷 …………………… 5－399
迂齋先生標註崇古文訣三十五卷 …… 4－408
迂齋學古編四卷 …………………… 4－408
迂齋學古編四卷 …………………… 4－408
圭山存牘一卷 …………………… 1－479
圭盦詩錄一卷 …………………… 1－479
圭齋文集十六卷 …………………… 1－479
[吉凶歌]不分卷 …………………… 5－299
吉水上棟胡氏六世同居錄一卷附錄一卷 …………………… 2－111

吉水毛襄懋先生全集…………………… 2－111
吉水李忠肅公集六卷…………………… 2－111
[道光]吉水縣志三十二卷首一卷 … 5－279
[道光]吉水縣志三十二卷首一卷 … 5－279
[光緒]吉水縣志六十六卷首一卷 … 5－292
[光緒]吉水縣志六十六卷首一卷 … 5－292
[光緒]吉水縣志六十六卷首一卷 … 5－292
[光緒]吉水縣志六十六卷首一卷 … 5－292
[光緒]吉水縣志六十六卷首一卷 … 5－292
[乾隆]吉水縣志四十二卷 ………… 5－334
吉永豐鷺溪劉楚奇先生惟實本集四
　卷外集二卷………………………… 2－111
吉永豐鷺溪劉楚奇先生惟實本集四
　卷外集二卷………………………… 2－111
吉永豐鷺溪劉楚奇先生惟實本集四
　卷外集二卷………………………… 2－111
吉永豐鷺溪劉楚奇先生惟實本集四
　卷外集二卷………………………… 2－112
吉羊館詞鈔□□卷…………………… 2－111
[乾隆]吉安府志七十四卷首一卷 … 5－334
[乾隆]吉安府志七十四卷首一卷 … 5－334
[乾隆]吉安府志七十四卷首一卷 … 5－334
[乾隆]吉安府志七十四卷首一卷 … 5－334
[光緒]吉安府志五十三卷首一卷 … 5－291
[光緒]吉安府志五十三卷首一卷 … 5－291
[光緒]吉安府志五十三卷首一卷 … 5－291
[光緒]吉安府志五十三卷首一卷 … 5－291
[光緒]吉安府志五十三卷首一卷 … 5－292
[光緒]吉安府志五十三卷首一卷 … 5－292
[道光]吉林外紀十卷 ……………… 1－4
吉林民政官報………………………… 2－111
[宣統]吉林紀事詩四卷首一卷末一
　卷………………………………… 5－377
[光緒]吉林通志一百二十二卷圖一
　卷 ………………………………… 1－42
吉林輿圖一卷………………………… 2－111
吉金齋古銅印譜六卷續一卷………… 2－111
吉祥如意花一卷……………………… 2－111
吉祥花六卷…………………………… 2－111
吉祥錄一卷…………………………… 2－111
考工記二卷…………………………… 2－240
考工記析疑四卷……………………… 2－241
考工記要十七卷附圖一卷…………… 2－241
考工記要十七卷附圖一卷…………… 2－241
考工記通二卷………………………… 2－240
考工記補疏一卷……………………… 2－240
考工記圖二卷………………………… 2－240
考工記圖二卷………………………… 2－240
考工記論文一卷……………………… 2－240
考工記輯注二卷……………………… 2－240
考正字彙二卷………………………… 2－243
考正資治救劫感應篇不分卷………… 2－243
考正德清胡氏禹貢圖一卷 ………… 2－20
考正德清胡氏禹貢圖一卷 ………… 2－20
考正德清胡氏禹貢圖一卷 ………… 2－20
考功集選四卷………………………… 2－241
考古必要賦四卷附試賦分論一卷擬
　題分類備覽一卷…………………… 2－241
考古必要賦四卷附試賦分論一卷擬
　題分類備覽一卷…………………… 2－241
考古必要賦四卷附試賦分論一卷擬
　題分類備覽一卷…………………… 2－241
考古必要賦四卷附試賦分論一卷擬
　題分類備覽一卷…………………… 2－241
考古必要賦四卷附試賦分論一卷擬
　題分類備覽一卷…………………… 2－241
考古必要賦四卷附試賦分論一卷擬
　題分類備覽一卷…………………… 2－241
考古便讀二十二卷…………………… 2－241
考古質疑六卷………………………… 2－241
考史拾遺十卷………………………… 2－242
考史拾遺十卷………………………… 2－243
考卷十集……………………………… 2－241
考卷約選二集不分卷補編一卷……… 2－242
考卷約選二集不分卷補編一卷……… 2－242
考卷約選七集不分卷………………… 2－242
考卷約選三集不分卷………………… 2－242
考卷約選三集不分卷………………… 2－242
考卷約選三集不分卷………………… 2－242
考卷約選五集不分卷………………… 2－242
考卷約選五集不分卷………………… 2－242
考卷約選不分卷……………………… 2－242

考卷約選不分卷 …………………………… 2－242
考卷約選不分卷 …………………………… 2－242
考卷約選不分卷 …………………………… 2－242
考卷約選六集不分卷 ……………………… 2－242
考卷約選六集不分卷 ……………………… 2－242
考卷約選四集不分卷 ……………………… 2－242
考卷約選四集不分卷 ……………………… 2－242
考卷約選四集不分卷附補編一卷 …… 2－242
考卷約選四集不分卷附補編一卷 …… 2－242
考卷脱穎集不分卷 ………………………… 2－242
考卷雅正集不分卷 ………………………… 2－242
考卷雋快二編不分卷 ……………………… 2－241
考卷雋快初編不分卷二編不分卷三
編不分卷 ……………………………… 2－241
考卷雋快初編不分卷二編不分卷三
編不分卷 ……………………………… 2－241
考卷雋快初編不分卷二編不分卷三
編不分卷 ……………………………… 2－241
考卷雋快新編不分卷 ……………………… 2－241
考卷註釋采精集不分卷 …………………… 2－242
考卷截搭新編不分卷 ……………………… 2－241
考查臺灣行政事件報告不分卷 ……… 2－240
考訂河洛理數便覽一卷 …………………… 2－240
考棚文昌會冊一卷 ………………………… 2－242
考棚總冊一卷 ……………………………… 2－242
考試司機七卷首一卷 ……………………… 2－243
考試司機七卷首一卷 ……………………… 2－243
考試新章備體不分卷 ……………………… 2－243
考試新章義不分卷 ………………………… 2－243
考察政治日記一卷 ………………………… 2－240
老子本義二卷 ……………………………… 2－258
老子約説四卷 ……………………………… 2－259
老子約説四卷 ……………………………… 2－259
老子約説四卷 ……………………………… 2－259
老子章義二卷 ……………………………… 2－259
老子章義二卷 ……………………………… 2－259
老子集解二卷考異一卷 …………………… 2－258
老子道德真經二卷 ………………………… 2－258
老子道德經二卷 …………………………… 2－258
老子道德經二卷 …………………………… 2－258
老子道德經二卷 …………………………… 2－258
老子道德經二卷 …………………………… 2－258
老子道德經二卷 …………………………… 2－258
老子道德經二卷 …………………………… 2－258
老子道德經二卷 …………………………… 2－258
老子道德經考異二卷 ……………………… 2－258
老子道德經解二卷 ………………………… 2－258
老子道德經解二卷首一卷 ………………… 2－258
老子道德經解二卷首一卷 ………………… 2－258
老子道德經解二卷首一卷莊子内篇
註四卷 ………………………………… 2－258
老子道德經輯注二卷首一卷 …………… 2－258
老子説畧二卷 ……………………………… 2－258
老子説畧二卷 ……………………………… 2－258
老子翼八卷 ………………………………… 2－258
老子翼八卷 ………………………………… 2－258
老子翼八卷 ………………………………… 2－259
老子翼三卷 ………………………………… 2－259
老子翼三卷 ………………………………… 2－259
老子翼三卷 ………………………………… 2－259
老子證義二卷 ……………………………… 2－259
老子證義二卷 ……………………………… 2－259
老老横言五卷 ……………………………… 2－257
老會賢四書體註合講十九卷 …………… 2－257
老樹軒詩集五卷 …………………………… 2－257
老學庵筆記二卷 …………………………… 2－257
老學庵筆記二卷 …………………………… 2－257
老學庵筆記十卷 …………………………… 2－257
老學庵筆記十卷 …………………………… 2－257
老學庵筆記十卷 …………………………… 2－258
地方自治制論一卷 ………………………… 1－245
地方自治制論一卷 ………………………… 1－245
地師真傳不分卷 …………………………… 1－252
地記不分卷 ………………………………… 1－245
[地記]不分卷 ……………………………… 5－286
地球十五大戰紀十五卷 …………………… 1－250
地球説略一卷 ……………………………… 1－251
地球説略一卷 ……………………………… 1－251
地球韻言四卷 ……………………………… 1－251
地球韻言四卷 ……………………………… 1－251
地球韻言四卷 ……………………………… 1－251
地球韻言四卷 ……………………………… 1－251

地球韻言四卷…………………………… 1－251
地球韻言四卷…………………………… 1－251
地球韻言四卷…………………………… 1－251
地球韻言四卷…………………………… 1－251
地球韻言四卷…………………………… 1－251
地球韻言四卷…………………………… 1－251
地球韻言四卷…………………………… 1－251
地球韻言四卷…………………………… 1－251
地球韻言四卷…………………………… 1－251
地球韻言四卷…………………………… 1－251
地球韻言四卷…………………………… 1－251
地球韻言四卷…………………………… 1－251
地球韻言四卷…………………………… 1－251
地球韻言四卷…………………………… 1－251
地球韻言四卷…………………………… 1－251
地球韻言四卷…………………………… 1－251
地球韻言四卷…………………………… 1－251
地球韻言四卷…………………………… 1－251
地球韻言四卷…………………………… 1－252
地球韻言四卷…………………………… 1－252
地球韻言四卷…………………………… 1－252
地球韻言四卷…………………………… 1－252
地球韻言四卷…………………………… 1－252
地球韻言四卷…………………………… 1－252
地球韻言四卷…………………………… 1－252
地球韻言四卷…………………………… 1－252
地球韻言四卷…………………………… 1－252
地球韻言四卷…………………………… 1－252
地球韻言四卷…………………………… 1－252
地球韻言四卷…………………………… 1－252
地球韻言四卷…………………………… 1－252
地球韻言四卷…………………………… 1－252
地球韻言四卷…………………………… 1－252
地球韻言四卷…………………………… 1－252
地理人子須知三十九卷………………… 1－249
地理大全一集形勢真訣三十卷………… 1－247
地理元宗圖說二卷……………………… 1－250
地理五訣八卷…………………………… 1－249
地理五訣八卷…………………………… 1－249
地理五訣八卷…………………………… 1－249
地理五訣八卷…………………………… 1－249
地理五訣八卷…………………………… 1－249
地理五訣八卷陽宅三要四卷…………… 1－250
地理五訣八卷陽宅三要四卷…………… 1－250
地理支隴乘氣論四卷地學綱目六卷
…………………………………………… 1－250
地理六法傳心二集六卷………………… 1－248
地理六經注六卷………………………… 1－248
地理六經註六卷………………………… 1－248
地理水法要訣五卷……………………… 1－249
地理水法要訣五卷……………………… 1－249
地理末學二卷首一卷…………………… 1－248
地理末學二卷首一卷…………………… 1－248
地理正宗訣要□□卷…………………… 1－250
地理正義鉛彈子砂水要訣七卷………… 1－250
地理正義鉛彈子砂水要訣七卷………… 1－250
地理正義鉛彈子砂水要訣七卷………… 1－250
地理正義鉛彈子砂水要訣七卷………… 1－250
地理正義鉛彈子砂水要訣七卷………… 1－250
地理四彈子……………………………… 1－249
地理四彈子……………………………… 1－249
地理四彈子……………………………… 1－249
地理阡厝十三法一卷…………………… 1－248
地理吉凶圖訣一卷……………………… 1－248
[地理至寶]不分卷 …………………… 5－286
地理全志二卷…………………………… 1－249
地理全志二卷…………………………… 1－249
地理全志二卷…………………………… 1－249
地理全志二卷…………………………… 1－249
地理全書解四卷………………………… 1－249
地理形書不分卷………………………… 1－250
地理抄立一卷…………………………… 1－247
地理求真二卷…………………………… 1－248
地理求真二卷…………………………… 1－248
地理求真二卷…………………………… 1－249
地理我愛集纂要………………………… 1－249
地理初桄一卷…………………………… 1－247
地理初桄一卷…………………………… 1－247
地理初桄一卷…………………………… 1－247
地理法解不分卷………………………… 1－247
地理要訣不分卷………………………… 1－250

地理拾鉛巒頭理氣合編四卷理氣真詮一卷…………………………… 1－249
地理指迷篇二卷…………………………… 1－250
地理指掌四卷…………………………… 1－250
地理指掌續編四卷…………………………… 1－250
地理珠神經二卷…………………………… 1－250
地理珠神經二卷…………………………… 1－250
地理真宗傳家貽玉編不分卷………… 1－250
[地理真訣]不分卷 …………………… 5－286
[地理秘訣]不分卷 …………………… 5－286
[地理秘訣]不分卷 …………………… 5－286
[地理秘訣]不分卷 …………………… 5－286
地理秘傳昏衢秉燭□□卷………… 1－248
地理秘竅一卷…………………………… 1－248
地理捷徑二卷…………………………… 1－248
地理問答二卷…………………………… 1－249
地理問答二卷…………………………… 1－249
地理啖蔗錄八卷…………………………… 1－247
地理啖蔗錄八卷…………………………… 1－247
地理啖蔗錄八卷…………………………… 1－247
地理啖蔗錄八卷…………………………… 1－247
地理啖蔗錄八卷…………………………… 1－247
地理參贊玄機僊婆集十三卷………… 1－247
地理參贊玄機僊婆集十三卷………… 1－247
地理參贊玄機僊婆集十三卷………… 1－247
地理參贊玄機僊婆集十三卷………… 1－247
地理參贊玄機僊婆集十三卷………… 1－247
地理裘腋集五卷…………………………… 1－249
地理裘腋集五卷…………………………… 1－249
地理傳心全集四集…………………………… 1－247
地理傳心全集四集…………………………… 1－247
地理精微集六卷…………………………… 1－248
地理精語四卷…………………………… 1－248
地理精語四卷…………………………… 1－248
地理精語四卷…………………………… 1－248
地理精語四卷…………………………… 1－248
地理精語四卷…………………………… 1－248
地理精語四卷…………………………… 1－248
地理精語四卷…………………………… 1－248
地理質學啓蒙七卷…………………………… 1－250
地理質學啓蒙八卷…………………………… 1－250
地理薪傳四卷補編一卷…………………… 1－250
地理薪傳四卷補編一卷…………………… 1－250
地理錄要四卷…………………………… 1－248
地理錄要四卷…………………………… 1－248
地理辨正五卷…………………………… 1－246
地理辨正五卷…………………………… 1－246
地理辨正五卷…………………………… 1－246
地理辨正五卷…………………………… 1－246
地理辨正五卷…………………………… 1－246
地理辨正五卷…………………………… 1－246
地理辨正五卷…………………………… 1－246
地理辨正五卷…………………………… 1－246
地理辨正再辨直解合編五卷………… 1－247
地理辨正再辨直解合編五卷………… 1－247
地理辨正補義五卷…………………………… 1－245
地理辨正補義五卷…………………………… 1－246
地理辨正補義五卷…………………………… 1－246
地理辨正補義五卷…………………………… 1－246
地理辨正疏五卷首一卷末一卷……… 1－246
地理辨正疏五卷首一卷末一卷……… 1－246
地理辨正疏五卷首一卷末一卷……… 1－246
地理辨正疏五卷首一卷末一卷……… 1－246
地理辨正疏五卷首一卷末一卷……… 1－246
地理辨正疏五卷首一卷末一卷……… 1－246
地理辨正疏五卷首一卷末一卷……… 1－246
地理辨正疏五卷首一卷末一卷……… 1－246
地理辨正疏五卷首一卷末一卷……… 1－246
地理辨正疏五卷首一卷末一卷……… 1－246
地理點竅□卷…………………………… 1－247
地理講義一卷…………………………… 1－248
地理講義一卷…………………………… 1－248
地理權書三卷…………………………… 1－249
地圖綜要三卷…………………………… 1－252
地質學一卷…………………………… 1－253
地質學簡易教科書不分卷………… 1－253
地學二卷…………………………… 1－252
地學二卷…………………………… 1－252
地學正經…………………………… 1－253
地學正論醒迷全集不分卷………… 1－253
地學指畧三卷…………………………… 1－253
地學指畧三卷…………………………… 1－253

地學淺釋三十八卷…………………… 1－253
地學淺釋三十八卷…………………… 1－253
地學淺釋三十八卷…………………… 1－253
地學淺釋三十八卷…………………… 1－253
地學淺釋三十八卷…………………… 1－253
地學答問三卷………………………… 1－252
地學歌畧一卷………………………… 3－457
地學歌畧一卷………………………… 3－457
地學歌略一卷………………………… 1－252
地學歌略一卷………………………… 1－252
地學講義不分卷……………………… 1－253
[地學叢鈔] ……………………… 5－286
地藏菩薩本願經三卷………………… 1－245
耳食錄十二卷………………………… 1－333
耳新八卷……………………………… 1－333
芝庵雜記四卷………………………… 5－106
芝隱室詩存七卷續存一卷附存一卷
首一卷……………………………… 5－107
芝霞莊詩存五卷……………………… 5－107
芝蘭室存藁一卷……………………… 5－107
芝蘭室隨錄資摩不分卷……………… 5－107
臣軌二卷 …………………………… 1－99
臣鑑錄二十卷 ……………………… 1－99
臣鑑錄二十卷 ……………………… 1－99
臣鑑錄二十卷 ……………………… 1－99
吏事識小錄四卷……………………… 2－293
吏部則例不分卷……………………… 2－293
再生緣全傳二十卷 ………………… 5－41
再生緣全傳二十卷 ………………… 5－41
再生緣全傳二十卷 ………………… 5－41
再生緣全傳二十卷 ………………… 5－41
再重訂傷寒集注十五卷 …………… 5－41
再重訂傷寒集註十五卷 …………… 5－42
再重訂傷寒集註十五卷 …………… 5－42
再重訂傷寒集註十五卷 …………… 5－42
再重訂傷寒集註十五卷 …………… 5－42
再重訂傷寒集註十五卷 …………… 5－42
再重訂傷寒集註十五卷 …………… 5－42
再重訂傷寒集註十五卷 …………… 5－42
再重訂傷寒集註十五卷 …………… 5－42
再重訂傷寒集註十五卷 …………… 5－42
再重訂傷寒集註十五卷 …………… 5－42
再重訂傷寒集註十五卷 …………… 5－42
再重訂傷寒集註十五卷 …………… 5－42
再重訂傷寒集註十五卷 …………… 5－42
再重訂傷寒集註十五卷 …………… 5－42
再重訂傷寒集註十五卷 …………… 5－42
再重訂傷寒集註十五卷 …………… 5－42
再重訂傷寒集註十五卷 …………… 5－42
再重訂傷寒集註十五卷 …………… 5－42
再重訂傷寒集註十五卷 …………… 5－42
再重訂傷寒集註十五卷 …………… 5－43
再重訂傷寒集註十五卷 …………… 5－43
再重訂傷寒集註十五卷 …………… 5－43
再重訂傷寒集註十五卷 …………… 5－43
再重訂傷寒集註十五卷 …………… 5－43
再重訂傷寒集註十五卷 …………… 5－43
再重訂傷寒集註十五卷 …………… 5－43
再重訂傷寒集註十五卷 …………… 5－43
再重訂傷寒集註十五卷 …………… 5－43
再重訂傷寒集註十五卷 …………… 5－43
再重訂傷寒集註十五卷 …………… 5－43
再重訂傷寒集註十五卷 …………… 5－43
再重訂傷寒集註十五卷 …………… 5－43
再重訂傷寒集註十卷附五卷 ……… 5－41
再重訂傷寒集註十卷附五卷 ……… 5－41
再重訂傷寒集註十卷附五卷 ……… 5－41
再重訂傷寒集註十卷附五卷 ……… 5－41
再重訂傷寒集註十卷附五卷 ……… 5－41
再重訂傷寒集註十卷附五卷 ……… 5－41
再重訂傷寒集註十卷附五卷 ……… 5－41
再重訂傷寒集註十卷附五卷 ……… 5－42
再重訂傷寒集註十卷附五卷 ……… 5－42
再重訂傷寒集註十卷附五卷 ……… 5－42
再重訂傷寒集註十卷附五卷 ……… 5－42
再重訂傷寒集註十卷附五卷 ……… 5－42
再重訂傷寒集註十卷附五卷……… 5－402
再重訂傷寒集註十卷附五卷……… 5－402
[光緒]再續高郵州志八卷首一卷 … 5－297
[光緒]再續高郵州志八卷首一卷 … 5－297
西士酬中國人書一卷………………… 4－100
西山先生真文忠公文章正宗二十四

卷 …………………………………… 4－98
西山先生真文忠公文章正宗二十四
卷 …………………………………… 4－99
西山先生真文忠公文章正宗二十四
卷 …………………………………… 4－99
西山先生真文忠公文章正宗二十四
卷續二十卷 ………………………… 4－99
西山先生真文忠公文章正宗二十四
卷續二十卷 ………………………… 4－99
西山先生真文忠公文章正宗二十四
卷續二十卷 ………………………… 4－99
西山先生真文忠公文章正宗二十四
卷續二十卷 ………………………… 4－99
西山先生真文忠公文章正宗讀本不
分卷 ………………………………… 4－98
西山先生真文忠公文章正宗讀本不
分卷 ………………………………… 4－98
西山先生真文忠公文章正宗讀本不
分卷 ………………………………… 4－98
西山先生真文忠公文章正宗讀本不
分卷 ………………………………… 4－98
西山先生真文忠公文章正宗讀本不
分卷 ………………………………… 4－98
西山先生真文忠公文集五十五卷目
錄二卷 ……………………………… 4－98
西山先生真文忠公文集五十五卷目
錄二卷 ……………………………… 4－98
西山先生真文忠公文集五十五卷目
錄二卷 ……………………………… 4－98
西山先生真文忠公文集五十五卷目
錄二卷 ……………………………… 4－98
西山先生真文忠公文集五十五卷目
錄二卷 ……………………………… 4－98
西山先生真文忠公文集五十五卷目
錄二卷 ……………………………… 4－98
西山先生真文忠公文集五十五卷目
錄二卷 ……………………………… 5－397
西山先生真文忠公續文章正宗二十
卷 …………………………………… 4－99
西山先生真文忠公讀書記四十卷 …… 4－98
西山先生真文忠公讀書記四十卷 …… 4－98
西山竹枝詞一百首一卷 …………… 4－99
西山志六卷 ………………………… 4－99
西山志六卷 ………………………… 4－99
西山志六卷 ………………………… 4－99
西山志六卷 ………………………… 4－99
西山真文忠公心政二經二卷 ………… 4－242
西山真文忠公[德秀]年譜一卷 …… 4－99
西山真文忠公衛生歌不分卷 ……… 4－99
西方要訣科注二卷 ………………… 4－91
西北文集四卷 ……………………… 4－91
西史通志一百二十八卷 …………… 4－100
西史通志一百二十八卷 …………… 4－100
西史綱目二十卷 …………………… 4－99
西史綱目二十卷 …………………… 4－99
西史綱目二十卷 …………………… 4－99
西史綱目二十卷 …………………… 4－99
西史綱目二十卷 …………………… 4－99
西史綱目三十五卷 ………………… 4－99
西史綱目三十五卷 ………………… 4－100
西行日記二卷(清光緒三年至四年)
…………………………………… 4－93
西江文萃一卷 ……………………… 4－95
西江文萃一卷 ……………………… 4－95
西江古蹟詩鈔不分卷 ……………… 4－95
西江古蹟詩鈔不分卷 ……………… 4－95
西江古蹟詩鈔不分卷 ……………… 4－95
西江古蹟詩鈔不分卷 ……………… 4－95
[康熙]西江志二百六卷圖一卷 …… 5－328
[康熙]西江志二百六卷圖一卷 …… 5－328
[康熙]西江志二百六卷圖一卷 …… 5－328
[康熙]西江志二百六卷圖一卷 …… 5－328
[康熙]西江志二百六卷圖一卷 …… 5－328
西江泛宅集三卷古月軒試帖偶存一
卷 …………………………………… 4－95
西江泛宅集三卷古月軒試帖偶存一
卷 …………………………………… 4－95
西江政要一百三十二卷 …………… 4－95
西江政要一百三十二卷 …………… 4－96
西江風雅十二卷補編一卷 ………… 4－95
西江風雅十二卷補編一卷 ………… 4－95
西江祝嘏 …………………………… 4－96

西江詩略□□卷 ……………………… 4－95
西江詩話十二卷 ……………………… 4－95
西江詩話十二卷 ……………………… 4－95
西江詩話十二卷 ……………………… 4－95
西江詩話十二卷 ……………………… 4－95
西江詩話十二卷 ……………………… 4－95
西江詩話十二卷 ……………………… 4－95
西江詩話十二卷 ……………………… 4－95
西江詩話三卷 ………………………… 4－95
[嘉慶]西安縣志四十八卷首一卷 … 5－302
[嘉慶]西安縣志四十八卷首一卷 … 5－302
西巡大事本末記六卷………………… 4－102
西村集八卷首一卷附錄一卷 ………… 4－91
西村詩集二卷 ………………………… 4－91
西吳蠶略二卷………………………… 4－101
西陂類稿五十卷 ……………………… 4－90
西陂類稿五十卷 ……………………… 4－90
西陂類稿五十卷 ……………………… 4－90
西青散記四卷 ………………………… 4－97
西青散記四卷 ………………………… 4－97
西坪書院錄不分卷 …………………… 4－97
西坪書院錄不分卷 …………………… 4－97
西昌王抑菴集四十卷首一卷 ………… 4－91
西昌王抑菴集四十卷首一卷 ………… 4－91
西昌王抑菴集四十卷首一卷 ………… 4－91
西昌王抑菴集四十卷首一卷 ………… 4－91
西昌王抑菴集四十卷首一卷 ………… 4－91
西昌王抑菴集四十卷首一卷 ………… 4－91
西征述一卷後西征述一卷…………… 4－104
西征紀程四卷………………………… 4－104
西京雜記二卷 ………………………… 4－96
西京雜記六卷 ………………………… 1－60
西郊宣廣義三鄉急公新圖不分卷 …… 4－96
西河文選十一卷 ……………………… 4－93
西河合集 ……………………………… 4－93
西河合集 ……………………………… 4－93
西河合集 ……………………………… 4－93
西泠詞萃 ……………………………… 4－96
西泠詞萃 ……………………………… 4－96
西泠酬倡集五卷二集五卷 …………… 4－96
西垣詩鈔二卷附西垣黔苗竹枝詞一
　卷…………………………………… 4－103
西政挈要六卷………………………… 4－104
西政叢書……………………………… 4－104
西政叢書……………………………… 4－104
西政叢書……………………………… 4－104
西亭文鈔十二卷首一卷末一卷附錄
　一卷………………………………… 4－101
西洋兵書……………………………… 4－102
西洋歷史教科書二卷………………… 4－102
西洋襍志八卷………………………… 4－102
西洋雜志八卷………………………… 4－102
西夏紀事本末三十六卷年表一卷…… 4－101
西夏紀事本末三十六卷首二卷……… 4－101
西夏紀事本末三十六卷首二卷……… 4－101
西夏書事四十二卷…………………… 4－101
西原全集十卷遺集一卷……………… 4－103
西原全集十卷遺集一卷……………… 5－397
西原遺集一卷………………………… 5－397
西晉文二十卷 ………………………… 4－96
西晉文二十卷 ………………………… 4－96
西圃集十卷 …………………………… 4－97
西圃集十卷續集四卷詩集補遺一卷
　詞續一卷詞三續一卷題畫詩一卷
　題畫詩續一卷文集四卷文集補遺
　一卷 ………………………………… 4－97
西圃集文四卷補遺一卷 ……………… 4－97
西航集不分卷 ………………………… 4－93
西被考略六卷 ………………………… 4－91
西陬牧唱詞一卷……………………… 4－104
西域水道記五卷附新疆賦一卷……… 4－103
西域記八卷…………………………… 4－103
西域記八卷…………………………… 4－103
西域記八卷…………………………… 4－103
西域記八卷…………………………… 4－103
西域記八卷…………………………… 4－103
西域聞見錄八卷……………………… 4－103
西堂文集二十四卷…………………… 4－101
西堂文集二十四卷…………………… 4－101
西堂全集……………………………… 4－100
西堂全集……………………………… 4－100
西堂全集……………………………… 4－100

西堂全集 ………………………………… 4－100
西堂全集 ………………………………… 4－100
西堂全集 ………………………………… 4－100
西堂全集 ………………………………… 4－100
西堂全集 ………………………………… 4－100
西堂全集 ………………………………… 4－100
西堂全集 ………………………………… 4－100
西堂全集 ………………………………… 4－100
西堂全集 ………………………………… 4－100
西堂全集 ………………………………… 4－100
西堂全集 ………………………………… 4－100
西堂全集 ………………………………… 5－397
西堂詩集 ………………………………… 4－100
西堂詩集 ………………………………… 4－100
西堂詩集 ………………………………… 4－100
西堂詩集 ………………………………… 4－101
西堂詩集 ………………………………… 5－397
西堂雜組三集不分卷 ……………………… 5－397
西野李先生遺稿十四卷 …………………… 4－102
西國近事彙編分類輯要二十卷目録
二十卷首一卷 ………………………… 4－91
西國近事彙編分類輯要二十卷目録
二十卷首一卷 ………………………… 4－91
西國近事彙編四卷 ……………………… 4－91
西國近事彙編四卷 ……………………… 4－91
西國近事彙編四卷 ……………………… 4－91
西國近事彙編四卷 ……………………… 4－92
西國近事彙編四卷 ……………………… 4－92
西國近事彙編四卷 ……………………… 4－92
西國近事彙編四卷 ……………………… 4－92
西國近事彙編四卷 ……………………… 4－92
西國近事彙編四卷 ……………………… 4－92
西國近事彙編四卷 ……………………… 4－92
西國近事彙編四卷 ……………………… 4－92
西國近事彙編四卷 ……………………… 4－92
西國近事彙編四卷 ……………………… 4－92
西國近事彙編□□卷 …………………… 4－91
西國近事彙編□□卷 …………………… 4－91
西崑酬唱集二卷 ………………………… 4－96
西清古鑑四十卷錢録十六卷 …………… 4－97
西清古鑑四十卷錢録十六卷 …………… 4－97
西清古鑑四十卷錢録十六卷 …………… 4－97
西清古鑑四十卷錢録十六卷 …………… 4－97
西清古鑑四十卷錢録十六卷 …………… 4－98
西清劄記四卷 …………………………… 4－98
西清續鑑甲編二十卷附録一卷 ………… 4－98
西清續鑑甲編二十卷附録一卷 ………… 4－98
西雲文鈔二卷 …………………………… 4－104
西雲詩鈔四卷 …………………………… 4－104
西雲劄記二卷 …………………………… 4－104
西雲劄記四卷 …………………………… 4－104
西廂典二卷 ……………………………… 4－101
［西廂記］不分卷 ………………………… 5－375
西廂記□□回 …………………………… 4－101
［西廂記摘抄］不分卷 …………………… 5－375
［西廂記選抄］不分卷 …………………… 5－375
西遊真詮一百回 ………………………… 4－103
西遊真詮一百回 ………………………… 4－103
西遊真詮一百回 ………………………… 4－103
西遊真詮一百回 ………………………… 4－103
西遊真詮一百回 ………………………… 4－103
西遊真詮一百回 ………………………… 4－103
西遊真詮一百回 ………………………… 4－103
西遊真詮一百回 ………………………… 4－103
西遊真詮一百回 ………………………… 4－103
西遊原旨二十四卷首一卷 ……………… 4－103
西遊原旨讀法二卷 ……………………… 4－103
西遊記傳四卷 …………………………… 4－103
西湖志四十八卷 ………………………… 4－93
西湖志四十八卷 ………………………… 4－93
西湖志四十八卷 ………………………… 4－93
西湖志四十八卷 ………………………… 4－93
西湖志四十八卷 ………………………… 4－94
西湖志四十八卷 ………………………… 4－94
西湖志四十八卷 ………………………… 4－94
西湖志四十八卷 ………………………… 4－94
西湖志四十八卷 ………………………… 4－94
西湖志四十八卷 ………………………… 4－94
西湖志四十八卷 ………………………… 4－94
西湖志四十八卷 ………………………… 4－94
西湖志四十八卷 ………………………… 4－94
西湖志四十八卷 ………………………… 4－94

西湖志四十八卷 ……………………… 4－94
西湖志四十八卷 ……………………… 4－94
西湖志四十八卷 ……………………… 4－94
西湖志四十八卷 ……………………… 4－94
西湖志四十八卷 ……………………… 4－94
西湖志纂十五卷首一卷末一卷 ……… 4－94
西湖志纂十五卷首一卷末一卷 ……… 4－94
西湖志纂十五卷首一卷末一卷 ……… 4－95
西湖佳話古今遺跡十六卷 …………… 4－93
西湖拾遺四十八卷 …………………… 4－93
西湖遊覽志二十四卷志餘二十六卷
……………………………………… 4－93
西湖夢尋五卷 ………………………… 4－93
西湖楹聯四卷 ………………………… 4－93
西塘先生文集九卷…………………… 4－101
西蜀唐圃亭先生行畧一卷 …………… 3－33
西溪叢語二卷………………………… 4－101
西溪叢語二卷………………………… 4－101
西臺集二十卷………………………… 4－100
西算明鏡錄五卷……………………… 4－100
西銘講義一卷 ………………………… 4－96
西漢文二十卷 ………………………… 4－92
西漢文選四卷 ………………………… 4－92
西漢文選四卷 ………………………… 4－92
西漢文選四卷 ………………………… 4－92
西漢文選四卷 ………………………… 4－93
西漢文選四卷 ………………………… 4－93
西漢文選四卷 ………………………… 4－93
西漢文選四卷 ………………………… 4－93
西漢文選四卷 ………………………… 4－93
西漢文選四卷………………………… 5－397
西漢四大家書 ………………………… 4－92
西漢四大家書 ………………………… 4－92
西漢節義傳論二卷 …………………… 4－92
西漢會要七十卷 ……………………… 4－92
西漚全集十卷外集八卷 ……………… 4－96
西漚試帖輯注二卷 …………………… 4－96
西漚試帖輯注二卷 …………………… 4－96
西漚試帖輯注二卷 …………………… 4－96
西漚試帖輯注二卷 …………………… 4－96
西漚試帖輯注二卷 …………………… 4－97
西漚試帖輯注二卷 …………………… 4－97
西漚試帖輯注二卷 …………………… 4－97
西漚試帖輯注二卷 …………………… 4－97
西漚試帖輯注二卷 …………………… 4－97
西漚試帖輯注二卷 …………………… 4－97
西漚試帖輯注二卷 …………………… 4－97
西漚試帖輯注二卷 …………………… 4－97
西漚試帖輯注二卷 …………………… 4－97
西漚試帖輯注二卷 …………………… 4－97
西甌近詩偶鈔一卷 …………………… 4－97
西學三通……………………………… 4－102
西學大成十二編……………………… 4－101
西學大成十二編……………………… 4－101
西學自強叢書………………………… 4－102
西學自強叢書………………………… 4－102
西學時務總纂大成九十一卷………… 4－102
西學書目表三卷附一卷……………… 4－102
西學畧述十卷………………………… 4－102
西學啓蒙……………………………… 4－102
西學啓蒙……………………………… 4－102
西學輯存六種………………………… 4－101
西學輯存六種………………………… 4－101
西學輯存六種………………………… 4－102
西徼水道一卷 ………………………… 4－96
西徼水道一卷 ………………………… 4－96
西徼水道一卷 ………………………… 4－96
［光緒］西藏圖考八卷首一卷 ……… 5－296
［光緒］西藏圖考八卷首一卷 ……… 5－296
［光緒］西藏圖考八卷首一卷 ……… 5－296
西藏圖說一卷附錄前藏至西寧路程
一卷 ………………………………… 4－91
西魏書二十四卷……………………… 4－101
西魏書二十四卷附錄一卷…………… 4－101
西魏書二十四卷附錄一卷…………… 4－101
西魏書二十四卷附錄一卷…………… 4－101
西藝知新二十二卷…………………… 4－102
西藝知新二十二卷…………………… 4－102
西藝通考二百二十二卷目錄二卷…… 4－102
西醫略論三卷………………………… 4－102
西醫略論三卷………………………… 4－102
西醫略論三卷………………………… 4－102

西廬文集四卷 …………………………… 4－96
在官法戒錄四卷 ………………………… 5－43
在官法戒錄四卷 ………………………… 5－43
在官法戒錄四卷 ………………………… 5－43
在官法戒錄四卷 ………………………… 5－43
在官法戒錄摘鈔四卷 …………………… 5－43
在陸草堂文集六卷 ……………………… 5－43
在陸草堂文集六卷 ……………………… 5－43
在陸草堂文集六卷 ……………………… 5－43
在陸草堂史記選八卷 …………………… 5－43
在園雜志四卷 …………………………… 5－43
在園雜志四卷 …………………………… 5－43
在園雜志四卷 …………………………… 5－44
百一草堂集唐三刻二卷詩餘一卷 …… 1－20
百一草堂集唐三刻二卷詩餘一卷 …… 1－20
百一草堂集唐初刻二卷二刻二卷 …… 1－20
百二名家序不分卷 ……………………… 1－18
百二漢鏡齋秘書四種 …………………… 1－18
百丈叢林清規證義記九卷首一卷 …… 1－20
百川學海 ………………………………… 1－18
百川學海 ………………………………… 1－18
百子金丹十卷 …………………………… 1－21
百尺梧桐閣詩十六卷文十卷 ………… 1－18
百末詞二卷 ……………………………… 1－20
百末詞五卷詞餘一卷 …………………… 1－20
百行最先集桑梓錄詩不分卷 ………… 1－18
百孝圖一卷 ……………………………… 1－20
百孝圖說四卷首一卷 …………………… 1－20
百孝圖說四卷首一卷 …………………… 1－20
百孝譜不分卷 …………………………… 1－20
百美新詠一卷題詞一卷圖傳一卷 …… 1－19
百美新詠一卷題詞一卷圖傳一卷 …… 1－19
百美新詠一卷題詞一卷圖傳一卷 …… 1－20
百美新詠一卷題詞一卷圖傳一卷 …… 1－20
百美新詠一卷題詞一卷圖傳一卷 …… 1－20
百美新詠一卷題詞一卷圖傳一卷 …… 1－20
百美新詠一卷題詞一卷圖傳一卷 …… 1－20
百美新詠一卷題詞一卷圖傳一卷 …… 1－20
百家姓一卷千字文一卷………………… 1－356
百家姓考畧一卷 ………………………… 1－18
百家姓考畧一卷 ………………………… 1－18
百家姓考畧一卷 ………………………… 1－18
百家姓考畧一卷 ………………………… 1－18
百家姓考畧一卷 ………………………… 1－19
百家姓考畧一卷 ………………………… 1－19
百家姓考畧一卷 ………………………… 1－19
百家姓考畧一卷 ………………………… 1－19
百家姓考畧一卷 ………………………… 1－19
百家姓考畧一卷 ………………………… 1－19
百家姓考畧一卷 ………………………… 1－19
百家姓考畧一卷 ………………………… 1－19
百家姓考畧一卷 ………………………… 1－19
百家姓考畧一卷 ………………………… 1－19
百家姓考畧一卷 ………………………… 1－19
百家姓考畧一卷 ………………………… 1－19
百家姓考畧一卷 ………………………… 1－19
百家姓考畧一卷 ………………………… 1－19
百家姓考畧一卷 ………………………… 1－19
百家姓考畧一卷 ………………………… 1－19
百家姓考畧一卷 ………………………… 1－19
百家姓考畧一卷 ………………………… 1－19
百家姓考畧一卷 ………………………… 1－19
百家姓考畧一卷 ………………………… 1－19
百家姓考畧一卷 ………………………… 1－19
百家姓考略一卷 ………………………… 1－18
百家姓考略一卷………………………… 3－105
百家姓考略一卷………………………… 3－105
百家姓考略一卷………………………… 3－105
百家姓考略一卷………………………… 3－105
百家姓考略一卷………………………… 3－105
百家姓考略一卷………………………… 3－105
百家姓考略一卷………………………… 3－105
百家類纂四十卷 ………………………… 1－18
百家類纂四十卷 ………………………… 1－18
百家纂雋十卷 …………………………… 1－19
百將圖傳二卷 …………………………… 1－19
百歲全書輯珠集二卷 …………………… 1－20
百歲修行經不分卷 ……………………… 1－20
百論疏十四卷…………………………… 1－356
百獸圖說一卷論一卷百鳥圖說一卷
………………………………………… 1－20
百繪詩箋一卷 …………………………… 1－18
有不爲齋算學四卷……………………… 4－396

有不爲齋算學四卷 …………………… 4－396
有不爲齋算學四卷 …………………… 4－396
有不爲齋算學四卷 …………………… 4－396
有不爲齋隨筆十卷 …………………… 4－396
有正味齋文集一卷 …………………… 4－403
有正味齋文續集二卷 ………………… 4－403
有正味齋文續集二卷 ………………… 4－403
有正味齋文續集二卷 ………………… 4－403
有正味齋文續集二卷 ………………… 4－403
有正味齋文續集二卷 ………………… 4－403
有正味齋文續集二卷 ………………… 4－403
有正味齋文續集二卷 ………………… 4－403
有正味齋文續集二卷 ………………… 4－403
有正味齋文續集二卷 ………………… 4－403
有正味齋文續集二卷 ………………… 4－403
有正味齋尺牘二卷 …………………… 4－397
有正味齋尺牘二卷 …………………… 4－397
有正味齋外集五卷 …………………… 4－403
有正味齋外集五卷 …………………… 4－403
有正味齋外集五卷 …………………… 4－403
有正味齋外集五卷 …………………… 4－403
有正味齋外集五卷 …………………… 4－403
有正味齋全集五十三卷續集二十卷
………………………………………… 4－399
有正味齋全集五十三卷續集二十卷
………………………………………… 4－399
有正味齋集十六卷 …………………… 4－398
有正味齋集十六卷 …………………… 4－398
有正味齋詞集八卷 …………………… 4－397
有正味齋詞集八卷 …………………… 4－397
有正味齋詞集八卷 …………………… 4－397
有正味齋詞集八卷 …………………… 4－397
有正味齋詞集八卷 …………………… 4－397
有正味齋詞集八卷 …………………… 4－397
有正味齋詞集八卷 …………………… 4－397
有正味齋詞集八卷 …………………… 4－397
有正味齋詞集八卷 …………………… 4－397
有正味齋詞集八卷 …………………… 4－397
有正味齋詞集八卷 …………………… 4－397
有正味齋詞集八卷 …………………… 4－397
有正味齋詞集八卷 …………………… 4－397
有正味齋詞集八卷有正味齋詞續集
二卷有正味齋外集二卷 …………… 4－397
有正味齋詞續集二卷 ………………… 4－397
有正味齋詞續集二卷 ………………… 4－397
有正味齋詞續集二卷 ………………… 4－397
有正味齋試帖不分卷 ………………… 4－400
有正味齋試帖詩註八卷 ……………… 4－400
有正味齋試帖詩註八卷 ……………… 4－400
有正味齋試帖詩註八卷 ……………… 4－400
有正味齋試帖詩註八卷 ……………… 4－400
有正味齋試帖詩註八卷 ……………… 4－400
有正味齋試帖詩註八卷 ……………… 4－401
有正味齋試帖詩註八卷 ……………… 4－401
有正味齋試帖詩註八卷 ……………… 4－401
有正味齋試帖詩註八卷 ……………… 4－401
有正味齋試帖詩註八卷 ……………… 4－401
有正味齋試帖詩註六卷 ……………… 4－401
有正味齋試帖詩註六卷 ……………… 4－401
有正味齋試帖詩註六卷 ……………… 4－401
有正味齋試帖詩註六卷 ……………… 4－401
有正味齋試帖詩註六卷 ……………… 4－401
有正味齋試帖詩註六卷 ……………… 4－401
有正味齋試帖詩註六卷 ……………… 4－401
有正味齋試帖詩註六卷 ……………… 4－401
有正味齋試帖詳注四卷 ……………… 4－402
有正味齋試帖詳註八卷 ……………… 4－401
有正味齋試帖詳註四卷 ……………… 4－401
有正味齋試帖詳註四卷 ……………… 4－401
有正味齋試帖詳註四卷 ……………… 4－401
有正味齋試帖詳註四卷 ……………… 4－401
有正味齋試帖詳註四卷 ……………… 4－401
有正味齋試帖詩註八卷 ……………… 4－402
有正味齋試帖詳註四卷 ……………… 4－402
有正味齋試帖詳註四卷 ……………… 4－402
有正味齋試帖詳註四卷 ……………… 4－402
有正味齋試帖詳註四卷 ……………… 4－402
有正味齋試帖詳註四卷 ……………… 4－402
有正味齋試帖詳註四卷 ……………… 4－402
有正味齋試帖詳註四卷 ……………… 4－402
有正味齋試帖詳註四卷 ……………… 4－402
有正味齋試帖詳註四卷 ……………… 4－402

有正味齋試帖詳註四卷 ………………… 4－402
有正味齋試帖詳註四卷 ………………… 4－402
有正味齋試帖詳註四卷 ………………… 4－402
有正味齋試帖詳註四卷 ………………… 4－402
有正味齋試帖詳註四卷 ………………… 4－402
有正味齋試帖詳註四卷 ………………… 4－402
有正味齋試帖詳註四卷 ………………… 4－402
有正味齋詩集十六卷 …………………… 4－399
有正味齋詩集十六卷 …………………… 4－399
有正味齋詩集十六卷 …………………… 4－399
有正味齋詩集十六卷 …………………… 4－400
有正味齋詩集十六卷 …………………… 4－400
有正味齋詩集十六卷 …………………… 4－400
有正味齋詩集十六卷外集五卷 ……… 4－400
有正味齋詩集十六卷詞集八卷詞續
集二卷詞外集二卷外集五卷 ……… 4－400
有正味齋詩集十六卷詞集八卷駢體
文二十四卷外集五卷 ………………… 4－400
有正味齋詩集十六卷駢體文二十四
卷續集八卷詞集八卷詞續集二卷
外集五卷 ……………………………… 4－400
有正味齋詩集十六卷續集八卷駢體
文二十四卷 …………………………… 4－400
有正味齋詩集十六卷續集八詞集八
卷續集二卷外集五卷 ………………… 4－400
有正味齋詩續集八卷 ………………… 4－400
有正味齋詩續集八卷 ………………… 4－400
有正味齋詩續集八卷 ………………… 4－400
有正味齋詩續集八卷 ………………… 4－400
有正味齋詩續集八卷駢體文二十四
卷續集八卷 …………………………… 4－400
有正味齋賦稿一卷 …………………… 4－398
有正味齋賦稿一卷 …………………… 4－398
有正味齋賦稿二卷 …………………… 4－397
有正味齋賦稿二卷 …………………… 4－398
有正味齋賦稿二卷 …………………… 4－398
有正味齋賦稿二卷 …………………… 4－398
有正味齋賦稿二卷 …………………… 4－398
有正味齋賦稿二卷 …………………… 4－398
有正味齋賦稿二卷 …………………… 4－398
有正味齋賦稿二卷 …………………… 4－398
有正味齋賦稿二卷 …………………… 5－400
有正味齋賦稿二卷 …………………… 5－400
有正味齋賦稿二卷 …………………… 5－401
有正味齋駢體文二十四卷 …………… 4－398
有正味齋駢體文二十四卷 …………… 4－398
有正味齋駢體文二十四卷 …………… 4－398
有正味齋駢體文二十四卷 …………… 4－398
有正味齋駢體文二十四卷 …………… 4－398
有正味齋駢體文二十四卷 …………… 4－398
有正味齋駢體文二十四卷 …………… 4－398
有正味齋駢體文二十四卷 …………… 4－398
有正味齋駢體文二十四卷 …………… 4－398
有正味齋駢體文二十四卷 …………… 4－398
有正味齋駢體文二十四卷 …………… 4－398
有正味齋駢體文二十四卷 …………… 4－399
有正味齋駢體文二十四卷 …………… 5－401
有正味齋駢體文二十四卷首一卷 …… 4－399
有正味齋駢體文二十四卷首一卷 …… 4－399
有正味齋駢體文二十四卷首一卷 …… 4－399
有正味齋駢體文二十四卷首一卷 …… 4－399
有正味齋駢體文二十四卷首一卷 …… 4－399
有正味齋駢體文二十四卷首一卷 …… 4－399
有正味齋駢體文二十四卷續集八卷
詞集八卷詞續集二卷外集五卷 …… 4－399
有正味齋駢體文二十四卷續集八卷
詩集十六卷詩續集八卷詞集八卷
詞續集二卷詞外集二卷 …………… 4－399
有正味齋駢體文續集八卷 …………… 4－399
有正味齋駢體文續集八卷 …………… 4－399
有正味齋駢體文續集八卷 …………… 4－399
有正味齋駢體文續集八卷 …………… 4－399
有正味齋駢體文續集八卷 …………… 4－399
有竹居集十五卷 ……………………… 4－403
有恒心齋集 …………………………… 4－396
有恒心齋集 …………………………… 4－396
有疑勿蓄不分卷 ……………………… 4－396
有樂堂韻語不分卷 …………………… 4－397
有懷堂詩集一卷文集一卷 …………… 4－396
有懷堂詩藁六卷文藁二十二卷 ……… 4－396
有懷堂詩藁六卷文藁二十二卷 ……… 4－396
有懷堂詩藁六卷文藁二十二卷 ……… 4－396

而菴說唐詩二十二卷首一卷………… 1－333
而菴說唐詩二十二卷首一卷………… 1－333
[存心堂賬簿]不分卷(清道光元年至同治十一年) …………………… 5－276
存以甘棠一卷………………………… 1－193
存古學社月課不分卷………………… 1－192
存存藁………………………………… 1－192
存吾文槀不分卷……………………… 1－192
存吾文槀不分卷……………………… 1－192
存吾春齋文鈔十卷文續鈔二卷……… 1－192
存吾春齋文鈔十卷文續鈔二卷……… 1－192
存吾春齋文鈔十卷文續鈔二卷詩鈔十二卷詩續鈔一卷………………… 1－192
存吾春齋文鈔十卷文續鈔二卷詩鈔十二卷詩續鈔一卷………………… 1－192
存吾春齋文鈔十卷文續鈔二卷詩鈔十二卷詩續鈔一卷………………… 1－192
存吾春齋文鈔十卷文續鈔二卷詩鈔十二卷詩續鈔一卷………………… 1－192
存吾春齋詩鈔十二卷詩續鈔一卷…… 1－192
存吾春齋詩鈔十二卷詩續鈔一卷…… 1－192
存吾春齋詩鈔十卷…………………… 1－192
存我軒偶錄不分卷…………………… 1－192
[存取明細簿]不分卷(清光緒十三年) ………………………………… 5－276
存研樓文集十六卷…………………… 1－192
存研樓文集十六卷…………………… 1　192
存研樓文集十六卷…………………… 1－193
存研樓文集十六卷…………………… 1－193
存省齋異學辨一卷…………………… 1－192
存素堂詩續集錄存九卷……………… 1－192
存悔齋集二十八卷外集四卷………… 1－192
存悔齋集二十八卷外集四卷………… 1－192
存悔齋集二十八卷外集四卷………… 1－192
存悔齋集二十八卷外集四卷………… 1－192
存齋遺詩一卷………………………… 2－315
列女傳十六卷………………………… 2－330
列女傳八卷…………………………… 2－330
列女傳八卷…………………………… 2－330
列女傳八卷…………………………… 2－330
列女傳補注八卷敘錄一卷校正一卷………………………………………… 2－330
列女樂府五卷………………………… 2－330
列子八卷……………………………… 2－330
列子八卷……………………………… 2－330
列子八卷……………………………… 2－330
列子八卷……………………………… 2－330
列祖提綱錄四十二卷首一卷………… 2－330
列國政要一百三十二卷首一卷譯名對照表一卷………………………… 2－330
列國政要一百三十二卷首一卷譯名對照表一卷………………………… 2－330
列國政要一百三十二卷首一卷譯名對照表一卷………………………… 2－330
列國歲計政要十二卷………………… 2－330
列國變通興盛記四卷………………… 2－330
列國變通興盛記四卷………………… 2－330
列朝詩集乾集二卷甲集前編十一卷甲集二十二卷乙集八卷丙集十六卷丁集十六卷閏集六卷…………… 2－329
列朝詩集乾集二卷甲集前編十一卷甲集二十二卷乙集八卷丙集十六卷丁集十六卷閏集六卷…………… 2－329
列朝詩集乾集二卷甲集前編十一卷甲集二十二卷乙集八卷丙集十六卷丁集十六卷閏集六卷…………… 2－330
成仁堂小題草不分卷………………… 1－107
成方切用二十六卷…………………… 1－107
成方集驗四卷………………………… 1－107
成案所見集三十七卷二集十九卷三集二十一卷……………………… 1－107
成案所見集三十七卷二集十九卷三集二十一卷……………………… 1－107
成案所見集三十七卷二集十九卷三集二十一卷四集十八卷…………… 1－107
成案所見集四集十八卷……………… 2－3
成案所見集四集十八卷……………… 2－8
成案質疑三十一卷…………………… 1－107
成案續編十二卷……………………… 1－107
成唯識論十卷………………………… 1－107
成唯識論十卷………………………… 1－107

成唯識論述記六十卷…………………… 1－107
成唯識論述記六十卷…………………… 1－107
成裕堂繪像第七才子書六卷………… 1－107
成裕堂繪像第七才子書六卷………… 1－107
成裕堂繪像第七才子書六卷………… 1－108
成裕堂繪像第七才子書六卷………… 1－108
成裕堂繪像第七才子書六卷………… 1－108
成裕堂繪像第七才子書六卷………… 1－108
成裕堂繪像第七才子書六卷………… 1－108
成裕堂繪像第七才子書六卷………… 1－108
成裕堂繪像第六才子書八卷………… 1－107
成裕堂繪像第六才子書八卷………… 1－107
［乾隆］成縣新志四卷 ……………… 5－333
扣舷集一卷晁藻集五卷 …………… 3－41
扣舷集一卷晁藻集五卷 …………… 3－41
扣舷集一卷晁藻集五卷 …………… 3－42
扣舷集一卷晁藻集五卷 …………… 3－42
扣舷集一卷晁藻集五卷 …………… 3－42
扣舷集一卷晁藻集五卷 …………… 3－42
扣舷集一卷晁藻集五卷 …………… 3－42
扣舷集一卷晁藻集五卷 …………… 3－42
扣舷集一卷晁藻集五卷 …………… 3－42
扣舷集一卷晁藻集五卷 …………… 3－42
夷堅志十集二十卷…………………… 4－305
夷堅志甲集二十卷乙集二十卷丙集
二十卷丁集二十卷………………… 4－305
夷堅志甲集二十卷乙集二十卷丙集
二十卷丁集二十卷………………… 4－305
夷堅志甲集二十卷乙集二十卷丙集
二十卷丁集二十卷………………… 4－305
攷正玉堂字彙不分卷………………… 2－243
攷正字彙二卷………………………… 2－243
攷正字彙唐著寫信必讀合璧□□卷
…………………………………… 2－243
攷正字彙摘要□□卷………………… 2－243
攷古質疑六卷………………………… 2－243
攷古質疑六卷………………………… 4－305
攷槃集文錄十二卷…………………… 2－243
攷辨隨筆二卷………………………… 2－243
至正庚辛唱和集一卷………………… 5－111
至正集八十一卷……………………… 5－111
至堂詩鈔六卷………………………… 5－111
至游子二卷…………………………… 5－111
至聖林廟碑目六卷…………………… 5－111
此木軒四書說九卷…………………… 1－189
此木軒雜著八卷……………………… 1－189
此木軒雜著八卷……………………… 1－189
此君園文集三十卷…………………… 1－189
此事難知四卷………………………… 1－189
此事難知四卷………………………… 1－189
此宜閣增訂金批西廂四卷首一卷末
一卷……………………………… 1－189
此宜閣增訂金批西廂四卷首一卷末
一卷……………………………… 1－189
此宜閣增訂金批西廂四卷首一卷末
一卷……………………………… 1－190
此宜閣增訂金批西廂記四卷首一卷
末一卷…………………………… 1－189
此觀堂集一卷………………………… 1－189
此觀堂集十二卷……………………… 1－189
此觀堂集十二卷……………………… 1－189
此觀堂集十二卷……………………… 1－189
［光緒］光化縣志八卷首一卷 ……… 5－291
光州吳氏家墨二編家傳一卷………… 1－468
光緒乙丑恩科順天鄉試闈墨一卷…… 1－467
光緒乙亥恩科直省鄉墨文萃不分卷
…………………………………… 1－467
光緒乙酉科拔貢同年全錄不分卷…… 1－467
光緒乙酉科河南鄉試硃卷一卷……… 1－467
光緒二十八年壬寅補行庚子恩科並
辛丑正科江西闈墨一卷………… 1－464
光緒二十八年壬寅補行庚子恩科並
辛丑正科江西闈墨一卷………… 1－464
光緒二十八年壬寅補行庚子恩科並
辛丑正科江西闈墨一卷………… 1－464
光緒二十八年壬寅補行庚子恩科並
辛丑正科江西闈墨一卷………… 1－464
［光緒二十三年］爵秩全覽不分卷 … 5－298
光緒二十年甲午科江西闈墨一卷…… 1－464
光緒二十年通商各關華洋貿易總冊
不分卷…………………………… 1－464
光緒二年二月分大建徵收釐金報銷

底稿 …………………………………… 1－464
光緒二年春月各鄉總簿不分卷 ……… 1－464
光緒十一年乙酉科江南鄉試闈墨一卷 …………………………………… 1－467
光緒十七年辛卯科江西闈墨一卷 …… 1－466
光緒十七年辛卯科浙江鄉試闈墨一卷 …………………………………… 1－466
光緒十五年己丑科江西闈墨一卷 …… 1－467
光緒十四年戊子科江西闈墨一卷 …… 1－466
光緒十四年戊子科江西闈墨一卷 …… 1－467
光緒十四年孟春月十五年正月進出總簿不分卷 ………………………… 1－466
[光緒丁亥年人丁會出入銀錢數簿]一卷 …………………………………… 5－298
光緒丁酉正科江西闈墨一卷 ………… 1－463
光緒丁酉科江西鄉試硃卷一卷 ……… 1－463
光緒丁酉科鄉試硃卷一卷附龍鍾泖世系一卷 ……………………………… 1－463
光緒丁酉科貴州闈墨不分卷 ………… 1－463
光緒丁酉科順天鄉試硃卷一卷 ……… 1－463
[光緒七年夏季]爵秩全覽不分卷 … 5－298
光緒九年賣客總簿不分卷 …………… 1－466
[光緒三十年賬簿]不分卷 ………… 5－298
光緒大婚禮節一卷 …………………… 1－463
光緒己丑科會試硃卷第六房同門姓氏一卷 ………………………………… 1－465
光緒己丑恩科江南鄉試硃卷一卷 …… 1－465
光緒己丑恩科江南闈墨一卷 ………… 1－465
光緒己丑恩科江南闈墨一卷 ………… 1－465
光緒己丑恩科江南闈墨一卷 ………… 1－465
光緒己丑恩科江南闈墨一卷 ………… 1－465
光緒己卯科順天鄉試硃卷一卷 ……… 1－465
光緒元年乙亥科江南闈墨一卷 ……… 1－468
光緒元年乙亥恩科鄉試同年錄不分卷 …………………………………… 1－467
光緒廿三春月潘煥彩家記總錄不分卷 …………………………………… 1－466
[光緒壬辰年王裕後堂帳簿]不分卷 …………………………………… 5－298
光緒壬辰科會試硃卷一卷 …………… 1－466
光緒壬辰科會試硃卷一卷 …………… 1－466
光緒壬辰科會試硃卷一卷 …………… 1－466
光緒壬辰科會試硃卷一卷 …………… 1－466
光緒壬辰科會試第六房同門姓氏一卷 …………………………………… 1－466
光緒壬寅年補行庚子辛丑恩正併科江西闈墨一卷 ……………………… 1－466
光緒壬寅年補行庚子辛丑恩正併科江西闈墨一卷 ……………………… 1－466
光緒壬寅年補行庚子辛丑恩正併科湖北闈墨不分卷 …………………… 1－466
光緒壬寅年補行庚子辛丑恩正併科湖北闈墨不分卷 …………………… 1－466
光緒壬寅年補行庚子恩科並辛丑正科江西鄉試硃卷不分卷 …………… 1－466
[光緒壬寅鄉試闈墨]□□卷 ……… 5－298
光緒六年庚辰科會試同年齒錄一卷 …………………………………… 1－466
光緒丙戌科會試硃卷一卷 …………… 1－463
光緒丙戌科會試硃卷一卷 …………… 1－463
光緒戊子正科江西鄉試硃卷不分卷 …………………………………… 1－467
光緒戊子科江南鄉試硃卷一卷 ……… 1－467
光緒戊子科順天闈墨不分卷 ………… 1－467
光緒戊子科湖南鄉試硃卷一卷 ……… 1－467
光緒甲午科十八省正副榜同年全錄不分卷 ……………………………… 1－466
光緒甲午科江西鄉試硃卷一卷 ……… 1－466
光緒甲午科江西鄉試硃卷一卷 ……… 1－466
光緒甲午科江西鄉試闈墨一卷 ……… 1－465
光緒甲午科江南鄉試硃卷一卷 ……… 1－465
光緒甲午科江南鄉試闈墨一卷 ……… 1－465
光緒甲午科江南鄉試闈墨一卷 ……… 1－465
光緒甲午科直省鄉墨二卷 …………… 1－466
光緒甲午科浙江鄉試闈墨不分卷 …… 1－466
光緒甲午科順天鄉試闈墨一卷 ……… 1－466
光緒甲午科會試硃卷不分卷 ………… 1－465
光緒甲午恩科會試同年齒錄不分卷 …………………………………… 1－465
[光緒甲辰恩科會墨]一卷 ………… 5－298
[光緒甲辰恩科會墨]一卷 ………… 5－298
光緒甲辰會試闈墨不分卷 …………… 1－465

光緒四年新掛聯詩賦全抄一卷 ……… 3－97
光緒辛丑壬寅恩正併科會試闈墨不
分卷……………………………… 1－467
光緒辛丑壬寅恩正併科會試闈墨不
分卷增批直省鄉會闈墨不分卷…… 1－467
［光緒辛卯佃税分莊］一卷 ………… 5－298
光緒辛卯直省闈墨不分卷………… 1－467
光緒辛卯科江西鄉試硃卷一卷……… 1－467
光緒辛卯科江西鄉試硃卷一卷……… 1－467
光緒辛卯科江西鄉試硃卷一卷……… 1－467
光緒辛卯科江西鄉試硃卷一卷……… 1－467
光緒辛卯科江西闈墨一卷………… 1－467
光緒辛卯科順天闈墨不分卷……… 1－467
光緒庚子辛丑恩科江南闈墨一卷…… 1－464
光緒庚辰試藝不分卷……………… 1－464
光緒庚寅年續保龍全書不分卷……… 1－464
光緒庚寅年續保龍全書不分卷……… 1－464
光緒庚寅年續保龍全書不分卷……… 1－464
光緒庚寅恩科會試硃卷一卷……… 1－464
光緒庚寅恩科會試硃卷一卷……… 1－464
光緒庚寅恩科會試硃卷一卷……… 1－464
光緒庚寅恩科會試硃卷一卷……… 1－464
光緒庚寅恩科會墨不分卷………… 1－464
光緒癸巳科試藝不分卷…………… 1－465
光緒癸巳恩科江南鄉試硃卷不分卷
……………………………………… 1－465
光緒癸巳恩科江南闈墨一卷……… 1－465
光緒癸巳恩科廣東闈墨不分卷……… 1－465
光緒癸未科會墨不分卷…………… 1－465
光緒癸未科試藝不分卷…………… 1－465
光緒癸卯直墨采真不分卷………… 1－464
光緒癸卯恩科江南闈墨一卷……… 1－464
光緒癸卯恩科江南闈墨一卷……… 1－464
［光緒癸卯恩科直省闈墨］不分卷 … 5－298
光緒癸卯恩科浙江闈墨不分卷……… 1－464
光緒癸卯恩科湖北闈墨不分卷……… 1－464
［光緒癸卯恩科闈墨］不分卷 ……… 5－298
光緒通商列表不分卷……………… 1－467
光緒鄉市來往總錄不分卷(清光緒
五年至六年) …………………… 1－467
光緒會計表四卷…………………… 1－465
光緒會計表四卷…………………… 1－465
光緒會計錄三卷…………………… 1－465
［光緒試藝彙編］不分卷 ………… 5－298
［光緒徵銀糧錄］不分卷 ………… 5－298
光學不分卷………………………… 1－468
光學須知一卷……………………… 1－468
光霽堂古文觀止十二卷…………… 1－463
曲江書屋新訂批注左傳快讀十八卷
首一卷 …………………………… 3－58
曲江書屋新訂批注左傳快讀十八卷
首一卷 …………………………… 3－58
曲江書屋新訂批注左傳快讀十八卷
首一卷 …………………………… 3－58
曲江書屋新訂批注左傳快讀十八卷
首一卷 …………………………… 3－58
曲江書屋新訂批注左傳快讀十八卷
首一卷 …………………………… 3－58
曲江書屋新訂批注左傳快讀十八卷
首一卷 …………………………… 3－58
曲江書屋新訂批注左傳快讀十八卷
首一卷 …………………………… 3－59
曲江書屋新訂批注左傳快讀十八卷
首一卷 …………………………… 3－59
曲江書屋新訂批注左傳快讀十八卷
首一卷 …………………………… 3－59
曲江書屋新訂批注左傳快讀十八卷
首一卷 …………………………… 3－59
曲江書屋新訂批注左傳快讀十八卷
首一卷 …………………………… 3－59
曲江書屋新訂批注左傳快讀十八卷
首一卷 …………………………… 3－59
曲江書屋新訂批注左傳快讀十八卷
首一卷 …………………………… 3－59
曲江書屋新訂批注左傳快讀十八卷
首一卷 …………………………… 3－59
曲江書屋新訂批注左傳快讀十八卷
首一卷 …………………………… 3－59
曲江書屋新訂批注左傳快讀十八卷
首一卷 …………………………… 3－59
曲江書屋新訂批注左傳快讀十八卷
首一卷 …………………………… 3－59

曲江書屋新訂批注左傳快讀十八卷首一卷 …… 3－59
曲江書屋新訂批注左傳快讀十八卷首一卷 …… 3－59
曲江書屋新訂批注左傳快讀十八卷首一卷 …… 3－59
曲江書屋新訂批注左傳快讀十八卷首一卷 …… 3－59
曲江書屋新訂批注左傳快讀十八卷首一卷 …… 3－59
曲江書屋新訂批注左傳快讀十八卷首一卷 …… 3－59
曲江書屋新訂批注左傳快讀十八卷首一卷 …… 3－59
曲江書屋新訂批注左傳快讀十八卷首一卷 …… 3－59
曲江書屋新訂批注左傳快讀十八卷首一卷 …… 3－60
曲江書屋新訂批注左傳快讀十八卷首一卷 …… 3－60
曲江書屋新訂批注左傳快讀十八卷首一卷 …… 3－60
曲江書屋新訂批注左傳快讀十八卷首一卷 …… 3－60
曲江書屋新訂批注左傳快讀十八卷首一卷 …… 3－60
曲江書屋新訂批注左傳快讀十八卷首一卷 …… 3－60
曲江書屋新訂批註左傳快讀十八卷首一卷 …… 3－60
[光緒]曲江縣志十六卷 …… 5－294
[光緒]曲江縣志十六卷 …… 5－294
[光緒]曲江縣志十六卷 …… 5－294
[曲詞曲調鈔]不分卷 …… 5－341
曲園課孫草一卷續刻一卷 …… 3－60
曲園課孫草不分卷 …… 3－60
曲錄六卷 …… 3－60
[曲譜]二卷 …… 5－341
[曲譜]不分卷 …… 5－341
同人灸法二卷首一卷 …… 5－396
同人集十二卷 …… 3－477
同人集十二卷 …… 3－477
同人集十二卷 …… 3－477
同人詩錄初編 …… 3－477
同人詩錄初編 …… 3－477
同人贈言彙集不分卷 …… 3－477
同仁堂虔修諸門應症丸散藥目不分卷 …… 3－477
同仁堂虔修諸門應症丸散藥目不分卷 …… 3－477
同仁堂頤世古良方不分卷 …… 3－477
同仁堂藥目不分卷 …… 3－477
同仁堂藥目不分卷 …… 3－477
同仁堂藥目不分卷 …… 3－477
同文千字文二卷 …… 3－479
同文考證 …… 3－479
同心堂冊不分卷 …… 3－479
同州府輿圖不分卷 …… 3－480
同志聯合吟草不分卷 …… 3－479
同志聯合吟草不分卷 …… 3－479
同岑五家詩鈔 …… 3－476
同治十一年樟鎮收付總數不分卷 …… 3－480
[同治十三年賬簿]不分卷 …… 5－372
同治十四年孟春月各鄉總簿不分卷 …… 3－480
同治十四年歲次乙亥時憲書不分卷 …… 3－480
同治丁卯科並補甲子科浙江鄉試硃卷一卷 …… 3－479
同治丁卯科並補行辛酉科江南鄉試硃卷一卷 …… 3－479
同治八年補行咸豐己未恩科辛酉正科同治壬戌恩科貴州鄉試硃卷一卷 …… 3－479
同治八年補行咸豐己未恩科辛酉正科同治壬戌恩科貴州鄉試硃卷一卷 …… 3－479
[同治九年各處賬目總錄]不分卷 …… 5－372
同治己巳補行己未辛酉壬戌三科貴州鄉試硃卷一卷 …… 3－480
同治己巳補行己未辛酉壬戌三科貴州鄉試硃卷一卷 …… 3－480

同治中興京外奏議約編八卷………… 3－480
同治中興京外奏議約編八卷………… 3－480
同治中興京外奏議約編八卷………… 3－480
同治六年丁卯科江西鄉試題名錄一
卷……………………………………… 3－480
［同治六年各處賬目總錄］不分卷 … 5－372
同治甲子科直省鄉墨文寶不分卷…… 3－480
同治甲子科優貢朝考同年齒錄一卷
……………………………………… 3－480
同治辛未科試藝不分卷……………… 3－480
同治庚午科直省鄉墨歸真四卷……… 3－479
同治庚午科貴州鄉試硃卷一卷……… 3－479
同治癸亥恩科會試硃卷一卷………… 3－479
同治癸亥恩科會試硃卷一卷………… 3－479
［同治試藝］不分卷 ………………… 5－372
［同治試藝彙編］不分卷 …………… 5－372
同治殿試朝考不分卷………………… 3－479
［同春會賬簿］不分卷（清道光十五
年至光緒二十四年）……………… 5－353
同音集………………………………… 3－479
同庵史彙十卷………………………… 3－476
同庵史彙十卷………………………… 3－476
同善錄十卷首一卷末一卷前一卷後
一卷………………………………… 3－479
同善錄十卷首一卷末一卷前一卷後
一卷………………………………… 3－479
同善錄六卷…………………………… 3－477
同善錄六卷…………………………… 3－477
同善錄六卷…………………………… 3－478
同善錄六卷…………………………… 3－478
同善錄六卷…………………………… 3－478
同善錄六卷…………………………… 3－478
同善錄六卷…………………………… 3－478
同善錄六卷…………………………… 3－478
同善錄六卷…………………………… 3－478
同善錄六卷…………………………… 3－478
同善錄六卷…………………………… 3－478
同善錄六卷…………………………… 3－478
同善錄六卷…………………………… 3－478
同善錄六卷…………………………… 3－478
同善錄六卷…………………………… 3－478
同善錄六卷…………………………… 3－478
同善錄六卷…………………………… 3－478
同善錄六卷…………………………… 3－478
同善錄六卷…………………………… 3－478
同善錄六卷…………………………… 3－478
同善錄六卷…………………………… 3－478
同善錄六卷…………………………… 3－478
同善錄六卷…………………………… 3－478
同善錄六卷…………………………… 3－478
同善錄六卷…………………………… 3－479
同善錄六卷…………………………… 3－479
同善錄六卷…………………………… 3－479
同善錄書一卷………………………… 3－479
同德堂四書體註合講十九卷………… 3－476
同館試帖分韻合選四卷……………… 3－477
同館試帖選不分卷…………………… 3－477
同館試律□□卷……………………… 3－477
同館試律□□卷……………………… 3－477
同館試律彙鈔二十四卷……………… 3－477
同館試律彙鈔二十四卷續鈔十二卷
……………………………………… 3－477
同館詩前集二卷後集二卷…………… 3－477
同館詩鈔不分卷……………………… 3－477
同館賦鈔三十二卷…………………… 3－476
同館賦補鈔二集□□卷……………… 3－476
同聲集□□卷………………………… 3－479
同歸集十六卷………………………… 3－477
吊腳痧方論一卷……………………… 1－259
因文見道錄一卷……………………… 4－334
因明入正理論疏八卷………………… 4－334
因寄軒文初集十卷二集六卷補遺一
卷…………………………………… 4－334
因寄軒文初集十卷二集六卷補遺一
卷…………………………………… 4－334
因話錄六卷…………………………… 4－334
因樹屋書影十一卷…………………… 4－334
回文類聚十卷織錦回文圖一卷 ……… 2－98
回文類聚四卷首一卷 ………………… 2－98
回生集二卷 …………………………… 2－98
回生集二卷 …………………………… 2－98

回生集二卷 ································ 2－98
回生集二卷 ································ 2－98
回生集二卷 ································ 2－98
回生集二卷 ································ 2－98
回都驪唱集一卷 ···························· 2－98
回頭岸文二卷 ······························ 2－98
回頭岸集註二卷 ···························· 2－98
朱一齋先生文集前十卷後五卷廣遊
　文集一卷 ································ 5－200
朱九江先生集十卷首四卷 ···················· 5－198
朱子三書三卷 ······························ 4－224
朱子大全一百卷續集十卷別集十卷
　目錄二卷 ································ 5－201
朱子文集一卷 ······························ 5－204
朱子文集十八卷目錄一卷 ···················· 5－204
朱子文集大全類編一百十一卷首一
　卷 ······································ 5－404
朱子文集大全類編一百十卷首一卷
　·· 5－203
朱子文集大全類編一百十卷首一卷
　·· 5－203
朱子文集大全類編一百十卷首一卷
　·· 5－204
朱子文集纂三十二卷 ························ 5－204
朱子古文書疑一卷 ·························· 3－128
朱子古文書疑一卷 ·························· 3－128
朱子古文書疑一卷 ·························· 3－128
朱子古文書疑一卷 ·························· 3－128
朱子古文書疑一卷 ·························· 3－128
朱子古文讀本六卷 ·························· 5－202
朱子古文讀本六卷 ·························· 5－202
朱子古文讀本六卷 ·························· 5－202
朱子古文讀本六卷 ·························· 5－202
朱子四書或問三十九卷 ······················ 5－203
朱子四書或問三十九卷 ······················ 5－203
朱子四書或問三十九卷 ······················ 5－203
朱子四書或問三十九卷 ······················ 5－203
朱子四書或問三十九卷 ······················ 5－203
朱子四書或問三十九卷 ······················ 5－203
朱子四書或問三十九卷附中庸輯略
　二卷 ···································· 5－203
朱子四書或問小注三十六卷 ·················· 5－203
朱子四書或問小注三十六卷 ·················· 5－203
朱子白鹿洞講學錄六卷首一卷末一
　卷 ······································ 5－201
朱子白鹿洞講學錄六卷首一卷末一
　卷 ······································ 5－201
朱子周易參同契考異一卷 ···················· 5－207
朱子校昌黎先生集傳一卷 ···················· 1－94
朱子校昌黎先生集傳一卷 ···················· 1－94
朱子校昌黎先生集傳一卷 ···················· 1－94
朱子校昌黎先生集傳一卷 ···················· 1－94
朱子校昌黎先生集傳一卷 ···················· 1－95
朱子校昌黎先生集傳一卷 ···················· 1－95
朱子校昌黎先生集傳一卷 ···················· 1－95
朱子校昌黎先生集傳一卷 ···················· 1－95
朱子校昌黎先生集傳一卷 ···················· 1－95
朱子校昌黎先生集傳一卷 ···················· 1－95
朱子校昌黎先生集傳一卷 ···················· 1－95
朱子校昌黎先生集傳一卷 ···················· 1－95
朱子校昌黎先生集傳一卷 ···················· 1－95
朱子校昌黎先生傳一卷 ······················ 1－94
朱子校昌黎先生傳一卷 ······················ 1－94
朱子原訂近思錄集注十四卷 ·················· 5－205
朱子原訂近思錄集注十四卷 ·················· 5－205
朱子原訂近思錄集注十四卷 ·················· 5－205
朱子原訂近思錄集注十四卷 ·················· 5－205
朱子原訂近思錄集注十四卷 ·················· 5－205
朱子原訂近思錄集注十四卷 ·················· 5－206
朱子原訂近思錄集注十四卷 ·················· 5－206
朱子原訂近思錄集注十四卷 ·················· 5－206
朱子原訂近思錄集注十四卷 ·················· 5－206
朱子原訂近思錄集注十四卷 ·················· 5－206
朱子原訂近思錄集注十四卷 ·················· 5－206
朱子原訂近思錄集注十四卷 ·················· 5－206
朱子原訂近思錄集注十四卷考訂朱
　子世家一卷 ······························ 5－206
朱子原訂近思錄集注十四卷考訂朱
　子世家一卷 ······························ 5－206
朱子原訂近思錄集注十四卷考訂朱
　子世家一卷 ······························ 5－206
朱子原訂近思錄集注十四卷考訂朱

子世家一卷……………………………5－206
朱子原訂近思錄集注十四卷考訂朱子世家一卷……………………………5－206
朱子原訂近思錄集注十四卷考訂朱子世家一卷……………………………5－206
朱子原訂近思錄集注十四卷考訂朱子世家一卷……………………………5－206
朱子原訂近思錄集注十四卷考訂朱子世家一卷……………………………5－206
朱子原訂近思錄集注十四卷考訂朱子世家一卷……………………………5－206
朱子原訂近思錄集注十四卷考訂朱子世家一卷……………………………5－206
朱子原訂近思錄集注十四卷考訂朱子世家一卷……………………………5－206
朱子原訂近思錄集注十四卷考訂朱子世家一卷……………………………5－206
朱子原訂近思錄集注十四卷考訂朱子世家一卷……………………………5－206
朱子原訂近思錄集注十四卷考訂朱子世家一卷……………………………5－207
朱子原訂近思錄集注十四卷考訂朱子世家一卷……………………………5－207
朱子原訂近思錄集注十四卷考訂朱子世家一卷……………………………5－207
朱子原訂近思錄集注十四卷考訂朱子世家一卷……………………………5－207
朱子原訂近思錄集注十四卷考訂朱子世家一卷……………………………5－207
朱子原編孟子要略五卷首一卷………5－205
朱子家禮八卷首一卷…………………5－202
朱子家禮八卷首一卷…………………5－202
朱子家禮八卷首一卷…………………5－202
朱子家禮八卷首一卷…………………5－202
朱子家禮八卷首一卷…………………5－202
朱子家禮八卷首一卷…………………5－202
朱子家禮八卷首一卷…………………5－202
朱子家禮八卷首一卷…………………5－202
朱子家禮五卷……………………………5－202
朱子晚年全論八卷……………………5－203
朱子晚年全論八卷……………………5－203
朱子晚年全論八卷……………………5－203
朱子啓鑰十一卷………………………5－203
朱子集一百四卷目錄二卷補遺一卷……………………………………………5－202
朱子集一百四卷目錄二卷補遺一卷……………………………………………5－202
朱子集一百四卷目錄二卷補遺一卷……………………………………………5－202
朱子節要十四卷………………………5－202
朱子詩鈔不分卷………………………5－203
朱子詩鈔不分卷………………………5－203
朱子詩鈔不分卷………………………5－203
朱子資治通鑑綱目五十九卷…………5－207
朱子經濟文衡類編前集二十五卷後集二十五卷續集二十二卷…………5－202
朱子經濟文衡類編前集二十五卷後集二十五卷續集二十二卷…………5－202
朱子圖說一卷篋儀一卷………………5－182
朱子語類一百四十卷…………………5－204
朱子語類一百四十卷…………………5－205
朱子語類一百四十卷…………………5－205
朱子語類一百四十卷…………………5－205
朱子語類一百四十卷…………………5－205
朱子語類一百四十卷…………………5－205
朱子語類一百四十卷…………………5－205
朱子語類一百四十卷…………………5－205
朱子語類一百四十卷…………………5－205
朱子語類一百四十卷…………………5－205
朱子語類一百四十卷…………………5－205
朱子語類一百四十卷…………………5－205
朱子語類日鈔五卷……………………5－204
朱子語類日鈔五卷……………………5－204
朱子語類日鈔五卷……………………5－204
朱子語類四纂五卷……………………5－204
朱子遺書…………………………………5－204
朱子遺書…………………………………5－204
朱子遺書…………………………………5－204
朱子遺書…………………………………5－204
朱子遺書…………………………………5－204
朱子遺書…………………………………5－204
朱子遺書…………………………………5－204

朱子遺書 …………………………… 5－204
朱子遺書 …………………………… 5－204
朱子儀禮經傳通解六十九卷 ………… 5－204
朱子儀禮經傳通解六十九卷 ………… 5－204
朱子論語集注訓詁攷二卷 …………… 5－203
朱子論語集注訓詁攷二卷 …………… 5－203
朱子論語集注訓詁攷二卷 …………… 5－203
朱子[熹]年譜四卷考異四卷附錄
　朱子論學切要語二卷 ……………… 5－201
朱子[熹]年譜四卷考異四卷附錄
　朱子論學切要語二卷 ……………… 5－201
朱子[熹]年譜四卷考異四卷附錄
　朱子論學切要語二卷 ……………… 5－201
朱子[熹]年譜四卷考異四卷附錄
　朱子論學切要語二卷 ……………… 5－201
朱子[熹]年譜四卷考異四卷附錄
　朱子論學切要語二卷 ……………… 5－201
朱子[熹]年譜綱目十二卷首一卷
　末一卷 …………………………… 5－201
朱子學的二卷 ……………………… 5－204
朱子讀書法四卷 …………………… 5－202
朱夫子治家格言一卷 ……………… 5－198
朱夫子[熹]年譜一卷首二卷行狀
　一卷後錄二卷 …………………… 5－198
朱夫子[熹]年譜一卷首二卷行狀
　一卷後錄二卷 …………………… 5－198
朱夫子[熹]年譜一卷首二卷行狀
　一卷後錄二卷 …………………… 5－198
朱止泉先生朱子聖學考畧十卷 ……… 5－201
朱氏痘診全書一卷 ………………… 5－198
朱文公校昌黎先生文集四十卷外集
　十卷遺文一卷 …………………… 5－200
朱文公校昌黎先生文集四十卷外集
　十卷遺文一卷 …………………… 5－200
朱文公校昌黎先生文集四十卷外集
　十卷遺文一卷 …………………… 5－200
朱文公校昌黎先生文集四十卷外集
　十卷遺文一卷 …………………… 5－200
朱文公校昌黎先生文集四十卷外集
　十卷遺文一卷 …………………… 5－200
朱文公校昌黎先生文集四十卷外集
　十卷遺文一卷 …………………… 5－200
朱文公校昌黎先生文集四十卷外集
　十卷遺文一卷 …………………… 5－200
朱文定公集十卷 …………………… 5－198
朱文定公集十卷 …………………… 5－198
朱文端公文集四卷 ………………… 5－200
朱文端公文集四卷 ………………… 5－200
朱文端公文集四卷 ………………… 5－200
朱文端公文集四卷 ………………… 5－200
朱文端公文集四卷 ………………… 5－200
朱文端公文集四卷補編四卷 ………… 5－200
朱文端公年譜一卷 ………………… 5－200
朱文端公時文三卷 ………………… 5－199
朱文端公藏書(高安朱文端公校輯
　藏書) …………………………… 5－198
朱文端公藏書(高安朱文端公校輯
　藏書) …………………………… 5－198
朱文端公藏書(高安朱文端公校輯
　藏書) …………………………… 5－198
朱文端公藏書(高安朱文端公校輯
　藏書) …………………………… 5－199
朱文端公藏書(高安朱文端公校輯
　藏書) …………………………… 5－199
朱文端公藏書(高安朱文端公校輯
　藏書) …………………………… 5－199
朱文端公藏書(高安朱文端公校輯
　藏書) …………………………… 5－199
朱文端公藏書(高安朱文端公校輯
　藏書) …………………………… 5－199
朱文端公藏書(高安朱文端公校輯
　藏書) …………………………… 5－199
朱文端公藏書(高安朱文端公校輯
　藏書) …………………………… 5－199
朱文端公藏書(高安朱文端公校輯
　藏書) …………………………… 5－199
朱文端公藏書(高安朱文端公校輯
　藏書) …………………………… 5－199
朱文端公藏書(高安朱文端公校輯
　藏書) …………………………… 5－199
朱文端公藏書(高安朱文端公校輯
　藏書) …………………………… 5－199

朱文端公藏書(高安朱文端公校輯藏書) …………………………… 5－199
朱文端公藏書(高安朱文端公校輯藏書) …………………………… 5－199
朱文端公藏書(高安朱文端公校輯藏書) …………………………… 5－199
朱文端公藏書(高安朱文端公校輯藏書) …………………………… 5－199
朱文端公藏書(高安朱文端公校輯藏書) …………………………… 5－199
朱文端公藏書(高安朱文端公校輯藏書) …………………………… 5－199
朱文端公藏書(高安朱文端公校輯藏書) …………………………… 5－199
朱文端公藏書(高安朱文端公校輯藏書) …………………………… 5－404
朱可亭[軾]行述一卷 ……………… 5－198
朱邨文牘偶存一卷 ………………… 5－403
朱杜溪先生集七卷 ………………… 5－198
朱杜溪集十一卷時文三卷評點東萊博議四卷 ……………………………… 5－198
朱秉器文集四卷 …………………… 5－198
朱秉器全集 ………………………… 5－197
朱秉器詩集四卷 …………………… 5－197
朱柏廬先生治家格言一卷 ………… 5－197
朱柏廬先生居家格言集說二卷 …… 5－197
朱晦庵先生四書義一卷 …………… 5－198
朱強甫集三卷 ……………………… 5－198
朱程問答三卷附集一卷 …………… 5－198
朱程問答三卷附集一卷 …………… 5－198
朱程問答三卷附集一卷 …………… 5－198
朱飲山三韻易知十九卷 …………… 5－201
朱飲山三韻易知十九卷 …………… 5－201
朱飲山千金譜二十九卷三韻易知十卷 ………………………………… 5－200
朱飲山千金譜二十九卷三韻易知十卷 ………………………………… 5－200
朱飲山千金譜二十九卷三韻易知十卷 ………………………………… 5－200
朱飲山千金譜二十九卷三韻易知十卷 ………………………………… 5－201
朱飲山千金譜二十九卷三韻易知十卷 ………………………………… 5－201
朱飲山千金譜二十九卷三韻易知十卷 ………………………………… 5－201
朱飲山千金譜二十九卷三韻易知十卷 ………………………………… 5－201
朱飲山千金譜二十九卷三韻易知十卷 ………………………………… 5－201
缶廬詩四卷缶廬別存三卷 ………… 1－373
缶廬詩四卷缶廬別存三卷 ………… 1－373
先天易數不分卷 …………………… 4－113
先天易數不分卷 …………………… 4－113
先天易數不分卷 …………………… 4－113
[先天後天易占]不分卷 …………… 5－376
先天後天神數一卷 ………………… 4－113
先天諸階訣書一卷 ………………… 4－113
先天薩翁保病驅治家書檄文牒劄符篆總集不分卷 …………………… 4－113
先文恭公自訂年譜一卷 …………… 4－113
先文恭公[陳弘謀]年譜十二卷 …… 4－113
先正小題一編不分卷 ……………… 4－114
先正程墨盛集不分卷 ……………… 4－114
先正遺規二卷 ……………………… 4－114
先正遺規四卷 ……………………… 4－114
先正讀書訣一卷 …………………… 4－114
先正讀書訣一卷 …………………… 4－114
先正讀書訣一卷 …………………… 4－114
先正讀書訣一卷 …………………… 4－114
先生名家小題授讀文鈔不分卷 …… 4－113
先府君[陳寶箴]行狀一卷 ………… 4－113
[先秦兩漢三國兩晉史]不分卷 …… 5－376
先得月樓詩草一卷賦草一卷 ……… 4－112
先得月樓詩草一卷賦草一卷 ……… 4－112
先得月樓詩草一卷賦草一卷 ……… 4－112
先得月樓詩草一卷賦草一卷 ……… 4－112
先得月樓詩草一卷賦草一卷 ……… 4－112
先得月樓詩草一卷賦草一卷 ……… 4－112
先得月樓詩草一卷賦草一卷 ……… 4－112
先得月樓詩草一卷賦草一卷 ……… 4－112
先得月樓詩草一卷賦草一卷 ……… 4－112
先得月樓詩草一卷賦草一卷 ……… 4－112

先得月樓詩草一卷賦草一卷 ………… 4－112
先得月樓詩草一卷賦草一卷 ………… 4－113
先得月樓詩草一卷賦草一卷 ………… 4－113
先得月樓詩草一卷賦草一卷 ………… 4－113
先得月樓詩草一卷賦草一卷 ………… 4－113
先得月樓詩草一卷賦草一卷 ………… 4－113
先得月樓詩草一卷賦草一卷 ………… 4－113
先得月樓詩草一卷賦草一卷 ………… 4－113
先得月樓詩草一卷賦草一卷 ………… 4－113
先得月樓詩草一卷賦草一卷 ………… 4－113
先得月樓詩草一卷賦草一卷 ………… 4－113
先得月樓詩草一卷賦草一卷 ………… 4－113
先船山公［王夫之］年譜前編一卷後編一卷 ………… 4－112
先船山公［王夫之］年譜前編一卷後編一卷 ………… 4－112
先淺原公劄記 ………… 3－277
先淺原公劄記一卷 ………… 3－277
先撥志始二卷 ………… 4－112
先撥志始二卷 ………… 4－112
先醒齋醫學廣筆記十四卷炮炙大法一卷用藥凡例一卷 ………… 4－113
先儒正修録三卷 ………… 4－113
先儒趙子言行録二卷 ………… 4－113
［舌面指診］不分卷 ………… 5－343
竹友老人集古詩鈔四卷 ………… 5－212
竹友老人集古詩鈔四卷 ………… 5－212
竹邨集二十二卷 ………… 5－210
竹林寺女科秘方一卷 ………… 5－210
竹林答問一卷 ………… 5－210
竹岡齋九種附三種 ………… 5－210
竹岡齋九種附三種 ………… 5－210
竹岡襍綴一卷 ………… 5－210
竹岡襍綴續一卷 ………… 5－404
竹居詩稿三卷 ………… 5－210
竹柏山房十五種附刻八種 ………… 5－210
竹秋詩草四卷首一卷 ………… 5－404
竹泉山房集□□卷 ………… 5－210
竹軒雜著六卷 ………… 5－212
竹笑軒賦鈔初集一卷二集一卷 ………… 5－211
竹笑軒賦鈔初集一卷二集一卷 ………… 5－211
竹笑軒賦鈔初集一卷二集一卷 ………… 5－211
竹笑軒賦鈔初集一卷二集一卷 ………… 5－212
竹書紀年二卷 ………… 5－210
竹書紀年二卷 ………… 5－211
竹書紀年二卷 ………… 5－211
竹書紀年二卷 ………… 5－211
竹書紀年二卷 ………… 5－211
竹書紀年二卷 ………… 5－211
竹書紀年二卷 ………… 5－211
竹書紀年六卷 ………… 5－211
竹書紀年六卷 ………… 5－211
竹書紀年統箋十二卷前編一卷雜述一卷 ………… 5－211
竹書紀年統箋十二卷前編一卷雜述一卷 ………… 5－211
竹書紀年統箋十二卷前編一卷雜述一卷 ………… 5－211
竹書紀年統箋十二卷前編一卷雜述一卷 ………… 5－211
竹書紀年統箋十二卷前編一卷雜述一卷 ………… 5－211
竹書紀年統箋十二卷前編一卷雜述一卷 ………… 5－211
竹書紀年統箋十二卷前編一卷雜述一卷 ………… 5－211
竹書紀年統箋十二卷前編一卷雜述一卷 ………… 5－211
竹書紀年辨正四卷 ………… 5－210
竹葉亭雜記八卷 ………… 5－212
竹葉亭雜記八卷 ………… 5－212
竹葉亭雜記八卷 ………… 5－212
竹葉亭雜記四卷 ………… 5－212
竹葉庵文集三十三卷 ………… 5－212
竹雲題跋四卷 ………… 5－212
竹窗隨筆一卷二筆一卷三筆一卷 ………… 5－210
竹窗隨筆一卷二筆一卷三筆一卷 ………… 5－210
竹嘯軒詩鈔十八卷 ………… 5－212
竹嘯軒詩鈔十八卷 ………… 5－212
竹齋先生詩集三卷附録一卷 ………… 5－212
竹齋先生詩集三卷附録一卷 ………… 5－212
竹齋先生詩集三卷附録一卷 ………… 5－212

竹譜一卷…………………………………… 5－210
竹爐圖詠四卷駐蹕惠山詩一卷……… 5－210
休復居文集六卷詩集六卷附一卷…… 4－225
伍卉園文集十八卷 …………………… 4－83
伍卉園文集十八卷 …………………… 4－83
伍卉園文集十八卷 …………………… 4－83
伍卉園文集十八卷 …………………… 4－83
伏案錄不分卷…………………………… 1－374
伏敔堂詩錄十五卷續四卷首一卷…… 1－374
伏敔堂詩錄十五卷續錄四卷………… 1－374
伏羲易義一卷歸藏易占一卷………… 1－374
伏羲易義一卷歸藏易占一卷………… 1－374
伏羲易義一卷歸藏易占一卷………… 1－374
伐蛟說彙編一卷……………………… 1－351
伐蛟說彙編一卷……………………… 1－351
伐檀集二卷…………………………… 4－498
伐檀集二卷…………………………… 4－498
伐檀集二卷…………………………… 4－498
延平四先生年譜……………………… 4－263
延平四先生年譜……………………… 5－399
延平李先生師弟子答問二卷………… 4－263
延平李先生師弟子答問二卷………… 4－263
延陵四稿合編………………………… 4－263
延綠閣集十二卷……………………… 4－263
延露詞三卷…………………………… 4－263
延露詞三卷…………………………… 4－263
仲脩先生詩文遺集八卷……………… 5－135
仲脩先生詩文遺集八卷……………… 5－135
仲脩先生詩文遺集八卷……………… 5－135
仲景傷寒論不分卷…………………… 5－135
仲實詩存二卷類稿一卷右軍年譜一
　卷…………………………………… 5－135
任中丞集一卷 ……………………… 3－74
任午橋存稿三卷 …………………… 3－73
任氏遺書 …………………………… 3－73
任心齋述記三卷 …………………… 3－73
任兆麟述記三卷 …………………… 3－74
任兆麟述記三卷 …………………… 3－74
任兆麟述記三卷 …………………… 3－74
任兆麟述記三卷 …………………… 3－74
任兆麟述記三卷 …………………… 3－74
任兆麟述記三卷 …………………… 3－74
任兆麟述記三卷 …………………… 3－74
任彥昇集六卷 ……………………… 3－74
任勇烈公遺集一卷附遺詩一卷 ……… 3－74
任勇烈公遺集不分卷 ……………… 3－74
任渭長四種 ………………………… 3－73
仰止子詳考古今名家潤色詩林正宗
　十二卷韻林正宗六卷……………… 4－281
仰止子詳考古今名家潤色詩林正宗
　十二卷韻林正宗六卷……………… 4－281
仰止子詳考古今名家潤色詩林正宗
　十二卷韻林正宗六卷……………… 4－281
仰止子詳考古今名家潤色詩林正宗
　十二卷韻林正宗六卷……………… 4－281
仰北青雲堂志不分卷………………… 4－281
仰視千七百二十九鶴齋叢書………… 4－281
仰視千七百二十九鶴齋叢書………… 4－281
仰視千七百二十九鶴齋叢書………… 4－281
仰視千七百二十九鶴齋叢書………… 4－281
仰蕭樓文集一卷國朝經學名儒記一
　卷…………………………………… 4－281
仿宋相臺五經附考證………………… 1－358
仿宋相臺五經附考證………………… 1－358
仿宋相臺五經附考證………………… 1－358
仿宋相臺五經附考證………………… 1－358
仿宋相臺五經附考證………………… 1－358
仿宋相臺五經附考證………………… 1－358
仿宋相臺五經附考證………………… 1－358
仿宋相臺五經附考證………………… 1－358
仿宋相臺五經附考證………………… 1－358
仿唐寫本說文解字木部箋異一卷…… 1－358
仿唐寫本說文解字木部箋異一卷…… 1－358
仿唐寫本說文解字木部箋異一卷…… 1－359
仿唐寫本說文解字木部箋異一卷…… 1－359
仿唐寫本說文解字木部箋異一卷…… 1－359
自西徂東不分卷……………………… 5－248
自知室文集四卷……………………… 5－249
自知室文集四卷……………………… 5－249
自知室文集四卷……………………… 5－404
自知錄二卷…………………………… 5－249
自知齋詩集十卷……………………… 5－249

自知齋詩集十卷……………………… 5－249
自怡吟初稿四卷……………………… 5－248
自怡吟草一卷………………………… 5－248
自怡軒古文選十卷…………………… 5－248
自怡軒初稿四卷……………………… 5－248
自記典書一卷………………………… 5－248
自娱堂六草六卷……………………… 5－248
自得齋吟草一卷……………………… 5－248
自強軍西法類編十八卷……………… 5－248
自強軍西法類編十八卷自強軍創制
公言二卷…………………………… 5－248
自強軍洋操□□卷…………………… 5－248
自朝鮮京城至義州沿途圖說一卷…… 5－248
自備海錄□□卷……………………… 5－248
自然好學齋詩鈔十卷………………… 5－248
自遠堂琴譜十二卷…………………… 5－248
自遠堂琴譜十二卷…………………… 5－248
自遠堂琴譜十二卷…………………… 5－248
自遠堂琴譜十二卷…………………… 5－248
自遠堂琴譜十二卷…………………… 5－248
自遠堂琴譜十二卷…………………… 5－248
自遠堂琴譜十二卷…………………… 5－249
自遠堂琴譜十二卷…………………… 5－249
自鳴小草不分卷……………………… 5－248
自鳴集六卷…………………………… 5－248
伊川易傳四卷………………………… 4－291
伊川經說八卷………………………… 4－291
伊川擊壤集二十卷…………………… 4－290
伊川擊壤集二十卷…………………… 4－291
伊川擊壤集二十卷…………………… 4－291
伊川擊壤集二十卷…………………… 4－291
伊川擊壤集二十卷…………………… 4－291
伊洛淵源錄十四卷…………………… 4－291
伊洛淵源錄十四卷…………………… 4－291
伊洛淵源錄十四卷…………………… 4－291
伊洛淵源錄新增十四卷……………… 4－291
伊洛淵源續錄二十卷………………… 4－291
伊索寓言不分卷……………………… 4－291
伊蒿室文集六卷詩集二卷詩餘一卷
………………………………………… 4－291
血性吟一卷…………………………… 4－257
血盆經一卷…………………………… 4－257
血證論八卷…………………………… 4－257
血證論八卷…………………………… 5－399
血證論八卷…………………………… 5－399
向日堂詩集十六卷…………………… 4－128
向北堂集十八卷……………………… 4－128
向北堂集十八卷……………………… 4－128
向青閣讀詩類鈔六卷………………… 4－128
向果微言二卷述恉一卷……………… 4－128
似續集驗一卷………………………… 3－246
后山詩十二卷 ………………………… 2－50
后山詩十二卷 ………………………… 2－50
行文寶笈不分卷 ……………………… 2－28
行水金鑑一百七十五卷首一卷 ……… 2－27
行水金鑑一百七十五卷首一卷 ……… 2－27
行水金鑑一百七十五卷首一卷 ……… 2－27
行水金鑑一百七十五卷首一卷 ……… 2－27
行軍指要六卷 ………………………… 2－27
行軍測繪十卷首一卷圖一卷 ………… 2－27
行軍臆說三卷 ………………………… 2－27
行神相法四卷 ………………………… 2－27
行素草堂金石叢書 …………………… 2－28
行素草堂金石叢書 …………………… 2－28
行素草堂金石叢書 …………………… 2－28
行素草堂金石叢書 …………………… 2－28
行素草堂金石叢書 …………………… 2－28
行素軒算稿 …………………………… 2－28
行素軒算學 …………………………… 2－28
行素堂目睹書錄十卷 ………………… 2－28
行集雜錄□□卷 ……………………… 2－27
行鍊秘旨不分卷 ……………………… 2－27
行錄解一卷……………………………… 5－5
舟行雜詠不分卷……………………… 5－170
舟行雜詠不分卷……………………… 5－170
舟行雜詠不分卷……………………… 5－170
舟車所至不分卷……………………… 5－169
全上古三代秦漢三國六朝文七百四
十一卷 ……………………………… 3－60
全上古三代秦漢三國六朝文七百四
十一卷 ……………………………… 3－60
全上古三代秦漢三國六朝文七百四

十一卷 …………………………… 3-60
全上古三代秦漢三國六朝文七百四十一卷 …………………………… 3-61
全上古三代秦漢三國六朝文七百四十一卷 …………………………… 3-61
全上古三代秦漢三國六朝文七百四十一卷 …………………………… 3-61
全五代詩一百卷 …………………………… 3-63
全本禮記體注十卷 …………………………… 3-60
全本禮記體註大全合參十卷 ………… 3-60
全史宮詞二十卷 …………………………… 3-61
全生指迷方四卷 …………………………… 3-61
全性集福不分卷 …………………………… 3-64
全省鄉墨稟經不分卷 …………………… 3-61
全後魏文六十卷 …………………………… 3-60
全唐文紀事一百二十二卷首一卷 …… 3-63
全唐文紀事一百二十二卷首一卷 …… 3-63
全唐試律類箋十卷 ……………………… 3-63
全唐詩九百卷目錄十二卷 …………… 3-61
全唐詩九百卷目錄十二卷 …………… 3-61
全唐詩九百卷目錄十二卷 …………… 3-61
全唐詩九百卷目錄十二卷 …………… 3-61
全唐詩九百卷目錄十二卷 …………… 3-61
全唐詩九百卷目錄十二卷 …………… 3-61
全唐詩九百卷目錄十二卷 …………… 3-61
全唐詩九百卷目錄十二卷 …………… 3-62
全唐詩九百卷目錄十二卷 …………… 3-62
全唐詩九百卷目錄十二卷 …………… 3-62
全唐詩九百卷目錄十二卷 …………… 3-62
全唐詩九百卷目錄十二卷 …………… 3-62
全唐詩九百卷目錄十二卷 …………… 3-62
全唐詩九百卷目錄十二卷 …………… 3-62
全唐詩九百卷目錄十二卷 …………… 3-62
全唐詩九百卷目錄十二卷 …………… 3-62
全唐詩九百卷目錄十二卷 …………… 3-62
全唐詩九百卷目錄十二卷 …………… 3-62
全唐詩九百卷目錄十二卷 …………… 3-62
全唐詩九百卷目錄十二卷 …………… 3-62
全唐詩九百卷目錄十二卷 …………… 3-62
全唐詩九百卷目錄十二卷 …………… 3-62
全唐詩九百卷目錄十二卷 …………… 3-62
全唐詩九百卷目錄十二卷 …………… 3-62
全唐詩九百卷目錄十二卷 …………… 3-62
全唐詩九百卷目錄十二卷 …………… 3-63
全唐詩九百卷目錄十二卷 …………… 3-63
全唐詩九百卷目錄十二卷 …………… 3-63
全唐詩九百卷目錄十二卷 …………… 3-63
全唐詩三十二卷 …………………………… 3-63
全唐詩三十二卷 …………………………… 3-63
全唐詩三十二卷 …………………………… 3-63
全唐詩三十二卷 …………………………… 3-63
全唐詩三十二卷 …………………………… 3-63
全唐詩三十二卷 …………………………… 3-63
全唐詩話八卷 ……………………………… 3-61
全唐詩話六卷 ……………………………… 3-61
全唐詩話六卷 ……………………………… 3-61
全球輿地考略一卷 ……………………… 3-60
[全國]王氏族譜不分卷 ……………… 5-342
[全國]王氏族譜不分卷 ……………… 5-342
全蜀水利攷四卷 …………………………… 5-68
全蜀藝文志六十四卷 …………………… 3-61
全蜀藝文志六十四卷 …………………… 3-61
全蜀藝文志六十四卷 …………………… 3-61
全義圖志二卷 ……………………………… 3-64
全義圖志二卷 ……………………………… 3-64
全圖三國演義十六卷一百二十回 …… 3-63
全嬰捷方一卷 ……………………………… 3-64
全嬰捷方一卷 ……………………………… 3-64
全嬰捷方一卷 ……………………………… 3-64
全謝山文鈔十六卷 ……………………… 3-63
全謝山文鈔十六卷 ……………………… 3-64
全謝山文鈔十六卷 ……………………… 3-64
全謝山先生經史問答十卷 …………… 3-64
全謝山先生經史問答十卷 …………… 3-64
全謝山先生經史問答十卷 …………… 3-64
全謝山先生經史問答十卷 …………… 3-64
全體通考十八卷圖二卷 ……………… 3-63
全體新論一卷 ……………………………… 3-63
全體新論一卷 ……………………………… 3-63
合邑義倉公牘一卷 ……………………… 2-30
合肥三家詩錄二卷 ……………………… 2-29
合肥相國[李鴻章]七十賜壽圖一

卷附壽言一卷 …………………………… 2－29
合肥相國［李鴻章］七十賜壽圖一
卷附壽言一卷 …………………………… 2－29
合肥學舍劄記十二卷 ………………… 2－29
合刻三先生老泉文匯十卷 …………… 2－30
合刻三先生老泉文匯十卷 …………… 2－30
合刻三先生東坡文匯四十卷 ………… 2－29
合刻山海經水經 ……………………… 2－30
合刻陸魯望皮襲美二先生集 ………… 2－29
合刻黃帝內經靈樞十二卷尉繚子二
卷 ………………………………………… 2－29
合刻註釋張子房解學士千家詩講讀
二卷 ……………………………………… 2－30
合刻註釋張子房解學士千家詩講讀
二卷 ……………………………………… 2－30
合刻註釋張子房解學士千家詩講讀
二卷 ……………………………………… 2－30
合刻註釋張子房解學士千家詩講讀
二卷 ……………………………………… 2－30
合刻註釋張子房解學士千家詩講讀
二卷 ……………………………………… 2－30
合刻註釋張子房解學士千家詩講讀
二卷 ……………………………………… 2－30
合刻註釋張子房解學士千家詩講讀
二卷 ……………………………………… 2－30
合並字學集韻十卷合並字學集篇十
卷拾遺一卷重訂司馬溫公等韻圖
經一卷 …………………………………… 2－29
合訂正續註釋羣書備考原本八卷 …… 2－29
合訂正續註釋羣書備考原本八卷 …… 2－29
合訂西廂記文機活趣全解八卷 ……… 2－29
合訂能與集讀本不分卷 ……………… 2－29
合參通書不分卷……………………… 2－371
合數述二卷 …………………………… 2－30
合諸名家批點諸子全書 ……………… 2－30
合諸名家批點諸子全書 ……………… 2－30
合諸名家評註三蘇文定十八卷 ……… 2－30
企鶴軒詩鈔四卷 ……………………… 3－21
邠農偶吟稿一卷……………………… 2－221
邠農偶吟稿一卷……………………… 2－437
朵雲山房遺稿十二卷………………… 1－331
危言四卷 ……………………………… 4－15
危言四卷 ……………………………… 4－15
危言四卷 ……………………………… 4－15
危言四卷 ……………………………… 4－16
危言四卷 ……………………………… 4－16
危學士全集十四卷 …………………… 4－15
危學士全集十四卷 …………………… 4－15
危學士全集十四卷 …………………… 4－15
危學士全集十四卷 …………………… 4－15
危學士全集十四卷 …………………… 4－15
各名號流水簿不分卷（清光緒十年）
…………………………………………… 1－404
［各省鄉試四書文］不分卷 ………… 5－288
各省課藝匯海不分卷………………… 1－404
各省課藝匯海不分卷………………… 1－404
各病藥物摘錄古方臨症運用便記不
分卷…………………………………… 1－403
［各處賬目總錄］（清同治八年） …… 5－288
各國日記彙編………………………… 1－403
各國交涉公法論初集四卷二集四卷
三集八卷……………………………… 1－403
各國交涉公法論初集四卷二集四卷
三集八卷……………………………… 1－403
各國交涉公法論初集四卷二集四卷
三集八卷……………………………… 1－403
各國交涉公法論初集四卷二集四卷
三集八卷……………………………… 1－403
各國交涉公法論初集四卷二集四卷
三集八卷附校勘記一卷中西紀年
一卷…………………………………… 1－403
各國交涉公法論初集四卷二集四卷
三集八卷附校勘記一卷中西紀年
一卷…………………………………… 1－403
各國交涉公法論初集四卷二集四卷
三集八卷附校勘記一卷中西紀年
一卷…………………………………… 1－403
各國政治一卷………………………… 1－404
各國政治藝學通考□□卷…………… 1－404
各國政藝通考六十卷………………… 1－404
各國政藝通考六十卷………………… 1－404
各國時事類編十八卷………………… 1－403

各國通商始末記二十卷……………… 1－403
各國通商條約……………………………… 1－403
各國通商條約……………………………… 1－403
各國通商條約稅則章程………………… 1－403
各國通商條約稅則章程………………… 1－404
各國稅則條款……………………………… 1－403
［各國富強說］□□卷 ……………… 5－288
各國路程日記一卷……………………… 2－253
各國鎗砲操練圖說不分卷…………… 1－403
各項字意不分卷………………………… 1－404
各樣工尺手抄不分卷…………………… 1－404
名人尺牘一卷 ………………………… 3－52
名人尺牘小品四卷……………………… 2－415
名人尺牘墨寶六卷……………………… 2－415
［名人傳］不分卷 …………………… 5－331
名人詩選□□卷續刻□□卷………… 2－415
名人圖卷題跋不分卷…………………… 2－415
名山勝槩記四十六卷圖一卷………… 2－415
名山諸勝一覽記十六卷……………… 2－415
名山藏一百九卷………………………… 2－415
名公筆記一卷 ………………………… 4－11
名公筆記一卷 ………………………… 4－11
名文前選六卷…………………………… 2－415
名文前選六卷…………………………… 2－415
名文前選摘鈔不分卷…………………… 2－415
名文珠璣十三卷首一卷……………… 2－415
［名文選］不分卷 …………………… 5－332
名世文宗三十卷………………………… 2－415
名花堂錄不分卷………………………… 2－415
名花堂錄不分卷………………………… 2－415
［名物考］一卷 ……………………… 5－332
名例□□卷……………………………… 2－415
名例□□卷……………………………… 2－415
名例□□卷……………………………… 2－415
名法指掌二卷…………………………… 2－414
名法指掌新例增訂四卷……………… 2－414
名法指掌新例增訂四卷……………… 2－414
名法指掌新纂四卷……………………… 2－414
名法指掌新纂四卷……………………… 2－414
名法指掌新纂四卷……………………… 2－414
名法指掌增訂二卷……………………… 2－414
名法指掌增訂二卷……………………… 2－414
名法指掌增訂二卷附刻便覽一卷…… 2－414
名法指掌增訂二卷附刻便覽一卷…… 2－414
名法指掌增訂二卷附刻便覽一卷…… 2－414
名法指掌增訂二卷附刻便覽一卷…… 2－415
名法指掌增訂二卷附刻便覽一卷…… 2－415
名原二卷………………………………… 2－416
［名家制義］ ………………………… 5－331
名家詞鈔三十卷………………………… 2－415
名家詞選不分卷………………………… 2－415
名媛詩歸三十六卷……………………… 2－416
名賢手劄墨蹟不分卷…………………… 2－415
名賢手劄墨蹟不分卷…………………… 2－416
名賢手劄墨蹟不分卷…………………… 2－416
名賢手劄墨蹟不分卷…………………… 2－416
名賢手劄墨蹟不分卷…………………… 2－416
名賢手劄墨蹟不分卷…………………… 2－416
名賢手劄墨蹟不分卷…………………… 2－416
名學不分卷……………………………… 2－416
名聯彙選不分卷………………………… 2－415
名醫方論四卷…………………………… 2－416
名醫方論四卷…………………………… 2－416
名醫類案十二卷………………………… 2－416
名醫類案十二卷………………………… 2－416
名醫類案十二卷………………………… 2－416
多文堂重訂古文釋義新編八卷……… 1－331
多忠勇公［多隆阿］勤勞錄四卷 …… 1－331
多福通書不分卷………………………… 1－331
多福通書不分卷………………………… 1－331
多福集不分卷…………………………… 1－331
月齋文集八卷詩集四卷 ……………… 4－336
月齋文集八卷詩集四卷 ……………… 4－336
交食細草二卷首一卷…………………… 2－165
交食蒙求訂補二卷……………………… 2－165
交涉約案摘要七卷……………………… 2－164
交涉約案摘要七卷首一卷附編一卷
……………………………………………… 2－164
交涉約案摘要七卷首一卷附編一卷
……………………………………………… 2－164
交涉約案摘要七卷首一卷附編一卷
……………………………………………… 2－164

交涉學三卷 …………………………… 2－164
交翠軒筆記四卷 ………………………… 2－164
交輝園遺稿一卷 ………………………… 2－164
亦有生齋樂府二卷 ……………………… 4－317
亦吾廬詩草八卷 ………………………… 4－316
亦吾廬詩草八卷 ………………………… 4－316
亦拙詩草十二卷 ………………………… 4－317
亦拙詩草十二卷 ………………………… 4－317
亦拙詩草十二卷 ………………………… 4－317
亦政堂重修考古圖十卷 ………………… 4－317
亦政堂重修宣和博古圖錄三十卷 …… 4－317
亦軒詩草二卷 …………………………… 3－215
亦園亭全集 ……………………………… 4－317
亦園詩存不分卷 ………………………… 4－317
亦靜山房詩文賸稿二卷 ………………… 4－316
亦廬詩二十八卷 ………………………… 4－316
羊城候補樂府一卷 ……………………… 5－399
米利堅志四卷 …………………………… 2－408
州乘餘聞一卷 …………………………… 5－170
州縣提綱四卷 …………………………… 5－170
汗簡七卷 ………………………………… 2－18
汗簡七卷 ………………………………… 2－18
汗簡七卷 ………………………………… 2－18
汗簡七卷 ………………………………… 2－18
江人事四卷首一卷末一卷 ……………… 2－155
江人事四卷首一卷末一卷 ……………… 2－155
江人事四卷首一卷末一卷 ……………… 2－155
江人事四卷首一卷末一卷 ……………… 2－156
江月松風集十二卷 ……………………… 2－162
江文通集八卷 …………………………… 2－156
江文通集四卷 …………………………… 2－156
江左十子詩鈔二十卷 …………………… 2－163
江左十五子詩選 ………………………… 2－163
江左三大家詩鈔 ………………………… 2－163
江左三大家詩鈔 ………………………… 2－163
江左三大家詩鈔 ………………………… 2－163
江左三大家詩鈔 ………………………… 2－163
江左三大家詩鈔 ………………………… 2－163
江左校士錄二卷 ………………………… 2－163
江左校士錄二卷 ………………………… 2－163
江左校士錄六卷 ………………………… 2－163
江左校士錄六卷 ………………………… 2－163
江左校士錄六卷 ………………………… 2－163
江左校士錄六卷 ………………………… 2－163
江左校士錄四卷 ………………………… 2－163
江左校士錄四卷 ………………………… 2－163
江左校士錄四卷 ………………………… 2－163
江右文鈔不分卷 ………………………… 2－162
江右古文選四十卷 ……………………… 2－162
江右古文選四十卷 ……………………… 2－162
江右古文選四十卷 ……………………… 2－162
江右古文選四十卷 ……………………… 2－162
江右古文選四十卷 ……………………… 2－162
江右古文選四十卷 ……………………… 2－162
江右古文選四十卷 ……………………… 2－162
江右候補同官錄不分卷 ………………… 2－162
江右時文徵略不分卷 …………………… 2－162
[江右時文選評]不分卷 ………………… 5－326
江右試牘崇雅集一卷 …………………… 2－162
[江右龍脈鈐記]不分卷 ………………… 5－326
江北運程四十卷首一卷 ………………… 2－152
[江西九江]邱氏族譜不分卷 …………… 5－309
江西大學堂教習芻言一卷 ……………… 2－157
[江西弋陽]陳文正公家乘四卷首一卷 ………………………………… 5－325
[江西弋陽]陳文正公家乘四卷首一卷 ………………………………… 5－325
[江西上高]三區砧基不分卷 …………… 5－310
[江西上高]上高東溪李氏東七房西三樓合譜□□卷 ………………… 5－310
[江西上高]敖西李氏族譜□□卷 … 5－310
[江西上高]敖西羅氏六修族譜不分卷 ………………………………… 5－310
[江西上高]敖南孝友李氏族譜□□卷 ………………………………… 5－310
[江西上高]敖陽陳氏族譜□□卷 … 5－310
[江西上高]敖陽蛇溪鄔氏族譜二卷首一卷附一卷 ………………… 5－310
[江西上高]敖陽嚴氏四門族譜□□卷 ………………………………… 5－310
[江西上高]寬房垂裕堂冊不分卷 … 5－310
[江西上猶]黃氏重修族譜□□卷 … 5－305

江西五家稿 …………………………… 2－160
江西古蹟詩鈔一卷 …………………… 2－157
江西古蹟詩鈔一卷 …………………… 2－157
［江西永新］賀氏十一修族譜□□卷
…………………………………… 5－325
［江西吉安］臺溪前溪王氏重修族譜
不分卷 ………………………………… 5－309
江西考古錄十卷 ……………………… 2－157
江西考古錄十卷 ……………………… 2－157
江西考古錄十卷 ……………………… 2－157
江西考古錄十卷 ……………………… 2－157
江西考古錄十卷 ……………………… 2－157
江西考古錄十卷 ……………………… 2－157
江西考古錄十卷 ……………………… 2－157
江西考古錄十卷 ……………………… 2－157
江西考古錄十卷 ……………………… 2－157
［江西］朱氏弋陽支譜不分卷 ……… 5－307
江西全省文武同官錄二卷 …………… 2－158
江西全省文武同官錄二卷 …………… 2－158
江西全省地方自治研究所講義二種
…………………………………… 2－158
江西全省圖說一卷 …………………… 2－158
江西全省輿圖十四卷附鄱陽湖圖說
一卷 …………………………………… 2－158
江西全省輿圖十四卷附鄱陽湖圖說
一卷 …………………………………… 2－158
江西全省輿圖十四卷附鄱陽湖圖說
一卷 …………………………………… 2－158
江西全省輿圖十四卷附鄱陽湖圖說
一卷 …………………………………… 2－158
江西全省輿圖十四卷附鄱陽湖圖說
一卷 …………………………………… 2－158
江西全省輿圖十四卷首一卷 ………… 2－158
江西全省輿圖十四卷首一卷 ………… 2－158
江西全省輿圖十四卷首一卷 ………… 2－158
江西全省鐵路總局開辦簡明章程一
卷 ……………………………………… 2－158
［江西安遠］謝氏族譜□□卷 ……… 5－307
［江西安遠］謝氏族譜□□卷首一卷
…………………………………… 5－307
［江西安義］帥氏族譜不分卷 ……… 5－306
［江西］邱氏重修族譜二十二卷首二
卷 ……………………………………… 5－305
［江西］邱氏重修族譜□□卷首□卷
…………………………………… 3－50
［江西奉新］王氏宗譜二卷 ………… 5－308
［江西奉新］平原帥氏支譜□□卷 … 5－308
［江西奉新］奉新甘氏重修族譜九卷
…………………………………… 5－308
［江西奉新］卓氏支譜不分卷 ……… 5－308
［江西奉新］城南鄧氏四修族譜十卷
首一卷 ………………………………… 5－308
［江西奉新］城南鄧遠齋公五修支譜
四卷 …………………………………… 5－308
［江西奉新］南岡涂氏三修支譜□□
卷 ……………………………………… 5－308
［江西奉新］彭蔡族譜世系不分卷 … 5－308
［江西奉新］鄒氏族譜十二卷首一卷
…………………………………… 5－343
［江西奉新］新吴王氏五修宗譜四卷
…………………………………… 5－308
［江西奉新］新吴王氏四修宗譜四卷
…………………………………… 5－308
［江西奉新］新吴王氏宗譜二卷 …… 5－308
［江西奉新］潭溪劉氏宗譜□□卷首
一卷 …………………………………… 5－308
［江西奉新］羅塘許氏宗譜十一卷 … 5－308
［江西武寧］邱氏重修族譜□□卷首
□卷 …………………………………… 5－305
［同治］江西東鄉縣志十六卷首一卷
末一卷 ………………………………… 5－359
［同治］江西東鄉縣志十六卷首一卷
末一卷 ………………………………… 5－359
［同治］江西東鄉縣志十六卷首一卷
末一卷 ………………………………… 5－359
［同治］江西東鄉縣志十六卷首一卷
末一卷 ………………………………… 5－359
［同治］江西東鄉縣志十六卷首一卷
末一卷 ………………………………… 5－359
江西忠義錄十二卷 …………………… 2－161
江西忠義錄十二卷 …………………… 2－161
江西忠義錄十二卷 …………………… 2－161

江西忠義錄十二卷 …………………… 2－161
江西物產總會說明書不分卷 ………… 2－160
江西法政學堂講義不分卷 …………… 2－157
［江西宜春］北關楊氏族譜十卷首一卷 ………………………………… 5－321
［江西宜春］赤溪塘下易氏宗譜□□卷 ………………………………… 5－321
［江西宜春］宜邑柳溪周氏族譜二卷首一卷末一卷 ……………………… 5－323
［江西宜春］宜邑柳溪周氏族譜二卷首一卷末一卷 ……………………… 5－323
［江西宜春］宜邑柳溪周氏族譜二卷首一卷末一卷 ……………………… 5－323
［江西宜春］宜春北關五甲楊氏支譜八卷首一卷 ………………………… 5－323
［江西宜春］宜春北關五甲楊氏支譜八卷首一卷 ………………………… 5－323
［江西宜春］宜春北關楊氏族譜八卷首一卷 ……………………………… 5－323
［江西宜春］宜春東隅張氏族譜二卷首一卷 ……………………………… 5－323
［江西宜春］宜春袁氏族譜□□卷 … 5－323
［江西宜春］宜春袁氏族譜□□卷 … 5－323
［江西宜春］洄溪林氏族譜□□卷 … 5－322
［江西宜春］袁祠曾氏族譜四十三卷首二卷末一卷 ……………………… 5－306
［江西宜春］袁郡衛前劉祠主譜二卷 ………………………………… 1－95
［江西宜春］袁郡衛前劉祠主譜二卷 ………………………………… 5－324
［江西宜春］袁郡衛前劉祠主譜二卷 ………………………………… 5－324
［江西宜春］袁郡衛前劉祠主譜二卷 ………………………………… 5－324
［江西宜春］袁郡衛前劉祠主譜二卷 ………………………………… 5－324
［江西宜春］袁郡衛前劉祠主譜二卷 ………………………………… 5－324
［江西宜春］袁郡劉氏族譜二十七卷 ………………………………… 5－306
［江西宜春］袁郡劉氏族譜三十一卷 ………………………………… 5－13
［江西宜春］袁郡劉氏族譜三十卷 … 5－306
［江西宜春］袁郡學前林氏族譜十六卷首二卷 ……………………………… 5－306
［江西宜春］袁郡藍祠主譜二卷 …… 5－323
［江西宜春］袁郡藍祠主譜二卷 …… 5－323
［江西宜春］袁郡藍祠主譜二卷 …… 5－324
［江西宜春］袁郡藍祠主譜二卷 …… 5－324
［江西宜春］袁郡鍾祠主譜不分卷 … 5－324
［江西宜春］袁郡謝公祠牌位冊不分卷 ………………………………… 5－324
［江西宜春］陳氏族譜不分卷 ……… 5－321
［江西宜春］張氏族譜□□卷首一卷 ………………………………… 5－307
［江西宜春］集溪盧氏族譜二卷 …… 5－322
［江西宜春］鄧氏重修族譜十卷 …… 5－322
［江西宜春］鄧氏家譜三卷 ………… 5－321
［江西宜春］鄧氏家譜三卷 ………… 5－322
［江西宜春］鄧氏家譜三卷 ………… 5－322
［江西宜春］鄧氏家譜三卷 ………… 5－322
［江西宜春］鄧氏家譜三卷 ………… 5－322
［江西宜春］鄧氏家譜三卷 ………… 5－322
［江西宜春］環溪張氏族譜八卷末一卷 ………………………………… 5－322
［江西宜春］戴氏族譜四卷首一卷 … 5－321
［江西宜春］韓祠主譜三卷 ………… 5－306
［江西宜春］韓祠主譜三卷 ………… 5－322
［江西宜春］韓祠主譜三卷 ………… 5－322
［江西宜春］韓祠主譜三卷 ………… 5－322
［江西宜春］韓祠主譜三卷 ………… 5－322
［江西宜春］韓祠主譜三卷 ………… 5－322
［江西宜春］韓祠主譜三卷 ………… 5－322
［江西宜春］韓祠主譜三卷 ………… 5－322
［江西宜春］韓祠主譜三卷 ………… 5－322
［江西宜春］鍾氏重修支譜八卷首一卷 ………………………………… 5－307
［江西宜春］嚴溪周氏宗譜 ………… 5－323
［江西宜春］嚴溪周氏宗譜六卷附三卷 ………………………………… 5－323
［江西宜豐］三鄉大圖會記不分卷 … 5－325

[江西宜豐]三鄉義倉譜二卷 ……… 5－325
[江西宜豐]五疆棠浦席氏重修族譜□□卷……………………………… 5－325
[江西宜豐]城東漆氏竹庵翁祠崇祀錄不分卷…………………………… 5－324
[江西宜豐]城東漆氏孝思堂崇祀錄不分卷…………………………… 5－324
[江西宜豐]鄔氏族譜□□卷 ……… 5－325
[江西宜豐]渤海吳氏族譜□□卷 … 5－324
[江西宜豐]新天興賢會續修崇祀錄不分卷…………………………… 5－325
[江西宜豐]新昌興賢堂志不分卷 … 5－325
[江西宜豐]漆氏附祭會錄不分卷 … 5－324
[江西宜豐]漆氏附祭會錄不分卷 … 5－324
[江西宜豐]漆氏附祭會錄不分卷 … 5－324
[江西宜豐]漆氏族譜不分卷 ……… 5－324
[江西宜豐]熊氏秀翁植下支譜不分卷………………………………… 5－325
[江西宜豐]錢氏分房支譜□□卷 … 5－305
[江西宜豐]廬江況氏族譜□□卷 … 5－324
[江西宜豐]龔氏三修族譜□□卷 … 5－324
[江西宜豐]龔氏譜略一卷 ………… 5－324
江西官報………………………… 2－157
江西官報 ……………………… 4－88
江西官報 ……………………… 4－92
[江西南昌]曹氏族譜□□卷 ……… 5－309
[江西南昌]曹氏族譜□□卷 ……… 5－309
江西南昌縣考棚事宜冊一卷………… 2－157
江西要覽二十卷…………………… 2－160
江西要覽二十卷…………………… 2－160
江西要覽二十卷…………………… 2－160
江西要覽二十卷…………………… 2－160
江西要覽二十卷…………………… 2－160
江西要覽二十卷…………………… 2－160
江西要覽二十卷…………………… 2－160
江西要覽二十卷…………………… 2－160
江西要覽二十卷…………………… 2－160
江西要覽二十卷…………………… 2－160
江西要覽二十卷…………………… 2－161
江西要覽二十卷…………………… 2－161
江西要覽二十卷…………………… 2－161
江西要覽二十卷…………………… 2－161
江西要覽二十卷…………………… 2－161
江西要覽二十卷…………………… 2－161
江西要覽二十卷…………………… 2－161
江西要覽二十卷…………………… 2－161
江西要覽二十卷…………………… 2－161
江西要覽二十卷…………………… 2－161
江西要覽二十卷…………………… 2－161
江西要覽二十卷…………………… 2－161
江西要覽二十卷…………………… 2－161
江西省清節堂章程一卷附號規一卷………………………………………… 2－158
[江西]省會鄒氏祠主錄一卷 ……… 5－305
[江西修水]邱氏祠志不分卷 ……… 5－342
[江西修水]武城曾氏重修族譜不分卷………………………………… 5－342
[江西修水]武城曾氏重修族譜不分卷………………………………… 5－342
[江西修水]黃氏課最堂重修祠志二卷………………………………… 5－325
[江西修水]鄒氏族譜□□卷首一卷………………………………………… 5－343
[江西修水]溫氏族譜不分卷 ……… 5－306
[江西]袁郡古氏族譜七卷首一卷 … 5－342
江西校士錄六卷…………………… 2－160
[江西高安]銀澍王氏族譜□□卷首一卷……………………………… 4－376
[江西高安]銀澍五子王氏宗譜□□卷………………………………… 4－376
[江西]高奉涂氏宗譜□□卷 ……… 5－305
[江西浮梁]浮邑方氏宗譜□□卷首一卷……………………………… 5－308
江西陸軍小學堂講義不分卷………… 2－157
[江西]陳氏重修族譜不分卷 ……… 5－305
[江西]陳氏族譜□□卷 …………… 5－305
[光緒]江西通志一百八十卷首五卷………………………………………… 5－292
[光緒]江西通志一百八十卷首五卷………………………………………… 5－292
[光緒]江西通志一百八十卷首五卷………………………………………… 5－292

[光緒]江西通志一百八十卷首五卷 …… 5－292
[光緒]江西通志一百八十卷首五卷 …… 5－293
[光緒]江西通志一百八十卷首五卷 …… 5－293
[光緒]江西通志一百八十卷首五卷 …… 5－293
[光緒]江西通志一百八十卷首五卷 …… 5－293
[光緒]江西通志一百八十卷首五卷 …… 5－293
[光緒]江西通志一百八十卷首五卷 …… 5－293
[光緒]江西通志一百八十卷首五卷 …… 5－293
[光緒]江西通志一百八十卷首五卷 …… 5－293
[光緒]江西通志一百八十卷首五卷 …… 5－293
[光緒]江西通志一百八十卷首五卷 …… 5－293
[光緒]江西通志一百八十卷首五卷 …… 5－293
[光緒]江西通志一百八十卷首五卷 …… 5－293
[光緒]江西通志一百八十卷首五卷 …… 5－293
[雍正]江西通志一百六十二卷首三卷 …… 5－382
[雍正]江西通志一百六十二卷首三卷 …… 5－382
[雍正]江西通志一百六十二卷首三卷 …… 5－382
[雍正]江西通志一百六十二卷首三卷 …… 5－382
[嘉靖]江西通志三十七卷 …… 5－300
[康熙]江西通志五十四卷 …… 5－327
江西通省文武同官錄二卷 …… 2－159
江西通省文武同官錄二卷 …… 2－159
[江西]黃氏大成族譜不分卷 …… 5－305
[江西萍鄉]小庫村王氏族譜□□卷 …… 5－310
[江西萍鄉]文氏族譜□□卷首□卷 …… 5－310
[江西萍鄉]南門葉氏三修族譜八卷首一卷 …… 5－309
[江西萍鄉]萍北石源李氏家譜□□卷末一卷 …… 5－309
[江西萍鄉]萍北朱氏族譜四卷 …… 5－309
[江西萍鄉]萍北梘田黃氏族譜□□卷 …… 5－309
[江西萍鄉]萍邑曾氏祠冊不分卷 …… 5－310
[江西萍鄉]萍南趙家源鄭氏族譜□□卷 …… 5－309
[江西萍鄉]萍鄉古學前彭氏三修族譜不分卷 …… 5－310
[江西萍鄉]萍鄉古學前彭氏續修族譜不分卷 …… 5－310
[江西萍鄉]萍鄉段氏族譜□□卷 …… 5－310
[江西萍鄉]曾氏祠冊不分卷 …… 5－309
[江西萍鄉]楊氏七修族譜□□卷 …… 4－277
[江西]曹氏宗譜□□卷首一卷 …… 5－305
[江西進賢]同治九年重修劉氏宗譜□□卷 …… 5－309
[江西進賢]黃氏大成宗譜不分卷 …… 5－309
[江西進賢]黃氏大成宗譜□□卷 …… 5－309
[江西進賢]黃氏大成宗譜□□卷 …… 5－309
江西商務總會簡章不分卷 …… 2－158
[江西]張氏重修族譜十二卷 …… 5－342
江西鄉試硃卷不分卷(清光緒十七年) …… 2－160
江西鄉試硃卷同治壬戌恩科光緒甲午正科不分卷 …… 2－160
江西鄉試硃卷嘉慶癸卯科不分卷 …… 4－93
江西鄉試錄五卷(清嘉慶十二年至十三年、十五年、十八年、二十一年) …… 2－160
江西鄉試錄不分卷(清光緒元年至二年、五年) …… 2－160
江西鄉試錄□□卷 …… 2－160
江西鄉試錄道光癸卯科一卷 …… 2－160

[江西萬載]九仙宫真君十九堂冊不分卷…… 5-312
[江西萬載]以吾書院冊不分卷 …… 5-319
[江西萬載]北門巢氏族譜十卷首一卷末一卷…… 5-311
[江西萬載]田背李氏族譜□□卷 … 5-313
[江西萬載]司背宋氏族譜□□卷 … 5-313
[江西萬載]西平李氏族譜□□卷 … 5-319
[江西萬載]江右鄧氏族譜□□卷 … 5-312
[江西萬載]江塘龍氏族譜二十卷末一卷…… 5-312
[江西萬載]安仁坊李大祠神主冊□□卷…… 5-311
[江西萬載]李氏族譜□□卷 ……… 5-312
[江西萬載]邱氏族譜□□卷 ……… 5-341
[江西萬載]辛氏大祠公冊 ………… 5-319
[江西萬載]辛氏大祠公冊 ………… 5-319
[江西萬載]辛氏大祠公冊 ………… 5-319
[江西萬載]辛氏大祠公冊 ………… 5-319
[江西萬載]辛氏族譜□□卷 ……… 5-323
[江西萬載]辛幼房祭先事件冊不分卷…… 5-319
[江西萬載]汪樂育堂家塾冊不分卷…… 5-318
[江西萬載]汪樂育堂家塾冊不分卷…… 5-319
[江西萬載]汪樂育堂家塾冊不分卷…… 5-319
[江西萬載]汪樂育堂家塾冊不分卷…… 5-319
[江西萬載]汪樂育堂家塾冊不分卷…… 5-319
[江西萬載]汪樂育堂家塾冊不分卷…… 5-319
[江西萬載]東隅袁氏族譜二卷首一卷末一卷…… 5-311
[江西萬載]東隅袁氏族譜三卷首一卷末一卷…… 5-311
[江西萬載]東隅袁氏族譜三卷首一卷末一卷…… 5-311
[江西萬載]高郵李氏和房祠主冊□□卷…… 5-311
[江西萬載]高郵李氏譜東房 ……… 5-311
[江西萬載]高郵李氏譜東房 ……… 5-311
[江西萬載]陳氏族譜不分卷 ……… 5-321
[江西萬載]陳氏族譜不分卷 ……… 5-341
[江西萬載]黄氏族譜□□卷 ……… 5-305
[江西萬載]黄茅劉房祖祠族譜□□卷…… 5-312
[江西萬載]康樂坊龍氏族譜四卷 … 5-312
[江西萬載]康樂坊龍氏族譜四卷 … 5-312
[江西萬載]康樂坊龍氏族譜四卷 … 5-312
[江西萬載]張氏族譜五卷 ………… 5-319
[江西萬載]張氏族譜□□卷 ……… 5-319
[江西萬載]萬邑壇下何祠牌位譜一卷…… 5-313
[江西萬載]萬邑壇下何祠牌位譜一卷…… 5-313
[江西萬載]萬邑鍾祠牌譜不分卷 … 5-313
[江西萬載]萬邑鍾祠牌譜不分卷 … 5-313
[江西萬載]萬邑嚴祠牌冊二卷首一卷…… 5-313
[江西萬載]萬載大北門常氏族譜□□卷末一卷…… 5-313
[江西萬載]萬載小江西田背李氏族譜□□卷…… 5-316
[江西萬載]萬載田下郭氏族譜十六卷首一卷末一卷…… 5-316
[江西萬載]萬載田下郭氏族譜十六卷首一卷末一卷…… 5-316
[江西萬載]萬載田下郭氏族譜十六卷首一卷末一卷…… 5-316
[江西萬載]萬載田下郭氏族譜□□卷…… 5-316
[江西萬載]萬載田下郭氏族譜□□卷…… 5-316
[江西萬載]萬載田心孫氏族譜八卷…… 5-316
[江西萬載]萬載田心孫氏族譜八卷…… 5-316
[江西萬載]萬載田心孫氏族譜不分卷…… 5-316

[江西萬載]萬載白水歐陽氏族譜□□卷…… 5－313
[江西萬載]萬載白良敖氏族譜不分卷…… 5－313
[江西萬載]萬載巫氏族譜□□卷 …… 5－316
[江西萬載]萬載李氏族譜二十一卷…… 5－314
[江西萬載]萬載李譜提要□卷 …… 5－314
[江西萬載]萬載何氏族譜八卷首一卷…… 5－313
[江西萬載]萬載何氏族譜八卷首一卷末一卷…… 5－314
[江西萬載]萬載何氏族譜□□卷 …… 5－313
[江西萬載]萬載何氏族譜□□卷首一卷…… 5－313
[江西萬載]萬載何氏牌譜一卷 …… 5－313
[江西萬載]萬載辛氏六房譜二十四卷首一卷…… 5－342
[江西萬載]萬載辛氏六房譜二十四卷首一卷…… 5－342
[江西萬載]萬載辛氏幼房譜十卷 …… 5－323
[江西萬載]萬載辛氏幼房譜十卷首一卷…… 5－306
[江西萬載]萬載辛氏幼房譜十卷首一卷…… 5－306
[江西萬載]萬載辛氏族譜二卷 …… 5－316
[江西萬載]萬載辛氏族譜十四卷首一卷末一卷…… 5－317
[江西萬載]萬載辛氏族譜十四卷首一卷末一卷…… 5－317
[江西萬載]萬載辛氏族譜九卷末一卷…… 5－317
[江西萬載]萬載辛氏族譜九卷末一卷…… 5－317
[江西萬載]萬載辛氏族譜三十卷首一卷末一卷…… 5－317
[江西萬載]萬載辛氏族譜三十卷首一卷末一卷…… 5－317
[江西萬載]萬載辛氏族譜三十卷首一卷末一卷…… 5－317
[江西萬載]萬載辛氏族譜□□卷末一卷…… 5－316
[江西萬載]萬載辛氏順房譜五卷首一卷末一卷…… 5－342
[江西萬載]萬載辛氏覲房譜□□卷…… 5－306
[江西萬載]萬載汪氏族譜□□卷末一卷…… 5－316
[江西萬載]萬載昌田鍾氏族譜□□卷…… 5－323
[江西萬載]萬載昌田鍾氏族譜□□卷首一卷…… 5－306
[江西萬載]萬載茭湖張氏牌位譜二卷…… 5－314
[江西萬載]萬載袁氏族譜五卷首一卷…… 5－317
[江西萬載]萬載袁氏族譜□□卷 …… 5－317
[江西萬載]萬載株鎮巫氏重修支譜七卷首一卷末一卷…… 5－318
[江西萬載]萬載唐氏族譜十一卷首二卷…… 5－316
[江西萬載]萬載唐氏族譜七卷首一卷…… 5－316
[江西萬載]萬載黄茅周氏義門錄一卷…… 5－314
[江西萬載]萬載排江歐陽氏族譜五卷首一卷…… 5－315
[江西萬載]萬載排江歐陽氏族譜四卷首一卷末一卷…… 5－315
[江西萬載]萬載深塘鍾成公支譜□□卷…… 5－315
[江西萬載]萬載張氏六支合譜八卷…… 5－317
[江西萬載]萬載張氏六支合譜八卷…… 5－317
[江西萬載]萬載張氏六支族譜二卷首一卷…… 5－318
[江西萬載]萬載張氏六支族譜二卷首一卷…… 5－318
[江西萬載]萬載張氏六支族譜二卷首一卷…… 5－318
[江西萬載]萬載張氏六支族譜二卷

首一卷……………………………… 5-318
[江西萬載]萬載張氏六支族譜二卷
首一卷……………………………… 5-318
[江西萬載]萬載張氏六支族譜二卷
首一卷……………………………… 5-318
[江西萬載]萬載張氏六支族譜二卷
首一卷……………………………… 5-318
[江西萬載]萬載張氏六支族譜二卷
首一卷……………………………… 5-318
[江西萬載]萬載張氏六支族譜二卷
首一卷……………………………… 5-318
[江西萬載]萬載張氏六支族譜二卷
首一卷……………………………… 5-318
[江西萬載]萬載張氏六支族譜二卷
首一卷……………………………… 5-318
[江西萬載]萬載張氏六支族譜二卷
首一卷……………………………… 5-318
[江西萬載]萬載張氏六支譜□□卷
……………………………………… 5-317
[江西萬載]萬載張氏六支譜□□卷
……………………………………… 5-318
[江西萬載]萬載雲峰張氏族譜十三
卷首一卷末一卷…………………… 5-317
[江西萬載]萬載雲峰張氏族譜十三
卷首一卷末一卷…………………… 5-317
[江西萬載]萬載雲峰張氏族譜十卷
首一卷末一卷……………………… 5-317
[江西萬載]萬載湖源潘氏族譜三卷
末一卷……………………………… 5-314
[江西萬載]萬載福溪錢氏重修族譜
□□卷尾卷一卷…………………… 5-313
[江西萬載]萬載銀山周氏族譜□□
卷…………………………………… 5-306
[江西萬載]萬載潭溪徐氏族譜□□
卷…………………………………… 5-316
[江西萬載]萬載潭溪謝氏族譜□□
卷…………………………………… 5-315
[江西萬載]萬載潭溪謝氏族譜□□
卷…………………………………… 5-315
[江西萬載]萬載潭溪謝氏族譜□□
卷前編□□卷……………………… 5-316
[江西萬載]萬載興仁林氏支譜□□
卷首一卷末一卷…………………… 5-317
[江西萬載]萬載錦衣坊陳氏族譜□
□卷提要卷首一卷………………… 5-314
[江西萬載]萬載龍氏族譜二十卷首
一卷………………………………… 5-315
[江西萬載]萬載龍氏族譜二十卷首
一卷………………………………… 5-315
[江西萬載]萬載龍氏族譜二十卷首
一卷………………………………… 5-315
[江西萬載]萬載龍氏族譜二十卷首
一卷………………………………… 5-315
[江西萬載]萬載龍氏族譜三十九卷
首二卷末四卷……………………… 5-315
[江西萬載]萬載龍氏族譜三十九卷
首二卷末四卷……………………… 5-315
[江西萬載]萬載龍氏族譜不分卷 … 5-314
[江西萬載]萬載龍氏族譜不分卷 … 5-314
[江西萬載]萬載龍氏族譜不分卷 … 5-314
[江西萬載]萬載龍氏族譜不分卷 … 5-314
[江西萬載]萬載龍氏族譜□□卷 … 5-314
[江西萬載]萬載龍氏族譜□□卷 … 5-314
[江西萬載]萬載龍氏族譜□□卷 … 5-314
[江西萬載]萬載龍氏族譜□□卷末
二卷………………………………… 5-314
[江西萬載]萬載龍田劉氏族譜□□
卷…………………………………… 5-315
[江西萬載]萬載藏溪喻氏族譜□□
卷…………………………………… 5-313
[江西萬載]萬載螺塘歐陽氏支譜□
□卷………………………………… 5-315
[江西萬載]萬載雙虹劉氏二房房譜
首一卷末一卷……………………… 5-315
[江西萬載]萬載雙虹劉氏重修族譜
□□卷……………………………… 5-315
[江西萬載]萬載雙虹劉氏重修族譜
□□卷……………………………… 5-315
[江西萬載]萬載鏡山陳氏重修族譜
□□卷……………………………… 5-314
[江西萬載]萬載鏡山陳氏重修族譜
□□卷……………………………… 5-314

[江西萬載]湖溪李氏支譜□卷首一卷 …… 5－312
[江西萬載]鄧氏重修族譜□□卷 …… 5－311
[江西萬載]鄧氏族譜□□卷 …… 5－311
[江西萬載]潭溪李氏丁冊祠記□□卷 …… 5－313
[江西萬載]潭溪黄氏族譜□□卷首一卷 …… 5－306
[江西萬載]潭溪黄祠信房族譜十六卷首一卷 …… 5－306
[江西萬載]獲富韓煥先祠丁享譜四卷 …… 5－312
[江西萬載]獲富韓煥先祠主譜□□卷 …… 5－312
[江西萬載]龍崗學堂冊□卷 …… 5－312
[江西萬載]韓氏世譜不分卷 …… 5－312
[江西萬載]韓氏族譜□□卷 …… 5－312
[江西萬載]韓氏族譜□□卷首一卷 …… 5－312
[江西萬載]韓氏榮公支譜□□卷首一卷 …… 5－312
[江西萬載]嚴氏主牌譜二卷 …… 5－319
[江西萬載]嚴氏牌譜二卷 …… 5－319
[江西萬載]觀溪盧氏族譜十六卷首四卷末一卷 …… 5－311
[江西萬載]觀溪盧氏族譜十六卷首四卷末一卷 …… 5－312
[江西萬載]觀溪盧氏族譜□□卷 …… 5－311
[江西萬載]觀溪盧氏族譜□□卷末一卷 …… 5－311
江西策對詳纂□□卷 …… 2－156
江西策對詳纂□□卷 …… 2－156
江西策學撮要八卷 …… 2－156
江西策學撮要八卷 …… 2－157
江西策學撮要八卷 …… 2－157
[江西]鄒氏族譜□□卷 …… 5－307
[江西]鄒氏族譜□□卷 …… 5－307
[江西]鄒氏族譜□□卷 …… 5－307
[江西]鄒氏族譜□□卷 …… 5－307
[江西婺源]仁里明經胡氏支譜八卷首一卷 …… 5－320
[江西婺源]平盈方氏支譜五卷首一卷末一卷 …… 5－320
[江西婺源]平盈方氏世譜五卷 …… 5－320
[江西婺源]平陽汪氏宗譜五卷末一卷 …… 5－320
[江西婺源]甲道張氏宗譜□□卷 …… 5－320
[江西婺源]考訂朱子世家一卷 …… 1－79
[江西婺源]考訂朱子世家一卷 …… 5－320
[江西婺源]里村[洪氏]派家紀譜系 …… 5－320
[江西婺源]尚書方氏宗譜八卷 …… 5－342
[江西婺源]尚書方氏宗譜八卷 …… 5－342
[江西婺源]尚書方氏宗譜□□卷 …… 5－342
[江西婺源]尚書方氏宗譜□□卷 …… 5－342
[江西婺源]官源朱氏宗譜不分卷 …… 5－320
[江西婺源][胡氏家傳]不分卷 …… 5－319
[江西婺源]星源甲道張氏宗譜□□卷 …… 5－321
[江西婺源]桐川羅浮朱氏宗譜九卷 …… 5－321
[江西婺源]理田李氏世譜十六卷 …… 5－320
[江西婺源]理田李氏宗譜六卷附二卷墓圖一卷 …… 5－320
[江西婺源]理田李氏宗譜□□卷 …… 5－320
[江西婺源]清華胡仁德堂續修世譜二十七卷首一卷末一卷 …… 5－320
[江西婺源]清華胡氏族譜一卷 …… 5－320
[江西婺源]清華胡氏族譜十九卷首一卷 …… 5－320
[江西婺源]集録本宗歷史一卷 …… 5－320
[江西婺源]敦煌郡洪氏宗譜□□卷 …… 5－319
[江西婺源]婺源尚書方氏宗譜□□卷首一卷末一卷 …… 5－321
[江西婺源]婺源桃溪潘氏族譜二十一卷 …… 5－321
[江西婺源]新安武口王氏總譜十二集二百六十四卷 …… 5－321
[江西婺源]新安程氏龍山玉堂宗譜□□卷 …… 5－321
[江西婺源]學楷公本支家譜一卷 …… 5－321

［江西婺源］龍溪俞氏家譜一卷 …… 5－320
［江西婺源］燉煌洪氏譜□□卷 …… 5－320
［江西婺源］［韓溪程氏世系錄］□□卷 …… 5－319
［江西婺源］韓溪程氏祠堂規約四卷首一卷 …… 5－320
［江西婺源］雙杉王氏支譜□□卷 … 5－321
［江西婺源］雙杉王氏世譜十卷首一卷 …… 5－321
［江西婺源］雙杉王氏世譜□□卷 … 5－320
［江西瑞金］瑞金高嶺劉氏三修族譜不分卷 …… 5－310
［江西］楊氏重修族譜不分卷 …… 5－306
江西農工商礦紀略不分卷 …… 2－158
江西農工商礦紀略不分卷 …… 2－158
江西農報不分卷 …… 2－158
江西試牘五卷 …… 2－159
江西試牘不分卷 …… 2－159
江西試牘六卷 …… 2－159
江西試牘四卷 …… 2－159
江西試牘四卷 …… 2－159
江西試牘四卷 …… 2－159
江西試牘四卷 …… 2－159
江西試牘立誠編不分卷 …… 2－159
江西試牘立誠編詩鈔□□卷 …… 2－159
江西試牘□□卷 …… 2－159
江西詩社宗派圖錄一卷 …… 2－158
江西詩徵九十四卷補遺一卷 …… 2－158
江西詩徵九十四卷補遺一卷 …… 2－159
江西詩徵九十四卷補遺一卷 …… 2－159
江西詩徵九十四卷補遺一卷 …… 2－159
江西詩徵九十四卷補遺一卷 …… 2－159
江西詩徵九十四卷補遺一卷 …… 2－159
江西詩徵九十四卷補遺一卷 …… 2－159
［江西新余］馬陂錢氏重修族譜四卷首一卷 …… 5－321
［江西新建］洪城永和四修張氏家譜四卷 …… 5－309
［江西新建］洪城永和張氏五修家譜四卷 …… 5－309
［江西新建］程氏宗譜不分卷 …… 5－321
江西新城保甲圖冊三卷補險要十圖一卷 …… 2－160
［江西新城］桃溪楊氏先德錄二卷 … 5－321
［同治］江西新城縣志十二卷首一卷末一卷 …… 5－359
［同治］江西新城縣志十二卷首一卷末一卷 …… 5－359
江西義莊條規一卷附衆福堂捐本息銀數旅粵一卷 …… 2－161
江西福主八寶寶訓註證二卷 …… 2－157
［江西銅鼓］光記賓興志四卷 …… 5－310
［江西銅鼓］光記賓興志四卷 …… 5－310
［江西銅鼓］光記賓興志四卷 …… 5－311
［江西銅鼓］光記賓興志四卷 …… 5－311
［江西銅鼓］鍾氏族譜□□卷 …… 5－311
［江西銅鼓］謝氏重修族譜□□卷首一卷 …… 1－57
［江西銅鼓］謝氏重修族譜□□卷首一卷 …… 5－311
［江西銅鼓］羅氏族譜□□卷 …… 5－311
江西漕運備覽不分卷 …… 2－156
［江西樟樹］東里黃氏重修族譜十四卷 …… 5－325
［江西樟樹］清江楊氏五修族譜二卷 …… 5－325
［江西樟樹］窗前黃氏族譜不分卷 … 5－325
［江西黎川］鄔氏埠頭國俊公支譜一卷 …… 5－309
江西調查局調查民事習慣問題五編 …… 2－157
［江西樂平］燉煌郡洪氏通宗譜不分卷 …… 5－325
［江西樂平］燉煌郡洪氏統宗譜□□卷 …… 5－325
［江西樂安］西溪何氏拾貳修族譜不分卷 …… 5－325
［江西樂安］象峰元氏六修族譜不分卷 …… 5－325
［江西樂安］撫樂董氏續修鄉賢錄四卷 …… 5－325
江西歷科進呈策十卷 …… 2－157

江西歷科闈策不分卷………………… 2－157
江西歷科闈策不分卷………………… 2－157
江西舉人題名錄一卷………………… 2－157
江西諮議局宣統二年答覆檔補刊一
卷………………………………… 2－161
江西諮議局宣統二年臨時會呈報議
決案一卷…………………………… 2－162
江西諮議局宣統二年臨時會議事錄
一卷………………………………… 2－162
江西諮議局第二次常年會呈報議決
案二卷……………………………… 2－161
江西諮議局第二次常年會議事錄一
卷………………………………… 2－161
［江西諮議局報告］三種 …………… 5－326
［江西］戴氏族譜八卷首一卷 ……… 5－305
［江西］韓氏族譜□□卷 …………… 5－305
［江西臨川］楊溪趙氏副譜一卷 …… 5－309
江西闈墨光緒丁酉正科一卷………… 2－159
江西闈墨光緒壬午科一卷…………… 2－159
江西闈墨光緒壬寅年鄉試不分卷…… 2－159
江西闈墨光緒壬寅年鄉試不分卷…… 2－160
江西闈墨光緒壬寅年鄉試不分卷…… 2－160
［江西］鍾氏宗譜□□卷 …………… 5－343
江西藝文志殘稿□□卷……………… 2－161
［江西豐城］合修徐氏宗譜十九卷 … 5－307
［江西豐城］袁氏重修宗譜不分卷 … 5－308
［江西豐城］袁氏重修宗譜不分卷 … 5－308
［江西豐城］袁氏重修宗譜不分卷 … 5－308
［江西豐城］袁氏族譜不分卷 ……… 5－308
［江西豐城］袁氏族譜不分卷 ……… 5－308
［江西豐城］徐氏合修族譜二十四卷
首一卷末一卷……………………… 5－307
［江西豐城］徐氏族譜不分卷 ……… 5－307
［江西豐城］徐氏族譜不分卷 ……… 5－307
［江西豐城］豫章熊氏九修族譜□□
卷首一卷…………………………… 5－307
［江西豐城］駱氏族譜不分卷 ……… 5－322
［江西豐城］駱氏族譜不分卷 ……… 5－323
［江西豐城］豐城驪塘甘氏宗譜不分
卷………………………………… 5－307
［江西豐城］豐城驪塘甘氏族譜□□
卷………………………………… 5－307
［江西豐城］豐城驪塘甘氏族譜□□
卷………………………………… 5－307
［江西豐城］驪塘甘氏族譜不分卷 … 5－307
［江西］隴西李氏族譜二十七卷 …… 5－305
［江西］隴西李氏族譜二十七卷 …… 5－305
［江西］嚴氏八修族譜不分卷 ……… 5－306
江郵銷夏錄三卷……………………… 2－154
江郵銷夏錄三卷……………………… 2－154
江表忠略二十卷……………………… 2－152
江東堤不分卷………………………… 2－154
江忠烈公後集一卷補遺一卷………… 2－162
江忠烈公遺集二卷…………………… 2－162
江忠源行狀一卷……………………… 2－162
江宜笏先生詩文存略六卷…………… 2－162
江宜笏先生詩文存略六卷…………… 2－162
江城名聯合璧四卷名蹟詩一卷……… 2－153
江城名蹟記二卷……………………… 2－153
江城名蹟記二卷……………………… 2－153
江城名蹟記二卷……………………… 2－153
江城名蹟記二卷……………………… 2－153
江城名蹟記二卷……………………… 2－153
江城名蹟記二卷……………………… 2－153
江城模範一卷………………………… 2－153
江城模範一卷………………………… 2－153
江城舊事十六卷……………………… 2－152
江城舊事十六卷……………………… 2－152
江城舊事十六卷九芝仙館文鈔一卷
詩俠圖題詠一卷…………………… 2－152
江城舊事十六卷九芝仙館文鈔一卷
詩俠圖題詠一卷…………………… 2－152
江城舊事十六卷九芝仙館文鈔一卷
詩俠圖題詠一卷…………………… 2－153
江城舊事十六卷九芝仙館文鈔一卷
詩俠圖題詠一卷…………………… 2－153
江南安徽全圖一卷…………………… 2－155
江南別錄一卷………………………… 2－155
江南長江計里全圖…………………… 2－155
江南鄉試硃卷一卷（清光緒二十三
年） ……………………………… 2－155
江南鄉試硃卷不分卷………………… 2－155

［江南鄉試硃卷彙編附履歷］ ……… 5－303
江南賑捐援照直隸等省推廣請獎捐例一卷 ……………………………… 2－155
江南製造局記十卷首一卷附卷一卷 ………………………………………… 2－155
江南製造局記十卷首一卷附錄一卷 ………………………………………… 2－155
江南製造局譯書 ………………………… 2－155
江南製造局譯書 ………………………… 2－155
江南製造局譯書 ………………………… 2－155
江南製造局譯書 ………………………… 2－155
江南學堂課藝內編一卷外編一卷 …… 2－155
江南鐵淚圖新編一卷附編一卷 ……… 2－155
江貞女贈詩二卷 ……………………… 2－162
江風集五卷 …………………………… 2－154
江風集五卷焦桐集三卷真氣集三卷寒灰集五卷劍光集四卷文波集六卷衲蘇集二卷 ……………………… 2－154
［嘉慶］江都縣續志十二卷首一卷 … 5－301
［光緒］江都縣續志三十卷首一卷 … 5－292
［光緒］江都縣續志三十卷首一卷 … 5－292
［同治］江夏縣志八卷首一卷 ……… 5－359
［同治］江夏縣志八卷首一卷 ……… 5－359
江峰青時務策一卷 …………………… 2－154
江峰青時務策一卷 …………………… 2－154
江浙四名家稿四卷 …………………… 2－162
江陵張文忠公文集四十七卷 ………… 2－155
［光緒］江陵縣志六十五卷首一卷 … 5－292
江湖切分類二卷 ……………………… 2－154
江湖尺牘分韻撮要合集四卷 ………… 2－154
江湖尺牘分韻撮要合集四卷 ………… 2－154
江湖尺牘分韻撮要合集四卷 ………… 2－154
江湖尺牘分韻撮要合集四卷 ………… 2－154
江湖尺牘分韻撮要合集四卷 ………… 2－154
江湖尺牘分韻撮要合集四卷 ………… 2－154
江湖尺牘分韻撮要合集四卷 ………… 2－154
江湖長翁文集四十卷目錄四卷 ……… 2－154
江湖長翁文集四十卷目錄四卷 ……… 2－154
江湖後集二十四卷 …………………… 2－154
江湖載酒集三卷 ……………………… 2－155
江湖輯要四卷 ………………………… 1－367
江楚會奏變法摺三卷 ………………… 2－153
江楚會奏變法摺三卷 ………………… 2－153
江楚會奏變法摺三卷 ………………… 2－153
江楚會奏變法摺三卷 ………………… 2－153
江楚會奏變法摺三卷附片一卷 ……… 2－153
江楚會奏變法摺三卷附片一卷 ……… 2－153
江楚會奏變法摺三卷附片一卷 ……… 2－153
江楚會奏變法摺三卷附片一卷 ……… 2－153
江楚會奏變法摺三卷附片一卷 ……… 2－153
江慎修先生事畧傳一卷 ……………… 2－156
江慎修先生音學辨微摘鈔一卷 ……… 2－156
江慎修先生音學辨微摘鈔一卷 ……… 2－156
江漢炳靈集二卷 ……………………… 2－154
江漢炳靈集五卷 ……………………… 2－154
江漢叢談二卷 ………………………… 2－154
江寧金石記八卷待訪目二卷 ………… 2－155
江寧府七縣地形考略一卷 …………… 2－155
［康熙］江寧府志三十四卷 ………… 5－327
江蘇司法研究所第一班同學錄一卷 ………………………………………… 2－156
江蘇全省輿圖一卷附圖說一卷 ……… 2－156
江蘇全省輿圖不分卷 ………………… 2－156
江蘇全省輿圖不分卷 ………………… 2－156
江蘇各級審判廳辦事規則不分卷 …… 2－156
［江蘇吳江］分湖柳氏重脩家譜十二卷 ……………………………………… 5－304
［江蘇吳江］分湖柳氏重脩家譜十二卷 ……………………………………… 5－304
［江蘇吳江］分湖柳氏重脩家譜十二卷 ……………………………………… 5－304
［江蘇吳江］分湖柳氏重脩家譜十二卷 ……………………………………… 5－304
［江蘇吳江］分湖柳氏重脩家譜十二卷 ……………………………………… 5－304
［江蘇吳江］分湖柳氏重脩家譜十二卷 ……………………………………… 5－304
［江蘇吳江］分湖柳氏重脩家譜十二卷 ……………………………………… 5－304
［江蘇吳江］分湖柳氏重脩家譜十二卷 ……………………………………… 5－304
［江蘇吳江］分湖柳氏重脩家譜十二

卷 …………………………………… 5－304
[江蘇吳江]分湖柳氏重脩家譜十二卷 …………………………………… 5－304
[江蘇吳江]分湖柳氏重脩家譜十二卷 …………………………………… 5－304
[江蘇吳江]分湖柳氏重脩家譜十二卷 …………………………………… 5－304
[江蘇吳江]分湖柳氏重脩家譜十二卷 …………………………………… 5－304
[江蘇吳江]分湖柳氏重脩家譜十二卷 …………………………………… 5－304
[江蘇吳江]分湖柳氏重脩家譜十二卷 …………………………………… 5－304
[江蘇吳江]分湖柳氏重脩家譜十二卷 …………………………………… 5－305
[江蘇吳江]分湖柳氏重脩家譜十二卷 …………………………………… 5－305
[江蘇吳江]分湖柳氏家譜十卷 …… 5－303
[江蘇吳江]分湖柳氏家譜十卷 …… 5－303
[江蘇吳江]分湖柳氏家譜十卷 …… 5－303
[江蘇吳江]分湖柳氏家譜十卷 …… 5－303
[江蘇吳江]分湖柳氏家譜十卷 …… 5－303
[江蘇吳江]分湖柳氏家譜十卷 …… 5－303
[江蘇吳江]分湖柳氏家譜十卷 …… 5－303
[江蘇吳江]分湖柳氏家譜十卷 …… 5－303
[江蘇吳江]分湖柳氏家譜十卷 …… 5－303
[江蘇吳江]分湖柳氏家譜十卷 …… 5－304
[江蘇吳江]分湖柳氏家譜十卷 …… 5－304
[江蘇吳江]分湖柳氏家譜十卷 …… 5－304
[江蘇吳江]分湖柳氏家譜十卷 …… 5－304
[江蘇吳江]分湖柳氏家譜十卷 …… 5－304
江蘇沿海圖說一卷附海島表一卷…… 2－156
江蘇沿海圖說一卷附海島表一卷福建沿海圖說一卷附海島表一卷…… 2－156
江蘇校士館變法課藝四卷…………… 2－156
江蘇詩徵一百八十三卷……………… 2－156
江蘇選拔貢卷一卷…………………… 2－156
江灣公立第一初等小學校章程不分卷 …………………………………… 2－156
汲古閣珍藏秘本書目一卷 …………… 2－28
汲古閣說文訂一卷…………………… 2－112
汲古閣說文訂一卷…………………… 2－112
汲冢周書十卷………………………… 2－112
汲冢周書十卷………………………… 2－112
汲冢周書十卷………………………… 2－112
汲冢周書十卷………………………… 2－112
汲冢紀年存真二卷周年表一卷……… 2－112
池上草堂六卷………………………… 1－112
池上草堂筆記八卷…………………… 1－112
池上草堂筆記近錄六卷續錄六卷三錄六卷四錄六卷…………………… 1－112
池上草堂筆記近錄六卷續錄六卷三錄六卷四錄六卷…………………… 1－112
池上草堂筆記近錄六卷續錄六卷三錄六卷四錄六卷…………………… 1－112
池上草堂筆記近錄六卷續錄六卷三錄六卷四錄六卷…………………… 1－112
池上草堂筆記近錄六卷續錄六卷三錄六卷四錄六卷…………………… 1－112
池上草堂賦草一卷…………………… 1－112
池北偶談二十六卷…………………… 1－111
池北偶談二十六卷…………………… 1－111
池北偶談二十六卷…………………… 1－111
池北偶談二十六卷…………………… 1－111
池北偶談二十六卷…………………… 1－111
池北偶談二十六卷…………………… 1－111
池北偶談二十六卷…………………… 1－111
池陽吟草二卷………………………… 1－112
汝南圃史十二卷 …………………………… 3－85
[嘉慶]汝寧府志三十卷首一卷 …… 5－302
守山閣叢書…………………………… 3－256
守山閣叢書…………………………… 3－256
守山閣叢書…………………………… 3－256
守山閣叢書…………………………… 3－256
守汴日志一卷………………………… 3－256
守墨山房遺稿四卷…………………… 3－256
守默齋詩稿一卷雜著一卷…………… 3－256
宅譜指要四卷 ……………………………… 5－84
宅譜指要四卷 ……………………………… 5－84
宅譜指要四卷 ……………………………… 5－84
宅譜修方五卷 ……………………………… 5－84
宅譜修方五卷 ……………………………… 5－84

宅譜修方五卷 …………………………… 5－84
宅譜邇言二卷 …………………………… 5－84
[同治]安仁縣志十六卷首一卷末一
卷……………………………………… 5－353
[道光]安仁縣志十卷首一卷 ……… 5－278
[同治]安仁縣志三十六卷首一卷末
一卷…………………………………… 5－353
[同治]安仁縣志三十六卷首一卷末
一卷…………………………………… 5－353
[同治]安仁縣志三十六卷首一卷末
一卷…………………………………… 5－353
[同治]安仁縣志三十六卷首一卷末
一卷…………………………………… 5－353
[同治]安仁縣志三十六卷首一卷末
一卷…………………………………… 5－353
安邦志二十卷………………………… 1－1
安成復真書院志十卷………………… 1－1
安成輿頌四卷………………………… 1－1
安成輿頌四卷………………………… 1－1
安成輿頌四卷………………………… 1－1
安吳四種……………………………… 1－3
安吳四種……………………………… 1－3
安吳四種……………………………… 1－3
安吳四種……………………………… 1－3
安吳四種……………………………… 1－3
安吳四種……………………………… 1－4
安吳包先生硯史序一卷……………… 1－3
安序堂文鈔二十卷…………………… 1－4
安序堂文鈔三十卷…………………… 1－4
安玩堂藏藁文一卷賦一卷詩一卷……… 1－3
安定書院課藝不分卷………………… 1－1
安定堂重訂古文釋義新編八卷………… 1－1
安南志畧二十卷首一卷……………… 1－3
安南志畧二十卷首一卷……………… 1－3
安陸集一卷…………………………… 1－3
安陸集一卷…………………………… 1－384
[道光]安陸縣志四十卷首一卷 …… 5－278
安陽集五十卷………………………… 1－4
安陽集五十卷………………………… 1－4
安陽集五十卷………………………… 1－4
安陽集五十卷………………………… 1－4
安陽集五十卷………………………… 1－4
安陽集五十卷………………………… 1－4
安陽集五十卷………………………… 1－4
安陽集五十卷………………………… 1－5
安陽縣金石錄十二卷………………… 1－5
安陽縣金石錄十二卷………………… 1－5
安雅堂文集二卷……………………… 1－4
安雅堂未刻稿八卷入蜀集二卷………… 1－4
安雅堂未刻稿八卷入蜀集二卷………… 1－4
安雅堂詩一卷書啟一卷文集二卷……… 1－4
安雅堂詩鈔□□卷…………………… 1－4
[同治]安遠縣志十卷首一卷 ……… 5－354
[同治]安遠縣志十卷首一卷 ……… 5－354
[同治]安遠縣志十卷首一卷 ……… 5－354
[道光]安遠縣志三十二卷首一卷 … 5－278
[同治]安義縣志十六卷首一卷末一
卷……………………………………… 1－189
[同治]安義縣志十六卷首一卷末一
卷……………………………………… 5－353
[同治]安義縣志十六卷首一卷末一
卷……………………………………… 5－354
[同治]安義縣志十六卷首一卷末一
卷……………………………………… 5－354
[同治]安義縣志十六卷首一卷末一
卷……………………………………… 5－354
[同治]安義縣志十六卷首一卷末一
卷……………………………………… 5－354
安福修復文廟志不分卷……………… 1－1
[乾隆]安福縣志二十二卷首一卷 … 5－333
[同治]安福縣志十八卷首一卷末一
卷……………………………………… 5－353
[同治]安福縣志十八卷首一卷末一
卷……………………………………… 5－353
[同治]安福縣志十八卷首一卷末一
卷……………………………………… 5－353
安蔬草堂試帖不分卷………………… 1－3
安樂集二卷…………………………… 1－5
安靜子集……………………………… 1－3
安徽司法月報□□期………………… 1－2
安徽忠義表後編六十卷……………… 1－3
安徽忠義表後編六十卷……………… 1－3

安徽金石畧十卷…………………………1－2
安徽清理財政局試辦宣統三年預算
報告總冊表一卷………………………1－2
安徽節孝待旌錄六十卷…………………1－2
安徽節孝待旌錄六十卷末一卷…………1－2
安徽愛國海軍義捐公會章程不分卷
……………………………………………1－1
安徽試牘不分卷…………………………1－2
安徽試牘不分卷…………………………1－2
安徽試牘不分卷…………………………1－2
安徽試牘立誠編不分卷…………………1－2
安徽試牘立誠編不分卷…………………1－2
安徽試牘立誠編不分卷…………………1－2
安徽試牘立誠編不分卷…………………1－2
安徽試牘立誠編不分卷…………………1－2
安徽試牘立誠編不分卷…………………1－2
安徽選拔貢卷一卷………………………1－2
安徽選拔貢卷一卷………………………1－2
安徽選拔貢卷一卷………………………1－2
安徽選拔貢卷一卷………………………1－2
安徽選拔貢卷一卷………………………1－2
安徽選拔貢卷一卷………………………1－2
安徽選拔貢卷一卷………………………1－2
安徽選拔貢卷一卷………………………1－2
安徽選拔貢卷一卷………………………1－2
安徽選拔貢卷一卷………………………1－2
安徽選拔貢卷一卷………………………1－3
安徽選拔貢卷一卷………………………1－3
安徽選拔貢卷一卷………………………1－3
安徽選拔貢卷一卷………………………1－3
安徽選拔貢卷一卷………………………1－3
安徽選拔貢卷一卷………………………1－3
安徽選拔貢卷一卷………………………1－3
安徽選拔貢卷一卷………………………1－3
安徽輿圖表説十卷………………………1－3
[安徽]蘭陵蕭氏二書 ………………5－274
字米雙惜編不分卷……………………5－252
字林古今正俗異同通考四卷六書辨
異二卷補遺一卷……………………5－252
字林考逸八卷補一卷…………………5－252
[字典]不分卷 ……………………5－389
[字典]不分卷 ……………………5－389
[字典]不分卷 ……………………5－389
[字典]不分卷 ……………………5－389
[字典]不分卷 ……………………5－389
[字典]不分卷 ……………………5－389
字典考證十二集………………………5－249
[字書]一卷 ………………………5－389
[字書]不分卷 ……………………5－389
[字書]不分卷 ……………………5－389
[字書]不分卷 ……………………5－389
[字書]不分卷 ……………………5－389
[字書]不分卷 ……………………5－389
[字書]不分卷 ……………………5－389
字雲巢文稿二十卷……………………5－255
字雲巢文稿二十卷……………………5－255
字雲巢文稿二十卷……………………5－255
字雲巢文稿二十卷……………………5－255
字雲巢文稿不分卷……………………5－255
[字雲巢全集] ……………………5－390
[字雲巢全集] ……………………5－390
字彙一卷………………………………5－252
字彙一卷………………………………5－252
字彙十二集……………………………5－249
字彙十二集首一卷末一卷……………5－249
字彙十二集首一卷末一卷……………5－249
字彙十二集首一卷末一卷……………5－249
字彙十二集首一卷末一卷……………5－249
字彙十二集首一卷末一卷……………5－249
字彙十二集首一卷末一卷……………5－249
字彙十二集首一卷末一卷……………5－249
字彙十二集首一卷末一卷韻法直圖
一卷…………………………………5－249
字彙十二集首一卷末一卷韻法直圖
一卷…………………………………5－250
字彙十二集首一卷末一卷韻法直圖
一卷…………………………………5－250
字彙十二集首一卷末一卷韻法直圖
一卷…………………………………5－250
字彙十二集首一卷末一卷韻法直圖
一卷…………………………………5－250
字彙十二集首一卷末一卷韻法直圖

一卷 …………………………………… 5－250
字彙十二集首一卷末一卷韻法直圖
一卷 …………………………………… 5－250
字彙十二集首一卷末一卷韻法直圖
一卷 …………………………………… 5－250
字彙十二集首一卷末一卷韻法直圖
一卷 …………………………………… 5－250
字彙十二集首一卷末一卷韻法直圖
一卷 …………………………………… 5－250
字彙十二集首一卷末一卷韻法直圖
一卷 …………………………………… 5－250
字彙十二集首一卷末一卷韻法直圖
一卷 …………………………………… 5－250
字彙十二集首一卷末一卷韻法直圖
一卷 …………………………………… 5－250
字彙十二集首一卷末一卷韻法直圖
一卷 …………………………………… 5－250
字彙十二集首一卷末一卷韻法直圖
一卷 …………………………………… 5－250
字彙十二集首一卷末一卷韻法直圖
一卷 …………………………………… 5－250
字彙十二集首一卷末一卷韻法直圖
一卷 …………………………………… 5－251
字彙十二集首一卷末一卷韻法直圖
一卷 …………………………………… 5－251
字彙十二集首一卷末一卷韻法直圖
一卷 …………………………………… 5－251
字彙十二集首一卷末一卷韻法直圖
一卷 …………………………………… 5－251
字彙十二集首一卷末一卷韻法直圖
一卷 …………………………………… 5－251
字彙十二集首一卷末一卷韻法直圖
一卷 …………………………………… 5－251
字彙十二集首一卷末一卷韻法直圖
一卷 …………………………………… 5－251
字彙十二集首一卷末一卷韻法直圖
一卷 …………………………………… 5－251
字彙十二集首一卷末一卷韻法直圖
一卷 …………………………………… 5－251
字彙十二集首一卷末一卷韻法直圖
一卷 …………………………………… 5－251
字彙十二集首一卷末一卷韻法直圖
一卷 …………………………………… 5－251
字彙十二集首一卷末一卷韻法直圖
一卷 …………………………………… 5－251
［字彙］不分卷 …………………………… 5－389
［字彙］四卷 ……………………………… 5－389
字彙四集 …………………………………… 5－251
字彙四集 …………………………………… 5－251
字彙四集 …………………………………… 5－251
字彙四集 …………………………………… 5－251
字彙四集 …………………………………… 5－251
字彙四集 …………………………………… 5－252
字彙四集 …………………………………… 5－252
字彙四集 …………………………………… 5－252
字彙四集 …………………………………… 5－252
字彙四集 …………………………………… 5－252
字彙四集 …………………………………… 5－252
字彙四集 …………………………………… 5－252
字彙四集 …………………………………… 5－252
字彙四集 …………………………………… 5－252
字彙四集 …………………………………… 5－252
字彙四集 …………………………………… 5－252
字彙補十二卷拾遺一卷 ………………… 5－251
字說一卷 …………………………………… 5－252
字學七種二卷 ……………………………… 5－255
字學七種二卷 ……………………………… 5－255
字學七種二卷 ……………………………… 5－255
字學三種 …………………………………… 5－255
字學□卷 …………………………………… 5－253
［字學擇要］一卷附方字目次一卷 … 5－390
字學舉隅不分卷 …………………………… 5－253
字學舉隅不分卷 …………………………… 5－253
字學舉隅不分卷 …………………………… 5－253
字學舉隅不分卷 …………………………… 5－253
字學舉隅不分卷 …………………………… 5－253
字學舉隅不分卷 …………………………… 5－253
字學舉隅不分卷 …………………………… 5－253
字學舉隅不分卷 …………………………… 5－253
字學舉隅不分卷 …………………………… 5－253
字學舉隅不分卷 …………………………… 5－253
字學舉隅不分卷 …………………………… 5－253

字學舉隅不分卷…………………………5－253
字學舉隅不分卷…………………………5－253
字學舉隅不分卷…………………………5－253
字學舉隅不分卷…………………………5－253
字學舉隅不分卷…………………………5－253
字學舉隅不分卷…………………………5－253
字學舉隅不分卷…………………………5－253
字學舉隅不分卷…………………………5－254
字學舉隅不分卷…………………………5－254
字學舉隅不分卷…………………………5－254
字學舉隅不分卷…………………………5－254
字學舉隅不分卷…………………………5－254
字學舉隅不分卷…………………………5－254
字學舉隅不分卷…………………………5－254
字學舉隅不分卷…………………………5－254
字學舉隅不分卷…………………………5－254
字學舉隅不分卷…………………………5－254
字學舉隅不分卷…………………………5－254
字學舉隅不分卷…………………………5－254
字學舉隅不分卷…………………………5－254
字學舉隅不分卷…………………………5－254
字學舉隅不分卷…………………………5－254
字學舉隅不分卷…………………………5－254
字學舉隅不分卷…………………………5－254
字學舉隅不分卷…………………………5－254
字學舉隅不分卷…………………………5－254
字學舉隅不分卷…………………………5－254
字學舉隅不分卷…………………………5－254
字學舉隅不分卷…………………………5－254
字學舉隅不分卷…………………………5－254
字學舉隅不分卷…………………………5－255
字學舉隅不分卷…………………………5－255
字學舉隅不分卷…………………………5－255
字學舉隅不分卷…………………………5－255
字學舉隅不分卷…………………………5－255
字學舉隅不分卷…………………………5－255
字學舉隅不分卷續編不分卷…………5－255
字學舉隅不分卷續編不分卷…………5－255
字學舉隅不分卷續編不分卷…………5－255
字學舉隅續編二卷………………………5－255
字學辨正集成四卷……………………5－253
字學辨正集成四卷……………………5－253
字韻辨字略不分卷……………………5－255
字類標韻六卷……………………………5－252
字類標韻六卷……………………………5－252
字體辨訛一卷……………………………5－253
字體辨訛一卷……………………………5－253
字鑑五卷…………………………………5－252
字鑑五卷…………………………………5－252
祁文恪日記不分卷（清光緒元年十
　月初九日至十二月廿九日）…………3－19
［同治］祁陽縣志二十四卷首一卷　…5－363
艮齋先生薛常州浪語集三十五卷……1－404
艮齋先生薛常州浪語集三十五卷……1－404
艮齋先生薛常州浪語集三十五卷……1－404
艮齋先生薛常州浪語集三十五卷……1－404
阮亭古詩選三十二卷　…………………3－86
阮亭古詩選三十二卷　…………………3－86
阮亭古詩選三十二卷　…………………3－86
阮亭古詩選三十二卷　…………………3－86
阮亭詩選十七卷　………………………3－86
阮時和堂揀選上藥精製各項丸散一
　卷　……………………………………3－86
阮嗣宗集二卷　…………………………3－86
阮嗣宗集四卷　…………………………3－86
［收付紀數］不分卷（清光緒三十二
　年至三十四年）　……………………5－351
收付租簿（清光緒十六年至二十七
　年）　…………………………………3－256
［收付簿］不分卷（清同治九年至十
　三年）　………………………………5－351
［收付簿］不分卷（清同治五年至民
　國五年）　……………………………5－351
收用流水簿（同治六年至同治七年）
　…………………………………………3－256
收用流水簿（清光緒十三年）　………3－256
收用流水簿（清光緒八年至十二年）
　…………………………………………3－256
收用簿一卷暫記簿一卷（清咸豐十
　一年）　………………………………3－256
［收用簿］不分卷（清同治七年至九

年）……………………………… 5－351
收出總數(清光緒二十五年至二十
七年）……………………………… 3－256
[收米簿]不分卷 ……………………… 5－351
收春草堂文集二卷……………………… 3－256
收斬五殟諸邪百鬼不分卷…………… 3－256
艸亭先生文集二卷詩集四卷補遺一
卷年譜一卷 ………………………… 1－79
艸亭先生文集二卷詩集四卷補遺一
卷年譜一卷 ………………………… 1－79
防海新論十八卷……………………… 1－358
防海輯要十八卷首一卷……………… 1－358
防海輯要十八卷首一卷……………… 1－358
如西所刻諸名家評點春秋綱目左傳
句解彙雋六卷 ……………………… 3－83
如西所刻諸名家評點春秋綱目左傳
句解彙雋六卷 ……………………… 3－83
如西所刻諸名家評點春秋綱目左傳
句解彙雋六卷 ……………………… 3－83
如西所刻諸名家評點春秋綱目左傳
句解彙雋六卷 ……………………… 3－83
如西所刻諸名家評點春秋綱目左傳
句解彙雋六卷 ……………………… 3－83
如西所刻諸名家評點春秋綱目左傳
句解彙雋六卷 ……………………… 3－83
如西所刻諸名家評點春秋綱目左傳
句解彙雋六卷 ……………………… 3－83
如西所刻諸名家評點春秋綱目左傳
句解彙雋六卷 ……………………… 3－83
如西所刻諸名家評點春秋綱目左傳
句解彙雋六卷 ……………………… 3－83
如西所刻諸名家評點春秋綱目左傳
句解彙雋六卷 ……………………… 3－83
如西所刻諸名家評點春秋綱目左傳
句解彙雋六卷 ……………………… 3－83
如西所刻諸名家評點春秋綱目左傳
句解彙雋六卷 ……………………… 3－83
如西所刻諸名家評點春秋綱目左傳
句解彙雋六卷 ……………………… 3－84
如西所刻諸名家評點春秋綱目左傳
句解彙雋六卷 ……………………… 3－84
如西所刻諸名家評點春秋綱目左傳
句解彙雋六卷 ……………………… 3－84
如西所刻諸名家評點春秋綱目左傳
句解彙雋六卷 ……………………… 3－84
如西所刻諸名家評點春秋綱目左傳
句解彙雋六卷 ……………………… 3－84
如西所刻諸名家評點春秋綱目左傳
句解彙雋六卷 ……………………… 3－84
如西所刻諸名家評點春秋綱目左傳
句解彙雋六卷 ……………………… 3－84
如西所刻諸名家評點春秋綱目左傳
句解彙雋六卷 ……………………… 3－84
如西所刻諸名家評點春秋綱目左傳
句解彙雋六卷 ……………………… 3－84
如西所刻諸名家評點春秋綱目左傳
句解彙雋六卷 ……………………… 3－84
如西所刻諸名家評點春秋綱目左傳
句解彙雋六卷 ……………………… 3－84
如西所刻諸名家評點春秋綱目左傳
句解彙雋六卷 ……………………… 3－84
如西所刻諸名家評點春秋綱目左傳
句解彙雋六卷 ……………………… 3－84
如西所刻諸名家評點春秋綱目左傳
句解彙雋六卷 ……………………… 3－84
如何是可齋外集二卷 ……………… 3－83
如何是可齋外集二卷 ……………… 3－83
如是山房增訂金批西廂四卷首一卷
末一卷 ……………………………… 3－83
如是我聞四卷 ……………………… 3－83
[嘉慶]如皋縣志二十四卷 ………… 5－302
[乾隆]如皋縣志三十二卷附錄一卷
……………………………………… 5－336
如意寶珠二卷 ……………………… 3－83
如響錄不分卷 ……………………… 3－83
好方便錄十卷 ……………………… 2－28
好生救劫編五卷 …………………… 2－28
好逑傳四卷十八回 ………………… 2－28
好逑傳四卷十八回 ………………… 2－28
好雲樓初集二十八卷首一卷二集十
六卷首一卷 ………………………… 2－28
好雲樓初集二十八卷首一卷二集十

六卷首一卷臨川答問一卷四書文
一卷試律一卷 …………………………… 2－28
好雲樓奏稿 ……………………………… 2－29
好雲樓雜稿 ……………………………… 2－29
好學爲福齋文鈔二卷 …………………… 2－28
牟子一卷………………………………… 2－437
丞相魏公譚訓十卷……………………… 1－108
丞相魏公譚訓十卷……………………… 1－108

七畫

形景盦三漢碑埶一卷…………………… 4－222
形學備旨十卷開端一卷………………… 4－222
形學備旨十卷開端一卷………………… 4－222
形學備旨十卷開端一卷………………… 4－222
形學備旨十卷開端一卷………………… 4－222
形學備旨十卷開端一卷………………… 4－222
形學備旨十卷開端一卷………………… 4－222
形學備旨十卷開端一卷………………… 4－222
形學備旨十卷開端一卷………………… 4－222
形學備旨全草十卷首一卷……………… 4－222
形學備旨全草十卷首一卷……………… 4－222
形學備旨全草十卷首一卷……………… 4－222
形學備旨習題詳草八卷………………… 4－222
戒世文不分卷…………………………… 2－173
戒因緣經十卷…………………………… 2－173
戒殺牛犬信徵録三卷…………………… 2－173
戒庵老人漫筆八卷……………………… 2－173
戒淫功過格一卷戒色良言一卷………… 2－173
戒淫功過格一卷戒色良言一卷………… 2－173
戒淫功過格一卷戒色良言一卷………… 2－173
戒淫詩三十首一卷……………………… 2－173
戒淫詩六十首…………………………… 2－173
戒煙全法一卷…………………………… 2－173
戒煙全法一卷…………………………… 2－173
戒溺集說一卷…………………………… 2－173
戒禮須知一卷…………………………… 2－173
吞松閣集四十卷………………………… 3－490
攻守礮法一卷克虜伯腰箍礮說一卷
礮架譜一卷腰箍礮圖一卷船礮操
法一卷螺繩礮架法一卷……………… 1－409
赤水玄珠三十卷………………………… 1－120
赤水玄珠三十卷………………………… 1－120
赤水玄珠三十卷附醫旨緒餘二卷醫
案五卷………………………………… 1－120
赤水玄珠三十卷醫案五卷醫旨緒餘
二卷…………………………………… 1－120
赤水玄珠三十卷醫案五卷醫旨緒餘
二卷…………………………………… 1－120
赤水玄珠三十卷醫案五卷醫旨緒餘
二卷…………………………………… 1－120
赤水吟一卷……………………………… 1－120
赤水遺珍一卷…………………………… 1－120
赤谷草堂詩藁不分卷…………………… 1－120
赤溪雜志二卷…………………………… 1－120
均藻五卷………………………………… 2－237
均藻五卷………………………………… 2－237
均藻五卷………………………………… 2－237
孝友堂彙鈔不分卷……………………… 4－150
孝行庸言十四卷………………………… 4－148
孝行贈言一卷…………………………… 5－166
孝弟圖說二卷…………………………… 4－148
孝威論一卷……………………………… 3－420
孝烈合稿………………………………… 4－150
［光緒］孝感縣志二十四卷續補志一
卷……………………………………… 5－296
孝經一卷………………………………… 1－335
孝經一卷………………………………… 4－144
孝經一卷………………………………… 4－144
孝經一卷………………………………… 4－144
孝經一卷………………………………… 4－144
孝經一卷………………………………… 4－144
孝經一卷………………………………… 4－144
孝經一卷………………………………… 4－144
孝經一卷………………………………… 4－144
孝經一卷………………………………… 4－148
孝經一卷………………………………… 4－148
孝經一卷………………………………… 4－148
孝經一卷………………………………… 4－149
孝經一卷………………………………… 4－149
孝經一卷………………………………… 4－149
孝經一卷………………………………… 4－149

孝經一卷………………………………4－149
孝經一卷………………………………4－149
孝經一卷………………………………4－149
孝經一卷………………………………4－149
孝經一卷………………………………4－149
孝經一卷………………………………4－149
孝經一卷………………………………4－149
孝經一卷………………………………4－149
孝經一卷………………………………4－149
孝經一卷………………………………4－149
孝經一卷………………………………4－149
孝經一卷………………………………4－149
孝經一卷………………………………4－149
孝經一卷弟子職一卷……………………4－149
孝經一卷弟子職一卷……………………4－149
孝經一卷弟子職一卷……………………4－149
孝經一卷弟子職一卷……………………4－150
孝經一卷弟子職一卷……………………4－150
孝經一卷弟子職一卷……………………4－150
孝經一卷弟子職一卷……………………4－150
孝經十八卷……………………………4－148
孝經三本管窺一卷……………………4－149
孝經三本管窺一卷……………………4－149
孝經三本管窺一卷……………………4－149
孝經三本管窺一卷……………………4－149
孝經刊誤一卷…………………………4－148
孝經古今文傳註輯論一卷……………4－148
孝經古今文傳註輯論一卷……………4－148
孝經古今文傳註輯論一卷……………4－148
孝經本則一卷…………………………4－148
孝經本義一卷…………………………4－148
孝經本義一卷…………………………4－148
孝經存解四卷首一卷…………………4－148
孝經或問一卷…………………………4－148
孝經或問一卷…………………………4－148
孝經注釋一卷…………………………4－150
孝經注釋一卷…………………………4－150
孝經衍義一百卷首二卷………………4－148
孝經旁訓一卷…………………………4－148
孝經章句一卷或問一卷………………4－150
孝經章句一卷或問一卷………………4－150
孝經章句一卷或問一卷………………4－150
孝經章句一卷或問一卷………………4－150
孝經集註一卷…………………………4－148
孝經集註一卷…………………………5－127
孝經集註一卷…………………………5－127
孝經集註一卷…………………………5－127
孝經集傳四卷…………………………4－148
孝經集解一卷…………………………4－148
孝經集義一卷…………………………4－148
孝經註疏九卷附考證…………………4－150
孝經新論一卷…………………………4－148
孝經鄭氏注一卷………………………4－150
孝經鄭注一卷…………………………4－150
孝經鄭注疏二卷………………………4－150
孝經鄭注疏二卷………………………4－150
孝經鄭注疏二卷………………………4－150
孝經闡要一卷…………………………4－148
[志書鈔]不分卷 ……………………5－388
志雲賦稿不分卷………………………5－111
志遠堂文集十卷………………………5－111
志樂輯略三卷…………………………5－111
志學社不分卷…………………………5－111
志學編一卷附編一卷…………………5－111
志學編二卷……………………………5－111
志學錄八卷……………………………5－111
劫餘僅存三卷…………………………2－169
芙蓉山房詩草一卷……………………5－140
芙蓉山館師友尺牘一卷………………1－374
芙蓉山館詩鈔八卷補鈔一卷詞二卷
　文鈔一卷……………………………1－374
芙蓉山館詩稿六卷詞稿二卷…………1－374
芙蓉碣傳奇二卷十四齣………………1－374
邯鄲記二卷三十齣 ……………………2－12
邯鄲夢傳奇二卷三十齣 ………………2－12
邯鄲夢傳奇二卷三十齣 ………………2－12
[乾隆]邯鄲縣志十二卷首一卷 ……5－334
芸生堂四書體註合講十九卷 …………5－30
芸生堂四書體註合講十九卷 …………5－31
芸居樓綱鑑易知錄九十二卷明鑑易
　知錄十五卷 …………………………5－30
芸香閣詩□□卷 ………………………5－31

芸香館重刊正字略一卷補編一卷 …… 5－31
芸圃史略標題不分卷 ………………… 5－30
芸海閣文集不分卷 …………………… 5－30
芸窗易草四卷 ………………………… 5－30
芸經樓綱鑑易知錄九十二卷明鑑易
　知錄十五卷 ………………………… 5－30
芸輝堂文集二卷 ……………………… 5－30
芸輝堂文集二卷 ……………………… 5－30
芸輝堂詩集四卷 ……………………… 5－30
芸輝堂詩集四卷 ……………………… 5－30
芸輝堂詩集四卷 ……………………… 5－30
芸輝堂詩集四卷 ……………………… 5－30
芸輝堂詩集四卷 ……………………… 5－30
芸輝堂賦稿二卷 ……………………… 5－30
芸輝堂賦稿二卷 ……………………… 5－30
芸輝堂賦稿二卷 ……………………… 5－30
芸館試律鈔一卷 ……………………… 5－30
芸館試律續鈔二卷補鈔一卷 ………… 5－30
芷園素社痎瘧疏方一卷……………… 5－110
花王閣賸稿一卷 ……………………… 2－59
花月痕全書十六卷五十二回 ………… 2－60
花月痕全書十六卷五十二回 ………… 2－60
花月痕全書四卷五十二回 …………… 2－60
花月痕全書四卷五十二回 …………… 2－60
花外集一卷 …………………………… 2－59
花近樓逸社詩存一卷 ………………… 2－59
花雨樓叢鈔 …………………………… 2－60
花柳毒門經驗良方不分卷 …………… 2－59
花前筆異六卷 ………………………… 2－59
花笑軒彙編十八卷 …………………… 2－59
花笑軒彙編十八卷 …………………… 2－59
花笑軒彙編十八卷 …………………… 2－59
花笑軒彙編十八卷 …………………… 2－59
花菴絕妙詞選十卷中興以來絕妙詞
　選十卷 ……………………………… 2－59
花間集十卷 …………………………… 2－58
花間集十卷 …………………………… 2－58
花間集十卷 …………………………… 2－59
花間集十卷 …………………………… 2－59
花間集十卷 …………………………… 2－59
花間集四卷 …………………………… 2－59
花隖聯吟四卷 ………………………… 2－59
花樣集十二卷 ………………………… 2－59
花樣集十二卷 ………………………… 2－59
花樣集十二卷 ………………………… 2－59
花樣集十二卷 ………………………… 2－60
花樣集十二卷 ………………………… 2－60
花樣集十二卷 ………………………… 2－60
花樣集十二卷 ………………………… 2－60
花樣集十二卷 ………………………… 2－60
花樣集十二卷 ………………………… 2－60
花樣集十二卷 ………………………… 2－60
花樣集十二卷 ………………………… 2－60
花樣集十二卷 ………………………… 2－60
花樣集十二卷 ………………………… 2－60
花樣集十二卷 ………………………… 2－60
花樣集錦四卷 ………………………… 2－59
花樣集錦四卷 ………………………… 2－59
花磚新律四卷 ………………………… 2－60
［康熙］花縣志四卷 ………………… 5－327
花譜移情八卷首一卷 ………………… 2－59
芥子園書畫競秀不分卷……………… 2－175
芥子園畫傳二集九卷三集四卷……… 2－174
芥子園畫傳二集不分卷……………… 2－174
芥子園畫傳二集不分卷……………… 2－174
芥子園畫傳三集二十一卷…………… 2－174
芥子園畫傳三集四卷………………… 2－174
芥子園畫傳五卷……………………… 2－174
芥子園畫傳五卷……………………… 2－174
芥子園畫傳五卷……………………… 2－174
芥子園畫傳五卷……………………… 2－174
芥子園畫傳五卷……………………… 2－174
芥子園畫傳五卷……………………… 2－174
芥子園畫傳五卷二集四卷四集四卷
　……………………………………… 2－174
芥子園畫傳四集四卷………………… 2－174
芥子園畫傳四集四卷………………… 2－174
芥子園畫傳四集四卷………………… 2－174
芥子園畫傳四集四卷………………… 2－174
芥子園畫傳四集四卷………………… 2－174
芥子園畫傳初集五卷………………… 2－173
芥子園畫傳初集五卷………………… 2－173

芥子園畫傳初集五卷…………………… 2－173
芥子園畫傳初集五卷…………………… 2－173
芥子園畫傳初集五卷…………………… 2－173
芥子園畫傳初集五卷…………………… 2－173
芥子園畫傳初集五卷二集不分卷三集不分卷四集四卷…………………… 2－174
芥子園畫傳續集三卷三集三卷……… 2－174
芥子園畫傳續集三卷三集三卷……… 2－175
芥子園圖章會纂一卷…………………… 2－174
芥子園圖章會纂一卷…………………… 2－174
芥子園圖章會纂一卷…………………… 2－174
芥子園圖章會纂一卷…………………… 2－174
芥子園圖章會纂一卷…………………… 2－174
芥子園圖章會纂一卷…………………… 2－175
芥子園繪像第六才子書八卷………… 2－175
芥子園繪像第六才子書八卷………… 2－175
芬響閣初藁十卷………………………… 1－367
芬響閣初藁十卷………………………… 1－367
芬響閣初藁十卷………………………… 1－367
芬響閣初藁十卷………………………… 1－367
芬響閣初藁十卷………………………… 1－367
芬響閣初藁十卷………………………… 1－367
芬響閣初藁十卷………………………… 1－367
芬響閣附存稾一卷……………………… 1－367
芬響閣附存稾一卷……………………… 1－367
芬響閣附存稾一卷……………………… 1－367
芬響閣附存稾一卷……………………… 1－367
芬響閣附存稾一卷……………………… 1－367
芬響閣附存稾一卷……………………… 1－367
芬響閣附存稾一卷……………………… 1－367
芳谷集三卷……………………………… 1－358
芳茂山人詩錄九卷……………………… 1－358
芳洲文集十卷附詩集一卷…………… 1－358
芳洲文集續編六卷……………………… 1－358
芳堅館題跋三卷………………………… 1－358
芳紫草堂文鈔三卷……………………… 1－358
芳溪熊氏青雲塔誌不分卷…………… 1－358
芳閣人傑□□卷………………………… 1－358
克鹿卜演礮彙譯不分卷……………… 2－244
克虜伯礮說四卷操法四卷…………… 2－244
克虜伯礮彈造法三卷圖一卷附二種…………………………………………… 2－244
克虜伯礮彈造法三卷圖一卷附二種…………………………………………… 2－244
杜工部七言律詩二卷………………… 1－322
杜工部草堂詩箋二十二卷…………… 1－321
杜工部草堂詩箋四十卷外集一卷…… 1－321
杜工部草堂詩箋四十卷外集一卷…… 1－321
杜工部草堂詩箋四十卷外集一卷…… 1－321
杜工部集二十卷……………………… 1－321
杜工部集二十卷……………………… 1－321
杜工部集二十卷……………………… 1－322
杜工部集二十卷……………………… 1－322
杜工部集二十卷……………………… 1－322
杜工部集二十卷……………………… 1－322
杜工部集二十卷……………………… 1－322
杜工部集二十卷……………………… 1－322
杜工部集二十卷……………………… 1－322
杜工部集二十卷……………………… 1－322
杜工部集二十卷首一卷……………… 1－322
杜工部集二十卷首一卷……………… 1－322
杜工部集二十卷首一卷……………… 1－322
杜工部集二十卷首一卷……………… 1－322
杜工部集二十卷首一卷……………… 1－322
杜工部集二十卷首一卷……………… 1－322
杜工部集二十卷首一卷……………… 1－322
杜工部集二十卷首一卷……………… 1－322
杜工部集二十卷首一卷……………… 2－206
杜工部詩集二十卷文集二卷………… 1－323
杜工部詩集二十卷外詩一卷文集二卷…………………………………… 1－323
杜工部詩鈔不分卷……………………… 1－323
杜工部詩話一卷………………………… 1－323
杜工部詩話一卷………………………… 1－323
杜工部詩選初學讀本八卷…………… 1－323
杜少陵詩選□□卷……………………… 1－323
杜少陵詩選□□卷……………………… 1－323
杜氏通典二百卷………………………… 1－325
杜氏通典二百卷附考證……………… 1－326
杜律七言註解四卷附詩法家數一卷…………………………………………… 1－323

杜律五言註解三卷 …………………… 1－323
杜律通解四卷 ………………………… 1－323
杜律通解四卷 ………………………… 1－323
杜律通解四卷 ………………………… 1－323
杜律通解四卷 ………………………… 1－323
杜律通解四卷 ………………………… 1－323
杜律蒙求二卷 ………………………… 1－323
杜清獻公集十九卷首一卷末一卷附錄一卷 ………………………… 1－323
杜解通元四卷 ………………………… 1－323
杜詩本義二卷 ………………………… 1－323
杜詩本義二卷 ………………………… 1－323
杜詩培風讀本不分卷 ………………… 1－324
杜詩偶評四卷 ………………………… 1－324
杜詩偶評四卷 ………………………… 1－324
杜詩偶評四卷 ………………………… 1－324
杜詩偶評四卷 ………………………… 1－324
杜詩偶評四卷 ………………………… 1－324
杜詩集說二十卷末一卷 ……………… 1－324
杜詩虞箋四卷 ………………………… 1－325
杜詩會粹二十四卷 …………………… 1－323
杜詩會粹二十四卷 …………………… 1－324
杜詩詳注二十五卷首一卷附編二卷 ………………………… 2－225
杜詩詳註二十五卷首一卷附編二卷 ………………………… 1－324
杜詩詳註二十五卷首一卷附編二卷 ………………………… 1－325
杜詩詳註二十五卷首一卷附編二卷 ………………………… 1－325
杜詩詳註二十五卷首一卷附編二卷 ………………………… 1－325
杜詩詳註二十五卷首一卷附編二卷 ………………………… 1－325
杜詩詳註二十五卷首一卷附編二卷 ………………………… 1－325
杜詩詳註二十五卷首一卷附編二卷 ………………………… 1－325
杜詩詳註二十五卷首一卷附編二卷 ………………………… 1－325
杜詩詳註二十五卷首一卷附編二卷 ………………………… 1－325
杜詩詳註二十五卷首一卷附編二卷 ………………………… 1－325
杜詩詳註二十五卷首一卷附編二卷 ………………………… 1－325
杜詩詳註二十五卷首一卷附編二卷 ………………………… 1－325
杜詩詳註二十五卷首一卷附編二卷 ………………………… 1－325
杜詩詳註二十五卷首一卷附編二卷 ………………………… 1－325
杜詩論文五十六卷 …………………… 1－324
杜詩論文五十六卷 …………………… 2－221
杜詩選六卷 …………………………… 1－325
杜詩選讀六卷 ………………………… 1－325
杜詩選讀六卷 ………………………… 2－230
杜詩鏡銓二十卷 ……………………… 1－324
杜詩鏡銓二十卷 ……………………… 1－324
杜詩鏡銓二十卷 ……………………… 1－324
杜詩鏡銓二十卷 ……………………… 1－324
杜詩鏡銓二十卷 ……………………… 1－324
杜詩鏡銓二十卷 ……………………… 1－324
杜詩鏡銓二十卷 ……………………… 1－324
杜詩鏡銓二十卷附錄一卷年譜一卷 ………………………… 1－324
杜詩鏡銓二十卷附錄一卷年譜一卷 ………………………… 1－324
杜樊川集十七卷 ……………………… 1－321
杜韓詩句集韻三卷 …………………… 1－323
杜韓詩句集韻三卷 …………………… 1－323
杏花雙燕圖詠不分卷 ………………… 4－223
杏林秘訣不分卷 ……………………… 4－223
杏紅第詩草一卷 ……………………… 4－223
杏圃氏接錄不分卷(清嘉慶二十四年至道光四年) ………………… 4－223
杏溪傅氏禹貢集解二卷 ……………… 4－223
杉湖酬唱詩略二卷 …………………… 5－391
[杞菊齋藏書] ……………………… 5－333

［乾隆］杞縣志二十四卷 …………… 5－336
［乾隆］杞縣志二十四卷 …………… 5－336
李二曲先生全集……………………… 2－266
李二曲先生全集二十六卷…………… 2－266
李九我先生詩經備旨能解原本二卷
…………………………………… 2－267
李及泉先生奏議二卷首一卷末一卷
…………………………………… 2－267
李及泉先生奏議二卷首一卷末一卷
…………………………………… 2－267
李太白文集三十六卷………………… 2－270
李太白文集三十六卷………………… 2－270
李太白文集三十六卷………………… 2－270
李太白文集三十六卷………………… 2－270
李太白文集三十六卷………………… 2－270
李太白文集三十六卷………………… 2－270
李太白文集三十六卷………………… 2－270
李太白文集三十六卷………………… 2－270
李太白文集三十六卷………………… 2－270
李太白文集三十六卷………………… 2－270
李太白文集三十六卷………………… 2－270
李太白文集三十六卷………………… 2－270
李太白文集三十六卷………………… 2－270
李太白文集三十六卷………………… 2－270
李太白文集三十六卷………………… 2－270
李太白文集三十六卷………………… 2－270
李太白文集三十六卷………………… 2－270
李太白文集三十六卷………………… 2－271
李太白文集三十六卷………………… 2－271
李太白文集三十六卷………………… 2－271
李太白文集三十六卷………………… 2－271
李太白文集三十六卷………………… 2－271
李太白文集三十卷…………………… 2－269
李太白文集三十卷…………………… 2－269
李太白文集三十卷…………………… 2－269
李太白文集三十卷…………………… 2－269
李太白文集三十卷…………………… 2－269
李太白文集三十卷…………………… 2－269
李太白文集三十卷…………………… 2－270
李太白文集三十卷…………………… 2－270
李太白文集三十卷…………………… 2－270
李太白文集三十卷…………………… 2－270
李太白集摘錄二卷…………………… 2－269
李氏五種……………………………… 2－268
李氏五種……………………………… 2－268
李氏五種……………………………… 2－268
李氏五種……………………………… 2－268
李氏五種……………………………… 2－268
李氏五種……………………………… 2－268
李氏五種……………………………… 2－268
李氏五種……………………………… 2－268
李氏五種……………………………… 2－268
李氏五種……………………………… 2－268
李氏五種……………………………… 2－268
李氏五種……………………………… 2－268
李氏五種……………………………… 2－268
李氏五種合刊………………………… 2－268
李氏五種合刊………………………… 2－268
李氏五種合刊………………………… 2－269
李氏五種合刊………………………… 2－269
李氏易傳十七卷……………………… 2－269
李氏易傳十七卷……………………… 2－269
李氏易傳十七卷……………………… 2－269
李氏易解剩義三卷…………………… 2－269
李氏音鑑六卷………………………… 2－269
李氏族譜一卷………………………… 2－269
李氏焚書六卷………………………… 2－267
李氏蒙求補注六卷…………………… 2－267
李氏蒙求補注六卷…………………… 2－268
李氏蒙求補注六卷…………………… 2－268
李氏蒙求補注六卷…………………… 2－268
李氏蒙求補注六卷…………………… 2－268
李氏蒙求詳註四卷…………………… 2－268
李氏歷代輿地沿革圖校勘記一卷…… 2－267
李文公集十八卷……………………… 2－271
李文公集十八卷補遺一卷附錄一卷
…………………………………… 2－271
李文公集十八卷補遺一卷附錄一卷
…………………………………… 2－271
李文忠公外部函稿二十八卷………… 2－272
李文忠公外部函稿二十八卷………… 2－272

李文忠公全集一百六十五卷首一卷……………………………………… 2－272
李文忠公事畧一卷…………………… 2－272
李文忠公事畧一卷…………………… 2－272
李文忠公事畧四卷…………………… 2－272
李文忠公朋僚函稿二十四卷………… 2－272
李文忠公朋僚函稿二十四卷………… 2－272
李文忠公朋僚函稿二十四卷………… 2－272
李文忠公朋僚函稿二十四卷………… 2－272
李文忠公朋僚函稿二十四卷海軍函稿四卷……………………………… 2－272
李文忠公朋僚函稿二十四卷海軍函稿四卷……………………………… 2－272
李文忠公奏議二十卷………………… 2－272
李文忠公海軍函稿四卷……………… 2－272
李文忠公海軍函稿四卷……………… 2－272
李文忠公電稿四十卷………………… 2－271
李文忠公遷移蠶池口教堂函稿二卷……………………………………… 2－272
李文忠公譯署函稿二十卷首一卷…… 2－272
李文恭公奏議二十二卷……………… 2－271
李文恭公詩集八卷文集十六卷……… 2－271
李文恭公詩集八卷文集十六卷……… 2－271
李文恭公詩集八卷文集十六卷……… 2－271
李文清公遺書………………………… 2－271
李文襄公[之芳]年譜一卷 ………… 2－271
李文襄公奏議二卷奏疏十卷首一卷別錄六卷………………………… 2－271
李石臺先生傳稿不分卷……………… 2－267
李石臺稿不分卷……………………… 2－267
李迂仲黄實夫毛詩集解四十二卷首一卷……………………………… 2－274
李延平先生文集五卷………………… 2－273
李杜全集……………………………… 2－266
李秀成供狀不分卷…………………… 2－273
李長吉集四卷外卷一卷……………… 2－265
李長吉集四卷外卷一卷……………… 2－265
李長吉歌詩四卷外集一卷首一卷…… 2－265
李長吉歌詩四卷外集一卷首一卷…… 2－265
李長吉歌詩四卷外集一卷首一卷…… 2－265
李長吉歌詩四卷外集一卷首一卷…… 2－265
李卓吾批點世說新語補二十卷……… 2－274
李卓吾批點世說新語補二十卷……… 2－275
李果先生此事難知集□□卷………… 2－266
李忠武公事實一卷…………………… 2－274
李忠武公事實一卷…………………… 2－274
李忠武公事實一卷…………………… 2－274
李忠武公奏疏一卷書牘二卷………… 2－274
李忠武公奏疏一卷書牘二卷………… 2－274
李忠武公書牘二卷附錄一卷………… 2－274
李忠定公別集十卷…………………… 2－274
李忠定公[綱]年譜一卷 ………… 2－274
李舍人遺集不分卷…………………… 2－267
李舍人遺集文一卷詩一卷…………… 2－267
李空同詩集三十三卷附錄一卷……… 2－267
李厚岡集……………………………… 2－266
李厚岡集……………………………… 2－266
李厚岡集……………………………… 2－266
李厚岡集……………………………… 2－266
李厚岡集……………………………… 2－266
李厚岡集……………………………… 2－266
李厚岡集……………………………… 2－266
李厚岡集……………………………… 2－266
李厚岡集……………………………… 2－266
李厚岡集……………………………… 2－266
李厚岡集……………………………… 2－266
李厚岡集……………………………… 2－266
李厚岡集……………………………… 2－266
李振英讀本一卷……………………… 2－274
李恕谷先生[塨]年譜五卷 ………… 2－269
李恕谷先生[塨]年譜五卷 ………… 2－269
李商隱詩集三卷……………………… 2－267
李雲陽文集四卷……………………… 2－274
李虛庵先生遺稿不分卷……………… 2－273
李堡墅時文不分卷…………………… 2－265
李義山文集十卷……………………… 2－274
李義山文集十卷……………………… 2－274
李義山文集十卷……………………… 2－274
李義山文集十卷……………………… 2－274
李義山詩集十六卷…………………… 2－274
李義山詩集十六卷…………………… 2－274
李義山詩集三卷……………………… 2－273

李義山詩集三卷 …………………………… 2－273
李義山詩集三卷李義山詩譜一卷諸家詩評一卷 …………………………… 2－273
李義山詩集三卷李義山詩譜一卷諸家詩評一卷 …………………………… 2－273
李義山詩集三卷李義山詩譜一卷諸家詩評一卷 …………………………… 2－273
李義山詩集三卷李義山詩譜一卷諸家詩評一卷 …………………………… 2－273
李義山詩集三卷李義山詩譜一卷諸家詩評一卷 …………………………… 2－273
李義山詩集三卷李義山詩譜一卷諸家詩評一卷 …………………………… 2－273
李義山詩集三卷李義山詩譜一卷諸家詩評一卷 …………………………… 2－273
李義山詩集三卷李義山詩譜一卷諸家詩評一卷 …………………………… 2－273
李義山詩集三卷李義山詩譜一卷諸家詩評一卷 …………………………… 2－273
李義山詩集三卷李義山詩譜一卷諸家詩評一卷 …………………………… 2－273
李義山詩集三卷李義山詩譜一卷諸家詩評一卷 …………………………… 2－273
李義山詩集三卷李義山詩譜一卷諸家詩評一卷 …………………………… 2－273
李義山詩集三卷李義山詩譜一卷諸家詩評一卷 …………………………… 2－273
李義山詩集三卷李義山詩譜一卷諸家詩評一卷 …………………………… 2－274
李肅毅伯奏議二十卷 …………………………… 2－269
李肅毅伯奏議十三卷 …………………………… 2－269
李肅毅伯奏議十三卷 …………………………… 2－269
李愍肅[卿穀]武愍[孟羣]二公父子列傳不分卷 …………………………… 2－267
李愍肅[卿穀]武愍[孟羣]二公父子列傳不分卷 …………………………… 2－267
李榕崖白雲窗草四卷 …………………………… 2－267
李榮陛崇祀鄉賢祠實錄一卷 …………………………… 2－267
李衛公文集二十卷別集十卷外集四卷補遺一卷 …………………………… 2－271
李衛公文集二十卷別集十卷外集四卷補遺一卷 …………………………… 2－271
李駕部前集四卷後集二卷青霞漫稿一卷附錄一卷 …………………………… 2－267
李翰林集二十五卷 …………………………… 2－266
李翰林集三十卷 …………………………… 2－266
李穆堂詩文全集一百卷 …………………………… 2－267
李穆堂詩文全集一百卷 …………………………… 2－267
李穆堂詩文全集一百卷 …………………………… 2－267
李戴祖莫宋時合葬空被胡姓冒占訟案一卷 …………………………… 2－265
李鴻章七十壽辰文輯不分卷 …………………………… 2－266
李鴻章不分卷 …………………………… 2－266
李鴻章不分卷 …………………………… 2－266
李鴻章事畧一卷 …………………………… 2－266
李躍門百蝶圖四卷 …………………………… 2－274
李鷺洲詩集二十卷文集十卷 …………………………… 2－267
車村遺稿二卷 …………………………… 1－99
車村遺稿二卷 …………………………… 1－99
車制考一卷 …………………………… 1－99
車營旗幟金鼓號令一卷 …………………………… 1－99
甫田集三十五卷 …………………………… 1－376
甫里集六卷 …………………………… 1－376
更生詩草一卷 …………………………… 1－406
更生齋文錄一卷 …………………………… 1－406
吾炙集一卷 …………………………… 4－59
吾師錄一卷 …………………………… 3－60
吾問草四卷 …………………………… 4－58
吾學錄五卷 …………………………… 4－59
吾學錄初編二十四卷 …………………………… 4－58
吾學錄初編二十四卷 …………………………… 4－58
吾學錄初編二十四卷 …………………………… 4－58
吾學錄初編二十四卷 …………………………… 4－58
吾學錄初編二十四卷 …………………………… 4－58
吾學錄初編二十四卷 …………………………… 4－58
吾學錄初編二十四卷 …………………………… 4－58
吾學錄初編二十四卷 …………………………… 4－58
吾學錄初編二十四卷 …………………………… 4－58
吾學錄初編二十四卷 …………………………… 4－58
吾學錄初編二十四卷 …………………………… 4－58
吾學錄初編二十四卷 …………………………… 4－59
吾學錄初編二十四卷 …………………………… 4－59

吾學錄初編二十四卷 ………………… 4－59
吾廬先生遺書(吾廬遺書) …………… 4－58
吾廬筆談八卷 ……………………… 4－58
豆萁仙方不分卷……………………… 1－300
酉陽雜俎二十卷……………………… 4－403
酉陽雜俎二十卷續集十卷…………… 4－403
酉陽雜俎二十卷續集十卷…………… 4－403
酉陽雜俎二十卷續集十卷…………… 4－403
酉陽雜俎二卷………………………… 4－403
酉陽雜俎續集十卷…………………… 4－403
酉陽雜俎續集十卷…………………… 4－404
酉陽雜俎續集十卷…………………… 4－404
酉陽雜俎續集十卷…………………… 4－404
辰懷軒詩集一卷 …………………… 1－99
[咸豐]邳州志二十卷首一卷 ……… 5－376
[咸豐]邳州志二十卷首一卷 ……… 5－376
夾竹梅花二卷………………………… 2－137
[嘉慶]夾江縣志十二卷首一卷 …… 5－301
扶桑兩月記一卷(辛丑十一月至壬
寅元月) …………………………… 1－374
批本醫林改錯二卷…………………… 2－489
批注七家詩選………………………… 2－490
批注七家詩選………………………… 2－490
批注七家詩選………………………… 2－490
批評東萊博議四卷…………………… 2－490
批評注釋東萊博議四卷……………… 2－490
批評注釋東萊博議四卷……………… 2－490
批選四書新義六卷…………………… 2－490
批點八家詩選注釋…………………… 2－489
批點八家詩選注釋…………………… 2－489
批點八家詩選注釋…………………… 2－489
批點八家詩選注釋…………………… 2－489
批點八家詩選注釋…………………… 2－489
批點八家詩選注釋…………………… 2－489
批點八家詩選注釋…………………… 2－489
批點三國志瑣瑣四卷………………… 2－490
批點分類誠齋文膾前集十二卷後集
十二卷……………………………… 2－490
批點注解白話孟子讀本七卷首一卷
讀孟子記一卷……………………… 2－490
批點春秋左傳綱目句解彙雋六卷…… 2－489
批點春秋左傳綱目句解彙雋六卷…… 2－489
批點春秋左傳綱目句解彙雋六卷…… 2－489
批點春秋左傳綱目句解彙雋六卷…… 2－489
批點春秋左傳綱目句解彙雋六卷…… 2－489
批點春秋左傳綱目句解彙雋六卷…… 2－489
批點春秋綱目左傳句解彙雋六卷…… 2－489
批點春秋綱目左傳句解彙雋六卷…… 2－489
批點春秋綱目左傳句解彙雋六卷…… 2－489
批點春秋綱目左傳句解彙雋六卷…… 5－390
批點春秋綱目左傳句解彙雋六卷…… 5－390
批點春秋綱目左傳句解彙雋六卷…… 5－390
批點春秋綱目左傳句解彙雋六卷…… 5－391
批點春秋綱目左傳句解彙雋六卷…… 5－391
批點春秋綱目左傳句解彙雋六卷…… 5－391
批點聊齋志異十六卷………………… 2－490
批點聊齋志異十六卷………………… 2－490
批點聊齋志異十六卷………………… 2－490
批點聊齋志異十六卷………………… 2－490
批點聊齋志異十六卷………………… 2－490
抄摘□微論一卷 …………………… 1－98
抄選古文不分卷 …………………… 1－98
抄選名筆不分卷 …………………… 1－98
抄錄各病應方不分卷 ……………… 1－98
抄錄藥方不分卷 …………………… 1－98
抄謄便覽不分卷 …………………… 1－98
折疑論集註二卷 …………………… 5－95
折獄龜鑑八卷 ……………………… 5－95
折獄龜鑑八卷 ……………………… 5－95
折獄龜鑑八卷首一卷 ……………… 5－95
折獄龜鑑八卷首一卷 ……………… 5－95
折獄龜鑑補六卷 …………………… 5－95
折獄龜鑑補六卷 …………………… 5－95
投筆集箋註二卷……………………… 3－482
抗希堂十六種………………………… 2－240
抗希堂十六種………………………… 2－240
抗希堂十六種………………………… 2－240
抗希堂十六種………………………… 2－240
抗希堂十六種………………………… 2－240
抗希堂十六種………………………… 2－240
抗希堂十六種………………………… 2－240
抗希堂十六種………………………… 2－240

抗希堂稿不分卷 2－240
求一是齋詩詞初稿三卷 3－56
求一是齋詩詞初稿三卷 3－56
求己錄三卷 3－53
求己錄三卷 3－53
求己錄三卷 3－53
求己錄三卷 3－53
求己錄三卷 3－53
求己錄三卷 3－53
求己錄三卷 3－53
求己錄三卷 3－53
求己錄三卷 3－53
求己錄三卷 3－53
求己錄三卷 3－53
求己錄三卷 3－53
求己錄三卷 3－53
求己錄三卷 3－53
求己錄三卷 3－53
求己錄三卷 3－53
求己錄三卷 3－54
求己錄三卷 3－54
求己錄三卷 3－54
求己錄三卷 3－54
求己錄三卷 3－54
求己錄三卷 3－54
求己錄三卷 3－54
求己錄三卷 3－54
求己錄三卷 3－54
求己錄三卷 3－54
求己錄三卷 3－54
求己錄三卷 3－54
求己錄三卷 3－54
求己錄三卷 3－54
求己錄三卷 3－54
求己錄三卷 3－54
求己錄三卷 3－54
求己錄三卷 3－54
求己錄三卷 3－54
求己錄三卷 3－54
求己錄三卷 3－54
求己錄三卷 3－54
求己錄三卷 3－54
求己錄三卷 3－54
求己錄三卷 3－55
求己錄三卷 3－55
求己錄三卷 3－55
求己錄三卷 3－55
求己錄三卷 3－55
求己錄三卷 3－55
求己錄三卷 3－55
求己錄三卷 3－55
求己錄三卷 3－55
求己錄三卷 3－55
求己錄三卷 3－55
求己錄三卷 3－55
求己錄三卷 3－55
求己錄三卷 3－55
求己錄三卷 3－55
求己錄三卷 3－55
求古精舍金石圖初集四卷 3－53
求古精舍金石圖初集四卷 3－53
求古錄一卷 3－53
求古錄禮說十六卷 3－53
求古錄禮說十六卷 3－53
求古錄禮說十六卷 3－53
求古錄禮說校勘記三卷 3－53
求古錄禮說補遺一卷 3－53
求可堂自記一卷家訓一卷 3－55
求在我齋文存八卷 3－56
求在我齋文鈔初編二卷續編二卷補編二卷 3－56
求在我齋文鈔初編二卷續編二卷補編二卷 3－56
求在我齋文鈔補編二卷 3－56
求自得之室文集八卷 3－57
求自得之室文鈔十二卷 3－57
求自得之室文鈔十二卷 3－57
求自得之室文鈔十二卷 3－57
求自得之室文鈔十二卷 3－57
求自得之室文鈔十二卷 3－57
求自得之室文鈔十二卷 3－57
求自得之室文鈔十二卷 3－57

求自得之室喪服會通說四卷 ………… 3－57
求自得之室喪服會通說四卷 ………… 3－57
求自得之室喪服會通說四卷 ………… 3－57
求自得之室喪服會通說四卷 ………… 3－57
求志居全集 ……………………………… 3－56
求志堂存稿彙編 ………………………… 3－57
求志齋存真吟草一卷附試帖偶存一卷 ……………………………………… 3－57
求治管見一卷續一卷 …………………… 3－57
求是堂文集十八卷 ……………………… 3－56
求是堂文集六卷駢體文二卷首一卷 ………………………………………… 3－56
求是堂詩集二十二卷 …………………… 3－56
求是齋算學四種 ………………………… 3－56
求是齋墨醇不分卷 ……………………… 3－56
求等齋佚稿一卷 ………………………… 3－52
求等齋佚稿一卷 ………………………… 3－52
[求嗣渡孤疏]不分卷 ………………… 5－341
求福居詩鈔一卷詩餘一卷 ……………… 3－52
求實齋叢書 ……………………………… 3－56
求實齋叢書 ……………………………… 3－56
求闕齋日記類鈔二卷 …………………… 3－56
求闕齋文鈔不分卷 ……………………… 3－56
求闕齋弟子記三十二卷 ………………… 3－55
求闕齋弟子記三十二卷 ………………… 3－55
求闕齋弟子記三十二卷 ………………… 3－55
求闕齋弟子記三十二卷 ………………… 3－55
求闕齋弟子記三十二卷 ………………… 3－56
求闕齋讀書錄十卷 ……………………… 3－56
求闕齋讀書錄十卷 ……………………… 3－56
求闕齋讀書錄十卷 ……………………… 3－56
求闕齋讀書錄十卷 ……………………… 3－56
求闕齋讀書錄十卷 ……………………… 3－56
求礦指南十卷附一卷 …………………… 3－55
步朱吟一卷 ……………………………… 1－67
步兵操法上編六卷下編二卷首一卷 ………………………………………… 1－67
步堂全集不分卷 ………………………… 1－67
肖情集□□卷 …………………………… 4－129
盱江先生年譜一卷 ……………………… 4－231
盱江先生年譜一卷 ……………………… 4－231
盱江先生年譜一卷 ……………………… 4－231
盱江先生年譜一卷 ……………………… 4－231
盱江先生年譜一卷 ……………………… 4－231
盱江先生年譜一卷 ……………………… 4－231
盱江先生年譜一卷 ……………………… 4－231
盱江先生年譜一卷 ……………………… 4－231
盱江先生年譜一卷 ……………………… 4－231
盱江先生全集三十七卷 ………………… 4－231
盱江先生全集三十七卷 ………………… 4－231
盱江先生全集三十七卷外集三卷 ……… 4－231
盱江先生全集三十七卷外集三卷門人錄一卷 ……………………………… 4－231
盱江先生全集三十七卷外集三卷門人錄一卷 ……………………………… 4－231
盱江先生全集三十七卷外集三卷門人錄一卷 ……………………………… 4－231
盱江先生全集三十七卷外集三卷門人錄一卷 ……………………………… 4－231
盱江先生全集三十七卷外集三卷門人錄一卷 ……………………………… 4－231
盱江先生全集三十七卷外集三卷門人錄一卷 ……………………………… 4－231
盱江先生全集三十七卷外集三卷門人錄一卷 ……………………………… 4－231
盱江先生全集三十七卷外集三卷門人錄一卷 ……………………………… 4－231
里村派新傳不分卷 ……………………… 2－275
里居楹語錄存一卷 ……………………… 2－275
里居楹語錄存一卷 ……………………… 2－275
里居楹語錄存一卷 ……………………… 2－275
里居楹語錄存一卷 ……………………… 2－275
里居楹語錄存一卷 ……………………… 2－275
里居楹語錄存一卷 ……………………… 2－275
里居楹語錄存一卷 ……………………… 2－275
里居楹語錄存一卷 ……………………… 2－275
里乘十卷 ………………………………… 2－275
里乘十卷 ………………………………… 2－275
里語徵實三卷 …………………………… 2－275
見心書屋文集二卷 ……………………… 2－149
見症知醫六卷 …………………………… 2－149
見聞近錄四卷 …………………………… 2－362

見聞隨筆二十六卷 …… 2-149
見聞隨筆二十六卷 …… 2-149
見羅先生斆學録要十卷 …… 2-149
見羅先生斆學録要十卷 …… 2-149
見羅先生斆學録要十卷 …… 2-149
呆齋公年譜一卷 …… 3-204
呆齋公年譜一卷 …… 3-204
呆齋公年譜一卷 …… 3-204
呆齋公年譜一卷 …… 3-204
呆齋公年譜一卷 …… 3-204
呆齋公年譜一卷 …… 3-204
呆齋公年譜一卷 …… 3-204
足本全圖緑牡丹全傳六卷六十四回 …… 5-259
男科二卷 …… 2-444
男科二卷 …… 2-444
男科二卷女科二卷産後編二卷 …… 2-444
困知記二卷續二卷三續一卷四續一卷續補一卷外編一卷附録一卷 …… 2-252
困知記二卷續二卷三續一卷四續一卷續補一卷外編一卷附録一卷 …… 2-252
困知記二卷續二卷三續一卷四續一卷續補一卷外編一卷附録一卷 …… 2-253
困知記二卷續二卷三續一卷四續一卷續補一卷外編一卷附録一卷 …… 2-253
困知記二卷續二卷三續一卷四續一卷續補一卷外編一卷附録一卷 …… 2-253
困知記二卷續二卷三續一卷四續一卷續補一卷外編一卷附録一卷 …… 2-253
困知記二卷續二卷三續一卷四續一卷續補一卷外編一卷附録一卷 …… 2-253
困知記二卷續二卷三續一卷四續一卷續補一卷外編一卷附録一卷 …… 2-253
困知記二卷續二卷三續一卷四續一卷續補一卷外編一卷附録一卷 …… 2-253
困知記二卷續二卷三續一卷四續一卷續補一卷外編一卷附録一卷 …… 2-253
困知記二卷續二卷三續一卷四續一卷續補一卷外編一卷附録一卷 …… 2-253
困知記二卷續二卷三續一卷四續一卷續補一卷外編一卷附録一卷 …… 2-253
困知記二卷續二卷三續一卷四續一卷續補一卷外編一卷附録一卷 …… 2-253
困知記二卷續二卷三續一卷四續一卷續補一卷外編一卷附録一卷 …… 2-253
困知記二卷續二卷三續一卷四續一卷續補一卷外編一卷附録一卷 …… 4-361
困知記二卷續二卷附録二卷續補一卷外編一卷 …… 2-252
困勉齋私記四卷 …… 2-250
困學紀聞二十卷 …… 2-250
困學紀聞二十卷 …… 2-250
困學紀聞二十卷 …… 2-251
困學紀聞二十卷 …… 2-251
困學紀聞二十卷 …… 2-251
困學紀聞二十卷 …… 2-251
困學紀聞二十卷 …… 2-251
困學紀聞二十卷 …… 2-251
困學紀聞二十卷 …… 2-251
困學紀聞二十卷 …… 2-251
困學紀聞二十卷 …… 2-251
困學紀聞二十卷 …… 2-251
困學紀聞二十卷 …… 2-251
困學紀聞二十卷 …… 2-251
困學紀聞二十卷 …… 2-251
困學紀聞二十卷 …… 2-251
困學紀聞二十卷 …… 2-251
困學紀聞二十卷 …… 2-251
困學紀聞二十卷 …… 2-251
困學紀聞二十卷 …… 2-251
困學紀聞二十卷 …… 2-251
困學紀聞注二十卷 …… 2-252
困學紀聞注二十卷 …… 2-252
困學紀聞注二十卷 …… 2-252
困學紀聞注二十卷 …… 2-252
困學紀聞注二十卷 …… 2-252
困學紀聞注二十卷 …… 2-252
困學紀聞注二十卷 …… 2-252
困學紀聞注二十卷 …… 2-252
困學紀聞注二十卷 …… 2-252
困學紀聞注二十卷 …… 2-252
困學紀聞注二十卷 …… 2-252

困學紀聞注二十卷 …………………… 2－252
困學紀聞注二十卷 …………………… 2－252
困學紀聞注二十卷 …………………… 2－252
困學紀聞注二十卷 …………………… 2－252
困學紀聞集證二十卷首一卷末一卷
…………………………………… 2－251
困學紀聞集證二十卷首一卷末一卷
…………………………………… 2－252
困學録四卷 ………………………… 2－252
困學録四卷 ………………………… 2－252
困學録集粹八卷 …………………… 2－252
串雅内編四卷 ……………………… 1－141
呂大帝訓世文一卷 ………………… 2－374
呂子易說二卷圖解一卷 …………… 2－378
呂子呻吟語節鈔六卷 ……………… 2－378
呂子校補二卷 ……………………… 2－378
呂子校補獻疑一卷 ………………… 2－378
呂子評語正編四十二卷附刻一卷首
一卷餘編八卷附刻一卷首一卷 …… 2－378
呂子評語正編四十二卷附刻一卷首
一卷餘編八卷附刻一卷首一卷 …… 2－378
呂子節録四卷 ……………………… 2－377
呂子節録四卷 ……………………… 2－377
呂子節録四卷補遺二卷 …………… 2－377
呂子節録四卷補遺二卷 …………… 2－377
呂子節録四卷補遺二卷 …………… 2－377
呂子節録四卷補遺二卷 …………… 2－377
呂子節録四卷補遺二卷 …………… 2－377
呂子節録四卷補遺二卷 …………… 2－377
呂子節録四卷補遺二卷 …………… 2－377
呂子節録四卷補遺二卷 …………… 2－377
呂子節録四卷補遺二卷 …………… 2－377
呂子節録四卷補遺二卷 …………… 2－378
呂公實政録七卷 …………………… 2－375
呂氏四禮翼八卷 …………………… 2－376
呂氏四禮翼八卷 …………………… 2－376
呂氏四禮翼八卷 …………………… 2－376
呂氏四禮翼四卷 …………………… 2－376
呂氏四禮翼四卷 …………………… 2－376
呂氏四禮翼四卷 …………………… 2－376
呂氏四禮翼四卷 …………………… 2－376
呂氏四禮翼四卷 …………………… 2－376
呂氏四禮翼四卷 …………………… 2－376
呂氏四禮翼四卷 …………………… 2－376
呂氏四禮翼四卷 …………………… 2－376
呂氏四禮翼四卷 …………………… 2－376
呂氏四禮翼四卷 …………………… 2－376
呂氏四禮翼四卷 …………………… 2－376
呂氏四禮翼四卷 …………………… 2－376
呂氏春秋二十六卷 ………………… 2－375
呂氏春秋二十六卷 ………………… 2－375
呂氏春秋二十六卷 ………………… 2－375
呂氏春秋二十六卷 ………………… 2－375
呂氏春秋二十六卷 ………………… 2－375
呂氏春秋二十六卷 ………………… 2－375
呂氏春秋二十六卷 ………………… 2－375
呂氏春秋二十六卷 ………………… 2－375
呂氏春秋二十六卷 ………………… 2－375
呂氏春秋二十六卷 ………………… 2－375
呂氏春秋二十六卷 ………………… 2－375
呂氏春秋二十六卷 ………………… 2－375
呂氏春秋二十六卷 ………………… 2－375
呂氏春秋二十六卷 ………………… 2－376
呂氏家塾讀詩記三十二卷 ………… 2－376
呂近溪先生小兒語一卷 …………… 1－253
呂東萊大事記十二卷通釋三卷題解
十二卷 ……………………………… 2－374
呂東萊先生文集二十卷首一卷 …… 2－374
呂東萊先生文集二十卷首一卷 …… 2－374
呂東萊先生文集二十卷首一卷 …… 2－375
呂東萊先生左氏博議六卷 ………… 2－375
呂東萊先生左氏博議六卷 ………… 2－375
呂東萊先生左氏博議六卷 ………… 2－375
呂叔簡先生明職篇一卷 …………… 2－376
呂帝書鈔二十卷附録一卷 ………… 2－374
呂祖年譜海山奇遇仙蹟七卷 ……… 2－378
呂祖全書三十二卷 ………………… 2－378
呂祖全書三十二卷 ………………… 5－52
呂祖全書三十二卷續編一卷 ……… 2－378
呂祖全書三十二卷續編一卷 ……… 2－378
呂祖注講金剛心經一卷 …………… 2－378
呂祖注講金剛心經一卷 …………… 2－378

呂祖注講金剛心經一卷………………… 2－378
呂祖注講金剛心經一卷………………… 2－378
呂祖指玄篇秘注一卷…………………… 2－378
呂祖師戒淫十法一卷呂祖師勸孝十
二則一卷……………………………… 2－378
呂祖師戒淫十法一卷呂祖師勸孝十
二則一卷……………………………… 2－378
呂祖彙集三十四卷附十四卷………… 2－378
呂祖彙集三十四卷附十四卷………… 2－378
呂祖靈籤一卷…………………………… 2－378
呂純陽祖師留傳太極生生數一卷…… 2－374
呂晚邨先生文集八卷附錄一卷……… 2－377
呂晚邨先生四書講義四十三卷……… 2－377
呂晚邨先生四書講義四十三卷……… 2－377
呂晚邨先生四書講義四十三卷……… 2－377
呂晚邨先生家訓真蹟四卷…………… 2－376
呂晚邨先生論文彙鈔一卷…………… 2－377
呂晚邨東莊吟稿存七卷……………… 2－376
呂晚邨東莊詩存七卷………………… 2－376
呂新吾先生去僞齋文集十卷………… 2－377
呂新吾全集……………………………… 2－377
呂新吾全集……………………………… 2－377
呂語集粹四卷…………………………… 2－377
呂衡州文集十卷………………………… 2－375
吟次偶記四卷…………………………… 4－337
吟花新篇一卷…………………………… 4－337
吟花課藝一卷…………………………… 4－337
吟香室詩草二卷………………………… 4－337
吟梅閣集唐三卷………………………… 4－337
吟壑軒稿□□卷附編一卷…………… 4－337
吟鞭草一卷……………………………… 4－337
別雅五卷 ……………………………… 1－58
[別集書目]一卷 ……………………… 5－275
吹篪集一卷過庭集一卷車笠同盟集
一卷…………………………………… 1－142
吹網錄六卷……………………………… 1－142
吳下諺聯四卷 ………………………… 4－63
吳子二卷 ……………………………… 4－65
吳子六篇不分卷 ……………………… 4－65
吳中女士詩鈔 ………………………… 4－65
吳中女士詩鈔 ………………………… 4－65
吳氏世德集三十一卷 ………………… 4－61
吳氏墨紀一卷 ………………………… 4－61
吳氏醫學述第三種本草從新六卷 …… 4－61
吳氏醫學述第三種本草從新六卷 …… 4－61
吳氏醫學述第三種本草從新六卷 …… 4－61
吳氏醫學述第三種本草從新六卷 …… 4－61
吳氏醫學述第三種本草從新六卷 …… 4－61
吳氏醫學述第三種本草從新六卷 …… 4－61
吳氏醫學述第三種本草從新六卷 …… 4－61
吳氏醫學述第三種本草從新六卷 …… 4－61
吳氏醫學述第三種本草從新六卷 …… 4－61
吳氏醫學述第三種本草從新六卷 …… 4－61
吳氏醫學述第三種本草從新六卷 …… 4－61
吳氏醫學述第三種本草從新六卷 …… 4－61
吳氏醫學述第三種本草從新六卷 …… 4－61
吳氏醫學述第三種本草從新六卷 …… 4－61
吳氏醫學述第三種本草從新六卷 …… 4－62
吳氏醫學述第三種本草從新六卷 …… 4－62
吳氏醫學述第三種本草從新六卷 …… 4－62
吳氏醫學述第三種本草從新六卷 …… 4－62
吳氏醫學述第三種本草從新六卷 …… 4－62
吳氏醫學述第三種本草從新六卷 …… 4－62
吳氏醫學述第三種本草從新六卷 …… 4－62
吳氏醫學述第三種本草從新六卷 …… 4－62
吳氏醫學述第三種本草從新六卷 …… 4－62
吳氏醫學述第三種本草從新六卷 …… 4－62
吳氏醫學述第三種本草從新六卷 …… 4－62
吳氏醫學述第三種本草從新六卷 …… 4－62
吳氏醫學述第三種本草從新六卷 …… 4－62
吳氏醫學述第三種本草從新六卷 …… 4－62
吳氏醫學述第三種本草從新六卷 …… 4－62
吳氏醫學述第三種本草從新六卷 …… 4－62
吳氏醫學述第三種本草從新六卷 …… 4－62
吳氏醫學述第三種本草從新六卷 …… 4－62
吳氏醫學述第三種本草從新六卷 …… 4－62
吳氏醫學述第三種本草從新六卷 …… 4－62
吳氏醫學述第三種本草從新六卷 …… 4－62
吳氏醫學述第三種本草從新六卷 …… 4－62
吳氏醫學述第三種本草從新六卷 …… 4－62
吳氏醫學述第三種本草從新六卷 …… 4－62
吳氏醫學述第三種本草從新六卷 …… 4－62
吳氏醫學述第三種本草從新六卷…… 5－397

吳氏醫學述第四種成方切用十二卷首一卷末一卷 …… 4－63
吳文正公三禮攷註六十四卷首一卷 …… 4－63
吳文正公三禮攷註六十四卷首一卷 …… 4－63
吳文正公三禮攷註六十四卷首一卷 …… 4－63
吳文節公[文鎔]年譜一卷 …… 4－63
吳地記一卷後集一卷 …… 4－59
吳因之易說六卷 …… 4－64
吳竹坡先生文集五卷附載一卷詩集二十八卷 …… 4－65
吳江三節婦集四卷 …… 4－59
吳江水考五卷 …… 4－59
吳江趙氏詩存十二卷 …… 4－59
吳冰僊詩一卷 …… 2－95
吳吳山三婦合評牡丹亭還魂記二卷五十五折 …… 4－63
吳吳山三婦合評牡丹亭還魂記二卷附錄一卷或問一卷 …… 4－63
吳吳山三婦合評牡丹亭還魂記二卷附錄一卷或問一卷 …… 4－63
吳吳山三婦評箋注釋聖嘆第六才子書八卷 …… 4－60
吳門畫舫錄二卷 …… 4－59
吳門畫舫續錄三卷投贈三卷 …… 4－59
吳門畫舫續錄三卷投贈三卷 …… 4－59
吳門畫舫續錄三卷投贈三卷 …… 4－60
吳京卿節本天演論一卷 …… 4－59
吳草廬先生粹言八卷 …… 4－59
吳柳堂先生誄文一卷 …… 4－59
[元豐]吳郡圖經續記三卷 …… 5－384
[元豐]吳郡圖經續記三卷 …… 5－384
吳郡樂圃朱先生餘藁十卷附編一卷補遺一卷 …… 4－59
吳莊介公遺集六卷 …… 4－65
吳莊介公遺集六卷 …… 4－65
吳莊介公遺集六卷首一卷 …… 4－65
吳莊介公遺集六卷首一卷 …… 4－65
吳莊介公遺集六卷首一卷 …… 4－65
吳康齋先生日錄一卷(明洪熙元年至成化四年) …… 4－59
吳康齋先生集十二卷首一卷 …… 4－59
吳康齋先生集十二卷首一卷 …… 4－59
吳康齋先生集十二卷首一卷 …… 4－59
吳越春秋一卷越絕書一卷 …… 4－64
吳越春秋六卷 …… 4－64
吳越春秋六卷 …… 4－64
吳越春秋六卷 …… 4－64
吳越春秋六卷 …… 4－64
吳越春秋六卷 …… 4－64
吳越春秋六卷 …… 4－64
吳越春秋六卷 …… 4－64
吳越春秋六卷 …… 4－64
吳越春秋六卷 …… 4－64
吳越備史四卷首一卷 …… 4－64
吳越備史四卷首一卷 …… 4－64
吳越錢氏傳芳集一卷 …… 4－64
[道光]吳堡縣志四卷首一卷 …… 5－282
吳淵穎先生集十二卷 …… 4－64
吳疏山先生家集 …… 4－63
吳疏山先生遺集十二卷 …… 4－63
吳疏山先生遺集十二卷 …… 4－63
吳疏山先生遺集十二卷 …… 4－63
吳疏山先生遺集十二卷 …… 4－63
吳疏山先生遺集十二卷 …… 4－63
吳會英才集二十四卷 …… 4－59
吳會英才集二十四卷 …… 4－59
吳詩集覽二十卷補注二十卷 …… 4－60
吳詩集覽二十卷補注二十卷 …… 4－60
吳詩集覽二十卷補注二十卷 …… 4－60
吳詩集覽二十卷補注二十卷 …… 4－60
吳詩集覽二十卷補注二十卷 …… 4－60
吳詩集覽二十卷補注二十卷 …… 4－60
吳詩集覽二十卷補注二十卷 …… 4－60
吳詩集覽二十卷補注二十卷 …… 4－60
吳詩集覽二十卷補注二十卷 …… 4－60
吳詩集覽二十卷補注二十卷 …… 4－60
吳詩集覽二十卷補注二十卷 …… 4－60
吳詩集覽二十卷補注二十卷 …… 4－60
吳詩集覽二十卷補注二十卷 …… 4－61

吳詩集覽二十卷補注二十卷 ………… 4－61
吳詩集覽二十卷補注二十卷 ………… 4－61
吳詩談藪二卷拾遺一卷 ……………… 4－60
吳詩談藪二卷拾遺一卷 ……………… 4－60
吳詩談藪二卷拾遺一卷 ……………… 4－60
吳詩談藪二卷拾遺一卷 ……………… 4－60
吳詩談藪二卷拾遺一卷 ……………… 4－60
吳詩談藪二卷拾遺一卷 ……………… 4－60
吳詩談藪二卷拾遺一卷 ……………… 4－60
吳詩談藪二卷拾遺一卷 ……………… 4－60
吳詩談藪二卷拾遺一卷 ……………… 4－60
吳詩談藪二卷拾遺一卷 ……………… 4－60
吳詩談藪二卷拾遺一卷 ……………… 4－60
吳詩談藪二卷拾遺一卷 ……………… 4－60
吳詩談藪二卷拾遺一卷 ……………… 4－61
吳詩談藪二卷拾遺一卷 ……………… 4－61
吳詩談藪二卷拾遺一卷 ……………… 4－61
吳摯甫文集四卷附鈔深州風土記四篇一卷 …………………………… 4－65
吳摯甫文集四卷附鈔深州風土記四篇一卷 …………………………… 4－65
吳摯甫文集四卷附鈔深州風土記四篇一卷尺牘五卷補遺一卷論兒書一卷 …………………………… 4－65
吳摯甫尺牘五卷補遺一卷論兒書一卷 …………………………… 4－64
吳學士文集四卷 ……………………… 4－63
吳學士文集四卷 ……………………… 4－63
吳學士文集四卷詩集五卷 …………… 4－63
吳學士文集四卷詩集五卷 …………… 4－63
吳學士詩集五卷 ……………………… 4－63
吳禮部別集一卷…………………… 3－451
吳翼堂先生文集八卷 ………………… 4－64
吳醫彙講十一卷 ……………………… 4－64
吳醫彙講十一卷 ……………………… 4－64
吳醫彙講十一卷 ……………………… 4－64
吳醫彙講十一卷 ……………………… 4－64
吳醫彙講十一卷 ……………………… 4－64
吳騷集四卷 …………………………… 4－60
吳疆域圖說三卷 ……………………… 4－59
呹盦詞一卷………………………… 2－235
[岐舌音韻]不分卷 …………………… 5－332
刪注脈訣規正二卷……………………… 3－115
刪注脈訣規正二卷……………………… 3－115
刪注脈訣規正二卷……………………… 3－115
刪注脈訣規正二卷……………………… 3－115
刪注脈訣規正二卷……………………… 3－115
刪注脈訣規正二卷……………………… 3－115
刪注脈訣規正二卷……………………… 3－115
刪注脈訣規正二卷……………………… 3－115
刪注脈訣規正二卷……………………… 3－115
刪注脈訣規正二卷……………………… 3－115
刪注脈訣規正二卷……………………… 3－115
刪注脈訣規正二卷……………………… 3－115
刪注脈訣規正二卷……………………… 3－115
刪注脈訣規正二卷……………………… 3－115
刪注脈訣規正二卷……………………… 3－115
刪注脈訣規正二卷……………………… 3－115
刪注脈訣規正二卷……………………… 3－115
刪注脈訣規正二卷……………………… 3－115
刪注脈訣規正二卷……………………… 3－115
刪注脈訣規正二卷……………………… 3－115
刪注脈訣規正二卷……………………… 3－115
刪注脈訣規正二卷……………………… 3－115
刪注脈訣規正二卷……………………… 3－115
刪注脈訣規正二卷……………………… 3－116
刪注脈訣規正二卷……………………… 3－116
刪定荀子一卷………………………… 3－114
刪定荀子一卷………………………… 3－114
刪訂唐詩解二十四卷………………… 3－114
刪訂唐詩解二十四卷………………… 3－114
刪訂通鑑感應錄二卷………………… 3－114
刪除律例二卷………………………… 3－114
刪補古今文致十卷…………………… 3－114
刪補痘疹定論四卷…………………… 3－114
刪補頤生微論四卷…………………… 3－114
刪潤能與集不分卷…………………… 3－114
岑華居士外集二卷 …………………… 1－85
岑嘉州集八卷 ………………………… 1－85
牡丹亭還魂記二卷…………………… 2－438
牡丹亭還魂記二卷…………………… 2－438

牡丹亭還魂記二卷 …………………… 2－438
牡丹亭還魂記二卷五十五齣 ………… 2－438
牡丹亭還魂記八卷 …………………… 2－437
牡丹亭還魂記八卷 …………………… 2－437
牡丹亭還魂記四卷 …………………… 2－438
利試文鈔二集二卷 …………………… 2－293
私艾齋文集六卷 ……………………… 3－314
私塾改良總會章程一卷 ……………… 3－315
我我說一卷 …………………………… 4－57
我法集二卷 …………………………… 4－57
我法集二卷 …………………………… 4－57
我法集註二卷 ………………………… 4－57
我貴軒詩草二卷 ……………………… 4－57
我詩集六卷 …………………………… 4－57
我箴釋證十五卷 ……………………… 4－57
兵法史略學八卷 ……………………… 1－59
兵法類案十三卷 ……………………… 1－59
兵法類案十三卷 ……………………… 1－59
兵家方道指南九卷 …………………… 1－59
兵家尅擇樞要圖局一卷 ……………… 1－59
兵書三種 ……………………………… 1－59
[兵書鈔]不分卷 ……………………… 5－275
兵船礮法六卷 ………………………… 1－59
兵鏡類編四十卷 ……………………… 1－59
邱大生堂志不分卷 …………………… 3－50
邱邦士文集十八卷 …………………… 3－49
邱邦士文集十八卷 …………………… 3－49
邱邦士文集十八卷 …………………… 3－49
邱邦士文集十八卷 …………………… 3－49
邱邦士文集十八卷 …………………… 3－49
邱邦士文集十八卷 …………………… 3－49
邱邦士文集十八卷 …………………… 3－50
邱邦士文集十八卷 …………………… 3－50
邱邦士文集十八卷 …………………… 3－50
邱邦士文集十八卷 …………………… 3－50
邱邦士文集十八卷 …………………… 3－50
邱邦士文集十八卷 …………………… 3－50
邱邦士文集十八卷 …………………… 3－50
邱邦士文集十八卷 …………………… 5－274
何大復先生集三十八卷 ……………… 2－30
何大復先生集三十八卷 ……………… 2－30
何大復先生集三十八卷 ……………… 2－30
何大復先生集三十八卷 ……………… 2－30
何子清遺文二卷附錄一卷 …………… 2－31
何氏語林三十卷 ……………………… 2－31
何氏語林三十卷 ……………………… 2－31
何文定公文集十一卷 ………………… 2－31
何文貞公遺集二卷首一卷附錄一卷
…………………………………… 2－31
何文肅椒丘先生策府羣玉文集三卷
…………………………………… 2－31
何文肅椒丘先生策府羣玉文集三卷
…………………………………… 2－31
何宮贊遺書 …………………………… 2－31
何博士備論二卷 ……………………… 2－30
[何暮庵田產]（明萬曆十五年至清
康熙三十七年）…………………… 5－299
佐元直指圖解九卷首一卷 …………… 5－273
佐元直指圖解九卷首一卷 …………… 5－274
佐治藥言一卷續一卷 ………………… 5－274
佐治藥言一卷續一卷 ………………… 5－274
佐治藥言一卷續一卷 ………………… 5－274
佐治藥言一卷續一卷 ………………… 5－274
佐治藥言一卷續一卷 ………………… 5－274
佔畢叢談六卷附勸學巵言一卷時文
蠡測一卷 ……………………………… 5－84
佔畢叢談六卷附勸學巵言一卷時文
蠡測一卷 ……………………………… 5－84
佔畢叢談六卷附勸學巵言一卷時文
蠡測一卷 ……………………………… 5－84
佔畢叢談六卷附勸學巵言一卷時文
蠡測一卷 ……………………………… 5－84
佔畢叢談六卷附勸學巵言一卷時文
蠡測一卷 ……………………………… 5－84
[同治]攸縣志五十五卷首一卷 …… 5－370
作吏要言一卷 ………………………… 1－66
作吏要言一卷 ………………………… 1－66
作吏要言一卷 ………………………… 1－66
作吏要言一卷 ………………………… 1－66
作吏要言一卷 ………………………… 1－66
作吏要言一卷 ………………………… 1－66
作吏要言一卷 ………………………… 1－66

作吏要言一卷…… 5－155
作義要訣一卷…… 2－209
身世準繩四卷…… 3－139
身理啓蒙十章…… 3－139
［乾隆］佛山忠義鄉志十一卷 …… 5－333
佛日普照慧辯楚石禪師語錄二十卷…… 1－372
佛本行集經六十卷…… 1－372
［光緒］佛坪廳志二卷首一卷 …… 5－290
佛祖心燈一卷宗教律諸家演派一卷摘錄聖武記之卷五溯查西藏剌麻來源一卷…… 1－373
佛祖歷代通載三十六卷…… 1－373
［佛教文鈔］不分卷 …… 5－287
［佛教文鈔］不分卷 …… 5－287
［佛教文鈔］不分卷 …… 5－287
佛教初學課本一卷注一卷…… 1－372
佛教初學課本一卷注一卷…… 1－372
佛教初學課本一卷注一卷…… 1－372
佛頂光明摩訶薩怛多般怛囉無上神咒一卷…… 1－372
［佛經］不分卷 …… 5－287
佛爾雅八卷…… 1－372
佛說十往生阿彌陀佛國經一卷…… 5－249
佛說千手千眼觀世音菩薩廣大圓滿無礙大悲心陀羅尼經一卷…… 1－373
佛說巨力長者所問大乘經三卷…… 1－373
佛說四十二章經註一卷佛遺教經註一卷…… 1－373
佛說阿彌陀經一卷…… 1－373
佛說阿彌陀經一卷…… 1－373
佛說阿彌陀經要解一卷…… 1－372
佛說阿彌陀經疏鈔四卷…… 1－372
佛說阿彌陀經疏鈔四卷…… 1－372
佛說阿彌陀經疏鈔四卷阿彌陀經疏鈔事義三卷問辯一卷續問答一卷答淨土四十八問一卷淨土疑辯一卷…… 1－372
佛說柰女耆域因緣經一卷…… 1－373
佛說菩薩投身飼餓虎起塔因緣經一卷…… 5－208
佛說菩薩念佛三昧經六卷…… 1－373
佛說梵綱經一卷…… 3－107
佛說梵網經二卷…… 1－373
佛說梵網經二卷…… 1－373
佛說無量清淨平等覺經三卷…… 1－373
佛說無量壽經二卷 …… 1－22
佛說無量壽經二卷…… 1－373
佛說龍華經一卷…… 1－373
佛說觀無量壽佛經一卷…… 1－373
佛說觀無量壽佛經一卷…… 1－373
佛說觀無量壽佛經一卷…… 1－373
佛說觀無量壽佛經略論一卷…… 1－373
佛說觀無量壽佛經疏四卷…… 1－373
佛說觀無量壽佛經疏四卷…… 1－373
近十科鄉會墨針不分卷…… 2－192
近光堂經進初藁十二卷…… 2－192
近光集二十八卷…… 2－191
近光集二十八卷…… 2－191
近花樓纂釋分類合法百將全傳二卷…… 2－192
近事錄真二卷…… 2－192
近思錄集注十四卷…… 2－193
近思錄集注十四卷…… 2－193
近思錄集注十四卷…… 2－193
近思錄集注十四卷…… 2－193
近思錄集注十四卷…… 2－193
近思錄集注十四卷…… 2－193
近思錄集注十四卷…… 2－193
近思錄集注十四卷…… 2－193
近思錄集注十四卷…… 2－193
近思錄集注十四卷…… 2－193
近思錄集注十四卷…… 2－193
近思錄集注十四卷…… 2－193
近思錄集注十四卷…… 2－193
近思錄集注十四卷考訂朱子世家一卷…… 2－193
近思錄集注十四卷考訂朱子世家一卷…… 2－193
近思錄集注十四卷考訂朱子世家一卷…… 2－193
近思錄集注十四卷考訂朱子世家一

卷 …………………………………… 2－193
近思錄集注十四卷考訂朱子世家一
卷 …………………………………… 2－193
近思錄集注十四卷考訂朱子世家一
卷 …………………………………… 2－193
近思錄集解十四卷 ………………… 2－192
近思錄集解十四卷 ………………… 2－192
近思錄集解十四卷 ………………… 2－193
近思錄輯要六卷 …………………… 2－193
近科考卷脱穎集不分卷 …………… 2－192
近科考卷清真集不分卷 …………… 2－192
近科考卷鈎元集不分卷 …………… 2－192
近科全題新策法程不分卷 ………… 2－192
近科全題新策法程不分卷 ………… 2－192
近科全題新策法程不分卷 ………… 2－192
近科全題新策法程不分卷 ………… 2－192
近科制藝春霆集不分卷 …………… 2－192
近科制藝春霆集不分卷 …………… 2－192
近科房行書菁華二集四卷 ………… 2－192
近科鄉會墨僅見不分卷 …………… 2－192
近科策鵠四卷 ……………………… 2－192
近科試策法程不分卷 ……………… 2－192
近科試策法程不分卷 ……………… 2－192
近科經文四編不分卷 ……………… 2－192
近科墨卷摘錄不分卷 ……………… 2－192
近科館課分韻詩初集□□卷二集□
□卷 ………………………………… 2－192
近科館課分韻詩鈔不分卷 ………… 2－192
近莊樓詩草不分卷 ………………… 2－194
卮辭一卷 …………………………… 3－285
返生香一卷附集一卷 ……………… 1－354
返性圖十卷 ………………………… 1－354
返性圖初集十卷 …………………… 1－354
返性圖初集十卷 …………………… 1－354
返性圖輯要寶錄二卷 ……………… 1－354
余氏天文算學三種 ………………… 4－408
余氏天文算學三種 ………………… 4－408
余光耿詩集不分卷 ………………… 4－408
余忠宣公文集六卷 ………………… 4－408
余忠宣公文集六卷 ………………… 4－408
[余詠齋榮哀錄]不分卷 …………… 5－383
希古堂文甲集二卷乙集六卷 ……… 4－104
希夷夢四十卷 ……………………… 4－104
希臘志略七卷 ……………………… 4－104
希臘志略七卷年表一卷 …………… 4－104
坐花誌果八卷 ……………………… 5－274
坐花誌果八卷 ……………………… 5－274
坐禪三昧法門經二卷 ……………… 5－274
谷園印譜六卷 ……………………… 1－454
豸華堂文鈔八卷 …………………… 5－112
豸華堂奏議十二卷 ………………… 5－112
孚佑帝君十王經一卷 ……………… 1－374
含薰室文集五卷 …………………… 2－12
肝經論一卷 ………………………… 1－389
角山樓增補類腋六十七卷 ………… 2－167
角山樓增補類腋六十七卷 ………… 2－167
角山樓增補類腋六十七卷 ………… 2－167
角山樓增補類腋六十七卷 ………… 2－167
角山樓增補類腋六十七卷 ………… 2－167
角山樓蘇詩評註彙鈔二十卷附錄三
卷 …………………………………… 2－166
角西吟榭詩鈔一卷 ………………… 2－167
言行類編十六卷 …………………… 4－263
疔瘡要訣不分卷 …………………… 1－261
辛丑各國和約一卷 ………………… 4－161
辛丑各國和約一卷 ………………… 4－161
辛丑各國和約文件壬寅中英商約稅
則彙編一卷 ………………………… 4－161
辛丑官商快覽不分卷 ……………… 4－161
辛丑銷夏記五卷 …………………… 4－161
[辛卯順天鄉試要訣]一卷 ………… 5－388
辛酉曾祖妣蔡太夫人祭文匯不分卷
附日記二篇 ………………………… 4－161
辛昌房祠進出簿不分卷(清光緒三
十三年至一九五〇年) …………… 4－161
辛筠谷年譜一卷 …………………… 2－129
[辛漪堂公祠業產賬簿]不分卷(清
光緒二十四年至一九四九年) …… 5－377
辛壐公祠總賬不分卷(清光緒二十
四年至公元一九五〇年) ………… 4－161
快心編初集五卷十回二集五卷十回
三集六卷十二回 …………………… 2－249

快看看不分卷…………………………… 2－249
快書…………………………………… 2－249
快雪齋官商備覽八百種不分卷……… 2－249
快閣藏書……………………………… 2－249
快聽聽不分卷………………………… 2－249
［判牘］不分卷　…………………… 5－332
［判牘］不分卷　…………………… 5－332
弟子規一卷…………………………… 1－253
弟子規一卷…………………………… 1－253
弟子規一卷…………………………… 1－253
弟子箴言十六卷……………………… 1－253
弟子職集解一卷弟子職句讀一卷考
證一卷補音一卷……………………… 1－253
弟子職集解一卷弟子職句讀一卷考
證一卷補音一卷……………………… 1－253
弟子職箋釋一卷……………………… 1－253
弟子職箋釋一卷……………………… 1－253
弟子職箋釋一卷……………………… 1－254
汪子中詮六卷………………………… 4－6
汪子中詮六卷………………………… 4－6
汪子中詮六卷………………………… 4－7
汪子文錄十卷附錄一卷二錄二卷錄
後一卷附一卷三錄三卷詩錄四卷
…………………………………………… 4－6
汪子遺書……………………………… 4－6
汪王廟志略不分卷…………………… 4－6
汪氏通宗世譜不分卷………………… 4－5
汪氏學行記六卷……………………… 4－5
汪本隸釋刊誤一卷…………………… 4－5
汪南溟集九卷………………………… 4－5
汪南溟集九卷………………………… 4－5
汪容普文錄一卷……………………… 4－5
汪梅村先生文集十二卷文外集一卷
…………………………………………… 4－5
汪鈍翁文鈔十二卷…………………… 4－5
汪鈍翁文鈔十二卷…………………… 4－5
汪樂育堂家塾冊不分卷……………… 4－6
汪樂育堂家塾冊不分卷……………… 4－6
汪樂育堂家塾冊不分卷……………… 4－6
汪樂育堂家塾冊不分卷……………… 4－6
汪樂育堂家塾冊不分卷……………… 4－6
汪樂育堂家塾冊不分卷……………… 4－6
汪樂育堂家塾冊不分卷……………… 4－6
汪樂育堂家塾冊不分卷……………… 4－6
汪樂育堂家塾冊不分卷……………… 4－6
汪樂育堂家塾冊不分卷……………… 4－6
汪樂育堂家塾冊不分卷……………… 4－6
汪樂育堂家塾冊不分卷……………… 4－6
汪樂育堂家塾冊不分卷……………… 4－6
汪樂育堂家塾冊不分卷……………… 4－6
汪雙池先生陽宅不分卷……………… 4－6
汪雙池先生［紱］年譜四卷　……… 4－5
汪雙池先生［紱］年譜四卷　……… 4－5
汪雙池先生［紱］年譜四卷　……… 4－5
汪雙池先生［紱］年譜四卷　……… 4－5
汪雙池先生［紱］年譜四卷　……… 4－5
汪雙池先生［紱］年譜四卷　……… 4－5
汪雙池先生［紱］年譜四卷　……… 4－6
汪雙池先生［紱］年譜四卷　……… 4－6
汪雙池先生［紱］年譜四卷　……… 4－6
汪雙池先生［紱］行狀墓表不分卷
…………………………………………… 4－5
汪羅彭薛四家合鈔…………………… 4－5
［乾隆］沅州府志四十卷首一卷　…… 5－339
［乾隆］沅州府志四十卷首一卷　…… 5－339
［嘉慶］沅江縣志三十卷　………… 5－303
［同治］沅陵縣志五十卷首一卷　…… 5－370
沅湘耆舊集二百卷　………………… 5－13
沅湘耆舊集前編四十卷　…………… 5－13
沅湘通藝錄八卷　…………………… 5－13
［光緒］沔陽州志十二卷首一卷　…… 5－294
沙滌難經總錄不分卷………………… 3－107
沙彌律儀要略一卷…………………… 2－491
沙彌律儀要略二卷四分戒本一卷…… 3－107
沖虛至德真經八卷…………………… 1－121
沖虛至德真經八卷…………………… 1－121
沖虛至德眞經八卷…………………… 1－121
汽機必以十二卷首一卷附一卷　…… 3－22
汽機必以十二卷首一卷附一卷　…… 3－22
汽機必以十二卷首一卷附一卷　…… 3－22
汽機新制八卷　……………………… 3－22
汽機新制八卷　……………………… 3－22

汾上續談一卷 ………………………… 1－368
泛梗集八卷 …………………………… 1－354
泛槎圖一卷 …………………………… 1－354
泛槎圖六集 …………………………… 1－354
汴圍濕襟錄三卷補遺一卷 ……………… 1－56
沈下賢文集十二卷 ……………………… 3－143
沈氏三先生文集六十二卷附錄一卷
…………………………………………… 3－142
沈氏詞韻一卷 ………………………… 3－142
沈氏尊生書 …………………………… 3－142
沈氏尊生書 …………………………… 3－142
沈氏尊生書 …………………………… 3－142
沈氏痲科一卷 ………………………… 3－142
沈文肅公政書七卷首一卷 ……………… 3－142
沈文肅公政書七卷首一卷 ……………… 3－142
沈文肅公政書七卷首一卷 ……………… 3－142
沈文肅公政書七卷首一卷 ……………… 3－142
沈文肅公政書七卷首一卷 ……………… 3－142
沈文肅公政書七卷首一卷 ……………… 3－142
沈文肅公政書七卷首一卷 ……………… 3－143
沈端恪公[近思]年譜二卷 ……………… 3－142
沈端恪公[近思]年譜二卷 ……………… 3－142
[沈德潛]年譜一卷 ……………………… 5－343
沈隱侯集四卷 ………………………… 3－143
決事餘譚一卷 ………………………… 2－235
決疑數學十卷首一卷 …………………… 2－235
完玉堂詩集十卷 ……………………… 3－493
宋七家詞選七卷 ……………………… 3－379
宋大家王文公文抄十六卷 ……………… 3－374
宋大家王荊公文選一卷 ………………… 3－374
宋大家文選不分卷 ……………………… 3－374
[宋大家文選]不分卷 …………………… 5－352
宋大家曾文定公文抄十卷 ……………… 3－374
宋大家曾南豐文選一卷 ………………… 3－374
宋大家歐陽文忠公文抄三十二卷 ……… 3－374
宋大家歐陽文忠公文抄三十二卷 ……… 3－374
宋大家歐陽文忠公文抄三十二卷 ……… 3－374
宋大家歐陽文忠公文抄三十二卷 ……… 3－374
宋大家歐陽文忠公文抄三十二卷 ……… 3－374
宋大家蘇文公文抄十卷 ………………… 3－374
宋大家蘇文忠公文抄二十八卷 ………… 3－374
宋大家蘇文忠公文選一卷 ……………… 3－374
宋王先生壙銘一卷 ……………………… 4－288
宋王忠文公文集五十卷目錄四卷 ……… 3－385
宋王忠文公文集五十卷目錄四卷 ……… 3－385
宋王忠文公文集五十卷目錄四卷 ……… 3－385
宋王忠文公文集五十卷目錄四卷 ……… 3－386
宋王忠文公文集五十卷目錄四卷 ……… 3－386
宋王忠文公文集五十卷目錄四卷 ……… 3－386
宋王忠文公文集五十卷目錄四卷 ……… 3－386
宋王忠文公文集五十卷目錄四卷 ……… 3－386
宋王忠文公文集五十卷目錄四卷 ……… 3－386
宋王忠文公文集五十卷目錄四卷 ……… 3－386
宋元以來畫人姓氏錄三十六卷首一
卷 ……………………………………… 3－389
宋元明詩約鈔三百首二卷 ……………… 3－388
宋元明詩約鈔三百首二卷 ……………… 3－388
宋元明詩約鈔三百首二卷 ……………… 3－388
宋元明詩約鈔三百首二卷 ……………… 3－388
宋元明詩約鈔三百首二卷 ……………… 3－388
宋元通鑑一百五十七卷 ………………… 3－388
宋元通鑑一百五十七卷 ………………… 3－388
宋元通鑑一百五十七卷 ………………… 3－388
宋元通鑑一百五十七卷 ………………… 3－388
宋元通鑑一百五十七卷 ………………… 3－388
宋元通鑑一百五十七卷 ………………… 3－388
宋元詩會一百卷 ……………………… 3－388
宋元詩會一百卷 ……………………… 3－388
宋元資治通鑑六十四卷 ………………… 3－389
宋元學案一百卷首一卷 ………………… 3－388
宋元學案一百卷首一卷 ………………… 3－388
宋元學案一百卷首一卷 ………………… 3－388
宋元學案一百卷首一卷 ………………… 3－388
宋元學案一百卷首一卷 ………………… 3－389
宋元學案一百卷首一卷 ………………… 3－389
宋元學案一百卷首一卷 ………………… 3－389
宋元學案一百卷首一卷 ………………… 3－389
宋元學案一百卷首一卷 ………………… 3－389
宋元學案一百卷首一卷 ………………… 3－389
宋元學案一百卷首一卷 ………………… 3－389
宋元學案一百卷首一卷 ………………… 3－389
宋元學案一百卷首一卷 ………………… 5－394

宋元舊本書經眼錄三卷附錄二卷…… 3－387
宋仁山金先生[履祥]年譜一卷 …… 3－379
宋氏先芬集八卷…………………………… 3－383
宋氏先芬集八卷…………………………… 3－383
宋氏先芬集八卷…………………………… 3－383
宋六十一家詞選十二卷………………… 3－378
宋六十一家詞選十二卷………………… 3－378
宋六十一家詞選十二卷………………… 3－378
宋六十一家詞選十二卷………………… 3－378
宋文文山先生全集十八卷……………… 3－386
宋文憲公全集五十三卷首四卷……… 3－386
宋文憲公全集五十三卷首四卷……… 3－386
宋文歸二十卷……………………………… 3－386
宋文鑑一百五十卷目錄三卷………… 3－386
宋文鑑一百五十卷目錄三卷………… 3－386
宋文鑑一百五十卷目錄三卷………… 3－386
宋文鑑一百五十卷目錄三卷………… 3－386
宋文鑑一百五十卷目錄三卷………… 3－386
宋本十三經注疏并經典釋文校勘記
………………………………………… 3－373
宋本十三經注疏并經典釋文校勘記
………………………………………… 3－373
宋本韓柳二先生年譜…………………… 3－373
宋布衣文集二卷詩集一卷……………… 3－373
宋史四百九十六卷目錄三卷………… 3－382
宋史四百九十六卷目錄三卷………… 3－382
宋史四百九十六卷目錄三卷………… 3－382
宋史四百九十六卷目錄三卷………… 3－382
宋史四百九十六卷目錄三卷………… 3－382
宋史四百九十六卷目錄三卷………… 3－382
宋史四百九十六卷目錄三卷………… 3－382
宋史四百九十六卷目錄三卷………… 3－382
宋史四百九十六卷目錄三卷………… 3－382
宋史四百九十六卷目錄三卷………… 3－382
宋史四百九十六卷目錄三卷………… 3－382
宋史四百九十六卷目錄三卷………… 3－382
宋史四百九十六卷目錄三卷………… 3－382
宋史四百九十六卷目錄三卷………… 3－383
宋史四百九十六卷目錄三卷………… 3－383
宋史四百九十六卷目錄三卷………… 3－383
宋史四百九十六卷目錄三卷………… 5－394
宋史紀事本末一百九卷………………… 3－380
宋史紀事本末一百九卷………………… 3－380
宋史紀事本末一百九卷………………… 3－380
宋史紀事本末一百九卷………………… 3－380
宋史紀事本末一百九卷………………… 3－380
宋史紀事本末一百九卷………………… 3－380
宋史紀事本末一百九卷………………… 3－380
宋史紀事本末一百九卷………………… 3－381
宋史紀事本末一百九卷………………… 3－381
宋史紀事本末一百九卷………………… 3－381
宋史紀事本末一百九卷………………… 3－381
宋史紀事本末一百九卷………………… 3－381
宋史紀事本末一百九卷………………… 3－381
宋史紀事本末一百九卷………………… 3－381
宋史紀事本末一百九卷………………… 3－381
宋史紀事本末一百九卷………………… 3－381
宋史紀事本末一百九卷………………… 3－381
宋史紀事本末一百九卷………………… 3－381
宋史紀事本末一百九卷………………… 3－381
宋史紀事本末一百九卷………………… 3－381
宋史紀事本末一百九卷………………… 3－381
宋史紀事本末一百九卷………………… 3－381
宋史紀事本末一百九卷………………… 3－381
宋史紀事本末一百九卷………………… 5－394
宋史紀事本末十卷……………………… 3－380
宋史新編二百卷………………………… 3－383
宋史新編二百卷………………………… 3－383
宋史論三卷……………………………… 3－381
宋四子抄釋二十一卷…………………… 3－384
宋四六話十二卷………………………… 3－383
宋四六選二十四卷……………………… 3－383
宋四六選二十四卷……………………… 3－384
宋四六選二十四卷……………………… 3－384
宋四六選二十四卷……………………… 3－384
宋四六選二十四卷……………………… 3－384
宋四六選二十四卷……………………… 3－384
宋四六選二十四卷……………………… 3－384
宋四六選二十四卷……………………… 3－384
宋四六選二十四卷……………………… 3－384
宋四六選二十四卷……………………… 3－384
宋四六選二十四卷……………………… 3－384

宋四六選二十四卷…………………… 3－384
宋四六選二十四卷…………………… 3－384
宋四六選二十四卷…………………… 3－384
宋四六選二十四卷…………………… 3－384
宋四六選二十四卷…………………… 3－384
宋四六選二十四卷…………………… 3－384
宋四六選二十四卷…………………… 3－384
宋四名家詩鈔………………………… 3－384
宋四名家詩鈔………………………… 3－384
宋四名家詩鈔………………………… 3－384
宋四家詞選一卷……………………… 1－187
宋四家詞選一卷……………………… 3－383
宋四家詞選一卷……………………… 3－383
宋代五十六家詩集…………………… 3－375
宋朱晦菴先生名臣言行錄後集十四
　卷…………………………………… 3－389
宋名臣言行錄前集十卷後集十四卷
　…………………………………… 3－378
宋名臣言行錄前集十卷後集十四卷
　…………………………………… 3－378
宋名臣言行錄前集十卷後集十四卷
　…………………………………… 3－378
宋名臣言行錄前集十卷後集十四卷
　…………………………………… 3－378
宋名臣言行錄前集十卷後集十四卷
　…………………………………… 3－378
宋名臣言行錄前集十卷後集十四卷
　…………………………………… 3－378
宋名臣言行錄前集十卷後集十四卷
　…………………………………… 3－378
宋名臣言行錄前集十卷後集十四卷
　…………………………………… 3－378
宋名臣言行錄前集十卷後集十四卷
　…………………………………… 3－379
宋名家詞……………………………… 3－379
宋名家詞……………………………… 3－379
宋州從政錄一卷……………………… 3－389
宋丞相文山先生全集二十卷………… 3－374
宋丞相李忠定公別集三卷…………… 3－374
宋李忠定公文集三十九卷…………… 3－377
宋李忠定公奏議六十九卷…………… 3－377
宋李忠定公奏議六十九卷首一卷年
　譜一卷擬撰文字七卷……………… 3－377
宋李忠定公奏議選十五卷…………… 3－377
宋李忠定公奏議選十五卷文集選二
　十九卷首四卷目錄二卷…………… 3－378
宋邵康節先生伊川擊壤集十卷……… 3－379
宋邵康節先生伊川擊壤集十卷三世
　名賢行實圖系一卷康節先生漁樵
　對問一卷康節先生訓世孝弟詩一
　卷無名公傳一卷…………………… 3－379
宋林和靖先生詩集四卷……………… 5－394
宋東京考二十卷……………………… 3－375
宋東京考二十卷……………………… 3－375
宋東京考二十卷……………………… 3－375
宋拓淳化閣帖十卷…………………… 3－385
宋拓淳化閣帖十卷…………………… 3－385
宋拓淳化閣帖十卷…………………… 3－385
宋拓淳化閣帖十卷…………………… 3－385
宋拓淳化閣帖十卷…………………… 3－385
宋拓淳化閣帖十卷…………………… 3－385
宋拓淳化閣帖十卷…………………… 3－385
宋拓淳化閣帖十卷…………………… 3－385
宋拓淳化閣帖十卷…………………… 3－385
宋拓淳化閣帖十卷…………………… 3－385
宋拓淳化閣帖十卷…………………… 3－385
宋拓淳化閣帖十卷…………………… 3－385
宋拓淳化閣帖十卷…………………… 5－394
宋岳忠武王集八卷末一卷…………… 3－389
宋岳忠武王集八卷末一卷…………… 3－389
宋岳忠武王集八卷末一卷…………… 3－389
宋金元詩永二十卷補遺二卷………… 3－377
宋金元詩永二十卷補遺二卷………… 3－377
宋金元詩選六卷……………………… 3－377
宋金元詩選六卷……………………… 3－377
宋宗忠簡公文集四卷首一卷補遺一
　卷…………………………………… 3－390
宋宗忠簡公文集四卷首一卷補遺一
　卷…………………………………… 3－390
宋宗忠簡公文集四卷首一卷補遺一

卷……………………………… 5－394
宋宗忠簡公集七卷………………… 3－390
宋宗忠簡公集七卷………………… 3－390
宋宗忠簡公集七卷………………… 3－390
宋宗忠簡公集七卷………………… 3－390
宋宗忠簡公集七卷………………… 3－390
宋宗忠簡公集七卷………………… 3－390
宋宗忠簡公集七卷………………… 3－390
宋宗忠簡公集七卷………………… 3－390
宋宗忠簡公遺事二卷……………… 3－390
宋洪魏公進萬首唐人絕句四十卷目
錄四卷…………………………… 3－375
宋書一百卷……………………… 3－383
宋書一百卷……………………… 3－383
宋書一百卷……………………… 3－383
宋書一百卷……………………… 3－383
宋書一百卷……………………… 3－383
宋書一百卷……………………… 3－383
宋書一百卷……………………… 3－383
宋書一百卷……………………… 3－383
宋書文鈔二十卷…………………… 3－383
宋陳文節公詩集五卷文集十九卷首
一卷末一卷……………………… 3－374
宋陳文節公詩集五卷文集十九卷首
一卷末一卷……………………… 3－374
宋孫仲益內簡尺牘十卷…………… 3－385
宋孫奇等校正傷寒論原本方目一卷 … 3－119
宋黄文節公文集三十二卷首四卷外
集二十四卷別集十九卷………… 3－375
宋黄文節公文集三十二卷首四卷外
集二十四卷別集十九卷………… 3－375
宋黄文節公文集三十二卷首四卷外
集二十四卷別集十九卷………… 3－375
宋黄文節公文集三十二卷首四卷外
集二十四卷別集十九卷………… 3－375
宋黄文節公文集三十二卷首四卷外
集二十四卷別集十九卷………… 3－375
宋黄文節公文集三十二卷首四卷外
集二十四卷別集十九卷………… 3－375
宋黄文節公文集三十二卷首四卷外
集二十四卷別集十九卷………… 3－375
宋黄文節公文集三十二卷首四卷外
集二十四卷別集十九卷………… 3－376
宋黄文節公文集三十二卷首四卷外
集二十四卷別集十九卷………… 3－376
宋黄文節公文集三十二卷首四卷外
集二十四卷別集十九卷………… 3－376
宋黄文節公文集三十二卷首四卷外
集二十四卷別集十九卷………… 3－376
宋黄文節公文集三十二卷首四卷外
集二十四卷別集十九卷………… 3－376
宋黄文節公文集三十二卷首四卷外
集二十四卷別集十九卷………… 3－376
宋黄文節公文集三十二卷首四卷外
集二十四卷別集十九卷………… 3－376
宋黄文節公文集三十二卷首四卷外
集二十四卷別集十九卷………… 3－376
宋黄文節公文集三十二卷首四卷外
集二十四卷別集十九卷………… 3－376
宋黄文節公文集三十二卷首四卷外
集二十四卷別集十九卷………… 3－377
宋黄文節公文集三十二卷首四卷外
集二十四卷別集十九卷續集十卷
…………………………………… 3－376
宋黄文節公文集三十二卷首四卷外
集二十四卷別集十九卷續集十卷
…………………………………… 3－376
宋黄文節公文集三十二卷首四卷外
集二十四卷別集十九卷續集十卷
…………………………………… 3－376
宋黄文節公文集三十二卷首四卷外
集二十四卷別集十九卷續集十卷
…………………………………… 3－376
宋黄文節公文集三十二卷首四卷外
集二十四卷別集十九卷續集十卷
…………………………………… 3－376
宋黄文節公文集三十二卷首四卷外
集二十四卷別集十九卷續集十卷
…………………………………… 3－377
宋黄文節公文集三十二卷首四卷外
集二十四卷別集十九卷續集十卷
…………………………………… 3－377

宋黃文節公文集三十二卷首四卷外集二十四卷別集十九卷續集十卷 …… 3－377
宋黃文節公文集三十二卷首四卷外集二十四卷別集十九卷續集十卷 …… 3－377
宋黃文節公文集三十二卷首四卷外集二十四卷別集十九卷續集十卷 …… 3－377
宋國師吳景鸞地記并地圖鉗聚一卷 …… 3－375
宋許叔微本事方用傷寒論方治一卷 …… 3－119
宋淳熙敕編古玉圖譜一百卷 …… 3－374
宋葉文康公禮經會元四卷 …… 3－387
宋葉文康公禮經會元四卷 …… 3－387
宋葉文康公禮經會元四卷 …… 3－387
宋葉文康公禮經會元四卷 …… 3－387
宋葉文康公禮經會元四卷 …… 3－387
宋葉文康公禮經會元四卷 …… 3－387
宋葉文康公禮經會元四卷 …… 3－387
宋葉文康公禮經會元四卷 …… 3－387
宋葉文康公禮經會元四卷 …… 3－387
宋葉文康公禮經會元四卷 …… 3－387
宋葉文康公禮經會元節本四卷 …… 3－387
宋葉文康公禮經會元節本四卷 …… 3－387
宋葉文康公禮經會元節本四卷 …… 3－387
宋朝事實二十卷 …… 3－373
宋朝事實二十卷 …… 3－373
宋朝事實二十卷 …… 3－373
宋朝燕翼詒謀錄五卷 …… 3－374
宋提刑洗冤集錄五卷 …… 1－455
宋景濂先生文選七卷 …… 3－377
宋景濂先生文選七卷 …… 3－377
宋稗類鈔八卷 …… 3－373
宋稗類鈔八卷 …… 3－373
宋詩百一鈔八卷 …… 3－379
宋詩別裁八卷 …… 3－379
宋詩別裁八卷 …… 3－379
宋詩別裁八卷 …… 3－379
宋詩別裁八卷 …… 3－379
宋詩別裁八卷 …… 3－379
宋詩別裁八卷 …… 3－379
宋詩別裁集八卷元詩別裁集八卷補遺一卷 …… 5－144
宋詩紀事一百卷 …… 3－380
宋詩紀事一百卷 …… 3－380
宋詩紀事一百卷 …… 3－380
宋詩紀事一百卷 …… 3－380
宋詩紀事一百卷 …… 3－380
宋詩紀事補遺一百卷小傳補正四卷 …… 3－380
宋詩鈔初集 …… 3－379
宋詩鈔初集 …… 3－379
宋詩鈔初集 …… 3－380
宋詩鈔初集 …… 3－380
宋詩鈔初集 …… 3－380
宋詩選二集 …… 3－380
宋瑣語二十八卷 …… 3－385
宋端明殿學士蔡忠惠公文集四十卷 …… 3－375
宋歐陽文忠公集選一卷 …… 3－379
宋歐陽文忠公集選□□卷 …… 3－385
宋歐蘇四家古文四卷 …… 3－379
宋遺民類集序例總目一卷 …… 3－387
宋論十五卷 …… 3－378
宋論十五卷 …… 3－378
宋論十五卷 …… 3－378
宋學士文集七十五卷 …… 3－387
宋學士文集七十五卷 …… 3－387
宋學士全集三十二卷補遺八卷附錄二卷 …… 3－387
宋學士全集三十二卷補遺八卷附錄二卷 …… 3－387
宋儒龜山楊先生[時]年譜一卷 …… 3－379
宋謝文節公集六卷 …… 3－386
宋謝文節公集六卷 …… 3－387
宋應星四種 …… 3－387
宋蘇文忠公集選□□卷 …… 3－385
宋蘇文忠公集選□□卷 …… 3－385
宋蘇文定公集選□□卷 …… 3－385
宏教真君訓孝歌一卷 …… 2－36

冶城山房詩稿十三卷附香爐煙一卷下里巴人一卷花草精神一卷乙丙草一卷丁戊草一卷 …… 4－288
冶城山房詩稿十六卷附詩餘一卷花草精神畫錄一卷 …… 4－287
冶城山房詩稿十六卷附詩餘一卷花草精神畫錄一卷 …… 4－288
冶城山房詩稿十六卷附詩餘一卷花草精神畫錄一卷 …… 4－288
冶城山房詩稿十六卷附詩餘一卷花草精神畫錄一卷 …… 4－288
冶梅石譜二卷 …… 4－288
冶梅石譜二卷 …… 4－288
良方一卷 …… 2－319
良方不分卷 …… 2－319
良方集要不分卷 …… 3－404
良方集腋二卷 …… 2－319
良方集腋合璧一卷 …… 2－319
良方集腋合璧一卷 …… 2－319
初月樓文鈔十卷詩鈔四卷 …… 1－132
初白菴詩評三卷 …… 1－129
初使泰西紀要四卷 …… 1－130
初使泰西記四卷 …… 1－130
初刻封神演義八卷一百回 …… 1－129
初刻封神演義八卷一百回 …… 1－130
初刻封神演義八卷一百回 …… 1－130
初刻黄維章先生詩經嫏嬛體註八卷 …… 1－130
初刻黄維章先生詩經嫏嬛體註八卷 …… 1－130
初刻黄維章先生詩經嫏嬛體註八卷 …… 1－130
初刻黄維章先生詩經嫏嬛體註八卷 …… 1－130
初刻經典便覽四種 …… 1－130
初刻經典便覽四種 …… 1－130
初訂地理纂要心傳真訣全書五卷 …… 1－129
初級小學國文教科書 …… 1－129
初唐四傑集 …… 1－130
初唐四傑集 …… 1－130
初唐四傑集 …… 1－130
初唐四傑集 …… 1－130
初唐四傑集 …… 1－130
初唐四傑集 …… 1－130
初唐四傑集二十一卷 …… 1－130
初等小學手工教授書 …… 1－129
初等小學用格致課本 …… 1－129
初等小學修身教科書 …… 1－129
初等小學修身教科書 …… 1－129
初等小學珠算教科書 …… 1－129
初等小學格致新教科書 …… 1－129
初等小學堂章程一卷 …… 1－129
初等小學堂章程一卷 …… 1－129
初等小學國文教科書 …… 1－129
初等小學體操教科書 …… 1－129
初等小學體操教科書 …… 1－129
初潭集三十卷 …… 1－130
初潭集三十卷 …… 1－130
初學一隅三卷 …… 1－132
初學小題明文繡三卷 …… 1－132
初學小題明文繡三卷 …… 1－132
初學文引一卷 …… 1－132
初學引機不分卷 …… 1－132
初學玉玲瓏四卷 …… 1－132
初學行文語類二卷 …… 1－131
初學行文語類三卷 …… 1－131
初學行文語類三卷 …… 1－131
初學行文語類三卷 …… 1－131
初學行文語類四卷 …… 1－131
初學行文語類四卷 …… 1－131
初學行文語類四卷 …… 1－131
初學行文語類四卷 …… 1－131
初學行文語類四卷 …… 1－131
初學行文語類四卷 …… 1－131
初學行文語類四卷 …… 1－131
初學行文語類四卷 …… 1－131
初學行文語類四卷 …… 1－131
初學行文語類四卷 …… 1－131
初學行文語類四卷 …… 1－131
初學行文語類四卷 …… 1－131
初學各類題法不分卷 …… 1－131
初學作文入門要訣不分卷 …… 1－132

初學指掌四卷 …………………………… 1－132
初學指掌四卷 …………………………… 1－132
初學記三十卷 …………………………… 1－131
初學記三十卷 …………………………… 1－131
初學啟悟集二卷 ………………………… 1－132
初學辨體不分卷 ………………………… 1－130
初學辨體不分卷 ………………………… 1－130
初學辨體不分卷 ………………………… 1－130
初學辨體不分卷 ………………………… 1－131
初學辨體不分卷 ………………………… 1－131
初學辨體不分卷 ………………………… 1－131
初學辨體不分卷 ………………………… 2－14
初學檢韻袖珍一卷 ……………………… 4－165
初學檢韻袖珍一卷 ……………………… 4－165
初學檢韻袖珍一卷 ……………………… 4－165
初學檢韻袖珍一卷佩文詩韻一卷 …… 1－132
初學檢韻袖珍十二佩文詩韻一卷 …… 1－132
初學檢韻袖珍十二卷 …………………… 1－132
初學檢韻袖珍十二卷佩文詩韻一卷
…………………………………………… 1－132
初學檢韻袖珍十二卷佩文詩韻一卷
…………………………………………… 1－132
初學檢韻袖珍十二卷佩文詩韻一卷
…………………………………………… 1－132
初學檢韻袖珍十二卷佩文詩韻一卷
…………………………………………… 1－132
初學檢韻袖珍十二集 …………………… 1－131
初學檢韻袖珍十二集 …………………… 1－132
初學讀書要畧不分卷 …………………… 1－131
君子堂日詢手鏡一卷 …………………… 2－237
壯悔堂文集十卷遺稿一卷 ……………… 5－219
壯悔堂文集十卷遺稿一卷 ……………… 5－219
壯悔堂文集十卷遺稿一卷 ……………… 5－219
壯悔堂文集十卷遺稿一卷 ……………… 5－219
壯悔堂文集十卷遺稿一卷 ……………… 5－219
壯悔堂文集十卷遺稿一卷 ……………… 5－219
壯悔堂文集十卷遺稿一卷 ……………… 5－219
壯悔堂文集十卷遺稿一卷 ……………… 5－219
壯悔堂文集十卷遺稿一卷 ……………… 5－219
壯悔堂文集十卷遺稿一卷 ……………… 5－219
壯悔堂文集十卷遺稿一卷四憶堂詩
集六卷遺稿一卷 ………………………… 5－219
壯悔堂文錄二卷 ………………………… 5－219
壯遊草一卷 ……………………………… 5－219
壯游草一卷 ……………………………… 5－219
壯學齋文集十二卷 ……………………… 5－219
改正世界地理學六卷首一卷 …………… 1－388
改吟齋詩四卷 …………………………… 1－388
改亭集十六卷 …………………………… 1－388
改亭集十六卷 …………………………… 1－388
阿文成公[阿桂]年譜三十四卷 ……… 1－1
阿毗達磨俱舍論三十卷 ………………… 1－1
阿彌陀經疏鈔事義一卷問辯一卷答
淨土四十八問一卷淨土疑辯一卷
…………………………………………… 1－1
阿難問事佛吉凶經一卷 ………………… 1－1
妙法聖念處經八卷 ……………………… 2－413
妙法蓮華經七卷 ………………………… 2－413
妙法蓮華經大成九卷 …………………… 2－413
妙法蓮華經大成提綱一卷懸談一卷
經題一卷弘傳序一卷 …………………… 2－413
妙法蓮華經文句記三十卷 ……………… 2－413
妙法蓮華經通義二十卷 ………………… 2－413
妙香館百壽印譜一卷 …………………… 2－413
妙香館詠物全韻一卷 …………………… 2－413
妙香齋制藝一卷 ………………………… 2－413
妙貫堂餘譚六卷 ………………………… 2－413
妙貫堂餘譚六卷 ………………………… 2－413
邵子湘全集三十卷附邵氏家錄二卷
…………………………………………… 3－138
邵子湘全集三十卷附邵氏家錄二卷
…………………………………………… 3－138
邵子湘全集三十卷附邵氏家錄二卷
…………………………………………… 3－138
邵子鐵板數不分卷 ……………………… 3－138
邵氏痘科一卷 …………………………… 3－137
邵氏痘科一卷 …………………………… 3－137
邵氏懷幼切要一卷 ……………………… 3－36
邵文莊公經史全書 ……………………… 3－137
[乾隆]邵武府志二十四卷 ……………… 5－336
邵武徐氏叢書 …………………………… 3－138
邵武徐氏叢書 …………………………… 3－138

邵青門全集三十卷附邵氏家錄二卷 …… 3－137
邵青門全集三十卷附邵氏家錄二卷 …… 3－137
邵青門全集三十卷附邵氏家錄二卷 …… 3－137
邵青門全集三十卷附邵氏家錄二卷 …… 3－137
邵青門全集三十卷附邵氏家錄二卷 …… 3－137
邵青門全集三十卷附邵氏家錄二卷 …… 3－137
邵青門全集三十卷附邵氏家錄二卷 …… 3－137
邵青門全集三十卷附邵氏家錄二卷 …… 3－137
邵青門全集三十卷附邵氏家錄二卷 …… 3－137
邵青門全集三十卷附邵氏家錄二卷 …… 3－137
邵青門全集三十卷附邵氏家錄二卷 …… 3－137
忍字輯略不分卷 …… 3－73
忍經一卷 …… 3－73
甬上宋元詩略十六卷 …… 4－391
甬上耆舊詩三十卷 …… 4－390
甬上耆舊詩三十卷 …… 4－390

八畫

奉天錄四卷 …… 1－371
奉聖回劫顯化錄二卷首一卷後一卷附刊一卷 …… 1－371
奉新宋氏詩鈔 …… 1－372
奉新帥氏制藝不分卷 …… 1－371
奉新馮川岐峯書院租冊不分卷 …… 1－371
[乾隆]奉新縣志二十八卷首一卷末一卷 …… 5－333
[道光]奉新縣志十二卷首一卷末一卷 …… 5－279
[道光]奉新縣志十二卷首一卷末一卷 …… 5－279
[道光]奉新縣志十二卷首一卷末一卷 …… 5－279
[道光]奉新縣志十二卷首一卷末一卷 …… 5－279
[道光]奉新縣志十二卷首一卷末一卷 …… 5－279
[同治]奉新縣志十六卷首一卷末一卷 …… 5－356
[同治]奉新縣志十六卷首一卷末一卷 …… 5－356
[同治]奉新縣志十六卷首一卷末一卷 …… 5－356
[同治]奉新縣志十六卷首一卷末一卷 …… 5－356
[康熙]奉新縣志十四卷 …… 5－327
[康熙]奉新縣志十四卷 …… 5－327
[康熙]奉新縣志十四卷 …… 5－327
[奉新縣封員陳氏捐田租糧畝清冊]一卷 …… 5－287
奉慈正義二卷 …… 1－371
玩易四道十三卷首一卷末一卷 …… 3－493
武口王氏世譜不分卷 …… 4－84
[正德]武功縣志三卷首一卷 …… 1－317
[正德]武功縣志三卷首一卷 …… 5－388
[正德]武功縣志三卷首一卷 …… 5－388
武夷山志二十四卷首一卷 …… 4－85
武夷山志二十四卷首一卷 …… 4－85
武夷山志二十四卷首一卷 …… 4－85
武夷山志二十四卷首一卷 …… 4－85
武夷山志二十四卷首一卷 …… 4－85
武夷山志二十四卷首一卷 …… 4－85
武夷山志二十四卷首一卷 …… 4－85
武夷山志十九卷 …… 4－85
武夷山紀游詩一卷廬山紀游詩一卷 …… 4－85
[同治]武邑縣志十卷首一卷 …… 5－366
[同治]武邑縣志十卷首一卷 …… 5－366
武英殿本二十四史附考證 …… 1－344
武英殿本二十四史附考證 …… 5－157
武英殿本二十四史附考證 …… 5－157

武英殿本二十四史附考證 …………… 5－158
武英殿本二十四史附考證 …………… 5－403
武英殿聚珍版書 ……………………… 4－85
武英殿聚珍版書 ……………………… 4－85
武英殿聚珍版書 ……………………… 4－85
武英殿聚珍版書 ……………………… 4－86
武英殿聚珍版書 ……………………… 4－86
武英殿聚珍版書 ……………………… 4－86
武英殿聚珍版書 ……………………… 4－86
武英殿聚珍版書 ……………………… 4－86
武英殿聚珍版書 ……………………… 4－86
武英殿聚珍版書 ……………………… 4－86
武英殿聚珍版書 ……………………… 4－86
武英殿聚珍版書 ……………………… 4－86
武英殿聚珍版書 ……………………… 4－86
武英殿聚珍版書 ……………………… 4－86
武英殿聚珍版書 ……………………… 4－86
武英殿聚珍版書 ……………………… 4－86
武英殿聚珍版書 ……………………… 4－86
武英殿聚珍版書 ……………………… 4－86
武林掌故叢編 ………………………… 4－84
武林掌故叢編 ………………………… 4－84
武林藏書錄三卷首一卷末一卷 ……… 4－84
武林靈隱寺誌八卷 …………………… 4－84
武昌范氏鄉會選拔試卷一卷 ………… 4－83
武昌紀事二卷附錄一卷 ……………… 4－83
武侯八陣共法輯略一卷附用陣雜錄
　一卷 ………………………………… 4－84
武侯全書二十卷首一卷 ……………… 4－84
武侯全書二十卷首一卷 ……………… 4－84
武侯全書二十卷首一卷 ……………… 4－84
武帝全書十八卷首一卷 ……………… 4－84
武帝全書十八卷首一卷 ……………… 4－84
武帝真經排律詩一卷 ………………… 4－84
武帝彙編四卷 ………………………… 4－84
武烈祠大保燈油堂冊不分卷 ………… 4－84
武烈祠大保燈油堂冊不分卷 ………… 4－84
武庫精華不分卷 ……………………… 4－84
[道光]武進陽湖縣合志三十六卷首
　一卷 ………………………………… 5－282
[光緒]武進陽湖縣志三十卷首一卷
　附武陽官書錄二卷 ………………… 5－295
武陽韋公祠二卷誦芬編一卷聖示語
　一卷顧韋問答語一卷 ……………… 4－85
武場條例八卷首一卷 ………………… 4－83
武場條例八卷首一卷 ………………… 4－83
武場條例八卷首一卷 ………………… 4－83
武場條例八卷首一卷 ………………… 4－83
武場條例八卷首一卷 ………………… 4－83
武場條例八卷首一卷 ………………… 5－397
武場條例八卷首一卷 ………………… 5－397
武場條例八卷首一卷 ………………… 5－397
武場條例八卷首一卷 ………………… 5－397
武場聞起二集不分卷 ………………… 4－83
武備志二百四十卷 …………………… 4－83
武備志二百四十卷 …………………… 4－83
武備制勝志三十一卷 ………………… 4－83
武備新書十種 ………………………… 4－83
武備輯要六卷 ………………………… 4－83
武備輯要六卷 ………………………… 4－83
武溪集二十卷首一卷 ………………… 4－85
武溪集二十卷首一卷 ………………… 4－85
武溪集二十卷首一卷 ………………… 4－85
武溪集二十卷首一卷 ………………… 4－85
武溪集二十卷首一卷 ………………… 4－85
武經七書醒宗七卷 …………………… 4－84
武經大全體註三卷 …………………… 4－84
武經□□卷 …………………………… 4－84
武經集註大全七卷 …………………… 4－84
武經翼 ………………………………… 4－84
[乾隆]武寧縣志三十卷 ……………… 5－337
[道光]武寧縣志四十四卷首一卷 …… 5－283
[道光]武寧縣志四十四卷首一卷 …… 5－283
[同治]武寧縣志四十四卷首一卷末
　一卷 ………………………………… 5－366
[同治]武寧縣志四十四卷首一卷末
　一卷 ………………………………… 5－366
[同治]武寧縣志四十四卷首一卷末
　一卷 ………………………………… 5－366
青山集三十卷續集五卷 ……………… 3－42
青山集三十卷續集五卷 ……………… 3－42
青玉山人文集不分卷 ………………… 3－43

[光緒]青田縣志十八卷首一卷 …… 5－294
青芝山館詩集二十二卷斷水詞三卷
　青芝山館駢體文集二卷 …………… 3－44
青芝山館詩集二十二卷斷水詞三卷
　青芝山館駢體文集二卷 …………… 3－44
青在堂梅譜二卷…………………… 5－261
青在堂翎毛花卉譜二卷 ………………… 3－44
青在堂畫菊淺說一卷 ………………… 3－44
青邱高季迪先生詩集十八卷遺詩一
　卷 ……………………………………… 3－41
青邱高季迪先生詩集十八卷遺詩一
　卷 ……………………………………… 3－41
青邱高季迪先生詩集十八卷遺詩一
　卷 ……………………………………… 3－42
青邱高季迪先生詩集十八卷遺詩一
　卷 ……………………………………… 3－42
青邱高季迪先生詩集十八卷遺詩一
　卷 ……………………………………… 3－42
青邱高季迪先生詩集十八卷遺詩一
　卷 ……………………………………… 3－42
青邱高季迪先生詩集十八卷遺詩一
　卷 ……………………………………… 3－42
青邱高季迪先生詩集十八卷遺詩一
　卷 ……………………………………… 3－42
青邱高季迪先生詩集十八卷遺詩一
　卷 ……………………………………… 3－42
青邱高季迪先生詩集十八卷遺詩一
　卷 ……………………………………… 3－42
青泥蓮花記十三卷 ………………… 3－41
青泥蓮花記十三卷 ………………… 3－41
青原志略十三卷首一卷 …………… 3－43
青原志略十三卷首一卷 …………… 3－43
青原志略十三卷首一卷 …………… 3－43
青峰文集十卷 ……………………… 3－41
[乾隆]青浦縣志四十卷 …………… 5－336
青冢志十二卷首一卷 ……………… 3－44
青雲集分韻試帖詳注四卷…………… 2－239
青雲集分韻試帖詳注四卷 ………… 3－43
青雲集分韻試帖詳注四卷 ………… 3－43
青雲集分韻試帖詳注四卷 ………… 3－43
青雲集分韻試帖詳注四卷 ………… 3－43
青雲集分韻試帖詳注四卷 ………… 3－43
青雲集分韻試帖詳注四卷 ………… 3－43
青雲集分韻試帖詳注四卷 ………… 3－43
青雲集分韻試帖詳注四卷 ………… 3－43
青雲集分韻試帖詳注四卷 ………… 3－43
青雲集分韻試帖詳注四卷 ………… 3－43
青雲集分韻試帖詳注四卷 ………… 3－44
青雲集分韻試帖詳注四卷 ………… 3－44
青雲集分韻試帖詳注四卷 ………… 3－44
青雲集分韻試帖詳注四卷 ………… 3－44
青雲集分韻試帖詳注四卷 ………… 3－44
青雲集分韻試帖詳注四卷 ………… 3－44
青雲集分韻試帖詳注四卷 ………… 3－44
青雲集分韻試帖詳注四卷 ………… 3－44
青雲集補注六卷 ………………… 3－43
青雲集選本不分卷 ……………… 3－44
青雲譜志略不分卷 ……………… 3－44
青虛山房集十一卷 ……………… 3－43
青蓮館集六卷 …………………… 3－41
青蓮輿頌二卷詩餘一卷 ………… 3－41
青溪舊屋文集十一卷 …………… 3－43
青溪舊屋文集十一卷 …………… 3－43
青墅詩鈔七卷 …………………… 3－42
青墅讀史雜感十三卷 …………… 3－42
青嶁遺稿二卷 …………………… 3－41
青箱堂文集十二卷遺稿續刻一卷年
　譜一卷 ………………………… 3－43
青螺公遺書合編三十五卷首一卷 …… 3－41
青螺公遺書合編三十五卷首一卷 …… 3－41
青螺公遺書合編三十五卷首一卷 …… 3－41
青螺公遺書合編三十五卷首一卷 …… 3－41
青螺公遺書合編三十五卷首一卷 …… 3－41
青谿小隱詩藁不分卷 …………… 3－43
青藤山人路史二卷 ……………… 3－42
青藤書屋文集三十卷補遺一卷 ……… 3－42
青囊經一卷…………………………… 2－132
青囊經□□卷 ……………………… 3－41
[表文格式]不分卷 ……………… 5－275
長生殿二卷 ……………………… 1－97
長生殿二卷 ……………………… 1－97
長江各口通商暫行章程一卷 ……… 1－97

長江圖說十二卷首一卷 ……………… 1－97
長江圖說十二卷首一卷 ……………… 1－97
長江圖說十二卷首一卷 ……………… 1－97
長江圖說十二卷首一卷 ……………… 1－97
[熙寧]長安志二十卷 ……………… 5－375
[熙寧]長安志二十卷 ……………… 5－375
[熙寧]長安志二十卷圖三卷 ……… 5－375
[熙寧]長安志二十卷圖三卷 ……… 5－375
長沙方歌括六卷 ……………………… 1－97
長沙方歌括六卷 ……………………… 1－97
長沙方歌括六卷 ……………………… 1－97
長沙方歌括六卷 ……………………… 1－97
長沙方歌括六卷 ……………………… 1－97
長沙方歌括六卷 ……………………… 1－97
長沙方歌括六卷 ……………………… 1－97
長沙方歌括六卷 ……………………… 1－97
長沙方歌括六卷 ……………………… 1－97
長沙方歌括六卷 ……………………… 1－97
長沙方歌括六卷 ……………………… 1－97
長沙賈太傅祠志四卷 ……………… 1－97
長沙藥解四卷 ……………………… 1－97
長沙藥解四卷 ……………………… 1－97
長河志籍考十卷 …………………… 1－96
長河志籍考十卷 …………………… 1－96
長河志籍考十卷 …………………… 1－96
長春真人西遊記二卷 ……………… 1－96
長秋館詠史詩鈔四卷 ……………… 1 97
長恨歌試帖一卷 …………………… 1－97
長恩書室叢書 ……………………… 1－96
長恩書室叢書 ……………………… 1－96
長恩書室叢書 ……………………… 1－96
長恩書室叢書 ……………………… 1－96
長恩書室叢書 ……………………… 1－96
長短經九卷 ………………………… 1－96
[光緒]長寧縣志十六卷首一卷末一卷 …………………………………… 5－289
[光緒]長寧縣志十六卷首一卷末一卷 …………………………………… 5－289
[光緒]長寧縣志四卷首一卷末一卷 ………………………………………… 5－289
[光緒]長寧縣志四卷首一卷末一卷 ………………………………………… 5－289
[光緒]長寧縣志四卷首一卷末一卷 ………………………………………… 5－289
坦菴先生文集八卷附錄一卷………… 3－425
幸魯盛典四十卷…………………… 4－223
坡山小學史斷四卷………………… 3－7
坡山小學史斷四卷………………… 3－7
坡山小學史斷四卷………………… 3－7
坡山小學史斷四卷………………… 3－7
坡山小學史斷續編一卷…………… 3－7
坡山小學史斷續編一卷…………… 3－7
坡山小學史斷續編一卷…………… 3－7
坡山小學史斷續編一卷…………… 3－7
坡仙集十六卷……………………… 3－7
坡門酬唱二十三卷………………… 3－7
坡硯山房詩文稿十二卷…………… 3－7
弇劍草廬存稿四卷………………… 2－234
弇劍草廬存稿四卷………………… 2－234
亞剌伯史一卷……………………… 4－262
亞歐兩洲沿岸海道紀要二卷末一卷 ………………………………………… 4－262
取友篇一卷 ………………………… 3－60
取善堂訓蒙草一卷 ………………… 3－60
若水齋古今算學書錄七卷附錄一卷 ………………………………………… 3－87
若夢吟草不分卷 …………………… 3－87
茂林賦畧不分卷…………………… 2－393
茂林賦鈔二集不分卷……………… 2－393
茂林賦鈔二集不分卷……………… 2－393
茂林賦鈔不分卷…………………… 2－393
茂林賦鈔初集不分卷……………… 2－393
茂林賦鈔初集不分卷……………… 2－393
茂林賦鈔初集不分卷二集不分卷…… 2－393
茂林賦編不分卷…………………… 2－393
茂陵秋雨詞二卷…………………… 2－393
苗氏說文四種……………………… 2－413
苗疆聞見錄一卷…………………… 2－413
英字指南六卷……………………… 4－380
英字指南六卷……………………… 4－380
英字指南六卷……………………… 4－380

英字指南六卷……………………… 4－380
英字指南六卷……………………… 4－380
英字指南六卷……………………… 4－380
英字指南六卷……………………… 4－380
英字指南六卷……………………… 4－380
英字指南六卷……………………… 4－380
英字指南六卷……………………… 4－380
英字指南六卷……………………… 4－380
英字指南六卷……………………… 4－380
英字指南六卷……………………… 4－380
英字指南六卷……………………… 4－380
英字指南六卷……………………… 4－380
英字指南六卷……………………… 4－380
英字指南六卷……………………… 4－380
英法政概二卷英藩政概四卷………… 4－379
英法俄德四國志略四卷……………… 4－379
英法義比志譯略四卷………………… 4－379
英俄印度交涉書一卷………………… 4－379
英俄印度交涉書一卷………………… 4－379
英俄印度交涉書一卷續編一卷……… 4－379
英國水師考一卷……………………… 4－379
英國水師考一卷美國水師考一卷…… 4－379
英國水師律例四卷…………………… 4－379
英國水師律例四卷…………………… 4－379
[英國地理]不分卷 ……………… 5－381
英國度支考六章……………………… 4－379
英國樞政法十四卷…………………… 4－379
英國憲法史十編……………………… 4－379
英國憲法史十編……………………… 4－379
英國議事章程一卷…………………… 4－379
英國續議通商行船條約一卷………… 4－379
英雲夢傳八卷………………………… 4－380
英雲夢傳八卷………………………… 4－380
英雲夢傳八卷………………………… 4－380
英雅八卷……………………………… 4－380
英話註解不分卷……………………… 4－379
英臺記不分卷………………………… 4－380
英德堂繪像第七才子書六卷………… 4－379
英興記二卷首一卷末一卷…………… 4－380
英藩政概四卷………………………… 4－379
苑洛集二十二卷 ……………………… 5－20
苑洛集二十二卷 ……………………… 5－20
苑洛集二十二卷 ……………………… 5－20
范氏後漢書批評一百卷……………… 1－355
范氏後漢書批評一百卷……………… 1－355
范文正公年譜一卷…………………… 1－355
范文正公年譜一卷…………………… 1－355
范文正公年譜一卷…………………… 1－355
范文正公年譜補遺一卷……………… 1－355
范文正公年譜補遺一卷……………… 1－355
范文正公年譜補遺一卷……………… 1－355
范文正公言行錄三卷摘錄一卷……… 1－355
范文正公忠宣公全集七十三卷……… 1－355
范文正公忠宣公全集七十三卷……… 1－355
范文正公忠宣公全集七十三卷……… 1－355
范文正公忠宣公全集七十三卷……… 1－355
范文正公忠宣公全集七十三卷……… 1－355
范文正公集二十四卷………………… 1－355
范文正公集二十卷別集四卷政府奏議二卷尺牘三卷補編五卷………… 1－355
范文正公集二十卷別集四卷政府奏議二卷尺牘三卷補編五卷………… 1－355
范文正公集二十卷別集四卷政府奏議二卷尺牘三卷補編五卷………… 1－355
范文正公集十二卷附錄七卷………… 1－355
范文正公褒賢集五卷………………… 1－355
范文正公褒賢集五卷………………… 1－355
范文正公褒賢集五卷………………… 1－355
范石湖詩集注三卷…………………… 1－355
范白舫所刊書………………………… 1－354
范伯子詩集十九卷…………………… 1－354
范伯子詩集十九卷…………………… 1－354
范忠宣公集二十卷奏議二卷遺文一卷補編一卷附錄一卷……………… 1－356
范忠宣公集二十卷奏議二卷遺文一卷補編一卷附錄一卷……………… 1－356
范忠宣公集二十卷奏議二卷遺文一卷補編一卷附錄一卷……………… 1－356
范忠宣公集二十卷奏議二卷遺文一卷補編一卷附錄一卷……………… 1－356
范忠宣公集二十卷奏議二卷遺文一卷補編一卷附錄一卷……………… 1－356

范侍郎公遺文一卷……………………… 1－355
范侍郎公遺文一卷……………………… 1－355
范侍郎公遺文一卷……………………… 1－355
范德機詩集七卷………………………… 1－354
苾芻館詞集六卷 ……………………… 1－54
直指原真立向消水要訣一卷………… 5－109
直省司法行政各官廳互相行文公式
不分卷………………………………… 5－108
直省考卷所見錄三集………………… 5－108
直省考卷詩賦㝾藻集不分卷………… 5－108
直省同年齒錄不分卷………………… 5－108
直省鄉墨不分卷……………………… 5－109
直省鄉墨不分卷甲午恩科會墨不分
卷……………………………………… 5－109
直省鄉墨精鋭不分卷………………… 5－109
直省鄉墨聯珠同治癸酉科四卷……… 5－109
直省墨鯖二編不分卷………………… 5－108
直省闈塾合璧不分卷………………… 5－109
直省闈墨□□卷……………………… 5－108
直省闈墨□□卷……………………… 5－108
直省闈墨□□卷……………………… 5－109
直省闈藝大全□□卷………………… 5－109
直省闈藝□□卷……………………… 5－109
直省釋奠禮樂記六卷首一卷末一卷
……………………………………… 5－108
直省釋奠禮樂記六卷首一卷末一卷
……………………………………… 5－108
直省釋奠禮樂記六卷首一卷末一卷
……………………………………… 5－108
［乾隆］直隸通州志二十二卷 ……… 5－340
［乾隆］直隸通州志二十二卷 ……… 5－340
［同治］直隸澧州志二十六卷首三卷
……………………………………… 5－371
直齋書錄解題二十二卷……………… 5－109
直齋書錄解題二十二卷……………… 5－109
直齋書錄解題二十二卷……………… 5－109
苕華閣詩稿一卷……………………… 3－462
苕溪集五十五卷……………………… 3－462
苕溪集五十五卷目錄三卷…………… 3－462
苕溪漁隱叢話前集六十卷後集四十
卷……………………………………… 3－462
苕溪漁隱叢話前集六十卷後集四十
卷……………………………………… 3－462
苕溪漁隱叢話前集六十卷後集四十
卷……………………………………… 3－462
苕溪漁隱叢話前集六十卷後集四十
卷……………………………………… 3－462
苕溪漁隱叢話前集六十卷後集四十
卷……………………………………… 3－463
苕溪漁隱叢話前集六十卷後集四十
卷……………………………………… 3－463
苕石山房詩草八卷…………………… 3－408
苕岑集二十卷………………………… 3－408
茅亭客話十卷………………………… 2－393
茅鹿門先生文集三十六卷…………… 2－393
茅鹿門集八卷………………………… 2－393
枉川全集 ……………………………… 4－14
林子三教彙編要略九卷……………… 2－332
林氏訓蒙詩一卷……………………… 1－253
林文忠公政書三集三十七卷蒐遺一
卷……………………………………… 2－331
林文忠公政書三集三十七卷蒐遺一
卷……………………………………… 2－331
林文忠公政書三集三十七卷蒐遺一
卷……………………………………… 2－331
林文忠公政書三集三十七卷蒐遺一
卷……………………………………… 2－331
林文忠公政書三集三十七卷蒐遺一
卷……………………………………… 2－332
林文忠公政書三集三十七卷蒐遺一
卷……………………………………… 2－332
林文忠公遺集………………………… 2－331
林文忠公遺集………………………… 2－331
林文忠公遺集………………………… 2－331
林文忠公遺集………………………… 2－331
林文忠公遺集………………………… 2－331
林文忠公遺集………………………… 2－331
林文忠公遺集………………………… 2－331
林和靖先生詩集四卷省心錄一卷…… 4－474
林政學不分卷………………………… 2－332
林深吟唱合集一卷…………………… 2－331
林深吟唱和集一卷…………………… 2－331

林深吟唱和集一卷 …… 2－331
林深吟唱和集一卷 …… 2－331
林深吟唱和集一卷 …… 2－331
林深吟唱和集一卷 …… 2－331
林間錄二卷後集一卷 …… 2－331
林蕙堂文集十二卷 …… 2－331
林蕙堂文集十二卷 …… 2－331
林蕙堂文集十二卷 …… 2－331
林蕙堂文集十二卷 …… 4－493
林蕙堂文集十二卷續刻六卷 …… 2－331
林蕙堂文集十二卷續刻六卷 …… 2－331
林嚴文鈔四卷 …… 2－332
板橋家書不分卷 …… 1－24
板橋集七卷 …… 1－23
板橋集七卷 …… 1－23
板橋集七卷 …… 1－23
板橋集七卷 …… 1－23
板橋集七卷 …… 1－23
板橋集七卷 …… 1－23
板橋集七卷 …… 1－24
板橋集七卷 …… 1－24
板橋集七卷 …… 1－24
板橋集七卷 …… 1－24
板橋集七卷 …… 1－24
板橋集七卷 …… 1－24
板橋集六卷 …… 1－23
板橋集六卷 …… 1－23
板橋集六卷 …… 1－23
板橋集六卷 …… 1－23
板橋集六卷 …… 1－23
板橋集六卷 …… 1－23
板橋集六卷 …… 1－23
板橋集六卷 …… 1－23
板橋集六卷 …… 1－23
板橋集六卷 …… 1－23
板橋集六卷 …… 1－23
板橋集六卷 …… 1－23
板橋集六卷 …… 1－23
板橋集六卷 …… 1－23
板橋集六卷 …… 1－23
板橋集六卷 …… 1－23
板橋集六卷 …… 1－23
板橋集六卷 …… 1－23
板橋詞鈔一卷衢情一卷 …… 1－23
板橋題畫一卷 …… 1－24
板橋題畫一卷板橋家書(與舍弟書十六通)一卷 …… 1－411
板橋雜記三卷 …… 1－24
來山堂詩不分卷 …… 2－254
來生福彈詞三十六回 …… 2－254
來生福彈詞三十六回 …… 2－254
來青草堂詩鈔二卷 …… 2－254
來往尺牘一卷 …… 2－254
來泰詩草三卷 …… 2－254
來禽館集二十九卷 …… 2－254
[同治]來鳳縣志三十二卷首一卷末一卷 …… 5－360
來齋金石刻考略三卷 …… 2－254
來瞿唐先生日錄內篇六卷外篇七卷 …… 2－254
來瞿唐先生日錄內篇六卷外篇七卷 …… 2－254
來瞿唐先生易注十五卷首一卷末一卷圖一卷 …… 2－254
松下童子遺草一卷 …… 3－372
松心文鈔一卷 …… 3－372
松心紀事詩不分卷 …… 3－372
松竹山房詩草一卷 …… 3－373
松花菴全集 …… 3－371
松花菴集唐詩鈔一卷律古詩鈔一卷 …… 5－261
松花庵全集 …… 3－371
松門遺藁一卷 …… 3－371
松門遺藁一卷 …… 3－371
松門稿一卷金臺稿一卷鳳臺稿一卷 …… 3－371
松泉詩集二十六卷文集二十卷 …… 3－372
松風閣詩草一卷 …… 3－370
松風閣詩鈔二十六卷 …… 3－371
松風餘韻五十卷末一卷 …… 3－371
松郡輿圖教堂清冊不分卷 …… 3－371
松桂堂全集三十七卷 …… 3－371

松桂堂全集三十七卷南漄集三卷
延露詞三卷 …………………………… 3－371
松峯說疫六卷 …………………………… 3－371
松峯說疫六卷 …………………………… 3－371
松陵文錄二十四卷 ……………………… 3－371
松陵文錄二十四卷 ……………………… 3－371
松陵文錄二十四卷 ……………………… 3－371
松陵文錄二十四卷 ……………………… 3－371
松陵文錄二十四卷 ……………………… 3－371
松陵文錄二十四卷 ……………………… 3－371
松陵文錄二十四卷 ……………………… 3－371
松陵集十卷 ……………………………… 3－371
松雪齋全集十卷外集一卷續集一卷
…………………………………………… 3－372
松雪齋全集十卷外集一卷續集一卷
…………………………………………… 3－372
松雪齋集十卷 …………………………… 3－372
松雪齋集十卷外集一卷附趙公行狀
一卷 ……………………………………… 3－372
松陽鈔存二卷 …………………………… 3－372
松陽鈔存二卷 …………………………… 3－372
松陽講義十二卷 ………………………… 3－372
松陽講義十二卷 ………………………… 3－372
松陽講義十二卷 ………………………… 3－372
松陽講義十二卷 ………………………… 3－372
松陽講義十二卷 ………………………… 3－372
松陽講義十二卷 ………………………… 3－372
松陽講義十二卷 ………………………… 3－372
松陽講義十二卷 ………………………… 3－372
松陽講義十二卷 ………………………… 3－373
松陽講義十二卷 ………………………… 3－373
松巢吟稿一卷 …………………………… 3－370
松雲精舍詩錄四卷 ……………………… 3－373
松雲精舍詩錄四卷 ……………………… 3－373
松雲精舍詩錄四卷 ……………………… 3－373
松窗吟稿一卷 …………………………… 2－315
松蔭軒詩鈔三卷首一卷 ………………… 3－373
松圓浪淘集十八卷松圓偈庵集二卷 … 3－373
松筠集一卷 ……………………………… 3－371
松漠紀聞一卷續一卷補遺一卷 ……… 3－371
松漠紀聞一卷續一卷補遺一卷 ……… 3－372
松漠紀聞一卷續一卷補遺一卷 ……… 3－372
松牕筆乘三十卷 ………………………… 3－370
［同治］松潘記畧不分卷 ……………… 5－365
松聲池館詩存四卷 ……………………… 1－354
松聲池館詩存四卷 ……………………… 1－354
松聲池館詩存四卷 ……………………… 3－372
松聲池館詩存四卷 ……………………… 3－372
松竇詩集二卷 …………………………… 3－370
杭大宗七種叢書 ………………………… 2－28
杭郡庠得表忠觀碑記事一卷 ………… 2－104
述古堂文集十二卷 ……………………… 3－286
述朱質疑十六卷 ………………………… 3－286
述朱質疑十六卷 ………………………… 3－286
述朱質疑十六卷 ………………………… 3－286
述朱質疑十六卷 ………………………… 3－286
述朱質疑十六卷 ………………………… 3－287
述朱質疑十六卷 ………………………… 3－287
述均十卷 ………………………………… 3－286
述異記二卷 ……………………………… 3－286
述異記二卷 ……………………………… 3－286
述庵先生年譜二卷 ……………………… 1－182
述庵先生年譜二卷 ……………………… 1－183
述園遺稿不分卷 ………………………… 3－286
述聞齋詩草三卷 ………………………… 3－286
述聞齋詩草三卷 ………………………… 3－286
述聞齋詩草三卷 ………………………… 3－286
述德齋課藝不分卷 ……………………… 3－285
述學内篇三卷補遺一卷外篇一卷別
錄一卷 …………………………………… 3－286
述學内篇三卷補遺一卷外篇一卷別
錄一卷春秋述義一卷校勘記一卷
…………………………………………… 3－286
述學内篇三卷補遺一卷外篇一卷別
錄一卷春秋述義一卷校勘記一卷
…………………………………………… 3－286
述學内篇三卷補遺一卷外篇一卷別
錄一卷春秋述義一卷校勘記一卷
…………………………………………… 3－286
述學内篇三卷補遺一卷外篇一卷別
錄一卷春秋述義一卷校勘記一卷
…………………………………………… 3－286

述學内篇三卷補遺一卷外篇一卷别録一卷春秋述義一卷校勘記一卷 …… 3－286
述學内篇三卷補遺一卷外篇一卷别録一卷春秋述義一卷校勘記一卷 …… 3－286
述學内篇三卷補遺一卷外篇一卷别録一卷春秋述義一卷校勘記一卷 …… 3－286
述懷詩草一卷 …… 3－286
枕善堂尺牘一隅二十卷 …… 5－101
枕善堂尺牘一隅二十卷 …… 5－101
枕善堂尺牘一隅二十卷 …… 5－101
枕善堂尺牘一隅二十卷 …… 5－101
枕善堂尺牘一隅二十卷 …… 5－101
枕善堂尺牘一隅二十卷 …… 5－101
枕善齋集十三卷附一卷 …… 5－101
枕善齋遺詩四卷 …… 5－101
枕善齋遺詩四卷 …… 5－101
枕善齋遺詩四卷 …… 5－101
枕善齋遺詩四卷 …… 5－101
枕善齋遺詩四卷 …… 5－101
枕善齋遺詩四卷 …… 5－101
枕善齋遺詩四卷 …… 5－101
枕善齋遺詩四卷 …… 5－101
枕善齋遺詩四卷 …… 5－101
枕善齋遺詩四卷 …… 5－102
枕善齋遺詩四卷 …… 5－102
枕善齋遺詩四卷 …… 5－102
枕善齋遺詩四卷 …… 5－102
枕善齋遺詩四卷 …… 5－102
枕經堂文鈔二卷 …… 5－101
東三省政略十卷 …… 1－288
東三省韓俄交界道里表一卷 …… 1－288
東三省鹽法志十四卷 …… 1－288
東山草堂陶詩箋五卷 …… 1－288
東山草堂集九卷 …… 1－288
東山草堂詩集八卷詩集續編一卷考定大學經傳解一卷原傳附録一卷邇言六卷陶詩箋五卷首一卷 …… 1－288
東山草堂邇言六卷 …… 1－288
東山詩選二卷 …… 1－288
東井文鈔二卷詩鈔四卷 …… 1－278
東方兵事紀畧五卷 …… 1－274
東方時局論略一卷 …… 1－274
東方時局論略一卷 …… 1－274
[光緒]東平州志二十七卷圖一卷首編四卷 …… 5－290
東北邊防輯要二卷 …… 1－273
東西學書録二卷附録一卷 …… 1－289
東西學書録總敘二卷 …… 1－289
東夷考略一卷東事答問一卷 …… 1－291
東州敬教堂冊不分卷 …… 1－292
東州舒翹堂冊不分卷 …… 1－292
東州登瀛堂冊三卷 …… 1－292
東州登瀛堂冊三卷 …… 1－292
東州賓興堂冊三卷 …… 1－292
東州賓興堂冊三卷 …… 1－292
東牟守城紀畧一卷 …… 1－285
東牟攀轅録一卷 …… 1－285
東里文集二十五卷 …… 1－284
東里文集二十五卷别集三卷 …… 1－284
東里文集二十五卷别集三卷 …… 1－284
東里文集二十五卷别集三卷 …… 1－284
東里文集二十五卷别集三卷 …… 1－284
東里文集二十五卷别集三卷 …… 1－284
東里文集二十五卷别集三卷 …… 1－284
東里文集二十五卷别集三卷 …… 1－284
東里文集二十五卷别集三卷 …… 1－285
東里文集二十五卷别集三卷 …… 1－285
東里文集二十五卷别集三卷 …… 1－285
東里文集二十五卷詩集三卷文續集二十六卷詩續集九卷别集三卷 …… 1－285
東里文集二十五卷詩集三卷文續集二十六卷詩續集九卷别集三卷 …… 1－285
東里文集二十五卷詩集三卷文續集二十六卷詩續集九卷别集三卷附録三卷 …… 1－285
東里類稿八卷詩一卷 …… 1－284
東谷贅言二卷 …… 1－274
東社讀史隨筆二卷 …… 1－288
東社讀史隨筆二卷 …… 1－288

東社讀史隨筆二卷…………………… 1－288
東社讀史隨筆二卷…………………… 1－288
東社讀史隨筆二卷…………………… 1－288
東社讀史隨筆二卷…………………… 1－288
東武詩存十卷………………………… 1－289
東坡文選二十卷……………………… 1－287
東坡文選二十卷……………………… 1－287
東坡文選二十卷……………………… 1－287
東坡先生文集七十五卷……………… 1－287
東坡先生年譜一卷…………………… 1－286
東坡先生年譜一卷…………………… 1－286
東坡先生年譜一卷…………………… 1－286
東坡先生年譜一卷…………………… 1－286
東坡先生年譜一卷…………………… 3－155
東坡先生年譜一卷…………………… 3－155
東坡先生年譜一卷…………………… 3－155
東坡先生年譜一卷…………………… 3－156
東坡先生年譜一卷…………………… 3－156
東坡先生年譜一卷…………………… 3－156
東坡先生年譜一卷…………………… 3－156
東坡先生年譜一卷…………………… 3－156
東坡先生年譜一卷…………………… 3－156
東坡先生年譜一卷…………………… 3－156
東坡先生年譜一卷…………………… 3－156
東坡先生年譜一卷…………………… 3－156
東坡先生年譜一卷…………………… 3－156
東坡先生年譜一卷…………………… 3－157
東坡先生年譜一卷…………………… 3－157
東坡先生年譜一卷…………………… 3－157
東坡先生年譜一卷…………………… 3－157
東坡先生年譜一卷…………………… 3－157
東坡先生年譜一卷…………………… 3－157
東坡先生年譜一卷…………………… 3－157
東坡先生年譜一卷…………………… 3－157
東坡先生年譜一卷…………………… 3－157
東坡先生年譜一卷…………………… 3－391
東坡先生年譜一卷…………………… 3－391
東坡先生年譜一卷…………………… 3－391
東坡先生年譜一卷…………………… 3－391
東坡先生年譜一卷…………………… 3－391
東坡先生年譜一卷…………………… 3－393
東坡先生年譜一卷…………………… 3－393
東坡先生年譜一卷…………………… 3－393
東坡先生年譜一卷…………………… 3－393
東坡先生年譜一卷…………………… 3－394
東坡先生年譜一卷…………………… 3－394
東坡先生年譜一卷…………………… 3－394
東坡先生年譜一卷…………………… 3－394
東坡先生年譜一卷…………………… 3－394
東坡先生年譜一卷…………………… 5－394
東坡先生年譜一卷…………………… 5－394
東坡先生年譜一卷…………………… 5－403
東坡先生全集七十五卷……………… 1－287
東坡先生全集七十五卷……………… 1－287
東坡先生全集七十五卷……………… 1－287
東坡先生全集七十五卷……………… 1－287
東坡先生全集錄九卷………………… 1－287
東坡先生詩集註三十二卷…………… 1－287
東坡先生詩集註三十二卷…………… 1－287
東坡先生詩集註三十二卷…………… 1－287
東坡先生編年詩五十卷年表一卷…… 1－287
東坡先生編年詩五十卷年表一卷…… 1－287
東坡先生編年詩五十卷年表一卷…… 1－287
東坡全集一百十五卷目錄七卷……… 1－286
東坡事類二十二卷…………………… 1－287
東坡和陶合箋四卷…………………… 1－285
東坡和陶合箋四卷…………………… 1－285
東坡集十六卷………………………… 1－286
東坡集十六卷………………………… 1－286
東坡集十六卷………………………… 1－286
東坡集八十四卷目錄二卷…………… 1－286
東坡集八十四卷目錄二卷…………… 1－286
東坡集四十卷後集二十卷內制集十
卷樂語一卷外制集三卷應詔集十
卷奏議十五卷續集十二卷………… 1－286
東坡集□□卷………………………… 1－286
東坡集校記二卷……………………… 5－403
東坡集選五十卷……………………… 1－286
東坡集選五十卷集餘一卷…………… 1－286
東坡集選五十卷集餘一卷…………… 1－286
東坡詞一卷…………………………… 1－285
東坡詩鈔一卷………………………… 1－286

東坡詩鈔十八卷…………………………… 1－286
東坡詩選十二卷…………………………… 1－286
東坡詩選十二卷…………………………… 1－286
東坡詩選十二卷…………………………… 1－286
東坡詩選十二卷…………………………… 1－286
東坡詩選十二卷…………………………… 1－286
東坡樂府三卷……………………………… 1－287
東坡樂府三卷……………………………… 1－288
東坡禪喜集十四卷………………………… 1－285
東林列傳二十四卷末二卷………………… 1－285
東林列傳二十四卷末二卷………………… 1－285
東使紀程一卷附東使吟草一卷………… 1－288
東征集六卷………………………………… 1－292
東征集六卷………………………………… 1－292
東征集六卷………………………………… 1－292
東征集六卷………………………………… 1－292
東周列國全志二十三卷一百八回…… 1－292
東周列國全志二十三卷一百八回…… 1－292
東周列國全志二十三卷一百八回…… 1－292
東周列國全志二十三卷一百八回…… 1－292
東周列國全志二十三卷一百八回…… 1－293
東周列國全志二十三卷一百八回…… 1－293
東周列國全志二十三卷一百八回…… 1－293
東周列國全志二十三卷一百八回…… 1－293
東周列國全志二十三卷一百八回…… 1－293
東周列國全志二十三卷一百八回…… 1－293
東周列國全志二十三卷一百八回…… 1－293
東周列國全志二十三卷一百八回…… 1－293
東周列國全志二十三卷一百八回…… 1－293
東周列國全志二十三卷一百八回…… 1－293
東周列國全志二十三卷一百八回…… 1－293
東周列國全志二十三卷一百八回…… 1－293
東周列國全志二十三卷一百八回…… 1－293
東周列國全志二十三卷一百八回…… 1－293
東周列國全志二十三卷一百八回…… 1－293
東周列國全志二十三卷一百八回…… 1－294
東周列國全志二十三卷一百八回…… 1－294
東周列國全志二十三卷一百八回…… 1－294
東周列國全志二十三卷一百八回…… 1－294
東周列國全志二十三卷一百八回…… 1－294
東周列國全志二十三卷一百八回…… 1－294
東周列國全志二十三卷一百八回…… 1－294
東周列國全志二十三卷一百八回…… 1－294
東周列國全志二十三卷一百八回…… 1－294
東周列國全志二十三卷一百八回…… 1－294
東周列國全志二十三卷一百八回…… 1－294
東周列國全志二十三卷一百八回…… 1－294
東周列國全志二十三卷一百八回…… 1－294
東周列國全志二十三卷一百八回…… 1－294
東周列國全志二十三卷一百八回…… 1－294
東周列國全志二十三卷一百八回…… 1－294
東周列國全志二十三卷一百八回…… 1－295
東周列國全志二十三卷一百八回…… 1－295
東周列國全志二十三卷一百八回…… 1－295
東周列國全志二十三卷一百八回…… 1－295
東周列國全志二十三卷一百八回…… 1－295
東周列國全志二十三卷一百八回…… 1－295
東周列國全志二十三卷一百八回…… 1－295
東周列國全志二十三卷一百八回…… 1－295
東周列國全志二十三卷一百八回…… 1－295
東周列國全志二十三卷一百八回…… 1－295
東周列國全志二十三卷一百八回…… 1－295
東周列國全志二十三卷一百八回…… 1－295
東周列國全志二十三卷一百八回…… 1－295
東周列國全志二十三卷一百八回…… 1－295
東周列國全志二十三卷一百八回…… 1－295
東周列國全志二十三卷一百八回…… 1－295
東周列國全志二十三卷一百八回…… 1－295
東周列國全志二十三卷一百八回…… 1－296
東周列國全志二十三卷一百八回…… 1－296
東周列國全志二十三卷一百八回…… 1－296
東周列國全志二十三卷一百八回…… 1－296
東周列國全志二十三卷一百八回…… 1－296
東周列國全志二十三卷一百八回…… 1－296
東周列國全志二十三卷一百八回…… 1－296
東周列國全志二十三卷一百八回…… 1－296
東周列國全志二十三卷一百八回…… 1－296
東周列國全志二十三卷一百八回…… 1－296
東周列國全志二十三卷一百八回…… 1－296
東周列國全志二十三卷一百八回…… 1－296
東周列國全志二十三卷一百八回…… 1－296

東周列國全志二十三卷一百八回…… 1－296
東周列國全志二十三卷一百八回…… 1－296
東周列國全志二十三卷一百八回…… 1－296
東周列國全志二十三卷一百八回…… 1－296
東周列國全志二十三卷一百八回…… 1－297
東周列國全志二十三卷一百八回…… 1－297
東周列國全志二十三卷一百八回…… 1－297
東周列國全志二十三卷一百八回…… 1－297
東周列國全志二十三卷一百八回…… 1－297
東周列國全志二十三卷一百八回…… 1－297
東周列國全志二十三卷一百八回…… 1－297
東周列國全志八卷一百八回………… 1－292
東周列國全志八卷一百八回………… 1－292
東周列國志一百八回………………… 3－318
東周列國志二十七卷一百八回……… 1－297
東周列國志二十七卷一百八回……… 1－297
東周列國志二十七卷一百八回……… 1－297
東周列國志二十七卷一百八回……… 1－297
東周列國志二十七卷一百八回……… 1－297
東周列國志輯要八卷………………… 1－297
東周紀年一卷………………………… 1－292
東京夢華錄十卷……………………… 1－278
東垣十書……………………………… 1－291
東垣十書……………………………… 1－291
東垣十書……………………………… 1－291
東垣十書……………………………… 1－291
東垣十書……………………………… 1－291
東垣十書……………………………… 1－291
東垣十書……………………………… 1－291
東垣十書……………………………… 1－292
東垣十書……………………………… 1－292
東垣先生此事難知集二卷…………… 1－292
東垣先生此事難知集二卷…………… 1－292
東南水利略六卷……………………… 1－285
東南洋沿革圖一卷…………………… 1－285
東南海島圖經十卷…………………… 1－285
東洋史要二卷………………………… 1－289
東洋史要二卷………………………… 1－289
東洋史要二卷………………………… 1－289
東洋史要二卷………………………… 1－289
東洋史要二卷………………………… 1－289
東洋史要二卷………………………… 1－290
東洋史要二卷………………………… 1－290
東洋史要二卷………………………… 1－290
東洋史要二卷………………………… 1－290
東洋史要二卷………………………… 1－290
東洋史要二卷………………………… 1－290
東洋史要二卷………………………… 1－290
東洋史要二卷………………………… 1－290
東洋史要二卷………………………… 1－290
東洋史要二卷………………………… 1－290
東洲初稿十四卷……………………… 1－297
東洲剩稿二卷附錄一卷……………… 1－297
東洲剩稿二卷附錄一卷……………… 1－297
東都事略一百三十卷………………… 1－273
東都事略一百三十卷………………… 1－273
東都事略一百三十卷………………… 1－273
東都事略一百三十卷………………… 1－274
東都事略一百三十卷………………… 1－274
東都事略一百三十卷………………… 1－274
東都事略一百三十卷………………… 1－274
東都事略一百三十卷………………… 1－274
東都事略一百三十卷………………… 1－274
東都事略一百三十卷………………… 1－274
東華錄一百九十五卷………………… 1－276
東華錄一百九十四卷………………… 1－276
東華錄一百九十四卷續錄二百三十卷………………………… 1－276
東華錄一百九十四卷續錄二百三十卷………………………… 1－276
東華錄一百九十四卷續錄二百三十卷………………………… 1－276
東華錄一百九十四卷續錄二百三十卷………………………… 1－276
東華錄一百九十四卷續錄二百三十卷………………………… 1－276
東華錄一百九十四卷續錄二百三十卷………………………… 1－276
東華錄一百九十四卷續錄二百三十卷………………………… 1－276
東華錄二十六卷……………………… 1－275
東華錄二十六卷……………………… 1－275

東華錄十六卷………………………… 1－275
東華錄三十二卷……………………… 1－275
東華錄三十二卷……………………… 1－275
東華錄三十二卷……………………… 1－275
東華錄三十二卷……………………… 1－275
東華錄三十二卷……………………… 1－275
東華錄三十二卷……………………… 1－275
東華錄三十二卷……………………… 1－275
東華錄三十二卷……………………… 1－275
東華錄三十二卷……………………… 1－275
東華錄三十二卷……………………… 1－275
東華錄三十二卷……………………… 1－275
東華錄三十二卷……………………… 1－275
東華錄三十二卷……………………… 1－275
東華錄三十二卷……………………… 1－275
東華錄四十五卷……………………… 1－275
東華錄四十五卷續錄七十五卷……… 1－276
東華錄四十五卷續錄七十五卷……… 1－276
東華錄詳節二十四卷………………… 1－276
東華錄詳節二十四卷………………… 1－276
東華錄詳節二十四卷………………… 1－276
東華錄擥要一百十四卷……………… 1－275
東華續錄……………………………… 1－277
東華續錄……………………………… 1－277
東華續錄……………………………… 1－277
東華續錄一百二十卷………………… 1－278
東華續錄一百二十卷………………… 1－278
東華續錄一百二十卷………………… 1－278
東華續錄一百卷……………………… 1－278
東華續錄一百卷……………………… 1－278
東華續錄二百三十卷………………… 1－278
東華續錄七十五卷…………………… 1－278
東華續錄七十五卷…………………… 1－278
東華續錄五十卷……………………… 1－278
東華續錄六十卷……………………… 1－278
東華續錄(光緒朝)二百二十卷 …… 1－277
東華續錄(光緒朝)二百二十卷 …… 1－277
東華續錄(光緒朝)二百二十卷 …… 1－277
東華續錄(同治朝)一百卷 ………… 1－277
東華續錄(同治朝)一百卷 ………… 1－277
東華續錄(同治朝)一百卷 ………… 1－277
東華續錄(同治朝)一百卷 ………… 1－277
東華續錄(同治朝)一百卷 ………… 1－277
東華續錄(咸豐朝)一百卷 ………… 1－278
東華續錄(咸豐朝)六十九卷 ……… 1－277
東華續錄(咸豐朝)六十九卷 ……… 1－277
東華續錄(咸豐朝)六十九卷 ……… 1－277
東華續錄(咸豐朝)六十九卷 ……… 1－277
東華續錄(咸豐朝)六十九卷 ……… 1－278
東華續錄乾隆朝一百二十卷嘉慶朝
　五十卷……………………………… 1－278
東華續錄乾隆朝一百二十卷嘉慶朝
　五十卷……………………………… 1－278
東華續錄(道光朝)六十卷 ………… 1－277
東晉文四十卷………………………… 1－278
東晉南北朝輿地表二十八卷………… 1－278
東晉疆域志四卷……………………… 1－278
東晉疆域志四卷……………………… 1－278
東晉疆域志四卷……………………… 1－278
東航紀遊一卷………………………… 1－274
東陲紀行一卷………………………… 1－273
東萊先生古文關鍵二卷……………… 1－283
東萊先生古文關鍵二卷……………… 1－283
東萊先生古文關鍵二卷……………… 1－283
東萊先生古文關鍵四卷……………… 1－283
東萊先生左氏博議二十五卷………… 1－283
東萊先生左氏博議二十五卷………… 1－283
東萊先生左氏博議二十五卷………… 1－283
東萊先生左氏博議二十五卷………… 1－284
東萊先生左氏博議二十五卷………… 1－284
東萊先生左氏博議二十五卷………… 1－284
東萊先生左氏博議二十五卷………… 1－284
東萊先生左氏博議二十五卷………… 1－284
東萊先生左氏博議二十五卷………… 1－284
東萊先生音註唐鑑二十四卷………… 1－283
東萊先生音註唐鑑二十四卷………… 1－283
東萊先生音註唐鑑二十四卷………… 1－283
東萊先生音註唐鑑二十四卷………… 1－283
東萊呂太史文集十五卷別集十六卷
　外集五卷…………………………… 1－283
東萊博議二十五卷…………………… 1－279
東萊博議不分卷……………………… 1－279

東萊博議四卷…………………………… 1–279
東萊博議四卷…………………………… 1–279
東萊博議四卷…………………………… 1–279
東萊博議四卷…………………………… 1–279
東萊博議四卷…………………………… 1–279
東萊博議四卷…………………………… 1–279
東萊博議四卷…………………………… 1–279
東萊博議四卷…………………………… 1–279
東萊博議四卷…………………………… 1–279
東萊博議四卷…………………………… 1–279
東萊博議四卷…………………………… 1–279
東萊博議四卷…………………………… 1–279
東萊博議四卷…………………………… 1–279
東萊博議四卷…………………………… 1–279
東萊博議四卷…………………………… 1–279
東萊博議四卷…………………………… 1–279
東萊博議四卷…………………………… 1–279
東萊博議四卷…………………………… 1–279
東萊博議四卷…………………………… 1–280
東萊博議四卷…………………………… 1–280
東萊博議四卷…………………………… 1–280
東萊博議四卷…………………………… 1–280
東萊博議四卷…………………………… 1–280
東萊博議四卷…………………………… 1–280
東萊博議四卷…………………………… 1–280
東萊博議四卷…………………………… 1–280
東萊博議四卷…………………………… 1–280
東萊博議四卷…………………………… 1–280
東萊博議四卷…………………………… 1–280
東萊博議四卷…………………………… 1–280
東萊博議四卷…………………………… 1–280
東萊博議四卷…………………………… 1–280
東萊博議四卷…………………………… 1–280
東萊博議四卷…………………………… 1–280
東萊博議四卷…………………………… 1–280
東萊博議四卷…………………………… 1–281
東萊博議四卷…………………………… 1–281
東萊博議四卷…………………………… 1–281
東萊博議四卷…………………………… 1–281
東萊博議四卷…………………………… 1–281
東萊博議四卷…………………………… 1–281
東萊博議四卷…………………………… 1–281
東萊博議四卷…………………………… 1–281
東萊博議四卷…………………………… 1–281
東萊博議四卷…………………………… 1–281
東萊博議四卷…………………………… 1–281
東萊博議四卷…………………………… 1–281
東萊博議四卷…………………………… 1–281
東萊博議四卷…………………………… 1–281
東萊博議四卷…………………………… 1–281
東萊博議四卷…………………………… 1–282
東萊博議四卷…………………………… 1–282
東萊博議四卷…………………………… 1–282
東萊博議四卷…………………………… 1–282
東萊博議四卷…………………………… 1–282
東萊博議四卷…………………………… 1–282
東萊博議四卷…………………………… 1–282
東萊博議四卷…………………………… 1–282
東萊博議四卷…………………………… 1–282
東萊博議四卷…………………………… 1–282
東萊博議四卷…………………………… 1–282
東萊博議四卷…………………………… 1–282
東萊博議四卷…………………………… 1–282
東萊博議四卷…………………………… 1–282
東萊博議四卷…………………………… 1–282
東萊博議四卷…………………………… 1–282
東萊博議四卷…………………………… 1–283
東萊博議四卷…………………………… 1–283
東萊博議四卷…………………………… 1–283
東萊博議四卷…………………………… 1–283
東萊博議四卷…………………………… 1–283
東萊博議四卷…………………………… 2–152
東萊博議四卷…………………………… 2–155
東萊詩集二十卷………………………… 1–283
[光緒]東鄉縣鄉土志五卷 ………… 5–290
東岳艸堂評訂唐詩鼓吹十卷………… 1–289
東岳艸堂評訂唐詩鼓吹十卷………… 1–289
東皋握靈本草十卷序例一卷補遺一
卷……………………………………… 1–274
東皋詩集四卷………………………… 1–274
東皋遺選歷科程墨觀略前集不分卷
今集不分卷今集續選不分卷……… 1–274

東遊紀程一卷…………………………… 1－291
東遊紀程一卷…………………………… 1－291
東遊紀程一卷…………………………… 1－291
東遊紀程一卷…………………………… 1－291
東遊紀程四卷…………………………… 1－291
東遊叢録四卷…………………………… 1－291
東湖竹枝詞一卷附和詩一卷………… 1－275
東湖草堂賦鈔初集二卷二集四卷三
　集四卷四集四卷…………………… 1－275
［乾隆］東湖縣志三十卷首一卷　…… 5－333
東湖叢記六卷…………………………… 1－275
東游草一卷……………………………… 1－291
東塘集十卷……………………………… 1－289
東槎紀略五卷…………………………… 1－273
東槎紀略五卷…………………………… 1－273
東廓鄒先生遺稿十三卷……………… 1－278
東廓鄒先生遺稿十三卷……………… 1－279
［嘉慶］東臺縣志四十卷　…………… 5－300
東塾集六卷……………………………… 1－289
東塾集六卷……………………………… 1－289
東塾集六卷……………………………… 1－289
東塾遺書………………………………… 1－289
東塾遺書………………………………… 1－289
東塾讀書記二十五卷………………… 1－288
東塾讀書記二十五卷………………… 1－288
東塾讀書記二十五卷………………… 1－288
東塾讀書記二十五卷………………… 1－288
東塾讀書記二十五卷………………… 1－288
東塾讀書記十五卷…………………… 1－289
東塾讀書記十五卷…………………… 1－289
東塾讀書記十五卷…………………… 1－289
東塾讀書記十五卷…………………… 1－289
東漢會要四十卷……………………… 1－274
東漢會要四十卷……………………… 1－274
東漢演義四卷………………………… 1－274
東甌金石志十二卷…………………… 1－285
東壁山房四書體註合講十九卷……… 1－273
東壁山房四書體註合講十九卷……… 1－273
東壁先生書鈔………………………… 1－273
東藩紀要十二卷補録一卷…………… 1－274
東藩紀要十二卷補録一卷…………… 1－274
東醫寶鑑二十三卷目録二卷………… 1－290
東醫寶鑑二十三卷目録二卷………… 1－290
東醫寶鑑二十三卷目録二卷………… 1－290
東醫寶鑑二十三卷目録二卷………… 1－290
東醫寶鑑二十三卷目録二卷………… 1－290
東醫寶鑑二十三卷目録二卷………… 1－290
東醫寶鑑二十三卷目録二卷………… 1－290
東醫寶鑑二十三卷目録二卷………… 1－290
東醫寶鑑二十三卷目録二卷………… 1－290
東醫寶鑑二十三卷目録二卷………… 1－291
東醫寶鑑二十三卷目録二卷………… 1－291
東醫寶鑑二十三卷目録二卷………… 1－291
東醫寶鑑二十三卷目録二卷………… 1－291
東醫寶鑑二十三卷目録二卷………… 1－291
東醫寶鑑二十三卷目録二卷………… 1－291
［東璧集印譜］一卷　………………… 5－286
東瀛識畧八卷………………………… 1－291
東巖周禮訂義八十卷………………… 1－289
東觀漢記二十四卷…………………… 1－274
東觀漢記二十四卷…………………… 1－274
東觀餘論二卷附録一卷……………… 1－274
臥迂齋吟稿二卷　……………………… 4－58
臥柳山房吟草一卷　…………………… 4－57
臥龍崗志二卷　………………………… 4－58
臥龍崗志二卷　………………………… 4－58
事物紀原集類十卷…………………… 3－250
事物原會四十卷……………………… 3－250
事物原會四十卷……………………… 3－250
事親庸言二十卷……………………… 3－250
事類統編九十三卷首一卷…………… 3－249
事類統編九十三卷首一卷…………… 3－249
事類統編九十三卷首一卷…………… 3－249
事類統編九十三卷首一卷…………… 3－249
事類統編九十三卷首一卷…………… 3－250
事類統編九十三卷首一卷…………… 3－250
事類統編九十三卷首一卷…………… 3－250
事類統編九十三卷首一卷…………… 3－250
事類賦三十卷………………………… 1－474
事類賦三十卷………………………… 3－247
事類賦三十卷………………………… 3－247
事類賦三十卷………………………… 3－247

事類賦三十卷………………………… 3－247
事類賦三十卷………………………… 3－248
事類賦三十卷………………………… 3－248
事類賦三十卷………………………… 3－248
事類賦三十卷………………………… 3－248
事類賦三十卷………………………… 3－248
事類賦三十卷………………………… 3－248
事類賦三十卷………………………… 3－248
事類賦三十卷………………………… 3－248
事類賦三十卷………………………… 3－248
事類賦三十卷………………………… 3－248
事類賦三十卷………………………… 3－248
事類賦三十卷………………………… 3－248
事類賦三十卷………………………… 3－248
事類賦三十卷………………………… 3－248
事類賦三十卷………………………… 3－248
事類賦三十卷………………………… 3－248
事類賦三十卷………………………… 3－248
事類賦三十卷………………………… 3－248
事類賦三十卷………………………… 3－248
事類賦三十卷………………………… 3－248
事類賦三十卷………………………… 3－248
事類賦三十卷………………………… 3－248
事類賦三十卷………………………… 3－248
事類賦三十卷………………………… 3－248
事類賦三十卷………………………… 3－249
事類賦三十卷………………………… 3－249
事類賦三十卷………………………… 3－249
事類賦三十卷………………………… 3－249
事類賦三十卷………………………… 3－249
事類賦三十卷………………………… 3－249
事類賦三十卷………………………… 3－249
事類賦三十卷………………………… 3－249
事類賦三十卷………………………… 3－249
事類賦三十卷………………………… 3－249
事類賦三十卷………………………… 3－249
事類賦三十卷………………………… 3－249
事類賦三十卷………………………… 3－249
事類賦三十卷………………………… 3－249
事類賦三十卷………………………… 3－249
事類賦三十卷………………………… 3－249
事類賦補遺十四卷…………………… 3－246
事類賦補遺十四卷…………………… 3－246
事類賦補遺十四卷…………………… 3－246
事類賦補遺十四卷…………………… 3－246
事類賦補遺十四卷…………………… 3－246
事類賦補遺十四卷…………………… 3－247
事類賦補遺十四卷…………………… 3－247
事類賦補遺十四卷…………………… 3－247
事類賦補遺十四卷…………………… 3－247
事類賦補遺十四卷…………………… 3－247
事類賦補遺十四卷…………………… 3－247
事類賦補遺十四卷…………………… 3－247
事類賦補遺十四卷…………………… 3－247
事類賦補遺十四卷…………………… 3－247
事類賦補遺十四卷…………………… 3－247
事類賦補遺十四卷…………………… 3－247
事類賦補遺十四卷…………………… 3－247
事類賦補遺十四卷…………………… 3－247
事類賦補遺十四卷…………………… 3－247
事類賦補遺十四卷…………………… 3－247
事類賦補遺十四卷…………………… 3－247
事類賦補遺十四卷…………………… 3－247
事類賦補遺十四卷…………………… 3－247
刺字條款不分卷……………………… 1－190
兩同書二卷…………………………… 2－323
兩歧成案新編二卷…………………… 2－323
兩般秋雨盦隨筆八卷………………… 2－320
兩般秋雨盦隨筆八卷………………… 2－320
兩般秋雨盦隨筆八卷………………… 2－320
兩般秋雨盦隨筆八卷………………… 2－320
兩般秋雨盦隨筆八卷………………… 2－320
兩浙名賢錄六十二卷………………… 2－324
兩浙金石志十八卷補遺一卷………… 2－324
兩浙金石志十八卷補遺一卷………… 2－324
兩浙金石志十八卷補遺一卷………… 2－324
兩浙金石志十八卷補遺一卷………… 2－324
兩浙宦遊記畧不分卷………………… 2－324
兩浙輶軒錄四十卷…………………… 2－324
兩浙輶軒錄四十卷…………………… 2－324
兩浙輶軒錄四十卷補遺十卷………… 2－324
兩浙輶軒續錄五十四卷補遺六卷…… 2－324

兩浙鹽法續纂備考十二卷…………… 2－324
兩淮鹽法志五十六卷首四卷………… 2－322
兩淮鹽法志五十六卷首四卷………… 2－322
兩淮鹽法志五十六卷首四卷………… 2－322
兩淮鹽法撰要二卷…………………… 2－322
兩朝剝復錄六卷……………………… 2－320
兩朝剝復錄六卷……………………… 2－320
兩朝剝復錄六卷……………………… 2－320
兩朝剝復錄六卷……………………… 2－320
兩朝從信錄三十五卷………………… 2－320
兩朝御批正續通鑑類纂二十卷……… 2－320
兩當軒集二十二卷附錄四卷………… 2－320
兩當軒集二十二卷附錄四卷………… 2－320
兩當軒集二十二卷附錄四卷………… 2－320
兩當軒集二十二卷附錄四卷………… 2－320
兩當軒集二十二卷附錄四卷………… 2－320
兩當軒集二十卷附錄六卷補遺二卷
……………………………………… 2－321
兩當軒詩鈔十四卷…………………… 2－321
兩當軒詩鈔十四卷悔存詞鈔二卷…… 2－321
兩當軒詩鈔十四卷悔存詞鈔二卷…… 2－321
兩漢文刪二十四卷…………………… 2－322
兩漢文刪二十四卷…………………… 2－322
兩漢文選四十卷……………………… 2－322
兩漢刊誤補遺十卷附錄一卷………… 2－322
兩漢刊誤補遺十卷附錄一卷………… 2－322
兩漢金石記二十二卷………………… 2－321
兩漢金石記二十二卷………………… 2－321
兩漢金石記二十二卷………………… 2－321
兩漢金石記二十二卷………………… 2－321
兩漢金石記卷第五…………………… 2－473
兩漢紀六十卷………………………… 2－321
兩漢紀六十卷………………………… 2－321
兩漢紀六十卷………………………… 2－321
兩漢紀校記二卷 …………………… 2－45
兩漢紀校記二卷 …………………… 3－26
兩漢書抄十六卷……………………… 2－322
兩漢博聞十二卷……………………… 2－321
兩漢策要十二卷……………………… 2－321
兩漢策要十二卷……………………… 2－321
兩漢策要十二卷……………………… 2－321
兩漢策要十二卷……………………… 2－321
兩漢策要十二卷……………………… 2－321
兩漢策要十二卷……………………… 2－321
兩漢雋言十六卷……………………… 2－322
兩漢碎金一卷………………………… 2－322
兩漢會要一百十卷…………………… 2－321
兩漢韻珠十卷………………………… 2－322
兩髯提倡集一卷……………………… 2－323
兩儀堂四書體註合講論語十卷……… 2－323
兩儀堂重訂古文釋義新編八卷……… 2－323
兩儀堂重訂古文釋義新編八卷……… 2－323
兩儀堂重訂古文釋義新編八卷……… 2－323
兩儀堂重訂古文釋義新編八卷……… 2－323
兩儀堂重訂古文釋義新編八卷……… 2－323
兩儀堂重訂古文釋義新編八卷……… 2－323
兩儀堂重訂古文釋義新編八卷……… 2－323
兩儀堂重訂古文釋義新編八卷……… 2－323
兩儀堂重訂古文釋義新編八卷……… 2－324
兩儀堂重訂古文釋義新編八卷……… 2－324
兩儀堂重訂古文釋義新編八卷……… 2－324
兩論聯章合璧四卷…………………… 2－323
兩龍瑣志八卷………………………… 2－323
兩彊勉齋文存二卷…………………… 2－322
兩彊勉齋文存二卷…………………… 2－322
兩彊勉齋文存二卷…………………… 2－322
兩彊勉齋古今體詩存四卷…………… 2－322
兩彊勉齋古今體詩存四卷…………… 2－322
兩彊勉齋古今體詩存四卷…………… 2－322
兩彊勉齋館課詩賦存二卷…………… 2－322
兩彊勉齋館課詩賦存二卷…………… 2－322
兩彊勉齋館課詩賦存二卷…………… 2－322
兩谿文集二十四卷…………………… 2－323
兩谿文集二十四卷附錄一卷補遺一
卷…………………………………… 2－323
兩谿文集二十四卷詩集四卷………… 2－323
兩谿文集二十四卷詩集四卷………… 2－323
兩罍軒尺牘十二卷…………………… 2－323
兩罍軒尺牘十二卷…………………… 2－323
兩罍軒尺牘十二卷…………………… 2－323
兩罍軒彝器圖釋十二卷……………… 2－323
雨村詩話十六卷……………………… 4－416

雨村詩話十六卷 ……………………… 4－416
雨亭尺牘六卷 ……………………… 4－416
雨屋深鐙詞一卷續集一卷 ……………… 4－416
雨屋深鐙詞一卷續集一卷 ……………… 4－416
雨峯詩鈔不分卷 ……………………… 4－416
雨峯詩鈔不分卷 ……………………… 4－416
郁芙識所見不分卷 ……………………… 4－427
郁郁齋古文析義詳解十六卷 ……………… 4－427
郁郁齋古文析義詳解十六卷 ……………… 4－427
奈何天傳奇四集三十齣 ………………… 2－444
[奇門六壬合鈔]二卷 ………………… 5－333
奇門旨歸三十八卷 ……………………… 3－20
奇門秘旨不分卷 ……………………… 3－20
奇門秘旨不分卷 ……………………… 3－20
奇門秘旨不分卷 ……………………… 3－20
奇門捷徑不分卷 ……………………… 3－20
奇門遁甲一卷 ………………………… 3－20
奇門遁甲三卷六壬占驗不分卷六壬
元珠不分卷邵彥和先生占驗明秘
授口鑑不分卷玉連環字訣不分卷
…………………………………… 3－20
奇門遁甲元靈經二十四卷 ……………… 3－20
奇門遁甲不分卷 ……………………… 3－19
[奇門遁甲]不分卷 ………………… 5－332
[奇門遁甲]不分卷 ………………… 5－332
[奇門遁甲]不分卷 ………………… 5－332
奇門遁甲秘笈三十卷 ………………… 3－20
奇門遁甲秘笈大全三十卷 ……………… 3－20
奇門遁甲秘笈大全三十卷 ……………… 3－20
奇門遁甲秘笈大全三十卷 ……………… 3－20
奇門遁甲秘笈大全三十卷 ……………… 3－20
奇門遁甲秘笈大全三十卷 ……………… 3－20
奇門遁甲啓悟一卷 ……………………… 4－86
奇門遁甲統宗十二卷 ………………… 3－20
奇門遁甲統宗十二卷 ………………… 3－20
奇門闡秘前編六卷 ……………………… 3－19
奇術秘訣小錄不分卷 ………………… 3－20
奇觚室吉金文述二十卷 ………………… 3－19
奇經八脈考一卷 ……………………… 3－19
奇經八脈考一卷 ……………………… 3－19
奇經八脈考一卷 ……………………… 3－19
奇經八脈考一卷脈訣考證一卷 ……… 3－19
奇賞齋古文彙編二百三十六卷 ……… 3－20
奇賞齋廣文苑英華二十六卷 ………… 3－20
抱朴子内篇二十卷 …………………… 1－29
抱朴子内篇二十卷外篇五十卷 ……… 1－29
抱朴子内篇二十卷外篇五十卷 ……… 1－30
抱朴子内篇二十卷外篇五十卷 ……… 1－30
抱朴子内篇二十卷外篇五十卷 ……… 1－30
抱朴子内篇二十卷外篇五十卷 ……… 1－30
抱朴子内篇二十卷外篇五十卷 ……… 1－30
抱朴子内篇二十卷外篇五十卷 ……… 1－30
抱朴子内篇二十卷外篇五十卷 ……… 1－30
抱朴子内篇二十卷外篇五十卷 ……… 1－30
抱朴子内篇二十卷外篇五十卷 ……… 1－30
抱朴子内篇四卷外篇四卷 …………… 1－30
抱朴子内篇四卷外篇四卷 …………… 1－30
抱朴子養生論一卷神仙金汋經三卷
大丹問答一卷別旨一卷 …………… 1－30
抱素齋珍本□□卷 …………………… 1－30
抱素齋讀本不分卷 …………………… 1－30
抱經堂叢書 …………………………… 1－29
抱遺經軒詩鈔二卷 …………………… 1－30
抱遺經軒詩鈔二卷四書文稿二卷 …… 1－30
抱潤軒文集十卷 ……………………… 1－30
抱潤軒文集十卷 ……………………… 1－30
抱潤軒文集十卷 ……………………… 1－30
抱潤軒文集十卷 ……………………… 1－30
抱犢山房集六卷 ……………………… 1－29
拙人藏稿四卷 ………………………… 5－220
拙公詩鈔二卷 ………………………… 5－220
拙存堂文集八卷 ……………………… 5－220
拙修集十卷 …………………………… 5－220
拙修集十卷 …………………………… 5－220
拙軒集六卷 …………………………… 5－220
拙庵集四卷 …………………………… 5－220
拙尊園叢稿六卷 ……………………… 5－220
拙尊園叢稿六卷 ……………………… 5－221
拙盦叢稿 ……………………………… 5－220
拙盦叢稿 ……………………………… 5－220
拙齋府君行述一卷 …………………… 4－396
拙齋府君行述一卷 …………………… 4－396

拙齋府君行述一卷…………………… 4－396
拙齋府君行述一卷…………………… 4－396
披芸漫筆十八卷……………………… 2－490
披芸漫筆十八卷……………………… 2－490
披肝露膽經一卷……………………… 2－490
披肝露膽經一卷……………………… 2－490
披肝露膽經一卷 …………………… 3－29
披肝露膽經一卷 …………………… 3－29
披肝露膽經一卷 …………………… 3－29
披肝露膽經一卷 …………………… 3－29
披肝露膽經一卷 …………………… 3－29
非醉詩抄一卷………………………… 1－359
叔苴子内篇六卷外篇二卷…………… 3－258
叔苴子内篇六卷外篇二卷…………… 3－258
卓山詩集十二卷……………………… 5－221
卓山詩集十六卷……………………… 5－221
卓山詩集十六卷……………………… 5－221
卓山詩集十六卷……………………… 5－221
卓山詩集十六卷……………………… 5－221
卓山詩集十六卷……………………… 5－221
卓山詩集十六卷……………………… 5－221
卓山詩集十六卷……………………… 5－221
卓氏藻林八卷………………………… 5－221
卓氏藻林八卷………………………… 5－221
卓氏藻林八卷………………………… 5－221
卓峰草堂詩鈔二十卷詩續鈔四卷卓峰草堂文鈔三卷夢梨雲館詩外編四卷……………………………… 5－221
卓峰草堂詩鈔二十卷詩續鈔四卷卓峰草堂文鈔三卷夢梨雲館詩外編四卷……………………………… 5－221
卓峰草堂詩鈔二十卷詩續鈔四卷卓峰草堂文鈔三卷夢梨雲館詩外編四卷……………………………… 5－221
虎鈐經二十卷 ……………………… 2－57
虎鈐經二十卷 ……………………… 2－57
虎鈐經二十卷………………………… 3－343
虎谿詩選四卷 ……………………… 2－57
虎谿漁叟集十八卷 ………………… 2－57
尚友錄二十二卷……………………… 3－135
尚友錄二十二卷……………………… 3－135
尚友錄二十二卷……………………… 3－135
尚友錄二十二卷……………………… 3－135
尚友錄二十二卷補遺一卷…………… 3－135
尚友錄二十二卷補遺一卷…………… 3－135
尚友錄二十二卷補遺一卷…………… 3－135
尚友錄二十二卷補遺一卷…………… 3－135
尚友錄二十二卷補遺一卷…………… 3－135
尚友錄二十二卷補遺一卷…………… 3－135
尚友錄二十二卷補遺一卷…………… 3－135
尚友錄二十二卷補遺一卷…………… 3－136
尚友錄二十二卷補遺一卷…………… 3－136
尚友錄二十二卷補遺一卷…………… 3－136
尚友錄二十二卷補遺一卷…………… 3－136
尚友錄二十二卷補遺一卷…………… 3－136
尚友錄二十二卷補遺一卷…………… 3－136
尚友錄二十二卷補遺二十二卷……… 3－135
尚友錄二十二卷續集二十二卷……… 3－136
尚友錄二十二卷續集二十二卷……… 3－136
尚文軒遺集約編一卷………………… 3－135
尚史七十二卷………………………… 3－127
尚史七十二卷………………………… 3－127
尚史七十二卷………………………… 3－127
尚史七十二卷………………………… 3－127
尚志居集八卷補遺一卷讀書記四卷……………………………………… 3－136
尚志書院冊不分卷…………………… 3－136
尚約文鈔十二卷附錄一卷…………… 5－391
尚書十三卷…………………………… 3－134
尚書十三卷…………………………… 3－134
尚書十三卷附考證…………………… 3－134
尚書十三卷附考證…………………… 3－134
尚書十三卷附考證…………………… 3－134
尚書大傳三卷………………………… 3－127
尚書大傳五卷………………………… 3－128
尚書大傳四卷………………………… 3－127
尚書大傳四卷………………………… 3－127
尚書大傳四卷………………………… 3－127
尚書大傳四卷………………………… 3－127
尚書大傳補注七卷…………………… 3－127
尚書大傳疏證七卷…………………… 3－127
尚書大傳疏證七卷札記一卷………… 3－127

[尚書]不分卷 ………………………… 5－343
[尚書]不分卷 ………………………… 5－343
尚書六卷…………………………………… 3－134
尚書六卷…………………………………… 3－134
尚書引義六卷………………………………… 3－134
尚書孔傳參正三十六卷…………………… 3－129
尚書古文疏證八卷………………………… 3－128
尚書古文疏證八卷………………………… 3－128
尚書古文疏證八卷………………………… 3－128
尚書古文疏證八卷………………………… 3－128
尚書古文疏證八卷………………………… 3－128
尚書古文疏證八卷………………………… 3－128
尚書古文證疑四卷………………………… 3－128
尚書可解輯粹二卷………………………… 3－129
尚書可解輯粹二卷………………………… 3－129
尚書考六卷………………………………… 3－129
尚書考六卷………………………………… 3－129
尚書考異六卷……………………………… 3－129
尚書考異六卷……………………………… 3－129
尚書地理今釋一卷………………………… 3－128
尚書伸孔篇一卷…………………………… 3－134
尚書伸孔篇一卷…………………………… 3－134
尚書表注二卷……………………………… 3－127
尚書注疏二十卷…………………………… 3－135
尚書注疏二十卷…………………………… 3－135
尚書注解纂要六卷………………………… 3－135
尚書注解纂要六卷………………………… 3－135
尚書要義二十卷…………………………… 3－134
尚書後案三十卷…………………………… 3－128
尚書後案三十卷…………………………… 3－128
尚書後案三十卷後辨一卷………………… 3－128
尚書後案三十卷後辨一卷………………… 3－128
尚書後案駁正二卷………………………… 3－128
尚書約注四卷……………………………… 3－135
尚書約注四卷……………………………… 3－135
尚書逸文二卷……………………………… 1－436
尚書逸文二卷……………………………… 3－134
尚書想六卷………………………………… 3－134
尚書詳解二十六卷首一卷………………… 3－134
尚書彙纂必讀十二卷……………………… 3－128
尚書彙纂必讀十二卷……………………… 3－128
尚書彙纂必讀十二卷……………………… 3－128
尚書彙纂必讀十二卷……………………… 3－128
尚書彙纂必讀十二卷……………………… 3－128
尚書精義五十卷…………………………… 3－128
尚書誼略二十八卷敘錄一卷……………… 3－134
尚書審鵠便覽六卷………………………… 3－134
尚書審鵠便覽六卷………………………… 3－134
尚書離句六卷……………………………… 3－129
尚書離句六卷……………………………… 3－129
尚書離句六卷……………………………… 3－129
尚書離句六卷……………………………… 3－129
尚書離句六卷……………………………… 3－129
尚書離句六卷……………………………… 3－129
尚書離句六卷……………………………… 3－129
尚書離句六卷……………………………… 3－129
尚書離句六卷……………………………… 3－129
尚書離句六卷……………………………… 3－129
尚書離句六卷……………………………… 3－129
尚書離句六卷……………………………… 3－129
尚書離句六卷……………………………… 3－129
尚書離句六卷……………………………… 3－129
尚書離句六卷……………………………… 3－129
尚書離句六卷……………………………… 3－129
尚書離句六卷……………………………… 3－130
尚書離句六卷……………………………… 3－130
尚書離句六卷……………………………… 3－130
尚書離句六卷……………………………… 3－130
尚書離句六卷……………………………… 3－130
尚書離句六卷……………………………… 3－130
尚書離句六卷……………………………… 3－130
尚書離句六卷……………………………… 3－130
尚書離句六卷……………………………… 3－130
尚書離句六卷……………………………… 3－130
尚書離句六卷……………………………… 3－130
尚書離句六卷……………………………… 3－130
尚書離句六卷……………………………… 3－130
尚書離句六卷……………………………… 3－130
尚書離句六卷……………………………… 3－130
尚書離句六卷……………………………… 3－130
尚書離句六卷……………………………… 3－130
尚書離句六卷……………………………… 3－130

尚書離句六卷…………………………… 3－130
尚書離句六卷…………………………… 3－130
尚書離句六卷…………………………… 3－130
尚書離句六卷…………………………… 3－130
尚書離句六卷…………………………… 3－130
尚書離句六卷…………………………… 3－130
尚書離句六卷…………………………… 3－131
尚書離句六卷…………………………… 3－131
尚書離句六卷…………………………… 3－131
尚書離句六卷…………………………… 3－131
尚書離句六卷…………………………… 3－131
尚書離句六卷…………………………… 3－131
尚書離句六卷…………………………… 3－131
尚書離句六卷…………………………… 3－131
尚書離句六卷…………………………… 3－131
尚書離句六卷…………………………… 3－131
尚書離句六卷…………………………… 3－131
尚書離句六卷…………………………… 3－131
尚書離句六卷…………………………… 3－131
尚書離句六卷…………………………… 3－131
尚書離句六卷…………………………… 3－131
尚書離句六卷…………………………… 3－131
尚書離句六卷…………………………… 3－131
尚書離句六卷…………………………… 3－131
尚書離句六卷…………………………… 3－131
尚書離句六卷…………………………… 3－131
尚書離句六卷…………………………… 3－131
尚書離句六卷…………………………… 3－131
尚書離句六卷…………………………… 3－131
尚書離句六卷…………………………… 3－131
尚書離句六卷…………………………… 3－132
尚書離句六卷…………………………… 3－132
尚書離句六卷…………………………… 3－132
尚書離句六卷…………………………… 3－132
尚書離句六卷…………………………… 3－132
尚書離句六卷…………………………… 3－132
尚書離句六卷…………………………… 3－132
尚書離句六卷…………………………… 3－132
尚書離句六卷…………………………… 3－132
尚書離句六卷…………………………… 3－132
尚書離句六卷…………………………… 3－132
尚書離句六卷…………………………… 3－132
尚書離句六卷…………………………… 3－132
尚書離句六卷…………………………… 3－132
尚書離句六卷…………………………… 3－132
尚書離句六卷…………………………… 3－132
尚書離句六卷…………………………… 3－132
尚書離句六卷…………………………… 3－132
尚書離句六卷…………………………… 3－132
尚書離句六卷…………………………… 3－132
尚書離句六卷…………………………… 3－132
尚書離句六卷…………………………… 3－132
尚書離句六卷…………………………… 3－132
尚書離句六卷…………………………… 3－132
尚書離句六卷…………………………… 3－133
尚書離句六卷…………………………… 3－133
尚書離句六卷…………………………… 3－133
尚書離句六卷…………………………… 3－133
尚書離句六卷…………………………… 3－133
尚書離句六卷…………………………… 3－133
尚書離句六卷…………………………… 3－133
尚書離句六卷…………………………… 3－133
尚書離句六卷…………………………… 3－133
尚書離句六卷…………………………… 3－133
尚書離句六卷…………………………… 3－133
尚書離句六卷…………………………… 3－133
尚書離句六卷…………………………… 3－133
尚書離句六卷…………………………… 3－133
尚書離句六卷…………………………… 3－133
尚書離句六卷…………………………… 3－133
尚書離句六卷…………………………… 3－133
尚書離句六卷…………………………… 3－133
尚書離句六卷…………………………… 3－133
尚書離句六卷…………………………… 3－133
尚書離句六卷…………………………… 3－133
尚書離句六卷…………………………… 3－133
尚書離句六卷…………………………… 3－133
尚書離句六卷…………………………… 3－133
尚書離句六卷…………………………… 3－134
尚書離句六卷…………………………… 3－134
尚書體注約解合參四卷………………… 3－134
尚書體注約解合參四卷………………… 3－134

尚書體注約解合參四卷 ………………… 3－134
尚書讀記一卷春秋一得一卷 ………… 3－128
尚絅堂試帖二卷 ……………………… 3－125
尚絅堂試帖輯注一卷 ………………… 3－125
尚絅堂試帖輯注一卷 ………………… 3－126
尚絅堂試帖輯注一卷 ………………… 3－126
尚絅堂試帖輯注一卷 ………………… 3－126
尚絅堂試帖輯注一卷 ………………… 3－126
尚絅堂試帖輯注一卷 ………………… 3－126
尚絅堂試帖輯注一卷 ………………… 3－126
尚絅堂詩集五十二卷箏船詞集二卷
駢體文二卷 ………………………… 3－125
尚絅堂詩集五十二卷箏船詞集二卷
駢體文二卷 ………………………… 3－125
尚絅堂詩集五十二卷箏船詞集二卷
駢體文二卷 ………………………… 3－125
尚絅廬詩存一卷 ……………………… 3－125
尚絅廬詩存二卷 ……………………… 3－125
尚絅廬詩存二卷 ……………………… 3－125
尚絅廬詩存二卷 ……………………… 3－125
尚絅廬詩存二卷 ……………………… 3－125
尚絅廬詩存二卷 ……………………… 3－125
尚絅廬詩存二卷 ……………………… 3－125
尚德公立分鬮書不分卷 ……………… 3－125
尚論後篇四卷 ………………………… 3－126
尚論後篇四卷 ………………………… 3－126
尚論張仲景傷寒論重編三百九十七
法二卷後四卷 ……………………… 3－126
尚論張仲景傷寒論重編三百九十七
法二卷首一卷 ……………………… 3－126
尚論張仲景傷寒論重編三百九十七
法二卷首一卷 ……………………… 3－126
尚論張仲景傷寒論重編三百九十七
法二卷首一卷 ……………………… 3－126
尚論張仲景傷寒論重編三百九十七
法二卷首一卷 ……………………… 3－127
尚論張仲景傷寒論重編三百九十七
法二卷首一卷 ……………………… 3－127
尚論張仲景傷寒論重編三百九十七
法二卷首一卷後四卷 ……………… 3－127
尚論張仲景傷寒論重編三百九十七
法二卷首一卷後篇四卷 …………… 3－127
尚論張仲景傷寒論重編三百九十七
法二卷首一卷後篇四卷 …………… 3－127
尚論張仲景傷寒論重編三百九十七
法四卷首一卷後篇四卷 …………… 3－127
尚論張仲景傷寒論重編三百九十七
法後篇四卷 ………………………… 3－127
尚論彙鈔不分卷 ……………………… 3－126
尚論篇二卷首一卷後篇四卷 ………… 3－126
尚論篇四卷後篇四卷 ………………… 3－126
尚論篇四卷後篇四卷 ………………… 3－126
尚論篇四卷首一卷 …………………… 3－126
尚論篇四卷首一卷後篇四卷 ………… 3－126
尚論篇四卷首一卷後篇四卷 ………… 3－126
尚論編二十卷 ………………………… 3－126
昊書八卷 ……………………………… 2－29
果堂集十二卷附錄一卷 ……………… 2－4
果報錄十二卷一百回 ………………… 2－4
果報錄十二卷一百回 ………………… 2－4
果報錄十二卷一百回 ………………… 2－4
果報錄十二卷一百回 ………………… 2－4
味外味不分卷 ………………………… 4－19
味根堂文藁四卷 ……………………… 4－19
味菜堂詩集四卷 ……………………… 4－19
味雪樓詩草一卷別稿一卷 …………… 4－20
味雪樓詩草一卷別稿一卷 …………… 4－20
味雪樓詩草一卷別稿一卷 …………… 4－20
味雪齋文鈔甲集十卷 ………………… 4－20
味閒堂賦鈔一卷續刻一卷三刻二卷
……………………………………… 4－20
味無味齋詩鈔二卷 …………………… 4－19
味無味齋詩鈔七卷雜文一卷駢體文
二卷 ………………………………… 4－19
味道集一卷 …………………………… 4－19
味經山館詩鈔六卷 …………………… 4－19
味經山館詩鈔六卷文鈔四卷 ………… 4－19
味經書屋詩稿十二卷 ………………… 4－19
味經堂稿不分卷 ……………………… 4－19
味經得雋齋律賦一卷 ………………… 4－19
味經齋存稿四卷 ……………………… 4－19
味經齋存稿四卷 ……………………… 5－396

味經齋遺書 …………………………… 4－19
味蓼初藁不分卷 ………………………… 4－19
味塵軒詩集十四卷詩餘二卷 ………… 4－19
味蕉小寮集 …………………………… 4－19
味餘書室全集定本四十卷目錄四卷
　隨筆二卷 …………………………… 4－20
味餘書室全集定本四十卷目錄四卷
　隨筆二卷 …………………………… 4－20
味餘書室全集定本四十卷目錄四卷
　隨筆二卷 …………………………… 4－20
味餘書室全集定本四十卷目錄四卷
　隨筆二卷 …………………………… 4－20
味蘭軒百篇賦鈔四卷 ………………… 4－19
味蘭軒百篇賦鈔四卷 ………………… 4－19
味靈華館詩六卷 ……………………… 4－19
杲堂詩鈔七卷……………………… 1－398
[道光]昆明縣志十卷 ……………… 5－280
昌江性學述筆貫珠十二卷 …………… 1－94
昌江瓣香集二卷 ……………………… 1－94
昌江瓣香集二卷 ……………………… 1－94
昌谷集四卷 …………………………… 1－94
昌言四卷 ……………………………… 1－96
昌言四卷 ……………………………… 1－96
昌南輿誦篇一卷 ……………………… 1－96
昌雩文集二卷 ………………………… 1－96
昌雩文集二卷 ………………………… 1－96
昌黎先生集四十卷外集十卷遺文一
　卷 …………………………………… 1－94
昌黎先生集四十卷外集十卷遺文一
　卷 …………………………………… 1－94
昌黎先生集四十卷外集十卷遺文一
　卷 …………………………………… 1－94
昌黎先生集四十卷外集十卷遺文一
　卷 …………………………………… 1－94
昌黎先生集四十卷外集十卷遺文一
　卷 …………………………………… 1－94
昌黎先生集四十卷外集十卷遺文一
　卷 …………………………………… 1－94
昌黎先生集四十卷外集十卷遺文一
　卷 …………………………………… 1－94
昌黎先生集四十卷外集十卷遺文一
　卷 …………………………………… 1－95
昌黎先生集四十卷外集十卷遺文一
　卷 …………………………………… 1－95
昌黎先生集四十卷外集十卷遺文一
　卷 …………………………………… 1－95
昌黎先生集四十卷外集十卷遺文一
　卷 …………………………………… 1－95
昌黎先生集四十卷外集十卷遺文一
　卷 …………………………………… 1－95
昌黎先生集四十卷外集十卷遺文一
　卷 …………………………………… 1－95
昌黎先生集四十卷外集十卷遺文一
　卷 …………………………………… 1－95
昌黎先生集四十卷外集十卷遺文一
　卷 …………………………………… 1－95
昌黎先生集四十卷遺文一卷 ………… 1－95
昌黎先生集考異十卷 ………………… 1－94
昌黎先生詩集注十一卷 ……………… 1－95
昌黎先生詩集注十一卷 ……………… 1－95
昌黎先生詩集注十一卷 ……………… 1－95
昌黎先生詩集注十一卷 ……………… 1－95
昌黎先生詩集注十一卷 ……………… 1－95
昌黎先生詩集注十一卷 ……………… 1－96
昌黎先生詩集注十一卷 ……………… 1－96
昌黎先生詩集注十一卷 ……………… 1－96
昌黎先生詩集注十一卷 ……………… 1－96
昌黎先生詩集注十一卷年譜一卷 …… 1－96
昌黎先生詩增注証訛十一卷 ………… 1－96
明九邊考四卷……………………… 2－420
明三十家詩選初集八卷二集八卷…… 2－422
明大司馬盧公奏議十卷首一卷……… 2－417
明大司馬盧公奏議十卷首一卷……… 2－417
明大司馬盧公奏議十卷首一卷……… 2－417
明大司馬盧公奏議十卷首一卷文集
　一卷詩集一卷…………………… 2－417
明大司馬盧公集十二卷首一卷……… 2－417
明王文成與朱侍御三札一卷………… 2－428
明太保費文憲公文集選要七卷……… 2－427
明少保費文通公文集選要六卷……… 2－422
明文大小題商十一卷……………… 2－429
明文大小題商不分卷……………… 2－429

明文才調集不分卷…………………… 2－428
明文才調集不分卷…………………… 2－428
明文才調集不分卷…………………… 2－429
明文才調集不分卷…………………… 2－429
明文才調集不分卷…………………… 2－429
明文才調集不分卷…………………… 2－429
明文才調集不分卷…………………… 2－429
明文才調集不分卷…………………… 2－429
明文才調集不分卷…………………… 2－429
明文小題不分卷……………………… 2－429
明文小題與巧集不分卷……………… 2－429
明文小題傳薪不分卷………………… 2－429
明文必自集選本不分卷……………… 2－428
明文在一百卷………………………… 2－429
明文初學金丹不分卷………………… 2－429
明文奇賞四十卷……………………… 2－429
明文奇賞四十卷……………………… 2－429
明文明一卷…………………………… 2－429
明文針度二集□卷…………………… 2－429
明文授讀六十二卷…………………… 2－429
明文鈔不分卷………………………… 2－429
［明文鈔］四卷 …………………… 5－332
明文讀本三編不分卷………………… 2－429
明文讀本不分卷……………………… 2－429
明文讀本不分卷……………………… 2－429
明水陳先生文集十四卷……………… 2－427
明末毛氏汲古閣刻三唐人文集本皇
　甫持正集六卷 ……………………… 2－88
明本釋三卷…………………………… 2－416
明史三百三十二卷…………………… 2－425
明史三百三十二卷…………………… 2－426
明史三百三十二卷…………………… 2－426
明史三百三十二卷…………………… 2－426
明史三百三十二卷…………………… 2－426
明史三百三十二卷…………………… 2－426
明史三百三十二卷…………………… 2－426
明史三百三十二卷…………………… 2－426
明史三百三十二卷…………………… 2－426
明史三百三十二卷…………………… 5－172
明史三百三十二卷目錄四卷………… 2－426
明史三百三十二卷目錄四卷………… 2－426
明史三百三十二卷目錄四卷………… 2－426
明史三百三十二卷目錄四卷………… 2－426
明史三百三十二卷目錄四卷………… 2－426
明史三百三十二卷目錄四卷………… 2－426
明史三百三十二卷目錄四卷………… 2－426
明史三百三十二卷目錄四卷………… 2－426
明史三百三十二卷目錄四卷………… 2－427
明史三百三十二卷目錄四卷………… 2－427
明史三百三十二卷目錄四卷………… 2－427
明史三百三十二卷目錄四卷………… 2－427
明史三百三十二卷目錄四卷………… 2－427
明史三百三十二卷目錄四卷………… 2－427
明史三百三十二卷目錄四卷………… 2－427
明史三百三十二卷目錄四卷………… 5－174
明史三百三十二卷目錄四卷………… 5－195
明史三百三十二卷目錄四卷………… 5－197
明史分稿殘編二卷…………………… 2－423
明史列傳稿二百八卷目錄三卷……… 2－425
明史紀事本末八十卷………………… 2－424
明史紀事本末八十卷………………… 2－424
明史紀事本末八十卷………………… 2－424
明史紀事本末八十卷………………… 2－424
明史紀事本末八十卷………………… 2－424
明史紀事本末八十卷………………… 2－424
明史紀事本末八十卷………………… 2－424
明史紀事本末八十卷………………… 2－424
明史紀事本末八十卷………………… 2－424
明史紀事本末八十卷………………… 2－424
明史紀事本末八十卷………………… 2－424
明史紀事本末八十卷………………… 2－425
明史紀事本末八十卷………………… 2－425
明史紀事本末八十卷………………… 2－425
明史紀事本末八十卷………………… 2－425
明史紀事本末八十卷………………… 2－425
明史紀事本末八十卷………………… 2－425
明史紀事本末八十卷………………… 2－425
明史紀事本末八十卷………………… 2－425
明史紀事本末八十卷………………… 2－425
明史紀事本末八十卷………………… 2－425
明史紀事本末八十卷………………… 2－425
明史紀事本末詳節六卷……………… 2－425

明史節鈔十三卷 ………………………… 2－425
明史稿三百十卷目錄三卷 ………………… 2－423
明史稿三百十卷目錄三卷 ………………… 2－423
明史稿三百十卷目錄三卷 ………………… 2－423
明史稿三百十卷目錄三卷 ………………… 2－423
明史稿三百十卷目錄三卷 ………………… 2－423
明史稿三百十卷目錄三卷 ………………… 2－424
明史稿三百十卷目錄三卷 ………………… 2－424
明史稿三百十卷目錄三卷 ………………… 2－424
明史稿三百十卷目錄三卷 ………………… 2－424
明史稿三百十卷目錄三卷 ………………… 2－424
明史論四卷 ……………………………… 2－308
明史論四卷 ……………………………… 2－308
明史論四卷 ……………………………… 2－308
明史論四卷 ……………………………… 2－308
明史論四卷 ……………………………… 2－308
明史論四卷 ……………………………… 2－308
明史論四卷 ……………………………… 2－308
明史論四卷 ……………………………… 2－308
明史論四卷 ……………………………… 2－308
明史論四卷 ……………………………… 2－308
明史論四卷 ……………………………… 2－309
明史論四卷 ……………………………… 2－309
明史論四卷 ……………………………… 2－309
明史論四卷 ……………………………… 2－309
明史論四卷 ……………………………… 2－309
明史論四卷 ……………………………… 2－309
明史論四卷 ……………………………… 2－309
明史論四卷 ……………………………… 2－309
明史論四卷 ……………………………… 2－309
明史論四卷 ……………………………… 2－309
明史論四卷 ……………………………… 2－309
明史論四卷 ……………………………… 2－309
明史論四卷 ……………………………… 2－309
明史論四卷 ……………………………… 2－310
明史論四卷 ……………………………… 2－310
明史論四卷 ……………………………… 2－310
明史論四卷 ……………………………… 2－310
明史論四卷 ……………………………… 2－310
明史論四卷 ……………………………… 2－425
明史彈詞一卷 …………………………… 2－423
明史緯六十八卷 ………………………… 1－347
明史擬稿六卷 …………………………… 2－425
明史擬稿六卷 …………………………… 2－425
明代時文不分卷 ………………………… 2－417
明刑管見錄一卷 ………………………… 2－431
明夷待訪錄一卷 ………………………… 2－431
明夷待訪錄一卷 ………………………… 2－431
明夷待訪錄一卷 ………………………… 2－431
明夷待訪錄一卷 ………………………… 2－431
明夷待訪錄一卷 ………………………… 2－431
明名臣奏議選八卷 ……………………… 2－421
明州繫年錄七卷 ………………………… 2－432
明州繫年錄七卷 ………………………… 2－432
明志齋詩草二卷 ………………………… 2－432
明李文正公［東陽］年譜五卷 ……… 2－421
明呂叔簡先生四禮翼八卷 ……………… 2－421
明吳又可先生溫疫論二卷 ……………… 2－430
明吳又可先生溫疫論二卷 ……………… 2－430
明吳又可先生溫疫論二卷 ……………… 2－430
明吳又可先生溫疫論二卷 ……………… 2－430
明吳又可先生溫疫論二卷 ……………… 2－430
明吳又可先生溫疫論二卷 ……………… 2－430
明吳又可先生溫疫論二卷 ……………… 2－430
明吳又可先生溫疫論二卷 ……………… 2－430
明吳又可先生溫疫論二卷 ……………… 2－430
明吳又可先生溫疫論二卷 ……………… 2－430
明吳又可先生溫疫論醫門普度二卷 …………………………………… 2－430
明吳又可先生溫疫論醫門普度二卷 …………………………………… 2－430
明吳又可先生溫疫論醫門普度二卷 …………………………………… 2－430
明吳又可先生溫疫論醫門普度二卷 …………………………………… 2－430
明吳又可先生溫疫論醫門普度二卷 …………………………………… 2－430
明吳又可先生溫疫論醫門普度二卷 …………………………………… 2－430
明吳又可先生溫疫論醫門普度二卷 …………………………………… 2－430

明吳又可先生溫疫論醫門普度二卷
…………………………………… 2－430
明吳又可先生溫疫論醫門普度二卷
…………………………………… 2－430
明吳又可先生溫疫論醫門普度二卷
…………………………………… 2－431
明吳又可先生溫疫論醫門普度二卷
…………………………………… 2－431
明吳又可先生溫疫論醫門普度二卷
…………………………………… 2－431
明吳又可先生溫疫論醫門普度二卷
末一卷 ……………………………… 2－431
明吳又可先生溫疫論醫門普度二卷
末一卷 ……………………………… 2－431
明吳又可先生溫疫論醫門普度二卷
末一卷 ……………………………… 2－431
明吳又可先生溫疫論醫門普度二卷
末一卷 ……………………………… 2－431
明吳又可先生溫疫論醫門普度二卷
末一卷 ……………………………… 2－431
明表□□卷 ………………………… 2－416
明季三朝野史四卷 ………………… 2－419
明季三朝野史四卷 ………………… 2－419
明季北略二十四卷 ………………… 2－418
明季北略二十四卷 ………………… 2－418
明季北略二十四卷 ………………… 2－418
明季北略二十四卷 ………………… 2－418
明季北略二十四卷南略十八卷 ……… 2－418
明季北略二十四卷南略十八卷 ……… 2－418
明季北略二十四卷南略十八卷 ……… 2－418
明季南略十八卷 …………………… 2－419
明季稗史彙編 ……………………… 2－418
明季稗史彙編 ……………………… 2－418
明季稗史彙編 ……………………… 2－418
明季稗史彙編 ……………………… 2－418
明季稗史彙編 ……………………… 2－418
明季稗史彙編 ……………………… 2－418
明季稗史彙編 ……………………… 2－418
明季稗史彙編 ……………………… 2－418
明季稗史彙編 ……………………… 2－418
明季稗史彙編 ……………………… 2－418
明季稗史彙編 ……………………… 2－418
明季稗史彙編 ……………………… 2－418
明況太守龍岡公治蘇政績全集十六
卷首一卷續集十二卷末一卷 ……… 2－420
明況太守龍岡公治蘇政績全集十六
卷首一卷續集十二卷末一卷 ……… 2－420
明重刊周易參同契注解三卷悟真篇
注解三卷附直指詳說三乘秘要一
卷 ………………………………… 2－432
明律集解附例三十卷 ……………… 2－421
明紀六十卷 ………………………… 2－419
明紀六十卷 ………………………… 2－419
明紀六十卷 ………………………… 2－419
明紀六十卷 ………………………… 2－419
明紀六十卷 ………………………… 2－419
明紀六十卷 ………………………… 2－419
明紀六十卷 ………………………… 2－419
明紀六十卷 ………………………… 2－419
明紀六十卷 ………………………… 2－419
明紀事樂府四卷 …………………… 2－419
明紀事樂府四卷 …………………… 2－419
明紀事樂府四卷 …………………… 2－419
明紀詩略旁注一卷 ………………… 2－419
明紀綱目二十卷 …………………… 1－116
明紀綱目二十卷 …………………… 1－116
明紀綱目二十卷 …………………… 1－116
明紀彈詞注一卷 …………………… 2－460
明紀彈詞注一卷 …………………… 2－460
明紀彈詞注一卷 …………………… 2－460
明紀編年十二卷 …………………… 2－419
明珠一卷 …………………………… 2－432
明貢舉考略二卷 …………………… 2－417
明宮史八卷 ………………………… 2－417
明宮詞一卷 ………………………… 2－417
明書一百七十一卷目錄二卷 ……… 2－427
明陵碑文不分卷 …………………… 2－421
明通鑑九十卷目錄二十卷首一卷前
編四卷附編六卷 ………………… 2－427
明通鑑九十卷目錄二十卷首一卷前
編四卷附編六卷 ………………… 2－427
明通鑑九十卷目錄二十卷首一卷前

編四卷附編六卷 ······················ 2－428
明通鑑九十卷目錄二十卷首一卷前
編四卷附編六卷 ······················ 2－428
明通鑑九十卷目錄二十卷首一卷前
編四卷附編六卷 ······················ 2－428
明通鑑九十卷目錄二十卷首一卷前
編四卷附編六卷 ······················ 2－428
明通鑑九十卷目錄二十卷首一卷前
編四卷附編六卷 ······················ 2－428
明通鑑九十卷目錄二十卷首一卷前
編四卷附編六卷 ······················ 2－428
明通鑑九十卷目錄二十卷首一卷前
編四卷附編六卷 ······················ 2－428
明通鑑九十卷目錄二十卷首一卷前
編四卷附編六卷 ······················ 2－428
明通鑑九十卷目錄二十卷首一卷前
編四卷附編六卷 ······················ 2－428
明通鑑九十卷目錄二十卷首一卷前
編四卷附編六卷 ······················ 2－428
明通鑑九十卷前編四卷附記六卷首
一卷目錄二十卷 ······················ 2－428
明通鑑九十卷前編四卷附記六卷首
一卷目錄二十卷 ······················ 2－428
明戚少保[繼光]年譜節要六卷 ······ 2－421
明堂大道錄八卷禘說二卷 ·············· 2－427
明堂大道錄八卷禘說二卷 ·············· 2－427
明堂陰陽夏小正經傳考釋十卷 ········ 2－427
明堂圖說一卷 ···························· 2－427
明堂圖說一卷 ···························· 2－427
明堂圖說一卷附錄一卷 ················· 2－427
明堂圖說一卷附錄一卷 ················· 2－427
明進士題名碑錄不分卷 ················· 2－419
明進士題名碑錄不分卷 ················· 2－420
明進士題名碑錄不分卷 ················· 2－420
明進士題名碑錄不分卷 ················· 2－420
明進士題名碑錄不分卷 ················· 2－420
明進士題名碑錄不分卷 ················· 2－420
[明清書院記]□□卷 ·················· 5－332
明清進士題名碑錄不分卷 ·············· 2－421
明清進士題名碑錄不分卷 ·············· 2－421
明清進士題名碑錄不分卷 ·············· 2－421
明張文忠公文集十一卷詩集六卷 ······ 2－431
明張文忠公文集十一卷詩集六卷 ······ 2－432
明張文忠公全集四十六卷附錄二卷
·· 2－431
明張文忠公全集四十六卷附錄二卷
·· 2－431
明朝紀事本末八十卷 ···················· 2－416
明朝紀事本末八十卷 ···················· 2－416
明朝紀事本末八十卷 ···················· 2－416
明朝紀事本末八十卷 ···················· 2－416
明朝紀事本末八十卷 ···················· 2－416
明詞綜十二卷 ···························· 2－417
明詞綜十二卷 ···························· 2－417
明詞綜十二卷 ···························· 2－417
明詞綜十二卷國朝詞綜四十八卷國
朝詞綜二集八卷 ························ 1－187
明詞綜十二卷國朝詞綜四十八卷國
朝詞綜二集八卷 ························ 1－187
明詞綜十二卷國朝詞綜四十八卷國
朝詞綜二集八卷 ························ 1－187
明道本攷異四卷 ·························· 2－3
明道本攷異四卷 ·························· 2－3
明道本攷異四卷 ·························· 2－3
明道本攷異四卷 ·························· 2－3
明道本攷異四卷 ·························· 2－3
明道本攷異四卷 ·························· 2－3
明道本攷異四卷 ·························· 2－3
明道本攷異四卷 ·························· 2－3
明道本攷異四卷 ·························· 2－3
明道本攷異四卷 ·························· 2－3
明道本攷異四卷 ·························· 2－3
明道本攷異四卷 ·························· 2－3
明道先生文集五卷 ······················ 2－417
明道易經十二卷 ·························· 2－417
明聖經一卷 ······························· 2－422
明會要八十卷 ···························· 2－417
明會要八十卷 ···························· 2－417
明會要八十卷 ···························· 2－417
明會要八十卷 ···························· 2－417
明會要八十卷 ···························· 2－417
明會要八十卷 ···························· 2－417

明會要八十卷……………………………… 2－417
明會要八十卷……………………………… 2－418
明會要八十卷……………………………… 2－418
明詩別裁集十二卷………………………… 2－422
明詩別裁集十二卷………………………… 2－422
明詩別裁集十二卷………………………… 2－422
明詩別裁集十二卷………………………… 2－422
明詩別裁集十二卷………………………… 2－422
明詩別裁集十二卷………………………… 2－422
明詩別裁集十二卷………………………… 2－422
明詩別裁集十二卷………………………… 2－422
明詩別裁集十二卷………………………… 2－422
明詩別裁集十二卷………………………… 2－422
明詩別裁集十二卷………………………… 2－422
明詩別裁集十二卷………………………… 2－422
明詩別裁集十二卷………………………… 2－422
明詩別裁集十二卷………………………… 2－422
明詩別裁集十二卷………………………… 2－422
明詩別裁集十二卷………………………… 2－422
明詩別裁集十二卷………………………… 5－144
明詩別裁集十二卷………………………… 5－172
明詩紀事一百八十七卷…………………… 2－423
明詩紀事一百八十七卷…………………… 2－423
明詩綜一百卷……………………………… 2－423
明詩綜一百卷……………………………… 2－423
明詩綜一百卷……………………………… 2－423
明詩綜一百卷……………………………… 2－423
明詩綜一百卷……………………………… 2－423
明詩綜一百卷……………………………… 2－423
明詩綜一百卷……………………………… 2－423
明詩綜一百卷……………………………… 2－423
明僮合錄二卷……………………………… 2－428
明德詩集不分卷…………………………… 2－417
明德新民編□□卷………………………… 2－417
明翰林學士當塗陶主敬先生年譜一
　卷………………………………………… 3－452
明翰林學士當塗陶主敬先生年譜一
　卷………………………………………… 3－452
明翰林學士當塗陶主敬先生年譜一
　卷………………………………………… 3－452
明翰林學士當塗陶主敬先生年譜一
　卷………………………………………… 3－452
明儒王一庵先生遺集一卷………………… 2－421
明儒王心齋先生遺集五卷………………… 2－421
明儒王心齋先生遺集五卷首一卷………… 2－421
明儒王東厓先生遺集二卷首一卷………… 2－421
明儒王東堧東隅東日天真四先生殘
　稿一卷…………………………………… 2－421
明儒詠二卷………………………………… 2－422
明儒學案六十二卷………………………… 2－421
明儒學案六十二卷………………………… 2－421
明儒學案六十二卷師說一卷……………… 2－421
明儒學案六十二卷師說一卷……………… 2－421
明儒學案六十二卷師說一卷……………… 2－421
明儒學案六十二卷師說一卷……………… 2－421
明儒學案六十二卷師說一卷……………… 2－421
明儒學案六十二卷師說一卷……………… 2－421
明辨錄一卷………………………………… 2－416
明辨齋叢書………………………………… 5－168
明總憲李忠肅公集十六卷………………… 2－432
明總憲李忠肅公集十六卷………………… 2－432
明題名碑錄不分卷………………………… 2－427
明鑑易知錄十五卷………………………… 2－419
明鑑會纂十五卷…………………………… 2－419
易大義補一卷……………………………… 4－317
易五贊一卷筮儀一卷……………………… 5－186
易引二卷…………………………………… 4－325
[易占]不分卷　…………………………… 5－381
易占經緯四卷附錄一卷…………………… 4－325
易考二卷易續考二卷……………………… 4－323
易守三十二卷附易卦總論一卷…………… 4－323
易困輯解內外篇二卷……………………… 4－323
易君子以錄不分卷………………………… 4－322
易君子以錄不分卷………………………… 4－323
易君子以錄不分卷………………………… 4－323
易林補遺十二卷…………………………… 4－323
易林補遺十二卷…………………………… 4－323
易或十卷…………………………………… 4－325
易冒十卷…………………………………… 4－323
易知錄三卷………………………………… 4－325
易知簡能通書□□卷……………………… 4－325
易例二卷…………………………………… 4－323

易研八卷首一卷…………………… 4－324
易研八卷首一卷…………………… 4－324
易研八卷首一卷…………………… 4－325
易指事四卷………………………… 4－325
易酌十四卷………………………… 4－325
易原八卷…………………………… 4－325
易原八卷…………………………… 4－325
易原不分卷………………………… 4－325
易悟六卷…………………………… 4－324
[易書試帖]不分卷 ………………… 5－381
易堂十三子文選四卷……………… 4－323
易堂十三子文選四卷……………… 4－324
易堂十三子文選四卷……………… 5－400
易堂九子文鈔……………………… 4－323
易堂九子文鈔……………………… 4－323
易堂九子文鈔……………………… 4－323
易堂九子文鈔……………………… 4－323
易堂九子文鈔……………………… 4－323
易堂九子文鈔……………………… 4－323
易堂九子文鈔……………………… 4－323
易堂問目四卷……………………… 4－324
易堂問目四卷……………………… 4－324
易問六卷…………………………… 4－324
易問六卷…………………………… 4－324
易象正十二卷初二卷終二卷……… 4－324
易象致用說二卷…………………… 4－324
易象鈔四卷………………………… 4－324
易象意言一卷……………………… 4－324
易貫十四卷首二卷………………… 4－317
易剩不分卷………………………… 4－323
易筋經不分卷……………………… 4－318
易筋經外經圖說一卷……………… 4－318
易傳附義二卷……………………… 4－317
易傳撮要一卷……………………… 4－317
易傳撮要一卷……………………… 4－317
易傳撮要一卷……………………… 4－317
易會八卷首一卷…………………… 4－317
易會八卷首一卷…………………… 4－318
易會八卷首一卷…………………… 4－318
易會八卷首一卷…………………… 4－318
易解拾遺七卷……………………… 4－318
易解拾遺七卷附周易讀本四卷……… 4－318
易解經傳證五卷首一卷…………… 4－318
易義一卷…………………………… 4－325
易義別錄十四卷…………………… 4－325
易義萃精四卷……………………… 4－325
易義選參二卷……………………… 4－325
易義選參二卷……………………… 4－325
易義選參二卷……………………… 4－325
易經一說不分卷…………………… 4－322
易經二卷…………………………… 4－319
易經十二卷首一卷末一卷………… 4－321
易經十二卷首一卷末一卷………… 4－321
易經八卷…………………………… 4－318
易經八卷…………………………… 4－318
易經大全會解四卷………………… 4－319
易經大全會解四卷………………… 4－319
易經大全會解四卷………………… 4－319
易經大全會解四卷………………… 4－319
易經大全會解四卷………………… 4－319
易經大全會解四卷………………… 4－319
易經大全會解四卷………………… 4－319
易經大全會解四卷………………… 4－319
易經大全會解四卷………………… 4－319
易經大全會解四卷………………… 4－319
易經大全會解四卷………………… 4－319
易經大全會解四卷………………… 4－319
易經大全會解四卷………………… 5－400
易經文鵠不分卷…………………… 4－322
易經古本庸說四卷首一卷………… 4－320
易經考異一卷……………………… 5－181
易經考異一卷……………………… 5－182
易經考異一卷……………………… 5－182
易經全解六卷首一卷……………… 4－320
易經全解六卷首一卷……………… 4－320
易經如話十二卷首一卷…………… 4－321
易經如話十二卷首一卷…………… 4－321
易經如話十二卷首一卷…………… 4－321
易經如話十二卷首一卷…………… 4－321
易經如話十二卷首一卷…………… 4－321
易經如話十二卷首一卷…………… 4－321
易經如話十二卷首一卷…………… 4－321

易經如話十二卷首一卷…………………… 4－321
易經如話十二卷首一卷…………………… 4－321
易經如話十二卷首一卷…………………… 4－321
易經如話十二卷首一卷…………………… 4－321
易經如話十二卷首一卷…………………… 4－321
易經如話十二卷首一卷…………………… 4－321
易經如話十二卷首一卷…………………… 4－321
易經如話十二卷首一卷…………………… 4－321
易經如話十二卷首一卷…………………… 4－321
易經初學讀本不分卷…………………… 4－319
易經定本三卷…………………… 4－319
易經定本三卷…………………… 4－319
易經音訓不分卷…………………… 4－322
易經音訓不分卷…………………… 4－322
易經旁訓三卷…………………… 4－320
易經旁訓三卷…………………… 4－320
易經旁訓文選合編三卷…………………… 4－320
[易經書經鈔]七卷 …………………… 5－381
易經備考三卷…………………… 4－319
易經備解二卷…………………… 4－319
易經備解二卷…………………… 4－319
易經備解不分卷…………………… 4－318
易經備解不分卷…………………… 4－319
[易經鈔]不分卷 …………………… 5－381
[易經鈔]不分卷 …………………… 5－381
[易經鈔]不分卷 …………………… 5－381
易經註疏大全合纂六十四卷首一卷
周易繫辭註疏大全合纂四卷……… 4－322
易經發蒙六卷…………………… 4－319
易經詮義十四卷首一卷…………………… 4－320
易經詮義十四卷首一卷…………………… 4－320
易經詮義十四卷首一卷…………………… 4－320
易經詮義十四卷首一卷…………………… 4－320
易經詮義十四卷首一卷…………………… 4－320
易經詮義十四卷首一卷…………………… 4－321
易經彙纂詳解六卷…………………… 4－320
易經彙纂詳解六卷…………………… 4－320
易經圖釋十二卷…………………… 4－322
易經圖釋十二卷…………………… 4－322
易經精華六卷末一卷…………………… 4－320
易經精華六卷末一卷…………………… 4－320
易經精華六卷末一卷…………………… 4－320
易經精華六卷末一卷…………………… 4－320
易經精華六卷末一卷…………………… 4－320
易經精華六卷末一卷…………………… 4－320
易經精華六卷末一卷…………………… 4－320
易經精華六卷末一卷…………………… 4－320
易經增訂旁訓三卷…………………… 4－322
易經增註十卷…………………… 4－322
易經擇粹五卷…………………… 4－322
易經離句解四卷…………………… 4－320
易經繹五卷…………………… 4－322
易經纂註四卷…………………… 4－322
易經觸義七卷…………………… 4－319
易經體注大全四卷…………………… 4－322
易經體注大全合參四卷…………………… 4－322
易經體注大全合參四卷…………………… 4－322
易經體注大全合參四卷…………………… 4－322
易經體注大全合參四卷…………………… 4－322
易經體注大全合參四卷…………………… 4－322
易經體注大全合參四卷…………………… 4－322
易經體注大全合參四卷…………………… 4－322
易經體注大全合參四卷…………………… 4－322
易圖存是二卷…………………… 4－324
易圖存是二卷…………………… 4－324
易圖存是二卷冬官旁求二卷…………… 4－324
易圖集錄一卷易五贊一卷筮儀一卷
…………………………………… 5－186
易說六卷…………………… 4－323
易說醒四卷…………………… 4－323
易說醒四卷首一卷…………………… 4－323
易漢學八卷易例大全一卷…………… 4－317
易漢學八卷易例大全一卷…………… 4－317
易漢學師承表一卷漢置五經博士攷
一卷…………………………………… 4－317
易確二十卷首一卷…………………… 4－323
易學六原內編二十二卷首一卷外編
十四卷…………………… 4－324
易學啓蒙通釋二卷圖一卷…………… 4－324
易學變通六卷…………………… 4－324
易錄七卷…………………… 4－323
易憲四卷…………………… 4－324

易隱八卷首一卷 ……………………… 4－325
易簡方便醫書六卷 …………………… 4－318
易簡方便醫書六卷 …………………… 4－318
易簡方便醫書六卷 …………………… 4－318
易簡方便醫書六卷 …………………… 4－318
易簡方便醫書六卷 …………………… 4－318
易簡方便醫書六卷 …………………… 4－318
易簡方便醫書六卷 …………………… 4－318
易簡方便醫書六卷 …………………… 4－318
易簡方便醫書六卷 …………………… 4－318
易簡方便醫書六卷 …………………… 4－318
易簡方便醫書六卷 …………………… 4－318
易纂言十二卷首一卷外翼八卷 ……… 4－325
易纂言外翼八卷 ……………………… 4－325
易釋五卷 ……………………………… 4－323
易觸七卷 ……………………………… 4－317
易觸七卷 ……………………………… 4－317
易觸七卷 ……………………………… 4－317
易續考二卷 …………………………… 4－324
易續考二卷 …………………………… 4－324
易續考二卷 …………………………… 4－324
易續考二卷 …………………………… 4－324
易讀四卷 ……………………………… 4－317
迪吉錄八卷首一卷 …………………… 1－245
迪吉錄八卷首一卷 …………………… 1－245
典林瑯環二十四卷 …………………… 2－113
典林博覽十二卷 ……………………… 1－259
典制文液不分卷 ……………………… 1－259
典制備類初編四集 …………………… 1－259
典制備類初編四集 …………………… 1－259
典制類林四卷 ………………………… 1－259
典制類林四卷 ………………………… 1－259
典制類林四卷 ………………………… 1－259
典故列女全傳四卷 …………………… 1－259
典故列女全傳四卷 …………………… 1－259
典故列女全傳四卷 …………………… 1－259
典故列女傳四卷 ……………………… 1－259
典故紀聞十八卷 ……………………… 1－258
典釵贖印圖冊一卷 …………………… 1－258
典釵贖印圖冊一卷 …………………… 1－258
忠王李秀成自述一卷 ………………… 5－127
忠正德文集十卷附錄一卷 …………… 5－132
忠孝堂文集四卷 ……………………… 5－128
忠孝節義二度梅全傳六卷四十回 …… 5－127
忠孝節義二度梅全傳六卷四十回 …… 5－128
忠孝節義二度梅全傳六卷四十回 …… 5－128
忠孝誥六卷 …………………………… 5－127
忠孝錄節訓二卷 ……………………… 5－128
忠武誌十卷 …………………………… 5－127
忠武誌十卷 …………………………… 5－127
忠武誌十卷 …………………………… 5－127
忠武誌十卷 …………………………… 5－127
忠武誌八卷 …………………………… 5－127
忠武誌八卷 …………………………… 5－127
忠烈俠義傳一百二十回 ……………… 5－127
忠敬堂彙錄八卷 ……………………… 5－127
忠雅堂文集十二卷 …………………… 5－131
忠雅堂文集十二卷 …………………… 5－131
忠雅堂文集十二卷 …………………… 5－131
忠雅堂文集十二卷 …………………… 5－131
忠雅堂文集十二卷 …………………… 5－131
忠雅堂文集十二卷 …………………… 5－131
忠雅堂文集十二卷 …………………… 5－131
忠雅堂文集十二卷 …………………… 5－131
忠雅堂文集十二卷 …………………… 5－131
忠雅堂文集十二卷 …………………… 5－131
忠雅堂文集十二卷 …………………… 5－131
忠雅堂文集十二卷 …………………… 5－131
忠雅堂文集十二卷 …………………… 5－131
忠雅堂文集十二卷 …………………… 5－403
忠雅堂文集十二卷詩集二十七卷詩補遺二卷銅絃詞二卷 …………………… 5－131
忠雅堂文集十二卷詩集二十七卷詩補遺二卷銅絃詞二卷 …………………… 5－131
忠雅堂文集十二卷詩集二十七卷詩補遺二卷銅絃詞二卷 …………………… 5－131
忠雅堂文集十二卷詩集二十七卷詩補遺二卷銅絃詞二卷 …………………… 5－131
忠雅堂文集十二卷詩集二十七卷詩補遺二卷銅絃詞二卷 …………………… 5－131
忠雅堂文集十二卷詩集二十七卷詩補遺二卷銅絃詞二卷 …………………… 5－131

忠雅堂文集十二卷詩集二十七卷詩
補遺二卷銅絃詞二卷 ……………… 5－131
忠雅堂文集十二卷詩集二十七卷詩
補遺二卷銅絃詞二卷 ……………… 5－131
忠雅堂文集十二卷詩集二十七卷詩
補遺二卷銅絃詞二卷 ……………… 5－132
忠雅堂文集十二卷詩集二十七卷詩
補遺二卷銅絃詞二卷 ……………… 5－132
忠雅堂文集十二卷詩集二十七卷詩
補遺二卷銅絃詞二卷 ……………… 5－132
忠雅堂文集十二卷詩集二十七卷詩
補遺二卷銅絃詞二卷 ……………… 5－132
忠雅堂文集十二卷詩集二十七卷詩
補遺二卷銅絃詞二卷 ……………… 5－132
忠雅堂文集十二卷詩集二十七卷詩
補遺二卷銅絃詞二卷 ……………… 5－132
忠雅堂文集十二卷詩集二十七卷詩
補遺二卷銅絃詞二卷 ……………… 5－132
忠雅堂文集十二卷詩集二十七卷詩
補遺二卷銅絃詞二卷 ……………… 5－403
忠雅堂文集三十卷 ……………………… 5－130
忠雅堂文集三十卷 ……………………… 5－403
忠雅堂集三十卷 ………………………… 5－128
忠雅堂集三十卷 ………………………… 5－128
忠雅堂集三十卷 ………………………… 5－128
忠雅堂集三十卷 ………………………… 5－128
忠雅堂集三十卷 ………………………… 5－128
忠雅堂集三十卷 ………………………… 5－128
忠雅堂評選四六法海八卷 …………… 5－128
忠雅堂評選四六法海八卷 …………… 5－128
忠雅堂評選四六法海八卷 …………… 5－128
忠雅堂評選四六法海八卷 …………… 5－128
忠雅堂評選四六法海八卷 …………… 5－128
忠雅堂評選四六法海八卷 …………… 5－128
忠雅堂評選四六法海八卷 …………… 5－128
忠雅堂評選四六法海八卷 …………… 5－128
忠雅堂評選四六法海八卷 …………… 5－128
忠雅堂評選四六法海八卷 …………… 5－129
忠雅堂評選四六法海八卷 …………… 5－129
忠雅堂評選四六法海八卷 …………… 5－129
忠雅堂評選四六法海八卷 …………… 5－129
忠雅堂評選四六法海八卷 …………… 5－129
忠雅堂評選四六法海八卷 …………… 5－129
忠雅堂評選四六法海八卷 …………… 5－129
忠雅堂評選四六法海八卷 …………… 5－129
忠雅堂評選四六法海八卷 …………… 5－129
忠雅堂評選四六法海八卷 …………… 5－129
忠雅堂評選四六法海八卷 …………… 5－129
忠雅堂評選四六法海八卷 …………… 5－129
忠雅堂評選四六法海八卷 …………… 5－129
忠雅堂評選四六法海八卷 …………… 5－129
忠雅堂評選四六法海八卷 …………… 5－129
忠雅堂評選四六法海八卷 …………… 5－129
忠雅堂評選四六法海八卷 …………… 5－129
忠雅堂評選四六法海八卷 …………… 5－129
忠雅堂評選四六法海八卷 …………… 5－129
忠雅堂評選四六法海八卷 …………… 5－129
忠雅堂評選四六法海八卷 …………… 5－129
忠雅堂詞集二卷 ………………………… 5－128
忠雅堂詩集二十七卷詞集二卷附清
容居士行年錄一卷附南北曲一卷
…………………………………………… 5－130
忠雅堂詩集二十七卷詩補遺二卷詞
集二卷 ………………………………… 5－130
忠雅堂詩集二十七卷詩補遺二卷詞
集二卷 ………………………………… 5－130
忠雅堂詩集二十七卷詩補遺二卷詞
集二卷 ………………………………… 5－130
忠雅堂詩集二十七卷詩補遺二卷詞
集二卷 ………………………………… 5－130
忠雅堂詩集二十七卷詩補遺二卷詞
集二卷 ………………………………… 5－130
忠雅堂詩集二十七卷詩補遺二卷詞
集二卷 ………………………………… 5－130
忠雅堂詩集二十七卷詩補遺二卷詞
集二卷 ………………………………… 5－130
忠雅堂詩集二十七卷詩補遺二卷詞
集二卷 ………………………………… 5－130
忠雅堂詩集二十七卷詩補遺二卷詞
集二卷 ………………………………… 5－130
忠雅堂詩集二十七卷詩補遺二卷銅

絃詞二卷……………………………… 5－130
忠雅堂詩集二十七卷詩補遺二卷銅
絃詞二卷附南北曲二卷…………… 5－130
忠雅堂詩集二十七卷詩補遺二卷銅
絃詞二卷附南北曲二卷…………… 5－130
忠雅堂詩集二十七卷詩補遺二卷銅
絃詞二卷附南北曲二卷…………… 5－130
忠雅堂詩集二十七卷詩補遺二卷銅
絃詞二卷附南北曲二卷…………… 5－130
忠雅堂詩集二十七卷詩補遺二卷銅
絃詞二卷附南北曲二卷…………… 5－130
忠雅堂詩集二十七卷詩補遺二卷銅
絃詞二卷附南北曲二卷…………… 5－130
忠雅堂詩集二十七卷詩補遺二卷銅
絃詞二卷附南北曲二卷…………… 5－130
忠集雜録□□卷…………………… 5－127
忠義集十卷首一卷………………… 5－132
忠義集十卷首一卷………………… 5－132
忠義録一卷首一卷末一卷………… 5－132
忠愍公詩三卷……………………… 5－127
忠經一卷…………………………… 4－144
忠經一卷…………………………… 4－144
忠經一卷…………………………… 4－144
忠經一卷…………………………… 4－144
忠經一卷…………………………… 4－144
忠經一卷…………………………… 4－144
忠經一卷…………………………… 4－144
忠經一卷…………………………… 4－144
忠經一卷…………………………… 4－148
忠經一卷…………………………… 4－149
忠經集註一卷……………………… 5－127
忠經集註一卷……………………… 5－127
忠經集註一卷……………………… 5－127
忠誥二卷…………………………… 5－127
忠諫贈言一卷……………………… 5－166
忠獻韓魏王家傳十卷……………… 1－4
忠獻韓魏王家傳十卷……………… 1－4
忠獻韓魏王家傳十卷……………… 1－4
忠獻韓魏王家傳十卷……………… 1－4
忠獻韓魏王家傳十卷……………… 1－4
忠獻韓魏王家傳十卷……………… 1－4
忠獻韓魏王家傳十卷……………… 1－4
忠獻韓魏王家傳十卷……………… 1－5
呻吟語六卷………………………… 3－139
呻吟語六卷………………………… 3－140
呻吟語六卷………………………… 3－140
呻吟語六卷………………………… 3－140
呻吟語節鈔二卷…………………… 3－139
呻吟語節鈔二卷…………………… 3－139
呻吟語節鈔二卷…………………… 3－139
呻吟語節鈔六卷…………………… 3－139
呻吟語節録六卷…………………… 3－139
呻吟語節録六卷…………………… 3－139
呻吟語節録六卷…………………… 3－139
呻吟語節録六卷…………………… 3－139
呻吟語節録六卷…………………… 3－139
呻吟語節録六卷…………………… 3－139
邵亭知見傳本書目十六卷………… 2－379
邵亭知見傳本書目十六卷………… 2－379
邵亭詩鈔六卷遺文八卷…………… 2－379
邵亭詩鈔六卷遺詩八卷遺文八卷…… 2－379
狀元策不分卷……………………… 5－219
狀元策不分卷（清道光癸未科、丙
戌刻、己丑科）…………………… 5－219
狀元閣十三經集字一卷…………… 5－219
狀元閣十三經集字一卷…………… 5－220
呼龍經一卷 ……………………… 2－51
咏物詩選八卷……………………… 4－391
咏物詩選八卷……………………… 4－391
咏物詩選八卷……………………… 4－391
咏物詩選註釋八卷………………… 4－391
咏物詩選註釋八卷………………… 4－391
咏物詩選註釋八卷………………… 4－391
咏物詩選註釋八卷………………… 4－391
咏物詩選註釋八卷………………… 4－391
咏物詩選註釋八卷………………… 4－391
咏物詩選註釋八卷………………… 4－391
咏物詩選註釋八卷………………… 4－391
咏物詩選註釋八卷………………… 4－391
咏物詩選註釋八卷………………… 4－391
咏物詩選註釋八卷………………… 4－391
咏物詩選註釋八卷………………… 4－391

咏物詩選註釋八卷…………………… 4－391
咏物詩選註釋八卷…………………… 4－391
岸東草堂集四卷………………………… 1－5
[帖式]不分卷 ……………………… 5－352
[帖式]不分卷 ……………………… 5－352
帖式彙纂三卷………………………… 3－463
帖式續編二卷………………………… 3－463
帖經舉隅三卷………………………… 3－463
帖體詩存八卷………………………… 3－463
帕米爾圖例一卷……………………… 2－477
岷峩攬勝編一卷……………………… 2－414
岷峩攬勝編一卷……………………… 2－414
垂楊館集十一卷……………………… 1－142
垂楊館集十一卷……………………… 1－142
垂楊館集十一卷……………………… 1－142
垂楊館集十一卷……………………… 1－142
垂緌錄十卷…………………………… 1－142
[制考]十一卷 ……………………… 5－388
制服成誦編一卷……………………… 5－112
制服成誦編一卷……………………… 5－112
制服成誦編一卷……………………… 5－112
制服成誦編一卷……………………… 5－112
制服成誦編一卷……………………… 5－112
制服成誦編一卷……………………… 5－112
制服成誦編一卷……………………… 5－112
[制度法奏議]不分卷 ……………… 5－388
制義文鈔不分卷……………………… 5－113
制義金繩初集不分卷………………… 5－112
制義偶存四卷………………………… 5－112
制義偶存四卷………………………… 5－113
制義勝金集一卷……………………… 5－113
制義叢話二十四卷附題名一卷……… 5－112
制義叢話二十四卷附題名一卷……… 5－112
制義叢話二十四卷附題名一卷……… 5－112
制義叢話二十四卷附題名一卷……… 5－112
制義叢話二十四卷附題名一卷……… 5－112
制義叢話二十四卷附題名一卷……… 5－112
制義叢話二十四卷附題名一卷……… 5－112
制義叢話二十四卷附題名一卷……… 5－112
制義叢話二十四卷附題名一卷……… 5－112
制義叢話二十四卷附題名一卷……… 5－112
[制藝]不分卷 ……………………… 5－388
[制藝]不分卷 ……………………… 5－388
[制藝]□□卷 ……………………… 5－388
制藝萃珍八卷………………………… 5－113
制藝偶存二卷………………………… 5－113
制藝嫏嬛不分卷……………………… 5－113
制藝博鈔□□卷……………………… 5－113
制藝集腋不分卷……………………… 5－113
制藝精華前編三十二卷二編十二卷
…………………………………………… 5－113
制藝遺簪二卷………………………… 5－113
[制藝選]不分卷 …………………… 5－388
[制藝選]不分卷 …………………… 5－388
[制藝選鈔]不分卷 ………………… 5－388
[制藝雜鈔]不分卷 ………………… 5－388
知一子內書不分卷…………………… 5－108
知不足齋叢書………………………… 5－107
知不足齋叢書………………………… 5－107
知不足齋叢書………………………… 5－107
知不足齋叢書………………………… 5－107
知不足齋叢書………………………… 5－107
知不足齋叢書………………………… 5－107
知不足齋叢書………………………… 5－107
知止齋外編一卷……………………… 5－108
知本堂四六五集……………………… 5－107
知白齋詩鈔五卷附詩草附存一卷…… 5－107
知白齋詩鈔五卷附詩草附存一卷…… 5－107
知足齋文集六卷……………………… 5－108
知足齋詩集二十卷…………………… 5－108
知足齋詩集二十卷…………………… 5－108
知非錄一卷…………………………… 5－107
知味軒稟言四卷啟事四卷…………… 5－108
知味軒稟言四卷啟事四卷…………… 5－108
知服齋叢書…………………………… 5－107
知退齋詩四卷………………………… 5－108
知恥軒詩鈔不分卷…………………… 5－107
知愧軒尺牘十六卷…………………… 5－107
知愧軒尺牘十六卷…………………… 5－107
知愧軒尺牘十六卷…………………… 5－107
知聖道齋讀書跋尾二卷……………… 5－108
知聖篇二卷…………………………… 5－108

知新錄一卷………………………………… 5－108
知稼軒詩六卷……………………………… 5－107
知稼軒詩六卷……………………………… 5－107
牧令全書…………………………………… 2－440
牧令書二十三卷…………………………… 2－440
牧令書二十三卷…………………………… 2－440
牧令書二十三卷…………………………… 2－440
牧令書二十三卷…………………………… 2－440
牧令書二十三卷…………………………… 2－440
牧令書二十三卷…………………………… 2－440
牧令書二十三卷…………………………… 2－440
牧令書二十三卷…………………………… 2－440
牧令書二十三卷…………………………… 2－440
牧令書二十三卷保甲書四卷……………… 2－440
牧令書二十三卷保甲書四卷……………… 2－440
牧令書輯要十卷…………………………… 2－441
牧令書輯要十卷…………………………… 2－441
牧令書輯要十卷…………………………… 2－441
牧令書輯要十卷…………………………… 2－441
牧民忠告二卷廟堂忠告一卷風憲忠
　告一卷…………………………………… 2－441
牧菴雜紀六卷……………………………… 2－441
牧園文鈔四卷……………………………… 2－441
牧園詩鈔八卷……………………………… 2－441
牧園詩鈔八卷文鈔四卷…………………… 2－441
牧園詩鈔八卷文鈔四卷…………………… 2－441
牧潛集七卷………………………………… 2－441
牧潛集七卷………………………………… 2－441
牧齋有學集五十卷………………………… 2－442
牧齋有學集詩注十四卷…………………… 2－441
牧齋有學集詩注十四卷…………………… 2－441
牧齋有學集詩注十四卷…………………… 2－441
牧齋有學集詩注十四卷…………………… 2－441
牧齋有學集詩注十四卷…………………… 2－441
牧齋有學集詩注十四卷…………………… 2－442
牧齋初學集一百十卷……………………… 2－441
牧齋初學集一百十卷……………………… 2－441
牧齋初學集詩注二十卷…………………… 2－441
牧齋初學集詩注二十卷…………………… 2－441
牧齋初學集詩注二十卷…………………… 2－441
物原類考一卷……………………………… 4－88
物理小識十二卷…………………………… 4－87
物理小識十二卷…………………………… 4－87
物理小識十二卷…………………………… 4－87
[物產記]不分卷…………………………… 5－375
物詮八卷附校勘記一卷…………………… 4－87
物詮八卷附校勘記一卷…………………… 4－87
物詮八卷附校勘記一卷…………………… 4－87
物詮八卷附校勘記一卷…………………… 4－87
物詮八卷附校勘記一卷…………………… 4－87
物詮八卷附校勘記一卷…………………… 4－87
物詮八卷附校勘記一卷…………………… 4－88
物詮八卷附校勘記一卷…………………… 4－88
物詮八卷附校勘記一卷…………………… 4－88
物詮八卷附校勘記一卷…………………… 4－88
物詮八卷附校勘記一卷…………………… 4－88
物詮八卷附校勘記一卷…………………… 4－88
物詮八卷附校勘記一卷…………………… 4－88
物詮八卷附錄校勘記一卷………………… 4－87
物詮八卷附錄校勘記一卷………………… 4－87
物詮八卷附錄校勘記一卷………………… 4－87
乖崖先生文集十二卷附錄一卷…………… 1－456
和中峯和尚梅花百詠一卷………………… 2－31
和文漢譯讀本八卷………………………… 2－31
和戒淫詩稿一卷…………………………… 2－173
和使東雜詠詩不分卷……………………… 2－31
和珠玉詞不分卷…………………………… 2－31
和圃自述年譜不分卷……………………… 2－31
和陶一卷…………………………………… 2－147
和陶詩一卷………………………………… 2－31
和陶詩一卷………………………………… 3－177
和敬堂全集文部十六卷詩部二十八
　卷………………………………………… 2－31
秇林伐山二十卷…………………………… 4－325
委羽山志六卷……………………………… 4－18
[佳句集鈔]不分卷………………………… 5－300
佳想軒詩鈔二卷…………………………… 2－134
侍御公詩集不分卷………………………… 3－250
岳石帆先生鑒定四六宙函三十卷………… 5－23
岳武穆精忠傳六卷六十八回……………… 5－23
岳武穆精忠傳六卷六十八回……………… 5－23
岳武穆精忠傳六卷六十八回……………… 5－23

岳忠武王文集八卷 …………………… 5－24
岳忠武王文集八卷 …………………… 5－24
岳忠武王文集八卷 …………………… 5－24
岳忠武王文集八卷 …………………… 5－24
岳忠武王初瘞志一卷 ………………… 5－24
岳鄂王金陀稡編二十卷首一卷續編
八卷拾遺二卷 ……………………… 5－23
岳廟志畧十卷首一卷 ………………… 5－23
岳廟志畧十卷首一卷 ………………… 5－23
岳廟志畧十卷首一卷 ………………… 5－23
岳麓課藝□□卷 ……………………… 5－23
使西紀程一卷……………………… 3－242
使東雜詠一卷……………………… 3－242
使俄草八卷………………………… 3－242
使徒行傳二十八章………………… 3－242
使琉球記六卷……………………… 3－242
使琉球記六卷……………………… 3－242
使蜀日記五卷……………………… 3－242
使粵日記二卷……………………… 3－242
使粵日記二卷……………………… 3－242
例門不分卷………………………… 2－293
岱南閣集二卷……………………… 1－233
岱南閣叢書………………………… 1－233
兒女英雄傳評話八卷四十回………… 1－333
兒女英雄傳評話八卷四十回首一回
……………………………………… 1－333
兒童教育鑑二卷…………………… 1－333
兒童矯弊論七章…………………… 1－333
兒童矯弊論七章…………………… 1－333
佩文不分卷………………………… 2－479
佩文詩韻五卷……………………… 2－480
佩文詩韻五卷……………………… 2－480
佩文詩韻五卷……………………… 2－480
佩文詩韻廣注五卷………………… 2－479
佩文詩韻廣注五卷………………… 2－479
佩文詩韻釋要五卷………………… 2－479
佩文詩韻釋要五卷………………… 2－479
佩文詩韻釋要五卷………………… 2－479
佩文詩韻釋要五卷………………… 2－479
佩文詩韻釋要五卷………………… 2－479
佩文詩韻釋要五卷………………… 2－479
佩文詩韻釋要五卷………………… 2－480
佩文詩韻釋要五卷………………… 2－480
佩文詩韻釋要五卷………………… 2－480
佩文廣韻匯編五卷………………… 2－479
佩文齋書畫譜一百卷……………… 2－486
佩文齋書畫譜一百卷……………… 2－487
佩文齋書畫譜一百卷……………… 2－487
佩文齋書畫譜一百卷……………… 2－487
佩文齋書畫譜一百卷……………… 2－487
佩文齋書畫譜一百卷……………… 2－487
佩文齋詠物詩選四百八十六卷……… 2－487
佩文齋詠物詩選四百八十六卷……… 2－487
佩文齋詠物詩選四百八十六卷……… 2－487
佩文齋詠物詩選四百八十六卷……… 2－487
佩文齋詠物詩選四百八十六卷……… 2－487
佩文齋詠物詩選四百八十六卷……… 2－487
佩文齋廣羣芳譜一百卷目錄二卷…… 2－486
佩文齋廣羣芳譜一百卷目錄二卷…… 2－486
佩文齋廣羣芳譜一百卷目錄二卷…… 2－486
佩文齋廣羣芳譜一百卷目錄二卷…… 2－486
佩文齋廣羣芳譜一百卷目錄二卷…… 2－486
佩文齋廣羣芳譜一百卷目錄二卷…… 2－486
佩文齋廣羣芳譜一百卷目錄二卷…… 2－486
佩文齋廣羣芳譜一百卷目錄二卷…… 2－486
佩文齋廣羣芳譜一百卷目錄二卷…… 2－486
佩文齋廣羣芳譜一百卷目錄二卷…… 2－486
佩文齋廣羣芳譜一百卷目錄二卷…… 2－486
佩文齋廣羣芳譜一百卷目錄二卷…… 2－486
佩文韻府一百六卷………………… 2－480
佩文韻府一百六卷………………… 2－480
佩文韻府一百六卷………………… 2－480
佩文韻府一百六卷………………… 2－480
佩文韻府一百六卷………………… 2－480
佩文韻府一百六卷………………… 2－480
佩文韻府一百六卷………………… 2－480
佩文韻府一百六卷………………… 2－480
佩文韻府一百六卷………………… 2－481
佩文韻府一百六卷………………… 2－481
佩文韻府一百六卷………………… 2－481
佩文韻府一百六卷………………… 2－481
佩文韻府一百六卷………………… 2－481

佩文韻府一百六卷…………………… 2-481
佩文韻府一百六卷…………………… 2-481
佩文韻府一百六卷…………………… 2-481
佩文韻府一百六卷…………………… 2-481
佩文韻府一百六卷…………………… 2-481
佩文韻府一百六卷…………………… 2-481
佩文韻府一百六卷…………………… 2-481
佩文韻府一百六卷…………………… 2-481
佩文韻府一百六卷…………………… 2-482
佩文韻府一百六卷…………………… 2-482
佩文韻府一百六卷…………………… 2-482
佩文韻府一百六卷…………………… 2-482
佩文韻府一百六卷…………………… 2-482
佩文韻府一百六卷…………………… 2-482
佩文韻府一百六卷…………………… 2-482
佩文韻府一百六卷…………………… 2-482
佩文韻府一百六卷…………………… 2-482
佩文韻府一百六卷…………………… 2-482
佩文韻府一百六卷…………………… 2-482
佩文韻府一百六卷…………………… 2-482
佩文韻府一百六卷…………………… 2-482
佩文韻府一百六卷…………………… 2-482
佩文韻府一百六卷…………………… 2-483
佩文韻府一百六卷…………………… 2-483
佩文韻府一百六卷…………………… 2-483
佩文韻府一百六卷…………………… 2-483
佩文韻府一百六卷…………………… 2-483
佩文韻府一百六卷…………………… 2-483
佩文韻府一百六卷…………………… 2-483
佩文韻府一百六卷…………………… 2-483
佩文韻府一百六卷…………………… 2-483
佩文韻府一百六卷…………………… 2-483
佩文韻府一百六卷…………………… 2-483
佩文韻府一百六卷…………………… 2-483
佩文韻府一百六卷…………………… 2-483
佩文韻府一百六卷…………………… 2-484
佩文韻府一百六卷…………………… 2-484
佩文韻府一百六卷…………………… 2-484
佩文韻府一百六卷…………………… 2-484
佩文韻府一百六卷…………………… 2-484
佩文韻府一百六卷…………………… 2-484
佩文韻府一百六卷…………………… 2-484
佩文韻府一百六卷…………………… 2-484
佩文韻府一百六卷…………………… 2-484
佩文韻府一百六卷…………………… 2-484
佩文韻府一百六卷…………………… 2-484
佩文韻府一百六卷…………………… 2-484
佩文韻府一百六卷…………………… 2-484
佩文韻府一百六卷…………………… 2-484
佩文韻府一百六卷…………………… 2-485
佩文韻府一百六卷…………………… 2-485
佩文韻府一百六卷…………………… 2-485
佩文韻府一百六卷…………………… 2-485
佩文韻府一百六卷…………………… 2-485
佩文韻府一百六卷…………………… 2-485
佩文韻府一百六卷…………………… 2-485
佩文韻府一百六卷…………………… 2-485
佩文韻府一百六卷…………………… 2-485
佩文韻府一百六卷…………………… 2-485
佩文韻府一百六卷…………………… 2-485
佩文韻府一百六卷…………………… 2-485
佩文韻府一百六卷…………………… 2-485
佩文韻府一百六卷…………………… 2-485
佩文韻府一百六卷…………………… 2-486
佩文韻府一百六卷…………………… 2-486
佩文韻府一百六卷…………………… 2-486
佩文韻府一百六卷…………………… 5-390
佩文韻府不分卷……………………… 2-480
佩文韻府拾遺一百六卷……………… 2-480
佩文韻府拾遺一百六卷……………… 2-480
佩文韻府拾遺一百六卷……………… 2-480
佩文韻府拾遺一百六卷……………… 2-480
佩文韻府拾遺一百六卷……………… 2-480
佩文韻府拾遺一百六卷……………… 2-480
佩文韻府拾遺一百六卷……………… 2-480
佩文韻府拾遺一百六卷……………… 2-480
佩文韻府拾遺一百六卷……………… 2-480
佩文韻府拾遺一百六卷……………… 2-481
佩文韻府拾遺一百六卷……………… 2-481
佩文韻府拾遺一百六卷……………… 2-481
佩文韻府拾遺一百六卷……………… 2-481
佩文韻府拾遺一百六卷……………… 2-481

佩文韻府拾遺一百六卷 ……………… 2－481
佩文韻府拾遺一百六卷 ……………… 2－481
佩文韻府拾遺一百六卷 ……………… 2－481
佩文韻府拾遺一百六卷 ……………… 2－481
佩文韻府拾遺一百六卷 ……………… 2－481
佩文韻府拾遺一百六卷 ……………… 2－481
佩文韻府拾遺一百六卷 ……………… 2－481
佩文韻府拾遺一百六卷 ……………… 2－481
佩文韻府拾遺一百六卷 ……………… 2－482
佩文韻府拾遺一百六卷 ……………… 2－482
佩文韻府拾遺一百六卷 ……………… 2－482
佩文韻府拾遺一百六卷 ……………… 2－482
佩文韻府拾遺一百六卷 ……………… 2－482
佩文韻府拾遺一百六卷 ……………… 2－482
佩文韻府拾遺一百六卷 ……………… 2－482
佩文韻府拾遺一百六卷 ……………… 2－482
佩文韻府拾遺一百六卷 ……………… 2－482
佩文韻府拾遺一百六卷 ……………… 2－482
佩文韻府拾遺一百六卷 ……………… 2－482
佩文韻府拾遺一百六卷 ……………… 2－482
佩文韻府拾遺一百六卷 ……………… 2－482
佩文韻府拾遺一百六卷 ……………… 2－483
佩文韻府拾遺一百六卷 ……………… 2－483
佩文韻府拾遺一百六卷 ……………… 2－483
佩文韻府拾遺一百六卷 ……………… 2－483
佩文韻府拾遺一百六卷 ……………… 2－483
佩文韻府拾遺一百六卷 ……………… 2－483
佩文韻府拾遺一百六卷 ……………… 2－483
佩文韻府拾遺一百六卷 ……………… 2－483
佩文韻府拾遺一百六卷 ……………… 2－483
佩文韻府拾遺一百六卷 ……………… 2－483
佩文韻府拾遺一百六卷 ……………… 2－483
佩文韻府拾遺一百六卷 ……………… 2－483
佩文韻府拾遺一百六卷 ……………… 2－483
佩文韻府拾遺一百六卷 ……………… 2－483
佩文韻府拾遺一百六卷 ……………… 2－484
佩文韻府拾遺一百六卷 ……………… 2－484
佩文韻府拾遺一百六卷 ……………… 2－484
佩文韻府拾遺一百六卷 ……………… 2－484
佩文韻府拾遺一百六卷 ……………… 2－484
佩文韻府拾遺一百六卷 ……………… 2－484
佩文韻府拾遺一百六卷 ……………… 2－484
佩文韻府拾遺一百六卷 ……………… 2－484
佩文韻府拾遺一百六卷 ……………… 2－484
佩文韻府拾遺一百六卷 ……………… 2－484
佩文韻府拾遺一百六卷 ……………… 2－484
佩文韻府拾遺一百六卷 ……………… 2－484
佩文韻府拾遺一百六卷 ……………… 2－484
佩文韻府拾遺一百六卷 ……………… 2－484
佩文韻府拾遺一百六卷 ……………… 2－485
佩文韻府拾遺一百六卷 ……………… 2－485
佩文韻府拾遺一百六卷 ……………… 2－485
佩文韻府拾遺一百六卷 ……………… 2－485
佩文韻府拾遺一百六卷 ……………… 2－485
佩文韻府拾遺一百六卷 ……………… 2－485
佩文韻府拾遺一百六卷 ……………… 2－485
佩文韻府拾遺一百六卷 ……………… 2－485
佩文韻府拾遺一百六卷 ……………… 2－485
佩文韻府拾遺一百六卷 ……………… 2－485
佩文韻府拾遺一百六卷 ……………… 2－485
佩文韻府拾遺一百六卷 ……………… 2－485
佩文韻府拾遺一百六卷 ……………… 2－485
佩文韻府拾遺一百六卷 ……………… 2－485
佩文韻府拾遺一百六卷 ……………… 2－486
佩文韻府拾遺一百六卷 ……………… 2－486
佩文韻府拾遺一百六卷 ……………… 2－486
佩文韻府拾遺一百六卷 ……………… 5－390
佩文韻府約編二十四卷 ……………… 2－486
佩珊珊室詩存一卷 ……………… 2－479
佩珊珊室詩存一卷 ……………… 2－479
佩珊珊室詩存一卷 ……………… 2－479
佩珊珊室詩存一卷 ……………… 2－479
佩珊珊室詩存一卷 ……………… 2－479
佩珊珊室詩存一卷 ……………… 2－479
佩珊珊室詩存一卷 ……………… 2－479
佩珊珊室詩存一卷 ……………… 2－479
佩珊珊室詩存一卷 ……………… 2－479
佩秋閣詩稿二卷詞稿一卷駢文稿一
卷 ……………… 2－479
佩堂詩鈔六卷首一卷末一卷 ………… 2－479
佩湘詩草初集四卷 ……………… 2－487
佩觿三卷 ……………… 2－487

佩觿三卷………………………………… 2－487
依古類聯一卷………………………… 4－291
依舊草堂遺稿一卷附詞一卷………… 4－291
依韻檢題十卷………………………… 4－291
依韻檢題十卷………………………… 4－291
依韻檢題十卷………………………… 4－291
依韻檢題十卷………………………… 4－291
欣賞集天崇名家文不分卷…………… 4－161
欣賞齋尺牘六卷……………………… 4－161
往生集三卷附普勸爲人必修淨土一
卷 ……………………………………… 4－14
往生集三卷附普勸爲人必修淨土一
卷 ……………………………………… 4－14
往生論注二卷 ………………………… 4－14
往來尺牘不分卷 ……………………… 4－14
[往來書信]不分卷 …………………… 5－373
[往來通書]不分卷 …………………… 5－373
[往來賬簿] …………………………… 5－373
往還信號不分卷 ……………………… 4－14
所安遺集一卷附錄一卷……………… 3－407
所見蘗錄不分卷……………………… 3－407
所見叢鈔不分卷……………………… 3－407
[所見叢鈔]不分卷 …………………… 5－352
金山志十卷…………………………… 2－183
金山姚氏二先生集…………………… 2－183
金川教案述略一卷附金川唱和詩一
卷……………………………………… 2－178
金元明八大家文選…………………… 2－189
金元明八大家文選…………………… 2－189
金元明八大家文選…………………… 2－189
金元明八大家文選…………………… 2－189
金元明八大家文選…………………… 2－189
金元明八大家文選…………………… 2－189
金元明八大家文選…………………… 2－189
金元明八大家文選…………………… 2－189
金元明八大家文選…………………… 2－189
金元明八大家文選…………………… 2－189
金元明八大家文選…………………… 2－189
金元明八大家文選…………………… 2－189
金元明八大家文選…………………… 2－189
金元明八大家文選…………………… 2－189
金元明八大家文選…………………… 2－189
金元明八大家文選…………………… 2－189
金元明八大家文選…………………… 2－189
金元明八大家文選…………………… 2－190
金氏精華錄箋註辯訛一卷…………… 4－414
金氏精華錄箋註辯訛一卷…………… 4－414
金氏精華錄箋註辯訛一卷…………… 4－414
金氏精華錄箋註辯訛一卷…………… 4－414
金氏精華錄箋註辯訛一卷…………… 4－414
金氏精華錄箋註辯訛一卷…………… 4－414
金文十法一卷………………………… 2－188
金文十法一卷………………………… 2－189
金文靖公三朝恩榮錄一卷…………… 2－188
金文靖公集十卷……………………… 2－188
金文靖公集十卷……………………… 2－188
金文靖公集十卷……………………… 2－188
金文靖公集十卷……………………… 2－188
金文靖公集十卷……………………… 2－188
金正希文鈔不分卷…………………… 1－103
金正希先生文集輯略九卷…………… 2－190
金正希先生文鈔不分卷……………… 2－190
金石三例……………………………… 2－185
金石三例……………………………… 2－185
金石三例……………………………… 2－185
金石三例……………………………… 4－147
金石三例續編………………………… 2－185
金石文字辨異十二卷………………… 2－186
金石文鈔八卷續鈔二卷……………… 2－186
金石文鈔八卷續鈔二卷……………… 2－186
金石古文十四卷……………………… 2－185
金石古文考一卷……………………… 2－185
金石史二卷…………………………… 2－185
金石史二卷…………………………… 2－185
金石存十五卷………………………… 2－184
金石存十五卷………………………… 2－184
金石存十五卷………………………… 2－185
金石存十五卷………………………… 2－185
金石存十五卷………………………… 2－185
金石苑六卷…………………………… 2－186
金石苑六卷…………………………… 2－186
金石例十卷…………………………… 2－185

金石要例一卷……2－442
金石品二卷……2－185
金石訂例四卷……2－185
金石索十二卷首一卷……2－185
金石索十二卷首一卷……2－185
金石索十二卷首一卷……2－186
金石索十二卷首一卷……2－186
金石索十二卷首一卷……2－186
金石索十二卷首一卷……2－186
金石屑四卷附編一卷……2－186
金石萃編一百六十卷……2－183
金石萃編一百六十卷……2－183
金石萃編一百六十卷……2－183
金石萃編一百六十卷……2－183
金石萃編一百六十卷……2－184
金石萃編一百六十卷……2－184
金石萃編一百六十卷……2－184
金石萃編一百六十卷……2－184
金石萃編一百六十卷……2－184
金石萃編一百六十卷……2－184
金石萃編一百六十卷……2－184
金石萃編一百六十卷……2－184
金石萃編一百六十卷……2－184
金石萃編一百六十卷……2－184
金石萃編一百六十卷……2－184
金石萃編一百六十卷……2－184
金石萃編一百六十卷……2－184
金石萃編一百六十卷……2－184
金石萃編一百六十卷……2－184
金石萃編一百六十卷……4－144
金石萃編校字記一卷……2－183
金石萃編補目三卷……2－183
金石略三卷……2－185
金石圖說二卷……2－186
金石綜例四卷……2－186
金石緣全傳八卷二十四回……2－186
金石學錄四卷……2－186
金石錄三十卷……2－185
金石錄三十卷……2－185
金石錄三十卷……2－185
金石識別十二卷……2－185
金石識別十二卷……2－185
金石識別十二卷附中西名目表一卷……2－185
金石續鈔二卷……2－186
金石續編二十一卷首一卷……2－186
金石續編二十一卷首一卷……2－186
金石續編二十一卷首一卷……2－186
金石續編二十一卷首一卷……2－186
金石續錄四卷……2－186
金史一百三十五卷目錄二卷……2－188
金史一百三十五卷目錄二卷……2－188
金史一百三十五卷附考證……2－187
金史一百三十五卷附考證……2－187
金史一百三十五卷附考證……2－187
金史一百三十五卷附考證……2－187
金史一百三十五卷附考證……2－187
金史一百三十五卷附考證……2－187
金史一百三十五卷附考證……2－188
金史一百三十五卷欽定金國語解一卷……2－188
金史一百三十五卷欽定金國語解一卷……2－188
金史一百三十五卷欽定金國語解一卷……2－188
金史紀事本末五十二卷……2－186
金史紀事本末五十二卷……2－187
金史紀事本末五十二卷首一卷末一卷……2－187
金史紀事本末五十二卷首一卷末一卷……2－187
金史紀事本末五十二卷首一卷末一卷……2－187
金史紀事本末五十二卷首一卷末一卷……2－187
金史紀事本末五十二卷首一卷末一卷……2－187
金史紀事本末五十二卷首一卷末一卷……2－187
金史紀事本末五十二卷首一卷末一卷……2－187
金史紀事本末五十二卷首一卷末一

卷…………………………………… 2－187
金史詳校十卷首一卷附史論五答一
卷…………………………………… 2－187
金史詳校十卷首一卷附史論五答一
卷…………………………………… 2－187
金史詳校十卷首一卷附史論五答一
卷…………………………………… 2－187
金史詳校十卷首一卷附史論五答一
卷…………………………………… 2－187
金仙證論一卷………………………… 2－189
金冬心先生雜著一卷隨筆一卷……… 2－178
金光斗臨經一卷……………………… 2－179
金忠節公文集八卷…………………… 2－190
金忠節公文集八卷…………………… 2－190
金忠節公文集八卷…………………… 2－190
金華呂東萊先生正學編一卷………… 2－179
金華何北山先生正學編一卷………… 2－179
金華章楓山先生正學編一卷………… 2－179
金華詩錄六十卷外集六卷別集四卷
書後一卷…………………………… 2－179
金華叢書……………………………… 2－179
金華叢書……………………………… 2－179
金華叢書……………………………… 2－179
金華叢書……………………………… 2－179
金華叢書……………………………… 2－179
金華叢書……………………………… 2－179
金華叢書……………………………… 2－179
金峨山館叢書………………………… 2－178
金峨山館叢書………………………… 2－178
金峨山館叢書………………………… 2－178
金剛般若波羅蜜經一卷……………… 2－178
金剛般若波羅蜜經一卷……………… 2－178
金剛般若波羅蜜經一卷……………… 2－178
金剛般若波羅蜜經一卷附心經一卷
呂祖師偈言一卷…………………… 2－178
金剛般若波羅蜜經不分卷…………… 2－178
金剛般若波羅蜜經四卷……………… 2－178
金剛般若波羅蜜經直解一卷………… 2－178
金剛般若波羅蜜經宗通九卷………… 2－178
金剛般若波羅蜜經註解一卷 ………… 1－22
金剛般若波羅蜜經解注一卷………… 2－178
金剛般若經疏一卷…………………… 2－178
金剛頂瑜伽中發阿耨多羅三藐三菩
提心論一卷………………………… 2－178
金剛經古今三注合編不分卷………… 2－178
金剛經因果實錄一卷………………… 2－179
金剛經旨二卷 ………………………… 1－93
金剛經治心編一卷…………………… 2－179
金剛經旁解不分卷…………………… 2－179
金剛經偶說二卷……………………… 2－179
金剛經解義二卷心經解義一卷……… 2－178
金剛經聯語一卷……………………… 2－178
金剛經讀二卷微言一卷引證一卷…… 2－178
金陵百詠一卷………………………… 2－182
金陵朱氏家集………………………… 2－183
金陵先正言行錄六卷………………… 2－182
金陵兵事彙略四卷…………………… 2－182
金陵待徵錄十卷……………………… 2－182
金陵詩徵一卷………………………… 2－182
金陵蔡氏五世詩存一卷……………… 2－182
金陵叢刻……………………………… 2－182
金陵雜詠一卷………………………… 2－182
金陵雜詠一卷………………………… 2－182
金陵雜詠一卷………………………… 2－182
金鄉紀事四卷首一卷………………… 2－189
金壺精粹五卷………………………… 2－179
金壺精粹五卷………………………… 2－179
金壺精粹五卷………………………… 2－179
金軺籌筆四卷………………………… 2－189
金軺籌筆四卷………………………… 2－189
金粟山房詩鈔十卷…………………… 2－188
金粟箋說一卷………………………… 2－188
金湯借箸十二籌十二卷……………… 2－188
金湯借箸十二籌十二卷……………… 2－188
金湯借箸十二籌十二卷……………… 2－188
金湯借箸十二籌十二卷……………… 2－188
金鈴集十二卷………………………… 2－183
金鈴集十二卷………………………… 2－183
金鈴集十二卷二集四卷……………… 2－183
金詩選四卷…………………………… 2－183
金詩選四卷…………………………… 2－183
金源紀事詩八卷……………………… 2－190

金源紀事詩八卷………………………… 2－190
金源紀事詩八卷………………………… 2－190
金源劄記二卷…………………………… 2－190
金臺書院課士錄一卷…………………… 2－188
金臺集二卷……………………………… 2－188
金匱分門方不分卷……………………… 2－181
金匱方歌括一卷………………………… 2－181
金匱方歌括六卷………………………… 2－180
金匱方歌括六卷………………………… 2－180
金匱方歌括六卷………………………… 2－180
金匱方歌括六卷………………………… 2－180
金匱方歌括六卷………………………… 2－180
金匱方歌括六卷………………………… 2－180
金匱方歌括六卷………………………… 2－180
金匱方歌括六卷………………………… 2－180
金匱方歌括六卷………………………… 2－180
金匱方歌括六卷………………………… 2－180
金匱方歌括六卷………………………… 2－180
金匱方論三卷…………………………… 2－181
金匱心典三卷…………………………… 2－181
金匱玉函經二註二十二卷……………… 2－182
金匱要畧方論本義二十二卷…………… 2－182
金匱要略方論三卷……………………… 2－181
金匱要略淺註十卷……………………… 2－182
金匱要略淺註十卷……………………… 2－182
金匱要略淺註十卷……………………… 2－182
金匱要略淺註十卷……………………… 2－182
金匱要略淺註十卷……………………… 2－182
金匱要略淺註十卷……………………… 2－182
金匱要略淺註補正九卷………………… 2－181
金匱要略淺註補正九卷………………… 2－181
金匱要略淺註補正九卷………………… 2－181
金匱要略淺註補正九卷………………… 2－181
金匱要略淺註補正九卷………………… 2－181
金匱要略淺註補正九卷………………… 2－182
金匱要略淺註補正九卷………………… 2－182
金匱要略淺註補正九卷………………… 2－182
金匱啓鑰三十七卷……………………… 2－181
金匱鈎玄三卷附醫學發明一卷………… 2－181
金匱湯頭歌括一卷……………………… 2－181
金匱湯頭歌括一卷……………………… 2－181
金匱湯頭歌括一卷……………………… 2－181
金匱湯頭歌括一卷……………………… 2－181
金匱湯頭歌括一卷……………………… 2－181
金匱湯頭歌括一卷……………………… 2－181
金匱湯頭歌括一卷……………………… 2－181
金匱新編九卷…………………………… 2－181
金匱翼八卷……………………………… 2－182
金匱懸解二十二卷……………………… 2－181
金匱懸解二十二卷……………………… 2－181
金精廖公秘授地學心法正傳畫筴扒
砂經五卷……………………………… 2－180
金精廖公秘授地學心法正傳畫筴扒
砂經四卷……………………………… 2－180
金精廖公秘授地學心法正傳畫筴扒
砂經四卷……………………………… 2－180
金精廖公秘授地學心法正傳畫筴扒
砂經四卷……………………………… 2－180
金精廖公秘授地學心法正傳畫筴扒
砂經四卷……………………………… 2－180
金精廖公秘授地學心法正傳畫筴扒
砂經四卷補遺一卷…………………… 2－180
金精廖公秘授地學心法正傳畫筴扒
砂經四卷補遺一卷…………………… 2－180
金精廖公秘授地學心法正傳畫筴扒
砂經四卷補遺一卷…………………… 2－180
金精廖公秘授地學心法正傳畫筴扒
砂經四卷補遺一卷…………………… 4－140
金穀瑣言二卷…………………………… 2－179
金穀瑣言二卷…………………………… 2－179
金樓子六卷……………………………… 2－183
金薤琳琅二十卷………………………… 2－189
金薤琳琅二十卷………………………… 2－189
金薤琳琅二十卷………………………… 4－149
金聲玉振集……………………………… 2－183
金聲玉振集……………………………… 2－183
[道光]金谿縣志三十六卷首一卷末
一卷…………………………………… 5－280
[同治]金谿縣志三十六卷首一卷末
一卷…………………………………… 5－359
[同治]金谿縣志三十六卷首一卷末
一卷…………………………………… 5－359

[同治]金谿縣志三十六卷首一卷末一卷…………………………… 5－359
[同治]金谿縣志三十六卷首一卷末一卷…………………………… 5－359
金臚策楷一卷………………………… 2－183
金臚策楷一卷………………………… 2－183
金臚策楷一卷………………………… 2－183
金臚策楷一卷………………………… 2－183
金臚精萃五卷………………………… 2－183
[命書]不分卷 …………………… 5－332
[命書]不分卷 …………………… 5－332
命理口訣不分卷……………………… 2－433
命理正宗一卷………………………… 2－433
命理考驗存真集□□卷……………… 2－433
命理地理書不分卷…………………… 2－433
命理窮通寶鑑欄江網二卷…………… 2－433
命理窮通寶鑑欄江網二卷…………… 2－433
采風記五卷時務論一卷 ……………… 1－68
采風記五卷時務論一卷紀程感事詩一卷 ……………………………… 1－68
采真彙藁四卷 ……………………… 1－68
采真彙藁四卷 ……………………… 1－68
采菽堂古詩選三十八卷補遺四卷 …… 1－68
采馨堂詩集十二卷 ………………… 1－68
受祺堂文集四卷……………………… 3－256
念一史彈詞注二卷…………………… 2－461
念二史詠史詩註二卷………………… 2－461
念菴羅先生集十三卷………………… 2－461
念堂詩鈔一卷………………………… 2－461
念庵羅先生文集二十四卷…………… 2－461
念庵羅先生文集二十四卷…………… 2－461
念庵羅先生文集二十四卷…………… 2－461
念庵羅先生文集二十四卷…………… 2－461
肺病問答一卷………………………… 1－359
周子太極圖說註一卷………………… 1－374
周子太極圖說註一卷………………… 1－374
周子太極圖說註一卷………………… 1－374
周子通書講義一卷…………………… 5－197
周公年表一卷………………………… 5－170
周氏止庵詞辨二卷…………………… 5－178
周氏冥通記五卷……………………… 5－178
周玉麟公墓誌銘一卷………………… 5－197
周甲墨成新編不分卷………………… 5－172
周甲墨成新編不分卷………………… 5－172
周吏部年譜一卷遺事一卷…………… 5－197
周列士傳一卷………………………… 5－178
周先生傳一卷………………………… 4－114
周先生傳一卷………………………… 4－114
周先生傳一卷………………………… 4－114
周先生傳一卷………………………… 4－114
周行備覽六卷………………………… 5－172
周行備覽六卷………………………… 5－172
周行備覽六卷………………………… 5－172
周易二十四卷………………………… 5－182
周易十二卷附音訓十二卷…………… 5－185
周易十二卷首一卷…………………… 5－185
周易十二卷首一卷…………………… 5－185
周易十卷……………………………… 5－186
周易十卷……………………………… 5－186
周易八卷……………………………… 5－179
周易九卷附考證……………………… 5－184
周易三卷……………………………… 5－185
周易上下篇義一卷…………………… 5－185
周易不分卷…………………………… 5－181
周易內傳十二卷……………………… 5－184
周易內傳十二卷……………………… 5－185
周易內傳十二卷……………………… 5－185
周易六十四卦象占解八卷首一卷末一卷………………………………… 5－184
周易六卷……………………………… 5－184
周易六卷……………………………… 5－184
周易引經通釋十卷…………………… 5－196
周易引經通釋十卷…………………… 5－196
周易孔義集說二十卷………………… 5－184
周易本義十二卷易圖一卷五贊一卷筮儀一卷…………………………… 5－179
周易本義四卷………………………… 5－179
周易本義四卷………………………… 5－179
周易本義四卷………………………… 5－179
周易本義四卷………………………… 5－400
周易本義四卷附筮儀一卷…………… 5－180
周易本義四卷附筮儀一卷卦歌一卷

圖說一卷 ································ 5 – 180
周易本義四卷附筮儀一卷卦歌一卷
圖說一卷 ································ 5 – 180
周易本義四卷附筮儀一卷卦歌一卷
圖說一卷 ································ 5 – 180
周易本義四卷附筮儀一卷卦歌一卷
圖說一卷 ································ 5 – 180
周易本義四卷附筮儀一卷卦歌一卷
圖說一卷 ································ 5 – 180
周易本義四卷附筮儀一卷卦歌一卷
圖說一卷 ································ 5 – 180
周易本義四卷附筮儀一卷卦歌一卷
圖說一卷 ································ 5 – 180
周易本義四卷附筮儀一卷卦歌一卷
圖說一卷 ································ 5 – 180
周易本義四卷附圖說一卷 ·············· 5 – 180
周易本義四卷附圖說一卷卦歌一卷
筮儀一卷 ································ 5 – 180
周易本義通釋十二卷 ···················· 5 – 180
周易本義啓蒙翼傳四卷 ·················· 5 – 179
周易本義啓蒙翼傳四卷 ·················· 5 – 179
周易本義啓蒙翼傳四卷 ·················· 5 – 179
周易本義啓蒙翼傳四卷 ·················· 5 – 179
周易本義補四卷 ························· 5 – 179
周易本義補四卷圖說一卷 ·············· 5 – 179
周易本義補四卷圖說一卷 ·············· 5 – 179
周易本義補四卷圖說一卷 ·············· 5 – 179
周易本義補四卷圖說一卷 ·············· 5 – 179
周易本義補四卷圖說一卷 ·············· 5 – 179
周易本義補四卷圖說一卷 ·············· 5 – 179
周易本義補四卷圖說一卷 ·············· 5 – 179
周易本義辯證五卷 ······················· 5 – 179
周易平說二卷 ···························· 5 – 185
周易平說二卷 ···························· 5 – 185
周易四卷 ································· 5 – 186
周易四卷 ································· 5 – 186
周易四卷 ································· 5 – 186
周易四卷 ································· 5 – 186
周易四卷 ································· 5 – 186
周易四卷 ································· 5 – 186
周易四卷 ································· 5 – 186
周易四卷 ································· 5 – 186
周易四卷 ································· 5 – 186
周易四卷 ································· 5 – 186
周易四卷 ································· 5 – 186
周易四卷 ································· 5 – 186
周易四卷 ································· 5 – 186
周易四卷 ································· 5 – 186
周易四卷 ································· 5 – 186
周易四卷 ································· 5 – 186
周易四卷 ································· 5 – 186
周易四卷 ································· 5 – 186
周易四卷 ································· 5 – 186
周易四卷 ································· 5 – 187
周易四卷 ································· 5 – 187
周易四卷 ································· 5 – 187
周易四卷 ································· 5 – 187
周易四卷 ································· 5 – 187
周易四卷 ································· 5 – 187
周易四卷 ································· 5 – 187
周易四卷 ································· 5 – 187
周易四卷 ································· 5 – 187
周易四卷 ································· 5 – 187
周易四卷 ································· 5 – 187
周易四卷 ································· 5 – 187
周易四卷 ································· 5 – 187
周易四卷 ································· 5 – 187
周易四卷 ································· 5 – 187
周易四卷 ································· 5 – 187
周易四卷 ································· 5 – 187
周易四卷 ································· 5 – 187
周易四卷 ································· 5 – 187
周易四卷 ································· 5 – 187
周易四卷 ································· 5 – 187
周易四卷 ································· 5 – 187
周易四卷 ································· 5 – 187
周易四卷 ································· 5 – 187
周易四卷 ································· 5 – 188
周易四卷 ································· 5 – 188
周易四卷 ································· 5 – 188
周易四卷 ································· 5 – 188
周易四卷 ································· 5 – 188

周易四卷 …… 5－188
周易四卷 …… 5－188
周易四卷 …… 5－188
周易四卷 …… 5－188
周易四卷 …… 5－188
周易四卷 …… 5－188
周易四卷 …… 5－188
周易四卷 …… 5－188
周易四卷 …… 5－188
周易四卷 …… 5－188
周易四卷 …… 5－188
周易四卷 …… 5－188
周易四卷 …… 5－188
周易四卷 …… 5－188
周易四卷 …… 5－188
周易四卷 …… 5－188
周易四卷 …… 5－188
周易四卷 …… 5－188
周易四卷 …… 5－188
周易四卷 …… 5－188
周易四卷 …… 5－188
周易四卷 …… 5－188
周易四卷 …… 5－188
周易四卷 …… 5－189
周易四卷 …… 5－189
周易四卷 …… 5－189
周易四卷 …… 5－189
周易四卷 …… 5－189
周易四卷 …… 5－189
周易四卷 …… 5－189
周易四卷 …… 5－189
周易四卷 …… 5－189
周易四卷 …… 5－189
周易四卷 …… 5－189
周易四卷 …… 5－189
周易四卷 …… 5－189
周易四卷 …… 5－189
周易四卷 …… 5－189
周易四卷 …… 5－189
周易四卷 …… 5－189
周易四卷 …… 5－189
周易四卷 …… 5－189
周易四卷 …… 5－189
周易四卷 …… 5－189
周易四卷 …… 5－189
周易四卷 …… 5－189
周易四卷 …… 5－189
周易四卷 …… 5－190
周易四卷 …… 5－190
周易四卷 …… 5－190
周易四卷 …… 5－190
周易四卷 …… 5－190
周易四卷 …… 5－190
周易四卷 …… 5－190
周易四卷 …… 5－190
周易四卷 …… 5－190
周易四卷 …… 5－190
周易四卷 …… 5－190
周易四卷 …… 5－190
周易四卷 …… 5－190
周易四卷 …… 5－190
周易四卷 …… 5－190
周易四卷 …… 5－190
周易四卷 …… 5－190
周易四卷 …… 5－190
周易四卷 …… 5－190
周易四卷 …… 5－190
周易四卷 …… 5－190
周易四卷 …… 5－190
周易四卷 …… 5－190
周易四卷 …… 5－190
周易四卷 …… 5－191
周易四卷 …… 5－191
周易四卷 …… 5－191
周易四卷 …… 5－191
周易四卷 …… 5－191
周易四卷 …… 5－191
周易四卷 …… 5－191
周易四卷 …… 5－191
周易四卷 …… 5－191
周易四卷 …… 5－191
周易四卷 …… 5－191

周易四卷…………………………… 5－191
周易四卷…………………………… 5－191
周易四卷…………………………… 5－191
周易四卷…………………………… 5－191
周易四卷…………………………… 5－191
周易四卷…………………………… 5－191
周易四卷…………………………… 5－191
周易四卷…………………………… 5－191
周易四卷…………………………… 5－191
周易四卷…………………………… 5－191
周易四卷…………………………… 5－191
周易四卷…………………………… 5－191
周易四卷…………………………… 5－191
周易四卷…………………………… 5－192
周易四卷…………………………… 5－192
周易四卷…………………………… 5－192
周易四卷…………………………… 5－192
周易四卷…………………………… 5－192
周易四卷…………………………… 5－192
周易四卷…………………………… 5－192
周易四卷…………………………… 5－192
周易四卷…………………………… 5－192
周易四卷…………………………… 5－192
周易四卷卦歌一卷圖說一卷………… 5－192
周易四卷筮儀一卷卦歌一卷圖說一
　卷………………………………… 5－192
周易四卷筮儀一卷卦歌一卷圖說一
　卷………………………………… 5－192
周易四卷筮儀一卷卦歌一卷圖說一
　卷………………………………… 5－192
周易四卷筮儀一卷卦歌一卷圖說一
　卷………………………………… 5－192
周易四卷筮儀一卷卦歌一卷圖說一
　卷………………………………… 5－192
周易四卷筮儀一卷卦歌一卷圖說一
　卷………………………………… 5－192
周易四卷筮儀一卷卦歌一卷圖說一
　卷………………………………… 5－192
周易四卷筮儀一卷卦歌一卷圖說一
　卷………………………………… 5－192
周易四卷筮儀一卷卦歌一卷圖說一
　卷………………………………… 5－192
周易四卷筮儀一卷卦歌一卷圖說一
　卷………………………………… 5－192
周易四卷筮儀一卷卦歌一卷圖說一
　卷………………………………… 5－192
周易四卷筮儀一卷卦歌一卷圖說一
　卷………………………………… 5－193
周易四卷筮儀一卷卦歌一卷圖說一
　卷………………………………… 5－193
周易四卷筮儀一卷圖說一卷………… 5－193
周易四卷筮儀一卷圖說一卷………… 5－193
周易四卷圖說一卷………………… 5－193
周易四卷圖說一卷卦歌一卷………… 5－193
周易四卷圖說一卷卦歌一卷………… 5－193
周易四卷圖說一卷卦歌一卷………… 5－193
周易四卷圖說一卷卦歌一卷………… 5－193
周易四卷圖說一卷卦歌一卷………… 5－193
周易四卷圖說一卷卦歌一卷………… 5－193
周易四卷圖說一卷卦歌一卷………… 5－193
周易四卷圖說一卷卦歌一卷………… 5－193
周易四卷圖說一卷卦歌一卷………… 5－193
周易四卷圖說一卷卦歌一卷筮儀一
　卷………………………………… 5－193
周易四卷圖說一卷卦歌一卷筮儀一
　卷………………………………… 5－193
周易四卷圖說一卷卦歌一卷筮儀一
　卷………………………………… 5－193
周易四卷圖說一卷卦歌一卷筮儀一
　卷………………………………… 5－193
周易四卷圖說一卷卦歌一卷筮儀一
　卷………………………………… 5－193
周易四卷圖說一卷卦歌一卷筮儀一
　卷………………………………… 5－193
周易四卷圖說一卷卦歌一卷筮儀一
　卷………………………………… 5－194
周易四卷圖說一卷卦歌一卷筮儀一
　卷………………………………… 5－194
周易四卷圖說一卷卦歌一卷筮儀一
　卷………………………………… 5－194

周易四卷圖說一卷卦歌一卷筮儀一
卷……………………………… 5－194
周易四卷圖說一卷卦歌一卷筮儀一
卷……………………………… 5－194
周易四卷圖說一卷卦歌一卷筮儀一
卷……………………………… 5－194
周易四卷圖說一卷卦歌一卷筮儀一
卷……………………………… 5－194
周易四卷圖說一卷卦歌一卷筮儀一
卷……………………………… 5－194
周易四卷圖說一卷卦歌一卷筮儀一
卷……………………………… 5－194
周易四卷圖說一卷卦歌一卷筮儀一
卷……………………………… 5－194
周易四卷圖說一卷卦歌一卷筮儀一
卷……………………………… 5－194
周易四卷圖說一卷卦歌一卷筮儀一
卷……………………………… 5－194
周易四卷圖說一卷卦歌一卷筮儀一
卷……………………………… 5－194
周易四卷圖說一卷卦歌一卷筮儀一
卷……………………………… 5－194
周易四卷圖說一卷卦歌一卷筮儀一
卷……………………………… 5－194
周易四卷圖說一卷卦歌一卷筮儀一
卷……………………………… 5－194
周易四卷圖說一卷卦歌一卷筮儀一
卷……………………………… 5－194
周易四卷圖說一卷卦歌一卷筮儀一
卷……………………………… 5－194
周易四卷圖說一卷卦歌一卷筮儀一
卷……………………………… 5－194
周易四卷圖說一卷卦歌一卷筮儀一
卷……………………………… 5－194
周易四卷圖說一卷卦歌一卷筮儀一
卷……………………………… 5－194
周易四卷圖說一卷卦歌一卷筮儀一
卷……………………………… 5－194
周易四卷圖說一卷卦歌一卷筮儀一
卷……………………………… 5－195
周易四卷圖說一卷卦歌一卷筮儀一
卷……………………………… 5－195
周易四卷圖說一卷卦歌一卷筮儀一
卷……………………………… 5－195
周易四卷圖說一卷卦歌一卷筮儀一
卷……………………………… 5－195
周易四卷圖說一卷卦歌一卷筮儀一
卷……………………………… 5－195
周易四卷圖說一卷卦歌一卷筮儀一
卷……………………………… 5－195
周易四卷圖說一卷卦歌一卷筮儀一
卷……………………………… 5－195
周易四卷圖說一卷卦歌一卷筮儀一
卷……………………………… 5－195
周易四卷圖說一卷卦歌一卷筮儀一
卷……………………………… 5－195
周易四卷圖說一卷卦歌一卷筮儀一
卷……………………………… 5－195
周易外傳四卷……………………… 5－195
周易字畫辨疑一卷新刻增訂易林衷
旨四卷………………………… 5－180
周易見意四卷首一卷……………… 5－184
周易究四卷………………………… 5－184
周易直解十二卷…………………… 5－196
周易析義十卷首一卷……………… 5－195
周易明報三卷首一卷末一卷……… 5－184
周易要義十卷首一卷……………… 5－196
周易要義十卷首一卷……………… 5－196
周易研幾一卷……………………… 5－196
周易研幾一卷……………………… 5－196
周易拾遺十四卷…………………… 5－186
周易指三十八卷易例一卷易圖五卷
易斷辭一卷易往來卦一篇八卦世
位一篇卦侯一篇六日七分六十卦
一篇逸象一篇………………… 5－196
周易便解六卷首一卷……………… 5－180
周易便解六卷首一卷……………… 5－180
周易便解六卷首一卷……………… 5－180
周易便解六卷首一卷……………… 5－180
周易便解六卷首一卷……………… 5－180

周易洗心十卷 ………………………… 5－195
周易洗心十卷 ………………………… 5－195
周易洗心十卷 ………………………… 5－196
周易洗心十卷 ………………………… 5－196
周易姚氏學十六卷首一卷 …………… 5－196
周易姚氏學十六卷首一卷 …………… 5－196
周易姚氏學十六卷首一卷 …………… 5－196
周易訓義七卷首一卷 ………………… 5－196
周易衷翼集解二十卷首一卷 ………… 5－197
周易兼義九卷 ………………………… 5－183
周易兼義九卷 ………………………… 5－183
周易兼義九卷 ………………………… 5－183
周易兼義九卷 ………………………… 5－183
周易通略一卷 ………………………… 5－195
周易通義十六卷 ……………………… 5－195
周易通論四卷周易觀象十二卷 ……… 5－195
周易通論四卷周易觀象十二卷 ……… 5－195
周易理數貫四卷 ……………………… 5－184
周易理數貫四卷補說一卷 …………… 5－184
周易乾鑿度二卷 ……………………… 5－185
周易象義十卷首一卷 ………………… 5－196
周易象義集成三卷 …………………… 5－196
周易象義集成三卷 …………………… 5－196
周易淺玩二卷 ………………………… 5－185
周易淺玩二卷 ………………………… 5－185
周易淺解三卷首一卷 ………………… 5－185
周易淺解三卷首一卷 ………………… 5－185
周易淺解三卷首一卷 ………………… 5－185
周易淺解三卷首一卷 ………………… 5－185
周易淺義四卷 ………………………… 5－185
周易參同契分章注解三卷 …………… 4－88
周易參同契分章註解三卷 …………… 5－181
周易參同契分章註解三卷 …………… 5－181
周易參同契集韻二卷末一卷 ………… 5－181
周易參同契集韻六卷末一卷俞氏參同契發揮五言注摘錄一卷 ………… 5－181
周易揭要三卷 ………………………… 5－184
周易程傳八卷 ………………………… 5－181
周易集注六卷首一卷 ………………… 5－183
周易集傳八卷補遺一卷考證一卷 …… 5－183
周易集傳八卷補遺一卷考證一卷 …… 5－183
周易集傳八卷補遺一卷考證一卷 …… 5－183
周易集傳八卷補遺一卷考證一卷 …… 5－183
周易集傳八卷補遺一卷考證一卷 …… 5－183
周易補注□卷首一卷 ………………… 5－181
周易補註不分卷 ……………………… 5－181
周易補義六卷 ………………………… 5－181
周易費氏學八卷敘錄一卷 …………… 5－182
周易費氏學八卷敘錄一卷 …………… 5－182
周易虞氏義九卷附虞氏消息二卷 …… 5－196
周易傳義大全二十四卷上下篇義一卷朱子圖說一卷易五贊一卷筮儀一卷易說綱領一卷 ………………… 5－181
周易傳義大全二十四卷上下篇義一卷朱子圖說一卷易五贊一卷筮儀一卷易說綱領一卷 ………………… 5－182
周易傳義大全二十四卷上下篇義一卷朱子圖說一卷易五贊一卷筮儀一卷易說綱領一卷 ………………… 5－182
周易傳義大全二十四卷上下篇義一卷朱子圖說一卷易五贊一卷筮儀一卷程朱易說綱領一卷 …………… 5－181
周易傳義大全二十四卷上下篇義一卷朱子圖說一卷易五贊一卷筮儀一卷程朱易說綱領一卷 …………… 5－181
周易傳義大全二十四卷綱領一卷朱子圖說一卷 ………………………… 5－181
周易傳義合訂十二卷 ………………… 5－182
周易傳義合訂十二卷 ………………… 5－182
周易傳義合訂十二卷 ………………… 5－182
周易傳義合訂十二卷 ………………… 5－182
周易傳義合訂十二卷 ………………… 5－182
周易傳義合訂十二卷 ………………… 5－182
周易傳義合訂十二卷 ………………… 5－182
周易傳義合訂十二卷 ………………… 5－182
周易傳義合訂十二卷 ………………… 5－182
周易傳義音訓八卷 …………………… 5－182
周易傳義音訓八卷首一卷 …………… 5－182
周易會通十二卷 ……………………… 5－183
周易會歸不分卷 ……………………… 5－183
周易會歸不分卷 ……………………… 5－183
周易會歸不分卷 ……………………… 5－183

周易會歸不分卷…………………………5－183
周易會歸不分卷…………………………5－183
周易解故一卷……………………………5－184
周易意十二卷圖一卷……………………5－196
周易意十二卷圖一卷……………………5－196
周易經傳二十四卷………………………5－184
周易經傳傳義二十四卷…………………5－184
周易經義審七卷首一卷…………………5－184
周易經義審七卷首一卷…………………5－184
周易摘要集解十二卷……………………5－196
周易疑參四卷首一卷末一卷……………5－196
周易說約一卷附筮策訂誤一卷邵子
易卦横圖辨一卷………………………5－186
周易廣義四卷……………………………5－182
周易廣義四卷……………………………5－182
周易精義四卷首一卷……………………5－184
周易精義四卷首一卷……………………5－184
周易撥易堂解二十卷首二卷末二卷
……………………………………………5－181
周易撥易堂解二十卷首二卷末二卷
……………………………………………5－181
周易撥易堂解二十卷首二卷末二卷
……………………………………………5－181
周易撥易堂解二十卷首二卷末二卷
……………………………………………5－181
周易篇第三卷首一卷易考二卷續考
二卷……………………………………5－185
周易審義四卷……………………………5－185
周易審鵠要解四卷………………………5－185
周易審鵠要解四卷………………………5－185
周易審鵠要解四卷………………………5－185
周易審鵠要解四卷………………………5－185
周易舊注十二卷…………………………5－184
周易舊注十二卷…………………………5－184
周易翼簡捷解十六卷首一卷末一卷
拾遺一卷羣經輔易說一卷……………5－196
周易闡注三卷……………………………5－181
周易闡要四卷……………………………5－181
周易闡真四卷……………………………5－181
周易纂言十二卷…………………………5－197
周易纂言外翼八卷………………………5－197
周易辯二十四卷…………………………5－180
周易變通解六卷首一卷末一卷…………5－180
周易變通解六卷首一卷末一卷…………5－181
周易觀象十二卷…………………………5－182
周易觀象十二卷…………………………5－182
周忠介公燼餘集三卷……………………5－197
周季編略九卷……………………………5－172
周官心解二十八卷………………………5－172
周官故書考四卷附論語魯讀考一卷
……………………………………………5－170
周官參證二卷……………………………5－170
周官集注十二卷…………………………5－170
周官集傳十六卷…………………………5－170
周官塾訓六卷……………………………5－171
周官塾訓六卷……………………………5－171
周官塾訓六卷……………………………5－171
周官塾訓六卷……………………………5－172
周官塾訓摘要集解六卷…………………5－172
周官精義十二卷…………………………5－170
周官精義十二卷…………………………5－170
周官精義十二卷…………………………5－170
周官精義十二卷…………………………5－170
周官精義十二卷…………………………5－170
周官精義十二卷…………………………5－170
周官精義十二卷…………………………5－170
周官精義十二卷…………………………5－171
周官精義十二卷…………………………5－171
周官精義十二卷…………………………5－171
周官精義十二卷…………………………5－171
周官精義十二卷…………………………5－171
周官精義十二卷…………………………5－171
周官精義十二卷…………………………5－171
周官精義十二卷…………………………5－171
周官精義十二卷…………………………5－171
周官精義十二卷…………………………5－171
周官精義十二卷…………………………5－171
周官精義十二卷…………………………5－171
周官精義十二卷…………………………5－171
周官精義十二卷…………………………5－171
周官精義十二卷…………………………5－171
周官精義十二卷…………………………5－171
周官精義十二卷…………………………5－171

周官精義十二卷…………………………5－171
周官精義十二卷…………………………5－171
周官精義十二卷…………………………5－171
周官精義十二卷…………………………5－171
周官精義十二卷…………………………5－171
周官精義十二卷…………………………5－403
周官辨一卷………………………………5－170
周官辨非一卷……………………………5－170
周孟侯先生全書…………………………5－178
周星哉刪補便蒙易注四卷………………5－179
周宣靈王外科九十五簽不分卷…………5－179
周恭肅公集十六卷………………………5－170
周恭肅公集十六卷………………………5－170
周益公全集二百八卷目錄三卷…………5－197
周益國文忠公集二百卷首一卷附錄
　五卷…………………………………5－197
周益國文忠公集二百卷首一卷附錄
　五卷…………………………………5－197
周益國文忠公集二百卷首一卷附錄
　五卷…………………………………5－197
周益國文忠公集二百卷首一卷附錄
　五卷…………………………………5－197
周書十卷…………………………………5－178
周書十卷…………………………………5－178
周書五十卷………………………………5－178
周書五十卷………………………………5－178
周書五十卷………………………………5－178
周書五十卷………………………………5－178
周書五十卷………………………………5－178
周書五十卷………………………………5－179
周書五十卷………………………………5－179
周書五十卷附考證………………………5－179
周書昌先生別傳一卷……………………4－114
周書昌先生別傳一卷……………………4－114
周書昌先生別傳一卷……………………4－114
周書昌先生別傳一卷……………………4－114
周書逸文一卷……………………………5－178
周書逸文一卷……………………………5－178
周遽庵公全集……………………………5－172
周憩亭集十卷首一卷末一卷……………5－178
周髀算經二卷……………………………5－170
周禮二十卷………………………………5－172
周禮十二卷………………………………5－176
周禮十二卷………………………………5－176
周禮十二卷………………………………5－176
周禮十二卷………………………………5－176
周禮六卷…………………………………5－175
周禮六卷…………………………………5－175
周禮六卷…………………………………5－175
周禮六卷…………………………………5－175
周禮六卷…………………………………5－175
周禮六卷…………………………………5－175
周禮六卷…………………………………5－175
周禮六卷…………………………………5－175
周禮六卷…………………………………5－175
周禮六卷…………………………………5－176
周禮六卷…………………………………5－176
周禮六卷…………………………………5－176
周禮正義八十六卷………………………5－177
周禮古學考十一卷………………………5－172
周禮折衷六卷……………………………5－176
周禮折衷六卷……………………………5－177
周禮折衷四卷……………………………5－177
周禮述注二十四卷………………………5－176
周禮述注二十四卷………………………5－176
周禮政要二卷……………………………5－177
周禮政要二卷……………………………5－177
周禮政要四卷……………………………5－177
周禮政要四卷……………………………5－177
周禮政要四卷……………………………5－177
周禮政要四卷……………………………5－177
周禮政要四卷……………………………5－177
周禮政要四卷……………………………5－177
周禮政要四卷……………………………5－177
周禮政要四卷……………………………5－177
周禮便讀六卷……………………………5－172
周禮便讀六卷……………………………5－172
周禮約編六卷……………………………5－176
周禮約編六卷……………………………5－176
周禮訓雋二十卷…………………………5－176
周禮旁訓六卷……………………………5－176
周禮集解節要六卷………………………5－172

[周禮集說]一卷 …………………… 5－389
周禮註疏十八卷………………………… 5－177
周禮註疏十八卷………………………… 5－177
周禮註疏十八卷………………………… 5－178
周禮註疏四十二卷……………………… 5－178
周禮註疏四十二卷……………………… 5－178
周禮註疏四十二卷……………………… 5－178
周禮註疏四十二卷……………………… 5－178
周禮註疏四十二卷……………………… 5－178
周禮註疏四十二卷……………………… 5－178
周禮註疏删翼三十卷…………………… 5－177
周禮註疏删翼三十卷…………………… 5－177
周禮註疏删翼三十卷…………………… 5－177
周禮註疏删翼三十卷…………………… 5－177
周禮註疏删翼三十卷…………………… 5－177
周禮註疏删翼三十卷…………………… 5－177
周禮註疏删翼三十卷…………………… 5－177
周禮疏義六卷…………………………… 5－176
周禮節要不分卷………………………… 5－175
周禮節要不分卷………………………… 5－175
周禮節訓六卷…………………………… 5－173
周禮節訓六卷…………………………… 5－173
周禮節訓六卷…………………………… 5－173
周禮節訓六卷…………………………… 5－173
周禮節訓六卷…………………………… 5－173
周禮節訓六卷…………………………… 5－174
周禮節訓六卷…………………………… 5－174
周禮節訓六卷…………………………… 5－174
周禮節訓六卷…………………………… 5－174
周禮節訓六卷…………………………… 5－174
周禮節訓六卷…………………………… 5－174
周禮節訓六卷…………………………… 5－174
周禮節訓六卷…………………………… 5－174
周禮節訓六卷…………………………… 5－174
周禮節訓六卷…………………………… 5－174
周禮節訓六卷…………………………… 5－174
周禮節訓六卷…………………………… 5－174
周禮節訓六卷…………………………… 5－174
周禮節訓六卷…………………………… 5－174
周禮節訓六卷…………………………… 5－174
周禮節訓六卷…………………………… 5－174
周禮節訓六卷…………………………… 5－174
周禮節訓六卷…………………………… 5－174
周禮節訓六卷…………………………… 5－174
周禮節訓六卷…………………………… 5－174
周禮節釋十二卷………………………… 5－173
周禮節釋十二卷………………………… 5－173
周禮節釋十二卷………………………… 5－173
周禮節釋十二卷………………………… 5－173
周禮節釋十二卷………………………… 5－173
周禮節釋十二卷………………………… 5－173
周禮節釋十二卷………………………… 5－173
周禮節釋十二卷………………………… 5－173
周禮節釋十二卷………………………… 5－173
周禮節釋十二卷………………………… 5－173
周禮節釋十二卷………………………… 5－173
周禮節釋十二卷………………………… 5－173
周禮節釋十二卷………………………… 5－173
周禮節釋十二卷………………………… 5－173
周禮節釋十二卷………………………… 5－173
周禮節釋十二卷………………………… 5－173
周禮節釋十二卷………………………… 5－173
周禮會通六卷…………………………… 5－172
[周禮摘鈔]不分卷 …………………… 5－389
周禮疑義舉要七卷儀禮釋例一卷…… 5－176
周禮精華六卷…………………………… 5－175
周禮精華六卷…………………………… 5－175
周禮精華六卷…………………………… 5－175
周禮精華六卷…………………………… 5－175
周禮精華六卷…………………………… 5－175
周禮精華六卷…………………………… 5－175
周禮精華六卷…………………………… 5－175
周禮精華六卷…………………………… 5－175
周禮精華六卷…………………………… 5－175
周禮精華六卷…………………………… 5－175
周禮精義六卷首一卷…………………… 5－175
周禮精義六卷首一卷…………………… 5－175
周禮精義六卷首一卷…………………… 5－175
周禮撮要二卷…………………………… 5－172
周禮輯義十二卷………………………… 5－172
周禮輯義十二卷………………………… 5－173

周禮學一卷 ………………………… 5－176
周禮纂訓二十一卷 ………………………… 5－178
周禮釋文問答一卷 ………………………… 5－176
周禮釋文問答一卷 ………………………… 5－176
周禮釋文問答一卷 ………………………… 5－176
周禮釋文問答一卷 ………………………… 5－176
周禮釋文問答一卷 ………………………… 5－176
周禮釋注二卷 ………………………… 5－176
周禮讀本六卷 ………………………… 5－172
周禮讀本六卷 ………………………… 5－172
周禮讀要六卷 ………………………… 5－172
匋雅二卷 ………………………… 3－449
匋雅二卷 ………………………… 3－449
匋齋臧石記四十四卷首一卷匋齋臧
　甎記二卷 ………………………… 3－449
匋齋臧石記四十四卷首一卷陶齋臧
　甎記二卷 ………………………… 3－449
狎鷗子摘稿一卷 ………………………… 4－110
狎鷗亭詩鈔八卷 ………………………… 4－110
狎鷗亭詩鈔八卷 ………………………… 4－110
狎鷗亭詩鈔八卷 ………………………… 5－398
炙硯瑣談三卷 ………………………… 5－113
京口三山志十卷 ………………………… 2－197
京口山水志十八卷首一卷末一卷 …… 2－197
京口掌故叢編 ………………………… 2－197
［光緒］京山縣志二十七卷首一卷 … 5－293
［光緒］京山縣志二十七卷首一卷 … 5－293
京本校正音釋唐柳先生集四十三卷
　別集一卷外集一卷 ………………………… 2－196
京式靴樣一卷 ………………………… 2－197
京板賈公圖像水黃牛經合併大全二
　卷 ………………………… 2－196
京城安徽會館存冊不分卷 ………………………… 2－196
京城安徽會館存冊不分卷 ………………………… 2－196
京城安徽會館存冊不分卷 ………………………… 2－196
京城安徽會館存冊不分卷 ………………………… 2－196
京城安徽會館存冊不分卷 ………………………… 2－196
京城安徽會館存冊不分卷 ………………………… 2－197
京城安徽會館存冊不分卷 ………………………… 2－197
京省水道考六卷 ………………………… 2－197
京都吉安二忠祠紀略一卷 ………………………… 2－197
京華詩一卷觀海集一卷 ………………………… 2－197
京師大學堂中國史講義一卷 ………………………… 2－197
京師大學堂講義 ………………………… 2－197
京師譯學館輿地學講義一卷 ………………………… 2－197
京塵雜錄四卷 ………………………… 2－196
［京劇劇目］二種 ………………………… 5－326
京畿金石考二卷 ………………………… 2－197
京畿金石考二卷 ………………………… 2－197
京畿金石考二卷 ………………………… 2－197
京畿金石考二卷 ………………………… 2－197
京畿金石考二卷 ………………………… 2－197
京畿金石考二卷 ………………………… 2－197
京鍥神峯通考闢謬命理正宗大全六
　卷 ………………………… 2－197
亨帚集四卷 ………………………… 4－128
夜雨秋燈續錄八卷 ………………………… 4－289
夜譚隨錄十二卷 ………………………… 4－289
夜譚隨錄十二卷 ………………………… 4－289
夜譚隨錄十二卷 ………………………… 4－289
庚子秋詞二卷 ………………………… 1－406
庚子教會受難記二卷 ………………………… 1－406
庚子國變彈詞四十卷四十回 ………………………… 1－406
庚子銷夏記八卷 ………………………… 1－406
庚子銷夏記八卷 ………………………… 1－406
庚子銷夏記八卷 ………………………… 1－406
庚子銷夏記八卷 ………………………… 1－406
庚子銷夏記八卷 ………………………… 1－406
庚申課徒草不分卷 ………………………… 1－406
庚戌年官商快覽不分卷 ………………………… 1－406
庚戌年官商快覽不分卷 ………………………… 1－406
庚辰集五卷 ………………………… 1－404
庚辰集五卷 ………………………… 1－404
庚辰集五卷 ………………………… 1－404
庚辰集五卷 ………………………… 1－404
庚辰集五卷 ………………………… 1－405
庚辰集五卷 ………………………… 1－405
庚辰集五卷 ………………………… 1－405
庚辰集五卷 ………………………… 1－405
庚辰集五卷 ………………………… 1－405
庚辰集五卷 ………………………… 1－405
庚辰集五卷 ………………………… 1－405

庚辰集五卷……………………………… 1－405
庚辰集五卷……………………………… 1－405
庚辰集五卷……………………………… 1－405
庚辰集五卷……………………………… 1－405
庚辰集五卷……………………………… 1－405
庚辰集五卷附唐人試律說一卷……… 1－405
庚辰集五卷附唐人試律說一卷……… 1－405
庚辰集五卷附唐人試律說一卷……… 1－405
庚辛之際月表一卷…………………… 1－406
庚辛泣杭錄十六卷…………………… 1－406
庚辛泣杭錄十六卷…………………… 1－406
庚訂箋釋批評古詩直解十二卷首一卷…………………………………… 1－405
庚訂箋釋批評古詩直解十二卷首一卷…………………………………… 1－405
庚訂箋釋批評古詩直解十二卷首一卷…………………………………… 1－405
庚訂箋釋批評古詩直解十二卷首一卷…………………………………… 1－405
庚訂箋釋批評古詩直解十二卷首一卷…………………………………… 1－405
庚訂箋釋批評古詩直解十二卷首一卷…………………………………… 1－405
庚訂箋釋批評古詩直解十二卷首一卷…………………………………… 1－405
放翁先生詩鈔七卷…………………… 1－359
放翁先生詩鈔七卷…………………… 1－359
刻天仙正理直論增註二卷…………… 2－245
刻天仙正理直論增註二卷…………… 2－245
刻天仙正理直論增註二卷…………… 2－245
刻天仙正理直論增註二卷…………… 2－245
刻天仙正理直論增註二卷…………… 2－245
刻天仙正理直論增註二卷…………… 2－245
刻夏先生書經不分卷………………… 2－245
刻梅太史評釋駱賓王文抄神駒四卷…………………………………… 2－245
刻註釋莪林聚錦故事白眉十卷……… 2－245
刻曾西墅先生集十卷………………… 2－244
刻會魁紫溪蘇先生心傳易經講意兒說四卷……………………………… 2－245
刻醫無間子醫貫六卷………………… 2－245
刻鵠集三卷…………………………… 2－245
刻鵠集三卷…………………………… 2－245
於陵子一卷…………………………… 4－408
於越先賢像傳贊二卷………………… 4－408
育正堂重訂幼學須知句解四卷……… 4－427
育正堂重訂幼學須知句解四卷……… 4－427
性中天遺訓後集二卷………………… 4－224
性命微言一卷………………………… 4－224
性命雙修萬神圭旨四卷……………… 4－224
性命雙修萬神圭旨四卷……………… 5－399
性命雙脩萬神圭旨四卷……………… 4－224
性命雙脩萬神圭旨四卷……………… 4－224
性相通說一卷………………………… 4－224
性相通說一卷………………………… 4－224
性書五卷……………………………… 4－224
性理大全書七十卷…………………… 4－223
性理大全書七十卷…………………… 4－223
性理大全書七十卷…………………… 4－223
性理大全書七十卷…………………… 4－223
性理大全書七十卷…………………… 4－223
性理大全書七十卷…………………… 4－223
性理大全書七十卷…………………… 5－399
性理字訓一卷………………………… 4－224
性理集論新編不分卷………………… 4－223
性理集論新編不分卷………………… 4－223
性理集論新編不分卷………………… 4－224
性理節摘粹言十卷…………………… 4－224
性理羣書十四卷……………………… 4－224
［性理彙鈔］不分卷　……………… 5－377
性理標題彙要二十二卷……………… 4－223
性理標題綜要二十二卷……………… 4－223
性理標題綜要二十二卷……………… 4－223
性理論不分卷………………………… 4－224
性理體註訓解標題八卷……………… 4－224
性理體註訓解標題八卷……………… 4－224
性理體註說約大全要解八卷………… 4－224
性理體註說約大全要解八卷………… 4－224
性理體註說約大全要解八卷………… 4－224
性學閑筆語錄次集二卷……………… 4－224
怪疾奇方一卷………………………… 1－456
怪證奇方一卷………………………… 1－456

怡白雲山房詩草四卷 …………………… 2－432
怡白雲山房詩草□□卷 ……………… 4－305
怡白雲山房詩草□□卷 ……………… 4－305
怡志堂文初編六卷 …………………… 4－305
怡志堂詩初編八卷 …………………… 4－305
怡怡堂圍棋新譜三卷 ………………… 4－305
怡雲堂集不分卷 ……………………… 4－305
怡養齋制藝一卷試帖一卷律賦一卷
　古今雜體一卷 ……………………… 4－305
券易苞十二卷 ………………………… 3－65
卷石山房詩鈔一卷 …………………… 2－235
卷石河印草不分卷 …………………… 2－235
卷施閣文甲集十卷 …………………… 2－235
卷施閣詩二十卷 ……………………… 2－235
炎陵志□□卷 ………………………… 4－263
法苑珠林一百卷 ……………………… 1－352
法制科第一股調查條目不分卷 ……… 1－352
法官考試任用暫行章程施行細則不
　分卷 ………………………………… 1－351
法界安立圖三卷 ……………………… 1－351
法律醫學二十四卷首一卷附一卷 …… 1－351
法律醫學二十四卷首一卷附一卷 …… 1－351
法華大成科文九卷 …………………… 1－351
法華大成音義九卷附懸談音義一卷
　……………………………………… 1－351
法秤輕重貴賤命格總論不分卷 ……… 1－351
法部奏定提法司辦事劃一章程一卷
　……………………………………… 1－351
法海觀瀾五卷 ………………………… 1－351
法書攷八卷 …………………………… 1－352
法書要錄十卷 ………………………… 1－352
法國水師考一卷 ……………………… 1－351
法國水師考一卷 ……………………… 4－379
法國水師考一卷 ……………………… 4－379
法國海軍職要一卷 …………………… 1－351
法國海軍職要一卷 …………………… 1－351
法雲詩錄不分卷 ……………………… 1－352
法壇拜書不分卷 ……………………… 1－352
法蘭西志六卷 ………………………… 1－351
法蘭西志六卷 ………………………… 1－351
沽上題襟集八卷 ……………………… 1－410
河工策一卷 …………………………… 2－32
河工策要四卷 ………………………… 2－32
河工器具圖說四卷 …………………… 2－32
河工蠡測不分卷 ……………………… 2－32
河上易注八卷圖說二卷 ……………… 2－33
河北采風錄四卷 ……………………… 2－31
河北采風錄四卷 ……………………… 2－31
河防一覽十四卷 ……………………… 2－32
河防一覽十四卷 ……………………… 2－32
河防紀畧四卷 ………………………… 2－32
河防紀畧四卷 ………………………… 2－32
河東先生文集六卷 …………………… 2－32
河東先生集十五卷 …………………… 2－31
河東先生集四十五卷外集二卷龍城
　錄二卷 ……………………………… 2－31
河東重刻陽明先生文錄五卷外集九
　卷別錄十卷 ………………………… 2－32
河岸卷宗一卷 ………………………… 2－31
河例簿一卷 …………………………… 2－32
河南化龍淳化兩坊義渡會記一卷 …… 3－224
河南先生文集二十七卷附錄一卷 …… 2－33
河南先生文集二十七卷附錄一卷 …… 2－33
河南固始縣崇祀鄉賢錄不分卷 ……… 2－33
[乾隆]河南府志一百十六卷首四卷
　……………………………………… 5－334
河南省城保節堂徵信錄一卷 ………… 2－33
河南省城普育堂徵信錄一卷 ………… 2－33
河南省城普育堂徵信錄一卷 ………… 2－33
[雍正]河南通志八十卷 ……………… 5－382
[雍正]河南通志八十卷 ……………… 5－382
[雍正]河南通志八十卷 ……………… 5－382
河南程氏全書 ………………………… 2－33
河南程氏遺書二十五卷 ……………… 2－33
河南闈墨不分卷 ……………………… 2－33
河洛理數七卷 ………………………… 2－32
河洛理數七卷 ………………………… 2－32
河洛理數七卷 ………………………… 2－32
河洛理數七卷 ………………………… 2－32
河洛理數七卷 ………………………… 2－32
河洛理數七卷 ………………………… 2－33
河洛葬經不分卷 ……………………… 2－33

河洛精蘊九卷 ………………………… 2－32
河洛精蘊九卷 ………………………… 2－32
河洛精蘊九卷 ………………………… 2－32
河洛精蘊九卷 ………………………… 2－32
河洛精蘊九卷 ………………………… 2－32
河洛精蘊九卷 ………………………… 2－32
河洛精蘊九卷 ………………………… 2－32
河套圖考一卷 ………………………… 2－33
河朔書院課藝不分卷 ………………… 2－33
河朔書院課藝不分卷 ………………… 2－33
河朔書院課藝不分卷 ………………… 2－33
河間劉守真傷寒直格三卷 …………… 2－32
河嶽英靈集二卷 ……………………… 2－33
河嶽英靈集二卷 ……………………… 2－33
河嶽英靈集二卷 ……………………… 2－33
況靖安集八卷首一卷末一卷………… 2－249
況靖安集八卷首一卷末一卷………… 2－249
泊菴先生文集十六卷附錄一卷詩鈔
一卷 ………………………………… 1－60
泡影塵緣詩文集七卷………………… 2－478
泡影塵緣詩文集七卷………………… 2－478
注解傷寒論十卷……………………… 5－212
注解傷寒論十卷……………………… 5－213
注解傷寒論十卷……………………… 5－213
注解傷寒論十卷……………………… 5－213
注解傷寒論十卷……………………… 5－213
注解傷寒論十卷圖解運氣圖一卷…… 5－213
注釋七家詩選………………………… 5－213
注釋七家詩選………………………… 5－213
注釋八銘塾鈔二集八卷……………… 5－213
注釋八銘塾鈔二集不分卷…………… 5－213
注釋八銘塾鈔不分卷………………… 5－213
注釋八銘塾鈔初集五卷二集五卷…… 5－213
注釋千家詩四卷……………………… 5－213
注釋古周禮五卷註釋考工記一卷…… 5－213
注釋評點古今名將傳十七卷附錄一
卷……………………………………… 5－213
泮林擷秀初編不分卷………………… 2－478
治平大略四卷………………………… 5－114
治平言二卷…………………………… 5－114
治平言二卷…………………………… 5－114
治平言二卷…………………………… 5－114
治平言二卷…………………………… 5－114
治平言二卷…………………………… 5－114
治平言二卷…………………………… 5－114
治平通議八卷………………………… 5－114
治平勝算全書十四卷………………… 5－114
治安文獻十卷………………………… 5－113
治安文讞不分卷……………………… 5－113
治法彙八卷…………………………… 5－113
治法摭要一卷………………………… 5－113
治河方畧十卷首一卷………………… 5－113
治河管見一卷………………………… 5－113
治症目錄一卷………………………… 5－114
治症目錄一卷………………………… 5－114
治症節略一卷………………………… 5－114
治症節略一卷………………………… 5－114
治疹撮要一卷………………………… 5－114
治家格言繹義一卷…………………… 5－113
治家格言繹義一卷…………………… 5－113
治家格言繹義二卷首一卷…………… 5－113
治痘十全三卷………………………… 5－113
［治痘］不分卷 ……………………… 5－388
［治痘全書］不分卷 ………………… 5－388
［治痘良方］不分卷 ………………… 5－388
治臺必告錄八卷……………………… 5－114
治臺必告錄八卷……………………… 5－114
治臺必告錄八卷……………………… 5－114
治瘧痢屢驗奇方一卷………………… 5－114
治瘧痢屢驗奇方一卷………………… 5－114
治蝗全法四卷………………………… 5－113
治蟲新方一卷………………………… 5－113
治蟲新方一卷………………………… 5－113
［治癧疽法］不分卷 ………………… 5－388
宗子相集十二卷……………………… 5－256
宗聖公祠訂本不分卷………………… 5－255
宗聖志二十卷………………………… 5－255
宗經齋易圖說四卷…………………… 5－404
宗範八卷……………………………… 5－255
定山堂詩集四十三卷詩餘四卷……… 1－272
定宇先生年表一卷…………………… 1－100
定武學記二卷………………………… 1－272

定例彙編不分卷 ………………………… 1-271
定例彙編不分卷(同治十年) ……… 1-272
定例彙編不分卷(同治五年至八年)
……………………………………… 1-272
定例彙編不分卷(宣統元年至二年)
……………………………………… 1-272
定例彙編不分卷(乾隆十八年至光緒二十年) ………………………… 1-272
定例彙編不分卷(乾隆五十五年、五十七年、五十九年)……………… 1-272
定例彙編不分卷(乾隆四十七年)
……………………………………… 1-272
定例彙編不分卷(乾隆四十七年至四十九年、五十一年、五十三年)
……………………………………… 1-272
定例彙編不分卷(乾隆四十三年至四十五年) ………………………… 1-272
定例彙編不分卷(道光四年) ……… 1-271
定例彙編不分卷(嘉慶七年) ……… 1-271
定例彙編不分卷(嘉慶七年至十二年、十四年、十六年至二十三年)
……………………………………… 1-271
定例彙編不分卷(嘉慶五年,光緒四年、十一年、十三至十四年、十六年) ……………………………… 1-271
定例彙編□□卷 …………………… 1-271
定例彙編□□卷 …………………… 1-271
定例彙編□□卷 …………………… 1-271
定例彙編□□卷 …………………… 1-271
定例彙編□□卷 …………………… 2-129
定例彙編□□卷 …………………… 2-142
定例彙編重訂目錄二十三卷 ……… 1-272
[道光]定南廳志八卷 …………… 5-278
[同治]定南廳志八卷 …………… 5-355
[同治]定南廳志八卷 …………… 5-355
[同治]定南廳志八卷 …………… 5-355
定香亭筆談四卷 …………………… 1-272
定香亭筆談四卷 …………………… 1-272
定香亭筆談四卷 …………………… 1-272
定國志安邦中集二十卷 …………… 1-271
定盦文集三卷續集四卷文集補五卷文集補編四卷 …………………… 1-271
定盦文集三卷續集四卷文集補四卷
……………………………………… 1-270
定盦文集三卷續集四卷文集補四卷
……………………………………… 1-270
定盦文集三卷續集四卷文集補四卷
……………………………………… 1-270
定盦文集三卷續集四卷文集補四卷
……………………………………… 1-271
定盦文集三卷續集四卷文集補四卷
……………………………………… 1-271
定盦文集三卷續集四卷續錄一卷古今體詩二卷雜詩一卷詞選一卷詞錄一卷 ……………………………… 1-271
定盦文集三卷續集四卷續錄一卷古今體詩二卷雜詩一卷詞選一卷詞錄一卷文集補編四卷拾遺一卷 …… 1-271
定盦文集三卷續集四卷續錄一卷古今體詩二卷雜詩一卷詞選一卷詞錄一卷文集補編四卷拾遺一卷 …… 1-271
定盦文集古今體詩一卷餘集今體詩一卷 ……………………………… 1-270
定盦年譜藁本一卷 ………………… 4-151
定盦先生年譜一卷 ………………… 1-271
定盦先生年譜一卷 ………………… 1-271
定盦先生[龔自珍]年譜一卷 ……… 1-271
定盦續集四卷 ……………………… 1-271
定盦續集四卷補編四卷 …………… 1-271
[同治]宜春縣志十卷首一卷 ……… 5-368
[同治]宜春縣志十卷首一卷 ……… 5-368
[同治]宜春縣志十卷首一卷 ……… 5-368
[同治]宜春縣志十卷首一卷 ……… 5-369
[同治]宜春縣志十卷首一卷 ……… 5-369
[道光]宜春縣志三十二卷首一卷末一卷 ……………………………… 5-284
[道光]宜春縣志三十二卷首一卷末一卷 ……………………………… 5-284
[道光]宜春縣志三十二卷首一卷末一卷 ……………………………… 5-284
宜春縣圖冊二卷末一卷 …………… 4-305
宜春縣圖冊十四卷首一卷 ………… 4-305

[道光]宜春縣圖冊十四卷首一卷 … 5 – 284
[道光]宜春縣圖冊十四卷首一卷 … 5 – 284
[道光]宜春縣圖冊十四卷首一卷 … 5 – 284
宜春縣圖冊九卷首一卷 ……………… 4 – 305
[道光]宜黄縣志三十二卷首一卷 … 5 – 284
[同治]宜黄縣志五十卷首一卷 …… 5 – 353
[同治]宜黄縣志五十卷首一卷 …… 5 – 369
[同治]宜黄縣志五十卷首一卷 …… 5 – 369
[同治]宜黄縣志五十卷首一卷 …… 5 – 369
[同治]宜黄縣志五十卷首一卷 …… 5 – 369
[同治]宜黄縣志五十卷首一卷 …… 5 – 369
宜稼堂叢書 ……………………………… 4 – 305
宜稼堂叢書 ……………………………… 4 – 306
宜稼堂叢書 ……………………………… 4 – 306
宜稼堂叢書 ……………………………… 4 – 306
宜豐鹽步書院甲子課選不分卷 ……… 4 – 305
官子譜不分卷 …………………………… 1 – 457
官場現形記五編六十卷 ……………… 1 – 456
官幕同舟錄二卷附急救應驗良方一
卷 …………………………………… 1 – 457
官幕同舟錄三卷 ……………………… 1 – 457
官幕同舟錄三卷 ……………………… 1 – 457
官韻檢字一卷 ………………………… 1 – 457
空山堂文集 …………………………… 2 – 246
[空山堂四書文]不分卷 …… 5 – 330
空山堂全集 …………………………… 2 – 246
空山堂全集 …………………………… 2 – 246
空同子集六十六卷目錄三卷 ……… 2 – 246
空同子集六十六卷目錄三卷 ……… 2 – 246
空同子集六十六卷目錄三卷 ……… 2 – 246
空同先生集六十三卷 ……………… 2 – 246
空同先生集六十三卷 ……………… 2 – 246
空同先生集六十三卷 ……………… 2 – 246
空同詩鈔十六卷附錄一卷 ………… 2 – 246
空同詩選一卷 ………………………… 2 – 246
空谷香傳奇二卷 ……………………… 2 – 246
空谷香傳奇二卷 ……………………… 2 – 246
空谷香傳奇二卷 ……………………… 2 – 246
空道教寶卷不分卷 …………………… 2 – 246
宛丘先生文粹二十二卷 …………… 3 – 493
宛陵先生文集六十卷 ……………… 3 – 493
宛陵先生文集六十卷 ……………… 3 – 493
宛陵先生文集六十卷 ……………… 3 – 493
宛陵先生年譜一卷 ………………… 3 – 493
宛陵先生年譜一卷 ………………… 3 – 493
宛陵先生集六十卷拾遺一卷附錄三
卷續金針詩格一卷 ……………… 3 – 493
宛陵先生集六十卷拾遺一卷附錄三
卷續金針詩格一卷 ……………… 3 – 493
宛雅初編八卷二編八卷三編二十四
卷首一卷 ………………………… 3 – 493
宛雅初編八卷二編八卷三編二十四
卷首一卷 ………………………… 3 – 493
宛鄰文二卷 …………………………… 3 – 493
宛鄰書屋古詩錄十二卷 …………… 3 – 493
郎潛紀聞十四卷 ……………………… 2 – 257
[同治]房縣志十二卷首一卷 ……… 5 – 355
建元記二卷 …………………………… 2 – 149
[乾隆]建昌府志一百卷首一卷 …… 5 – 335
[康熙]建昌府志二十六卷 ……… 5 – 327
[同治]建昌府志十卷首一卷 ……… 5 – 358
[同治]建昌府志十卷首一卷 ……… 5 – 358
[同治]建昌府志十卷首一卷 ……… 5 – 358
[同治]建昌府志十卷首一卷 ……… 5 – 358
[同治]建昌縣志十二卷首一卷 …… 5 – 359
[同治]建昌縣志十二卷首一卷 …… 5 – 359
[同治]建昌縣志十二卷首一卷 …… 5 – 359
[光緒]建昌縣鄉土志十二卷首一卷
……………………………………… 5 – 292
[光緒]建昌縣鄉土志十二卷首一卷
輿地圖二卷 ……………………… 5 – 292
建炎以來朝野雜記乙集二十卷 ……… 2 – 149
建炎以來朝野雜記乙集二十卷 ……… 2 – 149
建炎以來朝野雜記甲集二十卷 ……… 2 – 149
建炎以來繫年要錄二百卷 ………… 2 – 149
建炎以來繫年要錄二百卷 ………… 2 – 149
建重熙堂合同一卷 ………………… 2 – 149
[景定]建康志五十卷 ……… 5 – 326
居易軒詩遺鈔一卷 ………………… 2 – 234
居易錄三十四卷 ……………………… 2 – 234
居易錄三十四卷 ……………………… 2 – 234
居易錄三十四卷 ……………………… 2 – 234

居官日省錄六卷…………………… 2－233
居官圭臬二卷…………………………… 2－233
居業堂文集二十卷……………………… 2－234
居業錄四卷……………………………… 2－234
居濟一得八卷…………………………… 2－234
屈子不分卷 ……………………………… 3－58
屈子正音三卷 …………………………… 3－58
屈子說志六卷首一卷末一卷 ………… 3－58
屈原列傳一卷…………………………… 1－133
屈原列傳一卷…………………………… 1－133
屈原列傳一卷…………………………… 1－133
屈原列傳一卷…………………………… 1－133
屈原賦注七卷通釋二卷 ……………… 3－58
屈陶合刻 ………………………………… 3－58
弧角拾遺一卷…………………………… 1－409
弧角拾遺一卷…………………………… 1－409
弧角設如三卷 …………………………… 2－51
弧角設如三卷 …………………………… 2－51
弦雪居重訂遵生八牋十九卷總目一
卷………………………………………… 4－114
弦雪居重訂遵生八牋十九卷總目一
卷………………………………………… 4－114
弦雪居重訂遵生八牋十九卷總目一
卷………………………………………… 4－114
弦雪居重訂遵生八箋十九卷總目一
卷………………………………………… 4－114
陋軒詩十二卷…………………………… 2－353
陋軒詩六卷……………………………… 2－353
陔餘叢考四十三卷……………………… 1－388
陔餘叢考四十三卷……………………… 1－388
陔餘叢考四十三卷……………………… 1－388
陔餘叢考四十三卷……………………… 1－388
陔餘叢考四十三卷……………………… 1－388
姑妄聽之四卷…………………………… 1－410
姑妄聽之四卷…………………………… 1－410
姑溪居士文集五十卷後集二十卷…… 1－410
妬律一卷………………………………… 1－326
姓氏詳註四卷…………………………… 4－225
姓氏譜纂七卷…………………………… 4－224
姓氏譜纂七卷…………………………… 4－225
姓氏譜纂七卷…………………………… 4－225
姓氏譜纂七卷…………………………… 4－225
［乾隆］始興縣志十六卷 ……………… 5－336
始豐藁十四卷補遺一卷附錄一卷…… 3－242
始豐藁十四卷補遺一卷附錄一卷…… 3－242
［道光］承德府志六十卷首二十六卷
………………………………………… 5－278
［道光］承德府志六十卷首二十六卷
………………………………………… 5－278
［道光］承德府志六十卷首二十六卷
………………………………………… 5－278
孟子七卷………………………………… 2－405
孟子七卷………………………………… 5－124
孟子不分卷……………………………… 2－399
孟子不分卷……………………………… 2－399
孟子文評不分卷………………………… 2－405
孟子文解七卷…………………………… 2－405
孟子正義三十卷………………………… 2－405
孟子正義三十卷首一卷………………… 2－405
孟子白話七卷…………………………… 2－399
孟子年譜一卷…………………………… 5－106
孟子注疏十四卷………………………… 2－406
孟子注疏解經十四卷…………………… 2－405
孟子注疏解經十四卷…………………… 2－405
孟子注疏解經十四卷…………………… 2－405
孟子注疏解經十四卷…………………… 2－405
孟子注疏解經十四卷…………………… 2－405
孟子注疏解經十四卷…………………… 2－405
孟子注疏解經十四卷…………………… 2－406
孟子要略五卷附錄一卷………………… 2－405
孟子要略五卷附錄一卷………………… 2－405
孟子要略五卷附錄一卷………………… 2－405
孟子要略五卷附錄一卷………………… 5－165
孟子要略五卷附錄一卷………………… 5－165
孟子要略五卷附錄一卷………………… 5－165
孟子音義二卷…………………………… 2－200
孟子音義二卷…………………………… 2－405
孟子師說七卷…………………………… 2－405
孟子通十四卷…………………………… 2－405
孟子集注十四卷………………………… 2－404
孟子集注七卷…………………………… 2－399
孟子集注七卷…………………………… 2－399

孟子集注七卷…………………………… 2－399
孟子集注七卷…………………………… 2－399
孟子集注七卷…………………………… 2－399
孟子集注七卷…………………………… 2－399
孟子集注七卷…………………………… 2－399
孟子集注七卷…………………………… 2－400
孟子集注七卷…………………………… 2－400
孟子集注七卷…………………………… 2－400
孟子集注七卷…………………………… 2－400
孟子集注七卷…………………………… 2－400
孟子集注七卷…………………………… 2－400
孟子集注七卷…………………………… 2－400
孟子集注七卷…………………………… 2－400
孟子集注七卷…………………………… 2－400
孟子集注七卷…………………………… 2－400
孟子集注七卷…………………………… 2－400
孟子集注七卷…………………………… 2－400
孟子集注七卷…………………………… 2－400
孟子集注七卷…………………………… 2－400
孟子集注七卷…………………………… 2－400
孟子集注七卷…………………………… 2－400
孟子集注七卷…………………………… 2－400
孟子集注七卷…………………………… 2－400
孟子集注七卷…………………………… 2－400
孟子集注七卷…………………………… 2－400
孟子集注七卷…………………………… 2－400
孟子集注七卷…………………………… 2－400
孟子集注七卷…………………………… 2－400
孟子集注七卷…………………………… 2－400
孟子集注七卷…………………………… 2－401
孟子集注七卷…………………………… 2－401
孟子集注七卷…………………………… 2－401
孟子集注七卷…………………………… 2－401
孟子集注七卷…………………………… 2－401
孟子集注七卷…………………………… 2－401
孟子集注七卷…………………………… 2－401
孟子集注七卷…………………………… 2－401
孟子集注七卷…………………………… 2－401
孟子集注七卷…………………………… 2－401
孟子集注七卷…………………………… 2－401
孟子集注七卷…………………………… 2－401
孟子集注七卷…………………………… 2－401
孟子集注七卷…………………………… 2－401
孟子集注七卷…………………………… 2－401
孟子集注七卷…………………………… 2－401
孟子集注七卷…………………………… 2－401
孟子集注七卷…………………………… 2－401
孟子集注七卷…………………………… 2－401
孟子集注七卷…………………………… 2－401
孟子集注七卷…………………………… 2－401
孟子集注七卷…………………………… 2－401
孟子集注七卷…………………………… 2－401
孟子集注七卷…………………………… 2－401
孟子集注七卷…………………………… 2－401
孟子集注七卷…………………………… 2－402
孟子集注七卷…………………………… 2－402
孟子集注七卷…………………………… 2－402
孟子集注七卷…………………………… 2－402
孟子集注七卷…………………………… 2－402
孟子集注七卷…………………………… 2－402
孟子集注七卷…………………………… 2－402
孟子集注七卷…………………………… 2－402
孟子集注七卷…………………………… 2－402
孟子集注七卷…………………………… 2－402
孟子集注七卷…………………………… 2－402
孟子集注七卷…………………………… 2－402
孟子集注七卷…………………………… 2－402
孟子集注七卷…………………………… 2－402
孟子集注七卷…………………………… 2－402
孟子集注七卷…………………………… 2－402
孟子集注七卷…………………………… 2－402
孟子集注七卷…………………………… 2－402
孟子集注七卷…………………………… 2－402
孟子集注七卷…………………………… 2－402
孟子集注七卷…………………………… 2－402
孟子集注七卷…………………………… 2－402
孟子集注七卷…………………………… 2－402
孟子集注七卷…………………………… 2－402
孟子集注七卷…………………………… 2－403
孟子集注七卷…………………………… 2－403
孟子集注七卷…………………………… 2－403
孟子集注七卷…………………………… 2－403

孟子集注七卷…………………………… 2－403
孟子集注七卷…………………………… 2－403
孟子集注七卷…………………………… 2－403
孟子集注七卷…………………………… 2－403
孟子集注七卷…………………………… 2－403
孟子集注七卷…………………………… 2－403
孟子集注七卷…………………………… 2－403
孟子集注七卷…………………………… 2－403
孟子集注七卷…………………………… 2－403
孟子集注七卷…………………………… 2－403
孟子集注七卷…………………………… 2－403
孟子集注七卷…………………………… 2－403
孟子集注七卷…………………………… 2－403
孟子集注七卷…………………………… 2－403
孟子集注七卷…………………………… 2－403
孟子集注七卷…………………………… 2－403
孟子集注七卷…………………………… 2－403
孟子集注七卷…………………………… 2－403
孟子集注七卷…………………………… 2－403
孟子集注七卷…………………………… 2－403
孟子集注七卷…………………………… 2－404
孟子集注七卷…………………………… 2－404
孟子集注七卷…………………………… 2－404
孟子集注七卷…………………………… 2－404
孟子集注七卷…………………………… 2－404
孟子集注七卷…………………………… 2－404
孟子集注七卷…………………………… 2－404
孟子集注七卷…………………………… 2－404
孟子集注七卷…………………………… 2－404
孟子集注七卷…………………………… 2－404
孟子集注七卷…………………………… 2－404
孟子集注七卷…………………………… 2－404
孟子集注七卷…………………………… 2－404
孟子集注七卷…………………………… 2－404
孟子集注七卷…………………………… 2－404
孟子集注七卷…………………………… 2－404
孟子集注七卷…………………………… 2－404
孟子集注七卷…………………………… 2－404
孟子集注七卷…………………………… 2－404
孟子集注七卷…………………………… 2－404
孟子集注七卷…………………………… 2－404
孟子集注本義匯參十四卷首一卷…… 2－399
孟子集注本義匯參十四卷首一卷…… 2－399
孟子集注本義匯參十四卷首一卷…… 2－399
孟子趙注考證一卷…………………… 2－405
孟子趙注補正六卷附孟子劉注一卷
…………………………………… 2－405
孟子篇敘七卷………………………… 2－405
孟子編年四卷………………………… 2－399
孟子學一卷…………………………… 5－154
孟子講義二卷………………………… 2－404
孟子闡注□卷………………………… 2－399
孟東野集二卷………………………… 2－398
孟忠毅公奏議二卷…………………… 2－399
孟晉齋文集五卷……………………… 2－398
孟晉齋文集五卷……………………… 2－398
孟浩然集四卷………………………… 2－398
孟浩然詩集二卷……………………… 2－398
孟雲浦先生集八卷附錄一卷………… 2－399
孟搭從新七卷………………………… 2－398
孟塗文集十卷前集十卷後集二十二
卷………………………………… 2－399
孟塗文集十卷駢體文二卷…………… 2－399
孟塗文集十卷駢體文二卷…………… 2－399
孟塗前集十卷………………………… 2－399
孟德斯鳩法意二十二卷……………… 2－398
孟襄陽集二卷………………………… 2－399
孟藝一卷雜編一卷…………………… 2－399
孟題一新不分卷……………………… 2－398
函史上編八十一卷下編二十一卷 …… 2－13
函史上編八十一卷下編二十一卷 …… 2－14
函史上編八十一卷下編二十一卷 …… 2－14
函史上編八十一卷下編二十一卷 …… 2－14
函史上編八十一卷下編二十一卷 …… 2－14
函海 ………………………………… 2－12
函海 ………………………………… 2－13
函海 ………………………………… 2－13
函海 ………………………………… 2－13
函海 ………………………………… 2－13
函海 ………………………………… 2－13
函海 ………………………………… 2－13

函海 ………………………………… 2－13
函海 ………………………………… 2－13
函海 ………………………………… 2－13
函海 ………………………………… 2－13
函海 ………………………………… 2－13
函海 ………………………………… 2－13
函海 ………………………………… 2－13
函海 ………………………………… 2－13
函海 ………………………………… 2－13
函海 ………………………………… 2－13
函海 ………………………………… 2－13
函海 ………………………………… 2－13
函海 ………………………………… 2－13
［函牘例舉］不分卷 ………………… 5－299
函牘舉隅十卷 ……………………… 2－12

九畫

耔灣公詩稿一卷……………………… 5－244
契丹國志二十七卷 ………………… 3－22
契丹國志二十七卷 ………………… 3－22
契丹國志二十七卷 ………………… 3－22
契丹國志二十七卷 ………………… 3－22
契丹國志二十七卷 ………………… 3－22
契丹國志二十七卷 ………………… 3－23
契丹國志二十七卷 ………………… 3－23
契文舉例二卷 ……………………… 3－23
［奏表書啓文鈔］不分卷 …………… 5－390
［奏表擬］不分卷 …………………… 5－390
奏定女學堂章程二種附定例彙編一
　卷……………………………………… 5－257
奏定初等小學堂章程一卷…………… 5－257
奏定初等小學堂章程一卷…………… 5－257
奏定府廳州縣地方自治並選舉章程
　一卷…………………………………… 5－257
奏定城鎮鄉地方自治並選舉章程一
　卷……………………………………… 5－257
奏定城鎮鄉地方自治並選舉章程一
　卷……………………………………… 5－257
奏定城鎮鄉地方自治並選舉章程一
　卷……………………………………… 5－257
奏定科舉章程一卷…………………… 5－257
奏定科舉章程一卷…………………… 5－257
奏定科舉章程一卷…………………… 5－257
奏定陸軍學堂章程一卷……………… 5－257
奏定陸軍營制餉章一卷……………… 5－257
奏定陸軍營制餉章一卷……………… 5－257
奏定學堂章程………………………… 5－258
奏定學堂章程………………………… 5－258
奏定學堂章程………………………… 5－258
奏定學堂章程………………………… 5－258
奏定學堂章程………………………… 5－258
奏定學堂章程………………………… 5－258
奏定學堂章程………………………… 5－258
奏定學堂章程………………………… 5－258
奏定學堂章程………………………… 5－258
奏定學堂章程………………………… 5－258
奏定學堂章程………………………… 5－258
奏定學堂章程………………………… 5－258
奏定學堂章程初等小學堂章程一卷
　蒙養院及家庭教育法章程一卷…… 5－258
［奏書集覽］不分卷 ………………… 5－390
奏疏九卷……………………………… 5－258
［奏摺］不分卷 ……………………… 5－390
奏摺譜不分卷………………………… 5－258
奏稿一卷……………………………… 5－258
［奏稿］一卷 ………………………… 5－390
［奏稿］不分卷 ……………………… 5－390
奏議初編十二卷……………………… 5－258
奏議初編十二卷……………………… 5－258
奏議初編十二卷……………………… 5－258
奏議輯覽初編十六卷附錄一卷……… 5－258
奏議輯覽初編十六卷附錄一卷……… 5－258
春及堂集四卷蘭叢詩話一卷………… 1－143
春在堂全書…………………………… 1－183
春在堂全書…………………………… 1－183
春在堂全書…………………………… 1－183
春在堂全書…………………………… 1－183
春在堂全書…………………………… 1－183
春在堂全書…………………………… 1－183
春在堂全書…………………………… 1－183
春在堂全書…………………………… 1－183

春在堂詞録三卷…………………………1－183
春在堂隨筆十卷…………………………1－183
春吟回文一卷……………………………1－183
春坡夢傳奇二十齣………………………1－144
春林賦稿一卷……………………………2－379
春林賦稿一卷……………………………2－379
春明小草一卷……………………………1－144
春明送別唱和集一卷附圖………………1－143
春明送別唱和集一卷附圖………………1－144
春明詩課彙選八卷………………………1－143
春草倡和集一卷…………………………1－142
春草倡和集一卷…………………………1－142
春草堂琴譜六卷…………………………1－142
春草堂琴譜六卷…………………………1－142
春草堂集…………………………………1－142
春秋三十卷………………………………1－162
春秋三十卷………………………………1－162
春秋三十卷………………………………1－162
春秋三十卷………………………………1－162
春秋三十卷………………………………1－163
春秋三十卷………………………………1－163
春秋三十卷………………………………1－163
春秋三十卷………………………………1－163
春秋三十卷………………………………1－163
春秋三十卷………………………………1－163
春秋三十卷………………………………1－163
春秋三十卷………………………………1－163
春秋三十卷………………………………1－163
春秋三十卷………………………………1－163
春秋三十卷………………………………1－163
春秋三十卷………………………………1－163
春秋三十卷………………………………1－163
春秋三十卷………………………………1－163
春秋三十卷………………………………1－163
春秋三十卷………………………………1－163
春秋三十卷………………………………1－163
春秋三十卷………………………………1－163
春秋三十卷………………………………1－163
春秋三十卷………………………………1－164
春秋三十卷………………………………1－164
春秋三卷…………………………………1－162
春秋三傳十六卷首一卷…………………1－161
春秋三傳十六卷首一卷…………………1－161
春秋三傳十六卷首一卷…………………1－161
春秋三傳十六卷首一卷…………………1－161
春秋三傳十六卷首一卷…………………1－161
春秋三傳十六卷首一卷…………………1－161
春秋三傳十六卷首一卷…………………1－161
春秋三傳十六卷首一卷…………………1－162
春秋三傳十六卷首一卷…………………1－162
春秋三傳十六卷首一卷…………………1－162
春秋三傳十六卷首一卷…………………1－162
春秋三傳十六卷首一卷…………………1－162
春秋三傳十六卷首一卷…………………1－162
春秋三傳十六卷首一卷附經傳一卷
　………………………………………1－162
春秋三傳十六卷首一卷附經傳一卷
　………………………………………1－162
春秋三傳十六卷首一卷附經傳一卷
　………………………………………1－162
春秋三傳十六卷首一卷附經傳一卷
　………………………………………1－162
春秋三傳十六卷首一卷附經傳一卷
　………………………………………1－162
春秋三傳三十八卷………………………1－161
［春秋三傳］不分卷　…………………5－276
春秋三傳通經合纂十二卷………………1－162
春秋三傳異文考一卷……………………4－340
春秋三傳揭要六卷首一卷………………1－161
春秋三傳揭要六卷首一卷………………1－161
春秋三傳揭要六卷首一卷………………1－161
春秋三傳滙參揭要六卷…………………1－161
春秋大事表五十卷輿圖一卷附録一
　卷……………………………………1－145
春秋大事表五十卷輿圖一卷附録一
　卷……………………………………1－145
春秋大事表五十卷讀春秋偶筆一卷
　輿圖一卷附録一卷……………………1－145
春秋大事表五十卷讀春秋偶筆一卷
　輿圖一卷附録一卷……………………1－145
春秋大事表五十卷讀春秋偶筆一卷

輿圖一卷附錄一卷…………………… 1－145
春秋大事表五十卷讀春秋偶筆一卷
輿圖一卷附錄一卷…………………… 1－145
春秋大事表五十卷讀春秋偶筆一卷
輿圖一卷附錄一卷…………………… 1－145
春秋大事表五十卷讀春秋偶筆一卷
輿圖一卷附錄一卷…………………… 1－145
春秋大事表五十卷讀春秋偶筆一卷
輿圖一卷附錄一卷…………………… 1－145
春秋大事表摘要四卷…………………… 1－145
春秋女譜一卷………………………… 1－160
春秋五傳十七卷首一卷……………… 1－166
春秋五傳十七卷首一卷……………… 1－166
春秋五傳十七卷首一卷……………… 1－166
春秋五傳十七卷首一卷……………… 1－166
春秋五傳十七卷首一卷……………… 1－166
春秋五傳十七卷首一卷……………… 1－167
春秋五傳十七卷首一卷……………… 1－167
春秋五傳十七卷首一卷……………… 1－167
春秋五傳十七卷首一卷……………… 1－167
春秋五傳十七卷首一卷……………… 1－167
春秋五傳十七卷首一卷……………… 1－167
春秋五傳十七卷首一卷……………… 1－167
春秋五傳十七卷首一卷……………… 1－167
春秋五傳十七卷首一卷……………… 1－167
春秋五傳十七卷首一卷……………… 1－167
春秋五傳十七卷首一卷……………… 1－167
春秋五傳十七卷首一卷……………… 1－167
春秋五傳十七卷首一卷……………… 1－167
[春秋]不分卷 ……………………… 5－276
[春秋]不分卷 ……………………… 5－276
[春秋]不分卷 ……………………… 5－276
春秋比二卷…………………………… 1－144
春秋比二卷…………………………… 1－144
春秋比事目錄四卷…………………… 1－144
春秋比事目錄四卷…………………… 1－144
春秋比事參義十六卷………………… 1－144
春秋比事參議十六卷………………… 1－144
春秋內外傳筮辭考證三卷…………… 1－160
春秋公羊註疏二十八卷……………… 1－148
春秋公羊傳十一卷…………………… 1－146
春秋公羊傳十一卷…………………… 1－147
春秋公羊傳十一卷…………………… 1－147
春秋公羊傳十一卷…………………… 1－147
春秋公羊傳十一卷…………………… 1－147
春秋公羊傳十一卷…………………… 1－147
春秋公羊傳十一卷…………………… 1－147
春秋公羊傳十一卷…………………… 1－147
春秋公羊傳十一卷…………………… 1－147
春秋公羊傳十二卷…………………… 1－146
春秋公羊傳十二卷附考一卷………… 1－146
春秋公羊傳十二卷附考一卷………… 1－146
春秋公羊傳不分卷附考一卷………… 1－146
春秋公羊傳不分卷附考一卷………… 1－146
春秋公羊傳不分卷附考一卷………… 1－146
春秋公羊傳音訓不分卷……………… 1－147
春秋公羊傳旁訓四卷………………… 1－146
春秋公羊傳箋十一卷………………… 1－146
春秋公羊傳箋十一卷………………… 1－146
春秋公羊經何氏釋例十卷解詁箋一
卷發墨守評一卷左氏春秋考證二
卷……………………………………… 1－148
春秋公羊經傳解詁十二卷…………… 1－147
春秋公羊經傳解詁十二卷…………… 1－147
春秋公羊經傳解詁十二卷…………… 1－147
春秋公羊經傳解詁十二卷…………… 1－147
春秋公羊經傳解詁十二卷…………… 1－147
春秋公羊經傳解詁十二卷…………… 1－148
春秋公羊穀梁二傳匯義十二卷……… 1－147
春秋公羊穀梁合傳二十四卷………… 1－147
春秋公羊穀梁諸傳彙義十二卷……… 1－147
春秋公羊穀梁諸傳彙義十二卷……… 1－147
春秋文鵠二卷………………………… 1－166
春秋世族譜一卷……………………… 1－164
春秋左氏古義六卷…………………… 1－182
春秋左氏傳賈服注輯述二十卷……… 1－182
春秋左氏傳賈服注輯述二十卷……… 1－182
春秋左氏傳賈服注輯述二十卷……… 1－182
春秋左傳十七卷……………………… 1－172
春秋左傳十五卷……………………… 1－173
春秋左傳十五卷……………………… 1－173
春秋左傳三十卷……………………… 1－172

春秋左傳三十卷…………………………1－172
春秋左傳五十卷…………………………1－173
春秋左傳五十卷…………………………1－173
春秋左傳五十卷…………………………1－173
春秋左傳五十卷…………………………1－173
春秋左傳五十卷…………………………1－173
春秋左傳五十卷…………………………1－173
春秋左傳五十卷…………………………1－173
春秋左傳五十卷…………………………1－173
春秋左傳五十卷…………………………1－173
春秋左傳五十卷…………………………1－173
春秋左傳五十卷…………………………1－173
春秋左傳五十卷…………………………1－173
春秋左傳五十卷…………………………1－173
春秋左傳五十卷…………………………1－173
春秋左傳五十卷…………………………1－173
春秋左傳五十卷…………………………1－174
春秋左傳五十卷…………………………1－174
春秋左傳五十卷…………………………1－174
春秋左傳五十卷…………………………1－174
春秋左傳五十卷…………………………1－174
春秋左傳五十卷…………………………1－174
春秋左傳五十卷…………………………1－174
春秋左傳五十卷…………………………1－174
春秋左傳五十卷…………………………1－174
春秋左傳五十卷…………………………1－174
春秋左傳五十卷…………………………1－174
春秋左傳五十卷…………………………1－174
春秋左傳五十卷…………………………1－174
春秋左傳五十卷…………………………1－174
春秋左傳五十卷…………………………1－174
春秋左傳五十卷…………………………1－174
春秋左傳五十卷…………………………1－174
春秋左傳五十卷…………………………1－174
春秋左傳五十卷…………………………1－175
春秋左傳五十卷…………………………1－175
春秋左傳五十卷…………………………1－175
春秋左傳五十卷…………………………1－175
春秋左傳五十卷…………………………1－175
春秋左傳五十卷…………………………1－175
春秋左傳五十卷…………………………1－175
春秋左傳五十卷…………………………1－175
春秋左傳五十卷…………………………1－175
春秋左傳五十卷…………………………1－175
春秋左傳五十卷…………………………1－175
春秋左傳五十卷…………………………1－175
春秋左傳五十卷…………………………1－175
春秋左傳五十卷…………………………1－175
春秋左傳五十卷…………………………1－175
春秋左傳五十卷…………………………1－175
春秋左傳五十卷…………………………1－175
春秋左傳五十卷…………………………1－175
春秋左傳五十卷…………………………1－175
春秋左傳五十卷…………………………1－176
春秋左傳五十卷…………………………1－176
春秋左傳五十卷…………………………1－176
春秋左傳五十卷…………………………1－176
春秋左傳五十卷…………………………1－176
春秋左傳五十卷…………………………1－176
春秋左傳五十卷…………………………1－176
春秋左傳五十卷…………………………1－176
春秋左傳五十卷…………………………1－176
春秋左傳五十卷…………………………1－176
春秋左傳五十卷…………………………1－176
春秋左傳五十卷…………………………1－176
春秋左傳五十卷…………………………1－176
春秋左傳五十卷…………………………1－176
春秋左傳五十卷…………………………1－176
春秋左傳五十卷…………………………1－176
春秋左傳五十卷…………………………1－177
春秋左傳五十卷…………………………1－177
春秋左傳五十卷…………………………1－177
春秋左傳五十卷…………………………1－177
春秋左傳五十卷…………………………1－177
春秋左傳五十卷…………………………1－177
春秋左傳五十卷…………………………1－177
春秋左傳五十卷…………………………1－177
春秋左傳五十卷…………………………1－177
春秋左傳五十卷…………………………1－177
春秋左傳五十卷…………………………1－177
春秋左傳五十卷…………………………1－177
春秋左傳五十卷…………………………1－177

春秋左傳五十卷 ………………………… 1－177
春秋左傳五十卷 ………………………… 1－177
春秋左傳五十卷 ………………………… 1－177
春秋左傳五十卷 ………………………… 1－178
春秋左傳五十卷 ………………………… 1－178
春秋左傳五十卷 ………………………… 1－178
春秋左傳五十卷 ………………………… 1－178
春秋左傳五十卷 ………………………… 1－178
春秋左傳五十卷 ………………………… 1－178
春秋左傳五十卷 ………………………… 1－178
春秋左傳五十卷 ………………………… 1－178
春秋左傳五十卷 ………………………… 1－178
春秋左傳五十卷 ………………………… 1－178
春秋左傳五十卷 ………………………… 1－178
春秋左傳五十卷 ………………………… 1－178
春秋左傳五十卷 ………………………… 1－178
春秋左傳五十卷 ………………………… 1－178
春秋左傳五十卷 ………………………… 1－178
春秋左傳五十卷 ………………………… 1－179
春秋左傳五十卷 ………………………… 1－179
春秋左傳五十卷 ………………………… 1－179
春秋左傳五十卷 ………………………… 1－179
春秋左傳五十卷 ………………………… 1－179
春秋左傳五十卷 ………………………… 1－179
春秋左傳五十卷 ………………………… 1－179
春秋左傳五十卷 ………………………… 1－179
春秋左傳五十卷 ………………………… 1－179
春秋左傳五十卷 ………………………… 1－179
春秋左傳五十卷 ………………………… 1－179
春秋左傳五十卷 ………………………… 1－179
春秋左傳五十卷 ………………………… 1－179
春秋左傳五十卷 ………………………… 1－179
春秋左傳五十卷 ………………………… 1－179
春秋左傳五十卷 ………………………… 1－179
春秋左傳五十卷 ………………………… 1－179
春秋左傳五十卷 ………………………… 1－180
春秋左傳五十卷 ………………………… 1－180
春秋左傳五十卷 ………………………… 1－180
春秋左傳五十卷 ………………………… 1－180
春秋左傳五十卷 ………………………… 1－180
春秋左傳五十卷 ………………………… 1－180
春秋左傳五十卷 ………………………… 1－180
春秋左傳五十卷 ………………………… 1－180
春秋左傳五十卷 ………………………… 1－180
春秋左傳五十卷 ………………………… 1－180
春秋左傳五十卷 ………………………… 1－180
春秋左傳五十卷 ………………………… 1－180
春秋左傳五十卷 ………………………… 1－180
春秋左傳五十卷 ………………………… 1－180
春秋左傳五十卷 ………………………… 1－180
春秋左傳五十卷 ………………………… 1－180
春秋左傳五十卷 ………………………… 1－180
春秋左傳五十卷 ………………………… 1－181
春秋左傳五十卷 ………………………… 1－181
春秋左傳五十卷 ………………………… 1－181
春秋左傳五十卷 ………………………… 1－181
春秋左傳五十卷 ………………………… 1－181
春秋左傳五十卷 ………………………… 1－181
春秋左傳五十卷 ………………………… 1－181
春秋左傳五十卷 ………………………… 1－181
春秋左傳五十卷 ………………………… 1－181
春秋左傳五十卷 ………………………… 1－181
春秋左傳五十卷 ………………………… 1－181
春秋左傳五十卷 ………………………… 1－181
春秋左傳五十卷 ………………………… 1－181
春秋左傳五十卷 ………………………… 1－181
春秋左傳五十卷 ………………………… 1－181
春秋左傳五十卷 ………………………… 1－181
春秋左傳五十卷 ………………………… 1－182
春秋左傳五十卷 ………………………… 1－182
[春秋左傳]不分卷 ………………………… 5－276
[春秋左傳]不分卷 ………………………… 5－276
[春秋左傳]不分卷 ………………………… 5－276
[春秋左傳]不分卷 ………………………… 5－276
[春秋左傳]不分卷 ………………………… 5－276
春秋左傳分類旁註評選十四卷 ……… 1－172
春秋左傳分類賦四卷 ………………… 1－171
春秋左傳分類賦四卷 ………………… 1－171
春秋左傳分類賦四卷 ………………… 1－171
春秋左傳分類賦四卷 ………………… 1－171
春秋左傳分類賦四卷 ………………… 1－171
春秋左傳分類賦四卷 ………………… 1－171

春秋左傳分類賦四卷…………………… 1－171
春秋左傳分類賦四卷…………………… 1－172
春秋左傳杜林合注五十卷……………… 1－168
春秋左傳杜林合註五十卷……………… 1－168
春秋左傳杜林合註五十卷……………… 1－169
春秋左傳杜林合註五十卷……………… 1－169
春秋左傳杜林合註五十卷……………… 1－169
春秋左傳杜林合註五十卷……………… 1－169
春秋左傳杜林合註五十卷……………… 1－169
春秋左傳杜林合註五十卷……………… 1－169
春秋左傳杜林合註五十卷……………… 1－169
春秋左傳杜林合註詳解五十卷………… 1－169
春秋左傳杜林合註詳解五十卷………… 1－169
春秋左傳杜林合註詳解五十卷………… 1－169
春秋左傳杜林匯參三十卷首一卷…… 1－169
春秋左傳杜林詳解五十卷……………… 1－170
春秋左傳杜林滙參三十卷……………… 1－169
春秋左傳杜林滙參三十卷……………… 1－169
春秋左傳杜林滙參三十卷……………… 1－169
春秋左傳杜林滙參三十卷……………… 1－169
春秋左傳杜林滙參三十卷……………… 1－169
春秋左傳杜林滙參三十卷……………… 1－170
春秋左傳杜林滙參三十卷……………… 1－170
春秋左傳杜林滙參三十卷……………… 1－170
春秋左傳杜林滙參三十卷……………… 1－170
春秋左傳杜林滙參三十卷……………… 1－170
春秋左傳杜林滙參三十卷……………… 1－170
春秋左傳杜注三十卷首一卷………… 1－170
春秋左傳杜注三十卷首一卷………… 1－170
春秋左傳杜注三十卷首一卷………… 1－170
春秋左傳杜注三十卷首一卷………… 1－170
春秋左傳杜注三十卷首一卷………… 1－170
春秋左傳杜注三十卷首一卷………… 1－170
春秋左傳杜注三十卷首一卷………… 1－170
春秋左傳杜注三十卷首一卷………… 1－170
春秋左傳杜注三十卷首一卷………… 1－170
春秋左傳杜注三十卷首一卷………… 1－170
春秋左傳杜注三十卷首一卷………… 1－170
春秋左傳杜注三十卷首一卷………… 1－171
春秋左傳杜注三十卷首一卷………… 1－171
春秋左傳杜注三十卷首一卷………… 1－171
春秋左傳杜注三十卷首一卷………… 1－171
春秋左傳杜注三十卷首一卷………… 1－171
春秋左傳杜注三十卷首一卷………… 1－171
春秋左傳杜注三十卷首一卷………… 1－171
春秋左傳杜注三十卷首一卷………… 1－171
春秋左傳杜注三十卷首一卷………… 1－171
春秋左傳杜注三十卷首一卷………… 1－171
春秋左傳杜注三十卷首一卷………… 1－171
春秋左傳杜注三十卷首一卷………… 1－171
春秋左傳杜注三十卷首一卷………… 1－171
春秋左傳備旨萃精十二卷首一卷…… 1－168
春秋左傳備旨萃精十二卷首一卷…… 1－168
春秋左傳註六十卷……………………… 1－182
春秋左傳註六十卷……………………… 1－182
春秋左傳註疏六十卷…………………… 1－182
春秋左傳註疏六十卷…………………… 1－182
春秋左傳註疏六十卷…………………… 1－182
春秋左傳註疏六十卷…………………… 1－182
春秋左傳註疏六十卷…………………… 1－182
春秋左傳註疏六十卷…………………… 1－182
春秋左傳註疏六十卷…………………… 1－182
春秋左傳補註六卷……………………… 1－168
春秋左傳節文十五卷…………………… 1－172
春秋左傳詳節句解三十五卷………… 1－182
春秋左傳詳節句解三十五卷………… 1－182
春秋左傳彙輯四十卷…………………… 1－172
春秋左傳綱目杜林詳註十四卷……… 1－172
春秋左傳綱目杜林詳註十四卷……… 1－172
春秋左傳綱目杜林詳註十四卷……… 1－172
春秋左傳綱目杜林詳註十四卷……… 1－172
春秋左傳綱目杜林詳註十四卷……… 1－172
春秋左傳綱目杜林詳註十四卷……… 1－172
春秋左傳綱目杜林詳註十四卷……… 1－172
春秋左傳綱目杜林詳註十四卷……… 1－172
春秋左傳綱目杜林詳註十四卷……… 1－172
春秋左傳綱目杜林詳註十四卷……… 1－172
春秋左傳綱目杜林詳註十四卷……… 1－172
春秋左傳綱目杜林詳註十四卷……… 1－172
春秋四家五傳平文四十一卷首一卷
　綱領一卷春秋諸國興廢說一卷…… 1－165
春秋四傳三十八卷綱領一卷提要一

卷列國東坡圖說一卷春秋二十國年表一卷諸國興廢說一卷 …………… 1－164
春秋四傳三十八卷綱領一卷提要一卷列國東坡圖說一卷春秋二十國年表一卷諸國興廢說一卷 …………… 1－164
春秋四傳三十八卷綱領一卷提要一卷列國東坡圖說一卷春秋二十國年表一卷諸國興廢說一卷 …………… 1－164
春秋四傳三十八卷綱領一卷提要一卷列國東坡圖說一卷春秋二十國年表一卷諸國興廢說一卷 …………… 1－164
春秋四傳三十八卷綱領一卷提要一卷列國東坡圖說一卷春秋二十國年表一卷諸國興廢說一卷 …………… 1－164
春秋四傳三十八卷綱領一卷提要一卷列國東坡圖說一卷春秋二十國年表一卷諸國興廢說一卷 …………… 1－165
春秋四傳糺實十二卷 …………… 1－165
春秋四傳糺實十二卷 …………… 1－165
春秋四傳糺實十二卷凡例一卷紀年一卷提要一卷纂言一卷 …………… 1－165
春秋四傳糺實十二卷凡例一卷紀年一卷提要一卷纂言一卷 …………… 1－165
春秋四傳詁經十五卷 …………… 1－164
春秋四傳管窺三十二卷 …………… 1－164
春秋四傳讀要不分卷 …………… 1－164
春秋地名辨異三卷附錄一卷 …………… 1－145
春秋列國地形口號一卷 …………… 1－160
春秋列國志傳□□卷 …………… 1－160
春秋列國時事一卷 …………… 1－160
春秋列國圖說一卷 …………… 1－150
春秋列國圖說一卷 …………… 1－163
春秋列傳十卷 …………… 1－160
春秋至朔通考二卷首一卷 …………… 1－168
春秋年表一卷附考證 …………… 1－157
春秋年表一卷附考證 …………… 1－158
春秋年表一卷附考證 …………… 1－158
春秋年表一卷附考證 …………… 1－158
春秋年表一卷附考證 …………… 1－158
春秋年表一卷附考證 …………… 1－158
春秋年表一卷附考證 …………… 1－158
春秋年表一卷附考證 …………… 1－158
春秋年表一卷附考證 …………… 1－158
春秋年表一卷附考證 …………… 1－158
春秋年表一卷附考證 …………… 1－158
春秋年表一卷附考證 …………… 1－158
春秋年表一卷附考證 …………… 1－158
春秋年表一卷附考證 …………… 1－158
春秋年表一卷附考證 …………… 1－158
春秋年表一卷附考證 …………… 1－159
春秋年表一卷附考證 …………… 1－159
春秋年表一卷附考證 …………… 1－159
春秋年表一卷附考證 …………… 1－159
春秋年表一卷附考證 …………… 1－159
春秋年表一卷附考證 …………… 1－159
春秋年表一卷附考證 …………… 1－159
春秋年表考證一卷 …………… 1－160
春秋全經左傳句解八卷首一卷 …………… 1－161
春秋全經左傳句解八卷首一卷 …………… 1－161
春秋全經左傳句解八卷首一卷 …………… 1－161
春秋全經左傳句解八卷首一卷 …………… 1－161
春秋名號歸一圖二卷 …………… 1－157
春秋名號歸一圖二卷 …………… 1－158
春秋名號歸一圖二卷 …………… 1－158
春秋名號歸一圖二卷 …………… 1－158
春秋名號歸一圖二卷 …………… 1－158
春秋名號歸一圖二卷 …………… 1－158
春秋名號歸一圖二卷 …………… 1－158
春秋名號歸一圖二卷 …………… 1－158
春秋名號歸一圖二卷 …………… 1－158
春秋名號歸一圖二卷 …………… 1－158
春秋名號歸一圖二卷 …………… 1－158
春秋名號歸一圖二卷 …………… 1－158
春秋名號歸一圖二卷 …………… 1－158
春秋名號歸一圖二卷 …………… 1－158
春秋名號歸一圖二卷 …………… 1－158
春秋名號歸一圖二卷 …………… 1－159
春秋名號歸一圖二卷 …………… 1－159
春秋名號歸一圖二卷 …………… 1－159
春秋名號歸一圖二卷 …………… 1－159
春秋名號歸一圖二卷 …………… 1－159
春秋名號歸一圖二卷 …………… 1－159

春秋名號歸一圖二卷…………………… 1－159
春秋名號歸一圖二卷…………………… 1－160
春秋名號歸一圖二卷…………………… 1－160
春秋私考三十六卷首一卷……………… 1－164
春秋直解十二卷………………………… 1－168
春秋直解十二卷………………………… 1－168
春秋直解十二卷………………………… 1－168
春秋述義拾遺八卷首一卷河間劉氏
　書目考一卷…………………………… 1－164
春秋或問六卷…………………………… 1－150
春秋易簡十二卷………………………… 1－167
春秋例表二十八卷……………………… 1－160
春秋例表不分卷………………………… 1－160
春秋定本二卷…………………………… 1－145
春秋胡傳三十卷………………………… 1－149
春秋胡傳三十卷………………………… 1－149
春秋胡傳三十卷………………………… 1－149
春秋胡傳三十卷………………………… 1－149
春秋胡傳三十卷………………………… 1－149
春秋胡傳三十卷………………………… 1－149
春秋胡傳三十卷………………………… 1－149
春秋胡傳三十卷………………………… 1－149
春秋胡傳三十卷………………………… 1－149
春秋胡傳三十卷………………………… 1－150
春秋胡傳三十卷………………………… 1－150
春秋胡傳三十卷………………………… 1－150
春秋胡傳三十卷………………………… 1－150
春秋胡傳三十卷………………………… 1－150
春秋胡傳三十卷………………………… 1－150
春秋胡傳三十卷………………………… 1－150
春秋胡傳三十卷………………………… 1－150
春秋胡傳三十卷………………………… 1－150
春秋胡傳三十卷………………………… 1－150
春秋胡傳三十卷………………………… 1－150
春秋胡傳三十卷………………………… 1－150
春秋胡傳三十卷綱領一卷提要一卷
　諸國興廢說一卷……………………… 1－150
春秋要義五卷…………………………… 1－167
春秋紀傳五十一卷……………………… 1－151
春秋夏正二卷…………………………… 1－167
春秋秘本一卷…………………………… 1－160
春秋旁訓四卷…………………………… 1－160
春秋旁訓四卷…………………………… 1－160
春秋旁訓四卷…………………………… 1－161
春秋旁訓四卷…………………………… 1－161
春秋旁訓欽遵御案四傳合訂四卷…… 1－161
春秋旁訓欽遵御案四傳合訂四卷…… 1－161
春秋旁訓欽遵御案四傳合訂四卷…… 1－161
春秋旁訓辨體合訂四卷………………… 1－160
春秋通一卷……………………………… 1－166
春秋規過考信三卷……………………… 1－149
春秋董氏學八卷………………………… 1－146
春秋董氏學八卷………………………… 1－146
春秋董氏學八卷………………………… 1－146
春秋董氏學八卷附漢書董仲舒傳一
　卷……………………………………… 1－146
春秋提要二卷…………………………… 1－165
春秋提綱十卷…………………………… 1－165
春秋揭要二卷…………………………… 1－151
春秋揭要二卷…………………………… 1－151
春秋單合析義三十卷…………………… 1－145
春秋備考□□卷………………………… 1－144
春秋備旨析義三十卷…………………… 1－144
春秋備解一卷…………………………… 1－144
春秋備解二卷…………………………… 1－144
春秋備解二卷…………………………… 1－144
春秋集古傳注二十六卷首一卷……… 1－151
春秋集古傳注二十六卷首一卷……… 1－151
春秋集註十一卷綱領一卷…………… 1－151
春秋集註十一卷綱領一卷…………… 1－151
春秋集註十一卷綱領一卷…………… 1－151
春秋集註三十卷………………………… 1－151
春秋集傳九卷首一卷…………………… 1－151
春秋集傳大全三十七卷序論一卷凡
　例一卷諸國興廢說一卷年表一卷
　………………………………………… 1－151
春秋集傳大全三十七卷首一卷……… 1－151
春秋集傳大全三十七卷首一卷……… 1－151
春秋集傳辨異十二卷…………………… 1－150
春秋集義五十八卷首一卷末二卷…… 1－151
春秋鈔十卷首一卷……………………… 1－144
春秋鈔十卷首一卷……………………… 1－144

春秋鈔十卷首一卷…………………… 1－145
春秋鈔十卷首一卷…………………… 1－145
春秋鈔十卷首一卷…………………… 1－145
春秋鈔十卷首一卷…………………… 1－145
春秋尊經録四卷首一卷……………… 1－168
春秋尊經録四卷首一卷……………… 1－168
春秋尊經録四卷首一卷……………… 1－168
春秋傳注四卷………………………… 1－145
春秋傳説例一卷……………………… 4－311
春秋傳説薈要十二卷………………… 1－145
春秋傳説薈要十二卷………………… 1－145
春秋會傳十六卷……………………… 1－150
春秋會義二十六卷…………………… 1－150
春秋會義二十六卷…………………… 1－150
春秋解題不分卷……………………… 1－151
春秋解題□□卷……………………… 1－151
春秋詳訓二卷………………………… 1－167
春秋經傳不分卷……………………… 1－151
春秋經傳不分卷……………………… 1－152
春秋經傳參訂讀本四卷 ……………… 2－25
春秋經傳集解三十卷………………… 1－152
春秋經傳集解三十卷………………… 1－152
春秋經傳集解三十卷………………… 1－152
春秋經傳集解三十卷………………… 1－152
春秋經傳集解三十卷………………… 1－152
春秋經傳集解三十卷………………… 1－152
春秋經傳集解三十卷………………… 1－152
春秋經傳集解三十卷………………… 1－152
春秋經傳集解三十卷………………… 1－152
春秋經傳集解三十卷………………… 1－152
春秋經傳集解三十卷………………… 1－152
春秋經傳集解三十卷………………… 1－152
春秋經傳集解三十卷………………… 1－152
春秋經傳集解三十卷………………… 1－152
春秋經傳集解三十卷………………… 1－152
春秋經傳集解三十卷………………… 1－152
春秋經傳集解三十卷………………… 1－153
春秋經傳集解三十卷………………… 1－153
春秋經傳集解三十卷………………… 1－153
春秋經傳集解三十卷………………… 1－153
春秋經傳集解三十卷………………… 1－153
春秋經傳集解三十卷………………… 1－153
春秋經傳集解三十卷………………… 1－153
春秋經傳集解三十卷………………… 1－153
春秋經傳集解三十卷………………… 1－153
春秋經傳集解三十卷………………… 1－153
春秋經傳集解三十卷………………… 1－153
春秋經傳集解三十卷………………… 1－153
春秋經傳集解三十卷………………… 1－153
春秋經傳集解三十卷………………… 1－154
春秋經傳集解三十卷………………… 1－154
春秋經傳集解三十卷………………… 1－154
春秋經傳集解三十卷………………… 1－154
春秋經傳集解三十卷………………… 1－154
春秋經傳集解三十卷………………… 1－154
春秋經傳集解三十卷………………… 1－154
春秋經傳集解三十卷………………… 1－154
春秋經傳集解三十卷………………… 1－154
春秋經傳集解三十卷………………… 1－154
春秋經傳集解三十卷………………… 1－154
春秋經傳集解三十卷………………… 1－155
春秋經傳集解三十卷………………… 1－155
春秋經傳集解三十卷………………… 1－155
春秋經傳集解三十卷………………… 1－155
春秋經傳集解三十卷………………… 1－155
春秋經傳集解三十卷………………… 1－155
春秋經傳集解三十卷………………… 1－155
春秋經傳集解三十卷………………… 1－155
春秋經傳集解三十卷………………… 1－155
春秋經傳集解三十卷………………… 1－155
春秋經傳集解三十卷………………… 1－155
春秋經傳集解三十卷………………… 1－155
春秋經傳集解三十卷………………… 1－156
春秋經傳集解三十卷………………… 1－156
春秋經傳集解三十卷………………… 1－156
春秋經傳集解三十卷………………… 1－156
春秋經傳集解三十卷………………… 1－156
春秋經傳集解三十卷………………… 1－156
春秋經傳集解三十卷………………… 1－156
春秋經傳集解三十卷………………… 1－156
春秋經傳集解三十卷………………… 1－156
春秋經傳集解三十卷………………… 1－156

春秋經傳集解三十卷…………………… 1－156
春秋經傳集解三十卷…………………… 1－156
春秋經傳集解三十卷…………………… 1－156
春秋經傳集解三十卷…………………… 1－157
春秋經傳集解三十卷…………………… 1－157
春秋經傳集解三十卷…………………… 1－157
春秋經傳集解三十卷…………………… 1－157
春秋經傳集解三十卷…………………… 1－157
春秋經傳集解三十卷…………………… 1－157
春秋經傳集解三十卷…………………… 1－157
春秋經傳集解三十卷…………………… 1－157
春秋經傳集解三十卷…………………… 1－157
春秋經傳集解三十卷…………………… 1－157
春秋經傳集解三十卷…………………… 1－157
春秋經傳集解三十卷…………………… 1－157
春秋經傳集解三十卷…………………… 1－158
春秋經傳集解三十卷…………………… 1－158
春秋經傳集解三十卷…………………… 1－158
春秋經傳集解三十卷…………………… 1－158
春秋經傳集解三十卷…………………… 1－158
春秋經傳集解三十卷…………………… 1－158
春秋經傳集解三十卷…………………… 1－158
春秋經傳集解三十卷…………………… 1－158
春秋經傳集解三十卷…………………… 1－158
春秋經傳集解三十卷…………………… 1－158
春秋經傳集解三十卷…………………… 1－158
春秋經傳集解三十卷…………………… 1－158
春秋經傳集解三十卷…………………… 1－158
春秋經傳集解三十卷…………………… 1－158
春秋經傳集解三十卷…………………… 1－159
春秋經傳集解三十卷…………………… 1－159
春秋經傳集解三十卷…………………… 1－159
春秋經傳集解三十卷…………………… 1－159
春秋經傳集解三十卷…………………… 1－159
春秋經傳集解三十卷…………………… 1－159
春秋經傳集解三十卷…………………… 1－159
春秋經傳集解三十卷 …………………… 2－17
春秋經傳集解三十卷首一卷………… 1－159
春秋經傳集解三十卷首一卷………… 1－159
春秋經傳集解三十卷首一卷………… 1－159
春秋經傳類求十二卷…………………… 1－159
春秋經傳類求十二卷…………………… 1－160
春秋經傳類聯三十三卷……………… 1－159
春秋經傳類聯三十三卷……………… 1－159
春秋經解十五卷………………………… 1－160
春秋經解十五卷………………………… 1－160
春秋箋例三十卷首一卷……………… 1－151
春秋箋例三十卷首一卷……………… 1－151
春秋箋例三十卷首一卷……………… 1－151
春秋箋例三十卷首一卷……………… 1－151
春秋說約十二卷………………………… 1－164
春秋精義四卷首一卷………………… 1－160
春秋精義四卷首一卷………………… 1－160
春秋精義四卷首一卷………………… 1－160
春秋增訂旁訓四卷…………………… 1－168
春秋增訂旁訓四卷…………………… 1－168
春秋增訂旁訓四卷…………………… 1－168
春秋增訂旁訓四卷…………………… 1－168
春秋穀梁註疏二十卷………………… 1－149
春秋穀梁傳十二卷…………………… 1－148
春秋穀梁傳十二卷…………………… 1－148
春秋穀梁傳十二卷…………………… 1－148
春秋穀梁傳十二卷…………………… 1－148
春秋穀梁傳十二卷…………………… 1－148
春秋穀梁傳十二卷…………………… 1－148
春秋穀梁傳十二卷…………………… 1－148
春秋穀梁傳十二卷…………………… 1－148
春秋穀梁傳十二卷…………………… 1－148
春秋穀梁傳十二卷…………………… 1－148
春秋穀梁傳十二卷…………………… 1－148
春秋穀梁傳十二卷…………………… 1－148
春秋穀梁傳十二卷…………………… 1－148
春秋穀梁傳十二卷…………………… 1－149
春秋穀梁傳十二卷…………………… 1－149
春秋穀梁傳十二卷…………………… 1－149
春秋穀梁傳十二卷…………………… 1－149
春秋穀梁傳十二卷…………………… 1－149
春秋穀梁傳十二卷…………………… 1－149
春秋穀梁傳十二卷…………………… 1－149
春秋穀梁傳十二卷…………………… 1－149
春秋穀梁傳十二卷校勘記一卷……… 1－149
春秋穀梁傳不分卷附考一卷………… 1－148

春秋穀梁傳旁訓四卷…………………… 1－148
春秋論畧四卷………………………… 1－160
春秋審鵠四卷………………………… 1－164
春秋選讀不分卷 ……………………… 2－30
春秋輯傳十三卷凡例二卷宗旨一卷
………………………………………… 1－151
春秋戰國文選十三卷………………… 1－168
春秋戰國文選十三卷………………… 1－168
春秋錄要十二卷……………………… 1－160
春秋辨疑四卷………………………… 1－144
春秋辨疑四卷………………………… 1－144
春秋辨疑四卷………………………… 1－144
春秋辨疑四卷………………………… 1－144
春秋辨疑四卷………………………… 1－144
春秋辨疑四卷………………………… 1－144
春秋辨疑四卷………………………… 1－144
春秋擬題集傳二卷…………………… 1－160
春秋擬題類典十五卷………………… 1－160
春秋繁露十七卷……………………… 1－146
春秋繁露十七卷……………………… 1－146
春秋繁露十七卷……………………… 1－146
春秋繁露十七卷……………………… 1－146
春秋繁露十七卷……………………… 1－146
春秋繁露十七卷附錄一卷…………… 1－146
春秋繁露十七卷首一卷……………… 1－146
春秋繁露十七卷首一卷……………… 1－146
春秋題旨輯要二卷…………………… 1－165
春秋題旨輯要二卷…………………… 1－165
春秋題解類編四卷…………………… 1－165
春秋題鏡三卷………………………… 1－165
春秋繹義十四卷首二卷……………… 1－167
春秋繹義十四卷首二卷……………… 1－167
春秋繹義十四卷首二卷……………… 1－167
春秋纂言十二卷總例二卷…………… 1－168
春秋纂言十二卷總例二卷…………… 1－168
春秋纂言十二卷總例二卷…………… 1－168
春秋釋例十五卷……………………… 1－164
春秋釋例十五卷……………………… 1－164
春秋釋例十五卷……………………… 1－164
春秋屬辭辨例編六十卷首二卷……… 1－164
春秋屬辭辨例編六十卷首二卷……… 1－164
春秋體註十九卷……………………… 1－166
春秋體註十九卷……………………… 1－166
春秋體註大全四卷…………………… 1－166
春秋體註大全合參四卷 …………… 2－25
春秋體註大全合叅四卷……………… 1－165
春秋體註大全合叅四卷……………… 1－165
春秋體註大全合叅四卷……………… 1－165
春秋體註大全合叅四卷……………… 1－165
春秋體註大全合叅四卷……………… 1－165
春秋體註大全合叅四卷……………… 1－165
春秋體註大全合叅四卷……………… 1－165
春秋體註大全合叅四卷……………… 1－165
春秋體註大全合叅四卷……………… 1－165
春秋體註大全合叅四卷……………… 1－166
春秋體註大全合叅四卷……………… 1－166
春秋體註大全合叅四卷……………… 1－166
春秋體註大全合叅四卷……………… 1－166
春秋體註大全合叅四卷……………… 1－166
春秋體註大全合叅四卷……………… 1－166
春秋體註大全合叅四卷……………… 1－166
春秋體註大全合叅四卷……………… 1－166
春秋體註大全合叅四卷……………… 1－166
春秋體註大全合叅四卷……………… 1－166
春秋體註四卷………………………… 1－166
春秋體註四卷………………………… 1－166
春秋體註四卷………………………… 1－166
春秋體註四卷………………………… 1－166
春桂樓詩集六卷……………………… 1－143
春舫詩鈔四卷………………………… 1－143
春浮園文集二卷附錄一卷…………… 1－143
春浮園集……………………………… 1－143
春浮園集……………………………… 1－143
春浮園集……………………………… 1－143
春浮園集……………………………… 1－143
春浮園集……………………………… 1－143
春浮園集……………………………… 1－143
春暉草堂詩鈔一卷…………………… 1－143
春暉堂叢書…………………………… 1－143
春暉堂叢書…………………………… 1－143
春暉閣詩鈔選六卷…………………… 1－143
春暉閣雜著…………………………… 1－143

春暉雜稿 …………………………… 1－143
春溫三字訣一卷 ……………………… 2－112
春駒小譜二卷 ………………………… 1－143
春樹齋叢說一卷 ……………………… 1－183
春融堂集六十八卷 …………………… 1－182
春融堂集六十八卷雜記八種 ………… 1－183
春融堂雜記 …………………………… 1－183
春融堂雜記 …………………………… 1－183
春融堂雜記 …………………………… 1－183
春蘿書屋詩存一卷 …………………… 1－143
春蘿書屋詩存一卷 …………………… 1－143
春蘿書屋詩存一卷 …………………… 1－143
珂雪詞二卷補遺一卷 ………………… 2－243
珍重廬山一瓣香十三卷 ……………… 5－97
珍重廬山一瓣香八卷 ………………… 5－97
珍珠囊指掌補遺藥性賦四卷 ………… 5－97
珍珠囊指掌補遺藥性賦四卷 ………… 5－97
珍珠囊指掌補遺藥性賦四卷 ………… 5－97
珍珠囊指掌補遺藥性賦四卷 ………… 5－97
珍珠囊指掌補遺藥性賦四卷 ………… 5－97
珍珠囊指掌補遺藥性賦四卷 ………… 5－98
珍珠囊指掌補遺藥性賦四卷 ………… 5－98
珍珠囊指掌補遺藥性賦四卷 ………… 5－98
珍珠囊指掌補遺藥性賦四卷 ………… 5－98
珍珠囊指掌補遺藥性賦四卷 ………… 5－98
珍珠囊指掌補遺藥性賦四卷 ………… 5－98
珍珠囊指掌補遺藥性賦四卷 ………… 5－98
珍珠囊指掌補遺藥性賦四卷 ………… 5－98
珍珠囊指掌補遺藥性賦四卷 ………… 5－98
珍珠囊指掌補遺藥性賦四卷 ………… 5－98
珍珠囊指掌補遺藥性賦四卷 ………… 5－98
珍珠囊指掌補遺藥性賦四卷 ………… 5－98
珍珠囊指掌補遺藥性賦四卷 ………… 5－98
珍珠囊指掌補遺藥性賦四卷 ………… 5－98
珍珠囊指掌補遺藥性賦四卷 ………… 5－98
珍珠囊指掌補遺藥性賦四卷 ………… 5－99
珍珠囊藥性賦醫方捷徑二卷 ………… 5－168
珍珠囊藥性賦醫方捷徑合編二卷 …… 5－97
珍珠囊藥性賦醫方捷徑合編二卷 …… 5－97
珍珠囊藥性賦醫方捷徑合編二卷 …… 5－97
玲瓏山館叢書 ………………………… 2－335
封氏聞見記十卷 ……………………… 1－368
封氏聞見記十卷 ……………………… 2－393
[封奉政公棄養所遺鬮分]一卷 …… 5－287
城北集八卷 …………………………… 1－108
城東董氏歷代墓記一卷 ……………… 1－108
城書一卷 ……………………………… 4－258
城鄉守合鈔十六卷 …………………… 1－108
城鄉字彙四卷 ………………………… 1－108
城鎮鄉地方自治章程表一卷 ………… 1－108
政治官報 ……………………………… 5－105
政餘書屋文鈔二十卷 ………………… 5－105
政學錄初稾七卷 ……………………… 5－105
政藝通報 ……………………………… 5－105
郝氏春秋二種十四卷 ………………… 2－29
郝氏遺書 ……………………………… 2－29
郝文忠公年譜一卷 …………………… 2－29
郝文忠公陵川文集三十九卷 ………… 2－29
郝文忠公陵川文集三十九卷首一卷
附錄一卷 ……………………………… 2－29
甚德堂文集四卷 ……………………… 3－143
荆川文集十二卷外集三卷補遺五卷
……………………………………… 2－197
荆川文集十八卷 ……………………… 2－197
荆川文集十八卷 ……………………… 2－197
荆川文集十八卷 ……………………… 2－197
荆川先生右編四十卷 ………………… 2－198
荆川先生右編四十卷 ………………… 2－198
荆川先生批點精選漢書六卷 ………… 2－198
荆川先生批點精選漢書六卷 ………… 2－198
荆川先生精選批點史記十二卷 ……… 2－198
荆川先生精選批點史記十二卷 ……… 2－198
[光緒]荆州府志八十卷首一卷 …… 5－293
[光緒]荆州府志八十卷首一卷 …… 5－294
[光緒]荆州府志八十卷首一卷 …… 5－294
荆州記三卷 …………………………… 2－198
荆州記三卷 …………………………… 2－198
荆州萬城隄志十卷首一卷末一卷 …… 2－198
荆州萬城隄志十卷首一卷末一卷 …… 2－198
荆南萃古編一卷 ……………………… 2－198
荆香齋詩草四卷 ……………………… 2－198
荆香齋詩草四卷 ……………………… 2－198

荆楚歲時記一卷 ……………………… 4－220
荆駝逸史 ………………………………… 2－198
荆駝逸史 ………………………………… 2－198
荆駝逸史 ………………………………… 2－198
荆駝逸史 ………………………………… 2－198
荆駝逸史 ………………………………… 2－198
荆駝逸史 ………………………………… 2－198
革除逸史二卷 ………………………… 1－398
革除編年一卷革除遺事一卷 ………… 1－398
草木子四卷 ……………………………… 1－80
草木子四卷 ……………………………… 1－80
草木春秋演義三十二回 ……………… 1－80
草木春秋演義五卷三十二回 ………… 1－80
草木春秋演義五卷三十二回 ………… 1－80
草木春秋演義五卷三十二回 ………… 1－80
草木春秋演義五卷三十二回 ………… 1－80
草木新本牡丹亭四卷三十二回 ……… 1－80
草字彙十二卷 …………………………… 1－81
草字彙十二卷 …………………………… 1－81
草字彙十二卷 …………………………… 1－81
草字彙十二卷 …………………………… 1－81
草字彙十二卷 …………………………… 1－81
草字彙十二卷 …………………………… 1－81
草字彙十二卷 …………………………… 1－81
草字彙十二卷 …………………………… 1－81
草字彙十二卷 …………………………… 1－81
草草詩存八卷 …………………………… 1－79
草亭文集不分卷詩集不分卷 ………… 1－81
草亭醫案一卷 …………………………… 1－81
草莽私乘一卷 …………………………… 1－80
草莽私乘一卷 …………………………… 1－80
草書字法不分卷 ……………………… 1－81
草書集成五卷 …………………………… 1－81
草書集成五卷 …………………………… 1－81
草堂詩餘正集六卷 …………………… 1－81
草堂詩餘四卷 …………………………… 1－81
草窗梅花集句三卷 …………………… 1－79
草窗詞二卷補二卷 …………………… 1－79
草聖彙辨不分卷 ……………………… 1－80
草廬吳文正公全書 …………………… 1－80
草廬吳文正公集四十九卷首一卷外集三卷 ………………………… 1－79
草廬吳文正公集四十九卷首一卷外集三卷 ………………………… 1－80
草廬吳文正公集四十九卷首一卷外集三卷 ………………………… 1－80
草廬吳文正公集四十九卷首一卷外集三卷 ………………………… 1－80
草廬吳文正公集四十九卷首一卷外集三卷 ………………………… 1－80
草廬吳文正公集四十九卷首一卷外集三卷 ………………………… 1－80
草廬吳文正公集四十九卷首一卷外集三卷 ………………………… 1－80
草廬吳文正公集四十九卷首一卷外集三卷 ………………………… 1－80
草廬吳文正公集四十九卷道學基統一卷外集三卷 ………………… 1－79
草廬吳文正公集四十九卷道學基統一卷外集三卷 ………………… 1－79
草廬吳文正公集四十九卷道學基統一卷外集三卷 ………………… 1－79
草廬吳文正公集四十九卷道學基統一卷外集三卷 ………………… 1－79
草廬經畧十二卷 ……………………… 1－79
草廬經畧十二卷 ……………………… 1－79
草廬經畧十二卷 ……………………… 1－79
草廬經畧十二卷 ……………………… 1－79
[嘉慶]莒州志十六卷首一卷 ……… 5－301
莛仙吟草二卷賦草一卷試帖一卷 …… 3－466
莛仙吟草二卷賦草一卷試帖一卷 …… 3－466
莛仙吟草續存一卷 …………………… 3－466
茶山集八卷 ……………………………… 1－92
茶山集八卷 ……………………………… 1－92
茶山集八卷 ……………………………… 1－92
茶山集八卷 ……………………………… 1－92
茶山集八卷 ……………………………… 1－92
茶香室經說十六卷 …………………… 1－92
茶香室叢鈔二十三卷目錄一卷 ……… 1－92
茶香室叢鈔二十三卷目錄一卷 ……… 1－92
茶經二卷 ………………………………… 1－92
茶餘客話十二卷 ……………………… 1－92

茶餘客話十二卷 …………………………… 1－92
茶餘客話十二卷 …………………………… 1－92
茶餘客話十二卷 …………………………… 1－92
茶餘談薈二卷 ……………………………… 1－92
荀子二十卷……………………………… 4－257
荀子二十卷……………………………… 4－257
荀子二十卷……………………………… 4－257
荀子二十卷……………………………… 4－257
荀子二十卷……………………………… 4－257
荀子二十卷……………………………… 4－257
荀子二十卷……………………………… 4－257
荀子二十卷……………………………… 4－257
荀子二十卷……………………………… 4－257
荀子二十卷……………………………… 4－257
荀子二十卷……………………………… 4－258
荀子二十卷首一卷……………………… 4－258
荀子二十卷首一卷……………………… 4－258
荀子考異一卷…………………………… 4－258
荀子補注二卷…………………………… 4－257
荀子補注二卷…………………………… 4－257
茗吟閣拾存稿一卷……………………… 2－432
茗柯文初編一卷二編二卷三編一卷
　四編一卷……………………………… 2－432
茗柯文初編一卷二編二卷三編一卷
　四編一卷……………………………… 2－432
茗柯文初編一卷二編二卷三編一卷
　四編一卷……………………………… 2－432
茗柯文初編一卷二編二卷三編一卷
　四編一卷……………………………… 2－432
茗柯文初編一卷二編二卷三編一卷
　四編一卷……………………………… 2－432
茗香詞一卷菊香齋駢體一卷………… 2－432
茗餘隨錄四卷…………………………… 2－432
荒政備覽二卷 ……………………………… 2－70
荒政瑣言一卷 ……………………………… 2－70
荒政瑣言一卷 ……………………………… 2－70
荒政輯要九卷首一卷 ……………………… 2－70
荒政輯要九卷首一卷 ……………………… 2－70
茨村詠史新樂府二卷附錄一卷……… 1－185
故友詩錄………………………………… 1－455
故友詩錄………………………………… 1－455
故友詩錄………………………………… 1－456
故友詩錄………………………………… 1－456
故丹溪先生朱公石表辭一卷………… 1－235
故唐律疏議三十卷……………………… 1－455
故唐律疏議三十卷……………………… 1－455
胡子知言六卷 ……………………………… 2－55
胡子衡齊八卷 ……………………………… 2－54
胡少師總集六卷首一卷附錄一卷 …… 2－52
胡少師總集六卷首一卷附錄一卷 …… 2－52
胡少師總集六卷首一卷附錄一卷 …… 2－53
胡少師總集六卷首一卷附錄一卷 …… 2－53
胡文忠公政書十四卷 ……………………… 2－54
［胡文忠公書札］一卷 ………………… 4－147
胡文忠公遺集十卷首一卷 ………………… 2－54
胡文忠公遺集十卷首一卷 ………………… 2－54
胡文忠公遺集十卷首一卷 ………………… 2－54
胡文忠公遺集十卷首一卷 ………………… 2－54
胡文忠公遺集十卷首一卷 ………………… 2－54
胡文忠公遺集十卷首一卷 ………………… 2－54
胡文忠公遺集十卷首一卷 ………………… 2－54
胡文忠公遺集八十六卷首一卷 ………… 2－53
胡文忠公遺集八十六卷首一卷 ………… 2－53
胡文忠公遺集八十六卷首一卷 ………… 2－53
胡文忠公遺集八十六卷首一卷 ………… 2－53
胡文忠公遺集八十六卷首一卷 ………… 2－53
胡文忠公遺集八十六卷首一卷 ………… 2－53
胡文忠公遺集八十六卷首一卷 ………… 2－53
胡文忠公遺集八十六卷首一卷 ………… 2－53
胡文忠公遺集八十六卷首一卷 ………… 2－53
胡文忠公遺集八十六卷首一卷 ………… 2－53
胡文忠公遺集八十六卷首一卷 ………… 2－54
胡文忠公遺集八十六卷首一卷 ………… 2－54
胡文忠公遺集八十六卷首一卷 ………… 2－54
胡文忠公遺集八十六卷首一卷 ………… 2－54
胡文敬公全集 ……………………………… 2－53
胡文敬公全集 ……………………………… 2－53
胡文敬公全集 ……………………………… 2－53
胡文翰文稿不分卷 ………………………… 2－53
胡仲子集十卷 ……………………………… 2－54
胡仲子集十卷 ……………………………… 2－54
胡伯午先生先代殘詩不分卷 …………… 2－51

胡林翼行狀一卷 ………………………… 2－52
胡忠烈遺事四卷 ………………………… 2－54
胡忠簡公經解 …………………………… 2－54
胡忠簡公經解 …………………………… 2－54
胡家鈺自訂年譜一卷 …………………… 2－51
胡象岡先生文集十卷 …………………… 2－54
胡敬齋先生文集三卷 …………………… 2－52
胡敬齋先生文集三卷 …………………… 2－52
胡敬齋先生文集三卷 …………………… 2－52
胡敬齋先生居業錄十二卷 ……………… 2－52
胡敬齋先生居業錄十二卷 ……………… 2－52
胡敬齋先生居業錄十二卷 ……………… 2－52
胡敬齋先生居業錄八卷 ………………… 2－52
胡敬齋先生居業錄四卷 ………………… 2－52
胡敬齋先生居業錄四卷 ………………… 2－52
胡曾二公要略四卷 ……………………… 2－51
胡維霖集 ………………………………… 2－53
胡慶餘堂丸散膏丹全集不分卷 ………… 2－52
胡慶餘堂丸散膏丹全集不分卷 ………… 2－52
胡慶餘堂丸散膏丹全集不分卷 ………… 2－52
胡慶餘堂丸散膏丹全集不分卷 ………… 2－52
胡慶餘堂丸散膏丹全集不分卷 ………… 2－52
胡慶餘堂丸散膏丹全集不分卷 ………… 2－52
胡慶餘堂丸散膏丹全集不分卷 ………… 2－52
胡靜菴文不分卷 ………………………… 2－52
胡靜庵先生文不分卷 …………………… 2－52
胡澹庵先生文集三十二卷 ……………… 2－51
胡澹庵先生文集三十二卷 ……………… 2－51
胡澹庵先生文集三十二卷 ……………… 2－51
胡澹庵先生文集三十二卷 ……………… 2－51
胡澹庵先生文集三十二卷補遺一卷
………………………………………… 2－51
胡澹庵先生文集三十二卷補遺一卷
………………………………………… 2－51
胡澹庵先生文集三十二卷補遺一卷
………………………………………… 2－51
胡澹庵先生文集三十二卷補遺一卷
………………………………………… 2－51
胡澹庵先生文集三十二卷補遺一卷
………………………………………… 2－51
胡澹庵先生文集三十二卷補遺一卷
………………………………………… 2－51
胡澹庵先生文集三十二卷補遺一卷
………………………………………… 2－51
胡澹庵先生文集三十二卷補遺一卷
………………………………………… 2－51
胡藤圃時文一卷二集一卷三集一卷
………………………………………… 2－53
胡藤圃雜著二卷 ………………………… 2－53
胡觀察教家二十五條一卷 ……………… 2－51
荔香室石刻二卷………………………… 4－454
南山全集十六卷………………………… 2－450
南山全集十六卷………………………… 2－450
南山全集十四卷年譜一卷……………… 2－450
南山集十六卷…………………………… 2－450
南川草堂詩鈔十三卷…………………… 2－445
南川草堂詩鈔十三卷…………………… 2－445
南北史捃華八卷………………………… 2－444
南北史捃華八卷………………………… 2－444
南北史捃華八卷………………………… 2－444
南北史補志十四卷……………………… 2－444
南北史補志十四卷……………………… 2－444
南北史補志十四卷……………………… 2－444
南北史識小錄十六卷…………………… 2－444
南北宋演義全傳二十卷………………… 2－444
南北宋演義全傳二十卷………………… 2－444
南北淩雲館砧基一卷…………………… 2－444
南北朝文鈔二卷………………………… 2－444
南史八十卷……………………………… 2－450
南史八十卷……………………………… 2－450
南史八十卷……………………………… 2－450
南史八十卷……………………………… 2－450
南史八十卷……………………………… 2－451
南史八十卷……………………………… 2－451
南史八十卷……………………………… 2－451
南史八十卷……………………………… 2－451
南史八十卷……………………………… 2－451
南史八十卷……………………………… 2－451
南史八十卷……………………………… 2－451
南史八十卷……………………………… 2－451
南史刪三十一卷………………………… 2－451

南史識小錄十四卷 …………………… 2－451
南史識小錄十四卷北史識小錄十四卷 …………………… 2－451
南史識小錄十四卷北史識小錄十四卷 …………………… 2－451
［光緒］南皮縣志十五卷首一卷末一卷 …………………… 5－294
南邦黎獻集十六卷 …………………… 2－444
南郇詩集四卷 …………………… 2－445
南行日記一卷 …………………… 2－446
南行紀詠二卷 …………………… 5－166
南州竹枝詞一百首一卷西山竹枝詞一百首一卷 …………………… 2－455
南州竹枝詞一百首一卷西山竹枝詞一百首一卷 …………………… 2－455
南州草堂集三十卷首一卷續集四卷菊莊詞二卷詞話二卷 …………………… 2－455
南池類稿不分卷 …………………… 2－445
［乾隆］南安府志二十二卷 …………………… 5－335
［同治］南安府志三十二卷首一卷 … 1－227
［同治］南安府志三十二卷首一卷 … 1－227
［同治］南安府志三十二卷首一卷 … 5－361
［同治］南安府志三十二卷首一卷 … 5－361
［同治］南安府志三十二卷首一卷 … 5－361
［光緒］南安府志補正十二卷首一卷 …………………… 5－294
［光緒］南安府志補正十二卷首一卷 …………………… 5－294
［光緒］南安府志補正十二卷首一卷 …………………… 5－294
南巡盛典一百二十卷 …………………… 2－453
南巡盛典一百二十卷 …………………… 2－453
南巡盛典一百二十卷 …………………… 2－453
南村草堂文鈔二十卷詩鈔二十四卷 …………………… 2－445
南村草堂文鈔二十卷詩鈔二十四卷 …………………… 2－445
南村草堂文鈔二十卷詩鈔二十四卷 …………………… 2－445
南沙贈言不分卷松陵贈言不分卷 …… 2－450
南宋文範七十卷外編四卷 …………… 2－452
南宋文範七十卷外編四卷 …………… 2－452
南宋文範七十卷外編四卷 …………… 2－452
南宋文範七十卷外編四卷 …………… 2－452
南宋文錄錄二十四卷 …………………… 2－452
南宋文錄錄二十四卷 …………………… 2－452
南宋院畫錄八卷 …………………… 2－452
南宋書六十八卷 …………………… 2－451
南宋書六十八卷 …………………… 2－451
南宋書六十八卷 …………………… 2－451
南宋書六十八卷 …………………… 2－451
南宋書六十八卷 …………………… 2－452
南宋書六十八卷 …………………… 2－452
南宋羣賢小集 …………………… 2－451
南宋羣賢小集 …………………… 2－451
南宋羣賢小集 …………………… 2－451
南宋樂府一卷 …………………… 2－452
南宋雜事詩七卷 …………………… 2－452
南宋雜事詩七卷 …………………… 2－452
南宋雜事詩七卷 …………………… 2－452
南宋雜事詩七卷 …………………… 2－452
南宋雜事詩七卷 …………………… 2－452
南松堂稿七卷 …………………… 2－451
南匡詩集十二卷 …………………… 2－453
南昌文考二十卷 …………………… 2－445
南昌文考二十卷 …………………… 2－445
南昌文考二十卷 …………………… 2－445
［乾隆］南昌府志七十六卷首一卷末一卷 …………………… 5－335
［乾隆］南昌府志七十六卷首一卷末一卷 …………………… 5－335
［同治］南昌府志六十六卷首一卷末一卷 …………………… 5－361
［同治］南昌府志六十六卷首一卷末一卷 …………………… 5－361
［同治］南昌府志六十六卷首一卷末一卷 …………………… 5－361
［同治］南昌府志六十六卷首一卷末一卷 …………………… 5－361
［康熙］南昌郡乘五十五卷 ………… 5－328
［乾隆］南昌縣志七十卷首一卷 …… 5－335
［乾隆］南昌縣志三十二卷首一卷末

一卷 ………………………………… 5－335
［道光］南昌縣志三十九卷首一卷末
一卷 ………………………………… 5－281
［道光］南昌縣志三十九卷首一卷末
一卷 ………………………………… 5－281
［同治］南昌縣志三十六卷首一卷末
一卷 ………………………………… 5－361
［道光］南昌縣志四十卷首一卷末一
卷 …………………………………… 5－281
［道光］南昌縣志四十卷首一卷末一
卷 …………………………………… 5－281
［道光］南昌縣志四十卷首一卷末一
卷 …………………………………… 5－281
南岳二賢祠志八卷 ……………………… 2－454
南岳二賢祠志八卷 ……………………… 2－454
南征日記一卷篋外錄一卷 …………… 2－455
南征紀略二卷 …………………………… 2－455
南征集一卷 ……………………………… 2－455
南征集一卷 ……………………………… 2－455
南征集一卷 ……………………………… 2－455
［乾隆］南城縣志十卷首一卷 ……… 5－335
［乾隆］南城縣志十卷首一卷 ……… 5－335
［同治］南城縣志十卷首一卷 ……… 5－362
［道光］南城縣志三十二卷首一卷 … 5－281
［道光］南城縣志三十二卷首一卷 … 5－281
南省公餘錄八卷 ………………………… 2－450
南昫文稿十二卷 ………………………… 2－455
南昫文稿十二卷 ………………………… 2－455
南昫文錄二卷詩錄二卷陽明釋毀錄
一卷不諼錄一卷 ……………………… 2－455
南昫詩稾二十一卷自訂年譜一卷 …… 2－455
南昫詩稾二十一卷 ……………………… 2－455
南昫詩稾十卷辛卯集二卷壬辰集一
卷 …………………………………… 5－218
南洋群島志七卷 ………………………… 2－454
南屏興頌錄一卷 ………………………… 2－449
南華山房詩鈔六卷南華山人詩鈔十
六卷 ………………………………… 2－447
南華真經十卷 …………………………… 2－448
南華真經十卷 …………………………… 2－448
南華真經十卷 …………………………… 2－448
南華真經十卷 …………………………… 2－448
南華真經十卷 …………………………… 2－448
南華真經十卷 …………………………… 2－448
南華真經八卷 …………………………… 2－447
南華真經八卷 …………………………… 2－447
南華真經正義不分卷附識餘三種 …… 2－449
南華真經正義內篇七卷外篇十五卷
雜篇十一卷識餘一卷 ………………… 2－449
南華真經本義十六卷附錄八卷 ……… 2－447
南華真經本義十六卷附錄八卷 ……… 2－447
南華真經本義十六卷附錄八卷 ……… 2－447
南華真經注解八卷 ……………………… 2－449
南華真經旁注五卷 ……………………… 2－448
南華真經旁注五卷 ……………………… 2－448
南華真經旁注五卷 ……………………… 2－448
南華真經旁注五卷 ……………………… 2－448
南華真經副墨八卷讀南華真經雜說
一卷 ………………………………… 2－447
南華真經副墨八卷讀南華真經雜說
一卷 ………………………………… 2－447
南華真經評注五卷 ……………………… 2－448
南華真經解三卷 ………………………… 2－448
南華真經解三卷 ………………………… 2－448
南華真經解三卷 ………………………… 2－448
南華真經解三卷 ………………………… 2－448
南華真經解三卷 ………………………… 2－448
南華真經解內篇七卷外篇十五卷雜
篇十一卷 …………………………… 2－447
南華真經解內篇七卷外篇十五卷雜
篇十一卷 …………………………… 2－447
南華真經解內篇七卷外篇十五卷雜
篇十一卷 …………………………… 2－448
南華真經解內篇七卷外篇十五卷雜
篇十一卷 …………………………… 2－448
南華真經解內篇七卷外篇十五卷雜
篇十一卷 …………………………… 2－448
南華真經解內篇七卷外篇十五卷雜
篇十一卷 …………………………… 2－448
南華真經解六卷 ………………………… 2－447
南華真經解六卷 ………………………… 2－447
南華通七卷 ……………………………… 2－447

南華發覆八卷………………………… 2－446
南華發覆八卷………………………… 2－446
南華發覆八卷………………………… 2－447
南華發覆八卷………………………… 2－447
南華發覆八卷………………………… 2－447
南華經内篇七卷……………………… 2－447
南華經解三十三卷…………………… 2－447
南華經解三十三卷…………………… 2－447
南華經解三十三卷…………………… 2－447
南華經解三十三卷…………………… 2－447
南華經解三十三卷…………………… 2－447
南華簡鈔四卷………………………… 2－447
南莊類稿八卷附奉使集一卷………… 2－455
南軒先生文集四十四卷……………… 2－453
南軒先生文集四十四卷……………… 2－453
南軒先生文集四十四卷……………… 2－453
南軒先生文集四十四卷……………… 2－453
南軒先生文集四十四卷……………… 2－453
南軒先生孟子説七卷………………… 2－453
南軒先生論語解十卷………………… 2－453
南高平物産記二卷…………………… 2－446
南唐書十八卷………………………… 2－453
南唐書十八卷………………………… 2－453
南唐書三十卷………………………… 2－452
南唐書三十卷………………………… 2－452
南唐書合刻…………………………… 2－452
南唐書合刻…………………………… 2－452
南唐書合刻…………………………… 2－452
南海先生五上書記一卷七上書記一
卷俄彼得變政記一卷……………… 2－446
南海先生五上書記一卷七上書記一
卷俄彼得變政記一卷……………… 2－446
南海普陀山志十五卷首一卷………… 2－446
南宫徵夢記一卷……………………… 2－446
南陵無雙譜一卷……………………… 2－449
南菁札記不分卷……………………… 2－449
南菁札記不分卷……………………… 2－449
南堂詩鈔一卷………………………… 1－143
[同治]南康府志二十四卷首一卷 … 5－362
[同治]南康府志二十四卷首一卷 … 5－362
[同治]南康府志二十四卷首一卷 … 5－362
[同治]南康府志二十四卷首一卷 … 5－362
[道光]南康縣志二十四卷首一卷 … 5－281
[同治]南康縣志十四卷首一卷 …… 5－362
[同治]南康縣志十四卷首一卷 …… 5－362
[同治]南康縣志十四卷首一卷 …… 5－362
[同治]南康縣志十四卷首一卷 …… 5－362
南陽人物志十卷……………………… 2－454
南陽人物明志八卷…………………… 2－454
南越筆記十六卷……………………… 2－454
南越筆記十六卷……………………… 2－454
南越筆記十六卷……………………… 2－454
南越遊記三卷………………………… 2－454
南越遊記三卷………………………… 2－454
南朝史精語十卷……………………… 2－445
南朝宋文二十八卷…………………… 2－445
南朝宋文二十八卷…………………… 2－445
南雲精舍日記不分卷(清光緒三十
三年至民國二十八年) …………… 2－455
南雲精舍雜稿………………………… 2－455
南雅堂公餘十六種醫學全書………… 2－453
南雅堂醫案八卷……………………… 2－453
南雅堂醫書外集……………………… 2－454
南雅堂醫書全集……………………… 2－453
南雅堂醫書全集……………………… 2－453
南雅堂醫書全集……………………… 2－453
南雅堂醫書全集……………………… 2－454
南雅堂醫書全集……………………… 2－454
南遊記一卷…………………………… 2－454
南遊記一卷…………………………… 2－454
南湖遊草一卷吉贛遊草一卷虔城寓
草一卷……………………………… 2－446
南湖詩集十一卷……………………… 2－446
南渡錄四卷…………………………… 2－445
南雷文定前集十一卷後集四卷三集
三卷四集四卷附錄一卷…………… 2－449
南雷文定前集十一卷後集四卷三集
三卷四集四卷附錄一卷…………… 2－449
南雷文定前集十一卷後集四卷三集
三卷詩曆四卷世譜一卷附錄一卷
…………………………………… 2－449
南雷文定前集十一卷後集四卷三集

三卷詩曆四卷世譜一卷附錄一卷 …… 2－449
南雷文定前集十一卷後集四卷附錄一卷 …… 2－449
南園前五先生詩五卷首一卷南園後五先生詩二十五卷首一卷 …… 2－454
南園詩文鈔十一卷 …… 2－454
南園詩文鈔十一卷 …… 2－454
南園詩文鈔十一卷 …… 2－454
南園詩選二卷 …… 2－454
南園詩選二卷 …… 3－394
南園雜詠一卷 …… 2－454
南溪詩文偶存四卷 …… 2－453
南齊書五十九卷 …… 2－450
南齊書五十九卷 …… 2－450
南齊書五十九卷 …… 2－450
南齊書五十九卷 …… 2－450
南齊書五十九卷 …… 2－450
南齊書五十九卷 …… 2－450
南齊書五十九卷 …… 2－450
南齊書五十九卷 …… 2－450
南漢紀五卷 …… 2－446
南漢書十八卷考異十八卷文字略四卷叢錄二卷 …… 2－446
[同治]南漳縣志集鈔二十六卷首一卷 …… 5－362
[同治]南漳縣志集鈔二十六卷首一卷 …… 5－362
南遷錄一卷 …… 2－450
南澗甲乙稿二十二卷 …… 2－449
南澗甲乙稿二十二卷 …… 2－449
南樵初集十四卷 …… 2－450
南還日記二卷附癸卯北行日記一卷乙巳南還日記一卷 …… 2－446
南窻雜志十二卷 …… 2－445
南薰殿圖像考二卷 …… 5－218
南嶽志二十六卷 …… 2－455
南嶽志八卷 …… 2－454
南嶽志八卷 …… 2－454
南嶽近艸二卷南嶽二刻一卷 …… 2－454
南谿詩鈔六卷 …… 2－453
南谿詩鈔六卷 …… 2－453
南豐先生元豐類藁五十一卷 …… 2－446
南豐先生元豐類藁五十一卷 …… 2－446
南豐先生元豐類藁五十一卷 …… 2－446
南豐先生元豐類藁五十一卷 …… 2－446
南豐先生元豐類藁五十一卷 …… 2－446
南豐先生元豐類藁五十一卷 …… 2－446
南豐先生元豐類藁五十一卷 …… 2－446
南豐先生元豐類藁五十三卷 …… 2－445
南豐先生元豐類藁五十三卷 …… 2－445
南豐先生元豐類藁五十三卷 …… 2－445
南豐先生全集錄二卷 …… 2－445
南豐先生全集錄二卷 …… 2－445
南豐曾文昭公曲阜集二卷 …… 2－445
南豐劉氏世譜一卷 …… 3－300
[同治]南豐縣志四十六卷首一卷末一卷 …… 5－362
[同治]南豐縣志四十六卷首一卷末一卷 …… 5－362
[同治]南豐縣志四十六卷首一卷末一卷 …… 5－362
南疆逸史五十六卷 …… 2－449
南疆繹史勘本三十卷首二卷 …… 2－449
南疆繹史勘本三十卷首二卷 …… 2－449
南疆繹史勘本三十卷首二卷 …… 2－449
南疆繹史勘本三十卷首二卷 …… 2－449
南疆繹史勘本三十卷首二卷 …… 4－333
柯山集五十卷 …… 2－243
柯山集五十卷 …… 2－243
柯山集五十卷 …… 2－243
查浦詩鈔十二卷 …… 1－92
[相宅寶書]不分卷 …… 5－377
相雨書一卷 …… 4－117
[相法]一卷 …… 5－377
[相法]不分卷 …… 5－376
相宗八要直解八卷 …… 4－117
相宗八要解八卷 …… 4－117
相理衡真十卷首一卷 …… 4－117
相理衡真十卷首一卷 …… 4－117
相理衡真十卷首一卷 …… 4－117
相理衡真十卷首一卷 …… 4－117

相理衡真十卷首一卷 …………………… 4－117
相理衡真十卷首一卷 …………………… 4－117
相臺書塾刊正九經三傳沿革例一卷 …………………………………………… 4－117
相臺書塾刊正九經三傳沿革例一卷 …………………………………………… 4－117
相臺書塾刊正九經三傳沿革例一卷 …………………………………………… 4－117
相臺書塾刊正九經三傳沿革例一卷 …………………………………………… 4－117
相臺書塾刊正九經三傳沿革例一卷 …………………………………………… 5－398
相雜曰文不分卷 ………………………… 4－117
柚堂文存四卷 …………………………… 4－408
柞蠶簡法一卷 ………………………… 5－83
柏梘山房文集一卷詩鈔二卷 ………… 1－21
柏梘山房文集十六卷續集一卷駢體文二卷詩集十卷續集二卷 ………… 1－21
柏梘山房文集十六卷續集一卷駢體文二卷詩集十卷續集二卷 ………… 1－21
柏梘山房文集十六卷續集一卷駢體文二卷詩集十卷續集二卷 ………… 1－21
柏梘山房文集十六卷續集一卷駢體文二卷詩集十卷續集二卷 ………… 1－356
柏堂集前編十四卷次編十三卷續編二十二卷後編二十二卷餘編八卷補存三卷外編十二卷 ……………… 1－21
柏堂集前編十四卷次編十三卷續編二十二卷後編二十二卷餘編八卷補存三卷外編十二卷 ……………… 1－21
柏堂遺書 ……………………………… 1－21
柏堂遺書 ……………………………… 1－21
柏堂遺書 ……………………………… 1－21
柏堂遺書 ……………………………… 1－21
柏澗堂詩四卷 ………………………… 1－21
柏廬外集四卷 ………………………… 1－21
柏廬外集四卷 ………………………… 1－21
柏廬外集四卷 ………………………… 1－21
柳子厚集選四卷 ……………………… 2－342
柳文四十三卷別集二卷外集二卷 …… 2－341
柳文四十三卷別集二卷外集二卷 …… 2－342
柳文四十三卷別集二卷外集二卷 …… 2－342
柳文四十三卷別集二卷外集二卷 …… 2－342
柳文四十三卷別集二卷外集二卷 …… 2－342
柳河東外集二卷 ……………………… 2－341
柳河東集四十三卷別集二卷外集二卷 ………………………………………… 2－341
柳南續筆四卷 ………………………… 2－341
柳柳州外集一卷附錄一卷 …………… 2－341
柳柳州外集一卷附錄一卷 …………… 2－341
柳柳州集四卷 ………………………… 2－341
柳待制文集二十卷標目二卷附錄一卷 ………………………………………… 2－341
柳亭詩話三十卷 ……………………… 2－341
柳庭輿地隅說三卷大地山河圖說一卷 ………………………………………… 2－341
柳堂師友詩錄初編 …………………… 2－341
柳選四家醫案 ………………………… 2－342
柳蠶發明輯要一卷 …………………… 2－341
柳蠶發明輯要一卷 …………………… 2－341
柈湖文集十二卷 ……………………… 2－478
柈湖文集十二卷 ……………………… 2－478
柈湖文集十二卷 ……………………… 2－478
柈湖文集十二卷 ……………………… 2－478
軌政紀要五卷 ………………………… 1－481
勅修兩浙海塘通志二十卷首一卷 …… 1－120
[要語]不分卷 ………………………… 5－378
咸陟堂詩集十七卷文集二十五卷 …… 4－115
咸淳臨安志一百卷 …………………… 4－114
咸淳臨安志一百卷 …………………… 4－114
咸淳臨安志一百卷 …………………… 4－114
咸淳臨安志一百卷 …………………… 4－114
[同治]咸寧縣志十五卷首一卷 …… 5－366
咸豐辛酉科竝同治壬戌恩科浙江鄉試硃卷不分卷 ……………………… 4－115
咸豐庚申年預行辛酉科江西選拔貢卷一卷同治壬戌恩科並補行戊午正科江西鄉試硃卷一卷 …………… 4－115
威毅伯曾宮保手札一卷 ……………… 4－16
研六室文鈔十卷 ……………………… 4－263
研花館吟草二卷 ……………………… 4－263
研經堂稿不分卷 ……………………… 4－263

研經堂稿不分卷…………………………… 4－263
研經堂稿不分卷…………………………… 4－263
研經堂稿不分卷…………………………… 4－263
研露樓琴譜四卷首一卷…………………… 4－264
研露齋文鈔三卷詩鈔八卷………………… 4－264
研露齋文鈔三卷詩鈔八卷………………… 4－264
研露齋文鈔三卷詩鈔八卷………………… 4－264
研露齋詩鈔八卷文鈔三卷………………… 4－264
厚岡文集二十卷詩集四卷 …………… 2－43
厚岡文集二十卷詩集四卷 …………… 2－43
厚岡文集二十卷詩集四卷 …………… 2－43
厚岡文集二十卷詩集四卷 …………… 2－43
厚岡文集二十卷詩集四卷 …………… 2－44
厚岡文集二十卷詩集四卷 …………… 2－44
厚岡文集二十卷詩集四卷 …………… 2－44
厚岡文集二十卷詩集四卷 …………… 2－44
厚岡文集二十卷詩集四卷 …………… 2－44
厚岡文集二十卷詩集四卷 …………… 2－44
厚岡文集二十卷詩集四卷 …………… 2－44
厚岡文集二十卷詩集四卷 …………… 2－44
厚岡文集二十卷詩集四卷 …………… 2－44
厚岡文集二十卷詩集四卷 …………… 2－44
厚岡文集二十卷詩集四卷………………… 3－294
厚庵鄧夫子遺書 ……………………… 2－43
厚庵鄧夫子遺書 ……………………… 2－43
厚庵鄧夫子遺書 ……………………… 2－43
厚庵鄧夫子遺書 ……………………… 2－43
厚庵鄧夫子遺書 ……………………… 2－43
厚庵鄧夫子遺書 ……………………… 2－43
厚庵鄧夫子遺書 ……………………… 2－43
厚畬初稿四卷 ………………………… 2－44
厚德錄一卷 …………………………… 5－29
耐軒文初鈔十卷首一卷…………………… 2－444
耐軒文初鈔十卷首一卷二鈔四卷………… 2－444
耐辱居士詩品一卷附二十四畫品一
卷………………………………………… 2－444
耐菴文存六卷首一卷詩存三卷…………… 2－444
耐庵類稿…………………………………… 2－444
奎光書院冊□□卷………………………… 2－250
奎光書院冊□□卷………………………… 2－250
奎光書院冊□□卷………………………… 2－250
奎光書院冊□□卷………………………… 2－250
奎光書院冊□□卷………………………… 2－250
奎光書院稿五卷…………………………… 2－250
持志塾言二卷……………………………… 1－112
持志編五卷………………………………… 1－112
持雅堂文集五卷詩集四卷………………… 1－112
持雅堂文集五卷詩集四卷………………… 1－112
持雅堂文集五卷詩集四卷………………… 1－112
持雅堂文鈔五卷續集二卷三集二卷
………………………………………… 1－112
持雅堂全集………………………………… 1－112
持雅堂全集………………………………… 1－112
括地志八卷補遺一卷……………………… 2－253
括地畧一卷………………………………… 2－253
括蒼金石志補遺四卷……………………… 2－253
拾得詩一卷 ………………………………… 2－14
拾雅二十卷………………………………… 3－220
拾雅二十卷………………………………… 3－220
拾雅二十卷………………………………… 3－220
拾遺二卷…………………………………… 3－220
拾遺記十卷………………………………… 3－220
拾遺記十卷………………………………… 3－220
拾遺記十卷………………………………… 3－220
拾遺記十卷………………………………… 3－220
拾遺記十卷………………………………… 3－220
拾遺記十卷………………………………… 3－220
拾遺記十卷………………………………… 3－220
拾遺記十卷………………………………… 3－220
拾遺記十卷………………………………… 5－392
拾遺記十卷………………………………… 5－392
拾遺記十卷………………………………… 5－392
拾遺錄一卷………………………………… 3－220
拾餘四種…………………………………… 3－220
拾餘四種…………………………………… 3－220
指月錄三十二卷…………………………… 5－110
指玄篇一卷………………………………… 5－110
指明算法不分卷…………………………… 5－110
指迷忠告一卷……………………………… 5－110
指迷忠告一卷……………………………… 5－110
指迷錄一卷附良方一卷…………………… 5－110
拯嬰彙編不分卷…………………………… 5－103

拯嬰彙編不分卷 ························ 5－103
拯嬰彙編不分卷 ························ 5－103
拯嬰彙編不分卷 ························ 5－103
拯嬰彙編不分卷 ························ 5－103
拯嬰彙編不分卷 ························ 5－103
崧緯瑣言一卷 ························ 1－54
貞一齋詩說一卷 ························ 5－99
貞木吟三卷 ························ 5－99
貞木篇一卷 ························ 5－99
貞石山房奏議四卷 ························ 5－99
貞石山房詩鈔三卷 ························ 5－99
貞白先生遺稿十卷 ························ 5－99
貞白堂詩刻三種 ························ 5－99
貞定先生遺集四卷 ························ 2－379
貞烈編不分卷 ························ 5－99
貞祥堂彙纂警世選言集六卷貞祥堂鐫李笠翁先生集古今聯藪一卷 ······ 5－99
貞祥堂鐫李笠翁先生彙纂怡情集□□卷 ························ 5－99
貞壽節錄一卷 ························ 5－99
貞觀政要十卷 ························ 5－99
貞觀政要十卷 ························ 5－99
貞觀政要十卷 ························ 5－99
省心要編一卷 ························ 3－147
省心要編一卷 ························ 3－147
省心紀一卷 ························ 3－147
省吾堂四種 ························ 3－147
省吾堂四種 ························ 3－147
省吾堂四種 ························ 3－147
省吾堂四種 ························ 3－147
省吾堂四種 ························ 3－147
省香齋詩集六卷 ························ 3－147
省軒考古類編十二卷 ························ 3－147
省軒考古類編十二卷 ························ 3－147
省軒考古類編十二卷 ························ 3－147
省軒考古類編十二卷 ························ 3－147
省軒考古類編十二卷 ························ 3－147
省軒考古類編十二卷 ························ 3－147
省庵初稿四卷 ························ 3－146
省庵法師語錄二卷 ························ 3－146
省庵法師語錄二卷 ························ 3－147
昞柯軒稿四卷 ························ 2－412
是亦山房詩鈔不分卷 ························ 3－250
是亦良方一卷 ························ 3－250
是程堂集十四卷 ························ 3－250
則古昔齋算學 ························ 5－44
則古昔齋算學 ························ 5－44
則古昔齋算學 ························ 5－44
則古昔齋算學 ························ 5－44
則古昔齋算學 ························ 5－44
則古昔齋算學 ························ 5－45
則古編四卷 ························ 5－44
則克錄三卷 ························ 5－45
則堂先生春秋集傳詳說三十卷綱領一卷 ························ 5－45
冒氏小品四種 ························ 2－393
映雪齋官商便覽五百種不分卷 ········ 4－385
映雪齋官商便覽壹千種不分卷 ········ 4－385
[同治]星子縣志十四卷首一卷 ······ 5－368
[同治]星子縣志十四卷首一卷 ······ 5－368
[同治]星子縣志十四卷首一卷 ······ 5－368
星平大成七卷 ························ 4－220
星平大成七卷 ························ 4－220
星平起例一卷王醒凡先生形氣指南一卷全補發微人統曆正通書一卷 ························ 4－220
星平集腋統宗四卷 ························ 4－220
星命須知一卷御定萬年書一卷 ········ 4－220
星宗秘要不分卷 ························ 4－221
星湖如皋攀轅集一卷 ························ 4－220
星湖詩集二十七卷對聯一卷 ············ 4－220
星湖詩集十六卷 ························ 4－220
星槎先生遺集六卷 ························ 4－220
星源汪烈女詩文合集不分卷 ············ 4－220
星經二卷 ························ 4－220
星算補遺 ························ 4－220
星算補遺 ························ 4－220
星齋文稾初刻不分卷二刻不分卷 ······ 4－220
星齋文稾初刻不分卷二刻不分卷三刻不分卷 ························ 4－220
昨非菴日纂二十卷 ························ 5－262
昨非集四卷 ························ 5－262

昨非錄十二卷…………………………… 5－262
昨非錄十二卷…………………………… 5－262
昨非錄十二卷…………………………… 5－262
昨非錄十二卷…………………………… 5－262
昨非錄十二卷…………………………… 5－262
昨非錄十二卷…………………………… 5－262
昭代名人尺牘續集二十四卷 ………… 5－92
昭代名人尺牘續集二十四卷 ………… 5－92
昭代典則二十八卷 …………………… 5－92
昭代詞選三十八卷 …………………… 5－92
昭代叢書 ……………………………… 5－92
昭代叢書 ……………………………… 5－92
昭代叢書 ……………………………… 5－92
昭代叢書 ……………………………… 5－92
昭代叢書 ……………………………… 5－92
昭代叢書 ……………………………… 5－92
昭明文選十二卷 ……………………… 5－94
昭明文選三十卷 ……………………… 5－94
昭明文選六十卷 ……………………… 5－94
昭明文選六臣彙註疏解十九卷 ……… 5－93
昭明文選六臣彙註疏解十九卷 ……… 5－93
昭明文選六臣彙註疏解十九卷 ……… 5－94
昭明文選六臣彙註疏解十九卷 ……… 5－94
昭明文選六臣彙註疏解十九卷 ……… 5－94
昭明文選六臣彙註疏解十九卷 ……… 5－94
昭明文選六臣彙註疏解十九卷 ……… 5－94
昭明文選六臣彙註疏解十九卷 ……… 5－94
昭明文選六臣彙註疏解十九卷 ……… 5－94
昭明文選六臣彙註疏解三十九卷 …… 5－93
昭明文選六臣彙註疏解三十九卷 …… 5－93
昭明文選集成六十卷 ………………… 5－93
昭明選詩三卷 ………………………… 5－94
昭明選詩初學讀本四卷 ……………… 5－94
昭明選詩初學讀本四卷 ……………… 5－94
昭明選詩初學讀本四卷 ……………… 5－94
昭味詹言二十一卷 …………………… 5－93
昭陵碑攷十二卷 ……………………… 5－93
昭萍賽神圖冊一卷…………………… 5－402
昭德先生郡齋讀書志二十卷 ………… 5－93
昭德先生郡齋讀書志二十卷 ………… 5－93
昭德先生郡齋讀書志二十卷 ………… 5－93
昭德先生郡齋讀書志二十卷 ………… 5－93
昭德先生郡齋讀書志二十卷 ………… 5－93
昭德先生郡齋讀書志二十卷 ………… 5－93
昭德先生郡齋讀書志二十卷 ………… 5－93
昭德先生郡齋讀書志二十卷 ………… 5－93
畏軒文集二卷 ………………………… 4－20
畏軒文集二卷 ………………………… 4－20
畏軒文集二卷 ………………………… 4－20
畏齋文集四卷 ………………………… 4－20
畏齋文集四卷 ………………………… 4－20
畏齋文集四卷 ………………………… 4－20
畏齋文集四卷 ………………………… 4－20
畏齋文集四卷附黄淮安瀾編二卷 …… 4－21
畏齋文集四卷經策一卷史策一卷 …… 4－21
畏齋四書客難四卷 …………………… 4－20
畏齋四書客難四卷 …………………… 4－20
畏齋四書客難四卷 …………………… 4－20
畏齋四書客難四卷 …………………… 4－20
畏齋書經客難三卷首一卷 …………… 4－20
畏齋詩經客難二卷 …………………… 4－20
毗尼日用切要一卷…………………… 2－491
毘陵六逸詩鈔………………………… 2－491
毘陵集十六卷補遺一卷附錄一卷…… 2－491
毘陵集十六卷補遺一卷附錄一卷…… 2－491
界埠萬壽宮及戲臺碪基不分卷……… 2－175
虹橋老屋遺稿九卷 …………………… 2－36
思不辱齋文集四卷詩集四卷外集三
卷賡颺集四卷………………………… 3－315
思不辱齋文集四卷詩集四卷外集三
卷賡颺集四卷………………………… 3－315
思不辱齋文集四卷詩集四卷外集三
卷賡颺集四卷………………………… 3－315
思不辱齋文集四卷詩集四卷外集三
卷賡颺集四卷………………………… 3－315
思古堂十四種書……………………… 3－315
思恭堂徵信錄不分卷………………… 3－315
思訓堂存稿不分卷…………………… 3－317
思益堂日札五卷……………………… 3－317
思益堂日札五卷……………………… 3－317
思益堂詩鈔六卷古文二卷詞鈔一卷
日札十卷駢體文鈔一卷……………… 3－317

思問録六卷 …………………………… 3－316
思過齋制藝六卷補編一卷試律賦鈔
　二卷試律詩鈔四卷 ………………… 3－315
思過齋雜體詩存十二卷 …………… 3－315
思復堂文集十卷附録一卷 ………… 3－315
思痛記二卷 ………………………… 3－316
思補堂試帖初集四卷 ……………… 3－315
思補過齋遺稿六卷 ………………… 3－315
思補齋文集四卷 …………………… 3－315
思補齋筆記八卷 …………………… 3－315
思誠堂集六卷 ……………………… 3－315
思適齋集十八卷 …………………… 3－316
思適齋集十八卷 …………………… 3－316
思綺堂文集十卷 …………………… 3－315
思綺堂文集十卷 …………………… 3－316
思綺堂文集十卷 …………………… 3－316
思綺堂文集十卷 …………………… 3－316
思綺堂文集十卷 …………………… 3－316
思綺堂文集十卷 …………………… 3－316
思綺堂文集十卷 …………………… 3－316
思綺堂文集十卷 …………………… 3－316
思綺堂文集十卷 …………………… 3－316
思綺堂文集十卷 …………………… 3－316
思綺堂文集十卷 …………………… 3－316
思綺堂文集十卷 …………………… 3－316
思綺堂文集十卷 …………………… 3－316
思綺堂文集十卷 …………………… 3－316
思綺堂文集十卷 …………………… 3－316
思綺堂文集十卷 …………………… 3－316
思綺堂文集十卷 …………………… 3－316
思綺堂文集十卷 …………………… 3－316
思綺堂文集十卷 …………………… 3－316
思綺堂文集十卷 …………………… 3－316
思綺堂文集不分卷 ………………… 3－315
思賢集二卷 ………………………… 3－316
思賢録五卷續録一卷 ……………… 3－317
思樂書屋課存不分卷 ……………… 3－317
思辨録疑義一卷 …………………… 3－315
思聰録一卷 ………………………… 3－315
思舊録一卷 ………………………… 3－315
韋氏詩經考定二十四卷詩經傳授源
　流一卷總論一卷 ………………… 4－17
韋齋集十二卷首一卷 ……………… 4－17
韋齋集十二卷首一卷 ……………… 4－17
韋蘇州集十卷 ……………………… 4－17
韋蘇州集十卷 ……………………… 4－17
韋蘇州集十卷 ……………………… 4－17
韋蘇州集十卷拾遺一卷 …………… 4－17
韋廬近集一卷 ……………………… 4－16
韋廬初集一卷續集一卷 …………… 4－16
韋廬詩内集四卷首一卷末一卷 …… 4－16
韋廬詩内集四卷首一卷末一卷 …… 4－17
韋廬詩内集四卷首一卷末一卷外集
　四卷首一卷末一卷 ……………… 4－17
韋廬詩内集四卷首一卷末一卷外集
　四卷首一卷末一卷 ……………… 4－17
韋廬詩内集四卷首一卷末一卷外集
　四卷首一卷末一卷 ……………… 4－17
韋廬詩内集四卷首一卷末一卷外集
　四卷首一卷末一卷賸稿一卷 …… 4－17
韋廬賸稿一卷 ……………………… 4－16
品花寶鑑六十回 …………………… 2－493
品花寶鑑六十回 …………………… 2－493
品級考二卷 ………………………… 2－493
咽喉秘集一卷 ……………………… 3－107
咽喉秘集一卷 ……………………… 3－107
咽喉秘集二卷 ……………………… 4－262
咽喉秘集二卷 ……………………… 4－262
咽喉秘集二卷 ……………………… 4－262
咽喉秘集二卷 ……………………… 4－262
咽喉秘集二卷 ……………………… 4－262
咽喉秘集二卷 ……………………… 4－262
咽喉秘集二卷 ……………………… 4－272
咬根山房詩存二卷 ………………… 4－287
峒谿纖志三卷志餘一卷 …………… 1－298
迴瀾紀要二卷 ……………………… 2－99
幽佳軒分韻試帖二卷 ……………… 4－392
拜梅山房詩鈔一卷 ………………… 1－21
拜經日記十二卷 …………………… 1－21
拜經日記十二卷 …………………… 1－21
拜經樓藏書題跋記五卷附録一卷 … 1－21

拜鴛樓校刻 …………………………… 1－21
看鴛集初編一卷…………………………… 2－238
香山詩鈔二十卷…………………………… 4－117
香山詩鈔二十卷…………………………… 4－118
香山詩選六卷……………………………… 4－118
香山詩選六卷……………………………… 4－118
香石遺詩一卷……………………………… 3－370
香南雪北詞不分卷………………………… 4－117
香亭文集初編十二卷……………………… 4－118
香祖筆記十二卷…………………………… 4－119
香祖筆記十二卷…………………………… 4－119
香祖筆記十二卷…………………………… 4－119
香祖筆記十二卷…………………………… 4－119
香祖筆記十二卷…………………………… 4－119
香祖樓二卷………………………………… 4－119
香消酒醒詞一卷香消酒醒曲一卷…… 4－118
香屑集十八卷首一卷末一卷………… 4－119
香雪巢詩鈔十二卷集句一卷………… 4－119
香蔭樓草不分卷…………………………… 4－119
香墅漫鈔四卷……………………………… 4－118
香墅漫鈔四卷續四卷又續四卷……… 4－118
香墅漫鈔四卷續四卷又續四卷……… 4－118
香樟齋詩集十八卷………………………… 4－119
香樹齋詩集十八卷………………………… 4－118
香樹齋詩續集三十六卷文集續鈔五
卷……………………………………… 4－118
香樹齋詩續集三十六卷文集續鈔五
卷……………………………………… 4－118
香蘇山館文集二卷………………………… 4－118
香蘇山館古體詩集十四卷今體詩集
十四卷詞一卷文集二卷……………… 4－118
香蘇山館古體詩鈔十七卷今體詩鈔
十九卷………………………………… 4－118
香蘇山館古體詩鈔十七卷今體詩鈔
十九卷………………………………… 4－118
香蘇山館古體詩鈔十四卷今體詩鈔
十六卷………………………………… 4－118
香蘇山館全集……………………………… 4－118
香蘇山館全集……………………………… 4－118
香蘇山館全集……………………………… 4－118
香蘇山館詩鈔三十六卷…………………… 4－118
香蘇山館詩鈔三十卷……………………… 4－118
香艷叢書…………………………………… 4－119
香艷叢書…………………………………… 4－119
香艷叢書…………………………………… 5－398
秋心齋試帖賸四卷 ……………………… 3－52
秋水玄思一卷 …………………………… 4－61
秋水軒尺牘一卷 ………………………… 3－52
秋水軒尺牘六卷 ………………………… 3－51
秋水軒尺牘四卷 ………………………… 3－51
秋水軒尺牘四卷 ………………………… 3－51
秋水軒尺牘四卷 ………………………… 3－51
秋水軒尺牘四卷 ………………………… 3－51
秋水軒詩選一卷詞一卷 ………………… 3－52
秋水軒詩選一卷詞一卷 ………………… 3－52
秋水軒詩選一卷詞一卷 ………………… 3－52
秋水軒詩選一卷詞一卷 ………………… 3－52
秋水軒詩選一卷詞一卷 ………………… 3－52
秋水軒詩選一卷詞一卷 ………………… 3－52
秋水軒詩選一卷詞一卷 ………………… 3－52
秋水軒詩選一卷詞一卷 ………………… 3－52
秋水軒詩選一卷詞一卷 ………………… 3－52
秋水軒詩選一卷詞一卷 ………………… 3－52
秋水菴花影集五卷 ……………………… 3－52
秋水菴花影集五卷 ……………………… 3－52
秋水閣時文不分卷 ……………………… 3－51
秋帆應課試帖詩稿一卷 ………………… 3－50
秋江集注六卷 …………………………… 3－50
秋林琴雅四卷 …………………………… 3－50
秋室布策經不分卷 ……………………… 3－51
秋室印粹四卷 …………………………… 3－51
秋室集十卷 ……………………………… 3－51
秋圃聯唫一卷 …………………………… 3－51
秋圃應制詩賦鈔二卷 …………………… 3－51
秋圃應制詩賦鈔二卷 …………………… 3－51
秋圃叢鈔十卷 …………………………… 3－51
秋涇集一卷 ……………………………… 3－50
秋蓮軒制義不分卷 ……………………… 3－51
秋崖先生小藁四十五卷詩集三十八
卷 ……………………………………… 3－52
秋崖先生小藁四十五卷詩集三十八
卷 ……………………………………… 3－52

秋崖先生小藁四十五卷詩集三十八
卷 …… 3－52
秋笳集八卷補遺一卷 …… 3－50
秋笳集八卷補遺一卷 …… 3－50
秋夢齋吟草一卷 …… 3－50
秋蒲雙忠錄四十卷 …… 3－50
秋審比較彙案二卷 …… 3－51
秋審比較彙案二卷 …… 3－51
秋審比較彙案二卷 …… 3－51
秋審實緩比較成案二十四卷 …… 3－51
秋審實緩比較成案二十四卷 …… 3－51
秋樹讀書樓遺集十六卷 …… 3－51
秋樹讀書樓遺集十六卷 …… 3－51
秋曉先生覆瓿集四卷附錄一卷末一
卷 …… 3－52
秋錦山房集二十二卷目錄二卷外集
三卷 …… 3－50
秋錦山房集十卷 …… 3－50
秋錦山房集十卷 …… 3－50
秋盦詩草一卷詞草一卷題跋一卷 …… 3－50
秋燈叢話十八卷 …… 3－50
秋聲閣尺牘二卷 …… 3－51
秋讞輯要六卷 …… 3－52
科名金鍼一卷 …… 2－243
科名捷訣一卷 …… 2－243
科名顯報一卷 …… 2－243
科名顯報一卷 …… 2－243
科名顯報一卷 …… 2－244
科名顯報一卷 …… 2－244
科場射法指南車一卷 …… 5－54
科學叢書第一集 …… 2－244
重刊二十一膏良方不分卷 …… 5－158
重刊二十一膏良方不分卷 …… 5－158
重刊二十一膏良方不分卷 …… 5－158
重刊二十一膏良方不分卷 …… 5－158
重刊二十一膏良方不分卷 …… 5－158
重刊人子須知資孝地理心學統宗十
六卷 …… 5－159
重刊人子須知資孝地理心學統宗十
六卷 …… 5－159
重刊人子須知資孝地理心學統宗十
六卷 …… 5－159
重刊人子須知資孝地理心學統宗十
六卷 …… 5－159
重刊人子須知資孝地理心學統宗八
卷 …… 5－159
重刊人子須知資孝地理心學統宗八
卷 …… 5－159
重刊人子須知資孝地理心學統宗八
卷 …… 5－159
重刊人子須知資孝地理心學統宗八
卷 …… 5－159
重刊人子須知資孝地理心學統宗八
卷 …… 5－159
重刊人子須知資孝地理心學統宗八
卷 …… 5－159
重刊人子須知資孝地理心學統宗八
卷 …… 5－159
重刊人子須知資孝地理心學統宗八
卷 …… 5－159
重刊人子須知資孝地理心學統宗三
十九卷 …… 5－159
重刊五百家註音辯昌黎先生文集四
十卷 …… 5－164
重刊牛痘新書一卷 …… 5－158
重刊牛痘新書一卷 …… 5－159
重刊牛痘新書一卷 …… 5－159
重刊牛痘新書一卷 …… 5－159
重刊牛痘新書一卷 …… 5－159
重刊分類補註李詩全集二十五卷 …… 5－158
重刊分類編次李太白文集五卷 …… 5－158
重刊文信國公全集十七卷首一卷 …… 5－164
重刊文信國公全集十七卷首一卷 …… 5－164
重刊文信國公全集十七卷首一卷 …… 5－164
［嘉慶］重刊江寧府志五十六卷 …… 5－303
［嘉慶］重刊江寧府志五十六卷 …… 5－303
［嘉慶］重刊江寧府志五十六卷 …… 5－303
重刊宋本十三經注疏 …… 5－159
重刊宋本十三經注疏 …… 5－160
重刊宋本十三經注疏 …… 5－160
重刊宋本十三經注疏 …… 5－160
重刊宋本十三經注疏 …… 5－160

重刊宋本十三經注疏 …………………… 5－160
重刊宋本十三經注疏 …………………… 5－160
重刊宋本十三經注疏 …………………… 5－160
重刊宋本十三經注疏 …………………… 5－160
重刊宋本十三經注疏 …………………… 5－160
重刊宋本十三經注疏 …………………… 5－160
重刊宋本十三經注疏 …………………… 5－160
重刊宋本十三經注疏 …………………… 5－160
重刊宋本十三經注疏 …………………… 5－160
重刊宋本十三經注疏 …………………… 5－160
重刊宋本十三經注疏 …………………… 5－160
重刊宋本十三經注疏 …………………… 5－160
重刊宋本十三經注疏 …………………… 5－160
重刊宋本十三經注疏 …………………… 5－160
重刊宋本十三經注疏 …………………… 5－160
重刊宋本十三經注疏 …………………… 5－161
重刊宋本十三經注疏 …………………… 5－161
重刊宋本十三經注疏 …………………… 5－161
重刊宋本十三經注疏 …………………… 5－161
重刊宋本十三經注疏 …………………… 5－161
重刊宋本十三經注疏 …………………… 5－161
重刊宋本十三經注疏 …………………… 5－161
重刊宋本十三經注疏 …………………… 5－161
重刊宋本十三經注疏 …………………… 5－161
重刊宋本十三經注疏 …………………… 5－161
重刊宋本十三經注疏 …………………… 5－161
重刊宋本十三經注疏 …………………… 5－161
重刊宋本十三經注疏 …………………… 5－161
重刊宋本十三經注疏 …………………… 5－161
重刊宋本十三經注疏 …………………… 5－161
重刊宋本十三經注疏 …………………… 5－161
重刊宋本十三經注疏 …………………… 5－161
重刊宋本十三經注疏 …………………… 5－161
重刊宋本十三經注疏 …………………… 5－162
重刊宋本十三經注疏 …………………… 5－162
重刊宋本十三經注疏 …………………… 5－162
重刊宋本十三經注疏 …………………… 5－162
重刊宋本十三經注疏 …………………… 5－162
重刊宋本十三經注疏 …………………… 5－162
重刊宋本十三經注疏 …………………… 5－162
重刊宋本十三經注疏 …………………… 5－162
重刊宋本十三經注疏 …………………… 5－162
重刊宋本十三經注疏 …………………… 5－162
重刊宋本十三經注疏 …………………… 5－162
重刊宋本十三經注疏 …………………… 5－162
重刊宋本十三經注疏 …………………… 5－162
重刊宋本十三經注疏 …………………… 5－162
重刊宋本十三經注疏 …………………… 5－162
重刊宋本十三經注疏 …………………… 5－162
重刊宋本十三經注疏 …………………… 5－162
重刊宋本十三經注疏 …………………… 5－162
重刊宋本十三經注疏 …………………… 5－162
重刊宋本十三經注疏 …………………… 5－163
重刊宋本十三經注疏 …………………… 5－163
重刊宋本十三經注疏 …………………… 5－163
重刊宋本十三經注疏 …………………… 5－163
重刊宋本十三經注疏 …………………… 5－163
重刊宋本十三經注疏 …………………… 5－163
重刊宋本十三經注疏 …………………… 5－163
重刊宋本十三經注疏 …………………… 5－163
重刊宋本十三經注疏 …………………… 5－163
重刊宋本十三經注疏 …………………… 5－163
重刊宋本十三經注疏 …………………… 5－163
重刊宋本十三經注疏 …………………… 5－163
重刊宋本十三經注疏 …………………… 5－163
重刊宋本十三經注疏 …………………… 5－163
重刊宋本十三經注疏 …………………… 5－163
重刊宋本十三經注疏 …………………… 5－163
重刊宋本十三經注疏 …………………… 5－163
重刊宋本十三經注疏 …………………… 5－163
重刊宋本十三經注疏 …………………… 5－164
重刊宋本十三經注疏 …………………… 5－164
重刊宋本十三經注疏 …………………… 5－164
重刊宋本十三經注疏 …………………… 5－164
重刊宋本十三經注疏 …………………… 5－164
重刊宋本十三經注疏 …………………… 5－164
重刊宋本十三經注疏 …………………… 5－164
重刊宋本十三經注疏 …………………… 5－164
重刊宋本十三經注疏 …………………… 5－164
重刊宋本十三經注疏 …………………… 5－164
重刊宋本十三經注疏 …………………… 5－261
重刊宋本十三經注疏 …………………… 5－261

重刊宋本十三經注疏 …………………… 5－262
重刊宋本十三經注疏 …………………… 5－262
重刊宋本十三經注疏 …………………… 5－262
重刊宋本十三經注疏 …………………… 5－262
重刊宋本十三經注疏 …………………… 5－262
重刊宋本十三經注疏 …………………… 5－262
重刊明成化本東坡七集一百十一卷 ……………………………………… 5－403
重刊洗冤錄彙纂補輯一卷 ……………… 5－154
重刊洗冤錄彙纂補輯一卷 ……………… 5－154
重刊洗冤錄彙纂補輯一卷 ……………… 5－155
重刊洗冤錄彙纂補輯一卷 ……………… 5－155
重刊洗冤錄彙纂補輯一卷 ……………… 5－155
重刊洗冤錄彙纂補輯一卷 ……………… 5－155
重刊洗冤錄彙纂補輯一卷 ……………… 5－155
重刊洗冤錄彙纂補輯五卷 ……………… 5－164
重刊校正笠澤叢書四卷補遺詩一卷續補遺一卷 ………………………… 5－164
重刊校正笠澤叢書四卷補遺詩一卷續補遺一卷 ………………………… 5－164
重刊校正笠澤叢書四卷補遺詩一卷續補遺一卷 ………………………… 5－164
重刊校正笠澤叢書四卷補遺詩一卷續補遺一卷 ………………………… 5－164
重刊校正笠澤叢書四卷補遺詩一卷續補遺一卷 ………………………… 5－164
重刊校正笠澤叢書四卷補遺詩一卷續補遺一卷 ………………………… 5－165
重刊校正笠澤叢書四卷補遺詩一卷續補遺一卷 ………………………… 5－165
重刊校正笠澤叢書四卷補遺詩一卷續補遺一卷 ………………………… 5－165
重刊校正笠澤叢書四卷補遺詩一卷續補遺一卷 ………………………… 5－165
重刊校正笠澤叢書四卷補遺詩一卷續補遺一卷 ………………………… 5－403
重刊許氏說文解字五音韻譜十二卷 ……………………………………… 5－158
重刊許氏說文解字五音韻譜十二卷 ……………………………………… 5－158
重刊許氏說文解字五音韻譜十二卷 ……………………………………… 5－158
重刊麻姑山志十二卷首一卷 …………… 5－158
重刊麻姑山志十二卷首一卷 …………… 5－158
重刊麻姑山志十二卷首一卷 …………… 5－158
重刊麻姑山志十二卷首一卷 …………… 5－158
重刊麻姑山志十二卷首一卷 …………… 5－158
重刊麻姑山志十二卷首一卷 …………… 5－158
重刊麻姑山志十二卷首一卷 …………… 5－158
重刊巢氏諸病源侯總論五十卷 ………… 5－157
重刊貴中孚戒溺女文不分卷 …………… 5－158
重刊道藏輯要 …………………………… 5－157
重刊道藏輯要 …………………………… 5－403
重刊補注洗冤錄集證五卷附檢骨圖格一卷 ……………………………… 5－155
重刊補注洗冤錄集證五卷附檢骨圖格一卷 ……………………………… 5－155
重刊補注洗冤錄集證五卷附檢骨圖格一卷 ……………………………… 5－155
重刊補注洗冤錄集證五卷附檢骨圖格一卷 ……………………………… 5－155
重刊補注洗冤錄集證四卷 ……………… 5－154
重刊補注洗冤錄集證四卷 ……………… 5－154
重刊補注洗冤錄集證四卷 ……………… 5－155
重刊補注洗冤錄集證四卷 ……………… 5－155
重刊補注洗冤錄集證四卷 ……………… 5－155
重刊補注洗冤錄集證四卷 ……………… 5－155
重刊補注洗冤錄集證四卷附檢骨圖格一卷 ……………………………… 5－155
重刊補注洗冤錄集證四卷附檢骨圖格一卷 ……………………………… 5－155
重刊補註洗冤錄集證五卷 ……………… 5－156
重刊補註洗冤錄集證五卷 ……………… 5－156
重刊補註洗冤錄集證五卷 ……………… 5－156
重刊補註洗冤錄集證五卷 ……………… 5－156
重刊補註洗冤錄集證五卷 ……………… 5－156
重刊補註洗冤錄集證五卷 ……………… 5－156
重刊補註洗冤錄集證五卷 ……………… 5－156
重刊補註洗冤錄集證五卷 ……………… 5－156
重刊補註洗冤錄集證五卷 ……………… 5－157
重刊補註洗冤錄集證五卷 ……………… 5－157

重刊補註洗冤錄集證五卷…………… 5－157
重刊補註洗冤錄集證五卷…………… 5－157
重刊補註洗冤錄集證五卷…………… 5－157
重刊補註洗冤錄集證六卷…………… 5－155
重刊補註洗冤錄集證六卷…………… 5－156
重刊補註洗冤錄集證六卷…………… 5－156
重刊補註洗冤錄集證六卷…………… 5－156
重刊補註洗冤錄集證六卷…………… 5－156
重刊補註洗冤錄集證六卷…………… 5－156
重刊補註洗冤錄集證六卷…………… 5－156
重刊補註洗冤錄集證六卷…………… 5－156
重刊嘉祐集十五卷…………………… 5－158
重刊讀史論畧一卷…………………… 5－157
重刊讀史論畧一卷…………………… 5－157
重刊讀史論畧一卷…………………… 5－157
重刊讀史論畧一卷…………………… 5－157
重刊讀史論畧一卷…………………… 5－157
重刊讀史論畧一卷…………………… 5－157
重刊讀史論畧一卷…………………… 5－157
重刊讀史論畧一卷…………………… 5－157
重刊讀史論畧一卷…………………… 5－157
重刊讀史論畧一卷…………………… 5－157
重刊讀史論畧一卷…………………… 5－157
重光義學志四卷……………………… 5－152
重行行唱酬集一卷…………………… 5－152
重行行唱酬集一卷…………………… 5－152
重行行唱酬集一卷…………………… 5－152
重刻一峰先生集八卷首一卷補編一卷附錄二卷…………………………… 5－167
重刻一峰先生集八卷首一卷補編一卷附錄二卷…………………………… 5－167
重刻一峰先生集八卷首一卷補編一卷附錄二卷…………………………… 5－167
重刻七巧圖不分卷…………………… 5－166
重刻山谷先生年譜十四卷…………… 3－108
重刻山谷先生年譜十四卷…………… 3－108
重刻山谷先生年譜十四卷…………… 3－110
重刻山谷先生年譜十四卷…………… 3－110
重刻山谷先生年譜十四卷…………… 3－110
重刻山谷先生［黄庭堅］年譜十四卷………………………………………… 5－166
重刻天傭子全集十卷首一卷末一卷………………………………………… 5－166
重刻天傭子全集十卷首一卷末一卷………………………………………… 5－166
重刻天傭子全集十卷首一卷末一卷………………………………………… 5－166
重刻天傭子全集十卷首一卷末一卷………………………………………… 5－166
重刻天傭子全集十卷首一卷末一卷………………………………………… 5－166
重刻天傭子全集十卷首一卷末一卷………………………………………… 5－166
重刻天傭子全集十卷首一卷末一卷………………………………………… 5－166
重刻天傭子全集十卷首一卷末一卷………………………………………… 5－166
重刻蓂元奇門遁甲句解煙波釣叟歌一卷……………………………… 4－165
重刻蓂元奇門遁甲句解煙波釣叟歌一卷……………………………… 5－166
重刻内府原板張閣老經筵四書直解指南二十七卷…………………… 5－166
重刻西沱吳先生蠢遇錄十五卷附錄二卷……………………………… 5－166
重刻西沱吳先生蠢遇錄十五卷附錄二卷……………………………… 5－166
重刻西沱吳先生蠢遇錄十五卷附錄二卷……………………………… 5－166
重刻西沱吳先生蠢遇錄十五卷附錄二卷……………………………… 5－167
重刻朱文端公三傳…………………… 5－165
重刻朱文端公三傳…………………… 5－165
重刻朱文端公時文同研集三卷……… 5－167
重刻朱文端公時文同研集三卷……… 5－167
重刻朱文端公時文同研集三卷……… 5－167
重刻朱文端公時文同研集三卷……… 5－167
重刻字學舉隅一卷…………………… 5－167
重刻字學舉隅一卷…………………… 5－167
重刻吳淵穎集十二卷附錄一卷……… 5－166
重刻南谿先生集四卷………………… 5－165

重刻勁節樓圖紀三卷首一卷末一卷
……………………………………… 5－165
重刻律髓記言一卷 …………………… 4－384
重刻秫坡先生詩集八卷首一卷末一
卷 ……………………………………… 5－166
重刻秫坡先生詩集四卷文集四卷首
一卷 …………………………………… 5－166
重刻剡川姚氏本戰國策札記三卷 …… 5－85
重刻剡川姚氏本戰國策札記三卷 …… 5－85
重刻剡川姚氏本戰國策札記三卷 …… 5－85
重刻剡川姚氏本戰國策札記三卷 …… 5－85
重刻剡川姚氏本戰國策札記三卷 …… 5－85
重刻剡川姚氏本戰國策札記三卷 …… 5－85
重刻剡川姚氏本戰國策札記三卷 …… 5－86
重刻剡川姚氏本戰國策札記三卷 …… 5－86
重刻剡川姚氏本戰國策札記三卷 …… 5－86
重刻剡川姚氏本戰國策札記三卷 …… 5－86
重刻剡川姚氏本戰國策札記三卷 …… 5－86
重刻剡川姚氏本戰國策札記三卷 …… 5－86
重刻剡川姚氏本戰國策劄記三卷 …… 5－167
重刻剡源集札記一卷重刻清容居士
集札記一卷 ………………………… 3－47
重刻純正蒙求讀本三卷 ……………… 5－165
重刻黃文節山谷先生文集三十卷 …… 5－165
重刻黃文節山谷先生文集三十卷 …… 5－165
重刻黃文節山谷先生文集三十卷外
集十四卷别集二十卷 ……………… 5－165
重刻黃文節山谷先生文集三十卷外
集十四卷别集二十卷 ……………… 5－165
重刻張來儀靜居集四卷 ……………… 5－167
重刻虛菴先生言志詩集八卷 ………… 5－167
重刻巽隱先生集四卷 ………………… 5－167
重刻暗室燈註解二卷 ………………… 5－165
重刻詳訂世史類編四十五卷首一卷
……………………………………… 5－167
重刻詳訂世史類編四十五卷首一卷
……………………………………… 5－167
重刻痰火點雪四卷 …………………… 5－166
重刻諸子彙函二十八卷 ……………… 5－403
重刻選擇集要六卷 …………………… 5－167
重刻賴古堂尺牘新鈔三選結鄰集十
六卷 ………………………………… 5－165
重刻避邪歸正消災延壽立愿寶卷一
卷 …………………………………… 5－165
重刻襪線集二十卷 …………………… 5－166
重刻繡像說唐演義全傳十卷六十八
回後傳五十回 ……………………… 5－167
重定金石契不分卷附石鼓文釋存一
卷補注一卷 ………………………… 5－136
［重建奉新縣學宮樂助名錄］不分卷
……………………………………… 5－389
重建昭忠祠爵秩姓名錄六卷附碑文
……………………………………… 5－152
重建修仁橋志一卷 …………………… 5－152
重建修仁橋志一卷 …………………… 5－152
重建豐濟倉圖案不分卷 ……………… 5－152
［道光］重修上高縣志十二卷首一卷
末一卷 ……………………………… 1－27
［道光］重修上高縣志十二卷首一卷
末一卷 ……………………………… 5－285
［道光］重修上高縣志十二卷首一卷
末一卷 ……………………………… 5－285
［道光］重修上高縣志十二卷首一卷
末一卷 ……………………………… 5－285
［同治］重修上高縣志十四卷首一卷
末一卷 ……………………………… 5－371
［同治］重修上高縣志十四卷首一卷
末一卷 ……………………………… 5－372
［同治］重修上高縣志十四卷首一卷
末一卷 ……………………………… 5－372
［同治］重修上高縣志十四卷首一卷
末一卷 ……………………………… 5－372
［同治］重修上高縣志十四卷首一卷
末一卷 ……………………………… 5－372
［同治］重修上高縣志十四卷首一卷
末一卷 ……………………………… 5－372
［同治］重修上高縣志十四卷首一卷
末一卷 ……………………………… 5－372
［同治］重修上高縣志十四卷首一卷
末一卷 ……………………………… 5－372
［同治］重修上高縣志十四卷首一卷
末一卷 ……………………………… 5－372

[同治]重修上高縣志十四卷首一卷末一卷 …… 5-372
[同治]重修上高縣志十四卷首一卷末一卷 …… 5-372
[同治]重修上高縣志十四卷首一卷末一卷 …… 5-372
重修正文對音捷要真傳琴譜大全十卷 …… 5-169
重修正文對音捷要真傳琴譜大全十卷 …… 5-169
重修名法指掌圖四卷 …… 5-169
重修名法指掌圖四卷 …… 5-169
重修名法指掌圖四卷 …… 5-169
重修名法指掌圖四卷 …… 5-169
重修名法指掌圖四卷 …… 5-169
重修名法指掌圖四卷 …… 5-169
[光緒]重修安徽通志三百五十卷補遺十卷 …… 5-297
[光緒]重修安徽通志三百五十卷補遺十卷 …… 5-297
[光緒]重修安徽通志三百五十卷補遺十卷 …… 5-297
重修南海普陀山志二十卷首一卷 …… 5-169
[光緒]重修華亭縣志二十四卷首一卷末一卷 …… 5-298
重修梯雲書院志六卷 …… 5-169
[嘉慶]重修揚州府志七十二卷首一卷 …… 5-303
[嘉慶]重修揚州府志七十二卷首一卷 …… 5-303
[光緒]重修嘉善縣志三十六卷首一卷 …… 5-298
[道光]重修膠州志四十卷 …… 5-285
重修黔北青雲試館不分卷 …… 5-169
[咸豐]重修興化縣志十卷 …… 5-376
[咸豐]重修興化縣志十卷 …… 5-376
[道光]重修寶應縣志二十八卷首一卷 …… 5-285
[光緒]重修靈寶縣志八卷 …… 5-298
重訂七政臺歷萬年書不分卷 …… 5-141
重訂七政臺歷萬年書不分卷 …… 5-141
重訂七政臺歷萬年書不分卷 …… 5-141
重訂七經精義 …… 5-141
重訂七經精義 …… 5-141
重訂七經精義 …… 5-141
重訂七經精義 …… 5-141
重訂七經精義 …… 5-141
重訂七種文選 …… 5-141
重訂七種文選 …… 5-141
重訂三國志辨微六卷 …… 5-141
重訂王鳳洲先生綱鑑會纂四十六卷 …… 5-145
重訂王鳳洲先生綱鑑會纂四十六卷 …… 5-403
重訂王鳳洲先生綱鑑會纂四十六卷續宋元紀二十三卷 …… 5-145
重訂王鳳洲先生綱鑑會纂四十六卷續宋元紀二十三卷 …… 5-145
重訂王鳳洲先生綱鑑會纂四十六卷續宋元紀二十三卷 …… 5-145
重訂王鳳洲先生綱鑑會纂四十六卷續宋元紀二十三卷 …… 5-145
重訂王鳳洲先生綱鑑會纂四十六卷續宋元紀二十三卷 …… 5-145
重訂王鳳洲先生綱鑑會纂四十六卷續宋元紀二十三卷 …… 5-145
重訂王鳳洲先生綱鑑會纂四十六卷續宋元紀二十三卷 …… 5-145
重訂王鳳洲先生綱鑑會纂四十六卷續宋元紀二十三卷 …… 5-145
重訂王鳳洲先生綱鑑會纂四十六卷續宋元紀二十三卷 …… 5-145
重訂王鳳洲先生綱鑑會纂四十六卷續宋元紀二十三卷 …… 5-145
重訂王鳳洲先生綱鑑會纂四十六卷續宋元紀二十三卷 …… 5-146
重訂王鳳洲先生綱鑑會纂四十六卷續宋元紀二十三卷 …… 5-146
重訂王鳳洲先生綱鑑會纂四十六卷續宋元紀二十三卷 …… 5-146
重訂王鳳洲先生綱鑑會纂四十六卷續宋元紀二十三卷 …… 5-146

重訂王鳳洲先生綱鑑會纂四十六卷續宋元紀二十三卷 ………………… 5－146
重訂王鳳洲先生綱鑑會纂四十六卷續宋元紀二十三卷 ………………… 5－146
重訂王鳳洲先生綱鑑會纂四十六卷續宋元紀二十三卷 ………………… 5－146
重訂王鳳洲先生綱鑑會纂四十六卷續宋元紀二十三卷 ………………… 5－146
重訂王鳳洲先生綱鑑會纂四十六卷續宋元紀二十三卷 ………………… 5－146
重訂王鳳洲先生綱鑑會纂四十六卷續宋元紀二十三卷 ………………… 5－146
重訂王鳳洲先生綱鑑會纂四十六卷續宋元紀二十三卷 ………………… 5－146
重訂王鳳洲綱鑑會纂四十六卷續二十三卷 ……………………………… 5－145
重訂少岳賦草四卷 ……………………… 5－141
重訂少岳賦草四卷 ……………………… 5－141
重訂中晚唐詩主客圖二卷 ………………… 5－152
重訂文選集評十五卷首一卷末一卷 …………………………………………… 5－146
重訂文選集評十五卷首一卷末一卷 …………………………………………… 5－147
重訂文選集評十五卷首一卷末一卷 …………………………………………… 5－147
重訂文選集評十五卷首一卷末一卷 …………………………………………… 5－147
重訂文選集評十五卷首一卷末一卷 …………………………………………… 5－147
重訂文選集評十五卷首一卷末一卷 …………………………………………… 5－147
重訂文選集評十五卷首一卷末一卷 …………………………………………… 5－147
重訂文選集評十五卷首一卷末一卷 …………………………………………… 5－147
重訂文選集評十五卷首一卷末一卷 …………………………………………… 5－147
重訂文選集評十五卷首一卷末一卷 …………………………………………… 5－147
重訂文選集評十五卷首一卷末一卷 …………………………………………… 5－147
重訂文選集評十五卷首一卷末一卷 …………………………………………… 5－147
重訂文選集評十五卷首一卷末一卷 …………………………………………… 5－147
重訂文選集評十五卷首一卷末一卷 …………………………………………… 5－147
重訂文選集評十五卷首一卷末一卷 …………………………………………… 5－147
重訂文選集評十五卷首一卷末一卷 …………………………………………… 5－147
重訂文選集評十五卷首一卷末一卷 …………………………………………… 5－147
重訂文選集評十五卷首一卷末一卷 …………………………………………… 5－147
重訂文選集評十五卷首一卷末一卷 …………………………………………… 5－147
重訂文選集評十五卷首一卷末一卷 …………………………………………… 5－148
重訂文選集評十五卷首一卷末一卷 …………………………………………… 5－148
重訂文選集評十五卷首一卷末一卷 …………………………………………… 5－148
重訂文選集評十五卷首一卷末一卷 …………………………………………… 5－148
重訂文選集評十五卷首一卷末一卷 …………………………………………… 5－148
重訂文選集評丨五卷首一卷末一卷 …………………………………………… 5－148
重訂文選集評十五卷首一卷末一卷 …………………………………………… 5－148
重訂文選集評十五卷首一卷末一卷 …………………………………………… 5－148
重訂文選集評十五卷首一卷末一卷 …………………………………………… 5－148
重訂文選集評十五卷首一卷末一卷 …………………………………………… 5－148
重訂文選集評十五卷首一卷末一卷 …………………………………………… 5－148
重訂文選集評十五卷首一卷末一卷 …………………………………………… 5－148

重訂文選集評十五卷首一卷末一卷 ………… 5－148
重訂文選集評十五卷首一卷末一卷 ………… 5－148
重訂文選集評十五卷首一卷末一卷 ………… 5－148
重訂文選集評十五卷首一卷末一卷 ………… 5－148
重訂文選集評十五卷首一卷末一卷 ………… 5－148
重訂文選集評十五卷首一卷末一卷 ………… 5－149
重訂文選集評十五卷首一卷末一卷 ………… 5－149
重訂文選集評十五卷首一卷末一卷 ………… 5－149
重訂文選集評十五卷首一卷末一卷 ………… 5－149
重訂文選集評十五卷首一卷末一卷 ………… 5－149
重訂文選集評十五卷首一卷末一卷 ………… 5－149
重訂文選集評十五卷首一卷末一卷 ………… 5－149
重訂文選集評十五卷首一卷末一卷 ………… 5－149
重訂文選集評十五卷首一卷末一卷 ………… 5－149
重訂文選集評十五卷首一卷末一卷 ………… 5－149
重訂文選集評十五卷首一卷末一卷 ………… 5－149
重訂文選集評十五卷首一卷末一卷 ………… 5－149
重訂文選集評十五卷首一卷末一卷 ………… 5－149
重訂文選集評十五卷首一卷末一卷 ………… 5－149
重訂文選集評十五卷首一卷末一卷 ………… 5－149
重訂文選集評十五卷首一卷末一卷 ………… 5－149
重訂文選集評十五卷首一卷末一卷 ………… 5－149
重訂文選集評十五卷首一卷末一卷 ………… 5－149
重訂文選集評十五卷首一卷末一卷 ………… 5－150
重訂文選集評十五卷首一卷末一卷 ………… 5－150
重訂文選集評十五卷首一卷末一卷 ………… 5－150
重訂文選集評十五卷首一卷末一卷 ………… 5－150
重訂文選集評十五卷首一卷末一卷 ………… 5－150
重訂文選集評十五卷首一卷末一卷 ………… 5－150
重訂文選集評十五卷首一卷末一卷 ………… 5－150
重訂文選集評十五卷首一卷末一卷 ………… 5－150
重訂文選集評十五卷首一卷末一卷 ………… 5－150
重訂文選集評十五卷首一卷末一卷 ………… 5－150
重訂文選集評十五卷首一卷末一卷 ………… 5－150
重訂文選集評十五卷首一卷末一卷 ………… 5－150
重訂文選集評十五卷首一卷末一卷 ………… 5－150
重訂文選集評十五卷首一卷末一卷 ………… 5－150
重訂文選集評十五卷首一卷末一卷 ………… 5－150
重訂文選集評十五卷首一卷末一卷 ………… 5－150
重訂古文雅正十四卷 ………… 5－136
重訂古文雅正十四卷 ………… 5－136
重訂古文雅正十四卷 ………… 5－136

重訂古文雅正十四卷 ………………… 5－137
重訂古文雅正十四卷 ………………… 5－137
重訂古文雅正十四卷 ………………… 5－137
重訂古文釋義新編八卷 ……………… 5－136
重訂古文釋義新編八卷 ……………… 5－136
重訂古文釋義新編八卷 ……………… 5－136
重訂古文釋義新編八卷 ……………… 5－136
重訂古文釋義新編八卷 ……………… 5－403
重訂本草從新六卷 …………………… 5－136
重訂外科正宗十二卷 ………………… 5－144
重訂外科正宗十二卷 ………………… 5－144
重訂外科正宗十二卷 ………………… 5－144
重訂外科正宗十二卷 ………………… 5－144
重訂外科正宗十二卷 ………………… 5－144
重訂外科正宗十二卷 ………………… 5－144
重訂外科正宗十二卷 ………………… 5－144
重訂外科正宗十二卷 ………………… 5－144
重訂外科正宗十二卷 ………………… 5－144
重訂外科正宗十二卷 ………………… 5－144
重訂外科正宗十二卷 ………………… 5－144
重訂外科正宗十二卷 ………………… 5－144
重訂外科正宗十二卷 ………………… 5－144
重訂外科正宗十二卷 ………………… 5－144
重訂外科正宗十二卷 ………………… 5－144
重訂外科正宗十二卷 ………………… 5－403
重訂立憲國民讀本二卷 ……………… 5－139
重訂幼學須知句解四卷 ……………… 5－151
重訂幼學須知句解四卷 ……………… 5－151
重訂西方公據二卷 …………………… 5－150
重訂西青散記八卷 …………………… 5－151
重訂合刻春秋公穀二傳二十四卷 …… 5－139
重訂李義山詩集箋注三卷 …………… 5－139
重訂李義山詩集箋注三卷 …………… 5－139
重訂批點春秋左傳詳節句解三十五
卷 ……………………………………… 5－140
重訂批點春秋左傳詳節句解三十五
卷 ……………………………………… 5－140
重訂批點春秋左傳詳節句解三十五
卷 ……………………………………… 5－140
重訂批點春秋左傳詳節句解三十五
卷 ……………………………………… 5－140
重訂批點春秋左傳詳節句解六卷首
一卷 …………………………………… 5－140
重訂批點春秋左傳詳節句解六卷首
一卷 …………………………………… 5－140
重訂批點春秋左傳詳節句解六卷首
一卷 …………………………………… 5－140
重訂批點春秋左傳詳節句解六卷首
一卷 …………………………………… 5－140
重訂批點春秋左傳詳節句解六卷首
一卷 …………………………………… 5－140
重訂批點春秋左傳詳節句解六卷首
一卷 …………………………………… 5－140
重訂批點春秋左傳詳節句解六卷首
一卷 …………………………………… 5－140
重訂汪子遺書 ………………………… 5－145
重訂汪子遺書 ………………………… 5－145
重訂汪子遺書 ………………………… 5－145
重訂汪子遺書 ………………………… 5－145
重訂事類賦三十卷 …………………… 5－139
重訂事類賦三十卷 …………………… 5－141
重訂事類賦三十卷 …………………… 5－141
重訂事類賦三十卷 …………………… 5－142
重訂事類賦三十卷 …………………… 5－142
重訂事類賦三十卷 …………………… 5－142
重訂事類賦三十卷 …………………… 5－142
重訂事類賦三十卷 …………………… 5－142
重訂事類賦三十卷 …………………… 5－142
重訂事類賦三十卷 …………………… 5－142
重訂事類賦三十卷 …………………… 5－142
重訂事類賦三十卷 …………………… 5－142
重訂事類賦三十卷 …………………… 5－142
重訂事類賦三十卷 …………………… 5－142
重訂事類賦三十卷 …………………… 5－142
重訂事類賦三十卷 …………………… 5－142
重訂事類賦三十卷 …………………… 5－142
重訂事類賦三十卷 …………………… 5－142
重訂事類賦三十卷 …………………… 5－142
重訂事類賦三十卷 …………………… 5－142
重訂事類賦三十卷 …………………… 5－142
重訂事類賦三十卷 …………………… 5－142
重訂事類賦三十卷 …………………… 5－142

重訂事類賦三十卷 ························ 5－142
重訂事類賦三十卷 ························ 5－142
重訂事類賦三十卷 ························ 5－143
重訂事類賦三十卷 ························ 5－143
重訂事類賦三十卷 ························ 5－143
重訂事類賦三十卷 ························ 5－143
重訂事類賦三十卷 ························ 5－143
重訂事類賦三十卷 ························ 5－143
重訂事類賦三十卷 ························ 5－143
重訂事類賦三十卷 ························ 5－143
重訂事類賦三十卷 ························ 5－143
重訂事類賦三十卷 ························ 5－143
重訂事類賦三十卷 ························ 5－143
重訂事類賦三十卷 ························ 5－143
重訂事類賦三十卷 ························ 5－143
重訂事類賦三十卷 ························ 5－143
重訂事類賦三十卷 ························ 5－143
重訂法國志略二十四卷 ···················· 5－136
重訂法國志略二十四卷 ···················· 5－136
重訂法國志略二十四卷 ···················· 5－136
重訂法國志略二十四卷 ···················· 5－136
重訂法國志略二十四卷 ···················· 5－136
重訂空谷傳聲一卷 ························ 5－139
重訂空谷傳聲一卷 ························ 5－139
重訂空谷傳聲一卷 ························ 5－139
重訂相宅造福全書不分卷 ················ 5－151
重訂昭陽扶雅集六卷 ···················· 5－152
重訂袁了凡註釋羣書備考八卷 ········· 5－151
重訂時務新策十二卷 ···················· 5－141
重訂唐詩別裁集二十卷 ·················· 5－143
重訂唐詩別裁集二十卷 ·················· 5－143
重訂唐詩別裁集二十卷 ·················· 5－143
重訂唐詩別裁集二十卷 ·················· 5－143
重訂唐詩別裁集二十卷 ·················· 5－143
重訂唐詩別裁集二十卷 ·················· 5－143
重訂唐詩別裁集二十卷 ·················· 5－143
重訂唐詩別裁集二十卷 ·················· 5－144
重訂唐詩別裁集二十卷 ·················· 5－144
重訂唐詩別裁集二十卷 ·················· 5－144
重訂唐詩別裁集二十卷 ·················· 5－144
重訂唐詩別裁集二十卷 ·················· 5－144
重訂唐詩別裁集二十卷 ·················· 5－144
重訂唐詩別裁集二十卷 ·················· 5－144
重訂教乘法數十二卷附翻譯名義集
選一卷 ································· 5－139
重訂梅花軒遺稿二卷 ···················· 5－140
重訂梅花軒遺稿二卷 ···················· 5－140
重訂裕復後知不分卷 ···················· 5－151
重訂楊園先生全集 ······················ 5－151
重訂路史全本四十七卷 ·················· 5－139
重訂路史全本四十七卷 ·················· 5－139
重訂路史全本四十七卷 ·················· 5－139
重訂路史全本四十七卷 ·················· 5－139
重訂路史全本四十七卷 ·················· 5－139
重訂路史全本四十七卷 ·················· 5－139
重訂路史全本四十七卷 ·················· 5－139
重訂路史全本四十七卷 ·················· 5－139
重訂路史全本四十七卷 ·················· 5－140
重訂路史全本四十七卷 ·················· 5－140
重訂路史全本四十七卷 ·················· 5－140
重訂路史全本四十七卷 ·················· 5－140
重訂詩料詳注四卷 ······················ 5－141
重訂詩經衍義合粂集註八卷 ············ 5－141
重訂詩經衍義合粂集註八卷 ············ 5－141
重訂詩經衍義合粂集註八卷 ············ 5－141
重訂詩經衍義合粂集註八卷 ············ 5－141
重訂詩經衍義合粂集註八卷 ············ 5－141
重訂蔡虛齋先生易經蒙引二十四卷
···································· 5－136
重訂廣事類賦四十卷 ···················· 5－137
重訂廣事類賦四十卷 ···················· 5－137
重訂廣事類賦四十卷 ···················· 5－137
重訂廣事類賦四十卷 ···················· 5－137
重訂廣事類賦四十卷 ···················· 5－137
重訂廣事類賦四十卷 ···················· 5－137
重訂廣事類賦四十卷 ···················· 5－137
重訂廣事類賦四十卷 ···················· 5－137
重訂廣事類賦四十卷 ···················· 5－137
重訂廣事類賦四十卷 ···················· 5－137
重訂廣事類賦四十卷 ···················· 5－137
重訂廣事類賦四十卷 ···················· 5－137
重訂廣事類賦四十卷 ···················· 5－137

重訂廣事類賦四十卷…………………… 5－137
重訂廣事類賦四十卷…………………… 5－137
重訂廣事類賦四十卷…………………… 5－137
重訂廣事類賦四十卷…………………… 5－137
重訂廣事類賦四十卷…………………… 5－137
重訂廣事類賦四十卷…………………… 5－137
重訂廣事類賦四十卷…………………… 5－138
重訂廣事類賦四十卷…………………… 5－138
重訂廣事類賦四十卷…………………… 5－138
重訂廣事類賦四十卷…………………… 5－138
重訂廣事類賦四十卷…………………… 5－138
重訂廣事類賦四十卷…………………… 5－138
重訂廣事類賦四十卷…………………… 5－138
重訂廣事類賦四十卷…………………… 5－138
重訂廣事類賦四十卷…………………… 5－138
重訂廣事類賦四十卷…………………… 5－138
重訂廣事類賦四十卷…………………… 5－138
重訂廣事類賦四十卷…………………… 5－138
重訂廣事類賦四十卷…………………… 5－138
重訂廣事類賦四十卷…………………… 5－138
重訂廣事類賦四十卷…………………… 5－138
重訂廣事類賦四十卷…………………… 5－138
重訂廣事類賦四十卷…………………… 5－138
重訂廣事類賦四十卷…………………… 5－138
重訂廣事類賦四十卷…………………… 5－138
重訂廣事類賦四十卷…………………… 5－138
重訂廣事類賦四十卷…………………… 5－139
重訂廣事類賦四十卷…………………… 5－403
重訂綴白裘新集合編十二集四十八卷…………………………………… 5－152
重訂增注知愧軒尺牘十六卷………… 5－152
重訂增補陶朱公致富全書四卷……… 5－151
重訂增補陶朱公致富全書四卷……… 5－151
重訂增補陶朱公致富全書四卷……… 5－151
重訂增補陶朱公致富全書四卷……… 5－151
重訂增補陶朱公致富全書四卷……… 5－151
重訂增補陶朱公致富全書四卷……… 5－151
重訂增廣試帖玉芙蓉七卷…………… 5－151
重訂增廣試帖玉芙蓉七卷…………… 5－152
重訂增廣試帖玉芙蓉七卷…………… 5－152
重訂增廣試帖玉芙蓉七卷…………… 5－152
重訂增廣試帖玉芙蓉七卷…………… 5－152
重訂增廣試帖玉芙蓉七卷…………… 5－152
重訂龍文鞭影四卷…………………… 5－139
重訂蘇紫溪先生會纂標題歷朝綱鑑紀要十六卷首一卷附論策題意一卷……………………………………… 5－143
重訂驗方新編十八卷………………… 5－151
重訂驗方新編十八卷………………… 5－151
重訂驗方新編十八卷………………… 5－151
重訂驗方新編十八卷………………… 5－151
重訂驗方新編十八卷………………… 5－151
重訂驗方新編十八卷………………… 5－151
重訂驗方新編十八卷………………… 5－151
重校正唐文粹一百卷………………… 5－169
重校正唐文粹一百卷………………… 5－169
重校古周禮六卷……………………… 5－168
重校古周禮六卷……………………… 5－168
重校古周禮六卷……………………… 5－168
重校字學舉隅一卷…………………… 5－169
重校初學玉玲瓏四卷………………… 5－168
重校拜經樓叢書……………………… 5－168
重校國語國策合編五十四卷………… 5－168
重校國語國策合編五十四卷………… 5－168
重校聖濟總錄二百卷………………… 5－168
重校聖濟總錄二百卷………………… 5－168
重校聖濟總錄二百卷………………… 5－168
重校夢窗詞札記一卷………………… 2－406
重校舊本湯頭歌訣一卷……………… 5－168
重校舊本湯頭歌訣一卷……………… 5－168
重梓薛文清公讀書錄講義十二卷…… 5－169
重梓薛文清公讀書錄講義十二卷…… 5－169
重梓歸元直指集二卷………………… 5－169
重廣補註黃帝內經素問二十四卷…… 5－152
重樓玉鑰一卷………………………… 5－167
重論文齋筆錄十二卷………………… 5－168
重編九經字樣一卷…………………… 5－135
重編五經文字三卷…………………… 5－136
重編留青新集二十四卷……………… 5－135
重編留青新集二十四卷……………… 5－135
重編留青新集二十四卷……………… 5－135
重編留青新集二十四卷……………… 5－135

重編留青新集二十四卷…………………… 5－135
重編留青新集二十四卷…………………… 5－136
重編留青新集二十四卷…………………… 5－136
重編留青新集二十四卷…………………… 5－136
重編留青新集二十四卷…………………… 5－136
重編留青新集二十四卷…………………… 5－136
重編淮海先生年譜節要一卷 ………… 2－63
重編淮海先生年譜節要一卷 ………… 2－63
重編淮海先生年譜節要一卷 ………… 2－63
重編淮海先生年譜節要一卷 ………… 2－63
重編淮海先生年譜節要一卷 ………… 2－63
重學二十卷………………………………… 5－169
重鍥神峯通考闢謬命理正宗大全六
卷…………………………………………… 5－168
重鍥神峯通考闢謬命理正宗大全六
卷…………………………………………… 5－168
重證三教合一新經十六卷………………… 5－169
[道光]重纂福建通志二百七十八卷
首七卷……………………………………… 5－286
[道光]重纂福建通志二百七十八卷
首六卷……………………………………… 5－285
[道光]重纂福建通志二百七十八卷
首六卷……………………………………… 5－285
[道光]重纂福建通志二百七十八卷
首六卷……………………………………… 5－286
重鐫本草醫方合編………………………… 5－152
重鐫本草醫方合編………………………… 5－152
重鐫本草醫方合編………………………… 5－152
重鐫本草醫方合編………………………… 5－153
重鐫朱子註解小學六卷…………………… 5－154
重鐫朱子註解小學六卷…………………… 5－154
重鐫朱子註解小學六卷…………………… 5－154
重鐫朱子註解小學六卷…………………… 5－154
重鐫朱子註解小學六卷…………………… 5－403
重鐫易經體注大全會解四卷……………… 5－154
重鐫官板地理天機會元三十五卷…… 5－153
重鐫官板地理天機會元正篇體用括
要三十五卷………………………………… 5－403
重鐫官板地理天機會元續篇雜錄備
覽三十五卷………………………………… 5－153
重鐫官板地理天機會元續篇雜錄備
覽三十五卷………………………………… 5－153
重鐫官板地理天機會元續篇雜錄備
覽三十五卷………………………………… 5－153
重鐫官板地理天機會元續篇雜錄備
覽三十五卷………………………………… 5－153
重鐫官板地理天機會元續篇雜錄備
覽三十五卷………………………………… 5－153
重鐫官板地理天機會元續篇雜錄備
覽三十五卷………………………………… 5－153
重鐫香雪文鈔十二卷……………………… 5－154
重鐫香雪文鈔十二卷……………………… 5－154
重鐫神峯通考命理正宗六卷……………… 5－153
重鐫神峯通考命理正宗六卷……………… 5－153
重鐫神峯通考命理正宗六卷……………… 5－153
重鐫神峯通考命理正宗六卷……………… 5－153
重鐫神峯通考命理正宗六卷……………… 5－153
重鐫神峯通考命理正宗六卷……………… 5－153
重鐫神峯通考命理正宗六卷……………… 5－153
重鐫神峯通考命理正宗六卷……………… 5－153
重鐫神峯通考命理正宗六卷……………… 5－153
重鐫神峯通考命理正宗六卷……………… 5－153
重鐫神峯通考命理正宗六卷……………… 5－153
重鐫神峯通考命理正宗六卷……………… 5－154
重鐫神峯通考命理正宗六卷……………… 5－154
重鐫神峯通考命理正宗六卷……………… 5－154
重鐫神峯通考命理正宗六卷……………… 5－154
重鐫神峯通考命理正宗六卷……………… 5－154
重鐫神峯通考命理正宗六卷……………… 5－154
重鐫神峯通考命理正宗六卷……………… 5－154
重鐫神峯通考命理正宗六卷……………… 5－154
重鐫神峯通考命理正宗六卷……………… 5－154
重鐫神峯通考命理正宗六卷……………… 5－154
重鐫神峯通考命理正宗六卷……………… 5－154
重鐫航中帆原本四卷附一卷……………… 5－153
重鐫航中帆原本四卷附一卷……………… 5－153
重鐫航中帆原本四卷附一卷……………… 5－153
段氏說文注訂八卷………………………… 1－326
段氏說文注訂八卷………………………… 1－326
段氏說文注訂八卷………………………… 1－326
便江去思吟一卷 ………………………… 1－56
便易經驗集一卷 ………………………… 1－56

便蒙四書十九卷 …………………… 1－56
修月山房詩集八卷…………………… 4－226
修月山房詩集八卷…………………… 4－226
修心轉性救劫回生不分卷…………… 4－226
修正刑律案語不分卷………………… 4－226
修立居初刻一卷二刻一卷…………… 4－226
修竹齋時藝不分卷…………………… 4－226
修竹齋試帖輯註一卷………………… 4－226
修竹齋試帖輯註一卷………………… 4－226
修竹齋試帖輯註一卷………………… 4－226
修竹齋試帖輯註一卷………………… 4－226
修江冷吟二卷………………………… 4－226
修身指南衍說一卷…………………… 4－226
[道光]修武縣志十二卷首一卷 …… 5－284
[道光]修武縣志十二卷首一卷 …… 5－284
修省良規八卷………………………… 4－226
修真入門道要不分卷………………… 4－226
修習止觀坐禪法要二卷六妙法門一
　卷………………………………… 4－226
修習止觀坐禪法要二卷六妙法門一
　卷………………………………… 4－226
修習止觀坐禪法要二卷六妙法門一
　卷………………………………… 4－226
修葺貢院號舍清冊不分卷…………… 4－226
修復考棚志不分卷…………………… 4－226
[修道問答]不分卷 ………………… 5－377
修學篇不分卷………………………… 4－226
修辭指南二十卷……………………… 4－225
保甲書四卷 ………………………… 1－26
保甲書四卷 ………………………… 1－26
保甲書四卷 ………………………… 1－26
保生碎事一卷………………………… 2－133
保生碎事一卷………………………… 2－133
保生碎事一卷………………………… 2－133
保生碎事一卷………………………… 2－133
保生碎事一卷………………………… 2－133
保生碎事一卷………………………… 2－133
保生碎事一卷………………………… 2－133
保生碎事一卷………………………… 2－133
保赤一卷 …………………………… 1－26
保赤全編三卷 ……………………… 1－26
保赤彙編 …………………………… 1－26
保赤彙編 …………………………… 1－26
保赤彙編…………………………… 1－417
保赤聯珠二卷 ……………………… 1－26
保命秘錄不分卷 …………………… 1－26
保祖續編不分卷 …………………… 1－27
保病家書檄文不分卷 ……………… 1－26
保產心法全嬰心法一卷附毓蘭居士
　種痘法 …………………………… 1－26
保產金丹四卷 ……………………… 1－26
保產要書一卷 ……………………… 1－26
保產要書一卷 ……………………… 1－26
保產機要不分卷 …………………… 1－26
保富述要一卷 ……………………… 1－26
保龍全書四卷 ……………………… 1－26
保龍全書四集 ……………………… 1－26
保龍全書四集 ……………………… 1－26
保龍全書四集 ……………………… 1－26
保嬰金鏡一卷……………………… 1－102
保嬰撮要二十卷 …………………… 1－27
保嬰撮要二十卷 …………………… 1－27
保嬰撮要二十卷 …………………… 1－27
保嬰撮要二十卷 …………………… 1－27
保嬰撮要不分卷 …………………… 1－27
侶山堂類辯二卷…………………… 2－379
俄土兵記四卷……………………… 1－332
俄史輯譯四卷……………………… 1－332
俄史輯譯四卷……………………… 1－332
俄史輯譯四卷……………………… 1－332
俄史輯譯四卷……………………… 1－332
俄事新書二卷……………………… 1－332
俄國水師考一卷…………………… 4－379
俄國西伯利東偏紀要一卷………… 1－331
俄國新志八卷……………………… 1－331
俄國新志八卷……………………… 1－331
俄國新志八卷……………………… 1－331
俄國疆界風俗誌三卷……………… 1－331
俄遊彙編十二卷…………………… 1－332
俄羅斯三卷………………………… 1－331
俗書證誤一卷……………………… 4－408
信心應驗錄十卷…………………… 4－220

信古樓詩草一卷 …… 4－219
[信札]不分卷 …… 5－377
[信札詩文雜鈔]不分卷 …… 5－377
信江書院志十卷首一卷 …… 4－220
信江書院志十卷首一卷 …… 4－220
信江書院志十卷首一卷 …… 4－220
[信柬詩聯]不分卷 …… 5－377
信彙底不分卷(光緒二十五年) …… 4－220
[信稿]不分卷 …… 5－377
信徵又集二卷 …… 4－220
信徵全集三十二卷 …… 4－220
信徵全集三十二卷 …… 4－220
[乾隆]信豐縣志十六卷 …… 5－338
[道光]信豐縣志續編十六卷 …… 1－22
[同治]信豐縣志續編八卷 …… 1－245
[同治]信豐縣志續編八卷 …… 5－368
[信雜錄]一卷 …… 5－377
皇王大紀八十卷 …… 2－93
皇王大紀八十卷 …… 2－93
皇王大紀八十卷 …… 2－93
皇元風雅前集六卷後集六卷 …… 2－93
皇木詞式規例不分卷 …… 2－89
皇甫持正文集六卷補遺一卷 …… 2－88
皇甫持正文集六卷補遺一卷 …… 2－88
皇甫持正文集六卷補遺一卷 …… 2－88
皇明二祖十四宗增補標題評斷實紀二十七卷 …… 2－88
皇明十大家文選 …… 2－89
皇明十六家小品三十二卷 …… 2－89
皇明文範六十八卷目錄二卷 …… 2－89
皇明世法錄九十二卷 …… 2－89
皇明世法錄九十二卷 …… 2－89
皇明英烈志傳四卷 …… 2－89
皇明兩朝疏抄二十卷 …… 2－89
皇明奏疏類鈔六十一卷 …… 2－89
皇明理學名臣言行錄二卷 …… 2－88
皇明從信錄四十卷 …… 2－88
皇明詩選十三卷 …… 2－89
皇明諸司廉明奇判公案傳二卷 …… 2－89
皇華紀聞四卷 …… 2－88
皇清山西歷科進士錄一卷 …… 2－93
皇清名臣奏議六十八卷首一卷 …… 2－93
皇清例授奉政大夫工部虞衡司員外郎加三級顯考約齋府君[王廷享]行述一卷 …… 2－92
皇清例授奉政大夫工部虞衡司員外郎加三級顯考約齋府君[王廷享]行述一卷 …… 2－92
皇清例授奉政大夫工部虞衡司員外郎加三級顯考約齋府君[王廷享]行述一卷 …… 2－92
皇清例授奉政大夫工部虞衡司員外郎加三級顯考約齋府君[王廷享]行述一卷 …… 2－92
皇清例授奉政大夫工部虞衡司員外郎加三級顯考約齋府君[王廷享]行述一卷 …… 2－92
皇清例授奉政大夫工部虞衡司員外郎加三級顯考約齋府君[王廷享]行述一卷 …… 2－92
皇清例授奉政大夫工部虞衡司員外郎加三級顯考約齋府君[王廷享]行述一卷 …… 2－92
皇清例授奉政大夫工部虞衡司員外郎加三級顯考約齋府君[王廷享]行述一卷 …… 2－93
皇清開國方略三十二卷首一卷 …… 2－92
皇清開國方略三十二卷首一卷 …… 2－92
皇清開國方略三十二卷首一卷 …… 2－92
皇清開國方略三十二卷首一卷 …… 2－92
皇清詩選三十卷首一卷 …… 2－93
皇清經解 …… 2－89
皇清經解 …… 2－89
皇清經解 …… 2－89
皇清經解 …… 2－89
皇清經解 …… 2－89
皇清經解 …… 2－89
皇清經解 …… 2－90
皇清經解 …… 2－90
皇清經解 …… 2－90
皇清經解 …… 2－90
皇清經解 …… 2－90

皇清經解 …………………………… 2－90
皇清經解 …………………………… 2－90
皇清經解 …………………………… 2－90
皇清經解 …………………………… 2－90
皇清經解 …………………………… 2－90
皇清經解 …………………………… 2－90
皇清經解 …………………………… 2－90
皇清經解 …………………………… 2－90
皇清經解 …………………………… 2－90
皇清經解 …………………………… 2－90
皇清經解 …………………………… 2－90
皇清經解 …………………………… 2－90
皇清經解 …………………………… 2－90
皇清經解 …………………………… 2－90
皇清經解 …………………………… 2－90
皇清經解 …………………………… 2－91
皇清經解 …………………………… 2－91
皇清經解 …………………………… 2－91
皇清經解 …………………………… 2－91
皇清經解 …………………………… 2－91
皇清經解 …………………………… 2－91
皇清經解 …………………………… 2－91
皇清經解 …………………………… 2－91
皇清經解 …………………………… 2－91
皇清經解 …………………………… 2－91
皇清經解 …………………………… 2－91
皇清經解 …………………………… 2－91
皇清經解 …………………………… 2－91
皇清經解 …………………………… 2－91
皇清經解 …………………………… 2－91
皇清經解 …………………………… 3－433
皇清經解 …………………………… 3－434
皇清經解 …………………………… 3－441
皇清經解 …………………………… 3－443
皇清經解分經合纂十六卷 …………… 2－91
皇清經解分經合纂十六卷 …………… 2－91
皇清經解分經合纂十六卷 …………… 2－91
皇清經解依經分訂詩經一百二十卷
…………………………………… 2－92
皇清經解横直縮編目十六卷 ………… 2－91
皇清經解横直縮編目十六卷 ………… 2－92
皇清經解横直縮編目十六卷 ………… 2－92
皇清經解續編 ……………………… 2－92
皇清經解續編 ……………………… 2－92
皇清經解續編 ……………………… 2－92
皇清經解續編 ……………………… 2－92
皇清經解續編 ……………………… 2－92
皇清誥封奉政大夫議敘八品大學士
邱穀士先生崇祀鄉賢錄一卷琴旨
申邱一卷 ………………………… 2－89
皇清誥授資政大夫原任雲南布政使
前安邱縣知縣姚公名宦錄一卷 …… 2－89
皇朝一統輿地全圖一卷 …………… 2－86
皇朝一統輿地全圖一卷 …………… 2－86
皇朝一統輿地全圖一卷 …………… 2－86
皇朝五經彙解二百七十卷 ………… 2－84
皇朝五經彙解二百七十卷 ………… 2－84
皇朝五經彙解二百七十卷 ………… 2－84
皇朝五經彙解二百七十卷 ………… 2－84
皇朝五經彙解二百七十卷 ………… 2－84
皇朝五經彙解二百七十卷 ………… 2－84
皇朝五經彙解二百七十卷 ………… 2－84
皇朝五經彙解二百七十卷 ………… 2－84
皇朝五經彙解二百七十卷 ………… 2－84
皇朝五經彙解二百七十卷 ………… 2－84
皇朝五經彙解二百七十卷附五經正
文一卷 …………………………… 2－85
皇朝五經彙解二百七十卷附五經正
文一卷經解入門一卷 …………… 2－85
皇朝五經彙解二百七十卷附五經正
文一卷經解入門一卷 …………… 2－85
皇朝五經彙解二百七十卷附五經正
文一卷經解入門一卷 …………… 2－85
皇朝五經彙解二百七十卷附經解入
門一卷 …………………………… 2－84
皇朝五經彙解二百七十卷附經解入
門一卷 …………………………… 2－85
皇朝五經彙解二百七十卷附經解入
門一卷 …………………………… 2－85
皇朝五經彙解二百七十卷附經解入
門一卷 …………………………… 2－85
皇朝五經彙解二百七十卷附經解入

門一卷 …………………………… 2－85
皇朝五經彙解二百七十卷附經解入
門一卷 …………………………… 2－85
皇朝五經彙解二百七十卷附經解入
門一卷 …………………………… 2－85
皇朝五經彙解二百七十卷附經解入
門一卷 …………………………… 2－85
皇朝中外壹統輿圖中一卷南十卷北
二十卷首一卷 …………………… 2－87
皇朝中外壹統輿圖中一卷南十卷北
二十卷首一卷 …………………… 2－87
皇朝内府輿地圖縮摹本一卷 ………… 2－86
皇朝内府輿地圖縮摹本一卷 ………… 2－86
皇朝内府輿地圖縮摹本一卷 ………… 2－86
皇朝内府輿地圖縮摹本一卷 ………… 2－86
皇朝文典一百卷 …………………… 2－82
皇朝文典一百卷 …………………… 2－82
皇朝文典七十四卷 ………………… 2－82
皇朝文獻通考三百卷 ……………… 2－82
皇朝文獻通考三百卷 ……………… 2－82
皇朝文獻通考三百卷 ……………… 2－82
皇朝文獻通考三百卷 ……………… 2－82
皇朝文獻通考三百卷 ……………… 2－82
皇朝文獻通考三百卷 ……………… 2－82
皇朝文獻通考三百卷 ……………… 2－82
皇朝文獻通考三百卷 ……………… 2－82
皇朝文獻通考三百卷 ……………… 2－83
皇朝文獻通考三百卷 ……………… 2－83
皇朝文獻通考三百卷 ……………… 2－83
皇朝文獻通考三百卷 ……………… 2－83
皇朝文獻通考三百卷 ……………… 2－83
皇朝文獻通考三百卷 ……………… 2－83
皇朝文獻通考三百卷 ……………… 2－83
皇朝文獻通考三百卷 ……………… 2－83
皇朝文獻通考三百卷 ……………… 2－83
皇朝文獻通考三百卷 ……………… 2－83
皇朝文獻通考三百卷 ……………… 2－83
皇朝文獻通考三百卷 ……………… 2－83
皇朝文獻通考三百卷 ……………… 2－83
皇朝文獻通考三百卷 ……………… 2－83
皇朝文獻通考三百卷 ……………… 2－83
皇朝文獻通考三百卷 ……………… 2－83
皇朝文獻通考三百卷 ……………… 2－84
皇朝文獻通考詳節二十六卷 ………… 2－84
皇朝文獻通考詳節二十六卷 ………… 2－84
皇朝文獻通考詳節二十六卷 ………… 2－84
皇朝文獻通考詳節二十六卷 ………… 2－84
皇朝文獻通考詳節二十六卷 ………… 2－84
皇朝文獻通考輯要二十六卷 ………… 2－82
皇朝文獻通考輯要二十六卷 ………… 2－82
皇朝文獻通考纂二十六卷 …………… 2－84
皇朝武功紀盛四卷 ………………… 2－85
皇朝武功紀盛四卷 ………………… 2－85
皇朝武功紀盛四卷 ………………… 2－85
皇朝武功紀盛四卷 ………………… 2－85
皇朝尚友錄八卷 …………………… 2－80
皇朝政典挈要八卷 ………………… 2－87
皇朝政典挈要八卷 ………………… 2－87
皇朝政典挈要八卷 ………………… 2－87
皇朝政典挈要八卷 ………………… 2－87
皇朝政典挈要八卷 ………………… 2－87
皇朝政典挈要八卷 ………………… 2－87
皇朝政典挈要八卷 ………………… 2－87
皇朝政典挈要八卷 ………………… 2－87
皇朝政典挈要八卷 ………………… 2－87
皇朝政典挈要八卷 ………………… 2－87
皇朝政典挈要八卷 ………………… 2－87
皇朝政典挈要六卷 ………………… 4－479
皇朝政典類纂五百卷目錄六卷 ……… 2－87
皇朝政典類纂五百卷目錄六卷 ……… 2－87
皇朝紀略不分卷 …………………… 2－71
皇朝通志一百二十六卷 …………… 2－81
皇朝通志一百二十六卷 …………… 2－81
皇朝通志一百二十六卷 …………… 2－81
皇朝通志一百二十六卷 …………… 2－81
皇朝通志一百二十六卷 …………… 2－81
皇朝通志一百二十六卷 …………… 2－81
皇朝通志一百二十六卷 …………… 2－81
皇朝通志一百二十六卷 …………… 2－81
皇朝通志一百二十六卷 …………… 2－81
皇朝通志一百二十六卷 …………… 2－81
皇朝通志一百二十六卷 …………… 2－81

皇朝通志一百二十六卷 ……………… 2-82
皇朝通志一百二十六卷 ……………… 2-82
皇朝通志一百二十六卷 ……………… 2-82
皇朝通志一百二十六卷 ……………… 2-82
皇朝通典一百卷 ……………………… 2-80
皇朝通典一百卷 ……………………… 2-80
皇朝通典一百卷 ……………………… 2-80
皇朝通典一百卷 ……………………… 2-80
皇朝通典一百卷 ……………………… 2-80
皇朝通典一百卷 ……………………… 2-80
皇朝通典一百卷 ……………………… 2-80
皇朝通典一百卷 ……………………… 2-80
皇朝通典一百卷 ……………………… 2-81
皇朝通典一百卷 ……………………… 2-81
皇朝通典一百卷 ……………………… 2-81
皇朝通典一百卷 ……………………… 2-81
皇朝通典一百卷 ……………………… 2-81
皇朝通典一百卷 ……………………… 2-81
皇朝掌故二卷 ………………………… 2-86
皇朝掌故彙編內編六十卷首一卷外
　編四十卷首一卷 …………………… 2-86
皇朝掌故彙編內編六十卷首一卷外
　編四十卷首一卷 …………………… 2-86
皇朝掌故彙編內編六十卷首一卷外
　編四十卷首一卷 …………………… 2-86
皇朝掌故彙編內編六十卷首一卷外
　編四十卷首一卷 …………………… 2-86
皇朝掌故彙編內編六十卷首一卷外
　編四十卷首一卷 …………………… 2-87
皇朝掌故彙編內編六十卷首一卷外
　編四十卷首一卷 …………………… 2-87
皇朝掌故彙編內編六十卷首一卷外
　編四十卷首一卷 …………………… 2-87
皇朝詞林典故六十四卷 ……………… 2-70
皇朝詞林典故六十四卷 ……………… 2-70
皇朝詞林典故六十四卷 ……………… 2-70
皇朝蓄艾文編八十卷 ………………… 2-85
皇朝經世文三編八十卷 ……………… 2-74
皇朝經世文三編八十卷 ……………… 2-74
皇朝經世文三編八十卷 ……………… 2-74
皇朝經世文三編八十卷 ……………… 2-74
皇朝經世文三編八十卷 ……………… 2-74
皇朝經世文三編八十卷 ……………… 2-74
皇朝經世文三編八十卷 ……………… 2-74
皇朝經世文三編八十卷 ……………… 2-75
皇朝經世文三編八十卷 ……………… 2-75
皇朝經世文三編八十卷 ……………… 2-75
皇朝經世文三編八十卷 ……………… 2-75
皇朝經世文三編八十卷 ……………… 2-75
皇朝經世文三編八十卷 ……………… 2-75
皇朝經世文三編八十卷 ……………… 2-75
皇朝經世文三編八十卷 ……………… 2-75
皇朝經世文三編八十卷 ……………… 2-75
皇朝經世文三編八十卷 ……………… 2-75
皇朝經世文三編八十卷 ……………… 2-75
皇朝經世文三編八十卷 ……………… 2-75
皇朝經世文三編八十卷……………… 3-430
皇朝經世文三編八十卷……………… 3-430
皇朝經世文四編五十二卷 …………… 2-75
皇朝經世文四編五十二卷 …………… 2-75
皇朝經世文四編五十二卷 …………… 2-75
皇朝經世文統編一百二十卷 ………… 2-75
皇朝經世文統編一百七卷 …………… 2-75
皇朝經世文統編一百七卷 …………… 2-75
皇朝經世文統編一百七卷 …………… 2-76
皇朝經世文統編一百七卷 …………… 2-76
皇朝經世文統編一百七卷 …………… 2-76
皇朝經世文統編一百七卷 …………… 2-76
皇朝經世文統編一百七卷 …………… 2-76
皇朝經世文新增時務續編四十卷洋
　務八卷 ……………………………… 2-77
皇朝經世文新增時務續編四十卷洋
　務八卷 ……………………………… 2-77
皇朝經世文新增續編一百二十卷 …… 2-77
皇朝經世文新增續編一百二十卷 …… 2-77
皇朝經世文新增續編一百二十卷 …… 2-77
皇朝經世文新增續編一百二十卷 …… 2-78
皇朝經世文新增續編一百二十卷 …… 2-78
皇朝經世文新增續編一百二十卷 …… 2-78
皇朝經世文新編二十一卷 …………… 2-76
皇朝經世文新編二十一卷 …………… 2-76
皇朝經世文新編二十一卷 …………… 2-76

皇朝經世文新編二十一卷 …………… 2－76
皇朝經世文新編二十一卷 …………… 2－76
皇朝經世文新編二十一卷 …………… 2－76
皇朝經世文新編二十一卷 …………… 2－76
皇朝經世文新編二十一卷 …………… 2－76
皇朝經世文新編二十一卷 …………… 2－76
皇朝經世文新編二十一卷 …………… 2－76
皇朝經世文新編二十一卷 …………… 2－76
皇朝經世文新編二十一卷 …………… 2－77
皇朝經世文新編二十一卷 …………… 2－77
皇朝經世文新編二十一卷 …………… 2－77
皇朝經世文新編二十一卷 …………… 2－77
皇朝經世文新編二十一卷 …………… 2－77
皇朝經世文新編二十一卷 …………… 2－77
皇朝經世文新編二十一卷 …………… 2－77
皇朝經世文新編二十一卷 …………… 2－77
皇朝經世文新編二十一卷 …………… 2－77
皇朝經世文新編二十二卷 …………… 2－76
皇朝經世文新編二十二卷 …………… 2－76
皇朝經世文新編三十二卷 …………… 2－77
皇朝經世文新編三十二卷 …………… 2－77
皇朝經世文新編三十二卷 …………… 2－77
皇朝經世文新編三十二卷 …………… 2－77
皇朝經世文新編三十二卷 …………… 2－77
皇朝經世文新編三十二卷 …………… 2－77
皇朝經世文編一百二十卷 …………… 2－71
皇朝經世文編一百二十卷 …………… 2－71
皇朝經世文編一百二十卷 …………… 2－71
皇朝經世文編一百二十卷 …………… 2－71
皇朝經世文編一百二十卷 …………… 2－71
皇朝經世文編一百二十卷 …………… 2－71
皇朝經世文編一百二十卷 …………… 2－71
皇朝經世文編一百二十卷 …………… 2－71
皇朝經世文編一百二十卷 …………… 2－71
皇朝經世文編一百二十卷 …………… 2－71
皇朝經世文編一百二十卷 …………… 2－71
皇朝經世文編一百二十卷 …………… 2－72
皇朝經世文編一百二十卷 …………… 2－72
皇朝經世文編一百二十卷 …………… 2－72
皇朝經世文編一百二十卷 …………… 2－72
皇朝經世文編一百二十卷 …………… 2－72
皇朝經世文編一百二十卷 …………… 2－72
皇朝經世文編一百二十卷 …………… 2－72
皇朝經世文編一百二十卷 …………… 2－72
皇朝經世文編一百二十卷 …………… 2－72
皇朝經世文編一百二十卷 …………… 2－72
皇朝經世文編一百二十卷 …………… 2－72
皇朝經世文編一百二十卷 …………… 2－72
皇朝經世文編一百二十卷 …………… 2－72
皇朝經世文編一百二十卷 …………… 2－72
皇朝經世文編一百二十卷 …………… 2－72
皇朝經世文編一百二十卷 …………… 2－72
皇朝經世文編一百二十卷 …………… 2－73
皇朝經世文編一百二十卷 …………… 2－73
皇朝經世文編一百二十卷 …………… 2－73
皇朝經世文編一百二十卷 …………… 2－73
皇朝經世文編一百二十卷 …………… 2－73
皇朝經世文編一百二十卷 …………… 2－73
皇朝經世文編一百二十卷 …………… 2－73
皇朝經世文編一百二十卷 …………… 2－73
皇朝經世文編一百二十卷 …………… 2－73
皇朝經世文編一百二十卷 …………… 2－73
皇朝經世文編一百二十卷 …………… 2－73
皇朝經世文編一百二十卷 …………… 2－73
皇朝經世文編一百二十卷 …………… 2－73
皇朝經世文編一百二十卷 …………… 2－73
皇朝經世文編一百二十卷 …………… 2－73
皇朝經世文編一百二十卷 …………… 2－73
皇朝經世文編一百二十卷 …………… 2－74
皇朝經世文編一百二十卷 …………… 2－74
皇朝經世文編一百二十卷 …………… 2－74
皇朝經世文編一百二十卷 …………… 2－74
皇朝經世文編一百二十卷 …………… 2－74
皇朝經世文編一百二十卷 …………… 3－427
皇朝經世文編一百二十卷姓名總目二卷 …………… 2－74
皇朝經世文編一百二十卷姓名總目二卷 …………… 2－74
皇朝經世文編一百二十卷姓名總目二卷 …………… 2－74
皇朝經世文編一百二十卷姓名總目二卷 …………… 2－74

皇朝經世文編一百二十卷姓名總目
二卷 …………………………… 2－74
皇朝經世文續新編三十卷 ………… 2－80
皇朝經世文續新編三十卷 ………… 2－80
皇朝經世文續新編三十卷 ………… 2－80
皇朝經世文續新編三十卷 ………… 2－80
皇朝經世文續新編三十卷 ………… 2－80
皇朝經世文續新編三十卷 ………… 2－80
皇朝經世文續編一百二十卷 ……… 2－78
皇朝經世文續編一百二十卷 ……… 2－78
皇朝經世文續編一百二十卷 ……… 2－78
皇朝經世文續編一百二十卷 ……… 2－78
皇朝經世文續編一百二十卷 ……… 2－78
皇朝經世文續編一百二十卷 ……… 2－78
皇朝經世文續編一百二十卷 ……… 2－78
皇朝經世文續編一百二十卷 ……… 2－78
皇朝經世文續編一百二十卷 ……… 2－78
皇朝經世文續編一百二十卷 ……… 2－78
皇朝經世文續編一百二十卷 ……… 2－78
皇朝經世文續編一百二十卷 ……… 2－78
皇朝經世文續編一百二十卷 ……… 2－78
皇朝經世文續編一百二十卷 ……… 2－78
皇朝經世文續編一百二十卷 ……… 2－79
皇朝經世文續編一百二十卷 ……… 2－79
皇朝經世文續編一百二十卷 ……… 2－79
皇朝經世文續編一百二十卷 ……… 2－79
皇朝經世文續編一百二十卷 ……… 2－79
皇朝經世文續編一百二十卷 ……… 2－79
皇朝經世文續編一百二十卷 ……… 2－79
皇朝經世文續編一百二十卷 ……… 2－79
皇朝經世文續編一百二十卷 ……… 2－79
皇朝經世文續編一百二十卷 ……… 2－79
皇朝經世文續編一百二十卷 ……… 2－79
皇朝經世文續編一百二十卷 ……… 2－79
皇朝經世文續編一百二十卷 ……… 2－79
皇朝經世文續編一百二十卷 ……… 2－79
皇朝經世文續編一百二十卷 ……… 2－79
皇朝經世文續編一百二十卷 ……… 2－79
皇朝經世文續編一百二十卷 ……… 2－79
皇朝經濟文新編六十一卷 ………… 2－71
皇朝經濟文新編六十一卷 ………… 3－391
皇朝經濟文新編六十一卷 ………… 3－392
皇朝經濟文新編六十一卷 ………… 3－393
皇朝經濟文新編六十一卷 ………… 3－414
皇朝經濟文編一百二十八卷 ……… 2－71
皇朝謚法考五卷續編一卷 ………… 2－80
皇朝謚法考五卷續編一卷 ………… 2－80
皇朝謚法考五卷續編一卷補編一卷
…………………………………… 2－80
皇朝輿地水道源流五卷 …………… 2－86
皇朝輿地畧一卷 …………………… 2－86
皇朝輿地畧一卷 …………………… 2－86
皇朝輿地畧一卷 …………………… 2－86
皇朝輿地畧一卷 …………………… 2－86
皇朝輿地畧一卷 …………………… 2－86
皇朝輿地畧一卷 …………………… 2－86
皇朝輿地韻編一卷 ………………… 2－86
皇朝輿地韻編一卷 ………………… 2－86
皇朝輿地韻編一卷 ………………… 2－86
皇朝輿地韻編一卷 ………………… 2－86
皇朝輿地韻編一卷 ………………… 2－86
皇朝輿地韻編二卷 ………………… 2－86
皇朝藩部要略十八卷世系表四卷 … 2－70
皇朝藩部要略十八卷世系表四卷 … 2－71
皇極經世六十卷附錄不分卷 ……… 2－88
皇極經世考三卷 …………………… 2－88
皇極經世書十二卷觀物外篇二卷遺
文一卷 …………………………… 2－88
皇極經世書八卷首一卷 …………… 2－88
皇極經世緒言九卷首一卷 ………… 2－88
皇極經世緒言九卷首一卷 ………… 2－88
皇極經世緒言九卷首一卷 ………… 2－88
皇極經世緒言九卷首一卷 ………… 2－88
皇極經世緒言九卷首一卷 ………… 2－88
皇極經世緒言九卷首一卷 ………… 2－88
皇極經世緒言九卷首二卷 ………… 2－88
皇輿全圖一卷 ……………………… 2－93
鬼谷子三卷 ………………………… 1－481
鬼谷子三卷 ………………………… 1－481
鬼谷子三卷 ………………………… 1－481
泉史十六卷 ………………………… 3－64
泉州從政紀畧二卷 ………………… 3－64

泉志十五卷 ………………………… 3－64
泉志校誤四卷 ……………………… 3－64
泉湖山房稿三十卷 ………………… 3－64
禹貢一卷檀弓一卷考工記一卷……… 4－417
禹貢不分卷………………………… 4－416
禹貢考九卷………………………… 4－417
禹貢地理圖攷不分卷……………… 4－416
禹貢因一卷………………………… 4－417
禹貢指南四卷……………………… 5－401
禹貢班義述三卷…………………… 4－416
禹貢班義述三卷…………………… 4－416
禹貢班義述三卷附漢縻水入尚龍溪
　考一卷…………………………… 4－416
禹貢集解二卷……………………… 4－416
禹貢集解二卷……………………… 5－401
[禹貢註]不分卷 ………………… 5－384
禹貢註節讀一卷圖說一卷………… 4－417
禹貢會箋十二卷首一卷…………… 4－416
禹貢解八卷………………………… 4－417
禹貢彙詮一卷廣蠶桑說一卷……… 5－401
禹貢彙覽四卷……………………… 4－416
禹貢說二卷………………………… 4－417
禹貢輯注一卷……………………… 4－417
禹貢輯注一卷……………………… 4－417
禹貢錐指二十卷略例一卷圖一卷…… 4－417
禹貢錐指二十卷略例一卷圖一卷…… 4－417
禹貢錐指二十卷略例一卷圖一卷…… 4－417
禹貢錐指二十卷略例一卷圖一卷…… 4－417
禹貢錐指節要一卷附夏小正傳一卷
　………………………………… 5－401
禹貢講義會纂一卷………………… 4－417
禹貢講義會纂一卷經解五卷……… 5－401
禹貢翼傳便蒙一卷………………… 5－401
禹貢纂注不分卷…………………… 4－417
禹貢讀本二卷……………………… 5－401
侯官嚴氏叢刻 …………………… 2－42
侯朝宗文鈔八卷 ………………… 2－42
侯鯖集十卷 ……………………… 2－42
侯鯖集十卷 ……………………… 2－42
侯鯖集十卷 ……………………… 2－43
侯鯖集十卷 ……………………… 2－43
侯鯖集十卷 ……………………… 2－43
侯鯖集十卷 ……………………… 2－43
侯鯖集十卷 ……………………… 2－43
侯鯖集十卷賞番圖百韻詩一卷 ……… 2－43
侯鯖集十卷賞番圖百韻詩一卷 ……… 2－43
帥氏家禮儀注不分卷……………… 3－291
帥氏清芬集………………………… 3－291
帥氏清芬集………………………… 3－291
帥氏清芬集………………………… 3－291
帥氏清芬集………………………… 3－291
帥氏清芬集………………………… 3－291
帥氏清芬集………………………… 3－291
帥氏清芬集………………………… 3－291
帥氏清芬集………………………… 3－291
帥氏清芬集………………………… 3－291
帥氏清芬集………………………… 3－291
帥氏清芬集………………………… 3－291
帥氏清芬集………………………… 3－291
帥氏清芬集………………………… 3－291
帥氏清芬集………………………… 3－291
帥氏清芬集………………………… 3－292
帥方蔚行述一卷…………………… 3－291
帥蘭皐文鈔一卷…………………… 3－291
追山案卷全錄一卷………………… 5－220
追昔游集三卷……………………… 5－220
俟命錄十卷………………………… 3－370
俟命錄十卷………………………… 3－370
盾墨四卷…………………………… 1－328
盾墨拾餘十四卷…………………… 1－328
衎石齋記事稿十卷續稿十卷刻楮集
　四卷旅逸小稿二卷……………… 2－238
衎石齋續良吏述一卷……………… 2－238
待廬遺集三卷……………………… 1－233
衍波詞二卷………………………… 4－267
[律令]不分卷 …………………… 5－331
律呂臆說一卷……………………… 2－381
律例合纂一卷……………………… 2－381
律例□卷…………………………… 2－380
律例便覽八卷諸圖一卷…………… 2－380
律例便覽八卷諸圖一卷…………… 2－380
律例便覽八卷諸圖一卷…………… 2－380

律例便覽八卷諸圖一卷……………… 2－380
律例便覽八卷諸圖一卷……………… 2－381
律例便覽八卷諸圖一卷……………… 2－381
律例便覽八卷諸圖一卷……………… 2－381
律例圖說辨譌十卷…………………… 2－381
律例圖說辨譌十卷…………………… 2－381
律例館校正洗冤錄五卷……………… 2－381
律例館校正洗冤錄五卷……………… 2－381
律例館校正洗冤錄五卷……………… 2－381
律例館校正洗冤錄四卷……………… 2－381
律例館校正洗冤錄四卷……………… 2－381
律例館校正洗冤錄四卷……………… 2－381
律例纂要二卷………………………… 2－381
律音彙考八卷………………………… 2－381
律音彙考八卷………………………… 2－381
律音彙考八卷………………………… 2－381
律音彙考八卷………………………… 2－381
律音彙考八卷………………………… 2－382
律陶一卷……………………………… 2－147
律賦二卷……………………………… 2－379
律賦二卷……………………………… 2－379
律賦正宗一卷………………………… 2－380
律賦必以集一卷……………………… 2－379
律賦青雲集一卷……………………… 2－380
律賦珊瑚鉤二集四卷………………… 2－380
律賦採新集一卷……………………… 2－379
律賦從繩四卷………………………… 2－379
律賦揀金錄二刻十二卷……………… 2－379
律賦揀金錄六卷……………………… 2－379
律賦揀金錄六卷……………………… 2－379
律賦揀金錄六卷……………………… 2－380
律賦最新初集□□卷………………… 2－380
律賦新編不分卷……………………… 2－380
律賦鳴盛箋注一卷…………………… 2－380
律賦鳳樓集四卷……………………… 2－379
律賦鳳樓集四卷……………………… 2－379
律賦蕊珠二編一卷…………………… 2－380
律賦蕊珠二編四卷…………………… 2－380
律賦蕊珠新編一卷…………………… 2－380
律賦蕊珠新編一卷…………………… 2－380
[律賦選]一卷 ……………………… 5－331
[律賦選]一卷 ……………………… 5－331
[律賦選]一卷 ……………………… 5－331
律賦選青四卷………………………… 2－380
律賦選青四卷………………………… 2－380
律賦選青四卷………………………… 2－380
[律賦選評]一卷 …………………… 5－331
律賦衡裁五卷………………………… 2－379
律賦衡裁六卷………………………… 2－379
律賦衡裁六卷 ……………………… 5－59
律賦錦標初集箋注一卷二集箋注一
　卷………………………………… 2－380
律賦雕龍二集一卷補錄一卷………… 2－379
後八家四六文鈔八卷 ……………… 2－44
後九家詩不分卷 …………………… 2－50
後山先生集二十四卷 ……………… 2－50
後山先生集二十四卷 ……………… 2－50
後山先生集二十四卷首一卷 ……… 2－50
後西遊記四十回 …………………… 2－50
後西遊記四十回……………………… 3－311
後村文鈔二卷 ……………………… 2－44
後村文鈔二卷 ……………………… 2－44
後村文鈔二卷 ……………………… 2－44
後村詩集七卷 ……………………… 2－44
後村詩集七卷 ……………………… 2－44
後村詩集四卷附錄一卷 …………… 2－44
後村詩集四卷附錄一卷 …………… 2－44
後村詩集四卷附錄一卷 …………… 2－44
後冶堂制藝不分卷 ………………… 2－51
後知不足齋叢書 …………………… 2－51
後紅樓夢三十回 …………………… 2－50
後紅樓夢三十回 …………………… 2－50
後紅樓夢三十回 …………………… 2－50
後紅樓夢三十回附刻詩二卷 ……… 2－50
後紅樓夢三十回附刻詩二卷 ……… 2－50
後紅樓夢三十回附刻詩二卷 ……… 2－50
後湘詩集九卷二集五卷 …………… 2－50
後漢郡國令長考一卷 ……………… 2－45
後漢紀三十卷 ……………………… 2－45
後漢紀三十卷 ……………………… 2－45
後漢紀三十卷……………………… 3－26
後漢書一百二十卷 ………………… 2－49

後漢書一百二十卷 …………………… 2－49
後漢書一百二十卷 …………………… 2－49
後漢書一百二十卷 …………………… 2－49
後漢書一百二十卷 …………………… 2－49
後漢書一百二十卷 …………………… 2－49
後漢書一百二十卷 …………………… 2－50
後漢書一百二十卷附考證 …………… 2－50
後漢書一百二十卷附考證 …………… 2－50
後漢書一百二十卷附考證 …………… 2－50
後漢書九十卷 ………………………… 2－45
後漢書九十卷 ………………………… 2－45
後漢書九十卷 ………………………… 2－45
後漢書九十卷 ………………………… 2－45
後漢書九十卷 ………………………… 2－46
後漢書九十卷 ………………………… 2－46
後漢書九十卷 ………………………… 2－46
後漢書九十卷 ………………………… 2－46
後漢書九十卷 ………………………… 2－46
後漢書九十卷 ………………………… 2－46
後漢書九十卷 ………………………… 2－46
後漢書九十卷 ………………………… 2－46
後漢書九十卷 ………………………… 2－46
後漢書九十卷 ………………………… 2－46
後漢書九十卷 ………………………… 2－46
後漢書九十卷 ………………………… 2－46
後漢書九十卷 ………………………… 2－46
後漢書九十卷 ………………………… 2－47
後漢書九十卷 ………………………… 2－47
後漢書九十卷 ………………………… 2－47
後漢書九十卷 ………………………… 2－47
後漢書九十卷 ………………………… 2－47
後漢書九十卷 ………………………… 2－47
後漢書九十卷 ………………………… 2－47
後漢書九十卷 ………………………… 2－47
後漢書九十卷 ………………………… 2－47
後漢書九十卷 ………………………… 2－47
後漢書九十卷 ………………………… 2－47
後漢書九十卷 ………………………… 2－47
後漢書九十卷 ………………………… 2－47
後漢書九十卷 ………………………… 2－47
後漢書九十卷 ………………………… 2－47
後漢書九十卷 ………………………… 2－48
後漢書九十卷 ………………………… 2－48
後漢書九十卷 ………………………… 2－48
後漢書九十卷 ………………………… 2－48
後漢書九十卷 ………………………… 2－48
後漢書九十卷 ………………………… 2－48
後漢書九十卷 ………………………… 2－48
後漢書九十卷 ………………………… 2－48
後漢書九十卷 ………………………… 2－48
後漢書九十卷 ………………………… 2－48
後漢書九十卷 ………………………… 2－48
後漢書九十卷 ………………………… 2－48
後漢書九十卷 ………………………… 2－48
後漢書九十卷 ………………………… 2－48
後漢書九十卷………………………… 3－302
後漢書九十卷附考證 ………………… 2－48
後漢書九十卷附考證 ………………… 2－49
後漢書九十卷附考證 ………………… 2－49
後漢書九十卷附考證 ………………… 2－49
後漢書九十卷附考證 ………………… 2－49
後漢書九十卷首一卷 ………………… 2－49
後漢書年表十卷 ……………………… 2－49
後漢書注又補一卷 …………………… 2－50
後漢書注補正八卷 …………………… 2－50
後漢書補表八卷 ……………………… 2－45
後漢書補表八卷 ……………………… 2－45
後漢書補表八卷 ……………………… 2－45
後漢書補表八卷 ……………………… 2－45
後漢書補注二十四卷 ………………… 2－45
後漢書補注二十四卷 ………………… 2－45
後漢書補注二十四卷 ………………… 2－45
後漢書補注二十四卷 ………………… 2－45
後漢書補注二十四卷 ………………… 2－45
後漢書補逸二十一卷 ………………… 2－45
後漢書疏證三十卷 …………………… 2－49
後漢書蒙拾二卷 ……………………… 2－49
後漢書彙評□□卷首一卷 …………… 2－45
後漢書選不分卷 ……………………… 2－49
後漢書辨疑十一卷 …………………… 2－45
後漢書辨疑十一卷 …………………… 2－45
後贈言集三卷 ………………………… 2－51

俞天池先生痧痘集解六卷…………… 4－408
弇山畢公[畢沅]年譜一卷 ………… 4－267
弇山畢公[畢沅]年譜一卷 ………… 4－267
弇山堂別集一百卷…………………… 4－267
弇州山人四部稿一百七十四卷目錄
十二卷……………………………… 4－267
弇州山人四部稿一百七十四卷目錄
十二卷……………………………… 4－267
弇州山人四部稿一百八十卷目錄十
二卷………………………………… 4－267
弇州山人四部稿一百八十卷目錄十
二卷………………………………… 4－267
弇州山人續稿二百七卷目錄十卷…… 4－267
弇州山人續稿二百七卷目錄十卷…… 4－267
弇州山人讀書後八卷………………… 4－267
食旨齋鳴秋草四卷…………………… 3－221
食物本草不分卷……………………… 3－221
食物本草會纂十二卷………………… 3－221
食物本草會纂十二卷………………… 3－221
食物本草會纂十二卷………………… 3－221
食物本草會纂十二卷………………… 3－221
食物本草會纂十二卷………………… 3－221
食物本草會纂八卷…………………… 3－221
食物本草會纂八卷…………………… 3－221
食物本草會纂六卷…………………… 3－221
食破硯齋賦草一卷…………………… 3－220
食破硯齋賦草一卷…………………… 3－220
食破硯齋賦草一卷…………………… 3－220
食破硯齋賦草一卷…………………… 3－220
食破硯齋賦草一卷…………………… 3－221
食鑑本草一卷………………………… 3－220
逃禪偶集四卷………………………… 3－449
皃鄉公[陶樑]行述一卷 …………… 1－374
脉訣集要不分卷……………………… 2－386
脉訣舉要不分卷……………………… 2－386
胎產心法三卷目錄二卷……………… 3－408
胎產心法三卷目錄二卷……………… 3－408
胎產合璧三卷………………………… 3－408
胎產秘書二卷………………………… 3－408
胎產秘書三卷附保嬰要訣一卷經驗
各方一卷…………………………… 3－408
胎產秘書三卷附保嬰要訣一卷經驗
各方一卷…………………………… 3－408
胎產秘書三卷附保嬰要訣一卷經驗
各方一卷…………………………… 3－408
胎產新書……………………………… 3－408
胎產輯萃四卷………………………… 3－408
胎產護生篇一卷……………………… 3－408
勉行堂詩集二十四卷………………… 2－412
勉戒切要錄十卷首一卷末一卷……… 2－412
勉戒切要錄十卷首一卷末一卷……… 2－412
勉益齋偶存稿八卷續存稿十六卷…… 2－413
勉學堂針灸集成四卷………………… 2－412
勉齋纂序周易廣義六卷……………… 2－413
勉齋纂序周易廣義六卷……………… 2－413
勉齋纂序周易廣義六卷……………… 2－413
風月夢三十二回……………………… 1－368
風水一書不分卷……………………… 1－368
風水二書形氣類則四卷……………… 1－368
風希堂文集四卷……………………… 1－368
風希堂詩集六卷……………………… 1－368
風雨懷人館詞抄二卷………………… 1－368
風門坳案不分卷……………………… 1－368
風俗通姓氏篇二卷…………………… 1－368
風俗通義十卷………………………… 1－368
風俗通義十卷………………………… 1－368
風俗通義十卷………………………… 1－368
風俗通義十卷………………………… 1－368
風俗通義十卷………………………… 2－395
風雲會二卷二十三齣………………… 1－368
風雅逸篇十卷………………………… 1－368
風評四卷……………………………… 1－368
風滿樓詩稿十二卷…………………… 1－368
急救方一卷…………………………… 5－155
急救良方不分卷……………………… 2－112
急救喉痧要法一卷…………………… 2－112
急救須知不分卷……………………… 2－112
急救普濟良方一卷…………………… 2－112
急救應驗良方一卷…………………… 2－112
急救應驗良方一卷…………………… 2－112
急救應驗良方一卷…………………… 2－113
急救應驗良方一卷…………………… 2－113

急救應驗良方一卷……………………… 2－113
急救應驗良方一卷……………………… 2－113
急救應驗良方三卷……………………… 2－112
急就章攷異一卷………………………… 2－113
急就篇四卷……………………………… 2－113
計有餘齋文稿一卷……………………… 2－119
計開不分卷……………………………… 2－118
計樹園詩存不分卷賸稿一卷………… 2－118
計樹園詩存不分卷賸稿一卷古文一
　卷制義一卷…………………………… 2－118
計樹園詩存四卷………………………… 2－118
計樹園詩存四卷………………………… 2－118
訂正通鑑綱目前編二十五卷………… 1－273
訂約類不分卷…………………………… 1－273
訂補明醫指掌十卷……………………… 1－272
訂補明醫指掌十卷……………………… 1－272
訂補明醫指掌十卷……………………… 1－272
訂補明醫指掌十卷……………………… 1－272
訂補明醫指掌十卷……………………… 1－272
訂補標題釋註歷朝捷錄二十四卷…… 1－272
訂譌雜錄十卷…………………………… 1－273
亭林文集六卷…………………………… 3－466
亭林文集六卷詩集五卷……………… 3－466
亭林文集六卷餘集一卷……………… 3－467
亭林文集六卷餘集一卷……………… 3－467
亭林文集六卷餘集一卷……………… 3－467
亭林詩集五卷…………………………… 3－466
亭林詩集五卷…………………………… 3－466
亭林詩集五卷文集六卷……………… 3－466
亭林遺書………………………………… 3－467
亭林遺書………………………………… 3－467
亭林遺書………………………………… 3－467
亭林遺書………………………………… 3－467
亭林餘集一卷…………………………… 3－467
亭皐詩鈔四卷…………………………… 3－466
亭皐詩鈔四卷…………………………… 5－395
度支部幣制奏案輯要不分卷………… 1－326
度鍼編一卷……………………………… 1－326
度隴記四卷……………………………… 1－326
庭立記聞四卷…………………………… 3－467
庭聞錄六卷附錄一卷………………… 3－467
庭聞錄六卷附錄一卷………………… 3－467
疫門輯要一卷…………………………… 4－326
疫門輯要一卷…………………………… 4－326
疫門輯要一卷…………………………… 4－326
疫門輯要一卷…………………………… 4－326
疫門輯要一卷…………………………… 4－326
疫門輯要一卷…………………………… 4－326
疫門輯要一卷…………………………… 4－326
疫門輯要一卷…………………………… 4－326
疫門輯要一卷…………………………… 4－326
疫門輯要一卷…………………………… 4－326
施南府輿圖不分卷……………………… 3－155
施設論七卷……………………………… 3－155
施註蘇詩四十二卷目錄二卷………… 3－155
施註蘇詩四十二卷目錄二卷………… 3－155
施註蘇詩四十二卷目錄二卷………… 3－155
施註蘇詩四十二卷目錄二卷………… 3－155
施註蘇詩四十二卷目錄二卷………… 3－156
施註蘇詩四十二卷目錄二卷………… 3－156
施註蘇詩四十二卷目錄二卷………… 3－156
施註蘇詩四十二卷目錄二卷………… 3－156
施註蘇詩四十二卷目錄二卷………… 3－156
施註蘇詩四十二卷目錄二卷………… 3－156
施註蘇詩四十二卷目錄二卷………… 3－156
施註蘇詩四十二卷目錄二卷………… 3－156
施註蘇詩四十二卷目錄二卷………… 3－156
施註蘇詩四十二卷目錄二卷………… 3－156
施註蘇詩四十二卷目錄二卷………… 3－157
施註蘇詩四十二卷目錄二卷………… 3－157
施註蘇詩四十二卷目錄二卷………… 3－157
施註蘇詩四十二卷目錄二卷………… 3－157
施註蘇詩四十二卷目錄二卷………… 3－157
施註蘇詩四十二卷目錄二卷………… 3－157
施註蘇詩四十二卷目錄二卷………… 3－157
施註蘇詩四十二卷目錄二卷………… 3－157
施愚山先生全集………………………… 3－155
施愚山先生全集………………………… 3－155
施愚山先生全集………………………… 3－155
施愚山先生全集………………………… 3－155
施愚山先生全集………………………… 3－155
施愚山先生全集………………………… 3－155

施愚山先生學餘詩集五十卷文集二十八卷 …… 3－155
施愚山先生學餘詩集五十卷文集二十八卷 …… 3－155
施愚山先生學餘詩集五十卷文集二十八卷 …… 3－155
奕局指南不分卷 …… 4－325
奕理指歸續編一卷 …… 4－325
奕程一卷 …… 4－325
音同義異辯一卷 …… 4－334
音律指迷二卷 …… 4－334
音註小倉山房尺牘八卷補遺一卷 …… 4－336
音註小倉山房尺牘八卷補遺一卷 …… 4－336
音註小倉山房尺牘八卷補遺一卷 …… 4－336
音註小倉山房尺牘八卷補遺一卷 …… 4－336
音註小倉山房尺牘八卷補遺一卷 …… 4－336
音註小倉山房尺牘八卷補遺一卷 …… 4－336
音論三卷 …… 4－334
音學五書 …… 4－334
音學五書 …… 4－334
音學五書 …… 4－334
音學五書 …… 4－334
音學五書 …… 4－334
音學五書 …… 4－335
音學五書 …… 4－335
音學五書 …… 4－335
音學五書 …… 4－335
音學五書 …… 4－335
音學五書 …… 4－335
音學秘書四卷 …… 4－334
音學秘書四卷 …… 4－334
音學秘書四卷 …… 4－334
音學秘書四卷 …… 4－334
音學偶存二卷續編一卷 …… 4－334
音學辨微一卷 …… 4－334
音學辨微一卷 …… 4－334
音韻日月燈六十四卷 …… 4－335
音韻正訛四卷 …… 4－336
音韻正訛四卷 …… 4－336
音韻合註四書一卷五經一卷 …… 4－335
音韻合註四書一卷五經一卷 …… 4－335
音韻字畫指禹不分卷 …… 4－336
音韻須知二卷 …… 4－336
音韻綱目□□卷 …… 4－335
音韻輯要二十一卷 …… 4－335
音韻辨訛一卷 …… 4－335
音韻辨訛一卷 …… 4－335
音韻辨訛一卷 …… 4－335
音韻辨訛一卷 …… 4－335
音韻辨訛一卷 …… 4－335
音韻辨訛一卷 …… 4－335
音韻辨訛一卷 …… 4－335
音韻辨訛一卷 …… 4－335
音韻辨訛一卷 …… 4－335
音韻辨訛一卷 …… 4－335
音韻辨訛一卷 …… 4－335
音韻辨訛一卷 …… 4－335
音韻辨訛一卷 …… 4－335
帝京法政學堂臨時法官養成所講義 …… 1－254
帝京景物略八卷 …… 1－254
帝範四卷 …… 1－254
帝輿合覽二卷 …… 1－254
帝鑑圖說不分卷 …… 1－254
恒言三卷 …… 1－374
恒言三卷 …… 1－374
恒言三卷 …… 1－374
恒言錄六卷 …… 2－35
恪靖侯盾鼻餘瀋一卷 …… 2－245
恪靖侯盾鼻餘瀋一卷附聯語一卷 …… 2－245
美合吟一卷 …… 2－397
美利堅合衆國地理兵要四卷 …… 2－397
美英條約一卷 …… 2－397
美國水師考一卷 …… 2－397
美國博物大會圖說一卷 …… 2－397
美術叢書 …… 2－397
姜氏秘史一卷 …… 2－163
姜衍澤堂發記藥目不分卷 …… 2－163
迷津寶筏一卷 …… 2－408
前五十段二卷後五十段二卷透山胏腑口訣一卷 …… 3－29
前五十段二卷後五十段二卷透山胏

腑口訣一卷 ………………………… 3－29
前五十段二卷後五十段二卷透山肺
腑口訣一卷 ………………………… 3－29
前五十段二卷後五十段二卷透山肺
腑口訣一卷 ………………………… 3－29
前五十段二卷後五十段二卷透山肺
腑口訣一卷 ………………………… 3－29
前守寶録五卷後守寶録二十卷 ……… 3－29
前守寶録五卷後守寶録二十卷 ……… 3－29
前明忠義别傳三十二卷 …………… 3－29
前後漢書論贊不分卷 ……………… 3－28
前漢匈奴表三卷附録一卷 ………… 3－28
前漢紀三十卷 ……………………… 3－26
前漢紀三十卷 ……………………… 3－26
前漢紀三十卷 ……………………… 3－26
前漢紀校注三十卷 ………………… 3－26
前漢書一百卷 ……………………… 3－26
前漢書一百卷 ……………………… 3－26
前漢書一百卷 ……………………… 3－26
前漢書一百卷 ……………………… 3－26
前漢書一百卷 ……………………… 3－26
前漢書一百卷 ……………………… 3－26
前漢書一百卷 ……………………… 3－26
前漢書一百卷 ……………………… 3－27
前漢書一百卷 ……………………… 3－27
前漢書一百卷 ……………………… 3－27
前漢書一百卷 ……………………… 3－27
前漢書一百卷 ……………………… 3－27
前漢書一百卷 ……………………… 3－27
前漢書一百卷 ……………………… 3－27
前漢書一百卷 ……………………… 3－27
前漢書一百卷 ……………………… 3－27
前漢書一百卷 ……………………… 3－27
前漢書一百卷 ……………………… 3－27
前漢書一百卷 ……………………… 3－27
前漢書一百卷 ……………………… 3－27
前漢書一百卷 ……………………… 3－27
前漢書一百卷 ……………………… 3－27
前漢書一百卷 ……………………… 3－27
前漢書一百卷 ……………………… 3－28
前漢書一百卷 ……………………… 3－28
前漢書一百卷 ……………………… 3－28
前漢書一百卷 ……………………… 3－28
前漢書一百卷 ……………………… 3－28
前漢書一百卷 ……………………… 3－28
前漢書一百卷 ……………………… 3－28
前漢書一百卷 ……………………… 3－28
前漢書一百卷 ……………………… 3－28
前漢書一百卷 ……………………… 3－28
前漢書一百卷 ……………………… 3－28
前漢書一百卷 ……………………… 3－28
前漢書一百卷 ……………………… 3－28
前漢書一百卷 ……………………… 3－28
前漢書一百卷 ……………………… 3－28
前漢書一百卷附考證 ……………… 3－28
前漢書一百卷附考證 ……………… 3－28
前漢書表八卷 ……………………… 3－26
前漢書表八卷 ……………………… 3－26
前賢題詠一卷近人題詠附刻一卷捐
修定王臺題名附刻一卷 …………… 3－29
首本經一卷……………………… 3－256
逆臣傳四卷……………………… 2－457
逆臣傳四卷……………………… 2－457
逆臣傳四卷……………………… 2－457
逆臣傳四卷……………………… 2－457
逆黨禍蜀記一卷………………… 2－457
炳燭編四卷 ………………………… 1－59
炳燭編四卷 ………………………… 1－59
炳燭編四卷 ………………………… 1－59
炳燭編四卷 ………………………… 1－59
炳燭編四卷 ………………………… 1－59
炳燭齋詩草一卷附録一卷 ………… 1－59
炳燭齋詩草一卷附録一卷 ………… 1－59
洪氏家乘不分卷 …………………… 2－37
洪氏晦木齋叢書 …………………… 2－37
洪氏晦木齋叢書 …………………… 2－37
洪氏晦木齋叢書 …………………… 2－37
洪氏晦木齋叢書 …………………… 2－37
洪氏晦木齋叢書 …………………… 2－37
洪氏晦木齋叢書………………… 3－226
洪北江文集四卷 …………………… 2－37

洪北江文集四卷 …………………… 2－37
洪北江全集 ………………………… 2－36
洪北江全集 ………………………… 2－36
洪北江全集 ………………………… 2－36
洪北江全集 ………………………… 2－36
洪北江全集 ………………………… 2－36
洪北江全集 ………………………… 2－37
洪北江全集 ………………………… 2－37
洪北江全集 ………………………… 2－37
洪北江全集 ………………………… 2－37
洪北江全集 ………………………… 2－37
洪北江全集 ………………………… 2－37
洪北江全集 ………………………… 2－37
洪北江全集 ………………………… 2－37
洪北江全集 ………………………… 2－37
洪武正韻十六卷 …………………… 2－38
洪武正韻十六卷 …………………… 2－38
洪武正韻十六卷 …………………… 2－38
洪武正韻十六卷 …………………… 2－38
洪武正韻牋十卷 …………………… 2－38
洪陽張先生警心類編四卷 ………… 2－38
洪福瑱自述一卷 …………………… 2－37
洪範統一一卷 ……………………… 2－37
洪範傳一卷 ………………………… 2－37
洹詞十二卷 ………………………… 2－68
洹詞十二卷 ………………………… 2－68
洹詞十二卷 ………………………… 2－68
洹詞十二卷 ………………………… 2－68
洹詞十二卷 ………………………… 2－68
洞天奥旨十六卷………………… 1－298
洞天奥旨十六卷………………… 1－298
洞主仙師白喉治法忌表抉微一卷…… 1－298
洞主仙師白喉治法忌表抉微一卷…… 1－299
洞主仙師白喉治法忌表抉微一卷…… 1－299
洞主仙師白喉治法忌表抉微一卷…… 1－299
洞主仙師白喉治法忌表抉微一卷…… 1－299
洞主仙師白喉治法忌表抉微一卷…… 1－299
洞主仙師白喉治法忌表抉微一卷…… 1－299
洞主仙師白喉治法忌表抉微一卷…… 1－299
洞主仙師白喉治法忌表抉微一卷…… 1－299
洞主仙師白喉治法忌表抉微一卷…… 1－299
洞主仙師白喉治法忌表抉微一卷…… 1－299
洞主仙師白喉治法忌表抉微一卷…… 1－299
洞主仙師白喉治法忌表抉微一卷…… 1－299
洞主仙師白喉治法忌表抉微一卷…… 1－299
洞主仙師白喉治法忌表抉微一卷…… 1－299
洞主仙師白喉治法忌表抉微一卷附
增補配方…………………………… 1－299
洞房詞一卷……………………… 1－298
洞庭上下石磯圖說不分卷……… 1－298
洞庭遊草一卷…………………… 1－298
洞庭遊草一卷…………………… 1－298
洞庭湖志十四卷………………… 1－298
洞庭湖志十四卷………………… 1－298
洞淵葫蘆讚燈科一卷…………… 1－298
洞麓堂續集二十八卷首一卷…… 1－298
洄溪道情一卷 …………………… 2－99
洄溪醫案一卷 …………………… 2－99
洄溪醫案一卷附刻許辛木農部劄一
卷 ………………………………… 2－99
洄溪醫案一卷附慎疾芻言一卷 …… 2－99
洗心語錄不分卷………………… 4－108
洗心錄不分卷…………………… 4－108
洗桐軒文集八卷詩集六卷……… 4－107
洗桐軒文集八卷詩集六卷……… 4－107
洗海近事二卷…………………… 4－107
洗冤集說八卷…………………… 4－108
洗冤錄四卷……………………… 4－109
洗冤錄全纂六卷………………… 4－109
洗冤錄全纂六卷………………… 4－109
洗冤錄全纂六卷………………… 4－109
洗冤錄全纂六卷………………… 4－109
洗冤錄全纂六卷………………… 4－109
洗冤錄全纂六卷………………… 4－109
洗冤錄全纂六卷………………… 4－109
洗冤錄集證彙纂五卷…………… 4－108
洗冤錄集證彙纂五卷…………… 4－108
洗冤錄集證彙纂五卷…………… 4－108
洗冤錄集證彙纂五卷…………… 4－108
洗冤錄集證彙纂五卷…………… 4－108
洗冤錄集證彙纂五卷…………… 4－108
洗冤錄集證彙纂五卷…………… 4－108

洗冤錄集證彙纂五卷 …………………… 4 – 108
洗冤錄集證彙纂五卷 …………………… 4 – 108
洗冤錄集證彙纂五卷 …………………… 4 – 108
洗冤錄集證彙纂五卷 …………………… 4 – 108
洗冤錄集證彙纂五卷 …………………… 4 – 108
洗冤錄集證彙纂五卷 …………………… 4 – 108
洗冤錄集證彙纂五卷 …………………… 4 – 108
洗冤錄集證彙纂五卷 …………………… 4 – 108
洗冤錄集證彙纂五卷 …………………… 4 – 108
洗冤錄集證彙纂五卷 …………………… 4 – 109
洗冤錄註疏二卷 ………………………… 5 – 397
洗冤錄解一卷 …………………………… 4 – 109
洗冤錄解一卷 …………………………… 4 – 109
洗冤錄解一卷 …………………………… 4 – 109
洗冤錄解一卷 …………………………… 4 – 109
洗冤錄解一卷 …………………………… 4 – 109
洗冤錄解一卷 …………………………… 4 – 109
洗冤錄解一卷 …………………………… 4 – 109
洗冤錄解一卷 …………………………… 4 – 243
洗冤錄解一卷 …………………………… 4 – 243
洗冤錄解一卷 …………………………… 5 – 155
洗冤錄詳義四卷首一卷 ………………… 4 – 109
洗冤錄詳義四卷首一卷 ………………… 4 – 109
洗冤錄詳義四卷首一卷 ………………… 4 – 109
洗冤錄詳義四卷首一卷 ………………… 4 – 109
洗冤錄詳義四卷首一卷 ………………… 4 – 109
洗冤錄詳義四卷首一卷 ………………… 4 – 109
洗冤錄詳義四卷首一卷 ………………… 4 – 110
洗冤錄歌訣一卷 ………………………… 4 – 108
洗冤錄摭遺二卷 ………………………… 4 – 110
洗冤錄辨正一卷 ………………………… 5 – 154
洗冤錄辨正一卷 ………………………… 5 – 154
洗冤錄辨正一卷 ………………………… 5 – 155
洗冤錄辨正一卷 ………………………… 5 – 155
洗冤錄辨正一卷 ………………………… 5 – 155
洗冤錄辨正一卷 ………………………… 5 – 155
洗齋病學草擬存詩一卷附存詩一卷
……………………………………………… 4 – 110
活人一術不分卷 ………………………… 2 – 107
活人方彙編七卷 ………………………… 2 – 107
活人方彙編七卷 ………………………… 2 – 107
活世生機四卷 …………………………… 2 – 107
活世生機四卷 …………………………… 2 – 108
活幼心法九卷 …………………………… 2 – 108
活幼心法九卷 …………………………… 2 – 108
活幼心法九卷 …………………………… 2 – 108
活幼心法九卷 …………………………… 2 – 108
活幼心法九卷 …………………………… 2 – 108
活幼心法九卷 …………………………… 2 – 108
活幼心法九卷 …………………………… 2 – 108
活幼心法九卷 …………………………… 2 – 108
活幼心法九卷 …………………………… 2 – 108
活幼心法九卷 …………………………… 2 – 108
活幼心法九卷 …………………………… 2 – 108
活幼心法九卷 …………………………… 2 – 108
活幼心法九卷 …………………………… 2 – 108
活幼心法大全九卷 ……………………… 2 – 108
活幼心法大全九卷 ……………………… 2 – 108
活物學二卷 ……………………………… 2 – 108
活法啓微三卷 …………………………… 2 – 107
活法機要一卷 …………………………… 2 – 410
[活葉鈔本]不分卷 ……………………… 5 – 299
染雲館曲選□□卷 ……………………… 3 – 70
染學齋詩集十卷 ………………………… 3 – 70
染學齋詩集十卷 ………………………… 3 – 70
[乾隆]洵陽縣志十四卷 ………………… 5 – 338
洛陽九老祖龍學文集十六卷 …………… 2 – 374
洛陽伽藍記五卷 ………………………… 2 – 374
洛陽伽藍記集證一卷 …………………… 2 – 374
[同治]洛陽龍門志不分卷 ……………… 5 – 361
洛學編四卷 ……………………………… 2 – 374
浄土之理一卷 …………………………… 5 – 249
浄土知津一卷 …………………………… 5 – 249
洨民叢稿一卷 …………………………… 4 – 130
洋防說畧二卷 …………………………… 4 – 272
洋防說略二卷 …………………………… 4 – 272
洋務自強新論四卷 ……………………… 4 – 272
洋務時事彙編八卷 ……………………… 4 – 272
[洋務策問]不分卷 ……………………… 5 – 377
洋務備考十六卷 ………………………… 4 – 272
洋務備考十六卷 ………………………… 4 – 272
洋務新論六卷 …………………………… 4 – 272

洋務新編八卷…………………………… 4－272
洋務經濟通考十六卷…………………… 4－272
洋務經濟通考十六卷…………………… 4－272
洋務經濟通考十六卷…………………… 4－272
洋務實學新編二卷……………………… 4－272
洋煙害身誡一卷………………………… 4－272
洴澼百金方十四卷……………………… 2－495
洴澼百金方十四卷……………………… 2－495
洴澼百金方十四卷……………………… 2－495
洴澼百金方十四卷……………………… 2－495
洴澼百金方十四卷……………………… 2－495
洴澼百金方十四卷首一卷……………… 2－495
洴澼百金方十四卷首一卷……………… 2－495
洴澼百金方十四卷首一卷……………… 2－495
津逮祕書………………………………… 2－190
津逮祕書………………………………… 2－190
津逮祕書………………………………… 2－190
津逮祕書………………………………… 2－190
津逮祕書………………………………… 2－190
宣和畫譜二十卷………………………… 4－246
宣南鴻雪集二卷………………………… 4－246
宣南鴻雪集二卷………………………… 4－246
宣風東修義學恩卹崇祀錄不分卷…… 4－246
宣室志十卷補遺一卷…………………… 4－246
宣統二年孟春月辛正茂淄吉野流水
不分卷…………………………………… 4－246
[宣統三年春季]爵秩全覽不分卷 … 5－377
宣統三年華英通書一卷………………… 4－247
宣統己酉科各行省優貢全錄一卷…… 4－246
宣統己酉科江西部卷一卷……………… 4－246
宣講拾遺六卷首一卷…………………… 4－246
宣講最好聽案證四卷…………………… 4－246
宣講集要十五卷首一卷………………… 4－246
宧拾錄十八卷 ……………………… 2－69
宧拾錄十八卷 ……………………… 2－69
宧海指南五種 ……………………… 2－69
宧海浮沈錄一卷 …………………… 2－69
宧鄉要則七卷 ……………………… 2－69
宧鄉要則七卷 ……………………… 2－69
宧鄉要則七卷首一卷 ……………… 2－69
宧越草一卷 ………………………… 2－70
宧越草一卷 ………………………… 2－70
宧越草一卷 ………………………… 2－70
宧越草一卷 ………………………… 2－70
宧越草一卷 ………………………… 2－70
宧遊小草三卷 ……………………… 2－70
宧遊小草三卷 ……………………… 2－70
宧遊草六卷 ………………………… 2－69
宧遊草六卷 ………………………… 2－70
宧遊紀略二卷 ……………………… 2－70
客山堂稿不分卷………………………… 2－245
客中隨記八卷…………………………… 2－245
客舍偶聞一卷…………………………… 2－245
客窗閒話二卷…………………………… 2－362
冠璞齋吟草四卷………………………… 1－463
[軍政策論文]不分卷 ………………… 5－326
[軍冡總簿]不分卷(清光緒二十七
年至宣統二年) ……………………… 5－326
扁鵲心書三卷神方一卷 ……………… 1－56
扁鵲心書三卷神方一卷 ……………… 1－56
扁鵲脈書難經六卷 …………………… 1－56
祖師常錄秘符一卷……………………… 5－259
祖師常錄秘符□□卷…………………… 5－259
神仙傳十卷……………………………… 3－141
神仙誌不分卷…………………………… 3－141
神相全編十二卷首一卷………………… 3－141
神相全編十二卷首一卷………………… 3－141
神相全編十二卷首一卷………………… 3－141
神相全編十二卷首一卷………………… 3－141
神相彙編四卷續集一卷附一卷………… 3－141
神相彙編四卷續集一卷附一卷………… 3－141
神相鐵關刀四卷………………………… 3－142
神相鐵關刀四卷………………………… 3－142
神相鐵關刀四卷………………………… 3－142
神訓旁注便讀不分卷…………………… 3－142
神訓旁註便讀不分卷…………………… 3－142
神訓旁註便讀不分卷…………………… 3－142
神效眼科秘授一卷……………………… 3－142
神效眼科秘授一卷……………………… 3－142
神授地理真訣一卷……………………… 3－141
神童詩一卷……………………………… 3－141
神農本草三卷…………………………… 3－141

神農本草經百種錄一卷 ……………… 1－45
神農本草經百種錄一卷 ……………… 1－45
神農本草經百種錄一卷 ……………… 1－45
神農本草經百種錄一卷……………… 3－140
神農本草經百種錄一卷……………… 3－140
神農本草經百種錄一卷……………… 3－140
神農本草經合注…………………… 3－141
神農本草經疏三十卷………………… 3－141
神農本草經贊三卷………………… 3－141
神農本草經讀四卷………………… 3－140
神農本草經讀四卷………………… 3－140
神農本草經讀四卷………………… 3－140
神農本草經讀四卷………………… 3－140
神農本草經讀四卷………………… 3－140
神農本草經讀四卷………………… 3－141
神農本草經讀四卷………………… 3－141
神農本草經讀四卷………………… 3－141
神農本草經讀四卷………………… 3－141
神農本草經讀四卷………………… 3－141
神農本草經讀四卷………………… 3－141
神農本草經讀四卷附錄一卷………… 3－141
神農本草經讀四卷附錄一卷………… 3－141
神農氣味類戴不分卷……………… 3－141
神課金口訣七卷…………………… 3－140
神機妙算鐵板數十四集……………… 3－140
神機妙算鐵板數十四集……………… 3－140
神機妙算鐵板數十四集……………… 3－140
神機妙算鐵板數十四集……………… 3－140
神機制敵天書白猿經不分卷………… 3－140
祝人齋先生集一卷………………… 5－214
祝由科天醫十三科二卷……………… 5－214
[祝胡衡可壽詩文]不分卷 ………… 5－389
[祝壽文]一卷 ……………………… 5－389
[祝禱文]不分卷 ………………… 5－389
[祝禱文]不分卷 ………………… 5－389
祠部集三十五卷…………………… 1－185
郡邑考略一卷……………………… 3－328
郡邑考略一卷……………………… 3－328
郡邑拾遺正編二卷附編二卷………… 2－237
退一步齋詩集十六卷退一步齋文集
四卷……………………………… 3－489
退思軒詩集六卷補遺一卷…………… 3－489
退思軒詩集六卷補遺一卷…………… 3－489
退思堂文鈔三卷退思堂詩鈔十二卷
…………………………………… 3－489
退思堂文鈔三卷退思堂詩鈔十二卷
…………………………………… 3－489
退思堂文鈔三卷退思堂詩鈔十二卷
…………………………………… 3－489
退思堂文鈔三卷退思堂詩鈔十二卷
…………………………………… 3－489
退思堂文鈔三卷退思堂詩鈔十二卷
…………………………………… 3－489
退思詩存四卷文存一卷……………… 3－489
退思詩存四卷文存一卷仕隱圖題詞
一卷附都門唱和詩一卷…………… 3－489
退菴金石書畫跋二十卷……………… 3－489
退菴詩存二十五卷………………… 3－489
退菴隨筆二十二卷附退菴自訂年譜
一卷……………………………… 3－489
退菴隨筆二十二卷附退菴自訂年譜
一卷……………………………… 3－489
退菴隨筆二十二卷附退菴自訂年譜
一卷……………………………… 3－489
退菴隨筆二十二卷附退菴自訂年譜
一卷……………………………… 3－489
退庵詩鈔一卷……………………… 3－488
退庵詩鈔一卷酒囊閩遊草一卷續草
一卷……………………………… 3－488
退庵詩鈔一卷酒囊閩遊草一卷續草
一卷……………………………… 3－488
退補齋詩存十六卷首一卷二編五卷
…………………………………… 3－488
退補齋詩存十六卷首一卷二編五卷
…………………………………… 3－488
退餘樓詩鈔不分卷………………… 3－490
退學詩齋詩集五卷………………… 3－489
退學詩齋詩集五卷………………… 3－489
既勤七種敘例一卷………………… 2－244
烥聞軒詩草二卷賸稿四卷………… 5－111
烥聞軒詩草十卷…………………… 5－111
烥聞軒詩草十卷…………………… 5－111

恩聞軒詩草十卷 ………………………… 5－111
恩聞軒詩草十卷 ………………………… 5－111
恩聞軒詩草十卷 ………………………… 5－111
恩聞軒詩草十卷 ………………………… 5－111
恩聞軒賸稿四卷 ………………………… 5－110
恩聞軒賸稿四卷 ………………………… 5－110
恩聞軒賸稿四卷 ………………………… 5－110
恩聞軒賸稿四卷 ………………………… 5－110
恩聞軒賸稿四卷 ………………………… 5－110
恩聞軒賸稿四卷 ………………………… 5－110
恩聞軒賸稿四卷 ………………………… 5－110
恩聞軒賸稿四卷 ………………………… 5－110
恩聞軒賸稿四卷 ………………………… 5－110
恩聞軒賸稿四卷 ………………………… 5－110
恩聞軒賸稿四卷 ………………………… 5－110
恩聞軒賸稿四卷 ………………………… 5－110
恩聞軒賸稿四卷 ………………………… 5－110
屏山先生文集二十卷 ……………………… 2－496
屏山全集二十卷首一卷附考異一卷
…………………………………………… 2－496
屏山草堂稿 ……………………………… 2－496
屏山草堂稿 ……………………………… 2－496
屏山草堂稿 ……………………………… 2－496
屏山草堂稿 ……………………………… 2－496
屏山遺稿二卷 …………………………… 2－496
陣法直指一卷 …………………………… 5－102
眉公見聞錄八卷 ………………………… 2－394
眉梨騈福不分卷 ………………………… 2－394
胥溪朱氏文會堂詩鈔二卷 ……………… 4－231
陝甘拔貢會考題名錄不分卷(同治
癸酉科) ………………………………… 3－116
陝甘拔貢會考題名錄不分卷(同治
癸酉科) ………………………………… 3－116
陝甘拔貢會考題名錄不分卷(同治
癸酉科) ………………………………… 3－116
陝甘拔貢會考題名錄不分卷(同治
癸酉科) ………………………………… 3－116
陝甘拔貢會考題名錄不分卷(同治
癸酉科) ………………………………… 3－116
陝甘拔貢會考題名錄不分卷(同治
癸酉科) ………………………………… 3－116
陝甘拔貢會考題名錄不分卷(同治
癸酉科) ………………………………… 3－116
陝甘拔貢會考題名錄不分卷(同治
癸酉科) ………………………………… 3－116
陝甘拔貢會考題名錄不分卷(同治
癸酉科) ………………………………… 3－116
陝甘拔貢會考題名錄不分卷(同治
癸酉科) ………………………………… 3－116
陝甘拔貢會考題名錄不分卷(同治
癸酉科) ………………………………… 3－116
陝甘拔貢會考題名錄不分卷(同治
癸酉科) ………………………………… 3－116
陝甘拔貢會考題名錄不分卷(同治
癸酉科) ………………………………… 3－116
陝甘拔貢會考題名錄不分卷(同治
癸酉科) ………………………………… 3－116
陝甘拔貢會考題名錄不分卷(同治
癸酉科) ………………………………… 3－116
陝甘拔貢會考題名錄不分卷(同治
癸酉科) ………………………………… 3－116
陝甘拔貢會考題名錄不分卷(同治
癸酉科) ………………………………… 3－116
陝甘拔貢會考題名錄不分卷(同治
癸酉科) ………………………………… 3－117
陝甘拔貢會考題名錄不分卷(同治
癸酉科) ………………………………… 3－117
陝甘拔貢會考題名錄不分卷(同治
癸酉科) ………………………………… 3－117
陝甘拔貢會考題名錄不分卷(同治
癸酉科) ………………………………… 3－117
陝甘拔貢會考題名錄不分卷(同治
癸酉科) ………………………………… 3－117
陝甘拔貢會考題名錄不分卷(同治
癸酉科) ………………………………… 3－117
陝甘拔貢會考題名錄不分卷(同治
癸酉科) ………………………………… 3－117
陝甘拔貢會考題名錄不分卷(同治

癸酉科）…………………………… 3－117
陝甘拔貢會考題名錄不分卷(同治
癸酉科）…………………………… 3－117
陝甘拔貢會考題名錄不分卷(同治
癸酉科）…………………………… 3－117
陝甘拔貢會考題名錄不分卷(同治
癸酉科）…………………………… 3－117
陝甘拔貢會考題名錄不分卷(同治
癸酉科）…………………………… 3－117
陝甘拔貢會考題名錄不分卷(同治
癸酉科）…………………………… 3－117
陝甘拔貢會考題名錄不分卷(同治
癸酉科）…………………………… 3－117
陝甘拔貢會考題名錄不分卷(同治
癸酉科）…………………………… 3－117
陝甘拔貢會考題名錄不分卷(同治
癸酉科）…………………………… 3－117
陝甘拔貢會考題名錄不分卷(同治
癸酉科）…………………………… 3－117
陝甘拔貢會考題名錄不分卷(同治
癸酉科）…………………………… 3－117
陝甘拔貢會考題名錄不分卷(同治
癸酉科）…………………………… 3－117
陝甘拔貢會考題名錄不分卷(同治
癸酉科）…………………………… 3－117
陝甘提督學院許勸誡士子淺語十則
一卷……………………………… 3－117
陝甘提督學院許勸誡士子淺語十則
一卷……………………………… 3－117
陝甘提督學院許勸誡士子淺語十則
一卷……………………………… 3－117
[陝西大荔]關西馬氏世行錄十四卷
……………………………… 5－343
陝西全省輿地圖不分卷………… 3－118
[道光]陝西志輯要六卷首一卷 ……… 1－4
[雍正]陝西通志一百卷首一卷 …… 5－383
[雍正]陝西通志一百卷首一卷 …… 5－383
[雍正]陝西通志一百卷首一卷 …… 5－383
陝州衙齋二十一詠印章一卷……… 3－118
陝州衙齋二十一詠印章一卷……… 3－118
陟屺集二卷附錄一卷…………… 5－403
姚氏先德傳六卷……………… 4－286
姚正甫文集五卷……………… 4－286
姚伯山先生全集……………… 4－286
姚牧菴先生文選五卷………… 4－286
姚姬傳先生經說四種………… 4－286
姚端恪公文集十八卷詩集十二卷外
集十八卷…………………… 4－286
姚選古文真本五色標記表十五卷首
一卷………………………… 1－429
姚選古文真本五色標記表十五卷首
一卷………………………… 4－286
飛龍全傳十二卷六十回……… 1－359
飛龍傳十六卷六十回………… 1－359
飛鴻堂印譜初集八卷二集八卷三集
八卷四集八卷五集八卷……… 1－359
飛鴻堂印譜初集八卷二集八卷三集
八卷四集八卷五集八卷……… 1－359
飛鴻閣琴意二卷……………… 1－359
飛獵濱獨立戰史十四章……… 1－359
盈書閣遺稾一卷 ………………… 2－38
癸巳存稿十五卷……………… 1－481
癸巳存稿十五卷……………… 1－481
癸巳存稿十五卷……………… 1－481
癸巳存稿十五卷……………… 1－481
癸巳存稿十五卷……………… 1－481
癸巳存稿十五卷……………… 1－481
癸巳恩科經策存稿不分卷……… 1－481
癸巳類稿十五卷……………… 1－482
癸巳類稿十五卷……………… 1－482
癸巳類稿十五卷……………… 1－482
癸巳類稿十五卷……………… 1－482
癸巳類稿十五卷……………… 1－482
癸巳類稿十五卷……………… 1－482
癸巳類稿十五卷……………… 1－482
癸丑全年燈謎不分卷………… 1－481
癸未行程記不分卷…………… 1－482
癸未行程記不分卷…………… 1－482
癸未行程記不分卷…………… 1－482
癸卯時務策彙存一卷………… 1－481
癸卯課藝日新六卷…………… 1－481
癸辛雜識一卷外集一卷新集一卷後

集一卷 …………………………… 1－482
癸辛雜識別集二卷 ………………… 1－482
癸辛雜識前集一卷後集一卷續集二
卷別集二卷 ……………………… 1－482
癸辛雜識前集一卷後集一卷續集二
卷別集二卷 ……………………… 1－482
柔遠新書四卷 …………………… 3－83
柔遠新書四卷 …………………… 3－83
柔遠新書四卷 …………………… 3－83
孩兒秘訣不分卷 ………………… 2－4
紅十字會試辦章程奏摺一卷 ……… 2－40
紅白帖式不分卷 ………………… 2－38
紅竹山房文稿十二卷 …………… 2－42
紅竹山房文稿十二卷 …………… 2－42
紅竹山房文稿十二卷 …………… 2－42
紅竹山房文稿十二卷 …………… 2－42
紅竹山房試律四卷 ……………… 2－41
紅竹山房試律四卷 ……………… 2－41
紅竹山房試律四卷 ……………… 2－41
紅竹山房試律四卷 ……………… 2－41
紅竹山房試律四卷 ……………… 2－42
紅竹山房詩草十卷 ……………… 2－41
紅竹山房詩草十卷 ……………… 2－41
紅竹山房詩草十卷 ……………… 2－41
紅竹山房詩草十卷 ……………… 2－41
紅杏山房文稿五卷 ……………… 2－40
紅杏山房文稿五卷 ……………… 2－41
紅杏山房詩存四卷附試帖詩草一卷
…………………………………… 2－40
紅杏山房詩存四卷附試帖詩草一卷
…………………………………… 2－40
紅豆村人詩稿十四卷 …………… 2－38
紅豆村人詩稿十四卷 …………… 2－38
紅豆村人詩稿十四卷 …………… 2－38
紅豆村人詩稿十四卷 …………… 2－38
紅豆村人詩稿十四卷 …………… 2－38
紅豆村人詩稿十四卷 …………… 2－38
紅豆村人詩稿十四卷 …………… 2－38
紅豆村人詩稿十四卷 …………… 2－38
紅豆村人詩稿十四卷 …………… 2－38
紅豆樹館書畫記八卷 …………… 2－38
紅豆樹館清芬集一卷 …………… 2－38
紅豆樹館清芬集一卷 …………… 2－38
紅豆樹館詞八卷 ………………… 2－38
紅豆樹館詩稿十四卷詞八卷補遺一
卷 ……………………………… 2－38
紅豆樹館詩稿十四卷詞八卷補遺一
卷 ……………………………… 2－38
紅雪樓九種曲 …………………… 2－41
紅雪樓九種曲 …………………… 2－41
紅雪樓九種曲 …………………… 2－41
紅雪樓九種曲 …………………… 2－41
紅雪樓九種曲 …………………… 2－41
紅雪樓九種曲 …………………… 2－41
紅雪樓九種曲 …………………… 2－41
紅雪樓九種曲 …………………… 2－41
紅雪樓九種曲 …………………… 2－41
紅雪樓九種曲 …………………… 2－41
紅雪樓九種曲 …………………… 2－41
紅雪樓九種曲 …………………… 2－41
紅葉山房稿古文一卷詩一卷 ……… 2－41
紅樓復夢一百卷 ………………… 2－39
紅樓夢一百二十回 ……………… 2－39
紅樓夢一百二十回 ……………… 2－39
紅樓夢一百二十回 ……………… 2－39
紅樓夢一百二十回 ……………… 2－39
紅樓夢一百二十回 ……………… 2－39
紅樓夢一百二十回 ……………… 2－39
紅樓夢一百二十回 ……………… 2－39
紅樓夢一百二十回 ……………… 2－39
紅樓夢一百二十回 ……………… 2－39
紅樓夢一百二十回 ……………… 2－39
紅樓夢一百二十回 ……………… 2－39
紅樓夢一百二十回 ……………… 2－39
紅樓夢一百二十回 ……………… 2－40
紅樓夢一百二十回 ……………… 2－40
紅樓夢一百二十回 ……………… 2－40
紅樓夢一百二十回 ……………… 2－40
紅樓夢一百二十回 ……………… 2－40
紅樓夢一百二十回 ……………… 2－40
紅樓夢一百二十回 ……………… 2－40
紅樓夢一百二十回 ……………… 2－40

紅樓夢一百二十回 …………………… 2－40
紅樓夢一百二十回 …………………… 2－40
紅樓夢一百二十回 …………………… 2－40
紅樓夢本事詩一卷 …………………… 2－39
紅樓夢散套十六卷 …………………… 2－39
紅樓夢補四十八回…………………… 3－227
紅樓夢傳奇八卷 ……………………… 2－39
紅樓夢圖詠不分卷 …………………… 2－39
紅樓夢圖詠不分卷 …………………… 2－39
紅樓夢圖詠不分卷 …………………… 2－39
紅樓夢圖詠四卷……………………… 3－235
紅樓圓夢三十回……………………… 3－247
紅樓圓夢三十回……………………… 3－247
紅蝠山房詩鈔九卷 …………………… 2－38
紅薔吟館詩稿一卷 …………………… 2－40
紅樹山莊詩草四卷黔遊草一卷 ……… 2－40
紅藕山莊尺牘十二卷首一卷 ………… 2－40
紅藕山莊尺牘十二卷首一卷 ………… 2－40
紅藕花莊詩草六卷 …………………… 2－40
紅藥山房詩稿十六卷 ………………… 2－41
紅韻閣學吟小草一卷 ………………… 2－41
紅蘭新體四卷 ………………………… 2－39
紅鶴山莊近體詩二卷紅鶴山莊詩二
　集一卷紅鶴詞一卷 ………………… 2－39
約兵指南十卷 ………………………… 5－20
約書十二卷 …………………………… 5－20
約書十二卷 …………………………… 5－20
約書十二卷 …………………………… 5－20
約書十二卷 …………………………… 5－20
約書十二卷 …………………………… 5－20
約書十二卷 …………………………… 5－21
約書十二卷 …………………………… 5－21
約書十二卷 …………………………… 5－21
約書十二卷 …………………………… 5－21
約書十二卷 …………………………… 5－21
約書十二卷 …………………………… 5－21
約書十二卷 …………………………… 5－21
約章分類輯要三十八卷首一卷 ……… 5－22
約章分類輯要三十八卷首一卷 ……… 5－22
約章分類輯要三十八卷首一卷 ……… 5－22
約章成案匯覽乙篇四十二卷 ………… 5－21
約章成案匯覽乙篇四十二卷 ………… 5－21
約章成案匯覽乙篇四十二卷 ………… 5－22
約章成案匯覽甲篇十卷 ……………… 5－21
約章成案匯覽甲篇十卷 ……………… 5－21
約章成案匯覽甲篇十卷乙篇四十二
　卷 …………………………………… 5－21
約章成案匯覽甲篇十卷乙篇四十二
　卷 …………………………………… 5－21
約章成案匯覽甲篇十卷乙篇四十二
　卷 …………………………………… 5－21
約章成案匯覽甲篇十卷乙篇四十二
　卷 …………………………………… 5－21
約章成案匯覽甲篇十卷乙篇四十二
　卷 …………………………………… 5－21
約園詩存二十四卷附紅杏遺音一卷
　…………………………………………… 5－21
約園詩存二十四卷附紅杏遺音一卷
　…………………………………………… 5－21
約園詩存二十四卷附紅杏遺音一卷
　…………………………………………… 5－21
紀元通攷十二卷……………………… 2－121
紀元通攷十二卷……………………… 2－121
紀元通攷十二卷……………………… 2－121
紀元編三卷末一卷…………………… 2－121
紀元編三卷末一卷…………………… 2－121
紀元編三卷末一卷…………………… 2－121
紀文達公遺集三十二卷……………… 2－120
紀文達公遺集三十二卷……………… 2－120
紀文達公遺集三十二卷……………… 2－120
紀文達公遺集三十二卷……………… 2－120
紀文達公遺集三十二卷……………… 2－120
紀文達公遺集三十二卷……………… 2－120
紀行詩十卷…………………………… 2－119
紀行詩十卷…………………………… 2－119
紀行詩十卷…………………………… 2－119
紀事本末七種………………………… 2－120
紀事本末五種………………………… 2－120
紀事本末五種………………………… 2－120
紀事本末五種………………………… 2－120
紀事本末五種………………………… 2－120
紀事本末五種………………………… 2－120

紀事本末五種 …… 2－120
[紀事詩]不分卷 …… 5－299
紀城文稾四卷 …… 2－119
紀效新書十八卷首一卷 …… 2－121
紀效新書十八卷首一卷 …… 2－121
紀效新書十八卷首一卷 …… 2－121
紀效新書十八卷首一卷 …… 2－121
紀效新書十八卷首一卷 …… 2－121
紀效新書十八卷首一卷 …… 2－121
紀效新書十八卷首一卷 …… 2－121
紀效新書十八卷首一卷 …… 2－121
紀效新書十八卷首一卷 …… 2－121
紀效新書十八卷首一卷 …… 2－121
紀效新書十八卷首一卷 …… 2－121
紀效新書十八卷首一卷 …… 2－121
紀效新書十八卷首一卷 …… 2－121
紀效新書十八卷首一卷 …… 2－121
紀效新書十八卷首一卷 …… 2－121
紀載彙編 …… 2－121
紀節編二卷 …… 2－119
紀慎齋先生全集 …… 2－119
紀慎齋先生全集 …… 2－119
紀慎齋先生全集 …… 2－119
紀慎齋先生全集 …… 2－119
紀慎齋先生全集 …… 2－119
紀慎齋先生全集 …… 2－119
紀慎齋先生全集 …… 2－119
紀慎齋先生全集 …… 2－119
紀慎齋先生全集 …… 2－119
紀慎齋先生全集 …… 2－119
紀慎齋先生全集 …… 2－119
紀慎齋先生全集 …… 2－119
紀慎齋先生求雨文一卷 …… 2－119
紀慎齋先生祈雨全書二卷 …… 2－119
紀曉嵐詩註釋四卷 …… 2－120
紀曉嵐詩註釋四卷 …… 2－120
紀曉嵐詩註釋四卷 …… 2－120
紀曉嵐詩註釋四卷 …… 2－120
紀曉嵐詩註釋四卷 …… 2－120
紀曉嵐詩註釋四卷 …… 2－120
紀曉嵐詩註釋四卷 …… 2－120
紀曉嵐詩註釋四卷 …… 2－120
紀錄彙編 …… 2－119
紉芳齋稿二卷 …… 3－74
紉秋山館偶存四卷 …… 3－74
紉秋山館詩鈔十二卷 …… 3－74
紉餘小草一卷 …… 3－74
紉餘小草一卷 …… 3－74

十畫

耕雪詩鈔初集一卷二集一卷 …… 1－406
耕硯芻言一卷附士林賦贈一卷 …… 1－406
耕腴齋古文稿四卷 …… 1－406
耕煙草堂詩鈔二卷 …… 1－406
耕隱集二卷 …… 1－406
耕織圖詩不分卷 …… 2－465
馬太福音二十八章 …… 2－386
馬氏宗譜□□卷 …… 2－386
馬氏歷科硃卷一卷 …… 2－386
馬氏叢刻 …… 2－386
馬端肅公奏議十六卷首一卷 …… 2－386
秦文歸十卷 …… 3－39
秦淮畫舫錄二卷 …… 3－39
秦淮詩鈔二卷 …… 3－39
秦淮詩鈔二卷 …… 3－39
秦漢瓦當文字二卷續一卷 …… 3－39
秦漢瓦當文字二卷續一卷 …… 3－39
秦漢分體圖章譜一卷 …… 3－39
秦漢六朝人文選玉六卷 …… 3－39
秦漢文定十二卷 …… 3－39
秦漢文膾五卷 …… 3－39
秦疆治畧一卷 …… 3－39
泰山志二十卷 …… 3－421
泰山志二十卷 …… 3－421
泰山道里記一卷 …… 3－421
泰西水法六卷 …… 3－422
泰西各國名人言行錄十六卷 …… 3－421
泰西各國名人言行錄十六卷 …… 3－421
泰西各國名人言行錄十六卷 …… 3－421
泰西各國名人言行錄十六卷 …… 3－422
泰西各國名人言行錄十六卷 …… 3－422

泰西各國名人言行錄十六卷………… 3－422
泰西各國名人言行錄十六卷………… 3－422
泰西各國名人言行錄十六卷………… 3－422
泰西各國名人言行錄十六卷………… 3－422
泰西各國名人言行錄十六卷………… 3－422
泰西各國名人言行錄十六卷………… 3－422
泰西各國名人言行錄十六卷………… 3－422
泰西各國名人言行錄三十五卷……… 3－421
泰西各國名家類要□□卷………… 3－421
泰西各國采風記五卷…………………… 3－421
泰西事物起源二十三章………………… 3－422
泰西是非學拾級三卷…………………… 3－422
泰西律例二卷……………………………… 3－422
泰西宣三鄉文會崇祀錄不分卷……… 3－423
泰西教育史二卷………………………… 3－422
泰西新史攬要二十四卷………………… 3－422
泰西新史攬要二十四卷………………… 3－422
泰西新史攬要二十四卷………………… 3－422
泰西新史攬要二十四卷………………… 3－422
泰西新史攬要二十四卷………………… 3－422
泰西新史攬要二十四卷………………… 3－422
泰西新史攬要二十四卷………………… 3－423
泰西新史攬要二十四卷………………… 3－423
泰西新史攬要二十四卷………………… 3－423
泰西新史攬要二十四卷………………… 3－423
泰西學校論畧七卷教化議五卷……… 3－423
泰西學校論畧七卷教化議五卷……… 3－423
［道光］泰州志三十六卷首一卷 …… 5－282
泰和三梁文集…………………………… 3－421
泰和三梁文集…………………………… 3－421
泰和花園王氏遺集十二卷…………… 3－421
［泰和］信實學堂志一卷續志一卷 … 5－352
［泰和］信實學堂志一卷續志一卷 … 5－352
泰和集賢祠宗祀錄不分卷…………… 3－421
泰和詩徵五十卷………………………… 3－421
泰和詩徵五十卷………………………… 3－421
泰和劉恭介公年譜一卷 ……………… 1－92
泰和劉恭介公年譜一卷 ……………… 1－92
泰和劉恭介公年譜一卷 ……………… 1－92
［同治］泰和縣志三十卷首一卷 …… 5－365
［同治］泰和縣志三十卷首一卷 …… 5－365
［同治］泰和縣志三十卷首一卷 …… 5－365
［同治］泰和縣志三十卷首一卷 …… 5－365
［道光］泰和縣志四十八卷首一卷 … 5－282
［道光］泰和縣志四十八卷首一卷 … 5－282
［道光］泰和縣志四十八卷首一卷 … 5－282
［道光］泰和縣志四十八卷首一卷 … 5－282
泰泉集六十卷……………………………… 3－421
泰律十二卷外編三卷…………………… 3－421
泰律十二卷外編三卷…………………… 3－421
［同治］泰順分疆錄十二卷首一卷 … 5－365
［同治］泰順分疆錄十二卷首一卷 … 5－365
珠神真經二卷…………………………… 5－207
珠神真經二卷…………………………… 5－207
珠神真經二卷…………………………… 5－207
珠神真經二卷…………………………… 5－207
珠算入門不分卷………………………… 5－404
珠算速成課本不分卷…………………… 5－207
珠算速成課本不分卷…………………… 5－207
珮蓀日記不分卷………………………… 2－487
敖東谷先生遺書………………………… 1－6
［敖南］黃氏十三房大宗祠磪基誌三
卷首一卷……………………………… 5－274
敖陽三事始末一卷……………………… 1－6
敖陽三區十一團東修會志二卷………… 1－6
敖陽三賢詩集三卷……………………… 1－6
敖陽三賢詩集三卷……………………… 1－6
敖陽三賢詩集三卷……………………… 1－6
敖陽重九韻事錄不分卷………………… 1－6
班孟堅兩都賦并序不分卷…………… 1－406
班馬字類二卷 ………………………… 1－22
班馬字類二卷 ………………………… 1－22
班馬字類五卷 ………………………… 1－22
班馬字類五卷 ………………………… 1－22
班馬字類五卷 ………………………… 1－22
班馬異同三十五卷 …………………… 1－22
素文女子遺稿一卷……………………… 3－394
素文女子遺稿一卷……………………… 3－399
素書三卷………………………………… 3－394
素問病機氣宜保命集三卷…………… 3－394
素問靈樞類纂約註三卷……………… 3－394
素問靈樞類纂約註三卷……………… 3－394

素問靈樞類纂約註三卷……………… 3－394
素問靈樞類纂約註三卷……………… 3－394
素問靈樞類纂約註三卷……………… 3－394
素問靈樞類纂約註三卷……………… 3－395
素問靈樞類纂約註三卷……………… 3－395
素問靈樞類纂約註三卷……………… 3－395
素問靈樞類纂約註三卷……………… 3－395
素問靈樞類纂約註三卷……………… 3－395
素問靈樞類纂約註三卷……………… 3－395
素漪氏文艸一卷……………………… 3－395
素靈微藴四卷………………………… 3－394
栽苧麻法略一卷 ……………………… 5－41
栽苧麻法略一卷栽麻利益淺說一卷
…………………………………………… 5－41
起居注通例不分卷 …………………… 3－21
起講三卷 ……………………………… 3－21
［袁了凡論文傳本］一卷 ……………… 5－384
袁王綱鑑合編三十九卷首一卷 ……… 5－14
袁王綱鑑合編三十九卷首一卷 ……… 5－14
袁王綱鑑合編三十九卷首一卷 ……… 5－14
袁王綱鑑合編三十九卷首一卷 ……… 5－14
袁王綱鑑合編三十九卷首一卷 ……… 5－14
袁王綱鑑合編三十九卷首一卷 ……… 5－14
袁王綱鑑合編三十九卷首一卷 ……… 5－14
袁王綱鑑合編三十九卷首一卷 ……… 5－14
袁王綱鑑合編三十九卷首一卷 ……… 5－14
袁王綱鑑合編三十九卷首一卷 ……… 5－14
袁王綱鑑合編三十九卷首一卷 ……… 5－14
袁王綱鑑合編三十九卷首一卷 ……… 5－15
袁王綱鑑合編三十九卷首一卷 ……… 5－15
袁王綱鑑合編三十九卷首一卷 ……… 5－15
袁王綱鑑合編三十九卷首一卷 ……… 5－15
袁王綱鑑合編三十九卷首一卷 ……… 5－15
袁王綱鑑合編三十九卷首一卷 ……… 5－15
袁王綱鑑合編三十九卷首一卷 ……… 5－15
袁王綱鑑合編三十九卷首一卷 ……… 5－15
袁王綱鑑合編三十九卷首一卷 ……… 5－15
袁王綱鑑合編三十九卷首一卷 ……… 5－15
袁王綱鑑合編三十九卷首一卷 ……… 5－15
袁王綱鑑合編三十九卷首一卷 ……… 5－15
袁王綱鑑合編三十九卷首一卷 ……… 5－15
袁太史時文一卷 ……………………… 5－14
袁太史詩文遺鈔不分卷 ……………… 5－14
袁中郎全集四十卷 …………………… 5－17
袁公製錦徵信初政不分卷 …………… 5－13
袁氏十四修宗譜□□卷 ……………… 5－13
袁氏世考十六卷 ……………………… 5－13
袁氏世考十六卷 ……………………… 5－13
袁文合箋十六卷 ……………………… 5－16
袁文箋正十六卷補注一卷 …………… 5－16
袁文箋正十六卷補注一卷 …………… 5－16
袁文箋正十六卷補注一卷 …………… 5－16
袁文箋正十六卷補注一卷 …………… 5－16
袁文箋正十六卷補注一卷 …………… 5－16
袁文箋正十六卷補注一卷 …………… 5－16
袁文箋正十六卷補注一卷 …………… 5－16
袁文箋正十六卷補注一卷 …………… 5－16
袁文箋正十六卷補注一卷 …………… 5－16
袁文箋正十六卷補注一卷 …………… 5－16
袁文箋正十六卷補注一卷 …………… 5－16
袁文箋正十六卷補注一卷 …………… 5－16
袁文箋正十六卷補注一卷 …………… 5－16
袁文箋正十六卷補注一卷 …………… 5－16
袁文箋正十六卷補注一卷……………… 5－402
袁文箋正補□□卷 …………………… 5－16
［同治］袁州府志十卷首一卷 ……… 5－370
［同治］袁州府志十卷首一卷 ……… 5－370
［同治］袁州府志十卷首一卷 ……… 5－370
［同治］袁州府志十卷首一卷 ……… 5－371
［同治］袁州府志十卷首一卷 ……… 5－371
［乾隆］袁州府志三十八卷首一卷 … 5－339
［乾隆］袁州府志三十八卷首一卷 … 5－339
［乾隆］袁州府志三十八卷首一卷 … 5－339
［乾隆］袁州府志三十八卷首一卷 … 5－339
［乾隆］袁州府志三十八卷首一卷 … 5－339
［乾隆］袁州府志三十八卷首一卷 … 5－339
［乾隆］袁州府志三十八卷首一卷 … 5－339
［乾隆］袁州府志三十八卷首一卷 … 5－339
［乾隆］袁州府志三十八卷首一卷 … 5－339
［乾隆］袁州府志三十八卷首一卷 … 5－340
［乾隆］袁州府志三十八卷首一卷 … 5－340

袁州唐集内編八卷外錄八卷三徐事實一卷徐鼎臣詩集四卷附錄詩一卷 …… 5－17
袁州唐集内編八卷外錄八卷三徐事實一卷徐鼎臣詩集四卷附錄詩一卷 …… 5－17
袁州唐集内編八卷外錄八卷三徐事實一卷徐鼎臣詩集四卷附錄詩一卷 …… 5－17
袁州唐集内編八卷外錄八卷三徐事實一卷徐鼎臣詩集四卷附錄詩一卷 …… 5－17
袁州唐集内編八卷外錄八卷三徐事實一卷徐鼎臣詩集四卷附錄詩一卷 …… 5－17
袁州唐集内編八卷外錄八卷三徐事實一卷徐鼎臣詩集四卷附錄詩一卷 …… 5－17
袁州唐集内編八卷外錄八卷三徐事實一卷徐鼎臣詩集四卷附錄詩一卷 …… 5－17
［袁州堪輿經］一卷 …… 5－384
袁州漢後七代集畧内編二卷外錄六卷 …… 5－17
袁州漢後七代集畧内編二卷外錄六卷 …… 5－17
袁州漢後七代集畧内編二卷外錄六卷 …… 5－17
袁州漢後七代集畧内編二卷外錄六卷 …… 5－17
袁叔論稿不分卷 …… 5－14
袁叔論稿不分卷 …… 5－14
袁忠節公遺詩三卷 …… 5－17
袁柳莊先生神相全編三卷 …… 5－13
袁郡林氏牌冊不分卷 …… 5－13
袁袁山遺集四卷 …… 5－17
袁袁山遺集四卷 …… 5－17
袁督師事蹟一卷 …… 5－13
袁簡齋文集不分卷 …… 5－13
都仙真君神功妙濟方一卷淨明堂神功妙濟諸方一卷 …… 1－299
［同治］都昌縣志十六卷首一卷 …… 1－200
［同治］都昌縣志十六卷首一卷 …… 5－355
［同治］都昌縣志十六卷首一卷 …… 5－355
［同治］都昌縣志十六卷首一卷 …… 5－355
［同治］都昌縣志十六卷首一卷 …… 5－355
都門送行編不分卷 …… 1－299
都門紀略四卷附天下路程一卷 …… 1－299
都門彙纂一卷 …… 1－299
都門雜記不分卷 …… 1－299
恐懼修省錄四卷 …… 2－248
恐懼修省錄四卷 …… 2－248
恐懼修省錄四卷 …… 2－248
恐懼修省錄四卷 …… 2－248
恐懼修省錄四卷 …… 2－249
耻夫詩鈔二卷 …… 1－119
耻躬堂文鈔十卷詩鈔十六卷 …… 1－120
耻躬堂文鈔十卷詩鈔十六卷 …… 1－120
耻躬堂文鈔十卷詩鈔十六卷 …… 1－120
耻躬堂文鈔十卷詩鈔十六卷 …… 1－120
耻躬堂文鈔十卷詩鈔十六卷 …… 1－120
耻躬堂文鈔十卷詩鈔十六卷 …… 1－120
耻躬堂文鈔十卷詩鈔十六卷 …… 1－120
耻堂存稿八卷 …… 1－120
耻齋集十二卷 …… 1－120
華氏中藏經二卷 …… 2－61
華氏義莊課藝初集不分卷 …… 2－61
華北譯箸編□□卷 …… 2－60
華延年室印存不分卷 …… 3－374
華佗先生秘傳外科形症湯散諸方不分卷 …… 2－61
華佗秘傳終南預機七種大全一卷 …… 2－61
華制存考一卷 …… 2－62
華洋戰書初編不分卷 …… 2－61
華屏倡和集四卷 …… 2－61
華峯書簿不分卷(清咸豐七年至光緒十四年) …… 2－60
華盛頓傳八卷 …… 2－61
華陽金仙證論不分卷 …… 2－61
華陽金仙證論不分卷 …… 2－61
華陽國志十二卷 …… 2－61
華陽國志十二卷 …… 2－61

華陽國志十二卷 …………………… 2－61
華陽國志十二卷 …………………… 2－61
華陽散稿菁華二卷 ………………… 2－61
華陽散稿菁華二卷 ………………… 2－61
華陽集四十卷 ……………………… 2－61
華陽館文集十八卷續刻二卷 ……… 2－61
華陽館文集十八卷續刻二卷 ……… 2－61
華陽館文集十八卷續刻二卷 ……… 2－61
華藏室詩鈔不分卷 ………………… 2－60
華嶽全集十三卷 …………………… 2－61
華嶽志八卷首一卷 ………………… 2－61
華嶽志八卷首一卷 ………………… 2－61
莽蒼蒼齋詩二卷 …………………… 2－390
莫愁湖志六卷首一卷 ……………… 2－433
莫愁湖志六卷首一卷 ……………… 2－433
莫愁湖志六卷首一卷 ……………… 2－433
莫愁湖志六卷首一卷 ……………… 2－433
莫愁湖楹聯便覽一卷 ……………… 2－433
莊子十卷 …………………………… 5－217
莊子十卷 …………………………… 5－217
莊子十卷 …………………………… 5－217
莊子十卷 …………………………… 5－218
莊子十卷 …………………………… 5－218
莊子十卷 …………………………… 5－218
莊子十卷 …………………………… 5－218
莊子十卷 …………………………… 5－218
莊子十卷 …………………………… 5－218
莊子內篇註四卷 …………………… 5－217
莊子內篇註四卷 …………………… 5－217
莊子本義二卷 ……………………… 5－216
莊子同壇二卷首一卷 ……………… 5－218
莊子因六卷 ………………………… 5－218
莊子因六卷 ………………………… 5－218
莊子因六卷 ………………………… 5－218
莊子因六卷 ………………………… 5－218
莊子因六卷 ………………………… 5－218
莊子因六卷 ………………………… 5－219
莊子因六卷 ………………………… 5－219
莊子因六卷 ………………………… 5－219
莊子故八卷 ………………………… 5－216
莊子南華真經十卷 ………………… 5－217
莊子南華真經十卷 ………………… 5－217
莊子南華真經十卷 ………………… 5－217
莊子南華真經三卷 ………………… 5－217
莊子南華真經三卷 ………………… 5－217
莊子南華真經三卷 ………………… 5－217
莊子南華真經正義三卷附識餘三卷
………………………………………… 5－217
莊子南華真經四卷 ………………… 5－217
莊子南華真經四卷 ………………… 5－217
莊子旁注五卷 ……………………… 5－217
莊子雪三卷 ………………………… 5－218
莊子集解八卷 ……………………… 5－216
莊子集解八卷 ……………………… 5－216
莊子集解八卷 ……………………… 5－216
莊子集解八卷 ……………………… 5－216
莊子集解八卷 ……………………… 5－217
莊子集解八卷 ……………………… 5－217
莊子集釋十卷 ……………………… 5－217
莊子集釋十卷 ……………………… 5－217
莊子解十二卷 ……………………… 5－217
莊子審音三十三卷 ………………… 5－217
[莊子選註]不分卷 ………………… 5－389
莊子鬳齋口義十卷釋音一卷 ……… 5－218
莊子獨見三十三卷 ………………… 5－216
莊子獨見不分卷 …………………… 5－216
莊子翼八卷 ………………………… 5－218
莊子闕誤一卷 ……………………… 5－217
莊子釋意三卷 ……………………… 5－218
莊子釋意三卷 ……………………… 5－218
莊子釋意三卷 ……………………… 5－218
莊子釋意不分卷 …………………… 5－218
莊氏慈幼二書二卷 ………………… 3－329
莊騷讀本不分卷 …………………… 5－216
荷塘時文不分卷 …………………… 2－33
荷塘夢集一卷 ……………………… 2－33
荷鋤雜志十一卷 …………………… 2－33
荷蘭條約不分卷 …………………… 2－33
荻芬書屋試帖二卷 ………………… 1－245
荻訓堂詩鈔十卷 …………………… 1－245
莘齋文鈔四卷 ……………………… 3－140
莘廬遺詩六卷遺著一卷 …………… 3－140

莘廬遺詩六卷遺著一卷 3-140
莘廬遺詩六卷遺著一卷 3-140
莘廬遺詩六卷遺著一卷 3-140
莘廬遺詩六卷遺著一卷 3-140
莞譚詩剩二卷 1-459
真一酒二卷 5-100
真文忠公心經一卷 5-99
真文忠公政經一卷 5-99
真文忠公政經一卷心經一卷 5-99
真心直說一卷 5-100
真西山先生集八卷 5-100
真西山全集 5-99
真西山讀書記乙集上大學衍義四十三卷 5-99
[真空道經鈔]不分卷 5-387
[真空道經鈔]不分卷 5-387
真珠船二十卷 5-100
真傳一線一卷 5-99
真誥二十卷 5-99
真賞齋印林一卷 5-99
桂月樓四書體註合講十九卷圖說一卷 1-483
桂月樓重訂古文釋義新編八卷 1-483
桂芳齋重訂古文釋義新編八卷 1-482
桂芳齋重訂古文釋義新編八卷 1-482
桂芳齋重訂古文釋義新編八卷 1-482
桂芳齋重訂古文釋義新編八卷 1-482
桂芳齋重訂古文釋義新編八卷 1-482
桂芳齋重訂古文釋義新編八卷 1-482
桂芳齋重訂古文釋義新編八卷 1-482
桂杏聯芳譜約編二卷 1-483
桂苑筆耕集二十卷 1-483
桂林風土記一卷 1-483
桂林詩正八卷 1-483
桂林霜二卷 1-483
桂洲夏文愍公奏議二十一卷補遺一卷 1-483
桂洲夏文愍公奏議二十一卷補遺一卷 1-483
桂洲夏文愍公奏議二十一卷補遺一卷 1-483
桂海虞衡志一卷 1-60
桂海虞衡志一卷 1-60
桂宮梯二卷首一卷 1-482
桂宮梯六卷 1-482
[同治]桂陽直隸州志二十七卷 5-357
[同治]桂陽縣志二十二卷首一卷 5-357
桂勝集一卷外集一卷 1-483
桂隱詩集二卷文集二卷 1-483
桂隱詩集四卷文集四卷 1-483
桐山彙艸二卷 3-481
桐山懷舊集二卷 3-481
桐村詩四卷 3-480
桐城方氏時文不分卷 3-480
桐城吳氏古文讀本十三卷 3-480
桐城吳氏古文讀本十三卷 3-480
桐城吳先生文集四卷 3-480
桐城吳先生文集四卷詩集一卷 3-480
桐城吳先生尺牘五卷補遺一卷諭兒書一卷 3-480
桐城吳先生全書 3-480
桐城耆舊傳十二卷 3-480
桐華舸詩鈔八卷續鈔八卷遺詩一卷明季詠史詩鈔一卷褒忠詩鈔一卷 3-480
桐華舸詩鈔八卷續鈔八卷遺詩一卷明季詠史詩鈔一卷褒忠詩鈔一卷 3-481
桐華舸詩鈔八卷續鈔八卷遺詩一卷明季詠史詩鈔一卷褒忠詩鈔一卷 3-481
桐陰清話八卷 3-481
桐陰論畫二卷首一卷 3-481
桐陰論畫二卷首一卷附錄一卷桐陰畫訣一卷續桐陰論畫一卷 3-481
桐陰論畫二卷首一卷附錄一卷桐陰畫訣一卷續桐陰論畫一卷二編二卷三編二卷 3-481
桐陰論畫二編二卷三編二卷 3-481
桐埜詩集四卷 3-481
桐雲閣試帖輯註二卷 3-481
桐雲閣試帖輯註二卷 3-481

桐雲閣試帖輯註二卷…………………… 3－481
桐雲閣試帖輯註二卷…………………… 3－481
桐雲閣試帖輯註二卷…………………… 3－481
桐雲閣試帖輯註二卷…………………… 3－481
桐雲閣試帖輯註二卷…………………… 3－481
桐雲閣試帖輯註二卷…………………… 3－481
桐蔭書屋試帖四卷……………………… 3－481
勑修百丈清規八卷……………………… 2－254
勑修百丈清規八卷……………………… 2－254
桃花村盍簪錄一卷……………………… 3－449
桃花村盍簪錄一卷浪游浪墨一卷…… 3－449
桃花泉弈譜二卷………………………… 3－450
桃花泉弈譜二卷………………………… 3－450
桃花泉弈譜二卷………………………… 3－450
桃花扇後序一卷………………………… 3－450
桃花扇傳奇二卷四十齣………………… 3－450
桃花扇傳奇二卷四十齣………………… 3－450
桃花扇傳奇二卷四十齣………………… 3－450
桃花扇傳奇二卷四十齣………………… 3－450
桃花扇傳奇二卷四十齣………………… 3－450
桃花扇傳奇二卷四十齣………………… 3－450
桃花扇傳奇四卷四十齣………………… 3－450
桃花扇傳奇四卷四十齣首一卷……… 3－450
桃花扇傳奇四卷四十齣首一卷……… 3－450
桃花扇傳奇四卷四十齣首一卷……… 3－450
桃花扇傳奇四卷四十齣首一卷……… 3－450
桃花扇傳奇四卷四十齣首一卷……… 3－450
桃花扇傳奇四卷四十齣首一卷……… 3－450
桃花源志二十四卷首一卷…………… 3－450
桃溪潘氏歷世考妣墓圖記不分卷…… 3－450
格言聯璧一卷…………………………… 1－398
格言聯璧一卷…………………………… 1－398
格言聯璧一卷…………………………… 1－398
格言聯璧一卷…………………………… 1－398
格言聯璧一卷…………………………… 1－398
格言聯璧一卷…………………………… 1－399
格言聯璧一卷…………………………… 1－399
格言聯璧一卷…………………………… 1－399
格言聯璧一卷…………………………… 1－399
格言聯璧一卷…………………………… 1－399
格言聯璧一卷…………………………… 1－399
格言聯璧一卷…………………………… 1－399
格言聯璧一卷…………………………… 1－399
格言聯璧一卷…………………………… 1－399
格言聯璧一卷…………………………… 1－399
格言聯璧一卷…………………………… 1－399
格言聯璧一卷…………………………… 1－399
格言聯璧一卷…………………………… 1－399
格言聯璧一卷…………………………… 1－399
格言聯璧一卷…………………………… 1－399
格言聯璧一卷…………………………… 1－399
格言聯璧一卷附陸地仙經一卷……… 1－399
格言聯璧一卷附陸地仙經一卷……… 1－399
格言聯璧二卷…………………………… 1－398
格言聯璧二卷…………………………… 1－398
格言聯璧節抄一卷……………………… 1－398
格言類纂三卷…………………………… 1－398
格林礮操法一卷………………………… 1－398
格物入門七卷…………………………… 1－398
格物入門七卷…………………………… 1－398
格物入門七卷…………………………… 1－398
格物入門七卷…………………………… 1－398
格物中法十二卷………………………… 1－398
格物探原六卷…………………………… 1－398
格物淺說一卷…………………………… 1－398
格物質學一卷…………………………… 1－398
格物學一卷……………………………… 1－398
格致不分卷……………………………… 1－399
格致古微六卷…………………………… 1－399
格致治平通議二十六卷………………… 1－402
格致書院課藝十三卷…………………… 1－402
格致書院課藝不分卷…………………… 1－401
格致書院課藝不分卷…………………… 1－401
格致書院課藝不分卷…………………… 1－401
格致書院課藝不分卷…………………… 1－401
格致書院課藝不分卷…………………… 1－401
格致書院課藝不分卷…………………… 1－402
格致書院課藝不分卷…………………… 1－402
格致書院課藝不分卷…………………… 1－402
格致書院課藝不分卷…………………… 1－402
格致書院課藝不分卷…………………… 1－402
格致書院課藝不分卷…………………… 1－402

格致書院課藝不分卷…………………… 1－402
格致書院課藝不分卷…………………… 1－402
格致書院課藝不分卷…………………… 1－402
格致書院課藝初集四卷二集二卷三
集二卷……………………………… 1－402
格致書院課藝彙編十三卷…………… 1－402
格致書院課藝彙編十三卷…………… 1－402
格致書院課藝彙編十三卷…………… 1－402
格致啓蒙四卷………………………… 1－401
格致啓蒙四卷………………………… 1－401
格致啓蒙四卷………………………… 1－401
格致精華録四卷……………………… 1－400
格致精華録四卷……………………… 1－400
格致精華録四卷……………………… 1－400
格致精華録四卷……………………… 1－400
格致質學啓蒙十一章………………… 1－402
格致叢書……………………………… 1－399
格致叢書……………………………… 1－399
格致鏡原一百卷……………………… 1－400
格致鏡原一百卷……………………… 1－400
格致鏡原一百卷……………………… 1－400
格致鏡原一百卷……………………… 1－400
格致鏡原一百卷……………………… 1－400
格致鏡原一百卷……………………… 1－400
格致鏡原一百卷……………………… 1－400
格致鏡原一百卷……………………… 1－400
格致鏡原一百卷……………………… 1－400
格致鏡原一百卷……………………… 1－400
格致鏡原一百卷……………………… 1－400
格致鏡原一百卷……………………… 1－400
格致鏡原一百卷……………………… 1－400
格致鏡原一百卷……………………… 1－400
格致鏡原一百卷……………………… 1－400
格致鏡原一百卷……………………… 1－401
格致鏡原一百卷……………………… 1－401
格致鏡原一百卷……………………… 1－401
格致鏡原一百卷……………………… 1－401
格致鏡原一百卷……………………… 1－401
格致鏡原一百卷……………………… 1－401
格致鏡原一百卷……………………… 1－401
格致鏡原一百卷……………………… 1－401
格致鏡原一百卷……………………… 1－401
格致鏡原一百卷……………………… 1－401
格致鏡原一百卷……………………… 1－401
格致讀本二卷………………………… 1－399
格齋四六不分卷……………………… 1－399
格齋先生四六一卷…………………… 1－399
格齋先生四六一卷…………………… 1－399
校刊史記集解索隱正義札記五卷…… 4－153
校刊史記集解索隱正義札記五卷…… 4－153
校刊史記集解索隱正義札記五卷…… 5－398
校刊史記集解索隱正義劄記五卷…… 3－233
校刊明道本韋氏解國語劄記一卷……… 2－3
校刊明道本韋氏解國語劄記一卷……… 2－3
校刊明道本韋氏解國語劄記一卷……… 2－3
校刊明道本韋氏解國語劄記一卷……… 2－3
校刊明道本韋氏解國語劄記一卷……… 2－3
校刊明道本韋氏解國語劄記一卷……… 2－3
校刊明道本韋氏解國語劄記一卷……… 2－3
校刊明道本韋氏解國語劄記一卷……… 2－3
校刊明道本韋氏解國語劄記一卷……… 2－3
校刊明道本韋氏解國語劄記一卷……… 2－3
校刊明道本韋氏解國語劄記一卷……… 2－3
校刊明道本韋氏解國語劄記一卷……… 2－3
校刊資治通鑑全書…………………… 4－153
校正四書釋地八卷孟子生卒年月考
一卷…………………………………… 4－154
校正尚友録二十二卷………………… 4－153
校正尚友録二十二卷………………… 4－153
校正尚友録二十二卷………………… 4－153
校正尚友録二十二卷………………… 4－153
校正尚友録二十二卷………………… 4－153
校正尚友録二十二卷………………… 4－153
校正尚友録二十二卷………………… 4－153
校正尚友録二十二卷………………… 4－153
校正尚友録二十二卷………………… 4－153
校正尚友録全集二十二卷…………… 4－154
校正尚友録全集二十二卷補遺一卷
……………………………………… 4－154
校正尚友録統編二十四卷…………… 4－154
校正尚友録統編二十四卷…………… 4－154
校正尚友録統編二十四卷…………… 4－154

校正第一奇書二十卷一百回………… 4－153
校正萬年書一卷……………………… 4－154
校正萬年書一卷……………………… 4－154
校正圖註八十一難經四卷…………… 4－154
校正圖註八十一難經四卷…………… 4－154
校正圖註脈訣四卷…………………… 4－154
校正圖註脈訣四卷…………………… 4－154
校正增補代數備旨全草十三章……… 4－154
校正增補代數備旨全草十三章……… 4－154
校正增廣驗方新編二十四卷………… 4－154
校邠廬抗議二卷……………………… 4－150
校邠廬抗議二卷……………………… 4－150
校邠廬抗議二卷……………………… 4－150
校邠廬抗議二卷……………………… 4－150
校邠廬抗議二卷……………………… 4－151
校邠廬抗議二卷……………………… 4－151
校邠廬抗議二卷……………………… 4－151
校邠廬抗議二卷……………………… 4－151
校邠廬抗議二卷……………………… 4－151
校邠廬抗議二卷……………………… 4－151
校邠廬抗議二卷……………………… 4－151
校邠廬抗議二卷……………………… 4－151
校邠廬抗議二卷……………………… 4－151
校邠廬抗議二卷……………………… 4－151
校邠廬抗議二卷……………………… 4－151
校邠廬抗議二卷……………………… 4－151
校邠廬抗議二卷……………………… 4－151
校邠廬抗議二卷……………………… 4－151
校邠廬抗議二卷……………………… 4－151
校邠廬抗議二卷……………………… 5－398
校字錄十二卷………………………… 4－154
校刻詩集傳音釋札記一卷…………… 3－161
校刻詩集傳音釋札記一卷…………… 3－161
校刻詩集傳音釋札記一卷…………… 3－161
校訂太平全書□□卷………………… 4－152
校訂困學紀聞三箋二十卷…………… 4－152
校訂困學紀聞三箋二十卷…………… 4－152
校訂困學紀聞三箋二十卷…………… 4－152
校訂困學紀聞三箋二十卷…………… 4－152
校訂困學紀聞三箋二十卷…………… 4－152
校訂困學紀聞三箋二十卷…………… 4－152
校訂困學紀聞三箋二十卷…………… 4－152
校訂困學紀聞三箋二十卷…………… 4－152
校訂困學紀聞五箋集證二十卷……… 4－152
校訂困學紀聞集證二十卷…………… 4－151
校訂困學紀聞集證二十卷…………… 4－151
校訂困學紀聞集證二十卷…………… 4－152
校訂困學紀聞集證二十卷…………… 4－152
校訂困學紀聞集證二十卷…………… 4－152
校訂困學紀聞集證二十卷…………… 4－152
校訂困學紀聞集證二十卷…………… 4－152
校訂困學紀聞集證二十卷…………… 4－152
校訂定盦全集十卷…………………… 4－151
校桀咸淳臨安志札記三卷…………… 4－114
校桀咸淳臨安志札記三卷…………… 4－114
校桀咸淳臨安志札記三卷…………… 4－114
校桀咸淳臨安志札記三卷…………… 4－114
校勘輿地廣記札記二卷……………… 4－415
校勘輿地廣記札記二卷……………… 4－415
校勘輿地廣記札記二卷……………… 5－401
校補玉海瑣記二卷王深甯先生年譜一卷……………………………… 4－419
校補玉海瑣記二卷王深甯先生年譜一卷……………………………… 4－420
校補玉海瑣記二卷王深甯先生年譜一卷……………………………… 4－420
校補玉海瑣記二卷王深甯先生年譜一卷……………………………… 4－420
校補玉海瑣記二卷王深甯先生年譜一卷……………………………… 4－420
校補玉海瑣記二卷王深甯先生年譜一卷……………………………… 4－420
校補玉海瑣記二卷王深甯先生年譜一卷……………………………… 4－420
校補玉海瑣記二卷王深甯先生年譜一卷……………………………… 4－420
校補玉海瑣記二卷王深甯先生年譜一卷……………………………… 4－421
校補玉海瑣記二卷王深甯先生年譜一卷……………………………… 4－421
校補玉海瑣記二卷王深甯先生年譜一卷……………………………… 4－421

校補玉海瑣記二卷王深甯先生年譜一卷 …… 4－421
校補玉海瑣記二卷王深甯先生年譜一卷 …… 4－421
校補玉海瑣記二卷王深甯先生年譜一卷 …… 4－421
校補歷史綱鑑補四十卷首一卷 …… 4－151
校經堂初集四卷 …… 4－153
校經廎文稾十八卷 …… 4－153
校算記一卷 …… 5－77
校算記一卷 …… 5－77
校漢書八表八卷 …… 4－152
校漢書八表八卷 …… 4－153
校讎通義三卷 …… 4－151
校讎通義三卷 …… 4－151
校讎通義三卷 …… 4－151
栟櫚先生文集二十五卷 …… 1－59
桉譜一卷 …… 1－5
根心寄草一卷雜俎一卷 …… 1－404
根心詠月卅首一卷 …… 1－404
連章文萃不分卷 …… 2－315
連章新鵠不分卷 …… 2－316
[康熙]連陽八排風土記十卷 …… 5－327
連筠簃叢書 …… 2－315
鬲津草堂詩不分卷 …… 1－402
栗香室叢書 …… 2－293
酌雅齋四書遵註合講十九卷 …… 5－221
酌雅齋四書遵註合講十九卷 …… 5－221
酌雅齋四書遵註合講十九卷 …… 5－221
酌雅齋四書遵註合講十九卷 …… 5－221
酌雅齋四書遵註合講十九卷 …… 5－221
酌雅齋四書遵註合講十九卷 …… 5－221
酌雅齋四書遵註合講十九卷 …… 5－221
酌雅齋四書遵註合講十九卷 …… 5－222
酌雅齋四書遵註合講十九卷 …… 5－222
酌雅齋四書遵註合講十九卷 …… 5－222
酌雅齋四書遵註合講十九卷 …… 5－222
酌雅齋四書遵註合講十九卷 …… 5－222
酌雅齋四書遵註合講十九卷 …… 5－222
酌雅齋四書遵註合講十九卷 …… 5－222
酌雅齋四書遵註合講十九卷 …… 5－222
酌雅齋四書遵註合講十九卷 …… 5－222
酌雅齋四書遵註合講十九卷 …… 5－222
酌雅齋四書遵註合講十九卷 …… 5－222
酌雅齋四書遵註合講十九卷 …… 5－222
酌雅齋四書遵註合講十九卷 …… 5－404
酌雅齋四書遵註合講十九卷 …… 5－404
夏小正一卷 …… 4－111
夏小正正義一卷 …… 4－111
夏小正等例文句音義六卷 …… 4－111
夏小正集說四卷補一卷存說二卷 …… 4－396
夏小正傳二卷 …… 4－111
夏小正經傳考二卷附夏小正本義四卷 …… 4－111
夏小正箋疏四卷 …… 4－111
夏小正戴氏傳四卷 …… 4－111
夏小正戴氏傳訓解四卷考異一卷通論一卷 …… 4－111
夏仲子集六卷 …… 4－111
夏仲子集六卷 …… 4－111
夏侯孝若集一卷 …… 4－110
夏侯陽算經三卷 …… 4－110
夏桂洲先生文集十八卷 …… 4－110
夏桂洲先生文集十八卷 …… 4－110
夏峰先生集十六卷 …… 4－110
夏書不分卷 …… 4－111
夏節愍全集十卷首一卷末一卷補遺一卷續補遺一卷 …… 4－111
夏節愍全集十卷首一卷末一卷補遺一卷續補遺一卷 …… 4－111
砲規圖說一卷 …… 2－478
原人三卷原人後編一卷晦堂書錄一卷 …… 5－19
原人論一卷 …… 5－19
原人論一卷 …… 5－19
原本直指算法統宗十二卷首一卷 …… 5－17
原本直指算法統宗十二卷首一卷 …… 5－17
原本海公大紅袍傳六十卷六十回 …… 5－17
原病集六卷 …… 5－18
原理二卷 …… 5－18
原強一卷 …… 5－18
原富八卷 …… 5－18

原富八卷中西年表一卷 ……………… 5－18
原富八卷中西年表一卷 ……………… 5－18
原富八卷中西年表一卷 ……………… 5－18
原富八卷中西年表一卷 ……………… 5－18
原富八卷中西年表一卷 ……………… 5－18
原富八卷中西年表一卷 ……………… 5－18
原富三卷 ………………………………… 5－18
原富三卷 ………………………………… 5－18
原富三卷 ………………………………… 5－18
原富三卷 ………………………………… 5－18
原富三卷 ………………………………… 5－18
原富三卷 ………………………………… 5－18
原富三卷 ………………………………… 5－18
原富三卷 ………………………………… 5－18
原富三卷 ………………………………… 5－18
原富三卷 ………………………………… 5－18
逐日流水(清光緒二十九年) ……… 5－212
烈皇小識八卷…………………………… 2－330
盔山文錄八卷詩錄二卷 ……………… 1－60
盔山文錄八卷詩錄二卷 ……………… 1－60
盔山志八卷 …………………………… 1－60
捕蝗考一卷……………………………… 2－231
捕蝗要訣一卷除蝻八要一卷 ………… 1－63
振綺堂詩存一卷……………………… 1－354
振綺堂詩存一卷……………………… 1－354
振綺堂叢書…………………………… 5－102
[捐例鈔]不分卷 ……………………… 5－326
挹江軒防浦紀略五卷………………… 4－326
挹翠樓詩鈔四卷……………………… 4－326
哲學要領前編十章後編十二章 ……… 5－95
挨星秘竅不分卷……………………………… 1－1
致中堂精輯學庸爽心三卷…………… 5－114
[致世書]不分卷 ……………………… 5－388
致敬錄一卷…………………………… 5－114
晉二俊文集…………………………… 2－194
晉五胡表一卷………………………… 2－195
晉太康三年地記一卷 ………………… 4－12
晉太康三年地記一卷 ………………… 4－12
晉太康三年地記一卷王隱晉書地道
　記一卷……………………………… 2－195
晉成公子安集一卷…………………… 2－194
晉宋書故一卷………………………… 2－195
晉宋書故一卷………………………… 2－195
晉記六十八卷首一卷………………… 2－194
晉記六十八卷首一卷………………… 2－194
晉書一百三十卷……………………… 2－194
晉書一百三十卷……………………… 2－194
晉書一百三十卷……………………… 2－194
晉書一百三十卷……………………… 2－194
晉書一百三十卷……………………… 2－194
晉書一百三十卷……………………… 2－194
晉書一百三十卷……………………… 2－194
晉書一百三十卷……………………… 2－194
晉書一百三十卷……………………… 2－194
晉書一百三十卷……………………… 2－195
晉書一百三十卷……………………… 2－195
晉書一百三十卷……………………… 2－195
晉書一百三十卷……………………… 2－195
晉書一百三十卷……………………… 2－195
晉書一百三十卷……………………… 2－195
晉書一百三十卷……………………… 2－195
晉書一百三十卷……………………… 2－195
晉書一百三十卷……………………… 4－159
晉書地理志新補正五卷……………… 2－194
晉書音義三卷………………………… 2－194
晉書音義三卷………………………… 2－195
晉書音義三卷………………………… 2－195
晉書音義三卷………………………… 2－195
晉書音義三卷………………………… 2－195
晉書音義三卷………………………… 2－195
晉書音義三卷………………………… 2－195
晉書音義三卷………………………… 2－195
晉書音義三卷………………………… 2－195
晉書校勘記四卷……………………… 2－194
晉書校勘記四卷……………………… 2－194
晉書校勘記四卷……………………… 2－194
晉書補傳贊一卷……………………… 2－194
晉書載記三十卷……………………… 2－195
晉書纂十六卷………………………… 2－195
晉畧六十六卷………………………… 2－194
晉渚賦稿一卷………………………… 2－195
柴桑傭錄四卷 ………………………… 1－92

柴菴寤言二卷 …… 1 – 92
逍遙山萬壽宮志二十二卷 …… 4 – 129
逍遙山萬壽宮志二十二卷 …… 4 – 129
逍遙山萬壽宮志二十二卷 …… 4 – 129
逍遙山萬壽宮志二十二卷 …… 4 – 129
逍遙山萬壽宮志二十二卷 …… 4 – 129
逍遙山萬壽宮志二十二卷 …… 4 – 129
逍遙山萬壽宮志二十二卷 …… 4 – 129
逍遙山萬壽宮志二十二卷 …… 4 – 129
逍遙山萬壽宮志二十二卷 …… 4 – 129
逍遙山萬壽宮志二十二卷 …… 4 – 129
逍遙山萬壽宮志二十二卷 …… 4 – 129
逍遙山萬壽宮志二十卷 …… 4 – 129
逍遙山萬壽宮志二十卷 …… 4 – 129
逍遙山萬壽宮志二十卷 …… 4 – 129
逍遙山萬壽宮志二十卷 …… 4 – 130
逍遙山萬壽宮志二十卷 …… 4 – 130
時文抄本不分卷 …… 3 – 222
時文近道集不分卷 …… 3 – 222
[時文法宗]不分卷 …… 5 – 347
[時文約選]一卷 …… 5 – 349
時文備法六卷 …… 3 – 222
[時文鈔]一卷 …… 5 – 347
時文鈔不分卷 …… 3 – 222
時文鈔不分卷 …… 3 – 222
[時文鈔]不分卷 …… 5 – 346
[時文鈔]不分卷 …… 5 – 346
[時文鈔]不分卷 …… 5 – 346
[時文鈔]不分卷 …… 5 – 346
[時文鈔]不分卷 …… 5 – 346
[時文鈔]不分卷 …… 5 – 347
[時文鈔]不分卷 …… 5 – 347
[時文鈔]不分卷 …… 5 – 347
[時文鈔]不分卷 …… 5 – 347
[時文鈔]不分卷 …… 5 – 347
[時文鈔]不分卷 …… 5 – 347
[時文鈔]不分卷 …… 5 – 347
[時文評]不分卷 …… 5 – 347
[時文評]不分卷 …… 5 – 347
[時文彙選]不分卷 …… 5 – 347
[時文隨鈔]一卷 …… 5 – 347
[時文選]一卷 …… 5 – 348
時文選不分卷 …… 3 – 222
[時文選]不分卷 …… 5 – 347
[時文選]不分卷 …… 5 – 347
[時文選]不分卷 …… 5 – 347
[時文選]不分卷 …… 5 – 347
[時文選]不分卷 …… 5 – 347
[時文選]不分卷 …… 5 – 347
[時文選]不分卷 …… 5 – 347
[時文選]不分卷 …… 5 – 347
[時文選]不分卷 …… 5 – 347
[時文選]不分卷 …… 5 – 347
[時文選]不分卷 …… 5 – 348
[時文選]不分卷 …… 5 – 348
[時文選]不分卷 …… 5 – 348
[時文選]不分卷 …… 5 – 348
[時文選]不分卷二集不分卷三集不分卷 …… 5 – 348
[時文選鈔]一卷 …… 5 – 348
[時文選鈔]一卷 …… 5 – 348
[時文選鈔]一卷 …… 5 – 348
[時文選評]一卷 …… 5 – 349
[時文選評]一卷 …… 5 – 349
[時文選評]一卷 …… 5 – 349
[時文選評]一卷 …… 5 – 349
[時文選評]不分卷 …… 5 – 348
[時文選評]不分卷 …… 5 – 348
[時文選評]不分卷 …… 5 – 348
[時文選評]不分卷 …… 5 – 348
[時文選評]不分卷 …… 5 – 348
[時文選評]不分卷 …… 5 – 348
[時文選評]不分卷 …… 5 – 348
[時文選評]不分卷 …… 5 – 348
[時文選評]不分卷 …… 5 – 348
[時文選評]不分卷 …… 5 – 348
[時文選評]不分卷 …… 5 – 348
[時文選評]不分卷 …… 5 – 348
[時文選評]不分卷 …… 5 – 348
[時文選評]不分卷 …… 5 – 348
[時文選評]不分卷 …… 5 – 349
[時文選評]不分卷 …… 5 – 349

[時文選評]不分卷 …………………… 5－349
[時文選評]不分卷 …………………… 5－349
[時文選評]不分卷 …………………… 5－349
[時文選評]不分卷 …………………… 5－349
[時文選評]不分卷 …………………… 5－349
[時文選評]不分卷 …………………… 5－349
[時文選評]不分卷 …………………… 5－349
[時文選評]不分卷 …………………… 5－349
[時文選評]不分卷 …………………… 5－349
[時文選評]不分卷 …………………… 5－349
[時文選評]不分卷 …………………… 5－349
[時文選評]不分卷 …………………… 5－349
[時文選評]不分卷 …………………… 5－349
[時文選評]不分卷 …………………… 5－349
[時文選評]不分卷 …………………… 5－349
[時文選評]不分卷 …………………… 5－349
[時文選録]不分卷 …………………… 5－348
[時文輯評]不分卷 …………………… 5－347
時方妙用四卷 …………………………… 3－221
時方妙用四卷 …………………………… 3－221
時方妙用四卷時方歌括二卷 ………… 3－221
時方歌括二卷 …………………………… 3－221
時令詩林尤雅十二卷 ………………… 3－221
時令詩林尤雅十二卷 ………………… 3－221
時令詩林尤雅十二卷 ………………… 3－221
時用禮式備覽□□卷 ………………… 3－224
時用禮式備覽□□卷 ………………… 3－224
時事采新彙選六卷 …………………… 3－221
時事新論十二卷 ……………………… 3－222
時事新論十二卷 ……………………… 3－222
時事新編初集六卷 …………………… 3－222
時事新編初集六卷 …………………… 3－222
時事新編初集六卷 …………………… 3－222
時事新編初集六卷 …………………… 3－222
時珍仙師南北跌打損傷護身秘笈不
分卷 ………………………………… 3－224
時疫白喉捷要一卷 …………………… 3－224
時疫白喉捷要一卷 …………………… 3－224
時疫白喉捷要一卷 …………………… 3－224
時疫白喉捷要合編一卷 ……………… 3－224
時疫結喉經驗良方一卷 ……………… 3－224
時症彙編不分卷 ……………………… 3－224
時務三字經一卷 ……………………… 3－222
時務三字經一卷 ……………………… 3－222
時務通考三十一卷 …………………… 3－222
時務通考三十一卷 …………………… 3－222
時務通考三十一卷 …………………… 3－222
時務通考三十一卷 …………………… 3－223
時務通考三十一卷 …………………… 3－223
時務通考三十一卷 …………………… 3－223
時務通考三十一卷 …………………… 3－223
時務通考三十一卷 …………………… 3－223
時務通考三十一卷 …………………… 3－223
時務通考三十一卷 …………………… 3－223
時務通考三十一卷 …………………… 3－223
時務通考三十一卷 …………………… 3－223
時務通考三十一卷 …………………… 3－223
時務通考三十一卷 …………………… 3－223
時務通考三十一卷 …………………… 3－223
時務通考三十一卷 …………………… 3－223
時務通考續編三十一卷 ……………… 3－223
時務通考續編三十一卷 ……………… 3－223
時務通考續編三十一卷 ……………… 3－223
時務通考續編三十一卷 ……………… 3－223
時務通考續編三十一卷 ……………… 3－223
時務通考續編三十一卷 ……………… 3－223
時務通考續編三十一卷 ……………… 3－224
時務通考續編三十一卷 ……………… 3－224
時務通攷八十二卷 …………………… 3－224
時務通攷八十二卷 …………………… 3－224
時務通攷八十二卷 …………………… 3－224
時務通攷八十二卷 …………………… 3－224
時務報六十九期 ……………………… 3－222
時務報六十九期 ……………………… 3－222
時務報彙編不分卷 …………………… 3－222
時務報彙編不分卷 …………………… 3－222
時務論一卷附紀程感事詩一卷 ……… 3－222
時務類編四卷 ………………………… 3－222
時敏學堂修身科講義一卷 …………… 3－221
時節氣候抄六卷首一卷 ……………… 3－221
時節氣候抄六卷首一卷 ……………… 3－221
時墨采新一卷 ………………………… 3－221

［時墨集粹］不分卷 …………………… 1－143
時憲七政星度不分卷…………………… 3－224
時藝核第三集不分卷…………………… 3－224
財政四綱四卷 ………………………… 1－68
晁氏儒言一卷 ………………………… 1－98
晁具茨先生詩集十五卷 ……………… 1－98
晏子春秋七卷………………………… 4－268
晏子春秋七卷………………………… 4－268
晏子春秋八卷………………………… 4－268
晏子春秋八卷………………………… 4－268
晏子春秋八卷………………………… 4－268
晏子春秋八卷………………………… 4－268
晏子春秋六卷………………………… 4－268
晏子春秋四卷………………………… 4－268
晏子春秋校勘二卷…………………… 4－268
恩福堂筆記二卷……………………… 1－333
恩餘堂經進初藁十二卷續藁二十二
卷三藁十一卷策問存課二卷知聖
道齋讀書跋尾二卷…………………… 1－333
恩餘堂經進初藁十二卷續藁二十二
卷三藁十一卷策問存課二卷知聖
道齋讀書跋尾二卷…………………… 1－333
恩餘堂經進初藁十二卷續藁二十二
卷三藁十一卷策問存課二卷知聖
道齋讀書跋尾二卷…………………… 1－333
恩餘堂經進初藁十二卷續藁二十二
卷三藁十一卷策問存課二卷知聖
道齋讀書跋尾二卷…………………… 1－333
豈有此理四卷更豈有此理四卷 ……… 3－21
豈有此理四卷更豈有此理四卷 ……… 3－21
豈有此理四卷更豈有此理四卷 ……… 3－21
豈有此理四卷更豈有此理四卷 ……… 3－21
豈有此理四卷更豈有此理四卷 ……… 3－21
豈字不分卷 …………………………… 3－21
峽江圖考一卷附刻行川必要一卷…… 4－110
峽江圖考一卷附刻行川必要一卷…… 4－110
［同治］峽江縣志十卷首一卷 ……… 5－366
［同治］峽江縣志十卷首一卷 ……… 5－366
［同治］峽江縣志十卷首一卷 ……… 5－366
［同治］峽江縣志十卷首一卷 ……… 5－366
峭帆樓叢書 …………………………… 3－37
峴泉集六卷…………………………… 4－116
峴泉集六卷…………………………… 4－116
峴傭說詩一卷………………………… 4－116
峴嶕山房詩集初編八卷續編四卷…… 4－116
峨眉山志十八卷……………………… 1－332
氣學十五課 …………………………… 3－23
造命衍義不分卷 ……………………… 5－44
乘查筆記一卷………………………… 1－108
乘查筆記一卷………………………… 1－108
乘查筆記一卷………………………… 1－108
乘槎筆記二卷………………………… 1－108
乘槎筆記二卷………………………… 1－108
秣陵集六卷…………………………… 2－433
秣陵集六卷圖考一卷金陵歷代紀年
事表一卷……………………………… 2－433
秣陵集四卷朐山集二卷……………… 2－434
秘書九種……………………………… 2－410
秘書廿一種…………………………… 2－411
秘書廿一種…………………………… 2－411
秘書廿一種…………………………… 2－411
秘書廿一種…………………………… 2－411
秘書廿一種…………………………… 2－411
秘書廿一種…………………………… 2－411
秘書廿一種…………………………… 2－411
秘書廿一種…………………………… 2－411
秘書廿一種…………………………… 2－411
秘書廿一種…………………………… 2－411
秘書廿一種…………………………… 2－411
秘書廿一種…………………………… 2－411
秘書廿一種…………………………… 2－411
秘書廿一種…………………………… 2－411
秘書廿一種…………………………… 2－411
秘書廿一種…………………………… 2－411
秘書廿一種…………………………… 2－411
秘書廿一種…………………………… 2－411
秘書廿一種…………………………… 2－411
秘書廿一種…………………………… 2－411
秘書廿一種…………………………… 2－412
秘書廿一種…………………………… 2－412
秘書廿一種…………………………… 2－412
秘書廿一種…………………………… 2－412

秘書廿一種 …………………………… 2－412
秘書廿一種 …………………………… 2－412
秘書廿一種 …………………………… 2－412
秘書廿八種 …………………………… 2－410
秘書廿八種 …………………………… 2－410
秘書廿八種 …………………………… 2－410
秘書廿八種 …………………………… 2－411
秘書廿八種 …………………………… 2－411
秘書集十卷 …………………………… 2－410
秘授命理須知滴天髓二卷 …………… 2－410
秘授命理須知滴天髓二卷 …………… 2－410
秘國條約不分卷 ……………………… 2－410
秘訣元機十二集 ……………………… 2－410
［秘訣］不分卷 ……………………… 5－331
秘傳天祿閣寓言外史八卷 …………… 2－410
秘傳天祿閣寓言外史八卷 …………… 2－410
秘傳方氏小兒纂要不分卷 …………… 2－408
秘傳四課神書仙機水法不分卷 ……… 2－410
秘傳花鏡六卷 ………………………… 2－408
秘傳花鏡六卷 ………………………… 2－408
秘傳花鏡六卷 ………………………… 2－408
秘傳花鏡六卷 ………………………… 2－408
秘傳花鏡六卷 ………………………… 2－408
秘傳花鏡六卷 ………………………… 2－408
秘傳花鏡六卷 ………………………… 2－409
秘傳花鏡六卷 ………………………… 2－409
秘傳花鏡六卷 ………………………… 2－409
秘傳花鏡六卷 ………………………… 2－409
秘傳花鏡六卷 ………………………… 2－409
秘傳花鏡六卷 ………………………… 2－409
秘傳花鏡六卷 ………………………… 2－409
秘傳花鏡六卷 ………………………… 2－409
秘傳花鏡六卷 ………………………… 2－409
秘傳花鏡六卷 ………………………… 2－409
秘傳花鏡六卷 ………………………… 2－409
秘傳花鏡六卷 ………………………… 2－409
秘傳花鏡六卷 ………………………… 2－409
秘傳花鏡六卷 ………………………… 2－409
秘傳花鏡六卷 ………………………… 2－409
秘傳花鏡六卷 ………………………… 2－409
秘傳花鏡六卷 ………………………… 2－409
秘傳花鏡六卷 ………………………… 2－409
秘傳夾竹梅花不分卷 ………………… 2－409
秘傳男女小兒科推拿秘訣不分卷 …… 2－409
秘傳活幼全書八卷 …………………… 2－409
秘傳洋痘總要不分卷 ………………… 2－410
秘傳症名丹方一卷 …………………… 2－410
秘傳眼科龍木醫書總論十卷附葆光
道人秘傳眼科龍木論一卷 ………… 2－410
秘傳眼科龍木醫書總論十卷附葆光
道人秘傳眼科龍木論一卷 ………… 2－410
秘傳麻症全書一卷 …………………… 2－409
秘傳萬法歸宗五卷 …………………… 2－410
秘傳跌打損傷看證歌訣不分卷 ……… 2－408
秘傳痘疹切要不分卷 ………………… 2－408
秘傳經驗痘疹切要一卷 ……………… 2－409
秘傳衡璣心法不分卷 ………………… 2－408
秘傳證治要訣十二卷 ………………… 2－410
秘傳證治要訣十二卷 ………………… 2－410
秘傳證治要訣十二卷 ………………… 2－410
秘錄痘疹全集十五卷秘錄雜症痘疹
藥性主治合參十二卷首一卷 ……… 2－410
秘錄編輯襍病心法要訣不分卷 ……… 2－410
秘藏大六壬大全善本十三卷 ………… 2－408
秘藏大六壬大全善本十三卷 ………… 2－408
秘藏大六壬大全善本十三卷 ………… 2－408
秘擬鄉會標題三卷 …………………… 4－84
透天玄機 ……………………………… 3－488
借秋山居詩鈔八卷 …………………… 2－175
借箸編一卷 …………………………… 2－175
借箸編一卷 …………………………… 2－175
倚松老人詩集二卷 …………………… 4－316
倚松老人詩集二卷 …………………… 4－316
倚香閣詩鈔一卷 ……………………… 4－316
倚雲仙瑲新聲二卷 …………………… 4－316
倚雲仙瑲新聲二卷 …………………… 4－316
倚雲樓詩二卷 ………………………… 4－316
倚雲樓詩二卷 ………………………… 4－316
倚霞宮筆錄二卷 ……………………… 4－316
倡和錄一卷別錄一卷附一卷 ………… 4－269
倡和錄一卷別錄一卷附一卷 ………… 4－269

個山遺集七卷…………………………… 1－404
個山遺集七卷…………………………… 1－404
倭文瑞公遺書八卷首二卷末一卷 …… 4－57
倭文端公遺書十一卷首二卷 ………… 4－57
倭文端公遺書十卷首二卷 …………… 4－57
倭文端公遺書十卷首二卷 …………… 4－57
倭袍傳十二卷一百回 ………………… 4－57
倪氏產寶一卷…………………………… 2－457
倪氏產寶一卷…………………………… 2－457
倪氏產寶一卷…………………………… 2－457
倪氏產寶一卷…………………………… 2－457
倪氏產寶一卷…………………………… 2－457
倪氏產寶一卷…………………………… 2－457
皋軒文編五卷…………………………… 1－395
躬厚堂集二十五卷……………………… 1－409
躬恥齋文鈔二十卷……………………… 1－409
息柯居士全集…………………………… 4－104
息影軒畫譜不分卷……………………… 4－104
息影偶錄八卷…………………………… 4－104
師山先生文集八卷遺文五卷附錄一
卷………………………………………… 3－158
師水齋全集十八卷……………………… 3－158
師白山房講易不分卷…………………… 3－157
師伏堂叢書……………………………… 3－158
師善堂詩集十卷………………………… 3－158
師鄭堂中國文學講義不分卷…………… 3－158
師鄭堂中國文學講義不分卷…………… 3－158
師鄭堂中國文學講義不分卷…………… 3－158
徑中徑又徑四卷………………………… 2－221
徑中徑又徑四卷………………………… 2－221
徑中徑又徑徵義三卷…………………… 2－221
［徐巨源全集］ ……………………… 5－377
［徐巨源全集］ ……………………… 5－377
徐氏三種………………………………… 4－233
徐氏三種………………………………… 4－233
徐氏三種………………………………… 4－233
徐氏三種………………………………… 4－233
徐氏三種………………………………… 4－233
徐氏三種………………………………… 4－233
徐氏三種………………………………… 4－233
徐氏三種………………………………… 4－233
徐氏三種………………………………… 4－233
徐氏三種………………………………… 4－233
徐氏鍼灸捷法六卷……………………… 4－234
徐氏醫書八種…………………………… 4－233
徐氏醫書八種…………………………… 4－233
徐氏醫書八種…………………………… 4－233
徐氏醫書八種…………………………… 4－233
徐氏醫書八種…………………………… 4－233
徐氏醫書八種…………………………… 4－233
徐氏醫書六種…………………………… 4－233
徐氏醫書六種…………………………… 4－233
徐氏醫書六種…………………………… 4－234
徐氏醫書六種…………………………… 4－234
徐氏醫書六種…………………………… 4－234
徐氏雜著四種…………………………… 4－234
徐氏雜著四種…………………………… 4－234
徐文長文集三十卷四聲猿一卷………… 4－234
徐文長文集三十卷四聲猿一卷………… 4－234
徐文長文集三十卷四聲猿一卷………… 4－234
徐文長傳一卷…………………………… 4－234
徐先生手訂書經狐白集六卷首一卷
………………………………………… 4－234
徐州二遺民集十卷……………………… 4－235
徐州二遺民集十卷……………………… 4－235
徐州詩徵八卷…………………………… 4－235
徐州詩徵八卷…………………………… 4－235
徐州詩徵八卷…………………………… 4－235
徐孝穆全集六卷………………………… 4－234
徐孝穆全集六卷………………………… 4－234
徐孝穆全集六卷………………………… 4－234
徐孝穆全集六卷………………………… 4－234
徐孝穆全集六卷………………………… 4－234
徐孝穆全集六卷………………………… 4－235
徐孝穆全集六卷………………………… 4－235
徐孝穆全集六卷………………………… 4－235
徐批外科正宗十二卷…………………… 4－233
徐批葉天士先生方案真本一卷………… 4－233
徐批葉天士先生方案真本一卷………… 4－233
徐位山六種……………………………… 4－234
徐位山六種……………………………… 4－234
［徐位山詩賦全集］不分卷 ………… 5－377

徐洄谿先生十三種 …………………… 4－232
徐烈婦詩鈔二卷回文同心梔子鏡箔圖一卷附錄一卷 …………………… 4－232
徐烈婦詩鈔二卷附報素聞書并回文一卷 …………………… 4－232
徐鼎臣詩集四卷附錄一卷 …………… 4－232
徐鳳竹先生大學衍義補纂要六卷 …… 4－232
徐霞客遊記十卷 …………………… 4－234
徐霞客遊記十卷 …………………… 4－234
徐霞客遊記十卷 …………………… 4－234
徐騎省集三十卷 …………………… 4－233
徐騎省集校勘記一卷 ……………… 4－233
徐靈胎醫學全書 …………………… 4－232
徐靈胎醫學全書 …………………… 4－232
徐靈胎醫學全書 …………………… 4－232
殷商貞卜文字考一卷 ……………… 4－336
殷商貞卜文字考一卷 ……………… 4－336
般若波羅蜜心經註解一卷 …………… 1－22
般若波羅蜜多心經一卷 …………… 1－22
般若波羅蜜多心經註解一卷 ………… 1－22
般若波羅蜜多心經疏一卷 ………… 2－178
般若燈論十五卷 …………………… 1－23
航海述奇四卷 ……………………… 2－28
針灸甲乙經十二卷 ………………… 5－100
針灸問對三卷 ……………………… 5－100
針灸擇日編集一卷 ………………… 5－100
豹隱堂集 …………………………… 1－31
豹隱堂集 …………………………… 1－31
豹隱堂集 …………………………… 1－31
豹隱堂集 …………………………… 1－31
奚囊寸錦三卷讀法一卷 …………… 4－104
奚囊蠹餘二十卷補遺一卷附錄二卷 …………………… 4－104
倉田通法續編三卷 ………………… 1－77
倉筤詩存一卷 ……………………… 4－255
倉筤詩存一卷 ……………………… 4－255
倉頡篇三卷 ………………………… 1－77
倉頡篇補本二卷 …………………… 1－77
倉頡篇續本一卷 …………………… 1－77
飣餖吟十二卷 ……………………… 1－273
飣餖吟十二卷 ……………………… 1－273
翁山文外十六卷 …………………… 4－57
翁山文外十六卷 …………………… 4－57
翁山文外十六卷 …………………… 4－57
翁山詩外二十卷 …………………… 4－57
翁山詩外二十卷 …………………… 4－57
翁松禪楷書顧亭林詩一卷 ………… 5－397
脩史試筆二卷 ……………………… 4－226
脩史試筆二卷 ……………………… 4－226
脩史試筆二卷 ……………………… 4－227
脩史試筆二卷 ……………………… 4－227
脩竹吾廬詩稿一卷 ………………… 4－227
胭脂牡丹六卷 ……………………… 4－262
胭脂牡丹六卷 ……………………… 4－262
胭脂牡丹六卷 ……………………… 4－262
胭脂牡丹六卷 ……………………… 4－262
胭脂牡丹六卷 ……………………… 4－262
胭脂牡丹六卷 ……………………… 4－262
胭脂牡丹六卷 ……………………… 4－262
胭脂牡丹六卷 ……………………… 4－262
胭脂牡丹六卷 ……………………… 4－262
胭脂牡丹六卷 ……………………… 4－262
胭脂牡丹六卷 ……………………… 4－262
胭脂牡丹六卷 ……………………… 4－262
胭脂牡丹六卷 ……………………… 4－262
胭脂牡丹六卷 ……………………… 4－263
胭脂牡丹六卷 ……………………… 4－263
胭脂牡丹六卷 ……………………… 4－263
胭脂牡丹六卷 ……………………… 4－263
胭脂牡丹六卷 ……………………… 4－263
[脈法]不分卷 ……………………… 5－331
[脈法傷寒彙鈔]不分卷 …………… 5－331
脈要圖注四卷 ……………………… 2－387
脈要圖注四卷 ……………………… 2－387
脈理存真二卷 ……………………… 2－387
脈理存真三卷 ……………………… 2－387
脈理存真三卷 ……………………… 2－387
脈理求真三卷 ……………………… 2－387
脈理求真三卷 ……………………… 2－387
脈理會參二卷 ……………………… 2－387
脈理摘要不分卷 …………………… 5－83
脈訣刊誤集解二卷 ………………… 2－387

脈訣刊誤集解二卷 …………………… 2－387
脈訣攷證一卷瀕湖脈學一卷奇經八
　脈攷一卷 …………………………… 2－387
脈訣附方一卷 ………………………… 2－386
脈訣法象湯散不分卷 ………………… 2－386
脈訣指掌病式圖說一卷丹溪先生金
　匱鉤玄二卷 ………………………… 2－387
脈訣彙辨十卷 ………………………… 2－387
脈診便讀一卷 ………………………… 2－387
脈經十卷 ……………………………… 2－386
脈經十卷 ……………………………… 2－386
脈經十卷 ……………………………… 2－386
脈經十卷 ……………………………… 2－386
脈經真本十二卷 ……………………… 2－386
脈學本草醫方全書十四卷 …………… 2－387
脈學匯觀三卷 ………………………… 2－387
脈學歸源五卷 ………………………… 2－387
脈簡補義二卷 ………………………… 2－386
烏石山志九卷首一卷 ……………… 4－58
烏程長興二邑漊港全圖一卷 ……… 4－58
烏程長興二邑漊港全圖一卷 ……… 4－58
［逄公祠肆房收執］（清光緒八年至
　三十年） …………………………… 5－287
留青新集二十四卷 …………………… 2－338
留茀盦尺牘叢殘四卷 ………………… 2－338
留茀盦尺牘叢殘四卷 ………………… 2－338
留茀盦尺牘叢殘四卷 ………………… 2－338
留茀盦尺牘叢殘四卷 ………………… 2－338
留垣疏草一卷 ………………………… 2－338
留畊堂遺詩四卷 ……………………… 2－337
留思堂試帖二卷 ……………………… 2－338
留真譜新編不分卷 …………………… 2－338
留書種閣集 …………………………… 2－338
留雪懷人詩一卷劍山古賦一卷詩鈔
　一卷 ………………………………… 2－338
芻蕘集六卷 …………………………… 1－132
託素齋文集六卷詩集四卷仁恕堂筆
　記一卷 ……………………………… 3－490
託素齋詩集四卷文集六卷 …………… 3－490
訓子姪記一卷 ………………………… 4－260
訓子姪記一卷 ………………………… 4－260
訓子語二卷 …………………………… 4－260
訓子語二卷 …………………………… 4－260
訓俗遺規五卷 ………………………… 4－259
訓俗遺規不分卷 ……………………… 4－259
訓俗遺規不分卷 ……………………… 4－259
訓俗遺規四卷 ………………………… 4－259
訓俗遺規四卷 ………………………… 4－259
訓俗遺規四卷 ………………………… 4－259
訓俗遺規四卷 ………………………… 4－259
訓俗遺規四卷 ………………………… 4－259
訓俗遺規四卷 ………………………… 4－259
訓俗遺規四卷 ………………………… 4－259
訓俗遺規四卷 ………………………… 4－259
訓俗遺規四卷 ………………………… 4－259
訓俗遺規四卷 ………………………… 4－259
訓俗遺規四卷 ………………………… 4－259
訓俗遺規四卷 ………………………… 4－259
訓俗遺規四卷 ………………………… 4－259
訓俗遺規四卷補二卷 ………………… 4－259
訓俗遺規補編二卷 …………………… 4－259
訓俗遺規摘鈔二卷補鈔一卷 ………… 4－259
訓俗遺規摘鈔三卷補摘鈔一卷 ……… 4－260
訓俗遺規摘鈔三卷補摘鈔一卷 ……… 4－260
訓真書屋詩存二卷 …………………… 4－260
訓童要讀一卷 ………………………… 4－260
訓蒙千字文一卷 ……………………… 4－259
訓蒙四字經二集讀本二卷 …………… 4－259
訓蒙四益模本不分卷 ………………… 4－259
訓蒙草一卷 …………………………… 3－284
訓蒙草一卷 …………………………… 3－284
訓蒙草一卷 …………………………… 3－284
訓蒙草一卷 …………………………… 4－139
訓蒙草一卷 …………………………… 4－139
訓蒙草詳注一卷 ……………………… 3－285
訓蒙草詳注一卷 ……………………… 3－285
訓學良規書館必備一卷 ……………… 4－260
訓纂堂叢書 …………………………… 4－260
記事珠十卷 …………………………… 2－122
記事珠十卷 …………………………… 2－122
記事珠十卷 …………………………… 2－122
記事珠十卷 …………………………… 2－122

記事珠十卷………………………………… 2－122
記事珠十卷………………………………… 2－122
記師口傳堪輿總竅透山肺腑的訣一
卷……………………………………… 2－122
記聞類編十四卷………………………… 2－122
訒庵真稿十一卷文稿二卷 …………… 3－74
訒庵真稿十一卷文稿二卷 …………… 3－74
高士傳三卷………………………………… 1－396
高士傳三卷………………………………… 1－396
高士傳三卷………………………………… 1－396
高士傳三卷………………………………… 1－397
高士傳三卷………………………………… 1－397
高才女遺詩一卷附刻一卷……………… 1－395
高山醫案四卷……………………………… 1－396
高山醫案四卷……………………………… 1－396
高山醫案四卷……………………………… 1－396
高子全書…………………………………… 1－397
高氏大宗祠煙灶祟祀會錄一卷……… 1－397
高氏大宗祠煙灶祟祀會錄一卷……… 1－397
高氏大宗祠煙灶祟祀會錄一卷……… 1－397
高氏大宗祠煙灶祟祀會錄一卷……… 1－397
[同治]高平縣志八卷 ……………… 5－356
高安三傳合編五十六卷………………… 1－395
高安三傳合編五十六卷………………… 1－395
高安三傳合編五十六卷………………… 1－395
[道光]高安縣志二十二卷首一卷 … 5－279
[道光]高安縣志二十二卷首一卷 … 5－279
[道光]高安縣志二十二卷首一卷 … 5－279
[同治]高安縣志二十八卷首一卷 … 5－356
[同治]高安縣志二十八卷首一卷 … 5－356
[同治]高安縣志二十八卷首一卷 … 5－356
[同治]高安縣志二十八卷首一卷 … 5－356
[同治]高安縣志二十八卷首一卷 … 5－356
[乾隆]高安縣志十二卷首一卷 …… 5－333
[乾隆]高安縣志十二卷首一卷 …… 5－333
高辛硯齋雜著一卷雜稿一卷詩稿一
卷……………………………………… 2－362
高林詩鈔不分卷………………………… 1－396
高季迪先生大全集十八卷……………… 1－396
高季迪先生大全集十八卷……………… 1－396
高季迪先生大全集十八卷……………… 1－396
高弧細草一卷…………………………… 1－396
高厚蒙求…………………………………… 1－395
高厚蒙求…………………………………… 1－395
高厚蒙求…………………………………… 1－395
高厚蒙求…………………………………… 1－396
高厚蒙求…………………………………… 1－396
高厚蒙求…………………………………… 1－396
高厚蒙求…………………………………… 1－396
高厚蒙求…………………………………… 1－396
高峯大師語錄一卷……………………… 1－395
[嘉慶]高郵州志十二卷首一卷 …… 5－300
[嘉慶]高郵州志十二卷首一卷 …… 5－300
[嘉慶]高郵州志十二卷首一卷 …… 5－300
[乾隆]高郵州志十二卷首一卷末一
卷……………………………………… 5－334
高陶堂遺集………………………………… 1－397
高陶堂遺集………………………………… 1－397
高陶堂遺集………………………………… 1－397
高陶堂遺集………………………………… 1－397
高陶堂遺集………………………………… 1－397
高陶堂遺集………………………………… 1－397
高陶堂遺集………………………………… 1－397
高陶堂遺集………………………………… 1－397
高梅郵時藝不分卷……………………… 1－396
高常侍集十卷…………………………… 1－395
[光緒]高淳縣志二十八卷首一卷 … 5－290
高陽山人詩集二十卷附錄一卷補遺
一卷文集十二卷補遺一卷………… 1－397
高等小學文法教科書不分卷………… 1－395
高等小學西洋歷史教科書不分卷…… 1－395
高等小學農業教科書不分卷………… 1－395
高塘龍眠集一卷………………………… 1－397
高塘龍眠集一卷………………………… 1－397
高僧傳二集四十卷……………………… 1－396
高僧傳三集三十卷……………………… 1－396
高僧傳四集六卷………………………… 1－396
高僧傳初集十五卷……………………… 1－396
高僧傳初集十五卷……………………… 1－396
高僧傳初集十五卷……………………… 1－396
高齋叢刻…………………………………… 1－397
高麗好太王碑六卷……………………… 1－396

郭氏支祠題主錄不分卷 ………………… 1－484
郭氏支祠題主錄不分卷 ………………… 1－484
郭氏佚書六種 ……………………………… 1－484
郭氏傳家易說十一卷總論一卷 ……… 1－484
郭氏傳家易說十一卷總論一卷 ……… 1－484
郭氏傳家易說十一卷總論一卷 ……… 1－484
郭青螺先生遺書三十五卷 …………… 1－484
郭侍郎奏疏十二卷 ……………………… 1－484
郭侍郎奏疏十二卷 ……………………… 1－484
郭烈公祠冊不分卷 ……………………… 1－484
郭寵公祠月恒堂冊不分卷 …………… 1－484
[郭觀堂公祠進出總錄]不分卷(清
光緒二十九年至一九五〇年) …… 5－298
席門集十六卷 ……………………………… 4－107
座右銘不分卷 ……………………………… 5－274
座右銘贅語八卷 …………………………… 5－274
效驗丸方不分卷 …………………………… 4－154
病機二卷 ……………………………………… 1－60
病機不分卷 ………………………………… 1－60
病機沙篆二卷 ……………………………… 1－60
病機沙篆二卷 ……………………………… 1－60
病機沙篆二卷 ……………………………… 1－60
病機類治二卷 ……………………………… 1－60
痧科纂要一卷 ……………………………… 5－102
唐二十四詩品一卷 ……………………… 2－380
唐二十四詩品一卷 ……………………… 2－380
唐二十四詩品一卷 ……………………… 2－380
唐七律選四卷 ……………………………… 3－431
唐人七律神韻集一卷 …………………… 3－431
唐人三家集 ………………………………… 3－431
唐人三家集 ………………………………… 3－431
唐人三家集 ………………………………… 3－431
唐人五十家小集 …………………………… 3－432
唐人五十家小集 …………………………… 3－432
唐人五十家小集 …………………………… 3－432
唐人五十家小集 …………………………… 3－432
唐人五十家小集 …………………………… 5－395
唐人五言長律清麗集六卷 …………… 3－432
唐人五言長律清麗集六卷 …………… 3－432
唐人五言長律清麗集六卷 …………… 3－432
唐人五言長律清麗集六卷 …………… 3－432
唐人五言排律詩論三卷 ……………… 3－432
唐人五言排律選十卷 …………………… 3－432
唐人萬首絕句選七卷 …………………… 3－431
唐人萬首絕句選七卷 …………………… 3－432
唐人萬首絕句選七卷 …………………… 3－432
唐人萬首絕句選七卷 …………………… 3－432
唐人萬首絕句選七卷 …………………… 3－432
唐人試帖四卷 ……………………………… 3－431
唐人試律說一卷 …………………………… 3－431
唐人說薈二十卷 …………………………… 3－431
唐人說薈二十卷 …………………………… 3－431
唐人說薈二十卷 …………………………… 3－431
唐人說薈二十卷 …………………………… 3－431
唐人賦鈔六卷 ……………………………… 3－431
唐人賦鈔六卷 ……………………………… 3－431
唐人賦鈔六卷 ……………………………… 3－431
唐人賦鈔六卷 ……………………………… 3－431
唐人選唐詩 ………………………………… 3－432
唐人應試賦選八卷 ……………………… 3－432
唐人應試賦選八卷 ……………………… 3－432
唐人應試賦選八卷 ……………………… 3－432
唐三體詩六卷 ……………………………… 3－432
唐大家柳柳州文鈔十二卷 …………… 3－427
唐大家韓文公文抄十六卷 …………… 3－427
唐大家韓昌黎文公文選八卷 ………… 3－426
唐才子傳十卷 ……………………………… 3－426
唐女郎魚玄機詩一卷 …………………… 3－430
唐王燾先生外臺祕要方四十卷 ……… 3－447
唐王燾先生外臺祕要方四十卷 ……… 3－447
唐王燾先生外臺秘要方四十卷 ……… 3－447
唐王燾先生外臺秘要方四十卷 ……… 3－447
唐五代詞選三卷 …………………………… 1－187
唐五代詞選三卷 …………………………… 3－448
唐五言詩選二卷 …………………………… 3－448
唐五言詩選二卷 …………………………… 3－448
唐五言詩選二卷 …………………………… 3－448
唐五言詩選二卷 …………………………… 3－448
唐五言詩選二卷 …………………………… 3－448
唐五言詩選二卷 …………………………… 3－448
唐五言詩選二卷 …………………………… 3－448
唐五言詩選二卷 …………………………… 3－448

唐五言詩選二卷…………………………3－448
唐中興間氣集二卷……………………3－449
唐氏蒙求三卷…………………………3－440
唐文呂選………………………………3－448
唐文恪公文集十六卷首一卷…………3－448
唐文粹一百卷…………………………3－447
唐文粹一百卷…………………………3－447
唐文粹一百卷…………………………3－447
唐文粹一百卷…………………………3－447
唐文粹一百卷…………………………3－447
唐文粹刪十卷…………………………3－447
唐文粹補遺二十六卷…………………3－447
唐文粹補遺二十六卷…………………3－447
唐文粹詩選六卷………………………3－447
唐文粹詩選六卷………………………3－447
唐文歸二十四卷………………………3－447
唐文歸十卷……………………………3－447
唐石經考正一卷………………………3－440
唐石經考正一卷………………………3－440
唐石經考正一卷………………………3－440
唐石經館彙訂書樣不分卷……………3－440
［唐四家集］…………………………5－352
唐四家詩八卷…………………………3－442
唐四家詩八卷…………………………3－442
唐四家詩集……………………………3－442
唐四家詩集……………………………3－442
唐四家詩集……………………………3－442
唐四家詩集……………………………3－442
唐四家詩集……………………………3－442
唐代叢書………………………………3－427
唐代叢書………………………………3－427
唐代叢書………………………………3－427
唐代叢書………………………………3－427
唐皮日休文藪十卷……………………3－431
唐皮日休文藪十卷……………………3－431
唐百家詩………………………………3－426
唐百家詩………………………………5－395
［唐百家詩選］………………………5－352
唐丞相曲江張文獻公集十二卷………3－426
唐丞相曲江張文獻公集十二卷………3－426
唐丞相曲江張文獻公集十二卷………3－426
唐丞相曲江張文獻公集十二卷………3－426
唐丞相曲江張文獻公集十二卷………3－426
唐丞相曲江張文獻公集十二卷………3－426
唐丞相曲江張文獻公集十二卷………3－426
唐丞相曲江張文獻公集十二卷………3－426
唐李長吉詩集五卷首一卷……………3－428
唐李長吉詩集五卷首一卷……………3－428
唐李長吉詩集五卷首一卷……………3－428
唐李長吉詩集五卷首一卷……………3－428
唐李長吉詩集五卷首一卷……………3－428
唐李習之文集二卷……………………3－428
唐宋八大家文分體讀本第一集八卷
第二集八卷第三集八卷……………3－444
唐宋八大家文分體讀本第一集八卷
第二集八卷第三集八卷……………3－444
唐宋八大家文分體讀本第一集八卷
第二集八卷第三集八卷……………3－444
唐宋八大家文分體讀本第一集八卷
第二集八卷第三集八卷……………3－444
唐宋八大家文分體讀本第一集八卷
第二集八卷第三集八卷……………3－444
唐宋八大家文分體讀本第一集八卷
第二集八卷第三集八卷……………3－444
唐宋八大家文分體讀本第一集八卷
第二集八卷第三集八卷……………3－444
唐宋八大家文分體讀本第一集八卷
第二集八卷第三集八卷……………3－444
唐宋八大家文分體讀本第一集八卷
第二集八卷第三集八卷……………3－444
唐宋八大家文分體讀本第一集八卷
第二集八卷第三集八卷別附一卷
…………………………………………3－444
唐宋八大家文分體讀本第一集八卷
第二集八卷第三集八卷附錄一卷
…………………………………………3－444
唐宋八大家文鈔………………………3－443
唐宋八大家文鈔………………………3－443
唐宋八大家文鈔………………………3－443
唐宋八大家文鈔………………………3－443
唐宋八大家文鈔………………………3－443
唐宋八大家文鈔………………………3－443

唐宋八大家文鈔 …………………………… 3－443
唐宋八大家文鈔 …………………………… 3－443
唐宋八大家文鈔 …………………………… 3－443
唐宋八大家文鈔 …………………………… 3－443
唐宋八大家文鈔 …………………………… 3－443
唐宋八大家文鈔 …………………………… 3－443
唐宋八大家文鈔 …………………………… 3－444
唐宋八大家文鈔 …………………………… 3－444
唐宋八大家文鈔 …………………………… 3－444
唐宋八大家文鈔 …………………………… 3－444
唐宋八大家文鈔十二卷 ………………… 3－444
唐宋八大家文鈔十二卷 ………………… 3－444
唐宋八大家古文正矩四卷 ……………… 3－442
唐宋八大家古文正矩四卷 ……………… 3－443
唐宋八大家古文正矩四卷 ……………… 3－443
唐宋八大家選二十四卷 ………………… 3－445
唐宋八大家選二十四卷 ………………… 3－445
唐宋八大家類選十四卷 ………………… 3－443
唐宋八大家類選十四卷 ………………… 3－443
唐宋八大家類選十四卷 ………………… 3－443
唐宋八大家類選十四卷 ………………… 3－443
唐宋八大家類選十四卷 ………………… 3－443
唐宋八大家類選十四卷 ………………… 3－443
唐宋八大家類選十四卷 ………………… 3－443
唐宋八大家類選十四卷 ………………… 3－443
唐宋八家文讀本三十卷 ………………… 3－445
唐宋八家文讀本三十卷 ………………… 3－445
唐宋八家文讀本三十卷 ………………… 3－445
唐宋八家文讀本三十卷 ………………… 3－445
唐宋八家文讀本三十卷 ………………… 3－445
唐宋八家文讀本三十卷 ………………… 3－445
唐宋八家文讀本三十卷 ………………… 3－445
唐宋八家文讀本三十卷 ………………… 3－445
唐宋八家文讀本三十卷 ………………… 3－445
唐宋八家文讀本三十卷 ………………… 3－445
唐宋八家文讀本三十卷 ………………… 3－445
唐宋八家文讀本三十卷 ………………… 3－445
唐宋八家文讀本三十卷 ………………… 3－445
唐宋八家文讀本三十卷 ………………… 3－445
唐宋八家文讀本三十卷 ………………… 3－445
唐宋八家文讀本三十卷 ………………… 3－446
唐宋八家文讀本三十卷 ………………… 3－446
唐宋八家文讀本三十卷 ………………… 3－446
唐宋八家文讀本三十卷 ………………… 3－446
唐宋八家文讀本三十卷 ………………… 3－446
唐宋八家文讀本三十卷 ………………… 3－446
唐宋八家文讀本三十卷 ………………… 3－446
唐宋八家文讀本三十卷 ………………… 3－446
唐宋八家文讀本三十卷 ………………… 3－446
唐宋八家鈔八卷 ………………………… 3－445
唐宋八家精選層級集讀本四卷 ……… 3－445
唐宋八家精選層級集讀本四卷 ……… 3－445
唐宋大家全集錄 ………………………… 3－446
唐宋大家全集錄 ………………………… 3－446
唐宋大家全集錄 ………………………… 3－446
唐宋大家全集錄 ………………………… 3－446
唐宋大家全集錄 ………………………… 3－446
唐宋大家全集錄 ………………………… 3－446
唐宋大家全集錄 ………………………… 3－446
[唐宋文選]一卷　 ……………………… 5－352
唐宋名賢四六彙選不分卷 …………… 3－446
唐宋詩本七十六卷目錄八卷 ………… 3－447
唐宋詩本七十六卷目錄八卷 ………… 3－447
唐宋詩本七十六卷目錄八卷 ………… 3－447
唐宋諸賢絕妙詞選十卷中興以來絕
　妙詞選十卷 ………………………… 3－447
唐宋叢書 ……………………………… 3－446
唐宋叢書 ……………………………… 3－446
唐宋叢書 ……………………………… 3－446
唐宋叢書 ……………………………… 3－446
唐宋叢書 ……………………………… 3－446
唐英歌詩三卷 ………………………… 3－448
唐荊川先生文集十二卷 ……………… 3－427
唐荊川先生文集十二卷 ……………… 3－427
唐荊川先生文集十八卷補遺一卷附
　錄一卷 ……………………………… 5－395
唐荊川先生文選七卷 ………………… 3－427
唐荊川先生文選七卷 ………………… 3－427
唐荊川先生文選七卷 ………………… 3－427
唐荊川先生纂輯武編前編六卷後編
　六卷 ………………………………… 3－428
唐柳河東集四十五卷外集五卷附錄

一卷…… 3－428
唐柳河東集四十五卷外集五卷附錄一卷…… 3－428
唐柳河東集四十五卷外集五卷遺文一卷附錄一卷…… 3－428
唐柳河東集四十五卷外集五卷遺文一卷附錄一卷…… 3－428
唐柳柳州文三卷…… 3－429
唐段少卿酉陽雜俎前集二十卷續集十卷…… 3－427
唐音戊籤二百一卷餘閏六十三卷餘諸國主詩一卷…… 3－448
唐眉山文集十四卷…… 3－430
唐眉山詩集十卷文集十四卷…… 3－430
唐書二百二十五卷…… 3－441
唐書二百二十五卷…… 3－441
唐書二百二十五卷…… 3－441
唐書二百二十五卷…… 3－441
唐書二百二十五卷…… 3－441
唐書二百二十五卷…… 3－441
唐書二百二十五卷…… 3－441
唐書二百二十五卷…… 3－441
唐書二百二十五卷…… 3－441
唐書二百二十五卷…… 3－441
唐書二百二十五卷…… 3－441
唐書二百二十五卷…… 3－441
唐書二白二十五卷…… 3－441
唐書二百二十五卷…… 3－441
唐書二百二十五卷…… 3－441
唐書二百二十五卷…… 3－442
唐書二百二十五卷…… 3－442
唐書二百二十五卷…… 3－442
唐書二百二十五卷…… 3－442
唐書二百二十五卷…… 3－442
唐書二百二十五卷…… 3－442
唐書二百二十五卷…… 5－395
唐書西域傳注一卷…… 3－442
唐書合鈔二百六十卷唐書宰相世系表訂譌十二卷…… 3－442
唐書合鈔補正六卷…… 3－442
唐書合鈔補正六卷…… 4－174
唐書合鈔補正六卷…… 4－174
唐書魏鄭公傳注一卷…… 3－442
唐書釋音二卷…… 3－442
唐書釋音二卷…… 3－442
唐陸宣公奏議十五卷唐陸宣公制誥十卷別集一卷…… 3－430
唐陸宣公集二十二卷…… 3－429
唐陸宣公集二十二卷…… 3－429
唐陸宣公集二十二卷…… 3－429
唐陸宣公集二十二卷…… 3－429
唐陸宣公集二十二卷…… 3－429
唐陸宣公集二十二卷…… 3－429
唐陸宣公集二十二卷…… 3－429
唐陸宣公集二十二卷…… 3－429
唐陸宣公集二十二卷…… 3－429
唐陸宣公集二十二卷…… 3－429
唐陸宣公集二十二卷…… 3－429
唐陸宣公集二十二卷…… 3－429
唐陸宣公集二十二卷…… 3－429
唐陸宣公集二十二卷…… 3－429
唐陸宣公集二十二卷…… 3－429
唐陸宣公集二十二卷…… 3－429
唐陸宣公集二十二卷…… 3－430
唐陸宣公集二十二卷…… 3－430
唐陸宣公集二十二卷…… 3－430
唐陸宣公集二十二卷…… 3－430
唐陸宣公集二十二卷…… 3－430
唐陸宣公集二十二卷…… 3－430
唐陸宣公集二十二卷…… 3－430
唐陸宣公集二十二卷…… 3－430
唐陸宣公集二十二卷…… 3－430
唐陸宣公集二十二卷…… 3－430
唐陸宣公集二十二卷…… 3－430
唐陸宣公集二十二卷…… 3－430
唐陸宣公集二十二卷首一卷增輯一卷附錄一卷…… 3－430
唐陸宣公集二十四卷…… 3－430
唐陸宣公翰苑集二十二卷…… 3－429
唐陸宣公翰苑集二十四卷…… 3－429
唐陸宣公翰苑集二十四卷…… 3－429
唐陸宣公翰苑集二十四卷…… 3－429

唐黃御史集八卷附錄一卷…………… 3-427
唐黃御史集八卷附錄一卷…………… 3-427
唐堂集五十卷補遺二卷續集八卷附
　冬錄一卷……………………………… 3-447
唐國史補三卷………………………… 3-427
唐張中丞專祠錄五卷首一卷末一卷
　……………………………………… 3-449
唐張中丞專祠錄五卷首一卷末一卷
　……………………………………… 3-449
唐雅同聲五十卷目錄二卷…………… 3-448
唐雅同聲五十卷目錄二卷…………… 3-448
唐會要一百卷………………………… 3-427
唐試律箋二卷附諟律舉例一卷……… 3-440
唐詩七言絕句不分卷………………… 3-435
唐詩三百首二卷……………………… 3-436
唐詩三百首二卷……………………… 3-436
唐詩三百首二卷……………………… 3-436
唐詩三百首二卷……………………… 3-436
唐詩三百首二卷……………………… 3-436
唐詩三百首二卷……………………… 3-437
唐詩三百首不分卷…………………… 3-435
唐詩三百首不分卷…………………… 3-436
唐詩三百首不分卷…………………… 3-436
唐詩三百首不分卷…………………… 3-436
唐詩三百首不分卷…………………… 3-436
唐詩三百首不分卷…………………… 3-436
唐詩三百首不分卷…………………… 3-436
唐詩三百首不分卷…………………… 3-436
唐詩三百首不分卷…………………… 3-436
唐詩三百首不分卷…………………… 3-436
唐詩三百首不分卷…………………… 3-436
唐詩三百首不分卷…………………… 3-436
唐詩三百首不分卷…………………… 3-436
唐詩三百首不分卷…………………… 3-436
唐詩三百首不分卷…………………… 3-436
唐詩三百首不分卷…………………… 3-436
唐詩三百首不分卷…………………… 3-436
唐詩三百首不分卷…………………… 3-436
唐詩三百首不分卷…………………… 3-436
唐詩三百首六卷……………………… 3-437
唐詩三百首六卷……………………… 3-437
唐詩三百首六卷……………………… 3-437
唐詩三百首六卷……………………… 3-437
唐詩三百首六卷……………………… 3-437
唐詩三百首注疏六卷………………… 3-437
唐詩三百首注疏六卷………………… 3-437
唐詩三百首注疏六卷………………… 3-437
唐詩三百首注疏六卷………………… 3-437
唐詩三百首注疏六卷………………… 3-437
唐詩三百首注疏六卷………………… 3-437
唐詩三百首注疏六卷………………… 3-437
唐詩三百首注疏六卷………………… 3-437
唐詩三百首注疏六卷………………… 3-437
唐詩三百首注疏六卷………………… 3-437
唐詩三百首注疏六卷………………… 3-437
唐詩三百首注疏六卷………………… 3-438
唐詩三百首注疏六卷………………… 3-438
唐詩三百首注疏六卷………………… 3-438
唐詩三百首注疏六卷………………… 3-438
唐詩三百首注疏六卷………………… 3-438
唐詩三百首注疏六卷………………… 3-438
唐詩三百首注疏六卷………………… 3-438
唐詩三百首注疏六卷………………… 3-438
唐詩三百首注疏六卷………………… 3-438
唐詩三百首注疏六卷………………… 3-438
唐詩三百首注疏六卷………………… 3-438
唐詩三百首注疏六卷………………… 3-438
唐詩三百首注疏六卷………………… 3-438
唐詩三百首注疏六卷………………… 3-438
唐詩三百首注疏六卷………………… 3-438
唐詩三百首注疏六卷………………… 3-438
唐詩三百首注疏六卷………………… 3-438
唐詩三百首注疏六卷………………… 3-439
唐詩三百首注疏六卷………………… 3-439
唐詩三百首注疏六卷………………… 3-439
唐詩三百首注疏六卷………………… 3-439
唐詩三百首注疏六卷………………… 3-439
唐詩三百首注疏六卷………………… 3-439
唐詩三百首注疏六卷………………… 3-439
唐詩三百首注疏六卷………………… 3-439
唐詩三百首注疏六卷………………… 5-395
唐詩三百首注疏續選一卷…………… 3-439
唐詩三百首注疏續選一卷…………… 3-439

唐詩三百首注疏續選一卷……………… 3－439
唐詩三百首註釋六卷……………………… 3－439
唐詩三百首註釋六卷……………………… 3－439
唐詩三百首補注八卷……………………… 3－435
唐詩三百首續選一卷……………………… 3－437
唐詩三百首續選一卷……………………… 3－437
唐詩三百首續選一卷……………………… 3－437
唐詩三百首續選一卷……………………… 3－437
唐詩三百首續選一卷……………………… 3－437
唐詩三百首續選一卷……………………… 3－437
唐詩三百首續選一卷……………………… 3－437
唐詩三百首續選一卷……………………… 3－439
唐詩三百首續選一卷姓氏小傳一卷
……………………………………………… 3－438
唐詩三百首續選一卷姓氏小傳一卷
……………………………………………… 3－438
唐詩三百首續選一卷姓氏小傳一卷
……………………………………………… 3－438
唐詩三百首續選一卷姓氏小傳一卷
……………………………………………… 3－438
唐詩三百首續選一卷姓氏小傳一卷
……………………………………………… 3－438
唐詩三百首續選一卷姓氏小傳一卷
……………………………………………… 3－438
唐詩三百首續選一卷姓氏小傳一卷
……………………………………………… 3－438
唐詩三百首續選一卷姓氏小傳一卷
……………………………………………… 3－438
唐詩三百首續選一卷姓氏小傳一卷
……………………………………………… 3－438
唐詩三百首續選一卷姓氏小傳一卷
……………………………………………… 3－438
唐詩三百首續選一卷姓氏小傳一卷
……………………………………………… 3－438
唐詩三百首續選一卷姓氏小傳一卷
……………………………………………… 3－438
唐詩三百首續選一卷姓氏小傳一卷
……………………………………………… 3－439
唐詩五言律句一卷………………………… 3－439
唐詩五言排律金針八卷附杜少陵七
言排律一卷………………………………… 3－439
唐詩分韻集錦不分卷……………………… 3－433
唐詩正聲二十二卷………………………… 3－440
唐詩古體類選六卷………………………… 3－433
[唐詩目]一卷 ……………………………… 5－289
唐詩百名家全集…………………………… 3－433
唐詩百名家全集…………………………… 3－433
唐詩百家選六卷唐詩百家小傳一卷
……………………………………………… 3－432
唐詩百家選六卷唐詩百家小傳一卷
……………………………………………… 3－433
唐詩合解十二卷…………………………… 3－434
唐詩合解十二卷古詩合解四卷………… 3－434
唐詩合選詳解十二卷……………………… 3－434
唐詩合選詳解十二卷……………………… 3－434
唐詩合選詳解十二卷……………………… 3－434
唐詩合選詳解十二卷……………………… 3－434
唐詩別裁集十卷…………………………… 3－433
唐詩別裁集十卷…………………………… 3－433
唐詩別裁集十卷…………………………… 3－433
唐詩別裁集十卷…………………………… 3－433
唐詩別裁集十卷…………………………… 3－433
唐詩別裁集十卷…………………………… 3－433
唐詩別裁集十卷…………………………… 3－433
唐詩別裁集引典備註二十卷…………… 3－433
唐詩別裁集引典備註二十卷…………… 3－433
唐詩別裁集引典備註二十卷…………… 3－433
唐詩近體四卷……………………………… 3－435
唐詩快十六卷……………………………… 3－435
唐詩英華二十二卷………………………… 3－440
唐詩直解七卷……………………………… 3－440
唐詩直解七卷……………………………… 3－440
唐詩直解七卷……………………………… 3－440
唐詩直解七卷……………………………… 3－440
唐詩直解七卷……………………………… 3－440
唐詩直解七卷首一卷……………………… 3－440
唐詩直解七卷首一卷……………………… 3－440
唐詩金粉十卷……………………………… 3－435
唐詩金粉十卷……………………………… 3－435
唐詩定編十四卷…………………………… 3－433
唐詩品彙九十卷拾遺十卷詩人爵里
詳節一卷…………………………………… 3－435

唐詩品彙九十卷拾遺十卷詩人爵里詳節一卷…… 3－435
唐詩品彙九十卷拾遺十卷詩人爵里詳節一卷…… 3－435
唐詩品彙九十卷拾遺十卷詩人爵里詳節一卷…… 3－435
唐詩便讀四卷…… 3－433
唐詩約□□卷…… 3－440
唐詩紀一百七十卷目錄三十四卷…… 3－435
唐詩紀事八十一卷…… 3－434
唐詩紀事八十一卷…… 3－434
唐詩紀事八十一卷…… 3－434
唐詩紀事八十一卷…… 3－434
唐詩紀事八十一卷…… 3－435
唐詩紀事八十一卷…… 3－435
唐詩排律七卷…… 3－435
唐詩貫珠六十卷…… 3－434
唐詩貫珠六十卷…… 3－434
唐詩貫珠六十卷…… 3－434
[唐詩鈔]不分卷 …… 5－352
唐詩鼓吹十卷…… 3－433
唐詩鼓吹十卷…… 3－433
唐詩鼓吹十卷…… 3－433
唐詩鼓吹十卷…… 3－434
唐詩解五十卷…… 3－435
唐詩解五十卷…… 3－435
唐詩解五十卷…… 3－435
唐詩解五十卷…… 3－435
唐詩解五十卷…… 3－435
唐詩試帖課蒙詳解十卷首一卷…… 5－395
唐詩試帖課蒙詳解十卷首一卷…… 5－395
唐詩試體分韻四卷…… 3－439
唐詩試體分韻四卷…… 3－439
唐詩試體分韻四卷首一卷末一卷…… 3－439
唐詩摘鈔四卷…… 3－440
唐詩選七卷…… 3－440
唐詩選七卷附錄一卷…… 3－440
[唐詩選]不分卷 …… 5－352
唐詩諧律二卷…… 3－439
唐詩諧律二卷…… 3－439
唐詩諧律二卷…… 3－439
唐詩諧律二卷…… 3－440
唐詩應試備體十卷補遺一卷…… 3－440
唐詩歸三十六卷…… 3－434
唐詩歸三十六卷…… 3－434
唐詩歸三十六卷…… 3－434
唐詩歸三十六卷…… 3－434
唐詩歸三十六卷…… 3－434
唐詩歸三十六卷…… 3－434
唐詩韻匯不分卷…… 3－440
唐詩韻匯不分卷…… 3－440
唐摭言十五卷…… 3－449
唐摭言十五卷…… 3－449
唐語林八卷…… 3－449
唐歐陽四門集八卷附錄一卷…… 3－430
唐賢三昧集三卷…… 3－448
唐賢三昧集三卷…… 3－448
唐賢三昧集三卷…… 3－448
唐賢三昧集三卷…… 3－448
唐賢三昧集三卷…… 5－395
唐賢三昧集三卷…… 5－395
唐賢三昧集箋註三卷…… 3－448
唐確慎公集十卷首一卷末一卷…… 3－431
唐劉賓客詩集六卷…… 3－428
唐駢體文鈔十七卷…… 3－431
唐駢體文鈔十七卷…… 3－431
唐駢體文鈔十七卷…… 3－431
唐駢體文鈔十七卷…… 3－431
唐翰林李太白年譜一卷…… 1－360
唐韓昌黎集四十卷附錄一卷外集十卷疑問一卷…… 3－427
唐韓昌黎集四十卷附錄一卷外集十卷疑問一卷…… 3－427
唐應試六韻詩鈔一卷唐應制六韻詩鈔一卷…… 3－448
唐類函二百卷目錄二卷…… 3－428
唐類函二百卷目錄二卷…… 3－428
唐類函二百卷目錄二卷…… 3－428
唐類函二百卷目錄二卷…… 3－428
唐鑑節略不分卷…… 3－427
部頒科場條例不分卷…… 1－473
畜德錄二十卷…… 1－137

畜德錄二十卷 …………………………… 1－137
悟性窮原不分卷 ………………………… 4－88
悟真直指四卷 …………………………… 4－88
悟真直指四卷 …………………………… 4－88
悟真篇三注三卷外集一卷 ……………… 4－88
悟真篇三注三卷外集一卷 ……………… 4－88
悟雪樓詩存三十四卷 …………………… 4－88
悟雪樓詩存三十四卷 …………………… 4－88
悟雪樓詩存三十四卷 …………………… 4－88
悟雪樓詩初集六卷二集六卷 …………… 4－88
悟道錄二卷 ……………………………… 4－88
悔少集一卷 ……………………………… 2－99
悔生文集八卷 …………………………… 2－99
悔菴學文八卷 …………………………… 2－99
悔餘菴詩稿十二卷文稿七卷 …………… 2－99
悔餘菴詩稿十三卷文稿九卷樂府四
　卷餘辛集三卷衲蘇集二卷 …………… 2－99
悔餘菴詩稿十三卷樂府四卷 …………… 2－99
悔齋詩六卷 ……………………………… 2－99
悦心集四卷 ……………………………… 5－24
悦心集四卷 ……………………………… 5－24
悦城龍母廟志二卷附刻一卷 …………… 5－24
瓶花齋集十卷 …………………………… 2－496
瓶花齋集十卷 …………………………… 2－496
瓶城山館詩鈔十二卷 …………………… 2－496
瓶城山館詩鈔十六卷 …………………… 2－496
瓶菴居士詩鈔四卷文鈔四卷 …………… 2－496
瓶菴居士詩鈔四卷文鈔四卷 …………… 2－496
益元堂訂正幼學妥註新增珠璣三卷
　首一卷 ………………………………… 4－326
［益志堂賬簿］不分卷（清嘉慶二十
　四年至咸豐六年） …………………… 5－381
益智字圖一卷 …………………………… 4－326
益智字圖一卷 …………………………… 5－400
益智圖二卷 ……………………………… 4－326
益智圖二卷 ……………………………… 4－326
益智圖二卷 ……………………………… 4－326
益智圖二卷 ……………………………… 4－326
益智圖二卷 ……………………………… 4－326
益智編四十一卷 ………………………… 4－326
益智燕几圖一卷副本一卷 ……………… 4－326
益智燕几圖一卷副本一卷 ……………… 4－326
益智續圖一卷 …………………………… 4－326
兼山集四卷 ……………………………… 2－139
兼濟堂文選十卷 ………………………… 2－139
兼濟堂文選十卷 ………………………… 2－139
兼濟堂纂刻梅勿菴先生曆算全書 …… 2－139
兼濟堂纂刻梅勿菴先生曆算全書 …… 2－139
兼濟堂纂刻梅勿菴先生曆算全書 …… 2－139
兼濟堂纂刻梅勿菴先生曆算全書 …… 2－139
兼濟堂纂刻梅勿菴先生曆算全書 …… 2－139
朔方備乘六十八卷首十二卷 …………… 3－312
朔方備乘六十八卷首十二卷 …………… 3－312
朔方備乘六十八卷首十二卷 …………… 3－312
朔方備乘六十八卷首十二卷 …………… 3－312
朔方備乘六十八卷首十二卷 …………… 3－312
朔方備乘六十八卷首十二卷 …………… 3－312
朔方備乘六十八卷首十二卷 …………… 3－312
朔方備乘六十八卷首十二卷 …………… 3－312
朔方備乘六十八卷首十二卷 …………… 3－312
朔方備乘六十八卷首十二卷 …………… 3－312
朔方備乘六十八卷首十二卷 …………… 3－312
朔方備乘六十八卷首十二卷 …………… 3－312
朔方備乘六十八卷首十二卷 …………… 3－312
烟雲供養齋詩草二卷 …………………… 4－263
剡源文鈔四卷佚文一卷 ………………… 4－267
剡源集三十卷 …………………………… 4－267
［嘉定］剡錄十卷 ……………………… 5－300
浦城遺書 ………………………………… 3－8
涑水記聞十六卷 ………………………… 3－395
涑水記聞十六卷 ………………………… 3－395
涑水記聞十六卷補遺一卷 ……………… 3－395
涑水記聞十六卷補遺一卷 ……………… 3－395
涑水鑑評四卷 …………………………… 3－395
涑悔詩草二卷 …………………………… 3－395
酒令叢鈔四卷 …………………………… 2－231
酒概四卷 ………………………………… 2－231
浙西六家詩鈔六卷 ……………………… 5－97
浙西水利書三卷 ………………………… 5－97
浙西水利備考不分卷 …………………… 5－97
浙西水利備考不分卷 …………………… 5－97
浙西水利備考不分卷 …………………… 5－97

浙西水利備考不分卷 ………………… 5－97
浙西校士錄不分卷 ………………… 5－97
浙江八旗殉難錄四卷 ………………… 5－96
浙江平湖縣查編保甲事宜一卷 ……… 5－96
浙江四大家史論合編四卷 …………… 5－96
浙江全省輿圖並水陸道里記不分卷
…………………………………… 5－96
［浙江杭州］王氏族譜十卷 ………… 5－387
［浙江杭州］王氏族譜十卷 ………… 5－387
浙江忠義錄十卷表八卷又一卷續編
二卷續表九卷 ……………………… 5－96
浙江沿海圖說一卷附海島表一卷 …… 5－96
浙江海運漕糧全案新編八卷 ………… 5－96
［雍正］浙江通志二百八十卷首三卷
…………………………………… 5－383
［雍正］浙江通志二百八十卷首三卷
…………………………………… 5－383
［雍正］浙江通志二百八十卷首三卷
…………………………………… 5－383
［雍正］浙江通志二百八十卷首三卷
…………………………………… 5－383
浙江通省志圖說一卷 ………………… 5－96
浙江通省房捐章程一卷 ……………… 5－96
浙江試牘不分卷 ……………………… 5－96
浙江試牘立誠編不分卷 ……………… 5－96
浙江試牘立誠編不分卷 ……………… 5－96
浙江試牘立誠編不分卷 ……………… 5－96
浙江試牘立誠編□□卷 ……………… 5－96
浙江圖攷一卷 ………………………… 5－96
浙江諮議局議員質問書一卷附巡撫
諮詢事件一卷 ……………………… 5－96
浙江闈墨不分卷 ……………………… 5－96
浙東籌防錄四卷籌洋芻議一卷 ……… 5－96
浙刻雙池遺書八種 …………………… 5－96
浙刻雙池遺書八種 …………………… 5－96
浙紹奎照樓新增繪圖幼學故事瓊林
四卷首一卷 ………………………… 5－97
涇川叢書 ……………………………… 2－198
涇川叢書 ……………………………… 2－198
［乾隆］涇州志二卷 ………………… 5－335
［乾隆］涇州志二卷 ………………… 5－335
涇野子內篇二十七卷 ………………… 2－199
涇野先生五經說 ……………………… 2－198
涉江唱和詩一卷 ……………………… 3－139
娑羅館清言二卷續娑羅館清言一卷
…………………………………… 1－72
消閒述異三卷 ………………………… 4－130
浩山詩鈔不分卷 ……………………… 2－29
海上名人畫稿不分卷 ………………… 2－9
海上名人畫稿不分卷 ………………… 2－9
海上名人畫稿不分卷 ………………… 2－9
海上名人畫稿不分卷 ………………… 2－9
海上名人畫稿不分卷 ………………… 2－9
海上名人畫稿不分卷 ………………… 2－9
海上名人畫稿不分卷 ………………… 2－10
海上名人畫稿不分卷 ………………… 2－10
海上名人畫譜不分卷 ………………… 2－10
海上名妓手札二卷 …………………… 2－9
海上羣芳譜四卷 ……………………… 2－10
海上鴻泥偶存八卷 …………………… 2－9
海口董氏實錄八卷首一卷 …………… 2－8
海山仙館叢書 ………………………… 2－9
海山仙館叢書 ………………………… 2－9
海山仙館叢書 ………………………… 2－9
海山仙館叢書 ………………………… 2－9
海山詩屋詩話十卷 …………………… 2－9
海山詩屋詩話十卷 …………………… 2－9
海天仙館詠古試律初稿不分卷 ……… 2－12
海天樓詩鈔十二卷 …………………… 2－12
海外見聞錄二卷 ……………………… 2－12
海外見聞錄二卷 ……………………… 2－12
海防新論八卷 ………………………… 2－5
海甸野史 ……………………………… 2－5
海東札記四卷 ………………………… 2－5
海東金石苑一卷 ……………………… 2－5
海東逸史十八卷 ……………………… 2－5
海忠介公文集七卷 …………………… 2－12
海忠介公集六卷 ……………………… 2－12
海忠介公集六卷 ……………………… 2－12
海忠介公傳一卷 ……………………… 2－12
海忠介公傳二卷 ……………………… 2－12
海底譬二卷 …………………………… 2－5

海南一勺合編內函十卷首一卷外函三十二卷…… 2－9
海南一勺合編內函十卷首一卷外函三十二卷…… 2－9
海南一勺合編內函十卷首一卷外函三十二卷…… 2－9
海南瓣香集一卷…… 2－8
海秋文稿不分卷…… 2－9
海秋制藝二集不分卷…… 2－9
海秋稿二集不分卷…… 2－9
海叟詩集四卷集外詩一卷附錄一卷…… 2－10
海叟詩集四卷集外詩一卷附錄一卷…… 2－10
海叟詩集四卷集外詩一卷附錄一卷…… 2－10
海叟詩集四卷集外詩一卷附錄一卷…… 2－10
海叟詩集四卷集外詩一卷附錄一卷…… 2－10
海叟詩集四卷集外詩一卷附錄一卷…… 2－10
海叟詩集四卷集外詩一卷附錄一卷…… 2－10
海叟詩集四卷集外詩一卷附錄一卷…… 2－10
海叟詩集四卷集外詩一卷附錄一卷…… 2－10
海叟詩集四卷集外詩一卷附錄一卷…… 2－10
海叟詩集四卷集外詩一卷附錄一卷…… 2－10
海叟詩集四卷集外詩一卷附錄一卷…… 2－10
海叟詩集四卷集外詩一卷附錄一卷…… 2－10
海叟詩集四卷集外詩一卷附錄一卷…… 2－10
海叟詩集四卷集外詩一卷附錄一卷…… 2－11
海叟詩集四卷集外詩一卷附錄一卷…… 2－11
海叟詩集四卷集外詩一卷附錄一卷…… 2－11
海叟詩集四卷集外詩一卷附錄一卷…… 2－11
海叟詩集四卷集外詩一卷附錄一卷…… 2－11
海叟詩集四卷集外詩一卷附錄一卷…… 2－11
海叟詩集四卷集外詩一卷附錄一卷…… 2－11
海叟詩集四卷集外詩一卷附錄一卷…… 2－11
海叟詩集四卷集外詩一卷附錄一卷…… 2－11
海叟詩集四卷集外詩一卷附錄一卷…… 2－11
海叟詩集四卷集外詩一卷附錄一卷…… 2－11
海叟詩集四卷集外詩一卷附錄一卷…… 2－11
海叟詩集四卷集外詩一卷附錄一卷…… 2－11
海叟詩集四卷集外詩一卷附錄一卷…… 2－11
海風簫詞一卷…… 2－5
海軍調度要言三卷附圖一卷…… 2－8
海軍調度要言三卷附圖一卷…… 2－8
海峰文集八卷…… 2－6
海峰詩集六卷…… 2－6
海峯文集八卷…… 2－5
海峯文集八卷…… 2－5
海峯文集八卷…… 2－6
海峯文集八卷詩集六卷…… 2－6
海峯先生文十卷補遺一卷詩八卷制藝一卷…… 2－6
海峯先生文十卷詩六卷…… 2－6
海峯先生精選八大家文鈔不分卷…… 2－6
海峯詩集十一卷…… 2－5
海峯詩集十一卷…… 2－5

海島逸志六卷…………………………… 2-5
海陵文徵二十卷………………………… 2-8
海陬冶遊錄三卷附錄三卷餘錄一卷
…………………………………………… 2-12
海國尚友錄八卷………………………… 2-6
海國紀畧□□卷………………………… 2-6
海國勝遊草一卷………………………… 2-6
海國聞見錄二卷………………………… 2-8
海國聞見錄二卷………………………… 2-8
海國聞見錄二卷………………………… 2-8
海國圖志一百卷………………………… 2-6
海國圖志一百卷………………………… 2-6
海國圖志一百卷………………………… 2-7
海國圖志一百卷………………………… 2-7
海國圖志一百卷………………………… 2-7
海國圖志一百卷………………………… 2-7
海國圖志一百卷………………………… 2-7
海國圖志一百卷………………………… 2-7
海國圖志一百卷………………………… 2-7
海國圖志一百卷首一卷………………… 2-6
海國圖志一百卷首一卷………………… 2-6
海國圖志一百卷首一卷………………… 2-6
海國圖志一百卷首一卷………………… 2-6
海國圖志一百卷首一卷………………… 2-6
海國圖志一百卷首一卷………………… 2-7
海國圖志一百卷首一卷………………… 2-7
海國圖志一百卷首一卷………………… 2-7
海國圖志一百卷首一卷………………… 2-7
海國圖志一百卷首一卷………………… 2-7
海國圖志一百卷首一卷………………… 2-7
海國圖志一百卷首一卷………………… 2-7
海國圖志一百卷首一卷………………… 2-7
海國圖志一百卷首一卷………………… 2-8
海國圖志一百卷首一卷………………… 2-8
海國圖志一百卷首一卷………………… 2-8
海國圖志一百卷首一卷………………… 2-8
海國圖志一百卷首一卷………………… 2-8
海國圖志一百卷首一卷………………… 2-8
海國圖志一百卷首一卷………………… 2-8
海國圖志一百卷首一卷………………… 2-8
海國圖志五十卷………………………… 2-6
海國圖志五十卷………………………… 2-6
海國圖志六十卷………………………… 2-6
海國圖志續集二十五卷首一卷………… 2-7
海國圖志續集二十五卷首一卷………… 2-7
海國圖志續集二十五卷首一卷………… 2-7
海國圖志續集二十五卷首一卷………… 2-7
海國圖志續集二十五卷首一卷………… 2-7
海國圖志續集二十五卷首一卷………… 2-7
海國圖志續集二十五卷首一卷………… 2-7
海國圖志續集二十五卷首一卷………… 2-7
海國圖志續集二十五卷首一卷………… 2-8
海國圖志續集二十五卷首一卷………… 2-8
海國圖志續集二十五卷首一卷………… 2-8
海國圖志續集二十五卷首一卷………… 2-8
海國圖志續集二十五卷首一卷………… 2-8
海國輿地釋名十卷首一卷……………… 2-8
海粟集六卷拾遺一卷 ………………… 2-11
海道圖說十五卷………………………… 2-5
海道圖說十五卷………………………… 2-5
海塘新志五卷………………………… 1-121
海塘新志六卷 ………………………… 2-11
海塘新志六卷 ………………………… 2-12
海塘輯要十卷首一卷 ………………… 2-11
海塘輯要十卷首一卷 ………………… 2-11
海虞三陶先生集合刻 ………………… 2-12
海愚詩鈔十二卷 ……………………… 2-12
海語三卷 ……………………………… 2-12
海漚小譜一卷…………………………… 2-9
海漚小譜一卷………………………… 4-269
海戰新義四卷 ………………………… 2-12
[海戰論]一卷 ………………………… 5-299
海豐吳氏硃卷不分卷…………………… 2-6
海騷四卷………………………………… 2-9
涂子一杯水五卷……………………… 3-482
涂子類藁十卷………………………… 3-482
浮白山房詩草□卷…………………… 1-374
浮白錄二卷…………………………… 1-374
浮邱子十二卷………………………… 1-374
浮邱子十二卷………………………… 1-374
浮邱子十二卷………………………… 1-374
浮邱子十二卷………………………… 1-374

浮邱子十二卷 …………………………… 1－375
浮邱子十二卷 …………………………… 1－375
浮邱子十二卷 …………………………… 1－375
浮邱子十二卷 …………………………… 1－375
浮邱子十二卷 …………………………… 1－375
浮邱閣詩初刻□□卷 ………………… 1－374
[道光]浮梁縣志二十二卷首一卷 … 5－279
[乾隆]浮梁縣志十二卷首一卷 …… 5－333
浮湘訪學集 ……………………………… 1－375
浮溪集三十二卷 ……………………… 1－375
[流水簿]不分卷(清光緒二十一年至二十五年) ………………………… 5－331
[流水簿]不分卷(清光緒二年至三年) …………………………………… 5－330
[流水簿]不分卷(清光緒十八年) ………………………………………… 5－331
[流水簿]不分卷(清光緒六年至二十五年) ……………………………… 5－331
[流水簿]不分卷(清道光二十一年至民國五年) ………………………… 5－330
[流水簿]不分卷(清道光二十四年至同治五年) ………………………… 5－330
流沙訪古記一卷 ……………………… 2－338
流雲雜紀二集不分卷 ………………… 2－338
浣花樓詩草五卷文集一卷秋尋圖詩一卷 ………………………………… 2－70
浣花樓詩草五卷文集一卷秋尋圖詩一卷 ………………………………… 2－70
浣香居遺稿一卷 …………………… 2－70
浣雲詩鈔八卷 ……………………… 2－70
浣薇軒夢餘吟草一卷 ………………… 4－316
浣霞軒詩稿一卷寓草二卷試帖拾遺一卷 ………………………………… 1－454
浣霞軒詩稿一卷寓草二卷試帖拾遺一卷 ………………………………… 2－70
浪游浪墨一卷 ………………………… 2－257
浪游浪墨一卷 ………………………… 2－257
浪游浪墨一卷 ………………………… 2－257
浪跡叢談十一卷續談八卷 …………… 2－257
浸園草稿不分卷 ……………………… 2－195
宸垣識畧十六卷 …………………… 1－99
宸垣識畧十六卷 ………………………… 1－99
家下進出用數不分卷(清光緒三十三年至三十四年) …………………… 2－135
家下進出用數不分卷(清宣統二年至三年) ……………………………… 2－135
家珍集文鈔不分卷 …………………… 2－135
家政不分卷 ……………………………… 2－135
家政學不分卷 …………………………… 2－135
家庭談話不分卷 ………………………… 2－135
家庭講話三卷 …………………………… 2－135
家庭講話三卷 …………………………… 2－135
[家書]不分卷 ……………………… 5－300
家常要錄瑣言不分卷 ………………… 2－134
家傳痘科醫集不分卷 ………………… 2－134
家語十卷 ………………………………… 2－135
家語疏證六卷 …………………………… 2－135
家語疏證六卷 …………………………… 2－135
家塾蒙求五卷 …………………………… 2－135
家塾蒙求五卷 …………………………… 2－135
家塾蒙求五卷 …………………………… 2－135
家塾邇言六卷 …………………………… 2－135
家塾寶訓不分卷 ………………………… 2－135
家範十卷 ………………………………… 2－134
家範十卷 ………………………………… 2－134
家範十卷 ………………………………… 2－134
家範十卷 ………………………………… 2－134
家藏一粒金不分卷 …………………… 2－134
[家藏書目]一卷 ……………………… 5－300
家禮備要一卷 …………………………… 2－134
家禮備要一卷 …………………………… 2－134
家禮備要一卷 …………………………… 2－134
家禮備要一卷 …………………………… 2－134
家禮備要一卷 …………………………… 2－134
家禮備要一卷 …………………………… 2－134
家禮備要一卷 …………………………… 2－134
家禮備要一卷 …………………………… 2－135
家禮備要一卷 …………………………… 2－135
家禮備要一卷 …………………………… 2－135
家禮備要一卷 …………………………… 2－135
家禮備要一卷 …………………………… 2－135
家禮備要一卷 …………………………… 2－135

家禮釋要三卷…………………………2－135
[家譜]不分卷 ………………………5－300
[家譜世系]不分卷 …………………5－300
家寶吉徵不分卷……………………2－134
宮閨小名錄四卷……………………1－409
宮閨文選二十六卷…………………1－409
宮閨聯名譜二十二卷………………1－409
宮閨聯名譜二十二卷………………1－409
宮閨聯名譜二十二卷………………1－409
容山教事錄一卷 ……………………3－80
容甫先生遺詩五卷附錄一卷 …………3－80
容甫先生遺詩五卷補遺一卷 …………3－80
容城三賢文集十二卷 ………………3－80
容城三賢文集十二卷 ………………3－80
容城文靖劉先生文集四卷 …………3－80
容圓七術三卷曲面容方一卷 ………3－80
容與集一卷 …………………………3－80
容齋隨筆十六卷首一卷續筆十六卷
三筆十六卷四筆十六卷五筆十卷
………………………………………3－80
容齋隨筆十六卷首一卷續筆十六卷
三筆十六卷四筆十六卷五筆十卷
………………………………………3－80
容齋隨筆十六卷首一卷續筆十六卷
三筆十六卷四筆十六卷五筆十卷
………………………………………3－81
容齋隨筆十六卷首一卷續筆十六卷
三筆十六卷四筆十六卷五筆十卷
………………………………………3－81
容齋隨筆十六卷續筆十六卷三筆十
六卷四筆十六卷五筆十卷 …………3－81
容齋隨筆十六卷續筆十六卷三筆十
六卷四筆十六卷五筆十卷 …………3－81
容齋隨筆十六卷續筆十六卷三筆十
六卷四筆十六卷五筆十卷 …………3－81
容齋隨筆十六卷續筆十六卷三筆十
六卷四筆十六卷五筆十卷 …………3－81
容齋隨筆十六卷續筆十六卷三筆十
六卷四筆十六卷五筆十卷 …………3－81
容齋隨筆十六卷續筆十六卷三筆十
六卷四筆十六卷五筆十卷 …………3－81
容齋隨筆十六卷續筆十六卷三筆十
六卷四筆十六卷五筆十卷 …………3－81
容齋隨筆十六卷續筆十六卷三筆十
六卷四筆十六卷五筆十卷 …………3－81
容齋題跋二卷 ………………………3－81
窈聞一卷續一卷……………………1－354
[案卷]不分卷 ………………………5－274
案卷詞稿一卷…………………………1－5
[案卷節鈔]不分卷 …………………5－274
案畧□□卷……………………………1－5
案畧□□卷……………………………1－5
[案牘]不分卷 ………………………5－274
[案牘]不分卷 ………………………5－274
[案牘]不分卷 ………………………5－274
袖東記二卷…………………………4－227
袖珍十三經註………………………4－227
袖珍十三經註………………………4－227
袖珍十三經註………………………4－227
袖珍十三經註………………………4－227
袖珍東山經解………………………4－227
袖海樓文錄六卷……………………4－227
袖裏金百中經□卷…………………4－227
祥刑古鑑二卷附編一卷……………4－125
[乾隆]祥符縣志二十二卷 …………5－337
[乾隆]祥符縣志二十二卷 …………5－337
[乾隆]祥符縣志二十二卷 …………5－337
書古微十二卷首一卷………………3－259
書古微十二卷首一卷………………3－259
書古微十二卷首一卷………………3－259
書古微十二卷首一卷………………3－259
[書札]不分卷 ………………………5－351
書札雜箸一卷………………………3－283
[書目]□□卷 ………………………1－185
書目答問五卷別錄一卷國朝著述諸
家姓名略一卷………………………3－281
書目答問五卷別錄一卷國朝著述諸
家姓名略一卷………………………3－281
書目答問五卷別錄一卷國朝著述諸
家姓名略一卷………………………3－281
書目答問五卷別錄一卷國朝著述諸
家姓名略一卷………………………3－281

書目答問五卷別錄一卷國朝著述諸家姓名略一卷 ······ 3－281
書目答問五卷別錄一卷國朝著述諸家姓名略一卷 ······ 3－281
書目答問五卷別錄一卷國朝著述諸家姓名略一卷 ······ 3－282
書目答問五卷別錄一卷國朝著述諸家姓名略一卷 ······ 3－282
書目答問五卷別錄一卷國朝著述諸家姓名略一卷 ······ 3－282
書目答問五卷別錄一卷國朝著述諸家姓名略一卷 ······ 3－282
書目答問五卷別錄一卷國朝著述諸家姓名略一卷 ······ 3－282
書目答問五卷別錄一卷國朝著述諸家姓名略一卷 ······ 3－282
書目答問五卷別錄一卷國朝著述諸家姓名略一卷 ······ 3－282
書目答問五卷別錄一卷國朝著述諸家姓名略一卷 ······ 3－282
書目答問五卷別錄一卷國朝著述諸家姓名略一卷 ······ 3－282
書目答問五卷別錄一卷國朝著述諸家姓名略一卷 ······ 3－282
書目答問五卷別錄一卷國朝著述諸家姓名略一卷 ······ 3－282
書目答問五卷別錄一卷國朝著述諸家姓名略一卷 ······ 3－282
書目答問五卷別錄一卷國朝著述諸家姓名略一卷 ······ 3－282
書目答問五卷別錄一卷國朝著述諸家姓名略一卷 ······ 3－282
書目答問五卷別錄一卷國朝著述諸家姓名略一卷 ······ 3－282
書法正傳一卷 ······ 3－259
書法鉤玄四卷 ······ 3－259
書法準繩一卷 ······ 3－259
書法準繩一卷 ······ 3－259
書法摘要善本二卷 ······ 3－259
書契便蒙不分卷 ······ 3－283
書城詩稿一卷 ······ 3－258
書城詩稿一卷 ······ 3－258
[書信]不分卷 ······ 5－351
書院月課選一卷 ······ 3－283
[書院課藝]不分卷 ······ 5－351
書脂軒詩鈔三卷 ······ 3－283
書啓入門三卷 ······ 3－283
[書啓]不分卷 ······ 5－351
書啓合璧十三卷 ······ 3－282
書啓合璧十三卷 ······ 3－282
書啓合璧十三卷 ······ 3－282
書啓合璧十三卷 ······ 3－282
書啓合璧十三卷 ······ 3－283
書巢詩草四卷附試帖詩一卷 ······ 3－258
書巢詩草四卷附試帖詩一卷 ······ 3－258
書巢詩草四卷附試帖詩一卷 ······ 3－258
書集傳六卷 ······ 3－259
書集傳六卷 ······ 3－259
書集傳六卷 ······ 3－259
書集傳六卷 ······ 3－259
書畫舫不分卷 ······ 3－259
書畫舫試帖詩課十一卷 ······ 3－259
書畫舫試帖詩課十一卷 ······ 3－259
書業堂重訂古文釋義新編八卷 ······ 3－283
書業堂重訂古文釋義新編八卷 ······ 3－283
書傳音釋六卷首一卷末一卷 ······ 3－259
書傳音釋六卷首一卷末一卷 ······ 3－259
書傳音釋六卷首一卷末一卷 ······ 3－259
書傳補商十七卷 ······ 3－258
書傳補商十七卷 ······ 3－258
書傳補義三卷 ······ 3－258
書傳會選六卷 ······ 3－258
書傳鹽梅二十卷 ······ 3－258
書經二十卷 ······ 3－260
書經五卷 ······ 3－280
書經五卷 ······ 3－280
書經五卷 ······ 3－280
書經五卷 ······ 3－280
書經五卷 ······ 3－280
書經六卷 ······ 2－245
書經六卷 ······ 3－278
書經六卷 ······ 3－280

書經六卷 …………………………… 3－280
書經六卷 …………………………… 3－280
書經六卷 …………………………… 3－280
書經六卷 …………………………… 3－280
書經六卷 …………………………… 3－280
書經六卷 …………………………… 3－280
書經六卷 …………………………… 3－280
書經六卷 …………………………… 3－280
書經六卷 …………………………… 3－280
書經六卷 …………………………… 3－280
書經正文六卷 ……………………… 3－281
書經初學讀本不分卷 ……………… 3－260
[書經]□□卷 …………………… 5－351
書經定本二卷禹貢圖注定本一卷 …… 3－260
書經音訓不分卷 …………………… 3－281
[書經訓解]不分卷 ……………… 5－351
書經旁訓二卷 ……………………… 3－278
書經旁訓辨體合訂四卷 …………… 3－278
書經異文考六卷 …………………… 3－280
書經揭要六卷 ……………………… 3－278
書經揭要六卷 ……………………… 3－278
書經揭要六卷 ……………………… 3－278
書經揭要六卷 ……………………… 3－278
書經揭要六卷 ……………………… 3－278
書經備旨萃精六卷 ………………… 3－260
書經備解二卷 ……………………… 3－260
書經備解不分卷 …………………… 3－259
書經備解不分卷 …………………… 3－259
書經備解不分卷 …………………… 3－259
書經集傳六卷 ……………………… 3－260
書經集傳六卷 ……………………… 3－260
書經集傳六卷 ……………………… 3－260
書經集傳六卷 ……………………… 3－260
書經集傳六卷 ……………………… 3－260
書經集傳六卷 ……………………… 3－260
書經集傳六卷 ……………………… 3－260
書經集傳六卷 ……………………… 3－260
書經集傳六卷 ……………………… 3－260
書經集傳六卷 ……………………… 3－260
書經集傳六卷 ……………………… 3－260
書經集傳六卷 ……………………… 3－260
書經集傳六卷 ……………………… 3－260
書經集傳六卷 ……………………… 3－260
書經集傳六卷 ……………………… 3－261
書經集傳六卷 ……………………… 3－261
書經集傳六卷 ……………………… 3－261
書經集傳六卷 ……………………… 3－261
書經集傳六卷 ……………………… 3－261
書經集傳六卷 ……………………… 3－261
書經集傳六卷 ……………………… 3－261
書經集傳六卷 ……………………… 3－261
書經集傳六卷 ……………………… 3－261
書經集傳六卷 ……………………… 3－261
書經集傳六卷 ……………………… 3－261
書經集傳六卷 ……………………… 3－261
書經集傳六卷 ……………………… 3－261
書經集傳六卷 ……………………… 3－261
書經集傳六卷 ……………………… 3－261
書經集傳六卷 ……………………… 3－261
書經集傳六卷 ……………………… 3－261
書經集傳六卷 ……………………… 3－261
書經集傳六卷 ……………………… 3－261
書經集傳六卷 ……………………… 3－261
書經集傳六卷 ……………………… 3－261
書經集傳六卷 ……………………… 3－261
書經集傳六卷 ……………………… 3－261
書經集傳六卷 ……………………… 3－262
書經集傳六卷 ……………………… 3－262
書經集傳六卷 ……………………… 3－262
書經集傳六卷 ……………………… 3－262
書經集傳六卷 ……………………… 3－262
書經集傳六卷 ……………………… 3－262
書經集傳六卷 ……………………… 3－262
書經集傳六卷 ……………………… 3－262
書經集傳六卷 ……………………… 3－262
書經集傳六卷 ……………………… 3－262
書經集傳六卷 ……………………… 3－262
書經集傳六卷 ……………………… 3－262
書經集傳六卷 ……………………… 3－262
書經集傳六卷 ……………………… 3－262
書經集傳六卷 ……………………… 3－262
書經集傳六卷 ……………………… 3－262

書經集傳六卷…………………………3－262
書經集傳六卷…………………………3－262
書經集傳六卷…………………………3－262
書經集傳六卷…………………………3－262
書經集傳六卷…………………………3－262
書經集傳六卷…………………………3－262
書經集傳六卷…………………………3－262
書經集傳六卷…………………………3－262
書經集傳六卷…………………………3－263
書經集傳六卷…………………………3－263
書經集傳六卷…………………………3－263
書經集傳六卷…………………………3－263
書經集傳六卷…………………………3－263
書經集傳六卷…………………………3－263
書經集傳六卷…………………………3－263
書經集傳六卷…………………………3－263
書經集傳六卷…………………………3－263
書經集傳六卷…………………………3－263
書經集傳六卷…………………………3－263
書經集傳六卷…………………………3－263
書經集傳六卷…………………………3－263
書經集傳六卷…………………………3－263
書經集傳六卷…………………………3－263
書經集傳六卷…………………………3－263
書經集傳六卷…………………………3－263
書經集傳六卷…………………………3－263
書經集傳六卷…………………………3－263
書經集傳六卷…………………………3－263
書經集傳六卷…………………………3－263
書經集傳六卷…………………………3－263
書經集傳六卷…………………………3－263
書經集傳六卷…………………………3－263
書經集傳六卷…………………………3－263
書經集傳六卷…………………………3－263
書經集傳六卷…………………………3－263
書經集傳六卷…………………………3－263
書經集傳六卷…………………………3－263
書經集傳六卷…………………………3－263
書經集傳六卷…………………………3－264
書經集傳六卷…………………………3－264
書經集傳六卷…………………………3－264
書經集傳六卷…………………………3－264
書經集傳六卷…………………………3－264
書經集傳六卷…………………………3－264
書經集傳六卷…………………………3－264
書經集傳六卷…………………………3－264
書經集傳六卷…………………………3－264
書經集傳六卷…………………………3－264
書經集傳六卷…………………………3－264
書經集傳六卷…………………………3－264
書經集傳六卷…………………………3－264
書經集傳六卷…………………………3－264
書經集傳六卷…………………………3－264
書經集傳六卷…………………………3－264
書經集傳六卷…………………………3－264
書經集傳六卷…………………………3－264
書經集傳六卷…………………………3－264
書經集傳六卷…………………………3－264
書經集傳六卷…………………………3－264
書經集傳六卷…………………………3－264
書經集傳六卷…………………………3－264
書經集傳六卷…………………………3－264
書經集傳六卷…………………………3－264
書經集傳六卷…………………………3－264
書經集傳六卷…………………………3－264
書經集傳六卷…………………………3－264
書經集傳六卷…………………………3－265
書經集傳六卷…………………………3－265
書經集傳六卷…………………………3－265
書經集傳六卷…………………………3－265
書經集傳六卷…………………………3－265
書經集傳六卷…………………………3－265
書經集傳六卷…………………………3－265
書經集傳六卷…………………………3－265
書經集傳六卷…………………………3－265
書經集傳六卷…………………………3－265
書經集傳六卷…………………………3－265
書經集傳六卷…………………………3－265
書經集傳六卷…………………………3－265
書經集傳六卷…………………………3－265
書經集傳六卷…………………………3－265
書經集傳六卷…………………………3－265

書經集傳六卷…………………………… 3－265
書經集傳六卷…………………………… 3－265
書經集傳六卷…………………………… 3－265
書經集傳六卷…………………………… 3－265
書經集傳六卷…………………………… 3－265
書經集傳六卷…………………………… 3－265
書經集傳六卷…………………………… 3－265
書經集傳六卷…………………………… 3－265
書經集傳六卷…………………………… 3－265
書經集傳六卷…………………………… 3－266
書經集傳六卷…………………………… 3－266
書經集傳六卷…………………………… 3－266
書經集傳六卷…………………………… 3－266
書經集傳六卷…………………………… 3－266
書經集傳六卷…………………………… 3－266
書經集傳六卷…………………………… 3－266
書經集傳六卷…………………………… 3－266
書經集傳六卷…………………………… 3－266
書經集傳六卷…………………………… 3－266
書經集傳六卷…………………………… 3－266
書經集傳六卷…………………………… 3－266
書經集傳六卷…………………………… 3－266
書經集傳六卷…………………………… 3－266
書經集傳六卷…………………………… 3－266
書經集傳六卷…………………………… 3－266
書經集傳六卷…………………………… 3－266
書經集傳六卷…………………………… 3－266
書經集傳六卷…………………………… 3－266
書經集傳六卷…………………………… 3－266
書經集傳六卷…………………………… 3－266
書經集傳六卷…………………………… 3－266
書經集傳六卷…………………………… 3－266
書經集傳六卷…………………………… 3－266
書經集傳六卷…………………………… 3－266
書經集傳六卷…………………………… 3－266
書經集傳六卷…………………………… 3－267
書經集傳六卷…………………………… 3－267
書經集傳六卷…………………………… 3－267
書經集傳六卷…………………………… 3－267
書經集傳六卷…………………………… 3－267
書經集傳六卷…………………………… 3－267
書經集傳六卷…………………………… 3－267
書經集傳六卷…………………………… 3－267
書經集傳六卷…………………………… 3－267
書經集傳六卷…………………………… 3－267
書經集傳六卷…………………………… 3－267
書經集傳六卷…………………………… 3－267
書經集傳六卷…………………………… 3－267
書經集傳六卷…………………………… 3－267
書經集傳六卷…………………………… 3－267
書經集傳六卷…………………………… 3－267
書經集傳六卷…………………………… 3－267
書經集傳六卷…………………………… 3－267
書經集傳六卷…………………………… 3－267
書經集傳六卷…………………………… 3－267
書經集傳六卷…………………………… 3－267
書經集傳六卷…………………………… 3－267
書經集傳六卷…………………………… 3－267
書經集傳六卷…………………………… 3－267
書經集傳六卷…………………………… 3－267
書經集傳六卷…………………………… 3－268
書經集傳六卷…………………………… 3－268
書經集傳六卷…………………………… 3－268
書經集傳六卷…………………………… 3－268
書經集傳六卷…………………………… 3－268
書經集傳六卷…………………………… 3－268
書經集傳六卷…………………………… 3－268
書經集傳六卷…………………………… 3－268
書經集傳六卷…………………………… 3－268
書經集傳六卷…………………………… 3－268
書經集傳六卷…………………………… 3－268
書經集傳六卷…………………………… 3－268
書經集傳六卷…………………………… 3－268
書經集傳六卷…………………………… 3－268
書經集傳六卷…………………………… 3－268
書經集傳六卷…………………………… 3－268
書經集傳六卷…………………………… 3－268
書經集傳六卷…………………………… 3－268
書經集傳六卷…………………………… 3－268
書經集傳六卷…………………………… 3－268
書經集傳六卷…………………………… 3－268
書經集傳六卷…………………………… 3－268

書經集傳六卷…………………………… 3－268
書經集傳六卷…………………………… 3－268
書經集傳六卷…………………………… 3－268
書經集傳六卷…………………………… 3－268
書經集傳六卷…………………………… 3－269
書經集傳六卷…………………………… 3－269
書經集傳六卷…………………………… 3－269
書經集傳六卷…………………………… 3－269
書經集傳六卷…………………………… 3－269
書經集傳六卷…………………………… 3－269
書經集傳六卷…………………………… 3－269
書經集傳六卷…………………………… 3－269
書經集傳六卷…………………………… 3－269
書經集傳六卷…………………………… 3－269
書經集傳六卷…………………………… 3－269
書經集傳六卷…………………………… 3－269
書經集傳六卷…………………………… 3－269
書經集傳六卷…………………………… 3－269
書經集傳六卷…………………………… 3－269
書經集傳六卷…………………………… 3－269
書經集傳六卷…………………………… 3－269
書經集傳六卷…………………………… 3－269
書經集傳六卷…………………………… 3－269
書經集傳六卷…………………………… 3－269
書經集傳六卷…………………………… 3－269
書經集傳六卷…………………………… 3－269
書經集傳六卷…………………………… 3－269
書經集傳六卷…………………………… 3－269
書經集傳六卷…………………………… 3－270
書經集傳六卷…………………………… 3－270
書經集傳六卷…………………………… 3－270
書經集傳六卷…………………………… 3－270
書經集傳六卷…………………………… 3－270
書經集傳六卷…………………………… 3－270
書經集傳六卷…………………………… 3－270
書經集傳六卷…………………………… 3－270
書經集傳六卷…………………………… 3－270
書經集傳六卷…………………………… 3－270
書經集傳六卷…………………………… 3－270
書經集傳六卷…………………………… 3－270
書經集傳六卷…………………………… 3－270
書經集傳六卷…………………………… 3－270
書經集傳六卷…………………………… 3－270
書經集傳六卷…………………………… 3－270
書經集傳六卷…………………………… 3－270
書經集傳六卷…………………………… 3－270
書經集傳六卷…………………………… 3－270
書經集傳六卷…………………………… 3－270
書經集傳六卷…………………………… 3－270
書經集傳六卷…………………………… 3－270
書經集傳六卷…………………………… 3－270
書經集傳六卷…………………………… 3－270
書經集傳六卷…………………………… 3－270
書經集傳六卷…………………………… 3－271
書經集傳六卷…………………………… 3－271
書經集傳六卷…………………………… 3－271
書經集傳六卷…………………………… 3－271
書經集傳六卷…………………………… 3－271
書經集傳六卷…………………………… 3－271
書經集傳六卷…………………………… 3－271
書經集傳六卷…………………………… 3－271
書經集傳六卷…………………………… 3－271
書經集傳六卷…………………………… 3－271
書經集傳六卷…………………………… 3－271
書經集傳六卷…………………………… 3－271
書經集傳六卷…………………………… 3－271
書經集傳六卷…………………………… 3－271
書經集傳六卷…………………………… 3－271
書經集傳六卷…………………………… 3－271
書經集傳六卷…………………………… 3－271
書經集傳六卷…………………………… 3－271
書經集傳六卷…………………………… 3－271
書經集傳六卷…………………………… 3－271
書經集傳六卷…………………………… 3－271
書經集傳六卷…………………………… 3－271
書經集傳六卷…………………………… 3－271
書經集傳六卷…………………………… 3－271
書經集傳六卷…………………………… 3－271
書經集傳六卷…………………………… 3－272
書經集傳六卷…………………………… 3－272
書經集傳六卷…………………………… 3－272
書經集傳六卷…………………………… 3－272

書經集傳六卷…………………………… 3－272
書經集傳六卷…………………………… 3－272
書經集傳六卷…………………………… 3－272
書經集傳六卷…………………………… 3－272
書經集傳六卷…………………………… 3－272
書經集傳六卷…………………………… 3－272
書經集傳六卷…………………………… 3－272
書經集傳六卷…………………………… 3－272
書經集傳六卷…………………………… 3－272
書經集傳六卷…………………………… 3－272
書經集傳六卷…………………………… 3－272
書經集傳六卷…………………………… 3－272
書經集傳六卷…………………………… 3－272
書經集傳六卷…………………………… 3－272
書經集傳六卷…………………………… 3－272
書經集傳六卷…………………………… 3－272
書經集傳六卷…………………………… 3－272
書經集傳六卷…………………………… 3－272
書經集傳六卷…………………………… 3－272
書經集傳六卷…………………………… 3－272
書經集傳六卷…………………………… 3－272
書經集傳六卷…………………………… 3－273
書經集傳六卷…………………………… 3－273
書經集傳六卷…………………………… 3－273
書經集傳六卷…………………………… 3－273
書經集傳六卷…………………………… 3－273
書經集傳六卷…………………………… 3－273
書經集傳六卷…………………………… 3－273
書經集傳六卷…………………………… 3－273
書經集傳六卷…………………………… 3－273
書經集傳六卷…………………………… 3－273
書經集傳六卷…………………………… 3－273
書經集傳六卷…………………………… 3－273
書經集傳六卷…………………………… 3－273
書經集傳六卷…………………………… 3－273
書經集傳六卷…………………………… 3－273
書經集傳六卷…………………………… 3－273
書經集傳六卷…………………………… 3－273
書經集傳六卷…………………………… 3－273
書經集傳六卷…………………………… 3－273
書經集傳六卷…………………………… 3－273
書經集傳六卷…………………………… 3－273
書經集傳六卷…………………………… 3－273
書經集傳六卷…………………………… 3－273
書經集傳六卷…………………………… 3－274
書經集傳六卷…………………………… 3－274
書經集傳六卷…………………………… 3－274
書經集傳六卷…………………………… 3－274
書經集傳六卷…………………………… 3－274
書經集傳六卷…………………………… 3－274
書經集傳六卷…………………………… 3－274
書經集傳六卷…………………………… 3－274
書經集傳六卷…………………………… 3－274
書經集傳六卷…………………………… 3－274
書經集傳六卷…………………………… 3－274
書經集傳六卷…………………………… 3－274
書經集傳六卷…………………………… 3－274
書經集傳六卷…………………………… 3－274
書經集傳六卷…………………………… 3－274
書經集傳六卷…………………………… 3－274
書經集傳六卷…………………………… 3－274
書經集傳六卷…………………………… 3－274
書經集傳六卷…………………………… 3－274
書經集傳六卷…………………………… 3－274
書經集傳六卷…………………………… 3－274
書經集傳六卷…………………………… 3－274
書經集傳六卷…………………………… 3－274
書經集傳六卷…………………………… 3－274
書經集傳六卷…………………………… 3－275
書經集傳六卷…………………………… 3－275
書經集傳六卷…………………………… 3－275
書經集傳六卷…………………………… 3－275
書經集傳六卷…………………………… 3－275
書經集傳六卷…………………………… 3－275
書經集傳六卷…………………………… 3－275
書經集傳六卷…………………………… 3－275
書經集傳六卷…………………………… 3－275
書經集傳六卷…………………………… 3－275
書經集傳六卷…………………………… 3－275
書經集傳六卷…………………………… 3－275
書經集傳六卷…………………………… 3－275
書經集傳六卷…………………………… 3－275

書經集傳六卷………………………… 3－275
書經集傳六卷………………………… 3－275
書經集傳六卷………………………… 3－275
書經集傳六卷………………………… 3－275
書經集傳六卷………………………… 3－275
書經集傳六卷………………………… 3－275
書經集傳六卷………………………… 3－275
書經集傳六卷………………………… 3－275
書經集傳六卷………………………… 3－275
書經集傳六卷………………………… 3－275
書經集傳六卷………………………… 3－276
書經集傳六卷………………………… 3－276
書經集傳六卷………………………… 3－276
書經集傳六卷………………………… 3－276
書經集傳六卷………………………… 3－276
書經集傳六卷………………………… 3－276
書經集傳六卷………………………… 3－276
書經集傳六卷………………………… 3－276
書經集傳六卷………………………… 3－276
書經集傳六卷………………………… 3－276
書經集傳六卷………………………… 3－276
書經集傳六卷………………………… 3－276
書經集傳六卷………………………… 3－276
書經集傳六卷………………………… 3－276
書經集傳六卷………………………… 3－276
書經集傳六卷………………………… 3－276
書經集傳六卷………………………… 3－276
書經集傳六卷………………………… 3－276
書經集傳六卷………………………… 3－276
書經集傳六卷………………………… 3－276
書經集傳六卷………………………… 3－276
書經集傳六卷………………………… 3－276
書經集傳六卷………………………… 3－276
書經集傳六卷………………………… 3－276
書經集傳六卷………………………… 3－277
書經集傳六卷………………………… 3－277
書經集傳六卷………………………… 3－277
書經集傳六卷………………………… 3－277
書經集傳六卷………………………… 3－277
書經集傳六卷………………………… 3－277
書經集傳六卷………………………… 3－277
書經集傳六卷………………………… 3－277
書經集傳六卷………………………… 3－277
書經集傳六卷………………………… 3－277
書經集傳六卷………………………… 3－277
書經集傳六卷………………………… 3－277
書經集傳六卷………………………… 3－277
書經集傳六卷………………………… 3－277
書經集傳六卷………………………… 3－277
書經集傳六卷………………………… 3－277
書經集傳六卷………………………… 3－277
書經集傳六卷………………………… 3－277
書經集傳六卷………………………… 3－277
書經集傳六卷………………………… 3－277
書經集傳六卷………………………… 3－277
書經集傳六卷………………………… 3－277
書經集傳六卷………………………… 5－393
書經集傳六卷首一卷………………… 3－277
書經集傳六卷首一卷末一卷………… 3－278
書經集傳六卷圖說一卷……………… 3－278
書經集傳音釋六卷首一卷末一卷…… 3－278
書經虞書四卷………………………… 3－281
書經詮義十二卷首二卷……………… 3－278
書經詮義十二卷首二卷……………… 3－279
書經詮義十二卷首二卷……………… 3－279
書經詮義十二卷首二卷……………… 3－279
書經詮義十二卷首二卷……………… 3－279
書經詮義十二卷首二卷……………… 3－279
書經詮義十二卷首二卷……………… 3－279
書經詮義十二卷首二卷……………… 3－279
書經詮義十二卷首二卷……………… 3－279
書經詮義十二卷首二卷……………… 3－279
書經詮義十二卷首二卷……………… 3－279
書經詮義十二卷首二卷……………… 3－279
書經蔡傳大全提訓六卷……………… 3－260
書經蔡傳大全提訓六卷……………… 3－260
書經蔡傳大全提訓六卷……………… 3－260
書經蔡傳六卷………………………… 3－260
書經蔡傳參義六卷…………………… 3－278
書經蔡傳參義六卷…………………… 3－278
書經蔡傳參義六卷…………………… 3－278
書經疑義六卷首一卷………………… 3－280

書經精華十卷首一卷…………………… 3－278
書經精華十卷首一卷…………………… 3－278
書經精華六卷……………………………… 3－278
書經精華六卷……………………………… 3－278
書經精華六卷……………………………… 3－278
書經精義四卷首一卷末一卷………… 3－278
書經精粹□□卷………………………… 3－278
書經增訂旁訓四卷……………………… 3－281
書經增訂旁訓四卷……………………… 3－281
書經增訂旁訓四卷……………………… 3－281
書經增訂旁訓四卷……………………… 3－281
書經增訂旁訓四卷……………………… 3－281
書經增訂旁訓四卷……………………… 3－281
書經增訂旁訓四卷……………………… 3－281
書經增訂旁訓四卷……………………… 3－281
書經增訂旁訓四卷……………………… 3－281
書經增訂旁訓四卷……………………… 3－281
書經增訂旁訓四卷……………………… 3－281
書經擇粹□□卷………………………… 3－281
書經題要□□卷………………………… 3－279
書經題解摘要□□卷…………………… 3－279
書經繹二卷………………………………… 3－281
書經纂言四卷……………………………… 3－281
書經釋義六卷……………………………… 3－279
書經體注大全四卷……………………… 3－280
書經體注大全合參六卷………………… 3－279
書經體注大全合參六卷………………… 3－279
書經體注大全合參六卷………………… 3－279
書經體注大全合參六卷………………… 3－279
書經體注大全合參六卷………………… 3－279
書經體注大全合參六卷………………… 3－279
書經體注大全合參六卷………………… 3－279
書經體注大全合參六卷………………… 3－279
書經體注大全合參六卷………………… 3－280
書經體注大全合參六卷………………… 3－280
書經體注大全合參六卷………………… 3－280
書經體注大全合參六卷………………… 3－280
書經體注大全合參六卷………………… 3－280
書經體注大全合參六卷………………… 3－280
書經體注大全合參六卷………………… 3－280
書經體注大全合參六卷………………… 3－280
書經體注大全合參六卷………………… 3－280
書經體注大全合參六卷………………… 3－280
書經體注大全合參六卷………………… 3－280
書經體注大全合參六卷………………… 3－280
書經體注六卷……………………………… 3－277
書經體注四卷……………………………… 3－280
書經體注四卷首一卷…………………… 3－280
書影十一卷………………………………… 3－283
書學彙編四種不分卷…………………… 3－283
書牘初稿不分卷………………………… 3－259
展峰詩草六卷 ……………………………… 5－84
屑玉叢譚…………………………………… 4－156
屑玉叢譚…………………………………… 4－156
陸士衡文集十卷………………………… 2－359
陸士衡集十卷……………………………… 2－358
陸士衡集四卷……………………………… 2－359
陸士龍文集十卷………………………… 2－359
陸子全書…………………………………… 2－361
陸子全書…………………………………… 2－361
陸子學譜二十卷………………………… 2－361
陸子學譜二十卷………………………… 2－361
陸子學譜二十卷………………………… 2－361
陸子學譜二十卷首一卷………………… 2－361
陸氏三傳釋文音義十六卷…………… 1－161
陸氏三傳釋文音義十六卷…………… 1－161
陸氏三傳釋文音義十六卷…………… 1－161
陸氏三傳釋文音義十六卷…………… 1－161
陸氏三傳釋文音義十六卷…………… 1－162
陸氏三傳釋文音義十六卷…………… 1－162
陸氏三傳釋文音義十六卷…………… 1－162
陸氏三傳釋文音義十六卷…………… 1－162
陸氏三傳釋文音義十六卷…………… 1－162
陸氏三傳釋文音義十六卷…………… 1－162
陸氏三傳釋文音義十六卷…………… 2－359
陸放翁全集………………………………… 2－358
陸放翁全集………………………………… 2－358
陸放翁全集………………………………… 2－358
陸放翁全集………………………………… 2－358
陸放翁全集………………………………… 2－358
陸放翁劍南詩鈔六卷…………………… 2－358
陸相國比翼南旋圖徵詩文啓一卷…… 2－359

陸宣公全集二十四卷………………… 2－361
陸宣公全集二十四卷………………… 2－361
陸宣公全集二十四卷………………… 2－361
陸宣公奏議願學編二卷……………… 2－361
陸宣公奏議願學編二卷……………… 2－361
陸軍教育摘要不分卷………………… 2－358
陸桴亭先生遺書……………………… 2－358
陸梭山公家制一卷…………………… 2－359
陸梭山公家制一卷…………………… 2－359
陸梭山公家制一卷…………………… 2－359
陸梭山公家制一卷…………………… 2－359
陸梭山公家制一卷…………………… 2－359
陸梭山公家制一卷…………………… 2－359
陸梭山公家制一卷…………………… 2－359
陸梭山公家制一卷…………………… 2－359
陸梭山公家制一卷…………………… 2－360
陸梭山公家制一卷…………………… 2－360
陸梭山公家制一卷…………………… 2－360
陸梭山公家制一卷…………………… 2－360
陸梭山公家制一卷…………………… 2－360
陸梭山公家制一卷…………………… 2－360
陸堂文集二十卷詩集十六卷詩續集
八卷………………………………… 2－359
陸象山先生文集三十六卷…………… 2－360
陸象山先生文集三十六卷…………… 2－360
陸象山先生文集三十六卷…………… 2－360
陸象山先生文集三十六卷…………… 2－360
陸象山先生文集三十六卷…………… 2－360
陸象山先生文集三十六卷…………… 2－360
陸象山先生文集三十六卷…………… 2－360
陸象山先生文集三十六卷…………… 2－361
陸象山先生文集三十六卷…………… 2－361
陸象山先生文集三十六卷…………… 2－361
陸象山先生文集校勘略一卷………… 2－359
陸象山先生文集校勘略一卷………… 2－359
陸象山先生文集校勘略一卷………… 2－359
陸象山先生文集校勘略一卷………… 2－360
陸象山先生文集校勘略一卷………… 2－360
陸象山先生文集校勘略一卷………… 2－360
陸象山先生文集校勘略一卷………… 2－360
陸象山先生文集校勘略一卷………… 2－360
陸象山先生文集校勘略一卷………… 2－360
陸象山先生四書義一卷……………… 5－198
陸象山先生全集三十六卷…………… 2－359
陸象山先生全集三十六卷…………… 2－359
陸象山先生全集三十六卷…………… 2－359
陸象山先生全集三十六卷…………… 2－359
陸象山先生全集三十六卷…………… 2－359
陸象山先生全集三十六卷…………… 2－359
陸象山先生全集三十六卷…………… 2－359
陸象山先生全集三十六卷…………… 2－359
陸象山先生全集三十六卷…………… 2－359
陸象山先生全集三十六卷…………… 2－360
陸象山先生全集三十六卷…………… 2－360
陸象山先生全集三十六卷…………… 2－360
陸象山先生全集三十六卷…………… 2－360
陸象山先生全集三十六卷…………… 2－360
陸象山先生全集三十六卷…………… 2－360
陸象山先生集節要六卷首一卷……… 2－359
陸象山先生學則辨一卷……………… 2－359
陸象山先生學則辨一卷……………… 2－359
陸象山先生學則辨一卷……………… 2－359
陸象山先生學則辨一卷……………… 2－359
陸象山先生學則辨一卷……………… 2－359
陸象山先生學則辨一卷……………… 2－359
陸象山先生學則辨一卷……………… 2－359
陸象山先生學則辨一卷……………… 2－359
陸象山先生學則辨一卷……………… 2－360
陸象山先生學則辨一卷……………… 2－360
陸象山先生學則辨一卷……………… 2－360
陸象山先生學則辨一卷……………… 2－360
陸象山先生學則辨一卷……………… 2－360
陸象山先生學則辨一卷……………… 2－360
陸清獻公日記十卷(清康熙五年至
三十一年) ………………………… 2－358
陸清獻公治嘉格言一卷……………… 2－358
陸清獻公治嘉格言一卷……………… 2－358
陸清獻公宰嘉訓俗一卷……………… 2－358
陸清獻公[隴其]年譜定本二卷附
錄一卷……………………………… 2－358
陸清獻公[隴其]年譜定本二卷附
錄一卷……………………………… 2－358

陸清獻先生[隴其]年譜原本一卷 …… 2－358
陸稼書先生[隴其]年譜定本二卷附錄一卷 …… 2－358
陸稼書先生[隴其]年譜定本二卷附錄一卷 …… 2－358
陸操新義四卷 …… 2－358
陵陽先生詩四卷 …… 2－335
陳大士先生文鈔不分卷 …… 1－100
陳大宗師評選浙西校士錄不分卷 …… 1－100
陳大樽先生全稿不分卷 …… 1－100
陳子性藏書十二卷首一卷 …… 1－106
陳太史校正易經大全二十卷首一卷 …… 1－102
陳太僕批選八家文抄不分卷 …… 1－102
陳太僕批選八家文抄不分卷 …… 1－102
陳氏小兒痘疹方論一卷 …… 1－102
陳氏小兒痘疹方論一卷 …… 1－102
陳氏小兒痘疹方論一卷 …… 1－102
陳氏毛詩五種 …… 1－101
陳氏毛詩五種 …… 1－101
陳氏毛詩五種 …… 1－101
陳氏毛詩五種 …… 1－101
陳氏方案二卷 …… 1－101
陳氏易說四卷附錄一卷 …… 1－102
陳氏易說四卷附錄一卷 …… 1－102
陳氏易說四卷附錄一卷 …… 1－102
陳氏易說四卷附錄一卷 …… 1－102
陳氏易說四卷附錄一卷 …… 1－102
陳氏易說四卷附錄一卷 …… 1－102
陳文正公文集十三卷 …… 1－103
陳文恭公手劄節要三卷 …… 1－103
陳文恭公手劄節要三卷 …… 1－103
陳文恭公手劄節要三卷 …… 1－103
陳文恭公手劄節要三卷在官法戒錄四卷 …… 1－103
陳文恭公伐蛟說一卷 …… 1－102
陳文恭公伐蛟說一卷 …… 1－103
陳文恭公伐蛟說一卷 …… 1－103
陳北溪先生文集十四卷補遺一卷 …… 1－99
陳司業集 …… 1－102
陳母夏孺人節孝詩一卷 …… 1－101
陳先生文錄不分卷 …… 1－103
陳竹山先生文集內篇二卷外篇二卷 …… 1－106
陳竹山先生文集內篇二卷外篇二卷 …… 1－106
陳竹山先生文集內編二卷外編二卷 …… 1－106
陳竹山先生文集內編二卷外編二卷 …… 1－106
陳孝逸論一卷 …… 3－420
陳孝逸論一卷 …… 3－420
陳伯玉文集三卷詩集二卷附錄一卷 …… 1－99
陳伯玉文集三卷詩集二卷附錄一卷 …… 1－99
陳伯玉文集三卷詩集二卷首一卷附錄一卷 …… 1－99
陳伯玉先生新著詩經講意拂鏡塵國風六卷 …… 1－99
陳希夷先生心相篇一卷 …… 1－103
陳希夷先生百局韜畧元機八卷 …… 1－103
陳臥子先生安雅堂稿十五卷 …… 1－103
陳臥子先生輯著詩經旦五卷國風五卷 …… 1－103
陳明卿先生訂正四書人物備考四十八卷 …… 1－101
陳明卿先生訂正四書人物備考四十八卷 …… 1－101
陳明卿先生訂正四書人物備考四十八卷 …… 1－101
陳忠裕全集三十卷首一卷末一卷年譜三卷 …… 1－105
陳忠裕全集三十卷首一卷末一卷年譜三卷 …… 1－106
陳忠裕全集三十卷首一卷末一卷年譜三卷 …… 1－106
陳忠節公紀畧一卷 …… 1－105
陳定宇先生文集十七卷 …… 1－100
陳定宇先生文集十七卷 …… 1－100
陳定宇先生文集十六卷別集一卷 …… 1－100

陳厚甫顧南雅兩先生合稿二卷……… 1－100
陳修園七十種……………………………… 1－103
陳修園公餘醫錄………………………… 1－103
陳修園公餘醫錄………………………… 1－103
陳修園公餘醫錄………………………… 1－103
陳修園公餘醫錄………………………… 1－103
陳修園公餘醫錄………………………… 1－103
陳修園醫書……………………………… 1－103
陳修園醫書……………………………… 1－103
陳修園醫書……………………………… 1－103
陳修園醫書……………………………… 1－103
陳修園醫書……………………………… 1－104
陳修園醫書……………………………… 1－104
陳修園醫書……………………………… 1－104
陳修園醫書……………………………… 1－104
陳修園醫書……………………………… 1－104
陳修園醫書……………………………… 1－104
陳修園醫書……………………………… 1－104
陳修園醫書……………………………… 1－104
陳修園醫書……………………………… 1－104
陳修園醫書……………………………… 1－104
陳修園醫書……………………………… 1－104
陳修園醫書……………………………… 1－104
陳修園醫書……………………………… 1－104
陳修園醫書……………………………… 1－104
陳修園醫書……………………………… 1－104
陳修園醫書……………………………… 1－104
陳修園醫書……………………………… 1－104
陳修園醫書……………………………… 1－104
陳修園醫書……………………………… 1－104
陳修園醫書……………………………… 1－104
陳修園醫書……………………………… 1－104
陳修園醫書……………………………… 1－105
陳修園醫書……………………………… 1－105
陳修園醫書……………………………… 1－105
陳修園醫書……………………………… 1－105
陳修園醫書……………………………… 1－105
陳修園醫書……………………………… 1－105
陳修園醫書……………………………… 1－105
陳修園醫書……………………………… 1－105
陳修園醫書……………………………… 1－105
陳修園醫書……………………………… 1－105
陳修園醫書……………………………… 1－105
陳修園醫書……………………………… 1－105
陳修園醫書……………………………… 1－105
陳修園醫書……………………………… 1－105
陳修園醫書……………………………… 1－105
陳修園醫書……………………………… 1－105
陳修園醫書二十三種…………………… 1－105
陳修園醫書二十三種…………………… 1－105
陳修園醫書五十種……………………… 1－105
陳炯齋著述……………………………… 1－101
陳眉公訂正觚不觚錄一卷……………… 1－495
陳連啓進出流水不分卷（清光緒十
　八年至十九年）……………………… 1－101
陳書三十六卷…………………………… 1－102
陳書三十六卷…………………………… 1－102
陳書三十六卷…………………………… 1－102
陳書三十六卷…………………………… 1－102
陳書三十六卷…………………………… 1－102
陳書三十六卷…………………………… 1－102
陳書三十六卷…………………………… 1－102
陳書三十六卷…………………………… 1－102
陳書三十六卷附考證…………………… 1－102
陳冕殿卷不分卷………………………… 1－101
陳廣甹先生遺書………………………… 1－100
陳廣甹先生遺書………………………… 1－100
陳學士文集十八卷……………………… 1－105
陳學士文集十八卷……………………… 1－105
陳學士文鈔一卷………………………… 1－105
陳檢討四六二十卷……………………… 1－100
陳檢討四六二十卷……………………… 1－101
陳檢討四六二十卷……………………… 1－101
陳檢討四六二十卷……………………… 1－101
陳檢討四六二十卷……………………… 1－101
陳檢討四六二十卷……………………… 1－101
陳檢討四六二十卷……………………… 1－101
陳檢討四六二十卷……………………… 1－101
陳檢討集二十卷………………………… 1－100
陳檢討集二十卷………………………… 1－100
陳檢討集二十卷………………………… 1－100
陳檢討集二十卷………………………… 1－100

陳檢討集二十卷…………………………1－100
陳檢討集二十卷…………………………1－100
陳檢討集二十卷…………………………1－100
陳檢討集二十卷…………………………1－100
陳檢討集二十卷…………………………1－100
陳檢討詩鈔十卷…………………………1－100
陰宅集要四卷……………………………4－337
陰宅集要四卷……………………………4－337
陰宅集要四卷……………………………4－337
陰宅集要四卷……………………………5－400
陰符玄解一卷 ……………………………3－29
陰符經一卷………………………………4－336
陰符經一卷………………………………4－336
陰符經發隱一卷道德經發隱一卷沖
虛經發隱一卷南華經發隱一卷……4－336
陰符經發隱一卷道德經發隱一卷沖
虛經發隱一卷南華經發隱一卷……4－336
陰陽二宅全書……………………………4－337
陰陽定論四卷……………………………4－337
陰陽指正四卷……………………………4－337
陰陽玅理竅一卷陽宅開門捷要一卷
……………………………………………4－337
陰陽寶海三元玉鏡奇書三卷…………4－336
陰陽寶海三元玉鏡奇書三卷…………4－336
陰道一卷陽道一卷………………………4－336
陰靜夫先生遺文二卷……………………4－336
陰隲文圖註二卷…………………………4－337
陰隲文圖證不分卷………………………4－337
陰隲文圖證不分卷………………………4－337
陰隲文説証彙纂八卷文昌帝君勸孝
文集證一卷楊椒公家訓一卷………4－337
陰隲文賦四卷……………………………4－337
陰隲果報圖注不分卷……………………4－337
陰隲果報圖注不分卷……………………4－337
陰騭文詩一卷……………………………4－337
陶山文錄十卷……………………………3－451
陶山集十六卷……………………………3－451
陶山集十六卷……………………………3－451
陶山集十六卷……………………………3－451
陶山集十六卷……………………………3－451
陶元暉中丞遺集二卷首一卷…………3－453
陶公崇祀名宦錄不分卷…………………3－450
陶氏五宴詩集二卷………………………3－452
陶文毅公全集六十四卷首一卷末一
卷…………………………………………3－452
陶文毅公全集六十四卷首一卷末一
卷…………………………………………3－452
陶文毅公全集六十四卷首一卷末一
卷…………………………………………3－452
陶文毅公全集六十四卷首一卷末一
卷…………………………………………3－452
陶門弟子集十六卷………………………3－451
陶菴全集二十三卷首一卷末一卷……3－453
陶菴全集二十三卷首一卷末一卷……3－453
陶菴全集二十三卷首一卷末一卷……5－395
陶菴全集二十卷…………………………3－452
陶菴全集二十卷…………………………3－453
陶菴詩集八卷補遺三卷…………………3－453
陶堂志微錄五卷…………………………3－452
陶堂志微錄五卷…………………………3－452
陶堂志微錄五卷…………………………3－452
陶堂志微錄五卷…………………………3－452
陶堂志微錄五卷…………………………3－452
陶雲汀先生奏疏七十六卷………………3－453
陶淵明文集十卷…………………………3－453
陶淵明集二卷……………………………3－453
陶淵明集十卷……………………………3－453
陶淵明集十卷……………………………3－453
陶淵明集十卷……………………………3－453
陶淵明集十卷……………………………3－453
陶淵明集十卷附錄二卷…………………3－453
陶淵明集八卷首一卷末一卷……………3－453
陶淵明集八卷首一卷末一卷……………3－453
陶淵明集八卷首一卷末一卷……………3－453
陶淵明集八卷首一卷末一卷……………3－453
陶淵明詩一卷……………………………3－453
陶淵明詩一卷……………………………3－453
陶淵明詩一卷……………………………3－453
陶淵明詩一卷……………………………3－453
陶園文集八卷詩集二十四卷詩餘二
卷…………………………………………3－453
陶節庵傷寒全生集四卷…………………3－450

陶節庵傷寒全生集四卷………………… 3－450
陶詩本義四卷………………………………… 3－451
陶詩集註四卷………………………………… 3－451
陶詩集註四卷………………………………… 3－452
陶詩彙評四卷………………………………… 3－451
陶詩彙評四卷………………………………… 3－451
陶靖節先生詩注四卷……………………… 3－451
陶靖節先生詩注四卷……………………… 3－451
陶靖節紀事詩品四卷……………………… 3－451
陶靖節集二卷………………………………… 3－451
陶靖節集十卷總論一卷…………………… 3－451
陶靖節集十卷總論一卷…………………… 3－451
陶靖節集十卷總論一卷…………………… 3－451
陶靖節集八卷附錄一卷…………………… 3－451
陶靖節集八卷附錄一卷…………………… 5－395
陶靖節詩集四卷…………………………… 3－451
陶說六卷……………………………………… 3－452
陶樓雜著□□卷…………………………… 3－451
陶學士先生文集二十卷…………………… 3－452
陶學士先生文集二十卷…………………… 3－452
陶學士先生文集二十卷…………………… 3－452
陶學士先生文集二十卷…………………… 3－452
陶學士事蹟一卷…………………………… 3－452
陶學士事蹟一卷…………………………… 3－452
陶學士事蹟一卷…………………………… 3－452
陶學士事蹟一卷…………………………… 3－452
陶齋吉金續錄二卷………………………… 3－454
陶廬雜錄六卷……………………………… 3－451
恕中和尚語錄六卷………………………… 3－287
恕菴遺稿一卷……………………………… 3－300
娱目醒心編十六卷………………………… 4－408
娱性齋詩鈔六卷…………………………… 4－409
娱萊軒字釋一卷…………………………… 4－408
娱萱草彈詞三十二卷……………………… 4－409
娱園叢刻……………………………………… 4－409
娱園叢刻……………………………………… 4－409
畚塘芻論二卷 ……………………………… 1－52
通天曉十八卷……………………………… 3－474
通介堂經說十二卷………………………… 3－474
通行條例不分卷（清光緒元年至十四年）……………………………… 3－468
通行條例不分卷（清光緒元年至十四年）……………………………… 3－468
［光緒］通州直隸州志十六卷首一卷末一卷………………………………… 5－295
通州師範學校章程一卷…………………… 3－476
通志二百卷…………………………………… 3－474
通志二百卷…………………………………… 3－475
通志二百卷…………………………………… 3－475
通志二百卷…………………………………… 3－475
通志二百卷…………………………………… 3－475
通志二百卷…………………………………… 3－475
通志二百卷…………………………………… 3－475
通志二百卷…………………………………… 3－475
通志二百卷…………………………………… 3－475
通志二百卷…………………………………… 3－475
通志二百卷…………………………………… 3－475
通志二百卷…………………………………… 5－396
通志二百卷…………………………………… 5－396
通志二百卷附考證三卷…………………… 3－475
通志二百卷附考證三卷…………………… 3－475
通志二百卷附考證三卷…………………… 5－396
通志二百卷附考證三卷…………………… 5－396
通志二百卷附考證三卷…………………… 5－396
通志二百卷附考證三卷…………………… 5－396
通志二百卷附考證三卷…………………… 5－396
通志堂經解………………………………… 3－476
通志堂經解………………………………… 3－476
通志堂經解………………………………… 3－476
通志堂經解………………………………… 3－476
通志堂經解………………………………… 3－476
通志堂經解………………………………… 3－476
通志堂經解………………………………… 3－476
通志堂經解………………………………… 3－476
通志堂經解………………………………… 3－476
通志堂經解………………………………… 3－476
通志堂經解………………………………… 3－476
通志略五十二卷…………………………… 3－475
通志略五十二卷…………………………… 3－475
通志略五十二卷…………………………… 3－475
通志略五十二卷…………………………… 3－476
通志略五十二卷…………………………… 3－476

通志略五十二卷…………………………3－476
通志略五十二卷…………………………3－476
通志略五十二卷…………………………3－476
通志腹腴六卷……………………………3－475
通志輯要二十二卷………………………3－475
通甫類藁四卷續編二卷詩存四卷詩
存之餘二卷……………………………3－468
通甫類藁四卷續編二卷詩存四卷詩
存之餘二卷……………………………3－468
通典二百卷………………………………3－467
通典二百卷………………………………3－467
通典二百卷………………………………3－467
通典二百卷………………………………3－467
通典二百卷………………………………3－467
通典二百卷………………………………3－467
通典二百卷………………………………3－468
通典二百卷附考證一卷…………………3－468
通典二百卷附考證一卷…………………3－468
通典二百卷附考證一卷…………………3－468
通典二百卷附考證一卷…………………3－468
通典二百卷附考證一卷…………………3－468
通典二百卷附考證一卷…………………3－468
通典二百卷附考證一卷…………………3－468
通典二百卷附考證一卷…………………3－468
通典二百卷附考證一卷…………………3－468
通典二百卷附考證一卷…………………3－468
通俗編三十八卷…………………………3－474
通俗編三十八卷…………………………3－474
通俗編三十八卷…………………………3－474
通俗編三十八卷…………………………3－474
通紀直解十六卷…………………………3－468
通紀直解十四卷續二卷…………………3－469
通紀直解十四卷續二卷…………………3－469
通紀彙編九卷……………………………3－468
[通書]　………………………………5－352
[通書]不分卷　………………………5－352
[通書]不分卷　………………………5－353
[通書]不分卷　………………………5－353
[通書]不分卷　………………………5－353
[通書]不分卷　………………………5－353
[通書]不分卷　………………………5－353
[通書]不分卷　………………………5－353
[通書]不分卷　………………………5－353
[通書]不分卷　………………………5－353
[通書]不分卷　………………………5－353
[通書]不分卷　………………………5－353
[乾隆]通許縣志十卷　………………5－337
通商約章類纂三十五卷首一卷…………3－474
通雅五十二卷首三卷……………………3－474
通雅五十二卷首三卷……………………3－474
通雅五十二卷首三卷……………………3－474
通雅五十二卷首三卷……………………3－474
通雅五十二卷首三卷……………………3－474
通雅五十二卷首三卷……………………3－474
通雅五十二卷首三卷……………………3－474
通雅五十二卷首三卷……………………5－395
通德類情十三卷…………………………3－467
通學彙編不分卷…………………………3－474
通學齋叢書………………………………3－474
通學齋叢書………………………………3－474
通學齋叢書………………………………5－395
通藝閣文集六卷補編一卷………………3－474
通藝錄……………………………………3－474
通藝錄□□卷……………………………3－474
通關文二卷………………………………3－468
通關文二卷………………………………3－468
通籌鼓鑄私議一卷附權救錢市議一
卷…………………………………………3－467
通鑑小略一卷……………………………3－473
通鑑地理通釋十四卷……………………3－469
通鑑地理通釋十四卷……………………3－469
通鑑地理通釋十四卷……………………3－469
通鑑地理通釋十四卷……………………3－469
通鑑批論考索……………………………3－473
通鑑批論考索……………………………3－473
通鑑宋元本校勘記七卷…………………3－473
通鑑長編紀事本末一百五十卷…………3－469
通鑑直解二十八卷………………………3－473
通鑑直解二十八卷………………………3－473
通鑑注商十八卷…………………………3－473
通鑑注辯正二卷…………………………3－473
通鑑注辯正二卷…………………………3－473

通鑑胡注舉正一卷…… 3－473
通鑑紀事本末二百三十九卷…… 3－469
通鑑紀事本末二百三十九卷…… 3－470
通鑑紀事本末二百三十九卷…… 3－470
通鑑紀事本末二百三十九卷…… 3－470
通鑑紀事本末二百三十九卷…… 3－470
通鑑紀事本末二百三十九卷…… 3－470
通鑑紀事本末二百三十九卷…… 3－470
通鑑紀事本末二百三十九卷…… 3－470
通鑑紀事本末二百三十九卷…… 3－470
通鑑紀事本末二百三十九卷…… 3－470
通鑑紀事本末二百三十九卷…… 3－470
通鑑紀事本末二百三十九卷…… 3－470
通鑑紀事本末二百三十九卷…… 3－470
通鑑紀事本末二百三十九卷…… 3－470
通鑑紀事本末二百三十九卷…… 3－470
通鑑紀事本末二百三十九卷…… 3－470
通鑑紀事本末二百三十九卷…… 3－471
通鑑紀事本末二百三十九卷…… 3－471
通鑑紀事本末二百三十九卷…… 3－471
通鑑紀事本末二百三十九卷…… 3－471
通鑑紀事本末二百三十九卷…… 3－471
通鑑紀事本末二百三十九卷…… 3－471
通鑑紀事本末二百三十九卷…… 3－471
通鑑紀事本末二百三十九卷…… 3－471
通鑑紀事本末二百三十九卷…… 3－471
通鑑紀事本末二百三十九卷…… 3－471
通鑑紀事本末二百三十九卷…… 3－471
通鑑紀事本末二百三十九卷…… 3－471
通鑑紀事本末二百三十九卷…… 3－471
通鑑紀事本末二百三十九卷…… 3－471
通鑑紀事本末二百三十九卷…… 3－472
通鑑紀事本末二百三十九卷…… 3－472
通鑑紀事本末四十二卷…… 3－472
通鑑挈要□□卷…… 3－473
通鑑策論經世編二十七卷…… 3－469
通鑑答問五卷…… 3－469
通鑑節取不分卷…… 3－472
通鑑會纂二十卷古今官制沿革圖一卷…… 3－469
通鑑綱目分註補遺四卷書法存疑一卷…… 3－469
通鑑綱目分註補遺四卷書法存疑一卷…… 3－469
通鑑綱目分類策論檢題七卷…… 3－469
通鑑綱目輯要前編二卷正編十九卷續編八卷明史八卷…… 3－469
通鑑綱目纂要便覽二十六卷…… 3－469
通鑑綱目纂要便覽二十六卷…… 3－469
通鑑綱目釋地糾謬六卷…… 3－469
通鑑論三卷附稽古錄論一卷…… 3－473
通鑑論三卷附稽古錄論一卷…… 3－473
通鑑總類二十卷…… 3－473
通鑑擥要前編二卷正編十九卷續編八卷附錄一卷明史擥要八卷…… 3－472
通鑑擥要前編二卷正編十九卷續編八卷附錄一卷明史擥要八卷…… 3－472
通鑑擥要前編二卷正編十九卷續編八卷附錄一卷明史擥要八卷…… 3－472
通鑑擥要前編二卷正編十九卷續編八卷附錄一卷明史擥要八卷…… 3－472
通鑑擥要前編二卷正編十九卷續編八卷附錄一卷明史擥要八卷…… 3－472
通鑑擥要前編二卷正編十九卷續編八卷附錄一卷明史擥要八卷…… 3－472
通鑑擥要前編二卷正編十九卷續編八卷附錄一卷明史擥要八卷…… 3－472
通鑑擥要前編二卷正編十九卷續編八卷附錄一卷明史擥要八卷…… 3－472
通鑑擥要前編二卷正編十九卷續編八卷附錄一卷明史擥要八卷…… 3－472
通鑑擥要前編二卷正編十九卷續編八卷附錄一卷明史擥要八卷…… 3－472
通鑑擥要前編二卷正編十九卷續編八卷附錄一卷明史擥要八卷…… 3－472
通鑑擥要前編二卷正編十九卷續編八卷附錄一卷明史擥要八卷…… 3－472
通鑑擥要前編二卷正編十九卷續編八卷附錄一卷明史擥要八卷…… 3－473
通鑑擥要前編二卷正編十九卷續編八卷附錄一卷明史擥要八卷…… 3－473
通鑑擥要前編二卷正編十九卷續編

八卷附錄一卷明史擥要八卷……… 3－473
通鑑擥要前編二卷正編十九卷續編
八卷附錄一卷明史擥要八卷……… 3－473
通鑑擥要前編二卷正編十九卷續編
八卷附錄一卷明史擥要八卷……… 3－473
通鑑釋文辯誤十二卷………………… 3－473
通鑑釋文辯誤十二卷………………… 3－473
通鑑釋文辯誤十二卷………………… 5－223
通鑑釋文辯誤十二卷………………… 5－223
通鑑釋文辯誤十二卷………………… 5－224
通鑑釋文辯誤十二卷………………… 5－224
通鑑釋文辯誤十二卷………………… 5－224
通鑑釋文辯誤十二卷………………… 5－224
通鑑釋文辯誤十二卷………………… 5－224
通鑑釋文辯誤十二卷………………… 5－224
通鑑釋文辯誤十二卷………………… 5－224
通鑑釋文辯誤十二卷………………… 5－224
通鑑釋文辯誤十二卷………………… 5－224
通鑑釋文辯誤十二卷………………… 5－224
通鑑釋文辯誤十二卷………………… 5－224
通鑑釋文辯誤十二卷………………… 5－224
通鑑釋文辯誤十二卷………………… 5－225
通鑑釋文辯誤十二卷………………… 5－225
通鑑釋文辯誤十二卷………………… 5－225
通鑑釋文辯誤十二卷………………… 5－225
通鑑釋文辯誤十二卷………………… 5－225
通鑑釋文辯誤十二卷………………… 5－225
通鑑釋文辯誤十二卷………………… 5－225
通鑑釋文辯誤十二卷………………… 5－225
通鑑釋文辯誤十二卷………………… 5－225
通鑑釋文辯誤十二卷………………… 5－225
通鑑釋文辯誤十二卷………………… 5－226
通鑑釋文辯誤十二卷………………… 5－226
通鑑釋文辯誤十二卷………………… 5－226
通鑑釋文辯誤十二卷………………… 5－226
通鑑釋文辯誤十二卷………………… 5－226
通鑑釋文辯誤十二卷………………… 5－226
通鑑釋文辯誤十二卷………………… 5－226
通鑑釋文辯誤十二卷………………… 5－226
通鑑釋文辯誤十二卷………………… 5－226
通鑑釋文辯誤十二卷………………… 5－226
通鑑釋文辯誤十二卷………………… 5－226
通鑑釋文辯誤十二卷………………… 5－227
通鑑釋文辯誤十二卷………………… 5－227
通鑑釋文辯誤十二卷………………… 5－227
通鑑釋文辯誤十二卷………………… 5－227
通鑑釋文辯誤十二卷………………… 5－227
通鑑釋文辯誤十二卷………………… 5－227
通鑑釋文辯誤十二卷………………… 5－227
通鑑釋文辯誤十二卷………………… 5－227
通鑑釋文辯誤十二卷………………… 5－227
通鑑釋文辯誤十二卷………………… 5－227
通鑑釋文辯誤十二卷………………… 5－227
通鑑釋文辯誤十二卷………………… 5－227
通鑑釋文辯誤十二卷………………… 5－228
通鑑釋文辯誤十二卷………………… 5－228
能改齋漫錄十八卷…………………… 2－456
能改齋漫錄十八卷…………………… 2－456
能與集不分卷………………………… 2－456
能與集不分卷………………………… 2－456
能與集注釋不分卷…………………… 2－457
桑蠶提要二卷………………………… 3－106
桑蠶提要二卷………………………… 3－106
桑蠶提要二卷………………………… 3－106
桑蠶提要二卷………………………… 3－106
桑蠶提要二卷………………………… 3－106
務本堂稿不分卷 ……………………… 4－89
務本堂稿不分卷 ……………………… 4－89
務本堂稿不分卷 ……………………… 4－89
務本堂稿課蒙集不分卷 ……………… 4－89
務本堂稿課蒙集不分卷 ……………… 4－89
務本堂鐫李笠翁先生集古今名聯一
卷 ……………………………………… 4－89
務本錄一卷 …………………………… 4－88
務本錄一卷 …………………………… 4－88
務本錄一卷 …………………………… 4－89
務實勝窩文集二卷 …………………… 4－89
務實勝窩文集二卷 …………………… 4－90
務實勝窩彙稿 ………………………… 4－89
務實勝窩彙稿 ………………………… 4－89
務實勝窩彙稿摘錄不分卷 …………… 4－89
務實勝窩彙稿摘錄不分卷 …………… 4－89

務實勝窩彙稿摘錄不分卷 …………… 4－89
務實勝窩彙稿摘錄不分卷 …………… 4－89
務實勝窩彙稿摘錄不分卷 …………… 4－89
務實勝窩彙稿摘錄不分卷 …………… 4－89
務實勝窩彙稿摘錄不分卷 …………… 4－89
務實勝窩彙稿雜箸不分卷 …………… 4－89
務實勝窩彙稿雜箸不分卷 …………… 4－89
務實勝窩彙稿雜箸不分卷 …………… 4－89
務實勝窩彙稿雜箸不分卷 …………… 4－89
務實勝窩彙稿雜箸不分卷 …………… 4－89
務實勝窩彙稿雜箸不分卷 …………… 4－89
務實勝窩彙稿雜箸不分卷 …………… 4－89
孫子一卷 ………………………………… 3－407
孫子十家註十三卷 ……………………… 3－406
孫子十家註十三卷 ……………………… 3－406
孫子十家註十三卷 ……………………… 3－406
孫子十家註十三卷 ……………………… 3－406
孫子十家註十三卷 ……………………… 3－406
孫子十家註十三卷 ……………………… 3－406
孫子十家註十三卷 ……………………… 3－407
孫子十家註十三卷 ……………………… 3－407
孫子十家註十三卷 ……………………… 3－407
孫子十家註十三卷 ……………………… 3－407
孫子九地問對不分卷 ………………… 3－19
孫子略解二卷 …………………………… 3－406
孫月峯先生批評書經六卷 …………… 3－405
孫月峯先生批評詩經四卷 …………… 3－405
孫氏養正樓印存六卷 ………………… 3－405
孫文定公文錄二卷 …………………… 3－405
孫可之文集十卷 ……………………… 3－405
孫可之文集十卷 ……………………… 3－405
孫吳司馬法 ……………………………… 3－405
孫吳司馬法 ……………………………… 3－405
孫吳司馬法 ……………………………… 3－405
孫明復小集三卷 ……………………… 3－405
孫耕閒集一卷 …………………………… 3－405
孫真人千金方衍義三十卷 …………… 3－405
孫真人千金方衍義三十卷 …………… 3－405
孫真人千金方衍義三十卷 …………… 3－406
孫真人千金方衍義三十卷 …………… 3－406
孫真人千金方衍義三十卷 …………… 3－406
孫真人千金方衍義三十卷 …………… 3－406
孫真人千金方衍義三十卷 …………… 3－406
孫真人千金方衍義三十卷 …………… 3－406
孫真人千金方衍義三十卷 …………… 3－406
孫真人千金方衍義三十卷 …………… 3－406
孫真人備急千金要方九十三卷目錄
　二卷 …………………………………… 3－405
孫真人備急千金要方九十三卷目錄
　二卷 …………………………………… 3－405
孫夏峯全集 ……………………………… 3－405
孫夏峯全集 ……………………………… 3－405
孫夏峯全集 ……………………………… 3－405
孫註適軒尺牘八卷 …………………… 3－406
孫淵如先生[星衍]年譜二卷 ……… 3－405
孫徵君日譜錄存三十六卷 …………… 3－406
孫龐演義四卷二十回 ………………… 3－405
純正蒙求三卷 …………………………… 1－184
純正蒙求三卷 …………………………… 1－184
純白齋類稿二十卷附錄二卷 ………… 1－183
純白齋類稿二十卷附錄二卷 ………… 1－183
純孝里潘氏族譜不分卷 ……………… 1－184
純甫古文鈔六卷 ……………………… 1－183
純甫詩草不分卷 ……………………… 1－184
純陽祖師金剛般若波羅蜜經註講一
　卷純陽祖師金剛般若波羅蜜多心
　經註講一卷 …………………………… 1－184
純陽祖師金剛般若波羅蜜經註講一
　卷純陽祖師金剛般若波羅蜜多心
　經註講一卷 …………………………… 1－184
納書楹曲譜正集四卷續集四卷補遺
　四卷外集二卷納書楹玉茗堂四夢
　全譜八卷 ……………………………… 2－443
納書楹曲譜正集四卷續集四卷補遺
　四卷外集二卷納書楹玉茗堂四夢
　全譜八卷 ……………………………… 2－443
納書楹曲譜正集四卷續集四卷補遺
　四卷外集二卷納書楹玉茗堂四夢
　全譜八卷 ……………………………… 2－443
納書楹曲譜正集四卷續集四卷補遺
　四卷外集二卷納書楹玉茗堂四夢
　全譜八卷 ……………………………… 2－443

納書楹曲譜正集四卷續集四卷補遺四卷外集二卷納書楹玉茗堂四夢全譜八卷 …… 2－443
納書楹曲譜正集四卷續集四卷補遺四卷外集二卷納書楹玉茗堂四夢全譜八卷 …… 2－443
納書楹曲譜正集四卷續集四卷補遺四卷外集二卷納書楹玉茗堂四夢全譜八卷 …… 2－443
納書楹曲譜正集四卷續集四卷補遺四卷外集二卷納書楹玉茗堂四夢全譜八卷 …… 2－443
紙上春臺新小說錦綉衣四卷十二回 …… 5－111

十一畫

理財新策一卷 …… 2－275
理財新義三卷附一卷 …… 2－275
理氣溯源六卷 …… 2－275
理氣圖說四卷 …… 2－275
理氣圖說四卷 …… 2－275
理氣圖說四卷 …… 2－275
理堂文集十卷外集一卷附錄一卷詩集四卷日記八卷 …… 2－275
理堂文集十卷外集一卷附錄一卷詩集四卷日記八卷 …… 2－276
理數溯源不分卷 …… 2－275
理學正宗十五卷 …… 2－276
理學正宗十五卷 …… 2－276
理學宗傳二十六卷 …… 2－276
理學宗傳二十六卷 …… 2－276
理學宗傳二十六卷 …… 2－276
理學宗傳二十六卷 …… 2－276
理學宗傳二十六卷 …… 2－276
理學宗傳二十六卷 …… 2－276
理學宗傳二十六卷 …… 2－276
理學宗傳辨正十六卷 …… 2－276
理學逢源十二卷 …… 2－276
理學逢源十二卷 …… 2－276
理學逢源十二卷 …… 2－276
理學逢源十二卷 …… 2－276
理學逢源十二卷 …… 2－276
理學逢源十二卷 …… 2－276
理學逢源十二卷 …… 2－276
理瀹駢文一卷 …… 2－276
理瀹駢文一卷 …… 2－276
理瀹駢文一卷廿一膏良方一卷略言一卷續增略言三卷 …… 2－276
理瀹駢文一卷廿一膏良方一卷略言一卷續增略言三卷 …… 2－277
理瀹駢文一卷廿一膏良方一卷略言一卷續增略言三卷 …… 2－277
理瀹駢文一卷廿一膏良方一卷略言一卷續增略言三卷 …… 2－277
理瀹駢文一卷廿一膏良方一卷略言一卷續增略言三卷 …… 2－277
現今世界大勢論一卷 …… 4－116
現今世界大勢論一卷 …… 4－116
現今世界大勢論一卷 …… 4－116
琉球小志一卷補遺一卷說畧一卷 …… 2－338
琉球國志略十六卷首一卷 …… 2－338
琉球國志略十六卷首一卷 …… 2－338
琉球詩課二卷 …… 2－338
琉球詩錄二卷 …… 2－338
[規章制度]不分卷 …… 5－298
埤雅二十卷 …… 2－491
埤雅二十卷 …… 2－491
埤雅二十卷 …… 2－491
埤雅二十卷 …… 2－491
埤雅二十卷 …… 2－491
埤雅二十卷 …… 2－491
埤雅二十卷 …… 2－491
教女遺規三卷 …… 2－167
教女遺規三卷 …… 2－167
教女遺規三卷 …… 2－167
教女遺規三卷 …… 2－167
教女遺規三卷 …… 2－167
教女遺規三卷 …… 2－167
教女遺規三卷 …… 2－167
教孝三字經一卷 …… 2－168
教育世界六十八卷 …… 2－168

教育史一卷 …… 2－168
教育原理一卷 …… 2－168
教育原理三章 …… 2－168
教育學不分卷 …… 2－168
教育叢書三集 …… 2－168
教育叢書初集 …… 2－168
教育鏡初編一卷 …… 2－168
教務紀略四卷首一卷末一卷 …… 2－167
教務紀略四卷首一卷末一卷 …… 2－167
教務紀略四卷首一卷末一卷 …… 2－167
教務紀略四卷首一卷末一卷 …… 2－167
教務紀略四卷首一卷末一卷 …… 2－167
教務紀略四卷首一卷末一卷 …… 2－167
教務紀略四卷首一卷末一卷 …… 2－168
教務紀略四卷首一卷末一卷 …… 2－168
教務紀略四卷首一卷末一卷 …… 2－168
教授法原理一卷 …… 2－167
培花小園詩鈔十三卷 …… 2－478
培花小園詩鈔十三卷 …… 2－478
培遠堂手札節存三卷 …… 2－479
培遠堂手札節存三卷 …… 2－479
培遠堂手劄節存不分卷 …… 2－479
培遠堂偶存稿四十八卷 …… 2－478
培園詩集十八卷首一卷末一卷 …… 2－478
執齋集二十卷 …… 5－109
執齋集二十卷 …… 5－109
執齋集二十卷 …… 5－109
埽紅仙館彙刻賦鈔一卷 …… 3－107
勘靖教匪述編十二卷 …… 2－238
聊復軒詩存一卷 …… 2－324
聊齋文集二卷 …… 2－324
聊齋志異二十四卷 …… 2－324
聊齋志異十六卷 …… 2－325
聊齋志異十六卷 …… 2－325
聊齋志異十六卷 …… 2－325
聊齋志異十六卷 …… 2－325
聊齋志異十六卷 …… 2－325
聊齋志異十六卷 …… 2－325
聊齋志異十六卷 …… 2－325
聊齋志異十六卷 …… 2－325
聊齋志異十六卷 …… 2－325
聊齋志異十六卷 …… 2－325
聊齋志異十六卷 …… 2－325
聊齋志異十六卷 …… 2－325
聊齋志異十六卷 …… 2－325
聊齋志異評註十六卷 …… 2－324
聊齋志異評註十六卷 …… 2－325
聊齋志異評註十六卷 …… 2－325
聊齋志異評註十六卷 …… 2－325
聊齋志異評註十六卷 …… 2－325
聊齋志異評註十六卷 …… 2－325
聊齋志異評註十六卷 …… 2－325
聊齋志異詳註十六卷 …… 2－326
聊齋志異詳註十六卷 …… 2－326
聊齋志異新評十六卷 …… 2－326
聊齋志異新評十六卷 …… 2－326
聊齋志異新評十六卷 …… 2－326
聊齋志異新評十六卷 …… 2－326
聊齋志異新評十六卷 …… 2－326
聊齋志異新評十六卷 …… 2－326
聊齋志異新評十六卷 …… 2－326
聊齋志異新評十六卷 …… 2－326
聊齋志異新評十六卷 …… 2－326
聊齋志異新評十六卷 …… 2－326
聊齋志異新評十六卷 …… 2－326
聊齋志異新評十六卷 …… 2－326
聊齋志異新評十六卷 …… 2－327
聊齋志異新評十六卷 …… 2－327
聊齋志異新評十六卷 …… 2－327
聊齋志異新評十六卷 …… 2－327
聊齋志異新評十六卷 …… 2－327
聊齋志異新評十六卷 …… 2－327
聊齋志異新評十六卷 …… 2－327
聊齋志異新評十六卷 …… 2－327
聊齋志異新評十六卷 …… 2－327
聊齋志異新評十六卷 …… 2－327
聊齋志異新評十六卷 …… 2－327
聊齋志異新評十六卷 …… 2－327
聊齋志異新評十六卷 …… 2－327
聊齋志異新評十六卷 …… 2－327
聊齋志異新評十六卷 …… 2－327
聊齋志異新評十六卷 …… 2－327

聊齋志異新評全註十六卷 …………… 2-326
聊齋續編八卷 ………………………… 2-324
菁華錄不分卷 ………………………… 2-199
黄山志定本七卷首一卷 ……………… 2-96
黄山領要錄二卷 ……………………… 2-96
黄太史訂正春秋大全三十七卷首一
卷 …………………………………… 2-97
黄太史訂正春秋大全三十七卷首一
卷 …………………………………… 2-97
黄氏正宗譜□□卷 …………………… 2-96
黄氏遺書 ……………………………… 2-96
黄氏醫書 ……………………………… 2-96
黄氏醫書 ……………………………… 2-96
黄氏醫書 ……………………………… 2-96
黄文節公[庭堅]年譜不分卷 ………… 2-97
黄文獻公筆記一卷 …………………… 3-451
黄石齋先生大滌函書五卷正命麟書
一卷 ………………………………… 2-96
[乾隆]黄州府志二十卷 ……………… 5-334
[光緒]黄州府志四十卷 ……………… 5-291
黄村放粥記一卷 ……………………… 2-93
黄青社先生伐檀集二卷 ……………… 2-96
黄門奏疏二卷 ………………………… 2-96
黄忠壯公遺集九卷首一卷 …………… 2-98
黄忠壯公遺集九卷首一卷 …………… 2-98
黄忠壯公遺集九卷首一卷 …………… 2-98
黄忠壯公遺集六卷首一卷 …………… 2-98
黄忠端公[尊素]年譜二卷 …………… 2-97
黄忠端公[道周]年譜四卷補遺一
卷 …………………………………… 2-97
黄忠愍公遺稿二卷 …………………… 2-98
黄岡二家詩鈔 ………………………… 2-95
黄皆令詩一卷 ………………………… 2-95
黄帝内經素問二十四卷 ……………… 2-93
黄帝内經素問二十四卷 ……………… 2-93
黄帝内經素問二十四卷 ……………… 2-93
黄帝内經素問二十四卷 ……………… 2-93
黄帝内經素問二十四卷 ……………… 2-94
黄帝内經素問二十四卷 ……………… 2-94
黄帝内經素問校義一卷 ……………… 2-94
黄帝内經素問校義一卷 ……………… 2-94
黄帝内經素問校義一卷 ……………… 2-94
黄帝内經素問集注九卷 ……………… 2-94
黄帝内經素問集注九卷黄帝内經靈
樞集注九卷 ………………………… 2-94
黄帝内經素問集注九卷黄帝内經靈
樞集注九卷 ………………………… 2-94
黄帝内經素問集注九卷黄帝内經靈
樞集注九卷 ………………………… 2-94
黄帝内經素問集注九卷黄帝内經靈
樞集注九卷 ………………………… 2-94
黄帝内經素問集注九卷黄帝内經靈
樞集注九卷 ………………………… 2-94
黄帝内經素問集注九卷黄帝内經靈
樞集注九卷 ………………………… 2-94
黄帝内經素問註證發微九卷補遺一
卷黄帝内經靈樞註證發微十卷 …… 2-94
黄帝内經素問註證發微九卷補遺一
卷黄帝内經靈樞註證發微十卷 …… 2-95
黄帝内經素問註證發微九卷補遺一
卷黄帝内經靈樞註證發微十卷 …… 2-95
黄帝内經素問註證發微九卷補遺一
卷黄帝内經靈樞註證發微十卷 …… 2-95
黄帝内經素問註證發微九卷補遺一
卷黄帝内經靈樞註證發微九卷 …… 2-94
黄帝内經素問註證發微九卷補遺一
卷黄帝内經靈樞註證發微九卷 …… 2-94
黄帝内經素問註證發微九卷補遺一
卷黄帝内經靈樞註證發微九卷 …… 2-94
黄帝内經素問註證發微九卷補遺一
卷黄帝内經靈樞註證發微九卷 …… 2-94
黄帝内經素問註證發微九卷補遺一
卷黄帝内經靈樞註證發微九卷 …… 2-94
黄帝内經素問遺篇一卷 ……………… 2-93
黄帝内經靈樞十二卷 ………………… 1-65
黄帝内經靈樞十二卷 ………………… 1-65
黄帝内經靈樞十二卷 ………………… 1-65
黄帝内經靈樞十二卷 ………………… 1-65
黄帝内經靈樞十二卷 ………………… 2-93
黄帝内經靈樞十二卷 ………………… 2-93
黄帝内經靈樞十二卷 ………………… 2-93
黄帝内經靈樞十二卷 ………………… 2-93

黃帝素問靈樞經十二卷 ……………… 2－95
黃帝素問靈樞經十二卷 ……………… 2－95
黃帝陰符經一卷………………………… 4－336
黃帝陰符經集解三卷…………………… 3－453
黃帝逸典十三卷 ……………………… 2－95
黃帝逸典十三卷 ……………………… 2－95
黃海看雲第一圖題辭一卷黃海看雲
第二圖題辭一卷 …………………… 2－95
黃書一卷老子衍一卷 ………………… 2－97
黃書一卷附噩夢一卷 ………………… 2－96
黃陶菴先生文鈔不分卷 ……………… 2－97
黃陶菴先生文鈔不分卷 ……………… 2－97
黃梅花館詩選一卷 …………………… 2－96
［光緒］黃梅縣志四十卷首一卷 …… 5－291
［光緒］黃梅縣志四十卷首一卷 …… 5－291
［光緒］黃梅縣志四十卷首一卷 …… 5－291
黃堂隆道宮志十四卷 ………………… 2－97
黃堂隆道宮志十四卷 ………………… 2－97
黃梨洲先生［宗羲］年譜三卷 ……… 2－95
黃梨洲先生［宗羲］年譜三卷 ……… 2－95
黃梨洲先生南雷文約四卷 …………… 2－95
黃梨洲先生南雷文約四卷 …………… 2－95
黃梨洲遺書 …………………………… 2－96
黃梨洲遺書……………………………… 3－464
黃淮安瀾編二卷 ……………………… 2－95
黃葉山樵詩草四卷 …………………… 2－97
黃葉邨莊詩集八卷續集一卷後集一
卷 …………………………………… 2－97
黃運河口古今圖說一卷 ……………… 2－97
黃詩全集五十八卷 …………………… 2－96
黃詩全集五十八卷 …………………… 2－96
黃詩全集五十八卷 …………………… 2－96
黃詩全集五十八卷 …………………… 2－96
黃詩全集五十八卷 …………………… 2－96
黃詩全集五十八卷 …………………… 2－96
黃漳浦集五十卷 ……………………… 2－97
黃漳浦集五十卷首一卷末一卷 ……… 2－97
黃漳浦集五十卷首一卷末一卷 ……… 2－97
黃漳浦集五十卷首一卷目錄二卷 …… 2－97
黃靜山所著書 ………………………… 2－95
黃翰林校正禮記大全三十卷 ………… 2－95
黃翰林校正禮記大全三十卷 ………… 2－95
［同治］黃縣志稿五卷首一卷 ……… 5－358
［同治］黃縣志稿五卷首一卷 ……… 5－358
黃檗山斷際禪師傳心錄一卷 ………… 2－93
黃孏餘話八卷 ………………………… 2－96
黃蘗禪師詩……………………………… 3－488
黃鵠山志十二卷首一卷 ……………… 2－95
黃蘊生先生陶菴全集十七卷 ………… 2－97
黃蘊生先生陶菴全集十七卷 ………… 2－97
［黃贊湯日記］不分卷（清咸豐六年
至九年）…………………………… 5－299
黃鐘圖徵一卷 ………………………… 2－98
著石堂新刻幼科直言六卷…………… 5－214
萸江古文存四卷……………………… 4－409
萸江古文存四卷萸江詩存三卷附萸
江遺集一卷………………………… 4－409
菜香書屋詩草六卷 …………………… 1－72
菜香書屋詩鈔四卷 …………………… 1－72
菜香書屋詩鈔四卷 …………………… 1－72
菜根譚一卷 …………………………… 1－72
菜根譚一卷 …………………………… 1－72
菊莊集二卷……………………………… 2－234
菊部羣英一卷………………………… 1－299
菊部羣英二卷………………………… 2－234
菊逸山房地理正書…………………… 2－234
萃珍□□卷…………………………… 1－191
萃錦唫十一卷………………………… 1－191
菩提心論教相記二卷………………… 3－8
菩薩戒本經一卷……………………… 3－8
菩薩戒本經箋要一卷………………… 3－8
菩薩瓔珞經二十卷…………………… 3－8
萍鄉文氏所刻醫書六種……………… 2－496
［萍鄉］文昌宮尚賓莊圖冊不分卷 … 5－332
［萍鄉］文昌宮圖冊不分卷 ………… 5－332
［萍鄉］文昌宮圖冊不分卷 ………… 5－332
萍鄉李少保公事略一卷……………… 2－496
萍鄉建立廩保公所圖冊不分卷……… 2－496
萍鄉建立廩保公所圖冊不分卷……… 2－496
萍鄉城隍廟善後會圖冊不分卷……… 2－496
萍鄉重修考棚圖冊不分卷…………… 2－497
萍鄉課士新藝四卷續編四卷………… 2－496

萍鄉課士新藝四卷續編四卷………… 2－496
萍鄉課士新藝四卷續編四卷………… 2－496
萍鄉遵積二啚圖冊不分卷…………… 2－497
萍鄉縣生童詩賦文章不分卷………… 2－496
［乾隆］萍鄉縣志十二卷　………… 5－336
［乾隆］萍鄉縣志十二卷　………… 5－336
［道光］萍鄉縣志十六卷　………… 5－281
［道光］萍鄉縣志十六卷　………… 5－281
［道光］萍鄉縣志十六卷　………… 5－281
［同治］萍鄉縣志十卷首一卷　……… 5－362
［同治］萍鄉縣志十卷首一卷　……… 5－362
［同治］萍鄉縣志十卷首一卷　……… 5－362
［同治］萍鄉縣志十卷首一卷　……… 5－362
［同治］萍鄉縣志十卷首一卷　……… 5－362
萍鄉縣義倉記不分卷………………… 2－496
菀青集二十一卷……………………… 3－493
萘園詩集六卷………………………… 2－383
乾坤正氣　………………………… 3－29
乾坤正氣集二十卷　……………… 3－29
乾坤正氣集五百七十四卷首一卷　…… 3－30
乾坤正氣集五百七十四卷首一卷　…… 3－30
乾坤正氣集五百七十四卷首一卷　…… 3－30
乾坤正氣集五百七十四卷首一卷　…… 3－30
乾坤正氣集五百七十四卷首一卷　…… 3－30
乾坤正氣集五百七十四卷首一卷　…… 3－30
乾坤正氣集五百七十四卷首一卷…… 5－252
乾坤正氣錄五卷　………………… 3－30
乾坤兩卦解一卷　………………… 3－29
乾坤兩卦解一卷　………………… 3－29
乾坤法竅三卷　…………………… 3－29
乾坤法竅三卷　…………………… 3－29
乾坤法竅三卷　…………………… 3－29
乾坤法竅三卷　…………………… 3－29
乾隆壬子科江南鄉試第拾肆房同門
　錄一卷　………………………… 3－30
乾隆戊申至癸丑闈墨續編不分卷　…… 3－30
乾隆戊申至癸丑闈墨續編不分卷　…… 3－31
乾隆戊申至癸丑闈墨續編不分卷　…… 3－31
乾隆戊申至癸丑闈墨續編不分卷　…… 3－31
乾隆辛丑至丙午闈墨初編不分卷　…… 3－31
乾隆辛丑至丙午闈墨初編不分卷　…… 3－31
乾隆府廳州縣圖志五十卷　………… 3－30
乾隆府廳州縣圖志五十卷　………… 3－30
乾隆府廳州縣圖志五十卷　………… 3－30
乾隆府廳州縣圖志五十卷　………… 3－30
乾隆府廳州縣圖志五十卷　………… 3－30
乾隆府廳州縣圖志五十卷　………… 3－30
［乾隆曆書］不分卷　……………… 5－340
乾嘉詩壇點將錄一卷　……………… 3－29
乾嘉墨選二卷　……………………… 3－29
菰中隨筆一卷………………………… 1－410
菰中隨筆一卷………………………… 1－410
埜耕集三卷…………………………… 4－288
梵餘小草一卷………………………… 1－356
梵隱堂詩存十卷……………………… 1－356
梧州府輿圖不分卷　………………… 4－65
梧溪集七卷困學齋雜錄一卷　……… 4－65
梧溪集七卷困學齋雜錄一卷　……… 4－65
桯史十五卷附錄一卷………………… 4－381
梅山詩集十七卷首一卷……………… 2－395
梅氏叢書輯要六十二卷……………… 2－395
梅氏叢書輯要六十二卷……………… 2－395
梅氏叢書輯要六十二卷……………… 2－396
梅氏叢書輯要六十二卷……………… 2－396
梅氏叢書輯要六十二卷……………… 2－396
梅氏叢書輯要六十二卷……………… 2－396
梅氏叢書輯要六十二卷……………… 2－396
梅氏叢書輯要六十二卷……………… 2－396
梅氏叢書輯要六十二卷……………… 2－396
梅氏叢書輯要六十二卷……………… 2－396
梅氏叢書輯要六十二卷……………… 2－396
梅水詩傳八卷………………………… 2－396
梅花山館詩鈔二卷…………………… 2－395
梅花月半郵讀不分卷………………… 2－395
梅花百詠遺稿一卷…………………… 2－395
梅花百絕一卷………………………… 2－395
梅花書屋聯吟集二卷………………… 2－395
梅花書院小課不分卷………………… 2－395
梅花書院課藝不分卷………………… 2－395
梅花書院課藝不分卷………………… 2－395
梅花書院課藝不分卷………………… 2－395
梅花閣遺詩一卷……………………… 2－164

梅花簪二卷四十齣 …… 2-395
梅村先生年譜四卷世系一卷 …… 2-394
梅村先生年譜四卷世系一卷 …… 2-394
梅村家藏藁五十八卷詩補遺一卷文補遺一卷 …… 2-394
梅村家藏藁五十八卷詩補遺一卷文補遺一卷 …… 2-394
梅村集二十卷 …… 2-394
梅村集二十卷 …… 2-394
梅村集四十卷目錄二卷 …… 2-394
梅村集四十卷目錄二卷 …… 2-394
梅村集四十卷目錄二卷 …… 2-394
梅村詩集箋注十八卷 …… 2-394
梅村詩集箋注十八卷 …… 2-394
梅村詩集箋注十八卷 …… 2-394
梅村詩集箋注十八卷 …… 2-394
梅村詩集箋注十八卷 …… 2-394
梅村詩集箋注十八卷 …… 2-394
梅村詩集箋注十八卷 …… 2-394
梅村詩集箋注十八卷 …… 2-394
梅村詩集箋注十八卷 …… 2-395
梅林集二卷 …… 2-395
梅崖居士文集三十八卷外集二卷 …… 2-396
梅崖居士文集三十卷外集八卷 …… 2-396
梅崖居士文集三十卷外集八卷 …… 2-396
梅崖居士文集三十卷外集八卷 …… 2-396
梅崖居士文集三十卷外集八卷 …… 2-397
梅崖居士文集三十卷外集八卷 …… 2-397
梅崖居士續集二卷 …… 2-397
梅溪先生廷試策一卷奏議四卷前集二十卷後集二十九卷 …… 2-396
梅溪先生廷試策一卷奏議四卷前集二十卷後集二十九卷 …… 2-396
梅溪家塾試帖一卷雜作一卷 …… 2-396
梅調鼎先生詩草不分卷 …… 2-395
梅麓文鈔補遺四卷 …… 2-395
梅麓詩鈔一卷 …… 2-395
梅麓詩鈔十八卷 …… 2-395
梅麓詩鈔十八卷 …… 2-395
梅麓賦鈔一卷 …… 2-395
麥有堂詩初集四卷二集四卷雜著一卷 …… 2-387
麥有堂詩初集四卷二集四卷雜著一卷 …… 2-387
麥有堂詩初集四卷二集四卷雜著一卷 …… 2-387
麥有堂詩初集四卷二集四卷雜著一卷 …… 2-388
麥有堂詩初集四卷二集四卷雜著一卷 …… 2-388
麥浪園女弟子詩六卷 …… 2-387
麥浪園樂志山房倡和詩十卷 …… 2-387
麥浪園樂志山房倡和詩十卷 …… 2-387
麥浪園樂志山房倡和詩十卷 …… 2-387
桴亭先生文鈔六卷詩鈔八卷 …… 1-375
梓溪文鈔內集八卷外集十卷首一卷 …… 5-245
梓溪文鈔內集八卷外集十卷首一卷 …… 5-245
梓溪文鈔(舒文節公全集) …… 5-244
梓溪文鈔(舒文節公全集) …… 5-245
梓溪文鈔(舒文節公全集) …… 5-245
梓溪文鈔(舒文節公全集) …… 5-245
梓溪文鈔(舒文節公全集) …… 5-245
梓溪文鈔(舒文節公全集) …… 5-245
梓潼帝君陰騭文四卷 …… 5-244
梓潼帝君陰騭文四卷 …… 5-244
梯仙閣餘課一卷 …… 3-367
梯仙閣餘課一卷 …… 3-367
梯雲書院誌六卷 …… 3-454
梯雲書院誌六卷 …… 3-454
梭山農譜三卷 …… 3-407
梭山農譜三卷 …… 3-407
梭山農譜三卷 …… 3-407
梭山農譜三卷 …… 3-407
曹子建集十卷 …… 1-79
曹文恪公慈壽萬言鴻文一卷附賦一卷七宣一卷詞一卷 …… 1-78
曹州牡丹譜不分卷 …… 1-79
曹安峰地理原本四卷 …… 1-78
曹安峯地理原本說四卷 …… 1-78
曹星湖先生年譜一卷 …… 4-220

曹寅谷制藝二集不分卷 ………………… 1－79
曹寅谷制藝續編不分卷 ………………… 1－79
曹集詮評十卷逸文一卷魏陳思王年
譜一卷 ………………………………… 1－78
曹谿通志八卷首一卷 …………………… 1－78
敕封燮元贊化真君諸葛武侯五星神
卦不分卷……………………………… 1－120
敕修兩浙海塘通志二十卷首一卷…… 1－121
敕授文林郎山東沂州府費縣知縣熊
敬衢公年譜一卷……………………… 1－120
堅白齋集駢文存一卷詩存三卷雜稿
存四卷………………………………… 2－139
堅瓠集六十六卷……………………… 2－139
堅瓠集六十六卷……………………… 2－139
戚少保[繼光]年譜耆編十二卷首
一卷 ………………………………… 3－19
帶江園雜著草六卷…………………… 1－233
帶經堂集九十二卷…………………… 1－233
帶經堂集九十二卷…………………… 1－234
帶經堂集九十二卷…………………… 1－234
帶經堂集九十二卷…………………… 1－234
帶經堂集九十二卷…………………… 1－234
帶經堂詩話三十卷首一卷…………… 1－234
帶經堂詩話三十卷首一卷…………… 1－234
帶經堂詩話三十卷首一卷…………… 1－234
帶經堂詩話三十卷首一卷…………… 1－234
帶經園稿不分卷……………………… 1－234
帶經園稿不分卷……………………… 1－234
硃批七家詩選箋註七卷……………… 5－207
硃批七家詩選箋註七卷……………… 5－207
硃批七家詩選箋註七卷……………… 5－207
硃批七家詩選箋註七卷……………… 5－207
硃批諭旨不分卷……………………… 5－207
硃批諭旨不分卷……………………… 5－207
硃批諭旨不分卷……………………… 5－207
硃批諭旨不分卷……………………… 5－208
硃批諭旨不分卷……………………… 5－208
硃批諭旨不分卷……………………… 5－208
硃批諭旨不分卷……………………… 5－208
硃批諭旨不分卷……………………… 5－208
硃批諭旨不分卷……………………… 5－208
硃批諭旨不分卷……………………… 5－208
硃批諭旨不分卷……………………… 5－208
硃批諭旨不分卷……………………… 5－208
[硃卷集錄]不分卷 ………………… 5－389
硃評古文闡秘□□卷………………… 5－208
爽鳩要錄二卷………………………… 3－296
盛于埜遺著…………………………… 3－148
盛于埜遺著…………………………… 3－148
盛于埜遺著…………………………… 3－148
盛太僕遺文不分卷…………………… 3－148
盛太僕遺文不分卷…………………… 3－148
盛太僕遺文不分卷…………………… 3－148
盛太僕遺文不分卷…………………… 3－148
盛太僕遺文不分卷…………………… 3－148
盛太僕遺文不分卷…………………… 3－148
盛太僕遺文不分卷…………………… 3－148
盛太僕遺文不分卷…………………… 3－148
盛太僕遺文不分卷…………………… 3－148
盛太僕遺文不分卷…………………… 3－148
盛太僕遺文不分卷…………………… 3－148
盛太僕遺文不分卷…………………… 3－148
盛太僕遺文不分卷…………………… 3－148
盛世危言五卷補編六卷……………… 3－148
盛世危言五卷續編三卷……………… 3－148
盛世危言六卷………………………… 3－147
盛世危言六卷………………………… 3－147
盛世危言六卷………………………… 3－147
盛世危言六卷………………………… 3－147
盛世危言六卷二編四卷三編六卷…… 3－148
盛世危言外編二卷…………………… 3－148
盛世危言外編二卷…………………… 3－148
盛世危言續編四卷…………………… 3－148
[乾隆]盛京通志四十八卷首一卷 … 5－336
[乾隆]盛京通志四十八卷首一卷 … 5－336
[乾隆]盛京通志四十八卷首一卷 … 5－336
盛湖詩萃十二卷……………………… 3－147
盛湖詩萃續編四卷…………………… 3－147
雩都三宋先生詩文集………………… 4－409
[同治]雩都縣志十六卷首一卷 …… 5－370
[同治]雩都縣志十六卷首一卷 …… 5－370
[同治]雩都縣志十六卷首一卷 …… 5－370

［道光］雩都縣志三十二卷 ………… 5－284
雪山集十六卷………………………… 4－256
雪月梅傳十卷五十回………………… 4－257
雪月梅傳十卷五十回………………… 4－257
雪心賦正解四卷……………………… 4－256
雪心賦正解四卷……………………… 4－256
雪心賦正解四卷……………………… 4－256
雪心賦正解四卷……………………… 4－256
雪心賦正解四卷……………………… 4－256
雪心賦正解四卷……………………… 4－256
雪心賦正解四卷……………………… 4－256
雪心賦正解四卷……………………… 4－256
雪心賦正解四卷……………………… 4－256
雪心賦正解四卷……………………… 4－256
雪竹樓詩稿十四卷文稿一卷首一卷
…………………………………… 4－257
雪舟詩集四卷………………………… 4－257
雪交亭集十二卷……………………… 4－255
雪青閣詩集四卷……………………… 4－256
雪坡文集十二卷獨行詩集八卷醉吟
詩九卷……………………………… 4－255
雪坡文集十二卷獨行詩集八卷醉吟
詩九卷……………………………… 4－255
雪坡集二卷…………………………… 4－255
雪門詩草十四卷……………………… 4－255
雪門詩草十四卷……………………… 4－255
雪牀遺詩一卷續刻一卷……………… 4－254
雪牀遺詩一卷續刻一卷……………… 4－254
雪牀遺詩一卷續刻一卷……………… 4－254
雪牀遺詩一卷續刻一卷……………… 4－254
雪牀遺詩一卷續刻一卷……………… 4－254
雪牀遺詩一卷續刻一卷……………… 4－254
雪牀遺詩一卷續刻一卷……………… 4－254
雪牀遺詩一卷續刻一卷……………… 4－255
雪牀遺詩一卷續刻一卷……………… 4－255
雪牀遺詩一卷續刻一卷……………… 4－255
雪牀遺詩一卷續刻一卷……………… 4－255
雪牀遺詩一卷續刻一卷……………… 4－255
雪牀遺詩一卷續刻一卷……………… 4－255
雪牀遺詩一卷續刻一卷……………… 4－255
雪堂文鈔二卷于埜草一卷…………… 4－256
雪堂先生集選十四卷………………… 4－256
雪堂先生詩選四卷…………………… 4－256
雪堂集選三卷………………………… 4－256
雪窗新語二卷………………………… 3－455
雪樵經解三十卷附錄三卷…………… 4－255
雪樵經解三十卷附錄三卷…………… 4－255
雪樵經解三十卷附錄三卷…………… 4－255
雪樵經解三十卷附錄三卷…………… 4－255
雪樵經解三十卷附錄三卷…………… 4－256
雪樵經解三十卷附錄三卷…………… 4－256
雪樵經解三十卷附錄三卷…………… 4－256
雪樵經解三十卷附錄三卷…………… 4－256
雪磯叢稿四卷………………………… 4－255
雪鴻吟草一卷賸詩選存一卷雜詩附
錄一卷……………………………… 4－255
雪鴻軒尺牘四卷……………………… 4－255
雪鴻詩草七卷………………………… 4－255
雪廬詩話一卷………………………… 4－255
雪廬讀史快編六十卷………………… 4－255
捧月樓詞二卷………………………… 2－489
捫心草一卷…………………………… 2－397
推背圖詳解不分卷…………………… 3－488
推背圖詳解不分卷…………………… 3－488
推背圖說……………………………… 3－488
推背圖說……………………………… 3－488
推敲集草藁一卷……………………… 3－488
頂批金丹真傳六卷…………………… 1－261
頂批金丹真傳六卷…………………… 1－261
採輯名家正譌詩經刪補四卷首一卷
…………………………………… 1－72
採輯名家正譌詩經刪補四卷首一卷
…………………………………… 1－72
採輯名家正譌詩經刪補四卷首一卷
…………………………………… 1－72
採輯名家正譌詩經刪補四卷首一卷
…………………………………… 1－72
採輯名家正譌詩經刪補四卷首一卷
…………………………………… 1－72
採輯名家正譌詩經刪補四卷首一卷
…………………………………… 1－72
採輯名家批評詩經刪補四卷 ………… 1－68

採輯名家批評詩經刪補四卷 ………… 1－68
採輯名家批評詩經刪補四卷 ………… 1－68
採輯名家批評詩經刪補四卷 ………… 1－68
採輯名家批評詩經刪補四卷 ………… 1－68
採輯名家批評詩經刪補四卷 ………… 1－68
採輯名家批評詩經刪補四卷 ………… 1－69
採輯名家批評詩經刪補四卷 ………… 1－69
採輯名家批評詩經刪補四卷 ………… 1－69
採輯名家批評詩經刪補四卷 ………… 1－69
採輯名家批評詩經刪補四卷 ………… 1－69
採輯名家批評詩經刪補四卷 ………… 1－69
採輯名家批評詩經刪補四卷首一卷 ………………………………………… 1－69
採輯名家批評詩經刪補四卷首一卷 ………………………………………… 1－69
採輯名家批評詩經刪補四卷首一卷 ………………………………………… 1－69
採輯名家批評詩經刪補四卷首一卷 ………………………………………… 1－69
採輯名家批評詩經刪補四卷首一卷 ………………………………………… 1－69
採輯名家批評詩經刪補四卷首一卷 ………………………………………… 1－69
採輯名家批評詩經刪補四卷首一卷 ………………………………………… 1－69
採輯名家批評詩經刪補四卷首一卷 ………………………………………… 1－69
採輯名家批評詩經刪補四卷首一卷 ………………………………………… 1－69
採輯名家批評詩經刪補四卷首一卷 ………………………………………… 1－69
採輯名家批評詩經刪補四卷首一卷 ………………………………………… 1－69
採輯名家批評詩經刪補四卷首一卷 ………………………………………… 1－69
採輯名家批評詩經刪補四卷首一卷 ………………………………………… 1－70
採輯名家批評詩經刪補四卷首一卷 ………………………………………… 1－70
採輯名家批評詩經刪補四卷首一卷 ………………………………………… 1－70
採輯名家批評詩經刪補四卷首一卷 ………………………………………… 1－70
採輯名家批評詩經刪補四卷首一卷 ………………………………………… 1－70
採輯名家批評詩經刪補四卷首一卷 ………………………………………… 1－70
採輯名家批評詩經刪補四卷首一卷 ………………………………………… 1－70
採輯名家批評詩經刪補四卷首一卷 ………………………………………… 1－70
採輯名家批評詩經刪補四卷首一卷 ………………………………………… 1－70
採輯名家批評詩經刪補四卷首一卷 ………………………………………… 1－70
採輯名家批評詩經刪補四卷首一卷 ………………………………………… 1－70
採輯名家批評詩經刪補四卷首一卷 ………………………………………… 1－70
採輯名家批評詩經刪補四卷首一卷 ………………………………………… 1－70
採輯名家批評詩經刪補四卷首一卷 ………………………………………… 1－70
採輯名家批評詩經刪補四卷首一卷 ………………………………………… 1－70
採輯名家批評詩經刪補四卷首一卷 ………………………………………… 1－70
採輯名家批評詩經刪補四卷首一卷 ………………………………………… 1－70
採輯名家批評詩經刪補四卷首一卷 ………………………………………… 1－70
採輯名家批評詩經刪補四卷首一卷 ………………………………………… 1－71
採輯名家批評詩經刪補四卷首一卷 ………………………………………… 1－71
採輯名家批評詩經刪補四卷首一卷 ………………………………………… 1－71
採輯名家批評詩經刪補四卷首一卷 ………………………………………… 1－71
採輯名家批評詩經刪補四卷首一卷 ………………………………………… 1－71

採輯名家批評詩經刪補四卷首一卷 …… 1－71
採輯名家批評詩經刪補四卷首一卷 …… 1－71
採輯名家批評詩經刪補四卷首一卷 …… 1－71
採輯名家批評詩經刪補四卷首一卷 …… 1－71
採輯名家批評詩經刪補四卷首一卷 …… 1－71
採輯名家批評詩經刪補四卷首一卷 …… 1－71
採輯名家批評詩經刪補四卷首一卷 …… 1－71
採輯名家批評詩經刪補四卷首一卷 …… 1－71
採輯名家批評詩經刪補四卷首一卷 …… 1－71
採輯名家批評詩經刪補四卷首一卷 …… 1－71
採輯名家批評詩經刪補四卷首一卷 …… 1－71
採輯名家批評詩經刪補四卷首一卷 …… 1－71
採輯名家增韻詩經刪補四卷首一卷 …… 1－71
採輯名家增韻詩經刪補四卷首一卷 …… 1－72
採輯名家撰訂詩經刪補四卷首一卷 …… 1－72
採輯新聯二卷 …… 1－72
採辦木植條奏部例抄稿不分卷 …… 1－68
授受金針四卷增補一卷 …… 3－256
授受金針四卷增補一卷 …… 3－256
授受金針四卷增補一卷 …… 3－256
授受金針四卷增補一卷 …… 3－256
授堂金石文字續跋十四卷 …… 3－256
授堂遺書 …… 3－257
授堂遺書 …… 3－257
探本錄二十三卷 …… 3－425
探杏譜一卷 …… 3－425
掃苔山館詩鈔二卷 …… 3－106
掃紅仙館賦選二卷 …… 3－106
掃葉山房藁鈔 …… 3－106
救生集一卷跌打大全一卷 …… 2－232
救生集四卷 …… 2－231
救生集四卷 …… 2－231
救生集四卷 …… 2－231
救生集四卷 …… 2－232
救吞生煙奇效方一卷附戒煙方一卷 …… 2－232
救命書一卷 …… 4－258
救荒六十策一卷 …… 2－231
救荒百策不分卷 …… 2－231
救荒活民書三卷拾遺一卷 …… 2－231
救荒活民類要不分卷 …… 2－231
救荒補遺二卷 …… 2－231
救荒補遺二卷 …… 2－231
救荒補遺二卷 …… 2－231
救迷良方一卷 …… 2－112
救偏瑣言十卷備用良方一卷 …… 2－231
救偏瑣言十卷備用良方一卷 …… 2－231
救偏瑣言十卷備用良方一卷 …… 2－231
救偏瑣言十卷備用良方一卷 …… 2－231
救貧宅經一卷附陽宅經驗一卷 …… 2－231
救善經一卷看破塵緣一卷 …… 2－231
救善經一卷看破塵緣一卷 …… 2－231
救溺管見錄二卷 …… 2－231
救嬰編不分卷 …… 2－232
處分則例圖要六卷 …… 2－380
處分則例圖要六卷 …… 2－380
處分則例圖要六卷 …… 2－380
處分則例圖要六卷 …… 2－381
處分則例圖要六卷 …… 2－381
處分則例圖要六卷 …… 2－381
處分則例圖要六卷 …… 2－381
［光緒］處州府志三十卷首一卷末一卷 …… 5－289
常山貞石志二十四卷 …… 1－98
［嘉慶］常山縣志十二卷首一卷 …… 5－300
常州先哲遺書 …… 1－98
常州先哲遺書 …… 1－98

常州先哲遺書 …………………………… 1－98
常郡八邑藝文志十二卷 ………………… 1－98
常德文徵四十八卷首一卷 ……………… 1－98
常德文徵四十八卷首一卷 ……………… 1－98
常談叢錄九卷 …………………………… 1－98
常談叢錄九卷 …………………………… 1－98
常談叢錄九卷………………………… 1－487
野谷詩稿六卷………………………… 4－288
野香亭集十三卷……………………… 4－289
野客叢書三十卷附錄野老記聞一卷
…………………………………………… 4－288
野客叢書三十卷附錄野老記聞一卷
…………………………………………… 4－288
野菜譜一卷…………………………… 4－288
野趣軒稿二十卷……………………… 4－288
野趣軒稿十二卷……………………… 4－289
野趣軒稿十二卷……………………… 4－289
野學堂文存一卷詩存六卷…………… 4－289
野學堂詩存六卷……………………… 4－289
野學堂聯存八卷……………………… 4－289
野學堂聯存八卷……………………… 5－400
野獲編三十卷首一卷補遺四卷……… 4－288
野獲編三十卷首一卷補遺四卷……… 4－288
野獲編三十卷首一卷補遺四卷……… 4－288
野獲編三十卷首一卷補遺四卷……… 4－288
野獲編三十卷首一卷補遺四卷……… 4－288
晨風閣叢書…………………………… 1－106
晨鐘錄一卷…………………………… 1－106
眼科良方一卷………………………… 4－267
眼科良方一卷………………………… 4－267
眼科良方一卷………………………… 4－267
眼科要方不分卷……………………… 4－268
眼科秘方一卷………………………… 4－267
眼科秘旨不分卷……………………… 4－268
眼科新新集二卷……………………… 4－268
眼科寶鑑一卷………………………… 4－267
眼疾總論一卷………………………… 4－267
畧註本草醫方合編 …………………… 1－53
問山文集六卷詩集二卷 ……………… 4－55
問山詩集十卷紫雲詞一卷 …………… 4－55
問心堂溫病條辨六卷首一卷 ………… 4－55
問心堂溫病條辨六卷首一卷 ………… 4－55
問心齋學治雜錄二卷 ………………… 4－55
問竹堂詩法十卷首一卷末一卷 ……… 4－56
問竹堂詩法十卷首一卷末一卷 ……… 4－57
問字堂集六卷 ………………………… 4－57
問字堂集六卷 ………………………… 4－57
問花樓遺稿三卷 ……………………… 4－55
問奇典注六卷 ………………………… 4－55
問軒詩草一卷 ………………………… 4－55
問魚篇二卷附錄一卷 ………………… 4－56
問湘樓駢文初稿四卷 ………………… 4－55
問經堂叢書 …………………………… 4－55
問經堂叢書 …………………………… 4－55
問影樓輿地叢書第一集 ……………… 4－55
問影樓輿地叢書第一集 ……………… 4－55
問影樓輿地叢書第一集 ……………… 4－55
問影樓輿地叢書第一集 ……………… 4－55
問影樓輿地叢書第一集 ……………… 4－55
問影樓輿地叢書第一集 ……………… 4－55
問影樓輿地叢書第一集 ……………… 4－56
問影樓輿地叢書第一集 ……………… 4－56
問影樓輿地叢書第一集 ……………… 4－56
問影樓輿地叢書第一集 ……………… 4－56
問影樓輿地叢書第一集 ……………… 4－56
問影樓輿地叢書第一集 ……………… 4－56
問影樓輿地叢書第一集 ……………… 4－56
問影樓輿地叢書第一集 ……………… 4－56
問影樓輿地叢書第一集 ……………… 4－56
問影樓輿地叢書第一集 ……………… 4－56
問影樓輿地叢書第一集 ……………… 4－56
問影樓輿地叢書第一集 ……………… 4－56
問影樓輿地叢書第一集 ……………… 4－56
問影樓輿地叢書第一集 ……………… 4－56
問影樓輿地叢書第一集 ……………… 4－56
問影樓輿地叢書第一集 ……………… 4－56
問影樓叢刻初編 ……………………… 4－55
問影樓叢刻初編 ……………………… 4－55
問學堂遺文不分卷 …………………… 4－55
問辨牘四卷 …………………………… 4－55
曼陀羅花室詩三卷詞一卷文三卷…… 2－390
晦菴先生朱文公易說二十三卷……… 3－470

晦庵先生朱文公文集一百卷 ………… 2－99
晦庵先生朱文公文集一百卷續集十一卷別集十卷目錄二卷 …………… 2－99
晦庵先生朱文公文集一百卷續集十一卷別集十卷目錄二卷 …………… 2－99
晦庵先生朱文公文集一百卷續集十一卷別集十卷目錄二卷 …………… 2－99
晦庵先生朱文公文集一百卷續集十一卷別集十卷目錄二卷 …………… 2－99
晦庵先生朱文公文集一百卷續集五卷別集七卷目錄二卷 ……………… 2－99
晦庵先生朱文公文集一百卷續集五卷別集七卷目錄二卷 ……………… 2－99
晦庵先生朱文公文集一百卷續集五卷別集七卷目錄二卷 ……………… 2－100
晦庵先生朱文公文集一百卷續集五卷別集七卷目錄二卷 ……………… 2－100
晦庵先生朱文公文集一百卷續集五卷別集七卷目錄二卷 ……………… 2－100
晦庵先生朱文公文集一百卷續集五卷別集七卷目錄二卷 ……………… 2－100
晦庵先生朱文公集一百卷 ………… 3－465
晦庵先生校正周易繫辭精義二卷 …… 2－99
晦鳴錄二卷 ………………………… 2－100
晦鳴錄二卷 ………………………… 2－100
晞髮集十卷遺集二卷補一卷 ……… 4－104
晞髮集十卷遺集二卷補一卷 ……… 4－105
晞髮集寓箋六卷目錄二卷 ………… 4－105
晞鑄堂文鈔十六卷青芙山館詩鈔十二卷 ………………………………… 4－105
晚邨天蓋樓偶評不分卷 …………… 3－493
晚邨先生八家古文精選八卷 ……… 3－493
晚邨先生八家古文精選八卷 ……… 3－493
晚邨先生八家古文精選八卷 ……… 3－494
晚邨先生八家古文精選八卷 ……… 3－494
晚香園詩稿□□卷 ………………… 3－495
晚笑堂畫傳一卷明太祖功臣圖一卷 ………………………………… 3－495
晚唐詩鈔二十六卷 ………………… 3－494
晚唐詩鈔二十六卷 ………………… 3－494
晚唐詩鈔二十六卷 ………………… 3－494
晚晴堂稿二集二卷 ………………… 3－494
晚晴堂稿二集二卷 ………………… 3－494
晚晴堂稿六卷 ……………………… 3－494
晚晴堂稿六卷續稿二卷二集二卷三集一卷 ………………………………… 3－494
晚晴堂稿六卷續稿二卷二集二卷三集一卷 ………………………………… 3－494
晚聞堂存稿七卷 …………………… 3－494
晚聞堂集十六卷 …………………… 3－494
晚聞堂集十六卷 …………………… 3－494
晚聞堂集十六卷 …………………… 3－494
晚聞堂集十六卷 …………………… 3－494
晚聞堂集十六卷 …………………… 3－494
晚聞堂集十六卷 …………………… 3－494
晚聞堂集十六卷 …………………… 3－494
晚聞堂集十六卷 …………………… 3－494
晚聞堂集十六卷 …………………… 3－494
晚聞堂集十六卷 …………………… 3－494
晚聞堂集十六卷 …………………… 3－495
晚聞堂集十六卷 …………………… 3－495
晚聞堂集十六卷 …………………… 3－495
晚聞堂集十六卷 …………………… 3－495
晚聞堂集十六卷 …………………… 3－495
晚聞堂集十六卷 …………………… 3－495
晚聞堂集十六卷 …………………… 3－495
晚聞堂集十六卷 …………………… 3－495
晚聞堂集十六卷 …………………… 3－495
晚翠軒詞韻一卷 …………………… 3－493
晚翠堂信古集史傳五卷 …………… 3－493
晚翠齋遺稿不分卷 ………………… 3－493
異方便淨土傳燈歸元鏡三祖實錄二卷 ………………………………… 4－327
異書四種 …………………………… 4－327
異傳太乙神鍼法一卷 ……………… 4－327
異傳地理真訣一卷附錄一卷 ……… 4－326
異說後唐傳三集薛丁山征西樊梨花全傳十二卷八十八回 ………… 4－327
異說後唐傳三集薛丁山征西樊梨花全傳十卷八十八回 …………… 4－327
異說後唐傳三集薛丁山征西樊梨花全傳十卷八十八回 …………… 4－327

異說後唐傳三集薛丁山征西樊梨花
全傳十卷八十八回………………… 4－327
略識字編一卷……………………… 2－383
略識字編一卷……………………… 2－383
略識字編一卷……………………… 2－383
略識字編一卷……………………… 2－383
蚺城約議不分卷 …………………… 3－70
蛇書全本一卷……………………… 3－139
鄂不齋叢書………………………… 1－332
鄂國金佗稡編二十八卷續編三十卷
……………………………………… 1－332
鄂渚同聲集三編八卷……………… 2－258
鄂渚同聲集初編七卷二編二十卷…… 1－332
［乾隆］婁縣志三十卷首二卷 ……… 5－335
國山碑考一卷……………………… 2－1
國史循吏傳一卷儒林傳二卷文苑傳
二卷賢良祠王大臣小傳二卷………… 2－2
國史儒林傳二卷文苑傳二卷………… 2－1
國史館校對簿一卷………………… 2－1
國初十家詩鈔……………………… 2－1
國初十家詩鈔……………………… 2－1
國初文讀本注釋不分卷…………… 2－1
國音四種…………………………… 2－2
國家學綱領不分卷………………… 2－1
國朝二十四家文鈔二十四卷……… 1－485
國朝二十四家文鈔二十四卷……… 1－485
國朝二十四家文鈔二十四卷……… 1－485
國朝二十四家文鈔二十四卷……… 1－485
國朝二十四家文鈔二十四卷……… 1－485
國朝二十四家文鈔二十四卷……… 1－485
國朝十家四六文鈔………………… 1－492
國朝十家四六文鈔………………… 1－492
國朝十家四六文鈔………………… 1－492
國朝七家詞選一卷………………… 1－491
國朝七排雲襄二集題解不分卷……… 1－491
國朝八家四六文鈔………………… 1－484
國朝八家四六文鈔………………… 3－142
國朝三十五科同館詩賦解題七卷首
二卷………………………………… 1－491
國朝三十五科同館詩賦解題七卷首
二卷國朝十二科同館詩賦解題五
卷首一卷…………………………… 1－491
國朝山左詩鈔六十卷……………… 1－491
國朝山左詩續鈔三十二卷………… 1－491
國朝山左詩續鈔三十二卷………… 1－491
國朝山左詩續鈔三十二卷………… 1－492
國朝分體文約不分卷……………… 1－485
國朝六科漢給事中題名錄一卷……… 1－488
國朝六家詩鈔……………………… 1－488
國朝六家詩鈔……………………… 1－488
國朝六家詩鈔……………………… 1－488
國朝六家詩鈔……………………… 1－488
國朝六家詩鈔……………………… 1－488
國朝六家詩鈔……………………… 1－488
國朝六家詩鈔……………………… 1－488
國朝六家詩鈔……………………… 1－488
國朝六家詩鈔……………………… 1－488
國朝六家詩鈔……………………… 1－488
國朝六家詩鈔……………………… 1－488
國朝六家詩鈔……………………… 1－488
國朝文才調集不分卷……………… 1－494
國朝文才調集不分卷……………… 1－494
國朝文才調集不分卷……………… 1－494
國朝文才調集不分卷……………… 1－494
國朝文才調集不分卷……………… 1－494
國朝文才調集不分卷……………… 1－494
國朝文才調集不分卷……………… 1－494
國朝文才調集不分卷……………… 1－494
國朝文才調集不分卷……………… 1－494
國朝文才調集不分卷……………… 1－494
國朝文才調集不分卷……………… 1－494
國朝文才調集不分卷……………… 1－494
國朝文才調集不分卷……………… 1－494
國朝文才調集不分卷……………… 1－494
國朝文才調集不分卷……………… 1－494
國朝文才調集不分卷……………… 1－494
國朝文才調集不分卷……………… 1－495
國朝文英不分卷…………………… 1－498
國朝文棟八卷……………………… 1－495
國朝文棟八卷……………………… 1－495
國朝文棟八卷……………………… 1－495
國朝文雅正所見集十六卷………… 1－497

國朝文雅正所見集十六卷…………… 1－497
國朝文雅正所見集十六卷…………… 1－497
國朝文雅正所見集十六卷…………… 1－497
國朝文雅正所見集十六卷…………… 1－497
國朝文雅正所見集十六卷…………… 1－497
國朝文雅正所見集十六卷…………… 1－497
國朝文雅正所見集十六卷…………… 1－498
國朝文雅正所見集十六卷…………… 1－498
國朝文雅正所見集十六卷…………… 1－498
國朝文雅正所見集十六卷…………… 1－498
國朝文雅正所見集十六卷…………… 1－498
國朝文雅正所見集十六卷…………… 1－498
國朝文雅正所見集十六卷…………… 1－498
國朝文鈔不分卷………………………… 1－495
國朝文匯二百卷………………………… 1－495
國朝文匯甲前集二十卷甲集六十卷
乙集七十卷丙集三十卷丁集二十
卷目録一卷………………………… 1－495
國朝文匯甲前集二十卷甲集六十卷
乙集七十卷丙集三十卷丁集二十
卷目録一卷………………………… 1－495
國朝文匯甲前集二十卷甲集六十卷
乙集七十卷丙集三十卷丁集二十
卷目録一卷………………………… 1－495
國朝文塾課初編一卷………………… 1－497
國朝文徵四十卷……………………… 1－498
國朝文録……………………………… 1－495
國朝文録……………………………… 1－495
國朝文録……………………………… 1－495
國朝文録……………………………… 1－495
國朝文録……………………………… 1－495
國朝文録……………………………… 1－495
國朝文録……………………………… 1－495
國朝文録……………………………… 1－495
國朝文録……………………………… 1－495
國朝文録……………………………… 1－496
國朝文録……………………………… 1－496
國朝文録……………………………… 1－496
國朝文録……………………………… 1－496
國朝文録……………………………… 1－496
國朝文録……………………………… 1－496
國朝文録……………………………… 1－496
國朝文録……………………………… 1－496
國朝文録……………………………… 3－155
國朝文録八十二卷…………………… 1－496
國朝文録八十二卷…………………… 1－496
國朝文録八十二卷…………………… 1－496
國朝文録八十二卷…………………… 1－496
國朝文録八十二卷…………………… 1－496
國朝文録八十二卷…………………… 1－496
國朝文録八十二卷…………………… 1－496
國朝文録八十二卷…………………… 1－496
國朝文録八十二卷…………………… 1－496
國朝文録八十二卷…………………… 1－496
國朝文録八十二卷…………………… 1－496
國朝文録八十二卷…………………… 1－496
國朝文録續編………………………… 1－496
國朝文録續編………………………… 1－497
國朝文録續編………………………… 1－497
國朝文録續編………………………… 1－497
國朝文録續編………………………… 1－497
國朝文録續編………………………… 1－497
國朝文録續編………………………… 1－497
國朝文録續編………………………… 1－497
國朝文録續編………………………… 1－497
國朝文録續編………………………… 1－497
國朝文録續編………………………… 1－497
國朝文録續編………………………… 1－497
國朝文録續編………………………… 1－497
國朝文録續編………………………… 1－497
國朝文録續編………………………… 1－497
國朝古文正的五卷附録二卷………… 1－486
國朝古文正的五卷附録二卷………… 1－486
國朝古文所見集十三卷……………… 1－486
國朝古文所見集十三卷……………… 1－486
國朝古文所見集十三卷……………… 1－486
國朝古文彙鈔二集一百卷…………… 1－486
國朝古文彙鈔二集一百卷…………… 1－486
國朝古文彙鈔初集一百七十六卷…… 1－486
國朝古文彙鈔初集一百七十六卷…… 1－486
國朝古文彙鈔初集一百七十六卷二
集一百卷…………………………… 1－486

國朝史學叢書目錄不分卷 …………… 1－492
國朝四十名家墨蹟不分卷 …………… 1－494
國朝先正事略六十卷 …………………… 1－498
國朝先正事略六十卷 …………………… 1－498
國朝先正事略六十卷 …………………… 1－498
國朝先正事略六十卷 …………………… 1－498
國朝先正事略六十卷 …………………… 1－498
國朝先正事略六十卷 …………………… 1－498
國朝先正事略六十卷 …………………… 1－498
國朝先正事略六十卷 …………………… 1－498
國朝先正事略六十卷 …………………… 1－498
國朝先正事略六十卷 …………………… 1－498
國朝先正事略六十卷 …………………… 1－499
國朝先正事略六十卷 …………………… 1－499
國朝先正事略六十卷 …………………… 1－499
國朝先正事略六十卷 …………………… 1－499
國朝先正事略六十卷 …………………… 1－499
國朝先正事略六十卷 …………………… 1－499
國朝先正事略六十卷 …………………… 1－499
國朝先正事略六十卷 …………………… 1－499
國朝先正事略六十卷 …………………… 1－499
國朝先正事略六十卷 …………………… 1－499
國朝先正事略六十卷 …………………… 1－499
國朝先正事略六十卷 …………………… 1－499
國朝先正事略六十卷 …………………… 1－499
國朝先正事略六十卷 …………………… 1－499
國朝先正事略六十卷 …………………… 1－499
國朝先正事略六十卷 …………………… 1－499
國朝先正事略六十卷 …………………… 1－499
國朝先正事略六十卷 …………………… 1－499
國朝先正事略六十卷 …………………… 1－499
國朝先正事略六十卷 …………………… 1－500
國朝先正事略六十卷 …………………… 1－500
國朝先正事略六十卷 …………………… 1－500
國朝先正事略六十卷 …………………… 1－500
國朝先正事略六十卷 …………………… 1－500
國朝先正事略六十卷 …………………… 1－500
國朝先正事略六十卷 …………………… 1－500
國朝先正事略六十卷 …………………… 1－500
國朝先正事略六十卷 …………………… 1－500
國朝先正事略六十卷 …………………… 1－500
國朝先正事略六十卷 …………………… 1－500
國朝先正事略六十卷 …………………… 1－500
國朝先正事略六十卷 …………………… 1－500
國朝先正事略六十卷 …………………… 1－500
國朝先正事略六十卷 …………………… 1－500
國朝先正事略六十卷首一卷 ………… 1－500
國朝先正事略六十卷首一卷 ………… 1－500
國朝先正事略續編八卷 ……………… 1－500
國朝先正事略續編八卷 …………………… 2－1
國朝先正事略續編八卷 …………………… 2－1
國朝先正事略續編八卷 ……………… 3－157
國朝先正事略續編四卷 …………………… 2－1
國朝先正事略續編四卷 …………………… 2－1
國朝名人小簡二卷 …………………… 1－490
國朝名人書札二卷 …………………… 1－490
國朝名人書札二卷 …………………… 1－490
國朝名公詩選十二卷 ………………… 1－489
國朝名文春霆集不分卷 ……………… 1－490
國朝名文春霆集不分卷 ……………… 1－490
國朝名文春霆集不分卷 ……………… 1－490
國朝名文春霆集不分卷 ……………… 1－490
國朝名文續編四卷 …………………… 1－490
國朝名臣言行錄三十卷 ……………… 1－489
國朝名家史論彙鈔二卷 ……………… 1－489
國朝名家史論彙鈔二卷 ……………… 1－489
國朝名家史論彙鈔二卷 ……………… 1－489
國朝名家試律詩鈔四十三卷 ………… 1－490
國朝名媛詩繡鍼五卷 ………………… 1－490
國朝江右八家詩八卷 ………………… 1－487
國朝江右八家詩八卷 ………………… 1－487
國朝江西節孝錄八十七卷 …………… 1－487
國朝江西節孝錄八十七卷 …………… 1－487
國朝江西節孝錄八十七卷 …………… 3－155
國朝別裁集詩選一卷 ………………… 1－484
國朝別裁集摘鈔不分卷 ……………… 1－484
國朝尚友錄八卷 ……………………… 1－492
國朝尚友錄八卷 ……………………… 1－492
國朝尚友錄八卷 ……………………… 4－154
國朝典故 ……………………………… 1－485
國朝制義存真註釋不分卷 ………………… 2－1
國朝金陵詩徵四十八卷 ……………… 1－487

國朝官制不分卷……………………… 1－486
國朝律賦茹涵集四卷………………… 1－489
國朝律賦茹涵集註釋四卷…………… 1－489
國朝律賦茹涵集註釋四卷…………… 1－489
國朝律賦偶箋四卷…………………… 1－489
國朝律賦偶箋四卷…………………… 1－489
國朝律賦揀金錄註釋不分卷………… 1－488
國朝律賦揀金錄註釋四卷…………… 1－488
國朝律賦新機三集一卷……………… 1－489
國朝律賦新機三集一卷……………… 1－489
國朝律賦新機初集一卷……………… 1－489
國朝律賦新機續鈔四卷……………… 1－489
國朝律賦麗則六卷…………………… 1－488
國朝律賦麗則六卷…………………… 1－488
國朝律賦麗則六卷…………………… 1－488
國朝律賦麗則六卷…………………… 1－489
國朝律賦麗則六卷…………………… 1－489
國朝律賦麗則六卷…………………… 1－489
國朝律賦麗則六卷…………………… 1－489
國朝律賦麗則六卷…………………… 1－489
國朝律賦麗則六卷…………………… 1－489
國朝律賦麗則六卷…………………… 1－489
國朝律賦麗則六卷…………………… 1－489
國朝柔遠記二十卷…………………… 1－491
國朝貢舉考畧三卷…………………… 1－485
國朝貢舉考畧三卷…………………… 1－485
國朝貢舉年表三卷（清順治二年至光緒十二年）……………………… 1－485
國朝耆獻類徵初編四百八十四卷總目二十卷首二百四卷通檢十卷滿漢同姓名錄一卷國朝賢媛類徵初編十二卷………………………… 1－491
國朝耆獻類徵初編總目十九卷……… 1－491
國朝書人輯略十一卷首一卷………… 1－494
國朝書人輯略十一卷首一卷………… 1－494
國朝書人輯略十一卷首一卷………… 1－494
國朝書畫名家考略八卷……………… 1－493
國朝書畫名家考略八卷……………… 1－494
國朝書畫名家考略八卷……………… 1－494
國朝書畫家筆錄四卷………………… 1－493
國朝著述未刊書目一卷……………… 2－1
國朝捷錄一卷………………………… 2－235
國朝排律玉燭十二卷………………… 1－490
國朝排律玉燭十二卷………………… 1－490
國朝常州詞錄三十一卷……………… 1－484
國朝常州駢體文錄三十一卷附結一宧駢體文一卷………………… 1－485
國朝常州駢體文錄三十一卷附結一宧駢體文一卷………………… 1－485
國朝常州駢體文錄三十一卷附結一宧駢體文一卷………………… 1－485
國朝常州駢體文錄三十一卷附結一宧駢體文一卷………………… 1－485
國朝淩雲賦選二集箋注十二卷……… 1－488
國朝萬年書二卷……………………… 1－494
國朝掌故彙編內編一卷外編一卷……… 2－1
國朝掌故輯要二十四卷……………… 2－1
國朝御史題名不分卷………………… 2－1
國朝御史題名不分卷………………… 2－1
國朝御史題名不分卷………………… 2－1
國朝註釋排律序時□卷……………… 2－1
國朝詞綜四十八卷二集八卷………… 1－485
國朝詞綜四十八卷國朝詞綜二集八卷………………………………… 1－485
國朝詞綜續編二十四卷……………… 1－485
國朝詞綜續編二十四卷……………… 1－485
國朝詞續選一卷……………………… 1－491
國朝畫家書小傳四卷………………… 3－155
國朝畫家書四卷……………………… 3－147
國朝畫徵錄三卷續錄二卷…………… 1－487
國朝畫徵錄三卷續錄二卷…………… 1－487
國朝試帖分韻四卷…………………… 1－493
國朝試帖分韻四卷…………………… 1－493
國朝試帖分韻四卷…………………… 1－493
國朝試帖分韻四卷…………………… 1－493
國朝試帖分韻句解懸鵠集二卷……… 1－493
國朝試帖分韻句解懸鵠集二卷……… 1－493
國朝試帖分韻句解懸鵠集二卷……… 1－493
國朝試帖分韻句解懸鵠集二卷……… 1－493
國朝試帖分韻句解懸鵠集二卷……… 1－493
國朝試帖分韻句解懸鵠集二卷……… 1－493
國朝試帖分韻句解懸鵠集二卷……… 1－493

國朝試帖風雅□□卷…………………… 1－493
國朝試律淺說靈通解二集二卷……… 1－493
國朝試律淺說靈通解二集二卷……… 1－493
國朝試律淺說靈通解二集二卷……… 1－493
國朝試律淺說靈通解二集二卷……… 1－493
國朝試律匯海前集六卷後集六卷…… 1－493
國朝試律匯海前集六卷後集六卷…… 1－493
國朝試律匯海新選前集六卷後集六
　集……………………………………… 1－493
國朝試律摛藻集二卷…………………… 1－492
國朝試律摛藻集二卷…………………… 1－492
國朝試律摛藻集二卷續編二卷……… 1－492
國朝試律摛藻集續編二卷…………… 1－492
國朝試律摛藻集續編二卷…………… 1－492
國朝試賦匯海續編前集六卷………… 1－492
國朝詩十卷外編一卷補六卷………… 1－492
國朝詩人徵略初編六十卷二編六十
　四卷…………………………………… 1－492
[國朝詩文選]不分卷　………………… 5－298
國朝詩別裁集三十二卷……………… 5－144
國朝詩別裁集三十六卷……………… 1－492
國朝詩別裁集三十六卷……………… 1－492
國朝詩別裁集三十六卷……………… 1－492
國朝詩別裁集三十六卷……………… 1－492
國朝詩別裁集三十六卷……………… 1－492
國朝詩別裁集三十六卷……………… 1－492
[國朝詩鈔]不分卷　…………………… 5－298
國朝詩觀十六卷……………………… 1－492
國朝閨秀正始集二十卷附録一卷補
　遺一卷題詞一卷續集十卷附録一
　卷補遺一卷輓詞一卷……………… 1－486
國朝閨秀詩柳絮集五十卷補遺一卷
　續編一卷又續編一卷……………… 1－486
國朝閨秀詩柳絮集五十卷補遺一卷
　續編一卷又續編一卷……………… 1－486
國朝閨閣詩鈔………………………… 1－486
國朝閨閣詩鈔………………………… 1－486
國朝閨閣詩鈔………………………… 1－486
國朝漢學師承記八卷附國朝經師經
　義目録一卷………………………… 1－486
國朝漢學師承記八卷附國朝經師經
　義目録一卷………………………… 1－487
國朝漢學師承記八卷附國朝經師經
　義目録一卷………………………… 1－487
國朝漢學師承記八卷國朝宋學淵源
　記二卷附國朝經師經義目録一卷
　……………………………………… 1－487
國朝漢學師承記八卷國朝宋學淵源
　記二卷附國朝經師經義目録一卷
　……………………………………… 1－487
國朝賢媛類徵初編十二卷………………… 2－1
國朝賦選四卷…………………………… 1－485
國朝賦選四卷…………………………… 1－485
國朝諸老先生論語精義十卷…………… 2－1
國朝層級集文編不分卷……………… 1－484
國朝畿輔詩傳六十卷………………… 1－487
國朝駢體一卷…………………………… 1－490
國朝駢體正宗十二卷………………… 1－490
國朝駢體正宗十二卷………………… 1－490
國朝駢體正宗十二卷………………… 1－490
國朝駢體正宗十二卷………………… 1－490
國朝駢體正宗十二卷………………… 1－490
國朝駢體正宗十二卷………………… 1－490
國朝駢體正宗十二卷………………… 1－490
國朝駢體正宗十二卷………………… 1－490
國朝駢體正宗十二卷………………… 1－490
國朝駢體正宗十二卷………………… 1－490
國朝駢體正宗十二卷………………… 1－491
國朝駢體正宗十二卷………………… 1－491
國朝駢體正宗十二卷………………… 1－491
國朝駢體正宗十二卷………………… 1－491
國朝駢體正宗十二卷………………… 1－491
國朝駢體正宗續編八卷……………… 1－491
國朝駢體正宗續編八卷……………… 1－491
國朝駢體正宗續編八卷……………… 1－491
國朝駢體正宗續編八卷……………… 1－491
國朝駢體正宗續編八卷……………… 1－491
國朝駢體正宗續編八卷……………… 1－491
國朝歷科元墨正宗不分卷二編不分
　卷三編不分卷……………………… 1－488
國朝歷科注釋小品二集不分卷……… 1－488
國朝歷科進士題名碑録不分卷……… 1－487

國朝歷科發蒙小品二集不分卷……… 1－487
國朝歷科發蒙小品註釋不分卷……… 1－487
國朝歷科館選錄不分卷………………… 1－487
國朝歷科題名碑錄初集不分卷明洪
武至崇禎各科題名錄不分卷……… 1－487
國朝歷科題名碑錄初集不分卷明洪
武至崇禎各科題名錄不分卷……… 1－488
國朝館選爵里謚法考六卷……………… 1－486
國朝館選爵里謚法考六卷……………… 1－486
國朝館選爵里謚法考六卷……………… 1－486
國雅二十卷續四卷雜附一卷……………… 2－2
國雅品一卷………………………………… 2－2
國瑋集五十六卷…………………………… 2－2
國債論三章………………………………… 2－4
國語二十一卷……………………………… 2－2
國語二十一卷……………………………… 2－2
國語二十一卷……………………………… 2－2
國語二十一卷……………………………… 2－2
國語二十一卷……………………………… 2－2
國語二十一卷……………………………… 2－2
國語二十一卷……………………………… 2－2
國語二十一卷……………………………… 2－2
國語二十一卷……………………………… 2－2
國語二十一卷……………………………… 2－2
國語二十一卷……………………………… 2－2
國語二十一卷……………………………… 2－2
國語二十一卷……………………………… 2－2
國語二十一卷……………………………… 2－2
國語二十一卷……………………………… 2－2
國語二十一卷……………………………… 2－2
國語二十一卷……………………………… 2－3
國語二十一卷……………………………… 2－3
國語二十一卷……………………………… 2－3
國語二十一卷……………………………… 2－3
國語二十一卷……………………………… 2－3
國語二十一卷……………………………… 2－3
國語二十一卷……………………………… 2－3
國語二十一卷……………………………… 2－3
國語二十一卷……………………………… 2－3
國語二十一卷……………………………… 2－3
國語二十一卷……………………………… 2－3
國語二十一卷……………………………… 2－3
國語二十一卷……………………………… 2－3
國語二十一卷……………………………… 2－3
國語不分卷附吳越春秋一卷越絕書
一卷……………………………………… 2－2
國語正音教科書初編不分卷二編不
分卷……………………………………… 2－4
國語正義二十一卷………………………… 2－4
國語奇鈔□□卷…………………………… 2－4
國語韋解補正二十一卷…………………… 2－4
國語校注本三種…………………………… 2－4
國語校注本三種…………………………… 2－4
國語補音三卷……………………………… 2－200
國語發正二十一卷國語明道本攷異
四卷……………………………………… 2－4
國語發正二十一卷國語明道本攷異
四卷……………………………………… 2－4
國語選八卷………………………………… 2－4
國語選不分卷……………………………… 2－4
國語選不分卷……………………………… 2－4
國語選四卷………………………………… 2－4
國粹學報不分卷…………………………… 2－1
國粹叢書…………………………………… 2－1
唾居隨錄四卷……………………………… 3－490
唾居隨錄四卷……………………………… 3－490
唾居隨錄四卷……………………………… 3－490
唾餘草二卷………………………………… 3－490
唾餘新拾十卷唾餘續拾六卷唾餘補
拾二卷…………………………………… 3－490
唯識二十論述記四卷 …………………… 4－17
唯識問答一卷 …………………………… 4－17
唯識問答一卷 …………………………… 4－17
唯識開蒙問答二卷 ……………………… 4－17
啖蔗軒自訂年譜一卷……………………… 1－236
啖蔗軒自訂年譜一卷……………………… 1－236
啖蔗軒自訂年譜一卷……………………… 1－236
啖蔗軒自訂年譜一卷……………………… 1－236
啖蔗軒自訂年譜一卷……………………… 1－236
啖蔗軒自訂年譜一卷……………………… 1－236
啖蔗軒自訂年譜一卷……………………… 1－236
啖蔗軒全集………………………………… 1－236

啜茗軒小題文不分卷…………………… 1－184
［帳冊］一卷 ………………………… 5－387
帳墨居詩鈔一卷 ……………………… 5－92
帳墨居詩鈔一卷 ……………………… 5－92
崧山公家譜不分卷…………………… 3－373
崑山玉六卷…………………………… 2－250
崑山玉六卷…………………………… 2－250
崑山玉六卷…………………………… 2－250
［至正］崑山郡志六卷 ……………… 5－388
［光緒］崑新兩縣續修合志五十二卷
首一卷末一卷……………………… 5－294
崔進士本事傳一卷…………………… 5－140
崔進士本事傳一卷…………………… 5－140
［道光］崇川咫聞錄十二卷 ………… 5－278
崇元道院志十卷……………………… 1－126
［同治］崇仁縣志十卷首一卷附編一
卷…………………………………… 1－194
［同治］崇仁縣志十卷首一卷附編一
卷…………………………………… 5－354
［同治］崇仁縣志十卷首一卷附編一
卷…………………………………… 5－354
崇文書局彙刻書……………………… 1－126
崇文書局彙刻書……………………… 1－126
崇文書局彙刻書……………………… 1－126
崇文書局彙刻書……………………… 1－126
崇文書院課藝三編不分卷…………… 1－126
崇文書院課藝不分卷………………… 1－126
崇本堂舊址并重建章程錄后一卷…… 1－121
崇百藥齋文集二十卷續集四卷三集
十二卷……………………………… 1－121
崇百藥齋文集二十卷續集四卷三集
十二卷合肥學舍札記十二卷……… 1－121
崇安木號伙食簿不分卷（清光緒八
年至九年） ………………………… 1－121
崇志堂戶管不分卷…………………… 1－126
崇祀名宦錄一卷……………………… 1－121
崇祀名宦錄一卷……………………… 1－121
［崇祀修建朱文公祠院歷紀］不分卷
…………………………………… 5－275
［崇祀堂賬簿］（清同治九年至一九
五〇年） ………………………… 5－275
崇祀鄉賢錄一卷……………………… 1－121
崇祀鄉賢錄一卷……………………… 1－121
崇祀鄉賢錄一卷……………………… 1－121
崇祀鄉賢錄一卷……………………… 1－121
崇祀鄉賢錄一卷……………………… 1－121
崇祀鄉賢錄一卷……………………… 1－121
崇祀鄉賢錄一卷……………………… 1－121
崇祀鄉賢錄一卷……………………… 1－121
崇祀鄉賢錄一卷……………………… 1－122
崇祀鄉賢錄一卷……………………… 1－122
崇祀鄉賢錄一卷……………………… 1－122
崇祀鄉賢錄一卷……………………… 1－122
崇祀鄉賢錄一卷……………………… 1－122
崇祀鄉賢錄一卷……………………… 1－122
崇祀鄉賢錄一卷……………………… 1－122
崇祀鄉賢錄一卷……………………… 1－122
崇祀鄉賢錄一卷……………………… 1－122
崇祀鄉賢錄一卷……………………… 1－122
崇祀鄉賢錄一卷……………………… 1－122
崇祀鄉賢錄一卷……………………… 1－122
崇祀鄉賢錄一卷……………………… 1－122
崇祀鄉賢錄一卷……………………… 1－122
崇祀鄉賢錄一卷……………………… 1－122
崇祀鄉賢錄一卷……………………… 1－122
崇祀鄉賢錄一卷……………………… 1－122
崇祀鄉賢錄一卷……………………… 1－122
崇祀鄉賢錄一卷……………………… 1－122
崇祀鄉賢錄一卷……………………… 1－122
崇祀鄉賢錄一卷……………………… 1－122
崇祀鄉賢錄一卷……………………… 1－122
崇祀鄉賢錄一卷……………………… 1－122
崇祀鄉賢錄一卷……………………… 1－123
崇祀鄉賢錄一卷……………………… 1－123
崇祀鄉賢錄一卷……………………… 1－123
崇祀鄉賢錄一卷……………………… 1－123
崇祀鄉賢錄一卷……………………… 1－123
崇祀鄉賢錄一卷……………………… 1－123
崇祀鄉賢錄一卷……………………… 1－123
崇祀鄉賢錄一卷……………………… 1－123
崇祀鄉賢錄一卷……………………… 1－123

崇祀鄉賢錄一卷…………………………1－123
崇祀鄉賢錄一卷…………………………1－123
崇祀鄉賢錄一卷…………………………1－123
崇祀鄉賢錄一卷…………………………1－123
崇祀鄉賢錄一卷…………………………1－123
崇祀鄉賢錄一卷…………………………1－123
崇祀鄉賢錄一卷…………………………1－123
崇祀鄉賢錄一卷…………………………1－123
崇祀鄉賢錄一卷…………………………1－123
崇祀鄉賢錄一卷…………………………1－123
崇祀鄉賢錄一卷…………………………1－123
崇祀鄉賢錄一卷…………………………1－123
崇祀鄉賢錄一卷…………………………1－123
崇祀鄉賢錄一卷…………………………1－123
崇祀鄉賢錄一卷…………………………1－123
崇祀鄉賢錄一卷…………………………1－124
崇祀鄉賢錄一卷…………………………1－124
崇祀鄉賢錄一卷…………………………1－124
崇祀鄉賢錄一卷…………………………1－124
崇祀鄉賢錄一卷…………………………1－124
崇祀鄉賢錄一卷…………………………1－124
崇祀鄉賢錄一卷…………………………1－124
崇祀鄉賢錄一卷…………………………1－124
崇祀鄉賢錄一卷…………………………1－124
崇祀鄉賢錄一卷…………………………1－124
崇祀鄉賢錄一卷…………………………1－124
崇祀鄉賢錄一卷…………………………1－124
崇祀鄉賢錄一卷…………………………1－124
崇祀鄉賢錄一卷…………………………1－124
崇祀鄉賢錄一卷…………………………1－124
崇祀鄉賢錄一卷…………………………1－124
崇祀鄉賢錄一卷…………………………1－124
崇祀鄉賢錄一卷…………………………1－124
崇祀鄉賢錄一卷…………………………1－124
崇祀鄉賢錄一卷…………………………1－124
崇祀鄉賢錄一卷…………………………1－124
崇祀鄉賢錄一卷…………………………1－124
崇祀鄉賢錄一卷…………………………1－124
崇祀鄉賢錄一卷…………………………1－124
崇祀鄉賢錄一卷…………………………1－125
崇祀鄉賢錄一卷…………………………1－125
崇祀鄉賢錄一卷…………………………1－125
崇祀鄉賢錄一卷…………………………1－125
崇祀鄉賢錄一卷…………………………1－125
崇祀鄉賢錄一卷…………………………1－125
崇祀鄉賢錄一卷…………………………1－125
崇祀鄉賢錄一卷…………………………1－125
崇祀鄉賢錄一卷…………………………1－125
崇祀鄉賢錄一卷…………………………1－125
崇祀鄉賢錄一卷…………………………1－125
崇祀鄉賢錄一卷…………………………1－125
崇祀鄉賢錄一卷…………………………1－125
崇祀鄉賢錄一卷…………………………1－125
崇祀鄉賢錄一卷…………………………1－125
崇祀鄉賢錄一卷…………………………1－125
崇祀鄉賢錄一卷…………………………1－125
崇祀鄉賢錄一卷…………………………1－125
崇祀鄉賢錄一卷…………………………1－125
崇祀鄉賢錄一卷…………………………1－125
崇祀鄉賢錄一卷…………………………1－125
崇祀鄉賢錄一卷…………………………1－125
崇祀鄉賢錄一卷…………………………1－125
崇祀鄉賢錄一卷…………………………1－125
崇祀鄉賢錄一卷…………………………1－190
崇祀實紀一卷……………………………2－318
崇祀錄一卷………………………………3－369
崇祀錄一卷………………………………3－369
崇祀錄一卷………………………………3－369
崇祀錄一卷………………………………3－369
崇祀錄一卷………………………………3－369
崇祀錄一卷………………………………3－369
崇祀錄一卷………………………………3－369
崇祀錄一卷………………………………3－369
崇祀錄一卷………………………………3－369
崇祀錄一卷附年譜一卷行狀一卷……1－121
崇祀錄一卷附年譜一卷行狀一卷……1－121
[同治]崇陽縣志十二卷首一卷 ……5－354
崇道堂通書吉課不分卷…………………1－121
[光緒]崇義縣志八卷續增一卷 ……5－289
[光緒]崇義縣志八卷續增一卷 ……5－289
[光緒]崇義縣志八卷續增一卷 ……5－289
[光緒]崇義縣志八卷續增一卷 ……5－289

崇禎八大家詩選八卷…………………… 1－126
崇禎長編不分卷(明崇禎十五年七
月至崇禎十六年正月) …………… 1－126
崇德堂藁八卷…………………………… 1－121
過存草二卷……………………………… 2－4
過庭集一卷車笠同盟集一卷………… 1－454
過陰符篆咒語全集不分卷…………… 3－157
梨雲館類定袁中郎先生全集二十四
卷……………………………………… 2－264
梨雲館類定袁中郎全集二十四卷…… 2－264
移芝室古文二卷詩鈔二卷…………… 4－306
移芝室古文讀本十三卷思舊集一卷
詩集讀本三卷外集一卷律賦一卷
誠帖一卷芟餘草一卷會試硃卷一
卷朝考卷一卷士辰鄉墨一卷……… 4－306
移芝室古文讀本十三卷詩鈔三卷尺
牘二卷外集一卷試帖一卷律賦一
卷芟餘草一卷……………………… 4－306
移芝室時文一卷……………………… 4－306
移晴堂四六一卷地山初藁一卷……… 4－306
動物淺說一卷………………………… 1－299
笛君詩稿一卷………………………… 2－255
笛漁小稾十卷………………………… 1－245
笛漁小稾十卷………………………… 3－9
笛漁小稾十卷………………………… 3－9
笛漁小稾十卷 ……………………… 3－10
笛漁小稾十卷 ……………………… 3－10
笛漁小稾十卷 ……………………… 3－10
笛漁小稾十卷 ……………………… 3－10
笛漁小稾十卷 ……………………… 3－10
笛漁小稾十卷 ……………………… 3－10
笛漁小稾十卷 ……………………… 3－10
笛漁小稾十卷 ……………………… 3－10
笛漁小稾十卷 ……………………… 3－10
笙雅堂文集四卷……………………… 3－144
[符術]一卷 ………………………… 5－287
笠東草堂遺稿二卷附文集補遺一卷
…………………………………… 2－293
笠洲文集十卷雜志一卷補遺一卷…… 2－295
笠翁一家言全集十六卷……………… 2－293
笠翁一家言全集十六卷……………… 2－294
笠翁一家言全集十六卷……………… 2－294
笠翁一家言全集十六卷……………… 2－294
笠翁一家言全集十六卷……………… 2－294
笠翁一家言全集十六卷……………… 2－294
笠翁一家言全集十六卷……………… 2－294
笠翁一家言全集十六卷……………… 2－294
笠翁一家言全集十六卷……………… 2－294
笠翁一家言全集十六卷……………… 2－294
笠翁一家言全集十六卷……………… 2－294
笠翁一家言全集十六卷……………… 2－294
笠翁一家言全集十六卷……………… 2－294
笠翁一家言全集十六卷……………… 2－294
笠翁一家言全集十六卷……………… 2－294
笠翁一家言全集十六卷……………… 2－294
笠翁一家言全集十六卷……………… 2－294
笠翁一家言全集十六卷……………… 2－294
笠翁一家言全集十六卷……………… 2－294
笠翁一家言全集十六卷……………… 2－294
笠翁十種曲…………………………… 2－293
笠翁十種曲…………………………… 2－293
笠翁十種曲…………………………… 2－293
笠翁偶集□□卷……………………… 2－293
笠翁傳奇十二種曲二十四卷………… 2－293
笠翁傳奇十二種曲二十四卷………… 2－293
笠翁傳奇十二種曲二十四卷………… 2－293
笠翁傳奇十二種曲二十四卷………… 2－293
笠翁詩法窮□□卷…………………… 2－293
笠翁詩韻五卷………………………… 2－293
笠澤叢書九卷………………………… 2－294
笠澤叢書九卷………………………… 2－294
笠澤叢書九卷………………………… 2－295
笠澤叢書四卷補遺一卷……………… 2－295
笠澤叢書四卷補遺一卷……………… 2－295
笠澤叢書四卷補遺一卷……………… 2－295
笠澤叢書四卷補遺詩一卷續補遺一
卷…………………………………… 2－295
笥河文集十六卷首一卷……………… 3－370
笥河文鈔二卷………………………… 3－370
[笥河文鈔節選]不分卷 …………… 5－351
笥河詩集二十卷……………………… 3－370

第一才子書十六卷一百二十回……… 1－258
第一才子書六十卷一百二十回……… 1－256
第一才子書六十卷一百二十回……… 1－256
第一才子書六十卷一百二十回……… 1－256
第一才子書六十卷一百二十回……… 1－256
第一才子書六十卷一百二十回……… 1－256
第一才子書六十卷一百二十回……… 1－256
第一才子書六十卷一百二十回……… 1－256
第一才子書六十卷一百二十回……… 1－256
第一才子書六十卷一百二十回……… 1－256
第一才子書六十卷一百二十回……… 1－256
第一才子書六十卷一百二十回……… 1－256
第一才子書六十卷一百二十回……… 1－256
第一才子書六十卷一百二十回……… 1－256
第一才子書六十卷一百二十回……… 1－257
第一才子書六十卷一百二十回……… 1－257
第一才子書六十卷一百二十回……… 1－257
第一才子書六十卷一百二十回……… 1－257
第一才子書六十卷一百二十回……… 1－257
第一才子書六十卷一百二十回……… 1－257
第一才子書六十卷一百二十回……… 1－257
第一才子書六十卷一百二十回……… 1－257
第一才子書六十卷一百二十回……… 1－257
第一才子書六十卷一百二十回……… 1－257
第一才子書六十卷一百二十回……… 1－257
第一才子書六十卷一百二十回……… 1－257
第一才子書六十卷一百二十回……… 1－257
第一才子書六十卷一百二十回……… 1－257
第一才子書六十卷一百二十回……… 1－257
第一才子書六十卷一百二十回……… 1－258
第一才子書六十卷一百二十回……… 1－258
第一才子書六十卷一百二十回……… 1－258
第一才子書繡像三國志演義六十卷一百二十回……… 1－258
第一生修梅花館詞五卷附存悔詞一卷香海棠館詞話一卷……… 1－258
第一奇書金瓶梅一百回……… 1－258
第一奇書野叟曝言二十卷一百五十四回……… 1－258
第一奇書野叟曝言二十卷一百五十四回……… 1－258
第一樓叢書……… 1－258
第八才子書白圭志四卷十六回……… 1－254
第八才子書白圭志四卷十六回……… 1－254
第八才子書白圭志四卷十六回……… 1－254
第九才子書平鬼傳四卷十回……… 1－254
第九才子書平鬼傳四卷十回……… 1－254
第九才子書平鬼傳四卷十回……… 1－254
第九才子書斬鬼傳四卷十回……… 1－254
第五才子書十二卷一百二十四回……… 1－255
第五才子書十二卷一百二十四回……… 1－255
第五才子書十二卷一百二十四回……… 1－255
第五才子書水滸傳七十五卷七十回……… 1－255
第五才子書水滸傳七十五卷七十回……… 1－255
第五才子書水滸傳七十五卷七十回……… 1－255
第五才子書水滸傳七十五卷七十回……… 1－255
第五才子書水滸傳七十五卷七十回……… 1－255
第五才子書水滸傳七十五卷七十回……… 1－255
第五才子書水滸傳七十五卷七十回……… 1－255
第五才子書水滸傳七十五卷七十回……… 1－255
第五才子書水滸傳七十五卷七十回……… 1－255
第五才子書水滸傳七十五卷七十回……… 1－255
第五才子書水滸傳七十五卷七十回……… 1－255
第五才子書水滸傳七十五卷七十回……… 1－255
第五才子書水滸傳七十五卷七十回……… 1－256
第五才子書水滸傳七十五卷七十回……… 1－256
第六才子西廂八卷……… 1－254
第六才子書八卷……… 1－254

第六才子書八卷 …………………… 1－254
第六才子書西廂記八卷 ……………… 1－254
第六才子書西廂記八卷 ……………… 1－254
第六才子書西廂記不分卷 …………… 1－254
第玖號賬簿乙本不分卷（光緒三十
　一年至三十二年） ………………… 1－254
敏求軒精選良方不分卷 ……………… 2－414
敏果齋七種 ………………………… 2－414
敏果齋七種 ………………………… 2－414
敏齋公遺命勸學公田條規不分卷 …… 2－414
偃師金石遺文記二卷 ……………… 4－268
［乾隆］偃師縣志三十卷首一卷 …… 5－338
偶存集一卷 ………………………… 2－477
偶園詩集八卷文一卷 ……………… 2－477
偷甲記二卷 ………………………… 3－482
進化論不分卷 ……………………… 2－196
進出用數不分卷 …………………… 2－196
［進出存付簿］不分卷（清咸豐四年
　至同治九年） ……………………… 5－326
進呈策十二卷 ……………………… 2－196
［進表］不分卷 ……………………… 5－326
進思錄十卷 ………………………… 2－196
進思錄十卷 ………………………… 2－196
進修錄六卷首一卷末一卷 ………… 2－196
進修譜一卷未能錄二卷 …………… 2－196
進賢縣水災蠲緩撫恤全案不分卷 …… 2－196
［同治］進賢縣志二十五卷首一卷 … 1－224
［道光］進賢縣志二十五卷首一卷 … 5－280
［同治］進賢縣志二十五卷首一卷 … 5－359
［同治］進賢縣志二十五卷首一卷 … 5－359
［同治］進賢縣志二十五卷首一卷 … 5－360
［同治］進賢縣志二十五卷首一卷 … 5－360
偏方補遺七卷 ……………………… 2－491
術數書抄本不分卷 ………………… 3－287
得一山房詩集二卷 ………………… 1－241
得一錄十六卷 ……………………… 1－241
得一錄十六卷 ……………………… 1－241
得一錄十六卷 ……………………… 1－241
得一錄十六卷 ……………………… 1－241
得一錄十六卷首一卷 ……………… 1－241
得一錄十六卷首一卷 ……………… 1－241
得一齋卮言四卷 …………………… 1－242
得一齋卮言四卷 …………………… 1－242
得一齋卮言四卷 …………………… 1－242
得一齋卮言四卷 …………………… 1－242
得一齋卮言四卷 …………………… 1－242
得一齋雜著四種 …………………… 1－241
得一齋雜著四種 …………………… 1－242
得一齋雜著四種 …………………… 1－242
得一齋雜著四種 …………………… 1－242
得一齋雜著四種 …………………… 1－242
得一齋雜著四種 …………………… 1－242
得一齋雜著四種 …………………… 1－242
得一齋雜著四種 …………………… 1－242
得月軒尺牘八卷 …………………… 1－242
得月軒尺牘八卷 …………………… 1－242
得月軒尺牘八卷 …………………… 1－242
得月樓賦四編 ……………………… 1－242
得月樓賦四編 ……………………… 1－242
得月樓賦四編 ……………………… 1－242
得月樓賦四編 ……………………… 1－242
得月樓賦四編 ……………………… 1－242
得月樓賦四編 ……………………… 1－242
得月樓賦四編 ……………………… 1－242
得月樓賦鈔四編 …………………… 1－242
得月樓賦鈔四編 …………………… 1－242
得酒趣齋詩鈔二卷 ………………… 1－241
得閒山館文集二卷附錄一卷 ……… 1－241
得閒山館詩集八卷 ………………… 1－241
得閒集四卷 ………………………… 1－241
得樹樓雜鈔十五卷 ………………… 1－241
從公錄一卷 ………………………… 1－190
從公錄一卷 ………………………… 1－190
從公續錄二卷 ……………………… 1－190
從戎草三卷 ………………………… 1－190
從先維俗議五卷 …………………… 1－190
從吾所好擬墨不分卷 ……………… 1－190
從征圖記不分卷 …………………… 1－190
從政遺規二卷 ……………………… 1－191
從政遺規不分卷 …………………… 1－191
從政遺規摘鈔二卷補鈔一卷 ……… 1－191
從善先資不分卷 …………………… 1－190

船山史論五十二卷…………………… 1－138
船山史論五十二卷…………………… 1－138
船山史論五十二卷…………………… 1－138
船山史論五十二卷…………………… 1－138
船山師友記十七卷首一卷…………… 1－137
船山師友記十七卷首一卷…………… 1－137
船山詩草二十卷……………………… 1－137
船山詩草二十卷……………………… 1－137
船山詩草二十卷……………………… 1－137
船山詩草二十卷……………………… 1－137
船山詩草二十卷……………………… 1－137
船山詩草二十卷……………………… 1－137
船山詩草二十卷……………………… 1－137
船山詩草二十卷……………………… 1－137
船山詩草二十卷……………………… 1－137
船山詩草二十卷……………………… 1－137
船山詩草二十卷……………………… 1－137
船山詩草二十卷……………………… 1－137
船山詩草二十卷……………………… 1－138
船山詩草選六卷……………………… 1－138
船山遺書……………………………… 1－138
船山遺書……………………………… 1－138
船山遺書……………………………… 1－138
船山遺書……………………………… 1－138
船山遺書……………………………… 1－138
船山遺書……………………………… 1－138
船山遺書……………………………… 1－138
船山遺書……………………………… 1－138
船山遺書……………………………… 1－138
船山遺書……………………………… 1－138
船山遺書……………………………… 1－138
船山遺書……………………………… 1－138
船山遺書……………………………… 1－138
船山遺書……………………………… 1－139
船山遺書……………………………… 1－139
船山遺書……………………………… 1－139
船山遺書……………………………… 1－139
船山遺書……………………………… 1－139
船山遺書……………………………… 1－139
船山遺書……………………………… 1－139
船山遺書……………………………… 1－139
船山遺書……………………………… 1－139
船山遺書……………………………… 1－139
船山遺書……………………………… 1－139
船山遺書……………………………… 1－139
船山遺書……………………………… 1－139
船山遺書……………………………… 1－139
船山遺書……………………………… 1－139
船山遺書……………………………… 1－139
船山遺書……………………………… 1－139
船山遺書……………………………… 1－139
船塢論略一卷………………………… 1－139
釣磯詩集四卷………………………… 1－259
斜川集六卷…………………………… 4－155
斜川集六卷…………………………… 4－155
週年瞻禮公課三卷…………………… 5－197
魚亭詩鈔二卷………………………… 4－409
魚亭詩選二卷藻香館詞一卷………… 4－409
魚凫彙刻……………………………… 4－409
[魚鱗清冊] ………………………… 5－383
[魚鱗清冊] ………………………… 5－383
[魚鱗清冊] ………………………… 5－383
[魚鱗清冊] ………………………… 5－384
[魚鱗清冊] ………………………… 5－384
[魚鱗清冊]不分卷 ………………… 5－384
象山先生全集三十六卷……………… 4－128
象山先生全集三十六卷……………… 4－128
象山先生全集三十六卷……………… 4－128
象山先生全集三十六卷……………… 4－128
象山先生全集三十六卷……………… 4－128
象山先生全集三十六卷……………… 5－398
[道光]象山縣志二十二卷首一卷 … 5－283
象形字譜二卷………………………… 4－128
象言破疑二卷………………………… 4－128
象後得義集四卷……………………… 4－128
象臺首末七卷附錄一卷……………… 4－128
象臺首末七卷附錄一卷……………… 4－128
象臺首末七卷附錄一卷……………… 4－128
象臺首末七卷附錄一卷……………… 4－128
逸典要言不分卷……………………… 4－327
逸周書十卷…………………………… 4－327

逸周書十卷校正補遺一卷附錄一卷 …… 4－327
逸周書十卷校正補遺一卷附錄一卷 …… 4－327
逸周書集訓校釋十卷逸文一卷 …… 4－327
逸周書集訓校釋十卷逸文一卷 …… 4－327
逸周書管箋十卷疏證一卷提要一卷集說一卷摭訂三卷 …… 4－327
猗覺寮雜記二卷 …… 4－291
猗蘿吟草二卷 …… 4－291
猊嶠書屋文集十二卷 …… 2－457
祭文一卷 …… 2－122
祭文一卷 …… 2－122
[祭文鈔]不分卷 …… 5－299
[祭文鈔]不分卷 …… 5－299
[祭文鈔]不分卷 …… 5－299
[祭文鈔]不分卷 …… 5－300
[祭香山公衆事]不分卷 …… 5－300
[祭祖堂賬簿]不分卷(清光緒三十四年至一九五〇年) …… 5－300
許氏說文解字雙聲疊韻譜一卷 …… 2－58
許氏說文解字雙聲疊韻譜一卷 …… 2－58
許氏說文解字雙聲疊韻譜一卷 …… 2－58
許氏說文解字雙聲疊韻譜一卷 …… 2－58
許氏說文解字雙聲疊韻譜一卷 …… 2－58
許文正公遺書 …… 2－58
許文正公遺書十二卷首一卷末一卷 …… 2－58
許文正公遺書十二卷首一卷末一卷 …… 3－367
許司馬公崇祀鄉賢詩不分卷 …… 2－58
許竹篔時文不分卷 …… 2－58
許松濱先生全集四十三卷首一卷末一卷 …… 2－58
許真君玉匣記一卷 …… 2－58
許真君玉匣記二卷 …… 2－58
許真君玉匣記通書六卷 …… 2－58
許振禕列傳不分卷 …… 2－58
許廣和號丸丹集錄不分卷 …… 2－58
訟過齋日記六卷 …… 3－390
訟過齋日記六卷 …… 3－390
[訟詞鈔]不分卷 …… 5－352
[訟詞鈔]不分卷 …… 5－352
[訟語選鈔]不分卷 …… 5－352
訪粵集一卷 …… 1－359
麻科保赤金丹四卷 …… 2－383
麻科保赤金丹四卷 …… 2－383
麻科活人全書四卷 …… 2－383
麻科活人全書四卷 …… 2－383
麻科活人全書四卷 …… 2－384
麻科活人全書四卷 …… 2－384
麻科活人全書四卷 …… 2－384
麻科活人全書四卷 …… 2－384
麻科活人全書四卷 …… 2－384
麻科活人全書四卷 …… 2－384
麻科活人全書四卷 …… 2－384
麻科活人全書四卷 …… 2－384
麻科活人全書四卷 …… 2－384
麻科活人全書四卷 …… 2－384
麻科活人全書四卷 …… 2－384
麻科活人全書四卷 …… 2－384
麻科活人全書四卷 …… 2－384
麻科活人全書四卷 …… 2－384
麻科活人全書四卷 …… 2－384
麻科活人全書四卷 …… 2－384
麻科活人全書四卷 …… 2－384
麻科活人全書四卷 …… 2－384
麻科活人全書四卷 …… 2－384
麻科活人全書四卷 …… 2－384
麻科活人全書四卷 …… 2－384
麻科活人全書四卷 …… 2－384
麻科活人全書四卷 …… 2－384
麻科活人全書四卷 …… 2－384
麻科活人全書四卷 …… 2－384
麻科活人全書四卷 …… 2－385
麻科活人全書四卷 …… 2－385
麻科活人全書四卷 …… 2－385
麻科活人全書四卷 …… 2－385
麻科活人全書四卷 …… 2－385
麻科活人全書四卷 …… 2－385
麻科活人全書四卷 …… 2－385
麻科活人全書四卷 …… 2－385
麻科活人全書四卷 …… 2－385

麻科活人全書四卷……………………… 2－385
麻科活人全書四卷……………………… 2－385
麻科活人全書四卷……………………… 2－385
麻科活人全書四卷……………………… 2－385
麻科活人全書四卷……………………… 2－385
麻科活人全書四卷……………………… 2－385
麻科活人全書四卷……………………… 2－385
麻科活人全書四卷……………………… 2－385
麻科活人全書四卷……………………… 2－385
麻科活人全書四卷……………………… 2－385
麻科活人全書四卷……………………… 2－385
麻科活人全書四卷……………………… 2－385
麻科活人全書四卷……………………… 2－385
麻科活人全書四卷……………………… 2－385
麻科活人全書四卷……………………… 2－385
麻科活人全書四卷……………………… 2－386
麻科活人全書四卷……………………… 2－386
麻科活人全書四卷……………………… 2－386
麻科活人全書四卷……………………… 2－386
麻科活人全書四卷……………………… 2－386
麻風再造神方一卷……………………… 2－383
麻疹要訣一卷…………………………… 2－386
麻痘秘訣二卷…………………………… 2－383
麻痘新編二卷…………………………… 2－383
麻痘諸症湯散刑穴燈火二卷………… 2－383
庾子山全集十卷………………………… 4－418
庾子山全集十卷………………………… 4－418
庾子山全集十卷………………………… 4－418
庾子山全集十卷………………………… 4－418
庾子山集十六卷………………………… 4－417
庾子山集十六卷………………………… 4－417
庾子山集十六卷………………………… 4－417
庾子山集十六卷………………………… 4－417
庾子山集十六卷………………………… 4－418
庾子山集十六卷………………………… 4－418
庾子山集十六卷………………………… 4－418
庾子山集十六卷………………………… 4－418
庾子山集十六卷………………………… 4－418
庾子山集十六卷………………………… 4－418
庾子山集十六卷………………………… 4－418
庾子山集十六卷………………………… 4－418
庾度支集一卷…………………………… 4－417
庾開府哀江南賦註一卷………………… 4－417
庾開府哀江南賦註一卷………………… 4－417
庾開府哀江南賦註一卷………………… 5－401
庾開府集二卷…………………………… 4－417
產孕集二卷 ……………………………… 1－93
產孕集二卷 ……………………………… 1－94
產科心法二卷 …………………………… 1－93
產後編二卷 ……………………………… 1－93
產後編二卷 ……………………………… 1－93
產後編二卷 ……………………………… 1－93
產後編二卷 ……………………………… 1－93
產後編二卷 ……………………………… 1－93
產後編二卷 ……………………………… 1－93
產寶一卷 ………………………………… 1－93
產寶一卷 ………………………………… 1－93
產寶一卷 ………………………………… 1－93
產寶一卷 ………………………………… 1－93
庸吏庸言二卷…………………………… 4－388
庸吏庸言二卷…………………………… 4－388
庸行編八卷……………………………… 4－388
庸行編八卷……………………………… 4－388
庸言四卷………………………………… 4－389
庸言四卷………………………………… 4－389
庸言四卷………………………………… 4－389
庸書二十卷……………………………… 4－388
庸書二十卷……………………………… 4－388
庸書內篇二卷外篇二卷………………… 4－388
庸書內篇二卷外篇二卷………………… 4－388
庸書內篇二卷外篇二卷………………… 4－388
庸書內篇二卷外篇二卷………………… 4－388
庸書內篇二卷外篇二卷………………… 4－389
庸書內篇二卷外篇二卷………………… 4－389
庸書外篇二卷…………………………… 4－389
庸書外篇二卷…………………………… 4－389
庸菴集十四卷…………………………… 4－389
庸菴詩鈔四卷…………………………… 5－400
庸庵文外編四卷………………………… 4－388
庸庵文外編四卷………………………… 4－388
庸庵文編四卷…………………………… 4－388
庸庵全集………………………………… 4－388

庸閒齋筆記十二卷……………………4－389
庸閒齋筆記十二卷……………………4－389
庸閒齋筆記十二卷……………………4－389
庸閒齋筆記十二卷……………………4－389
庸盦全集………………………………4－388
庸盦海外文編四卷……………………4－388
庸盦海外文編四卷……………………4－388
庸盦筆記六卷…………………………4－388
庸盦筆記六卷…………………………4－388
庸齋四言□□卷………………………4－389
庸齋四言□□卷………………………5－400
康公主師菩薩度世寶訓一卷…………2－239
康郎山功臣廟歌不分卷………………2－239
康節先生觀物篇解五卷斷決一卷附
　錄皇極數起例一卷…………………2－239
康節先生觀物篇解不分卷……………2－239
康熙字典十二集三十六卷總目一卷
　檢字一卷辨似一卷等韻一卷補遺
　一卷備考一卷………………………1－292
康熙字典十二集三十六卷總目一卷
　檢字一卷辨似一卷等韻一卷補遺
　一卷備考一卷………………………2－239
康熙字典十二集三十六卷總目一卷
　檢字一卷辨似一卷等韻一卷補遺
　一卷備考一卷………………………2－239
康熙字典十二集三十六卷總目一卷
　檢字一卷辨似一卷等韻一卷補遺
　一卷備考一卷………………………2－239
康熙字典十二集三十六卷總目一卷
　檢字一卷辨似一卷等韻一卷補遺
　一卷備考一卷………………………2－239
康熙字典十二集三十六卷總目一卷
　檢字一卷辨似一卷等韻一卷補遺
　一卷備考一卷………………………4－288
康熙字典考證十二集…………………2－239
康熙字典考證十二集…………………2－239
康熙政要二十四卷……………………2－239
康熙幾暇格物編二卷…………………2－239
康對山先生文集十卷…………………2－239
康對山先生文集十卷…………………2－239
康對山先生集四十五卷首一卷………2－238
康對山先生集四十五卷首一卷………2－239
康輶紀行十六卷………………………2－239
康齋先生集十二卷首一卷……………2－240
康齋先生集十二卷首一卷……………2－240
康齋先生集十二卷首一卷……………2－240
康齋先生集十二卷首一卷……………2－240
康濟譜二十五卷………………………2－239
康濟譜二十五卷………………………2－239
鹿皮子集四卷…………………………2－362
鹿門先生批點漢書九十三卷…………2－361
鹿門先生批點漢書九十三卷…………2－361
鹿門先生批點漢書九十三卷…………2－361
鹿忠節公集二十一卷…………………2－362
鹿忠節公集二十一卷…………………2－362
鹿洲全集………………………………2－362
鹿洲全集………………………………2－362
鹿洲全集………………………………2－362
鹿洲全集………………………………2－362
鹿洲全集………………………………2－362
鹿洲全集………………………………2－362
鹿洲全集………………………………2－362
鹿洲全集………………………………2－362
鹿洲全集………………………………2－362
鹿洲全集………………………………2－362
鹿洲全集………………………………2－362
鹿洲初集二十卷………………………2－362
鹿蕉山館詩鈔十卷……………………2－361
鹿蕉山館詩鈔十卷……………………2－361
旌表婺源金氏一門七口殉難案略一
　卷……………………………………2－199
旌表婺源金氏一門七口殉難案略一
　卷……………………………………2－199
裒碧齋詩五卷…………………………1－31
裒碧齋篋中書四卷……………………1－31
章大力先生全稿一卷…………………5－87
章介庵文集十一卷……………………5－87
章介庵文集十一卷……………………5－87
章介庵文集十一卷……………………5－87
章氏遺書………………………………5－87
章氏遺書………………………………5－87
章江門外沿河兩岸碼頭店鋪房屋地

基清冊二卷 …………………………… 5－87
章門萍約詩選 ………………………… 5－87
章門萍約詩選 ………………………… 5－87
章柳州集四卷 ………………………… 5－87
章圃文蛻八卷首一卷末一卷 ………… 5－87
章圃文蛻八卷首一卷末一卷 ………… 5－87
章圃文蛻八卷首一卷末一卷 ………… 5－87
章圃文蛻八卷首一卷末一卷 ………… 5－87
竟山樂録四卷…………………………… 2－221
竟山樂録四卷…………………………… 4－258
商君書五卷……………………………… 3－119
商君書五卷……………………………… 3－119
商於吟稿二卷…………………………… 3－119
商務新論□□卷………………………… 3－119
商務新論□□卷………………………… 3－119
商務館報………………………………… 3－119
商賈便覽十卷…………………………… 3－119
商學二卷………………………………… 3－119
望山草堂詩鈔十卷 …………………… 4－14
望山堂詩續二卷 ……………………… 4－14
望堂金石文字 ………………………… 4－14
望堂金石文字 ………………………… 4－14
望堂金石文字 ………………………… 4－14
望堂金石文字 ………………………… 4－14
望雲山廬詩存一卷……………………… 5－198
望雲山廬詩存一卷……………………… 5－198
望溪文一卷望溪先生文偶鈔抄十四卷 …………………………………… 4－14
望溪文一卷望溪先生文偶鈔抄十四卷 …………………………………… 4－14
望溪文一卷望溪先生文偶鈔抄十四卷 …………………………………… 4－14
望溪先生文偶抄不分卷 ……………… 4－15
望溪先生文偶抄不分卷 ……………… 4－15
望溪先生文集十八卷 ………………… 4－14
望溪先生文集十八卷集外文十卷集外文補遺二卷 ………………………… 4－14
望溪先生文集十八卷集外文十卷集外文補遺二卷 ………………………… 4－14
望溪先生文集十八卷集外文十卷集外文補遺二卷 ………………………… 4－14
望溪先生文集十八卷集外文十卷集外文補遺二卷 ………………………… 4－14
望溪先生文集十八卷集外文十卷集外文補遺二卷 ………………………… 4－15
望溪先生文集十八卷集外文十卷集外文補遺二卷 ………………………… 4－15
望溪先生文集十八卷集外文十卷集外文補遺二卷 ………………………… 4－15
望溪先生文集十八卷集外文十卷集外文補遺二卷 ………………………… 4－15
望溪先生文集十八卷集外文十卷集外文補遺二卷 ………………………… 4－15
望溪先生文集十八卷集外文十卷集外文補遺二卷 ………………………… 4－15
望溪先生年譜二卷 …………………… 4－14
望溪先生年譜二卷 …………………… 4－14
望溪先生年譜二卷 …………………… 4－14
望溪先生年譜二卷 …………………… 4－15
望溪先生年譜二卷 …………………… 4－15
望溪先生年譜二卷 …………………… 4－15
望溪先生年譜二卷 …………………… 4－15
望溪先生年譜二卷 …………………… 4－15
望溪先生年譜二卷 …………………… 4－15
望溪先生年譜二卷 …………………… 4－15
率祖堂叢書(金仁山先生遺書) …… 2－382
率峰先生遺稿四卷……………………… 2－382
情大寶鑑二十四卷 …………………… 3－49
情天寶鑑二十四卷 …………………… 3－49
情田存稿不分卷 ……………………… 3－49
情史類畧二十四卷 …………………… 3－49
情史類略二十四卷 …………………… 3－48
情史類略二十四卷 …………………… 3－48
情史類略二十四卷 …………………… 3－48
情史類略二十四卷 …………………… 3－48
情史類略二十四卷 …………………… 3－48
情史類略二十四卷 …………………… 3－48
惜玉聯吟草一卷同學諸友和章一卷雜編一卷……………………………… 4－106
惜字焚化沉灰法一卷…………………… 4－106
惜抱先生尺牘八卷……………………… 4－105
惜抱先生尺牘八卷……………………… 4－105

惜抱先生尺牘八卷…………………… 4－105
惜抱軒九經說十七卷………………… 4－105
惜抱軒文集十六卷文後集十卷詩集
十卷……………………………… 4－106
惜抱軒文集十六卷文後集十卷詩集
十卷……………………………… 4－106
惜抱軒文集十六卷後集十卷………… 4－106
惜抱軒尺牘八卷……………………… 4－105
惜抱軒尺牘八卷……………………… 4－105
惜抱軒全集…………………………… 4－105
惜抱軒全集…………………………… 4－105
惜抱軒全集…………………………… 4－105
惜抱軒全集…………………………… 4－105
惜抱軒全集…………………………… 4－105
惜抱軒全集…………………………… 4－105
惜抱軒全集…………………………… 4－105
惜抱軒全集…………………………… 4－105
惜抱軒全集…………………………… 4－105
惜抱軒全集…………………………… 4－105
惜抱軒全集…………………………… 4－105
惜抱軒全集…………………………… 4－105
惜抱軒全集…………………………… 4－105
惜抱軒詩集十卷文集十六卷………… 4－105
惜抱軒遺書…………………………… 4－106
惜味齋存稾十四卷…………………… 4－106
惜味齋存稾十四卷…………………… 4－106
惜陰軒叢書…………………………… 4－106
惜陰軒叢書…………………………… 4－106
惜陰軒叢書…………………………… 5－397
惜陰書院東齋課藝八卷……………… 4－106
悼亡小草一卷………………………… 2－113
惕夫詩鈔二十三卷…………………… 3－455
惕夫詩鈔二十三卷…………………… 3－455
惕夫詩鈔二十三卷…………………… 3－455
惕夫詩鈔三十二卷…………………… 3－455
惕夫詩鈔三十二卷…………………… 3－455
惕甫未定藁二十六卷………………… 3－455
惕園全集……………………………… 3－455
惕園初藁文二卷……………………… 3－455
惕園初藁文二卷……………………… 3－455
剪桐載筆一卷 ……………………… 4－85
剪燈新話四卷附錄一卷……………… 2－147
剪燈新話四卷附錄一卷……………… 2－147
清丈鱗冊不分卷 …………………… 3－48
清平閣倡和詩一卷 ………………… 3－47
清史攬要八卷 ……………………… 3－47
清史攬要六卷 ……………………… 3－47
清史攬要六卷 ……………………… 3－47
清史攬要六卷 ……………………… 3－47
清史攬要六卷 ……………………… 3－47
清史攬要六卷 ……………………… 3－47
清代試卷彙編□□卷 ……………… 3－44
清白士集二十八卷 ………………… 3－44
［清光緒二年分錢賬］ ……………… 5－340
［清光緒二年分錢賬］ ……………… 5－340
［清光緒二年分錢賬］ ……………… 5－340
［清光緒十一年通書］不分卷 ……… 5－340
［清光緒十二年流水簿］不分卷 …… 5－340
［清光緒十二年賬簿］一卷 ………… 5－340
［清光緒十二年賬簿］不分卷 ……… 5－340
［清光緒十五年王氏賬簿］不分卷 … 5－340
清光緒十五年正月流水簿 ………… 3－45
［清光緒七年通書］不分卷 ………… 5－340
［清光緒三十三年通書］不分卷 …… 5－340
［清光緒三十年賬簿］不分卷 ……… 5－340
清光緒廿六年禮記總錄 …………… 3－45
清光緒卅一年各處往來總錄 ……… 3－45
［清光緒碼部賬簿］不分卷 ………… 5－340
［清光緒賬簿］不分卷 ……………… 5－340
［清光緒賬簿］不分卷 ……………… 5－341
［清同治十二年通書］不分卷 ……… 5－341
［清同治十二年通書］不分卷 ……… 5－341
［清同治十三年流水簿］不分卷 …… 5－341
［清同治十三年流水簿］不分卷 …… 5－341
［清同治十三年通書］不分卷 ……… 5－341
［清同治十三年通書］不分卷 ……… 5－341
［清同治十三年通書］不分卷 ……… 5－341
［清同治六年通書］不分卷 ………… 5－341
［清同治六年通書］不分卷 ………… 5－341
清江楊忠節公遺集八卷 …………… 3－45
清江楊忠節公遺集八卷 …………… 3－45
清江楊忠節公遺集八卷 …………… 3－45

清江楊忠節公遺集八卷 ……………… 3－46
清江楊忠節公遺集八卷 ……………… 3－46
清江楊忠節公遺集八卷 ……………… 3－46
清江楊忠節公遺集八卷 ……………… 3－46
清江楊忠節公遺集八卷 ……………… 3－46
清江楊忠節公遺集八卷 ……………… 3－46
清江楊忠節公遺集八卷 ……………… 3－46
清江楊忠節公遺集八卷 ……………… 3－46
清江楊忠節公遺集八卷 ……………… 3－46
清江楊忠節公遺集六卷 ……………… 3－46
［道光］清江縣志二十八卷首一卷末
一卷 …………………………… 5－281
［同治］清江縣志十卷首一卷 ……… 1－231
［同治］清江縣志十卷首一卷 ……… 1－239
［同治］清江縣志十卷首一卷 ……… 1－245
［同治］清江縣志十卷首一卷 ……… 5－363
［同治］清江縣志十卷首一卷 ……… 5－363
［同治］清江縣志十卷首一卷 ……… 5－363
［同治］清江縣志十卷首一卷 ……… 5－363
［同治］清江縣志十卷首一卷 ……… 5－363
［同治］清江縣志十卷首一卷 ……… 5－363
［乾隆］清江縣志三十二卷 ……… 5－336
清芬堂經典摘錄五卷 ……………… 3－45
清芬樓遺藁四卷 ……………………… 3－45
清芬樓遺藁四卷 ……………………… 3－45
清河書畫舫十二卷 …………………… 3－45
清河書畫舫十二卷 …………………… 3－45
清河書畫舫十二卷 …………………… 3－45
清河書畫舫十二卷 …………………… 3－45
清河書畫舫十二卷 …………………… 3－45
清河書畫舫十二卷 …………………… 5－269
清河節孝徵詩錄一卷 ……………… 3－45
清波雜志十二卷別志三卷 ………… 3－44
清波雜志三卷 ………………………… 3－44
清咸豐通書不分卷 …………………… 3－47
清風涇竹枝詞一卷續唱一卷 ……… 3－45
清華仁德祠胡仕柳輪業合議一卷 …… 3－45
清真集二卷附集外詞一卷 ………… 3－48
清秘史二卷附錄一卷 ……………… 3－47
清秘述聞十六卷 ……………………… 3－47
清秘述聞十六卷 ……………………… 3－47
清秘述聞十六卷 ……………………… 3－47
清秘述聞補一卷 ……………………… 3－47
清秘述聞續十六卷 …………………… 3－47
清容外集 ……………………………… 3－47
清容居士集五十卷目錄二卷 ……… 3－47
［清乾隆四十六年通書］不分卷 …… 5－341
清異錄二卷 …………………………… 3－48
清進士題名碑錄不分卷 …………… 3－46
清進士題名碑錄不分卷 …………… 3－46
清進士題名碑錄不分卷 …………… 3－46
清朝史略十一卷 ……………………… 3－44
清閑自取二卷首一卷 ……………… 3－47
清尊集十六卷 ………………………… 3－48
清尊集十六卷 ………………………… 3－48
清道光廿六年楊敬信堂各處田數一
卷清咸豐三年楊敬信堂查田糧簿
一卷 …………………………… 3－45
清閟閣全集十二卷 …………………… 3－44
清暉軒詩鈔不分卷 …………………… 3－45
清暉閣贈貽尺牘二卷 ……………… 3－45
清雍正上諭不分卷 …………………… 3－48
清雍正上諭內閣八十九卷續編七十
卷 ……………………………… 3－48
清嘯閣詩草十六卷 …………………… 3－48
清嘯閣詩草十六卷 …………………… 3－48
清嘯閣詩草十六卷 …………………… 3－48
清嘯閣詩草十六卷 …………………… 3－48
清嘯閣詩草十六卷 …………………… 3－48
清嘯閣詩草十六卷 …………………… 3－48
清綺軒詞選十三卷 …………………… 3－47
清綺軒詞選十三卷 …………………… 3－47
清綺軒詞選十三卷 …………………… 3－47
清綺軒詞選十三卷 …………………… 3－47
清綺軒詞選十三卷 …………………… 3－47
清獻堂集十卷 ………………………… 3－48
清獻堂集十卷 ………………………… 3－48
清獻堂稿不分卷 ……………………… 3－48
清籟閣詩草二卷 ……………………… 3－47
添修莫愁湖志二卷 …………………… 3－462
添修莫愁湖志二卷 …………………… 3－462
渚宮舊事五卷補遺一卷 …………… 5－212

凌氏傳經堂叢書 …………………… 2－335
凌忠介公文集二卷 …………………… 2－335
凌雲書院義學冊不分卷 …………………… 2－335
凌雲書院義學冊不分卷 …………………… 2－335
凌雲書院義學冊不分卷 …………………… 2－335
凌煙閣功臣圖一卷 …………………… 2－335
淇竹園易經宗象□□卷 …………………… 3－20
淛㖩存愚二卷 …………………… 5－97
淛㖩存愚二卷 …………………… 5－97
淮北票鹽志略十二卷 …………………… 2－63
淮北票鹽志略十五卷 …………………… 2－63
淮北票鹽志略十五卷 …………………… 2－63
淮南子二十一卷 …………………… 2－65
淮南子二十一卷 …………………… 2－65
淮南子二十一卷 …………………… 2－65
淮南子二十一卷 …………………… 2－65
淮南子二十一卷 …………………… 2－65
淮南子二十一卷 …………………… 2－65
淮南子二十一卷 …………………… 2－65
淮南子二十一卷 …………………… 2－65
淮南子二十一卷 …………………… 2－65
淮南子二十一卷 …………………… 3－380
淮南天文訓補注二卷 …………………… 2－64
淮南天文訓補注二卷 …………………… 2－64
淮南天文訓補注二卷 …………………… 2－64
淮南天文訓補注二卷 …………………… 2－65
淮南天文訓補注二卷 …………………… 2－65
淮南許注異同詁續補一卷 …………………… 2－64
淮南鴻烈解二十一卷 …………………… 2－64
淮南鴻烈解二十一卷 …………………… 2－64
淮南鴻烈解二十一卷 …………………… 2－64
淮南鴻烈解二十一卷 …………………… 2－64
淮南鴻烈解二十一卷 …………………… 2－64
淮南鴻烈解二十一卷 …………………… 2－64
淮南鴻烈解二十一卷 …………………… 2－64
淮南鴻烈解輯畧二卷 …………………… 2－64
淮南鹽法紀畧十卷 …………………… 2－65
淮軍平撚記十二卷 …………………… 2－64
淮軍平撚記十二卷 …………………… 2－64
淮軍平撚記十二卷 …………………… 2－64
淮海文集攷證一卷 …………………… 2－63
淮海文集攷證一卷 …………………… 2－63
淮海文集攷證一卷 …………………… 2－63
淮海文集攷證一卷 …………………… 2－63
淮海文集攷證一卷 …………………… 2－63
淮海先生年譜一卷 …………………… 2－64
淮海先生年譜一卷 …………………… 2－64
淮海英靈集甲集四卷乙集四卷丙集四卷丁集四卷戊集四卷壬集一卷癸集一卷 …………………… 2－64
淮海集十七卷後集二卷詞一卷補遺一卷續補遺一卷 …………………… 2－63
淮海集十七卷後集二卷詞一卷補遺一卷續補遺一卷 …………………… 2－63
淮海集十七卷後集二卷詞一卷補遺一卷續補遺一卷 …………………… 2－63
淮海集十七卷後集二卷詞一卷補遺一卷續補遺一卷 …………………… 2－63
淮海集十七卷後集二卷詞一卷補遺一卷續補遺一卷 …………………… 2－63
淮海集四十卷後集六卷長短句三卷 …………………… 2－64
淮海集四十卷後集六卷長短句三卷詩餘一卷 …………………… 2－64
淮海集四十卷後集六卷長短句三卷詩餘一卷 …………………… 2－64
淮揚水利圖說一卷 …………………… 2－65
淮揚水利圖說一卷附西園文鈔一卷 …………………… 2－65
淮鹺駁案類編八卷 …………………… 2－63
淮鹽兩岸認運章程一卷 …………………… 2－65
淨土四經四卷 …………………… 2－221
淨土四經四卷 …………………… 2－221
淨土捷要一卷 …………………… 2－221
淨土晨鐘十卷 …………………… 2－221
淨土聖賢錄九卷 …………………… 2－221
淨業知津一卷 …………………… 2－221
淨業知津一卷 …………………… 2－221
淨德集三十八卷 …………………… 2－221
淳化祕閣法帖考正十卷附二卷 …………………… 1－184
淳化祕閣法帖考正十卷附二卷 …………………… 1－184
淳化祕閣法帖考正十卷附二卷 …………………… 1－184

淳化祕閣法帖考正十卷附二卷 ········ 1－184
淳化閣帖釋文二卷 ························ 1－184
淳化閣帖釋文二卷 ························ 1－184
淳化閣帖釋文二卷 ························ 1－184
淳化閣帖釋文二卷 ························ 1－184
淳化閣帖釋文十卷 ························ 1－184
淳化閣帖釋文十卷 ························ 1－184
淳化閣帖釋文十卷 ························ 1－184
淳熙稿二十卷 ···························· 1－184
淡災蠡述一卷 ···························· 1－236
淡災蠡述一卷 ···························· 1－236
淡園詩鈔二卷 ···························· 1－236
淚花集二卷 ······························ 2－260
淚墨草三卷 ······························ 2－260
淚墨草三卷 ······························ 2－260
[同治]深州風土記二十二卷附表五
　卷 ···································· 5－365
[同治]深州風土記二十二卷附表五
　卷 ···································· 5－365
婆心籙傷寒集注□卷 ······················ 3－7
梁山來知德先生易經集註十六卷 ······ 2－319
梁山來知德先生易經集註十六卷首
　一卷 ·································· 2－319
梁昭明文選二十四卷 ······················ 2－320
梁昭明文選二十四卷 ······················ 2－320
梁昭明文選十二卷 ························ 2－320
梁昭明文選纂註評林十二卷 ············ 2－320
梁書五十六卷 ···························· 2－319
梁書五十六卷 ···························· 2－319
梁書五十六卷 ···························· 2－319
梁書五十六卷 ···························· 2－319
梁書五十六卷 ···························· 2－319
梁書五十六卷 ···························· 2－319
梁書五十六卷 ···························· 2－319
梁書五十六卷 ···························· 2－319
梁書五十六卷 ···························· 2－319
梁書五十六卷 ···························· 2－319
梁谿漫志十卷 ···························· 2－320
梁簡文帝集二卷 ·························· 2－319
涵有堂詩初集不分卷文集不分卷 ······ 2－14
涵芬樓古今文鈔一百卷文體芻言一
　卷 ···································· 2－14
涵芬樓古今文鈔一百卷文體芻言一
　卷 ···································· 2－14
涵通樓師友文鈔九卷附刻詞鈔三卷 ··· 2－14
涵溪張氏重修祠塾譜不分卷 ··········· 2－14
寇忠愍公詩集三卷 ························ 2－249
寙湫子十五卷 ···························· 1－126
寙湫子十五卷 ···························· 1－126
寙湫子十五卷 ···························· 1－126
寅清書屋課存不分卷 ······················ 4－337
寄思齋藏稿十四卷 ························ 2－129
寄思齋藏稿十四卷 ························ 2－129
寄思齋藏稿十四卷 ························ 2－129
寄思齋藏稿十四卷 ························ 2－129
寄思齋藏稿十四卷 ························ 2－129
寄思齋藏稿十四卷 ························ 2－129
寄思齋藏稿十四卷 ························ 2－129
寄思齋藏稿十四卷補遺一卷公孫龍
　子注一卷 ······························ 2－129
寄圃詩草次集二卷 ························ 2－128
寄圃詩草初集二卷 ························ 2－128
寄圃詩稿二十五卷 ························ 2－128
寄圃詩稿二十五卷 ························ 2－128
寄圃詩稿二十五卷 ························ 2－128
寄圃詩稿二十五卷 ························ 2－129
寄雲館詩鈔四卷 ·························· 2－132
寄傲山房塾課新增幼學故事瓊林四
　卷 ···································· 2－122
寄傲山房塾課新增幼學故事瓊林四
　卷 ···································· 2－122
寄傲山房塾課新增幼學故事瓊林四
　卷 ···································· 2－122
寄傲山房塾課新增幼學故事瓊林四
　卷 ···································· 2－122
寄傲山房塾課新增幼學故事瓊林四
　卷 ···································· 2－122
寄傲山房塾課新增幼學故事瓊林四
　卷 ···································· 2－122
寄傲山房塾課新增幼學故事瓊林四
　卷首一卷 ······························ 2－122
寄傲山房塾課新增幼學故事瓊林四

卷首一卷 …………………………… 2－122
寄傲山房塾課新增幼學故事瓊林四
卷首一卷 …………………………… 2－122
寄傲山房塾課新增幼學故事瓊林四
卷首一卷 …………………………… 2－122
寄傲山房塾課新增幼學故事瓊林四
卷首一卷 …………………………… 2－122
寄傲山房塾課新增幼學故事瓊林四
卷首一卷 …………………………… 2－123
寄傲山房塾課新增幼學故事瓊林四
卷首一卷 …………………………… 2－123
寄傲山房塾課新增幼學故事瓊林四
卷首一卷 …………………………… 2－123
寄傲山房塾課新增幼學故事瓊林四
卷首一卷 …………………………… 2－123
寄傲山房塾課新增幼學故事瓊林四
卷首一卷 …………………………… 2－123
寄傲山房塾課新增幼學故事瓊林四
卷首一卷 …………………………… 2－123
寄傲山房塾課新增幼學故事瓊林四
卷首一卷 …………………………… 2－123
寄傲山房塾課纂輯春秋備旨十二卷
………………………………………… 2－123
寄傲山房塾課纂輯春秋備旨十二卷
………………………………………… 2－123
寄傲山房塾課纂輯春秋備旨十二卷
………………………………………… 2－123
寄傲山房塾課纂輯春秋備旨十二卷
………………………………………… 2－123
寄傲山房塾課纂輯春秋備旨十二卷
………………………………………… 2－123
寄傲山房塾課纂輯春秋備旨十二卷
………………………………………… 2－123
寄傲山房塾課纂輯春秋備旨十二卷
………………………………………… 2－123
寄傲山房塾課纂輯春秋備旨十二卷
………………………………………… 2－123
寄傲山房塾課纂輯春秋備旨十二卷
………………………………………… 2－123
寄傲山房塾課纂輯春秋備旨十二卷
………………………………………… 2－123
寄傲山房塾課纂輯春秋備旨十二卷
………………………………………… 2－123
寄傲山房塾課纂輯春秋備旨十二卷
………………………………………… 2－123
寄傲山房塾課纂輯春秋備旨十二卷
………………………………………… 2－123
寄傲山房塾課纂輯春秋備旨十二卷
………………………………………… 2－124
寄傲山房塾課纂輯春秋備旨十二卷
………………………………………… 2－124
寄傲山房塾課纂輯春秋備旨十二卷
………………………………………… 2－124
寄傲山房塾課纂輯春秋備旨十二卷
………………………………………… 2－124
寄傲山房塾課纂輯春秋備旨十二卷
………………………………………… 2－124
寄傲山房塾課纂輯春秋備旨十二卷
………………………………………… 2－124
寄傲山房塾課纂輯春秋備旨十二卷
………………………………………… 2－124
寄傲山房塾課纂輯春秋備旨十二卷
………………………………………… 2－124
寄傲山房塾課纂輯春秋備旨十二卷
………………………………………… 2－124
寄傲山房塾課纂輯春秋備旨十二卷
………………………………………… 2－124
寄傲山房塾課纂輯春秋備旨十二卷
………………………………………… 2－124
寄傲山房塾課纂輯春秋備旨十二卷
………………………………………… 2－124
寄傲山房塾課纂輯春秋備旨十二卷
………………………………………… 2－124
寄傲山房塾課纂輯春秋備旨十二卷
………………………………………… 2－124
寄傲山房塾課纂輯春秋備旨十二卷
………………………………………… 2－124
寄傲山房塾課纂輯春秋備旨十二卷
………………………………………… 2－124
寄傲山房塾課纂輯春秋備旨十二卷
………………………………………… 2－124

寄傲山房塾課纂輯春秋備旨十二卷
…………………………………… 2－124
寄傲山房塾課纂輯春秋備旨十二卷
…………………………………… 2－124
寄傲山房塾課纂輯春秋備旨十二卷
…………………………………… 2－124
寄傲山房塾課纂輯春秋備旨十二卷
…………………………………… 2－124
寄傲山房塾課纂輯春秋備旨十二卷
…………………………………… 2－124
寄傲山房塾課纂輯春秋備旨十二卷
…………………………………… 2－125
寄傲山房塾課纂輯春秋備旨十二卷
…………………………………… 2－125
寄傲山房塾課纂輯春秋備旨十二卷
…………………………………… 2－125
寄傲山房塾課纂輯春秋備旨十二卷
…………………………………… 2－125
寄傲山房塾課纂輯春秋備旨十二卷
…………………………………… 2－125
寄傲山房塾課纂輯春秋備旨十二卷
…………………………………… 2－125
寄傲山房塾課纂輯春秋備旨十二卷
…………………………………… 2－125
寄傲山房塾課纂輯春秋備旨十二卷
…………………………………… 2－125
寄傲山房塾課纂輯春秋備旨十二卷
…………………………………… 2－125
寄傲山房塾課纂輯春秋備旨十二卷
…………………………………… 2－125
寄傲山房塾課纂輯春秋備旨十二卷
…………………………………… 2－125
寄傲山房塾課纂輯春秋備旨十二卷
…………………………………… 2－125
寄傲山房塾課纂輯春秋備旨十二卷
…………………………………… 2－125
寄傲山房塾課纂輯春秋備旨十二卷
…………………………………… 2－125
寄傲山房塾課纂輯春秋備旨十二卷
…………………………………… 2－125
寄傲山房塾課纂輯春秋備旨十二卷
…………………………………… 2－125
寄傲山房塾課纂輯春秋備旨十二卷
…………………………………… 2－125
寄傲山房塾課纂輯春秋備旨十二卷
…………………………………… 2－125
寄傲山房塾課纂輯春秋備旨十二卷
…………………………………… 2－125
寄傲山房塾課纂輯春秋備旨十二卷
…………………………………… 2－125
寄傲山房塾課纂輯春秋備旨十二卷
…………………………………… 2－125
寄傲山房塾課纂輯春秋備旨十二卷
…………………………………… 2－125
寄傲山房塾課纂輯書經備旨蔡註捷
錄七卷 ……………………………… 2－126
寄傲山房塾課纂輯書經備旨蔡註捷
錄七卷 ……………………………… 2－126
寄傲山房塾課纂輯書經備旨蔡註捷
錄七卷 ……………………………… 2－126
寄傲山房塾課纂輯書經備旨蔡註捷
錄七卷 ……………………………… 2－126
寄傲山房塾課纂輯書經備旨蔡註捷
錄七卷 ……………………………… 2－126
寄傲山房塾課纂輯書經備旨蔡註捷
錄七卷 ……………………………… 2－126
寄傲山房塾課纂輯書經備旨蔡註捷
錄七卷 ……………………………… 2－126
寄傲山房塾課纂輯書經備旨蔡註捷
錄七卷 ……………………………… 2－126
寄傲山房塾課纂輯書經備旨蔡註捷
錄七卷 ……………………………… 2－126
寄傲山房塾課纂輯書經備旨蔡註捷
錄七卷 ……………………………… 2－126
寄傲山房塾課纂輯書經備旨蔡註捷
錄七卷 ……………………………… 2－127
寄傲山房塾課纂輯書經備旨蔡註捷
錄七卷 ……………………………… 2－127
寄傲山房塾課纂輯書經備旨蔡註捷
錄七卷 ……………………………… 2－127
寄傲山房塾課纂輯書經備旨蔡註捷

錄七卷 ………………………………… 2－127
寄傲山房塾課纂輯書經備旨蔡註捷
錄七卷 ………………………………… 2－127
寄傲山房塾課纂輯書經備旨蔡註捷
錄七卷 ………………………………… 2－127
寄傲山房塾課纂輯書經備旨蔡註捷
錄七卷 ………………………………… 2－127
寄傲山房塾課纂輯書經備旨蔡註捷
錄七卷 ………………………………… 2－127
寄傲山房塾課纂輯書經備旨蔡註捷
錄七卷 ………………………………… 2－127
寄傲山房塾課纂輯書經備旨蔡註捷
錄七卷 ………………………………… 2－127
寄傲山房塾課纂輯書經備旨蔡註捷
錄七卷 ………………………………… 2－127
寄傲山房塾課纂輯書經備旨蔡註捷
錄七卷 ………………………………… 2－127
寄傲山房塾課纂輯書經備旨蔡註捷
錄七卷 ………………………………… 2－127
寄傲山房塾課纂輯書經備旨蔡註捷
錄七卷 ………………………………… 2－127
寄傲山房塾課纂輯書經備旨蔡註捷
錄七卷 ………………………………… 2－127
寄傲山房塾課纂輯書經備旨蔡註捷
錄七卷 ………………………………… 2－127
寄傲山房塾課纂輯書經備旨蔡註捷
錄七卷 ………………………………… 2－127
寄傲山房塾課纂輯書經備旨蔡註捷
錄七卷 ………………………………… 2－127
寄傲山房塾課纂輯書經備旨蔡註捷
錄七卷 ………………………………… 2－127
寄傲山房塾課纂輯書經備旨蔡註捷
錄七卷 ………………………………… 2－127
寄傲山房塾課纂輯書經備旨蔡註捷
錄七卷 ………………………………… 2－128
寄傲山房塾課纂輯書經備旨蔡註捷
錄七卷 ………………………………… 2－128
寄傲山房塾課纂輯書經備旨蔡註捷
錄七卷 ………………………………… 2－128
寄傲山房塾課纂輯書經備旨蔡註捷
錄七卷 ………………………………… 2－128
寄傲山房塾課纂輯書經備旨蔡註捷
錄七卷 ………………………………… 2－128
寄傲山房塾課纂輯書經備旨蔡註捷
錄七卷 ………………………………… 2－128
寄傲山房塾課纂輯書經備旨蔡註捷
錄七卷 ………………………………… 2－128
寄傲山房塾課纂輯書經備旨蔡註捷
錄七卷 ………………………………… 2－128
寄傲山房塾課纂輯書經備旨蔡傳捷
錄七卷 ………………………………… 2－126
寄傲山房塾課纂輯書經備旨蔡傳捷
錄七卷 ………………………………… 2－126
寄傲山房塾課纂輯御案易經備旨七
卷易經圖案一卷 ……………………… 2－128
寄傲山房塾課纂輯御案易經備旨七
卷易經圖案一卷 ……………………… 2－128
寄傲山房塾課纂輯御案易經備旨七
卷易經圖案一卷 ……………………… 2－128
寄傲山房塾課纂輯御案易經備旨七
卷易經圖案一卷 ……………………… 2－128
寄傲山房塾課纂輯御案易經備旨七
卷易經圖案一卷 ……………………… 2－128
寄傲山房塾課纂輯禮記全文備旨十
一卷 …………………………………… 2－126
寄傲山房塾課纂輯禮記全文備旨十
一卷 …………………………………… 2－126
寄傲山房塾課纂輯禮記全文備旨十
一卷 …………………………………… 2－126
寄傲山房塾課纂輯禮記全文備旨十
一卷 …………………………………… 2－126
寄傲山房塾課纂輯禮記全文備旨十
一卷 …………………………………… 2－126
寄傲山房塾課纂輯禮記全文備旨十
一卷 …………………………………… 2－126
寄傲山房塾課纂輯禮記全文備旨十
一卷 …………………………………… 2－126
寄傲山房塾課纂輯禮記全文備旨十
一卷 …………………………………… 2－126
寄園吟草六卷 ………………………… 2－130

寄園寄所寄十二卷……………………… 2－129
寄園寄所寄十二卷……………………… 2－129
寄園寄所寄十二卷……………………… 2－129
寄園寄所寄十二卷……………………… 2－129
寄園寄所寄十二卷……………………… 2－129
寄園寄所寄十二卷……………………… 2－129
寄園寄所寄十二卷……………………… 2－129
寄園寄所寄十二卷……………………… 2－129
寄園寄所寄十二卷……………………… 2－130
寄園寄所寄十二卷……………………… 2－130
寄園寄所寄十二卷……………………… 2－130
寄園寄所寄十二卷……………………… 2－130
寄園寄所寄十二卷……………………… 2－130
寄園寄所寄十二卷……………………… 2－130
寄園寄所寄十二卷……………………… 2－130
寄園寄所寄十二卷……………………… 2－130
寄園寄所寄十二卷……………………… 2－130
寄園寄所寄十二卷 ……………………… 4－43
寄園寄所寄十二卷 ……………………… 4－51
寄蝸殘贅十六卷………………………… 2－129
寄漚遺集八卷…………………………… 2－128
寄影軒詩鈔十八卷……………………… 2－129
寄嶽雲齋初稿十卷補遺一卷………… 2－130
寄嶽雲齋初稿十卷補遺一卷………… 2－130
寄嶽雲齋初稿十卷補遺一卷………… 2－130
寄嶽雲齋初稿十卷補遺一卷………… 2－130
寄嶽雲齋初稿十卷補遺一卷………… 2－130
寄嶽雲齋初稿十卷補遺一卷………… 2－130
寄嶽雲齋初稿十卷補遺一卷………… 2－130
寄嶽雲齋初稿十卷補遺一卷………… 2－130
寄嶽雲齋初稿十卷補遺一卷………… 2－130
寄嶽雲齋初稿十卷補遺一卷………… 2－130
寄嶽雲齋初稿十卷補遺一卷………… 2－130
寄嶽雲齋初稿十卷補遺一卷………… 2－130
寄嶽雲齋初稿十卷補遺一卷………… 2－130
寄嶽雲齋初稿十卷補遺一卷回文賦
　一卷………………………………… 2－131
寄嶽雲齋試體詩選二卷……………… 2－131
寄嶽雲齋試體詩選二卷……………… 2－131
寄嶽雲齋試體詩選二卷……………… 2－131
寄嶽雲齋試體詩選二卷……………… 2－131
寄嶽雲齋試體詩選二卷……………… 2－131
寄嶽雲齋試體詩選二卷……………… 2－131
寄嶽雲齋試體詩選二卷……………… 2－131
寄嶽雲齋試體詩選詳註四卷………… 2－131
寄嶽雲齋試體詩選詳註四卷………… 2－131
寄嶽雲齋試體詩選詳註四卷………… 2－131
寄嶽雲齋試體詩選詳註四卷………… 2－131
寄嶽雲齋試體詩選詳註四卷………… 2－131
寄嶽雲齋試體詩選詳註四卷………… 2－131
寄嶽雲齋試體詩選詳註四卷………… 2－131
寄嶽雲齋試體詩選詳註四卷………… 2－131
寄嶽雲齋試體詩選詳註四卷………… 2－131
寄嶽雲齋試體詩選詳註四卷………… 2－131
寄嶽雲齋試體詩選詳註四卷………… 2－131
寄嶽雲齋試體詩選詳註四卷………… 2－131
寄嶽雲齋試體詩選詳註四卷………… 2－132
寄嶽雲齋試體詩選詳註四卷………… 2－132
寄嶽雲齋試體詩選詳註四卷………… 2－132
寄嶽雲齋試體詩選詳註四卷………… 2－132
寄嶽雲齋試體詩選詳註四卷………… 2－132
寄嶽雲齋試體詩選詳註四卷………… 2－132
寄嶽雲齋試體詩選詳註四卷………… 2－132
寄嶽雲齋試體詩選詳註四卷………… 2－132
寄嶽雲齋試體詩選詳註四卷………… 2－132
寄嶽雲齋試體詩選詳註四卷………… 2－132
寄嶽雲齋試體詩選詳註四卷………… 2－132
寄嶽雲齋試體詩選詳註四卷………… 2－132
寄嶽雲齋試體詩選詳註四卷………… 2－132
寄嶽雲齋試體詩選詳註四卷………… 2－132
寄嶽雲齋試體詩選詳註四卷………… 2－132
寄鴻堂文集四卷……………………… 2－128
寄龕文存四卷………………………… 2－128
寄龕文存四卷………………………… 2－128
宿松汪氏兩世崇祀錄不分卷………… 4－227
啓秀新編一卷 ……………………… 3－22
啓秀新編一卷 ……………………… 3－22
啓法入門□卷 ……………………… 3－21
啓善秘鑰不分卷 …………………… 3－22
啓善堂鸞諭一卷 …………………… 3－22
啓蒙對語便讀三字錦二卷 ………… 3－21
啓蒙對語便讀三字錦二卷 ………… 3－22

啓禎文行遠集不分卷 …………………… 3－22
啓禎文行遠集不分卷 …………………… 3－22
啓禎文新論不分卷 ……………………… 3－22
啓禎文讀本新編不分卷 ………………… 3－22
啓禎兩朝剝復錄十卷札記一卷 ……… 3－22
啓對合筆□卷首一卷 …………………… 3－21
啓矇真諦一卷 …………………………… 3－22
將相轉世神機四卷…………………… 2－163
張三丰祖師元要編不分卷 …………… 5－89
張三丰祖師無根樹詞注解一卷 ……… 5－89
張大司馬奏稿四卷 ……………………… 5－88
張大司馬奏稿四卷 ……………………… 5－88
張小山小令二卷 ………………………… 5－90
張子正蒙注九卷 ………………………… 5－92
張子全書十五卷 ………………………… 5－91
張子全書十五卷 ………………………… 5－91
張子全書十五卷 ………………………… 5－91
張子全書十五卷 ………………………… 5－91
張子全書十五卷 ………………………… 5－91
張子全書十五卷 ………………………… 5－91
張子全書十五卷 ………………………… 5－91
張子全書十五卷 ………………………… 5－91
張子全書十五卷 ………………………… 5－91
張子全書十五卷 ………………………… 5－91
張子全書十五卷 ………………………… 5－92
張子全書十五卷 ………………………… 5－92
張子全書十五卷 ………………………… 5－92
張子全書十五卷 ………………………… 5－92
張子釋要 ………………………………… 5－92
張太史硃訂秘笥書經講意綱目集註
六卷 ………………………………… 5－90
張太史塾課八卷 ………………………… 5－90
張氏醫書七種 …………………………… 5－89
張氏醫書七種 …………………………… 5－89
張氏醫書七種 …………………………… 5－89
張氏醫書七種 …………………………… 5－89
張氏醫書七種 …………………………… 5－89
張氏醫書七種 …………………………… 5－89
張氏醫書七種 …………………………… 5－89
張氏醫書七種 …………………………… 5－89
張氏醫通十六卷 ………………………… 5－89
張氏醫通十六卷 ………………………… 5－89
張氏醫通十六卷 ………………………… 5－89
張氏醫通十六卷 ………………………… 5－89
張氏醫通十六卷 ………………………… 5－89
張氏醫通十六卷 ………………………… 5－89
張氏醫通十六卷 ………………………… 5－89
張氏醫通十六卷 ………………………… 5－90
張氏醫通十六卷 ………………………… 5－90
張氏醫通十六卷 ………………………… 5－90
張氏醫通十六卷 ………………………… 5－90
張文烈公遺詩一卷 ……………………… 5－90
張文僖公詠史遺編四卷 ………………… 5－90
張文端集 ………………………………… 5－90
張文端集 ………………………………… 5－90
張文襄公手劄不分卷 …………………… 5－90
張文襄公詩集四卷 ……………………… 5－90
張文襄幕府紀聞二卷 …………………… 5－90
張百川先生塾課注釋八卷 ……………… 5－88
張百川時文不分卷 ……………………… 5－88
張光弼詩集四卷 ………………………… 5－88
張仲景金匱要畧論註二十四卷 ……… 5－91
張仲景補傳一卷…………………… 3－119
張仲景傷寒六經辨證治法八卷 ……… 5－91
張仲景傷寒論原文淺注六卷 ………… 5－91
張仲景傷寒論原文淺註六卷 ………… 5－91
張仲景傷寒論原文淺註六卷 ………… 5－91
張仲景傷寒論原文淺註六卷 ………… 5－91
張仲景傷寒論原文淺註六卷長沙方
歌括六卷 …………………………… 5－91
張仲景傷寒論遙問十三卷原方遙問
一卷平脈法一卷 …………………… 5－91
張亨甫全集二十七卷文集六卷首一
卷 …………………………………… 5－88
張亨甫全集二十七卷文集六卷首一
卷 …………………………………… 5－88
張茂先勵志詩帖一卷 …………………… 5－89
張來儀先生文集一卷 …………………… 5－88
張忠敏公遺集十卷首一卷附錄六卷
………………………………………… 5－91
張宗道先生地理全書四卷 ……………… 5－92
張宗道先生地理全書四卷 ……………… 5－92

張宗道先生地理全書四卷 …………… 5－92
張孟陽集一卷 ……………………… 5－89
張卿子經驗方不分卷 ………………… 5－89
張陸二先生批評戰國策抄四卷 ……… 5－88
張陸二先生批評戰國策抄四卷 ……… 5－89
張處士遺藁一卷 …………………… 5－88
張陽和先生不二齋文選七卷附一卷
………………………………………… 5－90
張景陽集一卷 ……………………… 5－88
張蒼水集二卷附北征錄一卷 ……… 5－88
［張蒼水詩］一卷 ……………………… 5－387
張楊園先生年譜一卷……………… 4－278
張楊園先生年譜一卷……………… 4－278
張楊園先生年譜一卷……………… 4－278
張楊園先生年譜一卷……………… 4－278
張楊園先生全集 …………………… 5－90
張楊園先生全集 …………………… 5－90
張楊園［履祥］年譜一卷附錄一卷
………………………………………… 5－90
張說之文集二十五卷 ……………… 5－90
張說之文集二十五卷補遺五卷 …… 5－90
張翰林校正禮記大全三十卷 ……… 5－88
張橫渠先生集十二卷 ……………… 5－88
張曉樓先生二集不分卷 …………… 5－90
張龍湖先生文集十五卷詩餘一卷 … 5－88
張謇批選四書義六卷 ……………… 5－88
張謇批選四書義六卷 ……………… 5－88
張謇批選四書義六卷 ……………… 5－88
張謇批選四書義六卷 ……………… 5－88
張謇批選四書義六卷 ……………… 5－88
張謇批選續四書義六卷 …………… 5－88
張藥房遺稿一卷 …………………… 5－90
張藥房遺稿一卷 …………………… 5－91
強自力齋叢書 ……………………… 3－37
強恕齋文鈔四卷 …………………… 3－36
隋書八十五卷……………………… 3－397
隋書八十五卷……………………… 3－397
隋書八十五卷……………………… 3－397
隋書八十五卷……………………… 3－397
隋書八十五卷……………………… 3－397
隋書八十五卷……………………… 3－397
隋書八十五卷……………………… 3－397
隋書八十五卷……………………… 3－397
隋書八十五卷……………………… 5－394
隋書經籍志四卷…………………… 3－397
隋經籍志考證十三卷……………… 3－397
隋經籍志考證十三卷……………… 3－397
隋經籍志考證十三卷……………… 3－397
陽山叢牘不分卷…………………… 4－273
陽宅三要四卷……………………… 4－274
陽宅三要四卷……………………… 4－274
陽宅三要四卷……………………… 4－274
陽宅三要四卷……………………… 4－274
陽宅三要四卷……………………… 4－274
陽宅三要四卷……………………… 4－274
陽宅三要四卷……………………… 4－275
陽宅大成…………………………… 4－274
陽宅見易正宗二卷………………… 4－274
陽宅指南一卷……………………… 4－275
陽宅指南一卷……………………… 4－275
陽宅指南一卷……………………… 4－275
陽宅指南一卷……………………… 4－275
陽宅都天發用全書一卷 …………… 1－28
陽宅都天發用全書一卷…………… 4－274
陽宅都天發用全書一卷…………… 4－274
陽宅都天發用全書一卷…………… 4－274
陽宅都天發用全書一卷…………… 4－274
陽宅都天發用全書一卷…………… 5－257
陽宅都天發用全書一卷陽宅都天滾
盤珠要法一卷…………………… 4－274
陽宅都天發用全書一卷陽宅都天滾
盤珠要法一卷…………………… 4－274
陽宅都天發用全書一卷陽宅都天滾
盤珠要法一卷…………………… 4－274
陽宅都天發用全書一卷羅經問答一
卷………………………………… 4－274
陽宅秘旨不分卷…………………… 4－274
陽宅捷徑一卷……………………… 4－274
陽宅捷錄一卷……………………… 4－274
陽宅集成八卷……………………… 4－274
陽宅集成八卷……………………… 4－274
陽宅集成八卷……………………… 4－274

陽宅愛衆篇四卷……………………… 4－273
陽宅愛衆篇四卷……………………… 4－273
[陽宅經義]不分卷 …………………… 5－377
陽宅輯要傳家寶三卷末一卷………… 4－274
陽宅輯要傳家寶三卷魯班仙師源流
　一卷………………………………… 4－274
[乾隆]陽武縣志十二卷 …………… 5－338
[乾隆]陽武縣志十二卷 …………… 5－338
[乾隆]陽武縣志十二卷 …………… 5－338
陽明先生[王守仁]年譜二卷 ……… 4－272
陽明先生文集十六卷………………… 4－273
陽明先生文集十六卷目錄二卷……… 4－273
陽明先生文集十六卷目錄二卷……… 4－273
陽明先生文集十六卷目錄二卷……… 4－273
陽明先生文錄五卷外集九卷別錄十
　四卷………………………………… 4－273
陽明先生文錄五卷外集九卷別錄十
　卷…………………………………… 4－273
陽明先生文錄五卷外集九卷別錄十
　卷…………………………………… 4－273
陽明先生年譜二卷…………………… 4－273
陽明先生年譜二卷…………………… 4－273
陽明先生年譜二卷…………………… 4－273
陽明先生集抄十六卷………………… 4－273
陽明先生集要………………………… 4－273
陽明先生集要………………………… 4－273
陽明先生集要………………………… 4－273
陽明先生集要………………………… 4－273
陽明按索圖四卷……………………… 4－272
陽明按索圖四卷首一卷按索圖星煞
　考註補一卷………………………… 4－272
陽和語錄六卷………………………… 4－272
陽秋館集二十三卷…………………… 4－273
陽秋館集二十三卷…………………… 4－273
陽羨名陶錄二卷……………………… 4－273
陽羨名陶錄二卷續錄一卷…………… 4－273
陽溪遺稿六卷附錄一卷……………… 4－273
隆平集二十卷………………………… 2－347
隆平集二十卷………………………… 2－347
隆平集二十卷………………………… 2－347
隆平集二十卷………………………… 2－347
娵隅集十卷…………………………… 2－234
[婚禮]不分卷 ……………………… 5－299
婚禮帖式不分卷……………………… 2－107
婦人良方二十四卷…………………… 1－382
婦人良方二十四卷…………………… 2－419
婦人良方二十四卷…………………… 2－422
婦人規一卷小兒則一卷……………… 1－382
婦科宗主四卷………………………… 1－382
婦科指歸四卷幼科指歸二卷………… 1－382
婦科指歸四卷幼科指歸二卷………… 1－382
婦科精蘊圖說五卷…………………… 2－418
婦嬰至寶……………………………… 1－382
婦嬰至寶一卷………………………… 1－223
婦嬰至寶一卷………………………… 1－223
婦嬰至寶六卷………………………… 1－382
婦嬰至寶六卷………………………… 1－382
婦嬰至寶六卷………………………… 1－382
婦嬰至寶六卷………………………… 1－382
婦嬰至寶六卷附催生符一卷………… 1－382
婦嬰至寶六卷附催生符一卷………… 1－382
婦嬰至寶六卷附催生符一卷………… 1－382
婦嬰至寶六卷附催生符一卷………… 1－382
婦嬰新說一卷………………………… 2－423
習苦齋古文四卷……………………… 4－107
習是編二卷…………………………… 4－107
習是編二卷…………………………… 4－107
習學記言序目五十卷………………… 4－107
習學記言序目五十卷………………… 4－107
翏莫子集二卷………………………… 2－362
翏莫子集四卷翏莫子雜識一卷……… 2－362
參同契直指箋註三卷三相類二卷 …… 1－74
參同契經文直指三卷 ……………… 1－74
參星秘要諏吉便覽一卷 …………… 1－75
參星秘要諏吉便覽一卷 …………… 1－75
參星秘要諏吉便覽一卷 …………… 1－75
參星秘要諏吉便覽一卷 …………… 1－75
參星秘要諏吉便覽一卷滚盤珠一卷
　……………………………………… 1－75
參訂古文發蒙全集六卷 …………… 1－74
參訂古文發蒙全集六卷 …………… 1－74
參補醫宗說約廣嗣良方三卷………… 1－481

參寥集十二卷附錄二卷 ………………… 1－74
參讀禮志疑二卷 ………………………… 1－74
參讀禮志疑二卷 ………………………… 1－74
參讀禮志疑二卷 ………………………… 1－74
參讀禮志疑二卷 ………………………… 1－74
參讀禮志疑二卷 ………………………… 1－74
參讀禮志疑二卷 ………………………… 1－74
參讀禮志疑二卷 ………………………… 1－74
參讀禮志疑二卷 ………………………… 1－74
參讀禮志疑二卷 ………………………… 1－74
參讀禮志疑二卷 ………………………… 1－74
參讀禮志疑二卷 ………………………… 1－74
參讀禮志疑二卷 ………………………… 1－74
參讀禮志疑二卷 ………………………… 1－74
參讀禮志疑二卷 ………………………… 1－74
貫華堂第六才子書八卷 ………………… 1－463
貫華堂第六才子書八卷西廂文一卷
…………………………………………… 1－463
貫華堂註釋第六才子書八卷 …………… 1－463
貫華堂註釋第六才子書八卷 …………… 1－463
貫華堂註釋第六才子書八卷 …………… 1－463
貫華堂註釋第六才子書八卷 …………… 1－463
貫華堂註釋第六才子書八卷 …………… 1－463
貫華堂繪像第六才子西廂八卷 ………… 1－463
貫通三教養真集二卷 …………………… 1－463
鄉守外編節要八卷 ……………………… 4－122
鄉守輯要合鈔丨卷 ……………………… 4－122
鄉守輯要合鈔十卷 ……………………… 4－122
鄉音字義□□卷 ………………………… 4－123
鄉音字義□□卷 ………………………… 4－123
鄉音字彙不分卷 ………………………… 4－123
鄉音字彙不分卷 ………………………… 4－123
鄉音字彙不分卷 ………………………… 4－123
鄉音字彙四卷 …………………………… 4－123
鄉音字彙四卷 …………………………… 4－123
鄉音字彙(婺源縣土音字彙編)不分
卷 ……………………………………… 4－123
鄉會元魁新墨八卷 ……………………… 4－122
鄉會文統不分卷 ………………………… 4－122
鄉會須知一卷 …………………………… 4－122
鄉會墨翔不分卷 ………………………… 4－122
鄉會翰苑須知一卷欽定詞館儀式一
卷 ……………………………………… 4－122
鄉試會試硃卷不分卷 …………………… 4－122
鄉詩摭譚正集十卷首一卷 ……………… 4－122
鄉詩摭譚正集十卷首一卷續集十卷
…………………………………………… 4－122
鄉詩摭譚正集十卷首一卷續集十卷
…………………………………………… 4－122
鄉詩摭譚正集十卷首一卷續集十卷
…………………………………………… 4－122
鄉詩摭譚正集十卷首一卷續集十卷
…………………………………………… 4－122
鄉詩摭譚正集十卷首一卷續集十卷
…………………………………………… 4－122
鄉韻備覽集要四卷 ……………………… 4－123
鄉韻集要音釋雜字義四卷 ……………… 4－123
鄉黨文正編不分卷 ……………………… 4－122
鄉黨文補編不分卷 ……………………… 4－122
鄉黨考便讀一卷 ………………………… 4－119
鄉黨考便讀一卷 ………………………… 4－119
鄉黨考便讀一卷 ………………………… 4－119
鄉黨考便讀一卷 ………………………… 4－119
鄉黨考便讀一卷 ………………………… 4－119
鄉黨俟正一卷 …………………………… 4－119
鄉黨義考七卷 …………………………… 4－122
鄉黨義考七卷 …………………………… 4－122
鄉黨圖考十卷 …………………………… 4－119
鄉黨圖考十卷 …………………………… 4－119
鄉黨圖考十卷 …………………………… 4－119
鄉黨圖考十卷 …………………………… 4－119
鄉黨圖考十卷 …………………………… 4－119
鄉黨圖考十卷 …………………………… 4－120
鄉黨圖考十卷 …………………………… 4－120
鄉黨圖考十卷 …………………………… 4－120
鄉黨圖考十卷 …………………………… 4－120
鄉黨圖考十卷 …………………………… 4－120
鄉黨圖考十卷 …………………………… 4－120
鄉黨圖考十卷 …………………………… 4－120
鄉黨圖考十卷 …………………………… 4－120
鄉黨圖考十卷 …………………………… 4－120
鄉黨圖考十卷 …………………………… 4－120

鄉黨圖考十卷…………………………… 4－120
鄉黨圖考十卷…………………………… 4－120
鄉黨圖考十卷…………………………… 4－120
鄉黨圖考十卷…………………………… 4－120
鄉黨圖考十卷…………………………… 4－120
鄉黨圖考十卷…………………………… 4－120
鄉黨圖考十卷…………………………… 4－120
鄉黨圖考十卷…………………………… 4－120
鄉黨圖考十卷…………………………… 4－120
鄉黨圖考十卷…………………………… 4－120
鄉黨圖考十卷…………………………… 4－120
鄉黨圖考十卷…………………………… 4－120
鄉黨圖考十卷…………………………… 4－120
鄉黨圖考十卷…………………………… 4－120
鄉黨圖考十卷…………………………… 4－120
鄉黨圖考十卷…………………………… 4－121
鄉黨圖考十卷…………………………… 4－121
鄉黨圖考十卷…………………………… 4－121
鄉黨圖考十卷…………………………… 4－121
鄉黨圖考十卷…………………………… 4－121
鄉黨圖考十卷…………………………… 4－121
鄉黨圖考十卷…………………………… 4－121
鄉黨圖考十卷…………………………… 4－121
鄉黨圖考十卷…………………………… 4－121
鄉黨圖考十卷…………………………… 4－121
鄉黨圖考十卷…………………………… 4－121
鄉黨圖考十卷…………………………… 4－121
鄉黨圖考十卷…………………………… 4－121
鄉黨圖考十卷…………………………… 4－121
鄉黨圖考十卷…………………………… 4－121
鄉黨圖考十卷…………………………… 4－121
鄉黨圖考十卷…………………………… 4－121
鄉黨圖考十卷…………………………… 4－121
鄉黨圖考十卷…………………………… 4－121
鄉黨圖考十卷…………………………… 4－121
鄉黨圖考十卷…………………………… 4－121
鄉黨圖考十卷…………………………… 4－121
鄉黨圖考十卷…………………………… 4－121
鄉黨圖考十卷…………………………… 4－122
鄉黨應酬六卷…………………………… 4－122
鄉黨應酬六卷…………………………… 4－122
鄉黨應酬六卷…………………………… 4－122
組美園文集六卷………………………… 5－259
紘詩塾詩六卷…………………………… 4－115
紹聞堂增古文覺斯評注廣集新本八卷…………………………… 3－138
紹聞堂增古文覺斯評注廣集新本八卷…………………………… 3－138
紹聞堂增訂古文覺斯評注廣集八卷…………………………… 3－138
紹聞堂增訂古文覺斯評注廣集新本八卷………………………… 3－138
紹聞堂增訂古文覺斯評注廣集新本八卷………………………… 3－138
紹聞堂增訂古文覺斯評注廣集新本八卷………………………… 3－138
紹聞堂增訂詳注十刻古文覺斯新本八卷………………………… 3－138
紹聞堂增訂詳注七刻古文覺斯新本八卷………………………… 3－138
紹聞堂增訂詳注七刻古文覺斯新本八卷………………………… 3－138
紹聞堂增訂詳注八刻古文覺斯新本八卷………………………… 3－138
紹聞堂增訂詳注六刻古文覺斯新本八卷………………………… 3－138
紹聞堂增訂詳注四刻古文覺斯新本八卷………………………… 3－138
紹興先正遺書…………………………… 3－139
巢溪詩草一卷 ………………………… 1－99
巢經巢集經說一卷 …………………… 1－98
巢經巢詩後集四卷 …………………… 1－99
巢經巢詩鈔九卷 ……………………… 1－98
巢經巢詩鈔九卷後集四卷 …………… 1－98
巢經巢遺文五卷 ……………………… 1－99

十二畫

貳臣傳十二卷…………………………… 1－350
貳臣傳十二卷…………………………… 1－350
貳臣傳十二卷…………………………… 1－350
貳臣傳十二卷逆臣傳四卷……………… 1－350

貳臣傳十二卷逆臣傳四卷…………… 1－350
貳臣傳十二卷逆臣傳四卷…………… 1－350
貳臣傳十二卷逆臣傳四卷…………… 1－350
貳臣傳十二卷逆臣傳四卷…………… 1－350
貳臣傳十二卷逆臣傳四卷…………… 1－350
貳臣傳十二卷逆臣傳四卷…………… 1－350
貳臣傳十二卷逆臣傳四卷…………… 1－351
貳臣傳八卷逆臣傳二卷……………… 1－350
貳臣傳八卷逆臣傳二卷……………… 1－350
貳臣傳八卷逆臣傳二卷……………… 1－350
貳臣傳名爵謚里抄錄不分卷………… 1－350
絜世正書□□卷……………………… 2－169
絜齋毛詩經筵講義四卷……………… 2－169
絜齋集二十四卷附宋儒袁正獻公從
　祀錄六卷…………………………… 2－169
絜齋集二十四卷附宋儒袁正獻公從
　祀錄六卷…………………………… 2－169
絜齋集二十四卷附宋儒袁正獻公從
　祀錄六卷…………………………… 2－169
琴士文鈔六卷詩鈔十二卷 …………… 3－40
琴志樓叢書 ………………………… 3－41
琴志樓叢書 ………………………… 3－41
琴志樓叢書 ………………………… 3－41
琴言一卷 …………………………… 3－40
琴香堂繪像第七才子書六卷 ……… 3－40
琴音標準四卷首一卷 ……………… 3－40
琴海集二卷 ………………………… 3－39
琴海集二卷 ………………………… 3－40
琴海集二卷 ………………………… 3－40
琴海集二卷 ………………………… 3－40
琴海集二卷 ………………………… 3－40
琴海集二卷 ………………………… 3－40
琴海集二卷 ………………………… 3－40
琴瑟合譜二卷 ……………………… 3－40
琴源山房遺詩六卷 ………………… 3－40
琴臺正續合刻 ……………………… 3－40
琴語堂雜體文續一卷行卷一卷 …… 3－40
琴餘清賞不分卷 …………………… 3－40
琴學入門二卷 ……………………… 3－40
琴學入門二卷 ……………………… 3－40
琴學入門二卷 ……………………… 3－40
琴學入門二卷 ……………………… 3－40
琴學入門二卷 ……………………… 3－40
琴隱園詩集三十六卷琴隱園詞集四
　卷 ………………………………… 3－40
[琴譜]不分卷 ……………………… 5－340
琴譜合璧 …………………………… 3－40
琴譜諧聲六卷 ……………………… 3－40
琴韻閣悼亡詩一卷………………… 2－477
琴韻閣悼亡詩一卷 ………………… 3－40
琴韻閣遺草一卷…………………… 2－477
琴韻閣遺草一卷 …………………… 3－40
琳瑯祕室叢書……………………… 2－332
瑯嬛記三卷………………………… 2－257
堯山堂外紀一百卷………………… 4－287
堯峰文鈔四十卷…………………… 4－287
堯峯文鈔五十卷…………………… 4－287
堯峯詩鈔五十卷…………………… 4－286
[堪輿]一卷 ……………………… 5－326
[堪輿]一卷 ……………………… 5－326
[堪輿]一卷 ……………………… 5－326
[堪輿]一卷 ……………………… 5－327
[堪輿]不分卷 …………………… 5－326
[堪輿]不分卷 …………………… 5－326
[堪輿]不分卷 …………………… 5－326
[堪輿]不分卷 …………………… 5－326
[堪輿]不分卷 …………………… 5－326
[堪輿便覽]□□卷 ……………… 5－327
[堪輿書鈔]不分卷 ……………… 5－327
[堪輿書鈔]不分卷 ……………… 5－327
[堪輿圖]不分卷 ………………… 5－327
[堪輿雜鈔]不分卷 ……………… 1－101
項太史全稿不分卷………………… 4－129
項太史全稿不分卷………………… 4－129
項太史全稿不分卷………………… 4－129
項太史全稿不分卷………………… 4－129
項城袁氏家集……………………… 4－129
越女表微錄五卷 …………………… 5－24
越中從政錄一卷 …………………… 5－25
越吟新坩一卷附存友作一卷春渚艸
　堂居士[朱彭年]年譜一卷 ……… 5－25
越南地輿圖説六卷首一卷 ………… 5－24

越南地輿圖說六卷首一卷 …………… 5－24
越南地輿圖說六卷首一卷 …………… 5－24
越南紀畧一卷 ……………………… 5－24
越南輯畧二卷 ……………………… 5－24
越風三十卷 ………………………… 5－24
越雋新華不分卷 …………………… 5－24
越絕書十五卷 ……………………… 5－24
［光緒］越嶲廳全志十二卷 ………… 5－297
越諺三卷 …………………………… 5－25
越諺三卷 …………………………… 5－25
越縵堂駢體文四卷散體文一卷 ……… 5－24
越縵堂駢體文四卷散體文一卷 ……… 5－24
越縵堂駢體文四卷散體文一卷 ……… 5－24
博物志十卷 ………………………… 1－60
博物志十卷 ………………………… 1－60
博物志十卷 ………………………… 1－60
博物志十卷 ………………………… 1－60
博物志十卷 ………………………… 1－60
博物志十卷 ………………………… 1－60
博物志十卷 ………………………… 1－60
博物志十卷 ………………………… 1－60
博物知本 …………………………… 1－60
博物要覽十二卷 …………………… 1－60
博物新編三卷 ……………………… 1－60
博物學大意不分卷 ………………… 1－60
博異記一卷 ………………………… 1－60
博異記一卷………………………… 1－397
博雅十卷 …………………………… 1－60
彭文思公文集四卷附錄一卷………… 2－488
彭文敬公自定年譜一卷……………… 2－488
彭文敬公集松風閣詩鈔二十六卷歸
樸龕叢稿十二卷續編四卷鶴和樓
制義不分卷自訂年譜一卷………… 2－488
彭東瀧先生遺稿四卷制策一卷……… 2－488
彭城集四十卷首一卷………………… 2－487
彭城集四十卷首一卷………………… 2－487
彭城集四十卷首一卷………………… 2－487
彭城集四十卷首一卷………………… 2－487
彭城集四十卷首一卷………………… 2－488
彭剛直公［玉麟］行狀一卷 ………… 2－488
彭剛直公奏稿八卷…………………… 2－488
彭剛直公奏稿八卷…………………… 2－488
彭剛直公奏稿八卷…………………… 2－488
彭剛直公奏稿八卷…………………… 2－488
彭剛直公奏稿八卷…………………… 2－488
彭剛直公奏稿八卷…………………… 2－488
彭剛直公奏稿八卷…………………… 2－488
彭剛直公奏稿八卷…………………… 2－488
彭剛直公奏稿八卷…………………… 2－488
彭剛直公奏稿八卷…………………… 2－488
彭剛直公奏稿八卷…………………… 2－488
彭剛直公詩集八卷…………………… 2－488
彭躬庵文鈔六卷……………………… 2－488
彭羨門全集…………………………… 2－488
［同治］彭澤縣志十八卷首一卷 …… 1－228
［同治］彭澤縣志十八卷首一卷 …… 1－229
［嘉慶］彭澤縣志十五卷首一卷 …… 5－301
［光緒］彭澤縣志補遺一卷 ………… 1－46
［光緒］彭澤縣志補遺一卷 ………… 1－55
［報空真經］一卷 ………………… 5－274
報空寶卷一卷 ……………………… 1－31
報空寶卷一卷 ……………………… 1－31
報恩論二卷首一卷附一卷經正民興
說一卷論餘適濟編一卷 …………… 1－31
報國錄四卷 ………………………… 1－31
達生遂生福幼合編三卷附保嬰要訣
一卷……………………………… 1－197
達生遂生福幼合編三卷附保嬰要訣
一卷……………………………… 1－197
達生遂生福幼合編三卷附保嬰要訣
一卷……………………………… 1－197
達生遂生福幼合編三卷附保嬰要訣
一卷……………………………… 1－197
達生慈幼遂生福幼合編不分卷……… 1－197
達生編一卷………………………… 1－196
達生編一卷………………………… 1－196
達生編一卷………………………… 1－196
達生編一卷………………………… 1－196
達生編一卷………………………… 1－196
達生編一卷………………………… 1－196
達生編一卷………………………… 1－196
達生編一卷………………………… 1－196

達生編一卷 …………………………… 1－196
達生編一卷 …………………………… 1－196
達生編一卷 …………………………… 1－196
達生編一卷 …………………………… 1－196
達生編一卷 …………………………… 1－196
達生編一卷 …………………………… 1－196
達生編一卷 …………………………… 1－196
達生編一卷 …………………………… 1－196
達生編一卷 …………………………… 1－196
達生編一卷 …………………………… 1－196
達生編一卷 …………………………… 1－196
達生編一卷 …………………………… 1－196
達生編一卷 …………………………… 1－197
達生編一卷 …………………………… 1－197
達生編一卷 …………………………… 1－197
達生編一卷 …………………………… 1－197
達生編一卷 …………………………… 1－197
達生編一卷 …………………………… 1－197
達生編一卷 …………………………… 1－197
達生編一卷 …………………………… 1－197
達生編一卷 …………………………… 1－197
達生編一卷 …………………………… 1－197
達生編一卷 …………………………… 1－197
達生編一卷 …………………………… 1－197
達生編一卷 …………………………… 1－197
達生編一卷 …………………………… 1－197
達生編一卷 ……………………………… 4－2
達生編一卷 ……………………………… 4－2
達生編一卷 ……………………………… 4－2
達生編一卷 ……………………………… 4－2
達生編一卷 ……………………………… 4－2
達生編一卷 ……………………………… 4－2
達生編一卷 ……………………………… 4－2
達生編一卷 ……………………………… 4－2
達生編一卷保嬰編一卷 ………………… 2－467
達生編一卷保嬰編一卷 ………………… 2－467
達生編一卷保嬰編一卷 ………………… 2－467
達生編一卷保嬰編一卷 ………………… 2－467
達生編二卷 …………………………… 1－194
達生編二卷 …………………………… 1－194
達生編二卷 …………………………… 1－194
達生編二卷 …………………………… 1－194
達生編二卷 …………………………… 1－194
達生編二卷 …………………………… 1－194
達生編二卷 …………………………… 1－194
達生編二卷 …………………………… 1－194
達生編二卷 …………………………… 1－194
達生編二卷 …………………………… 1－194
達生編二卷 …………………………… 1－194
達生編二卷 …………………………… 1－194
達生編二卷 …………………………… 1－194
達生編二卷 …………………………… 1－194
達生編二卷 …………………………… 1－194
達生編二卷 …………………………… 1－194
達生編二卷 …………………………… 1－195
達生編二卷 …………………………… 1－195
達生編二卷 …………………………… 1－195
達生編二卷 …………………………… 1－195
達生編二卷 …………………………… 1－195
達生編二卷 …………………………… 1－195
達生編二卷 …………………………… 1－195
達生編二卷 …………………………… 1－195
達生編二卷 …………………………… 1－195
達生編二卷 …………………………… 1－195
達生編二卷 …………………………… 1－195
達生編二卷 …………………………… 1－195
達生編二卷 …………………………… 1－195
達生編二卷 …………………………… 1－195
達生編二卷 …………………………… 1－195
達生編二卷 …………………………… 1－195
達生編二卷 ……………………………… 4－1
達生編二卷 ……………………………… 4－1
達生編二卷附大士救產真言真印一
卷保赤編一卷方藥補遺一卷保產
經驗神方一卷 ………………………… 1－195
達生編二卷附大士救產真言真印一
卷保赤編一卷方藥補遺一卷保產
經驗神方一卷 ………………………… 1－195
達生編二卷附保赤編一卷 …………… 1－195
達生編二卷附保赤編一卷 …………… 1－195
達生編二卷附保赤編一卷 …………… 1－195
達生編二卷附保產經驗妙方一卷 …… 1－195

達生編二卷附福幼經驗方一卷文昌帝君勸善詩一卷 …… 1－196
達生編二卷附福幼經驗方一卷文昌帝君勸善詩一卷 …… 1－196
達生編二卷附福幼經驗方一卷文昌帝君勸善詩一卷 …… 1－196
達生編三卷 …… 1－196
達洤就正編四編 …… 1－194
達庵隨筆一卷 …… 1－193
達觀樓文集不分卷 …… 1－194
達觀樓集二十四卷 …… 1－193
達觀樓集二十四卷 …… 1－193
達觀樓集二十四卷 …… 1－193
達觀樓集二十四卷 …… 1－193
達觀樓集二十四卷 …… 1－193
達觀樓集二十四卷 …… 1－193
達觀樓集二十四卷 …… 1－193
達觀樓集二十四卷 …… 1－194
達觀樓集二十四卷 …… 1－194
達觀樓集二十四卷 …… 1－194
達觀樓集二十四卷 …… 1－194
壹是紀始二十二卷補遺一卷 …… 4－291
壹齋集五十卷 …… 4－292
壹齋集五十卷 …… 4－292
壹齋集五十卷 …… 4－292
壹齋集四十卷奏御集二卷兩朝恩賚記一卷 …… 4－292
壺山集三卷 …… 2－55
壺舟詩存□□卷 …… 3－317
壺舟詩存□□卷 …… 3－332
壺園詩鈔不分卷 …… 2－55
壺園詩鈔選十卷五代新樂府一卷 …… 2－55
斯文正宗十六卷 …… 3－317
斯文正宗十六卷 …… 3－317
斯文正統十二卷 …… 3－317
斯文正統十二卷 …… 3－317
斯文精萃不分卷 …… 3－317
斯文精萃不分卷 …… 3－317
斯文精萃不分卷 …… 3－317
斯文精萃不分卷 …… 3－317
斯文精萃不分卷 …… 3－317
斯文精萃不分卷 …… 3－317
斯文精萃不分卷 …… 3－317
斯未信齋文編十五卷 …… 3－317
斯賓塞爾勸學篇一卷 …… 3－317
葉天士先生抄著眼科各方一卷 …… 3－404
葉氏存古叢書 …… 4－289
葉氏息園畫譜不分卷 …… 4－289
葉氏菉竹堂碑目六卷 …… 4－289
葉茈庵藁一卷 …… 4－289
葉健庵先生［世倬］年譜二卷 …… 4－289
葉嘯廬詩鈔八卷 …… 4－289
葉種德堂丹丸全錄不分卷 …… 4－289
散記續編一卷 …… 3－106
散樗書屋古今體詩摘鈔六卷附詩餘摘鈔一卷 …… 3－106
散樗書屋古今體詩摘鈔六卷附詩餘摘鈔一卷 …… 3－106
散體文□卷 …… 3－106
葬書一卷 …… 5－44
葬書校注一卷 …… 5－44
募修芳溪往縣路宏義錄不分卷 …… 2－442
募修港口石橋記錄不分卷 …… 2－442
萬山綱目二十一卷 …… 4－1
萬子迂談八卷 …… 4－5
萬子迂談八卷 …… 4－5
萬子迂談八卷 …… 4－5
萬氏家傳保命歌括三十五卷 …… 4－2
萬氏家傳保命歌括三十五卷 …… 4－2
萬氏家傳痘疹心法二十三卷 …… 4－2
萬氏婦人科二卷 …… 4－1
萬氏婦人科二卷 …… 4－1
萬氏婦人科三卷 …… 4－1
萬氏婦人科三卷 …… 4－1
萬氏婦人科三卷 …… 4－1
萬氏婦人科三卷 …… 4－1
萬氏婦人科三卷 …… 4－2
萬氏婦人科三卷 …… 4－2
萬氏婦人科三卷 …… 4－2
萬氏婦人科三卷 …… 4－2
萬氏婦人科三卷 …… 4－2
萬氏婦人科三卷 …… 4－2

萬氏婦人科三卷…………………………… 4－2
萬氏婦人科三卷…………………………… 4－2
萬氏婦人科三卷…………………………… 4－2
萬氏婦人科三卷…………………………… 4－2
萬氏婦人科三卷…………………………… 4－2
萬氏婦人科三卷………………………… 5－396
萬氏婦人科四卷…………………………… 4－2
萬年書十二卷……………………………… 4－1
萬年橋志八卷…………………………… 3－501
萬年橋志八卷…………………………… 3－501
萬年橋志八卷…………………………… 3－501
萬年橋志八卷…………………………… 3－501
萬年橋志八卷…………………………… 3－501
萬年橋志八卷……………………………… 4－1
萬年橋志八卷…………………………… 5－396
[萬年曆]一卷 ……………………… 5－373
萬年曆不分卷…………………………… 3－500
[同治]萬年縣志十二卷首一卷 …… 5－365
[同治]萬年縣志十二卷首一卷 …… 5－365
[同治]萬年縣志十二卷首一卷 …… 5－365
萬充宗先生經學五書…………………… 3－495
萬充宗先生經學五書…………………… 3－496
萬充宗先生經學五書…………………… 3－496
萬充宗先生經學五書…………………… 3－496
[同治]萬安縣志二十卷首一卷末一
卷…………………………………… 5－365
[同治]萬安縣志二十卷首一卷末一
卷…………………………………… 5－365
[同治]萬安縣志二十卷首一卷末一
卷…………………………………… 5－365
[道光]萬安縣志十二卷 …………… 5－282
萬花獻瑞一卷…………………………… 3－500
萬花獻瑞一卷…………………………… 3－500
萬邑六區樂泮堂冊不分卷………………… 4－3
萬邑西南山石刻記二卷附錄一卷……… 4－3
萬物炊累室文乙集二卷…………………… 4－2
萬物炊累室駢文一卷……………………… 4－2
萬物炊累室類稿三編……………………… 4－2
萬和圃先生暨劉夫人遺物記不分卷
……………………………………… 2－31
萬法精理五卷…………………………… 3－496
萬法精理五卷…………………………… 3－496
萬姓統譜一百四十六卷氏族博考十
四卷………………………………… 4－3
萬承志堂丸散膏丹全集不分卷……… 3－495
萬首唐人絕句一百一卷…………………… 4－2
萬首唐人絕句一百一卷…………………… 4－2
萬國分類時務大成四十卷首一卷…… 3－496
萬國分類時務大成四十卷首一卷…… 3－496
萬國分類時務大成四十卷首一卷…… 3－496
萬國分類時務大成四十卷首一卷…… 3－496
萬國分類時務大成四十卷首一卷…… 3－496
萬國分類時務大成四十卷首一卷…… 3－496
萬國分類時務大成四十卷首一卷…… 3－496
萬國分類時務大成四十卷首一卷…… 3－496
萬國分類時務大成四十卷首一卷…… 3－496
萬國分類時務大成四十卷首一卷…… 3－496
萬國分類時務大成四十卷首一卷…… 3－496
萬國分類時務大成四十卷首一卷…… 3－497
萬國公法一卷…………………………… 2－253
萬國公法四卷…………………………… 3－497
萬國公法四卷…………………………… 3－497
萬國公法四卷…………………………… 3－497
萬國公法四卷…………………………… 3－497
萬國公法四卷…………………………… 3－497
萬國公法四卷…………………………… 3－497
萬國公法四卷…………………………… 3－497
萬國公法四卷…………………………… 3－497
萬國公法四卷…………………………… 3－497
萬國公法四卷…………………………… 3－497
萬國公法四卷…………………………… 3－497
萬國公法四卷…………………………… 3－497
萬國公法四卷…………………………… 3－497
萬國公法四卷…………………………… 3－497
萬國公法序一卷楚遊記一卷駁上海
新聞紙報英國新造大火輪兵船語
一卷………………………………… 3－497
萬國公法總論一卷……………………… 3－497
萬國史記二十卷………………………… 3－498
萬國史記二十卷………………………… 3－498
萬國史記二十卷………………………… 3－498
萬國史記二十卷………………………… 3－498

萬國史記二十卷…………………………3－498
萬國史記二十卷…………………………3－498
萬國史記二十卷…………………………3－498
萬國史記二十卷…………………………3－498
萬國史記二十卷…………………………3－498
萬國史記二十卷…………………………3－498
萬國史記二十卷…………………………3－498
萬國史記二十卷…………………………3－498
萬國史記二十卷…………………………3－499
萬國史記二十卷…………………………3－499
萬國史記二十卷…………………………3－499
萬國史記二十卷…………………………3－499
萬國史記二十卷…………………………3－499
萬國史記二十卷…………………………3－499
萬國史記二十卷…………………………3－499
萬國史記二十卷…………………………3－499
萬國史記二十卷…………………………3－499
萬國史記二十卷…………………………3－499
萬國史記二十卷…………………………3－499
萬國史記二十卷…………………………3－499
萬國史記二十卷…………………………3－499
萬國史記二十卷…………………………3－499
萬國史記二十卷…………………………3－499
萬國史記二十卷…………………………3－499
萬國史記二十卷…………………………3－499
萬國史記二十卷…………………………3－499
萬國史記二十卷…………………………3－499
萬國史記二十卷…………………………3－499
萬國史略六卷……………………………3－499
萬國史鑑二十卷…………………………3－499
萬國地理統紀一卷………………………3－496
萬國近政考略十六卷……………………3－497
萬國近政考略十六卷……………………3－498
萬國近政考略十六卷……………………3－498
萬國近政考略十六卷……………………3－498
萬國近政考略十六卷……………………3－498
萬國近政考略十六卷……………………3－498
萬國近政考略十六卷……………………3－498
萬國近政考略十六卷……………………3－498
萬國政治類考不分卷……………………3－500
萬國通史三編十卷………………………3－500
萬國通史前編十卷………………………3－500
萬國通史前編十卷………………………3－500
萬國通史前編十卷………………………3－500
萬國通史前編十卷續編十卷……………3－500
萬國通鑑四卷……………………………3－500
萬國通鑑四卷……………………………3－500
萬國通鑑四卷……………………………3－500
萬國國力比較二十三卷比較表一卷
　附錄一卷………………………………3－497
萬國電報通例一卷………………………3－496
萬國綱鑑易知錄二十卷…………………3－497
萬國綱鑑易知錄二十卷…………………3－497
萬國歷史彙編一百卷……………………3－498
萬國憲法比較一卷………………………3－500
萬國憲法比較一卷………………………3－500
萬國憲法比較一卷………………………3－500
萬國輿圖一卷……………………………3－500
萬國輿圖一卷……………………………3－500
萬密齋醫學全書…………………………3－500
萬密齋醫學全書…………………………3－500
萬善同歸集三卷…………………………4－1
萬善先資集四卷…………………………4－1
萬善花室文稾六卷續編一卷附錄一
　卷………………………………………4－1
萬善花室文稾六卷續編一卷附錄一
　卷………………………………………4－1
萬善花室文稾六卷續編一卷附錄一
　卷………………………………………4－1
萬善花室文稾六卷續編一卷附錄一
　卷………………………………………4－1
萬善花室文稾六卷續編一卷附錄一
　卷………………………………………4－1
萬善花室文稾六卷續編一卷附錄一
　卷………………………………………4－1
萬善花室文稾六卷續編一卷附錄一
　卷………………………………………4－1
萬善花室文稾六卷續編一卷附錄一
　卷………………………………………4－1
萬善花室文稾六卷續編一卷附錄一

卷…………………………………… 4－1
萬載北界勘定本末一卷………………… 4－3
萬載北界勘定本末一卷………………… 4－3
萬載育才堂續修圖冊不分卷…………… 4－4
萬載育嬰堂冊不分卷…………………… 4－4
萬載馬腦山房冊不分卷………………… 4－3
萬載馬腦山房冊不分卷………………… 4－3
萬載惜牛堂冊一卷……………………… 4－3
萬載義倉章程不分卷…………………… 4－4
萬載賓興堂冊二卷……………………… 4－3
萬載賓興堂冊二卷……………………… 4－3
萬載賓興堂冊二卷……………………… 4－3
萬載賓興堂冊三卷……………………… 4－3
萬載賓興堂冊三卷……………………… 4－3
萬載賓興堂續捐冊二卷………………… 4－3
萬載賓興堂續捐冊二卷………………… 4－3
萬載賓興堂續捐冊二卷………………… 4－3
萬載賓興堂續捐冊二卷………………… 4－3
萬載賓興堂續捐冊不分卷……………… 4－3
萬載樂泮堂冊三卷……………………… 4－4
萬載樂泮堂冊三卷……………………… 4－4
萬載樂泮堂冊三卷……………………… 4－4
萬載樂泮堂冊三卷……………………… 4－4
萬載樂泮堂冊三卷……………………… 4－4
萬載樂泮堂冊三卷……………………… 4－4
萬載樂泮堂冊三卷……………………… 4－4
萬載樂泮堂冊三卷……………………… 4－4
萬載樂泮堂冊三卷……………………… 4－4
萬載樂泮堂冊三卷……………………… 4－4
萬載樂泮堂冊三卷……………………… 4－5
萬載縣一二區公所冊不分卷…………… 4－4
萬載縣一二區安泰義倉冊不分卷……… 4－4
萬載縣一二區安泰義倉冊不分卷……… 4－4
[道光]萬載縣土著志三十卷 ……… 5－282
[道光]萬載縣土著志三十卷首一卷
………………………………………… 5－282
[道光]萬載縣土著志三十卷首一卷
………………………………………… 5－282
[道光]萬載縣土著志三十卷首一卷
………………………………………… 5－282
[道光]萬載縣志三十卷首一卷 …… 5－282
[道光]萬載縣志三十卷首一卷 …… 5－282
[同治]萬載縣志三十卷首一卷 …… 5－366
[同治]萬載縣志三十卷首一卷 …… 5－366
[同治]萬載縣志三十卷首一卷 …… 5－366
萬載縣志都圖甲戶籍貫冊一卷………… 4－4
萬載縣志都圖甲戶籍貫冊一卷………… 4－4
[同治]萬載縣志都圖甲戶籍貫冊一
卷…………………………………… 5－365
萬載縣康樂橋會冊不分卷……………… 4－3
萬載縣義務教育章程不分卷…………… 4－4
萬載學馨堂冊不分卷…………………… 4－4
萬載學馨堂冊不分卷…………………… 4－4
萬載學馨堂冊不分卷…………………… 4－4
萬載學馨堂冊不分卷…………………… 4－4
萬載學馨堂冊不分卷…………………… 4－4
萬載蘆溪萬壽宮坤勝費圖冊不分卷
………………………………………… 4－3
萬壽仙書四卷…………………………… 4－2
萬壽仙書四卷…………………………… 4－2
萬僧問答景德傳燈全錄三十卷……… 5－396
萬應靈方集六卷附禁方一卷…………… 4－3
萬應靈方集六卷附禁方一卷…………… 4－3
萬應靈方集六卷附禁方一卷…………… 4－3
葛仙翁肘後備急方八卷……………… 1－403
葛祖回生集二卷……………………… 1－403
董子春秋繁露十七卷………………… 1－298
董公選吉不分卷……………………… 1－297
董公選吉不分卷……………………… 1－298
董公選吉不分卷……………………… 1－298
董公選吉不分卷……………………… 1－298
董氏小兒斑疹備急方論一卷………… 1－298
[董氏田產簿]不分卷 ……………… 5－287
董氏諏吉新書一卷續編一卷………… 1－298
董文友全集文不分卷詩不分卷……… 1－298
董方立遺書…………………………… 1－297
董白鄉全集三十四卷………………… 1－297
董司寇文集二十卷…………………… 1－298
董司寇文集二十卷…………………… 1－298
董司寇疏草十五卷首一卷…………… 1－298
董臨淳化閣帖………………………… 1－298

葆淳閣集二十四卷易説二卷 ………… 1－27
葆淳閣集二十四卷易説二卷 ………… 1－27
葆淳閣集二十四卷易説二卷 ………… 1－27
葆淳閣集二十四卷易説二卷 ………… 1－27
葩經類聯一卷 ………………………… 2－477
敬止堂緒鈔十一卷 …………………… 2－224
敬公遺集一卷 ………………………… 2－221
敬孚類稿十六卷 ……………………… 2－221
［敬宗堂賬簿］不分卷（清光緒七年
　至一九四九年） …………………… 5－326
敬修堂稿一卷 ………………………… 2－223
敬修堂藥説二卷 ……………………… 2－223
敬修堂藥説二卷 ……………………… 2－223
敬修堂藥説二卷 ……………………… 2－223
敬修堂藥説二卷 ……………………… 2－223
敬信録一卷 …………………………… 2－222
敬信録一卷 …………………………… 2－222
敬信録一卷 …………………………… 2－222
敬信録一卷 …………………………… 2－223
敬信録訓言一卷 ……………………… 2－222
敬信録訓言一卷 ……………………… 2－222
敬信録訓言一卷 ……………………… 2－222
敬亭文稿八卷 ………………………… 2－222
敬亭集十卷補遺一卷附録一卷 ……… 2－222
敬亭集十卷補遺一卷附録一卷 ……… 2－222
敬亭集十卷補遺一卷附録一卷姜貞
　毅先生自著年譜一卷 ……………… 2－222
敬軒薛先生文集二十四卷 …………… 2－223
敬恕堂文集紀年十卷紀事畧一卷附
　耿嵩陽先生傳一卷 ………………… 2－221
敬恕堂文集紀年十卷紀事畧一卷附
　耿嵩陽先生傳一卷 ………………… 2－221
敬恕堂文集紀年十卷紀事畧一卷附
　耿嵩陽先生傳一卷 ………………… 2－222
敬通程法不分卷 ……………………… 2－222
敬堂文稿二卷 ………………………… 2－222
敬堂文稿二卷 ………………………… 2－222
敬堂訂補萬寶全書二十四卷 ………… 2－222
敬堂詩稿二卷 ………………………… 2－222
敬堂詩稿二卷 ………………………… 2－222
敬堂詩稿二卷 ………………………… 2－222
敬堂詩稿二卷 ………………………… 2－222
敬堂詩稿二卷 ………………………… 2－222
敬堂遺書 ……………………………… 2－222
敬堂遺書 ……………………………… 2－222
敬惜字紙一卷 ………………………… 2－222
敬業書院課藝不分卷 ………………… 2－223
敬業堂詩集五十卷 …………………… 2－223
敬業堂詩集五十卷 …………………… 2－223
敬業堂詩集四十八卷 ………………… 2－223
敬業堂詩集四十八卷續集六卷 ……… 2－223
敬業録十卷 …………………………… 2－223
敬義堂家訓三卷 ……………………… 2－223
敬義堂家訓三卷 ……………………… 2－223
敬義堂家訓三卷 ……………………… 2－223
敬義堂家訓三卷 ……………………… 2－223
敬避字樣不分卷 ……………………… 2－221
敬齋古今黈八卷 ……………………… 2－224
敬竈全書一卷 ………………………… 2－223
敬竈全書一卷 ………………………… 2－223
敬竈全書一卷 ………………………… 2－223
敬竈全書一卷 ………………………… 2－223
敬竈全書二卷 ………………………… 2－223
敬竈神書一卷 ………………………… 2－224
敬竈章不分卷 ………………………… 2－224
落花詩刻不分卷 ……………………… 2－374
葦杭集十四卷 ………………………… 4－18
葦間集五卷 …………………………… 4－18
葦間詩集五卷 ………………………… 4－18
葦間詩集五卷 ………………………… 4－18
朝天録一卷蜀程小紀一卷 …………… 1－99
朝代紀元表一卷 ……………………… 1－99
喪帖□卷 ……………………………… 3－106
喪禮正編一卷 ………………………… 3－106
喪禮帖式會編五卷 …………………… 3－106
喪禮帖式會編五卷 …………………… 3－106
喪禮帖式會編五卷 …………………… 3－106
喪禮帖式會編五卷 …………………… 3－106
［喪禮帖式彙編］不分卷 ……………… 5－343
［喪禮雜編］一卷 ……………………… 5－343
棋經一卷 ……………………………… 5－249
植物名實圖考三十八卷 ……………… 5－109

植物名實圖考三十八卷………………… 5－109
植物名實圖考三十八卷長編二十二卷…………………………………… 5－109
植物名實圖考三十八卷長編二十二卷…………………………………… 5－109
植物名實圖考三十八卷長編二十二卷…………………………………… 5－109
植物名實圖考長編二十二卷………… 5－109
植物圖說四卷……………………… 5－109
棼餘小草一卷……………………… 1－368
棼餘集十二卷……………………… 1－368
椒山先生自著年譜一卷…………… 2－165
椒山先生自著年譜一卷…………… 2－165
椒山先生自著年譜一卷…………… 2－165
椒山先生自著年譜一卷遺囑一卷…… 2－165
椒山先生自著年譜一卷遺囑一卷…… 2－165
椒生隨筆八卷……………………… 2－165
椒生隨筆八卷……………………… 2－165
椒門詩鈔六卷……………………… 2－165
椒園詩鈔七卷雪鴻詞二卷………… 2－165
棲香閣賦稿一卷詩草一卷 …………… 3－19
棲雲閣文十五卷詩集十六卷拾遺三卷 ……………………………… 3－19
棲雲館集二十卷 …………………… 3－19
棲碧山房詩鈔不分卷 ………………… 3－19
棉書一卷…………………………… 2－412
棉書一卷…………………………… 2－412
棉麻事宜不分卷…………………… 2－173
棉陽學準五卷……………………… 2－412
棉陽學準五卷……………………… 2－412
棉陽學準五卷……………………… 2－412
棣懷堂隨筆十一卷………………… 1－258
惠民門外沿河碼頭店鋪房屋地基清冊二卷…………………………… 2－100
粟香二筆八卷……………………… 3－395
棗林雜俎六卷 ……………………… 5－44
棘闈奪命錄一卷…………………… 2－113
皕宋樓藏書志一百二十卷續志四卷……………………………………… 1－54
皕宋樓藏書源流攷一卷 …………… 1－54
硯北筆存一卷……………………… 4－268
硯北筆存一卷……………………… 4－268
硯食齋詩鈔四卷…………………… 4－269
硯食齋詩鈔四卷…………………… 4－269
硯雲……………………………… 4－269
硯雲甲編…………………………… 4－269
硯箋四卷…………………………… 4－269
雁門集十四卷……………………… 4－269
雁門集十四卷……………………… 4－269
雁門集六卷………………………… 4－269
雁門集六卷………………………… 4－269
雁門集六卷附一卷補遺一卷……… 4－269
厥後克昌一卷……………………… 2－235
殖學齋編訂四書大全不分卷……… 5－109
殘唐五代史演義傳六卷六十回 ……… 1－75
殘唐五代史演義傳六卷六十回 ……… 1－75
雲川義倉印言不分卷 ………………… 5－31
雲川義倉貳號滚存正簿不分卷(清咸豐八年至光緒十年)……………… 5－31
雲公墳山印信不分卷 ………………… 5－31
雲公墳山印信不分卷 ………………… 5－31
雲自在龕叢書 ……………………… 5－35
雲自在龕叢書 ……………………… 5－36
雲自在龕叢書 ……………………… 5－36
雲谷雜紀四卷首一卷末一卷 ………… 5－31
雲林別墅新輯酬世錦囊二集七卷 …… 5－32
雲林別墅新輯酬世錦囊二集七卷 …… 5－32
雲林別墅新輯酬世錦囊三集二卷 …… 5 34
雲林別墅新輯酬世錦囊三集二卷 …… 5－34
雲林別墅新輯酬世錦囊全集十九卷……………………………………… 5－32
雲林別墅新輯酬世錦囊全集十九卷……………………………………… 5－32
雲林別墅新輯酬世錦囊全集十九卷……………………………………… 5－33
雲林別墅新輯酬世錦囊全集十九卷……………………………………… 5－33
雲林別墅新輯酬世錦囊全集十九卷……………………………………… 5－33
雲林別墅新輯酬世錦囊全集十九卷……………………………………… 5－33

雲林別墅新輯酬世錦囊全集十九卷 ………………………………………… 5－33
雲林別墅新輯酬世錦囊全集十九卷 ………………………………………… 5－33
雲林別墅新輯酬世錦囊全集十九卷 ………………………………………… 5－33
雲林別墅新輯酬世錦囊全集十九卷 ………………………………………… 5－33
雲林別墅新輯酬世錦囊全集十九卷 ………………………………………… 5－33
雲林別墅新輯酬世錦囊全集十九卷 ………………………………………… 5－33
雲林別墅新輯酬世錦囊全集十九卷 ………………………………………… 5－33
雲林別墅新輯酬世錦囊全集十九卷 ………………………………………… 5－33
雲林別墅新輯酬世錦囊全集十九卷 ………………………………………… 5－33
雲林別墅新輯酬世錦囊全集十九卷 ………………………………………… 5－33
雲林別墅新輯酬世錦囊全集十九卷 ………………………………………… 5－33
雲林別墅新輯酬世錦囊全集十九卷 ………………………………………… 5－33
雲林別墅新輯酬世錦囊全集十九卷 ………………………………………… 5－33
雲林別墅新輯酬世錦囊全集十九卷 ………………………………………… 5－33
雲林別墅新輯酬世錦囊全集十九卷 ………………………………………… 5－33
雲林別墅新輯酬世錦囊全集十九卷 ………………………………………… 5－34
雲林別墅新輯酬世錦囊全集十九卷 ………………………………………… 5－34
雲林別墅新輯酬世錦囊全集十九卷 ………………………………………… 5－34
雲林別墅新輯酬世錦囊全集十九卷 ………………………………………… 5－34
雲林別墅新輯酬世錦囊全集十九卷 ………………………………………… 5－34
雲林別墅新輯酬世錦囊全集十九卷 ………………………………………… 5－34
雲林別墅新輯酬世錦囊全集十九卷 ………………………………………… 5－34
雲林別墅新輯酬世錦囊全集十九卷 ………………………………………… 5－34
雲林別墅新輯酬世錦囊全集十九卷 ………………………………………… 5－34
雲林別墅新輯酬世錦囊全集十九卷 ………………………………………… 5－34
雲林別墅新輯酬世錦囊全集十九卷 ………………………………………… 5－34
雲林別墅新輯酬世錦囊初集八卷 …… 5－32
雲林別墅新輯酬世錦囊初集八卷二集七卷 ………………………………… 5－32
雲林別墅新輯酬世錦囊初集八卷二集七卷 ………………………………… 5－32
雲林別墅新輯酬世錦囊帖式三集二卷 ………………………………………… 5－34
雲林別墅新輯酬世錦囊家禮集成二集七卷 ………………………………… 5－32
雲林別墅新輯酬世錦囊家禮集成二集七卷 ………………………………… 5－32
雲林別墅新輯酬世錦囊書啓合編初集八卷二集七卷 …………………… 5－34
雲林別墅新輯酬世錦囊採輯新聯二卷 ………………………………………… 5－32
雲林別墅繪像妥注第六才子書六卷首一卷附醉心篇一卷 ……………… 5－31
雲林別墅繪像妥註第六才子書六卷 ………………………………………… 5－31
雲林別墅繪像妥註第六才子書六卷 ………………………………………… 5－31
雲林別墅繪像妥註第六才子書六卷 ………………………………………… 5－31
雲林別墅繪像妥註第六才子書六卷 ………………………………………… 5－31
雲林別墅繪像妥註第六才子書六卷 ………………………………………… 5－31
雲林別墅繪像妥註第六才子書六卷 ………………………………………… 5－32

雲林別墅繪像妥註第六才子書六卷 …………………………………… 5－32
雲林別墅繪像妥註第六才子書六卷 …………………………………… 5－32
雲林別墅繪像妥註第六才子書六卷 …………………………………… 5－32
雲林別墅繪像妥註第六才子書六卷 …………………………………… 5－32
雲林別墅繪像妥註第六才子書六卷 …………………………………… 5－32
雲林別墅繪像妥註第六才子書六卷首一卷 ………………………………… 5－32
雲林別墅繪像妥註第六才子書六卷首一卷 ………………………………… 5－32
雲林別墅繪像妥註第六才子書六卷首一卷 ………………………………… 5－32
雲林別墅纂輯酬世錦囊天下路程續編二卷 ………………………………… 5－35
雲林別墅纂輯酬世錦囊天下路程續編二卷 ………………………………… 5－35
雲林別墅纂輯酬世錦囊天下路程續編二卷 ………………………………… 5－35
雲林別墅纂輯酬世錦囊天下路程續編二卷 ………………………………… 5－35
雲林別墅纂輯酬世錦囊天下路程續編二卷 ………………………………… 5－35
雲林別墅纂輯酬世錦囊天下路程續編二卷稱呼帖式續編三卷 ………… 5－35
雲林別墅纂輯酬世錦囊書啟續編四卷 ………………………………………… 5－34
雲林別墅纂輯酬世錦囊書啟續編四卷 ………………………………………… 5－34
雲林別墅纂輯酬世錦囊書啟續編四卷家禮纂要續編五卷對聯雋句續編五卷 ………………………………… 5－35
雲林別墅纂輯酬世錦囊對聯雋句續編五卷 ………………………………… 5－34
雲林別墅纂輯酬世錦囊稱呼帖式續編三卷 ………………………………… 5－34
雲林別墅纂輯酬世錦囊稱呼帖式續編三卷天下路程續編二卷 ………… 5－34
[咸豐]雲和縣志十六卷首一卷 …… 5－376
雲南風土紀事詩一卷 ………………… 5－35
[乾隆]雲南通志三十卷首一卷 …… 5－340
[道光]雲南通志稿二百十六卷首三卷 ……………………………………… 5－285
雲南勘界籌邊記二卷 ………………… 5－35
[道光]雲南備徵志二十一卷 ……… 5－285
雲峰胡先生文集十卷 ………………… 5－31
雲峯紀勝一卷 …………………………… 2－438
雲氣占候二卷 ………………………… 5－35
雲氣占候二卷 ………………………… 5－35
雲舫文稿一卷 ………………………… 5－31
雲陽集四卷 …………………………… 5－35
雲棲法彙 ……………………………… 5－35
雲棲法彙 ……………………………… 5－35
雲程畢備十卷 ………………………… 5－31
雲程堂冊不分卷 ……………………… 5－31
[道光]雲夢縣志畧十二卷首一卷末一卷 ……………………………………… 5－285
[道光]雲夢縣志畧十二卷首一卷末一卷 ……………………………………… 5－285
雲臺山志八卷首一卷末一卷 ……… 5－35
雲樣集八卷 …………………………… 5－35
雲樣集八卷 …………………………… 5－35
雲樣集八卷 …………………………… 5－35
雲樣集八卷 …………………………… 5－35
雲樵詩稿注釋八卷首一卷末一卷 …… 5－35
雲錦集十卷首一卷末一卷 ………… 5－31
雲錦集十卷首一卷末一卷 ………… 5－31
雲蕢酬唱集一卷 ……………………… 5－35
雲巖采藥山人詩草五卷 …………… 5－35
搭截新編不分卷 ……………………… 1－193
揀抄利器文五卷 ……………………… 2－147
揚子十卷 ……………………………… 4－275
揚子太玄經十卷 ……………………… 4－276
揚子江流域現勢論四編 …………… 4－275
揚子江流域現勢論四編 …………… 4－275
揚子法言十三卷音義一卷 ………… 4－275
揚子法言十三卷音義一卷 ………… 4－275
揚子法言十三卷音義一卷 ………… 4－275
揚子法言十三卷音義一卷 ………… 4－275

揚子法言十三卷音義一卷…………… 4－275
揚子法言十三卷音義一卷…………… 4－275
揚州水道記四卷………………………… 4－275
揚州水道記四卷………………………… 4－275
揚州水道記四卷………………………… 4－275
揚州水道記四卷………………………… 4－275
［雍正］揚州府志四十卷 ……………… 5－383
揚州畫舫詞一卷………………………… 4－275
揚州畫舫錄十八卷……………………… 4－275
揭文安公文集十四卷補遺一卷……… 2－169
揭文安公文粹不分卷………………… 2－168
揭文安公文粹六卷…………………… 2－169
揭文安公文粹六卷…………………… 2－169
揭文安公詩集八卷…………………… 2－168
揭文安公詩集六卷補遺一卷文粹二
卷…………………………………… 2－168
揭文安公詩集六卷補遺一卷文粹二
卷…………………………………… 2－168
揭文安公詩集六卷補遺一卷文粹二
卷…………………………………… 2－168
揭文安公詩集六卷補遺一卷文粹二
卷…………………………………… 2－168
揭庶韓先生注一卷…………………… 3－241
揭蒿菴先生全集三十二卷…………… 2－168
揣摩迂說一卷………………………… 1－137
揣籥小錄一卷續錄三卷……………… 1－137
插花窗詩草六卷賦草二卷 …………… 1－92
搜枯類集不分卷……………………… 3－390
搜神記二十卷………………………… 3－391
搜神記二十卷………………………… 3－391
搜神記八卷…………………………… 3－391
援鶉堂筆記五十卷 ………………… 5－19
援鶉堂筆記五十卷 ………………… 5－19
援鶉堂筆記刊誤一卷補遺一卷 ……… 5－19
揮麈前錄四卷後錄十一卷三錄三卷
餘話二卷 ………………………… 2－98
握雲集不分卷 ……………………… 4－58
雅似堂文集十卷……………………… 4－261
雅似堂文集十卷……………………… 4－261
雅雨山人出塞集一卷………………… 4－261
雅雨堂文集四卷詩集二卷出塞集一
卷…………………………………… 4－262
雅雨堂叢書…………………………… 4－261
雅雨堂叢書…………………………… 4－262
雅雨堂叢書…………………………… 5－399
雅頌正音五卷………………………… 4－261
雅餘八卷……………………………… 4－261
雅曆六卷……………………………… 4－261
斐利迭禮壐王農政要畧不分卷……… 1－359
啙窳子三卷越俎卮言二卷啙窳子集
證五卷……………………………… 5－245
紫石泉山房文集十二卷附錄一卷…… 5－245
紫石泉山房文集十二卷詩鈔三卷…… 5－245
紫石泉山房文集十二卷詩鈔三卷…… 5－245
紫光閣功臣小像並湘軍平定粵匪戰
圖不分卷…………………………… 5－245
紫竹山房文集二十卷詩集十二卷…… 5－247
紫竹山房文集二十卷詩集十二卷…… 5－247
紫竹山房文集三卷…………………… 5－247
紫原文集十二卷……………………… 5－247
紫原文集十二卷……………………… 5－247
紫原文集十二卷……………………… 5－247
紫釵記二卷…………………………… 5－245
紫釵記二卷五十三齣………………… 5－245
紫陽方先生瀛奎律髓四十九卷……… 5－246
紫陽正誼兩書院課藝合選不分卷…… 5－247
紫陽正誼兩書院課藝合選不分卷…… 5－247
紫陽正誼兩書院課藝合選不分卷…… 5－247
紫陽祠年簿一卷……………………… 5－246
紫陽書院小課不分卷………………… 5－247
紫陽書院生童卷不分卷……………… 5－247
紫陽書院卷宗不分卷………………… 5－246
紫陽書院課藝一卷…………………… 5－246
紫陽書院課藝一卷…………………… 5－246
紫陽書院課藝一卷…………………… 5－246
紫陽書院課藝一卷…………………… 5－246
紫陽書院課藝一卷…………………… 5－246
紫陽書院課藝一卷…………………… 5－246
紫陽書院課藝一卷…………………… 5－246
紫陽書院課藝一卷…………………… 5－246
紫陽書院課藝一卷…………………… 5－246
紫陽書院課藝一卷…………………… 5－246

紫陽書院課藝一卷…………………… 5－246
紫陽書院課藝一卷…………………… 5－246
紫陽書院課藝一卷…………………… 5－246
紫陽書院課藝一卷…………………… 5－246
紫陽書院課藝一卷…………………… 5－247
紫陽書院課藝一卷…………………… 5－247
[紫陽書院課藝]不分卷 ……………… 5－389
紫陽書院課藝續選一卷……………… 5－246
紫陽書院課藝續編一卷……………… 5－246
紫陽書院課藝續編一卷……………… 5－246
紫陽課藝不分卷……………………… 5－246
紫陽課藝不分卷……………………… 5－246
紫陽課藝不分卷……………………… 5－404
紫雲仙瑱二集八卷…………………… 5－247
紫雲仙瑱二集八卷…………………… 5－247
紫雲仙瑱三集八卷…………………… 5－247
紫雲仙瑱初集八卷…………………… 5－247
紫雲仙瑱初集八卷二集八卷三集八卷………………………………… 5－247
紫雲仙瑱初集八卷二集八卷三集八卷………………………………… 5－247
紫雲仙瑱初集八卷二集八卷三集八卷………………………………… 5－247
紫雲仙瑱初集八卷二集八卷三集八卷………………………………… 5－247
紫雲峰唱和集一卷…………………… 5－247
紫雯軒館課録存五卷經義一卷……… 5－245
紫雯軒館課録存五卷經義一卷……… 5－245
紫筠軒詩畧五卷……………………… 5－245
紫薇花館集…………………………… 5－245
紫藤花館吟稿一卷…………………… 5－245
紫藤花館詩餘一卷…………………… 1－411
紫藤書屋叢刻………………………… 5－245
紫藤書屋叢刻………………………… 5－245
虚白先生遺德録一卷………………… 1－274
虚字註釋備考一卷 ………………… 4－51
虚字註釋備考六卷…………………… 1－132
虚字註釋備考六卷…………………… 1－279
虚字註釋備考六卷…………………… 1－280
虚字註釋備考六卷…………………… 1－280
虚字註釋備考六卷…………………… 1－280
虚字註釋備考六卷…………………… 1－280
虚字註釋備考六卷…………………… 1－280
虚字註釋備考六卷…………………… 1－280
虚字註釋備考六卷…………………… 1－280
虚字註釋備考六卷…………………… 1－280
虚字註釋備考六卷…………………… 1－280
虚字註釋備考六卷…………………… 1－280
虚字註釋備考六卷…………………… 1－280
虚字註釋備考六卷…………………… 1－280
虚字註釋備考六卷…………………… 1－280
虚字註釋備考六卷…………………… 1－284
虚字註釋備考六卷…………………… 1－284
虚字註釋備考六卷…………………… 1－284
虚字註釋備考六卷…………………… 1－284
虚字註釋備考六卷…………………… 1－284
虚字會通法初編不分卷……………… 4－232
虚字會通法初編不分卷……………… 4－232
虚字會通法續編不分卷……………… 4－232
虚字說講義一卷……………………… 4－232
虚字韻藪一卷………………………… 3－194
虚字韻藪一卷………………………… 3－194
虚字韻藪一卷………………………… 3－194
虚字韻藪一卷………………………… 3－195
虚字韻藪一卷………………………… 3－195
虚字韻藪一卷………………………… 3－195
虚字韻藪一卷………………………… 3－195
虚字韻藪一卷………………………… 3－195
虚字韻藪一卷………………………… 3－199
虚字韻藪五卷………………………… 4－232
虚字韻藪五卷………………………… 4－232
虚字闡義三卷………………………… 4－232
虚直軒文集十卷外集六卷…………… 4－232
虚受堂文集十五卷…………………… 4－232
虚受堂文集十六卷書札二卷………… 4－232
虚齋名畫録十六卷…………………… 4－232
棠陰比事一卷………………………… 3－449
棠谿文鈔八卷………………………… 3－449
棠谿文鈔八卷………………………… 3－449
晴嵐詩存不分卷 ………………… 3－49
晴嵐詩存不分卷 ………………… 3－49
晴嵐詩存不分卷 ………………… 3－49

晴嵐詩存不分卷 …………………………… 3－49
最秀園稿不分卷………………………… 5－260
最近支那史二卷………………………… 5－259
最新中國歷史教科書四卷……………… 5－260
最新中國歷史教科書四卷……………… 5－260
最新初等小學修身教科書教授法不
分卷……………………………… 5－259
最新初等小學修身教科書教授法不
分卷……………………………… 5－259
最新初等小學珠算入門二卷………… 5－259
最新初等小學堂國文教科書教授法
不分卷…………………………… 5－259
最新初等小學國文教科書不分卷…… 5－259
最新改良筆算數學三卷……………… 5－260
最新改良筆算數學三卷……………… 5－260
最新注解筆算數學全草六卷………… 5－260
最新珠算教科書二卷………………… 5－260
最新高等小學筆算教科書不分卷…… 5－260
最新海上名妓怡情手札二卷………… 5－260
最新商務尺牘教科書正集二卷……… 5－260
最新楹聯新譜二卷…………………… 5－260
最新職官全錄四卷（清光緒三十四
年夏季） ………………………… 5－260
最新繪圖女兒經一卷………………… 5－260
暎雪軒墨醇不分卷…………………… 4－385
量法須知一卷………………………… 3－396
量倉通法五卷………………………… 2－324
貽孫堂戲醮收用錢簿不分卷（道光
七年至八年） …………………… 4－306
鼎吉堂全集…………………………… 1－261
鼎吉堂全集…………………………… 1－261
鼎吉堂全集…………………………… 1－261
鼎吉堂全集…………………………… 1－261
鼎鋟鍾伯敬訂正資治綱鑑正史大全
七十四卷………………………… 1－270
鼎鋟鍾伯敬訂正資治綱鑑正史大全
七十四卷皇明紀要三卷………… 1－270
鼎雕中書科校正經史海篇心鑑□□
卷………………………………… 1－261
鼎鍥幼幼集成六卷…………………… 1－261
鼎鍥幼幼集成六卷…………………… 1－261
鼎鍥幼幼集成六卷…………………… 1－262
鼎鍥幼幼集成六卷…………………… 1－262
鼎鍥幼幼集成六卷…………………… 1－262
鼎鍥幼幼集成六卷…………………… 1－262
鼎鍥幼幼集成六卷…………………… 1－262
鼎鍥幼幼集成六卷…………………… 1－262
鼎鍥幼幼集成六卷…………………… 1－262
鼎鍥幼幼集成六卷…………………… 1－262
鼎鍥幼幼集成六卷…………………… 1－262
鼎鍥幼幼集成六卷…………………… 1－262
鼎鍥幼幼集成六卷…………………… 1－262
鼎鍥幼幼集成六卷…………………… 1－262
鼎鍥幼幼集成六卷…………………… 1－262
鼎鍥幼幼集成六卷…………………… 1－262
鼎鍥幼幼集成六卷…………………… 1－262
鼎鍥幼幼集成六卷…………………… 1－262
鼎鍥幼幼集成六卷…………………… 1－262
鼎鍥幼幼集成六卷…………………… 1－262
鼎鍥幼幼集成六卷…………………… 1－262
鼎鍥幼幼集成六卷…………………… 1－262
鼎鍥幼幼集成六卷…………………… 1－262
鼎鍥幼幼集成六卷…………………… 1－262
鼎鍥幼幼集成六卷…………………… 1－263
鼎鍥幼幼集成六卷…………………… 1－263
鼎鍥幼幼集成六卷…………………… 1－263
鼎鍥幼幼集成六卷…………………… 1－263
鼎鍥幼幼集成六卷…………………… 1－263
鼎鍥幼幼集成六卷…………………… 1－263
鼎鍥幼幼集成六卷…………………… 1－263
鼎鍥幼幼集成六卷…………………… 1－263
鼎鍥幼幼集成六卷…………………… 1－263
鼎鍥幼幼集成六卷…………………… 1－263
鼎鍥幼幼集成六卷…………………… 1－263
鼎鍥幼幼集成六卷…………………… 1－263
鼎鍥幼幼集成六卷…………………… 1－263
鼎鍥幼幼集成六卷…………………… 1－263
鼎鍥幼幼集成六卷…………………… 1－263
鼎鍥幼幼集成六卷…………………… 1－263
鼎鍥幼幼集成六卷…………………… 1－263
鼎鍥幼幼集成六卷…………………… 1－263

鼎鍥幼幼集成六卷……………………… 1－263
鼎鍥幼幼集成六卷……………………… 1－263
鼎鍥幼幼集成六卷……………………… 1－263
鼎鍥幼幼集成六卷……………………… 1－263
鼎鍥幼幼集成六卷……………………… 1－263
鼎鍥幼幼集成六卷……………………… 1－263
鼎鍥幼幼集成六卷……………………… 1－264
鼎鍥幼幼集成六卷……………………… 1－264
鼎鍥幼幼集成六卷……………………… 1－264
鼎鍥幼幼集成六卷……………………… 1－264
鼎鍥幼幼集成六卷……………………… 1－264
鼎鍥幼幼集成六卷……………………… 1－264
鼎鍥幼幼集成六卷……………………… 1－264
鼎鍥幼幼集成六卷……………………… 1－264
鼎鍥幼幼集成六卷……………………… 1－264
鼎鍥幼幼集成六卷……………………… 1－264
鼎鍥幼幼集成六卷……………………… 1－264
鼎鍥幼幼集成六卷……………………… 1－264
鼎鍥幼幼集成六卷……………………… 1－264
鼎鍥幼幼集成六卷……………………… 1－264
鼎鍥幼幼集成六卷……………………… 1－264
鼎鍥幼幼集成六卷……………………… 1－264
鼎鍥幼幼集成六卷……………………… 1－264
鼎鍥幼幼集成六卷……………………… 1－264
鼎鍥幼幼集成六卷……………………… 1－264
鼎鍥幼幼集成六卷……………………… 1－264
鼎鍥幼幼集成六卷……………………… 1－264
鼎鍥幼幼集成六卷……………………… 1－264
鼎鍥幼幼集成六卷……………………… 1－264
鼎鍥幼幼集成六卷……………………… 1－265
鼎鍥幼幼集成六卷……………………… 1－265
鼎鍥幼幼集成六卷……………………… 1－265
鼎鍥幼幼集成六卷……………………… 1－265
鼎鍥幼幼集成六卷……………………… 1－265
鼎鍥幼幼集成六卷……………………… 1－265
鼎鍥幼幼集成六卷……………………… 1－265
鼎鍥幼幼集成六卷……………………… 1－265
鼎鍥幼幼集成六卷……………………… 1－265
鼎鍥幼幼集成六卷……………………… 1－265
鼎鍥幼幼集成六卷……………………… 1－265
鼎鍥葉太史彙纂玉堂鑑綱七十二卷
　……………………………………… 1－261
鼎鍥葉太史彙纂玉堂鑑綱七十二卷
　……………………………………… 1－261
鼎鍥趙田了凡袁先生編纂古本歷史
　大方綱鑑補九卷首一卷…………… 1－265
鼎鍥趙田了凡袁先生編纂古本歷史
　大方綱鑑補九卷首一卷…………… 1－265
鼎鍥趙田了凡袁先生編纂古本歷史
　大方綱鑑補九卷首一卷…………… 1－265
鼎鍥趙田了凡袁先生編纂古本歷史
　大方綱鑑補九卷首一卷…………… 1－265
鼎鍥趙田了凡袁先生編纂古本歷史
　大方綱鑑補九卷首一卷…………… 1－265
鼎鍥趙田了凡袁先生編纂古本歷史
　大方綱鑑補九卷首一卷…………… 1－265
鼎鍥趙田了凡袁先生編纂古本歷史
　大方綱鑑補三十九卷卷首一卷…… 2－118
鼎鍥趙田了凡袁先生編纂古本歷史
　大方綱鑑補三十九卷首一卷……… 1－265
鼎鍥趙田了凡袁先生編纂古本歷史
　大方綱鑑補三十九卷首一卷……… 1－266
鼎鍥趙田了凡袁先生編纂古本歷史
　大方綱鑑補三十九卷首一卷……… 1－266
鼎鍥趙田了凡袁先生編纂古本歷史
　大方綱鑑補三十九卷首一卷……… 1－266
鼎鍥趙田了凡袁先生編纂古本歷史
　大方綱鑑補三十九卷首一卷……… 1－266
鼎鍥趙田了凡袁先生編纂古本歷史
　大方綱鑑補三十九卷首一卷……… 1－266
鼎鍥趙田了凡袁先生編纂古本歷史
　大方綱鑑補三十九卷首一卷……… 1－266
鼎鍥趙田了凡袁先生編纂古本歷史
　大方綱鑑補三十九卷首一卷……… 1－266
鼎鍥趙田了凡袁先生編纂古本歷史
　大方綱鑑補三十九卷首一卷……… 1－266
鼎鍥趙田了凡袁先生編纂古本歷史
　大方綱鑑補三十九卷首一卷……… 1－266
鼎鍥趙田了凡袁先生編纂古本歷史

大方綱鑑補三十九卷首一卷……… 1－266
鼎鍥趙田了凡袁先生編纂古本歷史
大方綱鑑補三十九卷首一卷……… 1－266
鼎鍥趙田了凡袁先生編纂古本歷史
大方綱鑑補三十九卷首一卷……… 1－266
鼎鍥趙田了凡袁先生編纂古本歷史
大方綱鑑補三十九卷首一卷……… 1－266
鼎鍥趙田了凡袁先生編纂古本歷史
大方綱鑑補三十九卷首一卷……… 1－266
鼎鍥趙田了凡袁先生編纂古本歷史
大方綱鑑補三十九卷首一卷……… 1－266
鼎鍥趙田了凡袁先生編纂古本歷史
大方綱鑑補三十九卷首一卷……… 1－266
鼎鍥趙田了凡袁先生編纂古本歷史
大方綱鑑補三十九卷首一卷……… 1－266
鼎鍥趙田了凡袁先生編纂古本歷史
大方綱鑑補三十九卷首一卷……… 1－267
鼎鍥趙田了凡袁先生編纂古本歷史
大方綱鑑補三十九卷首一卷……… 1－267
鼎鍥趙田了凡袁先生編纂古本歷史
大方綱鑑補三十九卷首一卷……… 1－267
鼎鍥趙田了凡袁先生編纂古本歷史
大方綱鑑補三十九卷首一卷……… 1－267
鼎鍥趙田了凡袁先生編纂古本歷史
大方綱鑑補三十九卷首一卷……… 1－267
鼎鍥趙田了凡袁先生編纂古本歷史
大方綱鑑補三十九卷首一卷……… 1－267
鼎鍥趙田了凡袁先生編纂古本歷史
大方綱鑑補三十九卷首一卷……… 1－267
鼎鍥趙田了凡袁先生編纂古本歷史
大方綱鑑補三十九卷首一卷……… 1－267
鼎鍥趙田了凡袁先生編纂古本歷史
大方綱鑑補三十九卷首一卷……… 1－267
鼎鍥趙田了凡袁先生編纂古本歷史
大方綱鑑補三十九卷首一卷……… 1－267
鼎鍥趙田了凡袁先生編纂古本歷史
大方綱鑑補三十九卷首一卷……… 1－267
鼎鍥趙田了凡袁先生編纂古本歷史
大方綱鑑補三十九卷首一卷……… 1－267
鼎鍥趙田了凡袁先生編纂古本歷史
大方綱鑑補三十九卷首一卷……… 1－267
鼎鍥趙田了凡袁先生編纂古本歷史
大方綱鑑補三十九卷首一卷……… 1－267
鼎鍥趙田了凡袁先生編纂古本歷史
大方綱鑑補三十九卷首一卷……… 1－267
鼎鍥趙田了凡袁先生編纂古本歷史
大方綱鑑補三十九卷首一卷……… 1－267
鼎鍥趙田了凡袁先生編纂古本歷史
大方綱鑑補三十九卷首一卷……… 1－268
鼎鍥趙田了凡袁先生編纂古本歷史
大方綱鑑補三十九卷首一卷……… 1－268
鼎鍥趙田了凡袁先生編纂古本歷史
大方綱鑑補三十九卷首一卷……… 1－268
鼎鍥趙田了凡袁先生編纂古本歷史
大方綱鑑補三十九卷首一卷……… 1－268
鼎鍥趙田了凡袁先生編纂古本歷史
大方綱鑑補三十九卷首一卷……… 1－268
鼎鍥趙田了凡袁先生編纂古本歷史
大方綱鑑補三十九卷首一卷……… 1－268
鼎鍥趙田了凡袁先生編纂古本歷史
大方綱鑑補三十九卷首一卷……… 1－268
鼎鍥趙田了凡袁先生編纂古本歷史
大方綱鑑補三十九卷首一卷……… 1－268
鼎鍥趙田了凡袁先生編纂古本歷史
大方綱鑑補三十九卷首一卷……… 1－268
鼎鍥趙田了凡袁先生編纂古本歷史
大方綱鑑補三十九卷首一卷……… 1－268
鼎鍥趙田了凡袁先生編纂古本歷史
大方綱鑑補三十九卷首一卷……… 1－268
鼎鍥趙田了凡袁先生編纂古本歷史
大方綱鑑補三十九卷首一卷……… 1－268
鼎鍥趙田了凡袁先生編纂古本歷史
大方綱鑑補三十九卷首一卷……… 1－268
鼎鍥趙田了凡袁先生編纂古本歷史
大方綱鑑補三十九卷首一卷……… 1－268
鼎鍥趙田了凡袁先生編纂古本歷史
大方綱鑑補三十九卷首一卷……… 1－268
鼎鍥趙田了凡袁先生編纂古本歷史
大方綱鑑補三十九卷首一卷……… 1－268
鼎鍥趙田了凡袁先生編纂古本歷史
大方綱鑑補三十九卷首一卷……… 1－268
鼎鍥趙田了凡袁先生編纂古本歷史

大方綱鑑補三十九卷首一卷……… 1－269
鼎鍥趙田了凡袁先生編纂古本歷史
大方綱鑑補三十九卷首一卷……… 1－269
鼎鍥趙田了凡袁先生編纂古本歷史
大方綱鑑補三十九卷首一卷……… 1－269
鼎鍥趙田了凡袁先生編纂古本歷史
大方綱鑑補三十九卷首一卷……… 1－269
鼎鍥趙田了凡袁先生編纂古本歷史
大方綱鑑補三十九卷首一卷……… 1－269
鼎鍥趙田了凡袁先生編纂古本歷史
大方綱鑑補三十九卷首一卷……… 1－269
鼎鍥趙田了凡袁先生編纂古本歷史
大方綱鑑補三十九卷首一卷……… 1－269
鼎鍥趙田了凡袁先生編纂古本歷史
大方綱鑑補三十九卷首一卷……… 1－269
鼎鍥趙田了凡袁先生編纂古本歷史
大方綱鑑補三十九卷首一卷……… 1－269
鼎鍥趙田了凡袁先生編纂古本歷史
大方綱鑑補三十九卷首一卷……… 1－269
鼎鍥趙田了凡袁先生編纂古本歷史
大方綱鑑補三十九卷首一卷……… 1－269
鼎鍥趙田了凡袁先生編纂古本歷史
大方綱鑑補三十九卷首一卷……… 1－269
鼎鍥趙田了凡袁先生編纂古本歷史
大方綱鑑補三十九卷首一卷……… 1－269
鼎鍥趙田了凡袁先生編纂古本歷史
大方綱鑑補三十九卷首一卷……… 1－269
鼎鍥趙田了凡袁先生編纂古本歷史
大方綱鑑補三十九卷首一卷……… 1－270
鼎鍥趙田了凡袁先生編纂古本歷史
大方綱鑑補三十九卷首一卷……… 1－270
鼎鍥趙田了凡袁先生編纂古本歷史
大方綱鑑補三十九卷首一卷……… 1－270
鼎鍥趙田了凡袁先生編纂古本歷史
大方綱鑑補三十九卷首一卷……… 1－270
鼎鍥趙田了凡袁先生編纂古本歷史
大方綱鑑補三十九卷首一卷……… 1－270
鼎鍥趙田了凡袁先生編纂古本歷史
大方綱鑑補三十九卷首一卷……… 1－270
鼎鍥趙田了凡袁先生編纂古本歷史
大方綱鑑補五十八卷首一卷……… 1－270
鼎鍥纂補標題論表策綱鑑正要精抄
二十卷……………………………… 1－270
鼎鐫□□先生重校鵞湖書院講略二
卷…………………………………… 2－113
鼎鐫陳眉公評選古文雋四卷……… 1－261
鼎鐫黄狀元批選眉山三蘇文狐白四
卷…………………………………… 4－209
鼎鐫欽頒辨疑律例昭代王章五卷首
一卷………………………………… 1－261
鼎鐫趙田了凡袁先生編纂古本歷史
大方綱鑑補三十九卷首一卷……… 1－261
鼎鐫趙田了凡袁先生編纂古本歷史
大方綱鑑補三十九卷首一卷……… 1－261
閏榻先生集三十卷外集八卷鯢花岡
集八卷 …………………………… 3－87
閏榻先生集三十卷外集八卷鯢花岡
集八卷 …………………………… 3－87
閏榻先生集三十卷首一卷 ……… 3－87
開化錄一卷………………………… 2－237
開化警世詩詞錄不分卷…………… 2－237
開方提要一卷……………………… 2－237
開印九通全書招股啓一卷………… 2－238
開印九通全書招股啓一卷………… 2－238
開地道轟藥法三卷圖一卷………… 2－237
開有益齋金石文字記一卷………… 2－238
開有益齋讀書志六卷續志一卷金石
文字記一卷………………………… 2－238
開有益齋讀書志六卷續志一卷金石
文字記一卷………………………… 2－238
開有益齋讀書志六卷續志一卷金石
文字記一卷………………………… 2－238
開知錄十四卷……………………… 2－238
開卷偶得十卷……………………… 2－237
[康熙]開封府志四十卷 ………… 5－327
[康熙]開封府志四十卷 ………… 5－327
開縣李尚書政書八卷首一卷……… 2－238
開縣李尚書政書八卷首一卷……… 2－238
開墾水田圖說一卷………………… 2－237
開礦器法圖說十卷………………… 2－237
閑雲館問奇集二卷………………… 4－115
閒吟詩草六卷……………………… 4－115

閒居述懷一卷……4－115
閒居偶草一卷……4－115
閒居偶草一卷……4－115
閒居錄一卷……4－115
閒情偶寄十六卷……4－115
遏淫敦孝篇二卷……1－333
景岳方書便覽不分卷……2－215
景岳全書……2－215
景岳全書……2－215
景岳全書小兒則一卷……2－220
景岳全書六十四卷……2－215
景岳全書六十四卷……2－216
景岳全書六十四卷……2－216
景岳全書六十四卷……2－216
景岳全書六十四卷……2－216
景岳全書六十四卷……2－216
景岳全書六十四卷……2－216
景岳全書六十四卷……2－216
景岳全書六十四卷……2－216
景岳全書六十四卷……2－216
景岳全書六十四卷……2－216
景岳全書六十四卷……2－216
景岳全書六十四卷……2－216
景岳全書六十四卷……2－216
景岳全書六十四卷……2－216
景岳全書六十四卷……2－216
景岳全書六十四卷……2－216
景岳全書六十四卷……2－216
景岳全書六十四卷……2－216
景岳全書六十四卷……2－216
景岳全書六十四卷……2－216
景岳全書六十四卷……2－217
景岳全書六十四卷……2－217
景岳全書六十四卷……2－217
景岳全書六十四卷……2－217
景岳全書六十四卷……2－217
景岳全書六十四卷……2－217
景岳全書六十四卷……2－217
景岳全書六十四卷……2－217
景岳全書六十四卷……2－217
景岳全書六十四卷……2－217
景岳全書六十四卷……2－217
景岳全書六十四卷……2－217
景岳全書六十四卷……2－217
景岳全書六十四卷……2－217
景岳全書六十四卷……2－217
景岳全書六十四卷……2－217
景岳全書六十四卷……2－217
景岳全書六十四卷……2－217
景岳全書六十四卷……2－217
景岳全書六十四卷……2－218
景岳全書六十四卷……2－218
景岳全書六十四卷……2－218
景岳全書六十四卷……2－218
景岳全書六十四卷……2－218
景岳全書六十四卷……2－218
景岳全書六十四卷……2－218
景岳全書六十四卷……2－218
景岳全書六十四卷……2－218
景岳全書六十四卷……2－218
景岳全書六十四卷……2－218
景岳全書六十四卷……2－218
景岳全書六十四卷……2－218
景岳全書六十四卷……2－218
景岳全書六十四卷……2－218
景岳全書六十四卷……2－218
景岳全書六十四卷……2－218
景岳全書六十四卷……2－218
景岳全書六十四卷……2－218
景岳全書六十四卷……2－218
景岳全書六十四卷……2－219
景岳全書六十四卷……2－219
景岳全書六十四卷……2－219
景岳全書六十四卷……2－219
景岳全書六十四卷……2－219
景岳全書六十四卷……2－219
景岳全書六十四卷……2－219
景岳全書六十四卷……2－219
景岳全書六十四卷……2－219
景岳全書六十四卷……2－219
景岳全書六十四卷……2－219
景岳全書六十四卷……2－219

景岳全書六十四卷…………………… 2－219
景岳全書六十四卷…………………… 2－219
景岳全書六十四卷…………………… 2－219
景岳全書六十四卷…………………… 2－219
景岳全書六十四卷…………………… 2－219
景岳全書六十四卷…………………… 2－219
景岳全書六十四卷…………………… 2－219
景岳全書六十四卷…………………… 2－219
景岳全書六十四卷…………………… 2－219
景岳全書六十四卷…………………… 2－220
景岳全書六十四卷…………………… 2－220
景岳全書六十四卷…………………… 2－220
景岳全書六十四卷…………………… 2－220
景岳全書六十四卷…………………… 2－220
景岳全書六十四卷…………………… 4－197
景岳全書六十四卷…………………… 4－221
景岳全書六十四卷…………………… 4－238
景岳全書發揮四卷…………………… 2－215
景岳全書摘要不分卷………………… 2－220
景岳便覽不分卷……………………… 2－215
景岳便覽不分卷……………………… 2－215
景岳便覽不分卷……………………… 2－215
景岳湯頭附補陣不分卷……………… 2－220
景岳新方一卷………………………… 2－220
景岳新方一卷………………………… 2－220
景岳新方砭四卷……………………… 2－220
景岳新方砭四卷……………………… 2－220
景岳新方砭四卷……………………… 2－220
景岳新方湯頭一卷…………………… 2－220
景岳新方湯頭一卷…………………… 2－220
景岳新方湯頭歌括一卷……………… 2－220
景岳新方湯頭歌括一卷……………… 2－220
景岳新方湯頭歌括一卷……………… 2－220
景岳新方湯頭歌括一卷……………… 2－220
景教碑文紀事攷正一卷……………… 2－215
景紫堂主人自訂年譜一卷…………… 2－221
景紫堂全書…………………………… 2－220
景紫堂全書…………………………… 2－220
景紫堂全書…………………………… 2－220
景紫堂全書…………………………… 2－220
景紫堂全書…………………………… 2－220
景紫堂全書…………………………… 2－221
景紫堂勸讀書七則一卷……………… 2－221
景德鎮陶錄十卷……………………… 2－215
景德鎮陶錄十卷……………………… 2－215
景德鎮陶錄十卷……………………… 2－215
景德鎮陶錄十卷……………………… 2－215
跌打全生秘錄二卷…………………… 1－260
跌打損傷回生集三卷………………… 1－260
跌打損傷歌括一卷…………………… 1－260
跌打損傷論不分卷…………………… 1－260
[跌打損傷藥方]不分卷 ……………… 5－286
[跌打藥方]不分卷 ………………… 5－286
貴耳集三卷…………………………… 1－483
[乾隆]貴州通志四十六卷首一卷 … 5－334
[乾隆]貴州通志四十六卷首一卷 … 5－334
貴州鄉試同年齒錄一卷(同治八年補行己未辛酉壬戌三科) ………… 1－483
貴州鄉試同年齒錄一卷(同治八年補行己未辛酉壬戌三科) ………… 1－483
貴州鄉試同年齒錄一卷(同治八年補行己未辛酉壬戌三科) ………… 1－483
貴州鄉試同年齒錄一卷(同治八年補行己未辛酉壬戌三科) ………… 1－483
貴州鄉試同年齒錄一卷(同治八年補行己未辛酉壬戌三科) ………… 1－483
貴州鄉試同年齒錄一卷(同治八年補行己未辛酉壬戌三科) ………… 1－484
貴州鄉試同年齒錄一卷(同治八年補行己未辛酉壬戌三科) ………… 1－484
貴州鄉試同年齒錄一卷(同治八年補行己未辛酉壬戌三科) ………… 1－484
貴州鄉試同年齒錄一卷(同治八年補行己未辛酉壬戌三科) ………… 1－484
貴州闈墨不分卷……………………… 1－483
貴池二妙集五十一卷………………… 1－483
[乾隆]貴溪縣志二十四卷 ………… 5－334
[同治]貴溪縣志十卷首一卷 ……… 5－357
[同治]貴溪縣志十卷首一卷 ……… 5－357
[同治]貴溪縣志十卷首一卷 ……… 5－357
[同治]貴溪縣志十卷首一卷 ……… 5－357
蛟川王紫九秘授痘科不分卷………… 2－165

[同治]鄖陽志八卷首一卷 ………… 5－371
[同治]鄖陽志八卷首一卷 ………… 5－371
[同治]鄖陽志八卷首一卷 ………… 5－371
單方歌不分卷……………………………… 1－236
[喉舌症狀]不分卷 ………………… 5－299
喉科杓指四卷 ……………………………… 2－43
喉科秘授不分卷 ………………………… 2－43
喉科秘鑰二卷 ……………………………… 2－43
喉科種福五卷首一卷 ………………… 2－43
喉症全科紫珍集二卷 ………………… 2－43
喉痧正的一卷……………………………… 2－112
[喉證]不分卷 ………………………… 5－299
喻氏醫書…………………………………… 4－427
喻氏醫書三種……………………………… 4－427
喻氏醫書三種……………………………… 4－427
喻氏醫書三種……………………………… 4－427
喻氏醫書三種……………………………… 4－427
喻氏醫書三種……………………………… 4－427
喻氏醫書三種……………………………… 4－428
喻氏醫書三種……………………………… 4－428
喻氏醫書三種……………………………… 4－428
喻氏醫書三種……………………………… 4－428
喻氏醫書三種……………………………… 4－428
喻氏醫書三種……………………………… 4－428
喻氏醫書三種……………………………… 4－428
喻氏醫書三種……………………………… 4－428
喻氏醫書三種……………………………… 4－428
喻氏醫書三種……………………………… 4－428
喻氏醫書三種……………………………… 4－428
喻氏醫書三種……………………………… 4－428
喻氏醫書三種……………………………… 4－428
喻氏醫書三種……………………………… 4－428
喻氏醫書三種……………………………… 4－428
喻氏醫書三種……………………………… 4－428
喻氏醫書三種……………………………… 4－428
喻氏醫書三種……………………………… 4－428
喻氏醫書三種……………………………… 4－428
喻氏醫書三種……………………………… 4－428
喻氏醫書三種……………………………… 4－428
喻氏醫書四種……………………………… 5－401
買愁集四集………………………………… 2－386
嵐漪小艸一卷……………………………… 2－255
嵫景留吟館贅草一卷……………………… 5－222
[嘉慶]黑龍江外記八卷 ……………… 5－301
[嘉慶]黑龍江外記八卷 ……………… 5－301
黑韃風土記不分卷 …………………… 2－35
圍河北收用簿一卷(光緒二年) ……… 4－17
圍棋譜不分卷 ………………………… 4－17
無邪堂答問五卷 ……………………… 4－66
無邪堂答問五卷 ……………………… 4－66
無邪堂答問五卷 ……………………… 4－66
無弦琴譜二卷 ………………………… 4－66
無垢詩鈔二卷 ………………………… 4－65
無相寶卷不分卷 ……………………… 4－66
無相寶經不分卷 ……………………… 4－66
無冤公案不分卷 ……………………… 4－66
無眸處士日記不分卷(清光緒二十八年至三十二年)………………… 4－65
無爲集十五卷 ………………………… 4－66
無線電報一卷補編一卷 ……………… 4－66
[光緒]無錫金匱縣志四十卷首一卷 ………………………………………… 5－295
[嘉慶]無錫金匱縣志四十卷首一卷 ………………………………………… 5－302
無聲詩史七卷 ………………………… 4－65
無聲詩史七卷 ………………………… 4－65
無雙譜新編一卷 ……………………… 4－66
缾水齋詩集十六卷別集二卷………… 2－497
短筆雜錄不分卷………………………… 1－326
智案會不分卷(乾隆三十六年至五十六年) ………………………… 5－114
智證傳一卷……………………………… 5－116
智囊二十八卷…………………………… 5－115
智囊二十八卷…………………………… 5－115
智囊二十八卷…………………………… 5－115
智囊補二十八卷………………………… 5－114
智囊補二十八卷………………………… 5－114
智囊補二十八卷………………………… 5－114
智囊補二十八卷………………………… 5－115
智囊補二十八卷………………………… 5－115

智囊補二十八卷…………………………5－115
智囊補二十八卷…………………………5－115
智囊補二十八卷…………………………5－115
智囊補二十八卷…………………………5－115
智囊補二十八卷…………………………5－115
智囊補二十八卷…………………………5－115
智囊補二十八卷…………………………5－115
智囊補二十八卷…………………………5－115
智囊補二十八卷…………………………5－115
智囊補二十八卷…………………………5－115
智囊補二十八卷…………………………5－115
智囊補二十八卷…………………………5－115
智囊補二十八卷…………………………5－115
智囊補二十八卷…………………………5－115
智囊補二十八卷…………………………5－115
智囊補二十八卷…………………………5－115
智囊補二十八卷…………………………5－115
剩語二卷…………………………………3－148
剩語二卷…………………………………3－149
嵇中散集十卷……………………………2－109
嵇叔夜集一卷……………………………2－109
程山三世詩四卷…………………………1－108
程山謝明學先生[文洊]年譜一卷
……………………………………………1－109
程子節錄四卷文集抄一卷………………1－109
程氏考古編十卷…………………………1－109
程氏保祖全書一卷 ……………………2－10
程氏家塾讀書分年日程三卷綱領一
卷…………………………………………1－109
程氏家塾讀書分年日程三卷綱領一
卷…………………………………………1－109
程氏家塾讀書分年日程三卷綱領一
卷…………………………………………1－109
程氏家塾讀書分年日程三卷綱領一
卷…………………………………………1－109
程氏家塾讀書分年日程三卷綱領一
卷…………………………………………1－109
程氏家塾讀書分年日程三卷綱領一
卷…………………………………………1－109
程氏家塾讀書分年日程三卷綱領一
卷…………………………………………1－109
程氏家塾讀書分年日程三卷綱領一
卷…………………………………………1－109
程式編三卷閏一卷………………………1－109
程侍郎遺集初編十卷……………………1－109
程孟陽詩四卷……………………………1－108
程書五十一卷……………………………1－109
程墨前選不分卷…………………………1－108
稀齡自詠一卷退居唫草一卷……………4－106
稀齡祝雅不分卷…………………………4－106
黎雲館類定袁中郎先生全集二十四
卷…………………………………………2－264
等不等觀雜錄八卷………………………1－244
等切元聲十卷……………………………1－244
等切元聲十卷附古音正義一卷…………1－244
等韻一得外篇一卷………………………1－244
等韻簡明指掌圖一卷……………………1－244
策府統宗六十五卷目錄一卷 …………1－82
策府統宗六十五卷目錄一卷 …………1－82
策府統宗六十五卷目錄一卷 …………1－82
策府統宗六十五卷目錄一卷 …………1－82
策府統宗六十五卷目錄一卷 …………1－82
策府統宗六十五卷目錄一卷 …………1－82
策府統宗六十五卷目錄一卷 …………1－83
策府統宗六十五卷目錄一卷 …………1－83
策府統宗六十五卷目錄一卷 …………1－83
策府統宗六十五卷目錄一卷 …………1－83
策府統宗六十五卷目錄一卷 …………1－83
策府統宗六十五卷目錄一卷 …………1－83
策府統宗六十五卷目錄一卷 …………1－83
策府統宗六十五卷目錄一卷 …………1－83
策府統宗六十五卷目錄一卷 …………1－83
策府統宗六十五卷目錄一卷 …………1－83
策府統宗六十五卷目錄一卷 …………1－83
策府統宗六十五卷目錄一卷 …………1－83
策府統宗續編三十二卷 ………………1－83
策問新編一卷 …………………………1－83
策問新編一卷 …………………………1－83
策略六卷 ………………………………1－83
策算一卷…………………………………2－230
策算一卷勾股割圜記三卷 ……………1－83
策論義一卷 ……………………………1－83

策論滙編一卷 …………………………… 1－83
策學備纂三十二卷首一卷 …………… 1－83
策學備纂三十二卷首一卷 …………… 1－83
策學備纂三十二卷首一卷 …………… 1－84
策學備纂三十二卷首一卷 …………… 1－84
策學備纂三十二卷首一卷 …………… 1－84
策學備纂三十二卷首一卷 …………… 1－84
策學備纂三十二卷首一卷 …………… 1－84
策學備纂三十二卷首一卷 …………… 1－84
策學淵萃四十六卷 …………………… 1－84
策學新纂八卷附策佐一卷 …………… 1－84
策學新纂八卷附策佐一卷 …………… 1－84
策學新纂八卷附策佐一卷 …………… 1－84
策學新纂八卷附策佐一卷 …………… 1－84
策學總纂大成四十六卷 ……………… 1－84
策學總纂大成四十六卷 ……………… 1－84
策學總纂大成四十六卷 ……………… 1－84
策學總纂大成四十六卷 ……………… 1－84
策學總纂大成四十六卷 ……………… 1－84
策學纂要十六卷 ……………………… 1－84
策學纂要十六卷 ……………………… 1－84
策學纂要十六卷 ……………………… 1－85
策學纂要十六卷 ……………………… 1－85
策學纂要正續編十六卷 ……………… 1－85
策學纂要正續編十六卷 ……………… 1－85
策學纂要正續編十六卷 ……………… 1－85
策學纂要正續編十六卷 ……………… 1－85
策學纂要正續編十六卷 ……………… 1－85
策學續編不分卷 ……………………… 1－84
策學續編不分卷 ……………………… 1－84
答客芻言一卷 ………………………… 1－197
[答問書]不分卷 ……………………… 5－276
答問錄存一卷 ………………………… 1－197
筆花醫鏡四卷 ………………………… 1－53
筆花醫鏡四卷 ………………………… 1－53
筆花醫鏡四卷 ………………………… 1－53
筆花醫鏡四卷 ………………………… 1－53
筆耕齋尺牘提要二卷 ………………… 1－53
筆算五卷 ……………………………… 1－54
筆算便覽五卷 ………………………… 1－53
筆算便覽五卷 ………………………… 1－53
筆算便覽五卷 ………………………… 1－53
筆算便覽五卷 ………………………… 1－53
筆算便覽五卷 ………………………… 1－53
筆算便覽五卷 ………………………… 1－53
筆算便覽五卷 ………………………… 1－53
筆算教科書二卷 ……………………… 1－53
筆算教科書□□卷 …………………… 1－53
筆算教科書□□卷 …………………… 1－53
筆算教科書□□卷 …………………… 1－53
筆算數學三卷 ………………………… 1－53
筆算數學三卷 ………………………… 1－53
筆算數學三卷 ………………………… 1－53
筆算數學三卷 ………………………… 1－53
筆算數學三卷 ………………………… 1－54
筆算數學三卷 ………………………… 1－54
筆算數學三卷 ………………………… 1－54
筆算數學三卷 ………………………… 1－54
筆算數學題草圖解二十四章 ………… 1－54
筆譜二卷 ……………………………… 1－53
備急千金要方三十卷攷異一卷 ……… 1－435
備遺錄一卷 …………………………… 1－34
傅子一卷 ……………………………… 1－384
傅子五卷 ……………………………… 1－384
傅子校勘記一卷 ……………………… 1－382
傅氏眼科審視瑤函六卷首一卷 ……… 1－383
傅氏眼科審視瑤函六卷首一卷 ……… 1－383
傅氏眼科審視瑤函六卷首一卷 ……… 1－383
傅氏眼科審視瑤函六卷首一卷 ……… 1－383
傅氏眼科審視瑤函六卷首一卷前賢
　醫案一卷 …………………………… 1－383
傅氏眼科審視瑤函六卷首一卷前賢
　醫案一卷 …………………………… 1－383
傅氏眼科審視瑤函六卷首一卷前賢
　醫案一卷 …………………………… 1－383
傅氏眼科審視瑤函六卷首一卷前賢
　醫案一卷 …………………………… 1－383
傅氏眼科審視瑤函六卷首一卷前賢
　醫案一卷 …………………………… 1－383
傅氏眼科審視瑤函六卷首一卷前賢
　醫案一卷 …………………………… 1－383
傅氏眼科審視瑤函六卷首一卷前賢

醫案一卷 …………………………… 1－383
傅氏眼科審視瑤函六卷首一卷前賢
醫案一卷 …………………………… 1－383
傅氏眼科審視瑤函六卷首一卷前賢
醫案一卷 …………………………… 1－383
傅氏眼科審視瑤函六卷首一卷前賢
醫案一卷 …………………………… 1－383
傅氏眼科審視瑤函六卷首一卷前賢
醫案一卷 …………………………… 1－383
傅氏眼科審視瑤函六卷首一卷前賢
醫案一卷 …………………………… 1－383
傅氏眼科審視瑤函六卷首一卷前賢
醫案一卷 …………………………… 1－383
傅休奕集一卷 ……………………… 1－384
傅休奕集四卷 ……………………… 1－384
傅青主先生［山］年譜一卷 ………… 1－383
傅長虞集一卷 ……………………… 1－382
傅忠毅公全集八卷首一卷 ………… 1－384
傅忠毅公全集八卷首一卷 ………… 1－384
傅遠度集 …………………………… 1－384
傅鶉觚集五卷補遺一卷 …………… 1－382
貸園叢書初集 ……………………… 1－234
貸園叢書初集 ……………………… 1－234
［光緒］順天府志一百三十卷附録一
卷 …………………………………… 5－295
順治丙午搢紳録略一卷附皇朝年表
一卷 ………………………………… 3－300
順治丙戌至康熙丙戌二十三科小題
與巧集不分卷 ……………………… 3－300
順郡留别紳民唱和集一卷 ………… 3－300
順適堂吟藁五卷 …………………… 3－300
堡寨圖式一卷附堡寨章程一卷 ……… 1－27
集千家註杜工部詩集二十卷文集二
卷 …………………………………… 2－115
集古印譜六卷 ……………………… 2－115
集古印譜六卷 ……………………… 2－115
集古印譜六卷 ……………………… 2－115
集古録十卷 ………………………… 2－115
集古録十卷 ………………………… 2－115
集古録目五卷 ……………………… 2－115
集古録跋尾十卷 …………………… 2－115
集古雜詠詩集八卷春生别集二卷 …… 2－115
集古雜詠詩集八卷春生别集二卷 …… 2－115
集成塘蔭注冊不分卷 ……………… 2－113
集其清英集一卷 …………………… 2－115
集要治驗不分卷 …………………… 2－117
集思堂外集六卷 …………………… 2－115
集思廣益編二卷 …………………… 2－115
集陶詩三卷 ………………………… 2－115
集異記一卷 ………………………… 2－117
集雲采芹會仰山書院總冊四卷首一
卷末一卷 …………………………… 2－117
集雲賓興會新老冊七卷首一卷末一
卷 …………………………………… 2－117
集虛堂小草不分卷 ………………… 2－116
集虛齋四書口義十卷 ……………… 2－116
集虛齋四書口義十卷 ……………… 2－116
集虛齋四書口義十卷 ……………… 2－116
集虛齋四書口義十卷 ……………… 2－116
集虛齋四書口義十卷 ……………… 2－116
集虛齋存續文鈔不分卷 …………… 2－116
集虛齋學古文十二卷 ……………… 2－116
集虛齋學古文十二卷 ……………… 2－116
集虛齋學古文十二卷 ……………… 2－116
集虛齋學古文十二卷附離騷經解畧
一卷 ………………………………… 2－116
集聖教字序詩四卷 ………………… 2－115
集福堂諏吉通書不分卷 …………… 2－113
集福堂諏吉通書不分卷 …………… 2－113
集福堂諏吉通書不分卷 …………… 2－113
集福堂諏吉通書不分卷 …………… 2－113
集福堂諏吉通書不分卷 …………… 2－113
集福堂諏吉通書不分卷 …………… 2－113
集福堂諏吉通書不分卷 …………… 2－113
集福堂諏吉通書不分卷 …………… 2－113
集福堂諏吉通書不分卷 …………… 2－113
集福堂諏吉通書不分卷 …………… 2－113
集福堂諏吉通書不分卷 …………… 2－114
集福堂諏吉通書不分卷 …………… 2－114
集福堂諏吉通書不分卷 …………… 2－114
集福堂諏吉通書不分卷 …………… 2－114
集福堂諏吉通書不分卷 …………… 2－114

集福堂諏吉通書不分卷…………………… 2－114
集福堂諏吉通書不分卷…………………… 2－114
集福堂諏吉通書不分卷…………………… 2－114
集福堂諏吉通書不分卷…………………… 2－114
集福堂諏吉通書不分卷…………………… 2－114
集福堂諏吉通書不分卷…………………… 2－114
集福堂諏吉通書不分卷…………………… 2－114
集福堂諏吉通書不分卷…………………… 2－114
集福堂諏吉通書不分卷…………………… 2－114
集福堂諏吉通書不分卷…………………… 2－114
集福堂諏吉通書不分卷…………………… 2－114
集福堂諏吉通書不分卷…………………… 2－114
集福堂諏吉通書不分卷…………………… 2－114
集福堂諏吉通書不分卷…………………… 2－114
集福堂諏吉通書不分卷…………………… 2－114
集福堂諏吉通書不分卷…………………… 2－114
集福堂諏吉通書不分卷…………………… 2－114
集福堂諏吉通書不分卷…………………… 2－114
集福堂諏吉通書不分卷…………………… 2－114
集聞堂訂正四書述統十九卷………… 2－115
集聞堂訂正四書述統十九卷………… 2－115
集說詮真不分卷續編不分卷提要不分卷…………………………………… 2－115
集說詮真不分卷續編不分卷提要不分卷…………………………………… 2－115
集賢書院會冊不分卷…………………… 2－115
集賢書院會冊不分卷…………………… 2－116
集賢書院會冊不分卷…………………… 2－116
集賢書院會冊不分卷…………………… 2－116
集賢書院會冊不分卷…………………… 2－116
集談偶錄四卷………………………… 2－115
集韻十卷……………………………… 2－117
集韻十卷……………………………… 2－117
集韻編雅十卷………………………… 2－117
集韻編雅十卷………………………… 2－117
集驗良方三卷………………………… 2－117
集驗良方三卷………………………… 2－117
集驗良方六卷………………………… 2－116
集驗良方六卷………………………… 2－116
集驗良方六卷………………………… 2－116
集驗良方六卷………………………… 2－116
集驗良方拔萃三卷…………………… 2－116
集驗簡易良方四卷…………………… 2－116
集驗簡易良方四卷…………………… 2－116
集驗簡易良方四卷…………………… 2－116
雋秀快編不分卷……………………… 2－235
焦山志二十六卷首一卷……………… 2－165
焦山志二十六卷首一卷……………… 2－165
焦山志二十六卷首一卷……………… 2－165
焦山志二十六卷首一卷……………… 2－165
焦山志二十六卷首一卷……………… 2－165
焦山志二十六卷首一卷……………… 2－165
焦山志二十六卷首一卷……………… 2－165
焦山志二十六卷首一卷……………… 2－166
焦山志二十六卷首一卷……………… 2－166
焦山鼎銘考一卷……………………… 2－165
焦山續志八卷………………………… 2－165
焦山續志八卷………………………… 2－165
焦氏易林四卷………………………… 2－166
焦氏易林四卷………………………… 2－166
焦氏遺書……………………………… 2－166
焦氏遺書……………………………… 2－166
焦氏遺書……………………………… 2－166
焦氏類林八卷………………………… 2－166
焦氏類林八卷………………………… 2－166
焦桐別墅詩草四卷…………………… 2－166
皐蘭課業詩賦約編不分卷…………… 1－398
皐蘭課業經訓約編不分卷…………… 1－397
皐蘭課業經訓約編不分卷皐蘭課業詩賦約編不分卷………………… 1－397
皐鶴堂批評第一奇書金瓶梅一百回…………………………………… 1－397
皖江校士錄不分卷…………………… 3－495
皖江試牘採風錄不分卷……………… 3－495
皖志便覽六卷………………………… 3－495
皖志便覽六卷………………………… 3－495
皖南軍務紀略四卷附匹夫從戎事實一卷………………………………… 3－495
遁翁隨筆二卷………………………… 1－328
御批資治通鑑綱目五十九卷………… 4－466
御批資治通鑑綱目五十九卷首一卷…………………………………… 4－466

御批資治通鑑綱目五十九卷首一卷
…………………………………… 4－466
御批資治通鑑綱目五十九卷首一卷
…………………………………… 4－467
御批資治通鑑綱目五十九卷首一卷
…………………………………… 4－467
御批資治通鑑綱目五十九卷首一卷
…………………………………… 4－467
御批資治通鑑綱目五十九卷首一卷
…………………………………… 4－467
御批資治通鑑綱目五十九卷首一卷
…………………………………… 4－467
御批資治通鑑綱目五十九卷首一卷
…………………………………… 4－467
御批資治通鑑綱目五十九卷首一卷
…………………………………… 4－467
御批資治通鑑綱目五十九卷首一卷
…………………………………… 4－467
御批資治通鑑綱目五十九卷首一卷
…………………………………… 4－468
御批資治通鑑綱目五十九卷首一卷
…………………………………… 4－468
御批資治通鑑綱目五十九卷首一卷
…………………………………… 4－468
御批資治通鑑綱目五十九卷首一卷
…………………………………… 4－468
御批資治通鑑綱目五十九卷首一卷
…………………………………… 4－468
御批資治通鑑綱目全書……………… 4－466
御批資治通鑑綱目全書……………… 4－466
御批資治通鑑綱目全書……………… 4－466
御批資治通鑑綱目全書……………… 4－466
御批資治通鑑綱目全書……………… 4－466
御批資治通鑑綱目前編十八卷外紀
一卷舉要三卷……………………… 4－466
御批資治通鑑綱目前編十八卷外紀
一卷舉要三卷……………………… 4－466
御批資治通鑑綱目前編十八卷外紀
一卷舉要三卷……………………… 4－467
御批資治通鑑綱目前編十八卷外紀
一卷舉要三卷……………………… 4－467
御批資治通鑑綱目前編十八卷外紀
一卷舉要三卷……………………… 4－467
御批資治通鑑綱目前編十八卷外紀
一卷舉要三卷……………………… 4－467
御批資治通鑑綱目前編十八卷外紀
一卷舉要三卷……………………… 4－467
御批資治通鑑綱目前編十八卷外紀
一卷舉要三卷……………………… 4－467
御批資治通鑑綱目前編十八卷外紀
一卷舉要三卷……………………… 4－467
御批資治通鑑綱目前編十八卷外紀
一卷舉要三卷……………………… 4－467
御批資治通鑑綱目前編十八卷外紀
一卷舉要三卷……………………… 4－468
御批資治通鑑綱目前編十八卷外紀
一卷舉要三卷……………………… 4－468
御批資治通鑑綱目前編十八卷外紀
一卷舉要三卷……………………… 4－468
御批資治通鑑綱目前編十八卷外紀
一卷舉要三卷……………………… 4－468
御批資治通鑑綱目前編十八卷外紀
一卷舉要三卷……………………… 4－468
御批增補了凡綱鑑四十卷首一卷…… 4－465
御批增補了凡綱鑑四十卷首一卷…… 4－465
御批增補了凡綱鑑四十卷首一卷…… 4－465
御批增補了凡綱鑑四十卷首一卷…… 4－465
御批增補了凡綱鑑四十卷首一卷…… 4－465
御批增補了凡綱鑑四十卷首一卷…… 4－465
御批增補了凡綱鑑四十卷首一卷…… 4－466
御批增補了凡綱鑑四十卷首一卷…… 4－466
御批增補了凡綱鑑四十卷首一卷…… 4－466
御批增補了凡綱鑑四十卷首一卷…… 4－466
御批增補了凡綱鑑四十卷首一卷…… 4－466
御批增補了凡綱鑑四十卷首一卷…… 4－466
御批增補了凡綱鑑四十卷首一卷…… 5－402
御批歷代通鑑輯覽一百二十卷……… 4－453
御批歷代通鑑輯覽一百二十卷……… 4－453
御批歷代通鑑輯覽一百二十卷……… 4－453
御批歷代通鑑輯覽一百二十卷……… 4－453
御批歷代通鑑輯覽一百二十卷……… 4－453
御批歷代通鑑輯覽一百二十卷……… 4－453

御批歷代通鑑輯覽一百二十卷……… 4－453
御批歷代通鑑輯覽一百二十卷……… 4－453
御批歷代通鑑輯覽一百二十卷……… 4－453
御批歷代通鑑輯覽一百二十卷……… 4－454
御批歷代通鑑輯覽一百二十卷……… 4－454
御批歷代通鑑輯覽一百二十卷……… 4－454
御批歷代通鑑輯覽一百二十卷……… 4－454
御批歷代通鑑輯覽一百二十卷……… 4－454
御批歷代通鑑輯覽一百二十卷……… 4－454
御批歷代通鑑輯覽一百二十卷……… 4－454
御批歷代通鑑輯覽一百二十卷……… 4－454
御批歷代通鑑輯覽一百二十卷……… 4－454
御批歷代通鑑輯覽一百二十卷……… 4－454
御批歷代通鑑輯覽一百二十卷……… 4－454
御批歷代通鑑輯覽一百二十卷……… 4－454
御批歷代通鑑輯覽一百二十卷……… 4－454
御批歷代通鑑輯覽一百二十卷……… 4－454
御批歷代通鑑輯覽一百二十卷……… 4－454
御批歷代通鑑輯覽一百二十卷……… 4－454
御批歷代通鑑輯覽一百二十卷……… 4－455
御批歷代通鑑輯覽一百二十卷……… 4－455
御批歷代通鑑輯覽一百二十卷……… 4－455
御批歷代通鑑輯覽一百二十卷……… 4－455
御批歷代通鑑輯覽一百二十卷……… 4－455
御批歷代通鑑輯覽一百二十卷……… 4－455
御批歷代通鑑輯覽一百二十卷……… 4－455
御批歷代通鑑輯覽一百二十卷……… 4－455
御批歷代通鑑輯覽一百二十卷……… 4－455
御批歷代通鑑輯覽一百二十卷……… 4－455
御批歷代通鑑輯覽一百二十卷……… 4－455
御批歷代通鑑輯覽一百二十卷……… 4－455
御批歷代通鑑輯覽一百二十卷……… 4－455
御批歷代通鑑輯覽一百二十卷……… 4－455
御批歷代通鑑輯覽一百二十卷……… 4－455
御批歷代通鑑輯覽一百二十卷……… 4－455
御批歷代通鑑輯覽一百二十卷……… 4－456
御批歷代通鑑輯覽一百二十卷……… 4－456
御批歷代通鑑輯覽一百二十卷……… 4－456
御批歷代通鑑輯覽一百二十卷……… 4－456
御批歷代通鑑輯覽一百二十卷……… 4－456
御批歷代通鑑輯覽一百二十卷……… 4－456
御批歷代通鑑輯覽一百二十卷……… 4－456
御批歷代通鑑輯覽一百二十卷……… 4－456
御批歷代通鑑輯覽一百二十卷……… 4－456
御批歷代通鑑輯覽一百二十卷……… 4－456
御批歷代通鑑輯覽一百二十卷……… 4－456
御批歷代通鑑輯覽一百二十卷……… 4－456
御批歷代通鑑輯覽一百二十卷……… 4－456
御批歷代通鑑輯覽一百二十卷……… 4－456
御批歷代通鑑輯覽一百二十卷……… 4－456
御批歷代通鑑輯覽一百二十卷……… 4－456
御批歷代通鑑輯覽一百二十卷……… 4－457
御批歷代通鑑輯覽一百二十卷……… 4－457
御批歷代通鑑輯覽一百二十卷……… 4－457
御批歷代通鑑輯覽一百二十卷……… 4－457
御批歷代通鑑輯覽一百二十卷……… 4－457
御批歷代通鑑輯覽一百二十卷……… 4－457
御批歷代通鑑輯覽一百二十卷……… 4－457
御批歷代通鑑輯覽一百二十卷……… 4－457
御批歷代通鑑輯覽一百二十卷……… 4－457
御批歷代通鑑輯覽一百二十卷……… 4－457
御批歷代通鑑輯覽一百二十卷……… 4－457
御批歷代通鑑輯覽一百二十卷……… 4－457
御批歷代通鑑輯覽一百二十卷……… 4－457
御批歷代通鑑輯覽一百二十卷……… 4－457
御批歷代通鑑輯覽一百二十卷……… 4－457
御批歷代通鑑輯覽一百二十卷……… 4－457
御批歷代通鑑輯覽一百二十卷……… 4－458
御批歷代通鑑輯覽一百二十卷……… 4－458
御批歷代通鑑輯覽一百二十卷……… 4－458
御批歷代通鑑輯覽一百二十卷……… 4－458
御批歷代通鑑輯覽一百二十卷……… 4－458
御批歷代通鑑輯覽一百二十卷……… 4－458
御批歷代通鑑輯覽一百二十卷……… 4－458
御批歷代通鑑輯覽一百二十卷……… 4－458
御批歷代通鑑輯覽一百二十卷……… 4－458
御批歷代通鑑輯覽一百二十卷……… 4－458
御批歷代通鑑輯覽一百二十卷……… 4－458
御批歷代通鑑輯覽一百二十卷……… 4－458
御批歷代通鑑輯覽一百二十卷……… 4－458
御批歷代通鑑輯覽一百二十卷……… 4－458
御批歷代通鑑輯覽一百二十卷……… 4－459

御批歷代通鑑輯覽一百二十卷……… 4－459
御批歷代通鑑輯覽一百二十卷……… 4－459
御批歷代通鑑輯覽一百二十卷……… 4－459
御批歷代通鑑輯覽一百二十卷……… 4－459
御批歷代通鑑輯覽一百二十卷……… 4－459
御批歷代通鑑輯覽一百二十卷……… 4－459
御批歷代通鑑輯覽一百二十卷……… 4－459
御批歷代通鑑輯覽一百二十卷……… 4－459
御批歷代通鑑輯覽一百二十卷……… 4－459
御批歷代通鑑輯覽一百二十卷……… 4－459
御批歷代通鑑輯覽一百二十卷……… 4－459
御批歷代通鑑輯覽一百二十卷……… 4－459
御批歷代通鑑輯覽一百二十卷……… 4－459
御批歷代通鑑輯覽一百二十卷……… 4－459
御批歷代通鑑輯覽一百二十卷……… 4－460
御批歷代通鑑輯覽一百二十卷……… 4－460
御批歷代通鑑輯覽一百二十卷……… 4－460
御批歷代通鑑輯覽一百二十卷……… 4－460
御批歷代通鑑輯覽一百二十卷……… 4－460
御批歷代通鑑輯覽一百二十卷……… 4－460
御批歷代通鑑輯覽一百二十卷……… 4－460
御批歷代通鑑輯覽一百二十卷……… 4－460
御批歷代通鑑輯覽一百二十卷……… 4－460
御批歷代通鑑輯覽一百二十卷……… 4－460
御批歷代通鑑輯覽一百二十卷……… 4－460
御批歷代通鑑輯覽一百二十卷……… 4－460
御批歷代通鑑輯覽一百二十卷……… 4－460
御批歷代通鑑輯覽一百二十卷……… 4－460
御批歷代通鑑輯覽一百二十卷……… 4－460
御批歷代通鑑輯覽一百二十卷……… 4－460
御批歷代通鑑輯覽一百二十卷……… 4－461
御批歷代通鑑輯覽一百二十卷……… 4－461
御批歷代通鑑輯覽一百二十卷……… 4－461
御批歷代通鑑輯覽一百二十卷……… 4－461
御批歷代通鑑輯覽一百二十卷……… 4－461
御批歷代通鑑輯覽一百二十卷……… 4－461
御批歷代通鑑輯覽一百二十卷……… 4－461
御批歷代通鑑輯覽一百二十卷……… 4－461
御批歷代通鑑輯覽一百二十卷……… 4－461
御批歷代通鑑輯覽一百二十卷……… 4－461
御批歷代通鑑輯覽一百二十卷……… 4－461
御批歷代通鑑輯覽一百二十卷……… 4－461
御批歷代通鑑輯覽一百二十卷……… 4－461
御批歷代通鑑輯覽一百二十卷……… 4－461
御批歷代通鑑輯覽一百二十卷……… 4－461
御批歷代通鑑輯覽一百二十卷……… 4－461
御批歷代通鑑輯覽一百二十卷……… 4－461
御批歷代通鑑輯覽一百二十卷……… 4－461
御批歷代通鑑輯覽一百二十卷……… 4－462
御批歷代通鑑輯覽一百二十卷……… 4－462
御批歷代通鑑輯覽一百二十卷……… 4－462
御批歷代通鑑輯覽一百二十卷……… 4－462
御批歷代通鑑輯覽一百二十卷……… 4－462
御批歷代通鑑輯覽一百二十卷……… 4－462
御批歷代通鑑輯覽一百二十卷……… 4－462
御批歷代通鑑輯覽一百二十卷……… 4－462
御批歷代通鑑輯覽一百二十卷……… 4－462
御批歷代通鑑輯覽一百二十卷……… 4－462
御批歷代通鑑輯覽一百二十卷……… 4－462
御批歷代通鑑輯覽一百二十卷……… 4－462
御批歷代通鑑輯覽一百二十卷……… 4－462
御批歷代通鑑輯覽一百二十卷……… 4－462
御批歷代通鑑輯覽一百二十卷……… 4－462
御批歷代通鑑輯覽一百二十卷……… 4－462
御批歷代通鑑輯覽一百二十卷……… 4－463
御批歷代通鑑輯覽一百二十卷……… 4－463
御批歷代通鑑輯覽一百二十卷……… 4－463
御批歷代通鑑輯覽一百二十卷……… 4－463
御批歷代通鑑輯覽一百二十卷……… 4－463
御批歷代通鑑輯覽一百二十卷……… 4－463
御批歷代通鑑輯覽一百二十卷……… 4－463
御批歷代通鑑輯覽一百二十卷……… 4－463
御批歷代通鑑輯覽一百二十卷……… 4－463
御批歷代通鑑輯覽一百二十卷……… 4－463
御批歷代通鑑輯覽一百二十卷……… 4－463
御批歷代通鑑輯覽一百二十卷……… 4－463
御批歷代通鑑輯覽一百二十卷……… 4－463
御批歷代通鑑輯覽一百二十卷……… 4－463
御批歷代通鑑輯覽一百二十卷……… 4－463
御批歷代通鑑輯覽一百二十卷……… 4－463
御批歷代通鑑輯覽一百二十卷……… 4－463
御批歷代通鑑輯覽一百二十卷……… 4－463

御批歷代通鑑輯覽一百二十卷……… 4－463
御批歷代通鑑輯覽一百二十卷……… 4－464
御批歷代通鑑輯覽一百二十卷……… 4－464
御批歷代通鑑輯覽一百二十卷……… 4－464
御批歷代通鑑輯覽一百二十卷……… 4－464
御批歷代通鑑輯覽一百二十卷……… 4－464
御批歷代通鑑輯覽一百二十卷……… 4－464
御批歷代通鑑輯覽一百二十卷……… 4－464
御批歷代通鑑輯覽一百二十卷……… 4－464
御批歷代通鑑輯覽一百二十卷……… 4－464
御批歷代通鑑輯覽一百二十卷……… 4－464
御批歷代通鑑輯覽一百二十卷……… 4－464
御批歷代通鑑輯覽一百二十卷……… 4－464
御批歷代通鑑輯覽一百二十卷……… 4－464
御批歷代通鑑輯覽一百二十卷……… 4－464
御批歷代通鑑輯覽一百二十卷……… 4－464
御批歷代通鑑輯覽一百二十卷……… 4－464
御批歷代通鑑輯覽一百二十卷……… 4－464
御批歷代通鑑輯覽一百二十卷……… 4－464
御批歷代通鑑輯覽一百二十卷……… 4－465
御批歷代通鑑輯覽一百二十卷……… 4－465
御批歷代通鑑輯覽一百二十卷……… 4－465
御批歷代通鑑輯覽一百二十卷……… 4－465
御批歷代通鑑輯覽一百二十卷……… 4－465
御批歷代通鑑輯覽一百二十卷……… 4－465
御批歷代通鑑輯覽一百二十卷……… 4－465
御批歷代通鑑輯覽一百二十卷……… 4－465
御批歷代通鑑輯覽一百二十卷……… 5－402
御批歷代通鑑輯覽一百二十卷……… 5－402
御批歷代通鑑輯覽一百二十卷……… 5－402
御批歷代通鑑輯覽選十二卷………… 4－453
御批續資治通鑑綱目二十七卷……… 4－465
御批續資治通鑑綱目二十七卷……… 4－466
御批續資治通鑑綱目二十七卷……… 4－466
御批續資治通鑑綱目二十七卷……… 4－467
御批續資治通鑑綱目二十七卷……… 4－467
御批續資治通鑑綱目二十七卷……… 4－467
御批續資治通鑑綱目二十七卷……… 4－467
御批續資治通鑑綱目二十七卷……… 4－467
御批續資治通鑑綱目二十七卷……… 4－467
御批續資治通鑑綱目二十七卷……… 4－467
御批續資治通鑑綱目二十七卷……… 4－467
御批續資治通鑑綱目二十七卷……… 4－468
御批續資治通鑑綱目二十七卷……… 4－468
御批續資治通鑑綱目二十七卷……… 4－468
御批續資治通鑑綱目二十七卷……… 4－468
御批續資治通鑑綱目二十七卷……… 4－468
御刻三希堂石渠寶笈法帖不分卷…… 4－452
御刻三希堂石渠寶笈法帖不分卷…… 4－453
御刻三希堂石渠寶笈法帖不分卷…… 4－453
御刻三希堂石渠寶笈法帖不分卷…… 4－453
御刻三希堂石渠寶笈法帖釋文十六
卷……………………………………… 4－453
御刻三希堂石渠寶笈法帖釋文十六
卷……………………………………… 5－401
御刻三希堂石渠寶笈法帖釋文十六
卷……………………………………… 5－401
御刻三希堂石渠寶笈續法帖不分卷
……………………………………… 4－453
御定七政四餘萬年書不分卷………… 4－452
御定七政四餘萬年書不分卷………… 4－452
御定七政四餘萬年書不分卷………… 4－452
御定七政四餘萬年書不分卷………… 4－452
御定七政四餘萬年書不分卷………… 4－452
御定七政四餘萬年書不分卷………… 4－452
御定七政四餘萬年書不分卷………… 4－452
御定七政四餘萬年曆不分卷………… 4－452
御定七政四餘萬年曆不分卷………… 4－452
御定七政四餘萬年曆不分卷………… 4－452
御定七政四餘萬年曆不分卷………… 4－452
御定全唐詩錄一百卷詩人年表一卷
……………………………………… 4－452
御定全唐詩錄一百卷詩人年表一卷
……………………………………… 4－452
御定全唐詩錄一百卷詩人年表一卷
……………………………………… 4－452
御定全唐詩錄一百卷詩人年表一卷
……………………………………… 4－452
御定孝經衍義一百卷首二卷………… 4－452
御定康熙字典十二集三十六卷總目
一卷檢字一卷辨似一卷等韻一卷
補遺一卷備考一卷…………………… 4－435

御定康熙字典十二集三十六卷總目
一卷檢字一卷辨似一卷等韻一卷
補遺一卷備考一卷…………………… 4－435
御定康熙字典十二集三十六卷總目
一卷檢字一卷辨似一卷等韻一卷
補遺一卷備考一卷…………………… 4－435
御定康熙字典十二集三十六卷總目
一卷檢字一卷辨似一卷等韻一卷
補遺一卷備考一卷…………………… 4－435
御定康熙字典十二集三十六卷總目
一卷檢字一卷辨似一卷等韻一卷
補遺一卷備考一卷…………………… 4－435
御定康熙字典十二集三十六卷總目
一卷檢字一卷辨似一卷等韻一卷
補遺一卷備考一卷…………………… 4－435
御定康熙字典十二集三十六卷總目
一卷檢字一卷辨似一卷等韻一卷
補遺一卷備考一卷…………………… 4－435
御定康熙字典十二集三十六卷總目
一卷檢字一卷辨似一卷等韻一卷
補遺一卷備考一卷…………………… 4－435
御定康熙字典十二集三十六卷總目
一卷檢字一卷辨似一卷等韻一卷
補遺一卷備考一卷…………………… 4－436
御定康熙字典十二集三十六卷總目
一卷檢字一卷辨似一卷等韻一卷
補遺一卷備考一卷…………………… 4－436
御定康熙字典十二集三十六卷總目
一卷檢字一卷辨似一卷等韻一卷
補遺一卷備考一卷…………………… 4－436
御定康熙字典十二集三十六卷總目
一卷檢字一卷辨似一卷等韻一卷
補遺一卷備考一卷…………………… 4－436
御定康熙字典十二集三十六卷總目
一卷檢字一卷辨似一卷等韻一卷
補遺一卷備考一卷…………………… 4－436
御定康熙字典十二集三十六卷總目
一卷檢字一卷辨似一卷等韻一卷
補遺一卷備考一卷…………………… 4－436
御定康熙字典十二集三十六卷總目
一卷檢字一卷辨似一卷等韻一卷
補遺一卷備考一卷…………………… 4－436
御定康熙字典十二集三十六卷總目
一卷檢字一卷辨似一卷等韻一卷
補遺一卷備考一卷…………………… 4－436
御定康熙字典十二集三十六卷總目
一卷檢字一卷辨似一卷等韻一卷
補遺一卷備考一卷…………………… 4－436
御定康熙字典十二集三十六卷總目
一卷檢字一卷辨似一卷等韻一卷
補遺一卷備考一卷…………………… 4－436
御定康熙字典十二集三十六卷總目
一卷檢字一卷辨似一卷等韻一卷
補遺一卷備考一卷…………………… 4－436
御定康熙字典十二集三十六卷總目
一卷檢字一卷辨似一卷等韻一卷
補遺一卷備考一卷…………………… 4－436
御定康熙字典十二集三十六卷總目
一卷檢字一卷辨似一卷等韻一卷
補遺一卷備考一卷…………………… 4－436
御定康熙字典十二集三十六卷總目
一卷檢字一卷辨似一卷等韻一卷
補遺一卷備考一卷…………………… 4－436
御定康熙字典十二集三十六卷總目
一卷檢字一卷辨似一卷等韻一卷
補遺一卷備考一卷…………………… 4－437
御定康熙字典十二集三十六卷總目
一卷檢字一卷辨似一卷等韻一卷
補遺一卷備考一卷…………………… 4－437
御定康熙字典十二集三十六卷總目
一卷檢字一卷辨似一卷等韻一卷
補遺一卷備考一卷…………………… 4－437
御定康熙字典十二集三十六卷總目
一卷檢字一卷辨似一卷等韻一卷
補遺一卷備考一卷…………………… 4－437
御定康熙字典十二集三十六卷總目
一卷檢字一卷辨似一卷等韻一卷
補遺一卷備考一卷…………………… 4－437
御定康熙字典十二集三十六卷總目
一卷檢字一卷辨似一卷等韻一卷
補遺一卷備考一卷…………………… 4－437
御定康熙字典十二集三十六卷總目

一卷檢字一卷辨似一卷等韻一卷
補遺一卷備考一卷 ………………… 4－437
御定康熙字典十二集三十六卷總目
一卷檢字一卷辨似一卷等韻一卷
補遺一卷備考一卷 ………………… 4－437
御定康熙字典十二集三十六卷總目
一卷檢字一卷辨似一卷等韻一卷
補遺一卷備考一卷 ………………… 4－437
御定康熙字典十二集三十六卷總目
一卷檢字一卷辨似一卷等韻一卷
補遺一卷備考一卷 ………………… 4－437
御定康熙字典十二集三十六卷總目
一卷檢字一卷辨似一卷等韻一卷
補遺一卷備考一卷 ………………… 4－437
御定康熙字典十二集三十六卷總目
一卷檢字一卷辨似一卷等韻一卷
補遺一卷備考一卷 ………………… 4－437
御定康熙字典十二集三十六卷總目
一卷檢字一卷辨似一卷等韻一卷
補遺一卷備考一卷 ………………… 4－437
御定康熙字典十二集三十六卷總目
一卷檢字一卷辨似一卷等韻一卷
補遺一卷備考一卷 ………………… 4－437
御定康熙字典十二集三十六卷總目
一卷檢字一卷辨似一卷等韻一卷
補遺一卷備考一卷 ………………… 4－438
御定康熙字典十二集三十六卷總目
一卷檢字一卷辨似一卷等韻一卷
補遺一卷備考一卷 ………………… 4－438
御定康熙字典十二集三十六卷總目
一卷檢字一卷辨似一卷等韻一卷
補遺一卷備考一卷 ………………… 4－438
御定康熙字典十二集三十六卷總目
一卷檢字一卷辨似一卷等韻一卷
補遺一卷備考一卷 ………………… 4－438
御定康熙字典十二集三十六卷總目
一卷檢字一卷辨似一卷等韻一卷
補遺一卷備考一卷 ………………… 4－438
御定康熙字典十二集三十六卷總目
一卷檢字一卷辨似一卷等韻一卷
補遺一卷備考一卷 ………………… 4－438
御定康熙字典十二集三十六卷總目
一卷檢字一卷辨似一卷等韻一卷
補遺一卷備考一卷 ………………… 4－438
御定康熙字典十二集三十六卷總目
一卷檢字一卷辨似一卷等韻一卷
補遺一卷備考一卷 ………………… 4－438
御定康熙字典十二集三十六卷總目
一卷檢字一卷辨似一卷等韻一卷
補遺一卷備考一卷 ………………… 4－438
御定康熙字典十二集三十六卷總目
一卷檢字一卷辨似一卷等韻一卷
補遺一卷備考一卷 ………………… 4－438
御定康熙字典十二集三十六卷總目
一卷檢字一卷辨似一卷等韻一卷
補遺一卷備考一卷 ………………… 4－438
御定康熙字典十二集三十六卷總目
一卷檢字一卷辨似一卷等韻一卷
補遺一卷備考一卷 ………………… 4－438
御定康熙字典十二集三十六卷總目
一卷檢字一卷辨似一卷等韻一卷
補遺一卷備考一卷 ………………… 4－439
御定康熙字典十二集三十六卷總目
一卷檢字一卷辨似一卷等韻一卷
補遺一卷備考一卷 ………………… 4－439
御定康熙字典十二集三十六卷總目
一卷檢字一卷辨似一卷等韻一卷
補遺一卷備考一卷 ………………… 4－439
御定康熙字典十二集三十六卷總目
一卷檢字一卷辨似一卷等韻一卷
補遺一卷備考一卷 ………………… 4－439
御定康熙字典十二集三十六卷總目
一卷檢字一卷辨似一卷等韻一卷
補遺一卷備考一卷 ………………… 4－439
御定康熙字典十二集三十六卷總目
一卷檢字一卷辨似一卷等韻一卷
補遺一卷備考一卷 ………………… 4－439
御定康熙字典十二集三十六卷總目
一卷檢字一卷辨似一卷等韻一卷

補遺一卷備考一卷……………………4－439
御定康熙字典十二集三十六卷總目
一卷檢字一卷辨似一卷等韻一卷
補遺一卷備考一卷……………………4－439
御定康熙字典十二集三十六卷總目
一卷檢字一卷辨似一卷等韻一卷
補遺一卷備考一卷……………………4－439
御定康熙字典十二集三十六卷總目
一卷檢字一卷辨似一卷等韻一卷
補遺一卷備考一卷……………………4－439
御定康熙字典十二集三十六卷總目
一卷檢字一卷辨似一卷等韻一卷
補遺一卷備考一卷……………………4－439
御定康熙字典十二集三十六卷總目
一卷檢字一卷辨似一卷等韻一卷
補遺一卷備考一卷……………………4－439
御定康熙字典十二集三十六卷總目
一卷檢字一卷辨似一卷等韻一卷
補遺一卷備考一卷……………………4－439
御定康熙字典十二集三十六卷總目
一卷檢字一卷辨似一卷等韻一卷
補遺一卷備考一卷……………………4－439
御定康熙字典十二集三十六卷總目
一卷檢字一卷辨似一卷等韻一卷
補遺一卷備考一卷……………………4－440
御定康熙字典十二集三十六卷總目
一卷檢字一卷辨似一卷等韻一卷
補遺一卷備考一卷……………………4－440
御定康熙字典十二集三十六卷總目
一卷檢字一卷辨似一卷等韻一卷
補遺一卷備考一卷……………………4－440
御定康熙字典十二集三十六卷總目
一卷檢字一卷辨似一卷等韻一卷
補遺一卷備考一卷……………………4－440
御定康熙字典十二集三十六卷總目
一卷檢字一卷辨似一卷等韻一卷
補遺一卷備考一卷……………………4－440
御定康熙字典十二集三十六卷總目
一卷檢字一卷辨似一卷等韻一卷
補遺一卷備考一卷……………………4－440
御定康熙字典十二集三十六卷總目
一卷檢字一卷辨似一卷等韻一卷
補遺一卷備考一卷……………………4－440
御定康熙字典十二集三十六卷總目
一卷檢字一卷辨似一卷等韻一卷
補遺一卷備考一卷……………………4－440
御定康熙字典十二集三十六卷總目
一卷檢字一卷辨似一卷等韻一卷
補遺一卷備考一卷……………………4－440
御定康熙字典十二集三十六卷總目
一卷檢字一卷辨似一卷等韻一卷
補遺一卷備考一卷……………………4－440
御定康熙字典十二集三十六卷總目
一卷檢字一卷辨似一卷等韻一卷
補遺一卷備考一卷……………………4－440
御定康熙字典十二集三十六卷總目
一卷檢字一卷辨似一卷等韻一卷
補遺一卷備考一卷……………………4－440
御定康熙字典十二集三十六卷總目
一卷檢字一卷辨似一卷等韻一卷
補遺一卷備考一卷……………………4－440
御定康熙字典十二集三十六卷總目
一卷檢字一卷辨似一卷等韻一卷
補遺一卷備考一卷……………………4－441
御定康熙字典十二集三十六卷總目
一卷檢字一卷辨似一卷等韻一卷
補遺一卷備考一卷……………………4－441
御定康熙字典十二集三十六卷總目
一卷檢字一卷辨似一卷等韻一卷
補遺一卷備考一卷……………………4－441
御定康熙字典十二集三十六卷總目
一卷檢字一卷辨似一卷等韻一卷
補遺一卷備考一卷……………………4－441
御定康熙字典十二集三十六卷總目
一卷檢字一卷辨似一卷等韻一卷
補遺一卷備考一卷……………………4－441
御定康熙字典十二集三十六卷總目
一卷檢字一卷辨似一卷等韻一卷
補遺一卷備考一卷……………………4－441
御定康熙字典十二集三十六卷總目
一卷檢字一卷辨似一卷等韻一卷
補遺一卷備考一卷……………………4－441

御定康熙字典十二集三十六卷總目
一卷檢字一卷辨似一卷等韻一卷
補遺一卷備考一卷 ………………… 4－441
御定康熙字典十二集三十六卷總目
一卷檢字一卷辨似一卷等韻一卷
補遺一卷備考一卷 ………………… 4－441
御定康熙字典十二集三十六卷總目
一卷檢字一卷辨似一卷等韻一卷
補遺一卷備考一卷 ………………… 4－441
御定康熙字典十二集三十六卷總目
一卷檢字一卷辨似一卷等韻一卷
補遺一卷備考一卷 ………………… 4－441
御定康熙字典十二集三十六卷總目
一卷檢字一卷辨似一卷等韻一卷
補遺一卷備考一卷 ………………… 4－441
御定康熙字典十二集三十六卷總目
一卷檢字一卷辨似一卷等韻一卷
補遺一卷備考一卷 ………………… 4－441
御定康熙字典十二集三十六卷總目
一卷檢字一卷辨似一卷等韻一卷
補遺一卷備考一卷 ………………… 4－441
御定康熙字典十二集三十六卷總目
一卷檢字一卷辨似一卷等韻一卷
補遺一卷備考一卷 ………………… 4－442
御定康熙字典十二集三十六卷總目
一卷檢字一卷辨似一卷等韻一卷
補遺一卷備考一卷 ………………… 4－442
御定康熙字典十二集三十六卷總目
一卷檢字一卷辨似一卷等韻一卷
補遺一卷備考一卷 ………………… 4－442
御定康熙字典十二集三十六卷總目
一卷檢字一卷辨似一卷等韻一卷
補遺一卷備考一卷 ………………… 4－442
御定康熙字典十二集三十六卷總目
一卷檢字一卷辨似一卷等韻一卷
補遺一卷備考一卷 ………………… 4－442
御定康熙字典十二集三十六卷總目
一卷檢字一卷辨似一卷等韻一卷
補遺一卷備考一卷 ………………… 4－442
御定康熙字典十二集三十六卷總目
一卷檢字一卷辨似一卷等韻一卷
補遺一卷備考一卷 ………………… 4－442
御定康熙字典十二集三十六卷總目
一卷檢字一卷辨似一卷等韻一卷
補遺一卷備考一卷 ………………… 4－442
御定康熙字典十二集三十六卷總目
一卷檢字一卷辨似一卷等韻一卷
補遺一卷備考一卷 ………………… 4－442
御定康熙字典十二集三十六卷總目
一卷檢字一卷辨似一卷等韻一卷
補遺一卷備考一卷 ………………… 4－442
御定康熙字典十二集三十六卷總目
一卷檢字一卷辨似一卷等韻一卷
補遺一卷備考一卷 ………………… 4－442
御定康熙字典十二集三十六卷總目
一卷檢字一卷辨似一卷等韻一卷
補遺一卷備考一卷 ………………… 4－442
御定康熙字典十二集三十六卷總目
一卷檢字一卷辨似一卷等韻一卷
補遺一卷備考一卷 ………………… 4－442
御定康熙字典十二集三十六卷總目
一卷檢字一卷辨似一卷等韻一卷
補遺一卷備考一卷 ………………… 4－442
御定康熙字典十二集三十六卷總目
一卷檢字一卷辨似一卷等韻一卷
補遺一卷備考一卷 ………………… 4－442
御定康熙字典十二集三十六卷總目
一卷檢字一卷辨似一卷等韻一卷
補遺一卷備考一卷 ………………… 4－443
御定康熙字典十二集三十六卷總目
一卷檢字一卷辨似一卷等韻一卷
補遺一卷備考一卷 ………………… 4－443
御定康熙字典十二集三十六卷總目
一卷檢字一卷辨似一卷等韻一卷
補遺一卷備考一卷 ………………… 4－443
御定康熙字典十二集三十六卷總目
一卷檢字一卷辨似一卷等韻一卷
補遺一卷備考一卷 ………………… 4－443
御定康熙字典十二集三十六卷總目
一卷檢字一卷辨似一卷等韻一卷
補遺一卷備考一卷 ………………… 4－443
御定康熙字典十二集三十六卷總目

一卷檢字一卷辨似一卷等韻一卷
補遺一卷備考一卷…………………… 4-443
御定康熙字典十二集三十六卷總目
一卷檢字一卷辨似一卷等韻一卷
補遺一卷備考一卷…………………… 4-443
御定康熙字典十二集三十六卷總目
一卷檢字一卷辨似一卷等韻一卷
補遺一卷備考一卷…………………… 4-443
御定康熙字典十二集三十六卷總目
一卷檢字一卷辨似一卷等韻一卷
補遺一卷備考一卷…………………… 4-443
御定康熙字典十二集三十六卷總目
一卷檢字一卷辨似一卷等韻一卷
補遺一卷備考一卷…………………… 4-443
御定康熙字典十二集三十六卷總目
一卷檢字一卷辨似一卷等韻一卷
補遺一卷備考一卷…………………… 4-443
御定康熙字典十二集三十六卷總目
一卷檢字一卷辨似一卷等韻一卷
補遺一卷備考一卷…………………… 4-443
御定康熙字典十二集三十六卷總目
一卷檢字一卷辨似一卷等韻一卷
補遺一卷備考一卷…………………… 4-443
御定康熙字典十二集三十六卷總目
一卷檢字一卷辨似一卷等韻一卷
補遺一卷備考一卷…………………… 4-443
御定康熙字典十二集三十六卷總目
一卷檢字一卷辨似一卷等韻一卷
補遺一卷備考一卷…………………… 4-444
御定康熙字典十二集三十六卷總目
一卷檢字一卷辨似一卷等韻一卷
補遺一卷備考一卷…………………… 4-444
御定康熙字典十二集三十六卷總目
一卷檢字一卷辨似一卷等韻一卷
補遺一卷備考一卷…………………… 4-444
御定康熙字典十二集三十六卷總目
一卷檢字一卷辨似一卷等韻一卷
補遺一卷備考一卷…………………… 4-444
御定康熙字典十二集三十六卷總目
一卷檢字一卷辨似一卷等韻一卷
補遺一卷備考一卷…………………… 4-444
御定康熙字典十二集三十六卷總目
一卷檢字一卷辨似一卷等韻一卷
補遺一卷備考一卷…………………… 4-444
御定康熙字典十二集三十六卷總目
一卷檢字一卷辨似一卷等韻一卷
補遺一卷備考一卷…………………… 4-444
御定康熙字典十二集三十六卷總目
一卷檢字一卷辨似一卷等韻一卷
補遺一卷備考一卷…………………… 4-444
御定康熙字典十二集三十六卷總目
一卷檢字一卷辨似一卷等韻一卷
補遺一卷備考一卷…………………… 4-444
御定康熙字典十二集三十六卷總目
一卷檢字一卷辨似一卷等韻一卷
補遺一卷備考一卷…………………… 4-444
御定康熙字典十二集三十六卷總目
一卷檢字一卷辨似一卷等韻一卷
補遺一卷備考一卷…………………… 4-444
御定康熙字典十二集三十六卷總目
一卷檢字一卷辨似一卷等韻一卷
補遺一卷備考一卷…………………… 4-444
御定康熙字典十二集三十六卷總目
一卷檢字一卷辨似一卷等韻一卷
補遺一卷備考一卷…………………… 4-444
御定康熙字典十二集三十六卷總目
一卷檢字一卷辨似一卷等韻一卷
補遺一卷備考一卷…………………… 4-444
御定康熙字典十二集三十六卷總目
一卷檢字一卷辨似一卷等韻一卷
補遺一卷備考一卷…………………… 4-445
御定康熙字典十二集三十六卷總目
一卷檢字一卷辨似一卷等韻一卷
補遺一卷備考一卷…………………… 4-445
御定康熙字典十二集三十六卷總目
一卷檢字一卷辨似一卷等韻一卷
補遺一卷備考一卷…………………… 4-445
御定康熙字典十二集三十六卷總目
一卷檢字一卷辨似一卷等韻一卷

補遺一卷備考一卷 …………………… 4－445
御定康熙字典十二集三十六卷總目
一卷檢字一卷辨似一卷等韻一卷
補遺一卷備考一卷 …………………… 4－445
御定康熙字典十二集三十六卷總目
一卷檢字一卷辨似一卷等韻一卷
補遺一卷備考一卷 …………………… 4－445
御定康熙字典十二集三十六卷總目
一卷檢字一卷辨似一卷等韻一卷
補遺一卷備考一卷 …………………… 4－445
御定康熙字典十二集三十六卷總目
一卷檢字一卷辨似一卷等韻一卷
補遺一卷備考一卷 …………………… 4－445
御定康熙字典十二集三十六卷總目
一卷檢字一卷辨似一卷等韻一卷
補遺一卷備考一卷 …………………… 4－445
御定康熙字典十二集三十六卷總目
一卷檢字一卷辨似一卷等韻一卷
補遺一卷備考一卷 …………………… 4－445
御定康熙字典十二集三十六卷總目
一卷檢字一卷辨似一卷等韻一卷
補遺一卷備考一卷 …………………… 4－445
御定康熙字典十二集三十六卷總目
一卷檢字一卷辨似一卷等韻一卷
補遺一卷備考一卷 …………………… 4－445
御定康熙字典十二集三十六卷總目
一卷檢字一卷辨似一卷等韻一卷
補遺一卷備考一卷 …………………… 4－445
御定康熙字典十二集三十六卷總目
一卷檢字一卷辨似一卷等韻一卷
補遺一卷備考一卷 …………………… 4－445
御定康熙字典十二集三十六卷總目
一卷檢字一卷辨似一卷等韻一卷
補遺一卷備考一卷 …………………… 4－445
御定康熙字典十二集三十六卷總目
一卷檢字一卷辨似一卷等韻一卷
補遺一卷備考一卷 …………………… 4－445
御定康熙字典十二集三十六卷總目
一卷檢字一卷辨似一卷等韻一卷
補遺一卷備考一卷 …………………… 4－446
御定康熙字典十二集三十六卷總目
一卷檢字一卷辨似一卷等韻一卷
補遺一卷備考一卷 …………………… 4－446
御定康熙字典十二集三十六卷總目
一卷檢字一卷辨似一卷等韻一卷
補遺一卷備考一卷 …………………… 4－446
御定康熙字典十二集三十六卷總目
一卷檢字一卷辨似一卷等韻一卷
補遺一卷備考一卷 …………………… 4－446
御定康熙字典十二集三十六卷總目
一卷檢字一卷辨似一卷等韻一卷
補遺一卷備考一卷 …………………… 4－446
御定康熙字典十二集三十六卷總目
一卷檢字一卷辨似一卷等韻一卷
補遺一卷備考一卷 …………………… 4－446
御定康熙字典十二集三十六卷總目
一卷檢字一卷辨似一卷等韻一卷
補遺一卷備考一卷 …………………… 4－446
御定康熙字典十二集三十六卷總目
一卷檢字一卷辨似一卷等韻一卷
補遺一卷備考一卷 …………………… 4－446
御定康熙字典十二集三十六卷總目
一卷檢字一卷辨似一卷等韻一卷
補遺一卷備考一卷 …………………… 4－446
御定康熙字典十二集三十六卷總目
一卷檢字一卷辨似一卷等韻一卷
補遺一卷備考一卷 …………………… 4－446
御定康熙字典十二集三十六卷總目
一卷檢字一卷辨似一卷等韻一卷
補遺一卷備考一卷 …………………… 4－446
御定康熙字典十二集三十六卷總目
一卷檢字一卷辨似一卷等韻一卷
補遺一卷備考一卷 …………………… 4－446
御定康熙字典十二集三十六卷總目
一卷檢字一卷辨似一卷等韻一卷
補遺一卷備考一卷 …………………… 4－446
御定康熙字典十二集三十六卷總目
一卷檢字一卷辨似一卷等韻一卷
補遺一卷備考一卷 …………………… 4－446

御定康熙字典十二集三十六卷總目一卷檢字一卷辨似一卷等韻一卷補遺一卷備考一卷…………………… 4－447
御定康熙字典十二集三十六卷總目一卷檢字一卷辨似一卷等韻一卷補遺一卷備考一卷…………………… 4－447
御定康熙字典十二集三十六卷總目一卷檢字一卷辨似一卷等韻一卷補遺一卷備考一卷…………………… 4－447
御定康熙字典十二集三十六卷總目一卷檢字一卷辨似一卷等韻一卷補遺一卷備考一卷…………………… 4－447
御定康熙字典十二集三十六卷總目一卷檢字一卷辨似一卷等韻一卷補遺一卷備考一卷…………………… 4－447
御定康熙字典十二集三十六卷總目一卷檢字一卷辨似一卷等韻一卷補遺一卷備考一卷…………………… 4－447
御定康熙字典十二集三十六卷總目一卷檢字一卷辨似一卷等韻一卷補遺一卷備考一卷…………………… 4－447
御定康熙字典十二集三十六卷總目一卷檢字一卷辨似一卷等韻一卷補遺一卷備考一卷…………………… 4－447
御定康熙字典十二集三十六卷總目一卷檢字一卷辨似一卷等韻一卷補遺一卷備考一卷…………………… 4－447
御定康熙字典十二集三十六卷總目一卷檢字一卷辨似一卷等韻一卷補遺一卷備考一卷…………………… 4－447
御定康熙字典十二集三十六卷總目一卷檢字一卷辨似一卷等韻一卷補遺一卷備考一卷…………………… 4－447
御定康熙字典十二集三十六卷總目一卷檢字一卷辨似一卷等韻一卷補遺一卷備考一卷…………………… 4－447
御定康熙字典十二集三十六卷總目一卷檢字一卷辨似一卷等韻一卷補遺一卷備考一卷…………………… 4－447
御定康熙字典十二集三十六卷總目一卷檢字一卷辨似一卷等韻一卷補遺一卷備考一卷…………………… 4－447
御定康熙字典十二集三十六卷總目一卷檢字一卷辨似一卷等韻一卷補遺一卷備考一卷…………………… 4－448
御定康熙字典十二集三十六卷總目一卷檢字一卷辨似一卷等韻一卷補遺一卷備考一卷…………………… 4－448
御定康熙字典十二集三十六卷總目一卷檢字一卷辨似一卷等韻一卷補遺一卷備考一卷…………………… 4－448
御定康熙字典十二集三十六卷總目一卷檢字一卷辨似一卷等韻一卷補遺一卷備考一卷…………………… 4－448
御定康熙字典十二集三十六卷總目一卷檢字一卷辨似一卷等韻一卷補遺一卷備考一卷…………………… 4－448
御定康熙字典十二集三十六卷總目一卷檢字一卷辨似一卷等韻一卷補遺一卷備考一卷…………………… 4－448
御定康熙字典十二集三十六卷總目一卷檢字一卷辨似一卷等韻一卷補遺一卷備考一卷…………………… 4－448
御定康熙字典十二集三十六卷總目一卷檢字一卷辨似一卷等韻一卷補遺一卷備考一卷…………………… 4－448
御定康熙字典十二集三十六卷總目一卷檢字一卷辨似一卷等韻一卷補遺一卷備考一卷…………………… 4－448
御定康熙字典十二集三十六卷總目一卷檢字一卷辨似一卷等韻一卷補遺一卷備考一卷…………………… 4－448
御定康熙字典十二集三十六卷總目一卷檢字一卷辨似一卷等韻一卷補遺一卷備考一卷…………………… 4－448
御定康熙字典十二集三十六卷總目一卷檢字一卷辨似一卷等韻一卷補遺一卷備考一卷…………………… 4－448
御定康熙字典十二集三十六卷總目一卷檢字一卷辨似一卷等韻一卷補遺一卷備考一卷…………………… 4－448
御定康熙字典十二集三十六卷總目

一卷檢字一卷辨似一卷等韻一卷
補遺一卷備考一卷 …………………… 4－448
御定康熙字典十二集三十六卷總目
一卷檢字一卷辨似一卷等韻一卷
補遺一卷備考一卷 …………………… 4－448
御定康熙字典十二集三十六卷總目
一卷檢字一卷辨似一卷等韻一卷
補遺一卷備考一卷 …………………… 4－449
御定康熙字典十二集三十六卷總目
一卷檢字一卷辨似一卷等韻一卷
補遺一卷備考一卷 …………………… 4－449
御定康熙字典十二集三十六卷總目
一卷檢字一卷辨似一卷等韻一卷
補遺一卷備考一卷 …………………… 4－449
御定康熙字典十二集三十六卷總目
一卷檢字一卷辨似一卷等韻一卷
補遺一卷備考一卷 …………………… 4－449
御定康熙字典十二集三十六卷總目
一卷檢字一卷辨似一卷等韻一卷
補遺一卷備考一卷 …………………… 4－449
御定康熙字典十二集三十六卷總目
一卷檢字一卷辨似一卷等韻一卷
補遺一卷備考一卷 …………………… 4－449
御定康熙字典十二集三十六卷總目
一卷檢字一卷辨似一卷等韻一卷
補遺一卷備考一卷 …………………… 4－449
御定康熙字典十二集三十六卷總目
一卷檢字一卷辨似一卷等韻一卷
補遺一卷備考一卷 …………………… 4－449
御定康熙字典十二集三十六卷總目
一卷檢字一卷辨似一卷等韻一卷
補遺一卷備考一卷 …………………… 4－449
御定康熙字典十二集三十六卷總目
一卷檢字一卷辨似一卷等韻一卷
補遺一卷備考一卷 …………………… 4－449
御定康熙字典十二集三十六卷總目
一卷檢字一卷辨似一卷等韻一卷
補遺一卷備考一卷 …………………… 4－449
御定康熙字典十二集三十六卷總目
一卷檢字一卷辨似一卷等韻一卷
補遺一卷備考一卷 …………………… 4－449
御定康熙字典十二集三十六卷總目
一卷檢字一卷辨似一卷等韻一卷
補遺一卷備考一卷 …………………… 4－449
御定康熙字典十二集三十六卷總目
一卷檢字一卷辨似一卷等韻一卷
補遺一卷備考一卷 …………………… 4－449
御定康熙字典十二集三十六卷總目
一卷檢字一卷辨似一卷等韻一卷
補遺一卷備考一卷 …………………… 4－450
御定康熙字典十二集三十六卷總目
一卷檢字一卷辨似一卷等韻一卷
補遺一卷備考一卷 …………………… 4－450
御定康熙字典十二集三十六卷總目
一卷檢字一卷辨似一卷等韻一卷
補遺一卷備考一卷 …………………… 4－450
御定康熙字典十二集三十六卷總目
一卷檢字一卷辨似一卷等韻一卷
補遺一卷備考一卷 …………………… 4－450
御定康熙字典十二集三十六卷總目
一卷檢字一卷辨似一卷等韻一卷
補遺一卷備考一卷 …………………… 4－450
御定駢字類編二百四十卷 ………… 4－451
御定駢字類編二百四十卷 ………… 4－451
御定駢字類編二百四十卷 ………… 4－451
御定駢字類編二百四十卷 ………… 4－451
御定駢字類編二百四十卷 ………… 4－451
御定駢字類編二百四十卷 ………… 4－451
御定駢字類編二百四十卷 ………… 4－452
御定歷代紀事年表一百卷歷代三元
甲子編年一卷 ……………………… 4－451
御定歷代賦彙一百四十卷外集二十
卷逸句二卷補遺二十二卷目錄三
卷 ………………………………… 4－450
御定歷代賦彙一百四十卷外集二十
卷逸句二卷補遺二十二卷目錄三
卷 ………………………………… 4－450
御定歷代賦彙一百四十卷外集二十
卷逸句二卷補遺二十二卷目錄三

卷 …………………………………… 4－450
御定歷代賦彙一百四十卷外集二十卷逸句二卷補遺二十二卷目錄三卷 …………………………………… 4－450
御定歷代賦彙一百四十卷外集二十卷逸句二卷補遺二十二卷目錄三卷 …………………………………… 4－450
御定歷代賦彙一百四十卷外集二十卷逸句二卷補遺二十二卷目錄三卷 …………………………………… 4－450
御定歷代賦彙一百四十卷外集二十卷逸句二卷補遺二十二卷目錄三卷 …………………………………… 4－451
御定歷代賦彙一百四十卷外集二十卷逸句二卷補遺二十二卷目錄三卷 …………………………………… 4－451
御定歷代賦彙一百四十卷外集二十卷逸句二卷補遺二十二卷目錄三卷 …………………………………… 4－451
御定歷代賦彙一百四十卷外集二十卷逸句二卷補遺二十二卷目錄三卷 …………………………………… 4－451
御定歷代題畫詩類一百二十卷 ……… 4－451
御定歷代題畫詩類一百二十卷 ……… 4－451
御訂全金詩增補中州集七十二卷首二卷 …………………………………… 4－452
御訂全金詩增補中州集七十二卷首二卷 …………………………………… 4－452
御訂全金詩增補中州集七十二卷首二卷 …………………………………… 4－452
御案春秋左傳經解備旨十二卷 ……… 4－428
御案春秋左傳經解備旨十二卷 ……… 4－429
御案春秋左傳經解備旨十二卷 ……… 4－429
御案春秋左傳經解備旨十二卷 ……… 4－429
御案春秋左傳經解備旨十二卷 ……… 4－429
御案春秋左傳經解備旨十二卷 ……… 4－429
御案春秋左傳經解備旨十二卷 ……… 4－429
御案春秋左傳經解備旨十二卷 ……… 4－429
御案春秋左傳經解備旨十二卷 ……… 4－429
御案春秋左傳經解備旨十二卷 ……… 4－429
御案春秋左傳經解備旨十二卷 ……… 4－429
御案春秋左傳經解備旨十二卷 ……… 4－429
御案春秋左傳經解備旨十二卷 ……… 4－429
御案春秋左傳經解備旨十二卷 ……… 4－429
御案春秋左傳經解備旨十二卷 ……… 4－429
御案春秋左傳經解備旨十二卷 ……… 4－429
御案春秋左傳經解備旨十二卷 ……… 4－429
御案春秋左傳經解備旨十二卷 ……… 4－429
御案春秋左傳經解備旨十二卷 ……… 4－429
御案春秋左傳經解備旨十二卷 ……… 4－429
御案春秋左傳經解備旨十二卷 ……… 4－429
御案春秋左傳經解備旨十二卷 ……… 4－429
御案春秋左傳經解備旨十二卷 ……… 4－429
御案春秋左傳經解備旨十二卷 ……… 4－430
御案春秋左傳經解備旨十二卷 ……… 4－430
御案春秋左傳經解備旨十二卷 ……… 4－430
御案春秋左傳經解備旨十二卷 ……… 4－430
御案春秋左傳經解備旨十二卷 ……… 4－430
御案春秋左傳經解備旨十二卷 ……… 4－430
御案春秋左傳經解備旨十二卷 ……… 4－430
御案春秋左傳經解備旨十二卷 ……… 4－430
御案春秋左傳經解備旨十二卷 ……… 4－430
御案春秋左傳經解備旨十二卷 ……… 4－430
御案春秋左傳經解備旨十二卷 ……… 4－430
御案春秋左傳經解備旨十二卷 ……… 4－430
御案春秋左傳經解備旨十二卷 ……… 4－430
御案春秋左傳經解備旨十二卷 ……… 4－430
御案春秋左傳經解備旨十二卷 ……… 4－430
御案春秋左傳經解備旨十二卷 ……… 4－430
御案春秋左傳經解備旨十二卷 ……… 4－430
御案春秋左傳經解備旨十二卷 ……… 4－430
御案春秋左傳經解備旨十二卷 ……… 4－430
御案春秋左傳經解備旨十二卷 ……… 4－430
御案詩經備旨八卷 ………………………… 4－431
御案詩經備旨八卷 ………………………… 4－431
御案詩經備旨八卷 ………………………… 4－431
御案詩經備旨八卷 ………………………… 4－431
御案詩經備旨八卷 ………………………… 4－431
御案詩經備旨八卷 ………………………… 4－431
御案詩經備旨八卷 ………………………… 4－431
御案詩經備旨八卷 ………………………… 4－431

御案詩經備旨八卷……………………… 4－431
御案詩經備旨八卷……………………… 4－431
御案詩經備旨八卷……………………… 4－431
御案詩經備旨八卷……………………… 4－431
御案詩經備旨八卷……………………… 4－431
御案詩經備旨八卷……………………… 4－431
御案詩經備旨八卷……………………… 4－431
御案詩經備旨八卷……………………… 4－431
御案詩經備旨八卷……………………… 4－431
御案詩經備旨八卷……………………… 4－431
御案詩經備旨八卷……………………… 4－431
御案詩經備旨八卷……………………… 4－431
御案詩經備旨八卷……………………… 4－432
御案詩經備旨八卷……………………… 4－432
御案詩經備旨八卷……………………… 4－432
御案詩經備旨八卷……………………… 4－432
御案詩經備旨八卷……………………… 4－432
御案詩經備旨八卷……………………… 4－432
御案詩經備旨八卷……………………… 4－432
御案詩經備旨八卷……………………… 4－432
御案詩經備旨八卷……………………… 4－432
御案詩經備旨八卷……………………… 4－432
御案詩經備旨八卷……………………… 4－432
御案詩經備旨八卷……………………… 4－432
御案詩經備旨八卷……………………… 4－432
御案詩經備旨八卷……………………… 4－432
御案詩經備旨八卷……………………… 4－432
御案詩經備旨八卷……………………… 4－432
御案詩經備旨八卷……………………… 4－432
御案詩經備旨八卷……………………… 4－432
御案詩經備旨八卷……………………… 4－432
御案詩經備旨八卷……………………… 4－432
御案詩經備旨八卷……………………… 4－432
御案詩經備旨八卷……………………… 4－432
御案詩經備旨八卷……………………… 4－432
御案詩經備旨八卷……………………… 4－433
御案詩經備旨八卷……………………… 4－433
御案詩經備旨八卷……………………… 4－433
御案詩經備旨八卷……………………… 4－433
御案詩經備旨八卷……………………… 4－433
御案詩經備旨八卷……………………… 4－433
御案詩經備旨八卷……………………… 4－433
御案詩經備旨八卷……………………… 4－433
御案詩經備旨八卷……………………… 4－433
御案詩經備旨八卷……………………… 4－433
御案詩經備旨八卷……………………… 4－433
御案詩經備旨八卷……………………… 4－433
御案詩經備旨八卷……………………… 4－433
御案詩經備旨八卷……………………… 4－433
御案詩經備旨八卷……………………… 4－433
御案詩經備旨八卷……………………… 4－433
御案詩經備旨八卷……………………… 4－433
御案詩經備旨八卷……………………… 4－433
御案詩經備旨八卷……………………… 4－433
御案詩經備旨八卷……………………… 4－433
御案詩經備旨八卷……………………… 4－433
御案詩經備旨八卷……………………… 4－433
御案詩經備旨八卷……………………… 4－433
御案詩經備旨八卷……………………… 4－433
御案詩經備旨八卷……………………… 4－434
御案詩經備旨八卷……………………… 4－434
御案詩經備旨八卷……………………… 4－434
御案詩經備旨八卷……………………… 4－434
御案詩經備旨八卷……………………… 4－434
御案詩經備旨八卷……………………… 4－434
御案詩經備旨八卷……………………… 4－434
御案詩經備旨八卷……………………… 4－434
御案詩經備旨八卷……………………… 4－434
御案詩經備旨八卷……………………… 4－434
御案詩經備旨八卷……………………… 4－434
御案詩經備旨八卷……………………… 4－434
御案詩經備旨八卷……………………… 4－434
御案詩經備旨八卷……………………… 4－434
御案詩經備旨八卷……………………… 4－434
御案詩經備旨八卷……………………… 4－434
御案詩經備旨八卷……………………… 4－434
御案詩經備旨八卷……………………… 4－434
御案詩經備旨八卷……………………… 4－434
御案詩經備旨八卷……………………… 4－434
御案詩經備旨八卷……………………… 4－434
御案詩經備旨八卷……………………… 4－434
御案詩經備旨八卷……………………… 4－435

御案詩經備旨八卷 …………………… 4－435
御案詩經備旨八卷 …………………… 4－435
御案詩經備旨八卷 …………………… 4－435
御案詩經備旨八卷 …………………… 4－435
御案詩經備旨八卷 …………………… 4－435
御案詩經備旨八卷 …………………… 4－435
御案詩經備旨八卷 …………………… 4－435
御案詩經備旨八卷 …………………… 4－435
御案詩經備旨八卷 …………………… 4－435
御案詩經備旨八卷 …………………… 4－435
御案監本五經 ………………………… 4－431
御虛階不分卷 ………………………… 4－468
御註孝經一卷 ………………………… 4－476
御註孝經一卷 ………………………… 4－476
御製人臣儆心錄一卷 ………………… 4－474
御製大雲輪請雨經一卷附太上祈雨
龍王真經三卷 ……………………… 4－473
御製文二集四十四卷目錄二卷 ……… 4－476
御製文三集十六卷 …………………… 4－476
御製文初集三十卷目錄二卷 ………… 4－476
御製文初集三十卷目錄二卷 ………… 4－476
御製文初集三十卷目錄二卷 ………… 4－476
御製文集四十卷總目五卷二集五十
卷總目六卷三集五十卷總目六卷
…………………………………… 4－476
御製文餘集二卷 ……………………… 4－476
御製全韻詩五卷 ……………………… 4－473
御製全韻詩五卷 ……………………… 4－473
御製全韻詩五卷 ……………………… 4－473
御製律曆淵源 ………………………… 4－473
御製耕織圖二卷 ……………………… 4－473
御製耕織圖詩一卷 …………………… 4－473
御製耕織圖詩一卷 …………………… 4－473
御製欽若曆書上編十六卷下編十卷
表十六卷 …………………………… 4－476
御製嗣統述聖詩二卷 ………………… 4－476
御製圓明園詩二卷 …………………… 4－476
御製圓明園詩二卷 …………………… 4－476
御製圓明園詩二卷 …………………… 4－476
御製圓明園詩二卷 …………………… 4－476
御製圓明園詩二卷 …………………… 5－402
御製詩分門題註十三卷補十三卷 …… 4－474
御製詩文十全集五十四卷 …………… 4－474
御製詩四集一百卷目錄十二卷 ……… 4－474
御製詩初集二十四卷 ………………… 4－474
御製詩初集四十八卷目錄六卷 ……… 4－474
御製詩初集四十四卷目錄四卷 ……… 4－474
御製詩初集四十四卷目錄四卷 ……… 4－474
御製詩第三集八卷 …………………… 4－474
御製詩集十卷第二集十卷 …………… 4－474
御製詩餘集二十卷目錄三卷 ………… 4－474
御製資政要覽三卷 …………………… 4－476
御製資政要覽三卷 …………………… 4－476
御製資政要覽三卷 …………………… 4－476
御製數理精蘊上編五卷下編四十卷
表八卷 ……………………………… 4－475
御製數理精蘊上編五卷下編四十卷
表八卷 ……………………………… 4－475
御製數理精蘊上編五卷下編四十卷
表八卷 ……………………………… 4－475
御製數理精蘊上編五卷下編四十卷
表八卷 ……………………………… 4－475
御製數理精蘊上編五卷下編四十卷
表八卷 ……………………………… 4－475
御製數理精蘊上編五卷下編四十卷
表八卷 ……………………………… 4－475
御製數理精蘊上編五卷下編四十卷
表八卷 ……………………………… 4－475
御製數理精蘊上編五卷下編四十卷
表八卷 ……………………………… 4－475
御製數理精蘊上編五卷下編四十卷
表八卷 ……………………………… 4－475
御製數理精蘊上編五卷下編四十卷
表八卷 ……………………………… 4－475
御製數理精蘊上編五卷下編四十卷
表八卷 ……………………………… 4－475
御製數理精蘊上編五卷下編四十卷
表八卷 ……………………………… 4－475
御製數理精蘊上編五卷下編四十卷
表八卷 ……………………………… 4－475
御製數理精蘊上編五卷下編四十卷
表八卷 ……………………………… 4－475

御製數理精蘊上編五卷下編四十卷
表八卷…………………………… 4－475
御製數理精蘊上編五卷下編四十卷
表八卷…………………………… 4－475
御製數理精蘊上編五卷下編四十卷
表八卷…………………………… 4－475
御製數理精蘊上編五卷下編四十卷
表八卷…………………………… 4－476
御製數理精蘊上編五卷下編四十卷
表八卷…………………………… 4－476
御製數理精蘊表八卷………………… 4－474
御製數理精蘊表八卷………………… 4－474
御製數理精蘊表八卷………………… 4－475
御製數理精蘊表八卷………………… 4－475
御製曆象考成上編十六卷…………… 4－473
御製曆象考成上編十六卷下編十卷
表十六卷………………………… 4－473
御製曆象考成後編十卷……………… 4－473
御製曆象考成後編十卷……………… 4－473
御製曆象考成後編十卷……………… 4－473
御製勸善要言一卷…………………… 4－474
御製勸善要言一卷…………………… 4－474
御製勸善要言一卷…………………… 4－474
御製勸善要言一卷…………………… 4－474
御製勸善要言一卷…………………… 4－474
御製勸善要言四卷…………………… 4－473
御製勸善要言四卷…………………… 4－473
御製勸善要言四卷…………………… 4－474
御製勸善要言四卷…………………… 4－474
御撰明紀綱目二十卷 ………………… 5－14
御撰明紀綱目二十卷 ………………… 5－14
御撰明紀綱目二十卷 ………………… 5－14
御撰明紀綱目二十卷 ………………… 5－14
御撰明紀綱目二十卷 ………………… 5－14
御撰明紀綱目二十卷 ………………… 5－14
御撰明紀綱目二十卷 ………………… 5－14
御撰明紀綱目二十卷 ………………… 5－14
御撰明紀綱目二十卷 ………………… 5－14
御撰明紀綱目二十卷 ………………… 5－14
御撰明紀綱目二十卷 ………………… 5－14
御撰明紀綱目二十卷 ………………… 5－15
御撰明紀綱目二十卷 ………………… 5－15
御撰明紀綱目二十卷 ………………… 5－15
御撰明紀綱目二十卷 ………………… 5－15
御撰明紀綱目二十卷 ………………… 5－15
御撰明紀綱目二十卷 ………………… 5－15
御撰明紀綱目二十卷 ………………… 5－15
御撰明紀綱目二十卷 ………………… 5－15
御撰明紀綱目二十卷 ………………… 5－15
御撰明紀綱目二十卷 ………………… 5－15
御撰明紀綱目二十卷 ………………… 5－15
御撰明紀綱目二十卷 ………………… 5－15
御撰明紀綱目二十卷 ………………… 5－15
御撰資治通鑑綱目三編二十卷……… 1－116
御撰資治通鑑綱目三編二十卷……… 1－116
御撰資治通鑑綱目三編二十卷……… 1－116
御撰資治通鑑綱目三編二十卷……… 1－116
御撰資治通鑑綱目三編二十卷……… 1－116
御撰資治通鑑綱目三編二十卷……… 1－117
御撰資治通鑑綱目三編二十卷……… 1－117
御撰資治通鑑綱目三編二十卷……… 1－261
御撰資治通鑑綱目三編二十卷……… 1－268
御撰資治通鑑綱目三編二十卷……… 1－268
御撰資治通鑑綱目三編二十卷……… 1－268
御撰資治通鑑綱目三編二十卷……… 1－268
御撰資治通鑑綱目三編二十卷……… 1－268
御撰資治通鑑綱目三編二十卷……… 1－269
御撰資治通鑑綱目三編二十卷……… 1－269
御撰資治通鑑綱目三編二十卷……… 1－269
御撰資治通鑑綱目三編二十卷……… 1－269
御撰資治通鑑綱目三編二十卷……… 1－269
御撰資治通鑑綱目三編二十卷……… 1－269
御撰資治通鑑綱目三編二十卷……… 1－269
御撰資治通鑑綱目三編二十卷……… 1－269
御撰資治通鑑綱目三編二十卷……… 1－269
御撰資治通鑑綱目三編二十卷……… 1－269
御撰資治通鑑綱目三編二十卷……… 1－269
御撰資治通鑑綱目三編二十卷……… 1－269
御撰資治通鑑綱目三編二十卷……… 1－269
御撰資治通鑑綱目三編二十卷……… 1－269
御撰資治通鑑綱目三編二十卷……… 1－270
御撰資治通鑑綱目三編二十卷……… 1－270

御撰資治通鑑綱目三編二十卷……… 1－270
御撰資治通鑑綱目三編二十卷……… 1－270
御撰資治通鑑綱目三編二十卷……… 1－270
御撰資治通鑑綱目三編二十卷……… 1－270
御撰資治通鑑綱目三編二十卷……… 1－390
御撰資治通鑑綱目三編二十卷……… 1－390
御撰資治通鑑綱目三編二十卷……… 1－391
御撰資治通鑑綱目三編二十卷……… 4－151
御撰資治通鑑綱目三編二十卷……… 4－191
御撰資治通鑑綱目三編二十卷……… 4－476
御撰資治通鑑綱目三編二十卷……… 4－477
御撰資治通鑑綱目三編二十卷……… 4－477
御撰資治通鑑綱目三編二十卷……… 4－477
御撰資治通鑑綱目三編二十卷……… 4－477
御撰資治通鑑綱目三編二十卷……… 4－477
御撰資治通鑑綱目三編二十卷……… 4－477
御撰資治通鑑綱目三編二十卷……… 4－477
御撰資治通鑑綱目三編二十卷……… 4－477
御撰資治通鑑綱目三編二十卷……… 4－477
御撰資治通鑑綱目三編二十卷……… 4－477
御撰資治通鑑綱目三編二十卷……… 4－477
御撰資治通鑑綱目三編二十卷……… 4－477
御撰資治通鑑綱目三編二十卷……… 4－477
御撰資治通鑑綱目三編二十卷……… 4－477
御撰資治通鑑綱目三編二十卷……… 4－477
御撰資治通鑑綱目三編二十卷……… 4－477
御撰資治通鑑綱目三編二十卷……… 4－477
御撰資治通鑑綱目三編二十卷……… 4－477
御撰資治通鑑綱目三編二十卷……… 4－477
御撰資治通鑑綱目三編二十卷……… 4－477
御撰資治通鑑綱目三編二十卷……… 4－477
御撰資治通鑑綱目三編二十卷……… 4－478
御撰資治通鑑綱目三編二十卷……… 4－478
御撰資治通鑑綱目三編二十卷……… 4－478
御撰資治通鑑綱目三編二十卷……… 4－478
御撰資治通鑑綱目三編二十卷……… 4－478
御撰資治通鑑綱目三編二十卷……… 4－478
御撰資治通鑑綱目三編二十卷……… 4－478
御撰資治通鑑綱目三編二十卷……… 4－478
御撰資治通鑑綱目三編二十卷……… 4－478
御撰資治通鑑綱目三編二十卷……… 4－478
御撰資治通鑑綱目三編二十卷……… 4－478
御撰資治通鑑綱目三編二十卷……… 4－478
御撰資治通鑑綱目三編二十卷……… 4－478
御撰資治通鑑綱目三編二十卷……… 4－478
御撰資治通鑑綱目三編二十卷……… 4－478
御撰資治通鑑綱目三編二十卷……… 4－478
御撰資治通鑑綱目三編二十卷……… 4－478
御撰資治通鑑綱目三編二十卷……… 4－478
御撰資治通鑑綱目三編二十卷……… 4－478
御撰資治通鑑綱目三編二十卷……… 4－478
御撰資治通鑑綱目三編二十卷……… 4－478
御撰資治通鑑綱目三編二十卷……… 4－478
御撰資治通鑑綱目三編二十卷……… 4－479
御撰資治通鑑綱目三編二十卷……… 4－479
御撰資治通鑑綱目三編二十卷……… 4－479
御撰資治通鑑綱目三編二十卷……… 4－479
御撰資治通鑑綱目三編二十卷……… 4－479
御撰資治通鑑綱目三編二十卷……… 4－479
御撰資治通鑑綱目三編二十卷……… 4－479
御撰資治通鑑綱目三編二十卷……… 4－479
御撰資治通鑑綱目三編二十卷……… 4－479
御撰資治通鑑綱目三編二十卷……… 5－145
御撰資治通鑑綱目三編二十卷……… 5－145
御撰資治通鑑綱目三編二十卷……… 5－145
御撰資治通鑑綱目三編二十卷……… 5－146
御撰資治通鑑綱目三編二十卷……… 5－146
御撰資治通鑑綱目三編二十卷……… 5－146
御撰資治通鑑綱目三編二十卷……… 5－146
御撰資治通鑑綱目三編二十卷……… 5－146
御撰資治通鑑綱目三編二十卷……… 5－146
御撰資治通鑑綱目三編二十卷……… 5－146
御撰資治通鑑綱目三編二十卷……… 5－146
御撰資治通鑑綱目三編二十卷……… 5－146
御撰資治通鑑綱目三編二十卷……… 5－146
御撰資治通鑑綱目三編二十卷……… 5－402
御撰資治通鑑綱目三編二十卷末一卷 ……………………………… 5－73
御撰資治通鑑綱目三編二十卷末一卷 ……………………………… 5－73
御撰資治通鑑綱目三編二十卷末一

卷 …………………………………… 5－73
御撰資治通鑑綱目三編二十卷末一卷 …………………………………… 5－73
御撰資治通鑑綱目三編二十卷末一卷 …………………………………… 5－73
御撰資治通鑑綱目三編二十卷末一卷 …………………………………… 5－74
御撰資治通鑑綱目三編二十卷末一卷 …………………………………… 5－74
御撰資治通鑑綱目三編二十卷末一卷 …………………………………… 5－74
御撰資治通鑑綱目三編二十卷末一卷 …………………………………… 5－74
御撰資治通鑑綱目三編二十卷末一卷 …………………………………… 5－74
御撰資治通鑑綱目三編二十卷末一卷 …………………………………… 5－74
御撰資治通鑑綱目三編二十卷末一卷 …………………………………… 5－74
御撰資治通鑑綱目三編二十卷末一卷 …………………………………… 5－74
御撰資治通鑑綱目三編二十卷末一卷 …………………………………… 5－74
御撰資治通鑑綱目三編二十卷末一卷 …………………………………… 5－74
御撰資治通鑑綱目三編二十卷末一卷 …………………………………… 5－74
御撰資治通鑑綱目三編二十卷末一卷 …………………………………… 5－74
御撰資治通鑑綱目三編二十卷末一卷 …………………………………… 5－74
御撰資治通鑑綱目三編二卷………… 1－265
御撰資治通鑑綱目三編二卷………… 1－265
御撰資治通鑑綱目三編二卷………… 1－265
御撰資治通鑑綱目三編二卷………… 1－265
御撰資治通鑑綱目三編二卷………… 1－265
御撰資治通鑑綱目三編二卷………… 1－265
御撰資治通鑑綱目三編二卷………… 1－265
御撰資治通鑑綱目三編六卷………… 1－391
御撰資治通鑑綱目三編六卷………… 4－465
御撰資治通鑑綱目三編六卷………… 4－466
御撰資治通鑑綱目三編六卷………… 4－466
御撰資治通鑑綱目三編六卷………… 4－466
御撰資治通鑑綱目三編六卷………… 4－466
御撰資治通鑑綱目三編六卷………… 4－466
御撰資治通鑑綱目三編六卷………… 4－466
御撰資治通鑑綱目三編六卷………… 4－479
御撰資治通鑑綱目三編六卷………… 4－479
御撰資治通鑑綱目三編六卷………… 4－479
御撰資治通鑑綱目三編六卷………… 4－479
御撰資治通鑑綱目三編六卷………… 4－479
御撰資治通鑑綱目三編六卷………… 4－479
御撰資治通鑑綱目三編六卷………… 4－479
御撰資治通鑑綱目三編六卷………… 4－479
御撰資治通鑑綱目三編六卷………… 4－479
御撰資治通鑑綱目三編六卷………… 4－479
御撰資治通鑑綱目三編六卷 ………… 5－75
御撰資治通鑑綱目三編六卷 ………… 5－75
御撰資治通鑑綱目三編六卷 ………… 5－75
御撰資治通鑑綱目三編六卷………… 5－402
御撰資治通鑑綱目三編六卷………… 5－402
御撰資治通鑑綱目三編四十卷……… 4－480
御撰資治通鑑綱目三編四十卷……… 4－480
御撰資治通鑑綱目三編四十卷……… 4－480
御撰資治通鑑綱目三編四十卷……… 4－480
御撰資治通鑑綱目三編四十卷……… 4－480
御撰資治通鑑綱目三編四十卷……… 4－480
御撰資治通鑑綱目三編四十卷……… 4－480
御撰資治通鑑綱目三編四十卷……… 4－480
御撰資治通鑑綱目三編四十卷……… 4－480
御撰資治通鑑綱目三編四十卷……… 4－480
御撰資治通鑑綱目三編四十卷……… 4－480
御撰資治通鑑綱目三編四十卷……… 4－480
御撰資治通鑑綱目三編四十卷……… 4－480
御撰資治通鑑綱目三編四十卷……… 4－480
御撰資治通鑑綱目三編四卷………… 1－113
御撰資治通鑑綱目三編四卷………… 1－113
御撰資治通鑑綱目三編四卷………… 1－113
御撰資治通鑑綱目三編四卷………… 1－113
御撰資治通鑑綱目三編四卷………… 4－479

御撰資治通鑑綱目三編四卷 ………… 4－479
御撰資治通鑑綱目三編四卷 ………… 4－479
御撰資治通鑑綱目三編四卷 ………… 4－480
御撰資治通鑑綱目三編四卷 ………… 4－480
御撰資治通鑑綱目三編四卷 ………… 5－146
御選唐宋文醇五十八卷 ……………… 4－472
御選唐宋文醇五十八卷 ……………… 4－472
御選唐宋文醇五十八卷 ……………… 4－472
御選唐宋文醇五十八卷 ……………… 4－472
御選唐宋文醇五十八卷 ……………… 4－472
御選唐宋文醇五十八卷 ……………… 4－472
御選唐宋文醇五十八卷 ……………… 4－472
御選唐宋文醇五十八卷 ……………… 4－472
御選唐宋文醇五十八卷 ……………… 4－472
御選唐宋文醇五十八卷 ……………… 4－472
御選唐宋文醇五十八卷 ……………… 4－472
御選唐宋文醇五十八卷 ……………… 4－472
御選唐宋文醇五十八卷 ……………… 4－472
御選唐宋文醇五十八卷 ……………… 4－472
御選唐宋文醇五十八卷 ……………… 4－473
御選唐宋文醇五十八卷 ……………… 4－473
御選唐宋詩醇四十七卷目錄二卷 …… 4－469
御選唐宋詩醇四十七卷目錄二卷 …… 4－469
御選唐宋詩醇四十七卷目錄二卷 …… 4－469
御選唐宋詩醇四十七卷目錄二卷 …… 4－469
御選唐宋詩醇四十七卷目錄二卷 …… 4－469
御選唐宋詩醇四十七卷目錄二卷 …… 4－469
御選唐宋詩醇四十七卷目錄二卷 …… 4－469
御選唐宋詩醇四十七卷目錄二卷 …… 4－469
御選唐宋詩醇四十七卷目錄二卷 …… 4－469
御選唐宋詩醇四十七卷目錄二卷 …… 4－469
御選唐宋詩醇四十七卷目錄二卷 …… 4－469
御選唐宋詩醇四十七卷目錄二卷 …… 4－469
御選唐宋詩醇四十七卷目錄二卷 …… 4－469
御選唐宋詩醇四十七卷目錄二卷 …… 4－469
御選唐宋詩醇四十七卷目錄二卷 …… 4－469
御選唐宋詩醇四十七卷目錄二卷 …… 4－469
御選唐宋詩醇四十七卷目錄二卷 …… 4－470
御選唐宋詩醇四十七卷目錄二卷 …… 4－470
御選唐宋詩醇四十七卷目錄二卷 …… 4－470
御選唐宋詩醇四十七卷目錄二卷 …… 4－470
御選唐宋詩醇四十七卷目錄二卷 …… 4－470
御選唐宋詩醇四十七卷目錄二卷 …… 4－470
御選唐宋詩醇四十七卷目錄二卷 …… 4－470
御選唐宋詩醇四十七卷目錄二卷 …… 4－470
御選唐宋詩醇四十七卷目錄二卷 …… 4－470
御選唐宋詩醇四十七卷目錄二卷 …… 4－470
御選唐宋詩醇四十七卷目錄二卷 …… 4－470
御選唐宋詩醇四十七卷目錄二卷 …… 4－470
御選唐宋詩醇四十七卷目錄二卷 …… 4－470
御選唐宋詩醇四十七卷目錄二卷 …… 4－470
御選唐宋詩醇四十七卷目錄二卷 …… 4－470
御選唐宋詩醇四十七卷目錄二卷 …… 4－470
御選唐宋詩醇四十七卷目錄二卷 …… 4－470
御選唐宋詩醇四十七卷目錄二卷 …… 4－470
御選唐宋詩醇四十七卷目錄二卷 …… 4－470
御選唐宋詩醇四十七卷目錄二卷 …… 4－471
御選唐宋詩醇四十七卷目錄二卷 …… 4－471
御選唐宋詩醇四十七卷目錄二卷 …… 4－471
御選唐宋詩醇四十七卷目錄二卷 …… 4－471
御選唐宋詩醇四十七卷目錄二卷 …… 4－471
御選唐宋詩醇四十七卷目錄二卷 …… 4－471
御選唐宋詩醇四十七卷目錄二卷 …… 4－471
御選唐宋詩醇四十七卷目錄二卷 …… 4－471
御選唐宋詩醇四十七卷目錄二卷 …… 4－471
御選唐宋詩醇四十七卷目錄二卷 …… 4－471
御選唐宋詩醇四十七卷目錄二卷 …… 4－471
御選唐宋詩醇四十七卷目錄二卷 …… 4－471
御選唐宋詩醇四十七卷目錄二卷 …… 4－471
御選唐宋詩醇四十七卷目錄二卷 …… 4－471
御選唐宋詩醇四十七卷目錄二卷 …… 4－471
御選唐宋詩醇四十七卷目錄二卷 …… 4－472
御選唐宋詩醇四十七卷目錄二卷 …… 4－472
御選唐宋詩醇四十七卷目錄二卷 …… 4－472
御選唐宋詩醇四十七卷目錄二卷 …… 4－472
御選唐宋詩醇四十七卷目錄二卷 …… 4－472
御選唐詩三十二卷目錄三卷 ………… 4－468
御選唐詩三十二卷目錄三卷 ………… 4－469
御選語錄十九卷 …………………… 4－473
御選語錄十九卷 …………………… 4－473
御選語錄十九卷 …………………… 4－473
御選語錄十九卷 …………………… 4－473

御選歷代詩餘一百二十卷…………… 4－468
御選歷代詩餘一百二十卷…………… 4－468
御錄經海一滴六卷…………………… 4－453
御題三希堂續刻法帖不分卷………… 4－468
御纂七經……………………………… 4－481
御纂七經……………………………… 4－481
御纂七經……………………………… 4－481
御纂七經……………………………… 4－481
御纂七經……………………………… 4－481
御纂七經……………………………… 4－481
御纂七經……………………………… 4－481
御纂七經……………………………… 4－481
御纂七經……………………………… 4－481
御纂七經……………………………… 4－481
御纂七經……………………………… 4－481
御纂七經……………………………… 4－482
御纂七經……………………………… 4－482
御纂七經……………………………… 4－482
御纂七經……………………………… 4－482
御纂七經……………………………… 4－482
御纂七經……………………………… 4－482
御纂七經……………………………… 4－482
御纂七經……………………………… 4－482
御纂七經……………………………… 4－482
御纂七經……………………………… 4－482
御纂七經……………………………… 4－482
御纂七經……………………………… 4－482
御纂七經……………………………… 4－482
御纂七經……………………………… 4－482
御纂七經……………………………… 4－482
御纂七經……………………………… 4－482
御纂七經……………………………… 4－482
御纂七經……………………………… 4－482
御纂七經……………………………… 4－482
御纂七經……………………………… 4－482
御纂七經……………………………… 4－482
御纂七經……………………………… 4－482
御纂七經綱領不分卷………………… 4－482
御纂七經綱領不分卷………………… 4－483
御纂七經綱領不分卷………………… 4－483
御纂七經綱領不分卷………………… 4－483
御纂七經綱領不分卷………………… 4－483
御纂七經綱領不分卷………………… 4－483
御纂七經綱領不分卷………………… 4－483
御纂七經綱領不分卷………………… 4－483
御纂七經綱領不分卷………………… 4－483
御纂七經綱領不分卷………………… 4－483
御纂七經綱領不分卷………………… 4－483
御纂七經綱領不分卷………………… 4－483
御纂七經綱領不分卷………………… 4－483
御纂七經綱領不分卷………………… 4－483
御纂七經綱領不分卷………………… 4－483
御纂七經綱領不分卷………………… 4－483
御纂七經綱領不分卷………………… 4－483
御纂七經綱領不分卷………………… 4－483
御纂七經綱領不分卷………………… 4－483
御纂朱子全書六十六卷……………… 4－496
御纂朱子全書六十六卷……………… 4－496
御纂朱子全書六十六卷……………… 4－496
御纂朱子全書六十六卷……………… 4－496
御纂朱子全書六十六卷……………… 4－496
御纂朱子全書六十六卷……………… 4－496
御纂周易折中二十二卷首一卷……… 4－495
御纂周易折中二十二卷首一卷……… 4－495
御纂周易折中二十二卷首一卷……… 4－495
御纂周易折中二十二卷首一卷……… 4－495
御纂周易折中二十二卷首一卷……… 4－495
御纂周易折中二十二卷首一卷……… 4－495
御纂周易折中二十二卷首一卷……… 4－495
御纂周易折中二十二卷首一卷……… 4－495
御纂周易折中二十二卷首一卷……… 4－495
御纂周易折中二十二卷首一卷……… 4－495
御纂周易折中二十二卷首一卷……… 4－495
御纂周易折中二十二卷首一卷……… 4－495
御纂周易折中二十二卷首一卷……… 4－495
御纂周易折中二十二卷首一卷……… 4－495
御纂周易折中二十二卷首一卷……… 4－496
御纂周易折中二十二卷首一卷……… 4－496
御纂周易折中二十二卷首一卷……… 4－496
御纂周易折中二十二卷首一卷……… 4－496
御纂周易折中二十二卷首一卷……… 4－496
御纂周易折中二十二卷首一卷……… 4－496

御纂周易折中二十二卷首一卷……… 4－496
御纂周易折中二十二卷首一卷……… 4－496
御纂周易折中二十二卷首一卷……… 4－496
御纂周易折中二十二卷首一卷……… 4－496
御纂周易折中二十二卷首一卷……… 4－496
御纂周易折中二十二卷首一卷……… 4－496
御纂周易折中二十二卷首一卷……… 4－496
御纂周易折中二十二卷首一卷……… 4－496
御纂周易折中二十二卷首一卷……… 4－496
御纂周易述義十卷……………………… 4－495
御纂周易述義十卷……………………… 4－495
御纂周易述義十卷……………………… 4－495
御纂周易述義十卷……………………… 4－495
御纂周易述義十卷……………………… 4－495
御纂性理精義十二卷………………… 4－484
御纂性理精義十二卷………………… 4－484
御纂性理精義十二卷………………… 4－484
御纂性理精義十二卷………………… 4－484
御纂性理精義十二卷………………… 4－484
御纂性理精義十二卷………………… 4－484
御纂性理精義十二卷………………… 4－484
御纂性理精義十二卷………………… 4－484
御纂性理精義十二卷………………… 4－484
御纂性理精義十二卷………………… 4－484
御纂性理精義十二卷………………… 4－484
御纂性理精義十二卷………………… 4－484
御纂性理精義十二卷………………… 4－484
御纂性理精義十二卷………………… 4－485
御纂性理精義十二卷………………… 4－485
御纂性理精義十二卷………………… 4－485
御纂性理精義十二卷………………… 4－485
御纂性理精義十二卷………………… 4－485
御纂性理精義十二卷………………… 4－485
御纂性理精義十二卷………………… 4－485
御纂性理精義十二卷………………… 4－485
御纂性理精義十二卷………………… 4－485
御纂性理精義十二卷………………… 4－485
御纂性理精義十二卷………………… 4－485
御纂性理精義十二卷………………… 4－485
御纂性理精義十二卷………………… 4－485
御纂性理精義十二卷………………… 4－485
御纂性理精義十二卷………………… 4－485
御纂性理精義十二卷………………… 4－485
御纂性理精義十二卷………………… 4－485
御纂春秋直解十二卷………………… 4－480
御纂春秋直解十二卷………………… 4－480
御纂春秋直解十二卷………………… 4－481
御纂春秋直解十二卷………………… 4－481
御纂春秋直解十二卷………………… 4－481
御纂春秋直解十二卷………………… 4－481
御纂春秋直解十二卷………………… 4－481
御纂詩義折中二十卷………………… 4－483
御纂詩義折中二十卷………………… 4－483
御纂詩義折中二十卷………………… 4－483
御纂詩義折中二十卷………………… 4－483
御纂詩義折中二十卷………………… 4－483
御纂詩義折中二十卷………………… 4－483
御纂詩義折中二十卷………………… 4－484
御纂詩義折中二十卷………………… 4－484
御纂詩義折中二十卷………………… 4－484
御纂詩義折中二十卷………………… 4－484
御纂詩義折中二十卷………………… 4－484
御纂詩義折中二十卷………………… 4－484
御纂詩義折中二十卷………………… 4－484
御纂詩義折中二十卷………………… 4－484
御纂詩義折中二十卷………………… 4－484
御纂詩義折中二十卷………………… 4－484
御纂詩義折中二十卷………………… 4－484
御纂歷代三元甲子編年一卷御定萬年書一卷……………………………… 4－481
御纂歷代三元甲子編年一卷御定萬年書一卷……………………………… 4－481
御纂歷代三元甲子編年一卷御定萬年書一卷……………………………… 4－481
御纂歷代三元甲子編年一卷御定萬年書一卷……………………………… 4－481
御纂歷代三元甲子編年一卷御定萬年書一卷……………………………… 4－481
御纂歷代三元甲子編年一卷御定萬年書一卷……………………………… 4－481
御纂歷代三元甲子編年一卷御定萬年書一卷……………………………… 4－481

御纂歷代三元甲子編年一卷御定萬
年書一卷 …………………………… 4－481
御纂醫宗金鑑九十卷首一卷………… 4－485
御纂醫宗金鑑九十卷首一卷………… 4－485
御纂醫宗金鑑九十卷首一卷………… 4－485
御纂醫宗金鑑九十卷首一卷………… 4－485
御纂醫宗金鑑九十卷首一卷………… 4－485
御纂醫宗金鑑九十卷首一卷………… 4－486
御纂醫宗金鑑九十卷首一卷………… 4－486
御纂醫宗金鑑九十卷首一卷………… 4－486
御纂醫宗金鑑九十卷首一卷………… 4－486
御纂醫宗金鑑九十卷首一卷………… 4－486
御纂醫宗金鑑九十卷首一卷………… 4－486
御纂醫宗金鑑九十卷首一卷………… 4－486
御纂醫宗金鑑九十卷首一卷………… 4－486
御纂醫宗金鑑九十卷首一卷………… 4－486
御纂醫宗金鑑九十卷首一卷………… 4－486
御纂醫宗金鑑九十卷首一卷………… 4－486
御纂醫宗金鑑九十卷首一卷………… 4－486
御纂醫宗金鑑九十卷首一卷………… 4－486
御纂醫宗金鑑九十卷首一卷………… 4－486
御纂醫宗金鑑九十卷首一卷………… 4－487
御纂醫宗金鑑九十卷首一卷………… 4－487
御纂醫宗金鑑九十卷首一卷………… 4－487
御纂醫宗金鑑九十卷首一卷………… 4－487
御纂醫宗金鑑九十卷首一卷………… 4－487
御纂醫宗金鑑九十卷首一卷………… 4－487
御纂醫宗金鑑九十卷首一卷………… 4－487
御纂醫宗金鑑九十卷首一卷………… 4－487
御纂醫宗金鑑九十卷首一卷………… 4－487
御纂醫宗金鑑九十卷首一卷………… 4－487
御纂醫宗金鑑九十卷首一卷………… 4－487
御纂醫宗金鑑九十卷首一卷………… 4－487
御纂醫宗金鑑九十卷首一卷………… 4－487
御纂醫宗金鑑九十卷首一卷………… 4－487
御纂醫宗金鑑九十卷首一卷………… 4－487
御纂醫宗金鑑九十卷首一卷………… 4－487
御纂醫宗金鑑九十卷首一卷………… 4－488
御纂醫宗金鑑九十卷首一卷………… 4－488
御纂醫宗金鑑九十卷首一卷………… 4－488
御纂醫宗金鑑九十卷首一卷………… 4－488
御纂醫宗金鑑九十卷首一卷………… 4－488
御纂醫宗金鑑九十卷首一卷………… 4－488
御纂醫宗金鑑九十卷首一卷………… 4－488
御纂醫宗金鑑九十卷首一卷………… 4－488
御纂醫宗金鑑九十卷首一卷………… 4－488
御纂醫宗金鑑九十卷首一卷………… 4－488
御纂醫宗金鑑九十卷首一卷………… 4－488
御纂醫宗金鑑九十卷首一卷………… 4－488
御纂醫宗金鑑九十卷首一卷………… 4－488
御纂醫宗金鑑九十卷首一卷………… 4－488
御纂醫宗金鑑九十卷首一卷………… 4－488
御纂醫宗金鑑九十卷首一卷………… 4－489
御纂醫宗金鑑九十卷首一卷………… 4－489
御纂醫宗金鑑九十卷首一卷………… 4－489
御纂醫宗金鑑九十卷首一卷………… 4－489
御纂醫宗金鑑九十卷首一卷………… 4－489
御纂醫宗金鑑九十卷首一卷………… 4－489
御纂醫宗金鑑九十卷首一卷………… 4－489
御纂醫宗金鑑九十卷首一卷………… 4－489
御纂醫宗金鑑九十卷首一卷………… 4－489
御纂醫宗金鑑九十卷首一卷………… 4－489
御纂醫宗金鑑九十卷首一卷………… 4－489
御纂醫宗金鑑九十卷首一卷………… 4－489
御纂醫宗金鑑九十卷首一卷………… 4－489
御纂醫宗金鑑九十卷首一卷………… 4－489
御纂醫宗金鑑九十卷首一卷………… 4－489
御纂醫宗金鑑九十卷首一卷………… 4－489
御纂醫宗金鑑九十卷首一卷………… 4－489
御纂醫宗金鑑九十卷首一卷………… 4－489
御纂醫宗金鑑九十卷首一卷………… 4－489
御纂醫宗金鑑九十卷首一卷………… 4－489
御纂醫宗金鑑九十卷首一卷………… 4－490
御纂醫宗金鑑九十卷首一卷………… 4－490
御纂醫宗金鑑九十卷首一卷………… 4－490
御纂醫宗金鑑九十卷首一卷………… 4－490
御纂醫宗金鑑九十卷首一卷………… 4－490
御纂醫宗金鑑九十卷首一卷………… 4－490
御纂醫宗金鑑九十卷首一卷………… 4－490
御纂醫宗金鑑九十卷首一卷………… 4－490
御纂醫宗金鑑九十卷首一卷………… 4－490
御纂醫宗金鑑九十卷首一卷………… 4－490

御纂醫宗金鑑九十卷首一卷………… 4－490
御纂醫宗金鑑九十卷首一卷………… 4－490
御纂醫宗金鑑九十卷首一卷………… 4－490
御纂醫宗金鑑九十卷首一卷………… 4－490
御纂醫宗金鑑九十卷首一卷………… 4－490
御纂醫宗金鑑九十卷首一卷………… 4－490
御纂醫宗金鑑九十卷首一卷………… 4－490
御纂醫宗金鑑九十卷首一卷………… 4－490
御纂醫宗金鑑九十卷首一卷………… 4－490
御纂醫宗金鑑九十卷首一卷………… 4－491
御纂醫宗金鑑九十卷首一卷………… 4－491
御纂醫宗金鑑九十卷首一卷………… 4－491
御纂醫宗金鑑九十卷首一卷………… 4－491
御纂醫宗金鑑九十卷首一卷………… 4－491
御纂醫宗金鑑九十卷首一卷………… 4－491
御纂醫宗金鑑九十卷首一卷………… 4－491
御纂醫宗金鑑九十卷首一卷………… 4－491
御纂醫宗金鑑九十卷首一卷………… 4－491
御纂醫宗金鑑九十卷首一卷………… 4－491
御纂醫宗金鑑九十卷首一卷………… 4－491
御纂醫宗金鑑九十卷首一卷………… 4－491
御纂醫宗金鑑九十卷首一卷………… 4－491
御纂醫宗金鑑九十卷首一卷………… 4－491
御纂醫宗金鑑九十卷首一卷………… 4－491
御纂醫宗金鑑九十卷首一卷………… 4－491
御纂醫宗金鑑九十卷首一卷………… 4－491
御纂醫宗金鑑九十卷首一卷………… 4－491
御纂醫宗金鑑九十卷首一卷………… 4－491
御纂醫宗金鑑九十卷首一卷………… 4－492
御纂醫宗金鑑九十卷首一卷………… 4－492
御纂醫宗金鑑九十卷首一卷………… 4－492
御纂醫宗金鑑九十卷首一卷………… 4－492
御纂醫宗金鑑九十卷首一卷………… 4－492
御纂醫宗金鑑九十卷首一卷………… 4－492
御纂醫宗金鑑九十卷首一卷………… 4－492
御纂醫宗金鑑九十卷首一卷………… 4－492
御纂醫宗金鑑九十卷首一卷………… 4－492
御纂醫宗金鑑九十卷首一卷………… 4－492
御纂醫宗金鑑九十卷首一卷………… 4－492
御纂醫宗金鑑九十卷首一卷………… 4－492
御纂醫宗金鑑九十卷首一卷………… 4－492
御纂醫宗金鑑九十卷首一卷………… 4－492
御纂醫宗金鑑九十卷首一卷………… 4－492
御纂醫宗金鑑九十卷首一卷………… 4－492
御纂醫宗金鑑九十卷首一卷………… 4－492
御纂醫宗金鑑九十卷首一卷………… 4－492
御纂醫宗金鑑九十卷首一卷………… 4－493
御纂醫宗金鑑九十卷首一卷………… 4－493
御纂醫宗金鑑九十卷首一卷………… 4－493
御纂醫宗金鑑九十卷首一卷………… 4－493
御纂醫宗金鑑九十卷首一卷………… 4－493
御纂醫宗金鑑九十卷首一卷………… 4－493
御纂醫宗金鑑九十卷首一卷………… 4－493
御纂醫宗金鑑九十卷首一卷………… 4－493
御纂醫宗金鑑九十卷首一卷………… 4－493
御纂醫宗金鑑九十卷首一卷………… 4－493
御纂醫宗金鑑九十卷首一卷………… 4－493
御纂醫宗金鑑九十卷首一卷………… 4－493
御纂醫宗金鑑九十卷首一卷………… 4－493
御纂醫宗金鑑九十卷首一卷………… 4－493
御纂醫宗金鑑九十卷首一卷………… 4－493
御纂醫宗金鑑九十卷首一卷………… 4－493
御纂醫宗金鑑九十卷首一卷………… 4－493
御纂醫宗金鑑九十卷首一卷………… 4－493
御纂醫宗金鑑九十卷首一卷………… 4－494
御纂醫宗金鑑九十卷首一卷………… 4－494
御纂醫宗金鑑九十卷首一卷………… 4－494
御纂醫宗金鑑九十卷首一卷………… 4－494
御纂醫宗金鑑九十卷首一卷………… 4－494
御纂醫宗金鑑九十卷首一卷………… 4－494
御纂醫宗金鑑九十卷首一卷………… 4－494
御纂醫宗金鑑九十卷首一卷………… 4－494
御纂醫宗金鑑九十卷首一卷………… 4－494
御纂醫宗金鑑三十卷……………… 4－494
御纂醫宗金鑑外科心法十六卷首一卷………………………………… 4－494
御纂醫宗金鑑外科心法要訣十六卷……………………………………… 4－494
御纂醫宗金鑑外科心法要訣十六卷……………………………………… 4－494
御纂醫宗金鑑外科心法要訣十六卷……………………………………… 4－494

御纂醫宗金鑑外科心法要訣十六卷 …… 4－494
御纂醫宗金鑑外科心法要訣十六卷 …… 4－494
御纂醫宗金鑑外科心法要訣十六卷 …… 4－494
御纂醫宗金鑑外科心法要訣十六卷 …… 4－495
御覽曲洧舊聞十卷 …… 4－453
御覽集四卷 …… 4－453
御覽闕史二卷 …… 4－453
御覽闕史二卷 …… 4－453
御覽闕史二卷 …… 4－453
御覽闕史二卷 …… 4－453
復古編二卷 …… 1－384
復古編二卷附錄一卷 …… 1－384
復古編二卷附錄一卷 …… 1－384
復見心齋詩草六卷 …… 1－384
復初堂文集二卷 …… 1－384
復初錄二卷 …… 1－384
復初齋文集三十五卷 …… 1－384
復初齋文集三十五卷 …… 1－384
復初齋文集三十五卷 …… 1－384
復莊詩問三十四卷 …… 1－384
復堂日記八卷 …… 1－384
復興允升義倉志不分卷 …… 1－384
循理堂全集六卷 …… 4－258
徧行堂集十六卷 …… 1－56
徧行堂集十六卷 …… 1－56
須溪集七卷 …… 4－232
須溪詞一卷補遺一卷 …… 4－232
舒氏醫論六種 …… 5－393
舒文靖集二卷事實擬冊一卷 …… 3－283
舒自菴先生崇祀鄉賢錄一卷 …… 1－29
舒恬軒周禮讀本六卷 …… 3－283
舒藝室詩存七卷 …… 3－283
舒藝室雜箸甲編二卷乙編二卷 …… 3－283
舒藝室續筆一卷 …… 3－283
鉅鹿東觀集十卷補遺一卷 …… 2－235
鈍吟老人文稿一卷 …… 2－239
鈍吟集二卷 …… 2－238
鈍吟集三卷 …… 1－328
鈍吟集三卷 …… 1－328
鈍吟集三卷 …… 1－328
鈍吟集三卷 …… 1－328
鈍吟集三卷 …… 1－328
鈍吟集三卷 …… 1－328
鈍吟集三卷 …… 1－328
鈍吟集三卷 …… 1－328
鈍吟集三卷 …… 1－328
鈍吟集三卷 …… 1－328
鈍吟集三卷 …… 1－328
鈍吟集三卷 …… 1－329
鈍吟集三卷 …… 1－329
鈍吟集三卷 …… 1－329
鈍吟集三卷 …… 1－329
鈍吟集三卷 …… 1－329
鈍吟集三卷 …… 1－329
鈍吟集三卷 …… 1－329
鈍吟集三卷 …… 1－329
鈍吟集三卷 …… 1－329
鈍吟集三卷 …… 1－329
鈍吟集三卷 …… 1－329
鈍吟集三卷 …… 1－329
鈍吟集三卷 …… 1－329
鈍吟集三卷 …… 1－329
鈍吟集三卷 …… 1－329
鈍吟集三卷 …… 1－329
鈍吟集三卷 …… 1－329
鈍吟集三卷 …… 1－329
鈍吟集三卷 …… 1－329
鈍吟集三卷 …… 1－330
鈍吟集三卷 …… 1－330
鈍吟集三卷 …… 1－330
鈍吟集三卷 …… 1－330
鈍吟集三卷 …… 1－330
鈍吟集三卷 …… 1－330
鈍吟集三卷 …… 1－330
鈍吟集三卷 …… 1－330
鈍吟集三卷 …… 1－330
鈍吟集三卷 …… 1－330
鈍吟集三卷 …… 1－330

鈍吟集三卷……………………………… 1－330
鈍吟集三卷……………………………… 1－330
鈍吟集三卷……………………………… 1－330
鈍吟集三卷……………………………… 1－330
鈍吟集三卷……………………………… 1－330
鈍吟集三卷……………………………… 1－330
鈍吟集三卷……………………………… 1－330
鈍吟集三卷……………………………… 1－331
鈍吟集三卷……………………………… 1－331
鈍吟集三卷……………………………… 1－331
鈍吟集三卷……………………………… 1－331
鈍吟集三卷……………………………… 1－331
鈍吟集三卷……………………………… 1－331
鈍翁文集十六卷………………………… 1－328
鈍翁文錄十六卷………………………… 1－328
鈍翁前後類稿六十二卷首一卷……… 1－328
鈔胥賸墨一卷 ………………………… 1－98
鈐山堂集四十卷 ……………………… 3－31
鈐山堂集四十卷 ……………………… 3－31
鈐山堂集四十卷 ……………………… 3－31
鈐山堂集四十卷 ……………………… 3－31
鈐山堂集四十卷 ……………………… 3－31
鈐山堂集四十卷 ……………………… 3－31
鈐山堂集四十卷 ……………………… 3－31
鈐山堂集四十卷 ……………………… 3－31
鈐山堂集四十卷 ……………………… 3－31
鈐山堂集四十卷 ……………………… 3－31
鈐山堂集四十卷 ……………………… 3－31
鈐山堂集四十卷 ……………………… 3－31
鈐山堂集四十卷 ……………………… 3－31
鈐山堂集四十卷 ……………………… 3－31
鈐山堂集四十卷 ……………………… 3－31
鈐山堂集四十卷 ……………………… 3－31
鈐山堂集四十卷 ……………………… 3－31
鈐山堂集四十卷 ……………………… 3－32
鈐山堂集四十卷 ……………………… 3－32
鈐山堂集四十卷附錄一卷 …………… 3－32
鈐山堂集□□卷 ……………………… 3－31
鈐邑西北文昌賓興合志不分卷 ……… 3－32
鈐陽詩鈔 ……………………………… 3－32
欽取朝考卷(光緒二年三年六年九
年十二年)不分卷 ……………… 4－375
欽定七經綱領一卷……………………… 4－353
欽定三通考證七卷……………………… 4－354
欽定三通考證七卷……………………… 4－354
欽定工部則例一百十六卷首一卷…… 4－343
欽定大清會典一百卷…………………… 4－342
欽定大清會典一百卷…………………… 4－342
欽定大清會典一百卷…………………… 4－342
欽定大清會典一百卷…………………… 4－342
欽定大清會典一百卷…………………… 4－342
欽定大清會典一百卷…………………… 4－342
欽定大清會典一百卷…………………… 4－342
欽定大清會典一百卷…………………… 4－342
欽定大清會典一百卷…………………… 4－342
欽定大清會典一百卷…………………… 4－342
欽定大清會典一百卷…………………… 4－342
欽定大清會典一百卷…………………… 4－342
欽定大清會典一百卷…………………… 4－342
欽定大清會典一百卷…………………… 4－342
欽定大清會典一百卷…………………… 4－342
欽定大清會典一百卷…………………… 4－342
欽定大清會典一百卷…………………… 4－342
欽定大清會典一百卷…………………… 4－342
欽定大清會典一百卷…………………… 4－342
欽定大清會典一百卷…………………… 4－342
欽定大清會典一百卷…………………… 4－342
欽定大清會典一百卷…………………… 4－343
欽定大清會典一百卷…………………… 4－343
欽定大清會典一百卷…………………… 4－343
欽定大清會典一百卷…………………… 4－343
欽定大清會典一百卷…………………… 4－343
欽定大清會典一百卷…………………… 4－343
欽定大清會典一百卷首一卷………… 4－343
欽定大清會典一百卷圖二百七十卷
事例一千二百二十卷……………… 4－343
欽定大清會典八十卷…………………… 4－340
欽定大清會典八十卷圖一百三十二
卷目錄二卷事例九百二十卷目錄
八卷…………………………………… 4－340
欽定大清會典八十卷圖一百三十二
卷目錄二卷事例九百二十卷目錄
八卷…………………………………… 4－340

欽定大清會典武備圖目錄清單不分卷……………………………… 4－341
欽定大清會典事例一千二百二十卷目錄八卷……………………………… 4－340
欽定大清會典事例一千二百二十卷目錄八卷……………………………… 4－340
欽定大清會典事例一千二百二十卷目錄八卷……………………………… 4－341
欽定大清會典事例一千二百二十卷目錄八卷……………………………… 4－341
欽定大清會典事例一千二百二十卷目錄八卷……………………………… 4－341
欽定大清會典事例一千二百二十卷目錄八卷……………………………… 4－341
欽定大清會典事例一千二百二十卷目錄八卷……………………………… 4－341
欽定大清會典事例九百二十卷目錄八卷……………………………… 4－340
欽定大清會典事例九百二十卷目錄八卷……………………………… 4－340
欽定大清會典事例九百二十卷目錄八卷……………………………… 4－340
欽定大清會典則例一百八十卷……… 4－343
欽定大清會典紀要四卷……………… 4－340
欽定大清會典圖一百三十二卷……… 4－341
欽定大清會典圖二百七十卷首一卷……………………………… 4－341
欽定大清會典圖二百七十卷首一卷……………………………… 4－341
欽定大清新律例二卷………………… 4－343
欽定天祿琳琅書目十卷……………… 4－365
欽定天祿琳琅書目十卷……………… 4－365
欽定天祿琳琅書目十卷……………… 4－365
欽定天祿琳琅書目十卷……………… 4－365
欽定元史語解二十四卷……………… 4－373
欽定元史語解二十四卷……………… 4－373
欽定五軍道里表不分卷……………… 4－366
欽定中樞政考八旗三十二卷綠營四十卷……………………………… 4－373
欽定中樞政考八旗三十二卷綠營四十卷……………………………… 4－373
欽定中樞政考八旗三十二卷綠營四十卷……………………………… 4－373
欽定中樞政考八旗三十二卷綠營四十卷續纂四卷……………………… 4－373
欽定戶部則例一百卷………………… 4－347
欽定戶部則例一百卷………………… 4－347
欽定戶部則例九十九卷……………… 5－400
欽定戶部軍需則例九卷續纂一卷兵部軍需則例五卷工部兵需則例一卷……………………………… 4－347
欽定六部處分則例五十二卷………… 4－352
欽定六部處分則例五十二卷………… 4－352
欽定六部處分則例五十二卷………… 4－352
欽定六部處分則例五十二卷………… 4－352
欽定古今圖書集成一萬卷目錄三十二卷……………………………… 4－343
欽定古今圖書集成一萬卷目錄三十二卷……………………………… 4－343
欽定古今圖書集成一萬卷目錄三十二卷……………………………… 4－344
欽定古今圖書集成一萬卷目錄三十二卷……………………………… 4－344
欽定古今圖書集成一萬卷目錄三十二卷……………………………… 4－344
欽定古今圖書集成一萬卷目錄三十二卷……………………………… 4－344
欽定古今圖書集成一萬卷目錄三十二卷……………………………… 4－344
欽定古今圖書集成一萬卷目錄三十二卷……………………………… 4－344
欽定古今圖書集成一萬卷目錄三十二卷……………………………… 4－344
欽定古今圖書集成一萬卷目錄四十卷考證二十四卷………………… 4－345
欽定古今圖書集成一萬卷目錄四十卷考證二十四卷………………… 4－345
欽定古今圖書集成一萬卷目錄四十卷考證二十四卷………………… 4－345
欽定古今圖書集成一萬卷目錄四十卷考證二十四卷………………… 4－345
欽定古香齋袖珍十種………………… 4－346

欽定本朝四書文不分卷……………… 4－338
欽定本朝四書文不分卷……………… 4－338
欽定本朝四書文不分卷……………… 4－338
欽定平苗紀略五十二卷首四卷……… 4－353
欽定四庫全書考證一百卷…………… 4－362
欽定四庫全書考證一百卷…………… 4－362
欽定四庫全書考證一百卷…………… 4－362
欽定四庫全書附存目錄十卷………… 4－359
欽定四庫全書總目二百卷首一卷…… 4－362
欽定四庫全書總目二百卷首一卷…… 4－362
欽定四庫全書總目二百卷首一卷…… 4－362
欽定四庫全書總目二百卷首一卷…… 4－362
欽定四庫全書總目二百卷首一卷…… 4－362
欽定四庫全書總目二百卷首一卷…… 4－362
欽定四庫全書總目二百卷首一卷…… 4－363
欽定四庫全書總目二百卷首一卷…… 4－363
欽定四庫全書總目二百卷首一卷…… 4－363
欽定四庫全書總目二百卷首一卷…… 4－363
欽定四庫全書總目二百卷首一卷…… 4－363
欽定四庫全書總目二百卷首一卷…… 4－363
欽定四庫全書總目二百卷首一卷…… 4－363
欽定四庫全書總目二百卷首一卷…… 4－363
欽定四庫全書總目二百卷首一卷…… 4－363
欽定四庫全書總目二百卷首一卷…… 4－363
欽定四庫全書總目二百卷首一卷…… 4－363
欽定四庫全書總目二百卷首一卷…… 4－363
欽定四庫全書總目二百卷首一卷…… 4－363
欽定四庫全書總目二百卷首一卷…… 4－364
欽定四庫全書總目二百卷首一卷…… 4－364
欽定四庫全書總目二百卷首一卷…… 4－364
欽定四庫全書總目二百卷首一卷…… 4－364
欽定四庫全書總目二百卷首一卷…… 4－364
欽定四庫全書總目二百卷首一卷…… 4－364
欽定四庫全書總目二百卷首一卷…… 4－364
欽定四庫全書總目二百卷首一卷…… 4－364
欽定四庫全書總目二百卷首一卷…… 4－364
欽定四庫全書總目二百卷首一卷…… 4－364
欽定四庫全書總目二百卷首一卷…… 4－364
欽定四庫全書總目二百卷首一卷…… 4－364
欽定四庫全書總目二百卷首四卷…… 4－362
欽定四庫全書總目二百卷首四卷…… 4－362
欽定四庫全書總目二百卷首四卷…… 4－362
欽定四庫全書總目二百卷首四卷…… 4－362
欽定四庫全書總目二百卷簡明目錄二十卷…………………………… 4－362
欽定四庫全書簡明目錄二十卷首一卷…………………………………… 4－359
欽定四庫全書簡明目錄二十卷首一卷…………………………………… 4－359
欽定四庫全書簡明目錄二十卷首一卷…………………………………… 4－359
欽定四庫全書簡明目錄二十卷首一卷…………………………………… 4－360
欽定四庫全書簡明目錄二十卷首一卷…………………………………… 4－360
欽定四庫全書簡明目錄二十卷首一卷…………………………………… 4－360
欽定四庫全書簡明目錄二十卷首一卷…………………………………… 4－360
欽定四庫全書簡明目錄二十卷首一卷…………………………………… 4－360
欽定四庫全書簡明目錄二十卷首一卷…………………………………… 4－360
欽定四庫全書簡明目錄二十卷首一卷…………………………………… 4－360
欽定四庫全書簡明目錄二十卷首一卷…………………………………… 4－360
欽定四庫全書簡明目錄二十卷首一卷…………………………………… 4－360
欽定四庫全書簡明目錄二十卷首一卷…………………………………… 4－360
欽定四庫全書簡明目錄二十卷首一卷…………………………………… 4－360
欽定四庫全書簡明目錄二十卷首一卷…………………………………… 4－360
欽定四庫全書簡明目錄二十卷首一卷…………………………………… 4－360
欽定四庫全書簡明目錄二十卷首一卷…………………………………… 4－360
欽定四庫全書簡明目錄二十卷首一卷…………………………………… 4－360
欽定四庫全書簡明目錄二十卷首一

卷 …………………………………… 4－360
欽定四庫全書簡明目錄二十卷首一
卷 …………………………………… 4－360
欽定四庫全書簡明目錄二十卷首一
卷 …………………………………… 4－360
欽定四庫全書簡明目錄二十卷首一
卷 …………………………………… 4－360
欽定四庫全書簡明目錄二十卷首一
卷 …………………………………… 4－360
欽定四庫全書簡明目錄二十卷首一
卷 …………………………………… 4－360
欽定四庫全書簡明目錄二十卷首一
卷 …………………………………… 4－360
欽定四庫全書簡明目錄二十卷首一
卷 …………………………………… 4－361
欽定四庫全書簡明目錄二十卷首一
卷 …………………………………… 4－361
欽定四庫全書簡明目錄二十卷首一
卷 …………………………………… 4－361
欽定四庫全書簡明目錄二十卷首一
卷 …………………………………… 4－361
欽定四庫全書簡明目錄二十卷首一
卷 …………………………………… 4－361
欽定四庫全書簡明目錄二十卷首一
卷 …………………………………… 4－361
欽定四庫全書簡明目錄二十卷首一
卷 …………………………………… 4－361
欽定四庫全書簡明目錄二十卷首一
卷 …………………………………… 4－361
欽定四庫全書簡明目錄二十卷首一
卷 …………………………………… 4－361
欽定四庫全書簡明目錄二十卷首一
卷 …………………………………… 4－361
欽定四庫全書簡明目錄二十卷首一
卷 …………………………………… 4－361
欽定四庫全書簡明目錄二十卷首一
卷 …………………………………… 4－361
欽定四庫全書簡明目錄二十卷首一
卷 …………………………………… 4－361
欽定四庫全書簡明目錄二十卷首一
卷 …………………………………… 4－361
欽定四庫全書簡明目錄二十卷首一
卷 …………………………………… 4－361
欽定四庫全書簡明目錄二十卷首一
卷 …………………………………… 4－361
欽定四庫全書簡明目錄二十卷首一
卷 …………………………………… 4－362
欽定四庫全書簡明目錄二十卷首一
卷 …………………………………… 4－362
欽定四庫全書簡明目錄二十卷首一
卷 …………………………………… 4－362
欽定四庫全書簡明目錄二十卷首一
卷 …………………………………… 4－362
欽定四庫全書簡明目錄二十卷首一
卷 …………………………………… 5－400
欽定四書文不分卷 ……………………… 4－365
欽定四書文不分卷 ……………………… 4－365
欽定四書文不分卷 ……………………… 4－365
欽定四書文不分卷 ……………………… 4－365
欽定四書文不分卷 ……………………… 4－365
欽定四書文不分卷 ……………………… 4－365
欽定四書文不分卷 ……………………… 4－365
欽定四書文不分卷 ……………………… 4－365
欽定四書文不分卷 ……………………… 4－365
欽定四書文不分卷 ……………………… 4－365
欽定四書文不分卷 ……………………… 4－365
欽定四書文不分卷 ……………………… 4－365
欽定四書文不分卷 ……………………… 4－365
欽定四書文不分卷 ……………………… 4－365
欽定四書文不分卷 ……………………… 4－365
欽定四書文選三十卷 …………………… 4－365
欽定吏部文選司章程三十二卷 ……… 4－351
欽定吏部則例八十七卷 ………………… 4－352
欽定吏部則例八十七卷 ………………… 4－352
欽定吏部則例八十七卷 ………………… 4－352
[欽定吏部則例及職官名錄]不分卷
…………………………………… 5－381
欽定吏部則例六十八卷 ………………… 4－352
欽定吏部則例六卷 ……………………… 4－352
欽定吏部則例□□卷 …………………… 4－351

欽定吏部則例□□卷 …………………… 4－351
欽定吏部則例□□卷 …………………… 4－351
欽定吏部則例□□卷 …………………… 4－351
欽定吏部則例□□卷 …………………… 4－351
欽定吏部則例□□卷 …………………… 4－352
欽定吏部處分則例五十二卷 ………… 4－349
欽定吏部處分則例五十二卷 ………… 4－349
欽定吏部處分則例五十二卷 ………… 4－350
欽定吏部處分則例五十二卷 ………… 4－350
欽定吏部處分則例五十二卷 ………… 4－350
欽定吏部處分則例五十二卷 ………… 4－350
欽定吏部處分則例五十二卷 ………… 4－350
欽定吏部處分則例五十二卷 ………… 4－350
欽定吏部處分則例五十二卷 ………… 4－350
欽定吏部處分則例五十二卷 ………… 4－350
欽定吏部處分則例五十二卷 ………… 4－350
欽定吏部處分則例五十二卷 ………… 4－350
欽定吏部處分則例五十二卷 ………… 4－350
欽定吏部處分則例五十二卷 ………… 4－350
欽定吏部處分則例五十二卷 ………… 4－350
欽定吏部處分則例五十二卷 ………… 4－350
欽定吏部處分則例五十二卷 ………… 4－350
欽定吏部處分則例五十二卷 ………… 4－350
欽定吏部處分則例五十二卷 ………… 4－350
欽定吏部處分則例五十二卷 ………… 4－350
欽定吏部處分則例五十二卷 ………… 4－351
欽定吏部處分則例五十二卷 ………… 4－351
欽定吏部處分則例五十二卷 ………… 4－351
欽定吏部處分則例五十二卷 ………… 4－351
欽定吏部處分則例□□卷 …………… 4－349
欽定吏部處分章程三十三卷 ………… 4－351
欽定吏部處分章程三十三卷 ………… 4－351
欽定吏部銓選漢官則例八卷 ………… 4－351
欽定吏部銓選漢官品級考四卷 ……… 4－351
欽定吏部銓選滿洲官員則例五卷 …… 4－351
欽定吏部銓選滿洲官員品級考四卷
　………………………………………… 4－351
欽定吏部銓選滿洲官員品級考四卷
　則例五卷 …………………………… 4－351
欽定吏部稽勳司則例八卷 …………… 4－351
欽定吏部驗封司章程五卷 …………… 4－351
欽定吏部驗封司章程五卷 …………… 4－351
欽定同文韻統六卷 …………………… 4－366
欽定行政綱目一卷 …………………… 4－347
欽定全唐文一千卷目錄三卷 ………… 4－353
欽定全唐文一千卷目錄三卷 ………… 4－353
欽定全唐文一千卷目錄三卷 ………… 4－353
欽定全唐文一千卷目錄三卷 ………… 4－353
欽定全唐文一千卷目錄三卷 ………… 4－354
欽定全唐文一千卷目錄三卷 ………… 4－354
欽定全唐文一千卷目錄三卷 ………… 4－354
欽定全唐文一千卷目錄三卷 ………… 4－354
欽定全唐文一千卷目錄三卷 ………… 4－354
欽定各郊壇廟樂章不分卷 …………… 4－343
欽定協紀辨方書三十六卷 …………… 4－366
欽定協紀辨方書三十六卷 …………… 4－366
欽定協紀辨方書三十六卷 …………… 4－366
欽定協紀辨方書三十六卷 …………… 4－366
欽定協紀辨方書三十六卷 …………… 4－366
欽定協紀辨方書三十六卷 …………… 4－366
欽定協紀辨方書三十六卷 …………… 4－366
欽定協紀辨方書三十六卷 …………… 4－366
欽定協紀辨方書三十六卷 …………… 4－366
欽定協紀辨方書三十六卷 …………… 4－367
欽定協紀辨方書三十六卷 …………… 4－367
欽定協紀辨方書三十六卷 …………… 4－367
欽定協紀辨方書三十六卷 …………… 4－367
欽定協紀辨方書三十六卷 …………… 4－367
欽定協紀辨方書三十六卷 …………… 4－367
欽定協紀辨方書三十六卷 …………… 4－367
欽定協紀辨方書三十六卷 …………… 4－367
欽定協紀辨方書三十六卷 …………… 4－367
欽定協紀辨方書三十六卷 …………… 4－367
欽定協紀辨方書三十六卷 …………… 5－400
欽定明鑑二十四卷首一卷 …………… 4－352
欽定明鑑二十四卷首一卷 …………… 4－353
欽定明鑑二十四卷首一卷 …………… 4－353
欽定明鑑二十四卷首一卷 …………… 4－353
欽定明鑑二十四卷首一卷 …………… 4－353
欽定明鑑二十四卷首一卷 …………… 4－353
欽定明鑑二十四卷首一卷 …………… 4－353
欽定金史語解十二卷 ………………… 4－347

欽定金國語解十二卷…………………… 4－347
欽定周官義疏四十八卷首一卷……… 4－373
欽定周官義疏四十八卷首一卷……… 4－373
欽定周官義疏四十八卷首一卷……… 4－374
欽定周官義疏四十八卷首一卷……… 4－374
欽定周官義疏四十八卷首一卷……… 4－374
欽定周官義疏四十八卷首一卷……… 4－374
欽定周官義疏四十八卷首一卷……… 4－374
欽定周官義疏四十八卷首一卷……… 4－374
欽定周官義疏四十八卷首一卷……… 4－374
欽定周官義疏四十八卷首一卷……… 4－374
欽定周官義疏四十八卷首一卷……… 4－374
欽定周官義疏四十八卷首一卷……… 4－374
欽定周官義疏四十八卷首一卷……… 4－374
欽定周官義疏四十八卷首一卷……… 4－374
欽定周官義疏四十八卷首一卷……… 4－374
欽定周官義疏四十八卷首一卷……… 4－374
欽定周官義疏四十八卷首一卷……… 4－374
欽定周官義疏四十八卷首一卷……… 4－374
欽定周官義疏四十八卷首一卷……… 4－374
欽定周官義疏四十八卷首一卷……… 4－374
欽定周官義疏四十八卷首一卷……… 4－374
欽定周官義疏四十八卷首一卷……… 4－375
欽定周官義疏四十八卷首一卷……… 4－375
欽定周官義疏四十八卷首一卷……… 4－375
欽定周官義疏四十八卷首一卷……… 4－375
欽定周官義疏四十八卷首一卷……… 4－375
欽定周官義疏四十八卷首一卷……… 4－375
欽定法院編制法不分卷附法官考試任用司法區域分劃及初級暨地方審判廳管轄案件暫行章程不分卷
………………………………………… 4－343
欽定河工實價則例章程五卷首一卷
………………………………………… 4－347
欽定宗人府則例三十一卷首一卷…… 4－375
欽定宗室王公功績表傳十二卷首一卷………………………………… 4－375
欽定宗室王公功績表傳十二卷首一卷………………………………… 4－375
欽定宗室王公功績表傳十二卷首一卷………………………………… 4－375
欽定春秋左傳讀本三十卷…………… 4－339
欽定春秋左傳讀本三十卷…………… 4－339
欽定春秋左傳讀本三十卷…………… 4－339
欽定春秋左傳讀本三十卷…………… 4－339
欽定春秋左傳讀本三十卷…………… 4－339
欽定春秋左傳讀本三十卷…………… 4－339
欽定春秋左傳讀本三十卷…………… 4－339
欽定春秋左傳讀本三十卷…………… 4－339
欽定春秋左傳讀本三十卷…………… 4－339
欽定春秋左傳讀本三十卷…………… 4－340
欽定春秋左傳讀本三十卷…………… 4－340
欽定春秋左傳讀本三十卷…………… 4－340
欽定春秋傳說彙纂三十八卷首二卷
………………………………………… 4－338
欽定春秋傳說彙纂三十八卷首二卷
………………………………………… 4－338
欽定春秋傳說彙纂三十八卷首二卷
………………………………………… 4－338
欽定春秋傳說彙纂三十八卷首二卷
………………………………………… 4－338
欽定春秋傳說彙纂三十八卷首二卷
………………………………………… 4－338
欽定春秋傳說彙纂三十八卷首二卷
………………………………………… 4－338
欽定春秋傳說彙纂三十八卷首二卷
………………………………………… 4－338
欽定春秋傳說彙纂三十八卷首二卷
………………………………………… 4－338
欽定春秋傳說彙纂三十八卷首二卷
………………………………………… 4－338
欽定春秋傳說彙纂三十八卷首二卷
………………………………………… 4－338
欽定春秋傳說彙纂三十八卷首二卷
………………………………………… 4－338
欽定春秋傳說彙纂三十八卷首二卷
………………………………………… 4－338
欽定春秋傳說彙纂三十八卷首二卷
………………………………………… 4－338
欽定春秋傳說彙纂三十八卷首二卷
………………………………………… 4－338

欽定春秋傳說彙纂三十八卷首二卷 …………………………………………… 4-339
欽定春秋傳說彙纂三十八卷首二卷 …………………………………………… 4-339
欽定春秋傳說彙纂三十八卷首二卷 …………………………………………… 4-339
欽定春秋傳說彙纂三十八卷首二卷 …………………………………………… 4-339
欽定春秋傳說彙纂三十八卷首二卷 …………………………………………… 4-339
欽定春秋傳說彙纂三十八卷首二卷 …………………………………………… 4-339
欽定春秋傳說彙纂三十八卷首二卷 …………………………………………… 4-339
欽定春秋傳說彙纂三十八卷首二卷 …………………………………………… 4-339
欽定春秋傳說彙纂三十八卷首二卷 …………………………………………… 4-339
欽定春秋傳說彙纂三十八卷首二卷 …………………………………………… 4-339
欽定春秋纂不分卷 …………………… 4-339
欽定春秋纂不分卷附三傳諸説 ……… 4-339
欽定南河料物價值現行事例□□卷 …………………………………………… 4-353
欽定科場條例六十卷 ………………… 4-348
欽定科場條例六十卷首一卷 ………… 4-348
欽定科場條例六十卷首一卷 ………… 4-348
欽定科場條例六十卷首一卷 ………… 4-348
欽定科場條例六十卷首一卷 ………… 4-348
欽定重刻淳化閣帖釋文十卷 ………… 4-373
欽定重修兩浙鹽法志三十卷首二卷 …………………………………………… 4-373
[乾隆]欽定皇輿西域圖志四十八卷首四卷 ………………………… 5-338
欽定洞麓堂集十卷 …………………… 4-343
欽定洞麓堂集十卷 …………………… 4-343
欽定洞麓堂集十卷 …………………… 4-343
欽定軍衛道里表十八卷 ……………… 4-347
欽定書經傳說彙纂二十一卷首二卷書序一卷 …………………………… 4-357
欽定書經傳說彙纂二十一卷首二卷書序一卷 …………………………… 4-357
欽定書經傳說彙纂二十一卷首二卷書序一卷 …………………………… 4-357
欽定書經傳說彙纂二十一卷首二卷書序一卷 …………………………… 4-358
欽定書經傳說彙纂二十一卷首二卷書序一卷 …………………………… 4-358
欽定書經傳說彙纂二十一卷首二卷書序一卷 …………………………… 4-358
欽定書經傳說彙纂二十一卷首二卷書序一卷 …………………………… 4-358
欽定書經傳說彙纂二十一卷首二卷書序一卷 …………………………… 4-358
欽定書經傳說彙纂二十一卷首二卷書序一卷 …………………………… 4-358
欽定書經傳說彙纂二十一卷首二卷書序一卷 …………………………… 4-358
欽定書經傳說彙纂二十一卷首二卷書序一卷 …………………………… 4-358
欽定書經傳說彙纂二十一卷首二卷書序一卷 …………………………… 4-358
欽定書經傳說彙纂二十一卷首二卷書序一卷 …………………………… 4-358
欽定書經傳說彙纂二十一卷首二卷書序一卷 …………………………… 4-358
欽定書經傳說彙纂二十一卷首二卷書序一卷 …………………………… 4-358
欽定書經傳說彙纂二十一卷首二卷書序一卷 …………………………… 4-358
欽定書經傳說彙纂二十一卷首二卷書序一卷 …………………………… 4-358
欽定書經傳說彙纂二十一卷首二卷書序一卷 …………………………… 4-358
欽定書經傳說彙纂二十一卷首二卷書序一卷 …………………………… 4-358
欽定書經傳說彙纂二十一卷首二卷書序一卷 …………………………… 4-358
欽定書經傳說彙纂二十一卷首二卷書序一卷 …………………………… 4-359
欽定書經傳說彙纂二十一卷首二卷書序一卷 …………………………… 4-359

欽定書經傳說彙纂二十一卷首二卷
書序一卷……………………………… 4－359
欽定書經傳說彙纂二十一卷首二卷
書序一卷……………………………… 4－359
欽定書經傳說彙纂二十一卷首二卷
書序一卷……………………………… 4－359
欽定書經傳說彙纂二十一卷首二卷
書序一卷……………………………… 4－359
欽定書經傳說彙纂二十一卷首二卷
書序一卷……………………………… 4－359
欽定書經傳說彙纂二十一卷首二卷
書序一卷……………………………… 4－359
欽定書經傳說彙纂二十一卷首二卷
書序一卷……………………………… 4－359
欽定書經傳說彙纂二十一卷首二卷
書序一卷……………………………… 4－359
欽定書經傳說彙纂二十一卷首二卷
書序一卷……………………………… 4－359
欽定書經傳說彙纂二十一卷首二卷
書序一卷……………………………… 4－359
欽定書經傳說彙纂不分卷…………… 4－357
欽定書經圖說五十卷………………… 4－359
欽定書經圖說五十卷………………… 4－359
欽定通考考證三卷…………………… 4－366
欽定通典考證一卷欽定通志考證三
卷欽定文獻通考考證三卷………… 4－365
欽定授時通考七十八卷……………… 4－357
欽定授時通考七十八卷……………… 4－357
欽定授時通考七十八卷……………… 4－357
欽定授時通考七十八卷……………… 4－357
欽定授時通考七十八卷……………… 4－357
欽定授時通考七十八卷……………… 4－357
欽定授時通考七十八卷……………… 4－357
欽定授時通考七十八卷……………… 4－357
欽定授時通考七十八卷……………… 4－357
欽定授時通考七十八卷……………… 4－357
欽定國子監則例四十五卷…………… 4－347
欽定國朝詩別裁集三十二卷………… 4－346
欽定國朝詩別裁集三十二卷………… 4－346
欽定國朝詩別裁集三十二卷………… 4－346
欽定國朝詩別裁集三十二卷………… 4－346
欽定國朝詩別裁集三十二卷………… 4－346
欽定國朝詩別裁集三十二卷………… 4－346
欽定國朝詩別裁集三十二卷………… 4－346
欽定國朝詩別裁集三十二卷………… 4－346
欽定國朝詩別裁集三十二卷………… 4－346
欽定國朝詩別裁集三十二卷………… 4－346
欽定國朝詩別裁集三十二卷………… 4－346
欽定國朝詩別裁集三十二卷………… 4－346
欽定國朝詩別裁集三十二卷………… 4－346
欽定國朝詩別裁集三十二卷………… 4－346
欽定國朝詩別裁集三十二卷………… 4－346
欽定國朝詩別裁集三十二卷………… 4－347
欽定國朝詩別裁集三十二卷………… 4－347
欽定國朝詩別裁集三十二卷………… 4－347
欽定國朝詩別裁集三十二卷………… 4－347
欽定國朝詩別裁集三十二卷………… 4－347
欽定康濟錄四卷……………………… 4－347
欽定康濟錄四卷……………………… 4－347
欽定康濟錄四卷……………………… 4－347
欽定康濟錄四卷……………………… 4－347
欽定康濟錄四卷……………………… 4－347
欽定康濟錄四卷……………………… 4－348
欽定康濟錄四卷……………………… 4－348
欽定康濟錄四卷……………………… 4－348
欽定康濟錄四卷……………………… 4－348
欽定康濟錄四卷……………………… 4－348
欽定清文鑑二十六卷………………… 4－353
欽定啟禎四書文不分卷……………… 4－353
欽定萬年書一卷……………………… 4－366
欽定萬年書一卷……………………… 4－366
欽定萬年書一卷……………………… 4－366
欽定萬年書一卷……………………… 4－366
欽定萬年書不分卷…………………… 4－366
欽定萬年書不分卷…………………… 4－366
欽定萬年書不分卷…………………… 4－366
欽定萬年書不分卷（清乾隆元年至
光緒五年）………………………… 4－366
欽定萬年書不分卷（清嘉慶二十三
年至光緒二十七年）……………… 4－366
欽定勝朝殉節諸臣錄十二卷首一卷
…………………………………… 4－354

欽定勝朝殉節諸臣錄十二卷首一卷
…………………………………… 4－354
欽定勝朝殉節諸臣錄十二卷首一卷
…………………………………… 4－354
欽定勝朝殉節諸臣錄十二卷首一卷
…………………………………… 4－354
欽定勝朝殉節諸臣錄十二卷首一卷
…………………………………… 4－355
欽定詩經傳說彙纂二十一卷首二卷
詩序二卷 ……………………………… 4－355
欽定詩經傳說彙纂二十一卷首二卷
詩序二卷 ……………………………… 4－355
欽定詩經傳說彙纂二十一卷首二卷
詩序二卷 ……………………………… 4－355
欽定詩經傳說彙纂二十一卷首二卷
詩序二卷 ……………………………… 4－355
欽定詩經傳說彙纂二十一卷首二卷
詩序二卷 ……………………………… 4－355
欽定詩經傳說彙纂二十一卷首二卷
詩序二卷 ……………………………… 4－355
欽定詩經傳說彙纂二十一卷首二卷
詩序二卷 ……………………………… 4－355
欽定詩經傳說彙纂二十一卷首二卷
詩序二卷 ……………………………… 4－355
欽定詩經傳說彙纂二十一卷首二卷
詩序二卷 ……………………………… 4－355
欽定詩經傳說彙纂二十一卷首二卷
詩序二卷 ……………………………… 4－355
欽定詩經傳說彙纂二十一卷首二卷
詩序二卷 ……………………………… 4－355
欽定詩經傳說彙纂二十一卷首二卷
詩序二卷 ……………………………… 4－355
欽定詩經傳說彙纂二十一卷首二卷
詩序二卷 ……………………………… 4－355
欽定詩經傳說彙纂二十一卷首二卷
詩序二卷 ……………………………… 4－355
欽定詩經傳說彙纂二十一卷首二卷
詩序二卷 ……………………………… 4－355
欽定詩經傳說彙纂二十一卷首二卷
詩序二卷 ……………………………… 4－355
欽定詩經傳說彙纂二十一卷首二卷
詩序二卷 ……………………………… 4－355
欽定詩經傳說彙纂二十一卷首二卷
詩序二卷 ……………………………… 4－356
欽定詩經傳說彙纂二十一卷首二卷
詩序二卷 ……………………………… 4－356
欽定詩經傳說彙纂二十一卷首二卷
詩序二卷 ……………………………… 4－356
欽定詩經傳說彙纂二十一卷首二卷
詩序二卷 ……………………………… 4－356
欽定詩經傳說彙纂二十一卷首二卷
詩序二卷 ……………………………… 4－356
欽定詩經傳說彙纂二十一卷首二卷
詩序二卷 ……………………………… 4－356
欽定詩經傳說彙纂二十一卷首二卷
詩序二卷 ……………………………… 4－356
欽定詩經傳說彙纂二十一卷首二卷
詩序二卷 ……………………………… 4－356
欽定詩經傳說彙纂二十一卷首二卷
詩序二卷 ……………………………… 4－356
欽定詩經傳說彙纂二十一卷首二卷
詩序二卷 ……………………………… 4－356
欽定詩經傳說彙纂二十一卷首二卷
詩序二卷 ……………………………… 4－356
欽定詩經傳說彙纂二十一卷首二卷
詩序二卷 ……………………………… 4－356
欽定詩經傳說彙纂二十一卷首二卷
詩序二卷 ……………………………… 4－356
欽定詩經傳說彙纂二十一卷首二卷
詩序二卷 ……………………………… 4－356
欽定詩經傳說彙纂二十一卷首二卷
詩序二卷 ……………………………… 4－356
欽定詩經傳說彙纂二十一卷首二卷
詩序二卷 ……………………………… 4－356
欽定詩經傳說彙纂二十一卷首二卷
詩序二卷 ……………………………… 4－356
欽定詩經傳說彙纂二十一卷首二卷
詩序二卷 ……………………………… 4－356
欽定詩經傳說彙纂二十一卷首二卷
詩序二卷 ……………………………… 4－357
欽定詩經傳說彙纂二十一卷首二卷
詩序二卷 ……………………………… 4－357

欽定詩經傳說彙纂二十一卷首二卷
詩序二卷…………………………… 4－357
欽定詩經傳說彙纂二十一卷首二卷
詩序二卷…………………………… 4－357
欽定詩經傳說彙纂不分卷…………… 4－355
欽定詩經樂譜全書三十卷樂律正俗
一卷………………………………… 4－357
［道光］欽定新疆識略十二卷首一卷
………………………………………… 5－284
［道光］欽定新疆識略十二卷首一卷
………………………………………… 5－284
欽定殿試策不分卷…………………… 4－343
欽定臺規四十二卷首一卷…………… 4－365
欽定熙朝雅頌集一百六卷首集二十
六卷餘集二卷首一卷……………… 4－366
欽定增修六部處分則例五十二卷…… 4－373
欽定遼史語解十卷…………………… 4－352
欽定遼史語解十卷…………………… 4－352
欽定遼史語解十卷欽定金史語解十
二卷………………………………… 4－352
欽定遼史語解十卷欽定金史語解十
二卷欽定元史語解二十四卷……… 4－352
欽定遼史語解十卷欽定金史語解十
二卷欽定元史語解二十四卷……… 4－352
欽定篆文六經四書…………………… 4－375
欽定篆文六經四書…………………… 4－375
欽定篆文六經四書…………………… 4－375
欽定儀禮義疏四十八卷首二卷……… 4－372
欽定儀禮義疏四十八卷首二卷……… 4－372
欽定儀禮義疏四十八卷首二卷……… 4－372
欽定儀禮義疏四十八卷首二卷……… 4－372
欽定儀禮義疏四十八卷首二卷……… 4－372
欽定儀禮義疏四十八卷首二卷……… 4－372
欽定儀禮義疏四十八卷首二卷……… 4－373
欽定儀禮義疏四十八卷首二卷……… 4－373
欽定儀禮義疏四十八卷首二卷……… 4－373
欽定儀禮義疏四十八卷首二卷……… 4－373
欽定儀禮義疏四十八卷首二卷……… 4－373
欽定儀禮義疏四十八卷首二卷……… 4－373
欽定儀禮義疏四十八卷首二卷……… 4－373
欽定儀禮義疏四十八卷首二卷……… 4－373
欽定儀禮義疏四十八卷首二卷……… 4－373
欽定歷代職官表七十二卷首一卷…… 4－352
欽定學政全書八十二卷……………… 4－371
欽定學政全書八十六卷首一卷……… 4－371
欽定學政全書八十六卷首一卷……… 4－371
欽定學政全書八十六卷首一卷……… 4－371
欽定學政全書八十六卷首一卷……… 4－371
欽定學政全書八十六卷首一卷……… 4－371
欽定學政全書八十六卷首一卷……… 4－371
欽定學政全書八十六卷首一卷……… 4－371
欽定學政全書八十六卷首一卷……… 4－371
欽定學政全書八十六卷首一卷……… 4－371
欽定學政全書八十六卷首一卷……… 4－372
欽定學政全書八十六卷首一卷……… 4－372
欽定學政全書八十六卷首一卷……… 4－372
欽定學政全書八十六卷首一卷……… 4－372
欽定學政全書八十六卷首一卷……… 4－372
欽定學政全書八十六卷首一卷……… 4－372
欽定學政全書八十六卷首一卷……… 4－372
欽定學政全書八十六卷首一卷……… 4－372
欽定學政全書八十六卷首一卷……… 4－372
欽定學政全書八十六卷首一卷……… 4－372
欽定學政全書八十六卷首一卷……… 4－372
欽定學政全書八十六卷首一卷……… 4－372
欽定學政全書八十六卷首一卷……… 4－372
欽定學政全書八卷…………………… 4－371
欽定學政全書八卷…………………… 4－371
欽定學堂章程不分卷………………… 4－371
欽定學堂章程不分卷………………… 4－371
欽定學堂章程不分卷………………… 4－371
欽定錢錄十六卷……………………… 4－353
欽定徽寧池三府世僕例案不分卷…… 4－347
欽定禮記義疏八十二卷首一卷……… 4－348
欽定禮記義疏八十二卷首一卷……… 4－348
欽定禮記義疏八十二卷首一卷……… 4－348
欽定禮記義疏八十二卷首一卷……… 4－348
欽定禮記義疏八十二卷首一卷……… 4－348
欽定禮記義疏八十二卷首一卷……… 4－348
欽定禮記義疏八十二卷首一卷……… 4－349
欽定禮記義疏八十二卷首一卷……… 4－349
欽定禮記義疏八十二卷首一卷……… 4－349

欽定禮記義疏八十二卷首一卷……… 4－349
欽定禮記義疏八十二卷首一卷……… 4－349
欽定禮記義疏八十二卷首一卷……… 4－349
欽定禮記義疏八十二卷首一卷……… 4－349
欽定禮記義疏八十二卷首一卷……… 4－349
欽定禮記義疏八十二卷首一卷……… 4－349
欽定禮記義疏八十二卷首一卷……… 4－349
欽定禮記義疏八十二卷首一卷……… 4－349
欽定禮記義疏八十二卷首一卷……… 4－349
欽定禮記義疏八十二卷首一卷……… 4－349
欽定禮部則例二百二卷………………… 4－348
欽定禮部則例二百二卷………………… 4－348
欽定禮部則例二百二卷………………… 4－348
欽定總管內務府現行則例四卷……… 4－375
欽定續文獻通考二百五十卷………… 4－370
欽定續文獻通考二百五十卷………… 4－370
欽定續文獻通考二百五十卷………… 4－370
欽定續文獻通考二百五十卷………… 4－370
欽定續文獻通考二百五十卷………… 4－370
欽定續文獻通考二百五十卷………… 4－370
欽定續文獻通考二百五十卷………… 4－370
欽定續文獻通考二百五十卷………… 4－370
欽定續文獻通考二百五十卷………… 4－370
欽定續文獻通考二百五十卷………… 4－370
欽定續文獻通考二百五十卷………… 4－370
欽定續文獻通考二百五十卷………… 4－370
欽定續文獻通考二百五十卷………… 4－370
欽定續文獻通考二百五十卷………… 4－370
欽定續文獻通考二百五十卷………… 4－370
欽定續文獻通考二百五十卷………… 4－370
欽定續文獻通考詳節二十六卷……… 4－371
欽定續文獻通考詳節二十六卷……… 4－371
欽定續文獻通考詳節二十六卷……… 4－371
欽定續文獻通考輯要二十六卷……… 4－370
欽定續通志六百四十卷……………… 4－368
欽定續通志六百四十卷……………… 4－368
欽定續通志六百四十卷……………… 4－368
欽定續通志六百四十卷……………… 4－368
欽定續通志六百四十卷……………… 4－368
欽定續通志六百四十卷……………… 4－368
欽定續通志六百四十卷……………… 4－368
欽定續通志六百四十卷……………… 4－368
欽定續通志六百四十卷……………… 4－368
欽定續通志六百四十卷……………… 4－369
欽定續通志六百四十卷……………… 4－369
欽定續通志六百四十卷……………… 4－369
欽定續通志六百四十卷……………… 4－369
欽定續通志六百四十卷……………… 4－369
欽定續通志六百四十卷……………… 4－369
欽定續通志六百四十卷……………… 4－369
欽定續通志六百四十卷……………… 4－369
欽定續通志六百四十卷……………… 4－369
欽定續通志六百四十卷……………… 4－369
欽定續通志六百四十卷……………… 4－369
欽定續通志六百四十卷……………… 4－369
欽定續通志六百四十卷……………… 4－369
欽定續通志六百四十卷……………… 4－369
欽定續通志六百四十卷……………… 4－369
欽定續通典一百五十卷……………… 4－367
欽定續通典一百五十卷……………… 4－367
欽定續通典一百五十卷……………… 4－367
欽定續通典一百五十卷……………… 4－367
欽定續通典一百五十卷……………… 4－367
欽定續通典一百五十卷……………… 4－367
欽定續通典一百五十卷……………… 4－367
欽定續通典一百五十卷……………… 4－367
欽定續通典一百五十卷……………… 4－368
欽定續通典一百五十卷……………… 4－368
欽定續通典一百五十卷……………… 4－368
欽定續通典一百五十卷……………… 4－368
欽定續通典一百五十卷……………… 4－368
欽定續通典一百五十卷……………… 4－368
欽定續纂外藩蒙古回部王公表十二
　卷傳十二卷………………………… 4－371
欽旌婺源金氏節孝諭旨暨詩文全集
　不分卷……………………………… 4－375
欽頒州縣事宜一卷…………………… 4－338
欽頒州縣事宜一卷…………………… 4－338
鈞天樂二卷三十二齣………………… 2－237
鈞天樂二卷三十二齣………………… 2－237
畲山詩鈔一卷………………………… 2－150
畲香草存三卷續刻一卷……………… 4－409

畬香草存六卷續刻一卷……………… 4－409
番易姜夔堯章續書譜一卷…………… 1－352
番禺陳氏東塾叢書…………………… 1－352
番禺陳氏東塾叢書…………………… 1－352
飠厓文集二卷……………………… 2－397
爲人草二卷 ……………………… 4－17
爲善最樂一卷 …………………… 4－17
飲水集不分卷……………………… 4－378
飲水詞一卷………………………… 4－378
飲水詞鈔二卷……………………… 4－378
飲水詞鈔二卷……………………… 4－378
飲冰室文集二卷…………………… 4－378
飲香書集不分卷…………………… 4－378
腓尼西亞史一卷…………………… 1－359
勝朝殉揚錄三卷…………………… 3－149
勝朝殉揚錄三卷…………………… 3－149
勝朝遺事…………………………… 3－149
勝朝遺事…………………………… 3－149
勝溪竹枝詞一卷…………………… 3－149
勝溪竹枝詞一卷…………………… 3－149
勝溪竹枝詞一卷…………………… 3－149
勝溪竹枝詞一卷…………………… 3－149
勝溪竹枝詞一卷…………………… 3－149
勝溪竹枝詞一卷…………………… 3－149
勝溪竹枝詞一卷…………………… 3－149
勝溪竹枝詞一卷…………………… 3－149
勝溪竹枝詞一卷…………………… 3－149
勝溪竹枝詞一卷…………………… 3－149
勝溪竹枝詞一卷…………………… 3－149
勝溪竹枝詞一卷…………………… 3－149
勝溪竹枝詞一卷…………………… 3－149
勝溪竹枝詞一卷…………………… 3－149
勝溪竹枝詞一卷…………………… 3－149
勝溪竹枝詞一卷…………………… 3－149
勝溪竹枝詞一卷…………………… 3－149
勝溪竹枝詞一卷…………………… 3－149
勝溪竹枝詞一卷…………………… 3－150
勝鬘經寶窟十五卷………………… 3－149
觚賸一卷…………………………… 1－410
觚賸八卷續編四卷………………… 1－410
然松閣存稿三卷 ………………… 3－70
貿易指南一卷……………………… 2－394
貿易須知輯要一卷出門水陸要言一卷胎產摘要一卷附救急良方一卷…………………………… 2－393
鄒子願學集六卷…………………… 5－256
鄒太史文集八卷…………………… 5－256
鄒氏祠堂記不分卷………………… 5－256
鄒氏族譜□□卷首一卷…………… 5－256
鄒氏學脈四卷……………………… 5－256
鄒東廓先生詩集八卷……………… 5－256
鄒叔子遺書………………………… 5－256
鄒忠介公全集……………………… 5－256
鄒忠介公全集……………………… 5－256
鄒徵君存稿一卷…………………… 5－256
[詁訓雜鈔]不分卷 ……………… 5－289
詁經精舍三集經解二卷辭賦三卷戊辰己巳庚午年官師課合刻六卷…… 1－455
詁經精舍文集十四卷……………… 1－455
詁經精舍文集十四卷……………… 1－455
詁經精舍文集十四卷……………… 1－455
詁經精舍文集十四卷……………… 1－455
詁經精舍文續集八卷……………… 1－455
詁經精舍四集十六卷續選一卷……… 1－455
詁經隨筆□□卷…………………… 1－455
評芳行館詩鈔一卷………………… 3－2
評注聊齋志異圖詠十六卷………… 3－3
評注試律雲蒸十四卷首一卷……… 3－3
評注試律雲蒸十四卷首一卷……… 3－3
評注圖像水滸傳七十五卷七十回…… 3－3
評注圖像水滸傳三十五卷七十回…… 3－3
評注圖像水滸傳三十五卷七十回…… 3－3
評注賦體雲蒸三卷………………… 3－3
評注賦體雲蒸三卷………………… 3－3
評注賦體雲蒸三卷………………… 3－3
評注賦體雲蒸三卷………………… 3－3
評注賦體雲蒸三卷………………… 3－3
評注賦體雲蒸三卷………………… 3－3
評注賦體雲蒸三卷………………… 3－3
評注賦體雲蒸三卷………………… 3－3
評注賦體雲蒸三卷………………… 3－3
評注賦體雲蒸三卷………………… 3－3

評補圖石頭記一百二十卷一百二十
回首一卷…………………………… 2－497
評補圖石頭記一百二十卷一百二十
回首一卷…………………………… 2－497
評補圖石頭記一百二十卷一百二十
回首一卷…………………………… 2－497
評圖不分卷………………………………… 3－2
評論出像水滸傳二十卷七十回………… 3－2
評選古詩源四卷………………………… 3－2
評選古詩源四卷………………………… 3－2
評選四六法海八卷……………………… 3－2
評選四六法海八卷……………………… 3－2
評選直省闈藝大全八卷………………… 3－2
評選直省闈藝大全八卷………………… 3－3
評選直省闈藝大全八卷………………… 3－3
評選直省闈藝大全六卷………………… 3－3
評選繼志堂醫案二卷…………………… 3－2
評點春秋左傳綱目句解彙雋六卷……… 3－2
評點春秋左傳綱目句解彙雋六卷……… 3－2
評點春秋左傳綱目句解彙雋六卷……… 3－2
評點春秋左傳綱目句解彙雋六卷……… 3－2
評點春秋左傳綱目句解彙雋六卷……… 3－2
評點春秋左傳綱目句解彙雋六卷……… 3－2
評點春秋左傳綱目句解彙雋六卷……… 3－2
評點春秋左傳綱目句解彙雋六卷……… 3－2
評點春秋左傳綱目句解彙雋六卷……… 3－2
評點春秋左傳綱目句解彙雋六卷……… 3－2
評點春秋左傳綱目句解彙雋六卷……… 3－2
評點春秋左傳綱目句解彙雋六卷……… 3－2
評點春秋左傳綱目句解彙雋六卷……… 3－2
評點春秋綱目左傳句解彙雋六卷…… 2－497
評點春秋綱目左傳句解彙雋六卷…… 2－497
評點春秋綱目左傳句解彙雋六卷…… 2－497
評點春秋綱目左傳句解彙雋六卷…… 2－497
評點春秋綱目左傳句解彙雋六卷…… 2－497
評點春秋綱目左傳句解彙雋六卷…… 2－497
評點春秋綱目左傳句解彙雋六卷…… 2－497
評點春秋綱目左傳句解彙雋六卷…… 2－497
評點春秋綱目左傳句解彙雋六卷…… 2－497
評點春秋綱目左傳句解彙雋六卷…… 2－497
評點春秋綱目左傳句解彙雋六卷…… 2－497
評點春秋綱目左傳句解彙雋六卷…… 2－497
評點春秋綱目左傳句解彙雋六卷…… 2－498
評點春秋綱目左傳句解彙雋六卷…… 2－498
評點春秋綱目左傳句解彙雋六卷…… 2－498
評點春秋綱目左傳句解彙雋六卷…… 2－498
評點春秋綱目左傳句解彙雋六卷…… 2－498
評點春秋綱目左傳句解彙雋六卷…… 2－498
評點春秋綱目左傳句解彙雋六卷…… 2－498
評點春秋綱目左傳句解彙雋六卷…… 2－498
評點春秋綱目左傳句解彙雋六卷…… 2－498
評點春秋綱目左傳句解彙雋六卷…… 2－498
評點春秋綱目左傳句解彙雋六卷…… 2－498
評點春秋綱目左傳句解彙雋六卷…… 2－498
評點春秋綱目左傳句解彙雋六卷…… 2－498
評點春秋綱目左傳句解彙雋六卷…… 2－498
評點春秋綱目左傳句解彙雋六卷…… 2－498
評點春秋綱目左傳句解彙雋六卷…… 2－498
評點春秋綱目左傳句解彙雋六卷…… 2－498
評點春秋綱目左傳句解彙雋六卷…… 2－498
評點春秋綱目左傳句解彙雋六卷…… 2－498
評點春秋綱目左傳句解彙雋六卷…… 2－498
評點春秋綱目左傳句解彙雋六卷…… 2－498
評點春秋綱目左傳句解彙雋六卷…… 2－498
評點春秋綱目左傳句解彙雋六卷…… 2－498
評點春秋綱目左傳句解彙雋六卷…… 2－498
評點春秋綱目左傳句解彙雋六卷…… 2－499
評點春秋綱目左傳句解彙雋六卷…… 2－499
評點春秋綱目左傳句解彙雋六卷…… 2－499
評點春秋綱目左傳句解彙雋六卷…… 2－499
評點春秋綱目左傳句解彙雋六卷…… 2－499
評點春秋綱目左傳句解彙雋六卷…… 2－499
評點春秋綱目左傳句解彙雋六卷…… 2－499
評點春秋綱目左傳句解彙雋六卷…… 2－499
評點春秋綱目左傳句解彙雋六卷…… 2－499
評點春秋綱目左傳句解彙雋六卷…… 2－499
評點春秋綱目左傳句解彙雋六卷…… 2－499
評點春秋綱目左傳句解彙雋六卷…… 2－499
評點春秋綱目左傳句解彙雋六卷…… 2－499
評點春秋綱目左傳句解彙雋六卷…… 2－499
評點春秋綱目左傳句解彙雋六卷…… 2－499
評點春秋綱目左傳句解彙雋六卷…… 2－499

評點春秋綱目左傳句解彙雋六卷…… 2－499
評點春秋綱目左傳句解彙雋六卷…… 2－499
評點春秋綱目左傳句解彙雋六卷…… 2－499
評點春秋綱目左傳句解彙雋六卷…… 2－499
評點春秋綱目左傳句解彙雋六卷…… 2－499
評點春秋綱目左傳句解彙雋六卷…… 2－499
評點春秋綱目左傳句解彙雋六卷…… 2－499
評點春秋綱目左傳句解彙雋六卷…… 2－499
評點春秋綱目左傳句解彙雋六卷…… 2－500
評點春秋綱目左傳句解彙雋六卷…… 2－500
評點春秋綱目左傳句解彙雋六卷…… 2－500
評點春秋綱目左傳句解彙雋六卷…… 2－500
評點春秋綱目左傳句解彙雋六卷…… 2－500
評點春秋綱目左傳句解彙雋六卷…… 2－500
評點春秋綱目左傳句解彙雋六卷…… 2－500
評點春秋綱目左傳句解彙雋六卷…… 2－500
評點春秋綱目左傳句解彙雋六卷…… 2－500
評點春秋綱目左傳句解彙雋六卷…… 2－500
評點春秋綱目左傳句解彙雋六卷…… 2－500
評點春秋綱目左傳句解彙雋六卷…… 2－500
評點春秋綱目左傳句解彙雋六卷…… 2－500
評點春秋綱目左傳句解彙雋六卷…… 2－500
評點春秋綱目左傳句解彙雋六卷…… 2－500
評點春秋綱目左傳句解彙雋六卷…… 2－500
評點春秋綱目左傳句解彙雋六卷…… 2－500
評點春秋綱目左傳句解彙雋六卷…… 2－500
評點春秋綱目左傳句解彙雋六卷…… 2－500
評點春秋綱目左傳句解彙雋六卷…… 2－500
評點春秋綱目左傳句解彙雋六卷…… 2－500
評點春秋綱目左傳句解彙雋六卷……… 3－1
評點春秋綱目左傳句解彙雋六卷……… 3－1
評點春秋綱目左傳句解彙雋六卷……… 3－1
評點春秋綱目左傳句解彙雋六卷……… 3－1
評點春秋綱目左傳句解彙雋六卷……… 3－1
評點春秋綱目左傳句解彙雋六卷……… 3－1
評點春秋綱目左傳句解彙雋六卷……… 3－1
評點春秋綱目左傳句解彙雋六卷……… 3－1
評點春秋綱目左傳句解彙雋六卷……… 3－1
評點春秋綱目左傳句解彙雋六卷……… 3－1
評點春秋綱目左傳句解彙雋六卷……… 3－1
評點春秋綱目左傳句解彙雋六卷……… 3－1
評點春秋綱目左傳句解彙雋六卷……… 3－1
評點春秋綱目左傳句解彙雋六卷……… 3－1
評點春秋綱目左傳句解彙雋六卷……… 3－1
評點春秋綱目左傳句解彙雋六卷……… 3－1
評點春秋綱目左傳句解彙雋六卷……… 3－1
評點春秋綱目左傳句解彙雋六卷……… 3－1
評點春秋綱目左傳句解彙雋六卷……… 3－1
評點春秋綱目左傳句解彙雋六卷……… 3－1
評點春秋綱目左傳句解彙雋六卷……… 3－1
評點春秋綱目左傳句解彙雋六卷……… 3－1
評點春秋綱目左傳句解彙雋六卷……… 3－2
評點春秋綱目左傳句解彙雋六卷…… 5－391
評點春秋綱目左傳句解彙雋六卷…… 5－391
評點春秋綱目左傳句解彙雋六卷…… 5－391
評點春秋綱目左傳句解彙雋六卷…… 5－391
評點春秋綱目左傳句解彙雋六卷…… 5－391
評點春秋綱目左傳句解彙雋六卷…… 5－391
評點春秋綱目左傳句解彙雋六卷…… 5－391
評點春秋綱目左傳句解彙雋六卷…… 5－391
評點春秋綱目左傳句解彙雋六卷…… 5－391
評點春秋綱目左傳句解彙雋六卷…… 5－391
評點春秋綱目左傳句解彙雋六卷…… 5－391
診家正眼二卷…………………………… 5－102
診家正眼二卷…………………………… 5－102
診家正眼二卷…………………………… 5－102
註心賦四卷……………………………… 5－215
註心賦四卷……………………………… 5－215
註陸宣公奏議十五卷…………………… 5－213
註陸宣公奏議十五卷…………………… 5－213
註陸宣公奏議十五卷…………………… 5－213
註陸宣公奏議十五卷制誥十卷表一
　卷附校記二十五卷…………………… 5－213
註陸宣公奏議十五卷制誥十卷表一
　卷附校記二十五卷…………………… 5－213
註釋九家詩十一卷……………………… 5－214
註釋九家詩十一卷……………………… 5－214
註釋九家詩十一卷……………………… 5－214
註釋九家詩十一卷……………………… 5－214
註釋九家詩十一卷……………………… 5－214
註釋九家詩十一卷……………………… 5－214

註釋小品二集不分卷…………………… 5－215
註釋水竹居賦一卷………………………… 5－214
註釋水竹居賦一卷………………………… 5－214
註釋水竹居賦一卷………………………… 5－214
註釋古今賦體凌雲四卷………………… 5－214
註釋成均課士詩二卷…………………… 5－214
註釋花樣賦鈔□卷………………………… 5－214
註釋典制文琳五集………………………… 5－214
註釋典制文琳五集………………………… 5－214
註釋典制文琳五集………………………… 5－214
註釋唐詩三百首不分卷………………… 5－215
註釋唐詩三百首不分卷………………… 5－215
註釋唐詩三百首不分卷………………… 5－215
註釋唐詩三百首不分卷………………… 5－215
註釋唐詩三百首不分卷………………… 5－215
註釋唐詩三百首不分卷………………… 5－404
註釋唐詩三百首六卷…………………… 5－215
註釋唐詩三百首六卷…………………… 5－215
註釋唐詩三百首六卷…………………… 5－215
註釋唐詩三百首六卷…………………… 5－215
註釋唐詩三百首六卷…………………… 5－215
註釋第六才子書八卷…………………… 5－214
註釋試帖紫雲仙琯初集八卷………… 5－214
詠古帚存二卷……………………………… 4－391
詠史古體詩四卷…………………………… 4－392
詠史集八卷別集一卷…………………… 4－392
詠史集八卷別集 卷…………………… 4－392
詠史絕句合鈔不分卷…………………… 4－392
詠物七言律詩偶記一卷………………… 4－392
詠物詩鈔不分卷…………………………… 4－392
詠物詩鷗人集二卷續二卷繼聲集二
卷續二卷…………………………………… 4－392
[詠梅詩]一卷 ……………………………… 5－383
詠樓盍戠集十一卷………………………… 4－392
[詠譚鈞培集]一卷 ………………………… 5－383
詞旨一卷…………………………………… 1－186
詞名集解六卷……………………………… 1－186
詞苑英華…………………………………… 1－187
詞苑英華…………………………………… 1－187
詞苑英華…………………………………… 1－187
詞苑叢談十二卷…………………………… 1－187
詞林分類次韻便讀三字錦九卷末一
卷……………………………………………… 1－185
詞林分類次韻便讀三字錦九卷末一
卷……………………………………………… 1－185
詞林分類次韻便讀三字錦九卷末一
卷……………………………………………… 1－185
詞林分類次韻便讀三字錦九卷末一
卷……………………………………………… 1－185
詞林分類次韻便讀三字錦九卷末一
卷……………………………………………… 1－185
詞林分類次韻便讀三字錦九卷末一
卷……………………………………………… 1－185
詞林分類次韻便讀三字錦九卷末一
卷……………………………………………… 1－185
詞林分類次韻便讀三字錦九卷末一
卷……………………………………………… 1－185
詞林分類次韻便讀三字錦九卷末一
卷……………………………………………… 1－185
詞林分類次韻便讀三字錦九卷末一
卷……………………………………………… 1－185
詞林百調一卷……………………………… 1－185
詞林紀事二十二卷………………………… 1－185
詞林海錯類選四卷………………………… 1－185
詞林海錯類選四卷………………………… 1－185
詞林萬選四卷……………………………… 1－185
詞底一卷…………………………………… 1－185
詞垣口記一卷……………………………… 1－187
詞垣日記一卷……………………………… 1－187
詞律二十卷………………………………… 1－186
詞律二十卷………………………………… 1－186
詞律二十卷………………………………… 1－186
詞律二十卷………………………………… 1－186
詞律二十卷………………………………… 1－186
詞律二十卷………………………………… 1－186
詞律二十卷………………………………… 1－186
詞律二十卷 ……………………………… 2－37
詞律拾遺八卷……………………………… 1－186
詞律拾遺八卷……………………………… 1－186
詞律拾遺八卷……………………………… 1－186
詞律補遺一卷……………………………… 1－186
詞萃一卷…………………………………… 1－185

詞訟案卷不分卷…………………………1－186
詞源二卷……………………………………1－186
詞源二卷……………………………………1－187
詞源二卷……………………………………1－187
詞源二卷……………………………………1－187
詞源二卷……………………………………1－187
詞語總目不分卷…………………………1－187
詞綜三十八卷……………………………1－187
詞綜三十八卷……………………………1－187
詞綜三十八卷……………………………1－187
詞綜三十八卷……………………………1－187
詞綜三十六卷……………………………1－188
詞綜三十六卷……………………………1－188
詞綜三十六卷……………………………1－188
詞綜三十六卷……………………………1－188
詞綜三十卷………………………………1－188
詞綜偶評一卷……………………………1－129
[詞賦鈔]不分卷 ………………………5－276
詞選二卷……………………………………1－186
詞選二卷……………………………………1－186
詞選二卷……………………………………1－186
詞選二卷……………………………………1－186
詞選二卷……………………………………1－186
詞選二卷……………………………………1－186
詞選二卷……………………………………1－186
詞選二卷……………………………………1－187
詞學全書……………………………………1－187
詞學全書……………………………………1－187
詞學全書……………………………………1－187
詞學辨體四卷……………………………1－187
詞學叢書……………………………………1－187
詞學叢書……………………………………1－187
詞館試律清華集四卷……………………1－185
詞鏡平仄圖譜三卷………………………1－185
詞鯖一卷……………………………………1－186
[詞譜]不分卷 …………………………5－276
詞譜四十卷………………………………1－186
詔獄慘言一卷 …………………………1－34
詒煒集五卷………………………………4－307
詒煒集五卷………………………………4－307
詒煒集五卷………………………………4－307
詒煒集五卷………………………………4－307
詒煒集五卷………………………………4－307
詒煒集五卷………………………………4－307
詒煒集五卷………………………………4－307
詒煒集五卷………………………………4－307
詒煒集五卷………………………………4－307
詒煒集五卷………………………………4－307
詒煒集五卷………………………………4－307
詒煒集五卷侍香集一卷…………………4－307
詒煒集五卷侍香集一卷…………………4－307
詒煒集五卷侍香集一卷…………………4－307
詒煒集五卷侍香集一卷…………………4－307
詒煒集五卷侍香集一卷…………………4－307
詒煒集五卷侍香集一卷…………………4－307
詒煒集五卷侍香集一卷…………………4－307
詒煒集五卷侍香集一卷…………………4－307
詒煒集五卷侍香集一卷…………………4－307
詒煒集五卷侍香集一卷…………………4－308
詒煒集五卷侍香集一卷…………………4－308
詒煒集五卷侍香集一卷…………………4－308
詒煒集五卷侍香集一卷…………………4－308
詒經堂藏書 ……………………………4－306
詒穀堂制藝不分卷………………………4－306
詒謀隨筆二卷……………………………4－306
詒謀隨筆二卷……………………………4－306
詒謀隨筆二卷……………………………4－306
詒謀隨筆二卷……………………………4－306
詒謀隨筆二卷……………………………4－306
詒謀隨筆二卷……………………………4－306
詒謀隨筆二卷……………………………4－306
詒謀隨筆二卷……………………………4－306
詒謀隨筆二卷……………………………4－306
詒謀隨筆二卷……………………………4－306
詒謀隨筆二卷……………………………4－306
詒謀隨筆二卷……………………………4－307
就正草不分卷……………………………2－232
敦夙好齋詩初編十二卷首一卷續編
十一卷首一卷…………………………1－327
敦艮吉齋詩存二卷文存四卷……………1－327
敦艮吉齋詩存二卷文存四卷……………1－327
敦好齋律陶纂一卷………………………2－147

敦拙堂詩集十三卷…………………… 1－328
敦拙堂詩集十三卷…………………… 1－328
敦拙堂詩集十三卷…………………… 1－328
敦素齋讀書隨筆不分卷……………… 1－327
敦敘堂崇祀錄不分卷………………… 1－327
敦復堂稿四集………………………… 1－327
敦煌石室真蹟錄五卷附一卷………… 1－327
痘治理辨一卷附方一卷……………… 1－302
痘科一卷……………………………… 1－300
［痘科］二卷　……………………… 5－287
痘科不分卷…………………………… 1－300
痘科扼要一卷………………………… 1－300
痘科折衷二卷………………………… 2－158
痘科定論三卷………………………… 1－300
痘科要覽一卷………………………… 1－300
痘科活動書不分卷…………………… 1－300
痘科救劫論一卷……………………… 1－300
痘科問答一卷………………………… 1－300
痘科摘秘不分卷……………………… 1－300
痘科類編釋意三卷…………………… 1－300
痘科類編釋意三卷…………………… 1－300
痘科類編釋意三卷…………………… 1－300
痘科類編釋意三卷…………………… 5－198
痘疹不求人不分卷附不出天花經驗
　奇方一卷…………………………… 1－300
痘疹世醫心法十二卷碎金賦二卷…… 1－302
痘疹金鏡錄四卷……………………… 1－301
痘疹定論四卷………………………… 1－300
痘疹定論四卷………………………… 1－300
痘疹定論四卷………………………… 1－300
痘疹定論四卷………………………… 1－301
痘疹定論四卷………………………… 1－301
痘疹定論四卷………………………… 1－301
痘疹定論四卷………………………… 1－301
痘疹定論四卷………………………… 1－301
痘疹定論四卷………………………… 1－301
痘疹定論四卷………………………… 1－301
痘疹定論四卷………………………… 1－301
痘疹定論四卷………………………… 1－301
痘疹定論四卷………………………… 1－301
痘疹定論四卷………………………… 1－301
痘疹定論四卷………………………… 1－301
痘疹定論四卷………………………… 1－301
痘疹定論四卷………………………… 1－301
痘疹定論四卷………………………… 1－301
痘疹定論四卷………………………… 1－301
痘疹定論四卷………………………… 1－301
痘疹真傳一卷………………………… 1－302
痘疹理學八卷………………………… 1－301
痘疹集要一卷………………………… 1－301
痘疹集要一卷………………………… 1－301
痘疹會通五卷………………………… 1－301
痘疹會通五卷………………………… 1－301
痘疹慈航二卷治痧要略一卷………… 1－300
痘疹摘要一卷………………………… 1－302
痘疹精言四卷………………………… 1－301
痘疹辨正二卷………………………… 1－300
［痘疹辨治］不分卷　……………… 5－287
痘書不分卷…………………………… 1－300
痘訣二卷……………………………… 1－300
痘訣餘義一卷………………………… 1－300
痘麻定論四卷………………………… 1－300
瘦吟樓詞初集一卷…………………… 3－257
痢門挈綱不分卷……………………… 2－295
［痢科時疫雜疫幼科要錄］五卷　…… 5－330
痢症三字訣一卷……………………… 2－112
痢症要錄一卷時疫要錄一卷救劫編
　一卷救嬰編一卷…………………… 2－295
痢疾論四卷…………………………… 2－295
痢疾論四卷…………………………… 2－295
痢疾論四卷…………………………… 2－295
痢疾論四卷…………………………… 2－295
痢疾論四卷…………………………… 2－295
痢疾論四卷…………………………… 2－295
痢疾論四卷…………………………… 2－295
痢疾論四卷…………………………… 2－295
痢疾論四卷…………………………… 2－295
痢疾論四卷…………………………… 2－295
痢疾論四卷…………………………… 2－295
痢疾論四卷…………………………… 2－295
痢疾論四卷…………………………… 2－295
痢疾論四卷…………………………… 2－295

痢疾論四卷……………………………… 2－295
痢疾論四卷……………………………… 2－295
痢疾論四卷……………………………… 2－430
痢疾論四卷……………………………… 2－430
痢疾論四卷……………………………… 2－431
痢疾論四卷……………………………… 2－431
痢疾論四卷……………………………… 2－431
痢疾論四卷……………………………… 2－431
痢疾論四卷……………………………… 2－431
痢疾論四卷……………………………… 2－431
痢疾論四卷附劉宏璧先生集補瘟方
　一卷………………………………… 2－295
痢証特啓論一卷………………………… 2－296
痧症全書三卷…………………………… 3－107
痧症全書三卷…………………………… 3－107
痧症全書三卷…………………………… 3－107
痧症全書三卷…………………………… 3－107
痧症全書三卷…………………………… 3－107
痧症全書三卷…………………………… 4－272
痧症指微不分卷………………………… 3－107
痧症度鍼二卷…………………………… 3－107
痧疹輯要四卷…………………………… 3－107
痛史……………………………………… 3－482
遊山日記十二卷………………………… 4－393
遊山日記十二卷………………………… 4－393
遊日本學校筆記不分卷………………… 4－393
遊日詩草一卷…………………………… 4－393
遊宦餘談一卷…………………………… 4－392
遊記十卷外編一卷……………………… 4－392
遊麻姑山歌不分卷……………………… 4－393
遊道堂集四卷…………………………… 4－392
遊歷芻言一卷…………………………… 4－392
遊歷芻言一卷…………………………… 4－392
遊歷記存一卷…………………………… 4－393
遊歷圖經六種餘紀十五卷……………… 4－393
遊戲隨錄象譜殘局不分卷……………… 4－393
遊藝錄二卷別錄一卷…………………… 4－393
童山詩集四十二卷……………………… 3－482
童山選集十二卷………………………… 3－482
童子問路四卷…………………………… 3－482
童子問路四卷…………………………… 3－482
童科秘訣須知一卷……………………… 3－481
童蒙心讀書不分卷……………………… 3－482
童蒙記誦編二卷………………………… 3－482
童蒙記誦編二卷………………………… 3－482
童蒙觀鑑六卷附一卷…………………… 3－482
惰窳盦初稿四卷………………………… 1－331
惺園氏詩鈔不分卷……………………… 4－221
惺諟齋初稿十卷………………………… 4－221
惺諟齋初稿十卷………………………… 4－221
愧訥集十二卷…………………………… 2－250
愧訥集十二卷…………………………… 2－250
惲子居文鈔四卷 ………………………… 5－36
善女人傳二卷…………………………… 3－118
善女人傳二卷…………………………… 3－118
善本書室藏書志四十卷附錄一卷…… 3－118
善本書室藏書志四十卷附錄一卷…… 3－118
善本書室藏書志四十卷附錄一卷…… 3－118
善本書室藏書志四十卷附錄一卷…… 3－118
善本書室藏書志四十卷附錄一卷…… 3－118
善成堂重訂古文釋義新編八卷……… 3－118
善住意天子所問經三卷……………… 3－119
善門日用不分卷……………………… 3－118
善和鄉冊不分卷……………………… 3－118
善卷堂四六十卷……………………… 3－118
善卷堂四六十卷……………………… 3－118
善卷堂四六十卷……………………… 3－118
善卷堂四六十卷……………………… 3－118
善卷堂四六十卷……………………… 3－118
善思齋集……………………………… 3－118
善思齋詩鈔七卷文鈔九卷…………… 3－119
善思齋詩鈔七卷詩續鈔二卷文鈔九
　卷文續鈔四卷……………………… 3－119
善書纂要……………………………… 3－118
善書纂要……………………………… 3－118
善與人同一卷………………………… 3－119
普天忠憤全集十四卷首一卷………… 3－8
普天忠憤全集十四卷首一卷………… 3－9
普天忠憤全集十四卷首一卷………… 3－9
普天忠憤全集十四卷首一卷………… 3－9
普天忠憤全集十四卷首一卷………… 3－9
普天忠憤全集十四卷首一卷………… 3－9

普天忠憤全集十四卷首一卷…………… 3－9
普陀寶筏不分卷………………………… 3－9
普法兵事記一卷………………………… 3－8
普法戰紀二十卷………………………… 3－8
普法戰紀二十卷………………………… 3－8
普法戰紀輯要四卷……………………… 3－8
普通百科新大詞典十二卷目錄二卷
　補遺一卷……………………………… 3－9
普通百科新大詞典十二卷目錄二卷
　補遺一卷……………………………… 3－9
普通百科新大詞典十二卷目錄二卷
　補遺一卷……………………………… 3－9
普通珠算課本不分卷…………………… 3－9
普通農學淺說二十課…………………… 3－9
普通新歷史不分卷……………………… 3－9
普通新歷史不分卷……………………… 3－9
普通學歌訣一卷………………………… 3－9
普通學歌訣一卷………………………… 3－9
普通學歌訣一卷………………………… 3－9
普通學歌訣一卷………………………… 3－9
普通學歌訣一卷………………………… 3－9
普濟應驗良方八卷末一卷……………… 3－8
普濟應驗良方八卷末一卷……………… 3－8
普濟應驗良方八卷末一卷……………… 3－8
普濟應驗良方八卷末一卷……………… 3－8
普濟應驗良方八卷末一卷……………… 3－8
普濟應驗良方八卷末一卷……………… 3－8
普勸敬竈編四卷首一卷………………… 3－8
粧樓摘豔十卷首一卷………………… 5－219
尊天爵齋奕譜不分卷………………… 5－261
尊前集二卷…………………………… 5－261
尊前集二卷…………………………… 5－261
尊道堂集唐詩鈔一卷集杜詩鈔一卷
　集陸詩鈔一卷……………………… 5－261
尊聖善堂徵信錄不分卷……………… 5－261
尊聖善堂徵信錄不分卷……………… 5－261
尊經書院課藝七刻不分卷…………… 5－261
尊經書院課藝七刻不分卷…………… 5－261
尊經書院課藝五刻不分卷六刻不分
　卷…………………………………… 5－261
尊聞居士集八卷……………………… 5－261
尊聞居士集八卷遺稿一卷…………… 5－261
尊聞居士集八卷遺稿一卷…………… 5－261
尊聞居士集八卷遺稿一卷…………… 5－261
尊聞錄初稿二卷……………………… 5－261
尊德性齋集三卷……………………… 5－261
道古堂文集四十八卷詩集二十六卷
　集外文一卷集外詩一卷…………… 1－238
道古堂文集四十六卷………………… 1－238
道古堂文集四十六卷詩集二十六卷
　…………………………………… 1－239
道古堂四十六卷詩集二十六卷……… 1－238
道生堂小題制藝不分卷……………… 1－239
道生堂小題制藝不分卷……………… 1－239
道生堂小題制藝不分卷……………… 1－239
道生堂小題制藝不分卷……………… 1－239
道生堂小題制藝不分卷……………… 1－239
道生堂小題制藝初集一卷二集一卷
　三集一卷…………………………… 1－240
道生堂小題制藝初集二卷二集二卷
　三集一卷…………………………… 1－240
道光乙未科江南鄉試第壹房同門硃
　卷一卷同門薦卷一卷……………… 1－239
道光乙未恩科至同治壬戌恩科江西
　鄉試硃卷不分卷…………………… 1－239
道光乙酉科明經通譜一卷…………… 1－239
道光十年黔邑盜案稿不分卷………… 1－239
道光戊子科直省鄉墨不分卷………… 1－239
道光東華續錄六十卷………………… 1－239
道光程墨不分卷……………………… 1－239
道門占天風雷雲雨秘訣一卷………… 1－239
道門寫事意雜錄一卷………………… 1－239
道法統宗性命圭旨全書不分卷……… 1－238
道南講授十三卷……………………… 1－239
道咸同光四朝詩史甲集八卷首一卷
　…………………………………… 1－240
道咸同光四朝詩史甲集八卷首一卷
　…………………………………… 1－240
道宣律師感通錄一卷………………… 1－240
道祖元陽金闕一卷…………………… 1－241
道祖元陽金闕一卷…………………… 1－241
道祖真傳輯要四卷…………………… 1－241

道原精萃…………………………… 1－240
道旁散人集五卷附錄一卷…………… 1－239
道書十二種………………………… 1－240
道書十二種………………………… 1－240
道書全集…………………………… 1－240
道書杯溪錄三卷…………………… 1－240
[道教文]不分卷　………………… 5－286
[道教表文]不分卷　……………… 5－286
[道教書鈔]不分卷　……………… 5－286
[道教雜著]不分卷　……………… 5－286
道國元公濂溪周夫子志十五卷首一
　卷………………………………… 1－239
道國元公濂溪周夫子志十五卷首一
　卷………………………………… 1－239
道鄉先生文集四十卷補遺一卷附錄
　一卷……………………………… 1－240
道鄉集四十卷補遺一卷…………… 1－240
道援堂集十三卷…………………… 1－240
道援堂集十三卷…………………… 1－240
道援堂集十三卷…………………… 1－240
道援堂詩八卷……………………… 1－240
道統錄二卷附錄一卷……………… 1－240
道園集不分卷……………………… 1－240
道園學古錄十八卷類集一卷增刻一
　卷………………………………… 1－240
道園學古錄十八卷類集一卷增刻一
　卷………………………………… 1－240
道園學古錄十八卷類集一卷增刻一
　卷………………………………… 1－241
道園學古錄五十卷………………… 1－241
道園學古錄五十卷………………… 1－241
道園學古錄五十卷………………… 1－241
道園學古錄五十卷………………… 1－241
道園學古錄五十卷………………… 1－241
[道經]一卷　……………………… 5－286
[道經]不分卷　…………………… 5－286
道齊正軌二十卷…………………… 1－239
道德南華二經評註合刻…………… 1－238
道德南華臺縣……………………… 1－238
道德指歸論六卷…………………… 1－238
道德真經註四卷…………………… 1－238
道德真經註四卷…………………… 1－238
道德真經註四卷…………………… 1－238
道德真經註四卷…………………… 1－238
道德經二卷………………………… 1－238
道德經二卷………………………… 1－238
道德經二卷………………………… 1－238
道德經古本考正二卷……………… 1－238
道德經評註二卷…………………… 1－238
道德經解二卷……………………… 1－238
道德經解二卷……………………… 1－238
道德經轉語二卷…………………… 1－238
道德經釋義二卷…………………… 1－238
道學淵源三十六卷………………… 1－240
道學淵源錄一百卷………………… 1－240
道藏輯要…………………………… 1－238
道藏輯要…………………………… 1－238
遂生保嬰彙編不分卷……………… 3－402
遂生福幼合編二卷………………… 3－403
遂生福幼合編二卷………………… 3－403
遂生福幼合編二卷………………… 3－403
遂生福幼合編二卷………………… 3－403
遂生福幼合編二卷………………… 3－403
遂生福幼合編二卷………………… 3－403
遂生福幼合編二卷………………… 3－403
遂生福幼合編二卷………………… 3－403
遂生福幼合編二卷………………… 3－403
遂生福幼合編二卷………………… 3－403
遂生福幼合編二卷………………… 3－403
遂生福幼合編二卷………………… 3－403
遂生福幼合編二卷………………… 3－403
遂生福幼合編二卷………………… 3－404
遂生福幼合編二卷………………… 3－404
遂生福幼合編二卷附保嬰篇一卷…… 3－404
遂生福幼達生合編三卷…………… 3－402
遂生福幼達生合編三卷…………… 3－403
遂生福幼達生合編三卷…………… 3－403
遂生福幼達生合編三卷…………… 3－403
遂生福幼達生合編三卷…………… 3－403
遂生福幼達生合編三卷…………… 3－403
遂生福幼達生合編三卷…………… 3－403
遂生福幼達生合編三卷…………… 3－403

遂生福幼達生合編三卷……………… 3－403
遂生福幼達生合編三卷……………… 3－403
遂生編一卷福幼編一卷……………… 3－402
遂生編一卷福幼編一卷……………… 3－402
遂初堂詩集十六卷文集二十卷別集
四卷………………………………… 3－402
遂初詩草一卷………………………… 3－402
遂昌山人雜錄一卷…………………… 3－402
遂園詩鈔六卷………………………… 3－404
[道光]遂溪縣志十二卷 ……………… 5－282
曾子家語六卷 ……………………… 1－91
曾氏族譜不分卷……………………… 5－341
曾文正公大事記四卷 ……………… 1－86
曾文正公大事記四卷 ……………… 1－86
曾文正公大事記四卷 ……………… 1－87
曾文正公大事記四卷 ……………… 1－87
曾文正公大事記四卷 ……………… 1－87
曾文正公大事記四卷 ……………… 1－87
曾文正公大事記四卷 ……………… 1－87
曾文正公手書日記不分卷(清道光
二十一年至同治十一年)…………… 1－89
曾文正公手書日記不分卷(清道光
二十一年至同治十一年)…………… 1－89
曾文正公手書日記不分卷(清道光
二十一年至同治十一年)…………… 1－89
曾文正公手書日記不分卷(清道光
二十一年至同治十一年)…………… 1－89
曾文正公手書日記不分卷(清道光
二十一年至同治十一年)…………… 1－89
曾文正公六十壽言二卷 …………… 1－87
曾文正公六十壽言二卷 …………… 1－87
曾文正公文集四卷 ………………… 1－90
曾文正公文鈔四卷 ………………… 1－90
曾文正公文鈔四卷 ………………… 1－90
曾文正公文鈔四卷 ………………… 1－90
曾文正公文鈔四卷 ………………… 1－90
曾文正公文鈔四卷 ………………… 1－90
曾文正公文鈔四卷 ………………… 1－90
曾文正公文鈔四卷附刻一卷詩鈔四
卷 ………………………………… 1－90
曾文正公四種 ……………………… 1－89
曾文正公四種 ……………………… 1－89
曾文正公四種 ……………………… 1－89
曾文正公四種 ……………………… 1－89
曾文正公四種 ……………………… 1－89
曾文正公四種 ……………………… 1－89
曾文正公四種 ……………………… 1－90
曾文正公四種 ……………………… 1－90
曾文正公四種 ……………………… 1－90
曾文正公四種 ……………………… 1－90
曾文正公四種 ……………………… 1－90
曾文正公全集 ……………………… 1－87
曾文正公全集 ……………………… 1－87
曾文正公全集 ……………………… 1－88
曾文正公全集 ……………………… 1－88
曾文正公全集 ……………………… 1－88
曾文正公全集 ……………………… 1－88
曾文正公全集 ……………………… 1－88
曾文正公全集 ……………………… 1－88
曾文正公全集 ……………………… 1－88
曾文正公全集 ……………………… 1－88
曾文正公全集 ……………………… 1－88
曾文正公全集 ……………………… 1－88
曾文正公全集 ……………………… 1－88
曾文正公全集 ……………………… 1－88
曾文正公全集 ……………………… 1－88
曾文正公全集 ……………………… 1－88
曾文正公全集 ……………………… 1－88
曾文正公全集 ……………………… 1－88
曾文正公全集 ……………………… 1－88
曾文正公全集 ……………………… 1－88
曾文正公全集 ……………………… 1－88
曾文正公全集 ……………………… 1－88
曾文正公全集 ……………………… 1－88
曾文正公事畧四卷附曾文正祠雅集
圖記一卷 ………………………… 1－89
曾文正公奏稿三十六卷 …………… 1－91
曾文正公奏議十卷首一卷末一卷 …… 1－91
曾文正公奏議十卷首一卷末一卷 …… 1－91
曾文正公奏議十卷首一卷末一卷補
編四卷 …………………………… 1－91
曾文正公奏議十卷首一卷末一卷補

編四卷 …………………………… 1-91
曾文正公奏議十卷首一卷末一卷補編四卷 …………………………… 1-91
曾文正公奏議十卷首一卷末一卷補編四卷 …………………………… 1-91
曾文正公奏議十卷首一卷末一卷補編四卷 …………………………… 1-91
曾文正公奏議十卷首一卷末一卷補編四卷 …………………………… 1-91
曾文正公奏議十卷首一卷末一卷補編四卷 …………………………… 1-91
曾文正公家訓二卷 ………………………… 1-87
曾文正公家訓二卷 ………………………… 1-87
曾文正公家訓二卷 ………………………… 1-87
曾文正公家訓二卷 ………………………… 1-87
曾文正公家書十卷 ………………………… 1-87
曾文正公家書十卷 ………………………… 1-87
曾文正公家書十卷 ………………………… 1-87
曾文正公家書十卷 ………………………… 1-87
曾文正公家書十卷 ………………………… 1-87
曾文正公家書十卷家訓二卷 ………… 1-87
曾文正公家書十卷家訓二卷 ………… 1-87
曾文正公家書十卷家訓二卷 ………… 1-87
曾文正公家書十卷家訓二卷 ………… 1-87
曾文正公書劄三十三卷 …………… 1-89
曾文正公[國藩]年譜十二卷 ………… 1-86
[曾文正公集] ……………………… 5-275
[曾文正公集] ……………………… 5-275
[曾文正公集] ……………………… 5-275
[曾文正公集] ……………………… 5-275
曾文正公楹聯一卷輓聯一卷雜著五歌一卷 …………………………… 1-90
曾文正公詩集三卷 ………………………… 1-89
曾文正公詩集三卷 ………………………… 1-89
曾文正公詩集四卷 ………………………… 1-89
曾文正公詩集四卷 ………………………… 1-89
曾文正公詩集四卷 ………………………… 1-89
曾文正公詩集四卷 ………………………… 1-89
[曾文正公詩鈔]不分卷 ……………… 5-275
曾文正公詩稾四卷楹聯一卷輓聯一卷雜箸五歌一卷 …………………… 1-89
曾文正公榮哀錄一卷 ………………… 1-87
曾文正公榮哀錄一卷 ………………… 1-87
曾文正公榮哀錄一卷 ………………… 1-87
曾文正公榮哀錄一卷 ………………… 1-89
曾文正公榮哀錄四卷 ………………… 1-88
曾文正公榮哀錄四卷 ………………… 1-88
曾文正公榮哀錄四卷 ………………… 1-88
曾文正公雜著二卷 ……………………… 1-90
曾文正公雜著四卷 ……………………… 1-90
曾文正公雜著四卷 ……………………… 1-90
曾文正公雜著四卷 ……………………… 1-90
曾文正公雜著四卷 ……………………… 1-90
曾文正公雜著四卷 ……………………… 1-90
曾文正公雜著四卷 ……………………… 1-90
曾文正公雜著四卷 ……………………… 1-91
曾文正公雜著四卷 ……………………… 1-91
曾文正公雜著四卷 ……………………… 1-91
曾文正左文襄王壯武楚湘營制合鈔一卷 ……………………………… 1-91
曾文定公全集二十卷首一卷末一卷 ………………………………… 1-86
曾文定公全集二十卷首一卷末一卷 ………………………………… 1-86
曾文定公全集二十卷首一卷末一卷 ………………………………… 1-86
曾文昭公集四卷 …………………………… 1-86
曾忠襄公全集 ……………………………… 1-91
曾忠襄公全集 ……………………………… 1-91
曾胡批牘二卷 ……………………………… 1-86
曾南豐文集四卷 …………………………… 1-86
曾南豐文集四卷 …………………………… 1-86
曾南豐文集四卷 …………………………… 1-86
曾國藩手札一卷 …………………………… 1-85
[曾國藩往來書信]不分卷 ………… 5-275
曾國藩奏摺一卷……………………………… 2-273
曾惠敏公全集 ……………………………… 1-86
曾惠敏公全集 ……………………………… 1-86
曾惠敏公全集 ……………………………… 1-86
曾惠敏公全集 ……………………………… 1-86
曾惠敏公全集 ……………………………… 1-86
曾惠敏公全集 ……………………………… 1-86

曾惠敏公全集 …………………………… 1－86
曾惠敏公遺集 …………………………… 1－86
曾惠敏公遺集 …………………………… 1－86
曾惠敏公遺集 …………………………… 1－86
曾惠敏公遺集 …………………………… 1－86
曾樂軒稿一卷…………………………… 1－384
馮氏大宗祠祟祀錄不分卷……………… 1－371
馮氏祠誌□□卷………………………… 1－371
馮氏錦囊秘錄…………………………… 1－371
馮氏錦囊秘錄…………………………… 1－371
馮氏錦囊秘錄…………………………… 1－371
馮氏錦囊秘錄…………………………… 1－371
馮氏錦囊秘錄…………………………… 1－371
馮氏錦囊秘錄…………………………… 1－371
馮氏錦囊秘錄…………………………… 1－371
馮氏錦囊秘錄痘疹全集十五卷……… 1－371
馮氏錦囊秘錄雜症大小合參二十卷
首二卷………………………………… 1－371
馮氏錦囊秘錄雜症大小合參二十卷
首二卷………………………………… 1－371
馮氏錦囊秘錄雜症痘疹藥性主治合
參十二卷首一卷…………………… 1－371
馮氏錦囊秘錄雜症痘疹藥性主治合
參十二卷首一卷…………………… 1－371
馮林一稿一卷…………………………… 1－369
馮舍人集六卷…………………………… 1－369
馮舍人集六卷…………………………… 1－369
馮舍人遺詩六卷………………………… 1－369
馮舍人遺詩六卷………………………… 1－369
馮舍人遺詩六卷………………………… 1－369
馮舍人遺詩六卷………………………… 1－369
馮舍人遺詩六卷………………………… 1－369
馮舍人遺詩六卷………………………… 1－369
馮舍人遺詩六卷………………………… 1－369
馮舍人遺詩六卷………………………… 1－369
馮舍人遺詩六卷………………………… 1－369
馮舍人遺詩六卷………………………… 1－369
馮舍人遺詩六卷………………………… 1－369
馮舍人遺詩六卷………………………… 1－369
馮舍人遺詩六卷………………………… 1－369
馮舍人遺詩六卷………………………… 1－369
馮舍人遺詩六卷………………………… 1－370
馮舍人遺詩六卷………………………… 1－370
馮舍人遺詩六卷………………………… 1－370
馮舍人遺詩六卷………………………… 1－370
馮舍人遺詩六卷………………………… 1－370
馮舍人遺詩六卷………………………… 1－370
馮舍人遺詩六卷………………………… 1－370
馮舍人遺詩六卷………………………… 1－370
馮舍人遺詩六卷………………………… 1－370
馮舍人遺詩六卷………………………… 1－370
馮舍人遺詩六卷………………………… 1－370
馮舍人遺詩六卷………………………… 1－370
馮舍人遺詩六卷………………………… 1－370
馮舍人遺詩六卷………………………… 1－370
馮舍人遺詩六卷………………………… 1－370
馮舍人遺詩六卷………………………… 1－370
馮舍人遺詩六卷………………………… 1－370
馮舍人遺詩六卷………………………… 1－370
馮舍人遺詩六卷………………………… 1－370
馮舍人遺詩六卷………………………… 1－370
馮舍人遺詩六卷………………………… 1－370
馮舍人遺詩六卷………………………… 1－370
馮舍人遺詩六卷………………………… 1－370
馮舍人遺詩六卷………………………… 1－370
馮舍人遺詩六卷………………………… 1－371
馮舍人遺詩六卷………………………… 1－371
馮舍人遺詩六卷………………………… 1－371
湛甘泉先生文集三十二卷 …………… 5－84
湛然居士文集十四卷 ………………… 5－85
湛園未定藁六卷 ……………………… 5－85
湛園未定藁六卷 ……………………… 5－85
湛園未定藁六卷 ……………………… 5－85
湛園札記四卷 ………………………… 5－85
湖上草一卷 …………………………… 2－57
［嘉慶］湖口縣志十八卷首一卷 …… 5－301
［嘉慶］湖口縣志十八卷首一卷 …… 5－301
［同治］湖口縣志十卷首一卷 ……… 5－358
［同治］湖口縣志十卷首一卷 ……… 5－358
［同治］湖口縣志十卷首一卷 ……… 5－358
［同治］湖口縣志十卷首一卷 ……… 5－358
湖山便覽十二卷圖說一卷 …………… 2－57

湖山便覽十二卷圖說一卷 …………… 2－57
湖山便覽十二卷圖說一卷 …………… 2－57
湖山堂集十六卷 ………………… 2－57
湖山靈秀集十六卷 ………………… 2－57
湖北武學 ………………………… 2－55
湖北武學 ………………………… 2－55
湖北官書處書目一卷 ……………… 2－55
[嘉慶]湖北通志一百卷首五卷 …… 5－301
湖北通志凡例一卷 ………………… 2－55
湖北推廣賑捐奏案一卷 …………… 2－55
湖北農學 ………………………… 2－55
湖北節義錄十二卷補遺一卷 ……… 2－55
湖北詩徵傳略四十卷 ……………… 2－55
湖北闈墨不分卷 ………………… 2－55
湖北叢書 ………………………… 2－55
湖北叢書 ………………………… 2－55
湖北叢書 ………………………… 2－55
湖北叢書 ………………………… 2－55
湖北叢書 ………………………… 2－55
湖西羅氏文獻志增補三十二卷 …… 2－57
湖南文徵一百九十卷姓氏傳四卷目錄六卷 ………………………… 2－57
湖南文徵一百九十卷姓氏傳四卷目錄六卷 ………………………… 2－57
湖南文徵一百九十卷姓氏傳四卷目錄六卷 ………………………… 2－57
湖南文徵一百九十卷姓氏傳四卷目錄六卷 ………………………… 2－57
湖南文徵一百九十卷姓氏傳四卷目錄六卷 ………………………… 2－57
湖南方物志八卷 ………………… 2－56
[湖南平江]重修天岳李氏族譜□□卷…………………………………… 5－169
[湖南平江]鄒氏族譜不分卷 ……… 5－299
湖南四至水陸程途不分卷 ………… 2－57
湖南全省節孝錄十三卷 …………… 2－56
湖南全省輿圖不分卷 ……………… 2－56
湖南全省輿圖說六卷 ……………… 2－56
[湖南攸縣]張氏倡修上世墳譜一卷 …………………………………… 5－299
湖南省至各省程途里數排單公文限期不分卷 ………………………… 3－334
湖南時務學堂初集不分卷 ………… 2－56
[嘉慶]湖南通志二百十九卷首三卷末六卷………………………… 5－301
[嘉慶]湖南通志二百十九卷首三卷末六卷………………………… 5－301
[光緒]湖南通志二百八十八卷首八卷末十九卷……………………… 5－291
[光緒]湖南通志二百八十九卷首八卷末十九卷……………………… 5－291
[光緒]湖南通志二百八十九卷首八卷末十九卷……………………… 5－291
湖南褒忠錄初藁五十六卷 ………… 2－56
湖南褒忠錄初藁五十六卷 ………… 2－56
湖南闈墨不分卷(清光緒二十八年) …………………………………… 2－57
湖南疆域驛傳總纂十卷輿圖一卷 …… 2－56
湖海文傳七十五卷 ………………… 2－56
湖海文傳七十五卷 ………………… 2－56
湖海文傳七十五卷 ………………… 2－56
湖海文傳七十五卷 ………………… 2－56
湖海文傳七十五卷 ………………… 2－56
湖海詩傳四十六卷 ………………… 2－56
湖海詩傳四十六卷 ………………… 2－56
湖海詩傳四十六卷 ………………… 2－56
湖海詩傳四十六卷 ………………… 2－56
湖海詩傳四十六卷 ………………… 2－56
湖海樓詞集二十卷 ………………… 2－55
湖海樓詩集十二卷詞集二十卷文集六卷儷體文集十二卷 …………… 2－56
湖海樓詩集十二卷詞集二十卷文集六卷儷體文集十二卷 …………… 2－56
湖海樓叢書 ……………………… 2－55
湖海樓叢書 ……………………… 2－55
湖海樓叢書 ……………………… 2－56
湖海樓叢書續編 ………………… 2－56
湖雅九卷 ………………………… 2－57
湖程紀略一卷……………………… 3－409
湖廣黃州府麻城縣葵花寶卷二卷 …… 2－55
湖隱外史一卷 …………………… 2－57
湖蠶述四卷 ……………………… 2－55

湘山野錄三卷 …………………………… 4－124
湘中草六卷 ……………………………… 4－125
湘帆堂集二十六卷 ……………………… 4－123
湘帆堂集二十六卷 ……………………… 4－123
湘帆堂集二十六卷 ……………………… 4－123
湘帆堂集二十六卷 ……………………… 4－123
湘谷初稿八卷吟稿四卷 ………………… 4－123
湘谷初稿八卷續稿八卷 ………………… 4－123
湘谷續稿七卷 …………………………… 4－123
湘軍志十六卷 …………………………… 4－123
湘軍志十六卷 …………………………… 4－123
湘軍志十六卷 …………………………… 4－124
湘軍志十六卷 …………………………… 4－124
湘軍志十六卷 …………………………… 4－124
湘軍志十六卷 …………………………… 4－124
湘軍志十六卷 …………………………… 4－124
湘軍記二十卷 …………………………… 4－123
湘軍記二十卷 …………………………… 4－123
湘軍記二十卷 …………………………… 4－123
[光緒]湘陰縣圖志三十四卷首一卷末一卷 …………………………… 5－296
湘涵試帖一卷 ………………………… 1－64
湘涵試帖一卷 ………………………… 1－64
湘鄉師相言兵事手函不分卷 …………… 4－124
湘畹詩鈔五卷 …………………………… 5－398
湘煙小錄 ………………………………… 4－125
湘煙錄十六卷 …………………………… 4－124
湘煙錄十六卷 …………………………… 4－124
湘管齋寓賞編六卷 ……………………… 4－123
湘綺樓文集八卷 ………………………… 4－124
湘綺樓文集八卷 ………………………… 4－124
湘綺樓文集八卷詩集十四卷箋啟八卷 ………………………………… 4－124
湘綺樓文集八卷詩集十四卷箋啟八卷 ………………………………… 4－124
湘綺樓文集八卷詩集十四卷箋啟八卷 ………………………………… 4－124
湘綺樓文集八卷詩集十四卷箋啟八卷 ………………………………… 4－124
湘綺樓文集八卷詩集十四卷箋啟八卷 ………………………………… 4－124
湘綺樓全書 ……………………………… 4－124
湘綺樓詩十四卷 ………………………… 4－124
湘綺樓詩八卷夜雪集一卷後集一卷 …………………………………… 4－124
湘綺樓箋啟八卷 ………………………… 4－124
湘潭新安會館案卷稿不分卷 …………… 4－124
[光緒]湘潭縣志十二卷 ……………… 5－296
[光緒]湘潭縣志十二卷 ……………… 5－296
[光緒]湘潭縣志十二卷 ……………… 5－296
湘學報類編不分卷 ……………………… 4－124
減等條款一卷 …………………………… 2－147
減等條款一卷 …………………………… 2－147
湯子遺書十四卷 ………………………… 3－426
湯子遺書十卷附錄一卷 ………………… 3－426
湯子遺書八卷 …………………………… 3－426
湯文正公全集 …………………………… 3－425
湯文正公全集 …………………………… 3－425
湯文正公全集 …………………………… 3－425
湯文正公[斌]年譜定本二卷 ………… 3－425
湯文正公遺書 …………………………… 3－425
湯陰精忠廟志十卷 ……………………… 3－426
湯液本草三卷 …………………………… 3－425
湯液本草三卷 …………………………… 3－425
湯液本草六卷 …………………………… 3－425
湯睡菴先生歷朝綱鑑全史七十卷首一卷 ……………………………… 3－425
湯義仍先生邯鄲夢記二卷三十齣 …… 3－426
湯義仍先生南柯夢記二卷四十四齣 …………………………………… 3－426
湯義仍先生還魂記二卷五十五齣 …… 3－426
湯義仍先生還魂記二卷五十五齣 …… 3－426
湯頭各劑不分卷 ………………………… 3－425
湯頭脈訣歌不分卷 ……………………… 3－425
湯頭歌括一卷 …………………………… 3－425
湯頭歌括一卷 …………………………… 3－425
湯頭歌括一卷 …………………………… 3－425
湯頭歌括一卷 …………………………… 3－425
湯頭歌括一卷 …………………………… 3－425
湯頭歌訣一卷 …………………………… 3－425
湯頭歌訣一卷 …………………………… 3－425
測地繪圖十一卷附一卷表一卷 ……… 1－85

測地繪圖十一卷附一卷表一卷 ……… 1 – 85
測字秘牒一卷 ………………………… 1 – 85
測字秘牒一卷 ………………………… 1 – 85
測候叢談四卷 ………………………… 1 – 85
測候叢談四卷 ………………………… 1 – 85
測候叢談四卷 ………………………… 1 – 85
測海山房中西算學叢刻初編 ………… 1 – 85
測海山房中西算學叢刻初編 ………… 1 – 85
測海集六卷 …………………………… 1 – 85
測量繪算合解三卷圖表一卷 ………… 1 – 85
渭南文集五十卷 ……………………… 4 – 21
渭南文集五十卷 ……………………… 4 – 21
渭南文集五十卷 ……………………… 4 – 21
渭南文集五十卷 ……………………… 4 – 21
渭南文集五十卷首一卷 ……………… 4 – 21
渭南文集五十卷首一卷 ……………… 4 – 21
滑疑集八卷 …………………………… 2 – 62
滑疑集八卷 …………………………… 2 – 62
[同治]滑縣志十二卷 ……………… 5 – 358
淵穎集十二卷……………………………… 5 – 5
淵鑒齋御纂朱子全書六十六卷………… 5 – 2
淵鑒齋御纂朱子全書六十六卷………… 5 – 2
淵鑒齋御纂朱子全書六十六卷………… 5 – 2
淵鑒齋御纂朱子全書六十六卷………… 5 – 2
淵鑒齋御纂朱子全書六十六卷………… 5 – 2
淵鑒齋御纂朱子全書六十六卷………… 5 – 2
淵鑒齋御纂朱子全書六十六卷………… 5 – 2
淵鑒齋御纂朱子全書六十六卷………… 5 – 2
淵鑒齋御纂朱子全書六十六卷………… 5 – 2
淵鑒齋御纂朱子全書六十六卷………… 5 – 2
淵鑒齋御纂朱子全書六十六卷………… 5 – 2
淵鑒齋御纂朱子全書六十六卷………… 5 – 2
淵鑒齋御纂朱子全書六十六卷………… 5 – 2
淵鑒齋御纂朱子全書六十六卷………… 5 – 2
淵鑒齋御纂朱子全書六十六卷………… 5 – 2
淵鑒齋御纂朱子全書六十六卷………… 5 – 2
淵鑒齋御纂朱子全書六十六卷………… 5 – 2
淵鑑類函四百五十卷目錄四卷………… 5 – 3
淵鑑類函四百五十卷目錄四卷………… 5 – 3
淵鑑類函四百五十卷目錄四卷………… 5 – 3
淵鑑類函四百五十卷目錄四卷………… 5 – 3
淵鑑類函四百五十卷目錄四卷………… 5 – 3
淵鑑類函四百五十卷目錄四卷………… 5 – 3
淵鑑類函四百五十卷目錄四卷………… 5 – 3
淵鑑類函四百五十卷目錄四卷………… 5 – 3
淵鑑類函四百五十卷目錄四卷………… 5 – 3
淵鑑類函四百五十卷目錄四卷………… 5 – 3
淵鑑類函四百五十卷目錄四卷………… 5 – 3
淵鑑類函四百五十卷目錄四卷………… 5 – 3
淵鑑類函四百五十卷目錄四卷………… 5 – 3
淵鑑類函四百五十卷目錄四卷………… 5 – 3
淵鑑類函四百五十卷目錄四卷………… 5 – 3
淵鑑類函四百五十卷目錄四卷………… 5 – 4
淵鑑類函四百五十卷目錄四卷………… 5 – 4
淵鑑類函四百五十卷目錄四卷………… 5 – 4
淵鑑類函四百五十卷目錄四卷………… 5 – 4
淵鑑類函四百五十卷目錄四卷………… 5 – 4
淵鑑類函四百五十卷目錄四卷………… 5 – 4
淵鑑類函四百五十卷目錄四卷………… 5 – 4
淵鑑類函四百五十卷目錄四卷………… 5 – 4
淵鑑類函四百五十卷目錄四卷………… 5 – 4
淵鑑類函四百五十卷目錄四卷………… 5 – 4
淵鑑類函四百五十卷目錄四卷………… 5 – 4
淵鑑類函四百五十卷目錄四卷………… 5 – 5
淵鑑類函四百五十卷目錄四卷………… 5 – 5
淵鑑類函四百五十卷目錄四卷………… 5 – 5
淵鑑類函四百五十卷目錄四卷………… 5 – 5
淵鑑類函四百五十卷目錄四卷………… 5 – 5
淵鑑類函四百五十卷目錄四卷………… 5 – 5
淵鑑類函四百五十卷目錄四卷……… 5 – 402
渝水詩存一卷文存一卷 …………… 5 – 283
渝水詩存不分卷 …………………… 4 – 409
渝水詩觀三十二卷 ………………… 4 – 409
渝北倉記不分卷 …………………… 4 – 409
渝北倉記不分卷 …………………… 4 – 409
渝北賓興堂志不分卷 ……………… 4 – 409
渝北賓興堂志不分卷 ……………… 4 – 409
渝北賓興堂志不分卷 ……………… 4 – 409
渝東賓興堂志不分卷 ……………… 4 – 409
游定夫先生集六卷首一卷末一卷…… 4 – 393
游廌山先生集八卷 ………………… 4 – 393
游歷日本圖經三十卷 ……………… 4 – 393

溉亭述古錄二卷 ………………………… 1－388
溉堂前集九卷後集六卷續集六卷文
　集五卷詩餘二卷 …………………… 1－388
溉堂前集九卷後集六卷續集六卷文
　集五卷詩餘二卷 …………………… 1－388
涓葉文存不分卷 ……………………… 4－235
涓葉文存不分卷 ……………………… 4－235
涓葉文存不分卷 ……………………… 4－235
涓葉文存不分卷 ……………………… 4－235
涓葉文存不分卷 ……………………… 4－235
湧幢小品三十二卷 …………………… 4－392
寒山子詩集一卷 ……………………… 2－14
寒山子詩集一卷 ……………………… 2－14
寒支初集十卷首一卷二集四卷 ……… 2－15
寒支初集十卷首一卷二集四卷 ……… 2－15
寒支初集十卷首一卷二集四卷 ……… 2－15
寒支初集八卷二集四卷 ……………… 2－15
寒灰集五卷 …………………………… 2－14
寒村五丁集二卷 ……………………… 2－14
寒松草一卷洪都雜咏一卷雲谷詩餘
　二卷 ………………………………… 2－14
寒松堂全集十二卷 …………………… 2－14
寒松堂全集十二卷 …………………… 2－14
寒松錄二卷 …………………………… 2－14
寒夜錄二卷 …………………………… 2－15
寒夜叢談三卷 ………………………… 2－14
富文堂綱鑑易知錄九十二卷 ………… 1－385
富文堂綱鑑易知錄九十二卷 ………… 1－385
富文堂綱鑑易知錄九十二卷明鑑易
　知錄十五卷 ………………………… 1－385
富文堂綱鑑易知錄九十二卷明鑑易
　知錄十五卷 ………………………… 1－385
[富記湯宏大收售用表申]不分卷(清
　光緒三十二年至宣統二年) ……… 5－288
富國策三卷 …………………………… 1－384
富國養民策十六章 …………………… 1－384
富國養民策十六章 …………………… 1－385
富國學問答一卷 ……………………… 1－384
富強叢書 ……………………………… 1－385
富強叢書 ……………………………… 1－385
富強叢書正集 ………………………… 1－385
富強叢書正集 ………………………… 1－385
富強叢書正集 ………………………… 1－385
富強叢書正集 ………………………… 1－385
富強叢書續集 ………………………… 1－385
[光緒]富陽縣志二十四卷首一卷 … 5－290
富貴捷徑不分卷 ……………………… 1－384
寓林集三十二卷詩集六卷 …………… 4－497
寓真軒詩鈔十二卷 …………………… 4－497
寓真軒詩鈔十二卷 …………………… 4－497
寓意草一卷 …………………………… 4－497
寓意草一卷 …………………………… 4－497
寓意草一卷 …………………………… 4－497
寓意草一卷 …………………………… 4－497
寓意草一卷 …………………………… 4－497
寓意草一卷 …………………………… 4－497
寓意草一卷 …………………………… 4－497
寓意草一卷會講溫證語錄一卷 ……… 4－497
寓意草注釋四卷 ……………………… 4－497
寓意草注釋四卷 ……………………… 4－497
寓鶴山房詩存六卷 …………………… 4－497
窗草謄清不分卷 ……………………… 1－141
窗稿小講文集不分卷 ………………… 1－142
窗稿不分卷 …………………………… 1－141
窗稿六韻一卷八韻一卷 ……………… 1－141
運河紀略□□卷 ……………………… 5－36
運規約指三卷 ………………………… 5－36
運規約指三卷 ………………………… 5－36
運漕遍覽編句一卷節省附錄一卷 …… 5－36
運瀆橋道小志一卷 …………………… 5－36
補三州郡縣目錄一卷 ………………… 2－61
補三國疆域志二卷 …………………… 1－64
補三國疆域志二卷 …………………… 1－64
補正江西秩官志六卷 ………………… 1－65
補江城名蹟記三卷 …………………… 1－63
補宋書刑法志一卷食貨志一卷 ……… 1－64
補宋書刑法志一卷食貨志一卷 ……… 1－64
補拙山房集聯不分卷 ………………… 1－66
補尚史論贊二卷 ……………………… 1－64
補尚史論贊二卷 ……………………… 1－64
補尚史論贊二卷 ……………………… 1－64
補尚史論贊二卷 ……………………… 1－64

補尚史論贊二卷 …………………………… 1－64
補注秋水軒尺牘四卷 ……………………… 1－65
補注秋水軒尺牘四卷 ……………………… 1－65
補注黄帝内經素問二十四卷 …………… 1－65
補注黄帝内經素問二十四卷 …………… 1－65
補注黄帝内經素問二十四卷 …………… 1－65
補注黄帝内經素問二十四卷 …………… 1－65
補注黄帝内經素問二十四卷 …………… 1－65
補注黄帝内經素問二十四卷 …………… 1－65
補注黄帝内經素問二十四卷 …………… 1－65
補注黄帝内經素問二十四卷 …………… 1－65
補注黄帝内經素問二十四卷 …………… 1－65
補後漢書年表十卷 ………………………… 1－63
補恨樓詞二卷 ……………………………… 1－63
補恨樓詞二卷 ……………………………… 1－63
補紅樓夢四十八回 ………………………… 1－63
補晉書經籍志四卷 ………………………… 1－63
補晉書經籍志四卷 ………………………… 1－63
補晉書藝文志四卷附録一卷 …………… 1－64
補過軒四書文一卷 ………………………… 1－63
補笙家書不分卷 …………………………… 1－64
補笙堂詩稿二卷 …………………………… 1－64
補笙堂詩稿二卷 …………………………… 1－64
補註洗冤録集證五卷檢骨圖格一卷
寶鑑編一卷 ……………………………… 1－66
補註洗冤録集證四卷檢骨圖格一卷
……………………………………………… 1－66
補註洗冤録集證四卷檢骨圖格一卷
……………………………………………… 1－66
補註洗冤録集證四卷檢骨圖格一卷
……………………………………………… 1－66
補註洗冤録集證四卷檢骨圖格一卷
……………………………………………… 1－66
補註洗冤録集證四卷檢骨圖格一卷
……………………………………………… 1－66
補註洗冤録集證四卷檢骨圖格一卷
……………………………………………… 1－66
補註洗冤録集證四卷檢骨圖格一卷
……………………………………………… 1－66
補註洗冤録集證四卷檢骨圖格一卷
……………………………………………… 1－66
補註黄帝内經素問二十四卷靈樞十
二卷 ……………………………………… 1－65
補園詩鈔十八卷 …………………………… 1－65
補蕉叢訓□□卷 …………………………… 1－63
補餘堂文集二十四卷 ……………………… 1－65
補餘堂文集二十四卷 ……………………… 1－65
補餘堂文集二十四卷 ……………………… 1－65
補餘堂四書問答二十四卷附録一卷
……………………………………………… 1－64
補餘堂四書問答二十四卷附録一卷
……………………………………………… 1－65
補餘堂四書問答二十四卷附録一卷
……………………………………………… 1－65
補餘堂四書問答二十四卷附録一卷
……………………………………………… 1－65
補餘堂詩鈔六卷 …………………………… 1－64
補餘堂詩鈔六卷 …………………………… 1－64
補瘞鶴銘考二卷 …………………………… 1－64
補瓢存稿六卷 ……………………………… 1－64
補學軒制藝四卷制藝雜話一卷……… 1－469
補學軒詩集十二卷文集外編四卷 …… 1－64
補學軒詩集十二卷文集外編四卷 …… 1－64
補學軒詩集十二卷文集外編四卷 …… 1－64
補學軒詩集十二卷文集外編四卷…… 1－460
補寰宇訪碑録五卷失編一卷 ………… 1－63
補寰宇訪碑録五卷失編一卷 ………… 1－63
補寰宇訪碑録五卷失編一卷 ………… 1－63
補禪林僧寶傳一卷 ………………………… 1－93
補禪林僧寶傳一卷 ………………………… 1－93
補讀書齋遺稿十卷 ………………………… 1－63
裕昆要録一卷………………………………… 4－497
裕昆要録一卷………………………………… 4－497
裕昆要録一卷………………………………… 4－497
[禄馬秘訣]不分卷 ……………………… 5－331
尋古齋集六卷………………………………… 4－258
尋古齋集六卷………………………………… 4－258
尋古齋集六卷………………………………… 4－258
尋古齋集六卷………………………………… 4－258
尋樂堂日録二十五卷附録一卷(清
順治十年至康熙四十七年) ……… 4－258
尋樂堂日録二十五卷附録一卷(清

順治十年至康熙四十七年）……… 4－258
尋樂習先生文集二十卷……………… 4－258
尋樂習先生文集二十卷……………… 4－258
尋樂習先生文集二十卷……………… 4－258
尋樂習先生文集二十卷……………… 4－258
尋樂齋集十四卷……………………… 4－258
尋壑外言五卷 ……………………… 3－50
畫雨樓稿十卷詞鈔一卷 …………… 2－63
畫禪室隨筆四卷 …………………… 2－63
畫禪室隨筆四卷 …………………… 2－63
畫禪室隨筆四卷 …………………… 2－63
畫禪室隨筆四卷 …………………… 2－63
畫禪室隨筆四卷 …………………… 2－63
［畫譜錄］一卷 …………………… 5－299
遐憩山房詩四卷附痛飲詞一卷……… 4－110
遐憩山房叢拾稿……………………… 4－110
犀崖文集二十六卷…………………… 4－106
孱守齋所編年譜五種 ……………… 1－93
費氏古易訂文十二卷………………… 1－359
費氏古易訂文十二卷………………… 1－360
巽書八卷……………………………… 4－260
巽齋文集二十七卷…………………… 4－260
巽齋文集二十七卷附存一卷………… 4－260
巽齋文集二十七卷附存一卷………… 4－260
巽齋文集二十七卷附存一卷………… 4－260
巽齋文集二十七卷附存一卷………… 4－260
巽齋文集二十七卷附存一卷………… 4－260
疎影樓詞五卷………………………… 3－283
疏通河道□□卷……………………… 3－283
疏稿五卷……………………………… 3－283
絮春榭詩存一卷……………………… 4－235
絮春榭詩存一卷……………………… 4－235
絮春榭詩存一卷……………………… 4－235
媚幽閣文娛二集九卷………………… 2－397
媚學齋詩存一卷……………………… 2－397
［賀稟］一卷 ……………………… 5－299
［乾隆］登封縣志三十二卷 ………… 5－333
登雲山房文稿四卷…………………… 1－244
登壇必究四十卷……………………… 1－244
登壇必究四十卷……………………… 1－244
登壇必究四十卷……………………… 1－244
登壇必究四十卷……………………… 1－244
登瀛先路一卷………………………… 1－244
登瀛社稟不分卷……………………… 1－244
登瀛社稟不分卷……………………… 1－244
登瀛社稟續刊不分卷………………… 1－244
登瀛社稟續刊不分卷………………… 1－244
發蒙小品初集六卷…………………… 1－351
發蒙小品初集六卷二集六卷………… 1－351
婺西犻麓鄉音字彙辨真不分卷 ……… 4－90
婺邑育嬰堂徵信錄初集一卷 ……… 4－90
婺邑育嬰堂徵信錄初集一卷 ……… 4－90
婺往廣東水路程一卷 ……………… 4－90
婺南字彙四卷 ……………………… 4－90
婺源地理教科書一卷 ……………… 4－90
婺源地理教科書一卷 ……………… 4－90
婺源地理教科書一卷 ……………… 4－90
婺源地理教科書一卷 ……………… 4－90
婺源地理教科書一卷 ……………… 4－90
婺源重修文廟記一卷 ……………… 4－90
婺源重修文廟記一卷 ……………… 4－90
婺源旌表忠烈詩文紀事不分卷 ……… 4－90
［光緒］婺源鄉土志一卷 ………… 5－296
［光緒］婺源鄉土志一卷 ………… 5－296
婺源遺安田畝清冊一卷 …………… 4－90
婺源縣孝貞節烈總坊清冊不分卷 …… 4－90
［道光］婺源縣志三十九卷首一卷 … 5－283
［道光］婺源縣志三十九卷首一卷 … 5－283
［光緒］婺源縣志六十四卷首一卷 … 5－295
［光緒］婺源縣志六十四卷首一卷 … 5－296
［光緒］婺源縣志節鈔 …………… 5－295
［婺源縣河案稟］一卷 …………… 5－375
婺學治事文編二卷續編二卷 ……… 4－90
結一廬朱氏賸餘叢書………………… 2－169
結一廬朱氏賸餘叢書………………… 2－169
結水滸全傳七十卷一百四十回末一
卷結子一回……………………… 2－169
結水滸全傳七十卷一百四十回末一
卷結子一回……………………… 2－169
結水滸全傳七十卷一百四十回末一
卷結子一回……………………… 2－169
結水滸全傳七十卷一百四十回末一

卷結子一回 …………………………… 2－169
結水滸全傳七十卷一百四十回末一
卷結子一回 …………………………… 2－169
結水滸全傳七十卷七十回末一卷結
子一回 ………………………………… 2－169
絳雪園古方選注不分卷 ……………… 2－164
絳雪園古方選注不分卷附得宜本草
一卷 ………………………………… 2－164
絳雪園古方選注不分卷附得宜本草
一卷 ………………………………… 2－164
絳雪園古方選注不分卷附得宜本草
一卷 ………………………………… 2－164
絳趺山館詞錄三卷 …………………… 2－164
絕句詩選三卷續選三卷 ……………… 2－235
絕句詩選三卷續選三卷 ……………… 2－236
絕妙好詞七卷 ………………………… 2－236
絕妙好詞又續鈔一卷 ………………… 2－236
絕妙好詞箋七卷續鈔一卷 …………… 2－236
絕妙好詞箋七卷續鈔二卷 …………… 2－236
絕妙好詞箋七卷續鈔二卷 …………… 2－236
絕妙好詞續鈔一卷 …………………… 2－236
幾何原本十五卷 ……………………… 2－118
幾何原本十五卷 ……………………… 2－118
幾何原本十五卷 ……………………… 2－118
幾何原本十五卷 ……………………… 2－118
幾何原本十五卷 ……………………… 2－118
幾何原本十五卷 ……………………… 2－118
幾何原本十五卷 ………………………… 4－42
幾何原本六卷首一卷 ………………… 2－118
幾何第十卷釋義二卷 ………………… 2－118
幾輔河道水利叢書 …………………… 2－118

十三畫

瑟譜六卷 ……………………………… 3－107
瑟譜六卷 ……………………………… 3－107
瑞士變政記三卷附錄一卷 …………… 3－87
瑞芍軒詩鈔四卷詞稿一卷 …………… 3－86
瑞芍軒詩鈔四卷詞稿一卷 …………… 3－86
瑞芍軒詩鈔四卷詞稿一卷 …………… 3－86
瑞芝山房文鈔八卷 …………………… 3－87
瑞芝山房文鈔八卷 …………………… 3－87
瑞芝山房文鈔八卷 …………………… 3－87
瑞芝山房文鈔八卷 …………………… 3－87
瑞芝山房文鈔八卷 …………………… 3－87
瑞竹亭合稿二卷補遺一卷附錄一卷
……………………………………… 3－87
瑞竹亭合稿二卷補遺一卷附錄一卷
……………………………………… 3－87
瑞竹亭合稿二卷補遺一卷附錄一卷
……………………………………… 3－87
瑞竹亭合稿二卷補遺一卷附錄一卷
……………………………………… 3－87
[同治]瑞州府志二十四卷首一卷 … 5－364
[同治]瑞州府志二十四卷首一卷 … 5－364
[同治]瑞州府志二十四卷首一卷 … 5－364
[同治]瑞州府志二十四卷首一卷 … 5－364
[同治]瑞州府志二十四卷首一卷 … 5－364
[同治]瑞昌縣志十卷首一卷 ……… 5－363
[同治]瑞昌縣志十卷首一卷 ……… 5－363
[同治]瑞昌縣志十卷首一卷 ……… 5－364
[同治]瑞昌縣志十卷首一卷 ……… 5－364
[道光]瑞金縣志十六卷首一卷 …… 5－281
[道光]瑞金縣志十六卷首一卷 …… 5－281
[光緒]瑞金縣志十六卷首一卷 …… 5－294
[光緒]瑞金縣志十六卷首一卷 …… 5－295
[光緒]瑞金縣志十六卷首一卷 …… 5－295
[瑞姑出閣賀禮單](清宣統二年) … 5－343
瑞硯齋試帖二卷 ……………………… 3－87
瑜伽燄口施食要集一卷 …………… 4－409
填詞名解四卷 ……………………… 3－462
填詞名解四卷 ……………………… 3－462
填詞圖譜六卷續集二卷 …………… 3－462
填詞圖譜六卷續集二卷 …………… 3－462
載咏樓增訂詩經衍義正彙名解六卷
……………………………………… 5－41
載詠樓重鐫硃批孟子二卷 …………… 5－41
載詠樓重鐫硃批孟子二卷 …………… 5－41
載詠樓重鐫硃批孟子二卷 …………… 5－41
遠色編三卷 …………………………… 5－20
遠色編三卷 …………………………… 5－20
遠色編不分卷 ………………………… 5－20

遠香亭詩鈔四卷 …………………………… 5－20
鼓山志十四卷首一卷 ………………… 1－455
塘南王先生友慶堂合稿七卷首一卷
末一卷 ……………………………… 3－449
塘南王先生友慶堂合稿七卷首一卷
末一卷 ……………………………… 3－449
塘南王先生友慶堂合稿七卷首一卷
末一卷 ……………………………… 3－449
塘溪劉氏大主會崇祀錄□□卷 ……… 3－449
聖母小日課一卷 ……………………… 3－150
聖母聖衣會規畧一卷 ………………… 3－150
聖宋文選全集三十二卷 ……………… 3－150
聖武記十四卷 ………………………… 3－150
聖武記十四卷 ………………………… 3－151
聖武記十四卷 ………………………… 3－151
聖武記十四卷 ………………………… 3－151
聖武記十四卷 ………………………… 3－151
聖武記十四卷 ………………………… 3－151
聖武記十四卷 ………………………… 3－151
聖武記十四卷 ………………………… 3－151
聖武記十四卷 ………………………… 3－151
聖武記十四卷 ………………………… 3－151
聖武記十四卷 ………………………… 3－151
聖武記十四卷 ………………………… 3－151
聖武記十四卷 ………………………… 3－151
聖武記十四卷 ………………………… 3－151
聖武記十四卷 ………………………… 3－151
聖武記十四卷 ………………………… 3－151
聖武記十四卷 ………………………… 3－151
聖武記十四卷 ………………………… 3－151
聖武記十四卷 ………………………… 3－151
聖武記十四卷 ………………………… 3－151
聖武記十四卷 ………………………… 3－151
聖武記十四卷 ………………………… 5－391
聖武記十四卷武事記餘四卷 ………… 3－151
聖武記十四卷武事記餘四卷 ………… 3－151
聖武記十四卷武事記餘四卷 ………… 3－152
聖武記纂誤不分卷 …………………… 3－152
聖門志考畧二卷 ……………………… 3－150
聖門禮誌一卷聖門樂誌一卷 ………… 3－150
聖門禮誌一卷聖門樂誌一卷 ………… 3－150
聖門禮誌一卷聖門樂誌一卷 ………… 3－150
聖祖仁皇帝庭訓格言一卷 …………… 3－154
聖祖仁皇帝庭訓格言一卷 …………… 3－154
聖祖仁皇帝庭訓格言一卷 …………… 3－154
聖域述聞二十八卷 …………………… 3－152
聖教日課□□卷首□卷 ……………… 3－150
聖教要理不分卷 ……………………… 3－150
聖教要理不分卷 ……………………… 3－150
聖教要理不分卷 ……………………… 3－150
聖教理證一卷 ………………………… 3－150
聖教集對一卷 ………………………… 3－150
聖朝鼎盛萬年清初集二卷十三回二
集二卷十三回 ………………………… 3－150
聖經集要□□卷 ……………………… 3－150
聖經彙纂 ……………………………… 3－150
聖經彙纂 ……………………………… 3－150
聖經彙纂五卷 ………………………… 3－150
聖嘆秘書不分卷 ……………………… 3－150
聖嘆秘書不分卷 ……………………… 3－150
聖嘆秘書不分卷 ……………………… 3－150
聖賢像贊三卷 ………………………… 3－152
聖廟祀典圖考五卷首一卷附聖蹟圖
一卷孟子聖蹟圖一卷 ……………… 3－150
聖學入門四卷 ………………………… 3－152
聖學格物通一百卷 …………………… 3－152
聖學梯航二卷 ………………………… 3－152
聖諭十六條附律易解一卷 …………… 3－154
聖諭十六條附律易解一卷 …………… 3－154
聖諭十六條附律易解一卷 …………… 3－154
聖諭十六條附律易解纂要一卷 ……… 3－154
聖諭六言解一卷 ……………………… 3－154
聖諭像解二十卷 ……………………… 3－154
聖諭像解二十卷 ……………………… 3－154
聖諭像解二十卷 ……………………… 3－154
聖諭像解二十卷 ……………………… 3－154
聖諭像解二十卷 ……………………… 3－154
聖諭像解二十卷 ……………………… 3－154
聖諭像解二十卷 ……………………… 3－154
聖諭像解二十卷 ……………………… 3－154
聖諭像解二十卷 ……………………… 3－154

聖諭廣訓一卷…………………………… 3－152
聖諭廣訓一卷…………………………… 3－152
聖諭廣訓一卷…………………………… 3－152
聖諭廣訓一卷…………………………… 3－152
聖諭廣訓一卷…………………………… 3－152
聖諭廣訓一卷…………………………… 3－152
聖諭廣訓一卷…………………………… 3－152
聖諭廣訓一卷…………………………… 3－152
聖諭廣訓一卷…………………………… 3－152
聖諭廣訓一卷…………………………… 3－152
聖諭廣訓一卷…………………………… 3－152
聖諭廣訓一卷…………………………… 3－153
聖諭廣訓一卷…………………………… 3－153
聖諭廣訓一卷…………………………… 3－153
聖諭廣訓全書恭繹直解一卷………… 3－152
聖諭廣訓直解一卷……………………… 3－153
聖諭廣訓直解一卷……………………… 3－153
聖諭廣訓直解一卷……………………… 3－153
聖諭廣訓直解一卷……………………… 3－153
聖諭廣訓直解一卷……………………… 3－153
聖諭廣訓直解一卷……………………… 3－153
聖諭廣訓直解一卷……………………… 3－153
聖諭廣訓直解一卷……………………… 3－153
聖諭廣訓直解一卷……………………… 3－153
聖諭廣訓直解一卷……………………… 3－153
聖諭廣訓直解一卷……………………… 3－153
聖諭廣訓直解一卷……………………… 3－153
聖諭廣訓直解一卷……………………… 3－153
聖諭廣訓直解一卷……………………… 3－153
聖諭廣訓直解一卷……………………… 3－153
聖諭廣訓直解一卷……………………… 3－153
聖諭廣訓直解一卷……………………… 3－153
聖諭廣訓直解一卷……………………… 3－154
聖諭廣訓衍一卷………………………… 3－152
聖諭廣訓衍一卷………………………… 3－152
聖證論補評二卷………………………… 3－154
［同治］鄞縣志七十五卷　……………… 1－260
［乾隆］鄞縣志三十卷首一卷　……… 5－339
勤約堂文集十二卷　…………………… 3－41
勤約堂文集十二卷　…………………… 3－41
蓮子居詞話四卷………………………… 2－316
蓮友齋詩鈔二卷………………………… 2－316
蓮池戒殺文注一卷……………………… 2－316
［道光］蓮花廳志八卷首一卷末一卷
　………………………………………… 5－280
［道光］蓮花廳志八卷首一卷末一卷
　………………………………………… 5－280
［同治］蓮花廳志八卷首一卷末一卷
　………………………………………… 5－360
蓮社詞二卷……………………………… 2－316
蓮洋集十二卷首一卷…………………… 2－316
蓮洋集十二卷首一卷補遺一卷……… 2－316
蓮洋集十二卷首一卷補遺一卷……… 2－316
蓮廊雅集一卷…………………………… 2－316
蓮廊雅集一卷…………………………… 2－316
［蓮溪氏詩文稿］不分卷　…………… 5－330
蓮隱居士詩稿不分卷…………………… 2－316
蓮龕集十六卷首一卷…………………… 2－316
蓮龕集十六卷首一卷…………………… 2－316
蓮龕集十六卷首一卷…………………… 2－316
蓮龕集十六卷首一卷…………………… 2－316
蓮龕集十六卷首一卷…………………… 2－316
蓮龕集十六卷首一卷…………………… 2－316
蓮龕集十六卷首一卷…………………… 2－316
蒔花小築牖蒙草一卷…………………… 3－224
蒔花小築牖蒙草一卷…………………… 3－224
［墓旺所屬九星］不分卷　…………… 5－332
墓銘舉例四卷…………………………… 2－442
墓銘舉例四卷…………………………… 2－442
幕學入門不分卷………………………… 2－442
幕學舉要一卷…………………………… 2－442
夢月巖詩集二十卷詩餘一卷………… 2－408
夢幻居畫學簡明五卷續五卷首一卷
　………………………………………… 2－407
夢玉詞一卷……………………………… 2－408
夢松草堂詩稿二卷……………………… 2－407
夢松軒訂正綱鑑玉衡七十二卷……… 2－407
夢虹奏議二卷首一卷…………………… 2－406
夢虹奏議二卷首一卷…………………… 2－406
夢虹奏議二卷首一卷…………………… 2－406
夢虹奏議二卷首一卷…………………… 2－406
夢迹圖一卷……………………………… 2－407

夢華廬賦海三十卷……………………… 2－406
夢華廬賦海三十卷……………………… 2－406
夢華廬賦海三十卷……………………… 2－406
夢華廬賦海三十卷……………………… 2－406
夢華廬賦海三十卷……………………… 2－407
夢梅軒詞草一卷詩草一卷……………… 2－407
夢雪草堂讀易錄五卷…………………… 2－407
夢雪草堂讀易錄五卷…………………… 2－407
夢痕仙館詩鈔十卷……………………… 2－406
夢痕錄節鈔一卷………………………… 2－406
夢痕錄餘一卷(清嘉慶元年至十年)
……………………………………………… 2－406
夢甦齋詩集六卷附海上寓公草一卷
……………………………………………… 2－407
夢蛟山人詩集五卷……………………… 2－407
夢筆生花三編八卷……………………… 2－406
夢筆生花三編八卷……………………… 2－406
夢筆生花四編三十二卷………………… 2－406
夢窗甲稿一卷乙稿一卷丙稿一卷丁
稿一卷補遺一卷………………………… 2－406
夢窗甲稿一卷乙稿一卷丙稿一卷丁
稿一卷補遺一卷………………………… 2－406
夢窗甲稿一卷乙稿一卷丙稿一卷丁
稿一卷補遺一卷………………………… 2－406
夢蓮館吟存三卷………………………… 2－407
夢園叢說內篇八卷……………………… 2－408
夢園叢說內篇八卷……………………… 2－408
夢園叢說外篇八卷……………………… 2－408
夢溪筆談二十六卷補筆談三卷續筆
談一卷…………………………………… 2－407
夢溪筆談二十六卷補筆談三卷續筆
談一卷…………………………………… 2－407
夢綠草堂詩鈔十二卷附鳳簫集二卷
首一卷末一卷…………………………… 2－407
夢綠草堂詩鈔十二卷附鳳簫集二卷
首一卷末一卷…………………………… 2－407
夢綠草堂詩鈔十二卷首一卷末一卷
附錄一卷………………………………… 2－407
夢綠草堂詩鈔十二卷首一卷末一卷
附錄一卷………………………………… 2－407
夢綠草堂詩鈔續集十二卷……………… 2－407
夢綠草堂詩鈔續集十二卷……………… 2－407
夢蕉存稿四卷…………………………… 2－407
夢餘草不分卷…………………………… 2－407
夢廠雜著十卷…………………………… 2－406
夢橋詩草一卷…………………………… 2－407
夢禪詩話一卷…………………………… 2－406
蒼玉洞宋人題名一卷 ………………… 1－77
蒼生司命八卷首一卷 ………………… 1－77
蒼生司命八卷首一卷 ………………… 1－77
蒼生司命八卷首一卷藥性一卷 ……… 1－77
蒼谷全集十二卷 ……………………… 1－77
蒼谷全集十二卷 ……………………… 1－77
蒼莨初集二十一卷 …………………… 1－77
蒼峴山人集五卷附微雲集詩餘一卷
……………………………………………… 1－77
蒼雪齋古文二卷儷體二卷 …………… 1－77
蒼頡篇二卷三蒼二卷…………………… 4－403
蓬山塾課小題不分卷…………………… 2－489
蓬初閣文外二卷………………………… 2－488
蓬莊唐詩小識十卷……………………… 2－489
蓬蒿園詩集八卷………………………… 2－488
蒭詢錄□卷……………………………… 1－133
蒿庵集三卷附錄一卷蒿庵閒話二卷
……………………………………………… 2－28
蒿庵遺集十二卷 ……………………… 2－28
蒿庵遺集十二卷 ……………………… 2－28
蒿庵遺集十二卷 ……………………… 2－28
蒲陽黃御史集一卷……………………… 3－8
蒲編堂訓蒙草一卷……………………… 3－284
蒲編堂訓蒙草一卷……………………… 3－284
蒲編堂訓蒙草一卷……………………… 3－284
蒲編堂訓蒙草一卷……………………… 3－284
蒲編堂訓蒙草一卷……………………… 3－284
蒲編堂訓蒙草一卷……………………… 3－284
蒲編堂訓蒙草一卷……………………… 3－284
蒲編堂訓蒙草一卷……………………… 3－284
蒲編堂訓蒙草一卷……………………… 3－284
蒲編堂訓蒙草一卷……………………… 3－284
蒲編堂訓蒙草一卷……………………… 3－284
蒲編堂訓蒙草不分卷文藝金針不分
卷………………………………………… 3－8

蒲編堂訓蒙草不分卷文藝金針不分卷…… 3－8
蓉谷偶存集三卷 …… 3－81
蓉洲初集六卷 …… 3－81
蒙古游牧記十六卷…… 2－397
蒙古游牧記十六卷…… 2－397
蒙求二卷…… 2－397
蒙師箴言一卷…… 2－397
蒙師箴言一卷…… 2－397
蒙師箴言一卷…… 2－397
蒙師箴言一卷…… 2－398
蒙師箴言一卷…… 2－398
蒙情快史四卷…… 2－397
蒙養函書三編…… 2－398
［蒙養書］ …… 5－331
蒙學一卷…… 2－398
蒙學目二卷…… 2－398
蒙學四書講義十二卷…… 2－398
蒙學四書講義十二卷…… 2－398
蒙學課本地球歌韻四卷…… 2－398
蒙學論說實在易不分卷…… 2－398
蒙學論說實在易不分卷…… 2－398
蒙學讀本全書七卷…… 2－398
蒙齋年譜一卷補一卷…… 2－398
蒙齋集二十卷…… 2－398
蒙齋集二十卷…… 2－398
蒙齋集二十卷…… 5－105
蒙齋集二十卷…… 5－105
蒓齋文集不分卷…… 1－183
［蒸嘗會賬簿］不分卷（清道光元年至二十四年） …… 5－388
椿蔭軒古近體詩鈔不分卷…… 1－183
椿蔭軒古近體詩鈔不分卷…… 1－183
椿影集…… 1－183
禁用之方□□卷…… 2－196
楚天樵話二卷…… 1－136
楚北水利隄防紀要不分卷 …… 2－15
楚北江漢宣防備覽二卷…… 1－133
楚北江漢宣防備覽二卷…… 1－133
楚史檮杌一卷…… 1－136
楚四家詞…… 1－136
楚江蓱合詩集十二卷…… 1－135
楚南鴻爪一卷…… 1－136
楚庭稗珠錄六卷…… 1－136
楚蒙山房文集二十卷…… 1－136
楚蒙山房文集二十卷…… 1－136
楚蒙山房易經解十六卷…… 1－136
楚蒙山房集…… 1－135
楚蒙山房集…… 1－135
楚蒙山房集…… 1－135
楚蒙山房集…… 1－136
楚蒙山房集…… 1－136
楚蒙山房集…… 1－136
楚蒙山房集…… 1－136
楚蒙山房集…… 1－136
楚蒙山房集…… 1－136
楚蒙山房集…… 1－136
楚蒙山房詩五卷…… 1－136
楚頌齋文稿搜存一卷…… 1－136
楚漢諸侯疆域志三卷…… 1－135
楚漢諸侯疆域志三卷…… 1－135
楚騷綺語六卷…… 1－136
楚騷綺語六卷…… 1－136
楚騷綺語六卷…… 1－136
楚辭十七卷…… 1－134
楚辭十七卷…… 1－134
楚辭十七卷…… 1－134
楚辭十七卷…… 1－134
楚辭十七卷…… 1－134
楚辭十七卷…… 1－134
楚辭十七卷…… 1－135
楚辭十七卷…… 1－135
楚辭十七卷…… 1－135
楚辭十七卷…… 1－135
楚辭十七卷…… 1－135
楚辭十七卷…… 1－135
楚辭十七卷…… 1－135
楚辭十七卷…… 1－135
楚辭十七卷…… 1－135
楚辭十七卷…… 1－135
楚辭八卷…… 1－133
楚辭後語八卷…… 1－133

楚辭約註不分卷…………………………1－135
楚辭章句十七卷附錄一卷……………1－135
楚辭集注八卷首一卷…………………1－134
楚辭集注八卷總評一卷………………1－134
楚辭集注八卷總評一卷………………1－134
楚辭集注八卷總評一卷………………1－134
楚辭集注八卷辯證二卷後語六卷……1－133
楚辭集注八卷辯證二卷後語六卷……1－134
楚辭集註八卷辨證二卷………………1－134
楚辭集註八卷辨證二卷………………1－134
楚辭集註八卷辨證二卷後語六卷……1－134
楚辭集註八卷總評一卷………………1－134
楚辭集註八卷總評一卷………………1－134
楚辭評林八卷總評一卷 ………………2－15
楚辭評註十卷…………………………1－134
楚辭評註十卷…………………………1－134
楚辭評註十卷…………………………1－134
楚辭評註十卷…………………………1－134
楚辭評註十卷…………………………1－134
楚辭疏八卷……………………………1－135
楚辭疏八卷……………………………1－135
楚辭疏八卷……………………………1－135
楚辭詳解五卷…………………………1－135
楚辭詳解五卷…………………………1－135
楚辭燈四卷……………………………1－133
楚辭燈四卷……………………………1－133
楚辭燈四卷楚懷襄二王在位事蹟考
　一卷…………………………………1－133
楚辭燈四卷楚懷襄二王在位事蹟考
　一卷…………………………………1－133
楚辭燈四卷楚懷襄二王在位事蹟考
　一卷…………………………………1－133
楚辭燈四卷楚懷襄二王在位事蹟考
　一卷…………………………………1－133
楚辭辯證二卷…………………………1－133
楚辭辯證二卷…………………………1－133
楚寶目錄不分卷………………………1－133
楚寶四十卷外篇五卷…………………1－133
楚寶四十卷外篇五卷…………………1－133
楚寶四十卷外篇五卷…………………1－133
楝亭藏書十二種………………………2－317
楝亭藏書十二種………………………2－317
楷帖四十種……………………………2－238
楷法溯源十四卷目錄一卷……………2－238
楷法溯源十四卷目錄一卷……………2－238
楷法溯源十四卷目錄一卷……………2－238
楊子太玄別訓四卷首一卷……………4－280
楊子書繹六卷…………………………4－280
楊子書繹六卷…………………………4－280
楊子書繹六卷…………………………4－280
楊子書繹六卷…………………………4－280
楊子書繹六卷…………………………4－280
楊子書繹六卷…………………………4－280
楊子書繹六卷…………………………4－280
楊子書繹六卷…………………………4－280
楊升菴先生批點文心雕龍十卷………4－277
楊升菴先生批點文心雕龍十卷………4－277
楊仁山居士遺著………………………4－277
楊公造命衍義十八卷…………………4－276
楊公造命衍義十八卷…………………4－276
楊氏全書………………………………4－277
楊氏全書………………………………4－277
楊氏全書………………………………4－277
楊氏全書………………………………4－277
楊氏全書………………………………4－277
楊氏家訓一卷…………………………4－277
楊氏喉科一卷…………………………4－225
楊氏誠齋先生易傳二十卷首一卷……4－277
楊氏誠齋先生易傳二十卷首一卷……4－277
楊氏誠齋先生易傳二十卷首一卷……4－277
楊氏誠齋先生易傳二十卷首一卷……4－277
楊文節公文集四十二卷首一卷末一
　卷……………………………………4－277
楊文節公文集四十二卷首一卷末一
　卷……………………………………4－277
楊文節公文集四十二卷首一卷末一
　卷……………………………………4－277
楊文節公文集四十二卷首一卷末一
　卷詩集四十二卷誠齋文節先生錦
　繡策二卷……………………………4－277
楊文節公文集四十二卷首一卷末一
　卷詩集四十二卷誠齋文節先生錦

繡策二卷 …… 4－278
楊文節公文集四十二卷首一卷末一卷詩集四十二卷誠齋文節先生錦繡策二卷 …… 4－278
楊文節公文集四十二卷首一卷末一卷詩集四十二卷誠齋文節先生錦繡策二卷 …… 4－278
楊文節公詩集四十二卷 …… 4－277
楊忠烈公文集五卷 …… 4－278
楊忠愍公文集摘要不分卷 …… 4－280
楊忠愍公自著年譜一卷家訓一卷奏議一卷 …… 4－280
楊忠愍公全集不分卷 …… 4－279
楊忠愍公全集四卷 …… 4－279
楊忠愍公全集四卷 …… 4－279
楊忠愍公全集四卷 …… 4－279
楊忠愍公全集四卷 …… 4－279
楊忠愍公全集四卷 …… 4－279
楊忠愍公全集四卷 …… 4－279
楊忠愍公全集四卷 …… 4－279
楊忠愍公全集四卷 …… 4－279
楊忠愍公全集四卷 …… 4－279
楊忠愍公全集四卷 …… 4－279
楊忠愍公全集四卷 …… 4－279
楊忠愍公全集四卷 …… 4－279
楊忠愍公全集四卷首一卷 …… 4－279
楊忠愍公全集四卷首一卷 …… 4－279
楊忠愍公全集四卷首一卷 …… 4－279
楊忠愍公全集四卷首一卷 …… 4－279
楊忠愍公全集四卷首一卷 …… 4－279
楊忠愍公表忠記二卷 …… 4－279
楊忠愍公家訓一卷 …… 4－279
楊忠愍公家訓衍義一卷 …… 4－279
楊忠愍公家訓衍義一卷 …… 4－279
楊忠愍公集五卷首一卷末一卷 …… 4－278
楊忠愍公集五卷首一卷末一卷 …… 4－278
楊忠愍公集五卷首一卷末一卷 …… 4－279
楊忠愍公集五卷首一卷末一卷 …… 4－279
楊忠愍公集四卷首一卷 …… 4－278
楊忠愍公傳家寶訓一卷 …… 4－278
楊忠愍公遺書一卷 …… 4－280
楊忠愍公遺墨一卷 …… 4－280
楊忠愍蚺蛇膽表忠記二卷三十六齣 …… 4－280
楊盈川集十卷 …… 4－278
楊盈川集十卷 …… 4－278
楊勇慤公奏議十六卷首一卷 …… 4－278
[楊祥亭賬簿]不分卷(清光緒十一年至十六年) …… 5－377
楊救貧灶卦撮要不分卷 …… 4－276
楊馭遠四書文不分卷 …… 4－278
楊椒山先生垂範集不分卷 …… 4－276
楊椒山先生集四卷椒山先生自著年譜一卷 …… 4－276
楊椒山先生集四卷椒山先生自著年譜一卷 …… 4－276
楊椒山先生集四卷椒山先生自著年譜一卷 …… 4－276
楊椒山先生集四卷椒山先生自著年譜一卷 …… 4－276
楊椒山遺墨一卷 …… 4－276
楊曾地理元文 …… 4－276
楊曾地理元文 …… 4－276
楊曾地理元文 …… 4－276
楊曾地理元文 …… 4－276
楊曾地理元文 …… 4－276
楊曾地理元文 …… 4－276
楊曾地理元文 …… 5－399
楊園先生全集五十四卷 …… 4－278
楊園先生全集五十四卷 …… 4－278
楊園先生全集五十四卷 …… 4－278
楊園先生全集五十四卷 …… 4－278
楊園先生備忘四卷 …… 4－278
楊園先生備忘四卷 …… 4－278
[光緒]楊橋西北樂泮堂志四卷 …… 5－297
[光緒]楊橋西北樂泮堂志四卷 …… 5－297
楊龜山先生集四十二卷首一卷 …… 4－276
楊龜山先生集四十二卷首一卷 …… 4－276
楊龜山先生集四十二卷首一卷 …… 4－276
楊龜山先生集四十二卷首一卷 …… 4－276
楊龜山先生集四十二卷首一卷 …… 4－276
楊龜山先生集四十二卷首一卷末一

卷 ………………………………… 4－276
楊蘭畹時文不分卷 …………………… 4－276
楊鐵崖先生文集十一卷附鐵笛清江
引一卷 ……………………………… 4－277
楞伽阿跋多羅寶經四卷 ……………… 2－264
楞伽阿跋多羅寶經會譯四卷 ………… 2－264
楞嚴摸象記一卷 ……………………… 2－264
楞嚴說通十卷 ………………………… 2－264
槐庭古體詩鈔二卷古體文前集一卷
…………………………………… 2－65
槐軒千家詩解二卷 …………………… 2－66
槐軒全書 ……………………………… 2－66
槐軒全書 ……………………………… 2－66
槐軒約言一卷 ………………………… 2－66
槐軒約言一卷 ………………………… 2－66
槐軒解湯海若先生纂輯名家詩二卷
…………………………………… 2－65
槐軒解湯海若先生纂輯名家詩二卷
…………………………………… 2－66
槐軒解湯海若先生纂輯名家詩二卷
…………………………………… 2－66
槐軒解湯海若先生纂輯名家詩二卷
續解一卷 ………………………… 2－66
槐軒解湯海若先生纂輯名家詩二卷
續解一卷 ………………………… 2－66
槐軒解湯海若先生纂輯名家詩二卷
續解一卷 ………………………… 2－66
槐軒解湯海若先生纂輯名家詩二卷
續解一卷 ………………………… 2－66
槐軒解湯海若先生纂輯名家詩二卷
續解一卷 ………………………… 2－66
槐軒解湯海若先生纂輯名家詩二卷
續解一卷 ………………………… 2－66
槐軒解湯海若先生纂輯名家詩二卷
續解一卷 ………………………… 2－66
槐軒解湯海若先生纂輯名家詩二卷
續解一卷 ………………………… 2－66
槐軒解湯海若先生纂輯名家詩二卷
續解一卷 ………………………… 2－66
槐軒解湯海若先生纂輯名家詩二卷
續解一卷 ………………………… 2－66
槐軒解湯海若先生纂輯名家詩二卷
續解一卷 ………………………… 2－66
槐軒解湯海若先生纂輯名家詩二卷
續解一卷 ………………………… 2－66
槐軒解湯海若先生纂輯名家詩二卷
續解一卷 ………………………… 2－66
槐軒解湯海若先生纂輯名家詩二卷
續解一卷 ………………………… 2－66
槐軒解湯海若先生纂輯名家詩二卷
續解一卷 ………………………… 2－66
槐卿遺稿六卷 ………………………… 2－65
槐野先生存笥稿三十八卷附錄一卷
…………………………………… 2－66
槐蔭堂第六才子書八卷西廂文一卷
…………………………………… 2－67
槐蔭堂第六才子書八卷西廂文一卷
…………………………………… 2－67
槐廬叢書 ……………………………… 2－65
槐廬叢書 ……………………………… 2－65
槐廬叢書 ……………………………… 2－65
槐廬叢書 ……………………………… 3－385
槐廳載筆二十卷 ……………………… 2－65
榆園叢刻 ……………………………… 4－409
榆園叢刻 ……………………………… 4－410
榆園叢刻 ……………………………… 4－410
榆園雜興詩一卷 ……………………… 4－410
榆園雜興詩一卷 ……………………… 4－410
榆溪逸稿八卷 ………………………… 4－409
榆塞紀行錄四卷 ……………………… 4－409
楓山章文懿公年譜二卷 ……………… 1－368
楓山章先生集九卷 …………………… 1－368
楓山章先生實紀八卷 ………………… 1－368
楓江詩鈔 ……………………………… 1－368
楓江詩鈔 ……………………………… 1－368
楓江漁父圖題詞一卷青門集一卷 …… 2－455
楓江漁父圖題詞一卷重題楓江漁父
圖一卷青門集一卷 ………………… 1－368
槎翁先生文集十八卷首一卷補遺一
卷附錄一卷槎翁先生詩集十二卷

首一卷補遺四卷 …………………… 1－92
槎翁先生文集十八卷首一卷補遺一
卷附録一卷槎翁先生詩集十二卷
首一卷補遺四卷 …………………… 1－92
槎翁先生文集十八卷首一卷補遺一
卷附録一卷槎翁先生詩集十二卷
首一卷補遺四卷 …………………… 1－92
槎翁詩集八卷 ………………………… 1－92
楹帖採腴七卷………………………… 4－382
楹帖採腴七卷………………………… 4－383
楹帖採腴七卷………………………… 4－383
楹書隅録五卷續編四卷……………… 4－382
[楹聯備選]不分卷 ………………… 5－381
楹聯集古一卷………………………… 4－382
楹聯集帖一卷………………………… 4－382
楹聯集錦八卷………………………… 4－382
楹聯集錦八卷………………………… 4－382
楹聯集錦八卷………………………… 4－382
楹聯新華五卷………………………… 4－382
楹聯彙編八卷………………………… 4－382
楹聯彙編八卷………………………… 4－382
楹聯叢話十二卷……………………… 4－381
楹聯叢話十二卷……………………… 4－381
楹聯叢話十二卷……………………… 4－381
楹聯叢話十二卷……………………… 4－381
楹聯叢話十二卷……………………… 4－381
楹聯叢話十二卷……………………… 4－381
楹聯叢話十二卷……………………… 4－381
楹聯叢話十二卷……………………… 4－381
楹聯叢話十二卷續話四卷…………… 4－381
楹聯叢話十二卷續話四卷…………… 4－381
楹聯叢話十二卷續話四卷…………… 4－381
楹聯叢話十二卷續話四卷…………… 4－381
楹聯叢話十二卷續話四卷…………… 4－381
楹聯叢話十二卷續話四卷…………… 4－382
楹聯叢話十二卷續話四卷…………… 4－382
楹聯叢話十二卷續話四卷…………… 4－382
楹聯叢話十二卷續話四卷…………… 4－382
楹聯叢話十二卷續話四卷…………… 4－382
楹聯叢話十二卷續話四卷…………… 4－382
楹聯叢話十二卷續話四卷…………… 4－382
楹聯叢話十二卷續話四卷…………… 4－382
楹聯叢話十二卷續話四卷…………… 4－382
楹聯叢話十二卷續話四卷…………… 4－382
楹聯叢話十二卷續話四卷…………… 4－382
[楹聯類鈔]不分卷 ………………… 5－382
楹聯續話四卷………………………… 4－382
較正醫林狀元壽世保元十卷………… 2－168
賈子次詁十六卷……………………… 2－138
賈子次詁十六卷……………………… 2－138
賈子次詁十六卷……………………… 2－138
賈子新書十卷………………………… 2－138
賈氏叢書甲集………………………… 2－138
賈餘草二卷…………………………… 2－138
酬世全書不分卷……………………… 1－127
酬世錦囊家禮纂要五卷……………… 1－126
酬世錦囊書啟四卷家禮纂要五卷天
下路程二卷………………………… 1－126
酬世錦囊對聯五卷…………………… 1－126
酬世錦囊對聯五卷…………………… 1－126
酬世錦囊續集………………………… 1－127
酬世錦囊續集………………………… 1－127
酬世錦囊續集………………………… 1－127
酬世寶要全書七卷…………………… 1－126
酬世寶要全書七卷…………………… 1－126
蜃園詩前集五卷後集五卷續集二卷
文集四卷首一卷補遺一卷………… 3－143
感知集二卷…………………………… 1－389
感舊集十六卷………………………… 1－389
感應篇讀一卷………………………… 1－389
揅經室一集十四卷二集八卷三集五
卷四集二卷四集詩十一卷外集五
卷續集十一卷再續集六卷………… 4－264
揅經室一集十四卷二集八卷三集五
卷四集二卷四集詩十一卷外集五
卷續集十一卷再續集六卷………… 4－264
揅經室一集十四卷二集八卷三集五
卷四集二卷四集詩十一卷外集五
卷續集十一卷再續集六卷………… 4－264
揅經室一集十四卷二集八卷三集五
卷四集二卷四集詩十一卷外集五
卷續集十一卷再續集六卷………… 4－264

揅經室一集十四卷二集八卷三集五卷四集二卷四集詩十一卷外集五卷續集十一卷再續集六卷………… 4－264
揅經室一集十四卷二集八卷三集五卷四集二卷四集詩十一卷外集五卷續集十一卷再續集六卷………… 4－264
揅經室一集十四卷二集八卷三集五卷四集二卷四集詩十一卷外集五卷續集十一卷再續集六卷………… 4－264
碑版文廣例十卷 ……………………… 1－31
碑版文廣例十卷 ……………………… 1－31
碑版文廣例十卷 ……………………… 1－31
碑傳集一百六十卷首二卷末二卷 …… 1－31
碑傳集一百六十卷首二卷末二卷 …… 1－31
碑傳集一百六十卷首二卷末二卷 …… 1－31
碑傳集一百六十卷首二卷末二卷 …… 1－31
碎金詞韻四卷……………………… 3－404
匯解經藝羣元十二卷……………… 2－100
電學十卷首一卷…………………… 1－259
電學須知一卷……………………… 1－259
電學綱目一卷……………………… 1－259
雷小峯札記三卷…………………… 2－260
雷公炮製藥性解六卷……………… 2－259
雷公炮製藥性解六卷……………… 2－259
雷公炮製藥性解六卷……………… 2－259
雷公炮製藥性解六卷……………… 2－259
雷公炮製藥性解六卷……………… 2－259
雷公炮製藥性解六卷……………… 4－391
雷公炮製藥性解六卷 ……………… 5－97
雷公炮製藥性解六卷 ……………… 5－97
雷公炮製藥性解六卷 ……………… 5－97
雷公炮製藥性解六卷 ……………… 5－97
雷公炮製藥性解六卷 ……………… 5－98
雷公炮製藥性解六卷 ……………… 5－98
雷公炮製藥性解六卷 ……………… 5－98
雷公炮製藥性解六卷 ……………… 5－98
雷公炮製藥性解六卷 ……………… 5－98
雷公炮製藥性解六卷 ……………… 5－98
雷公炮製藥性解六卷 ……………… 5－98
雷公炮製藥性解六卷 ……………… 5－98
雷公炮製藥性解六卷 ……………… 5－98
雷公炮製藥性解六卷 ……………… 5－98
雷公炮製藥性解六卷 ……………… 5－98
雷公炮製藥性解六卷 ……………… 5－98
雷公炮製藥性解六卷 ……………… 5－98
雷公炮製藥性解六卷 ……………… 5－98
雷公炮製藥性解六卷 ……………… 5－98
雷公炮製藥性解六卷 ……………… 5－99
雷刻四種…………………………… 2－259
雷刻四種…………………………… 2－259
雷刻四種…………………………… 2－259
雷波瑣記一卷……………………… 2－259
雷塘庵主弟子記八卷……………… 2－259
搢紳全書不分卷(清宣統二年) …… 2－196
損傷全科秘效奇方一卷…………… 3－407
損齋吟草一卷……………………… 1－236
損齋吟草一卷……………………… 3－407
損藥方不分卷……………………… 3－407
頓悟入道要門論二卷……………… 1－331
裘文達公文集六卷補遺一卷詩集十八卷奏議一卷 ……………… 3－57
裘文達公文集六卷補遺一卷詩集十八卷奏議一卷 ……………… 3－57
裘文達公文集六卷補遺一卷詩集十八卷奏議一卷 ……………… 3－57
裘文達公文集六卷補遺一卷詩集十八卷奏議一卷 ……………… 3－57
裘文達公文集六卷補遺一卷詩集十八卷奏議一卷 ……………… 3－57
裘文達公奏議一卷 ………………… 3－57
督河奏疏十卷……………………… 1－302
督河奏疏十卷……………………… 2－175
督捕則例附纂二卷………………… 1－302
督捕則例附纂二卷………………… 1－302
督撫奏議六卷……………………… 1－302
歲華紀麗四卷……………………… 3－404
歲寒吟二卷附詩餘一卷…………… 3－404
歲寒堂讀杜二十卷………………… 3－404
粲花山房遺藁三卷 ………………… 1－77
粲花軒詩稿二卷 …………………… 1－77
粲花軒詩稿二卷 …………………… 1－77
虞山七家試律鈔不分卷…………… 4－410

虞文靖公道園全集詩八卷遺稿詩八卷文四十四卷 …… 4－410
虞文靖公道園全集詩八卷遺稿詩八卷文四十四卷 …… 4－410
虞伯生道園集不分卷 …… 4－410
虞伯生詩八卷補遺一卷 …… 4－410
虞伯生選杜律七言註三卷 …… 4－410
虞初新志二十卷 …… 4－410
虞初新志二十卷 …… 4－410
虞初新志二十卷 …… 4－410
虞初新志二十卷 …… 4－410
虞初續志十卷 …… 4－410
虞亭詩集五卷補遺一卷 …… 4－410
虞美人十二章 …… 5－401
虞夏贖金釋文一卷 …… 4－410
虞道園文選二卷 …… 4－410
虞道園先生文選八卷 …… 4－410
虞道園先生文選八卷 …… 4－410
虞道園先生文選八卷 …… 4－410
當山草堂小草一卷 …… 2－113
當湖四書院課藝合刻不分卷 …… 1－238
當歸草堂醫學叢書初編 …… 1－237
當歸草堂醫學叢書初編 …… 1－237
睦堂先生文集六十卷 …… 2－442
睦堂先生文集六十卷睦堂先生詩甲集三十四卷 …… 2－442
睡庵文稿二刻補四卷 …… 3－300
睡庵文稿三刻二卷 …… 3－300
睡庵文稿三刻二卷 …… 3－300
睡庵文稿初刻四卷二刻六卷 …… 3－300
愚一錄十二卷 …… 4－411
愚一錄十二卷 …… 4－411
愚一錄十二卷 …… 4－411
愚一錄十二卷 …… 4－411
愚一錄十二卷 …… 4－411
愚溪詩鈔四卷 …… 4－411
歇菴集二十卷附三卷 …… 4－155
暗室燈二卷 …… 1－5
暗室燈二卷 …… 1－5
暗室燈二卷 …… 1－5
暗室燈二卷 …… 1－5
暗室燈二卷 …… 1－5
暗室燈二卷 …… 1－5
暗室燈二卷 …… 1－5
暗室燈註解二卷 …… 1－5
暗室燈註解二卷 …… 1－5
暗室燈註解二卷 …… 1－5
暗室燈註解二卷 …… 1－5
暗室燈註解二卷 …… 1－5
暗室燈註解二卷 …… 1－5
暗室燈註解二卷 …… 1－6
路史四十七卷 …… 2－363
路史四十七卷 …… 2－363
路史四十七卷 …… 2－363
路史四十七卷 …… 2－363
路史前紀九卷後紀十三卷餘論十卷發揮六卷國名紀七卷 …… 2－362
路史前紀九卷後紀十三卷餘論十卷發揮六卷國名紀七卷 …… 2－362
路史前紀九卷後紀十三卷餘論十卷發揮六卷國名紀七卷 …… 2－362
路史前紀九卷後紀十三卷餘論十卷發揮六卷國名紀七卷 …… 2－362
路史前紀九卷後紀十三卷餘論十卷發揮六卷國名紀七卷 …… 2－363
路史前紀九卷後紀十三卷餘論十卷發揮六卷國名紀七卷 …… 2－363
路史摘要□□卷 …… 2－363
路加傳福音書二十四章 …… 2－362
遣懷記錄不分卷 …… 3－36
蛾術編八十二卷 …… 1－332
蛾術齋試帖一卷 …… 1－332
蛾術齋試帖一卷 …… 1－332
蜕存詩草四卷 …… 3－490
蜕存詩草四卷 …… 3－490
蜕存詩草四卷 …… 3－490
畹香樓遺草一卷 …… 3－495
農政全書六十卷 …… 2－465
農政全書六十卷 …… 2－465
農政全書六十卷 …… 2－465
農政全書六十卷 …… 2－465
農政全書六十卷 …… 2－465

農政全書六十卷……………………… 2－465
農政全書六十卷……………………… 2－465
農政全書六十卷……………………… 2－465
農政全書六十卷……………………… 2－465
農政全書六十卷……………………… 2－465
農政新論不分卷……………………… 2－465
農政新論四卷………………………… 2－465
農政新論四卷附蠶桑新論一卷……… 2－464
農候雜占四卷………………………… 2－464
[農書]一卷 ………………………… 5－332
[農書]一卷 ………………………… 5－332
農書二十二卷………………………… 2－464
農書三十六卷………………………… 2－464
農桑輯要七卷………………………… 2－464
農桑輯要七卷………………………… 2－464
農桑輯要七卷………………………… 2－464
農桑輯要七卷………………………… 2－464
農桑輯要七卷………………………… 2－464
農桑輯要七卷………………………… 2－464
農務化學問答二卷…………………… 2－464
農務全書上編十六卷中編十六卷下
編十六卷………………………… 2－464
農務全書上編十六卷中編十六卷下
編十六卷………………………… 2－464
農歌集鈔一卷………………………… 2－464
農學報三百十五期…………………… 2－465
農學報三百十五期…………………… 2－465
農學論………………………………… 2－465
農學叢刻……………………………… 2－465
農學叢書……………………………… 2－465
農學叢書……………………………… 2－465
農學叢書……………………………… 2－465
農學叢書……………………………… 2－465
署側儺神堂冊不分卷………………… 3－285
署側儺神堂冊不分卷………………… 3－285
罪言存略不分卷……………………… 5－260
蜀水攷四卷…………………………… 3－285
蜀典十二卷…………………………… 3－285
蜀故二十七卷………………………… 3－285
蜀雅二十卷…………………………… 3－285
蜀碧四卷……………………………… 3－285
蜀碧四卷……………………………… 3－285
蜀僚問答二卷讀律心得三卷………… 3－285
蜀僚問答二卷讀律心得三卷………… 3－285
蜀僚問答二卷讀律心得三卷………… 3－285
蜀僚問答二卷讀律心得三卷………… 3－285
蜀語一卷……………………………… 3－285
蜀輶日記四卷………………………… 3－285
蜀輶日記四卷………………………… 3－285
蜀輶日記四卷………………………… 3－285
蜀輶日記四卷………………………… 3－285
[道光]嵊縣志十四卷首一卷末一卷
……………………………………… 5－281
嵩厓尊生書十五卷…………………… 3－373
嵩厓尊生書十五卷…………………… 3－373
嵩厓尊生書十五卷…………………… 3－373
嵩厓尊生書十五卷…………………… 3－373
圓機活法十八卷 …………………… 5－19
圓機活法十八卷 …………………… 5－19
圓機活法十八卷 …………………… 5－19
圓機活法十八卷 …………………… 5－19
圓機活法十八卷 …………………… 5－19
圓機活法十八卷 …………………… 5－19
圓機活法十八卷 …………………… 5－19
圓機活法十八卷 …………………… 5－19
圓錐曲線一卷 ……………………… 5－19
圓錐曲線說三卷 …………………… 5－19
圓覺經析義疏四卷大義一卷懸示一
卷 ……………………………… 5－19
稚言雜錄不分卷……………………… 5－116
稗海 ………………………………… 1－22
稗海 ………………………………… 1－22
稗海 ………………………………… 1－22
稗海 ………………………………… 1－22
稗海 ………………………………… 1－22
稗海 ………………………………… 1－22
稗海 ………………………………… 1－22
稗海 ………………………………… 1－22
稗海 ………………………………… 1－22
稗海 ………………………………… 1－22
稗海…………………………………… 1－393
稗雅四卷 …………………………… 1－22

愁思窗古文稿二卷……………………… 1－127
筭學啓蒙述義三卷……………………… 3－396
筭學啓蒙通釋三卷……………………… 3－396
筭學啓蒙識誤一卷後記一卷………… 4－166
筠軒文鈔八卷………………………… 2－237
筠廊二筆二卷………………………… 2－237
筠谿牧潛集七卷……………………… 2－237
筠瀾詩草十二卷補編一卷和蘇詩四
卷附風月餘談一卷…………………… 2－237
筠瀾詩草十二卷補編一卷和蘇詩四
卷附風月餘談一卷…………………… 2－237
筮策洞虛錄十六卷首一卷附一卷…… 3－250
[筱雲全稿賦選]不分卷 ……………… 5－377
節刊席文興先生畜德錄四卷………… 2－170
節本泰西新史攬要八卷……………… 2－169
節本泰西新史攬要八卷……………… 2－170
節本泰西新史攬要八卷……………… 2－170
節本泰西新史攬要八卷……………… 2－170
節本泰西新史攬要八卷……………… 2－170
節本泰西新史攬要八卷……………… 2－170
節本泰西新史攬要八卷……………… 2－170
節本泰西新史攬要八卷……………… 2－170
節孝先生集三十二卷事實一卷……… 2－170
節相壯遊日錄二卷(清光緒二十二
年) ……………………………………… 2－170
節俠記二卷三十一齣………………… 2－170
節烈贈言一卷………………………… 5－166
節庵先生遺詩六卷…………………… 2－169
節婦傳十六卷………………………… 2－170
節婦傳十六卷………………………… 2－170
節婦傳十六卷………………………… 2－170
與古爲新不分卷……………………… 4－418
與古齋琴譜四卷……………………… 4－418
與竹居棄稿五十首一卷……………… 4－418
傳心要語一卷………………………… 1－141
傳忠錄不分卷………………………… 1－141
傳研堂詩存八卷……………………… 1－141
傳研堂詩存八卷……………………… 1－141
傳研堂詩存八卷……………………… 1－141
傳音快字一卷………………………… 1－141
[傳記文鈔]一卷 ……………………… 4－147
[傳記文雜鈔]一卷 …………………… 5－276
傳家至要不分卷……………………… 1－141
傳家制義初集不分卷………………… 1－141
傳家寶初集八卷二集八卷三集八卷
四集八卷……………………………… 1－140
傳家寶初集八卷二集八卷三集八卷
四集八卷……………………………… 1－140
傳家寶初集八卷二集八卷三集八卷
四集八卷……………………………… 1－140
傳家寶初集八卷二集八卷三集八卷
四集八卷……………………………… 1－140
傳家寶初集八卷二集八卷三集八卷
四集八卷……………………………… 1－140
傳家寶初集八卷二集八卷三集八卷
四集八卷……………………………… 1－140
傳家寶初集八卷二集八卷三集八卷
四集八卷……………………………… 1－140
傳家寶初集八卷二集八卷三集八卷
四集八卷……………………………… 1－140
傳家寶初集八卷二集八卷三集八卷
四集八卷……………………………… 1－140
傳家寶初集八卷二集八卷三集八卷
四集八卷……………………………… 1－140
傳家寶初集八卷二集八卷三集八卷
四集八卷……………………………… 1－140
傳家寶初集八卷二集八卷三集八卷
四集八卷……………………………… 1－140
傳家寶初集八卷二集八卷三集八卷
四集八卷……………………………… 1－140
傳家寶初集八卷二集八卷三集八卷
四集八卷……………………………… 1－140
傳家寶初集八卷二集八卷三集八卷
四集八卷……………………………… 1－140
傳家寶初集八卷二集八卷三集八卷
四集八卷……………………………… 1－140
傳家寶初集八卷二集八卷三集八卷
四集八卷……………………………… 1－141
傳家寶初集八卷二集八卷三集八卷
四集八卷……………………………… 1－141

傳家寶初集八卷二集八卷三集八卷
四集八卷 ………………………… 1－141
傳家寶初集八卷二集八卷三集八卷
四集八卷 ………………………… 1－141
傳家寶初集八卷二集八卷三集八卷
四集八卷 ………………………… 1－141
傳家寶初集八卷二集八卷三集八卷
四集八卷 ………………………… 1－141
傳家寶初集八卷二集八卷三集八卷
四集八卷 ………………………… 1－141
傳家寶訓十卷 ………………………… 1－141
傳經堂家規一卷 ……………………… 1－141
傳樸堂詩稿四卷 ……………………… 1－141
催官篇二卷 …………………………… 1－191
催官篇二卷 …………………………… 1－191
催官篇四卷 …………………………… 1－191
催官篇四卷 …………………………… 1－249
[傷寒]一卷 ………………………… 5－343
[傷寒]一卷 ………………………… 5－343
傷寒大成 ……………………………… 3－119
傷寒大成 ……………………………… 3－119
傷寒六書六卷 ………………………… 3－120
傷寒六書六卷 ………………………… 3－120
傷寒六書六卷 ………………………… 3－120
傷寒百十三方解略六卷 ……………… 3－119
傷寒舌鑑一卷 ………………………… 3－122
傷寒附翼二卷 ………………………… 3－119
傷寒附翼二卷 ………………………… 3－119
傷寒附翼二卷 ………………………… 3－119
傷寒附翼二卷 ………………………… 3－119
傷寒來蘇集八卷 ……………………… 3－120
傷寒明理論四卷 ……………………… 3－122
傷寒明理論四卷 ……………………… 3－122
傷寒明理論四卷 ……………………… 3－122
傷寒明理論四卷 ……………………… 3－122
傷寒明理論四卷 ……………………… 5－213
[傷寒]□□卷 ……………………… 5－343
傷寒活人指掌五卷 …………………… 3－120
傷寒真方歌括不分卷 ………………… 3－123
傷寒真方歌括六卷 …………………… 3－119
傷寒真方歌括六卷 …………………… 3－123
傷寒真方歌括六卷 …………………… 3－123
傷寒真方歌括六卷 …………………… 3－123
傷寒真方歌括六卷 …………………… 3－123
傷寒兼證析義一卷 …………………… 3－120
傷寒貫珠集八卷 ……………………… 3－120
傷寒貫珠集八卷 ……………………… 3－120
傷寒貫珠集不分卷 …………………… 3－120
傷寒集注十五卷 ……………………… 3－120
傷寒集注十五卷 ……………………… 3－120
傷寒補天石二卷續二卷 ……………… 3－119
傷寒歌括不分卷 ……………………… 3－120
傷寒瘟疫條辯六卷 …………………… 3－122
傷寒瘟疫條辯六卷 …………………… 3－122
傷寒緒論二卷 ………………………… 3－122
傷寒緒論二卷 ………………………… 3－122
傷寒緒論二卷傷寒纘論二卷 ………… 3－123
傷寒論七卷 …………………………… 3－121
傷寒論七卷 …………………………… 3－121
傷寒論七卷 …………………………… 3－121
傷寒論七卷 …………………………… 3－121
傷寒論七卷 …………………………… 3－121
傷寒論七卷 …………………………… 3－121
傷寒論七卷 …………………………… 3－121
傷寒論七卷 …………………………… 3－121
傷寒論七卷 …………………………… 3－121
傷寒論三注十七卷 …………………… 3－121
傷寒論三注十七卷 …………………… 3－121
傷寒論三注十七卷傷寒方歌訣一卷
………………………………………… 3－122
傷寒論三注十七卷傷寒方歌訣一卷
………………………………………… 3－122
傷寒論三注十六卷 …………………… 3－121
傷寒論不分卷 ………………………… 3－120
傷寒論不分卷 ………………………… 3－120
傷寒論不分卷 ………………………… 3－120
傷寒論六卷 …………………………… 3－120
傷寒論六卷 …………………………… 3－120
傷寒論六卷 …………………………… 3－120
傷寒論六卷 …………………………… 3－120
傷寒論六卷附傷寒論本義一卷 ……… 3－121
傷寒論六卷附傷寒論本義一卷 ……… 3－121

傷寒論六卷附傷寒論本義一卷……… 3－121
傷寒論四卷…………………………… 3－122
傷寒論四卷附傷寒論本義一卷……… 3－122
傷寒論直解六卷……………………… 3－122
傷寒論注四卷………………………… 3－122
傷寒論注四卷………………………… 3－122
傷寒論注四卷………………………… 3－122
傷寒論注四卷………………………… 3－122
傷寒論注四卷………………………… 3－122
傷寒論注四卷傷寒附翼二卷………… 3－122
傷寒論後條辨十五卷………………… 3－120
傷寒論條辨八卷……………………… 3－122
傷寒論淺注六卷……………………… 3－121
傷寒論淺注補正七卷首一卷………… 3－121
傷寒論淺注補正七卷首一卷………… 3－121
傷寒論淺注補正七卷首一卷………… 3－121
傷寒論綱目十六卷首二卷…………… 3－120
傷寒論類方一卷……………………… 3－120
傷寒論類方一卷……………………… 3－120
傷寒審症表一卷……………………… 3－122
傷寒辨證錄十四卷…………………… 3－119
傷寒醫訣串解六卷…………………… 3－123
傷寒證治準繩八卷…………………… 3－123
傷寒證治準繩八卷…………………… 3－123
傷寒證治準繩八卷…………………… 3－123
傷寒證治準繩八卷…………………… 3－123
傷寒證治準繩八卷…………………… 3－123
傷寒證治準繩八卷…………………… 3－123
傷寒懸解十四卷首一卷末一卷……… 3－123
傷寒纘論二卷………………………… 3－123
傷寒纘論二卷………………………… 3－123
傷寒纘論二卷………………………… 3－123
傷寒纘論二卷………………………… 3－123
傷寒纘論二卷………………………… 3－123
傭吹錄二十卷………………………… 4－389
魁卷不分卷…………………………… 2－250
粵十三家集 ………………………… 5－25
粵西金石畧十五卷 ………………… 5－25
粵西金石畧十五卷 ………………… 5－25
粵西金石畧十五卷 ………………… 5－25
粵西金石畧十五卷 ………………… 5－25
粵西金石畧十五卷 ………………… 5－25
粵西金石畧十五卷 ………………… 5－25
粵西金石畧十五卷 ………………… 5－25
粵西筆述一卷 ……………………… 5－25
粵東筆記十六卷 …………………… 5－25
粵東勦匪紀畧五卷 ………………… 5－25
粵氛紀事十三卷 …………………… 5－25
粵氛紀事十三卷 …………………… 5－25
粵氛紀事十三卷 …………………… 5－25
粵氛紀事十三卷 …………………… 5－25
粵政務實鈔一卷 …………………… 5－26
粵雅堂叢書 ………………………… 5－25
粵雅堂叢書 ………………………… 5－25
粵雅堂叢書 ………………………… 5－25
粵雅堂叢書 ………………………… 5－26
粵雅堂叢書 ………………………… 5－26
粵雅堂叢書 ………………………… 5－26
粵雅堂叢書 ………………………… 5－26
粵雅堂叢書 ………………………… 5－26
粵雅堂叢書 ………………………… 5－26
粵雅堂叢書 ………………………… 5－26
粵雅堂叢書 ………………………… 5－26
粵雅堂叢書 ………………………… 5－26
粵雅堂叢書 ………………………… 5－26
粵雅堂叢書 ………………………… 5－26
粵閩巡視紀略三卷圖一卷 ………… 5－25
微尚齋詩集初編四卷續集一卷 …… 4－16
微波榭遺書 ………………………… 4－16
微積初津不分卷 …………………… 4－16
微積溯源八卷 ……………………… 4－16
微積溯源八卷 ……………………… 4－16
微積溯源八卷 ……………………… 4－16
［同治］鉛山縣志三十卷首一卷 …… 5－363
［同治］鉛山縣志三十卷首一卷 …… 5－363
［同治］鉛山縣志三十卷首一卷 …… 5－363
鉛彈子地學正義不分卷 …………… 3－25
鉛彈子地學正義不分卷 …………… 3－25
愈妄闕齋所著書十四卷……………… 4－497
愈愚錄六卷…………………………… 4－497
愈愚錄六卷…………………………… 4－497
［會元硃卷］不分卷 ………………… 5－299

[會友錄]不分卷(清嘉慶七年至道光七年) …… 5－299
會文學社字課圖說八卷 …… 2－101
會心內集二卷 …… 2－101
會心內集二卷 …… 2－101
會成堂詳校醫宗必讀十卷 …… 2－100
會成堂詳校醫宗必讀十卷 …… 2－100
[道光]會昌縣志三十二卷 …… 5－279
[同治]會昌縣志三十二卷首一卷 …… 5－358
會典簡明錄一卷 …… 2－100
會真記一卷 …… 1－254
會通譜□□卷 …… 2－101
會試硃卷一卷 …… 2－101
會試硃卷不分卷 …… 2－101
會試硃卷不分卷 …… 2－101
會試硃卷不分卷鄉試硃卷不分卷 …… 2－101
會試闈墨不分卷 …… 2－100
會試闈墨不分卷 …… 2－100
會試闈墨不分卷 …… 2－100
[會試闈墨]不分卷 …… 5－299
會試贈言一卷 …… 5－166
會墨萃精不分卷 …… 2－100
[會墨選]不分卷 …… 5－299
[會墨選]不分卷 …… 5－299
會稽三賦一卷 …… 2－100
會稽山齋文十二卷 …… 2－100
會稽山齋全集 …… 2－100
會議盜墓人犯罪名從重定擬例冊一卷 …… 3－479
愛秋齋詩稿二卷 …… 1－1
愛廬詩集十四卷首一卷 …… 1－1
飴山詩集二十卷文集十二卷附錄一卷聲調譜三卷談龍錄一卷禮俗權衡二卷 …… 4－308
飴山詩集二十卷文集十二卷附錄一卷聲韻譜三卷談龍錄一卷禮俗權衡二卷 …… 4－308
飴山詩集二十卷聲調譜三卷談龍錄一卷 …… 4－308
梟氏爲鍾圖說補義一卷 …… 1－375
詹元善先生遺集二卷 …… 5－84
肄山詩鈔□□卷 …… 4－327
解文毅公集十六卷後集六卷首一卷附錄一卷目錄二卷 …… 2－171
解文毅公集十六卷後集六卷首一卷附錄一卷目錄二卷 …… 2－171
解文毅公集十六卷後集六卷首一卷附錄一卷目錄二卷 …… 2－171
解文毅公集十六卷後集六卷首一卷附錄一卷目錄二卷 …… 2－172
解文毅公集十六卷後集六卷首一卷附錄一卷目錄二卷 …… 2－172
解文毅公集十六卷後集六卷首一卷附錄一卷目錄二卷 …… 2－172
解文毅公集十六卷後集六卷首一卷附錄一卷目錄二卷 …… 2－172
解文毅公集十六卷後集六卷首一卷附錄一卷目錄二卷 …… 2－172
解文毅公集十六卷後集六卷首一卷附錄一卷目錄二卷 …… 2－172
解文毅公集十六卷後集六卷首一卷附錄一卷目錄二卷 …… 2－172
解文毅公集十六卷後集六卷首一卷附錄一卷目錄二卷 …… 2－172
解文毅公集十六卷後集六卷首一卷附錄一卷目錄二卷 …… 2－172
解文毅公集十六卷後集六卷首一卷附錄一卷目錄二卷 …… 2－172
解文毅公集十六卷後集六卷首一卷附錄一卷目錄二卷 …… 2－172
解文毅公集十六卷後集六卷首一卷附錄一卷目錄二卷 …… 2－172
解文毅公集十六卷後集六卷首一卷附錄一卷目錄二卷 …… 4－96
[解字]□卷 …… 5－326
解毒編一卷 …… 2－171
解冤三十六條赦文不分卷 …… 2－172
解春集文鈔十二卷補遺二卷詩鈔三卷 …… 2－171
解脫集四卷瓶史一卷 …… 2－171
解深密經五卷 …… 2－171
解悶歌一卷 …… 2－171

解夢應驗一卷…………………………… 2－171
解學士文集十卷…………………………… 2－172
解學士文集十卷…………………………… 2－172
解學士年譜一卷…………………………… 2－172
解學士年譜一卷…………………………… 2－172
[試帖文賦]一卷 ……………………… 5－350
試帖玉芙蓉集四卷……………………… 3－253
試帖玉芙蓉集四卷……………………… 3－253
試帖仙樣集裁詩十法三卷………………… 3－253
試帖仙樣集裁詩十法三卷………………… 3－253
試帖仙樣集裁詩十法三卷………………… 3－253
試帖仙樣集裁詩十法三卷………………… 3－253
試帖仙樣集裁詩十法三卷………………… 3－253
試帖仙樣集裁詩十法三卷………………… 3－253
試帖仙樣集裁詩十法三卷………………… 3－253
試帖扶輪集八卷…………………………… 3－252
試帖扶輪集八卷…………………………… 3－252
試帖金鍼八卷……………………………… 3－252
試帖金鍼八卷……………………………… 3－252
試帖宗杜篇一卷…………………………… 3－254
試帖約選二卷……………………………… 3－253
試帖紫雲仙琯八卷………………………… 5－393
試帖紫雲仙琯八卷二集八卷三集八卷……………………………………… 3－253
試帖紫雲仙琯八卷二集八卷三集八卷……………………………………… 3－253
試帖紫雲仙琯八卷二集八卷三集八卷……………………………………… 3－254
試帖紫雲仙琯八卷二集八卷三集八卷……………………………………… 3－254
試帖紫雲仙琯八卷二集八卷三集八卷……………………………………… 3－254
[試帖鈔]不分卷 ……………………… 5－350
[試帖鈔]不分卷 ……………………… 5－350
[試帖鈔]不分卷 ……………………… 5－350
[試帖鈔]不分卷 ……………………… 5－350
[試帖鈔]不分卷 ……………………… 5－350
[試帖鈔]不分卷 ……………………… 5－350
[試帖鈔]不分卷 ……………………… 5－350
[試帖鈔]不分卷 ……………………… 5－350
試帖詩十卷………………………………… 3－253
[試帖詩]不分卷 ……………………… 5－350
[試帖詩]不分卷 ……………………… 5－350
試帖詩□□卷……………………………… 3－252
試帖詩集二十六卷………………………… 3－252
試帖詩集二十六卷………………………… 3－252
試帖詩集二十六卷………………………… 5－392
[試帖詩賦]不分卷 …………………… 5－350
[試帖詩賦]不分卷 …………………… 5－350
試帖詩課合存九卷………………………… 3－252
試帖詩課合存九卷………………………… 3－252
試帖詩課合存九卷………………………… 3－252
試帖詩課合存九卷………………………… 3－252
試帖詩課合存九卷………………………… 3－252
試帖詩課合存九卷………………………… 3－252
試帖詩課合存九卷………………………… 3－252
試帖詩課合存九卷………………………… 3－252
試帖詩課合存九卷………………………… 3－253
試帖詩課合存九卷………………………… 3－253
試帖詩課合存九卷………………………… 3－253
試帖詩課合存九卷………………………… 3－253
[試帖詩選評]一卷 …………………… 5－350
試帖準繩不分卷…………………………… 3－253
試帖準繩不分卷…………………………… 3－253
試帖鳳樓四卷……………………………… 3－252
試帖隨鈔三卷……………………………… 3－253
[試帖賦]二卷 ………………………… 5－350
[試帖賦]二卷 ………………………… 5－350
[試帖選]不分卷 ……………………… 5－350
[試帖選]不分卷 ……………………… 5－350
[試帖選鈔]不分卷 …………………… 5－350
[試帖選評]不分卷 …………………… 5－351
試帖贅言不分卷…………………………… 3－253
試草不分卷………………………………… 3－250
試律大觀三十二卷………………………… 3－251
試律大觀三十二卷………………………… 3－251
試律大觀三十二卷………………………… 3－251
試律大觀三十二卷………………………… 3－251
試律大觀三十二卷………………………… 3－251
試律大觀三十二卷………………………… 3－251
試律大觀三十二卷………………………… 3－251
試律大觀三十二卷………………………… 3－251

試律大觀三十二卷 …………………… 3－251
試律大觀三十二卷 …………………… 3－251
試律大觀三十二卷 …………………… 3－251
試律青雲集四卷 ……………………… 3－251
試律青雲集四卷 ……………………… 3－251
試律青雲集四卷 ……………………… 3－251
試律青雲集四卷 ……………………… 3－251
試律青雲集四卷 ……………………… 3－251
試律青雲集四卷 ……………………… 3－251
試律青雲集四卷 ……………………… 3－251
試律青雲集四卷 ……………………… 3－251
試律青雲集注釋四卷 ………………… 3－252
試律青雲詩集四卷 …………………… 3－252
試律飛聲四卷補遺一卷 ……………… 3－251
試律清華二集四卷 …………………… 3－252
試律裁錦集四卷 ……………………… 3－251
[試律鈔]不分卷 ……………………… 5－350
[試律賦]不分卷 ……………………… 5－350
試律叢話八卷 ………………………… 3－251
試場摘要不分卷 ……………………… 3－250
試策便覽十六卷 ……………………… 3－250
試塾合訂本不分卷 …………………… 3－252
試賦玩本一卷 ………………………… 3－250
試賦準繩不分卷 ……………………… 3－250
試賦準繩不分卷 ……………………… 3－250
試賦準繩不分卷 ……………………… 3－250
試牘欣賞集不分卷 …………………… 3－250
試體漫存不分卷 ……………………… 3－252
詩人玉屑二十卷 ……………………… 3－185
詩比興箋四卷 ………………………… 3－158
詩中畫二卷 …………………………… 3－200
詩毛氏傳疏三十卷 …………………… 3－185
詩毛氏傳疏三十卷 …………………… 3－185
詩毛氏傳疏三十卷 …………………… 3－185
[詩文集]不分卷 ……………………… 5－345
[詩文鈔]八卷 ………………………… 5－345
[詩文鈔]不分卷 ……………………… 5－345
[詩文鈔]不分卷 ……………………… 5－345
[詩文鈔]不分卷 ……………………… 5－345
[詩文鈔]不分卷 ……………………… 5－345
[詩文選]不分卷 ……………………… 5－345
[詩文選]不分卷 ……………………… 5－345
[詩文選]不分卷 ……………………… 5－345
[詩文選]不分卷 ……………………… 5－345
[詩文選]不分卷 ……………………… 5－345
[詩文選]不分卷 ……………………… 5－346
[詩文選]不分卷 ……………………… 5－346
[詩文選]不分卷 ……………………… 5－346
[詩文選]不分卷 ……………………… 5－346
[詩文選]不分卷 ……………………… 5－346
[詩文選]不分卷 ……………………… 5－346
[詩文雜鈔]一卷 ……………………… 5－346
[詩文雜鈔]不分卷 …………………… 1－140
詩文雜鈔不分卷 ……………………… 3－186
詩古微二卷 …………………………… 3－160
詩句題解韻編六卷 …………………… 3－183
詩句題解韻編六卷 …………………… 3－183
詩句題解韻編六卷 …………………… 3－183
詩句題解韻編六卷 …………………… 3－183
詩句題解韻編六卷 …………………… 3－183
詩句題解韻編六卷 …………………… 3－183
詩句題解韻編六卷 …………………… 3－184
詩句題解韻編六卷 …………………… 3－184
詩句題解韻編六卷 …………………… 3－184
詩句題解韻編四集十二卷 …………… 3－184
詩句題解韻編四集十二卷 …………… 3－184
詩考一卷 ……………………………… 3－184
詩考異字箋餘十四卷 ………………… 3－184
詩地理考六卷 ………………………… 3－159
詩地理考略二卷圖一卷 ……………… 3－159
詩地理考略二卷圖一卷 ……………… 3－159
詩地理考略二卷圖一卷 ……………… 3－159
詩地理考略二卷圖一卷 ……………… 3－159
詩地理考略二卷圖一卷 ……………… 3－159
詩地理考略二卷圖一卷 ……………… 3－159
詩地理考略二卷圖一卷 ……………… 3－159
詩地理攷六卷 ………………………… 3－159
詩地理攷六卷 ………………………… 3－159
詩存四卷觀劇絕句一卷 ……………… 3－159
詩攷□□卷 …………………………… 3－184
詩名物考略二卷 ……………………… 3－185
詩名物考略二卷 ……………………… 3－185

詩名物考略二卷…………………………3－185
詩志八卷……………………………………3－200
詩材類對纂要四卷………………………3－158
詩材類對纂要四卷………………………3－158
詩材類對纂要四卷………………………3－158
詩抄不分卷…………………………………3－158
詩序一卷入學階梯六卷…………………3－186
[詩序]二卷　…………………………………5－346
詩序廣義二十四卷………………………3－186
詩序辨説一卷………………………………3－186
詩林韶濩二十卷…………………………3－184
詩林韶濩選二十卷………………………3－184
詩林韶濩選二十卷………………………3－184
詩林韶濩選二十卷………………………3－184
詩林韶濩選評二十卷補編一卷………3－184
詩林韶濩選評二十卷補編一卷………3－184
詩所八卷……………………………………3－185
詩所八卷……………………………………3－185
詩所八卷……………………………………3－185
詩所五十六卷歷代名氏爵里一卷……3－185
詩法入門四卷………………………………3－159
詩法火傳十六卷…………………………5－392
詩法萃編十五卷…………………………3－159
[詩法類編]□卷　…………………………5－344
詩草一卷……………………………………3－158
[詩草]不分卷　……………………………5－344
詩故十卷……………………………………3－160
詩品一卷……………………………………3－185
詩品二卷……………………………………1－200
詩品二卷……………………………………3－185
詩品三卷……………………………………3－185
詩品唐律二卷………………………………3－185
詩品唐律二卷………………………………3－185
[詩律摘句]不分卷　………………………5－345
詩紀一百三十卷前集十卷外集四卷
　別集十二卷………………………………3－161
詩紀一百五十六卷目録三十六卷……3－161
詩倫二卷……………………………………3－184
詩舫存鈔六卷………………………………3－159
詩舫存鈔六卷………………………………3－160
詩料英華十四卷…………………………3－184
詩料英華十四卷…………………………3－184
[詩料]□□卷　……………………………5－345
詩通四卷……………………………………3－185
詩舲詩外四卷………………………………3－184
詩筏一卷……………………………………3－159
詩筏一卷……………………………………3－159
詩筏一卷騷筏一卷………………………3－159
[詩集]不分卷　……………………………5－345
[詩集]不分卷　……………………………5－345
[詩集]不分卷　……………………………5－345
[詩集]不分卷　……………………………5－345
[詩集]不分卷　……………………………5－345
[詩集]不分卷　……………………………5－345
[詩集]不分卷　……………………………5－345
[詩集]不分卷　……………………………5－345
[詩集]不分卷　……………………………5－345
詩集傳二十卷附詩序一卷詩圖一卷
　詩傳綱領一卷……………………………3－160
詩集傳名物鈔八卷………………………3－160
詩集傳音釋二十卷附詩序一卷………3－161
詩集傳音釋二十卷附詩序一卷………3－161
詩集傳音釋二十卷附詩序一卷………3－161
詩雋腹腴五十卷…………………………3－184
詩雋類函一百五十卷……………………3－184
[詩鈔]一卷　………………………………5－344
[詩鈔]一卷　………………………………5－344
[詩鈔]不分卷　……………………………1－132
[詩鈔]不分卷　……………………………5－344
[詩鈔]不分卷　……………………………5－344
[詩鈔]不分卷　……………………………5－344
[詩鈔]不分卷　……………………………5－344
[詩鈔]不分卷　……………………………5－344
[詩鈔]不分卷　……………………………5－344
[詩鈔]不分卷　……………………………5－344
[詩鈔]不分卷　……………………………5－344
[詩鈔]不分卷　……………………………5－344
[詩鈔]不分卷　……………………………5－344
[詩鈔]不分卷　……………………………5－344
[詩鈔]不分卷　……………………………5－344
[詩鈔]不分卷　……………………………5－344
[詩鈔]不分卷　……………………………5－344

[詩鈔]不分卷 ……………………… 5－344
[詩鈔]不分卷 ……………………… 5－344
[詩鈔]不分卷 ……………………… 5－344
[詩鈔]不分卷 ……………………… 5－344
[詩鈔]不分卷 ……………………… 5－344
[詩鈔]不分卷 ……………………… 5－344
[詩鈔]不分卷 ……………………… 5－344
[詩鈔]不分卷 ……………………… 5－344
[詩鈔]不分卷 ……………………… 5－344
[詩鈔]不分卷 ……………………… 5－344
[詩鈔]不分卷 ……………………… 5－344
[詩鈔]不分卷 ……………………… 5－344
詩腋三十二卷外編四卷補編二卷詠史詩腋六卷……………………… 3－191
詩腋三十二卷外編四卷補編二卷詠史詩腋六卷……………………… 3－191
詩腋三十二卷外編四卷補編二卷詠史詩腋六卷……………………… 3－191
詩詞鈔一卷……………………… 3－159
[詩詞鈔]不分卷 ……………………… 5－344
詩詞雜俎……………………… 3－159
詩詞韻輯……………………… 3－159
詩畫舫六卷……………………… 3－160
詩畫舫六卷……………………… 3－160
詩夢鐘聲錄一卷……………………… 3－185
詩摧十二卷……………………… 3－185
詩傳大全二十卷……………………… 3－158
詩傳名物集覽十二卷……………………… 3－158
詩傳注疏三卷……………………… 3－158
詩傳補義三卷……………………… 3－158
詩話二卷……………………… 1－321
詩話選雋二卷……………………… 3－160
詩義一卷禮義一卷書義一卷……………………… 3－191
詩義求經二十卷……………………… 3－191
詩義求經二十卷……………………… 3－191
詩義序說合鈔四卷首一卷……………………… 3－191
詩義序說合鈔四卷首一卷……………………… 3－191
詩義序說合鈔四卷首一卷……………………… 3－191
詩義序說合鈔四卷首一卷……………………… 3－191
詩義序說合鈔四卷首一卷……………………… 3－191
詩經八卷……………………… 5－141
詩經八卷……………………… 5－141
詩經八卷……………………… 5－141
詩經八卷……………………… 5－141
詩經八卷……………………… 5－141
詩經不分卷……………………… 3－161
詩經文通一卷……………………… 3－182
詩經文通一卷……………………… 3－182
詩經文通一卷……………………… 3－182
詩經正解三十三卷……………………… 3－183
詩經朱傳八卷……………………… 3－183
詩經合纂大成八卷首一卷……………………… 3－162
詩經合纂大成八卷首一卷……………………… 3－162
詩經言志二十六卷……………………… 3－182
詩經序周召二南詩一卷……………………… 3－182
詩經典要一卷……………………… 3－161
詩經定本四卷……………………… 3－161
詩經衍義說約大全八卷……………………… 3－182
詩經衍義說約大全八卷……………………… 3－182
詩經衍義說約大全八卷……………………… 3－182
詩經音義辯讀一卷……………………… 3－183
[詩經時文制藝]不分卷 ……………………… 5－345
詩經衷八卷……………………… 5－392
詩經旁訓四卷……………………… 3－178
詩經旁訓四卷……………………… 3－178
詩經旁訓辨體合訂四卷……………………… 3－178
詩經旁訓辨體合訂四卷……………………… 3－178
詩經旁訓辨體合訂四卷……………………… 3－178
詩經偶箋十三卷……………………… 3－178
詩經貫解四卷……………………… 3－161
詩經揭要四卷……………………… 3－177
詩經揭要四卷……………………… 3－177
詩經喈鳳詳解八卷詩經繹傳八卷……… 3－177
詩經喈鳳詳解八卷詩經繹傳八卷……… 3－177
詩經喈鳳詳解八卷詩經繹傳八卷……… 3－177
詩經喈鳳詳解不分卷……………………… 3－183
詩經程墨正體不分卷……………………… 3－161
詩經筆記不分卷……………………… 3－161
詩經筆記不分卷……………………… 3－161
詩經備解二卷……………………… 3－161
詩經備解二卷……………………… 3－161
詩經備解二卷……………………… 3－161

詩經備解不分卷…… 3－161
詩經集傳八卷…… 1－130
詩經集傳八卷 …… 3－93
詩經集傳八卷…… 3－162
詩經集傳八卷…… 3－162
詩經集傳八卷…… 3－162
詩經集傳八卷…… 3－162
詩經集傳八卷…… 3－162
詩經集傳八卷…… 3－162
詩經集傳八卷…… 3－162
詩經集傳八卷…… 3－162
詩經集傳八卷…… 3－162
詩經集傳八卷…… 3－162
詩經集傳八卷…… 3－162
詩經集傳八卷…… 3－162
詩經集傳八卷…… 3－162
詩經集傳八卷…… 3－162
詩經集傳八卷…… 3－162
詩經集傳八卷…… 3－162
詩經集傳八卷…… 3－162
詩經集傳八卷…… 3－162
詩經集傳八卷…… 3－162
詩經集傳八卷…… 3－162
詩經集傳八卷…… 3－162
詩經集傳八卷…… 3－162
詩經集傳八卷…… 3－163
詩經集傳八卷…… 3－163
詩經集傳八卷…… 3－163
詩經集傳八卷…… 3－163
詩經集傳八卷…… 3－163
詩經集傳八卷…… 3－163
詩經集傳八卷…… 3－163
詩經集傳八卷…… 3－163
詩經集傳八卷…… 3－163
詩經集傳八卷…… 3－163
詩經集傳八卷…… 3－163
詩經集傳八卷…… 3－163
詩經集傳八卷…… 3－163
詩經集傳八卷…… 3－163
詩經集傳八卷…… 3－163
詩經集傳八卷…… 3－163
詩經集傳八卷…… 3－163
詩經集傳八卷…… 3－163
詩經集傳八卷…… 3－163
詩經集傳八卷…… 3－163
詩經集傳八卷…… 3－163
詩經集傳八卷…… 3－163
詩經集傳八卷…… 3－163
詩經集傳八卷…… 3－163
詩經集傳八卷…… 3－164
詩經集傳八卷…… 3－164
詩經集傳八卷…… 3－164
詩經集傳八卷…… 3－164
詩經集傳八卷…… 3－164
詩經集傳八卷…… 3－164
詩經集傳八卷…… 3－164
詩經集傳八卷…… 3－164
詩經集傳八卷…… 3－164
詩經集傳八卷…… 3－164
詩經集傳八卷…… 3－164
詩經集傳八卷…… 3－164
詩經集傳八卷…… 3－164
詩經集傳八卷…… 3－164
詩經集傳八卷…… 3－164
詩經集傳八卷…… 3－164
詩經集傳八卷…… 3－164
詩經集傳八卷…… 3－164
詩經集傳八卷…… 3－164
詩經集傳八卷…… 3－164
詩經集傳八卷…… 3－164
詩經集傳八卷…… 3－164
詩經集傳八卷…… 3－164
詩經集傳八卷…… 3－164
詩經集傳八卷…… 3－164
詩經集傳八卷…… 3－164
詩經集傳八卷…… 3－164
詩經集傳八卷…… 3－164
詩經集傳八卷…… 3－164
詩經集傳八卷…… 3－164
詩經集傳八卷…… 3－164
詩經集傳八卷…… 3－164

詩經集傳八卷…………………………… 3－164
詩經集傳八卷…………………………… 3－165
詩經集傳八卷…………………………… 3－165
詩經集傳八卷…………………………… 3－165
詩經集傳八卷…………………………… 3－165
詩經集傳八卷…………………………… 3－165
詩經集傳八卷…………………………… 3－165
詩經集傳八卷…………………………… 3－165
詩經集傳八卷…………………………… 3－165
詩經集傳八卷…………………………… 3－165
詩經集傳八卷…………………………… 3－165
詩經集傳八卷…………………………… 3－165
詩經集傳八卷…………………………… 3－165
詩經集傳八卷…………………………… 3－165
詩經集傳八卷…………………………… 3－165
詩經集傳八卷…………………………… 3－165
詩經集傳八卷…………………………… 3－165
詩經集傳八卷…………………………… 3－165
詩經集傳八卷…………………………… 3－165
詩經集傳八卷…………………………… 3－165
詩經集傳八卷…………………………… 3－165
詩經集傳八卷…………………………… 3－165
詩經集傳八卷…………………………… 3－165
詩經集傳八卷…………………………… 3－165
詩經集傳八卷…………………………… 3－165
詩經集傳八卷…………………………… 3－165
詩經集傳八卷…………………………… 3－165
詩經集傳八卷…………………………… 3－165
詩經集傳八卷…………………………… 3－165
詩經集傳八卷…………………………… 3－165
詩經集傳八卷…………………………… 3－165
詩經集傳八卷…………………………… 3－165
詩經集傳八卷…………………………… 3－165
詩經集傳八卷…………………………… 3－165
詩經集傳八卷…………………………… 3－166
詩經集傳八卷…………………………… 3－166
詩經集傳八卷…………………………… 3－166
詩經集傳八卷…………………………… 3－166
詩經集傳八卷…………………………… 3－166
詩經集傳八卷…………………………… 3－166
詩經集傳八卷…………………………… 3－166
詩經集傳八卷…………………………… 3－166
詩經集傳八卷…………………………… 3－166
詩經集傳八卷…………………………… 3－166
詩經集傳八卷…………………………… 3－166
詩經集傳八卷…………………………… 3－166
詩經集傳八卷…………………………… 3－166
詩經集傳八卷…………………………… 3－166
詩經集傳八卷…………………………… 3－166
詩經集傳八卷…………………………… 3－166
詩經集傳八卷…………………………… 3－166
詩經集傳八卷…………………………… 3－166
詩經集傳八卷…………………………… 3－166
詩經集傳八卷…………………………… 3－166
詩經集傳八卷…………………………… 3－166
詩經集傳八卷…………………………… 3－166
詩經集傳八卷…………………………… 3－166
詩經集傳八卷…………………………… 3－166
詩經集傳八卷…………………………… 3－166
詩經集傳八卷…………………………… 3－166
詩經集傳八卷…………………………… 3－166
詩經集傳八卷…………………………… 3－167
詩經集傳八卷…………………………… 3－167
詩經集傳八卷…………………………… 3－167
詩經集傳八卷…………………………… 3－167
詩經集傳八卷…………………………… 3－167
詩經集傳八卷…………………………… 3－167
詩經集傳八卷…………………………… 3－167
詩經集傳八卷…………………………… 3－167
詩經集傳八卷…………………………… 3－167
詩經集傳八卷…………………………… 3－167
詩經集傳八卷…………………………… 3－167
詩經集傳八卷…………………………… 3－167
詩經集傳八卷…………………………… 3－167
詩經集傳八卷…………………………… 3－167
詩經集傳八卷…………………………… 3－167
詩經集傳八卷…………………………… 3－167
詩經集傳八卷…………………………… 3－167
詩經集傳八卷…………………………… 3－167
詩經集傳八卷…………………………… 3－167
詩經集傳八卷…………………………… 3－167
詩經集傳八卷…………………………… 3－167

詩經集傳八卷…………………………3－167
詩經集傳八卷…………………………3－167
詩經集傳八卷…………………………3－167
詩經集傳八卷…………………………3－168
詩經集傳八卷…………………………3－168
詩經集傳八卷…………………………3－168
詩經集傳八卷…………………………3－168
詩經集傳八卷…………………………3－168
詩經集傳八卷…………………………3－168
詩經集傳八卷…………………………3－168
詩經集傳八卷…………………………3－168
詩經集傳八卷…………………………3－168
詩經集傳八卷…………………………3－168
詩經集傳八卷…………………………3－168
詩經集傳八卷…………………………3－168
詩經集傳八卷…………………………3－168
詩經集傳八卷…………………………3－168
詩經集傳八卷…………………………3－168
詩經集傳八卷…………………………3－168
詩經集傳八卷…………………………3－168
詩經集傳八卷…………………………3－168
詩經集傳八卷…………………………3－168
詩經集傳八卷…………………………3－168
詩經集傳八卷…………………………3－168
詩經集傳八卷…………………………3－168
詩經集傳八卷…………………………3－168
詩經集傳八卷…………………………3－168
詩經集傳八卷…………………………3－169
詩經集傳八卷…………………………3－169
詩經集傳八卷…………………………3－169
詩經集傳八卷…………………………3－169
詩經集傳八卷…………………………3－169
詩經集傳八卷…………………………3－169
詩經集傳八卷…………………………3－169
詩經集傳八卷…………………………3－169
詩經集傳八卷…………………………3－169
詩經集傳八卷…………………………3－169
詩經集傳八卷…………………………3－169
詩經集傳八卷…………………………3－169
詩經集傳八卷…………………………3－169
詩經集傳八卷…………………………3－169
詩經集傳八卷…………………………3－169
詩經集傳八卷…………………………3－169
詩經集傳八卷…………………………3－169
詩經集傳八卷…………………………3－169
詩經集傳八卷…………………………3－169
詩經集傳八卷…………………………3－169
詩經集傳八卷…………………………3－169
詩經集傳八卷…………………………3－169
詩經集傳八卷…………………………3－169
詩經集傳八卷…………………………3－169
詩經集傳八卷…………………………3－170
詩經集傳八卷…………………………3－170
詩經集傳八卷…………………………3－170
詩經集傳八卷…………………………3－170
詩經集傳八卷…………………………3－170
詩經集傳八卷…………………………3－170
詩經集傳八卷…………………………3－170
詩經集傳八卷…………………………3－170
詩經集傳八卷…………………………3－170
詩經集傳八卷…………………………3－170
詩經集傳八卷…………………………3－170
詩經集傳八卷…………………………3－170
詩經集傳八卷…………………………3－170
詩經集傳八卷…………………………3－170
詩經集傳八卷…………………………3－170
詩經集傳八卷…………………………3－170
詩經集傳八卷…………………………3－170
詩經集傳八卷…………………………3－170
詩經集傳八卷…………………………3－170
詩經集傳八卷…………………………3－170
詩經集傳八卷…………………………3－170
詩經集傳八卷…………………………3－170
詩經集傳八卷…………………………3－170
詩經集傳八卷…………………………3－170
詩經集傳八卷…………………………3－171
詩經集傳八卷…………………………3－171
詩經集傳八卷…………………………3－171
詩經集傳八卷…………………………3－171
詩經集傳八卷…………………………3－171
詩經集傳八卷…………………………3－171
詩經集傳八卷…………………………3－171

詩經集傳八卷…………………………… 3－171
詩經集傳八卷…………………………… 3－171
詩經集傳八卷…………………………… 3－171
詩經集傳八卷…………………………… 3－171
詩經集傳八卷…………………………… 3－171
詩經集傳八卷…………………………… 3－171
詩經集傳八卷…………………………… 3－171
詩經集傳八卷…………………………… 3－171
詩經集傳八卷…………………………… 3－171
詩經集傳八卷…………………………… 3－171
詩經集傳八卷…………………………… 3－171
詩經集傳八卷…………………………… 3－171
詩經集傳八卷…………………………… 3－171
詩經集傳八卷…………………………… 3－171
詩經集傳八卷…………………………… 3－171
詩經集傳八卷…………………………… 3－171
詩經集傳八卷…………………………… 3－172
詩經集傳八卷…………………………… 3－172
詩經集傳八卷…………………………… 3－172
詩經集傳八卷…………………………… 3－172
詩經集傳八卷…………………………… 3－172
詩經集傳八卷…………………………… 3－172
詩經集傳八卷…………………………… 3－172
詩經集傳八卷…………………………… 3－172
詩經集傳八卷…………………………… 3－172
詩經集傳八卷…………………………… 3－172
詩經集傳八卷…………………………… 3－172
詩經集傳八卷…………………………… 3－172
詩經集傳八卷…………………………… 3－172
詩經集傳八卷…………………………… 3－172
詩經集傳八卷…………………………… 3－172
詩經集傳八卷…………………………… 3－172
詩經集傳八卷…………………………… 3－172
詩經集傳八卷…………………………… 3－172
詩經集傳八卷…………………………… 3－172
詩經集傳八卷…………………………… 3－172
詩經集傳八卷…………………………… 3－172
詩經集傳八卷…………………………… 3－172
詩經集傳八卷…………………………… 3－172
詩經集傳八卷…………………………… 3－173
詩經集傳八卷…………………………… 3－173
詩經集傳八卷…………………………… 3－173
詩經集傳八卷…………………………… 3－173
詩經集傳八卷…………………………… 3－173
詩經集傳八卷…………………………… 3－173
詩經集傳八卷…………………………… 3－173
詩經集傳八卷…………………………… 3－173
詩經集傳八卷…………………………… 3－173
詩經集傳八卷…………………………… 3－173
詩經集傳八卷…………………………… 3－173
詩經集傳八卷…………………………… 3－173
詩經集傳八卷…………………………… 3－173
詩經集傳八卷…………………………… 3－173
詩經集傳八卷…………………………… 3－173
詩經集傳八卷…………………………… 3－173
詩經集傳八卷…………………………… 3－173
詩經集傳八卷…………………………… 3－173
詩經集傳八卷…………………………… 3－173
詩經集傳八卷…………………………… 3－173
詩經集傳八卷…………………………… 3－173
詩經集傳八卷…………………………… 3－173
詩經集傳八卷…………………………… 3－173
詩經集傳八卷…………………………… 3－174
詩經集傳八卷…………………………… 3－174
詩經集傳八卷…………………………… 3－174
詩經集傳八卷…………………………… 3－174
詩經集傳八卷…………………………… 3－174
詩經集傳八卷…………………………… 3－174
詩經集傳八卷…………………………… 3－174
詩經集傳八卷…………………………… 3－174
詩經集傳八卷…………………………… 3－174
詩經集傳八卷…………………………… 3－174
詩經集傳八卷…………………………… 3－174
詩經集傳八卷…………………………… 3－174
詩經集傳八卷…………………………… 3－174
詩經集傳八卷…………………………… 3－174
詩經集傳八卷…………………………… 3－174
詩經集傳八卷…………………………… 3－174
詩經集傳八卷…………………………… 3－174
詩經集傳八卷…………………………… 3－174
詩經集傳八卷…………………………… 3－174
詩經集傳八卷…………………………… 3－174

詩經集傳八卷…………………………… 3－174
詩經集傳八卷…………………………… 3－174
詩經集傳八卷…………………………… 3－174
詩經集傳八卷…………………………… 3－175
詩經集傳八卷…………………………… 3－175
詩經集傳八卷…………………………… 3－175
詩經集傳八卷…………………………… 3－175
詩經集傳八卷…………………………… 3－175
詩經集傳八卷…………………………… 3－175
詩經集傳八卷…………………………… 3－175
詩經集傳八卷…………………………… 3－175
詩經集傳八卷…………………………… 3－175
詩經集傳八卷…………………………… 3－175
詩經集傳八卷…………………………… 3－175
詩經集傳八卷…………………………… 3－175
詩經集傳八卷…………………………… 3－175
詩經集傳八卷…………………………… 3－175
詩經集傳八卷…………………………… 3－175
詩經集傳八卷…………………………… 3－175
詩經集傳八卷…………………………… 3－175
詩經集傳八卷…………………………… 3－175
詩經集傳八卷…………………………… 3－175
詩經集傳八卷…………………………… 3－175
詩經集傳八卷…………………………… 3－175
詩經集傳八卷…………………………… 3－175
詩經集傳八卷…………………………… 3－175
詩經集傳八卷…………………………… 3－175
詩經集傳八卷…………………………… 3－176
詩經集傳八卷…………………………… 3－176
詩經集傳八卷…………………………… 3－176
詩經集傳八卷…………………………… 3－176
詩經集傳八卷…………………………… 3－176
詩經集傳八卷…………………………… 3－176
詩經集傳八卷…………………………… 3－176
詩經集傳八卷…………………………… 3－176
詩經集傳八卷…………………………… 3－176
詩經集傳八卷…………………………… 3－176
詩經集傳八卷…………………………… 3－176
詩經集傳八卷…………………………… 3－176
詩經集傳八卷…………………………… 3－176
詩經集傳八卷…………………………… 3－176
詩經集傳八卷…………………………… 3－176
詩經集傳八卷…………………………… 3－176
詩經集傳八卷…………………………… 3－176
詩經集傳八卷…………………………… 3－176
詩經集傳八卷…………………………… 3－176
詩經集傳八卷…………………………… 3－176
詩經集傳八卷…………………………… 3－176
詩經集傳八卷…………………………… 3－176
詩經集傳八卷…………………………… 3－177
詩經集傳八卷…………………………… 3－177
詩經集傳八卷…………………………… 3－177
詩經集傳八卷…………………………… 3－177
詩經集傳八卷…………………………… 3－180
詩經集傳八卷…………………………… 3－180
詩經集傳八卷…………………………… 3－180
詩經集傳八卷…………………………… 3－180
詩經集傳八卷…………………………… 3－180
詩經集傳八卷…………………………… 3－181
詩經集傳八卷…………………………… 3－182
詩經集傳八卷…………………………… 3－182
詩經集傳八卷…………………………… 3－182
詩經集傳八卷…………………………… 3－182
詩經集傳八卷…………………………… 3－182
詩經集傳八卷…………………………… 3－182
詩經集傳八卷…………………………… 3－182
詩經集傳八卷…………………………… 3－182
詩經集傳八卷…………………………… 3－182
詩經集傳八卷…………………………… 3－183
詩經集傳八卷…………………………… 5－392
詩經集傳八卷…………………………… 5－392
詩經集傳八卷句辨一卷字考一卷…… 3－177
詩經集傳八卷附詩經圖說詩經句辨
　詩經字考…………………………… 3－177
詩經集傳八卷附詩經圖說詩經句辨
　詩經字考…………………………… 3－177
詩經集傳八卷附詩經圖說詩經句辨
　詩經字考…………………………… 3－177
詩經集傳八卷附詩經圖說詩經句辨
　詩經字考…………………………… 3－177
詩經集傳八卷詩序辨說一卷………… 3－177

詩經集傳八卷詩序辨說一卷………… 3－177
詩經集傳八卷詩序辨說一卷………… 3－177
詩經集解八卷………………………… 3－177
詩經疏義會通二十卷綱領一卷圖一
卷………………………………… 3－181
詩經傳注八卷………………………… 3－161
詩經解□□卷………………………… 3－177
詩經詮義十二卷首一卷末二卷……… 3－178
詩經詮義十二卷首一卷末二卷……… 3－178
詩經詮義十二卷首一卷末二卷……… 3－178
詩經詮義十二卷首一卷末二卷……… 3－178
詩經詮義十二卷首一卷末二卷……… 3－178
詩經詮義十二卷首一卷末二卷……… 3－178
詩經詮義十二卷首一卷末二卷……… 3－178
詩經詮義十二卷首一卷末二卷……… 3－178
詩經詮義十二卷首一卷末二卷……… 3－179
詩經詮義十二卷首一卷末二卷……… 3－179
詩經詮義十二卷首一卷末二卷……… 3－179
詩經詮義十二卷首一卷末二卷……… 3－179
詩經詮義十二卷首一卷末二卷……… 3－179
詩經詮義十二卷首一卷末二卷……… 3－179
詩經詮義十二卷首一卷末二卷……… 3－179
詩經詮義十二卷首一卷末二卷……… 3－179
詩經詮義十二卷首一卷末二卷……… 3－179
詩經詮義十二卷首一卷末二卷……… 3－179
詩經詮義十二卷首一卷末二卷……… 3－179
詩經詮義十二卷首一卷末二卷……… 3－179
詩經詮義十二卷首一卷末二卷……… 3－179
詩經詮義十二卷首一卷末二卷……… 3－179
詩經詮義十二卷首一卷末二卷……… 3－179
詩經詮義十二卷首一卷末二卷……… 3－179
詩經詮義十二卷首一卷末二卷……… 3－180
詩經圖史合攷二十卷………………… 3－182
詩經廣詁三十卷……………………… 3－161
詩經精華十卷………………………… 3－178
詩經精華十卷………………………… 3－178
詩經精華十卷………………………… 3－178
詩經精義五卷詩經旁訓五卷………… 3－178
詩經精義四卷………………………… 3－178
詩經精義四卷首一卷末一卷………… 3－178
詩經精義彙鈔四卷…………………… 3－178
詩經精粹□□卷……………………… 3－177
詩經精粹□□卷……………………… 3－177
詩經增訂旁訓四卷…………………… 3－183
詩經增訂旁訓四卷…………………… 3－183
詩經增訂旁訓四卷…………………… 3－183
詩經增訂旁訓四卷…………………… 3－183
詩經增訂旁訓四卷…………………… 3－183
詩經增訂旁訓四卷…………………… 3－183
詩經增訂旁訓四卷…………………… 3－183
詩經增訂旁訓四卷…………………… 3－183
詩經擇粹八卷………………………… 3－183
詩經融注大全體要八卷……………… 3－180
詩經融注大全體要八卷……………… 3－180
詩經融注大全體要八卷……………… 3－180
詩經融注大全體要八卷……………… 3－180
詩經融注大全體要八卷……………… 3－180
詩經融注大全體要八卷……………… 3－180
詩經融注大全體要八卷……………… 3－180
詩經融注大全體要八卷……………… 3－180
詩經融注大全體要八卷……………… 3－180
詩經融注大全體要八卷……………… 3－180
詩經融注大全體要八卷……………… 3－180
詩經融注大全體要八卷……………… 3－180
詩經融注大全體要八卷……………… 3－180
詩經融注大全體要八卷……………… 3－180
詩經融注大全體要八卷……………… 3－180
詩經融注大全體要八卷……………… 3－180
詩經融注大全體要八卷……………… 3－181
詩經題解摘要四卷…………………… 3－181
詩經題鏡四卷………………………… 3－181
詩經韻藪大全□□卷………………… 3－183
詩經類聯補編一卷四言詩一卷……… 2－477
詩經繹三卷…………………………… 3－183
詩經繹傳八卷………………………… 3－182
詩經繹傳八卷圖說一卷……………… 3－183
[詩經釋讀]不分卷 ………………… 5－345
詩經體注大全合參八卷……………… 3－181
詩經體注大全合參八卷……………… 3－181
詩經體注大全合參八卷……………… 3－181
詩經體注大全合參八卷……………… 3－181

詩經體注大全合參八卷……………… 3－181
詩經體注大全合參八卷……………… 3－181
詩經體注大全合參八卷……………… 3－181
詩經體注大全合參八卷……………… 3－181
詩經體注大全合參八卷……………… 3－181
詩經體注大全合參八卷……………… 3－181
詩經體注大全合參八卷……………… 3－181
詩經體注大全合參八卷……………… 3－181
詩經體注大全合參八卷……………… 3－181
詩經體注大全合參八卷……………… 3－181
詩經體注大全合參八卷……………… 3－181
詩經體注大全合參八卷……………… 3－181
詩經體注大全合參八卷……………… 3－181
詩經體注大全合參八卷……………… 3－182
詩經體注大全合參八卷……………… 3－182
詩經體注大全合參八卷……………… 3－182
詩經體注大全合參八卷……………… 3－182
詩經體注大全合參八卷……………… 3－182
詩經體注大全合參八卷……………… 3－182
詩經體注大全合參八卷……………… 3－182
詩經體注大全合參八卷……………… 3－182
詩經體注大全合參八卷……………… 3－182
詩經體注大全合參八卷……………… 3－182
詩經體注大全合參八卷……………… 3－182
詩經讀本不分卷…………………… 3－161
詩管見七卷首一卷………………… 3－160
詩管見七卷首一卷………………… 3－160
詩管見七卷首一卷………………… 3－160
詩管見七卷首一卷………………… 3－160
詩管見七卷首一卷………………… 5－392
詩說匯五卷………………………… 3－185
詩廣傳五卷………………………… 3－160
詩賦捷途四卷……………………… 3－160
詩賦塾鈔不分卷…………………… 3－160
［詩賦選鈔］不分卷　…………… 5－344
詩賦駢字類珠八卷………………… 3－160
詩賦駢字類珠八卷………………… 3－160
詩賦駢字類珠八卷………………… 3－160
詩賦駢字類珠八卷………………… 3－160
詩賦題解四卷附選詩句解一卷……… 3－160
［詩賦雜鈔］不分卷　…………… 5－345
詩賦瀏亮□□卷…………………… 3－160
詩賦類聯采新十二卷……………… 3－160
［詩稿］不分卷　………………… 5－345
［詩稿］不分卷　………………… 5－345
詩餘一卷　………………………… 2－64
詩餘偶鈔六卷……………………… 3－191
詩餘偶鈔六卷……………………… 3－191
詩餘偶鈔六卷……………………… 3－191
詩慰………………………………… 3－185
［詩選］一卷　…………………… 5－346
［詩選］一卷　…………………… 5－346
［詩選］十五卷　………………… 5－346
［詩選］不分卷　………………… 5－346
［詩選］不分卷　………………… 5－346
［詩選］不分卷　………………… 5－346
［詩選］不分卷　………………… 5－346
［詩選］不分卷　………………… 5－346
［詩選］不分卷　………………… 5－346
［詩選］不分卷　………………… 5－346
［詩選］不分卷　………………… 5－346
［詩選評］一卷　………………… 5－346
［詩選評］一卷　………………… 5－346
［詩選評］不分卷　……………… 5－346
詩緝三十六卷……………………… 3－160
詩緝三十六卷……………………… 3－160
詩緣前編四卷正編十卷…………… 3－191
詩學含英十四卷…………………… 3－186
詩學含英十四卷…………………… 3－186
詩學含英十四卷…………………… 3－186
詩學含英十四卷…………………… 3－186
詩學含英十四卷…………………… 3－186
詩學含英十四卷…………………… 3－186
詩學含英十四卷…………………… 3－186
詩學含英十四卷…………………… 3－186
詩學含英十四卷…………………… 3－186
詩學含英十四卷…………………… 3－186
詩學含英十四卷…………………… 3－186
詩學含英十四卷…………………… 3－186
詩學含英十四卷…………………… 3－186
詩學含英十四卷…………………… 3－186
詩學含英十四卷…………………… 3－186

詩學含英十四卷…………………………3－186
詩學含英十四卷…………………………3－186
詩學含英十四卷…………………………3－186
詩學含英十四卷…………………………3－186
詩學含英十四卷…………………………3－186
詩學含英十四卷…………………………3－187
詩學含英十四卷…………………………3－187
詩學含英十四卷…………………………3－187
詩學含英十四卷…………………………3－187
詩學含英十四卷…………………………3－187
詩學含英十四卷…………………………3－187
詩學含英十四卷…………………………3－187
詩學含英十四卷…………………………3－187
詩學含英十四卷…………………………3－187
詩學含英十四卷…………………………3－187
詩學含英十四卷…………………………3－187
詩學含英十四卷…………………………3－187
詩學含英十四卷…………………………3－187
詩學含英十四卷…………………………3－187
詩學含英十四卷…………………………3－187
詩學含英十四卷…………………………3－187
詩學含英十四卷…………………………3－187
詩學含英十四卷…………………………3－187
詩學含英十四卷…………………………3－187
詩學含英十四卷…………………………3－187
詩學含英十四卷…………………………3－187
詩學含英十四卷…………………………3－187
詩學含英十四卷…………………………3－187
詩學含英十四卷…………………………3－187
詩學含英十四卷…………………………3－188
詩學含英十四卷…………………………3－188
詩學含英十四卷…………………………3－188
詩學含英十四卷…………………………3－188
詩學含英十四卷…………………………3－188
詩學含英十四卷…………………………3－188
詩學含英十四卷…………………………3－188
詩學含英十四卷…………………………3－188
詩學含英十四卷…………………………3－188
詩學含英十四卷…………………………3－188
詩學含英十四卷…………………………3－188
詩學含英十四卷…………………………3－188
詩學含英十四卷…………………………3－188
詩學含英十四卷…………………………3－188
詩學含英十四卷…………………………3－188
詩學含英十四卷…………………………3－188
詩學含英十四卷…………………………3－188
詩學含英十四卷…………………………3－188
詩學含英十四卷…………………………3－188
詩學含英十四卷…………………………3－188
詩學含英十四卷…………………………3－188
詩學含英十四卷…………………………3－188
詩學含英十四卷…………………………3－188
詩學含英十四卷…………………………3－188
詩學含英十四卷…………………………3－189
詩學含英十四卷…………………………3－189
詩學含英十四卷…………………………3－189
詩學含英十四卷…………………………3－189
詩學含英十四卷…………………………3－189
詩學含英十四卷…………………………3－189
詩學含英十四卷…………………………3－189
詩學含英十四卷…………………………3－189
詩學含英十四卷…………………………3－189
詩學含英十四卷…………………………3－189
詩學含英十四卷…………………………3－189
詩學含英十四卷…………………………3－189
詩學含英十四卷…………………………3－189
詩學含英十四卷…………………………3－189
詩學含英十四卷…………………………3－189
詩學含英十四卷…………………………3－189
詩學含英十四卷…………………………3－189
詩學含英十四卷…………………………3－189
詩學含英十四卷…………………………3－189
詩學含英十四卷…………………………3－189
詩學含英十四卷…………………………3－189
詩學含英十四卷…………………………3－189
詩學含英十四卷…………………………3－189
詩學含英十四卷…………………………3－189
詩學含英十四卷…………………………3－190
詩學含英十四卷…………………………3－190
詩學含英十四卷…………………………3－190
詩學含英十四卷…………………………3－190
詩學含英十四卷…………………………3－190

詩學含英十四卷……………………… 3－190
詩學含英十四卷……………………… 3－190
詩學含英十四卷……………………… 3－190
詩學含英十四卷……………………… 3－190
詩學含英十四卷……………………… 3－190
詩學含英十四卷……………………… 3－190
詩學含英十四卷……………………… 3－190
詩學含英十四卷……………………… 3－190
詩學含英十四卷……………………… 3－190
詩學含英十四卷……………………… 3－190
詩學含英十四卷……………………… 3－190
詩學含英十四卷……………………… 3－190
詩學含英十四卷……………………… 3－190
詩學含英十四卷……………………… 3－190
詩學含英十四卷……………………… 3－190
詩學含英十四卷……………………… 3－190
詩學含英十四卷……………………… 3－190
詩學含英十四卷……………………… 3－190
詩學含英十四卷……………………… 5－392
詩學梯航一卷………………………… 3－190
詩學圓機活法大成十八卷…………… 3－191
詩聲類十二卷分例一卷……………… 3－185
詩藪內編六卷外編六卷雜編六卷續
編二卷………………………………… 3－185
詩韻正解六卷………………………… 3－200
詩韻全璧五卷………………………… 3－199
詩韻全璧五卷………………………… 3－199
詩韻全璧五卷………………………… 3－199
詩韻全璧五卷………………………… 3－199
詩韻全璧五卷………………………… 3－199
詩韻全璧五卷………………………… 3－199
詩韻全璧五卷初學檢韻一卷………… 3－199
詩韻全璧五卷初學檢韻一卷………… 3－199
詩韻全璧五卷初學檢韻一卷………… 3－199
詩韻全璧五卷初學檢韻一卷………… 3－199
詩韻全璧五卷附汪立名論古韻通轉
一卷…………………………………… 3－199
詩韻全璧五卷附檢韻………………… 3－199
詩韻全璧五卷附檢韻………………… 3－199
詩韻全璧五卷附檢韻………………… 3－199
詩韻合璧五卷………………………… 3－193
詩韻合璧五卷………………………… 3－193
詩韻合璧五卷………………………… 3－193
詩韻合璧五卷………………………… 3－193
詩韻合璧五卷………………………… 3－194
詩韻合璧五卷………………………… 3－194
詩韻合璧五卷………………………… 3－194
詩韻合璧五卷………………………… 3－194
詩韻合璧五卷………………………… 3－194
詩韻合璧五卷………………………… 3－194
詩韻合璧五卷………………………… 3－194
詩韻合璧五卷………………………… 3－194
詩韻合璧五卷………………………… 3－194
詩韻合璧五卷………………………… 3－194
詩韻合璧五卷………………………… 3－194
詩韻合璧五卷………………………… 3－194
詩韻合璧五卷………………………… 3－194
詩韻合璧五卷………………………… 3－194
詩韻合璧五卷………………………… 3－194
詩韻合璧五卷………………………… 3－194
詩韻合璧五卷………………………… 3－194
詩韻合璧五卷………………………… 3－194
詩韻合璧五卷………………………… 3－194
詩韻合璧五卷………………………… 3－194
詩韻合璧五卷………………………… 3－194
詩韻合璧五卷………………………… 3－194
詩韻合璧五卷………………………… 3－194
詩韻合璧五卷………………………… 3－195
詩韻合璧五卷………………………… 3－195
詩韻合璧五卷………………………… 3－195
詩韻合璧五卷………………………… 3－195
詩韻合璧五卷………………………… 3－195
詩韻合璧五卷………………………… 3－195
詩韻合璧五卷………………………… 3－195
詩韻合璧五卷………………………… 3－195
詩韻合璧五卷………………………… 3－195
詩韻合璧五卷………………………… 3－195
詩韻合璧五卷………………………… 3－195
詩韻合璧五卷………………………… 3－195
詩韻合璧五卷………………………… 3－195
詩韻合璧五卷………………………… 3－195
詩韻合璧五卷………………………… 3－199
詩韻合璧五卷附汪立名論古韻通轉

一卷…………………………………… 3-195
詩韻合璧五卷附汪立名論古韻通轉
一卷…………………………………… 3-195
詩韻合璧五卷附汪立名論古韻通轉
一卷…………………………………… 3-195
詩韻合璧五卷附汪立名論古韻通轉
一卷…………………………………… 3-195
詩韻合璧五卷附汪立名論古韻通轉
一卷…………………………………… 3-195
詩韻含英十八卷……………………… 3-192
詩韻含英十八卷……………………… 3-192
詩韻含英十八卷……………………… 3-192
詩韻含英十八卷……………………… 3-192
詩韻含英十八卷……………………… 3-192
詩韻含英十八卷……………………… 3-192
詩韻含英十八卷……………………… 3-192
詩韻含英十八卷……………………… 3-192
詩韻含英十八卷……………………… 3-192
詩韻含英十八卷……………………… 3-192
詩韻含英十八卷……………………… 3-192
詩韻含英十八卷……………………… 3-193
詩韻含英十八卷……………………… 3-193
詩韻含英十八卷……………………… 3-193
詩韻含英十八卷……………………… 3-193
詩韻含英十八卷……………………… 3-193
詩韻含英十八卷……………………… 3-193
詩韻含英十八卷……………………… 3-193
詩韻含英十八卷……………………… 3-193
詩韻含英十八卷……………………… 3-193
詩韻含英十八卷……………………… 3-193
詩韻含英十八卷……………………… 3-193
詩韻含英十八卷……………………… 3-193
詩韻含英十八卷……………………… 3-193
詩韻含英十八卷……………………… 3-193
詩韻含英十八卷……………………… 3-193
詩韻含英十八卷……………………… 3-193
詩韻含英十八卷……………………… 3-193
詩韻含英十八卷……………………… 3-193
詩韻含英十八卷……………………… 3-193
詩韻含英六卷………………………… 3-192
詩韻含英六卷………………………… 3-192
詩韻含英六卷………………………… 3-192
詩韻含英六卷………………………… 3-192
詩韻含英六卷………………………… 3-192
詩韻含英六卷………………………… 3-192
詩韻含英六卷………………………… 3-192
詩韻析五卷首一卷末一卷…………… 3-200
詩韻析五卷首一卷末一卷…………… 3-200
詩韻析五卷首一卷末一卷…………… 3-200
詩韻析五卷首一卷末一卷…………… 3-200
詩韻析五卷首一卷末一卷…………… 3-200
詩韻析五卷首一卷末一卷…………… 3-200
詩韻析五卷首一卷末一卷…………… 3-200
詩韻析五卷首一卷末一卷…………… 3-200
詩韻析五卷首一卷末一卷…………… 3-200
詩韻析五卷首一卷末一卷…………… 3-200
詩韻□□卷…………………………… 3-191
詩韻注釋五卷………………………… 3-200
詩韻珠璣五卷………………………… 3-200
詩韻海五卷目錄五卷韻辨摘要一卷
…………………………………………… 3-192
詩韻海不分卷………………………… 3-192
詩韻萃珍十卷………………………… 3-192
詩韻萃珍十卷………………………… 3-192
詩韻萃珍十卷………………………… 3-192
詩韻異同辨五卷……………………… 3-200
詩韻集成十卷附詞林典腋一卷……… 3-195
詩韻集成十卷附詞林典腋一卷……… 3-195
詩韻集成十卷附詞林典腋一卷……… 3-195
詩韻集成十卷附詞林典腋一卷……… 3-196
詩韻集成十卷附詞林典腋一卷……… 3-196
詩韻集成十卷附詞林典腋一卷……… 3-196
詩韻集成十卷附詞林典腋一卷……… 3-196
詩韻集成十卷附詞林典腋一卷……… 3-196
詩韻集成十卷附詞林典腋一卷……… 3-196
詩韻集成十卷附詞林典腋一卷……… 3-196
詩韻集成十卷附詞林典腋一卷……… 3-196
詩韻集成十卷附詞林典腋一卷……… 3-196
詩韻集成十卷附詞林典腋一卷……… 3-196
詩韻集成十卷附詞林典腋一卷……… 3-196
詩韻集成十卷附詞林典腋一卷……… 3-196

詩韻集成十卷附詞林典腋一卷……… 3－196
詩韻集成十卷附詞林典腋一卷……… 3－196
詩韻集成十卷附詞林典腋一卷……… 3－196
詩韻集成十卷附詞林典腋一卷……… 3－196
詩韻集成十卷附詞林典腋一卷……… 3－196
詩韻集成十卷附詞林典腋一卷……… 3－196
詩韻集成十卷附詞林典腋一卷……… 3－196
詩韻集成十卷附詞林典腋一卷……… 3－196
詩韻集成十卷附詞林典腋一卷……… 3－196
詩韻集成十卷附詞林典腋一卷……… 3－196
詩韻集成十卷附詞林典腋一卷……… 3－196
詩韻集成十卷附詞林典腋一卷……… 3－197
詩韻集成十卷附詞林典腋一卷……… 3－197
詩韻集成十卷附詞林典腋一卷……… 3－197
詩韻集成十卷附詞林典腋一卷……… 3－197
詩韻集成十卷附詞林典腋一卷……… 3－197
詩韻集成十卷附詞林典腋一卷……… 3－197
詩韻集成十卷附詞林典腋一卷……… 3－197
詩韻集成十卷附詞林典腋一卷……… 3－197
詩韻集成十卷附詞林典腋一卷……… 3－197
詩韻集成十卷附詞林典腋一卷……… 3－197
詩韻集成十卷附詞林典腋一卷……… 3－197
詩韻集成十卷附詞林典腋一卷……… 3－197
詩韻集成十卷附詞林典腋一卷……… 3－197
詩韻集成十卷附詞林典腋一卷……… 3－197
詩韻集成十卷附詞林典腋一卷……… 3－197
詩韻集成十卷附詞林典腋一卷……… 3－197
詩韻集成十卷附詞林典腋一卷……… 3－197
詩韻集成十卷附詞林典腋一卷……… 3－197
詩韻集成十卷附詞林典腋一卷……… 3－197
詩韻集成十卷附詞林典腋一卷……… 3－198
詩韻集成十卷附詞林典腋一卷……… 3－198
詩韻集成十卷附詞林典腋一卷……… 3－198
詩韻集成十卷附詞林典腋一卷……… 3－198
詩韻集成十卷附詞林典腋一卷……… 3－198
詩韻集成十卷附詞林典腋一卷……… 3－198
詩韻集成十卷附詞林典腋一卷……… 3－198
詩韻集成十卷附詞林典腋一卷……… 3－198
詩韻集成十卷附詞林典腋一卷……… 3－198
詩韻集成十卷附詞林典腋一卷……… 3－198
詩韻集成十卷附詞林典腋一卷……… 3－198
詩韻集成十卷附詞林典腋一卷……… 3－198
詩韻集成十卷附詞林典腋一卷……… 3－198
詩韻集成十卷附詞林典腋一卷……… 3－198
詩韻集成十卷附詞林典腋一卷……… 3－198
詩韻集成十卷附詞林典腋一卷……… 3－198
詩韻集成十卷附詞林典腋一卷……… 5－392
詩韻集成四卷………………………… 3－198
詩韻集成題考合刻十卷………………… 3－198
詩韻廣註不分卷……………………… 4－216
詩韻辨字略五卷……………………… 3－191
詩韻辨字略五卷……………………… 3－191
詩韻辨字略五卷……………………… 3－191
詩韻辨字略五卷……………………… 3－191
詩韻辨字略五卷……………………… 3－191
詩韻辨字略五卷……………………… 3－191
詩韻辨字略五卷……………………… 3－192
詩韻題解合璧十卷…………………… 3－199
詩韻題解合璧十卷…………………… 3－199
詩韻題解合璧十卷…………………… 3－199
詩韻題解合璧十卷…………………… 3－199
詩韻題解合璧十卷…………………… 3－200
詩韻題解合璧十卷…………………… 3－200
詩韻題解合璧十卷…………………… 3－200
詩韻題解合璧十卷…………………… 3－200
詩韻題解合璧十卷…………………… 3－200
詩韻類錦十一卷……………………… 3－199
詩韻類錦十二卷……………………… 3－198
詩韻類錦十二卷……………………… 3－198
詩韻類錦十二卷……………………… 3－198
詩韻類錦十二卷……………………… 3－198
詩韻類錦十二卷……………………… 3－198
詩韻類錦十二卷……………………… 3－199
詩觸…………………………………… 3－158
詩觸…………………………………… 3－158
詩觸…………………………………… 3－158
詩觸六卷……………………………… 3－158
詩觸六卷……………………………… 3－158
詩觸六卷……………………………… 3－158
詩體明辯十卷………………………… 3－185
詩讀本一卷…………………………… 3－159

誠是錄一卷…………………………… 1－109
誠敬六集濟世良方十六卷…………… 1－109
誠齋文集四十二卷首一卷末一卷…… 1－109
誠齋文集四十二卷首一卷末一卷…… 1－109
誠齋文集四十二卷首一卷末一卷…… 1－110
誠齋江湖集鈔一卷荆溪集鈔一卷西歸集鈔一卷南海集鈔一卷朝天集鈔一卷江西道院集鈔一卷朝天續集鈔一卷江東集鈔一卷退休集鈔一卷………………………………… 1－109
誠齋易傳二十卷……………………… 1－110
誠齋易傳二十卷……………………… 1－110
話陶窗遺稿二卷 ……………………… 2－63
詳訂古文評註全集十卷……………… 4－125
詳訂古文評註全集十卷……………… 4－125
詳訂古文評註全集十卷……………… 4－125
詳訂古文評註全集八卷……………… 4－125
詳訂古文評註全集八卷……………… 4－125
詳訂四書難題問答二集不分卷……… 4－125
詳校醫宗必讀十卷…………………… 4－125
詳註七家詩選………………………… 4－127
詳註七家詩選………………………… 4－127
詳註七家詩選………………………… 4－127
詳註七家詩選………………………… 4－127
詳註七家詩選………………………… 4－128
詳註分類飲香尺牘六卷……………… 4－125
詳註分類飲香尺牘六卷……………… 4－125
詳註分類飲香尺牘六卷……………… 4－126
詳註分類飲香尺牘六卷……………… 4－126
詳註分類飲香尺牘四卷首一卷……… 4－126
詳註分類飲香尺牘四卷首一卷……… 4－126
詳註分類飲香尺牘四卷首一卷……… 4－126
詳註分類飲香尺牘四卷首一卷……… 4－126
詳註分類飲香尺牘四卷首一卷……… 4－126
詳註成均課士錄合編不分卷………… 4－125
詳註成均課士錄合編不分卷………… 4－125
詳註典制文琳五集…………………… 4－125
詳註聊齋志異圖詠十六卷…………… 4－126
詳註聊齋志異圖詠十六卷…………… 4－126
詳註聊齋志異圖詠十六卷…………… 4－126
詳註聊齋志異圖詠十六卷…………… 4－126
詳註聊齋志異圖詠十六卷…………… 4－126
詳註聊齋志異圖詠十六卷…………… 4－126
詳註聊齋志異圖詠十六卷…………… 4－126
詳註聊齋志異圖詠十六卷…………… 4－126
詳註聊齋志異圖詠十六卷…………… 4－126
詳註聊齋志異圖詠十六卷…………… 4－126
詳註聊齋志異圖詠十六卷…………… 4－126
詳註聊齋志異圖詠十六卷…………… 4－126
詳註聊齋志異圖詠十六卷…………… 4－127
詳註聊齋志異圖詠十六卷…………… 4－127
詳註聊齋志異圖詠十六卷…………… 4－127
詳註聊齋志異圖詠十六卷…………… 4－127
詳註聊齋志異圖詠十六卷…………… 4－127
詳註聊齋志異圖詠十六卷…………… 4－127
詳註聊齋志異圖詠十六卷…………… 4－127
詳註聊齋志異圖詠十六卷…………… 4－127
詳註聊齋志異圖詠十六卷…………… 4－127
詳註聊齋志異圖詠十六卷…………… 4－127
詳註聊齋志異圖詠十六卷…………… 4－127
詳註聊齋志異圖詠十六卷…………… 4－127
詳註聊齋志異圖詠十六卷…………… 4－127
詳註聊齋志異圖詠十六卷…………… 4－127
詳註聊齋志異圖詠十六卷…………… 4－127
詳註聊齋志異圖詠十六卷…………… 4－127
詳註確辨初學小題玉壺水不分卷…… 4－128
詳註嚶求集二卷……………………… 4－128
詳解九章算法札記一卷……………… 4－125
裏陂會砧記一卷……………………… 2－277
[稟案]不分卷 ……………………… 5－275
[稟案]不分卷 ……………………… 5－275
[稟書]不分卷 ……………………… 5－275
[稟啓存稿]不分卷 ………………… 5－275
稟啓零紈四卷 ……………………… 1－59
[稟稿]一卷 ………………………… 5－275
[稟稿]一卷 ………………………… 5－275
痲科活人全書四卷…………………… 2－386
瘍醫大全四十卷……………………… 4－327
瘍醫大全四十卷……………………… 4－327
瘍醫大全四十卷……………………… 4－327
[道光]靖安縣志十六卷首一卷 …… 5－280
[道光]靖安縣志十六卷首一卷 …… 5－280
[同治]靖安縣志十六卷首一卷 …… 5－360

[道光]靖安縣續志二卷 …………… 5－280
[道光]靖安縣續志二卷 …………… 5－280
靖逆記六卷……………………………… 2－224
靖逆記六卷……………………………… 2－224
靖逆記六卷……………………………… 2－224
靖逆記六卷……………………………… 2－224
靖海紀事二卷…………………………… 2－224
靖節先生年譜攷異二卷………………… 2－224
靖節先生年譜攷異二卷………………… 2－224
靖節先生集十卷首一卷末一卷………… 2－224
靖節先生集十卷首一卷末一卷………… 2－224
靖節先生集十卷首一卷末一卷諸本
評陶彙集一卷………………………… 2－224
新文牘十卷……………………………… 4－209
新方八陣一卷古方八陣一卷…………… 4－173
新方八陣二卷…………………………… 4－173
新方言十一卷附嶺外三州語一卷……… 4－173
新刊巾箱蔡伯喈琵琶記二卷…………… 4－185
新刊五百家注音辯昌黎先生文集四
十卷…………………………………… 4－188
新刊五百家註音辯昌黎先生文集四
十卷…………………………………… 4－188
新刊五百家註音辯昌黎先生文集四
十卷…………………………………… 4－188
新刊五百家註音辯昌黎先生文集四
十卷…………………………………… 4－188
新刊五美緣全傳八十回………………… 4－188
新刊文選考註前集十五卷後集十五
卷……………………………………… 4－188
新刊古今名賢品彙註釋玉堂詩選八
卷……………………………………… 4－184
新刊古今名賢品彙註釋玉堂詩選八
卷……………………………………… 4－184
新刊古今名賢品彙註釋玉堂詩選八
卷……………………………………… 4－184
新刊古今名賢品彙註釋玉堂詩選八
卷……………………………………… 4－184
新刊古列女傳七卷續列女傳一卷……… 4－184
新刊申少師書經講義會編十二卷……… 4－186
新刊四明先生高明大字續資治通鑑
節要二十卷…………………………… 4－186
新刊外科正宗六卷……………………… 4－186
新刊外科正宗六卷……………………… 4－186
新刊外科正宗六卷……………………… 4－186
新刊外科正宗六卷……………………… 4－186
新刊外科正宗六卷……………………… 4－186
新刊外科正宗六卷……………………… 4－186
新刊外科正宗六卷……………………… 4－186
新刊外科正宗六卷……………………… 4－186
新刊外科正宗六卷……………………… 4－186
新刊外科正宗六卷……………………… 4－186
新刊外科正宗六卷……………………… 4－186
新刊外科正宗六卷……………………… 4－187
新刊外科正宗六卷……………………… 4－187
新刊外科正宗六卷……………………… 4－187
新刊外科正宗六卷……………………… 4－187
新刊外科正宗六卷……………………… 4－187
新刊外科正宗六卷……………………… 4－187
新刊外科正宗六卷……………………… 4－187
新刊外科正宗六卷……………………… 4－187
新刊外科正宗六卷……………………… 4－187
新刊外科正宗六卷……………………… 4－187
新刊外科正宗六卷……………………… 4－187
新刊外科正宗六卷……………………… 4－187
新刊外科正宗六卷……………………… 4－187
新刊外科正宗六卷……………………… 4－187
新刊外科正宗六卷……………………… 4－187
新刊外科正宗六卷……………………… 4－187
新刊外科正宗六卷……………………… 4－187
新刊外科正宗六卷……………………… 4－187
新刊外科正宗六卷……………………… 4－187
新刊外科正宗六卷……………………… 4－187
新刊外科正宗六卷……………………… 4－187
新刊外科正宗六卷……………………… 4－187
新刊外科正宗六卷……………………… 4－187
新刊外科正宗六卷……………………… 4－188
新刊外科正宗六卷……………………… 4－188
新刊外科正宗六卷……………………… 4－188
新刊外科正宗四卷……………………… 4－188
新刊外科正宗四卷……………………… 4－188
新刊外科正宗四卷……………………… 4－188

新刊外科正宗四卷…………………… 4－188
新刊外科正宗四卷…………………… 4－188
新刊外科正宗四卷…………………… 4－188
新刊外科正宗四卷…………………… 4－188
新刊外科正宗四卷…………………… 4－188
新刊外科正宗四卷…………………… 4－188
新刊外科正宗四卷…………………… 4－188
新刊外科微義四卷…………………… 4－186
新刊外科微義四卷…………………… 4－186
新刊地理五經四書解義郭璞葬經一卷…………………………………… 4－198
新刊地理五經四書解義郭璞葬經一卷…………………………………… 5－399
新刊地理纂要七卷…………………… 4－184
新刊合併官板音義評註淵海子平五卷…………………………………… 4－184
新刊合併官板音義評註淵海子平五卷…………………………………… 4－184
新刊合併官板音義評註淵海子平五卷…………………………………… 4－184
新刊合併官板音義評註淵海子平五卷…………………………………… 4－184
新刊合併官板音義評註淵海子平五卷…………………………………… 4－184
新刊合併官板音義評註淵海子平五卷…………………………………… 4－184
新刊合併官板音義評註淵海子平五卷…………………………………… 4－185
新刊合併官板音義評註淵海子平五卷…………………………………… 4－185
新刊批注分旨四書白文便覽六卷…… 4－185
新刊刪修叶韻祭神祝文增今制右禮儀註祝板不分卷…………………… 4－185
新刊宋學士夾漈先生六經奥論六卷總文一卷………………………… 4－186
新刊宋學士夾漈先生六經奥論六卷總文一卷………………………… 4－186
新刊良朋彙集五卷…………………… 4－185
新刊京本通俗演義全相百家公案傳十卷…………………………………… 4－185
新刊京本禮記纂言三十六卷………… 4－185
新刊性理大全七十卷………………… 4－189
新刊性理大全七十卷………………… 4－189
新刊性理大全八卷…………………… 4－224
新刊性理大全八卷…………………… 4－224
新刊性理大全八卷…………………… 4－224
新刊性理大全八卷…………………… 4－224
新刊性理大全八卷…………………… 4－224
新刊性理會要十卷…………………… 4－189
新刊校正圓機活法詩學全書二十四卷…………………………………… 4－189
新刊校正圓機活法詩學全書二十四卷新刊校正增補圓機詩韻活法全書十四卷…………………………… 4－189
新刊校正銅陵算法二卷……………… 4－189
新刊校正增補圓機詩韻活法全書十四卷…………………………………… 4－189
新刊校正增補圓機詩韻活法全書十四卷…………………………………… 4－189
新刊校正增釋合併麻衣先生人相編五卷…………………………………… 4－189
新刊校正增釋合併麻衣先生人相編五卷…………………………………… 4－189
新刊校正增釋合併麻衣先生人相編五卷…………………………………… 4－189
新刊秘授外科百效全書六卷………… 4－185
新刊秘授外科百效全書六卷………… 4－185
新刊秘授外科百效全書六卷………… 4－185
新刊唐荆川先生稗編一百二十卷目錄三卷…………………………………… 4－186
新刊唐荆川先生稗編一百二十卷目錄三卷…………………………………… 4－186
新刊通鑑輯要四十卷………………… 4－186
新刊國聞新語錄二卷………………… 4－184
新刊萬病回春原本八卷……………… 4－188
新刊萬病回春原本八卷……………… 4－188
新刊萬病回春原本八卷……………… 4－188
新刊補註銅人腧穴鍼灸圖經五卷…… 4－184
新刊資治通鑑綱目大全五十九卷首一卷…………………………………… 4－191
新刊群書攷正性理大全七十卷……… 4－185
新刊經驗痘疹不求人方論一卷……… 4－185

新刊經驗痘疹不求人方論一卷……… 4－185
新刊趙田了凡袁先生編纂古本歷史
大方綱鑑補三十九卷首一卷……… 4－190
新刊趙田了凡袁先生編纂古本歷史
大方綱鑑補三十九卷首一卷……… 4－190
新刊趙田了凡袁先生編纂古本歷史
大方綱鑑補三十九卷首一卷……… 4－190
新刊趙田了凡袁先生編纂古本歷史
大方綱鑑補三十九卷首一卷……… 4－190
新刊趙田了凡袁先生編纂古本歷史
大方綱鑑補三十九卷首一卷……… 4－190
新刊趙田了凡袁先生編纂古本歷史
大方綱鑑補三十九卷首一卷……… 4－191
新刊趙田了凡袁先生編纂古本歷史
大方綱鑑補三十九卷首一卷……… 4－191
新刊趙田了凡袁先生編纂古本歷史
大方綱鑑補三十九卷首一卷……… 4－191
新刊趙田了凡袁先生編纂古本歷史
大方綱鑑補三十九卷首一卷……… 4－191
新刊趙田了凡袁先生編纂古本歷史
大方綱鑑補三十九卷首一卷……… 4－191
新刊趙田了凡袁先生編纂古本歷史
大方綱鑑補三十九卷首一卷……… 4－191
新刊趙田了凡袁先生編纂古本歷史
大方綱鑑補三十九卷首一卷……… 4－191
新刊趙田了凡袁先生編纂古本歷史
大方綱鑑補三十九卷首一卷……… 4－191
新刊趙田了凡袁先生編纂古本歷史
大方綱鑑補三十九卷首一卷……… 4－191
新刊趙田了凡袁先生編纂古本歷史
大方綱鑑補三十九卷首一卷……… 4－191
新刊趙田了凡袁先生編纂古本歷史
大方綱鑑補三十九卷首一卷……… 4－191
新刊趙田了凡袁先生編纂古本歷史
大方綱鑑補三十九卷首一卷……… 4－191
新刊寧府秘傳神隱六卷…………… 4－185
新刊增補萬病回春原本八卷………… 4－190
新刊增補萬病回春原本八卷………… 4－190
新刊增補萬病回春原本八卷………… 4－190
新刊增補萬病回春原本八卷………… 4－190
新刊增補萬病回春原本八卷………… 4－190
新刊增補萬病回春原本八卷………… 4－190
新刊增補萬病回春原本八卷………… 4－190
新刊增補萬病回春原本八卷………… 4－190
新刊增補萬病回春原本八卷………… 4－190
新刊增補萬病回春原本八卷………… 4－190
新刊震川先生文集二十卷…………… 4－191
新刊總括天機諸家秘訣星學正傳二
十二卷………………………………… 4－191
新刊醫林狀元壽世保元十卷………… 4－189
新刊醫林狀元壽世保元十卷………… 4－189
新刊醫林狀元壽世保元十卷………… 4－189
新刊醫林狀元壽世保元十卷………… 4－189
新刊醫林狀元壽世保元十卷………… 4－189
新刊醫林狀元壽世保元十卷………… 4－189
新刊醫林狀元壽世保元十卷………… 4－189
新刊醫林狀元壽世保元十卷………… 4－189
新刊醫林狀元壽世保元十卷………… 4－190
新刊醫林狀元壽世保元十卷………… 4－190
新刊醫林狀元壽世保元十卷………… 4－190
新刊醫林狀元壽世保元十卷………… 4－190
新刊醫林狀元壽世保元十卷………… 4－190
新刊醫林狀元壽世保元十卷………… 4－190
新刊醫林狀元壽世保元十卷………… 5－398
新刊醫林狀元壽世保元十卷………… 5－398
新刊醫林狀元壽世保元十卷………… 5－399
新刊瞿會元全補子史論策標題會海
捷要二十卷…………………………… 4－185
新刊繡像評演接續後部濟公傳八卷
一百二十回…………………………… 4－189
新刊繡像評講濟公傳四卷一百二十
回……………………………………… 4－189
新刊釋氏十三經……………………… 4－186
新刊權載之文集五十卷……………… 4－185
新刊權載之文集五十卷……………… 4－185
新刊權載之文集五十卷補刻一卷…… 4－185
新民公案□□卷……………………… 4－207
新出五續施公案清烈傳四卷四十回
……………………………………… 4－167
新加九經字樣一卷 ………………… 4－77

新刑律修正案彙録一卷 ……………… 4－209
新安大好紀麗一卷 …………………… 4－161
新安大好紀麗一卷 …………………… 4－162
新安大好紀麗一卷 …………………… 4－162
新安大好紀麗一卷 …………………… 4－162
新安大好紀麗一卷 …………………… 4－162
新安大好紀麗一卷 …………………… 4－162
新安大好紀麗一卷 …………………… 4－162
新安大好紀麗一卷 …………………… 4－162
新安大好紀麗一卷 …………………… 4－162
新安大好紀麗一卷 …………………… 4－162
新安大好紀麗一卷 …………………… 4－162
新安大好紀麗一卷 …………………… 4－162
新安大好紀麗一卷 …………………… 4－162
新安大好紀麗一卷 …………………… 4－162
新安大族全集不分卷 ………………… 4－161
新安名勝試帖一卷 …………………… 4－162
新安名勝試帖一卷 …………………… 4－162
［淳熙］新安志十卷附錄一卷 ……… 5－276
［淳熙］新安志十卷附錄一卷 ……… 5－276
［淳熙］新安志十卷附錄一卷 ……… 5－276
［淳熙］新安志十卷附錄一卷 ……… 5－276
新安景物約編五卷補遺一卷 ………… 4－161
新安景物約編五卷補遺一卷 ………… 4－162
新安景物約編五卷補遺一卷 ………… 4－162
新安景物約編五卷補遺一卷 ………… 4－162
新安景物約編五卷補遺一卷 ………… 4－162
新安景物約編五卷補遺一卷 ………… 4－162
新安景物約編五卷補遺一卷 ………… 4－162
新安景物約編五卷補遺一卷 ………… 4－162
新安景物約編五卷補遺一卷 ………… 4－162
新安景物約編五卷補遺一卷 ………… 4－162
新安景物約編五卷補遺一卷 ………… 4－162
新安景物約編五卷補遺一卷 ………… 4－162
新安景物約編五卷補遺一卷 ………… 4－162
新安景物約編五卷補遺一卷 ………… 4－162
新安景物約編不分卷 ………………… 4－161
新安景物畧四卷 ……………………… 4－161
新安景物畧四卷 ……………………… 4－161
新安賓館八詠不分卷 ………………… 4－161
新安賓館八詠不分卷 ………………… 4－161
新安賓館八詠不分卷 ………………… 4－161
新安滕氏文獻世家錄不分卷 ………… 4－162
［新安翼然亭漁梁壩新修捐啓］ …… 5－377
新邑餉漕義舉集二卷 ………………… 4－210
新邑餉漕義舉集二卷 ………………… 4－210
新序十卷 ……………………………… 4－209
新序十卷 ……………………………… 4－209
新序十卷 ……………………………… 4－209
［乾隆］新昌縣志二十五卷首一卷末
　一卷 ………………………………… 1－108
［乾隆］新昌縣志二十五卷首一卷末
　一卷 ………………………………… 5－337
［乾隆］新昌縣志二十五卷首一卷末
　一卷 ………………………………… 5－337
［同治］新昌縣志三十二卷首一卷末
　一卷 ………………………………… 5－366
［同治］新昌縣志三十二卷首一卷末
　一卷 ………………………………… 5－366
［同治］新昌縣志三十二卷首一卷末
　一卷 ………………………………… 5－366
［同治］新昌縣志三十二卷首一卷末
　一卷 ………………………………… 5－366
［同治］新昌縣志三十二卷首一卷末
　一卷 ………………………………… 5－366
［同治］新昌縣志三十二卷首一卷末
　一卷 ………………………………… 5－367
［同治］新昌縣志三十二卷首一卷末
　一卷 ………………………………… 5－367
［同治］新昌縣志三十二卷首一卷末
　一卷 ………………………………… 5－367
［同治］新昌縣志三十二卷首一卷末
　一卷 ………………………………… 5－367
［康熙］新昌縣志六卷 ……………… 1－108
［康熙］新昌縣志六卷 ……………… 5－329
新昌興賢堂志不分卷 ………………… 4－166
新刻九我李太史校正大方性理全書
　七十卷 ……………………………… 4－195
新刻九我李太史校正大方性理全書
　七十卷 ……………………………… 4－195
新刻三聖經 …………………………… 4－198

新刻三續玄言道經精解評林□□卷 …… 4－198
新刻千家詩二卷 …… 4－198
新刻小兒雜症秘傳便蒙捷法一卷 …… 4－202
新刻小學千家詩二卷 …… 4－202
新刻小學千家詩二卷 …… 4－202
新刻小學千家詩二卷 …… 4－202
新刻小學千家詩人生必讀二卷 …… 4－202
新刻小學千家詩人生必讀書二卷 …… 4－202
新刻小學千家詩人生必讀書二卷 …… 4－202
新刻天下路程二卷 …… 4－200
新刻天如張先生精選石渠彙要萬寶全書三十二卷 …… 4－200
新刻天如張先生精選石渠彙要萬寶全書三十二卷 …… 4－200
新刻天如張先生精選石渠彙要萬寶全書三十二卷 …… 4－200
新刻天如張先生精選石渠彙要萬寶全書三十二卷 …… 4－200
新刻天如張先生精選石渠彙要萬寶全書三十二卷 …… 4－200
新刻天如張先生精選石渠彙要萬寶全書三十二卷 …… 4－200
新刻天如張先生精選石渠彙要萬寶全書三十二卷 …… 4－200
新刻天花藏批評玉嬌梨四卷二十回 …… 4－200
新刻天花藏批評玉嬌梨四卷二十回 …… 4－200
新刻天花藏批評玉嬌梨四卷二十回 …… 4－200
新刻天花藏批評平山冷燕四卷二十回 …… 4－200
新刻天花藏批評平山冷燕四卷二十回 …… 4－200
新刻天傭子全集十卷 …… 4－201
新刻天傭子全集十卷 …… 4－201
新刻天傭子全集十卷 …… 4－201
新刻天傭子全集十卷 …… 4－201
新刻五經體註合解全集 …… 4－202
新刻分彙徃來句解青鳥啣箋四卷 …… 4－194
新刻分類雅聯二卷 …… 4－194
新刻尺牘雲錦集四卷附刻帖式稱呼一卷 …… 4－192
新刻玉釧緣全傳三十二卷 …… 4－205
新刻玉釧緣全傳三十二卷 …… 4－205
新刻玉釧緣全傳三十二卷 …… 4－205
新刻玉釧緣全傳三十二卷 …… 4－205
新刻玉釧緣全傳三十二卷 …… 4－205
新刻世史類編四十五卷首一卷 …… 4－199
新刻世史類編四十五卷首一卷 …… 4－199
新刻艾先生天祿閣彙編採精便覽萬寶全書三十四卷 …… 4－192
新刻古文觀止十二卷 …… 4－194
新刻石函平砂玉尺經全書真機二卷 …… 4－198
新刻石函平砂玉尺經全書真機二卷 …… 5－399
新刻平治館評釋蕭曹致君術六卷首一卷 …… 4－197
新刻平治館評釋蕭曹致君術六卷首一卷 …… 4－198
新刻平治館評釋蕭曹致君術六卷首一卷 …… 4－198
新刻平治館評釋蕭曹致君術六卷首一卷 …… 4－198
新刻平治館評釋蕭曹致君術六卷首一卷 …… 4－198
新刻史綱總會列國志傳十九卷 …… 4－199
新刻四六旁訓古事苑二十三卷 …… 4－199
新刻四美同心金鈪記續集十卷 …… 4－199
新刻四書通典備考十二卷 …… 4－200
新刻四書讀十卷 …… 4－199
新刻出相音註勸善目連救母行孝戲文三卷 …… 4－192
新刻出像增補搜神記六卷 …… 4－192
新刻幼幼集四卷 …… 4－204
新刻幼學須知直解二卷 …… 4－204
新刻幼學須知直解二卷 …… 4－204
新刻幼學須知直解二卷 …… 4－204
新刻幼學須知直解二卷 …… 4－204
新刻幼學須知直解二卷 …… 4－204

新刻合併十八飛星策天紫微斗數全集六卷…………………………… 4－194
新刻合併十八飛星策天紫微斗數全集六卷…………………………… 4－194
新刻合併十八飛星策天紫微斗數全集六卷…………………………… 4－194
新刻合併官板音義評註淵海子平五卷…………………………………… 4－194
新刻李于麟先生批評註釋草堂詩餘雋四卷…………………………… 4－196
新刻批評繡像平山冷燕四卷二十回…………………………………… 4－197
新刻批點四書讀本十九卷…………… 4－197
新刻批點四書讀本十九卷…………… 4－197
新刻批點四書讀本十九卷…………… 4－197
新刻批點四書讀本十九卷…………… 4－197
新刻伯孝曹先生蒐輯性理筆乘集要五卷首一卷…………………………… 4－192
新刻來瞿唐先生易註十五卷首一卷末一卷…………………………………… 4－195
新刻來瞿唐先生易註十五卷首一卷末一卷…………………………………… 4－195
新刻來瞿唐先生易註十五卷首一卷末一卷…………………………………… 4－195
新刻來瞿唐先生易註十五卷首一卷末一卷…………………………………… 4－195
新刻來瞿唐先生易註十五卷首一卷末一卷…………………………………… 4－195
新刻來瞿唐先生易註十五卷首一卷末一卷…………………………………… 4－195
新刻來瞿唐先生易註十五卷首一卷末一卷…………………………………… 4－195
新刻來瞿唐先生易註十五卷首一卷末一卷…………………………………… 4－196
新刻來瞿唐先生易註十五卷首一卷末一卷…………………………………… 4－196
新刻來瞿唐先生易註十五卷首一卷末一卷…………………………………… 4－196
新刻來瞿唐先生易註十五卷首一卷末一卷…………………………………… 4－196
新刻來瞿唐先生易註十五卷首一卷末一卷…………………………………… 4－196
新刻來瞿唐先生易註十五卷首一卷末一卷…………………………………… 4－196
新刻來瞿唐先生易註十五卷首一卷末一卷…………………………………… 4－196
新刻來瞿唐先生易註十五卷首一卷末一卷…………………………………… 4－196
新刻來瞿唐先生易註十五卷首一卷末一卷…………………………………… 4－196
新刻來瞿唐先生易註十五卷首一卷末一卷…………………………………… 4－196
新刻明卿陳太史校正古本歷史大方通鑑四十一卷首一卷……………… 4－197
新刻易見雜字農業一卷……………… 4－204
新刻京板太醫院校正增補珍珠囊藥性賦三卷…………………………… 4－195
新刻京臺公餘勝覽國色天香十卷…… 4－195
新刻京臺公餘勝覽國色天香十卷…… 4－195
新刻性理大全書七十卷……………… 4－203
新刻性理大全書七十卷……………… 4－203
新刻性理大全書七十卷……………… 4－203
新刻性理大全書七十卷……………… 4－203
新刻性理大全書七十卷……………… 4－203
新刻性理大全書七十卷……………… 4－203
新刻性理大全書七十卷……………… 4－203
新刻性理論快不分卷………………… 4－203
新刻法家新書四卷首一卷…………… 4－194
新刻法家蕭曹兩造雪案鳴冤律四卷…………………………………… 4－193
新刻法家蕭曹兩造雪案鳴冤律四卷…………………………………… 4－194
新刻法家蕭曹兩造雪案鳴冤律四卷…………………………………… 4－194
新刻法家蕭曹兩造雪案鳴冤律四卷…………………………………… 4－194
新刻法家驚天雷八卷………………… 4－193
新刻法家驚天雷八卷………………… 4－193
新刻法家驚天雷八卷………………… 4－193
新刻法筆二卷………………………… 4－193

新刻法筆二卷新刻法筆驚天雷六卷 …………………………………… 4－193
新刻法筆二卷新刻法筆驚天雷六卷 …………………………………… 4－193
新刻法筆新春二卷 …………………… 4－193
新刻法筆驚天雷二卷 ………………… 4－193
新刻法筆驚天雷二卷 ………………… 4－193
新刻法筆驚天雷六卷 ………………… 4－193
新刻法筆驚天雷六卷 ………………… 4－193
新刻相貓相豬相狗訣法一卷 ………… 4－202
新刻柳莊相法秘訣二卷 ……………… 4－197
新刻按鑑演義京本三國英雄志傳六卷 ………………………………………… 4－192
新刻星平合訂命學須知二卷 ………… 4－202
新刻星平合訂命學須知二卷 ………… 4－202
新刻星平合訂命學須知二卷 ………… 4－203
新刻星平合訂命學須知二卷 ………… 4－203
新刻星平合訂命學須知二卷 ………… 4－203
新刻星平合訂命學須知二卷 ………… 4－203
新刻星平合訂命學須知二卷 ………… 4－203
新刻星平合訂命學須知二卷 ………… 4－203
新刻星平合訂命學須知二卷 ………… 4－203
新刻星平合訂命學須知二卷 ………… 4－203
新刻星平合訂命學須知二卷 ………… 4－203
新刻星平合訂命學須知二卷 ………… 4－203
新刻星平合訂命學須知二卷 ………… 4－203
新刻重校秘傳鬼靈經通天竅十卷 …… 4－206
新刻重校增補圓機活法詩學全書二十四卷 ……………………………… 4－206
新刻重校增補圓機活法詩學全書二十四卷 ……………………………… 4－206
新刻重校增補圓機活法詩學全書二十四卷 ……………………………… 4－206
新刻重校增補圓機活法詩學全書二十四卷新刊校正增補圓機詩韻活法全書十四卷 ……………………… 4－206
新刻重校增補圓機活法詩學全書二十四卷韻學全書十四卷 ………… 4－206
新刻保生心鑒一卷 …………………… 4－192
新刻訂補真本故事白眉十卷 ………… 4－192
新刻訂補註釋會海對類十九卷首一卷 ……………………………………… 4－192
新刻施會元輯註國朝名文英華十一卷 ……………………………………… 4－198
新刻洗心輯要二卷 …………………… 4－202
新刻祝英台梁山伯還魂記二卷新刻說唱張小如賣花二卷 ……………… 4－206
新刻秦雪梅三元記六卷 ……………… 4－198
新刻校正三字經集註一卷 …………… 4－202
新刻校正古本歷史大方通鑑四十一卷首一卷 ……………………………… 4－202
新刻校正啓蒙算捷三卷 ……………… 4－202
新刻校定脈訣指掌病式圖說一卷 …… 4－202
新刻時用繪意雲箋四卷 ……………… 4－199
新刻時尚華筵趣樂談笑酒令四卷 …… 4－198
新刻秘授女科百效全書□□卷 ……… 4－197
新刻秘授眼科百效全書二卷 ………… 4－197
新刻笑林廣記四卷 …………………… 4－202
新刻笑林廣記四卷 …………………… 4－202
新刻笑林廣記四卷 …………………… 4－202
新刻烏江渡小清官傳四卷 …………… 4－202
新刻郭青螺六省聽訟錄新民公案一卷 ……………………………………… 4－194
新刻唐詩五言排律選註十八卷 ……… 4－200
新刻粉粧樓傳記十卷八十回 ………… 4－194
新刻粉粧樓傳記十卷八十回 ………… 4－194
新刻粉粧樓傳記十卷八十回 ………… 4－194
新刻書經備旨善本輯要六卷 ………… 4－199
新刻書經備旨善本輯要六卷 ………… 4－199
新刻書經備旨善本輯要六卷 ………… 4－199
新刻書經備旨善本輯要六卷 ………… 4－199
新刻書經備旨善本輯要六卷 ………… 4－199
新刻書經備旨善本輯要六卷 ………… 4－199
新刻書經備旨善本輯要六卷 ………… 4－199
新刻書經體註六卷首一卷 …………… 4－199
新刻書經體註六卷首一卷 …………… 4－199
新刻書經體註六卷首一卷 …………… 4－199
新刻書經體註六卷首一卷 …………… 4－199
新刻書經體註六卷首一卷 …………… 4－199
新刻書經體註六卷首一卷 …………… 4－199
新刻陳弘謀先生批評記史通鑑三十九卷 ……………………………………… 4－192

新刻陳養晦先生傷寒五法五卷……… 4－192
新刻陶節菴家藏秘授傷寒六書六卷
………………………………………… 4－200
新刻陶顧二會元類編蘇長公全集四
十卷首一卷…………………………… 4－200
新刻陶顧二會元類編蘇長公全集四
十卷首一卷…………………………… 4－200
新刻通用尺素見心集三卷…………… 4－201
新刻通用尺素見心集三卷…………… 4－201
新刻通用尺素見心集三卷…………… 4－201
新刻通用尺素見心集三卷…………… 4－201
新刻通用尺素見心集三卷…………… 4－201
新刻通用尺素見心集四卷…………… 4－201
新刻通用尺素見心集四卷…………… 4－201
新刻通用尺素見心集四卷…………… 4－201
新刻通用尺素見心集四卷…………… 4－201
新刻通用尺素見心集四卷…………… 4－201
新刻通用尺素見心集四卷…………… 4－201
新刻通用尺素見心集四卷…………… 4－201
新刻通用尺素見心集四卷…………… 4－201
新刻通用尺素見心集四卷…………… 4－201
新刻通用尺素見心集四卷…………… 4－201
新刻通用尺素見心集四卷…………… 4－201
新刻通用尺素見心集四卷…………… 4－201
新刻通用尺素見心集四卷…………… 4－201
新刻通用尺素見心集四卷…………… 4－201
新刻黃鶴樓銘楹聯不分卷…………… 4－194
新刻黃鶴樓銘楹聯不分卷…………… 4－194
新刻梅花姐白扇記全本四卷………… 4－197
新刻異說反唐演義全傳十卷一百回
………………………………………… 4－204
新刻異說反唐演義全傳十卷一百回
………………………………………… 4－204
新刻異說反唐演義全傳十卷一百回
………………………………………… 4－204
新刻異說南唐演義十卷一百回……… 4－204
新刻異說南唐演義十卷一百回……… 4－204
新刻異說南唐演義全傳十卷一百回
………………………………………… 4－204
新刻異說南唐演義全傳十卷一百回
………………………………………… 4－204
新刻異說南唐演義全傳十卷一百回
………………………………………… 4－204
新刻異說南唐演義全傳十卷一百回
………………………………………… 4－204
新刻異說南唐演義全傳十卷一百回
………………………………………… 4－204
新刻異說綠牡丹六十四回…………… 4－204
新刻第一樂事全書二卷……………… 4－192
新刻逸田叟女仙外史大奇書一百回
………………………………………… 4－204
新刻清風閘四卷三十二回…………… 4－198
新刻張太岳先生詩文集四十七卷…… 4－205
新刻張太岳先生詩文集四十七卷…… 4－205
新刻萬法歸宗五卷…………………… 4－202
新刻萬法歸宗五卷…………………… 4－202
新刻萬法歸宗五卷…………………… 4－202
新刻萬法歸宗請仙箕法五卷………… 4－201
新刻葵陽黃先生南華文髓八卷……… 4－195
新刻葵陽黃先生南華文髓八卷……… 4－195
新刻註釋孔子家語二卷……………… 5－399
新刻註釋孔子家語憲四卷…………… 4－207
新刻註釋孔子家語憲四卷…………… 4－207
新刻註釋孔子家語憲四卷…………… 4－207
新刻註釋草堂詩餘評林六卷………… 4－207
新刻註釋草堂詩餘評林六卷………… 4－207
新刻註釋故事白眉十卷……………… 4－207
新刻註釋張子房解學士千家詩講讀
二卷………………………………… 4－207
新刻楊救貧秘傳陰陽二宅便用統宗
二卷………………………………… 4－203
新刻楊救貧秘傳陰陽二宅便用統宗
二卷………………………………… 4－203
新刻楊清銀論一卷…………………… 4－204
新刻詩經備旨善本輯要八卷………… 4－198
新刻詩經備旨善本輯要八卷………… 4－198
新刻詩經備旨善本輯要八卷………… 4－198
新刻詩經備旨善本輯要八卷………… 4－198
新刻詩經備旨善本輯要八卷………… 4－198
新刻詩經備旨善本輯要八卷………… 4－198
新刻詩經備旨善本輯要八卷………… 4－198
新刻詩經體註衍義合參八卷………… 4－198

新刻痰火點雪四卷……………………… 4－200
新刻碧玉簪全本四卷………………… 4－192
新刻爾雅三卷………………………… 4－193
新刻爾雅翼三十二卷………………… 4－193
新刻對聯不俗十卷…………………… 4－192
新刻對聯不俗十卷…………………… 4－192
新刻對聯不俗十卷…………………… 4－192
新刻對聯不俗十卷…………………… 4－192
新刻對聯不俗十卷…………………… 4－192
新刻對聯不俗十卷…………………… 4－192
新刻對聯不俗十卷…………………… 4－192
新刻對聯不俗十卷…………………… 4－193
新刻對聯不俗十卷…………………… 4－193
新刻對聯不俗十卷…………………… 4－193
新刻對聯不俗十卷…………………… 4－193
新刻對聯不俗十卷…………………… 4－193
新刻對聯不俗十卷…………………… 4－193
新刻對聯不俗十卷…………………… 4－193
新刻對聯滙海全集四卷……………… 4－193
新刻對類奇鈔不分卷………………… 4－192
新刻鳳凰記全本二卷………………… 4－194
新刻說唱王家洲全部四卷…………… 4－199
新刻增删二度梅奇說六卷…………… 4－205
新刻增删二度梅奇說六卷…………… 4－205
新刻增删二度梅奇說六卷…………… 4－205
新刻增删二度梅奇說六卷…………… 4－205
新刻增删二度梅奇說六卷…………… 4－205
新刻增删二度梅奇說六卷…………… 4－205
新刻增删二度梅奇說六卷…………… 4－205
新刻增定邵康節先生梅花觀梅拆字
　數全集五卷……………………… 4－205
新刻增定邵康節先生梅花觀梅拆字
　數全集五卷……………………… 4－205
新刻增訂古文覺斯八卷……………… 4－205
新刻增補翰苑英華事類捷錄十五卷
　………………………………… 4－205
新刻遼金紀事本末九十二卷………… 4－196
新刻劍嘯閣批評西漢演義傳八卷…… 4－195
新刻劍嘯閣批評西漢演義傳八卷…… 4－195
新刻劍嘯閣批評西漢演義傳八卷…… 4－195
新刻劍嘯閣批評東漢演義傳十卷…… 4－195
新刻劍嘯閣批評東漢演義傳十卷…… 4－195
新刻劉成美初集二卷………………… 4－197
新刻歷朝史學快覽二卷……………… 4－196
新刻歷朝捷鑑一卷…………………… 4－196
新刻韓詩外傳十卷…………………… 4－194
新刻韓詩外傳十卷…………………… 4－194
新刻臨川王介甫先生詩文集一百卷
　目錄二卷………………………… 4－196
新刻臨川王介甫先生詩文集一百卷
　目錄二卷………………………… 4－196
新刻臨川王介甫先生詩文集一百卷
　目錄二卷………………………… 4－196
新刻臨川王介甫先生詩文集一百卷
　目錄二卷………………………… 4－197
新刻臨川王介甫先生詩文集一百卷
　目錄二卷………………………… 4－197
新刻臨川王介甫先生詩文集一百卷
　目錄二卷………………………… 4－197
新刻鍾伯敬先生批評封神演義二十
　卷一百回………………………… 4－205
新刻鍾伯敬先生批評封神演義二十
　卷一百回………………………… 4－206
新刻鍾伯敬先生批評封神演義二十
　卷一百回………………………… 4－206
新刻鍾伯敬先生批評封神演義二十
　卷一百回………………………… 4－206
新刻鍾伯敬先生批評封神演義二十
　卷一百回………………………… 4－206
新刻鍾伯敬先生批評封神演義二十
　卷一百回………………………… 4－206
新刻鍾伯敬先生批評封神演義二十
　卷一百回………………………… 4－206
新刻鍾伯敬先生批評封神演義二十
　卷一百回………………………… 4－206
新刻鍾伯敬先生批評封神演義二十
　卷一百回………………………… 4－206
新刻鍾伯敬先生批評封神演義十九
　卷一百回………………………… 4－206
新刻瓊琯白先生集十二卷…………… 4－198
新刻聶久吾先生醫學彙函十三卷首
　一卷……………………………… 4－197

新刻羅經解三卷…………………………4－197
新刻羅經解三卷…………………………4－197
新刻繪圖注釋全備墨莊書言故事書
集□□卷……………………………4－195
新刻繪圖粉妝樓全傳六卷八十回……4－194
新刻繪圖粉妝樓全傳六卷八十回……4－194
新刻繪圖粉妝樓全傳六卷八十回……4－194
新刻釋常談三卷…………………………4－199
新刻續千家詩二卷………………………4－203
新刻續千家詩二卷………………………4－203
新定九宮大成南北詞宮譜八十一卷
首一卷總目三卷閏一卷……………4－167
新定三禮圖二十卷………………………4－167
新定三禮圖二十卷………………………4－167
新定三禮圖集註二十卷…………………4－167
新定楚軍營訓不分卷……………………4－167
新建程晴峯先生家書四通………………4－174
新建程晴峯致鑑堂手札七通……………4－174
［道光］新建縣志七十四卷首一卷末
一卷…………………………………5－283
［乾隆］新建縣志七十四卷首一卷末
一卷…………………………………5－337
［乾隆］新建縣志七十四卷首一卷末
一卷…………………………………5－337
［乾隆］新建縣志七十四卷首一卷末
一卷…………………………………5－338
［同治］新建縣志九十九卷首一卷末
一卷…………………………………5－367
［同治］新建縣志九十九卷首一卷末
一卷…………………………………5－367
［同治］新建縣志九十九卷首一卷末
一卷…………………………………5－367
［道光］新建縣志九十卷首一卷末一
卷……………………………………5－283
［道光］新建縣志九十卷首一卷末一
卷……………………………………5－283
［道光］新建縣志九十卷首一卷末一
卷……………………………………5－283
［道光］新建縣續志十一卷首一卷 …5－283
新建館錄不分卷…………………………4－174
新城五家詩………………………………4－167
［康熙］新城縣志十四卷首一卷 ……5－329
［乾隆］新城縣志十四卷首一卷 ……5－337
［乾隆］新城縣志十四卷首一卷 ……5－337
新城縣宏溪同善莊東隅賢哲祠先正
事略五卷……………………………4－167
［新城縣輿圖］不分卷 ………………5－377
新政三場備要六卷………………………4－217
新政真詮六編……………………………4－217
新政真詮六編……………………………4－217
新政真詮六編……………………………4－217
新政新學科卷不分卷……………………4－217
新政應試必要初編………………………4－217
新政應試必要初編………………………4－217
新政應試必讀六卷………………………4－217
新政應試必讀六卷………………………4－217
新政應試必讀六卷………………………4－217
新政應試必讀六卷………………………4－217
新政應試必讀六卷………………………4－217
新政應試必讀六種………………………4－217
新政應試必讀六種………………………4－217
新訂小兒科臍風驚風合編一卷………4－172
新訂王氏羅經透解二卷…………………4－172
新訂王氏羅經透解二卷…………………4－172
新訂王氏羅經透解二卷…………………4－172
新訂四書補注備旨十卷…………………4－169
新訂四書補注備旨十卷…………………4－169
新訂四書補註備旨十卷…………………4－169
新訂四書補註備旨十卷…………………4－169
新訂四書補註備旨十卷…………………4－169
新訂四書補註備旨十卷…………………4－169
新訂四書補註備旨十卷…………………4－169
新訂四書補註備旨十卷…………………4－169
新訂四書補註備旨十卷…………………4－169
新訂四書補註備旨十卷…………………4－169
新訂四書補註備旨十卷…………………4－169
新訂四書補註備旨十卷…………………4－170
新訂四書補註備旨十卷…………………4－170
新訂四書補註備旨十卷…………………4－170
新訂四書補註備旨十卷…………………4－170
新訂四書補註備旨十卷…………………4－170
新訂四書補註備旨十卷…………………4－170

新訂四書補註備旨十卷……………… 4－170
新訂四書補註備旨十卷……………… 4－170
新訂四書補註備旨十卷……………… 4－170
新訂四書補註備旨十卷……………… 4－170
新訂四書補註備旨十卷……………… 4－170
新訂四書補註備旨十卷……………… 4－170
新訂四書補註備旨十卷……………… 4－170
新訂四書補註備旨十卷……………… 4－170
新訂四書補註備旨十卷……………… 4－170
新訂四書補註備旨十卷……………… 4－170
新訂四書補註備旨十卷……………… 4－170
新訂四書補註備旨十卷……………… 4－170
新訂四書補註備旨十卷……………… 4－170
新訂四書補註備旨十卷……………… 4－171
新訂四書補註備旨十卷……………… 4－171
新訂四書補註備旨十卷……………… 4－171
新訂四書補註備旨十卷……………… 4－171
新訂四書補註備旨十卷……………… 4－171
新訂四書補註備旨十卷……………… 4－171
新訂四書補註備旨十卷……………… 4－171
新訂四書補註備旨十卷……………… 4－171
新訂四書補註備旨十卷……………… 4－171
新訂四書補註備旨十卷……………… 4－171
新訂四書補註備旨十卷……………… 4－171
新訂四書補註備旨十卷……………… 4－171
新訂四書補註備旨十卷……………… 4－171
新訂四書補註備旨十卷……………… 4－171
新訂四書補註備旨十卷……………… 4－171
新訂四書補註備旨十卷……………… 4－171
新訂四書補註備旨十卷……………… 4－171
新訂四書補註備旨十卷……………… 4－171
新訂四書補註備旨十卷……………… 4－172
新訂四書補註備旨十卷……………… 4－172
新訂四書補註備旨十卷……………… 4－172
新訂四書補註備旨十卷……………… 4－172
新訂四書補註備旨十卷……………… 4－172
新訂四書補註備旨十卷……………… 4－172
新訂四書補註備旨十卷……………… 4－172
新訂四書補註備旨十卷……………… 4－172
新訂四書補註備旨十卷……………… 4－172
新訂四書補註備旨十卷……………… 4－172
新訂四書補註備旨十卷……………… 4－172
新訂四書補註備旨十卷……………… 4－172
新訂四書補註備旨十卷……………… 4－172
新訂四書補註備旨十卷……………… 4－172
新訂四書補註備旨十卷……………… 4－172
新訂崇正闢謬通書十四卷…………… 4－167
新訂崇正闢謬通書十四卷…………… 4－167
新訂崇正闢謬通書十四卷…………… 4－167
新訂崇正闢謬通書十四卷…………… 4－167
新訂崇正闢謬通書十四卷…………… 4－167
新訂崇正闢謬通書十四卷…………… 4－167
新訂崇正闢謬通書十四卷…………… 4－167
新訂崇正闢謬通書十四卷…………… 4－167
新訂崇正闢謬通書十四卷…………… 4－168
新訂崇正闢謬通書十四卷…………… 4－168
新訂崇正闢謬通書十四卷…………… 4－168
新訂崇正闢謬通書十四卷…………… 4－168
新訂崇正闢謬通書十四卷…………… 4－168
新訂崇正闢謬通書十四卷…………… 4－168
新訂崇正闢謬通書十四卷…………… 4－168
新訂崇正闢謬通書十四卷…………… 4－168
新訂崇正闢謬通書十四卷…………… 4－168
新訂崇正闢謬通書十四卷…………… 4－168
新訂崇正闢謬通書十四卷…………… 4－168
新訂崇正闢謬通書十四卷…………… 4－168
新訂崇正闢謬通書十四卷…………… 4－168
新訂崇正闢謬通書十四卷…………… 4－168
新訂崇正闢謬通書十四卷…………… 4－168
新訂崇正闢謬通書十四卷…………… 4－168
新訂崇正闢謬通書十四卷…………… 4－168
新訂崇正闢謬通書十四卷…………… 4－168
新訂崇正闢謬通書十四卷…………… 4－168
新訂崇正闢謬通書十四卷…………… 4－168
新訂崇正闢謬通書十四卷…………… 4－168
新訂崇正闢謬通書十四卷…………… 4－168
新訂崇正闢謬通書十四卷…………… 4－168
新訂崇正闢謬通書十四卷…………… 4－168
新訂崇正闢謬通書十四卷…………… 4－169
新訂崇正闢謬通書十四卷…………… 4－169
新訂崇正闢謬通書十四卷…………… 4－169
新訂敬信錄□□卷…………………… 4－169

新訂解人頤廣集八卷…………………… 4－169
新訂詩經備旨附考八卷…………………… 4－169
新訂詩經備旨附考八卷…………………… 4－169
新訂詩經備旨附考八卷…………………… 4－169
新訂詩經備旨附考八卷…………………… 4－169
新訂醒閨編一卷…………………… 4－173
新校資治通鑑敘錄三卷…………………… 5－228
新校經史海篇直音五卷…………………… 4－209
新海防事例一卷舊海防事例一卷…… 4－173
新海防事例一卷舊海防事例一卷…… 4－173
新書十卷…………………… 4－209
新書十卷…………………… 4－209
新書十卷…………………… 4－209
新書十卷…………………… 4－209
[同治]新淦縣志十卷首一卷 ……… 5－367
[同治]新淦縣志十卷首一卷 ……… 5－367
[同治]新淦縣志十卷首一卷 ……… 5－367
[同治]新淦縣志十卷首一卷 ……… 5－367
[同治]新淦縣志十卷首一卷 ……… 5－367
[同治]新淦縣志十卷首一卷 ……… 5－367
[道光]新淦縣志三十二卷首一卷 … 5－283
[道光]新淦縣志三十二卷首一卷 … 5－283
[乾隆]新鄉縣志三十四卷首一卷 … 5－338
新搭穿楊不分卷…………………… 4－167
新喻三劉文集六卷首一卷…………… 4－212
新喻三劉文集六卷首一卷…………… 4－212
新喻三劉文集六卷首一卷…………… 4－212
新喻三劉文集六卷首一卷…………… 4－212
新喻三劉文集六卷首一卷…………… 4－212
新喻三劉文集六卷首一卷…………… 4－212
新喻三劉文集六卷首一卷…………… 4－212
新喻三劉文集六卷首一卷…………… 4－212
新喻梁石門先生集十卷首一卷末一卷…………………… 4－211
新喻梁石門先生集十卷首一卷末一卷…………………… 4－211
新喻梁石門先生集十卷首一卷末一卷…………………… 4－211
新喻梁石門先生集十卷首一卷末一卷…………………… 4－211
新喻梁石門先生集十卷首一卷末一卷…………………… 4－211
新喻梁石門先生集十卷首一卷末一卷…………………… 4－211
新喻梁石門先生集十卷首一卷末一卷…………………… 4－211
新喻梁石門先生集十卷首一卷末一卷…………………… 4－211
新喻梁石門先生集十卷首一卷末一卷…………………… 4－211
新喻梁石門先生集十卷首一卷末一卷…………………… 4－211
新喻梁石門先生集十卷首一卷末一卷…………………… 4－211
新喻梁石門先生集十卷首一卷末一卷…………………… 4－211
新喻梁石門先生集十卷首一卷末一卷…………………… 4－211
新喻梁石門先生集十卷首一卷末一卷…………………… 4－211
新喻梁石門先生集十卷首一卷末一卷…………………… 4－211
新喻梁石門先生集十卷首一卷末一卷…………………… 4－212
新喻梁石門先生集十卷首一卷末一卷…………………… 4－212
新喻梁石門先生集十卷首一卷末一卷…………………… 5－399
[同治]新喻縣志十六卷首一卷 …… 5－367
[同治]新喻縣志十六卷首一卷 …… 5－367
[同治]新喻縣志十六卷首一卷 …… 5－367
[同治]新喻縣志十六卷首一卷 …… 5－367
[同治]新喻縣志十六卷首一卷 …… 5－367
[道光]新喻縣志十四卷首一卷 …… 5－283
[乾隆]新喻縣志三十卷首一卷 …… 5－338
新策吉光五卷…………………… 4－166
新策□□卷…………………… 4－166
新集古文四聲韻五卷…………………… 4－173
新評龍圖神斷公案十卷…………………… 4－207
新評龍圖神斷公案十卷…………………… 4－207

新註二度梅奇說全集六卷四十回…… 4－217
新塘喻氏先代文略二卷首一卷末一卷……………………………… 4－209
新義錄一百卷首一卷……………………… 4－210
新義錄一百卷首一卷……………………… 4－210
新斠注地里志十六卷…………………… 4－174
新爾雅二卷………………………………… 4－173
新爾雅二卷………………………………… 4－173
新聞果報錄四卷…………………………… 4－209
新箋决科古今源流至論前集十卷後集十卷續集十卷……………………… 4－174
新疑異說奇聞羣英傑全傳六卷三十四回……………………………… 4－210
新說西遊記一百回………………………… 4－209
新齊諧二十四卷…………………………… 4－207
新齊諧二十四卷…………………………… 4－207
新齊諧二十四卷…………………………… 4－207
新齊諧二十四卷…………………………… 4－207
新齊諧二十四卷…………………………… 4－207
新齊諧二十四卷…………………………… 4－207
新齊諧二十四卷…………………………… 4－217
新齊諧二十四卷續新齊諧十卷……… 4－207
新增加批綱鑑補註二十四卷首一卷……………………………………… 4－213
新增加批綱鑑補註二十四卷首一卷……………………………………… 4－213
新增加批綱鑑補註二十四卷首一卷……………………………………… 4－213
新增加批綱鑑補註二十四卷首一卷……………………………………… 4－213
新增加批綱鑑補註二十四卷首一卷……………………………………… 4－213
新增幼學瓊林白話註解四卷………… 4－216
新增全圖文武香球三十六卷七十二回……………………………………… 4－213
新增全圖文武香毬三十六卷七十二回……………………………………… 4－213
新增花樣集錦四卷……………………… 4－212
新增命學津梁一卷……………………… 4－213
新增注釋目耕齋初集不分卷二集不分卷三集不分卷……………………… 4－217
新增唐詩合韻八卷……………………… 4－216
新增梅花數五卷………………………… 4－213
新增雅聯紺珠二卷……………………… 4－216
新增雅聯紺珠二卷……………………… 4－216
新增策學總纂大全四十六卷………… 4－212
新增詩句題解彙編二十二卷………… 4－214
新增詩經補註附考備旨八卷………… 4－213
新增詩經補註附考備旨八卷………… 4－213
新增詩經補註附考備旨八卷………… 4－214
新增詩經補註附考備旨八卷………… 4－214
新增詩經補註附考備旨八卷………… 4－214
新增詩經補註附考備旨八卷………… 4－214
新增詩經補註題解附考備旨真本八卷……………………………………… 4－214
新增詳註韻對屑玉三卷……………… 4－216
新增詳註韻對屑玉三卷……………… 4－216
新增詳註韻對屑玉三卷……………… 4－216
新增溫病條辨歌括一卷採補溫熱諸方一卷 ………………………………… 4－25
新增經史百家序錄……………………… 4－213
新增說文韻府群玉二十卷…………… 4－216
新增說文韻府群玉二十卷…………… 4－216
新增說文韻府群玉二十卷…………… 4－216
新增說文韻府羣玉二十卷…………… 4－214
新增說文韻府羣玉二十卷…………… 4－214
新增說文韻府羣玉二十卷…………… 4－214
新增說文韻府羣玉二十卷…………… 4－214
新增說文韻府羣玉二十卷…………… 4－214
新增說文韻府羣玉二十卷…………… 4－214
新增說文韻府羣玉二十卷…………… 4－214
新增說文韻府羣玉二十卷…………… 4－214
新增說文韻府羣玉二十卷…………… 4－214
新增說文韻府羣玉二十卷…………… 4－214
新增說文韻府羣玉二十卷…………… 4－214
新增說文韻府羣玉二十卷…………… 4－214
新增說文韻府羣玉二十卷…………… 4－214
新增說文韻府羣玉二十卷…………… 4－215
新增說文韻府羣玉二十卷…………… 4－215
新增說文韻府羣玉二十卷…………… 4－215
新增說文韻府羣玉二十卷…………… 4－215
新增說文韻府羣玉二十卷…………… 4－215

新增說文韻府羣玉二十卷…………… 4－215
新增說文韻府羣玉二十卷…………… 4－215
新增說文韻府羣玉二十卷…………… 4－215
新增說文韻府羣玉二十卷…………… 4－215
新增說文韻府羣玉二十卷…………… 4－215
新增說文韻府羣玉二十卷…………… 4－215
新增說文韻府羣玉二十卷…………… 4－215
新增說文韻府羣玉二十卷…………… 4－215
新增說文韻府羣玉二十卷…………… 4－215
新增說文韻府羣玉二十卷…………… 4－215
新增說文韻府羣玉二十卷…………… 4－215
新增說文韻府羣玉二十卷…………… 4－215
新增說文韻府羣玉二十卷…………… 4－215
新增說文韻府羣玉二十卷…………… 4－216
新增說文韻府羣玉二十卷…………… 4－216
新增說文韻府羣玉二十卷…………… 4－216
新增說文韻府羣玉二十卷…………… 4－216
新增說文韻府羣玉二十卷…………… 4－216
新增說文韻府羣玉二十卷…………… 4－216
新增說文韻府羣玉二十卷…………… 4－216
新增說文韻府羣玉二十卷…………… 4－216
新增廣廣策府統宗七十九卷………… 4－212
新增曆法總覽合節鰲頭通書大全十卷…………………………………… 4－213
新增醫方湯頭歌訣一卷經絡歌訣一卷…………………………………… 4－216
新增醫書…………………………………… 4－216
新增願體集四卷………………………… 4－216
新增願體集四卷………………………… 4－217
新增願體集四卷………………………… 4－217
新增願體集四卷………………………… 4－217
新增願體集四卷………………………… 4－217
新增繪圖幼學故事瓊林四卷首一卷…………………………………… 4－212
新增繪圖幼學故事瓊林四卷首一卷…………………………………… 4－212
新增繪圖幼學故事瓊林四卷首一卷…………………………………… 4－212
新增繪圖幼學故事瓊林四卷首一卷…………………………………… 4－213
新增繪圖幼學故事瓊林四卷首一卷…………………………………… 4－213
新增繪圖幼學故事瓊林四卷首一卷…………………………………… 4－213
新增繪圖幼學故事瓊林四卷首一卷…………………………………… 4－213
新增繪圖幼學故事瓊林四卷首一卷…………………………………… 4－213
新增繪圖幼學故事瓊林四卷首一卷…………………………………… 4－213
新增籌餉事例條款不分卷…………… 4－212
新撰代數學講義十五章……………… 4－217
新撰有福人要孩兒歌一卷洗心歌一卷冷醍醐一卷………………………… 4－218
新撰無頭公案風流眼前報奇傳不分卷…………………………………… 4－218
新撰歐羅巴政治史四卷……………… 4－218
新墨經畬不分卷……………………… 4－207
新鍥希夷陳先生紫微斗數全書四卷…………………………………… 4－209
新鍥希夷陳先生紫微斗數全書四卷…………………………………… 4－209
新鍥國朝試律淺說靈通解二集四卷…………………………………… 4－208
新鍥張狀元遴輯評林秦漢狐白四卷…………………………………… 4－209
新鍥葛稚川内篇四卷外篇四卷……… 4－208
新鍥葛稚川内篇四卷外篇四卷……… 4－208
新鍥應試唐詩淺說靈通解二卷首一卷…………………………………… 4－209
新鍥獵古詞章釋字訓解三台對類正宗十九卷………………………… 4－208
新論十卷……………………………… 4－207
新論十卷……………………………… 4－207
新選小題鋭鋒初集一卷二集一卷…… 4－210
新選小題鋭鋒初集一卷二集一卷三集一卷…………………………… 4－210
新選小題靈源初集不分卷…………… 4－210
新選名聯珠璣二卷…………………… 4－210
新選春秋明景詩二卷………………… 4－209
新選秋詩又新集二卷………………… 4－210

新選秋詩又新集二卷 …………………… 4－210
新選無情巧搭續集不分卷 …………… 4－210
新選策論二卷 ………………………… 4－209
新選詳釋易明鄉音字彙不分卷 ……… 4－210
新選精義五經備旨不分卷 …………… 4－209
新選論策 ……………………………… 4－209
新選論策 ……………………………… 4－210
［新選論策十六學］不分卷 ………… 5－377
新選輿險要論□□卷 ………………… 4－210
新選蘇松雨兩屬課藝不分卷 ………… 4－210
新樂府詞一卷 ………………………… 4－212
新編日用涓吉奇門五總龜四卷 ……… 4－165
新編日用涓吉奇門五總龜四卷 ……… 4－165
新編日用涓吉奇門五總龜四卷 ……… 4－165
新編古今事文類聚前集六十卷後集五十卷續集二十八卷別集三十二卷 ……… 4－163
新編古今事文類聚前集六十卷後集五十卷續集二十八卷別集三十二卷 ……… 4－163
新編古今事文類聚前集六十卷後集五十卷續集二十八卷別集三十二卷 ……… 4－163
新編古今事文類聚前集六十卷後集五十卷續集二十八卷別集三十二卷 ……… 4－163
新編古今事文類聚前集六十卷後集五十卷續集二十八卷別集三十二卷 ……… 4－163
新編古今事文類聚前集六十卷後集五十卷續集二十八卷別集三十二卷 ……… 4－163
新編古今事文類聚前集六十卷後集五十卷續集二十八卷別集三十二卷 ……… 4－163
新編古今事文類聚前集六十卷後集五十卷續集二十八卷別集三十二卷 ……… 4－163
新編古今事文類聚前集六十卷後集五十卷續集二十八卷別集三十二卷 ……… 4－163
新編古今事文類聚前集六十卷後集五十卷續集二十八卷別集三十二卷 ……… 4－164
新編古今事文類聚前集六十卷後集五十卷續集二十八卷別集三十二卷 ……… 4－164
新編四元玉鑑三卷 …………………… 4－166
新編四元玉鑑三卷 …………………… 4－166
新編四元玉鑑三卷 …………………… 4－166
新編玄機妙訣斷易黄金策三卷 ……… 4－166
新編玄機妙訣斷易黄金策三卷 ……… 4－166
新編吏治懸鏡八卷 …………………… 4－164
新編吏治懸鏡八卷 …………………… 4－164
新編吏治懸鏡八卷 …………………… 4－164
新編吏治懸鏡八卷 …………………… 4－164
新編吏治懸鏡八卷 …………………… 4－164
新編吏治懸鏡八卷 …………………… 4－164
新編吏治懸鏡八卷 …………………… 4－164
新編吏治懸鏡八卷 …………………… 4－164
新編吏治懸鏡八卷 …………………… 4－164
新編批評繡像後七國樂田演義四卷十八回 …………………… 4－164
新編宋文忠公蘇學士東坡詩話三卷 …………………… 4－166
新編宋文忠公蘇學士東坡詩話三卷 …………………… 4－166
新編事文類聚翰墨大全甲集十二卷乙集十八卷丙集十四卷丁集十一卷戊集十三卷己集十二卷庚集十五卷辛集十六卷壬集十七卷癸集十七卷後甲集十五卷後乙集十三卷後丙集十二卷後丁集十四卷後戊集九卷 …………………… 4－165
新編待問集四書疑節十二卷 ………… 4－162
新編前明正德白牡丹傳八卷四十六回 …………………… 4－165
新編前明正德白牡丹傳八卷四十六回 …………………… 4－165
新編救急奇方二卷 …………………… 4－164
新編救急奇方二卷 …………………… 4－164
新編評註通玄先生張果星宗大全十

卷 …………………………………… 4－164
新編評註通玄先生張果星宗大全十
卷 …………………………………… 4－164
新編評註通玄先生張果星宗大全十
卷 …………………………………… 4－164
新編評註通玄先生張果星宗大全十
卷 …………………………………… 4－164
新編評註通玄先生張果星宗大全十
卷 …………………………………… 4－165
新編評註通玄先生張果星宗大全十
卷 …………………………………… 4－165
新編楊曾地理家傳心法捷訣一貫堪
輿八卷 ……………………………… 4－166
新編楊曾地理家傳心法捷訣一貫堪
輿八卷 ……………………………… 4－166
新編楊曾地理家傳心法捷訣一貫堪
輿八卷 ……………………………… 4－166
新編筭學啓蒙三卷 ………………… 4－166
新編筭學啓蒙三卷 ………………… 4－166
新編筭學啓蒙三卷 ………………… 4－166
新編筭學啓蒙三卷望海島術一卷總
括一卷 ……………………………… 4－166
新編筭學啓蒙三卷總括一卷 ……… 4－166
新編詩韻大全五卷 ………………… 4－165
新編詩韻大全五卷 ………………… 4－165
新編詩韻大全五卷 ………………… 4－165
新編詩韻大全五卷附初學檢韻總目
一卷 ………………………………… 4－165
新編詩韻大全五卷附初學檢韻總目
一卷 ………………………………… 4－165
新編詩韻全璧五卷檢韻一卷 ……… 4－165
新編壽世傳真八卷 ………………… 4－165
新編壽世傳真八卷 ………………… 4－165
新編壽世傳真八卷新刻洗心輯要二
卷 …………………………………… 4－166
新編對聯集珍四卷 ………………… 4－162
新編鳳雙飛全傳四十二回 ………… 4－162
新編精圖七千字文一卷 …………… 4－164
新編精圖七千字文一卷 …………… 4－164
新編曆法總覽合節鰲頭通書大全十
卷 …………………………………… 4－164
新編龍沙詩草不分卷 ……………… 4－164
新編燈謎大觀二卷 ………………… 4－162
新編藥性便讀一卷 ………………… 4－166
新編醫學正傳八卷 ………………… 4－166
新輯廿四史尚友錄十六卷 ………… 4－173
新輯廿四史尚友錄十六卷 ………… 4－173
新輯分類史論大成十九卷首一卷 … 4－173
新輯尺牘合璧四卷 ………………… 4－173
新輯尺牘合璧四卷 ………………… 4－173
新輯尺牘合璧四卷 ………………… 4－173
新輯古今楹聯大觀四卷 …………… 4－173
新輯秋水軒三卷 …………………… 4－174
新輯俄斯交涉事考四卷 …………… 4－173
新輯萬國輿地四字鑑一卷 ………… 4－174
新輯經濟策論初編八卷二編六卷三
編六卷 ……………………………… 4－173
新輯經濟策論初編八卷二編六卷三
編六卷 ……………………………… 4－173
新輯經籍餐詁檢韻一卷 …………… 2－202
新輯纂圖元亨療馬集六卷圖像水黃
牛經合併大全二卷 ………………… 4－174
新輯纂圖元亨療馬集六卷圖像水黃
牛經合併大全二卷 ………………… 4－174
新學分類文編 ……………………… 4－210
新學書目提要四卷 ………………… 4－210
新學僞經考十四卷 ………………… 4－210
新學僞經考十四卷 ………………… 4－210
新雕徂徠石先生文集二十卷末一卷
…………………………………… 4－167
新雕徂徠石先生文集二十卷末一卷
…………………………………… 4－167
新雕皇朝類苑七十八卷 …………… 4－167
新雕校證大字白氏諷諫一卷 ……… 4－167
新舊唐書互證二十卷 ……………… 4－174
新舊唐書合注魏徵列傳一卷 ……… 4－174
新舊唐書合鈔二百六十卷唐書宰相
世系表訂譌十二卷 ………………… 4－174
新舊唐書合鈔二百六十卷唐書宰相
世系表訂譌十二卷 ………………… 4－174
新鍥全補海篇直音十二卷 ………… 4－208
新鍥全補發微通書大全三十卷 …… 4－208

新鍥全補發微通書大全三十卷……… 4－208
新鍥全補發微通書大全三十卷……… 4－208
新鍥全補發微通書大全三十卷……… 4－208
新鍥重訂出像註釋通俗演義西晉志
傳題評四卷東晉志傳題評八卷紀
元傳一卷……………………………… 4－208
新鍥重訂出像註釋通俗演義東晉志
傳題評八卷…………………………… 4－208
新鍥晉雲江先生詩經闡蒙衍義集注
八卷…………………………………… 4－208
新鍥晉雲江先生詩經闡蒙衍義集注
八卷…………………………………… 4－208
新鍥雲林神彀四卷…………………… 4－208
新鍥雲林神彀四卷…………………… 4－208
新鍥雲林神彀四卷…………………… 4－208
新鍥雲林神彀四卷…………………… 4－208
新鍥雲林神彀四卷…………………… 4－208
新鍥趙田了凡袁先生編纂古本歷史
大方綱鑑補三十九卷首一卷……… 4－208
新鍥趙田了凡袁先生編纂古本歷史
大方綱鑑補三十九卷首一卷……… 4－208
新鍥增訂瞿氏世經堂詩經覼四卷…… 4－208
新鍥藊曹遺筆四卷…………………… 4－208
新鍥翰林三狀元會選二十九子品彙
釋評二十卷首一卷………………… 4－207
新鍥翰林葉先生輯著詩經舉業問難
新意八卷……………………………… 4－207
新豐吟稿一卷………………………… 4－173
［乾隆］新疆外藩紀畧二卷 ………… 5－338
［乾隆］新疆撮要錄四卷 …………… 5－338
［乾隆］新疆撮要錄四卷 …………… 5－338
新疆賦一卷…………………………… 4－174
新纂氏族箋釋八卷…………………… 4－218
新纂氏族箋釋八卷…………………… 4－218
新纂氏族箋釋八卷…………………… 4－218
新纂氏族箋釋八卷…………………… 4－218
新纂氏族箋釋八卷…………………… 4－218
新纂氏族箋釋八卷…………………… 4－218
新纂氏族箋釋八卷…………………… 4－218
新纂氏族箋釋八卷…………………… 4－218
新纂氏族箋釋八卷…………………… 4－218
新纂氏族箋釋八卷…………………… 4－218
新纂氏族箋釋八卷…………………… 4－219
新纂氏族箋釋八卷…………………… 4－219
新纂氏族箋釋八卷…………………… 4－219
新纂氏族箋釋八卷…………………… 4－219
新纂氏族箋釋八卷…………………… 4－219
新纂氏族箋釋八卷…………………… 4－219
新纂氏族箋釋八卷…………………… 4－219
新纂氏族箋釋八卷…………………… 4－219
新纂氏族箋釋八卷…………………… 4－219
新纂氏族箋釋八卷…………………… 4－219
新纂氏族箋釋八卷…………………… 4－219
新纂氏族箋釋八卷…………………… 4－219
新纂氏族箋釋八卷…………………… 4－219
新纂氏族箋釋八卷…………………… 4－219
新纂氏族箋釋八卷…………………… 4－219
新纂氏族箋釋八卷…………………… 4－219
新纂氏族箋釋八卷…………………… 4－219
新纂氏族箋釋八卷…………………… 4－219
新纂門目五臣音注揚子法言十卷…… 4－218
新纂門目五臣音注揚子法言十卷…… 4－218
新纂門目五臣音註揚子法言十卷…… 4－218
新纂約章大全七十三卷續二卷……… 4－219
新纂簡捷易明算法四卷首一卷……… 4－218
新纂簡捷易明算法四卷首一卷……… 4－218
新纂簡捷易明算法四卷首一卷……… 4－218
新纂簡捷易明算法四卷首一卷……… 4－218
新纂簡捷易明算法四卷首一卷……… 4－218
新纂簡捷易明算法四卷首一卷……… 4－218
新鐫千家詩五言絕句二卷唐司空圖
詩品詳註一卷笠翁對韻二卷……… 4－180
新鐫五言千家詩箋註二卷諸名家百
花詩一卷……………………………… 4－182
新鐫五言千家詩箋註二卷諸名家百
花詩一卷……………………………… 4－182
新鐫五言千家詩箋註二卷諸名家百
花詩一卷……………………………… 4－182
新鐫五言千家詩箋註二卷諸名家百
花詩一卷……………………………… 4－182
新鐫太醫院參訂徐氏鍼灸大全六卷
………………………………………… 4－181

新鐫分類評註文武合編百子金丹十卷…………………………………… 4－175
新鐫分類評註文武合編百子金丹十卷…………………………………… 4－175
新鐫分類評註文武合編百子金丹十卷…………………………………… 4－175
新鐫分類評註文武合編百子金丹十卷…………………………………… 4－175
新鐫分類評註文武合編百子金丹十卷…………………………………… 4－175
新鐫分類評註文武合編百子金丹十卷…………………………………… 4－175
新鐫分類評註文武合編百子金丹十卷…………………………………… 4－175
新鐫分類評註文武合編百子金丹十卷…………………………………… 4－175
新鐫分類評註文武合編百子金丹十卷…………………………………… 4－175
新鐫分類評註文武合編百子金丹十卷…………………………………… 4－175
新鐫分類評註文武合編百子金丹十卷…………………………………… 4－175
新鐫分類評註文武合編百子金丹十卷…………………………………… 4－175
新鐫分類評註文武合編百子金丹十卷…………………………………… 4－175
新鐫分類評註文武合編百子金丹十卷…………………………………… 4－175
新鐫分類評註文武合編百子金丹十卷…………………………………… 4－176
新鐫分類評註文武合編百子金丹十卷…………………………………… 4－176
新鐫分類評註文武合編百子金丹十卷…………………………………… 4－176
新鐫分類評註文武合編百子金丹十卷…………………………………… 4－176
新鐫玉茗堂批評按鑑參補出像南北宋志傳二十卷……………………… 4－183
新鐫玉茗堂批評按鑑參補南北宋志傳二十卷…………………………… 4－183
新鐫玉茗堂批評按鑑參補南北宋志傳二十卷…………………………… 4－183
新鐫玉茗堂批評按鑑參補南北宋志傳二十卷…………………………… 4－183
新鐫玉茗堂批評按鑑參補南北宋志傳二十卷…………………………… 4－183
新鐫玉茗堂批評按鑑參補南北宋志傳二十卷…………………………… 4－183
新鐫玉茗堂批評按鑑參補南北宋志傳二十卷…………………………… 4－183
新鐫玉茗堂批選王弇州先生豔異編四十卷……………………………… 4－183
新鐫玉茗堂批點按鑑參補南宋志傳十卷五十回………………………… 4－183
新鐫玉茗堂批點按鑑參補南宋志傳十卷五十回………………………… 4－183
新鐫玉茗堂批點按鑑參補楊家將傳十卷五十回………………………… 4－183
新鐫玉堂名選各體應制古學指南要覽不分卷…………………………… 4－183
新鐫古今大雅北宮詞紀六卷…………… 4－176
新鐫古文觀止十二卷…………………… 4－176
新鐫古本批評繡像三世報隔簾花影四十八回………………………………… 4－176
新鐫古史要評五卷……………………… 4－176
新鐫本草醫方合編十二卷……………… 4－174
新鐫本草醫方合編十二卷……………… 4－174
新鐫本草醫方合編十二卷……………… 4－174
新鐫本草醫方合編十二卷……………… 4－175
新鐫本草醫方合編十二卷……………… 4－175
新鐫本草醫方合編十二卷……………… 4－175
新鐫本草醫方合編十四卷……………… 4－175
新鐫本草醫方合編九卷………………… 4－174
新鐫本草醫方合編九卷………………… 4－174
新鐫地理鈎玄論不分卷………………… 4－175
新鐫百家評林國語全編二十一卷……… 4－174
新鐫全補發微曆正通書大全三十卷…………………………………………… 4－180
新鐫全像通俗演義隋煬帝艷史八卷四十回…………………………………… 4－180
新鐫名公釋義全備墨莊白眉故事六卷…………………………………… 4－180

新鐫批評出相韓湘子三十回 …… 4－180
新鐫批評出像通俗奇俠禪真逸史八集四十回 …… 4－180
新鐫批評出像通俗奇俠禪真逸史八集四十回 …… 4－180
新鐫改良甲子歌一卷 …… 4－176
新鐫武經七書 …… 4－182
新鐫京板工師雕斫正式魯班木經匠家鏡二卷靈驅解法洞明真言秘書一卷 …… 4－198
新鐫京板工師雕斵正式魯班木經匠家鏡二卷靈驅解法洞明真言秘書一卷 …… 4－177
新鐫鬼谷子先生四字經前定數一卷 …… 4－176
新鐫鬼谷子先生四字經前定數一卷 …… 4－176
新鐫鬼谷子先生四字經前定數二卷 …… 4－176
新鐫鬼谷子先生四字經前定數二卷 …… 4－176
新鐫鬼谷子先生四字經前定數二卷 …… 4－176
新鐫後續繡像五虎平南狄青演傳六卷四十二回 …… 4－176
新鐫音釋通鑑小畧一卷 …… 4－183
新鐫神峯通考闢謬命理正宗大全六卷 …… 4－181
新鐫神峯張先生通考闢謬命理正宗大全六卷 …… 4－181
新鐫神峯張先生通考闢謬命理正宗大全六卷 …… 4－181
新鐫神峯張先生通考闢謬命理正宗大全六卷 …… 4－181
新鐫神峯張先生通考闢謬命理正宗大全六卷 …… 4－181
新鐫神峯張先生通考闢謬命理正宗大全六卷 …… 4－181
新鐫神峯張先生通考闢謬命理正宗大全六卷 …… 4－181
新鐫校正指明算法二卷 …… 4－182
新鐫校正詳註分類百子金丹全書十卷 …… 4－182
新鐫校正詳註分類百子金丹全書十卷 …… 4－182
新鐫校正詳註分類百子金丹全書十卷 …… 4－182
新鐫校正詳註分類百子金丹全書十卷 …… 4－182
新鐫校正詳註分類百子金丹全書十卷 …… 4－182
新鐫透膽寒十六卷 …… 4－182
新鐫旁批詳註總斷廣名將譜二十卷 …… 4－180
新鐫陶節菴家藏秘授傷寒六書六卷 …… 4－181
新鐫陶節菴家藏秘授傷寒六書六卷 …… 4－182
新鐫陶節菴家藏秘授傷寒六書六卷 …… 4－182
新鐫陶節菴家藏秘授傷寒六書六卷 …… 4－182
新鐫陶節菴家藏秘授傷寒六書六卷 …… 4－182
新鐫陶節菴家藏秘授傷寒六書六卷 …… 4－182
新鐫陶節庵家藏秘授傷寒六書六卷 …… 4－181
新鐫陶節庵家藏秘授傷寒六書六卷 …… 4－181
新鐫異傳地理真訣一卷 …… 4－182
新鐫異說五虎平西珍珠旗演義狄青前傳十四卷一百十二回 …… 4－183
新鐫異說五虎平西珍珠旗演義狄青前傳十四卷一百十二回 …… 4－183
新鐫許真君玉匣記增補諸家選擇日用通書二卷 …… 4－176
新鐫許真君玉匣記增補諸家選擇日用通書六卷 …… 4－176
新鐫許真君玉匣記增補諸家選擇日

用通書六卷 …… 4-176
新鐫許真君玉匣記增補諸家選擇日
用通書六卷 …… 4-176
新鐫許真君玉匣記增補諸家選擇日
用通書六卷 …… 4-176
新鐫張太史註釋標題綱鑑白眉二十
一卷首一卷 …… 4-184
新鐫紹聞堂精選古文覺斯二刻八卷
…… 4-181
新鐫紹聞堂精選古文覺斯八卷 …… 4-180
新鐫紹聞堂精選古文覺斯八卷 …… 4-181
新鐫紹聞堂精選古文覺斯八卷 …… 4-181
新鐫紹聞堂精選古文覺斯八卷 …… 4-181
新鐫紹聞堂精選古文覺斯廣集四刻
十卷 …… 4-181
新鐫紹聞堂精選古文覺斯廣集四刻
十卷 …… 4-181
新鐫紹聞堂精選古文覺斯廣集四刻
八卷 …… 4-181
新鐫堪輿秘訣葬法□□卷 …… 4-177
新鐫雅俗通用珠璣藪八卷 …… 4-182
新鐫焦太史彙選百家評林名文珠璣
十三卷 …… 4-177
新鐫焦太史彙選百家評林名文珠璣
十三卷 …… 4-177
新鐫評林句解音釋標英古文統宗□
□卷 …… 4-180
新鐫評釋巧對十八卷 …… 4-180
新鐫楊家府世代忠勇演義志傳八卷
…… 4-182
新鐫碎玉剖秘地理不求人五卷 …… 4-181
新鐫銀經發秘三卷 …… 4-204
新鐫增補周易備旨一見能解六卷 …… 4-184
新鐫增補周易備旨一見能解六卷 …… 4-184
新鐫增補周易備旨一見能解六卷上
下篇義一卷易經圖考一卷朱子筮
儀一卷 …… 4-184
新鐫增補周易備旨一見能解六卷上
下篇義一卷易經圖考一卷朱子筮
儀一卷 …… 4-184
新鐫增補周易備旨一見能解六卷上
下篇義一卷易經圖考一卷朱子筮
儀一卷 …… 5-398
新鐫增補周易備旨一見能解六卷上
下篇義一卷易經圖考一卷朱子筮
儀一卷 …… 5-398
新鐫增補時憲臺曆袖裡璇璣星命須
知一卷 …… 4-183
新鐫增補時憲臺曆袖裡璇璣星命須
知一卷御定萬年書一卷 …… 4-183
新鐫增補時憲臺曆袖裡璇璣星命須
知一卷御定萬年書一卷 …… 4-183
新鐫曆法合節鰲頭通書□□卷 …… 4-179
新鐫曆法便覽象吉備要通書大全二
十九卷 …… 4-177
新鐫曆法便覽象吉備要通書大全二
十九卷 …… 4-177
新鐫曆法便覽象吉備要通書大全二
十九卷 …… 4-177
新鐫曆法便覽象吉備要通書大全二
十九卷 …… 4-177
新鐫曆法便覽象吉備要通書大全二
十九卷 …… 4-177
新鐫曆法便覽象吉備要通書大全二
十九卷 …… 4-177
新鐫曆法便覽象吉備要通書大全二
十九卷 …… 4-177
新鐫曆法便覽象吉備要通書大全二
十九卷 …… 4-177
新鐫曆法便覽象吉備要通書大全二
十九卷 …… 4-177
新鐫曆法便覽象吉備要通書大全二
十九卷 …… 4-177
新鐫曆法便覽象吉備要通書大全二
十九卷 …… 4-177
新鐫曆法便覽象吉備要通書大全二
十九卷 …… 4-177
新鐫曆法便覽象吉備要通書大全二
十九卷 …… 4-177
新鐫曆法便覽象吉備要通書大全二
十九卷 …… 4-178
新鐫曆法便覽象吉備要通書大全二

十九卷……………………………… 4－178
新鐫曆法便覽象吉備要通書大全二十九卷……………………………… 4－178
新鐫曆法便覽象吉備要通書大全二十九卷……………………………… 4－178
新鐫曆法便覽象吉備要通書大全二十九卷……………………………… 4－178
新鐫曆法便覽象吉備要通書大全二十九卷……………………………… 4－178
新鐫曆法便覽象吉備要通書大全二十九卷……………………………… 4－178
新鐫曆法便覽象吉備要通書大全二十九卷……………………………… 4－178
新鐫曆法便覽象吉備要通書大全二十九卷……………………………… 4－178
新鐫曆法便覽象吉備要通書大全二十九卷……………………………… 4－178
新鐫曆法便覽象吉備要通書大全二十九卷……………………………… 4－178
新鐫曆法便覽象吉備要通書大全二十九卷……………………………… 4－178
新鐫曆法便覽象吉備要通書大全二十九卷……………………………… 4－178
新鐫曆法便覽象吉備要通書大全二十九卷……………………………… 4－178
新鐫曆法便覽象吉備要通書大全二十九卷……………………………… 4－178
新鐫曆法便覽象吉備要通書大全二十九卷……………………………… 4－178
新鐫曆法便覽象吉備要通書大全二十九卷……………………………… 4－178
新鐫曆法便覽象吉備要通書大全二十九卷……………………………… 4－178
新鐫曆法便覽象吉備要通書大全二十九卷……………………………… 4－178
新鐫曆法便覽象吉備要通書大全二十九卷……………………………… 4－178
新鐫曆法便覽象吉備要通書大全二十九卷……………………………… 4－179
新鐫曆法便覽象吉備要通書大全二十九卷……………………………… 4－179
新鐫曆法便覽象吉備要通書大全二十九卷……………………………… 4－179
新鐫曆法便覽象吉備要通書大全二十九卷……………………………… 4－179
新鐫曆法便覽象吉備要通書大全二十九卷……………………………… 4－179
新鐫曆法便覽象吉備要通書大全二十九卷……………………………… 4－179
新鐫曆法便覽象吉備要通書大全二十九卷……………………………… 4－179
新鐫曆法便覽象吉備要通書大全二十九卷……………………………… 4－179
新鐫曆法便覽象吉備要通書大全二十九卷……………………………… 4－179
新鐫曆法便覽象吉備要通書大全二十九卷……………………………… 4－179
新鐫曆法便覽象吉備要通書大全二十九卷……………………………… 4－179
新鐫曆法便覽象吉備要通書大全二十九卷……………………………… 4－179
新鐫曆法便覽象吉備要通書大全二十九卷……………………………… 4－179
新鐫曆法便覽象吉備要通書大全二十九卷……………………………… 4－179
新鐫曆法便覽象吉備要通書大全二十九卷……………………………… 4－179
新鐫曆法便覽象吉備要通書大全二十九卷……………………………… 4－179
新鐫曆法便覽象吉備要通書大全二十九卷……………………………… 4－179
新鐫曆法總覽合節鰲頭通書大全十卷……………………………… 4－179
新鐫曆法總覽合節鰲頭通書大全十卷……………………………… 4－180
新鐫曆法總覽合節鰲頭通書大全十卷……………………………… 4－180
新鐫曆法總覽合節鰲頭通書大全十卷……………………………… 4－180
新鐫曆法總覽合節鰲頭通書大全十卷……………………………… 4－180
新鐫曆法總覽合節鰲頭通書大全十

卷 ………………………………… 4－180
新鐫曆法總覽合節鼇頭通書大全十卷 ………………………………… 4－180
新鐫曆法總覽合節鼇頭通書大全十卷 ………………………………… 4－180
新鐫曆法總覽合節鼇頭通書大全十卷 ………………………………… 4－180
新鐫韓祖成仙寶傳二十四回 ………… 4－176
新鐫雜錦群芳尺牘八卷 ……………… 4－183
新鐫類證增註傷寒百問歌四卷 ……… 4－177
新譯日本法規大全不分卷 …………… 4－210
新譯日本法規大全不分卷 …………… 4－211
新譯中學日本文典十七章 …………… 4－211
新譯列國歲計政要三編 ……………… 4－210
新譯萬國垂涎中華近事三卷 ………… 4－211
新續通行章程四卷 …………………… 4－209
意中緣傳奇二卷三十齣 ……………… 4－328
意中緣傳奇二卷三十齣 ……………… 4－328
意林五卷 ……………………………… 4－327
意林五卷 ……………………………… 4－328
意達天庭一卷 ………………………… 4－327
意園文略二卷 ………………………… 4－328
意園文錄二卷 ………………………… 4－328
意園文錄二卷 ………………………… 4－328
雍正上諭內閣不分卷 ………………… 4－389
雍正上諭內閣不分卷 ………………… 4－389
雍正上諭內閣不分卷 ………………… 4－389
雍正上諭內閣不分卷 ………………… 4－389
雍正上諭內閣不分卷 ………………… 4－389
[雍正乾隆曆書]不分卷 ……………… 5－383
[雍正新書]不分卷 …………………… 5－383
慎自愛軒錄存內篇三卷外篇三卷雜詩十二卷 ………………………………… 3－144
慎其餘齋文集二十卷末一卷 ………… 3－143
慎其餘齋文集二十卷末一卷 ………… 3－143
慎其餘齋文集二十卷末一卷 ………… 3－143
慎其餘齋文集二十卷末一卷 ………… 3－143
慎其餘齋文集二十卷末一卷 ………… 3－144
慎其餘齋文集二十卷末一卷 ………… 3－144
慎知堂詩存八卷 ……………………… 3－144
慎知堂詩存八卷 ……………………… 3－144
慎宜軒詩八卷 ………………………… 3－144
慎思記一卷訟過記一卷 ……………… 3－144
慎疾芻言一卷 ………………………… 3－143
慎疾芻言一卷 ………………………… 3－143
慎疾芻言一卷 ………………………… 3－143
慎疾芻言一卷 ………………………… 3－143
慎疾芻言一卷 ………………………… 3－143
慎疾芻言一卷 ………………………… 3－143
慎疾芻言一卷樂府傳聲一卷 ………… 3－143
慎庵詩鈔二卷 ………………………… 3－143
慎終錄四卷首一卷末一卷 …………… 3－144
慎終錄四卷首一卷末一卷 …………… 3－144
慎終錄四卷首一卷末一卷 …………… 3－144
慎詒堂原本四書集注十九卷 ………… 3－144
慎獨齋讀易省心錄不分卷 …………… 3－143
慎齋遺書十卷 ………………………… 3－144
慎鸞交傳奇二卷三十五齣 …………… 3－143
義山文集六卷 ………………………… 4－328
義字號福田收官不分卷 ……………… 4－329
義門讀書記五十八卷 ………………… 4－328
義門讀書記五十八卷 ………………… 4－328
義門讀書記五十八卷 ………………… 4－328
義門讀書記五十八卷 ………………… 4－328
義門讀書記五十八卷 ………………… 4－328
義門讀書記五十八卷 ………………… 4－328
義門讀書記五十八卷 ………………… 4－328
義門讀書記不分卷 …………………… 4－328
義府二卷 ……………………………… 4－328
義俠好逑傳四卷十八回 ……………… 4－328
義俠好逑傳四卷十八回 ……………… 4－328
義莊規矩一卷褒賢祠記二卷鄱陽遺事錄一卷遺跡一卷言行拾遺事錄四卷 ………………………………… 1－355
義莊規矩一卷褒賢祠記二卷鄱陽遺事錄一卷遺跡一卷言行拾遺事錄四卷 ………………………………… 1－355
義莊規矩一卷褒賢祠記二卷鄱陽遺事錄一卷遺跡一卷言行拾遺事錄四卷 ………………………………… 1－355
義渡錄四集二卷 ……………………… 4－328
義經堂四書體註合講孟子七卷 ……… 4－328

義塾記畧不分卷 …………………… 4－328
[道光]義寧州志三十二卷首三卷 … 5－284
[道光]義寧州志三十二卷首三卷 … 5－284
[道光]義寧州志三十二卷首三卷 … 5－284
[同治]義寧州志四十卷首一卷 …… 5－369
[同治]義寧州志四十卷首一卷 …… 5－369
遡園全集 …………………… 3－395
慈心寶鑒四卷 …………………… 1－189
慈恩玉歷彙錄五卷 …………………… 1－188
慈航性理二卷 …………………… 1－188
慈悲梁皇寶懺十卷 …………………… 1－188
慈溪黄氏日抄分類九十七卷古今紀
要十九卷 …………………… 1－188
慈溪黄氏日抄分類九十七卷古今紀
要十九卷 …………………… 1－188
慈溪黄氏日抄分類九十七卷古今紀
要十九卷 …………………… 1－188
慈溪黄氏日抄分類九十七卷古今紀
要十九卷 …………………… 1－188
慈溪黄氏日抄分類九十七卷古今紀
要十九卷 …………………… 1－188
慈溪黄氏日抄分類九十七卷古今紀
要十九卷 …………………… 1－188
慈溪黄氏日抄分類九十七卷古今紀
要十九卷 …………………… 1－188
慈溪黄氏日抄分類九十七卷古今紀
要十九卷 …………………… 1－188
慈溪黄氏日抄分類九十七卷古今紀
要十九卷 …………………… 1－189
慈溪黄氏日抄分類九十七卷古今紀
要十九卷 …………………… 1－189
慈溪黄氏日抄分類九十七卷古今紀
要十九卷 …………………… 1－189
煙畫東堂四譜四卷 …………………… 4－263
煙嶼樓集 …………………… 4－263
煙霞萬古樓文集六卷 …………………… 4－263
煉靈通功經不分卷 …………………… 2－317
資生要術不分卷 …………………… 5－222
資生要術不分卷 …………………… 5－222
資生要術不分卷 …………………… 5－222
資生要術不分卷 …………………… 5－222
資生要術不分卷 …………………… 5－222
資生要術不分卷 …………………… 5－222
資生要術不分卷 …………………… 5－222
資治明紀綱目二十卷附福唐桂三王
本末一卷 …………………… 5－75
資治明紀綱目二十卷附福唐桂三王
本末一卷 …………………… 5－76
資治明紀綱目三編六卷 …………………… 5－76
資治明紀綱目三編六卷 …………………… 5－76
資治通鑑二百九十四卷 …………………… 5－223
資治通鑑二百九十四卷 …………………… 5－223
資治通鑑二百九十四卷 …………………… 5－223
資治通鑑二百九十四卷 …………………… 5－223
資治通鑑二百九十四卷 …………………… 5－223
資治通鑑二百九十四卷 …………………… 5－223
資治通鑑二百九十四卷 …………………… 5－223
資治通鑑二百九十四卷 …………………… 5－224
資治通鑑二百九十四卷 …………………… 5－224
資治通鑑二百九十四卷 …………………… 5－224
資治通鑑二百九十四卷 …………………… 5－224
資治通鑑二百九十四卷 …………………… 5－224
資治通鑑二百九十四卷 …………………… 5－224
資治通鑑二百九十四卷 …………………… 5－224
資治通鑑二百九十四卷 …………………… 5－224
資治通鑑二百九十四卷 …………………… 5－224
資治通鑑二百九十四卷 …………………… 5－224
資治通鑑二百九十四卷 …………………… 5－224
資治通鑑二百九十四卷 …………………… 5－224
資治通鑑二百九十四卷 …………………… 5－225
資治通鑑二百九十四卷 …………………… 5－225
資治通鑑二百九十四卷 …………………… 5－225
資治通鑑二百九十四卷 …………………… 5－225
資治通鑑二百九十四卷 …………………… 5－225
資治通鑑二百九十四卷 …………………… 5－225
資治通鑑二百九十四卷 …………………… 5－225
資治通鑑二百九十四卷 …………………… 5－225
資治通鑑二百九十四卷 …………………… 5－225
資治通鑑二百九十四卷 …………………… 5－225
資治通鑑二百九十四卷 …………………… 5－226
資治通鑑二百九十四卷 …………………… 5－226
資治通鑑二百九十四卷 …………………… 5－226

資治通鑑二百九十四卷………………… 5－226
資治通鑑二百九十四卷………………… 5－226
資治通鑑二百九十四卷………………… 5－226
資治通鑑二百九十四卷………………… 5－226
資治通鑑二百九十四卷………………… 5－226
資治通鑑二百九十四卷………………… 5－226
資治通鑑二百九十四卷………………… 5－226
資治通鑑二百九十四卷………………… 5－226
資治通鑑二百九十四卷………………… 5－227
資治通鑑二百九十四卷………………… 5－227
資治通鑑二百九十四卷………………… 5－227
資治通鑑二百九十四卷………………… 5－227
資治通鑑二百九十四卷………………… 5－227
資治通鑑二百九十四卷………………… 5－227
資治通鑑二百九十四卷………………… 5－227
資治通鑑二百九十四卷………………… 5－227
資治通鑑二百九十四卷………………… 5－227
資治通鑑二百九十四卷………………… 5－227
資治通鑑二百九十四卷………………… 5－227
資治通鑑二百九十四卷………………… 5－227
資治通鑑二百九十四卷………………… 5－228
資治通鑑二百九十四卷目錄三十卷
……………………………………… 5－228
資治通鑑二百九十四卷目錄三十卷
……………………………………… 5－228
資治通鑑二百九十四卷目錄三十卷
……………………………………… 5－228
資治通鑑二百九十四卷目錄三十卷
考異三十卷釋例一卷………………… 5－228
資治通鑑大全………………………… 5－223
資治通鑑大全………………………… 5－223
資治通鑑大全………………………… 5－223
資治通鑑大全………………………… 5－223
資治通鑑刊本識誤三卷……………… 5－234
資治通鑑目錄三十卷………………… 5－234
資治通鑑目錄三十卷………………… 5－234
資治通鑑目錄三十卷………………… 5－234
資治通鑑目錄三十卷………………… 5－234
資治通鑑目錄三十卷………………… 5－234
資治通鑑目錄三十卷………………… 5－234
資治通鑑目錄三十卷………………… 5－234
資治通鑑目錄三十卷………………… 5－234
資治通鑑目錄三十卷………………… 5－234
資治通鑑目錄三十卷………………… 5－234
資治通鑑目錄三十卷………………… 5－234
資治通鑑外紀十卷…………………… 5－234
資治通鑑外紀十卷…………………… 5－235
資治通鑑外紀十卷…………………… 5－235
資治通鑑外紀十卷目錄五卷………… 5－235
資治通鑑外紀十卷目錄五卷………… 5－235
資治通鑑外紀十卷目錄五卷………… 5－235
資治通鑑外紀十卷目錄五卷………… 5－235
資治通鑑考異三十卷………………… 5－234
資治通鑑考異三十卷………………… 5－234
資治通鑑考異三十卷………………… 5－234
資治通鑑考異三十卷………………… 5－234
資治通鑑考異三十卷………………… 5－234
資治通鑑考異三十卷………………… 5－234
資治通鑑地理今釋十六卷…………… 5－223
資治通鑑地理今釋十六卷…………… 5－223
資治通鑑攷異三十卷………………… 5－234
資治通鑑後編一百八十四卷………… 5－233
資治通鑑後編校勘記十五卷………… 5－233
資治通鑑問疑一卷…………………… 5－228
資治通鑑補二百九十四卷…………… 5－223
資治通鑑補二百九十四卷…………… 5－223
資治通鑑補二百九十四卷…………… 5－223
資治通鑑補二百九十四卷…………… 5－223
資治通鑑節要續編三十卷…………… 5－233
資治通鑑綱目三編四卷……………… 5－145
資治通鑑綱目五十九卷……………… 5－231
資治通鑑綱目五十九卷……………… 5－231
資治通鑑綱目五十九卷……………… 5－231
資治通鑑綱目五十九卷……………… 5－231
資治通鑑綱目五十九卷……………… 5－231
資治通鑑綱目五十九卷……………… 5－232
資治通鑑綱目五十九卷……………… 5－232
資治通鑑綱目五十九卷……………… 5－232
資治通鑑綱目五十九卷首一卷……… 5－232
資治通鑑綱目五十九卷首一卷……… 5－232
資治通鑑綱目五十九卷首一卷……… 5－232
資治通鑑綱目五十九卷首一卷……… 5－232

資治通鑑綱目五十九卷首一卷……… 5－232
資治通鑑綱目五十九卷首一卷……… 5－232
資治通鑑綱目五十九卷首一卷……… 5－232
資治通鑑綱目五十九卷首一卷……… 5－232
資治通鑑綱目五十九卷首一卷……… 5－232
資治通鑑綱目五十九卷首一卷……… 5－232
資治通鑑綱目五十九卷首一卷……… 5－233
資治通鑑綱目五十九卷首一卷……… 5－233
資治通鑑綱目五十九卷首一卷……… 5－233
資治通鑑綱目五十九卷首一卷……… 5－233
資治通鑑綱目五十九卷首一卷……… 5－233
資治通鑑綱目五十九卷首一卷……… 5－233
資治通鑑綱目五十九卷首一卷……… 5－233
資治通鑑綱目五十九卷首一卷……… 5－233
資治通鑑綱目正編五十九卷首一卷
……………………………………… 5－228
資治通鑑綱目正編五十九卷首一卷
……………………………………… 5－228
資治通鑑綱目正編五十九卷首一卷
……………………………………… 5－228
資治通鑑綱目正編五十九卷首一卷
……………………………………… 5－228
資治通鑑綱目正編五十九卷首一卷
……………………………………… 5－229
資治通鑑綱目正編五十九卷首一卷
……………………………………… 5－229
資治通鑑綱目正編五十九卷首一卷
……………………………………… 5－229
資治通鑑綱目正編五十九卷首一卷
……………………………………… 5－229
資治通鑑綱目正編五十九卷首一卷
……………………………………… 5－229
資治通鑑綱目正編五十九卷首一卷
……………………………………… 5－229
資治通鑑綱目正編五十九卷首一卷
……………………………………… 5－229
資治通鑑綱目正編五十九卷首一卷
……………………………………… 5－229
資治通鑑綱目正編五十九卷首一卷
……………………………………… 5－229
資治通鑑綱目正編五十九卷首一卷
……………………………………… 5－230
資治通鑑綱目正編五十九卷首一卷
……………………………………… 5－230
資治通鑑綱目正編五十九卷首一卷
……………………………………… 5－230
資治通鑑綱目正編五十九卷首一卷
……………………………………… 5－230
資治通鑑綱目正編五十九卷首一卷
……………………………………… 5－230
資治通鑑綱目正編五十九卷首一卷
……………………………………… 5－230
資治通鑑綱目正編五十九卷首一卷
……………………………………… 5－230
資治通鑑綱目正編五十九卷首一卷
……………………………………… 5－230
資治通鑑綱目正編五十九卷首一卷
……………………………………… 5－230
資治通鑑綱目正編五十九卷首一卷
……………………………………… 5－230
資治通鑑綱目正編五十九卷首一卷
……………………………………… 5－231
資治通鑑綱目正編五十九卷首一卷
……………………………………… 5－231
資治通鑑綱目正編五十九卷首一卷
……………………………………… 5－231
資治通鑑綱目正編五十九卷首一卷
……………………………………… 5－231
資治通鑑綱目正編五十九卷首一卷
……………………………………… 5－233
資治通鑑綱目前編二十五卷………… 5－228
資治通鑑綱目前編二十五卷………… 5－228
資治通鑑綱目前編二十五卷………… 5－228
資治通鑑綱目前編二十五卷………… 5－228
資治通鑑綱目前編二十五卷………… 5－228
資治通鑑綱目前編二十五卷………… 5－228
資治通鑑綱目前編二十五卷………… 5－229
資治通鑑綱目前編二十五卷………… 5－229
資治通鑑綱目前編二十五卷………… 5－229
資治通鑑綱目前編二十五卷………… 5－229
資治通鑑綱目前編二十五卷………… 5－229

資治通鑑綱目前編二十五卷………… 5－229
資治通鑑綱目前編二十五卷………… 5－229
資治通鑑綱目前編二十五卷………… 5－229
資治通鑑綱目前編二十五卷………… 5－229
資治通鑑綱目前編二十五卷………… 5－230
資治通鑑綱目前編二十五卷………… 5－230
資治通鑑綱目前編二十五卷………… 5－230
資治通鑑綱目前編二十五卷………… 5－230
資治通鑑綱目前編二十五卷………… 5－230
資治通鑑綱目前編二十五卷………… 5－230
資治通鑑綱目前編二十五卷………… 5－230
資治通鑑綱目前編二十五卷………… 5－230
資治通鑑綱目前編二十五卷………… 5－230
資治通鑑綱目前編二十五卷………… 5－230
資治通鑑綱目前編二十五卷………… 5－231
資治通鑑綱目前編二十五卷………… 5－231
資治通鑑綱目前編二十五卷………… 5－231
資治通鑑綱目前編二十五卷………… 5－231
資治通鑑綱目前編二十五卷………… 5－231
資治通鑑綱目前編二十五卷………… 5－231
資治通鑑綱目前編二十五卷………… 5－231
資治通鑑綱目前編二十五卷………… 5－231
資治通鑑綱目前編二十五卷………… 5－231
資治通鑑綱目前編二十五卷………… 5－232
資治通鑑綱目前編二十五卷………… 5－232
資治通鑑綱目發明五十九卷………… 5－228
資治通鑑綱目續編二十七卷末一卷
………………………………………… 5－228
資治通鑑綱目續編二十七卷末一卷
………………………………………… 5－228
資治通鑑綱目續編二十七卷末一卷
………………………………………… 5－228
資治通鑑綱目續編二十七卷末一卷
………………………………………… 5－228
資治通鑑綱目續編二十七卷末一卷
………………………………………… 5－229
資治通鑑綱目續編二十七卷末一卷
………………………………………… 5－229
資治通鑑綱目續編二十七卷末一卷
………………………………………… 5－229
資治通鑑綱目續編二十七卷末一卷
………………………………………… 5－229
資治通鑑綱目續編二十七卷末一卷
………………………………………… 5－229
資治通鑑綱目續編二十七卷末一卷
………………………………………… 5－229
資治通鑑綱目續編二十七卷末一卷
………………………………………… 5－229
資治通鑑綱目續編二十七卷末一卷
………………………………………… 5－229
資治通鑑綱目續編二十七卷末一卷
………………………………………… 5－229
資治通鑑綱目續編二十七卷末一卷
………………………………………… 5－230
資治通鑑綱目續編二十七卷末一卷
………………………………………… 5－230
資治通鑑綱目續編二十七卷末一卷
………………………………………… 5－230
資治通鑑綱目續編二十七卷末一卷
………………………………………… 5－230
資治通鑑綱目續編二十七卷末一卷
………………………………………… 5－230
資治通鑑綱目續編二十七卷末一卷
………………………………………… 5－230
資治通鑑綱目續編二十七卷末一卷
………………………………………… 5－230
資治通鑑綱目續編二十七卷末一卷
………………………………………… 5－230
資治通鑑綱目續編二十七卷末一卷
………………………………………… 5－230
資治通鑑綱目續編二十七卷末一卷
………………………………………… 5－230
資治通鑑綱目續編二十七卷末一卷
………………………………………… 5－231
資治通鑑綱目續編二十七卷末一卷
………………………………………… 5－231
資治通鑑綱目續編二十七卷末一卷
………………………………………… 5－231
資治通鑑綱目續編二十七卷末一卷
………………………………………… 5－231
資治通鑑釋文三十卷………………… 5－228

資治通鑑釋文三十卷…………………… 5－234
資治通鑑釋文三十卷…………………… 5－234
資治新書二集二十卷…………………… 5－236
資治新書二集二十卷…………………… 5－236
資治新書二集二十卷…………………… 5－236
資治新書十四卷首一卷二集二十卷
…………………………………………… 5－236
資治新書十四卷首一卷二集二十卷
…………………………………………… 5－236
資治新書初集十四卷首一卷二集二
十卷…………………………………… 5－235
資治新書初集十四卷首一卷二集二
十卷…………………………………… 5－235
資治新書初集十四卷首一卷二集二
十卷…………………………………… 5－235
資治新書初集十四卷首一卷二集二
十卷…………………………………… 5－235
資治新書初集十四卷首一卷二集二
十卷…………………………………… 5－235
資治新書初集十四卷首一卷二集二
十卷…………………………………… 5－235
資治新書初集十四卷首一卷二集二
十卷…………………………………… 5－235
資治新書初集十四卷首一卷二集二
十卷…………………………………… 5－235
資治新書初集十四卷首一卷二集二
十卷…………………………………… 5－235
資治新書初集十四卷首一卷二集二
十卷…………………………………… 5－235
資治新書初集十四卷首一卷二集二
十卷…………………………………… 5－235
資治新書初集十四卷首一卷二集二
十卷…………………………………… 5－235
資治新書初集十四卷首一卷二集二
十卷…………………………………… 5－236
資治新書初集十四卷首一卷二集二
十卷…………………………………… 5－236
資治新書初集十四卷首一卷二集二
十卷…………………………………… 5－236
資治新書初集十四卷首一卷二集二
十卷…………………………………… 5－236
資治新書初集十四卷首一卷二集二
十卷…………………………………… 5－236
資治新書初集十四卷首一卷二集二
十卷…………………………………… 5－236
資治新書初集十四卷首一卷二集二
十卷…………………………………… 5－236
資治新書初集十四卷首一卷二集二
十卷…………………………………… 5－236
資治新書初集十四卷首一卷二集二
十卷…………………………………… 5－236
資治新書初集十四卷首一卷二集二
十卷…………………………………… 5－236
資治新書初集十四卷首一卷二集二
十卷…………………………………… 5－236
資治新書初集十四卷首一卷二集二
十卷…………………………………… 5－236
資治歷朝紀政綱目前編八卷正編四
十卷續編二十六卷…………………… 5－222
資治歷朝紀政綱目前編八卷正編四
十卷續編二十六卷…………………… 5－223
資德大夫兵部尚書郭公青螺年譜一
卷……………………………………… 1－484
滇南集律詩四卷古詩四卷試策箋注
一卷…………………………………… 1－258
滇南集律詩四卷古詩四卷試策箋注
一卷…………………………………… 1－258
滇南銅說一卷………………………… 1－258
滇南雜志二十四卷…………………… 1－258
滇雲歷年傳十二卷…………………… 1－258
[嘉慶]滇繫四十卷 ………………… 5－300
[嘉慶]滇繫四十卷 ………………… 5－300
[嘉慶]滇繫四十卷 ………………… 5－300
滙東手談三十二卷…………………… 2－101
滙報不分卷…………………………… 2－101
[源房祠賬簿]不分卷(清光緒三十
三年至一九五〇年) ………………… 5－384
[乾隆]溫州府志三十卷首一卷 …… 5－337
溫飛卿詩集七卷别集一卷集外詩一
卷附錄諸家詩評一卷 ……………… 4－25

溫飛卿詩集七卷別集一卷集外詩一卷附錄諸家詩評一卷 ………………… 4－25
溫飛卿詩集七卷別集一卷集外詩一卷附錄諸家詩評一卷 ………………… 4－26
溫飛卿詩集七卷別集一卷集外詩一卷附錄諸家詩評一卷 ………………… 4－26
溫飛卿詩集七卷別集一卷集外詩一卷附錄諸家詩評一卷 ………………… 4－26
溫飛卿詩集七卷別集一卷集外詩一卷附錄諸家詩評一卷 ………………… 4－26
溫飛卿詩集七卷別集一卷集外詩一卷附錄諸家詩評一卷 ………………… 4－26
溫飛卿詩集七卷別集一卷集外詩一卷附錄諸家詩評一卷 ………………… 4－26
溫飛卿詩集七卷別集一卷集外詩一卷附錄諸家詩評一卷 ………………… 4－26
溫飛卿詩集七卷別集一卷集外詩一卷附錄諸家詩評一卷 ………………… 4－26
溫病條辨六卷首一卷 ………………… 4－25
溫病條辨六卷首一卷 ………………… 4－25
溫病條辨六卷首一卷 ………………… 4－25
溫病條辨六卷首一卷 ………………… 4－25
溫病條辨六卷首一卷 ………………… 4－25
溫病條辨六卷首一卷 ………………… 4－25
溫病條辨六卷首一卷 ………………… 4－25
溫病條辨六卷首一卷 ………………… 4－25
溫病條辨六卷首一卷 ………………… 4－25
溫病條辨湯頭歌括一卷 ………………… 4－25
溫病條辨湯頭歌括一卷 ………………… 4－25
溫病條辨湯頭歌括一卷 ………………… 4－25
溫病條辨湯頭歌括一卷 ………………… 4－25
溫病條辨湯頭歌括一卷 ………………… 4－25
溫病條辨湯頭歌括一卷 ………………… 4－25
溫病條辨湯頭歌括一卷 ………………… 4－25
溫病條辨湯頭歌括一卷 ………………… 4－25
溫病條辨湯頭歌括一卷 ………………… 4－25
溫病條辨湯頭歌括三卷 ………………… 4－25
溫病條辨雜說不分卷 ………………… 4－25
溫熱經緯五卷 ………………… 4－26
溫熱經緯五卷 ………………… 4－26
溫熱經緯五卷 ………………… 4－26
溫熱贅言一卷 ………………… 4－26
溫熱贅言一卷 ………………… 4－299
溫熱贅言一卷 ………………… 4－299
溫熱贅言一卷 ………………… 4－299
溫熱贅言一卷 ………………… 4－299
溫熱贅言一卷 ………………… 4－299
滌非齋制藝僅存一卷 ………………… 1－245
準齋雜說二卷 ………………… 5－220
溪堂集十卷 ………………… 4－106
滄浪詩話註五卷 ………………… 1－77
滄浪詩話註五卷 ………………… 1－77
滄桑豔二卷二十齣 ………………… 1－78
滄溟先生集三十二卷 ………………… 1－77
滄溟先生集三十卷 ………………… 1－77
滄溟先生集三十卷 ………………… 1－78
滄溟先生集三十卷 ………………… 1－78
滄溟先生集三十卷 ………………… 1－78
滄溟先生集三十卷 ………………… 1－78
滄溟詩集十四卷 ………………… 1－77
滄螺集六卷補遺一卷附錄一卷 ………………… 1－77
滾盤珠一卷 ………………… 1－484
滾盤珠一卷 ………………… 1－484
滾盤珠一卷 ………………… 1－484
滾盤珠一卷 ………………… 1－484
滾盤珠一卷 ………………… 4－336
滂喜齋叢書 ………………… 2－478
滂喜齋叢書 ………………… 2－478
滂喜齋叢書 ………………… 2－478
滂喜齋叢書 ………………… 2－478
福幼編一卷 ………………… 1－93
福幼編一卷 ………………… 1－93
福幼編一卷 ………………… 1－195
福幼編一卷 ………………… 1－376
福幼編一卷 ………………… 1－376
福幼編一卷 ………………… 1－376
福幼編一卷 ………………… 1－376
福幼編一卷 ………………… 1－376
福建內地府州縣總圖一卷 ………………… 1－376
福建全省地輿圖不分卷 ………………… 1－376
［福建長樂］鍾氏族譜十卷首一卷 ………………… 5－132
福建沿海圖說一卷附海島表一卷 ………………… 2－398

[乾隆]福建通志七十八卷首一卷 … 5－333
[乾隆]福建通志七十八卷首五卷 … 5－333
[福建寧化]義門陳氏族譜三卷首一卷 …… 5－298
[福建龍溪]龍溪章氏幼房支譜不分卷 …… 5－287
福建闈墨一卷 …… 1－376
[乾隆]福建續志九十二卷首四卷 … 5－333
福惠全書三十二卷 …… 1－375
福惠全書三十二卷 …… 1－375
福惠全書三十二卷 …… 1－375
福惠全書三十二卷 …… 1－375
福惠全書三十二卷 …… 1－375
福惠全書三十二卷 …… 1－375
福惠全書三十二卷 …… 1－375
福惠全書三十二卷 …… 1－375
福惠全書三十二卷 …… 1－375
福惠全書三十二卷 …… 1－375
福惠全書三十二卷 …… 1－375
福惠全書三十二卷 …… 1－375
福惠全書三十二卷 …… 1－375
福惠全書三十二卷 …… 1－376
福蔭錄不分卷 …… 1－376
福寧紀事二卷泉州從政紀略二卷 …… 1－376
福寧從政紀略二卷 …… 1－376
肅藻遺書四卷 …… 3－395
肅藻遺書四卷 …… 3－395
肅藻遺書四卷 …… 3－395
羣方便覽續編 …… 3－68
羣方便覽續編 …… 3－68
羣玉閣彙刊類書 …… 3－70
羣書札記十六卷 …… 3－69
羣書考索古今事文玉屑二十四卷 …… 3－69
羣書考索前集六十六卷後集六十五卷續集五十六卷別集二十五卷 …… 3－69
羣書典彙十四卷 …… 3－68
羣書典彙十四卷 …… 3－68
羣書典彙十四卷 …… 3－68
羣書典彙十四卷 …… 3－68
羣書典彙十四卷 …… 3－68
羣書典彙十四卷 …… 3－68
羣書典彙十四卷 …… 3－68
羣書治要五十卷 …… 3－69
羣書拾唾十二卷 …… 3－69
羣書拾補 …… 3－69
羣書拾補 …… 3－69
羣書拾補 …… 3－69
羣書拾補 …… 3－69
羣書拾補 …… 3－69
羣書拾補初編 …… 3－69
羣書集事淵海四十七卷 …… 3－68
羣書疑辨十二卷 …… 3－69
羣書疑辨十二卷 …… 3－69
羣策統編□□卷 …… 3－67
羣經平議三十五卷 …… 3－68
羣經平議三十五卷 …… 3－68
羣經字詁七十二卷 …… 3－68
羣經字詁七十二卷 …… 3－68
羣經音辨七卷 …… 3－68
羣經宮室圖二卷 …… 3－68
羣經宮室圖二卷 …… 3－68
羣經補義五卷 …… 3－68
羣經補義五卷 …… 3－68
羣經義證八卷 …… 3－68
[羣經聯語]不分卷 …… 5－343
[羣經總論]□卷 …… 5－343
羣談採餘十卷 …… 3－69
羣學肆言不分卷 …… 3－69
羣學肆言不分卷 …… 3－69
羣學肆言不分卷 …… 3－69
羣學肆言不分卷 …… 3－69
羣學肄言不分卷 …… 3－69
羣學肄言不分卷 …… 3－69
羣學肄言不分卷 …… 3－69
羣學肄言不分卷 …… 3－70
羣學肄言不分卷 …… 3－70
羣學肄言不分卷 …… 3－70
羣學肄言不分卷 …… 3－70
羣學肄言不分卷 …… 5－317
際康課草不分卷 …… 2－132
嫁衣集一卷 …… 2－138
嫁衣集一卷 …… 2－138

嫁衣集一卷……………………………… 2－138
遜志齋集二十四卷…………………… 4－261
遜敏堂叢書…………………………… 4－260
遜敏堂叢書…………………………… 4－260
遜敏堂叢書…………………………… 4－260
遜敏堂叢書…………………………… 4－260
遜敏堂叢書…………………………… 4－260
遜敏堂叢書…………………………… 4－260
遜學齋文鈔十二卷首一卷末一卷文
續鈔五卷詩鈔十卷詩續鈔五卷…… 4－261
遜學齋詩鈔十卷……………………… 4－260
遜學齋詩鈔十卷……………………… 4－261
遜學齋詩鈔十卷……………………… 4－261
經天該一卷…………………………… 2－204
經文典括不分卷……………………… 2－204
經文戛造不分卷……………………… 2－205
經文戛造不分卷……………………… 2－205
經文新編一卷二編一卷三編一卷…… 2－205
經文囊括統編十卷…………………… 2－205
經心書院經藝不分卷………………… 2－205
經心書院續集十二卷………………… 2－205
經世學引初編一卷…………………… 2－204
經史子集題解韻府二十卷…………… 2－204
經史百家簡編二卷…………………… 2－203
經史百家雜鈔二十六卷……………… 2－203
經史百家雜鈔二十六卷……………… 2－203
經史百家雜鈔二十六卷……………… 2－203
經史百家雜鈔二十六卷……………… 2－203
經史百家雜鈔二十六卷……………… 2－204
經史百家雜鈔二十六卷……………… 2－204
經史百家雜鈔二十六卷……………… 2－204
經史百家雜鈔二十六卷……………… 2－204
經史鈔不分卷………………………… 2－204
經史鈔不分卷………………………… 2－204
經史鈔不分卷………………………… 2－204
經史感應錄三卷……………………… 2－204
經史精華二卷………………………… 2－204
經史辨體不分卷……………………… 2－204
經史辨體不分卷……………………… 2－204
經史辨體不分卷……………………… 2－204
經史辨體不分卷……………………… 2－204
[經史雜鈔]不分卷 ………………… 1－96
[經史雜鈔]不分卷 ………………… 5－326
[經史雜談]二卷 …………………… 5－326
經苑…………………………………… 2－212
經苑…………………………………… 2－212
[經典異文]不分卷 ………………… 5－326
經典釋文三十卷……………………… 2－199
經典釋文三十卷……………………… 2－199
經典釋文三十卷……………………… 2－199
經典釋文三十卷……………………… 2－199
經典釋文三十卷……………………… 2－199
經典釋文三十卷……………………… 2－199
經典釋文三十卷……………………… 2－199
經典釋文三十卷……………………… 2－199
經典釋文三十卷……………………… 2－200
經典釋文三十卷……………………… 2－200
經典釋文三十卷……………………… 2－200
經典釋文三十卷……………………… 2－200
經典釋文三十卷……………………… 2－200
經典釋文三十卷……………………… 2－200
經典釋文三十卷……………………… 2－200
經典釋文三十卷……………………… 2－200
經典釋文三十卷……………………… 2－200
經典釋文三十卷……………………… 2－200
經典釋文三十卷……………………… 2－200
經典釋文三十卷……………………… 2－200
經典釋文三十卷……………………… 2－200
經典釋文三十卷……………………… 2－200
經典釋文三十卷……………………… 2－200
經典釋文三十卷……………………… 2－200
經典釋文三十卷……………………… 2－200
經典釋文三十卷……………………… 2－200
經典釋文三十卷……………………… 4－175
經典釋文攷證不分卷………………… 2－199
經典釋文集證不分卷………………… 2－199
經訓約編……………………………… 2－206
經訓約編……………………………… 2－206
經訓約編……………………………… 2－206
經訓書院文集八卷…………………… 2－206
經訓書院文集六卷…………………… 2－206
經訓書院文集六卷…………………… 2－206
經訓書院文集六卷…………………… 2－206

經訓書院文集□□卷 …………………… 2－206
經訓書院課藝八卷 ………………………… 4－185
經訓書院課藝四卷 ………………………… 2－205
經訓書院課藝四卷 ………………………… 2－205
經訓書院課藝四卷 ………………………… 2－205
經訓書院課藝四卷 ………………………… 2－205
經訓書院課藝四卷 ………………………… 2－206
經訓書院課藝四卷 ………………………… 2－206
經訓書院課藝四卷文集□□卷 ……… 2－206
經訓堂時文不分卷 ………………………… 2－206
經訓堂稿二集不分卷 ……………………… 2－206
經訓堂叢書 ………………………………… 2－206
經訓堂叢書 ………………………………… 2－206
經訓堂叢書 ………………………………… 2－206
經訓堂叢書 ………………………………… 2－206
經訓堂叢書 ………………………………… 2－206
經訓堂叢書 ………………………………… 4－185
經書算學天文攷一卷 ……………………… 2－204
經略洪承疇奏對筆記二卷 ………………… 2－203
經笥堂文鈔二卷 …………………………… 2－204
經笥堂文鈔二卷 …………………………… 2－204
經場捷訣 …………………………………… 2－199
經幄管見四卷 ……………………………… 2－205
經畬堂課孫草一卷 ………………………… 2－210
經腴類纂二卷 ……………………………… 2－210
經腴類纂二卷 ……………………………… 2－210
經腴類纂二卷 ……………………………… 2－210
經詞衍釋十卷補遺一卷 …………………… 2－199
經絡圖說一卷 ……………………………… 2－203
[經傳八股文摘抄]不分卷 ………… 5－326
經傳正誤一卷 ……………………………… 1－142
經傳正誤一卷 ……………………………… 1－142
經傳正誤一卷 ……………………………… 1－142
經傳正誤一卷 ……………………………… 1－142
經傳考證八卷 ……………………………… 2－199
經傳繹義五十卷 …………………………… 2－199
經傳繹義五十卷 …………………………… 2－199
經解入門八卷 ……………………………… 2－203
經解入門八卷 ……………………………… 2－203
經解萃精二集十三卷 ……………………… 2－203
經解萃精二集十三卷 ……………………… 2－203
經解斠十二卷 ……………………………… 2－203
經解斠十二卷 ……………………………… 2－203
經義大醇二編 ……………………………… 2－207
經義大醇二編 ……………………………… 2－207
經義大醇二編 ……………………………… 2－207
經義大醇二編 ……………………………… 2－207
經義大醇初編 ……………………………… 2－207
經義大醇初編 ……………………………… 2－207
經義大醇春秋不分卷 ……………………… 2－207
經義不分卷 ………………………………… 2－207
經義正宗全集不分卷 ……………………… 2－210
經義考三百卷目錄二卷 …………………… 2－207
經義考三百卷目錄二卷 …………………… 2－207
經義考三百卷目錄二卷 …………………… 2－207
經義考三百卷目錄二卷 …………………… 2－207
經義考三百卷目錄二卷 …………………… 2－207
經義考三百卷目錄二卷 …………………… 2－208
經義考三百卷目錄二卷 …………………… 2－208
經義考三百卷目錄二卷 …………………… 2－208
經義考三百卷目錄二卷 …………………… 2－208
經義考三百卷目錄二卷 …………………… 2－208
經義考三百卷目錄二卷 …………………… 2－208
經義考三百卷目錄二卷 …………………… 2－208
經義考三百卷目錄二卷 …………………… 2－208
經義考三百卷目錄二卷 …………………… 2－208
經義考三百卷目錄二卷 …………………… 2－208
經義考三百卷目錄二卷 …………………… 2－208
經義考三百卷目錄二卷 …………………… 2－208
經義考三百卷目錄二卷 …………………… 2－208
經義考三百卷目錄二卷 …………………… 2－209
經義考三百卷目錄二卷 …………………… 2－209
經義考三百卷目錄二卷 …………………… 2－209
經義考三百卷目錄二卷 …………………… 2－209
經義考三百卷目錄二卷 …………………… 2－209
經義述聞三十二卷 ………………………… 2－209
經義述聞三十二卷 ………………………… 2－209
經義述聞三十二卷 ………………………… 2－209
經義述聞三十二卷 ………………………… 2－209
經義模範一卷 ……………………………… 2－209
經義模範一卷 ……………………………… 2－209
經義圖說八卷 ……………………………… 2－209

經義塾鈔一卷 …………………………… 2－209
經義標新 ………………………………… 2－207
經義質疑一卷楚辭串解一卷 ………… 2－210
經義質疑一卷楚辭串解一卷 ………… 2－210
經義聯珠二十卷 ……………………… 2－209
經義聯珠二十卷 ……………………… 2－209
經義聯珠二十卷 ……………………… 2－209
經義聯珠二十卷 ……………………… 2－209
經義聯珠二十卷 ……………………… 2－209
經義齋集十八卷 ……………………… 2－210
經義叢鈔三十卷 ……………………… 2－207
經圖彙考 ………………………………… 2－204
經綸堂古文析義二編八卷 …………… 2－203
經綸堂重訂古文釋義新編八卷 ……… 2－203
經遼疏牘十卷 ………………………… 2－203
經德堂文集六卷文別集二卷 ………… 2－199
經德堂文稿內集三卷別集二卷浣月
山房詩內集五卷外集一卷 ………… 2－199
經餘必讀二卷續編二卷三集二卷 …… 2－212
經餘必讀二卷續編二卷三集二卷 …… 2－212
經餘必讀八卷 ………………………… 2－211
經餘必讀八卷 ………………………… 2－211
經餘必讀八卷 ………………………… 2－211
經餘必讀八卷 ………………………… 2－211
經餘必讀八卷 ………………………… 2－211
經餘必讀八卷 ………………………… 2－211
經餘必讀八卷 ………………………… 2－211
經餘必讀八卷 ………………………… 2－211
經餘必讀八卷 ………………………… 2－211
經餘必讀八卷 ………………………… 2－211
經餘必讀八卷 ………………………… 2－211
經餘必讀八卷 ………………………… 2－211
經餘必讀八卷 ………………………… 2－211
經餘必讀八卷續編八卷三編四卷 …… 2－211
經餘必讀八卷續編八卷三編四卷 …… 2－211
經餘必讀八卷續編八卷三編四卷 …… 2－211
經餘必讀八卷續編八卷三編四卷 …… 2－211
經餘必讀八卷續編八卷三編四卷 …… 2－211
經餘必讀八卷續編八卷三編四卷 …… 2－211
經餘必讀八卷續編八卷三編四卷 …… 2－211
經餘必讀八卷續編八卷三編四卷 …… 2－211
經餘必讀八卷續編八卷三編四卷 …… 2－211
經餘必讀八卷續編八卷三編四卷 …… 2－212
經餘必讀三編四卷 …………………… 2－212
經餘必讀續編八卷 …………………… 2－212
經餘必讀續編八卷 …………………… 2－212
經餘必讀續編八卷 …………………… 2－212
經餘必讀續編八卷 …………………… 2－212
經餘必讀續編八卷 …………………… 2－212
經餘必讀續編八卷 …………………… 2－212
經餘必讀續編八卷 …………………… 2－212
經餘必讀續編八卷 …………………… 2－212
經餘必讀續編八卷 …………………… 2－212
經餘必讀續編八卷 …………………… 2－212
經學文鈔十四卷首三卷 ……………… 2－205
經學通論五卷 ………………………… 2－205
經學提要十五卷 ……………………… 2－205
經學輯要二十四卷 …………………… 2－205
經學輯要二十四卷 …………………… 2－205
經學輯要二十四卷首一卷 …………… 2－205
經學輯要二十四卷首一卷 …………… 2－205
經學輯要二十四卷首一卷 …………… 2－205
經學輯要二十四卷首一卷 …………… 2－205
經窺十六卷 …………………………… 2－203
經濟策論滙參□□卷 ………………… 2－202
經濟尋源九卷後集三卷 ……………… 2－203
經濟學溉集成四十卷 ………………… 2－203
經濟學溉集成四十卷 ………………… 2－203
經濟類考約編二卷 …………………… 2－202
經濟類編一百卷 ……………………… 2－202
經濟類編一百卷 ……………………… 2－202
經藝宏括 ……………………………… 2－210
經藝宏括 ……………………………… 2－210
經藝宏括 ……………………………… 2－210
經藝宏括 ……………………………… 2－210
經藝菁華二十卷 ……………………… 2－210
經藝淵海 ……………………………… 2－210
經藝淵海 ……………………………… 2－210
經藝淵海 ……………………………… 2－210
經藝精純一卷 ………………………… 2－210
經藝選腴三編 ………………………… 2－210
經藝選腴三編 ………………………… 2－210

經藝選腴四編 …………………………… 2－210
經藝選腴初編 …………………………… 2－210
經藝選腴續編 …………………………… 2－210
經藝選腴續編 …………………………… 2－210
經藝懷新初集 …………………………… 2－210
經韻集字析解二卷拾遺補注一卷附
編一卷 ………………………………… 2－212
經韻集字析解二卷拾遺補注一卷附
編一卷 ………………………………… 2－212
經韻集字析解二卷拾遺補注一卷附
編一卷 ………………………………… 2－212
經韻樓集十二卷 ………………………… 2－212
經韻樓集十二卷 ………………………… 2－213
經韻樓叢書 ……………………………… 2－212
經籍訪古志六卷補遺一卷 ……………… 2－200
經籍訪古志六卷補遺一卷 ……………… 2－200
經籍訪古志六卷補遺一卷 ……………… 2－201
經籍舉要一卷 …………………………… 2－201
經籍舉要一卷 …………………………… 2－201
經籍舉要一卷 …………………………… 2－201
經籍舉要一卷附錄一卷 ………………… 2－201
經籍舉要一卷附錄一卷 ………………… 2－201
經籍籑詁一百六卷首一卷 ……………… 2－201
經籍籑詁一百六卷首一卷 ……………… 2－201
經籍籑詁一百六卷首一卷 ……………… 2－201
經籍籑詁一百六卷首一卷 ……………… 2－201
經籍籑詁一百六卷首一卷 ……………… 2－201
經籍籑詁一百六卷首一卷 ……………… 2－201
經籍籑詁一百六卷首一卷 ……………… 2－201
經籍籑詁一百六卷首一卷 ……………… 2－201
經籍籑詁一百六卷首一卷 ……………… 2－201
經籍籑詁一百六卷首一卷 ……………… 2－201
經籍籑詁一百六卷首一卷 ……………… 2－201
經籍籑詁一百六卷首一卷 ……………… 2－201
經籍籑詁一百六卷首一卷 ……………… 2－202
經籍籑詁一百六卷首一卷 ……………… 2－202
經籍籑詁一百六卷首一卷 ……………… 2－202
經籍籑詁一百六卷首一卷 ……………… 2－202
經籍籑詁一百六卷首一卷 ……………… 2－202
經籍籑詁一百六卷首一卷 ……………… 2－202
經籍籑詁一百六卷首一卷 ……………… 2－202
經籍籑詁一百六卷首一卷 ……………… 2－202
經籍籑詁一百六卷首一卷 ……………… 2－202
經籍籑詁一百六卷首一卷 ……………… 2－202
經籍籑詁一百六卷首一卷 ……………… 2－202
經籍籑詁一百六卷首一卷 ……………… 2－202
經籍籑詁一百六卷首一卷 ……………… 2－202
經籍籑詁一百六卷首一卷 ……………… 2－202
經籍籑詁一百六卷首一卷 ……………… 2－202
經籍籑詁一百六卷補遺一百六卷首
一卷 …………………………………… 2－201
經鑒一卷 ………………………………… 2－203
經讀考異八卷補一卷句讀敘述二卷
補一卷附翟晴江四書考異內句讀
一卷 …………………………………… 2－200
經驗方鈔四卷 …………………………… 2－206
經驗方彙一卷 …………………………… 2－207
經驗方彙一卷 …………………………… 2－207
經驗良方一卷 …………………………… 2－207
經驗良方六卷 …………………………… 2－207
經驗良方四卷 …………………………… 2－207
經驗秘方一卷 …………………………… 2－207
經驗單方彙編一卷 ……………………… 2－206
經驗單方彙編一卷 ……………………… 2－206
經驗痘疹不求人方論一卷 ……………… 2－206
經驗藥方一卷 …………………………… 2－207
綏寇紀畧十二卷補遺三卷 ……………… 3－398
綏寇紀略十二卷補遺三卷 ……………… 3－397
綏寇紀略十二卷補遺三卷 ……………… 3－397
綏寇紀略十二卷補遺三卷 ……………… 3－397
綏寇紀略十二卷補遺三卷 ……………… 3－398
綏寇紀略十二卷補遺三卷 ……………… 3－398
彙存筆記不分卷 ………………………… 3－500
彙刻書目二十卷 ………………………… 2－101
彙刻書目二十卷 ………………………… 2－101
彙刻書目十卷 …………………………… 2－101
彙刻書目十卷 …………………………… 2－101
彙刻書目十卷補編一卷 ………………… 2－101
彙刻書目初編十卷 ……………………… 2－101
彙刻書目初編十卷 ……………………… 2－101
彙刻書目初編十卷 ……………………… 2－101
彙刻書目初編十卷補編一卷 …………… 2－101

彙刻書目初編十卷補編一卷………… 2－101
彙集經驗方一卷怪疾奇方一卷……… 2－101
彙總條例□□卷戶律條例□□卷刑
律條例□□卷……………………… 2－102
彙總條例□□卷(清道光二十一年
至三十年)………………………… 2－101
彙纂功過格十二卷首一卷末一卷…… 2－102
彙纂功過格十二卷首一卷末一卷…… 2－102
彙纂詩法度鍼三十三卷首一卷……… 2－102
彙纂詩法度鍼三十三卷首一卷……… 2－102
彙纂詩法度鍼三十三卷首一卷……… 2－102
彙纂詩法度鍼三十三卷首一卷……… 2－102
彙纂詩法度鍼三十三卷首一卷……… 2－102
彙纂詩法度鍼三十三卷首一卷……… 2－102
彙纂詩法度鍼三十三卷首一卷……… 2－102
彙纂詩法度鍼三十三卷首一卷……… 2－102
彙纂詩法度鍼三十三卷首一卷……… 2－102
彙纂詩法度鍼三十三卷首一卷……… 2－102
彙纂詩法度鍼三十三卷首一卷……… 2－102
彙纂詩法度鍼三十三卷首一卷……… 2－102
彙纂詩法度鍼三十三卷首一卷……… 2－102
彙纂詩法度鍼三十三卷首一卷……… 2－102
彙纂詩法度鍼三十三卷首一卷……… 2－102
彙纂詩法度鍼三十三卷首一卷……… 2－102
彙纂詩法度鍼三十三卷首一卷……… 2－102
彙纂詩法度鍼三十三卷首一卷……… 2－102
彙纂詩法度鍼三十三卷首一卷……… 2－102
彙纂詩法度鍼三十三卷首一卷……… 2－103
彙纂詩法度鍼三十三卷首一卷……… 2－103
彙纂詩法度鍼三十三卷首一卷……… 2－103
彙纂詩法度鍼三十三卷首一卷……… 2－103
彙纂詩法度鍼三十三卷首一卷……… 2－103
彙纂詩法度鍼三十三卷首一卷……… 2－103
彙纂詩法度鍼三十三卷首一卷……… 2－103
彙纂詩法度鍼三十三卷首一卷……… 2－103
彙纂詩法度鍼三十三卷首一卷……… 2－103
彙纂詩法度鍼三十三卷首一卷……… 2－103
彙纂詩法度鍼三十三卷首一卷……… 2－103
彙纂詩法度鍼三十三卷首一卷……… 2－103
彙纂詩法度鍼三十三卷首一卷……… 2－103
彙纂詩法度鍼三十三卷首一卷……… 2－103
彙纂詩法度鍼三十三卷首一卷……… 3－500
彙纂詩法度鍼三十三卷首一卷 ……… 4－11

十四畫

駁毛西河大學問答一卷 ………………… 1－62
駁呂留良四書講義八卷 ………………… 1－62
駁呂留良四書講義八卷 ………………… 1－62
駁呂留良四書講義八卷 ………………… 1－62
[駁案成篇]不分卷 …………………… 5－275
駁案新編三十二卷 …………………… 1－61
駁案新編三十二卷 …………………… 1－61
駁案新編三十二卷 …………………… 1－61
駁案新編三十二卷 …………………… 1－61
駁案新編三十二卷 …………………… 1－61
駁案新編三十二卷 …………………… 1－61
駁案新編三十二卷 …………………… 1－61
駁案新編三十二卷續編七卷 ………… 1－61
駁案新編三十二卷續編七卷 ………… 1－61
駁案新編三十二卷續編七卷 ………… 1－61
駁案新編三十二卷續編七卷 ………… 1－61
駁案新編三十二卷續編七卷 ………… 1－61
駁案新編三十二卷續編七卷 ………… 1－61
駁案新編三十二卷續編七卷 ………… 1－61
駁案新編三十二卷續編七卷 ………… 1－61
駁案新編三十二卷續編七卷 ………… 1－62
駁案新編三十二卷續編七卷 ………… 1－62
駁案新編三十二卷續編七卷 ………… 1－62
駁案新編三十二卷續編七卷 ………… 1－62
駁案彙編四十一卷 …………………… 1－61
駁案彙編四十一卷 …………………… 1－61
駁案彙編四十一卷 …………………… 1－61
駁案彙編四十一卷 …………………… 1－61
駁案續編七卷 ………………………… 1－62
駁案續編七卷 ………………………… 1－62
瑣語………………………………………… 3－407
瑣語………………………………………… 3－407
瑣語………………………………………… 3－407
碧山堂全稿不分卷 …………………… 1－54
碧血錄二卷附錄一卷 ………………… 1－54
碧虛齋吟草八卷 ……………………… 1－54

碧腴詩草一卷碧腴詞一卷 …………… 1－55
碧腴詩草一卷碧腴詞一卷 …………… 1－55
碧腴齋詩存八卷 ………………………… 1－55
碧溪公出入賬籍簿一卷 ……………… 1－54
碧溪詩鈔一卷……………………………… 3－488
碧聲吟館倡酬錄一卷續錄一卷 ……… 1－54
碧聲吟館倡酬錄一卷續錄一卷 ……… 1－54
碧聲吟館叢書 …………………………… 1－54
碧鮮詩稿一卷 …………………………… 1－54
碧藕軒吟藁一卷 ………………………… 1－54
碧藕軒吟藁一卷 ………………………… 1－54
碧藕軒吟藁一卷 ………………………… 1－54
碧藕軒吟藁一卷 ………………………… 1－54
瑤光閣集十二卷外集二卷明夷集一
卷………………………………………… 4－287
瑤華閣詩鈔二卷詞鈔一卷補遺一卷
………………………………………… 4－287
趙子常選杜律五言註三卷虞伯生選
杜律七言註三卷 …………………… 5－95
趙太史竹岡齋九種附三種 …………… 5－95
趙太史竹岡齋九種附三種 …………… 5－95
趙太史竹岡齋九種附三種 …………… 5－95
趙太史竹岡齋九種附三種 …………… 5－95
趙太史竹岡齋九種附三種 …………… 5－95
趙氏淵源集十卷附消暑錄一卷 ……… 5－95
趙氏藏書 ………………………………… 5－94
趙文敏公松雪齋全集十卷外集一卷
續集一卷附錄一卷 ………………… 5－95
趙文敏公松雪齋全集十卷外集一卷
續集一卷附錄一卷 ………………… 5－95
趙文敏公松雪齋全集十卷外集一卷
續集一卷附錄一卷 ………………… 5－95
趙忠節公祠題壁錄存一卷 …………… 5－95
趙恭毅公集□□卷 ……………………… 5－94
趙恭毅公賸藁八卷 ……………………… 5－94
趙恭毅公賸藁八卷 ……………………… 5－94
趙清獻公集十卷 ………………………… 5－94
趙清獻公集十卷 ………………………… 5－94
趙裘萼公剩稿三卷 ……………………… 5－94
嘉禾堂詩集不分卷……………………… 2－136
[嘉兆雜鈔]不分卷 …………………… 5－303
[同治]嘉定府志四十八卷首一卷 … 5－358
[同治]嘉定府志四十八卷首一卷 … 5－358
[光緒]嘉定縣志三十二卷首一卷補
遺一卷………………………………… 5－292
嘉定錢氏潛研堂全書………………… 2－135
嘉定錢氏潛研堂全書………………… 2－136
嘉定錢氏潛研堂全書………………… 2－136
嘉定錢氏潛研堂全書………………… 2－136
嘉定錢氏潛研堂全書………………… 2－136
嘉定錢氏潛研堂全書………………… 2－136
嘉遁堂遺稿二卷………………………… 2－136
嘉蔭簃論泉截句二卷………………… 2－136
嘉慶乙卯科江西闈墨一卷…………… 2－136
[嘉慶二十三年]君陵黃氏仲雲祖脩
祠入主簿不分卷…………………… 5－303
嘉慶二年戴應元在湖南常德府具控
洪光明等索詐木簰一卷…………… 2－136
嘉慶己卯科直省墨約續刻不分卷…… 2－136
嘉慶丙子科齒錄不分卷……………… 2－136
嘉慶甲子科江南鄉試第十三房同門
硃卷一卷同門薦卷一卷…………… 2－136
嘉慶辛酉科江南鄉試元卷不分卷硃
卷不分卷……………………………… 2－136
嘉慶辛酉科江南鄉試第貳房同門硃
卷一卷………………………………… 2－136
嘉慶辛酉科江南鄉試第貳房同門硃
卷一卷同門薦卷一卷……………… 2－136
嘉樂齋三蘇文範十八卷……………… 2－137
嘉樂齋三蘇文範十八卷……………… 2－137
嘉樂齋三蘇文範十八卷……………… 2－137
嘉樂齋三蘇文範十八卷……………… 2－137
嘉樂齋三蘇文範十八卷……………… 2－137
嘉樂齋三蘇文範十八卷……………… 2－137
嘉樹山房集二十卷外集二卷續集二
卷……………………………………… 2－136
嘉樹山房集二十卷外集二卷續集二
卷……………………………………… 2－136
嘉樹山房詩集十八卷………………… 2－136
嘉應平寇紀畧一卷…………………… 2－136
嘉應平寇紀畧一卷…………………… 2－137
嘉應平寇紀畧一卷…………………… 2－137

嘉應平寇紀畧一卷…………………… 2－137
嘉應平寇紀畧一卷…………………… 2－137
嘉應平寇紀畧一卷…………………… 2－137
嘉應平寇紀畧一卷…………………… 2－137
嘉應平寇紀畧一卷…………………… 2－137
[乾隆]嘉應州志十二卷 ………… 5－335
嘉懿集初鈔四卷續鈔四卷………… 2－136
截搭觀止初集不分卷……………… 2－170
截搭觀止初集不分卷……………… 2－170
墖印樓詩存一卷…………………… 3－408
臺山且菴和尚語錄五卷…………… 5－395
臺陽見聞錄不分卷………………… 3－408
臺灣小志一卷……………………… 3－408
臺灣外記十卷……………………… 3－408
[光緒]臺灣輿圖二卷 ………… 5－295
臺灣輿圖不分卷…………………… 3－408
臺灣輿圖不分卷…………………… 3－408
壽山堂易說二卷圖解一卷繫辭一卷
………………………………… 3－257
壽山叢錄二卷……………………… 3－257
壽世青編二卷……………………… 3－257
壽世青編二卷……………………… 3－257
壽世青編二卷……………………… 3－257
壽世金丹四卷……………………… 3－257
壽世新編不分卷…………………… 3－257
壽世新編不分卷…………………… 3－257
壽世新編不分卷…………………… 3－257
壽世新編不分卷…………………… 3－257
壽世新編不分卷…………………… 3－258
壽世新編不分卷…………………… 3－258
壽世新編不分卷…………………… 3－258
壽世新編不分卷…………………… 5－393
壽世新編不分卷…………………… 5－393
壽世經驗靈方一卷………………… 3－257
壽世經驗靈方一卷………………… 3－257
壽世經驗靈方一卷………………… 3－257
壽世彙編…………………………… 3－257
壽世編……………………………… 3－257
壽世編……………………………… 3－257
壽世編……………………………… 3－257
壽世編……………………………… 3－257
壽世編……………………………… 3－257
壽世編……………………………… 3－257
壽世簡便集不分卷………………… 3－257
壽世靈方不分卷…………………… 3－257
壽藤齋文集六卷…………………… 3－258
壽藤齋時文一卷…………………… 3－258
聚文堂較正監韻分章分節四書正文
不分卷……………………………… 2－235
聚學軒叢書………………………… 2－235
聚瀛堂古文觀止十二卷…………… 2－235
蓺香詩草二卷……………………… 4－329
蓺蘭書屋詩鈔不分卷……………… 4－329
蓴鄉贅筆三卷……………………… 3－488
慕萊堂詩文徵存十卷……………… 2－442
慕虞軒駢體尺牘不分卷…………… 2－442
慕虞軒駢體尺牘不分卷…………… 2－442
蔣一桂詩一卷……………………… 2－164
蔣公陽宅一卷得一錄指南一卷…… 2－163
蔣氏四種…………………………… 2－164
蔣氏四種…………………………… 2－164
蔣氏四種…………………………… 2－164
蔣氏遺編…………………………… 2－164
蔣季眉文稿不分卷………………… 2－163
蔣季眉文稿不分卷………………… 2－164
薖園文鈔一卷……………………… 2－244
[蔡太孺人百歲榮壽詩]一卷 ……… 5－275
蔡中郎集二卷 …………………… 1－73
蔡中郎集二卷 …………………… 1－73
蔡中郎集十卷外紀一卷外集四卷列
傳一卷年表一卷 ………………… 1－73
蔡中郎集十卷外紀一卷外集四卷列
傳一卷年表一卷 ………………… 1－73
蔡中郎集十卷外紀一卷外集四卷列
傳一卷年表一卷 ………………… 1－73
蔡中郎集六卷 …………………… 1－73
蔡中郎集六卷補遺一卷 ………… 1－73
蔡氏九儒書 ……………………… 1－73
蔡氏九儒書 ……………………… 1－73
蔡氏九儒書 ……………………… 1－73
蔡氏九儒書 ……………………… 1－73
蔡氏九儒書 ……………………… 1－73

蔡氏九儒書 …………………………… 1－73
蔡氏月令二卷 ………………………… 1－73
蔡明鳳辭店抄本不分卷 ……………… 1－73
蔡忠烈公遺集四卷 …………………… 1－74
蔡忠烈公遺集四卷 …………………… 1－74
蔡忠烈公遺集四卷 …………………… 1－74
蔡忠烈公遺集四卷 …………………… 1－74
蔡恭靖公詩稿四卷…………………… 1－473
蔡恭靖公遺稿十卷 …………………… 1－72
蔡恭靖公遺稿十卷 …………………… 1－72
蔡恭靖公遺稿十卷 …………………… 1－72
蔡恭靖公遺稿十卷 …………………… 1－72
蔡恭靖公遺稿十卷 …………………… 1－72
蔡恭靖公遺稿十卷 …………………… 1－73
蔡恭靖公遺稿十卷 …………………… 1－73
蔡恭靖公遺稿十卷 …………………… 1－73
蔡恭靖公遺稿十卷 …………………… 1－73
蔡虛齋先生四書蒙引十五卷 ………… 1－73
蔡福州外紀十卷附錄一卷 …………… 1－72
蔡澤賓詩集一卷 ……………………… 1－73
蔗餘偶筆一卷 ………………………… 5－97
熙朝紀政八卷………………………… 4－106
熙朝紀政八卷………………………… 4－106
熙朝紀政八卷………………………… 4－106
熙朝紀政六卷………………………… 4－106
熙朝紀政六卷………………………… 4－106
熙朝宰輔錄一卷……………………… 4－107
熙朝新語十六卷……………………… 4－106
熙朝新語十六卷……………………… 4－107
熙朝新語十六卷……………………… 4－107
熙朝新語十六卷……………………… 4－107
熙朝新語十六卷……………………… 4－107
熙朝新語十六卷……………………… 4－107
熙朝新語十六卷……………………… 4－107
熙朝新語十六卷……………………… 4－107
熙朝新語十六卷……………………… 4－107
熙朝新語十六卷……………………… 4－107
蓼蟲集二卷…………………………… 2－329
蓼蟲集二卷…………………………… 2－329
蓼蟲集二卷…………………………… 2－329
蓼蟲集二卷…………………………… 2－329
蓼蟲集二卷…………………………… 2－329
薌圃詩草三十卷……………………… 4－125
薌圃詩草三十卷……………………… 4－125
榴實山莊文稿一卷…………………… 2－338
榜牒行移不分卷 ……………………… 1－26
榕村全書 ……………………………… 3－82
榕村全書 ……………………………… 3－82
榕村全書 ……………………………… 3－82
榕村全書 ……………………………… 3－82
榕村全書 ……………………………… 3－82
榕村全書 ……………………………… 3－82
榕村全書 ……………………………… 3－82
榕村全書 ……………………………… 3－82
榕村全書……………………………… 5－320
榕村全集四十卷 ……………………… 3－82
榕村全集四十卷別集五卷 …………… 3－82
榕村全集四十卷別集五卷 …………… 3－82
榕村全集四十卷別集五卷 …………… 3－82
榕村詩選八卷首一卷 ………………… 3－82
榕村詩選八卷首一卷 ………………… 3－82
榕村詩選八卷首一卷 ………………… 3－82
榕村講授三卷 ………………………… 3－81
榕村講授三卷 ………………………… 3－81
榕村講授三卷 ………………………… 3－81
榕村講授三卷 ………………………… 3－81
榕村譜錄合考二卷 …………………… 3－81
榕城同聲集三卷 ……………………… 3－81
榕陰日課十卷 ………………………… 3－82
榕陰日課十卷 ………………………… 3－82
榕陰日課十卷 ………………………… 3－82
榕陰日課十卷 ………………………… 3－82
榕蔭山房詩賦鈔不分卷 ……………… 3－82
輓聯合編六卷補遺一卷……………… 3－495
監本四書……………………………… 2－145
監本四書……………………………… 2－145
監本四書……………………………… 2－145
監本四書……………………………… 2－145
監本四書……………………………… 2－145
監本四書……………………………… 2－145
監本四書……………………………… 2－145
監本四書……………………………… 2－145

監本四書…………………………………… 2－145
監本四書…………………………………… 2－145
監本四書…………………………………… 2－145
監本四書…………………………………… 2－145
監本四書…………………………………… 2－145
監本四書…………………………………… 2－145
監本四書…………………………………… 2－145
監本四書…………………………………… 2－145
監本四書…………………………………… 2－145
監本四書…………………………………… 2－145
監本四書…………………………………… 2－145
監本四書…………………………………… 2－145
監本四書…………………………………… 2－146
監本四書…………………………………… 2－146
監本四書…………………………………… 2－146
監本四書…………………………………… 2－146
監本四書…………………………………… 2－146
監本四書…………………………………… 2－146
監本四書…………………………………… 2－146
監本四書…………………………………… 2－146
監本四書…………………………………… 2－146
監本四書…………………………………… 2－146
監本四書…………………………………… 2－146
監本四書…………………………………… 2－146
監本四書…………………………………… 2－146
監本四書…………………………………… 2－146
監本四書…………………………………… 2－146
監本四書…………………………………… 2－146
監本四書…………………………………… 2－146
監本四書…………………………………… 2－146
監本四書…………………………………… 2－146
監本附音春秋公羊注疏二十八卷…… 2－139
監本附音春秋公羊注疏二十八卷…… 2－139
監本附音春秋公羊注疏二十八卷…… 2－139
監本附音春秋公羊注疏二十八卷…… 2－140
監本附音春秋公羊注疏二十八卷…… 2－140
監本附音春秋公羊注疏二十八卷…… 2－140
監本附音春秋公羊注疏二十八卷…… 2－140
監本附音春秋穀梁注疏二十卷……… 2－140
監本附音春秋穀梁注疏二十卷……… 2－140
監本易經四卷……………………………… 2－146
監本春秋全文十二卷……………… 2－139
監本詩經八卷……………………… 2－140
監本詩經八卷……………………… 2－140
監本詩經刪補四卷………………… 2－140
監本詩經刪補四卷………………… 2－140
監本詩經刪補四卷………………… 2－140
監本詩經刪補四卷………………… 2－141
監本詩經刪補四卷………………… 2－141
監本詩經刪補四卷………………… 2－141
監本詩經刪補四卷………………… 2－141
監本詩經刪補四卷………………… 2－141
監本詩經刪補四卷………………… 2－141
監本詩經刪補四卷………………… 2－141
監本詩經刪補四卷………………… 2－141
監本詩經刪補四卷………………… 2－141
監本詩經刪補四卷………………… 2－141
監本詩經刪補四卷………………… 2－141
監本詩經刪補四卷………………… 2－141
監本詩經刪補四卷………………… 2－141
監本詩經刪補四卷………………… 2－141
監本詩經刪補四卷………………… 2－141
監本詩經刪補四卷………………… 2－141
監本詩經刪補四卷………………… 2－141
監本詩經刪補四卷………………… 2－141
監本詩經刪補四卷………………… 2－141
監本詩經刪補四卷………………… 2－141
監本詩經刪補四卷………………… 2－141
監本詩經刪補四卷………………… 2－141
監本詩經刪補四卷………………… 2－141
監本詩經刪補四卷………………… 2－141
監本詩經刪補四卷………………… 2－142
監本詩經刪補四卷………………… 2－142
監本詩經刪補四卷………………… 2－142
監本詩經刪補四卷………………… 2－142
監本詩經刪補四卷………………… 2－142
監本詩經刪補四卷………………… 2－142
監本詩經刪補四卷………………… 2－142
監本詩經刪補四卷………………… 2－142
監本詩經刪補四卷………………… 2－142
監本詩經刪補四卷………………… 2－142
監本詩經刪補四卷………………… 2－142

監本詩經删補四卷 …………………… 2-142
監本詩經删補四卷 …………………… 2-142
監本詩經删補四卷 …………………… 2-142
監本詩經删補四卷 …………………… 2-142
監本詩經删補四卷 …………………… 2-142
監本詩經删補四卷 …………………… 2-142
監本詩經删補四卷 …………………… 2-142
監本詩經删補四卷首一卷 …………… 2-142
監本詩經删補四卷首一卷 …………… 2-142
監本詩經删補四卷首一卷 …………… 2-142
監本詩經删補四卷首一卷 …………… 2-142
監本詩經删補四卷首一卷 …………… 2-142
監本詩經删補四卷首一卷 …………… 2-143
監本詩經删補四卷首一卷 …………… 2-143
監本詩經删補四卷首一卷 …………… 2-143
監本詩經删補四卷首一卷 …………… 2-143
監本詩經删補四卷首一卷 …………… 2-143
監本詩經删補四卷首一卷 …………… 2-143
監本詩經删補四卷首一卷 …………… 2-143
監本詩經删補四卷首一卷 …………… 2-143
監本詩經删補四卷首一卷 …………… 2-143
監本詩經删補四卷首一卷 …………… 2-143
監本詩經删補四卷首一卷 …………… 2-143
監本詩經删補四卷首一卷 …………… 2-143
監本詩經删補四卷首一卷 …………… 2-143
監本詩經删補四卷首一卷 …………… 2-143
監本詩經删補四卷首一卷 …………… 2-143
監本詩經删補四卷首一卷 …………… 2-143
監本詩經删補四卷首一卷 …………… 2-143
監本詩經删補四卷首一卷 …………… 2-143
監本詩經删補四卷首一卷 …………… 2-143
監本詩經删補四卷首一卷 …………… 2-143
監本詩經删補四卷首一卷 …………… 2-143
監本詩經删補四卷首一卷 …………… 2-143
監本詩經删補四卷首一卷 …………… 2-143
監本詩經删補四卷首一卷 …………… 2-143
監本詩經删補四卷首一卷 …………… 2-144
監本詩經删補四卷首一卷 …………… 2-144
監本詩經删補四卷首一卷 …………… 2-144
監本詩經删補四卷首一卷 …………… 2-144
監本詩經删補四卷首一卷 …………… 2-144
監本詩經删補四卷首一卷 …………… 2-144
監本詩經删補四卷首一卷 …………… 2-144
監本詩經删補四卷首一卷 …………… 2-144
監本詩經删補四卷首一卷 …………… 2-144
監本詩經删補四卷首一卷 …………… 2-144
監本詩經删補四卷首一卷 …………… 2-144
監本詩經删補四卷首一卷 …………… 2-144
監本詩經删補四卷首一卷 …………… 2-144
監本詩經删補四卷首一卷 …………… 2-144
監本詩經删補四卷首一卷 …………… 2-144
監本詩經删補四卷首一卷 …………… 2-144
監本詩經删補四卷首一卷 …………… 2-144
監本詩經删補四卷首一卷 …………… 2-144
監本詩經删補四卷首一卷 …………… 2-144
監本詩經删補四卷首一卷 …………… 2-144
監本詩經删補四卷首一卷 …………… 2-144
監本詩經删補四卷首一卷 …………… 2-144
監本詩經删補四卷首一卷 …………… 2-144
監本詩經删補四卷首一卷 …………… 2-145
監本詩經删補四卷首一卷 …………… 2-145
監本詩經删補四卷首一卷 …………… 2-145
監本詩經删補四卷首一卷 …………… 2-145
監本詩經删補四卷 …………………… 3-171
監本詩經解注四卷 …………………… 2-140
監本詩經解注四卷 …………………… 2-140
監本詩經解注四卷 …………………… 2-140
監本詩經解注四卷 …………………… 2-140
監本詩經解注四卷 …………………… 2-140
監本禮記十卷 ………………………… 2-140
[同治]監利縣志十二卷首一卷 …… 5-358
監臨條約不分卷 ……………………… 2-146
爾雅二卷 ……………………………… 1-334
爾雅十一卷 …………………………… 1-335
爾雅十一卷 …………………………… 1-335
爾雅十一卷 …………………………… 1-335
爾雅十一卷 …………………………… 1-335
爾雅十一卷 …………………………… 1-335
爾雅十九卷 …………………………… 1-335
爾雅十九卷 …………………………… 1-335
爾雅十九卷附音釋十九卷 …………… 1-335

爾雅三卷……………………………… 1－334
爾雅三卷……………………………… 1－334
爾雅三卷……………………………… 1－334
爾雅三卷……………………………… 1－334
爾雅三卷……………………………… 1－334
爾雅三卷……………………………… 1－334
爾雅三卷……………………………… 1－334
爾雅三卷……………………………… 1－335
爾雅三卷……………………………… 1－335
爾雅三卷……………………………… 1－335
爾雅三卷……………………………… 1－335
爾雅三卷……………………………… 1－335
爾雅三卷……………………………… 1－335
爾雅三卷……………………………… 1－335
爾雅三卷……………………………… 1－335
爾雅三卷……………………………… 1－335
爾雅三卷……………………………… 1－335
爾雅三卷……………………………… 1－335
爾雅三卷……………………………… 1－335
爾雅三卷……………………………… 1－335
爾雅小箋三卷………………………… 1－336
爾雅正郭三卷………………………… 1－336
爾雅正郭三卷………………………… 1－336
爾雅正郭三卷………………………… 1－336
爾雅正義二十卷……………………… 1－336
爾雅正義二十卷……………………… 1－336
爾雅正義二十卷……………………… 1－336
爾雅正義二十卷……………………… 1－336
爾雅正義二十卷……………………… 1－336
爾雅正義二十卷……………………… 1－336
爾雅匡名二十卷……………………… 1－334
爾雅匡名二十卷……………………… 1－334
爾雅直音二卷………………………… 1－336
爾雅直音二卷………………………… 1－337
爾雅直音二卷………………………… 1－337
爾雅直音二卷………………………… 1－337
爾雅直音二卷………………………… 1－337
爾雅直音二卷………………………… 1－337
爾雅直音二卷………………………… 1－337
爾雅直音二卷………………………… 1－337
爾雅直音二卷………………………… 1－337
爾雅直音二卷………………………… 1－337
爾雅直音二卷………………………… 1－337
爾雅直音二卷………………………… 1－337
爾雅□□卷…………………………… 1－333
爾雅注疏十一卷……………………… 1－337
爾雅注疏十一卷……………………… 1－338
爾雅注疏十一卷……………………… 1－338
爾雅注疏十一卷……………………… 1－338
爾雅注疏十一卷……………………… 1－338
爾雅注疏十一卷……………………… 1－338
爾雅注疏十一卷……………………… 1－338
爾雅注疏十一卷……………………… 1－338
爾雅注疏十一卷……………………… 1－338
爾雅注疏十一卷……………………… 1－338
爾雅注疏十卷………………………… 1－337
爾雅注疏十卷………………………… 1－337
爾雅注疏十卷………………………… 1－337
爾雅注疏十卷………………………… 1－337
爾雅注疏十卷………………………… 1－337
爾雅注疏十卷………………………… 1－337
爾雅注疏十卷………………………… 1－337
爾雅音圖三卷………………………… 1－336
爾雅音圖三卷………………………… 1－336
爾雅音圖三卷………………………… 1－336
爾雅訓纂一卷………………………… 1－336
爾雅郭注義疏二十卷………………… 1－334
爾雅郭注義疏十九卷………………… 1－334
爾雅郭註佚存補訂二十卷…………… 1－334
爾雅註疏十一卷……………………… 1－338
爾雅註疏十一卷……………………… 1－338
爾雅註疏十一卷……………………… 1－338
爾雅註疏十一卷……………………… 1－338
爾雅註疏十一卷……………………… 1－338
爾雅註疏十一卷……………………… 1－338
爾雅註疏十一卷……………………… 1－338
爾雅註疏十一卷……………………… 1－338
爾雅註疏十一卷……………………… 1－338
爾雅註疏十一卷……………………… 1－338
爾雅註疏十一卷……………………… 1－338
爾雅註疏十一卷……………………… 1－338
爾雅註疏十一卷……………………… 1－338

爾雅註疏十一卷 ………………………… 1－339
爾雅註疏十一卷 ………………………… 1－339
爾雅註疏十一卷 ………………………… 1－339
爾雅註疏十一卷 ………………………… 1－339
爾雅註疏十一卷 ………………………… 1－339
爾雅註疏十一卷 ………………………… 1－339
爾雅註疏十一卷 ………………………… 1－339
爾雅註疏十一卷 ………………………… 1－339
爾雅註疏十一卷 ………………………… 1－339
爾雅註疏十一卷 ………………………… 1－339
爾雅註疏十一卷 ………………………… 1－339
爾雅註疏十一卷 ………………………… 1－339
爾雅註疏十一卷 ………………………… 1－339
爾雅註疏十一卷 ………………………… 1－339
爾雅註疏十一卷 ………………………… 1－339
爾雅註疏十一卷 ………………………… 1－339
爾雅註疏十一卷 ………………………… 1－339
爾雅註疏十一卷 ………………………… 1－339
爾雅註疏十一卷 ………………………… 1－339
爾雅註疏參義六卷 ……………………… 1－334
爾雅註疏參義六卷 ……………………… 1－334
爾雅註疏參義六卷 ……………………… 1－334
爾雅註疏節錄一卷 ……………………… 1－338
爾雅補注殘本一卷 ……………………… 1－333
爾雅補注殘本一卷 ……………………… 1－333
爾雅疏十卷 ……………………………… 1－336
爾雅蒙求二卷 …………………………… 1－334
爾雅蒙求二卷 …………………………… 1－334
爾雅節訓一卷 …………………………… 1－334
爾雅節訓一卷 …………………………… 1－334
[爾雅節錄]一卷[顧復初先生春秋
　疆域論節錄]一卷[魯十二公時
　事畧]一卷 …………………………… 5－287
爾雅新義二十卷 ………………………… 1－336
爾雅義疏二十卷 ………………………… 1－336
爾雅義疏二十卷 ………………………… 1－336
爾雅義疏十九卷 ………………………… 1－336
爾雅義疏十九卷 ………………………… 1－336
爾雅經注三卷 …………………………… 1－334
爾雅經注集證三卷 ……………………… 1－334
爾雅廣義十一卷 ………………………… 1－334
爾雅講義一卷漢書藝文志補注講義
　一卷 …………………………………… 1－334
爾雅釋文三卷 …………………………… 1－335
爾雅釋地四篇注一卷 …………………… 1－335
爾齋文集一卷 …………………………… 3－300
需次燕語一卷 …………………………… 4－232
需次燕語一卷 …………………………… 4－232
霆軍紀略十六卷 ………………………… 3－467
霆軍紀略十六卷 ………………………… 3－467
摘抄小倉山房詩集不分卷 ……………… 5－83
摘抄納書楹曲譜不分卷 ………………… 5－83
摘抄數書九章不分卷 …………………… 5－83
摘抄薛氏醫按一卷 ……………………… 5－83
摘要良方一卷 …………………………… 5－84
摘要星期二卷 …………………………… 5－84
摘星樓治痘全書十八卷 ………………… 5－83
摘星樓治痘全書十八卷 ………………… 5－83
摘造惠廣章德四門城外未稅契據業
　戶清冊一卷 …………………………… 5－84
摘造惠廣章德四門城外未驗契據業
　戶清冊一卷 …………………………… 5－84
摘選文章不分卷 ………………………… 5－83
摘錦胎產萬全一卷 ……………………… 5－83
摘錄科場事例二卷 ……………………… 5－83
摘錄科場事例二卷 ……………………… 5－83
摘錄科場事例二卷 ……………………… 5－83
蜚雲閣凌氏叢書 ………………………… 1－359
對山書屋墨餘錄十六卷 ………………… 1－327
對山書屋墨餘錄十六卷 ………………… 1－327
對策六卷 ………………………………… 1－326
對語四種 ………………………………… 1－327
對語四種 ………………………………… 1－327
對數表一卷 ……………………………… 1－327
對數表一卷 ……………………………… 1－327
對數表一卷 ……………………………… 1－327
對數表四卷 ……………………………… 1－327
[對聯]不分卷 …………………………… 5－287
[對聯]不分卷 …………………………… 5－287
[對聯]不分卷 …………………………… 5－287
[對聯]不分卷 …………………………… 5－287
對聯同善一卷 …………………………… 1－327

對聯匯海十四卷 …… 1－326
對聯匯海十四卷 …… 1－326
對聯匯海十四卷 …… 1－326
對聯匯海十四卷 …… 1－326
對聯匯海十四卷 …… 1－326
對聯匯海十四卷 …… 1－327
對聯匯海十四卷 …… 1－327
對聯匯海十四卷 …… 1－327
對聯匯海十四卷 …… 1－327
［對聯匯鈔］ …… 5－287
對聯精華一卷集唐精華一卷 …… 1－327
［對聯類鈔］一卷 …… 5－287
幣制或問一卷 …… 1－55
愢菴遺集不分卷 …… 2－235
賑捐歌一卷 …… 5－102
暇覽不分卷 …… 4－110
槑谷公文藁不分卷 …… 2－397
槑谷公批改少槑公文稾不分卷 …… 2－397
暢園叢書甲函 …… 1－98
閨秀詞鈔十六卷 …… 1－479
閨門女四書 …… 1－479
閨律一卷 …… 1－326
閨範備覽三卷補遺一卷 …… 1－479
聞式堂古文選釋八卷 …… 4－54
聞式堂古文選釋八卷 …… 4－55
聞孝女詩鈔一卷 …… 5－37
聞見一隅錄三卷 …… 4－54
聞見新編不分卷 …… 4－54
聞妙香室文十九卷 …… 4－54
聞妙香室詩十二卷 …… 4－54
聞妙香軒集四卷 …… 4－54
聞音室詩集四卷遺文附刻一卷 …… 4－55
聞渠東軒詩一卷 …… 4－54
聞湖詩三鈔八卷 …… 4－54
聞湖詩三鈔八卷 …… 4－54
聞湖詩三鈔八卷 …… 4－54
聞湖詩三鈔八卷 …… 4－54
聞湖詩續鈔七卷 …… 4－54
聞湖詩續鈔七卷 …… 4－54
聞湖詩續鈔七卷 …… 4－54
閩中十才子詩三十卷 …… 2－414
閩本四書十九卷 …… 2－414
閩海律賦同音四卷 …… 2－414
閭丘詩集二十卷 …… 2－374
閣鈔彙編不分卷 …… 1－402
閣鈔彙編不分卷（清光緒二十九年七至十月） …… 1－402
閣鈔彙編不分卷（清光緒三十三年三至五、七至九月） …… 1－402
閣學公公牘十卷書劄四卷錄遺一卷文稿拾遺一卷詩稿拾遺一卷雪鴻吟社詩鍾二卷聯語錄存一卷首一卷 …… 1－402
嘆世無爲寶卷經不分卷 …… 3－425
蜨庵詩鈔八卷 …… 1－260
蜨庵詩鈔八卷 …… 1－260
蜨庵賦鈔二卷 …… 1－260
團練事宜一卷附勸戒條約一卷 …… 3－488
團練事宜一卷附勸戒條約一卷 …… 3－488
團練鄉守備要 …… 3－488
團練鄉守備要 …… 3－488
鳴原堂論文二卷 …… 2－432
鳴原堂論文二卷 …… 2－432
鳴原堂論文二卷 …… 2－432
鳴原堂論文二卷 …… 2－433
鳴原堂論文二卷 …… 2－433
鳴原堂論文二卷 …… 2－433
鳴原堂論文二卷 …… 2－433
鳴原堂論文二卷 …… 2－433
鳴盛集四卷 …… 2－432
鳴鶴堂文集十卷 …… 2－432
鳴鶴堂文集十卷 …… 2－432
嘯月樓萬壽圖二卷五十四齣 …… 4－155
嘯竹堂集十六卷 …… 5－398
嘯亭雜錄十卷續錄二卷 …… 5－398
嘯亭雜錄十卷續錄三卷 …… 4－155
嘯亭雜錄十卷續錄三卷 …… 4－155
嘯亭雜錄十卷續錄三卷 …… 4－155
嘯亭雜錄八卷續錄二卷 …… 4－155
嘯亭雜錄八卷續錄二卷 …… 4－155
嘯亭雜錄八卷續錄二卷 …… 4－155
嘯雲軒詩集四卷 …… 4－155

嘯園叢書…………………………………… 4－155
嘯劍山房詩鈔十四卷試帖秋鐙課草
一卷……………………………………… 4－154
嘯劍山房詩鈔十四卷試帖秋鐙課草
一卷……………………………………… 4－154
嘯劍山房詩鈔十四卷試帖秋鐙課草
一卷……………………………………… 4－155
噉荔集二卷秀野園詩集三卷………… 1－236
嘐嘐言六卷………………………………… 4－130
圖史提綱三卷…………………………… 3－483
圖民錄四卷………………………………… 3－482
圖民錄四卷………………………………… 3－482
圖民錄四卷………………………………… 3－483
圖民錄四卷………………………………… 3－483
圖民錄四卷………………………………… 3－483
圖民錄四卷………………………………… 3－483
圖民錄四卷………………………………… 3－483
圖民錄四卷………………………………… 3－483
圖民錄四卷………………………………… 3－483
圖民錄四卷………………………………… 3－483
圖注八十一難經辨真四卷…………… 3－116
圖注難經脈學奇經合刻……………… 3－483
圖書集成銅版天下地輿圖四卷……… 3－483
圖書新聞不分卷……………………… 3－483
圖書疑問十九卷首一卷……………… 3－483
圖書編一百二十七卷………………… 3－483
圖註八十一難經二卷………………… 3－485
圖註八十一難經二卷………………… 3－485
圖註八十一難經二卷………………… 3－485
圖註八十一難經二卷………………… 3－485
圖註八十一難經二卷………………… 3－485
圖註八十一難經二卷………………… 3－485
圖註八十一難經二卷………………… 3－486
圖註八十一難經二卷………………… 3－486
圖註八十一難經二卷………………… 3－486
圖註八十一難經二卷………………… 3－486
圖註八十一難經二卷………………… 3－486
圖註八十一難經二卷………………… 3－486
圖註八十一難經二卷………………… 3－486
圖註八十一難經二卷………………… 3－486
圖註八十一難經二卷………………… 3－486
圖註八十一難經辨真四卷…………… 3－483
圖註八十一難經辨真四卷…………… 3－483
圖註八十一難經辨真四卷…………… 3－483
圖註八十一難經辨真四卷…………… 3－483
圖註八十一難經辨真四卷…………… 3－484
圖註八十一難經辨真四卷…………… 3－484
圖註八十一難經辨真四卷…………… 3－484
圖註八十一難經辨真四卷…………… 3－484
圖註八十一難經辨真四卷…………… 3－484
圖註八十一難經辨真四卷…………… 3－484
圖註八十一難經辨真四卷…………… 3－484
圖註八十一難經辨真四卷…………… 3－484
圖註八十一難經辨真四卷…………… 3－484
圖註八十一難經辨真四卷…………… 3－484
圖註八十一難經辨真四卷…………… 3－484
圖註八十一難經辨真四卷…………… 3－484
圖註八十一難經辨真四卷…………… 3－484
圖註八十一難經辨真四卷…………… 3－484
圖註八十一難經辨真四卷…………… 3－484
圖註八十一難經辨真四卷…………… 3－484
圖註八十一難經辨真四卷…………… 3－484
圖註八十一難經辨真四卷…………… 3－484
圖註八十一難經辨真四卷…………… 3－484
圖註八十一難經辨真四卷…………… 3－484
圖註八十一難經辨真四卷…………… 3－484
圖註八十一難經辨真四卷…………… 3－484
圖註八十一難經辨真四卷…………… 3－484
圖註八十一難經辨真四卷…………… 3－485
圖註八十一難經辨真四卷…………… 3－485
圖註八十一難經辨真四卷…………… 3－485
圖註八十一難經辨真四卷…………… 3－485
圖註八十一難經辨真四卷…………… 3－485
圖註八十一難經辨真四卷…………… 3－485
圖註八十一難經辨真四卷…………… 3－485
圖註八十一難經辨真四卷…………… 3－485
圖註八十一難經辨真四卷…………… 3－485
圖註八十一難經辨真四卷…………… 3－485
圖註八十一難經辨真四卷…………… 3－485
圖註八十一難經辨真四卷…………… 3－485
圖註八十一難經辨真四卷…………… 3－485

圖註八十一難經辨真四卷…………… 3－485
圖註八十一難經辨真四卷…………… 3－485
圖註八十一難經辨真四卷…………… 3－485
圖註八十一難經辨真四卷…………… 3－485
圖註八十一難經辨真四卷圖註脈訣
辨真四卷附脈訣附方一卷………… 3－485
圖註本草醫方合編十二卷…………… 3－486
圖註本草醫方合編十二卷…………… 3－486
圖註本草醫方合編十二卷…………… 3－486
圖註本草醫方合編十二卷…………… 3－486
圖註本草醫方合編十二卷…………… 3－486
圖註本草醫方合編十二卷…………… 3－486
圖註本草醫方合編十二卷…………… 3－486
圖註本草醫方合編十二卷…………… 3－486
圖註本草醫方合編十二卷…………… 3－486
圖註本草醫方合編十二卷…………… 3－486
圖註本草醫方合編十二卷…………… 3－486
圖註本草醫方合編十二卷…………… 3－486
圖註本草醫方合編十二卷…………… 3－486
圖註本草醫方合編十二卷…………… 3－486
圖註本草醫方合編十二卷…………… 3－487
圖註本草醫方合編十二卷…………… 3－487
圖註本草醫方合編十二卷…………… 3－487
圖註本草醫方合編十二卷…………… 3－487
圖註本草醫方合編十二卷…………… 3－487
圖註本草醫方合編十二卷…………… 3－487
圖註脈訣辨真四卷…………………… 3－487
圖註脈訣辨真四卷…………………… 3－487
圖註脈訣辨真四卷…………………… 3－487
圖註脈訣辨真四卷…………………… 3－487
圖註脈訣辨真四卷…………………… 3－487
圖註脈訣辨真四卷…………………… 3－487
圖註脈訣辨真四卷…………………… 3－487
圖註脈訣辨真四卷…………………… 3－487
圖註脈訣辨真四卷脈訣附方一卷…… 3－487
圖註脈訣辨真四卷脈訣附方一卷…… 3－487
圖註脈訣辨真四卷脈訣附方一卷…… 3－487
圖註脈訣辨真四卷脈訣附方一卷…… 3－487
圖註脈訣辨真四卷脈訣附方一卷…… 3－487
圖註脈訣辨真四卷脈訣附方一卷…… 3－487
圖註脈訣辨真四卷脈訣附方一卷…… 3－487
圖註脈訣辨真四卷脈訣附方一卷…… 3－487
圖註脈訣辨真四卷脈訣附方一卷…… 3－487
圖註脈訣辨真四卷脈訣附方一卷…… 3－487
圖註脈訣辨真四卷脈訣附方一卷…… 3－488
圖註脈訣辨真四卷脈訣附方一卷…… 3－488
圖註脈訣辨真四卷脈訣附方一卷…… 3－488
圖註脈訣辨真四卷脈訣附方一卷…… 3－488
圖註脈訣辨真四卷脈訣附方一卷…… 5－396
圖註難經脈訣………………………… 3－488
圖註難經脈訣………………………… 3－488
圖註難經脈訣………………………… 3－488
圖詠遺芬六卷附墓誌銘一卷………… 3－483
圖像三國演義十六卷一百二十回…… 3－483
圖像鏡花緣十二卷一百回首一卷…… 3－483
圖像鏡花緣十二卷一百回首一卷…… 3－483
圖翼十一卷附翼四卷………………… 2－260
圖翼十一卷附翼四卷………………… 2－260
圖翼十一卷附翼四卷………………… 2－261
圖翼十一卷附翼四卷………………… 2－261
圖翼十一卷附翼四卷………………… 2－261
圖翼十一卷附翼四卷………………… 2－261
圖繪寶鑑八卷補遺一卷……………… 3－482
圖繪寶鑑八卷補遺一卷……………… 3－482
鄦齋叢書……………………………… 4－235
鄦齋叢書……………………………… 4－235
鄦齋叢書……………………………… 4－235
製火藥法三卷………………………… 5－116
製造火藥圖說一卷…………………… 5－116
製造火藥圖說一卷…………………… 5－116
稧敘集言一卷………………………… 5－397
種田雜說一卷………………………… 1－376
種竹山房稿五卷……………………… 5－135
種松園集十二卷補編一卷…………… 5－134
種茶良法一卷………………………… 5－133
種植芻言一卷………………………… 5－134
種植芻言一卷………………………… 5－134
種植芻言一卷………………………… 5－134
種植芻言一卷………………………… 5－134
種植芻言一卷………………………… 5－134
種植芻言一卷………………………… 5－135
種植芻言一卷………………………… 5－135

種植芻言一卷…………………………… 5－135
種植芻言一卷…………………………… 5－135
種植芻言一卷…………………………… 5－135
種植芻言一卷…………………………… 5－135
種植芻言一卷…………………………… 5－135
種植芻言一卷…………………………… 5－135
種植芻言一卷…………………………… 5－135
種痘方法一卷…………………………… 5－133
種痘全書四卷…………………………… 5－133
種痘新書十二卷………………………… 5－133
種痘新書十二卷………………………… 5－133
種痘新書十二卷………………………… 5－133
種痘新書十二卷………………………… 5－133
種痘新書十二卷………………………… 5－133
種痘新書十二卷………………………… 5－133
種痘新書十二卷………………………… 5－133
種痘新書十二卷………………………… 5－133
種痘新書十二卷………………………… 5－133
種痘新書十二卷………………………… 5－133
種痘新書十二卷………………………… 5－133
種痘新書十二卷………………………… 5－133
種痘新書十二卷………………………… 5－133
種痘新書十二卷………………………… 5－133
種痘新書十二卷………………………… 5－133
種痘新書十二卷………………………… 5－133
種痘新書十二卷………………………… 5－133
種痘新書十二卷………………………… 5－133
種痘新書十二卷………………………… 5－133
種痘新書十二卷………………………… 5－134
種痘新書十二卷………………………… 5－134
種痘新書十二卷………………………… 5－134
種痘新書十二卷………………………… 5－134
種痘新書十二卷………………………… 5－134
種痘新書十二卷………………………… 5－403
種榆仙館印譜不分卷…………………… 5－134
種福堂公選良方兼刻古吳名醫精論
四卷………………………………………… 5－134
種福堂公選良方兼刻古吳名醫精論
四卷………………………………………… 5－134
種福堂公選良方兼刻古吳名醫精論
四卷………………………………………… 5－134
種福堂公選溫熱論醫案四卷…………… 5－134
種福堂公選溫熱論醫案四卷…………… 5－134
種福堂公選溫熱論醫案四卷…………… 5－134
種福堂公選溫熱論醫案四卷…………… 5－134
種福堂公選溫熱論醫案四卷…………… 5－134
種福堂公選溫熱論醫案四卷…………… 5－134
種福堂公選溫熱論醫案四卷…………… 5－403
種福堂精選良方兼刻古吳名醫精論
四卷………………………………………… 5－134
種福堂精選良方兼刻古吳名醫精論
四卷………………………………………… 5－134
種福堂續選臨證指南四卷……………… 5－134
箋注少嵒賦草四卷……………………… 2－147
箋注少嵒賦草四卷……………………… 2－147
箋注唐賢絕句三體詩法二十卷………… 2－147
箋注陶淵明集六卷總論一卷…………… 2－147
箋註繪像第六才子西廂釋解八卷……… 2－147
箋註繪像第六才子西廂釋解八卷末
一卷………………………………………… 2－147
箋釋梅亭先生四六標準四十卷………… 2－146
箋釋梅亭先生四六標準四十卷………… 2－146
箋釋梅亭先生四六標準四十卷………… 2－147
箋釋梅亭先生四六標準四十卷………… 2－147
箋釋梅亭先生四六標準四十卷………… 2－147
箋釋梅亭先生四六標準四十卷　……… 4－71
算式集要四卷…………………………… 3－396
算式集要四卷…………………………… 3－396
算式集要四卷…………………………… 5－394
算迪八卷………………………………… 3－395
算迪八卷………………………………… 3－395
算迪八卷………………………………… 3－395
算迪八卷………………………………… 3－395
算迪八卷………………………………… 3－395
算法指明不分卷………………………… 3－396
算法指掌大全四卷……………………… 3－396
算法須知一卷…………………………… 3－396
算法須知一卷…………………………… 3－396
算法須知一卷…………………………… 3－396
算書廿一種……………………………… 3－396
算術教科書不分卷……………………… 3－396

算經十書 …………………………… 3－396
算經十書 …………………………… 3－396
算經十書 …………………………… 3－396
算牖四卷 …………………………… 3－397
［算學］ …………………………… 5－352
算學十書 …………………………… 3－397
算學十書 …………………………… 3－397
算學瑣解五卷 ……………………… 3－397
算學課藝四卷 ……………………… 3－396
算學課藝四卷 ……………………… 3－396
算學權輿不分卷 …………………… 3－396
算學權輿不分卷 …………………… 3－396
算學權輿不分卷 …………………… 3－396
算學權輿不分卷 …………………… 3－396
算學權輿不分卷 …………………… 3－396
算學權輿不分卷 …………………… 3－396
算學權輿不分卷 …………………… 3－396
［劄記］不分卷 …………………… 5－386
［劄記］不分卷 …………………… 5－386
［劄記］不分卷 …………………… 5－386
劄課册□□卷 ……………………… 5－83
箏船詞一卷 ………………………… 4－378
箏船詞一卷 ………………………… 4－378
管子一卷 …………………………… 1－462
管子一卷 …………………………… 1－462
管子一卷 …………………………… 1－462
管子二十四卷 ……………………… 1－460
管子二十四卷 ……………………… 1－460
管子二十四卷 ……………………… 1－460
管子二十四卷 ……………………… 1－460
管子二十四卷 ……………………… 1－460
管子二十四卷 ……………………… 1－460
管子二十四卷 ……………………… 1－460
管子二十四卷 ……………………… 1－460
管子二十四卷 ……………………… 1－460
管子二十四卷 ……………………… 1－461
管子二十四卷 ……………………… 1－461
管子二十四卷 ……………………… 1－461
管子二十四卷 ……………………… 1－461
管子二十四卷 ……………………… 1－461
管子二十四卷 ……………………… 1－461
管子二十四卷 ……………………… 1－461
管子二十四卷 ……………………… 1－461
管子二十四卷 ……………………… 1－461
管子二十四卷 ……………………… 1－461
管子二十四卷 ……………………… 1－461
管子二十四卷 ……………………… 1－461
管子二十四卷 ……………………… 1－461
管子二十四卷 ……………………… 1－461
管子二十四卷 ……………………… 1－461
管子二十四卷 ……………………… 1－461
管子地員篇注四卷 ………………… 1－460
管子地員篇注四卷 ………………… 1－460
管子地員篇注四卷 ………………… 1－460
管子治畧真本八卷 ………………… 1－462
管子校正二十四卷 ………………… 1－461
管子校正二十四卷 ………………… 1－461
管子校正二十四卷 ………………… 1－461
管子酬諮續錄四卷 ………………… 1－460
管刻洋務抉要易言二卷 …………… 1－459
管注合刻雪鴻軒尺牘四卷 ………… 1－460
管注合刻雪鴻軒尺牘四卷 ………… 1－460
管注秋水軒尺牘四卷 ……………… 1－460
管城碩記三十卷 …………………… 1－459
管城碩記三十卷 …………………… 1－459
管靜山先生全稿不分卷 …………… 1－459
管靜山時文彙編不分卷 …………… 1－459
管窺輯要八十卷 …………………… 1－459
管窺輯要八十卷 …………………… 1－459
管窺輯要八十卷 …………………… 1－459
管窺輯要八十卷 …………………… 1－459
管窺輯要八十卷 …………………… 1－459
管窺輯要八十卷 …………………… 1－459
管窺輯要八十卷 …………………… 1－460
管窺輯要八十卷 …………………… 1－460
管窺輯要八十卷 …………………… 1－460
管窺輯要八十卷 …………………… 3－88
毓甫草存不分卷 …………………… 4－497
毓麟芝室痘疹玉髓摘要二卷 ……… 4－497
［乾隆］僊遊縣志五十三卷首一卷 … 5－337
僑吳集十二卷 ……………………… 3－37
僧尼會一卷 ………………………… 3－107

槃薖文甲集三卷乙集二卷别録一卷 …… 2－477
槃薖紀事初稿四卷 …… 2－477
銅竹齋試帖七卷律賦一卷雜體文四卷 …… 3－482
銅板四書體註合講十九卷 …… 3－482
銅版四書集注十九卷 …… 3－482
銅官感舊集四卷 …… 3－482
銅鼓書堂遺稾三十二卷 …… 3－482
銅劍堂續稿一卷 …… 3－482
銀海指南四卷 …… 4－376
銀海精微二卷 …… 4－375
銀海精微二卷 …… 4－375
銀海精微四卷 …… 4－375
銀海精微四卷 …… 4－375
銀海精微四卷 …… 4－376
銀海精微四卷 …… 4－376
銀海精微四卷 …… 4－376
銀海精微四卷 …… 4－376
銀海精微四卷 …… 4－376
銀經發秘三卷 …… 4－376
銀礦指南一卷 …… 4－376
鄱陽五家集 …… 3－8
鄱陽先生文集十二卷 …… 3－8
鄱陽集四卷首一卷末一卷 …… 3－7
鄱陽集四卷首一卷末一卷 …… 3－7
鄱陽湖櫂歌不分卷 …… 3－7
鄱陽詩集十二卷補遺一卷 …… 3－7
[同治]鄱陽縣志二十四卷首一卷末一卷附鄱陽縣忠烈録一卷 …… 5－363
[同治]鄱陽縣志二十四卷首一卷末一卷附鄱陽縣忠烈録一卷 …… 5－363
[同治]鄱陽縣志二十四卷首一卷末一卷附鄱陽縣忠烈録一卷 …… 5－363
[道光]鄱陽縣志三十二卷首一卷末一卷 …… 5－281
遯窟讕言十二卷 …… 1－331
遯窟讕言十二卷 …… 2－241
鳳池吟稿十卷 …… 1－372
鳳池吟稿十卷 …… 1－372
鳳真閣老大保堂記不分卷 …… 1－372
鳳陽府學附生不分卷 …… 1－372
鳳巢山樵求是録六卷二録四卷 …… 1－372
鳳�詩集二卷 …… 1－372
鳳儀詩經正韻旁音八卷 …… 1－372
鳳儀詩經正韻旁音八卷 …… 1－372
鳳巘書院志五卷首一卷末一卷 …… 1－372
疑年賡録二卷 …… 4－308
疑字直音補一卷 …… 1－135
疑字直音補一卷 …… 1－135
疑字直音補一卷 …… 1－135
疑雨集四卷 …… 4－308
雒閩源流録十九卷 …… 2－374
誡子書一卷 …… 2－175
語石十卷 …… 4－418
說文分韻易知録五卷說文分韻標目一卷說文分畫易知録一卷 …… 3－302
說文分韻易知録五卷說文分韻標目一卷說文分畫易知録一卷 …… 3－302
說文分韻易知録五卷說文分韻標目一卷說文分畫易知録一卷 …… 3－303
說文引經考證七卷說文引經互異說一卷 …… 3－311
說文古籀補十四卷補遺一卷附録一卷 …… 3－303
說文外編十六卷 …… 3－310
說文字原一卷 …… 3－311
說文字原一卷 …… 3－311
說文字原一卷六書正譌五卷 …… 3－311
說文字原一卷六書正譌五卷 …… 3－311
說文字原考略六卷 …… 3－311
說文字原考略六卷 …… 3－311
說文字原集注十六卷表一卷表說一卷 …… 3－311
說文字原韻表二卷 …… 3－311
說文字辨十四卷 …… 3－311
說文段注校三種 …… 3－302
說文校議十五卷 …… 3－310
說文部目分韻一卷 …… 3－307
說文部目分韻一卷 …… 3－307
說文部目分韻一卷 …… 3－307
說文部目分韻一卷 …… 3－307

說文部目分韻一卷……………………… 3－307
說文部目分韻一卷……………………… 3－307
說文部目分韻一卷……………………… 3－307
說文部目分韻一卷……………………… 3－307
說文部目分韻一卷……………………… 3－307
說文部目分韻一卷……………………… 3－307
說文部目分韻一卷……………………… 3－307
說文部目分韻一卷……………………… 3－307
說文部目分韻一卷……………………… 3－307
說文部目分韻一卷……………………… 3－308
說文部目分韻一卷……………………… 3－308
說文部目分韻一卷……………………… 3－308
說文部目分韻一卷……………………… 3－308
說文部目分韻一卷……………………… 3－308
說文部目分韻一卷……………………… 3－308
說文部目分韻一卷……………………… 3－308
說文部目分韻一卷……………………… 3－308
說文部目分韻一卷……………………… 3－308
說文部目分韻一卷……………………… 3－308
說文部首均語一卷……………………… 3－302
說文部首解字一卷……………………… 3－302
說文部首歌一卷………………………… 3－302
說文通訓定聲十八卷…………………… 3－309
說文通訓定聲十八卷…………………… 3－309
說文通訓定聲十八卷…………………… 3－310
說文通訓定聲十八卷…………………… 3－310
說文通訓定聲十八卷分部柬韻一卷
說雅一卷古今韻準一卷……………… 3－310
說文通訓定聲十八卷分部檢韻一卷
說雅一卷古今韻準一卷……………… 3－310
說文通訓定聲十八卷分部檢韻一卷
說雅一卷古今韻準一卷……………… 3－310
說文通訓定聲十八卷分部檢韻一卷
說雅一卷古今韻準一卷……………… 3－310
說文通訓定聲十八卷分部檢韻一卷
說雅一卷古今韻準一卷……………… 3－310
說文通訓定聲十八卷分部檢韻一卷
說雅一卷古今韻準一卷……………… 3－310
說文通訓定聲十八卷分部檢韻一卷
說雅一卷古今韻準一卷……………… 3－310
說文通訓定聲十八卷分部檢韻一卷
說雅一卷古今韻準一卷……………… 3－310
說文通訓定聲十八卷分部檢韻一卷
說雅一卷古今韻準一卷……………… 3－310
說文通訓定聲十八卷分部檢韻一卷
說雅一卷古今韻準一卷……………… 3－310
說文通訓定聲十八卷分部檢韻一卷
說雅一卷古今韻準一卷……………… 3－310
說文通訓定聲十八卷補遺十八卷分
部柬韻一卷…………………………… 3－310
說文通檢十四卷首一卷末一卷……… 3－307
說文通檢十四卷首一卷末一卷……… 3－307
說文通檢十四卷首一卷末一卷……… 3－307
說文通檢十四卷首一卷末一卷……… 3－307
說文通檢十四卷首一卷末一卷……… 3－307
說文通檢十四卷首一卷末一卷……… 3－309
說文通檢十四卷首一卷末一卷……… 3－309
說文通檢十四卷首一卷末一卷……… 3－309
說文通檢十四卷首一卷末一卷……… 3－309
說文通檢十四卷首一卷末一卷……… 3－309
說文通檢十四卷首一卷末一卷……… 3－309
說文通檢十四卷首一卷末一卷……… 3－309
說文通檢十四卷首一卷末一卷……… 3－309
說文通檢十四卷首一卷末一卷……… 3－309
說文通檢十四卷首一卷末一卷……… 3－309
說文異同一卷…………………………… 3－306
說文異同一卷…………………………… 3－306
說文異同一卷…………………………… 3－306
說文偏旁考二卷………………………… 3－308
說文假借義證二十八卷………………… 3－303
說文逸字二卷…………………………… 3－311
說文逸字二卷…………………………… 3－311
說文逸字二卷…………………………… 3－311
說文逸字二卷…………………………… 3－311
說文逸字辨證二卷……………………… 3－311
說文提要一卷…………………………… 3－309
說文提要一卷…………………………… 3－309
說文提要一卷…………………………… 3－309
說文提要一卷…………………………… 3－309
說文提要一卷…………………………… 3－309
說文提要一卷…………………………… 3－309
說文揭原二卷…………………………… 3－303

說文揭原二卷………………………… 3－303
說文答問疏證六卷………………………… 3－302
說文答問疏證六卷………………………… 3－302
說文補例一卷………………………… 3－302
說文解字十五卷………………………… 3－304
說文解字十五卷………………………… 3－305
說文解字十五卷………………………… 3－305
說文解字十五卷………………………… 3－305
說文解字十五卷………………………… 3－305
說文解字十五卷………………………… 3－305
說文解字十五卷………………………… 3－305
說文解字十五卷………………………… 3－305
說文解字十五卷………………………… 3－305
說文解字十五卷………………………… 3－305
說文解字十五卷………………………… 3－305
說文解字十五卷………………………… 3－305
說文解字十五卷………………………… 3－305
說文解字十五卷………………………… 3－305
說文解字十五卷………………………… 3－305
說文解字十五卷………………………… 3－305
說文解字十五卷………………………… 3－305
說文解字十五卷………………………… 3－305
說文解字十五卷………………………… 3－305
說文解字十五卷………………………… 3－305
說文解字十五卷………………………… 3－305
說文解字十五卷………………………… 3－305
說文解字十五卷………………………… 3－306
說文解字十五卷………………………… 3－306
說文解字十五卷………………………… 3－306
說文解字十五卷………………………… 3－306
說文解字十五卷………………………… 3－306
說文解字十五卷………………………… 3－306
說文解字十五卷………………………… 3－306
說文解字五音韻譜十二卷………………………… 3－306
說文解字五音韻譜十二卷………………………… 3－306
說文解字五音韻譜十二卷………………………… 3－306
說文解字句讀三十卷………………………… 3－304
說文解字句讀三十卷………………………… 3－304
說文解字句讀三十卷………………………… 3－304
說文解字句讀三十卷………………………… 3－304
說文解字句讀三十卷………………………… 3－304
說文解字句讀三十卷………………………… 3－304
說文解字句讀三十卷………………………… 3－304
說文解字句讀三十卷………………………… 3－304
說文解字句讀三十卷………………………… 3－304
說文解字句讀三十卷………………………… 3－304
說文解字述誼二卷………………………… 3－306
說文解字注十五卷………………………… 3－307
說文解字注十五卷………………………… 3－307
說文解字注十五卷………………………… 3－307
說文解字注十五卷六書音均表五卷………………………… 3－307
說文解字注十五卷六書音均表五卷………………………… 3－307
說文解字注十五卷六書音均表五卷………………………… 3－307
說文解字注十五卷六書音均表五卷………………………… 3－307
說文解字注十五卷六書音均表五卷………………………… 3－307
說文解字注十五卷六書音均表五卷………………………… 3－307
說文解字注十五卷六書音均表五卷………………………… 3－307
說文解字注十五卷六書音均表五卷………………………… 3－307
說文解字注十五卷六書音均表五卷………………………… 3－307
說文解字注十五卷六書音均表五卷………………………… 3－307
說文解字注十五卷六書音均表五卷………………………… 3－308
說文解字注十五卷六書音均表五卷………………………… 3－308
說文解字注十五卷六書音均表五卷………………………… 3－308
說文解字注十五卷六書音均表五卷………………………… 3－308
說文解字注十五卷六書音均表五卷………………………… 3－308
說文解字注十五卷六書音均表五卷………………………… 3－308

說文解字注十五卷六書音均表五卷
汲古閣說文訂一卷 …………………… 3－308
說文解字注十五卷六書音均表五卷
汲古閣說文訂一卷 …………………… 3－308
說文解字注十五卷六書音均表五卷
汲古閣說文訂一卷 …………………… 3－308
說文解字注十五卷六書音均表五卷
汲古閣說文訂一卷 …………………… 3－308
說文解字注十五卷六書音韻表五卷
汲古閣說文訂一卷 …………………… 3－308
說文解字注十五卷六書音韻表五卷
汲古閣說文訂一卷 …………………… 3－308
說文解字注匡謬八卷 …………………… 3－307
說文解字注匡謬八卷 …………………… 3－307
說文解字注匡謬八卷 …………………… 3－307
說文解字注匡謬八卷 …………………… 3－307
說文解字注匡謬八卷 …………………… 3－307
說文解字注匡謬八卷 …………………… 3－307
說文解字注箋十四卷 …………………… 3－306
說文解字注箋十四卷 …………………… 3－306
說文解字校錄十五卷 …………………… 3－306
說文解字校錄十五卷 …………………… 3－306
說文解字集注□□卷 …………………… 3－303
說文解字義證五十卷 …………………… 3－306
說文解字義證五十卷 …………………… 3－306
說文解字義證五十卷 …………………… 3－306
說文解字義證五十卷 …………………… 3－306
說文解字斠詮十四卷 …………………… 3－304
說文解字斠詮十四卷 …………………… 3－304
說文解字斠詮十四卷 …………………… 3－304
說文解字斠詮十四卷 …………………… 3－304
說文解字繫傳四十卷 …………………… 3－303
說文解字繫傳四十卷 …………………… 3－303
說文解字繫傳四十卷 …………………… 3－303
說文解字繫傳四十卷 …………………… 3－303
說文解字繫傳四十卷 …………………… 3－303
說文解字繫傳四十卷 …………………… 3－303
說文解字繫傳四十卷 …………………… 3－303
說文解字繫傳四十卷 …………………… 3－303
說文解字繫傳四十卷 …………………… 3－303
說文解字繫傳四十卷 …………………… 3－304
說文解字繫傳四十卷 …………………… 3－304
說文解字繫傳四十卷 …………………… 3－304
說文解字繫傳四十卷 …………………… 3－304
說文解字繫傳校勘記三卷 ……………… 3－304
說文解字韻譜十卷 ……………………… 3－306
說文新附考六卷續考一卷 ……………… 3－310
說文新附考六卷續考一卷 ……………… 3－311
說文新附考六卷續考一卷 ……………… 3－311
說文新附通誼二卷 ……………………… 3－311
說文經典異字釋一卷 …………………… 3－308
說文賡籑一卷 …………………………… 3－303
說文賡籑一卷 …………………………… 3－303
說文賡籑一卷 …………………………… 3－303
說文辨字正俗八卷 ……………………… 3－302
說文辨字正俗八卷 ……………………… 3－302
說文辨疑一卷 …………………………… 3－302
說文聲讀表七卷 ………………………… 3－308
說文聲讀表七卷 ………………………… 3－308
說文檢字二卷 …………………………… 3－303
說文檢字三卷 …………………………… 3－306
說文檢字三卷 …………………………… 3－307
說文繫傳校錄三十卷 …………………… 3－303
說文釋例二十卷 ………………………… 3－308
說文釋例二十卷 ………………………… 3－309
說文釋例二十卷 ………………………… 3－309
說文釋例二十卷 ………………………… 3－309
說文釋例二十卷 ………………………… 3－309
說文續字彙三卷 ………………………… 3－311
說苑二十卷 ……………………………… 3－312
說苑二十卷 ……………………………… 3－312
說苑二十卷 ……………………………… 3－312
說苑二十卷 ……………………………… 3－312
說苑二十卷 ……………………………… 3－312
說帖類編三十六卷 ……………………… 3－302
說帖類編三十六卷 ……………………… 3－302
說郛一百二十弓 ………………………… 3－300
說郛一百二十弓 ………………………… 3－300
說郛一百二十弓 ………………………… 3－300
說郛一百二十弓 ………………………… 3－300
說郛一百二十弓 ………………………… 5－393
說郛一百二十弓 ………………………… 5－393

說郛續四十六弓 …………………………… 3－300
說郛續四十六弓 …………………………… 3－300
說郛續四十六弓 …………………………… 5－393
說疫全書 …………………………………… 3－312
說唐前傳十卷六十八回 …………………… 3－302
說唐前傳十卷六十八回 …………………… 3－302
說唐前傳十卷六十八回 …………………… 3－302
說唐前傳十卷六十八回說唐薛家府
　傳六卷四十二回說唐小英雄傳二
　卷十六回 ………………………………… 3－302
說唐薛家府傳六卷四十二回說唐小
　英雄傳二卷十六回 ……………………… 3－302
說略三十卷 ………………………………… 3－301
說略三十卷 ………………………………… 3－301
說雲詩鈔五卷首一卷 ……………………… 3－312
說雲詩鈔五卷首一卷 ……………………… 3－312
說雲詩鈔五卷首一卷 ……………………… 3－312
說雲詩鈔六卷 ……………………………… 3－312
說鈴 ………………………………………… 3－301
說鈴 ………………………………………… 3－301
說鈴 ………………………………………… 3－301
說鈴 ………………………………………… 3－301
說鈴 ………………………………………… 3－301
說鈴 ………………………………………… 3－301
說鈴 ………………………………………… 3－301
說鈴 ………………………………………… 3－301
說鈴 ………………………………………… 3－301
說鈴 ………………………………………… 3－301
說鈴 ………………………………………… 3－301
說鈴 ………………………………………… 3－301
說鈴 ………………………………………… 3－301
說鈴 ………………………………………… 3－301
說鈴 ………………………………………… 5－393
說鈴一卷 …………………………………… 3－300
說詩晬語二卷 ……………………………… 3－301
說詩晬語二卷 ……………………………… 3－301
說詩晬語二卷 ……………………………… 3－301
說詩晬語二卷 ……………………………… 3－301
說詩樂趣類編二十卷 ……………………… 3－301
說詩樂趣類編二十卷附偶咏草續集
　一卷 ……………………………………… 3－301
說詩樂趣類編二十卷附偶咏草續集
　一卷 ……………………………………… 3－301
說經二十六卷說莊三卷說騷一卷說
　文一卷 …………………………………… 3－301
說學齋稿不分卷 …………………………… 3－311
誦芬堂詩鈔十卷首一卷二集六卷三
　集六卷四集四卷五集四卷誦芬堂
　文稿二卷誦芬堂文鈔二卷 ……………… 3－390
誦芬堂詩鈔十卷首一卷二集六卷三
　集六卷四集四卷五集四卷誦芬堂
　文稿二卷誦芬堂文鈔二卷 ……………… 3－390
誦芬堂詩鈔十卷首一卷二集六卷三
　集六卷四集四卷五集四卷誦芬堂
　文稿二卷誦芬堂文鈔二卷 ……………… 3－390
[誦芬堂賬簿]不分卷(清光緒二年
　至三年) ………………………………… 5－352
誦清閣集四卷首一卷 ……………………… 3－390
誦清閣集四卷首一卷 ……………………… 3－390
誦清閣詩鈔四卷 …………………………… 3－390
誦清閣詩鈔四卷 …………………………… 3－390
塾言一卷 …………………………………… 3－285
塾課小題正鵠二集不分卷 ………………… 3－285
塾課小題正鵠初集不分卷二集二卷
　三集三卷 ………………………………… 3－284
塾課小題正鵠初集不分卷二集二卷
　三集三卷 ………………………………… 3－285
塾課小題正鵠初集不分卷二集二卷
　三集三卷 ………………………………… 3－285
塾課小題正鵠初集不分卷二集不分
　卷三集不分卷 …………………………… 3－284
塾課小題正鵠初集不分卷二集不分
　卷三集不分卷 …………………………… 3－284
塾課小題正鵠初集不分卷二集不分
　卷三集不分卷 …………………………… 3－284
塾課小題正鵠初集不分卷二集不分
　卷三集不分卷 …………………………… 3－284
塾課小題正鵠初集不分卷二集不分
　卷三集不分卷 …………………………… 3－284
塾課小題正鵠初集不分卷二集不分
　卷三集不分卷 …………………………… 3－284
塾課小題正鵠初集不分卷二集不分

卷三集不分卷 ························ 3－284
塾課小題正鵠初集不分卷二集不分
卷三集不分卷 ························ 3－284
塾課小題正鵠初集不分卷二集不分
卷三集不分卷 ························ 3－284
塾課小題正鵠初集不分卷二集不分
卷三集不分卷 ························ 3－284
塾課小題正鵠初集不分卷二集不分
卷三集不分卷養正草一卷 ··········· 3－284
塾課小題正鵠初集不分卷二集不分
卷三集不分卷養正草一卷 ··········· 3－284
塾課小題正鵠初集不分卷二集不分
卷養正草一卷 ························ 3－284
塾課分編注釋八集續編八集 ··········· 3－283
塾課分編注釋八集續編八集 ··········· 3－284
塾課文鈔八集 ························ 3－284
塾課文鈔八集 ························ 3－284
塾課文鈔八集 ························ 3－284
塾課層級集十二卷 ···················· 3－283
廣三字經一卷 ························ 1－472
廣川書跋十卷 ························ 1－469
廣仁要錄不分卷 ······················ 1－472
廣仁類編四卷 ························ 1－472
廣文選八十二卷目錄二卷 ············· 1－475
廣文選八十二卷目錄二卷 ············· 1－475
廣文選刪十四卷 ······················ 1－475
廣生編一卷附十劑表二卷 ············· 1－472
廣弘明集三十卷 ······················ 2－36
廣西全省地輿圖說不分卷 ············· 1－475
[嘉慶]廣西通志二百七十九卷首一
卷 ··································· 5－301
[嘉慶]廣西通志二百七十九卷首一
卷 ··································· 5－301
[嘉慶]廣西通志二百七十九卷首一
卷 ··································· 5－301
廣西善後芻議一卷芻議之餘一卷 ······ 1－475
廣西試牘不分卷 ······················ 1－475
廣西團練事宜一卷 ···················· 1－475
廣西輿地全圖二卷 ···················· 1－475
廣百川學海 ·························· 1－468
廣百川學海 ·························· 1－468
廣英堂遺稾一卷 ······················ 1－476
廣東文選四十卷 ······················ 1－470
廣東水道通考一卷 ···················· 1－470
廣東古今名媛詩選二卷 ··············· 1－469
[廣東平遠]平遠東石林氏族譜□□
卷 ··································· 5－298
廣東全省總圖不分卷 ·················· 1－469
廣東各廠上下水貨抽釐例則不分卷
······································ 1－469
廣東海圖說一卷 ······················ 1－469
廣東海圖說一卷 ······················ 1－469
廣東海圖說一卷 ······················ 1－469
[道光]廣東通志三百三十四卷首一
卷 ··································· 5－279
[道光]廣東通志三百三十四卷首一
卷 ··································· 5－279
[道光]廣東通志三百三十四卷首一
卷 ··································· 5－279
廣東試牘八卷 ························ 1－469
廣東試牘八卷 ························ 1－469
廣東試牘八卷 ························ 1－469
廣東試牘八卷 ························ 1－469
廣東新語二十八卷 ···················· 1－470
廣東新語二十八卷 ···················· 1－470
廣東圖二十三卷 ······················ 1－470
廣東圖說九十二卷首一卷 ············· 1－470
廣東圖說九十二卷首一卷 ············· 1－470
廣東隨宦學堂章程一卷 ··············· 1－470
廣東闈墨一卷 ························ 1－470
廣東闈墨一卷 ························ 1－470
廣事類賦四十卷 ······················ 1－472
廣事類賦四十卷 ······················ 1－472
廣事類賦四十卷 ······················ 1－472
廣事類賦四十卷 ······················ 1－472
廣事類賦四十卷 ······················ 1－472
廣事類賦四十卷 ······················ 1－473
廣事類賦四十卷 ······················ 1－473
廣事類賦四十卷 ······················ 1－473
廣事類賦四十卷 ······················ 1－473
廣事類賦四十卷 ······················ 1－473
廣事類賦四十卷 ······················ 1－473

廣事類賦四十卷…………………………1－473
廣事類賦四十卷…………………………1－473
廣事類賦四十卷…………………………1－473
廣事類賦四十卷…………………………1－473
廣事類賦四十卷…………………………1－473
廣事類賦四十卷…………………………1－473
廣事類賦四十卷…………………………1－473
廣事類賦四十卷…………………………1－473
廣事類賦四十卷…………………………1－473
廣事類賦四十卷…………………………1－473
廣事類賦四十卷…………………………1－473
廣事類賦四十卷…………………………1－473
廣事類賦四十卷…………………………1－473
廣事類賦四十卷…………………………1－473
廣事類賦四十卷…………………………1－474
廣事類賦四十卷…………………………1－474
廣事類賦四十卷…………………………1－474
廣事類賦四十卷…………………………1－474
廣事類賦四十卷…………………………1－474
廣事類賦四十卷…………………………1－474
廣事類賦四十卷…………………………1－474
廣事類賦四十卷…………………………1－474
廣事類賦四十卷…………………………1－474
廣事類賦四十卷…………………………1－474
廣事類賦四十卷…………………………1－474
廣事類賦四十卷…………………………1－474
廣事類賦四十卷…………………………1－474
廣事類賦四十卷…………………………1－474
廣事類賦四十卷…………………………1－474
廣事類賦四十卷…………………………3－111
廣事類賦四十卷…………………………3－124
廣事類賦四十卷…………………………3－125
廣事類賦四十卷…………………………3－125
廣事類賦四十卷…………………………3－125
廣事類賦四十卷…………………………3－138
廣卓異記二十卷…………………………1－479
廣卓異記二十卷…………………………1－479
廣卓異記二十卷…………………………1－479
[同治]廣昌縣志十卷首一卷 ………5－357
[同治]廣昌縣志十卷首一卷 ………5－357
[同治]廣昌縣志十卷首一卷 ………5－357
廣金石韻府五卷附玉篇字略一卷……1－471
廣金石韻府五卷附玉篇字略一卷……1－471
廣治平畧三十六卷………………………1－477
廣治平畧三十六卷………………………1－477
廣治平畧三十六卷………………………1－477
廣治平畧三十六卷………………………1－477
廣治平畧三十六卷………………………1－477
廣治平畧三十六卷………………………1－477
廣治平畧三十六卷………………………1－477
廣治平畧三十六卷………………………1－477
廣治平畧三十六卷………………………1－477
廣治平畧三十六卷………………………1－477
廣治平畧三十六卷………………………1－477
廣治平畧三十六卷………………………1－477
廣治平畧三十六卷………………………1－477
廣治平畧三十六卷………………………1－477
廣治平畧三十六卷………………………1－478
廣治平畧三十六卷………………………1－478
廣治平畧三十六卷………………………1－478
廣治平畧三十六卷………………………1－478
廣治平畧三十六卷………………………1－478
廣治平畧三十六卷………………………1－478
廣治平畧三十六卷………………………1－478
廣治平畧三十六卷補編八卷…………1－478
廣治平畧三十六卷續集八卷…………1－478
廣治平畧三十六卷續集八卷…………1－478
廣治平畧三十六卷續集八卷…………1－478
廣治平畧四十四卷………………………1－478
廣治平畧四十四卷………………………1－478
廣治平畧四十四卷………………………1－478
廣治平畧四十四卷………………………1－478
廣治平畧四十四卷………………………1－478
廣治平畧四十四卷………………………1－478
廣治平畧四十四卷………………………1－478
廣治平畧四十四卷………………………1－478
廣治平畧續集八卷………………………1－478
廣治平畧續集八卷………………………1－478
廣柱師題稿竹溪隅抄一卷……………1－479
[乾隆]廣信府志二十六卷首一卷 …5－334
[乾隆]廣信府志二十六卷首一卷 …5－334

[同治]廣信府志十二卷首一卷 …… 5－357
[同治]廣信府志十二卷首一卷 …… 5－357
廣陵通典十卷…………………………… 1－472
廣陵通典十卷…………………………… 1－472
廣陵通典十卷…………………………… 1－472
廣陵通典十卷…………………………… 1－472
廣陵詩事十卷…………………………… 1－472
廣陵詩事十卷…………………………… 1－472
廣陵詩事十卷…………………………… 1－472
廣陵續調四卷…………………………… 1－472
廣進田莊不分卷………………………… 1－471
廣博物志五十卷………………………… 1－468
廣博物志五十卷………………………… 1－468
廣博物志五十卷………………………… 1－468
廣博物志五十卷………………………… 1－468
廣博物志五十卷………………………… 1－468
廣博物志五十卷………………………… 1－468
廣博物志五十卷………………………… 1－468
廣博物志五十卷………………………… 1－468
廣博物志五十卷………………………… 1－468
廣博物志五十卷………………………… 1－468
廣博物志五十卷………………………… 1－468
廣博物志五十卷………………………… 1－468
廣雁蕩山誌二十八卷首一卷末一卷
………………………………………… 1－475
廣雁蕩山誌二十八卷首一卷末一卷
………………………………………… 1－475
廣雁蕩山誌二十八卷首一卷末一卷
………………………………………… 1－475
廣雅十卷………………………………… 1－475
廣雅書局叢書…………………………… 1－475
廣雅書局叢書…………………………… 1－475
廣雅書局叢書…………………………… 1－475
廣雅疏證十卷…………………………… 1－475
廣雅疏證十卷博雅音十卷……………… 1－475
廣註駢文自修讀本四卷首一卷………… 1－479
廣遂生福幼達生合編三卷……………… 1－474
廣遂生福幼達生合編三卷……………… 1－474
廣遂生福幼達生合編三卷……………… 1－474
廣遂生福幼達生合編三卷……………… 1－474
廣遂生福幼達生合編三卷……………… 1－474
廣遂生福幼達生合編三卷……………… 1－474
廣勤戶不分卷(清光緒八年至二十
一年) ………………………………… 1－472
廣虞初新志四十卷……………………… 1－476
廣傳遺書………………………………… 1－469
廣傳遺書………………………………… 1－469
廣傳遺書一卷…………………………… 3－107
廣經室文鈔一卷………………………… 1－472
廣粱氏草存不分卷……………………… 1－472
廣種柏樹興利除害條陳一卷…………… 1－479
廣種柏樹興利除害條陳一卷…………… 1－479
廣廣事類賦三十二卷…………………… 1－470
廣廣事類賦三十二卷…………………… 1－470
廣廣事類賦三十二卷…………………… 1－470
廣廣事類賦三十二卷…………………… 1－470
廣廣事類賦三十二卷…………………… 1－470
廣廣事類賦三十二卷…………………… 1－470
廣廣事類賦三十二卷…………………… 1－470
廣廣事類賦三十二卷…………………… 1－470
廣廣事類賦三十二卷…………………… 1－470
廣廣事類賦三十二卷…………………… 1－470
廣廣事類賦三十二卷…………………… 1－470
廣廣事類賦三十二卷…………………… 1－470
廣廣事類賦三十二卷…………………… 1－470
廣廣事類賦三十二卷…………………… 1－470
廣廣事類賦三十二卷…………………… 1－471
廣廣事類賦三十二卷…………………… 1－471
廣廣事類賦三十二卷…………………… 1－471
廣廣事類賦三十二卷…………………… 1－471
廣廣事類賦三十二卷…………………… 1－471
廣廣事類賦三十二卷…………………… 1－471
廣廣事類賦三十二卷…………………… 1－471
廣廣事類賦三十二卷…………………… 1－471
廣廣事類賦三十二卷…………………… 1－471
廣廣事類賦三十二卷…………………… 1－471
廣廣事類賦三十二卷…………………… 1－471
廣瘟疫論四卷…………………………… 1－474
廣漢魏叢書……………………………… 1－471
廣漢魏叢書……………………………… 1－471
廣漢魏叢書……………………………… 1－471
廣漢魏叢書……………………………… 1－471

廣漢魏叢書……………………………… 1－471
廣漢魏叢書……………………………… 1－471
廣漢魏叢書……………………………… 1－471
廣增四書典腋二十卷…………………… 1－477
廣增四書典腋二十卷…………………… 1－477
廣潤門外沿河碼頭基地清冊一卷…… 1－472
廣學類編十二卷………………………… 1－475
廣輿古今鈔二卷………………………… 1－476
廣輿記二十四卷………………………… 1－476
廣輿記二十四卷………………………… 1－476
廣輿記二十四卷………………………… 1－476
廣輿記二十四卷………………………… 1－476
廣輿記二十四卷………………………… 1－476
廣輿記二十四卷………………………… 1－476
廣輿記二十四卷………………………… 1－476
廣輿記二十四卷………………………… 1－476
廣輿記二十四卷………………………… 1－476
廣輿記二十四卷………………………… 1－476
廣輿記二十四卷………………………… 1－476
廣輿記二十四卷………………………… 1－476
廣輿記二十四卷………………………… 1－476
廣輿記二十四卷………………………… 1－476
廣輿記二十四卷………………………… 1－476
廣輿記二十四卷圖一卷………………… 1－476
廣輿記二十四卷圖一卷………………… 1－476
廣輿記二十四卷圖一卷………………… 1－476
廣輿記二十四卷圖一卷………………… 1－476
廣輿記二十四卷圖一卷………………… 1－477
廣輿記二十四卷圖一卷………………… 1－477
廣藝舟雙楫六卷………………………… 1－475
廣藝舟雙楫六卷………………………… 1－475
[同治]廣豐縣志十卷首一卷 ……… 5－357
[同治]廣豐縣志十卷首一卷 ……… 5－357
[同治]廣豐縣志十卷首一卷 ……… 5－357
[同治]廣豐縣志十卷首一卷 ……… 5－357
[同治]廣豐縣志十卷首一卷 ……… 5－357
[同治]廣豐縣志十卷首一卷 ……… 5－357
廣韻五卷………………………………… 1－477
廣韻五卷………………………………… 1－477
廣韻五卷………………………………… 1－477
廣韻新編五卷…………………………… 1－477
廣類合編精蘊二十四卷………………… 1－472
廣類合編精蘊二十四卷………………… 1－472
廣蠶桑說一卷 ………………………… 1－76
廣蠶桑說一卷 ………………………… 1－76
廣蠶桑說一卷 ………………………… 1－76
廣蠶桑說一卷 ………………………… 1－76
廣蠶桑說一卷 ………………………… 1－76
廣蠶桑說一卷…………………………… 1－469
廣蠶桑說一卷…………………………… 1－469
廣蠶桑說一卷…………………………… 1－469
廣蠶桑說一卷…………………………… 1－469
廣蠶桑說一卷…………………………… 1－469
廣蠶桑說一卷…………………………… 1－469
廣蠶桑說一卷…………………………… 1－469
廣蠶桑說一卷…………………………… 1－469
廣蠶桑說輯補二卷……………………… 1－468
廣蠶桑說輯補二卷……………………… 1－468
廣蠶桑說輯補二卷……………………… 1－469
廣蠶桑說輯補二卷……………………… 1－469
腐譚集一卷……………………………… 1－376
瘧痢成法一卷…………………………… 2－465
瘍科捷徑三卷補遺一卷………………… 4－280
瘍科選粹八卷…………………………… 4－280
瘍醫大全四十卷………………………… 4－280
瘍醫大全四十卷………………………… 4－280
瘍醫大全四十卷………………………… 4－280
瘍醫大全四十卷………………………… 4－280
瘍醫大全四十卷………………………… 4－280
瘍醫準繩六卷…………………………… 4－280
瘍醫準繩六卷…………………………… 4－281
瘟疫明辨四卷末一卷 ………………… 4－27
瘟疫明辨四卷末一卷 ………………… 4－27
瘟疫明辨四卷末一卷 ………………… 4－27
瘟疫明辨四卷末一卷 ………………… 4－27
瘟疫明辨四卷末一卷 ………………… 4－27
瘟疫明辨四卷末一卷 ………………… 4－27
瘟疫明辨四卷末一卷 ………………… 4－27
瘟疫明辨四卷末一卷 ………………… 4－27
瘟疫明辨四卷末一卷 ………………… 4－27
瘟疫明辨四卷末一卷 ………………… 4－27
瘟疫明辨四卷末一卷 ………………… 4－27

瘟疫明辨四卷末一卷 …………………… 4－28
瘟疫明辨四卷末一卷 …………………… 4－28
瘟疫明辨四卷末一卷 …………………… 4－28
瘟疫明辨四卷末一卷 …………………… 4－28
瘟疫明辨四卷末一卷 …………………… 4－28
瘟疫明辨四卷末一卷 …………………… 4－28
瘟疫明辨四卷末一卷 …………………… 4－28
瘟疫明辨四卷末一卷 …………………… 4－28
瘟疫明辨四卷末一卷 …………………… 4－28
瘟疫明辨四卷末一卷 …………………… 4－28
瘟疫明辨四卷末一卷 …………………… 4－28
瘟疫明辨四卷末一卷 …………………… 4－28
瘟疫明辨四卷末一卷 …………………… 4－28
瘟疫明辨四卷末一卷 …………………… 4－28
瘟疫明辨四卷末一卷 …………………… 4－28
瘟疫明辨四卷末一卷 …………………… 4－28
瘟疫明辨四卷末一卷 …………………… 4－28
瘟疫明辨四卷末一卷 …………………… 4－28
瘟疫明辨四卷末一卷 …………………… 4－28
瘟疫明辨四卷末一卷 …………………… 4－28
瘟疫明辨四卷末一卷 …………………… 4－28
瘟疫明辨四卷末一卷 …………………… 4－28
瘟疫明辨四卷末一卷 …………………… 4－28
瘟疫明辨四卷末一卷 …………………… 4－28
瘟疫明辨四卷末一卷 …………………… 4－29
瘟疫明辨四卷末一卷 …………………… 4－29
瘟疫明辨四卷末一卷 …………………… 4－29
瘟疫條辨摘要不分卷 …………………… 4－29
瘟疫條辨摘要不分卷 …………………… 4－29
瘟疫病方論十七卷傷寒醫方歌訣一
卷 ……………………………………… 4－27
瘟疫彙編十六卷 ………………………… 4－27
瘟疫彙編十六卷 ………………………… 4－27
瘟疫論二卷 ……………………………… 4－27
瘟疫論二卷 ……………………………… 4－27
瘟疫論二卷 ……………………………… 4－27
瘟疫論二卷 ……………………………… 4－27
瘟疫論二卷 ……………………………… 4－27
瘟疫論二卷 ……………………………… 4－27
瘟疫論二卷 ……………………………… 4－27
瘟疫論類編五卷 ………………………… 4－27
瘟病條辨六卷首一卷 …………………… 4－26
瘟病條辨六卷首一卷 …………………… 4－26
瘟病條辨六卷首一卷 …………………… 4－26
瘟病條辨諸方一卷 ……………………… 4－27
瘟病條辨雜說六卷首一卷 ……………… 4－26
瘦松柏齋初集八卷別集二卷外集一
卷試帖體詩一卷律賦一卷 ………… 3－258
瘦松柏齋初集八卷別集二卷外集一
卷試帖體詩一卷律賦一卷 ………… 3－258
瘦松柏齋初集八卷別集二卷外集一
卷試帖體詩一卷律賦一卷 ………… 3－258
瘦松柏齋初集八卷別集二卷外集一
卷試帖體詩一卷律賦一卷 ………… 3－258
瘋門全書二卷 …………………………… 1－369
瘋門全書二卷 …………………………… 1－369
瘋門全書二卷 …………………………… 1－369
塵思一卷 ………………………………… 1－106
彰德府七縣水道圖不分卷 ……………… 5－92
韶石遺音草一卷 ………………………… 4－381
韶郡抽釐廠章程條款冊不分卷 ……… 3－136
端石擬三卷 ……………………………… 1－326
端敏公集奏議二十卷函牘二卷首二
卷 ……………………………………… 1－326
端敏公集奏議二十卷函牘二卷首二
卷 ……………………………………… 1－326
端簡鄭公文集十二卷 …………………… 1－326
適可齋記言四卷記行六卷 ……………… 3－254
適可齋記言四卷記行六卷 ……………… 3－254
適可齋記言四卷記行六卷 ……………… 3－254
適軒尺牘八卷 …………………………… 3－254
適軒尺牘八卷 …………………………… 3－254
適軒尺牘八卷 …………………………… 3－254
適軒尺牘八卷 …………………………… 3－254
適軒尺牘八卷 …………………………… 3－254
適軒尺牘八卷 …………………………… 3－254
適軒尺牘八卷 …………………………… 3－254
適軒尺牘八卷 …………………………… 3－254
適情雅趣十卷 …………………………… 3－254
適齋居士集四卷 ………………………… 3－254
齊天樂不分卷 …………………………… 3－21
齊民要術十卷 …………………………… 3－20

齊民要術十卷 ………………………… 3－20
齊民要術十卷 ………………………… 3－21
齊民要術十卷 ………………………… 3－21
齊物論齋文集六卷 …………………… 3－21
齊治通書六卷 ………………………… 3－21
［至元］齊乘六卷 …………………… 5－388
［至元］齊乘六卷 …………………… 5－388
齊書内篇四卷外篇一卷 ……………… 3－21
齊雲山人文集一卷 …………………… 3－21
齊雲山志五卷 ………………………… 3－21
齊魯淵先生談論葬書不分卷 ………… 3－20
精刻千家詩二卷附新增門類對語一卷 ……………………………… 2－213
精訂綱鑑二十四史通俗衍義六卷四十四回 …………………………… 2－213
精訂綱鑑廿四史通俗衍義二十六卷四十四回 ………………………… 2－213
精訂綱鑑廿四史通俗衍義六卷四十四回 ……………………………… 2－213
精訂綱鑑廿四史通俗衍義六卷四十四回 ……………………………… 2－213
精訂綱鑑廿四史通俗衍義六卷四十四回 ……………………………… 2－213
精訂綱鑑廿四史通俗衍義六卷四十四回 ……………………………… 2－213
精義彙選六卷 ………………………… 2－215
精義彙選六卷 ………………………… 2－215
精鋭觀止合選不分卷 ………………… 2－213
精選二十四史政治新論二十四卷 …… 2－213
精選廿四史政治新論二十四卷 ……… 2－214
精選廿四史政治新論二十四卷 ……… 2－214
精選五經義不分卷 …………………… 2－214
精選中外時務文編四十四卷 ………… 2－215
精選巧搭大觀不分卷 ………………… 2－214
精選古今名賢叢話詩林廣記十卷後集十卷 …………………………… 2－214
精選四六啓一卷 ……………………… 2－214
精選各國政治考四卷 ………………… 2－214
精選近科鄉會墨卷不分卷 …………… 2－214
精選直省課藝大全不分卷 …………… 2－214
精選直省闈藝不分卷 ………………… 2－214
精選政治策論新編五十二卷首一卷 ……………………………………… 2－214
精選故事黄眉十卷 …………………… 2－214
精選故事黄眉十卷 …………………… 2－214
精選故事黄眉十卷 …………………… 2－214
精選皇朝經世文編四卷 ……………… 2－214
精選律賦二集一卷 …………………… 2－214
精選時文不分卷 ……………………… 2－214
精選喉科秘要諸方一卷 ……………… 2－214
精選策學四百卷 ……………………… 2－213
精選策學四百卷 ……………………… 2－213
精選策學四百卷 ……………………… 2－213
精選策學四百卷 ……………………… 2－213
精選策學四百卷 ……………………… 2－213
精選評註玉堂古文四卷 ……………… 2－214
精選畫譜采新初集不分卷附西湖十八景不分卷 ………………………… 2－214
精選畫譜采新初集不分卷附西湖十八景不分卷 ………………………… 2－214
精選畫譜采新初集不分卷附西湖十八景不分卷 ………………………… 2－214
精選劉香寶卷一卷 …………………… 2－214
精選讀本不分卷 ……………………… 2－213
精繡通俗全像梁武帝西來演義四十回 ………………………………… 2－213
精繡通俗全像梁武帝西來演義四十回 ………………………………… 2－213
鄰壁齋集十六卷 ……………………… 2－332
粹言綴珠不分卷 ……………………… 1－191
鄭小谷先生全集 ……………………… 5－105
鄭少谷先生全集二十四卷首一卷 …… 5－105
鄭氏佚書 ……………………………… 5－105
鄭氏詩箋禮注異義考一卷 …………… 5－105
鄭司農［玄］年譜一卷 ……………… 5－105
鄭志三卷附錄一卷 …………………… 5－105
鄭志三卷附錄一卷 …………………… 5－106
鄭志三卷附錄一卷 …………………… 5－106
鄭容閒居士詩集略十五卷 …………… 5－105
鄭靜菴先生詩文集十二卷 …………… 5－105
鄭學彙函 ……………………………… 5－105
鄭學錄四卷 …………………………… 5－105

鄭學錄四卷 …………………………… 5－105
歗夫文稿四卷時體詩七卷冊子四卷
粵東雜詩五卷 ……………………… 3－36
歗夫文稿四卷時體詩七卷冊子四卷
粵東雜詩五卷 ……………………… 3－36
歗夫詩文稿四卷時體詩七卷冊子四
卷粵東雜詩五卷 …………………… 3－36
歗夫詩文稿四卷時體詩七卷冊子四
卷粵東雜詩五卷 …………………… 3－36
［乾隆］滎澤縣志十四卷圖一卷 …… 5－339
［乾隆］滎澤縣志十四卷圖一卷 …… 5－339
［乾隆］滎澤縣志十四卷圖一卷 …… 5－339
漢口叢談六卷 ……………………… 2－19
漢文歸二十卷 ……………………… 2－25
漢文歸二十卷 ……………………… 2－25
漢西域圖考七卷首一卷 …………… 2－25
漢西域圖考七卷圖一卷 …………… 2－26
漢延熹西嶽華山廟碑□□卷 ……… 2－26
漢名臣傳三十二卷 ………………… 2－19
漢江紀程一卷 ……………………… 2－18
漢安徵信錄一卷 …………………… 2－18
漢志水道疏證四卷 ………………… 2－26
漢制攷四卷 ………………………… 2－26
漢官儀三卷 ………………………… 2－18
漢南春柳詞鈔三卷 ………………… 2－19
漢紀三十卷 ………………………… 2－18
漢唐事箋丨二卷 …………………… 2－23
漢書一百卷 ………………………… 2－21
漢書一百卷 ………………………… 2－21
漢書一百卷 ………………………… 2－21
漢書一百卷 ………………………… 2－21
漢書一百卷 ………………………… 2－21
漢書一百卷 ………………………… 2－21
漢書一百卷 ………………………… 2－21
漢書一百卷 ………………………… 2－21
漢書一百卷 ………………………… 2－22
漢書一百卷 ………………………… 2－22
漢書一百卷 ………………………… 2－22
漢書一百卷 ………………………… 2－22
漢書一百卷 ………………………… 2－22
漢書一百卷 ………………………… 2－22
漢書一百卷 ………………………… 2－22
漢書一百卷 ………………………… 2－22
漢書一百卷 ………………………… 2－22
漢書一百卷 ………………………… 2－22
漢書一百卷 ………………………… 2－22
漢書一百卷 ………………………… 2－22
漢書一百卷 ………………………… 2－22
漢書一百卷 ………………………… 2－22
漢書一百卷 ………………………… 2－22
漢書一百卷 ………………………… 2－22
漢書一百卷 ………………………… 2－22
漢書一百卷 ………………………… 2－23
漢書一百卷 ………………………… 2－23
漢書一百卷 ………………………… 2－23
漢書一百卷 ………………………… 2－23
漢書一百卷 ………………………… 2－23
漢書一百卷 ………………………… 2－23
漢書一百卷 ………………………… 2－23
漢書一百卷 ………………………… 2－23
漢書一百卷 ………………………… 2－23
漢書一百卷 ………………………… 2－23
漢書一百卷 ………………………… 2－23
漢書不分卷 ………………………… 2－20
漢書引經異文錄證六卷 …………… 2－23
漢書地理志水道圖說七卷 ………… 2－20
漢書地理志水道圖說七卷 ………… 2－20
漢書地理志水道圖說七卷 ………… 2－20
漢書地理志校本二卷 ……………… 2－20
漢書地理志校本二卷 ……………… 2－20
漢書地理志校本二卷 ……………… 2－20
漢書西域傳補注二卷 ……………… 2－21
漢書西域傳補注二卷 ……………… 2－21
漢書注校補五十六卷 ……………… 2－23
［漢書校注］一卷 ………………… 5－299
漢書評林一百卷 …………………… 2－20
漢書評林一百卷 …………………… 2－20
漢書評林一百卷 …………………… 2－21
漢書評林一百卷 …………………… 2－21
漢書評林一百卷 …………………… 2－21
漢書評林一百卷 …………………… 2－21
漢書評林一百卷 …………………… 2－21

漢書補注一百卷首一卷 …………………… 2－20
漢書疏證三十六卷 ……………………… 2－21
漢書疏證三十六卷 ……………………… 2－21
漢書疏證三十六卷後漢書疏證三十
卷 ………………………………………… 2－21
漢書疏證三十六卷後漢書疏證三十
卷 ………………………………………… 2－21
漢書蒙拾三卷 …………………………… 2－20
漢書蒙拾三卷 …………………………… 2－20
漢書蒙拾三卷後漢書蒙拾二卷文選
課虛四卷 ………………………………… 2－20
漢書蒙拾類摘四卷 ……………………… 2－20
漢書摘詠一卷後漢書摘詠一卷 ……… 2－23
漢書辨疑二十二卷後漢書辨疑十一
卷續漢書辨疑九卷 ……………………… 2－20
漢書辨疑二十二卷後漢書辨疑十一
卷續漢書辨疑九卷 ……………………… 2－20
漢書辨疑二十二卷後漢書辨疑十一
卷續漢書辨疑九卷 ……………………… 2－20
漢書辨疑二十二卷後漢書辨疑十一
卷續漢書辨疑九卷 ……………………… 2－20
漢書藝文志考證十卷 …………………… 2－23
漢雋十卷 ………………………………… 2－19
漢雋十卷 ………………………………… 2－19
漢賈誼政事疏考補一卷 ………………… 2－18
漢賈誼政事疏考補一卷附明陶主敬
先生[安]年譜一卷 ……………………… 2－18
漢碑引經考六卷漢碑引緯考一卷 …… 2－18
漢碑引緯考一卷…………………………… 3－159
漢詩音註十卷 …………………………… 2－19
漢詩音註十卷 …………………………… 2－20
漢詩說十卷總說一卷 …………………… 2－19
漢溪書法通解八卷 ……………………… 2－26
漢諸葛忠武侯[亮]年譜一卷 ………… 2－26
漢隸字源五卷碑目一卷附字一卷 …… 2－19
漢學師承記八卷附經師經義目錄一
卷宋學淵源記二卷 ……………………… 2－26
漢學師承記八卷附經師經義目錄一
卷宋學淵源記二卷 ……………………… 2－26
漢學堂叢書 ……………………………… 2－26
漢學商兌三卷 …………………………… 2－26
漢學商兌三卷 …………………………… 2－26
漢學商兌三卷 …………………………… 2－26
漢學商兌贅言四卷附識八則 ………… 2－26
漢學諧聲二十四卷說文補考一卷又
考一卷 …………………………………… 2－26
漢儒易義針度四卷 ……………………… 2－19
漢儒易義針度四卷附近科文式一卷
………………………………………… 2－19
漢儒易義針度四卷附近科文式一卷
………………………………………… 2－19
漢儒易義針度四卷附近科文式一卷
………………………………………… 2－19
漢儒通義七卷 …………………………… 2－19
漢儒傳經記二卷…………………………… 3－159
漢隸分韻七卷 …………………………… 2－19
漢隸分韻七卷 …………………………… 2－19
漢隸字源五卷碑目一卷 ………………… 2－19
漢隸字源五卷碑目一卷 ………………… 2－19
漢隸字源五卷碑目一卷 ………………… 2－19
漢隸異同十二卷 ………………………… 2－19
漢隸異同十二卷 ………………………… 2－19
漢隸異同十二卷 ………………………… 2－19
漢隸源流統畧歌一卷 …………………… 2－19
漢隸源流統畧歌一卷篆瀍偏旁點畫
辯一卷 …………………………………… 2－19
漢魏六朝百三名家集 …………………… 2－24
漢魏六朝百三名家集 …………………… 2－24
漢魏六朝百三名家集 …………………… 2－24
漢魏六朝百三名家集 …………………… 2－24
漢魏六朝百三名家集 …………………… 2－24
漢魏六朝百三名家集 …………………… 2－24
漢魏六朝百三名家集 …………………… 2－24
漢魏六朝百三名家集 …………………… 2－24
漢魏六朝百三名家集 …………………… 2－24
漢魏六朝百三名家集 …………………… 2－24
漢魏六朝百三名家集 …………………… 2－24
漢魏六朝百三家集 ……………………… 2－24
漢魏六朝百三家集 ……………………… 2－24
漢魏六朝百三家集 ……………………… 2－24
漢魏六朝百三家集 ……………………… 2－24
漢魏六朝百三家集 ……………………… 2－24

漢魏六朝百三家集 …………………… 2－24
漢魏六朝百三家集 …………………… 2－24
漢魏六朝百三家集 …………………… 2－24
漢魏六朝百三家集…………………… 3－161
漢魏六朝名家集初刻 ………………… 2－24
漢魏六朝名家集初刻 ………………… 2－24
漢魏六朝志墓金石例三卷唐人志墓
諸例一卷 ………………………… 2－25
漢魏石經考三卷 ……………………… 2－25
漢魏石經考三卷 ……………………… 2－25
漢魏名文乘不分卷 …………………… 2－25
漢魏名文乘不分卷 …………………… 2－25
漢魏名文乘不分卷 …………………… 2－25
漢魏名文乘不分卷 …………………… 2－25
漢魏名文乘不分卷 …………………… 2－25
漢魏名文乘不分卷 …………………… 2－25
漢魏別解十六卷 ……………………… 2－23
漢魏別解十六卷 ……………………… 2－23
漢魏別解十六卷 ……………………… 2－23
漢魏音四卷 …………………………… 2－25
漢魏詩乘二十卷吳詩一卷總錄一卷
……………………………………… 2－25
漢魏詩集十四卷 ……………………… 2－25
漢魏遺書鈔 …………………………… 2－25
漢魏遺書鈔 …………………………… 2－25
漢魏遺書鈔 …………………………… 2－25
漢魏遺書鈔 …………………………… 2－25
漢魏諸名家集 ………………………… 2－25
漢魏叢書 ……………………………… 2－23
漢魏叢書 ……………………………… 2－24
漢魏叢書 ……………………………… 2－24
漢藝文志攷證十卷 …………………… 2－26
漢藝文志攷證十卷 …………………… 2－26
漢雜事秘辛一卷 ……………………… 2－26
滿漢名臣傳八十卷…………………… 2－389
滿漢名臣傳八十卷…………………… 2－389
滿漢名臣傳八十卷…………………… 2－389
滿漢名臣傳八十卷…………………… 2－389
滿漢名臣傳八十卷…………………… 2－389
滿漢名臣傳八十卷…………………… 2－389
滿漢名臣傳八十卷…………………… 2－389
滿漢名臣傳八十卷…………………… 2－389
滿漢名臣傳八十卷…………………… 2－389
滿漢名臣傳八十卷…………………… 2－389
滿漢名臣傳八十卷…………………… 2－389
滿漢名臣傳八十卷…………………… 2－390
滿漢名臣傳八十卷…………………… 2－390
漆室吟八卷 …………………………… 3－19
漸西村人詩十六卷…………………… 2－150
漸西村人詩十六卷…………………… 2－150
漸西村舍彙刊(漸西村舍叢刻) …… 2－150
漸學廬叢書第一集…………………… 2－150
[漕例備要]不分卷 ………………… 5－275
漱六軒詩稿一卷……………………… 3－287
漱玉軒詩鈔一卷……………………… 3－287
漱芳居詩鈔三十二卷………………… 3－287
漱芳亭詩草一卷……………………… 3－287
漱六山房文集十二卷詩集十二卷…… 3－289
漱玉亭詩集一卷……………………… 3－289
漱玉亭詩集一卷……………………… 3－289
漱玉亭詩集六卷……………………… 3－289
漱玉亭詩集六卷……………………… 3－289
漱石軒賦鈔一卷……………………… 3－289
漱芳居文鈔八卷二集八卷…………… 3－287
漱芳軒合纂四書體注十九卷………… 3－288
漱芳軒合纂四書體注十九卷………… 3－288
漱芳軒合纂四書體注十九卷………… 3－288
漱芳軒合纂四書體注十九卷………… 3－288
漱芳軒合纂四書體注十九卷………… 3－288
漱芳軒合纂四書體注十九卷………… 3－288
漱芳軒合纂四書體注十九卷………… 3－288
漱芳軒合纂四書體注十九卷………… 3－288
漱芳軒合纂四書體注十九卷………… 3－288
漱芳軒合纂四書體注十九卷………… 3－288
漱芳軒合纂春秋體注四卷…………… 3－287
漱芳軒合纂禮記體注四卷…………… 3－287
漱芳軒合纂禮記體注四卷…………… 3－287
漱芳軒合纂禮記體注四卷…………… 3－287
漱芳軒合纂禮記體注四卷…………… 3－287
漱芳軒合纂禮記體注四卷…………… 3－287
漱芳軒合纂禮記體注四卷…………… 3－287
漱芳軒合纂禮記體注四卷…………… 3－287

漱芳軒合纂禮記體注四卷…………… 3－287
漱芳軒合纂禮記體注四卷…………… 3－287
漱芳軒合纂禮記體注四卷…………… 3－287
漱芳軒合纂禮記體注四卷…………… 3－287
漱芳軒合纂禮記體注四卷…………… 3－287
漱芳軒合纂禮記體注四卷…………… 3－287
漱芳軒合纂禮記體注四卷…………… 3－288
漱芳軒合纂禮記體注四卷…………… 3－288
漱芳軒合纂禮記體注四卷…………… 3－288
漱芳軒合纂禮記體注四卷…………… 3－288
漱芳軒合纂禮記體注四卷…………… 3－288
漱芳軒合纂禮記體注四卷…………… 3－288
漱芳軒合纂禮記體注四卷…………… 3－288
漱芳軒合纂禮記體注四卷…………… 3－288
漱芳軒合纂禮記體注四卷…………… 3－288
漱芳軒合纂禮記體注四卷…………… 3－288
漱芳軒合纂禮記體註四卷…………… 3－288
漱琴山莊詩鈔八卷…………………… 3－289
漱經齋座右銘類編一卷續編一卷…… 3－288
漱經齋座右銘類編一卷續編一卷…… 3－289
漱經齋座右銘類編一卷續編一卷…… 3－289
漁古軒詩韻五卷……………………… 4－411
漁古軒詩韻五卷……………………… 4－411
漁古軒詩韻五卷……………………… 4－411
漁古軒詩韻五卷……………………… 4－411
漁古軒詩韻五卷……………………… 4－411
漁郎詩集三卷首一卷………………… 4－411
漁洋山人文略十四卷………………… 4－414
漁洋山人古詩選三十二卷…………… 4－411
漁洋山人古詩選三十二卷…………… 4－411
漁洋山人古詩選三十二卷…………… 4－411
漁洋山人古詩選三十二卷…………… 4－412
漁洋山人古詩選三十二卷…………… 4－412
漁洋山人古詩選三十二卷…………… 4－412
漁洋山人古詩選三十二卷…………… 4－412
漁洋山人古詩選三十二卷…………… 4－412
漁洋山人古詩選三十二卷…………… 4－412
漁洋山人古詩選三十二卷…………… 4－412
漁洋山人古詩選三十二卷…………… 4－412
漁洋山人古詩選三十二卷…………… 4－412
漁洋山人古詩選三十二卷…………… 4－412
漁洋山人古詩選三十二卷…………… 4－412
漁洋山人古詩選三十二卷…………… 4－412
漁洋山人古詩選三十二卷…………… 4－412
漁洋山人古詩選三十二卷…………… 4－412
漁洋山人自撰年譜二卷……………… 4－414
漁洋山人自撰年譜二卷……………… 4－414
漁洋山人自撰年譜二卷……………… 4－414
漁洋山人自撰年譜二卷……………… 4－414
漁洋山人自撰年譜二卷……………… 4－414
漁洋山人自撰年譜二卷……………… 4－414
漁洋山人自撰年譜二卷……………… 4－414
漁洋山人詩後集一卷………………… 5－401
漁洋山人精華錄十卷………………… 4－413
漁洋山人精華錄十卷………………… 4－413
漁洋山人精華錄十卷………………… 4－413
漁洋山人精華錄訓纂十卷目錄二卷
……………………………………… 4－414
漁洋山人精華錄訓纂十卷目錄二卷
……………………………………… 4－414
漁洋山人精華錄訓纂十卷目錄二卷
……………………………………… 4－414
漁洋山人精華錄訓纂十卷目錄二卷
……………………………………… 4－414
漁洋山人精華錄訓纂十卷目錄二卷
……………………………………… 4－414
漁洋山人精華錄訓纂十卷目錄二卷
……………………………………… 4－414
漁洋山人精華錄訓纂十卷目錄二卷
……………………………………… 4－414
漁洋山人精華錄訓纂十卷目錄二卷
……………………………………… 4－414
漁洋山人精華錄訓纂十卷目錄二卷
……………………………………… 4－414
漁洋山人精華錄箋注十二卷補一卷
年譜一卷…………………………… 4－413
漁洋山人精華錄箋注十二卷補一卷
年譜一卷…………………………… 4－413
漁洋山人精華錄箋注十二卷補一卷
年譜一卷…………………………… 4－413
漁洋山人精華錄箋注十二卷補一卷

年譜一卷 ································ 4－413
漁洋山人精華錄箋注十二卷補一卷
年譜一卷 ································ 4－413
漁洋山人精華錄箋注十二卷補一卷
附年譜一卷 ······························ 4－412
漁洋山人精華錄箋注十二卷補一卷
附年譜一卷 ······························ 4－412
漁洋山人精華錄箋注十二卷補一卷
附年譜一卷 ······························ 4－412
漁洋山人精華錄箋注十二卷補一卷
附年譜一卷 ······························ 4－412
漁洋山人精華錄箋注十二卷補一卷
附年譜一卷 ······························ 4－413
漁洋山人精華錄箋注十二卷補一卷
附年譜一卷 ······························ 4－413
漁洋山人精華錄箋注十二卷補一卷
附年譜一卷 ······························ 4－413
漁洋山人精華錄箋注十二卷補一卷
附年譜一卷 ······························ 4－413
漁洋山人精華錄箋注十二卷補一卷
附年譜一卷 ······························ 4－413
漁洋山人精華錄箋注十二卷補一卷
附年譜一卷 ······························ 4－413
漁洋山人精華錄箋注十二卷補一卷
附年譜一卷 ······························ 4－413
漁洋山人精華錄箋注十二卷補一卷
附年譜一卷 ······························ 4－413
漁洋山人精華錄選鈔不分卷 ············ 4－413
漁洋杜詩話一卷 ························ 4－411
漁洋詩話二卷 ·························· 4－414
漁洋詩話二卷 ·························· 4－414
漁洋詩話二卷 ·························· 4－414
漁洋詩話二卷 ·························· 5－401
漁洋詩話三卷 ·························· 4－414
漁洋詩話三卷 ·························· 4－414
漁洋詩話三卷 ·························· 4－414
漁洋詩續集十六卷 ······················ 4－414
漁浦草堂詩集四卷補遺一卷影香詞
一卷雪煩詞一卷 ························ 4－411
漁盦詩集三卷附聯語二卷 ·············· 4－411
漁隱叢話前集六十卷 ···················· 4－415
漁隱叢話前集六十卷後集四十卷 ······ 4－415
漁隱叢話前集六十卷後集四十卷 ······ 4－415
漁磯漫鈔十卷 ·························· 4－411
漁磯漫鈔十卷 ·························· 4－411
漁瀾山人集十二卷 ······················ 4－411
漪園重訂三蘇文範十八卷 ·············· 4－292
漳浦黃先生年譜二卷 ···················· 2－97
漳浦黃先生年譜二卷 ···················· 2－97
漳浦黃先生年譜二卷 ···················· 2－97
漳浦黃先生［道周］年譜二卷 ·········· 5－402
演炮圖說一卷 ·························· 4－268
演習神武不分卷 ························ 4－268
演禽神數不分卷 ························ 4－268
演禽數六卷 ···························· 4－268
演禽數六卷 ···························· 4－268
滬北廣益善堂安懷捐啓 ················ 2－58
滬遊脞記不分卷 ························ 2－58
滬遊雜記四卷 ·························· 2－58
賓退錄十卷 ···························· 1－58
賓退錄十卷 ···························· 1－58
賓萌集五卷外集四卷 ···················· 1－58
賓萌集五卷外集四卷 ···················· 1－58
寗花書屋遺稿一卷 ······················ 4－257
［康熙］寧化縣志七卷 ·················· 5－328
［康熙］寧化縣志七卷 ·················· 5－328
［康熙］寧化縣志七卷 ·················· 5－328
［雍正］寧波府志三十六卷首一卷 ···· 5－382
寧都三魏文集 ·························· 2－463
寧都三魏全集 ·························· 2－462
寧都三魏全集 ·························· 2－462
寧都三魏全集 ·························· 2－462
寧都三魏全集 ·························· 2－462
寧都三魏全集 ·························· 2－462
寧都三魏全集 ·························· 2－462
寧都三魏全集 ·························· 2－462
寧都三魏全集 ·························· 2－462
寧都三魏全集 ·························· 2－462
寧都三魏全集 ·························· 2－462
寧都三魏全集 ·························· 2－462
寧都三魏全集 ·························· 2－462
寧都三魏全集 ·························· 2－462

寧都三魏全集 ………………………… 2－462
寧都三魏全集 ………………………… 2－462
寧都三魏全集 ………………………… 2－463
寧都三魏全集 ………………………… 2－463
寧都三魏全集 ………………………… 2－463
寧都三魏全集 ………………………… 2－463
寧都三魏全集 ………………………… 2－463
寧都三魏全集 ………………………… 2－463
寧都三魏全集 ………………………… 2－463
寧都三魏全集 ………………………… 2－463
寧都三魏全集 ………………………… 2－463
[道光]寧都直隸州志三十二卷首一
　卷補遺一卷 ………………………… 5－281
[道光]寧都直隸州志三十二卷首一
　卷補遺一卷 ………………………… 5－281
[道光]寧都直隸州志三十二卷首一
　卷補遺一卷 ………………………… 5－281
寧致堂增訂武經體注不分卷 ………… 2－463
寧致堂增訂武經體注不分卷 ………… 2－463
寧鄉勸誡士民條約一卷 ……………… 2－463
蜜梅花館詩錄一卷文錄一卷 ………… 2－412
實事求是齋遺藁四卷 ………………… 3－225
實事求是齋遺藁四卷 ………………… 3－225
實政錄七卷 …………………………… 3－225
實政錄七卷 …………………………… 3－225
實政錄七卷 …………………………… 3－225
實學文導二卷 ………………………… 3－225
實學文導二卷 ………………………… 3－225
實學文導二卷 ………………………… 3－225
實學文導二卷 ………………………… 3－225
實學文導二卷 ………………………… 3－225
實學文導二卷 ………………………… 3－225
肇論略注六卷 ………………………… 5－95
[道光]肇慶府志二十二卷首一卷 … 5－285
禊湖詩拾八卷首一卷 ………………… 4－156
禊湖詩拾八卷首一卷 ………………… 4－156
禊湖詩拾八卷首一卷 ………………… 4－156
禊湖詩拾八卷首一卷 ………………… 4－156
禊湖詩拾八卷首一卷 ………………… 4－156
禊湖詩拾八卷首一卷 ………………… 4－156
禊湖詩拾八卷首一卷 ………………… 4－156
禊湖詩拾八卷首一卷 ………………… 4－156
禊湖詩拾八卷首一卷 ………………… 4－157
禊湖詩拾八卷首一卷 ………………… 4－157
禊湖詩拾八卷首一卷 ………………… 4－157
禊湖詩拾八卷首一卷 ………………… 4－157
禊湖詩拾八卷首一卷 ………………… 4－157
禊湖詩拾八卷首一卷 ………………… 4－157
禊湖詩拾八卷首一卷 ………………… 4－157
禊湖詩拾八卷首一卷 ………………… 4－157
禊湖詩拾八卷首一卷 ………………… 4－157
禊湖詩拾八卷首一卷 ………………… 4－157
禊湖詩拾八卷首一卷 ………………… 4－157
禊湖詩拾八卷首一卷 ………………… 4－157
禊湖詩拾八卷首一卷 ………………… 4－157
禊湖詩拾八卷首一卷 ………………… 4－157
禊湖詩拾八卷首一卷 ………………… 4－157
禊湖詩拾八卷首一卷 ………………… 4－157
禊湖詩拾八卷首一卷 ………………… 4－157
禊湖詩拾八卷首一卷 ………………… 4－157
禊湖詩拾八卷首一卷 ………………… 4－157
禊湖詩拾八卷首一卷 ………………… 4－158
禊湖詩拾八卷首一卷 ………………… 4－158
禊湖詩拾八卷首一卷 ………………… 4－158
禊湖詩拾八卷首一卷 ………………… 4－158
藎勳錄一卷 …………………………… 2－196
隨山宇方鈔一卷 ……………………… 3－398
隨山館全集 …………………………… 3－398
隨笈草一卷 …………………………… 3－398
隨息居重訂霍亂論二卷王氏醫案續
　編八卷 ……………………………… 3－398
隨息居重訂霍亂論四卷 ……………… 3－398
隨息居飲食譜不分卷 ………………… 3－398
隨息居飲食譜不分卷 ………………… 3－398
隨息居飲食譜不分卷 ………………… 3－398
隨園八十壽言六卷 …………………… 3－398
隨園八十壽言六卷 …………………… 3－398
隨園八十壽言六卷 …………………… 3－398
隨園八十壽言六卷 …………………… 3－398
隨園三十八種 ………………………… 3－399
隨園三十八種 ………………………… 3－399
隨園三十八種 ………………………… 3－399

隨園三十八種 ………………………… 3－399
隨園三十六種 ………………………… 3－399
隨園三十六種 ………………………… 3－399
隨園三十六種 ………………………… 3－399
隨園三十六種 ………………………… 3－399
隨園三十六種 ………………………… 3－399
隨園三十種 …………………………… 3－399
隨園三十種 …………………………… 3－399
隨園三十種 …………………………… 3－399
隨園三十種 …………………………… 3－399
隨園三十種 …………………………… 3－399
隨園三十種 …………………………… 3－399
隨園三十種 …………………………… 3－399
隨園三十種 …………………………… 3－399
隨園三十種 …………………………… 3－399
隨園三十種 …………………………… 3－399
隨園三十種 …………………………… 3－399
隨園三十種 …………………………… 3－399
隨園三十種 …………………………… 3－400
隨園三十種 …………………………… 3－400
隨園三十種 …………………………… 3－400
隨園三十種 …………………………… 3－400
隨園三十種 …………………………… 3－400
隨園三十種 …………………………… 3－400
隨園三十種 …………………………… 3－400
隨園三十種 …………………………… 3－400
隨園三十種 …………………………… 3－400
隨園三十種 …………………………… 3－400
隨園三十種 …………………………… 5－394
隨園三十種 …………………………… 5－394
隨園三十種 …………………………… 5－394
隨園三十種 …………………………… 5－394
隨園三十種 …………………………… 5－394
隨園女弟子詩選六卷 ………………… 3－398
隨園女弟子詩選六卷 ………………… 3－398
隨園女弟子詩選六卷 ………………… 3－399
隨園女弟子詩選六卷 ………………… 5－394
隨園文集二卷 ………………………… 3－402
隨園同人尺牘四卷 …………………… 3－402
隨園全集 ……………………………… 3－399
隨園詩話十六卷補遺十卷 …………… 3－400
隨園詩話十六卷補遺十卷 …………… 3－400
隨園詩話十六卷補遺十卷 …………… 3－400
隨園詩話十六卷補遺十卷 …………… 3－400
隨園詩話十六卷補遺十卷 …………… 3－400
隨園詩話十六卷補遺十卷 …………… 3－400
隨園詩話十六卷補遺十卷 …………… 3－400
隨園詩話十六卷補遺十卷 …………… 3－400
隨園詩話十六卷補遺十卷 …………… 3－400
隨園詩話十六卷補遺十卷 …………… 3－400
隨園詩話十六卷補遺十卷 …………… 3－400
隨園詩話十六卷補遺十卷 …………… 3－400
隨園詩話十六卷補遺十卷 …………… 3－401
隨園詩話十六卷補遺十卷 …………… 3－401
隨園詩話十六卷補遺十卷 …………… 3－401
隨園詩話十六卷補遺十卷 …………… 3－401
隨園詩話十六卷補遺十卷 …………… 3－401
隨園詩話十六卷補遺十卷 …………… 3－401
隨園詩話十六卷補遺十卷 …………… 3－401
隨園詩話十六卷補遺十卷 …………… 3－401
隨園詩話十六卷補遺十卷 …………… 3－401
隨園詩話十六卷補遺十卷 …………… 3－401
隨園詩話十六卷補遺十卷 …………… 3－401
隨園詩話十六卷補遺十卷 …………… 3－401
隨園詩話十六卷補遺十卷 …………… 3－401
隨園詩話十六卷補遺十卷 …………… 3－401
隨園詩話十六卷補遺十卷 …………… 3－401
隨園詩話十六卷補遺十卷 …………… 3－401
隨園詩話十六卷補遺十卷 …………… 3－401
隨園詩話十六卷補遺十卷 …………… 3－401
隨園詩話十六卷補遺十卷 …………… 3－401
隨園詩話十六卷補遺十卷 …………… 3－401
隨園詩話十六卷補遺十卷 …………… 3－401
隨園詩話十六卷補遺十卷 …………… 3－401
隨園詩話十六卷補遺十卷 …………… 3－402
隨園詩話十六卷補遺十卷 …………… 5－394
隨園詩話十六卷補遺十卷 …………… 5－395
隨園詩話十六卷補遺四卷 …………… 3－402
隨園詩話十六卷補遺四卷 …………… 3－402
隨園詩話十六卷補遺四卷 …………… 3－402
隨園摘抄不分卷 ……………………… 3－402
隨園隨筆二十八卷 …………………… 3－402

隨園隨筆二十八卷…………………… 3－402
隨園隨筆二十八卷…………………… 3－402
隨園隨筆二十八卷…………………… 3－402
隨園隨筆二十八卷…………………… 3－402
隨園隨筆十二卷……………………… 3－402
隨園隨筆十二卷……………………… 3－402
隨園駢體文註十六卷………………… 3－399
隨園續同人集不分卷文類四卷……… 3－402
隨輦集十卷…………………………… 3－398
隨課題解十六卷……………………… 3－398
隨課題辭十六卷……………………… 3－398
隨録資摩不分卷……………………… 3－398
隨盦徐氏叢書………………………… 3－398
隨盦徐氏叢書………………………… 3－398
熊子四書繹十二卷…………………… 4－225
熊子四書繹十二卷…………………… 4－225
熊太史詩賦稿………………………… 4－225
熊氏人文會一卷……………………… 4－225
熊氏大宗祠崇祭祀録一卷…………… 4－225
熊氏痢症一卷………………………… 4－225
熊氏塾課會録一卷…………………… 4－225
熊氏贊賢會録一卷…………………… 4－225
熊氏贊賢會録一卷…………………… 4－225
熊氏觀察會續修祀録一卷…………… 4－225
熊容齋試館會録一卷………………… 4－225
熊鍾陵傳文定本六卷………………… 4－225
熊襄愍公尺牘四卷…………………… 4－225
熊襄愍公集十卷首一卷末一卷……… 4－225
熊襄愍公集十卷首一卷末一卷……… 4－225
熊襄愍公集十卷首一卷末一卷……… 4－225
[鄧仲卿先生八十壽言]不分卷 …… 5－286
鄧自軒先生遺集二卷………………… 1－245
鄧析子一卷…………………………… 1－245
鄧析子一卷…………………………… 1－245
鄧析子二卷…………………………… 1－245
鄧析子二卷…………………………… 1－245
鄧析子二卷…………………………… 1－245
鄧析子二卷…………………………… 1－245
鄧析子二卷尸子二卷………………… 1－245
鄧析子二卷尸子二卷………………… 1－245
鄧定宇先生文集四卷………………… 1－244
鄧厚庵先生語録摘要四卷…………… 1－244
鄧厚庵先生語録摘要四卷…………… 1－245
鄧厚庵先生遺書……………………… 1－244
翟諧奏稿一卷 ……………………… 5－84
翠竹山房咏史不分卷………………… 1－191
翠竹青蓮山房集十四卷續集四卷附
　録一卷補遺一卷…………………… 1－191
翠竹青蓮山房集十四卷續集四卷附
　録一卷補遺一卷…………………… 1－191
翠竹青蓮山房集十四卷續集四卷附
　録一卷補遺一卷…………………… 1－191
翠娛閣評選王季重先生小品二卷…… 1－191
翠圍山房詩集□□卷………………… 1－191
翠圍山房詩集□□卷………………… 1－191
翠筠亭集十卷附刊一卷……………… 1－191
翠薇山房數學………………………… 1－191
翠薇山房數學………………………… 1－191
翠薇山房數學………………………… 1－191
翠薇山房數學 ……………………… 2－93
綺樹閣賦稿一卷詩稿一卷…………… 2－171
綱目不分卷…………………………… 1－395
綱目訂誤四卷………………………… 1－395
綱目續議二卷………………………… 1－395
綱常懿範十卷………………………… 1－390
綱鑑正史約三十六卷………………… 1－393
綱鑑正史約三十六卷………………… 1－393
綱鑑正史約三十六卷………………… 1－393
綱鑑正史約三十六卷………………… 1－394
綱鑑正史約三十六卷………………… 1－394
綱鑑正史約三十六卷………………… 1－394
綱鑑易知録二十卷…………………… 1－391
綱鑑易知録九十二卷………………… 1－391
綱鑑易知録九十二卷………………… 1－391
綱鑑易知録九十二卷………………… 1－391
綱鑑易知録九十二卷………………… 1－391
綱鑑易知録九十二卷………………… 1－391
綱鑑易知録九十二卷………………… 1－391
綱鑑易知録九十二卷………………… 1－391
綱鑑易知録九十二卷………………… 1－391
綱鑑易知録九十二卷………………… 1－391
綱鑑易知録九十二卷明鑑易知録十

五卷……………………………… 1－391
綱鑑易知録九十二卷明鑑易知録十
五卷……………………………… 1－391
綱鑑易知録九十二卷明鑑易知録十
五卷……………………………… 1－391
綱鑑易知録九十二卷明鑑易知録十
五卷……………………………… 1－391
綱鑑易知録九十二卷明鑑易知録十
五卷……………………………… 1－391
綱鑑易知録九十二卷明鑑易知録十
五卷……………………………… 1－391
綱鑑易知録九十二卷明鑑易知録十
五卷……………………………… 1－391
綱鑑易知録九十二卷明鑑易知録十
五卷……………………………… 1－392
綱鑑易知録九十二卷明鑑易知録十
五卷……………………………… 1－392
綱鑑易知録九十二卷明鑑易知録十
五卷……………………………… 1－392
綱鑑易知録九十二卷明鑑易知録十
五卷……………………………… 1－392
綱鑑易知録九十二卷明鑑易知録十
五卷……………………………… 1－392
綱鑑易知録九十二卷明鑑易知録十
五卷……………………………… 1－392
綱鑑易知録九十二卷明鑑易知録十
五卷……………………………… 1－392
綱鑑易知録九十二卷明鑑易知録十
五卷……………………………… 1－392
綱鑑易知録九十二卷明鑑易知録十
五卷……………………………… 1－392
綱鑑易知録九十二卷明鑑易知録十
五卷……………………………… 1－392
綱鑑易知録九十二卷明鑑易知録十
五卷……………………………… 1－392
綱鑑易知録九十二卷明鑑易知録十
五卷……………………………… 1－392
綱鑑易知録九十二卷明鑑易知録十
五卷……………………………… 1－393
綱鑑易知録九十二卷明鑑易知録十
五卷……………………………… 1－393
綱鑑易知録九十二卷明鑑易知録十
五卷……………………………… 1－393
綱鑑易知録九十二卷明鑑易知録十
五卷……………………………… 1－393
綱鑑易知録九十二卷明鑑易知録十
五卷……………………………… 1－393
綱鑑易知録九十二卷明鑑易知録十
五卷……………………………… 1－393
綱鑑易知録九十二卷明鑑易知録十
五卷……………………………… 1－393
綱鑑典要註釋四卷……………… 1－390
綱鑑策題會纂四卷……………… 1－390
綱鑑策題會纂四卷……………… 1－390
綱鑑會編九十八卷歷代統系表略三
卷歷代官制考略二卷歷代郡國考
略三卷…………………………… 1－390
綱鑑會編九十八卷歷代統系表略三
卷歷代官制考略二卷歷代郡國考
略三卷…………………………… 1－390
綱鑑會編九十八卷歷代統系表略三
卷歷代官制考略二卷歷代郡國考
略三卷…………………………… 1－390
綱鑑會纂三十九卷首一卷……… 1－390
綱鑑會纂三十九卷首一卷……… 1－390
綱鑑會纂三十九卷首一卷……… 1－390
綱鑑會纂三十九卷首一卷……… 1－390
綱鑑會纂三十九卷首一卷……… 1－390
綱鑑會纂三十九卷首一卷……… 1－390
綱鑑會纂三十九卷首一卷……… 1－390
綱鑑會纂三十九卷首一卷……… 1－390
綱鑑會纂三十九卷首一卷……… 1－390
綱鑑會纂三十九卷首一卷……… 1－390
綱鑑會纂三十九卷首一卷……… 1－391
綱鑑會纂三十九卷首一卷……… 1－391
綱鑑擇語十卷…………………… 1－393
綱鑑擇語十卷…………………… 1－393
綱鑑擇語十卷…………………… 1－393
綱鑑擇語十卷…………………… 1－393
綱鑑擇語十卷…………………… 1－393

綱鑑擇語十卷 ………………………… 1 – 393
綱鑑擇語十卷 ………………………… 1 – 393
綱鑑擇語十卷 ………………………… 1 – 393
綱鑑總評一卷 ………………………… 1 – 310
綱鑑總評一卷 ………………………… 1 – 310
綱鑑總評一卷 ………………………… 1 – 310
綱鑑總論一卷附孝經一卷 ………… 1 – 395
綱鑑總論二卷 ………………………… 1 – 394
綱鑑總論二卷 ………………………… 1 – 394
綱鑑總論二卷 ………………………… 1 – 394
綱鑑總論二卷 ………………………… 1 – 394
綱鑑總論二卷 ………………………… 1 – 394
綱鑑總論二卷 ………………………… 1 – 394
綱鑑總論二卷 ………………………… 1 – 394
綱鑑總論二卷 ………………………… 1 – 394
綱鑑總論二卷 ………………………… 1 – 394
綱鑑總論二卷 ………………………… 1 – 394
綱鑑總論二卷 ………………………… 1 – 394
綱鑑總論二卷 ………………………… 1 – 394
綱鑑總論二卷 ………………………… 1 – 394
綱鑑總論二卷 ………………………… 1 – 394
綱鑑總論二卷 ………………………… 1 – 394
綱鑑總論二卷 ………………………… 1 – 394
綱鑑總論二卷 ………………………… 1 – 395
綱鑑總論二卷 ………………………… 1 – 395
綱鑑總論二卷 ………………………… 1 – 395
綱鑑總論二卷 ………………………… 1 – 395
綱鑑總論二卷 ………………………… 1 – 395
綱鑑總論不分卷 ……………………… 1 – 394
綱鑑總論不分卷 ……………………… 1 – 394
綱鑑總論不分卷 ……………………… 1 – 394
網師園唐詩箋十八卷 ………………… 4 – 14
維揚大成堂新刻增訂釋義經書便用
通考雜字二卷外一卷 ……………… 4 – 18
維揚大成堂新刻增訂釋義經書便用
通考雜字二卷外一卷 ……………… 4 – 18
維揚大成堂新刻增訂釋義經書便用
通考雜字二卷外一卷 ……………… 4 – 18
維揚大成堂新刻增訂釋義經書便用
通考雜字二卷外一卷 ……………… 4 – 18
維揚大成堂新刻增訂釋義經書便用
通考雜字二卷外一卷 ……………… 4 – 18
維揚大成堂新刻增訂釋義經書便用
通考雜字二卷外一卷 ……………… 4 – 18
維揚大成堂新刻增訂釋義經書便用
通考雜字二卷外一卷 ……………… 4 – 18
維摩詰所說經三卷 ………………… 4 – 17
維摩詰所說經折衷疏六卷 ………… 4 – 17
維摩詰所說經註八卷 ……………… 4 – 18
維摩詰所說經註八卷 ……………… 4 – 18
綿津山人詩集 ………………………… 2 – 412
綿津山人詩集二十九卷楓香詞一卷
漫堂說詩一卷 ……………………… 2 – 412
綿津山人詩集二十九卷楓香詞一卷
漫堂說詩一卷 ……………………… 2 – 412
綿津山人詩集二十九卷楓香詞一卷
漫堂說詩一卷 ……………………… 2 – 412
綿津山人詩集三十一卷楓香詞一卷
漫堂說詩一卷 ……………………… 2 – 412
綸音奏摺不分卷 ……………………… 2 – 364
綢繆未雨編十三卷 …………………… 1 – 127
綴文六卷 ……………………………… 5 – 220
綴白裘十二集四十八卷 ……………… 5 – 220
綴白裘十二集四十八卷 ……………… 5 – 220
綴白裘十二集四十八卷 ……………… 5 – 220
綴白裘十二集四十八卷 ……………… 5 – 220
綴學堂初稾四卷 ……………………… 5 – 220
綠夫容閣詩集四卷 …………………… 2 – 382
綠杉野屋試帖一卷 …………………… 2 – 382
綠杉野屋詩集四卷 …………………… 2 – 382
綠咲軒詞草一卷 ……………………… 2 – 382
綠香山館詩賦詞彙編□□卷 ………… 2 – 382
綠淨山莊詩草六卷 …………………… 2 – 382
綠淨山莊詩草六卷 …………………… 2 – 382
綠雪亭雜言一卷 ……………………… 2 – 383
綠雪堂時文一卷 ……………………… 2 – 383
綠雪堂遺集二十卷 …………………… 2 – 383
綠雪堂駢文鈔二卷 …………………… 2 – 382
綠雪館詞四卷 ………………………… 2 – 382
綠野仙踪八十回 ……………………… 2 – 383
綠野齋文集四卷 ……………………… 2 – 383
綠蕚山房詩一卷 ……………………… 2 – 382

綠窗吟草一卷 ………………………… 2－382
綠窗詩存一卷 ………………………… 2－382
綠蔭軒遺集六卷 ……………………… 2－383
綠蔭軒遺集六卷 ……………………… 2－383
綠筠山莊詩集四卷 …………………… 2－382
綠榕書屋詩草一卷 …………………… 2－382
綠滿園詩集□□卷 …………………… 2－382
綠漪草堂文集三十卷首一卷 ………… 2－383
綠漪草堂文集三十卷首一卷別集二
　卷外集二卷詩集二十卷首一卷研
　華館詞三卷首一卷 ………………… 2－383
綠漪草堂詩集二十卷首一卷 ………… 2－383
綠蘿山莊文集二十四卷 ……………… 2－382
綠蘿山莊文集二十四卷 ……………… 2－382
綠蘿山莊文集二十四卷 ……………… 5－62
綠蘿山莊駢體文集十二卷附錄一卷
　………………………………………… 2－382

十五畫

慧力寺志六卷首一卷 ………………… 2－103
慧力寺志六卷首一卷 ………………… 2－103
慧力寺志六卷首一卷 ………………… 2－103
慧因寺志十二卷附錄一卷 …………… 2－104
慧命經一卷 …………………………… 2－103
慧命經一卷 …………………………… 2－103
慧命經一卷 …………………………… 2－103
慧命經一卷 …………………………… 2－103
璜川吳氏四書學 ……………………… 2－98
璜川吳氏經學叢書 …………………… 2－98
璇璣經集註一卷 ……………………… 4－247
璇璣遺述十卷 ………………………… 4－247
璇璣遺述十卷 ………………………… 4－247
髯仙詩舫遺稿二卷 …………………… 3－70
熱學揭要六章 ………………………… 3－70
[康熙]肇昌府志二十八卷 …………… 5－327
[康熙]肇昌府志二十八卷 …………… 5－327
摯仲洽集一卷 ………………………… 5－116
增批加評歷史綱鑑補注三十九卷首
　一卷 ………………………………… 5－73
增批直省闈墨不分卷 ………………… 5－75
增批直省闈墨不分卷 ………………… 5－75
增批直省闈墨□□卷 ………………… 5－75
增批增補了凡綱鑑四十卷首一卷 …… 5－73
增批增補了凡綱鑑四十卷首一卷 …… 5－73
增批增補了凡綱鑑四十卷首一卷 …… 5－73
增批增補了凡綱鑑四十卷首一卷 …… 5－73
增批增補了凡綱鑑四十卷首一卷 …… 5－73
增批增補了凡綱鑑四十卷首一卷 …… 5－73
增批增補了凡綱鑑四十卷首一卷 …… 5－73
增批增補了凡綱鑑四十卷首一卷 …… 5－73
增批增補了凡綱鑑四十卷首一卷 …… 5－73
增批增補了凡綱鑑四十卷首一卷 …… 5－73
增批增補了凡綱鑑四十卷首一卷 …… 5－73
增批增補了凡綱鑑四十卷首一卷 …… 5－73
增批增補了凡綱鑑四十卷首一卷 …… 5－73
增批增補了凡綱鑑四十卷首一卷 …… 5－73
增批增補了凡綱鑑四十卷首一卷 …… 5－73
增批增補了凡綱鑑四十卷首一卷 …… 5－73
增批增補了凡綱鑑四十卷首一卷 …… 5－74
增批增補了凡綱鑑四十卷首一卷 …… 5－74
增批增補了凡綱鑑四十卷首一卷 …… 5－74
增批增補了凡綱鑑四十卷首一卷 …… 5－74
增批增補了凡綱鑑四十卷首一卷 …… 5－74
增批增補了凡綱鑑四十卷首一卷 …… 5－74
增批增補了凡綱鑑四十卷首一卷 …… 5－74
增批增補了凡綱鑑四十卷首一卷 …… 5－74
增批增補了凡綱鑑四十卷首一卷 …… 5－74
增批增補了凡綱鑑四十卷首一卷 …… 5－74
增批增補了凡綱鑑四十卷首一卷 …… 5－74
增批增補了凡綱鑑四十卷首一卷 …… 5－74
增批增補了凡綱鑑四十卷首一卷 …… 5－74
增批輯注東萊博議四卷 ……………… 5－72
增批輯注東萊博議注釋一卷 ………… 2－490
增批輯註東萊博議四卷 ……………… 5－72
增批輯註東萊博議四卷 ……………… 5－72
增批輯註東萊博議四卷 ……………… 5－72
增批輯註東萊博議四卷 ……………… 5－72
增批輯註東萊博議四卷 ……………… 5－72
增批輯註東萊博議四卷 ……………… 5－73
增批輯註東萊博議註釋一卷 ………… 5－72
增批輯註東萊博議註釋一卷 ………… 5－72

增批輯註東萊博議註釋一卷 ………… 5－72
增批輯註東萊博議註釋一卷 ………… 5－72
增批輯註東萊博議註釋一卷 ………… 5－72
增批輯註東萊博議註釋一卷 ………… 5－73
增删卜易十二卷首一卷 ……………… 5－76
增删卜易十二卷首一卷 ……………… 5－76
增删卜易十二卷首一卷 ……………… 5－77
增删卜易六卷 ……………………… 5－76
增删卜易六卷 ……………………… 5－76
增删卜易六卷 ……………………… 5－76
增删卜易六卷 ……………………… 5－76
增删卜易六卷 ……………………… 5－76
增删卜易六卷 ……………………… 5－76
增删卜易六卷 ……………………… 5－76
增删卜易六卷 ……………………… 5－77
增删四書大全正解 ………………… 5－77
增删四書朱子大全精言四十一卷 …… 5－77
增删四書朱子大全精言四十一卷 …… 5－77
增删通書不分卷 …………………… 5－77
增删通書不分卷 …………………… 5－77
增删通書不分卷 …………………… 5－77
增删通書不分卷 …………………… 5－77
增删通書不分卷 …………………… 5－77
增删通書不分卷 …………………… 5－77
增删通書不分卷 …………………… 5－77
增删通書不分卷 …………………… 5－77
增删通書不分卷 …………………… 5－77
增删通書不分卷 …………………… 5－77
增删通書不分卷 …………………… 5－77
增删通書不分卷 …………………… 5－77
增删算法統宗十一卷 ……………… 5－77
增删算法統宗十一卷 ……………… 5－77
增删算法統宗十一卷首一卷 ………… 5－77
增删韻府羣玉定本二十卷 ………… 5－77
增删韻府羣玉定本二十卷 ………… 5－77
增删韻府羣玉定本二十卷 ………… 5－78
增删韻府羣玉定本二十卷 ………… 5－78
增删韻府羣玉定本二十卷 ………… 5－78
增删韻府羣玉定本二十卷 ………… 5－78
增删韻府羣玉定本二十卷 ………… 5－78
增删韻府羣玉定本二十卷 ………… 5－78
增注字詁義府合按 ………………… 5－81
增注字類標韻六卷 ………………… 5－81
增注字類標韻六卷 ………………… 5－81
增注字類標韻六卷 ………………… 5－81
增注字類標韻六卷 ………………… 5－81
增注字類標韻六卷 ………………… 5－81
增注字類標韻六卷 ………………… 5－81
增注字類標韻六卷 ………………… 5－81
增注字類標韻六卷 ………………… 5－81
增注字類標韻六卷 ………………… 5－81
增注字類標韻六卷 ………………… 5－81
增注字類標韻六卷 ………………… 5－81
增注字類標韻六卷 ………………… 5－81
增定古今逸史 ……………………… 5－59
增定便攷萬病回春善本八卷 ………… 5－59
增定課兒鑑畧妥注善本五卷 ………… 5－60
增定課兒鑑畧妥注善本五卷 ………… 5－60
增定課兒鑑畧妥注善本五卷 ………… 5－60
增定課兒鑑畧妥注善本五卷 ………… 5－60
增定課兒鑑畧妥注善本五卷 ………… 5－60
增定課兒鑑畧妥注善本五卷 ………… 5－60
增定課兒鑑畧妥注善本五卷 ………… 5－60
增定課兒鑑畧妥注善本五卷 ………… 5－60
增定課兒鑑畧妥注善本五卷 ………… 5－60
增定鑑畧妥註讀本三卷總論一卷 …… 5－60
增定鑑畧妥註讀本三卷總論一卷 …… 5－60
增定鑑畧妥註讀本三卷總論一卷 …… 5－60
增定鑑畧妥註讀本三卷總論一卷 …… 5－60
增城縣修學宫解惑十說一卷 ………… 5－59
增城縣修學宫解惑十說一卷 ………… 5－59
增城縣修學宫解惑十說一卷 ………… 5－59
增城縣修學宫解惑十說一卷 ………… 5－59
[光緒]增修甘泉縣志二十四卷首一
卷圖一卷 ………………………… 5－297
增修東萊書說三十五卷首一卷 ……… 5－81
增修現行常例不分卷 ……………… 5－81
[光緒]增修登州府志六十九卷首一
卷 ………………………………… 5－297
[道光]增修新喻縣志八卷 ………… 5－285
增修籌餉事例條款二卷籌餉事例一
卷 ………………………………… 5－81

增訂二三場羣書備考四卷 …………… 5－62
增訂二論詳解四卷 ………………… 5－62
增訂二論詳解四卷 ………………… 5－62
增訂二論詳解四卷 ………………… 5－62
增訂二論詳解四卷 ………………… 5－62
增訂二論詳解四卷 ………………… 5－62
增訂二論詳解四卷 ………………… 5－62
增訂二論詳解四卷 ………………… 5－62
增訂二論詳解四卷 ………………… 5－62
增訂二論詳解四卷 ………………… 5－62
增訂七家詩選註釋七卷 …………… 5－66
增訂七家詩選註釋七卷 …………… 5－66
增訂七家詩選註釋七卷 …………… 5－66
增訂入泮採芹捷訣五卷首一卷 ……… 5－66
增訂三字鑑注釋一卷 ……………… 5－66
增訂三字鑑注釋一卷 ……………… 5－66
增訂三字鑑注釋一卷 ……………… 5－66
增訂三字鑑註釋一卷 ……………… 5－66
增訂三字鑑註釋一卷 ……………… 5－66
增訂三字鑑註釋一卷 ……………… 5－66
增訂三字鑑註釋一卷 ……………… 5－66
增訂三字鑑註釋一卷 ……………… 5－67
增訂三字鑑註釋一卷 ……………… 5－67
增訂五經體注大全 ………………… 5－68
增訂今雨堂詩墨註四卷 …………… 5－64
增訂今雨堂詩墨註四卷 …………… 5－64
增訂今雨堂詩墨註四卷 …………… 5－64
增訂丹桂籍十二卷 ………………… 5－61
增訂古今秘苑四卷二集四卷 ………… 5－62
增訂古今秘苑四卷二集四卷 ………… 5－62
增訂古詩摘鈔十卷 ………………… 5－62
增訂本草備要八卷湯頭歌訣一卷 …… 5－60
增訂本草備要六卷醫方集解六卷 …… 5－60
增訂本草備要四卷 ………………… 5－60
增訂本草備要四卷 ………………… 5－60
增訂本草備要四卷 ………………… 5－60
增訂本草備要四卷 ………………… 5－60
增訂本草備要四卷 ………………… 5－60
增訂本草備要四卷 ………………… 5－61
增訂本草備要四卷 ………………… 5－61
增訂本草備要四卷 ………………… 5－61
增訂本草備要四卷 ………………… 5－61
增訂本草備要四卷 ………………… 5－61
增訂本草備要四卷 ………………… 5－61
增訂本草備要四卷 ………………… 5－61
增訂本草備要四卷 ………………… 5－61
增訂本草備要四卷附湯頭歌訣一卷
…………………………………… 5－61
增訂本草備要四卷附經絡歌訣一卷
湯頭歌訣一卷 ……………………… 5－61
增訂本草備要四卷湯頭歌訣一卷 …… 5－61
增訂本草備要四卷湯頭歌訣一卷 …… 5－61
增訂本草備要四卷湯頭歌訣一卷 …… 5－61
增訂本國中等地理教科書三卷 ……… 5－61
增訂本國中等地理教科書三卷 ……… 5－61
增訂四書析疑二十二卷 …………… 5－67
增訂四書典故快觀圖考不分卷 ……… 5－67
增訂四書集註大全四十二卷 ………… 5－67
增訂四書集註大全四十二卷 ………… 5－67
增訂四書集註大全四十二卷 ………… 5－67
增訂四書類典賦六十六卷 ………… 5－67
增訂四書類典賦六十六卷 ………… 5－67
增訂四書類典賦六十六卷 ………… 5－67
增訂四書類典賦六十六卷 ………… 5－67
增訂四書類典賦六十六卷 ………… 5－67
增訂四書類典賦六十六卷 ………… 5－67
增訂四書類典賦六十六卷 ………… 5－67
增訂四書類典賦六十六卷 ………… 5－67
增訂四書類典賦六十六卷 ………… 5－67
增訂刑部說帖八卷增訂通行條例二
卷 …………………………………… 5－68
增訂刑部說帖八卷增訂通行條例二
卷 …………………………………… 5－68
增訂西學富強叢書 ………………… 5－68
增訂合聲簡字譜一卷 ……………… 5－64
增訂批點四書讀本十九卷 ………… 5－66
增訂批點四書讀本十九卷 ………… 5－66
增訂批點四書讀本十九卷 ………… 5－66
增訂改元考同一卷 ………………… 5－62
增訂易經存疑的藁十二卷 ………… 5－68
增訂金壺字考一卷古體假借字一卷
…………………………………… 5－65

增訂金壺字考一卷古體假借字一卷 ……………………………………… 5－65
增訂金壺字考一卷古體假借字一卷 ……………………………………… 5－65
增訂金壺字考十九卷 ………………… 5－64
增訂金壺字考十九卷 ………………… 5－65
增訂金壺字考十九卷 ………………… 5－65
增訂金壺字考十九卷 ………………… 5－65
增訂周易去疑十一卷首一卷末一卷 ……………………………………… 5－68
增訂周易去疑十一卷首一卷末一卷 ……………………………………… 5－68
增訂周易去疑十一卷首一卷末一卷 ……………………………………… 5－68
增訂周易去疑十一卷首一卷末一卷 ……………………………………… 5－68
增訂周犢山全稿不分卷 …………… 5－68
增訂治疔彙要三卷附近診醫案一卷 ……………………………………… 5－68
增訂春秋世族源流圖考六卷 ………… 5－61
增訂春秋衡庫三十一卷綱領一卷提要一卷兩周事考一卷列國始末一卷 ……………………………………… 5－61
增訂春秋衡庫三十一卷綱領一卷提要一卷兩周事考一卷列國始末一卷 ……………………………………… 5－61
增訂南城張太史稿六卷 …………… 5－66
增訂南城張太史稿六卷 …………… 5－66
增訂南詔野史二卷 ………………… 5－66
增訂柏韞臯先生文稿不分卷 ………… 5－60
增訂畊餘瑣錄十二卷 ……………… 5－62
增訂畊餘瑣錄十二卷 ……………… 5－62
增訂畊餘瑣錄十二卷 ……………… 5－62
增訂袁文箋正四卷 ………………… 5－68
增訂袁文箋正四卷 ………………… 5－68
增訂格物入門七卷 ………………… 5－62
增訂寄嶽雲齋試體詩選四卷 ………… 5－64
增訂寄嶽雲齋試體詩選四卷 ………… 5－64
增訂寄嶽雲齋試體詩選四卷 ………… 5－64
增訂達生編二卷婦科雜證一卷 ……… 5－61
增訂達生編二卷婦科雜證一卷 ……… 5－61
增訂敬信錄一卷 …………………… 5－65
增訂敬信錄一卷 …………………… 5－65
增訂敬信錄一卷 …………………… 5－65
增訂敬信錄一卷 …………………… 5－65
增訂敬信錄一卷 …………………… 5－65
增訂敬信錄一卷 …………………… 5－65
增訂敬信錄一卷 …………………… 5－66
增訂集錄十二卷 …………………… 5－64
增訂痘疹輯要四卷 ………………… 5－62
增訂童氏本草備要八卷 …………… 5－67
增訂童氏本草備要八卷 …………… 5－67
增訂童氏本草備要八卷圖一卷 ……… 5－67
增訂暗室燈註解二卷 ……………… 5－60
增訂經籍舉要一卷 ………………… 5－65
增訂經籍舉要一卷 ………………… 5－65
增訂經驗良方十四卷 ……………… 5－65
增訂精忠演義說本全傳二十卷八十回 ……………………………………… 5－65
增訂精忠演義說本全傳二十卷八十回 ……………………………………… 5－65
增訂精忠演義說本全傳二十卷八十回 ……………………………………… 5－65
增訂精忠演義說本全傳二十卷八十回 ……………………………………… 5－65
增訂漢魏叢書 ……………………… 5－62
增訂漢魏叢書 ……………………… 5－62
增訂漢魏叢書 ……………………… 5－63
增訂漢魏叢書 ……………………… 5－63
增訂漢魏叢書 ……………………… 5－63
增訂漢魏叢書 ……………………… 5－63
增訂漢魏叢書 ……………………… 5－63
增訂漢魏叢書 ……………………… 5－63
增訂漢魏叢書 ……………………… 5－63
增訂漢魏叢書 ……………………… 5－63
增訂漢魏叢書 ……………………… 5－63
增訂漢魏叢書 ……………………… 5－63
增訂漢魏叢書 ……………………… 5－63
增訂漢魏叢書 ……………………… 5－63
增訂漢魏叢書 ……………………… 5－63
增訂漢魏叢書 ……………………… 5－63
增訂漢魏叢書 ……………………… 5－63

增訂漢魏叢書 …………………………… 5－63
增訂漢魏叢書 …………………………… 5－63
增訂漢魏叢書 …………………………… 5－63
增訂漢魏叢書 …………………………… 5－63
增訂漢魏叢書 …………………………… 5－63
增訂漢魏叢書 …………………………… 5－63
增訂漢魏叢書 …………………………… 5－63
增訂漢魏叢書 …………………………… 5－63
增訂漢魏叢書 …………………………… 5－64
增訂漢魏叢書 …………………………… 5－64
增訂漢魏叢書 …………………………… 5－64
增訂漢魏叢書 …………………………… 5－64
增訂漢魏叢書 …………………………… 5－64
增訂漢魏叢書 …………………………… 5－64
增訂漢魏叢書 …………………………… 5－64
增訂漢魏叢書 …………………………… 5－64
增訂漢魏叢書 …………………………… 5－64
增訂漢魏叢書 …………………………… 5－402
增訂臨文便覽不分卷 ………………… 5－66
增訂臨文便覽不分卷 ………………… 5－66
增訂臨文便覽不分卷 ………………… 5－66
增訂醫方易簡十卷 ………………… 5－68
增訂繪圖精忠說岳全傳八卷八十回 ……………………………………… 5－64
增訂繪圖精忠說岳全傳八卷八十回 ……………………………………… 5－64
增訂繪圖精忠說岳全傳八卷八十回 ……………………………………… 5－64
增評加批金玉緣圖說十六卷首一卷 ……………………………………… 5－75
增評加批金玉緣圖說十六卷首一卷 ……………………………………… 5－75
增評加批金玉緣圖說十六卷首一卷 ……………………………………… 5－75
增評加批金玉緣圖說十六卷首一卷一百二十回 ………………………… 5－75
增評加批歷史綱鑑補三十九卷首一卷 …………………………………… 5－75
增評加批歷史綱鑑補三十九卷首一卷 …………………………………… 5－75
增評加批歷史綱鑑補三十九卷首一卷 …………………………………… 5－75
增評加批歷史綱鑑補三十九卷首一卷 …………………………………… 5－75
增評加批歷史綱鑑補三十九卷首一卷 …………………………………… 5－76
增評加批歷史綱鑑補三十九卷首一卷 …………………………………… 5－76
增評加批歷史綱鑑補三十九卷首一卷 …………………………………… 5－76
增評童氏醫方集解二十三卷 ………… 5－76
增評童氏醫方集解二十三卷 ………… 5－76
增評童氏醫方集解二十三卷 ………… 5－76
增評童氏醫方集解二十三卷 ………… 5－76
增評童氏醫方集解二十三卷 ………… 5－76
增評補像全圖金玉緣一百二十回首一卷 ………………………………… 5－75
增評補像全圖金玉緣一百二十回首一卷 ………………………………… 5－75
增評補像全圖金玉緣一百二十回首一卷 ………………………………… 5－75
增評補像全圖金玉緣十五卷一百二十回 ………………………………… 5－75
增評補像金玉緣圖說一百二十回 …… 5－75
增評補圖石頭記一百二十回首一卷 ……………………………………… 5－75
增評興替金鑑二十卷一百五十四回 ……………………………………… 5－76
增註八銘塾鈔初集不分卷二集不分卷 …………………………………… 5－81
增註分類飲香尺牘四卷首一卷 ……… 5－82
增註分類飲香尺牘四卷首一卷 ……… 5－82
增註四書人物類典串珠四十卷 ……… 5－82
增註四書合講□□卷 ……………… 5－82
增註蒙學三字經歷史圖說一卷 ……… 5－82
增註賦學指南十六卷 ……………… 5－82
增註賦學指南十六卷 ……………… 5－82
增註寫信必讀□□卷 ……………… 5－82
增註韻蘭賦鈔二集二卷 …………… 5－82
增註韻蘭賦鈔二集二卷 …………… 5－82
增註韻蘭賦鈔初集二卷 …………… 5－82
增註韻蘭賦鈔初集二卷 …………… 5－82

增註韻蘭賦鈔初集二卷 …………………… 5－82
增註韻蘭賦鈔初集二卷 …………………… 5－82
增註韻蘭賦鈔初集二卷 …………………… 5－82
增註韻蘭賦鈔初集二卷 …………………… 5－82
增註韻蘭賦鈔初集二卷 …………………… 5－82
增註韻蘭賦鈔初集二卷 …………………… 5－82
增註韻蘭賦鈔初集二卷 …………………… 5－82
增註韻蘭賦鈔初集二卷 …………………… 5－82
增補二論典故最豁集四卷 ………………… 5－46
增補三字經一卷 …………………………… 5－47
增補三字經一卷 …………………………… 5－47
增補三字經一卷 …………………………… 5－47
增補三字經一卷 …………………………… 5－47
增補三字經一卷 …………………………… 5－47
增補三字經一卷 …………………………… 5－47
增補三字經一卷 …………………………… 5－47
增補五經文體二十四卷 …………………… 5－54
增補五經備旨精萃 ………………………… 5－54
增補古今醫鑑八卷 ………………………… 5－46
增補古文合評十二卷 ……………………… 5－46
增補古文合評十二卷 ……………………… 5－46
增補本草備要八卷 ………………………… 5－45
增補本草備要八卷 ………………………… 5－45
增補本草備要八卷 ………………………… 5－45
增補本草備要八卷 ………………………… 5－45
增補本草備要四卷 ………………………… 5－45
增補本草圖說□□卷 ……………………… 5－45
增補左繡一卷 ……………………………… 1－169
增補左繡一卷 ……………………………… 1－169
增補左繡一卷 ……………………………… 1－169
增補左繡一卷 ……………………………… 1－169
增補左繡一卷 ……………………………… 1－169
增補左繡一卷 ……………………………… 1－169
增補左繡一卷 ……………………………… 1－170
增補左繡一卷 ……………………………… 1－170
增補左繡一卷 ……………………………… 1－170
增補左繡一卷 ……………………………… 1－170
增補左繡一卷 ……………………………… 1－170
增補左繡一卷 ……………………………… 1－170
增補四書人物聚考二十二卷圖考一卷 …… 5－52
增補四書人物聚考二十二卷圖考一卷 …… 5－52
增補四書人物聚考二十二卷圖考一卷 …… 5－52
增補四書人物聚考二十二卷圖考一卷 …… 5－52
增補四書人物聚考二十二卷圖考一卷 …… 5－52
增補四書人物聚考二十二卷圖考一卷 …… 5－52
增補四書人物聚考二十二卷圖考一卷 …… 5－53
增補四書典故註釋圖考不分卷 …………… 5－51
增補四書經史摘證二十九卷 ……………… 5－51
增補四書經史摘證二十九卷 ……………… 5－52
增補四書精繡圖像人物備考十二卷 ……… 5－52
增補四書精繡圖像人物備考十二卷圖一卷 … 5－52
增補四書精繡圖像人物備考十二卷圖一卷 … 5－52
增補四書精繡圖像人物備考十二卷圖一卷 … 5－52
增補四書精繡圖像人物備考十二卷圖一卷 … 5－52
增補四書類典賦二十四卷 ………………… 5－52
增補四書類典賦二十四卷 ………………… 5－52
增補四書類典賦二十四卷 ………………… 5－52
增補四書類典賦二十四卷 ………………… 5－52
增補四書類典賦二十四卷 ………………… 5－52
增補幼學六卷首一卷 ……………………… 5－58
增補地理直指原真三卷首一卷 …………… 5－45
增補地理直指原真三卷首一卷 …………… 5－45
增補地理直指原真三卷首一卷 …………… 5－45
增補地理直指原真三卷首一卷 …………… 5－45
增補地理直指原真三卷首一卷 …………… 5－46
增補地理直指原真三卷首一卷 …………… 5－46
增補地理直指原真三卷首一卷 …………… 5－46
增補地理直指原真大全十卷 ……………… 5－45
增補地理直指原真大全三卷首一卷 ……… 5－45

增補全蜀水利攷四卷 …………………… 5－68
增補安樂銘不分卷 …………………… 5－45
增補字彙十二卷首一卷末一卷 ……… 5－59
增補字學舉隅不分卷 ………………… 5－59
增補字學舉隅不分卷 ………………… 5－59
增補如面談新集十卷首一卷 ………… 5－47
增補如面談新集十卷首一卷 ………… 5－47
增補如面譚新集十卷 ………………… 5－47
增補如面譚新集十卷 ………………… 5－47
增補武經講意備旨真本六卷 ………… 5－54
增補事類統編九十三卷首一卷 ……… 5－47
增補事類統編九十三卷首一卷 ……… 5－47
增補事類統編九十三卷首一卷 ……… 5－48
增補事類統編九十三卷首一卷 ……… 5－48
增補事類統編九十三卷首一卷 ……… 5－48
增補事類統編九十三卷首一卷 ……… 5－48
增補事類統編九十三卷首一卷 ……… 5－48
增補事類統編九十三卷首一卷 ……… 5－48
增補事類統編九十三卷首一卷 ……… 5－48
增補事類統編九十三卷首一卷 ……… 5－48
增補事類統編九十三卷首一卷 ……… 5－48
增補事類統編九十三卷首一卷 ……… 5－48
增補事類統編九十三卷首一卷 ……… 5－48
增補事類統編九十三卷首一卷 ……… 5－48
增補事類統編九十三卷首一卷 ……… 5－48
增補事類統編九十三卷首一卷 ……… 5－48
增補事類統編九十三卷首一卷 ……… 5－49
增補事類統編九十三卷首一卷 ……… 5－49
增補事類統編九十三卷首一卷 ……… 5－49
增補事類統編九十三卷首一卷 ……… 5－49
增補事類統編九十三卷首一卷 ……… 5－49
增補事類統編九十三卷首一卷 ……… 5－49
增補事類統編九十三卷首一卷 ……… 5－49
增補事類統編九十三卷首一卷 ……… 5－49
增補事類統編九十三卷首一卷 ……… 5－49
增補事類統編九十三卷首一卷 ……… 5－49
增補事類統編九十三卷首一卷 ……… 5－49
增補事類統編九十三卷首一卷 ……… 5－49
增補事類統編九十三卷首一卷 ……… 5－49
增補事類統編九十三卷首一卷 ……… 5－49
增補事類統編九十三卷首一卷 ……… 5－49
增補事類統編九十三卷首一卷 ……… 5－49
增補事類統編九十三卷首一卷 ……… 5－50
增補事類統編九十三卷首一卷 ……… 5－50
增補事類統編九十三卷首一卷 ……… 5－50
增補事類統編九十三卷首一卷 ……… 5－50
增補事類統編九十三卷首一卷 ……… 5－50
增補事類統編九十三卷首一卷 ……… 5－50
增補事類統編九十三卷首一卷 ……… 5－50
增補事類統編九十三卷首一卷 ……… 5－50
增補事類統編九十三卷首一卷 ……… 5－50
增補事類統編九十三卷首一卷 ……… 5－50
增補事類統編九十三卷首一卷 ……… 5－50
增補事類統編九十三卷首一卷 ……… 5－50
增補事類統編九十三卷首一卷 ……… 5－50
增補事類統編九十三卷首一卷 ……… 5－50
增補事類統編九十三卷首一卷 ……… 5－50
增補事類統編九十三卷首一卷 ……… 5－50
增補事類統編九十三卷首一卷 ……… 5－51
增補事類統編九十三卷首一卷 ……… 5－51
增補事類統編九十三卷首一卷 ……… 5－51
增補事類統編九十三卷首一卷 ……… 5－51
增補事類統編九十三卷首一卷 ……… 5－51
增補事類統編九十三卷首一卷 ……… 5－51
增補事類統編九十三卷首一卷 ……… 5－51
增補事類統編九十三卷首一卷 ……… 5－51
增補事類統編九十三卷首一卷 ……… 5－51
增補事類統編九十三卷首一卷 ……… 5－51
增補事類統編九十三卷首一卷 ……… 5－51
增補事類統編九十三卷首一卷 ……… 5－51
增補事類統編九十三卷首一卷 ……… 5－51
增補注釋故事白眉十卷 ……………… 5－59
增補春秋經傳左繡滙參三十卷首一
卷 …………………………………… 5－45
增補星平會海命學全書十卷首一卷
……………………………………… 5－54
增補重訂千家詩注解二卷 ………… 5－58
增補重訂千家詩注解二卷 ………… 5－58
增補重訂千家詩注解二卷 ………… 5－58
增補重訂千家詩注解二卷 ………… 5－58
增補重訂千家詩注解二卷 ………… 5－58
增補重訂千家詩注解二卷 ………… 5－58

增補重訂千家詩注解二卷 …………… 5－58
增補重訂千家詩注解二卷 …………… 5－58
增補重訂千家詩注解二卷 …………… 5－58
增補重訂千家詩注解二卷 …………… 5－59
增補重訂千家詩注解二卷 …………… 5－59
增補重訂千家詩注解二卷 …………… 5－59
增補重訂千家詩注解二卷 …………… 5－59
增補食物本草備考二卷 ……………… 5－47
增補郭洙源先生彙輯十太史四書主
　意寶藏十卷 ……………………… 5－46
增補清史攬要六卷 ………………… 5－46
增補萬寶全書二十卷 ……………… 5－53
增補萬寶全書二十卷 ……………… 5－53
增補萬寶全書二十卷 ……………… 5－53
增補萬寶全書二十卷 ……………… 5－53
增補萬寶全書二十卷 ……………… 5－53
增補萬寶全書二十卷 ……………… 5－53
增補萬寶全書二十卷 ……………… 5－53
增補萬寶全書二十卷 ……………… 5－53
增補萬寶全書二十卷 ……………… 5－53
增補萬寶全書二十卷 ……………… 5－53
增補萬寶全書二十卷 ……………… 5－53
增補萬寶全書二十卷 ……………… 5－54
增補萬寶全書二十卷 ……………… 5－54
增補萬寶全書二十卷 ……………… 5－54
增補萬寶全書二十卷 ……………… 5－54
增補萬寶全書二十卷 ……………… 5－54
增補萬寶全書二十卷 ……………… 5－54
增補萬寶全書二十卷 ……………… 5－54
增補萬寶全書二十卷 ……………… 5－54
增補萬寶全書二十卷 ……………… 5－54
增補萬寶全書二十卷 ……………… 5－54
增補萬寶全書二十卷 ……………… 5－54
增補萬寶全書二十卷 ……………… 5－54
增補萬寶全書二十卷 ……………… 5－54
增補萬寶全書三十卷 ……………… 5－53
增補萬寶全書三十卷 ……………… 5－53
增補萬寶全書三十卷 ……………… 5－53
增補敬竈全書不分卷 ……………… 5－46
增補虛字注釋一卷……………………… 2－490
增補虛字注釋一卷……………………… 2－490
增補虛字註釋一卷……………………… 1－279
增補虛字註釋一卷……………………… 1－280
增補虛字註釋一卷……………………… 1－280
增補虛字註釋一卷……………………… 1－280
增補虛字註釋一卷……………………… 1－280
增補虛字註釋一卷……………………… 1－281
增補虛字註釋一卷……………………… 1－281
增補虛字註釋一卷……………………… 1－281
增補虛字註釋一卷……………………… 1－281
增補虛字註釋一卷……………………… 1－281
增補虛字註釋一卷……………………… 1－281
增補虛字註釋一卷……………………… 1－281
增補虛字註釋一卷……………………… 1－281
增補虛字註釋一卷……………………… 1－281
增補虛字註釋一卷……………………… 1－281
增補虛字註釋一卷……………………… 1－281
增補虛字註釋一卷……………………… 1－281
增補虛字註釋一卷……………………… 1－281
增補虛字註釋一卷……………………… 1－281
增補虛字註釋一卷……………………… 1－281
增補虛字註釋一卷……………………… 1－282
增補虛字註釋一卷……………………… 1－282
增補虛字註釋一卷……………………… 1－282
增補虛字註釋一卷……………………… 1－282
增補虛字註釋一卷……………………… 1－282
增補虛字註釋一卷……………………… 1－282
增補虛字註釋一卷……………………… 1－282
增補虛字註釋一卷……………………… 1－282
增補虛字註釋一卷……………………… 1－282
增補虛字註釋一卷……………………… 1－282
增補虛字註釋一卷……………………… 1－282
增補虛字註釋一卷……………………… 1－282
增補虛字註釋一卷……………………… 1－282
增補虛字註釋一卷……………………… 1－282
增補虛字註釋一卷……………………… 1－282
增補虛字註釋一卷……………………… 1－282
增補虛字註釋一卷……………………… 1－283
增補虛字註釋一卷……………………… 1－283
增補虛字註釋一卷……………………… 1－283
增補虛字註釋一卷……………………… 2－155
增補虛字註釋六卷……………………… 1－283

增補策學總纂大全五十卷目錄二卷 …………………………………… 5－45
增補註釋故事白眉十卷 ………………… 5－59
增補註釋故事白眉十卷 ………………… 5－59
增補註釋故事白眉十卷 ………………… 5－59
增補註釋故事白眉十卷 ………………… 5－59
增補註釋故事白眉十卷 ………………… 5－59
增補註釋故事白眉十卷 ………………… 5－59
增補註釋故事白眉十卷………………… 5－402
增補痘疹玉髓金鏡錄二卷 ……………… 5－46
增補痘疹玉髓金鏡錄四卷 ……………… 5－46
增補痘疹玉髓金鏡錄四卷首一卷 …… 5－46
增補痘疹玉髓金鏡錄四卷首一卷 …… 5－46
增補痘疹玉髓金鏡錄四卷首一卷 …… 5－46
增補痘疹玉髓金鏡錄四卷首一卷 …… 5－46
增補痘疹玉髓金鏡錄四卷首一卷 …… 5－46
增補痘疹玉髓金鏡錄真本四卷 ……… 5－46
增補詩句題解彙編二十二卷 ………… 5－47
增補詩句題解彙編二十二卷 ………… 5－47
增補詩句題解彙編二十二卷 ………… 5－47
增補詩句題解彙編二十二卷 ………… 5－47
增補詳注秋水軒尺牘四卷首一卷 …… 5－54
增補羣玉府二集二卷 ………………… 5－46
增補羣玉府二集二卷 ………………… 5－47
增補壽世保元十卷附太乙神鍼一卷 …………………………………… 5－51
增補箋註繪像第六才子書西廂記釋解八卷 ……………………………… 5－46
增補齊省堂儒林外史六卷六十回 …… 5－46
增補齊省堂儒林外史六卷六十回 …… 5－46
增補選擇通書廣玉匣記二卷 ………… 5－54
增補儒林寶筏不分卷 ………………… 5－47
增補儒門本草不分卷 ………………… 5－47
增補藥性雷公炮製十卷 ……………… 5－55
增補藥性雷公炮製十卷 ……………… 5－55
增補藥性雷公炮製十卷 ……………… 5－55
增補醫方一盤珠十卷 ………………… 5－58
增補醫方一盤珠十卷 ………………… 5－58
增補醫方一盤珠十卷 ………………… 5－58
增補醫方一盤珠全集十卷 …………… 5－55
增補醫方一盤珠全集十卷 …………… 5－55
增補醫方一盤珠全集十卷 …………… 5－55
增補醫方一盤珠全集十卷 …………… 5－55
增補醫方一盤珠全集十卷 …………… 5－55
增補醫方一盤珠全集十卷 …………… 5－55
增補醫方一盤珠全集十卷 …………… 5－55
增補醫方一盤珠全集十卷 …………… 5－55
增補醫方一盤珠全集十卷 …………… 5－55
增補醫方一盤珠全集十卷 …………… 5－55
增補醫方一盤珠全集十卷 …………… 5－55
增補醫方一盤珠全集十卷 …………… 5－55
增補醫方一盤珠全集十卷 …………… 5－55
增補醫方一盤珠全集十卷 …………… 5－55
增補醫方一盤珠全集十卷 …………… 5－55
增補醫方一盤珠全集十卷 …………… 5－55
增補醫方一盤珠全集十卷 …………… 5－55
增補醫方一盤珠全集十卷 …………… 5－55
增補醫方一盤珠全集十卷 …………… 5－55
增補醫方一盤珠全集十卷 …………… 5－55
增補醫方一盤珠全集十卷 …………… 5－56
增補醫方一盤珠全集十卷 …………… 5－56
增補醫方一盤珠全集十卷 …………… 5－56
增補醫方一盤珠全集十卷 …………… 5－56
增補醫方一盤珠全集十卷 …………… 5－56
增補醫方一盤珠全集十卷 …………… 5－56
增補醫方一盤珠全集十卷 …………… 5－56
增補醫方一盤珠全集十卷 …………… 5－56
增補醫方一盤珠全集十卷 …………… 5－56
增補醫方一盤珠全集十卷 …………… 5－56
增補醫方一盤珠全集十卷 …………… 5－56
增補醫方一盤珠全集十卷 …………… 5－56
增補醫方一盤珠全集十卷 …………… 5－56
增補醫方一盤珠全集十卷 …………… 5－56
增補醫方一盤珠全集十卷 …………… 5－56
增補醫方一盤珠全集十卷 …………… 5－56
增補醫方一盤珠全集十卷 …………… 5－56
增補醫方一盤珠全集十卷 …………… 5－56
增補醫方一盤珠全集十卷 …………… 5－56
增補醫方一盤珠全集十卷 …………… 5－56
增補醫方一盤珠全集十卷 …………… 5－56
增補醫方一盤珠全集十卷 …………… 5－56
增補醫方一盤珠全集十卷 …………… 5－56

增補醫方一盤珠全集十卷 …………… 5 – 56
增補醫方一盤珠全集十卷 …………… 5 – 57
增補醫方一盤珠全集十卷 …………… 5 – 57
增補醫方一盤珠全集十卷 …………… 5 – 57
增補醫方一盤珠全集十卷 …………… 5 – 57
增補醫方一盤珠全集十卷 …………… 5 – 57
增補醫方一盤珠全集十卷 …………… 5 – 57
增補醫方一盤珠全集十卷 …………… 5 – 57
增補醫方一盤珠全集十卷 …………… 5 – 57
增補醫方一盤珠全集十卷 …………… 5 – 57
增補醫方一盤珠全集十卷 …………… 5 – 57
增補醫方一盤珠全集十卷 …………… 5 – 57
增補醫方一盤珠全集十卷 …………… 5 – 57
增補醫方一盤珠全集十卷 …………… 5 – 57
增補醫方一盤珠全集十卷 …………… 5 – 57
增補醫方一盤珠全集十卷 …………… 5 – 57
增補醫方一盤珠全集十卷 …………… 5 – 57
增補醫方一盤珠全集十卷 …………… 5 – 57
增補醫方一盤珠全集十卷 …………… 5 – 57
增補醫方一盤珠全集十卷 …………… 5 – 57
增補醫方一盤珠全集十卷 …………… 5 – 57
增補醫方一盤珠全集十卷 …………… 5 – 57
增補醫方一盤珠全集十卷 …………… 5 – 57
增補醫方一盤珠全集十卷 …………… 5 – 57
增補醫方一盤珠全集十卷 …………… 5 – 57
增補醫方一盤珠全集十卷 …………… 5 – 58
增補醫方一盤珠全集十卷 …………… 5 – 58
增補醫方一盤珠全集十卷 …………… 5 – 58
增補醫方一盤珠全集十卷 …………… 5 – 58
增補醫方一盤珠全集十卷 …………… 5 – 58
增補蘇批孟子二卷 …………………… 5 – 53
增補蘇批孟子二卷附孟子年譜一卷 ………………………………………… 5 – 53
增補蘇批孟子二卷附孟子年譜一卷 ………………………………………… 5 – 53
增補蘇批孟子二卷附孟子年譜一卷 ………………………………………… 5 – 53
增補願體廣類集四卷 ………………… 5 – 58
增像全圖三國志演義十六卷一百二十回 ………………………………… 5 – 80
增像全圖三國志演義十六卷一百二十回 ………………………………… 5 – 80
增像全圖三國志演義十六卷一百二十回 ………………………………… 5 – 80
增像全圖三國志演義十六卷一百二十回 ………………………………… 5 – 80
增像全圖三國志演義十六卷一百二十回 ………………………………… 5 – 80
增像全圖三國志演義第一才子書十二卷一百二十回 …………………… 5 – 80
增像全圖三國志演義第一才子書十二卷一百二十回 …………………… 5 – 80
增像全圖三國志演義第一才子書八卷一百二十回 ……………………… 5 – 80
增像全圖三國演義十六卷一百二十回 ………………………………… 5 – 79
增像全圖三國演義十六卷一百二十回 ………………………………… 5 – 79
增像全圖三國演義十六卷一百二十回 ………………………………… 5 – 79
增像全圖三國演義十六卷一百二十回 ………………………………… 5 – 79
增像全圖三國演義十六卷一百二十回 ………………………………… 5 – 79
增像全圖三國演義十六卷一百二十回 ………………………………… 5 – 79
增像全圖三國演義十六卷一百二十回 ………………………………… 5 – 79
增像全圖三國演義十六卷一百二十回 ………………………………… 5 – 79
增像全圖三國演義十六卷一百二十回 ………………………………… 5 – 79
增像全圖三國演義十六卷一百二十回 ………………………………… 5 – 79
增像全圖三國演義十六卷一百二十回 ………………………………… 5 – 79
增像全圖三國演義十六卷一百二十回 ………………………………… 5 – 79
增像全圖三國演義十六卷一百二十回 ………………………………… 5 – 80
增像全圖三國演義十六卷一百二十回 ………………………………… 5 – 80

增像全圖三國演義十六卷一百二十回 …… 5－80
增像全圖三國演義十六卷一百二十回 …… 5－80
增像全圖三國演義十六卷一百二十回 …… 5－80
增像全圖三國演義十六卷一百二十回 …… 5－80
增像全圖三國演義十卷一百二十回 …… 5－79
增像全圖三國演義六十卷一百二十回 …… 5－79
增像全圖加批西遊記八卷一百回 …… 5－78
增像全圖加批西遊記八卷一百回 …… 5－79
增像全圖加批西遊記八卷一百回 …… 5－79
增像全圖東周列國志二十七卷一百八回 …… 5－78
增像全圖東漢演義四卷六十四回 …… 5－78
增像全圖東漢演義四卷六十四回 …… 5－78
增像第六才子書五卷首一卷 …… 5－78
增像第六才子書五卷首一卷 …… 5－78
增像第六才子書五卷首一卷 …… 5－78
增像第六才子書五卷首一卷 …… 5－78
增像第六才子書五卷首一卷 …… 5－78
增像第六才子書五卷首一卷 …… 5－78
增圖石頭記後編八卷三十二回 …… 5－78
增廣大題文二集不分卷 …… 5－69
增廣大題文初集不分卷 …… 5－69
增廣大題文初集不分卷 …… 5－69
增廣元魁墨萃不分卷 …… 5－72
增廣文選六種 …… 5－71
增廣文選六種 …… 5－71
增廣尺牘句解二集三卷末一卷 …… 5－69
增廣尺牘句解二集三卷末一卷 …… 5－69
增廣尺牘句解初集三卷末一卷 …… 5－68
增廣尺牘句解初集三卷末一卷 …… 5－69
增廣尺牘句解初集三卷末一卷 …… 5－69
增廣玉匣記通書二卷 …… 5－72
增廣玉匣記通書六卷 …… 5－72
增廣玉匣記通書六卷 …… 5－72
增廣玉匣記通書六卷 …… 5－72
增廣玉匣記通書六卷 …… 5－72
增廣古今人物論三十六卷 …… 5－69
增廣古今人物論三十六卷 …… 5－69
增廣古今人物論三十六卷 …… 5－69
增廣古今人物論三十六卷 …… 5－69
增廣古今人物論三十六卷 …… 5－69
增廣古今人物論三十六卷 …… 5－69
增廣古今人物論三十六卷 …… 5－69
增廣古今人物論三十六卷 …… 5－70
增廣古今人物論續編十二卷 …… 5－70
增廣古今人物續編十二卷 …… 5－69
增廣古今人物續編十二卷 …… 5－69
增廣古今人物續編十二卷 …… 5－69
增廣古今人物續編十二卷 …… 5－69
增廣古今人物續編十二卷 …… 5－69
增廣古今人物續編十二卷 …… 5－69
增廣古今人物續編十二卷 …… 5－69
增廣本草綱目五十二卷圖三卷 …… 5－68
增廣四書五經典林十二卷 …… 5－71
增廣四書五經典林十二卷 …… 5－71
增廣四體書法不分卷 …… 5－71
增廣字學舉隅四卷 …… 5－72
增廣尚友錄統編二十二卷 …… 5－70
增廣尚友錄統編二十二卷 …… 5－70
增廣尚友錄統編二十二卷 …… 5－70
增廣尚友錄統編二十二卷 …… 5－70
增廣留青新集二十四卷 …… 5－70
增廣留青新集二十四卷 …… 5－70
增廣留青新集二十四卷 …… 5－70
增廣智囊補二十八卷 …… 5－72
增廣智囊補二十八卷 …… 5－72
增廣智囊補二十八卷 …… 5－72
增廣策學總纂大成四十八卷 …… 5－68
增廣策學總纂大成四十六卷 …… 5－68
增廣策學總纂大成四十六卷 …… 5－68
增廣試帖三萬選五卷 …… 5－71
增廣試帖五卷續集二卷三集三卷 …… 5－71
增廣試帖玉芙蓉三卷續集二卷 …… 5－71
增廣試帖玉芙蓉三卷續集二卷 …… 5－71
增廣試帖玉芙蓉三卷續集二卷三集四卷 …… 5－71

增廣試帖玉芙蓉三卷續集二卷三集四卷 …… 5－71
增廣試帖詩海三十二卷 …… 5－71
增廣詩句題解彙編四卷附姓氏考不分卷 …… 5－70
增廣詩句題解彙編四卷附姓氏考不分卷 …… 5－70
增廣詩句題解彙編四卷附姓氏考不分卷 …… 5－70
增廣詩句題解彙編四卷附姓氏考不分卷 …… 5－70
增廣詩句題解彙編四卷附姓氏考不分卷 …… 5－71
增廣詩句題解彙編四卷附姓氏考不分卷 …… 5－71
增廣詩律大觀彙編四卷 …… 5－71
增廣詩韻全璧五卷 …… 5－71
增廣詩韻合璧五卷 …… 5－71
增廣詩韻合璧五卷 …… 5－71
增廣詩韻合璧五卷附汪立名論古韻通轉一卷 …… 5－71
增廣羣策滙源五十卷首一卷 …… 5－70
增廣賦海大全三十卷首一卷 …… 5－69
增廣賦海統編三十卷 …… 5－69
增廣賦海統編三十卷 …… 5－69
增廣龍舒浄土文十四卷首一卷 …… 5－70
增廣龍舒浄土文十四卷首一卷 …… 5－70
增廣龍舒淨土文十四卷首一卷 …… 5－70
增廣臨文寶笈二卷 …… 5－70
增廣驗方新編十八卷 …… 5－72
增廣驗方新編十六卷 …… 5－72
增廣驗方新編十六卷 …… 5－72
增廣驗方新編十六卷首一卷 …… 5－72
增篆康熙字典四十二卷 …… 5－82
增篆康熙字典四十二卷 …… 5－82
增選巧搭網珊不分卷 …… 5－81
增選本草製藥法不分卷 …… 5－81
增選加註能與集二卷 …… 5－81
增選縮本多寶船不分卷 …… 5－81
穀山筆麈十八卷 …… 1－455
穀玉類編五十卷 …… 1－455
穀玉類編五十卷 …… 1－455
穀平先生文集五卷附錄一卷 …… 1－455
穀梁傳一卷 …… 1－455
穀梁傳初學讀本不分卷 …… 1－455
穀詒堂試帖四卷 …… 1－455
蕙林軒小題不分卷 …… 2－104
蕺山先生人譜一卷人譜類記二卷 …… 2－117
蕺山先生人譜一卷人譜類記二卷 …… 2－117
蕺山先生人譜一卷人譜類記二卷 …… 2－117
邁堂文畧一卷時文一卷 …… 2－388
邁堂文畧一卷時文一卷 …… 2－388
邁堂文畧一卷時文一卷 …… 2－388
邁堂文畧一卷時文一卷 …… 2－388
邁堂文畧一卷時文一卷 …… 2－388
邁堂文畧一卷時文一卷 …… 2－388
邁堂文畧一卷時文一卷 …… 2－388
邁堂文畧一卷時文一卷 …… 2－388
邁堂文畧一卷時文一卷 …… 2－388
邁堂文畧一卷時文一卷 …… 2－388
邁堂文畧一卷時文一卷 …… 2－389
邁堂文畧一卷時文一卷 …… 2－389
邁堂文畧一卷時文一卷 …… 2－389
邁堂文畧一卷時文一卷 …… 2－389
邁堂文畧四卷 …… 2－388
邁堂文畧四卷 …… 2－388
邁堂文畧四卷 …… 2－388
邁堂文畧四卷 …… 2－388
邁堂文畧四卷 …… 2－388
邁堂時文一卷 …… 2－388
邁堂時文一卷 …… 2－388
邁堂時文一卷 …… 5－89
邁堂時文續稿一卷 …… 2－388
邁堂時文續稿一卷 …… 2－388
蕉庵琴譜四卷 …… 2－166
蕉鹿吟一卷 …… 2－166
蕉鹿吟一卷 …… 2－166
蕉窗寄人遺稿一卷 …… 2－166
蕉窗寄人遺稿一卷 …… 2－166
蕉溪揚芬錄二卷首一卷末一卷 …… 2－166
蕉聲館文集八卷詩集二十卷補遺四卷續補一卷 …… 2－166

蕃錦集二卷……………………………… 1－352
蕃錦集二卷……………………………… 2－264
蕃錦集二卷……………………………… 2－293
樞言一卷續一卷………………………… 3－283
樞垣記略二十八卷……………………… 3－283
標季試律鸞音四卷首一卷 …………… 1－57
標孟七卷 ……………………………… 1－57
標孟七卷 ……………………………… 1－57
標題正史通鑑定本□□卷 …………… 1－57
標題詳注史略補遺大成十卷首一卷
……………………………………… 1－57
樵亭文鈔六卷…………………………… 4－404
樗巢詩選五卷…………………………… 1－132
樗繭譜一卷……………………………… 1－132
樓下李氏湖祠冬至會祟祀不分卷…… 2－353
樓山堂集二十七卷……………………… 2－352
樓山堂集二十七卷……………………… 2－352
樓山堂遺書……………………………… 2－352
樓外樓訂正妥註第六才子書六卷首
一卷……………………………………… 2－352
樓外樓新增詩經補註題解附考備旨
善本八卷……………………………… 2－353
樓外樓新輯事文彙函□□卷………… 2－353
樓外樓新輯家禮彙函五函…………… 2－352
樓外樓新輯詩文彙函六卷尺牘彙函
七卷…………………………………… 2－353
樓郙詩集二十五卷……………………… 2－352
樓郙詩集二十五卷……………………… 2－352
樊山公牘三卷批判十四卷附一卷…… 1－353
樊山公牘四卷…………………………… 1－353
樊山公牘四卷…………………………… 1－353
樊山判牘續編四卷……………………… 1－353
樊山政書二十卷………………………… 1－354
樊山政書二十卷………………………… 1－354
樊山政書二十卷………………………… 1－354
樊山時文一卷…………………………… 1－353
樊山時文一卷…………………………… 1－353
樊山集…………………………………… 2－316
樊山集二十四卷續集二十八卷詞鈔
五卷時文一卷公牘三卷批判十四
卷……………………………………… 1－353
樊山續集二十八卷……………………… 1－353
樊山續集二十八卷……………………… 1－353
樊川詩集四卷別集一卷………………… 1－352
樊川詩集四卷別集一卷………………… 1－352
樊川詩集四卷別集一卷外集一卷補
遺一卷………………………………… 1－352
樊川詩集四卷別集一卷外集一卷補
遺一卷………………………………… 1－352
樊南文集評注八卷……………………… 1－353
樊南文集評注八卷……………………… 1－353
樊南文集補編十二卷…………………… 1－353
樊南文集補編十二卷…………………… 1－353
樊南文集詳註八卷……………………… 1－353
樊南文集詳註八卷……………………… 1－353
樊南文集詳註八卷……………………… 1－353
樊南文集詳註八卷……………………… 1－353
樊南文集箋注八卷……………………… 1－353
樊南文集箋註八卷……………………… 1－353
樊釣石吟草一卷附趣園草一卷……… 1－352
樊榭山房集十卷續集十卷文集八卷
集外詩三卷又一卷集外詞四卷又
一卷集外曲二卷……………………… 1－354
樊榭山房集十卷續集十卷文集八卷
集外詩三卷又一卷集外詞四卷又
一卷集外曲二卷……………………… 1－354
樊榭山房集十卷續集十卷文集八卷
集外詩三卷又一卷集外詞四卷又
一卷集外曲二卷……………………… 1－354
樊榭山房集十卷續集十卷文集八卷
集外詩三卷又一卷集外詞四卷又
一卷集外曲二卷……………………… 1－354
樊榭山房游仙三百首詩註三卷……… 1－354
敷文課藝不分卷………………………… 1－373
暫留軒詩鈔八卷 ……………………… 5－44
暫記草流(同治六年) ………………… 5－44
輪迴巧誌一卷…………………………… 2－364
輪船布陣十二卷首一卷圖一卷……… 2－364
輪船奏稿一卷…………………………… 2－364
輪船奏稿一卷…………………………… 2－364
輪臺雜記二卷…………………………… 2－364
輪輿私箋二卷附圖一卷……………… 2－364

輟耕吟稿詩存五卷 …………………… 1－184
輟耕錄三十卷 ……………………… 1－184
輟耕錄三十卷 ……………………… 1－184
輟耕錄三十卷 ……………………… 1－184
甌北全集 …………………………… 2－469
甌北全集 …………………………… 2－469
甌北全集 …………………………… 2－469
甌北全集 …………………………… 2－469
甌北全集 …………………………… 2－469
甌北全集 …………………………… 2－469
甌北集五十三卷 …………………… 2－468
甌北集五十三卷 …………………… 2－468
甌北集五十三卷 …………………… 2－468
甌北集五十三卷 …………………… 2－468
甌北集五十三卷 …………………… 2－468
甌北集五十三卷 …………………… 2－469
甌北集五十卷續增詩集三卷 ……… 2－468
甌北集五十卷續增詩集三卷 ……… 2－468
甌北詩鈔二十卷 …………………… 2－469
甌北詩鈔二十卷 …………………… 2－469
甌北詩鈔二十卷 …………………… 2－469
甌北詩鈔二十卷 …………………… 2－469
甌北詩鈔二十卷 …………………… 2－469
甌北詩鈔二十卷 …………………… 2－469
甌北詩鈔二十卷 …………………… 2－469
甌北詩鈔二十卷 …………………… 2－469
甌北詩鈔二十卷 …………………… 2－469
甌北詩鈔二十卷 …………………… 2－469
甌北詩鈔二十卷 …………………… 2－469
甌北詩鈔不分卷 …………………… 2－469
甌北詩話十二卷 …………………… 2－469
甌北詩話十卷 ……………………… 2－469
甌北詩話十卷 ……………………… 2－470
甌北詩話十卷續詩話二卷 ………… 2－470
甌北詩話十卷續詩話二卷 ………… 2－470
甌北詩話十卷續詩話二卷 ………… 2－470
甌北選集十二卷 …………………… 2－470
甌江竹枝詞一卷 …………………… 2－470
甌香館集十二卷首一卷末一卷 …… 2－470
甌栝先正文錄十五卷補遺一卷 …… 2－470
甌鉢羅室書畫過目考四卷首一卷附
　一卷 ……………………………… 2－470
甌鉢羅室書畫過目考四卷首一卷附
　一卷 ……………………………… 2－470
甌鉢羅室書畫過目考四卷首一卷附
　一卷 ……………………………… 2－470
歐文約選一卷 ……………………… 2－472
歐可詩鈔四十卷雜著六卷 ………… 2－470
歐可詩鈔四十卷雜著六卷 ………… 2－470
歐美政治要義十八章 ……………… 2－470
歐美政治要義十八章 ……………… 2－470
歐美政治要義十八章 ……………… 2－471
歐美政治要義十八章 ……………… 2－471
歐美政治要義十八章 ……………… 2－471
歐美政治要義十八章 ……………… 2－471
歐美政治要義十八章 ……………… 2－471
歐美政治要義十八章 ……………… 2－471
歐美政治要義十八章 ……………… 2－471
歐美政治要義十八章 ……………… 2－471
歐美政治要義十八章 ……………… 2－471
歐美政治要義十八章 ……………… 2－471
歐美政治要義十八章 ……………… 2－471
歐美政治要義十八章 ……………… 2－471
歐美政治要義十八章 ……………… 2－471
歐美政治要義十八章 ……………… 2－471
歐美政治要義十八章 ……………… 2－471
歐美政治要義十八章 ……………… 2－471
歐美政治要義十八章 ……………… 2－471
歐美政治要義十八章 ……………… 2－471
歐美政治要義十八章 ……………… 2－471
歐美政治要義十八章 ……………… 2－471
歐美政治要義十八章 ……………… 2－472
歐美政治要義十八章 ……………… 2－472
歐美政治要義十八章 ……………… 2－472
歐美政治要義十八章 ……………… 2－472
歐美政治要義十八章 ……………… 2－472
歐美政治要義十八章 ……………… 2－472
歐美政治要義十八章 ……………… 2－472
歐美政治要義十八章 ……………… 2－472
歐美政體通覽五章 ………………… 2－470
歐洲史畧十三卷 …………………… 2－476

歐洲史略十三卷…………………… 2－476
歐洲東方交涉記十二卷…………… 2－476
歐洲東方交涉記十二卷…………… 2－476
歐洲財政史一卷…………………… 2－476
歐洲財政史一卷…………………… 2－476
歐陽文公圭齋集十五卷首一卷附錄一卷…………………………… 2－472
歐陽文公圭齋集十五卷首一卷附錄一卷…………………………… 2－472
歐陽文公圭齋集十五卷首一卷附錄一卷…………………………… 2－472
歐陽文公圭齋集十五卷首一卷附錄一卷…………………………… 2－472
歐陽文公圭齋集十五卷首一卷附錄一卷…………………………… 2－472
歐陽文公圭齋集十五卷首一卷附錄一卷…………………………… 2－473
歐陽文公圭齋集十五卷首一卷附錄一卷…………………………… 2－473
歐陽文公圭齋集十六卷…………… 2－472
歐陽文公圭齋集十六卷首一卷末一卷…………………………… 2－472
歐陽文忠公五代史抄二十卷……… 2－476
歐陽文忠公五代史抄二十卷……… 2－476
歐陽文忠公文集三十卷…………… 2－476
歐陽文忠公全集一百三十五卷…… 2－473
歐陽文忠公全集一百五十三卷附錄五卷…………………………… 2－473
歐陽文忠公全集一百五十三卷附錄五卷…………………………… 2－474
歐陽文忠公全集一百五十三卷附錄五卷…………………………… 2－474
歐陽文忠公全集一百五十三卷附錄五卷…………………………… 2－474
歐陽文忠公全集一百五十三卷附錄五卷…………………………… 2－474
歐陽文忠公全集一百五十三卷附錄五卷…………………………… 2－474
歐陽文忠公全集一百五十三卷附錄五卷…………………………… 2－474
歐陽文忠公全集一百五十三卷附錄五卷…………………………… 2－474
歐陽文忠公全集一百五十三卷附錄五卷…………………………… 2－474
歐陽文忠公全集一百五十三卷附錄五卷…………………………… 2－474
歐陽文忠公全集一百五十三卷附錄五卷…………………………… 2－474
歐陽文忠公全集一百五十三卷附錄五卷…………………………… 2－474
歐陽文忠公全集一百五十三卷首一卷附錄五卷…………………… 2－474
歐陽文忠公全集一百五十三卷首一卷附錄五卷…………………… 2－474
歐陽文忠公全集一百五十三卷首一卷附錄五卷…………………… 2－475
歐陽文忠公全集一百五十三卷首一卷附錄五卷…………………… 2－475
歐陽文忠公全集一百五十三卷首一卷附錄五卷…………………… 2－475
歐陽文忠公全集一百五十三卷首一卷附錄五卷…………………… 2－475
歐陽文忠公全集一百五十三卷首一卷附錄五卷…………………… 2－475
歐陽文忠公全集一百五十三卷首一卷附錄五卷…………………… 2－475
歐陽文忠公全集一百五十三卷首一卷附錄五卷…………………… 2 475
歐陽文忠公全集一百五十三卷首一卷附錄五卷…………………… 2－475
歐陽文忠公全集一百五十三卷首一卷附錄五卷…………………… 2－475
歐陽文忠公全集一百五十三卷首一卷附錄五卷…………………… 2－475
歐陽文忠公全集一百五十三卷首一卷附錄五卷…………………… 2－475
歐陽文忠公全集一百五十三卷首一卷附錄五卷…………………… 2－475
歐陽文忠公全集一百五十三卷首一卷附錄五卷…………………… 2－475
歐陽文忠公全集一百五十三卷首一卷附錄五卷…………………… 2－475

歐陽文忠公全集一百五十三卷首一卷附錄五卷 …………………………… 2－475
歐陽文忠公全集一百五十三卷首一卷附錄五卷 …………………………… 2－475
歐陽文忠公全集一百五卷 …………… 2－473
歐陽文忠公全集一百五卷 …………… 2－473
歐陽文忠公全集一百五卷 …………… 2－473
歐陽文忠公集一百五十三卷附錄五卷 ………………………………………… 2－473
歐陽文忠公集一百五十三卷附錄五卷 ………………………………………… 2－473
歐陽文忠公集一百五十三卷附錄五卷 ………………………………………… 2－473
歐陽文忠公集一百五十三卷附錄五卷 ………………………………………… 2－473
歐陽文忠公集一百五十三卷附錄五卷 ………………………………………… 2－473
歐陽文忠公集一百五十三卷附錄五卷 ………………………………………… 2－473
歐陽文忠公集古錄目次考一卷洪文惠公隸釋隸續目次考一卷 ………… 2－473
歐陽文忠公新唐書抄二卷五代史抄二十卷 …………………………………… 2－476
歐陽文忠公新唐書抄二卷五代史抄二十卷 …………………………………… 2－476
歐陽文忠公瀧岡阡表一卷 …………… 2－473
歐陽文忠公瀧岡阡表一卷 …………… 2－473
歐陽文忠公瀧岡阡表一卷 …………… 2－473
歐陽南野先生文集三十卷 …………… 2－472
歐陽南野先生文選五卷 ……………… 2－472
［歐陽修文鈔］不分卷［蘇洵文鈔］不分卷 ………………………………… 5－332
歐陽恭簡公奏稿八卷附錄一卷 ……… 2－472
歐陽書考十二卷首一卷末一卷 ……… 2－472
歐遊雜錄二卷 ………………………… 2－476
歐羅巴通史不分卷 …………………… 2－470
歐羅巴通史不分卷 …………………… 2－470
歐羅巴通史不分卷 …………………… 2－470
醉月樓試帖註釋初編四卷 …………… 5－260
醉古園秘擬鄉會兩闈標題詳解文訣一卷 ……………………………………… 5－54
醉白堂文集四卷續集一卷 …………… 5－260
醉芸窻試帖詳註四卷 ………………… 5－261
醉香花圃邱公內傳不分卷 …………… 5－404
醉香居賦選不分卷 …………………… 5－260
醉翁琴趣外篇六卷近體樂府三卷 …… 5－260
醉經齋鄉黨備考二卷 ………………… 5－260
醉綠惜紅吟草一卷 …………………… 5－260
醉綠惜紅吟草一卷 …………………… 5－260
醉綠惜紅吟草一卷 …………………… 5－260
醉綠惜紅吟草一卷 …………………… 5－260
遼史一百十五卷 ……………………… 2－329
遼史一百十六卷 ……………………… 2－329
遼史一百十六卷 ……………………… 2－329
遼史一百十六卷 ……………………… 2－329
遼史一百十六卷 ……………………… 2－329
遼史一百十六卷 ……………………… 2－329
遼史一百十六卷附考證 ……………… 2－329
遼史一百十六卷附考證 ……………… 2－329
遼史拾遺二十四卷 …………………… 2－328
遼史拾遺二十四卷 …………………… 2－329
遼史拾遺二十四卷 …………………… 2－329
遼史拾遺二十四卷 …………………… 2－329
遼史拾遺補五卷 ……………………… 2－328
遼史紀事本末四十卷首一卷末一卷 …………………………………………… 2－328
遼史紀事本末四十卷首一卷末一卷 …………………………………………… 2－328
遼史紀事本末四十卷首一卷末一卷 …………………………………………… 2－328
遼史紀事本末四十卷首一卷末一卷 …………………………………………… 2－328
遼史紀事本末四十卷首一卷末一卷 …………………………………………… 2－328
遼史紀事本末四十卷首一卷末一卷 …………………………………………… 2－328
遼史紀事本末四十卷首一卷末一卷 …………………………………………… 2－328
遼史紀事本末四十卷首一卷末一卷 …………………………………………… 2－328
遼史紀事本末四十卷首一卷末一卷 …………………………………………… 2－328

遼史紀事本末四十卷首一卷末一卷金史紀事本末五十二卷首一卷末一卷…………………………………2－328
遼史紀事本末四十卷首一卷末一卷金史紀事本末五十二卷首一卷末一卷…………………………………2－328
遼史紀事本末四十卷首一卷末一卷金史紀事本末五十二卷首一卷末一卷…………………………………2－328
遼史紀事本末四十卷首一卷末一卷金史紀事本末五十二卷首一卷末一卷…………………………………2－328
遼史紀事本末四十卷首一卷末一卷金史紀事本末五十二卷首一卷末一卷…………………………………2－328
遼金元三史語解四十六卷……………2－328
確菴先生文鈔六卷詩鈔八卷…………1－375
震川大全集三十卷補集八卷別集十卷餘集八卷…………………………5－102
震川先生文集二十卷…………………5－103
震川先生集三十卷別集十卷附錄一卷…………………………………5－102
震川先生集三十卷別集十卷附錄一卷補編一卷…………………………5－102
震川先生集三十卷別集十卷附錄一卷補編一卷…………………………5－102
震川先生集三十卷別集丨卷附錄一卷補編一卷…………………………5－102
震川先生集三十卷別集十卷附錄一卷補編一卷…………………………5－102
震川先生集三十卷別集十卷附錄一卷補編一卷…………………………5－102
震川先生集三十卷別集十卷附錄一卷補編一卷…………………………5－102
震鐸集五卷……………………………5－103
撫本禮記鄭注考異二卷………………1－376
撫本禮記鄭注考異二卷………………2－277
撫本禮記鄭注考異二卷………………2－277
撫本禮記鄭注考異二卷………………2－277
撫本禮記鄭注考異二卷………………2－277
［光緒］撫州府志八十六卷首一卷 …5－290
［光緒］撫州府志八十六卷首一卷 …5－290
［光緒］撫州府志八十六卷首一卷 …5－290
［光緒］撫州府志八十六卷首一卷 …5－290
［光緒］撫州府志八十六卷首一卷 …5－290
［康熙］撫州府志三十五卷首一卷 …5－327
撫吳公牘五十卷………………………1－376
撫郡農產攷畧一卷……………………1－376
撫豫宣化錄四卷………………………1－376
撫豫宣化錄四卷………………………1－376
鄴中記一卷……………………………4－289
鄴芸文集五卷…………………………4－289
鄴芸文集五卷…………………………4－289
輝映集一卷 …………………………2－98
賞心錄不分卷…………………………3－123
賞雨茅屋詩集二十二卷外集一卷……3－123
賞雨茅屋詩集二十二卷外集一卷……3－123
賞雨茅屋詩集二十二卷外集一卷……3－124
賞雨茅屋詩集二十二卷外集一卷……3－124
賞雨茅屋詩集二十二卷外集一卷……3－124
賞雨茅屋詩集二十二卷外集一卷……3－124
賞雨茅屋詩集二十二卷外集一卷……3－124
賞雨茅屋詩集二十二卷外集一卷……3－124
賞雨茅屋詩集二十二卷外集一卷……3－124
賞雨茅屋詩集二十二卷外集一卷……3－124
賞雨茅屋詩集二十二卷外集一卷……3－124
賞雨茅屋詩集二十二卷外集一卷……3－124
賞雨茅屋詩集八卷外集一卷…………3－123
賞奇軒四種合編………………………3－123
賦不分卷………………………………2－424
賦苑類選八卷…………………………1－387
賦苑類選八卷…………………………1－388
賦苑類選八卷…………………………1－388
賦苑類選八卷…………………………1－388
賦則四卷………………………………1－388
賦則四卷………………………………1－388
賦則四卷………………………………1－388
賦海大觀三十二卷……………………1－385
賦海大觀三十二卷……………………1－385
賦海大觀三十二卷……………………1－386
賦海大觀三十二卷……………………1－386
賦海大觀三十二卷……………………1－386

賦海大觀三十二卷…………………… 2-429
賦梅書屋詩初集六卷………………… 1-386
賦鈔一卷……………………………… 1-385
[賦鈔]一卷 ………………………… 5-288
[賦鈔]一卷[紀太史詩鈔]一卷 …… 5-288
[賦鈔]不分卷 ……………………… 5-288
[賦鈔]不分卷 ……………………… 5-288
[賦鈔]不分卷 ……………………… 5-288
[賦鈔]不分卷 ……………………… 5-288
[賦鈔]不分卷 ……………………… 5-288
賦鈔箋畧十五卷……………………… 1-385
賦鈔箋畧十五卷……………………… 1-385
賦鈔箋畧十五卷……………………… 1-385
賦鈔箋畧十五卷……………………… 1-385
賦鈔箋畧十五卷……………………… 1-385
[賦詩鈔]不分卷 …………………… 5-288
賦彙錄要二十八卷補遺一卷外集一
卷……………………………………… 1-386
賦彙錄要二十八卷補遺一卷外集一
卷……………………………………… 1-386
賦彙題解十卷………………………… 1-386
賦說解雜不分卷……………………… 1-386
賦選不分卷…………………………… 1-386
[賦選]不分卷 ……………………… 5-288
[賦選]不分卷 ……………………… 5-288
[賦選]不分卷 ……………………… 5-288
[賦選]不分卷 ……………………… 5-288
[賦選]不分卷 ……………………… 5-288
[賦選評]不分卷 …………………… 5-288
[賦選評]不分卷 …………………… 5-288
[賦選評]不分卷 …………………… 5-288
[賦選評]不分卷 …………………… 5-288
[賦選評]不分卷 …………………… 5-288
[賦選評]不分卷 …………………… 5-288
[賦選評]不分卷 …………………… 5-288
[賦選評]□□卷 …………………… 5-288
賦學正鵠十卷………………………… 1-387
賦學正鵠十卷………………………… 1-387
賦學正鵠十卷………………………… 1-387
賦學正鵠十卷………………………… 1-387
賦學正鵠十卷………………………… 1-387
賦學正鵠十卷………………………… 1-387
賦學正鵠十卷………………………… 1-387
賦學正鵠集釋十一卷………………… 1-386
賦學正鵠集釋十一卷………………… 1-386
賦學正鵠集釋十一卷………………… 1-386
賦學正鵠集釋十一卷………………… 1-386
賦學正鵠集釋十一卷………………… 1-386
賦學正鵠集釋十一卷………………… 1-387
賦學正鵠集釋十一卷………………… 1-387
賦學正鵠集釋十一卷………………… 1-387
賦學正鵠集釋十一卷………………… 1-387
賦學仙丹一卷………………………… 1-386
賦學仙丹一卷………………………… 1-386
賦學仙丹一卷………………………… 1-386
賦學仙丹一卷………………………… 1-386
賦學仙丹一卷………………………… 1-386
賦學仙丹一卷………………………… 1-386
賦學指南十六卷……………………… 1-387
賦學指南十六卷……………………… 1-387
賦學指南十六卷……………………… 1-387
賦學指南十六卷……………………… 1-387
賦學指南十卷………………………… 1-387
賦學指南十卷………………………… 1-387
賦學指南十卷………………………… 1-387
賦學指南十卷………………………… 1-387
賦學指南十卷………………………… 1-387
賦學指南十卷………………………… 1-387
賦學指南十卷二集六卷……………… 1-387
賦學指南十卷二集六卷……………… 1-387
賦韻海不分卷………………………… 1-388
賦體雲蒸後集不分卷………………… 1-386
賭棋山莊筆記………………………… 1-320
賭棋山莊集文七卷…………………… 1-320
賭棋山莊集文七卷…………………… 1-320
[賬冊]不分卷 ……………………… 5-387
[賬冊]不分卷(清咸豐四年至光緒
十一年) …………………………… 5-387
[賬冊]不分卷(清宣統三年) ……… 5-387
[賬冊]不分卷(清嘉慶十三年至道
光八年) …………………………… 5-387
[賬簿]不分卷 ……………………… 5-387

[賬簿]不分卷 …………………………… 5－387
[賬簿]不分卷 …………………………… 5－387
[賬簿]不分卷 …………………………… 5－387
[賬簿]不分卷 …………………………… 5－387
[賬簿]不分卷(清光緒二十一年至三十年) ………………………… 5－387
[賬簿]不分卷(清光緒二年至四年) ………………………………… 5－387
[賬簿]不分卷(清光緒三十三年至宣統三年) ………………………… 5－387
[賬簿]不分卷(清光緒五年至三十三年) ………………………… 5－387
[賬簿]不分卷(清同治十年至十二年) ………………………… 5－387
[賬簿]不分卷(清同治七年至八年) ………………………………… 5－387
[賬簿]不分卷(清同治九年) ……… 5－387
[賬簿]不分卷(清宣統三年) ……… 5－387
[賬簿]不分卷(清清道光十三年至咸豐三年) ………………………… 5－387
[賬簿]不分卷(清嘉慶二十年至道光元年) ………………………… 5－387
賜書堂稿二卷 ………………………… 1－190
賜硯堂叢書新編 ……………………… 1－190
賜硯堂叢書新編 ……………………… 1－190
賜硯齋集十二卷 ……………………… 1－190
賜硯齋詩存四卷 ……………………… 1－190
賜硯齋詩鈔四卷 ……………………… 1－190
賜䴸閣外集另編二卷 ………………… 1－190
賜綺堂集二十四卷外集二卷 ………… 1－190
賜餘堂集十四卷 ……………………… 1－190
瞑庵學詩一卷 ………………………… 2－433
瞑庵雜識四卷二識二卷 ……………… 2－433
閱史約書 ……………………………… 5－26
閱史約書 ……………………………… 5－26
閱問字堂集贈言一卷 ………………… 4－57
閱問字堂集贈言一卷 ………………… 4－57
閱微草堂筆記二十四卷 ……………… 5－26
閱微草堂筆記二十四卷 ……………… 5－26
閱微草堂筆記二十四卷 ……………… 5－26
閱微草堂筆記二十四卷 ……………… 5－26
閱微草堂筆記二十四卷 ……………… 5－26
閱微草堂筆記二十四卷 ……………… 5－27
閱微草堂筆記二十四卷 ……………… 5－27
閱微草堂筆記二十四卷 ……………… 5－27
閱微草堂筆記二十四卷 ……………… 5－27
閱微草堂筆記二十四卷 ……………… 5－27
閱微草堂筆記二十四卷 ……………… 5－27
閱微草堂筆記二十四卷 ……………… 5－27
閱微草堂筆記二十四卷 ……………… 5－27
閱微草堂筆記二十四卷 ……………… 5－27
閱藏知津四十四卷總目四卷 ………… 5－26
影唐寫本漢書食貨志一卷 …………… 4－385
遺山先生文集四十卷 ………………… 4－308
遺山先生詩集二十卷 ………………… 4－308
遺山先生詩集二十卷 ………………… 4－308
遺山詩鈔三卷 ………………………… 4－308
遺安戶當業田一卷 …………………… 4－308
蝴蝶媒四卷十六回 …………………… 2－57
數目對語二卷 ………………………… 3－289
數目對語二卷 ………………………… 3－289
數度衍二十三卷首三卷 ……………… 3－289
數學理九卷附一卷 …………………… 5－393
數學理九卷附卷一卷 ………………… 3－290
數學教科書二卷 ……………………… 3－289
數學教科書二卷 ……………………… 3－289
數學啓蒙二卷 ………………………… 3－290
數學啓蒙二卷 ………………………… 3－290
數學啓蒙二卷 ………………………… 3－290
數學啓蒙二卷 ………………………… 3－290
數學尋原十卷 ………………………… 3－290
數學精詳十一卷首一卷末一卷 ……… 3－289
數學精詳十一卷首一卷末一卷 ……… 3－289
數學精詳十一卷首一卷末一卷 ……… 3－289
數學精詳十一卷首一卷末一卷 ……… 3－289
數學精詳十一卷首一卷末一卷 ……… 3－289
數學精詳十一卷首一卷末一卷 ……… 3－289
數學精詳十一卷首一卷末一卷 ……… 3－289
數學穎八卷 …………………………… 3－290
嶠雅二卷 ……………………………… 3－37
墨子十六卷篇目考一卷 ……………… 2－437
墨子十六卷篇目考一卷 ……………… 2－437

墨子十六卷篇目考一卷……………… 2－437
墨子十六卷篇目考一卷……………… 2－437
墨子十六卷篇目考一卷……………… 2－437
墨子十六卷篇目考一卷……………… 2－437
墨子十六卷篇目考一卷……………… 2－437
墨子十六卷篇目考一卷……………… 2－437
墨子十六卷篇目考一卷……………… 2－437
墨子十六卷篇目考一卷……………… 2－437
墨子七十一篇三卷…………………… 2－436
墨子七十一篇三卷…………………… 2－436
墨子七十一篇三卷…………………… 2－436
墨子七十一篇三卷…………………… 2－436
墨子七十一篇三卷…………………… 2－436
墨子七十一篇三卷…………………… 2－436
墨子七十一篇三卷…………………… 2－436
墨子七十一篇三卷…………………… 2－436
墨子七十一篇三卷…………………… 2－436
墨子七十一篇三卷…………………… 2－437
墨子七十一篇三卷…………………… 2－437
墨子七十一篇三卷…………………… 2－437
墨子六卷……………………………… 2－436
墨子閒詁十五卷目錄一卷附錄一卷
後語二卷……………………………… 2－437
墨子閒詁十五卷目錄一卷附錄一卷
後語二卷……………………………… 2－437
墨子閒詁十五卷目錄一卷附錄一卷
後語二卷……………………………… 2－437
墨子經說解二卷……………………… 2－436
墨子經說解二卷……………………… 2－436
墨池編二十卷………………………… 2－434
墨池編二十卷………………………… 2－434
墨池編二十卷………………………… 2－434
墨池編二十卷………………………… 2－434
墨池編二十卷………………………… 2－434
墨花吟館感舊懷人集不分卷………… 2－434
墨妙亭碑目攷二卷附攷一卷………… 2－435
墨林今話十八卷……………………… 2－435
墨林今話十八卷……………………… 2－435
墨林今話續編一卷…………………… 2－435
墨林今話續編一卷…………………… 2－435
墨竺軒詩草不分卷…………………… 2－436
墨卷脫穎三續不分卷………………… 2－434
墨卷脫穎不分卷二續不分卷三續不
分卷…………………………………… 2－434
墨法集要一卷………………………… 2－434
墨法集要一卷………………………… 2－434
墨香書屋時文摘艷四卷……………… 2－435
墨香閣文集十三卷首一卷末一卷…… 2－435
墨亭新賦一卷………………………… 2－435
墨亭新賦一卷花隖聯吟四卷………… 2－435
墨莊樂府鈔四卷……………………… 2－436
墨莊樂府鈔四卷……………………… 2－436
墨記草不分卷………………………… 2－434
墨記草賦學二卷……………………… 2－434
墨商不分卷…………………………… 2－435
墨貽堂試體詩四卷…………………… 2－436
墨貽堂試體詩四卷…………………… 2－436
墨貽堂試體詩四卷…………………… 2－436
墨貽堂試體詩四卷…………………… 2－436
墨貽堂試體詩四卷…………………… 2－436
墨貽堂試體詩四卷…………………… 2－436
墨醇二編一卷………………………… 2－434
墨稼軒遺稿二卷……………………… 2－434
墨選十則十卷………………………… 2－436
墨選十則十卷………………………… 2－436
[墨選]不分卷 ……………………… 5－332
墨選從新四卷………………………… 2－435
墨選清腴□卷………………………… 2－435
墨選集成□卷………………………… 2－435
墨選奪元□卷………………………… 2－435
墨選觀止不分卷附舉業要言三卷…… 2－435
墨緣彙觀二種四卷…………………… 2－436
墨譜三卷……………………………… 2－435
墨蘭譜不分卷………………………… 2－434
墨蘭譜不分卷………………………… 2－434
墨瀾亭文集二卷……………………… 2－434
墨瀾亭文集二卷……………………… 2－434
墨瀾亭文集二卷……………………… 2－434
墨瀾亭文集二卷……………………… 2－434
墨瀾亭文集二卷……………………… 2－434
墨瀾亭文集二卷……………………… 2－435
墨瀾亭文集二卷……………………… 2－435

墨瀾亭文集二卷…………………………2－435
墨瀾亭文集二卷…………………………2－435
墨瀾亭文集二卷…………………………2－435
墨瀾亭文集二卷…………………………2－435
墨瀾亭文集二卷…………………………2－435
墨瀾亭文集二卷…………………………2－435
墨瀾亭文集二卷…………………………2－435
墨瀾亭詩草不分卷………………………2－434
稽古日鈔八卷……………………………2－109
稽古日鈔八卷……………………………2－109
稽古篇五十五卷…………………………2－109
稽年錄十二卷……………………………2－109
稽瑞一卷…………………………………2－109
稻香吟館詩畧一卷………………………1－241
黎川文載二十四卷………………………2－264
黎氏世美內集不分卷……………………2－264
黎氏家集…………………………………2－264
黎氏學易五卷首一卷……………………2－264
黎芳洲先生詩集三卷……………………2－264
[嘉慶]黎里志十六卷首一卷　………5－301
稼門文鈔七卷詩鈔十卷…………………2－138
稼軒先生年譜一卷………………………2－138
稼軒先生年譜一卷………………………2－138
稼軒先生年譜一卷………………………2－138
稼軒先生年譜一卷………………………2－138
稼軒集鈔存四卷首一卷末一卷稼軒
　詞四卷補遺一卷………………………2－138
稼軒集鈔存四卷首一卷末一卷稼軒
　詞四卷補遺一卷………………………2－138
稼軒集鈔存四卷首一卷末一卷稼軒
　詞四卷補遺一卷………………………2－138
稼軒集鈔存四卷首一卷末一卷稼軒
　詞四卷補遺一卷………………………2－138
篋中詞六卷續一卷　……………………3－39
篋衍集十二卷　…………………………3－39
篋衍集十二卷　…………………………3－39
範心集不分卷二集不分卷………………1－356
範身集畧八卷……………………………1－356
範金詩話二卷……………………………1－356
範金詩話二卷……………………………1－356
範金詩話二卷……………………………1－356
範金詩話二卷……………………………1－356
範金詩話二卷……………………………1－356
範金詩話二卷……………………………1－356
範家集畧六卷……………………………1－356
箴銘不分卷………………………………5－100
箴銘不分卷………………………………5－100
箴銘不分卷………………………………5－100
箴銘不分卷………………………………5－100
箴銘約編一卷附修齊纂要一卷…………5－100
篆文四書不分卷…………………………5－216
篆文尚書一卷……………………………5－216
篆文尚書集註音疏十二卷………………5－216
篆字匯十二卷……………………………5－216
篆字匯十二卷……………………………5－216
篆刻鍼度八卷……………………………5－216
篆法偏旁正譌歌三卷……………………5－215
篆法偏旁點畫辨一卷……………………5－215
篆訣四聲□□卷…………………………5－216
篆訣四聲□□卷…………………………5－216
篆訣辨釋一卷……………………………5－216
篆學瑣著…………………………………5－216
篆學瑣著…………………………………5－216
牕課不分卷………………………………1－142
儉德堂讀書隨筆二卷……………………2－147
儉德堂讀書隨筆二卷……………………2－147
儉德堂讀書隨筆二卷……………………2－147
儉德堂讀書隨筆二卷……………………2－147
儀卿進奉文鈔不分卷……………………4－315
儀衛軒詩集五卷遺詩二卷………………4－315
[嘉慶]儀徵縣續志十卷　……………5－302
儀禮十七卷………………………………4－310
儀禮十七卷………………………………4－310
儀禮十七卷………………………………4－310
儀禮十七卷………………………………4－310
儀禮十七卷………………………………4－310
儀禮十七卷………………………………4－310
儀禮十七卷………………………………4－311
儀禮十七卷………………………………4－311
儀禮十七卷………………………………4－311
儀禮十七卷………………………………4－311
儀禮十七卷………………………………4－311

儀禮十七卷…………………………… 4－311
儀禮十七卷…………………………… 4－311
儀禮十七卷首一卷…………………… 4－311
儀禮正義四十卷……………………… 4－313
儀禮正義四十卷……………………… 4－313
儀禮正義四十卷……………………… 4－313
儀禮正義四十卷……………………… 4－313
儀禮正義四十卷……………………… 4－313
儀禮正義四十卷……………………… 4－313
儀禮古今文異同五卷………………… 4－309
儀禮古今文疏義十七卷……………… 4－308
儀禮古今文疏義十七卷……………… 4－308
儀禮古今文疏義十七卷……………… 4－308
儀禮古今文疏義十七卷……………… 4－308
儀禮古今文疏義十七卷……………… 4－309
儀禮私箋八卷………………………… 4－311
儀禮私箋八卷………………………… 4－311
儀禮私箋八卷………………………… 4－311
儀禮析疑十七卷……………………… 4－312
儀禮述註十九卷……………………… 4－311
儀禮易讀十七卷……………………… 4－312
儀禮易讀十七卷……………………… 4－312
儀禮易讀十七卷……………………… 4－312
儀禮易讀十七卷……………………… 4－312
儀禮易讀十七卷……………………… 4－312
儀禮注疏五十卷……………………… 4－314
儀禮注疏五十卷……………………… 4－314
儀禮注疏五十卷……………………… 4－314
儀禮注疏五十卷……………………… 4－314
儀禮注疏五十卷……………………… 4－314
儀禮注疏五十卷……………………… 4－314
儀禮注疏五十卷……………………… 4－315
儀禮注疏五十卷……………………… 4－315
儀禮注疏五十卷……………………… 4－315
儀禮注疏五十卷……………………… 4－315
儀禮注疏五十卷……………………… 4－315
儀禮注疏詳校十七卷………………… 4－315
儀禮要義五十卷……………………… 4－312
儀禮要義五十卷……………………… 4－312
儀禮音訓不分卷……………………… 4－312
儀禮音訓不分卷……………………… 4－312
儀禮約編三卷………………………… 4－312
儀禮約編不分卷……………………… 4－312
儀禮問津一卷………………………… 4－312
儀禮逸經傳二卷……………………… 4－312
儀禮章句十七卷……………………… 4－312
儀禮章句十七卷……………………… 4－312
儀禮章句十七卷……………………… 4－312
儀禮章句十七卷……………………… 4－312
儀禮章句十七卷……………………… 4－312
儀禮章句十七卷……………………… 4－313
儀禮章句十七卷……………………… 4－313
儀禮章句十七卷……………………… 4－313
儀禮章句十七卷……………………… 4－313
儀禮章句十七卷……………………… 4－313
儀禮章句十七卷……………………… 4－313
儀禮章句十七卷……………………… 4－313
儀禮章句十七卷……………………… 4－313
儀禮章句十七卷……………………… 4－313
儀禮章句十七卷……………………… 4－313
儀禮商二卷附錄一卷………………… 4－310
儀禮註疏十七卷……………………… 4－315
儀禮註疏十七卷……………………… 4－315
儀禮註疏十七卷……………………… 4－315
儀禮疏五十卷………………………… 4－311
儀禮疏五十卷………………………… 4－311
儀禮疏五十卷………………………… 4－311
儀禮節略二十卷……………………… 4－309
儀禮節略二十卷……………………… 4－309
儀禮節略二十卷……………………… 4－309
儀禮節略二十卷……………………… 4－309
儀禮節略二十卷……………………… 4－309
儀禮節略二十卷……………………… 4－309
儀禮節略二十卷……………………… 4－309
儀禮節略二十卷……………………… 4－309
儀禮節略二十卷……………………… 4－309
儀禮節略二十卷……………………… 4－309
儀禮節略二十卷……………………… 4－309
儀禮節略二十卷……………………… 4－309
[儀禮節錄]不分卷 ………………… 5－381
儀禮經注一隅二卷…………………… 4－310
儀禮經注疏正訛十七卷……………… 4－310

儀禮經傳注疏參義內編二十三卷外編五卷 …… 4-310
儀禮經傳注疏參義內編二十三卷外編五卷 …… 4-310
儀禮經傳注疏參義內編二十三卷外編五卷 …… 4-310
儀禮經傳注疏參義內編二十三卷外編五卷 …… 4-310
儀禮經傳注疏參義內編二十三卷外編五卷 …… 4-310
儀禮經傳通解三十七卷 …… 4-309
儀禮經傳通解三十七卷 …… 4-309
儀禮經傳通解三十七卷 …… 4-309
儀禮經傳通解三十七卷 …… 4-309
儀禮經傳通解三十七卷 …… 4-309
儀禮經傳通解三十七卷 …… 4-309
儀禮經傳通解三十七卷 …… 4-310
儀禮經傳通解續二十九卷 …… 4-310
儀禮經傳通解續二十九卷 …… 4-310
儀禮經傳通解續二十九卷 …… 4-310
儀禮圖六卷 …… 4-311
儀禮圖六卷 …… 4-311
儀禮圖六卷 …… 4-312
儀禮圖六卷 …… 4-312
儀禮圖六卷 …… 4-312
儀禮圖六卷 …… 4-312
儀禮圖六卷 …… 4-312
儀禮精義不分卷補編一卷 …… 4-310
儀禮鄭注句讀十七卷監本正誤一卷石本誤字一卷 …… 4-313
儀禮鄭注句讀十七卷監本正誤一卷石本誤字一卷 …… 4-313
儀禮鄭注句讀十七卷監本正誤一卷石本誤字一卷 …… 4-313
儀禮鄭注句讀十七卷監本正誤一卷石本誤字一卷 …… 4-313
儀禮鄭注句讀十七卷監本正誤一卷石本誤字一卷 …… 4-313
儀禮鄭注句讀十七卷監本正誤一卷石本誤字一卷 …… 4-314
儀禮鄭注句讀十七卷監本正誤一卷石本誤字一卷 …… 4-314
儀禮鄭注句讀十七卷監本正誤一卷石本誤字一卷 …… 4-314
儀禮鄭注句讀十七卷監本正誤一卷石本誤字一卷 …… 4-314
儀禮鄭注句讀十七卷監本正誤一卷石本誤字一卷 …… 4-314
儀禮鄭注句讀十七卷監本正誤一卷石本誤字一卷 …… 4-314
儀禮鄭注句讀十七卷監本正誤一卷石本誤字一卷 …… 4-314
儀禮鄭注句讀十七卷監本正誤一卷石本誤字一卷 …… 4-314
儀禮鄭註句讀十七卷監本正誤一卷石本誤字一卷 …… 4-314
儀禮識誤三卷 …… 2-464
儀禮釋注二卷 …… 4-311
儀禮釋官九卷首一卷 …… 4-311
儀禮釋官九卷首一卷 …… 4-311
儀禮釋宮一卷 …… 4-311
儀禮釋宮一卷 …… 5-176
儀禮讀本四卷 …… 4-308
儀顧堂集十六卷 …… 4-308
質孚詩稿二卷 …… 5-116
質園詩集三十二卷 …… 5-116
質園詩集三十二卷 …… 5-116
質疑刪存三卷 …… 5-116
質學叢書 …… 5-116
質學叢書 …… 5-116
德山沿江行簰河路並神伏則例不分卷 …… 1-243
[同治]德化縣志五十四卷首一卷 …… 5-354
[同治]德化縣志五十四卷首一卷 …… 5-355
[同治]德化縣志五十四卷首一卷 …… 5-355
德史譯文彙稾七十卷 …… 1-243
德史譯文彙稾七十卷 …… 1-243
德史譯文彙稾七十卷 …… 1-243
德史譯文彙稾七十卷 …… 1-243
德史譯文彙稾七十卷 …… 1-243

德史譯文彙稾七十卷…………………… 1－243
德史譯文彙稾七十卷…………………… 1－243
德史譯文彙稾七十卷…………………… 1－243
德史譯文彙稾七十卷…………………… 1－243
德史譯文彙稾七十卷…………………… 1－243
德史譯文彙稾七十卷…………………… 1－243
德外地基清冊一卷……………………… 1－243
德州田氏叢書…………………………… 1－244
［光緒］德安府志二十卷首一卷補遺
一卷………………………………… 5－290
［光緒］德安府志二十卷首一卷補遺
一卷………………………………… 5－290
［光緒］德安府志二十卷首一卷補遺
一卷………………………………… 5－290
德安府輿圖不分卷……………………… 1－243
［同治］德安縣志十五卷 …………… 5－354
［同治］德安縣志十五卷 …………… 5－354
［同治］德安縣志十五卷 …………… 5－354
德壯果公［楞泰］年譜三十二卷 …… 1－244
德音堂琴譜十卷………………………… 1－244
德記詩草不分卷………………………… 1－243
德國刑律二十九卷……………………… 1－243
德國合盟紀事本末一卷………………… 1－243
德國陸軍紀略四卷……………………… 1－243
德國學校論略二卷附錄一卷…………… 1－243
德國議院章程一卷……………………… 1－243
德國議院章程一卷德國合盟紀事本
末一卷……………………………… 1－400
德國議院章程一卷德國合盟紀事本
末一卷……………………………… 1－400
德國議院章程一卷德國合盟紀事本
末一卷……………………………… 1－400
德國議院章程一卷德國合盟紀事本
末一卷……………………………… 1－400
德國續修條約一卷……………………… 1－243
［道光］德興縣志十二卷首一卷末一
卷…………………………………… 5－278
［道光］德興縣志十二卷首一卷末一
卷…………………………………… 5－278
［同治］德興縣志十卷首一卷末一卷
……………………………………… 5－355
［同治］德興縣志十卷首一卷末一卷
……………………………………… 5－355
［同治］德興縣志十卷首一卷末一卷
……………………………………… 5－355
衛公兵法輯本三卷 …………………… 4－21
衛公兵法輯本三卷 …………………… 4－21
衛生利用方二卷 ……………………… 4－22
衛生要術一卷 ………………………… 4－22
衛生學問答不分卷 …………………… 4－22
衛道編二卷 …………………………… 4－21
［乾隆］衛輝府志五十三卷首一卷末
一卷………………………………… 5－337
［嘉慶］衛藏通志十六卷首一卷 …… 5－302
［嘉慶］衛藏通志十六卷首一卷 …… 5－302
衛藏圖識五卷 ………………………… 4－21
衛藏圖識五卷 ………………………… 4－21
衛藏圖識五卷 ………………………… 4－21
衛濟餘編十八卷 ……………………… 4－21
衛濟餘編十八卷 ……………………… 4－21
衛濟餘編十八卷 ……………………… 4－21
衛濟餘編十八卷 ……………………… 4－21
衛濟餘編十八卷 ……………………… 4－21
衛濟餘編十八卷 ……………………… 4－21
衛濟餘編十八卷 ……………………… 4－22
衛濟餘編十八卷 ……………………… 4－22
衛濟餘編十八卷 ……………………… 4－22
衛濟餘編十八卷 ……………………… 4－22
衛濟餘編十八卷 ……………………… 4－22
衛濟餘編五卷 ………………………… 4－22
徵君孫先生［奇逢］年譜二卷 ……… 5－111
徵訪明季遺書目一卷…………………… 5－111
磐那室詩存一卷………………………… 2－477
盤山志十六卷首五卷…………………… 2－477
盤洲文集八十卷行狀一卷碑銘一卷
拾遺一卷…………………………… 2－478
盤洲文集八十卷行狀一卷碑銘一卷
拾遺一卷…………………………… 2－478
盤洲文集八十卷行狀一卷碑銘一卷
拾遺一卷…………………………… 2－478
銷燬抽燬書目一卷……………………… 4－130
鋤月山房詩草六卷……………………… 1－133

鋤月山房詩草六卷…………………… 1－133
鋤月山房詩鈔十卷…………………… 1－133
劍山詩鈔一卷………………………… 2－150
劍江倡和詩一卷……………………… 2－150
劍南詩鈔不分卷……………………… 2－150
劍南詩鈔不分卷……………………… 2－150
劍俠傳四卷…………………………… 2－150
劍俠傳四卷…………………………… 2－150
劍閑齋師門答問一卷………………… 2－150
劒南詩鈔六卷………………………… 2－150
貓苑二卷……………………………… 2－390
［道光］餘干縣志二十三卷首一卷　… 5－285
［道光］餘干縣志二十三卷首一卷　… 5－285
［同治］餘干縣志二十卷首一卷末一
　卷………………………………… 5－370
［同治］餘干縣志二十卷首一卷末一
　卷………………………………… 5－370
［同治］餘干縣志二十卷首一卷末一
　卷………………………………… 5－370
餘冬錄六十一卷……………………… 4－415
餘杭南湖圖考一卷…………………… 4－415
餘師錄四卷…………………………… 4－415
餘師錄前集十四卷後集十卷續集八
　卷………………………………… 4－408
餘綺山房制藝一卷…………………… 4－415
餘綺山房制藝一卷…………………… 4－415
餘綺山房制藝一卷…………………… 4－415
餘綺山房制藝一卷…………………… 4－415
餘綺山房制藝一卷…………………… 4－415
餘綺山房制藝一卷…………………… 4－415
餘綺山房制藝一卷…………………… 4－415
［餘廬詩文鈔］不分卷　……………… 5－384
滕王閣雅集錄一卷附錄一卷………… 3－454
滕王閣續集十九卷…………………… 3－454
魯山木先生文集十二卷首一卷外集
　二卷……………………………… 2－358
魯原先生詩文存集九卷……………… 2－358
魯給諫奏疏一卷……………………… 2－357
魯嶠詩鈔二卷………………………… 2－357
劉子二卷……………………………… 2－341
劉子二卷……………………………… 2－341
劉子文心雕龍二卷…………………… 2－341
劉子全書四十卷首一卷……………… 2－341
劉子全書遺編二十四卷……………… 2－341
劉子全書遺編二十四卷……………… 2－341
劉中丞奏議二十卷…………………… 2－340
劉中丞奏議二十卷…………………… 2－340
劉中丞奏議二十卷…………………… 2－340
劉中丞奏議二十卷…………………… 2－340
劉公葬法不分卷　…………………… 5－11
劉氏鴻書一百八卷…………………… 2－340
劉文光文稿一卷……………………… 2－340
劉文安公全集………………………… 2－340
劉文安公全集………………………… 2－340
劉左史文集四卷……………………… 2－341
劉左史文集四卷……………………… 2－341
劉仲修先生集八卷…………………… 2－341
劉向說苑旁註評林二十卷…………… 2－340
［劉旭興行日記流水］（清光緒十四
　年）……………………………… 5－331
劉伯溫燒餅歌………………………… 3－488
劉武慎公年譜三卷…………………… 2－340
劉武慎公年譜三卷…………………… 2－340
劉武慎公全集二十九卷首一卷……… 2－340
劉武慎公遺書二十五卷……………… 2－340
劉武慎公遺書二十五卷……………… 2－340
劉河間傷寒六書……………………… 2－339
劉孟塗集四十四卷…………………… 2－339
劉孟塗集四十四卷…………………… 2－339
劉孟塗集四十四卷遺集二卷………… 2－339
劉春生遺集六卷別集二卷…………… 2－339
劉後村詩集十六卷詩話二卷詩餘二
　卷文集三十卷…………………… 2－339
劉後村詩集十六卷詩話二卷詩餘二
　卷文集三十卷…………………… 2－339
劉炫規杜持平六卷…………………… 2－340
劉屏山先生全集二十卷首一卷……… 2－340
劉喜聞先生文集□□卷……………… 2－340
劉喜聞先生文集□□卷……………… 2－340
劉須溪先生記抄八卷集略四卷……… 2－340
劉裕秀堂冊不分卷…………………… 2－340
劉給諫文集五卷……………………… 2－341

劉聘君全集十二卷…………………… 2－339
劉聘君全集十二卷…………………… 2－339
劉聘君全集十二卷…………………… 2－339
劉聘君全集十二卷…………………… 2－340
劉槎翁先生文集十八卷……………… 2－339
劉槎翁先生詩選十二卷……………… 2－338
劉槎翁先生詩選十二卷……………… 2－338
劉槎翁先生詩選十二卷……………… 2－338
劉槎翁先生詩選十二卷……………… 2－339
劉槎翁先生詩選十二卷……………… 2－339
劉槎翁先生詩選十二卷補遺四卷…… 2－339
劉端臨先生遺書……………………… 2－339
劉端臨先生遺書……………………… 2－339
劉賓客文集三十卷補遺一卷………… 2－338
劉賓客詩集九卷……………………… 2－338
劉綬堂自課二卷……………………… 2－340
劉蕺山文粹二卷……………………… 2－339
劉謝疊和集二卷……………………… 2－340
劉禮部集十一卷……………………… 2－339
劉簾舫先生吏治三書六卷…………… 2－339
劉簾舫先生吏治三書六卷…………… 2－339
劉簾舫先生吏治三書六卷…………… 2－339
潁濱先生集一卷……………………… 4－385
潁濱先生詩集傳十九卷……………… 4－385
[請神文] …………………………… 5－341
請業録二卷 ………………………… 3－49
[請壽字流水簿]不分卷 …………… 5－341
請纓日記十卷 ……………………… 3－49
諸子平議三十五卷…………………… 5－210
諸子平議三十五卷…………………… 5－210
諸子奇賞前集五十一卷後集六十卷
………………………………………… 5－210
諸子奇賞前集五十一卷後集六十卷
………………………………………… 5－210
諸子奇賞前集五十一卷後集六十卷
………………………………………… 5－210
諸子彙函……………………………… 5－209
諸子彙函……………………………… 5－209
諸子彙函……………………………… 5－209
諸子彙函二十六卷…………………… 5－209
諸子彙函二十六卷…………………… 5－209
諸子彙函二十六卷…………………… 5－209
諸子彙函二十六卷…………………… 5－209
諸子彙函二十六卷…………………… 5－209
諸子彙函二十六卷…………………… 5－209
諸子彙函二十六卷…………………… 5－209
諸子彙函二十六卷…………………… 5－209
諸子彙函二十六卷…………………… 5－210
諸子綱目類編八卷…………………… 5－209
諸史考異十八卷……………………… 5－209
諸史拾遺五卷………………………… 5－209
諸史品節四十卷……………………… 5－209
諸史品節四十卷……………………… 5－209
諸史紀數十四卷……………………… 5－209
[諸穴歌]不分卷 …………………… 5－389
諸名家百壽詩一卷百花詩一卷 ……… 5－58
諸名家百壽詩一卷百花詩一卷 ……… 5－58
諸名家百壽詩一卷百花詩一卷 ……… 5－58
諸名家百壽詩一卷百花詩一卷 ……… 5－58
諸名家百壽詩一卷百花詩一卷 ……… 5－58
諸名家百壽詩一卷百花詩一卷 ……… 5－58
諸名家百壽詩一卷百花詩一卷 ……… 5－58
諸名家百壽詩一卷百花詩一卷 ……… 5－58
諸名家百壽詩一卷百花詩一卷 ……… 5－59
諸名家百壽詩一卷百花詩一卷 ……… 5－59
諸名家百壽詩一卷百花詩一卷 ……… 5－59
諸名家百壽詩一卷百花詩一卷 ……… 5－59
諸名家百壽詩一卷百花詩一卷 ……… 5－59
諸佛要集經二卷……………………… 5－208
[諸病總括]不分卷 ………………… 5－389
諸家評語一卷………………………… 2－239
諸家評論一卷 ……………………… 1－15
諸家詩評一卷………………………… 2－338
諸家詩話一卷………………………… 1－322
諸國興廢說一卷……………………… 1－164
諸國興廢說一卷……………………… 1－164
諸葛先生武侯靈感卦不分卷………… 5－208
諸葛丞相集四卷……………………… 5－208
諸葛丞相集四卷……………………… 5－208
諸葛丞相集四卷……………………… 5－208
諸葛武侯五星神課不分卷…………… 5－208
諸葛武侯集四卷首一卷……………… 5－208

諸葛忠武侯文集六卷首一卷………… 5－208
諸葛忠武侯文集六卷首一卷………… 5－209
諸葛忠武侯全集二十卷首三卷……… 5－208
諸葛忠武侯兵法六卷首一卷………… 5－208
諸經日誦集要二卷…………………… 5－209
諸經紀數十八卷……………………… 5－209
諸儒學案十卷………………………… 5－209
諸儒議論一卷………………………… 2－343
諏吉便覽不分卷……………………… 5－256
諏吉便覽不分卷……………………… 5－256
諏吉便覽不分卷……………………… 5－256
諏吉便覽不分卷……………………… 5－256
諏吉便覽不分卷……………………… 5－256
諏吉便覽不分卷……………………… 5－256
諏吉便覽不分卷……………………… 5－256
諏吉便覽不分卷……………………… 5－257
諏吉便覽不分卷……………………… 5－257
諏吉便覽不分卷……………………… 5－257
諏吉便覽不分卷附滚盤珠一卷……… 5－257
諏吉便覽不分卷附滚盤珠一卷……… 5－257
諏吉摘要不分卷……………………… 5－257
課子隨筆節鈔六卷續編一卷………… 2－245
課子隨筆節鈔六卷續編一卷………… 2－246
課子遺編一卷………………………… 2－246
課藝不分卷…………………………… 2－245
[課藝]不分卷 ……………………… 5－329
[課藝]八十課 ……………………… 5－329
[課藝評]不分卷 …………………… 5－329
[課藝選]不分卷 …………………… 5－329
[課藝選]不分卷 …………………… 5－329
[課藝選]不分卷 …………………… 5－329
[課藝選]不分卷 …………………… 5－329
[課藝選]不分卷 …………………… 5－329
[課藝選]不分卷 …………………… 5－329
[課藝選]不分卷 …………………… 5－329
[課藝選]不分卷 …………………… 5－329
[課藝選]不分卷 …………………… 5－329
[課藝選]不分卷 …………………… 5－329
[課藝選]不分卷 …………………… 5－329
[課藝選]不分卷 …………………… 5－329
[課藝選]不分卷 …………………… 5－329
[課藝選]不分卷 …………………… 5－329
[課藝選]不分卷 …………………… 5－329
[課藝選]不分卷 …………………… 5－329
[課藝選]不分卷 …………………… 5－329
[課藝選]不分卷 …………………… 5－329
[論文雜鈔]一卷 …………………… 5－331
論海四種……………………………… 2－364
論語十卷……………………………… 2－370
論語十卷……………………………… 2－370
論語十卷……………………………… 2－370
論語正義二十四卷…………………… 2－370
論語正義二十四卷…………………… 2－370
論語正義二十四卷…………………… 2－370
論語正義二十四卷…………………… 2－370
論語正義二十四卷…………………… 2－370
論語或問二十卷……………………… 2－367
論語或問二十卷……………………… 2－368
論語或問二十卷……………………… 2－368
論語注參二卷………………………… 2－370
[論語孟子釋義]不分卷 …………… 5－331
論語後案二十卷……………………… 2－365
論語通十卷…………………………… 2－370
論語筆記不分卷……………………… 2－364
論語集注十卷………………………… 2－368
論語集注十卷………………………… 2－368
論語集注十卷………………………… 2－368
論語集注十卷………………………… 2－368
論語集注十卷………………………… 2－368
論語集注十卷………………………… 2－368
論語集注十卷………………………… 2－368
論語集注十卷………………………… 2－368
論語集注十卷………………………… 2－368
論語集注十卷………………………… 2－368
論語集注十卷………………………… 2－368
論語集注十卷………………………… 2－368
論語集注十卷………………………… 2－368
論語集注十卷………………………… 2－368
論語集注十卷………………………… 2－368
論語集注十卷………………………… 2－368
論語集注十卷………………………… 2－368
論語集注十卷………………………… 2－368

論語集注十卷…………………………2－368
論語集注十卷…………………………2－369
論語集注十卷…………………………2－369
論語集注十卷…………………………2－369
論語集注十卷…………………………2－369
論語集注十卷…………………………2－369
論語集注十卷…………………………2－369
論語集註十卷…………………………2－369
論語集註十卷…………………………2－369
論語集註十卷…………………………2－369
論語集註十卷…………………………2－369
論語集註十卷…………………………2－369
論語集註十卷…………………………2－369
論語集註十卷…………………………2－369
論語集註十卷…………………………2－369
論語集註十卷…………………………2－369
論語集註十卷…………………………2－369
論語集註十卷…………………………2－369
論語集註十卷…………………………2－370
論語集註十卷…………………………2－370
論語集註十卷…………………………2－370
論語集註十卷…………………………2－370
論語集註十卷…………………………2－370
論語集註大全二十卷…………………2－369
論語集註大全二十卷…………………2－369
論語集註大全二十卷…………………2－369
論語集註大全二十卷…………………2－369
論語集註本義匯參二十卷首一卷……2－369
論語集註本義匯參二十卷首一卷……2－369
論語集註旁證二十卷…………………2－369
論語集解義疏十卷……………………2－368
論語集解義疏十卷……………………2－368
論語集解義疏十卷……………………2－368
論語註疏解經二十卷…………………2－370
論語註疏解經二十卷…………………2－370
論語註疏解經二十卷…………………2－370
論語註疏解經二十卷…………………2－370
論語註疏解經十卷……………………2－370
論語註疏解經十卷……………………2－371
論語補註三卷…………………………2－364
論語發隱一卷孟子發隱一卷…………2－365
論語發隱一卷孟子發隱一卷…………2－365
論語發隱一卷孟子發隱一卷…………2－365
論語話解十卷…………………………2－365
論語話解十卷…………………………2－365
論語話解十卷…………………………2－365
論語話解十卷…………………………2－365
論語話解十卷…………………………2－365
論語話解十卷…………………………2－365
論語話解十卷…………………………2－365
論語話解十卷…………………………2－365
論語話解十卷…………………………2－365
論語話解十卷…………………………2－365
論語話解十卷…………………………2－365
論語話解十卷…………………………2－365
論語話解十卷…………………………2－365
論語話解十卷…………………………2－365
論語話解十卷…………………………2－365
論語話解十卷…………………………2－365
論語話解十卷…………………………2－365
論語話解十卷…………………………2－365
論語話解十卷…………………………2－365
論語話解十卷…………………………2－366
論語話解十卷…………………………2－366
論語話解十卷…………………………2－366
論語話解十卷…………………………2－366
論語話解十卷…………………………2－366
論語話解十卷…………………………2－366
論語話解十卷…………………………2－366
論語話解十卷…………………………2－366
論語話解十卷…………………………2－366
論語話解十卷…………………………2－366
論語話解十卷…………………………2－366
論語話解十卷…………………………2－366
論語話解十卷…………………………2－366
論語話解十卷…………………………2－366
論語話解十卷…………………………2－366
論語話解十卷…………………………2－366
論語話解十卷…………………………2－366
論語話解十卷…………………………2－366
論語話解十卷…………………………2－366

論語話解十卷……………………………2－366
論語話解十卷……………………………2－366
論語話解十卷……………………………2－366
論語話解十卷……………………………2－366
論語話解十卷……………………………2－367
論語話解十卷……………………………2－367
論語話解十卷……………………………2－367
論語話解十卷……………………………2－367
論語話解十卷……………………………2－367
論語話解十卷……………………………2－367
論語話解十卷……………………………2－367
論語話解十卷……………………………2－367
論語話解十卷……………………………2－367
論語話解十卷……………………………2－367
論語話解十卷……………………………2－367
論語話解十卷……………………………2－367
論語話解十卷……………………………2－367
論語話解十卷……………………………2－367
論語話解十卷……………………………2－367
論語話解十卷……………………………2－367
論語話解十卷……………………………2－367
論語話解十卷……………………………2－367
論語話解十卷……………………………2－367
論語話解十卷……………………………2－367
論語話解十卷……………………………2－367
論語話解十卷……………………………2－367
論語話解十卷……………………………2－367
論語緒言二卷……………………………2－370
論語贅解二卷……………………………2－371
論語戴氏註二十卷………………………2－365
[論語釋文]不分卷　……………………5－331
[論語釋論]不分卷　……………………5－331
論學酬答四卷……………………………2－364
論衡三十卷………………………………2－364
論衡三十卷………………………………2－364
論衡三十卷………………………………2－364
論衡三十卷………………………………2－364
論衡三十卷………………………………2－364
論衡三十卷………………………………2－364
論衡三十卷………………………………2－364
論衡三十卷………………………………2－364
論衡三十卷………………………………2－364
論鍊格不分卷……………………………2－364
論譔合編不分卷…………………………2－371
調疾飲食辯六卷末一卷…………………1－259
調疾飲食辯六卷末一卷…………………1－259
調運齋文集二卷文鈔一卷詩五卷圓
　沙和陶詩一卷再生錄一卷……………1－259
談天十八卷首一卷附表一卷……………3－423
談天十八卷首一卷附表一卷……………3－423
談天十八卷首一卷附表一卷……………3－423
談天十八卷首一卷附表一卷……………3－423
談天十八卷首一卷附表一卷……………3－423
談天十八卷首一卷附表一卷……………3－423
談天十八卷首一卷附表一卷……………3－423
談天十八卷首一卷附表一卷……………3－423
談藝珠叢…………………………………3－423
摩圍閣詩二卷……………………………2－433
摩圍閣詩二卷……………………………2－433
摩訶般若波羅蜜多心經一卷　…………1－93
褒節錄一卷　……………………………1－26
褒節錄一卷　……………………………1－26
瘞鶴銘考一卷……………………………2－165
瘞鶴銘考補一卷校勘記一卷……………4－329
瘖瘍經驗全書六卷………………………1－142
瘖瘍經驗全書六卷………………………1－142
瘖瘍經驗全書六卷………………………1－142
瘖瘍經驗全書十三卷……………………1－142
瘖瘍經驗全書十三卷……………………1－142
瘖瘍經驗全書十三卷……………………1－142
瘖瘍經驗全書十三卷……………………1－142
瘖瘍經驗全書六卷………………………1－142
慶曆大小題文行遠集不分卷　…………3－49
慶曆大小題文讀本不分卷　……………3－49
廢莪堂詩草六卷…………………………1－351
毅堂文稿二卷……………………………4－329
養一齋文集二十卷………………………4－283
養一齋文集二十卷………………………4－283
養一齋文集二十卷………………………4－283
養一齋文集二十卷詩集四卷詩餘一
　卷………………………………………4－283
養一齋文集二十卷詩集四卷詩餘一

卷 …………………………………… 4－283
養一齋四書文一卷 ……………………… 4－283
養一齋集二十六卷首一卷 ……………… 4－283
養一齋集二十六卷首一卷 ……………… 4－283
養一齋集二十六卷詞一卷試帖一卷
四書文一卷 ………………………… 4－283
養一齋詞三卷 …………………………… 4－283
養一齋詩話十卷 ………………………… 4－283
養一齋詩話十卷李杜詩話三卷 ……… 4－283
養一齋劄記九卷 ………………………… 4－283
養心七巧圖録不分卷 …………………… 4－282
養正書屋全集定本四十卷目録四卷
………………………………………… 4－286
養正書屋全集定本四十卷目録四卷
………………………………………… 4－286
養正書屋全集定本四十卷目録四卷
………………………………………… 5－399
養正集二卷 ……………………………… 4－285
養正集二卷 ……………………………… 4－285
養正遺規二卷補編一卷 ……………… 4－286
養正遺規二卷補編一卷 ……………… 4－286
養正遺規二卷補編一卷 ……………… 4－286
養正遺規二卷補編一卷 ……………… 4－286
養正遺規二卷補編一卷 ……………… 4－286
養正遺規二卷補編一卷 ……………… 4－286
養正編一卷 ……………………………… 4－285
養正編一卷 ……………………………… 4－285
養正編一卷 ……………………………… 4－285
養正編一卷 ……………………………… 4－285
養正編一卷 ……………………………… 4－285
養正編一卷 ……………………………… 4－285
養正編一卷 ……………………………… 4－285
養正編一卷 ……………………………… 4－285
養正編一卷 ……………………………… 4－285
養正録二卷 ……………………………… 4－285
養生保命録一卷 ………………………… 4－282
養生經驗合集 …………………………… 4－282
養生經驗合集 …………………………… 4－282
養生經驗合集 …………………………… 4－282
養生經驗合集 …………………………… 4－282
養吉齋叢録二十六卷餘録十卷 ……… 4－281
養志居僅存藁 …………………………… 4－286
養吾浩然齋讀史日記不分卷 ………… 4－282
養拙山人詩集一卷辭集一卷 ………… 4－286
[養拙山房應試文鈔]一卷 ………… 5－378
養知書屋文集二十八卷詩集十五卷
………………………………………… 4－286
養知書屋文集二十八卷詩集十五卷
………………………………………… 4－286
養性閑筆語録摘要四卷 ……………… 4－283
養性編不分卷 …………………………… 4－283
養春齋詩鈔二卷 ………………………… 4－281
養素堂文集三十五卷首一卷 ………… 4－282
養氣齋全集不分卷 ……………………… 4－282
養浩齋詩稿九卷續稿五卷 …………… 4－281
養浩齋賦草不分卷 ……………………… 4－281
養浩齋賦選不分卷 ……………………… 4－281
養晦堂文集十卷詩集二卷 …………… 4－281
養晦堂文集十卷詩集二卷 …………… 4－281
養晦堂文集十卷詩集二卷 …………… 4－281
養晦堂文集十卷詩集二卷思辨録疑
義一卷 ……………………………… 4－281
養雲山館試帖一卷 ……………………… 4－285
養雲山館試帖一卷 ……………………… 4－285
養雲山館試帖二卷 ……………………… 4－284
養雲山館試帖二卷 ……………………… 4－284
養雲山館試帖二卷 ……………………… 4－284
養雲山館試帖二卷 ……………………… 4－284
養雲山館試帖二卷 ……………………… 4－284
養雲山館試帖二卷 ……………………… 4－284
養雲山館試帖四卷 ……………………… 4－284
養雲山館試帖四卷 ……………………… 4－284
養雲山館試帖四卷 ……………………… 4－284
養雲山館試帖四卷 ……………………… 4－284
養雲山館試帖四卷 ……………………… 4－284
養雲山館試帖四卷 ……………………… 4－284
養雲山館試帖四卷 ……………………… 4－284
養雲山館試帖四卷 ……………………… 4－285
養雲山館試帖四卷 ……………………… 4－285
養雲山館試帖四卷 ……………………… 4－285
養雲山館試帖四卷 ……………………… 4－285
養雲山館試帖四卷 ……………………… 4－285

養雲山館試帖四卷……………………… 4－285
養雲山館試帖四卷……………………… 4－285
養雲山館詩一卷………………………… 4－284
養雲樓詩鈔十卷附西園自訂年譜一卷…………………………………… 4－284
養雲樓詩鈔十卷附西園自訂年譜一卷…………………………………… 4－284
養痾三編八卷…………………………… 4－282
養痾三編八卷…………………………… 4－282
養痾三編八卷…………………………… 4－282
養蒙金鑑二卷…………………………… 4－282
養蒙金鑑二卷…………………………… 4－282
養蒙金鑑二卷…………………………… 4－282
養蒙金鑑二卷…………………………… 4－282
養蒙針度五卷…………………………… 4－282
養蒙針度五卷…………………………… 4－282
養蒙針度五卷…………………………… 4－282
養蒙針度五卷…………………………… 4－282
養蒙針度四卷…………………………… 4－282
養蒙書十種……………………………… 4－282
養蒙書九種……………………………… 4－282
養蒙圖說不分卷………………………… 4－282
養源山房詩鈔七卷附養真山人遺詩一卷…………………………………… 4－284
養源山房詩鈔七卷附養真山人遺詩一卷…………………………………… 4－284
養餘齋初集四卷二集四卷三集六卷…………………………………… 4－283
養餘齋初集四卷二集四卷三集六卷…………………………………… 4－283
養餘齋初集四卷二集四卷三集六卷…………………………………… 4－283
養餘齋初集四卷二集四卷三集六卷…………………………………… 4－283
養餘齋初集四卷二集四卷三集六卷…………………………………… 4－283
養餘齋初集四卷二集四卷三集六卷…………………………………… 4－283
養餘齋詩初刻八卷……………………… 4－283
養餘齋詩初刻八卷……………………… 4－284
養餘齋詩初刻八卷……………………… 4－284
養餘齋詩初刻八卷……………………… 4－284
養餘齋詩初刻八卷……………………… 4－284
養漿成實證治括不分卷………………… 4－281
養齋府君[楊有涵]行述一卷 ……… 4－285
翦水山房詩鈔一卷詩餘一卷…………… 2－147
遵章彙編一卷…………………………… 5－262
[道光]遵義府志四十八卷首一卷 … 5－286
遵巖王先生文粹十六卷………………… 5－262
遵巖先生文集二十五卷………………… 5－262
遵巖先生文集四十二卷………………… 5－262
導路編一卷……………………………… 1－238
潔菴選義林遜國全書五卷……………… 2－170
潔菴選義林遜國全書五卷……………… 2－170
潮匪滋事勦辦由不分卷 ……………… 1－99
潮屬辦案論一卷 ……………………… 1－99
潛一齋遺稿四卷 ……………………… 3－34
潛子詩鈔二卷 ………………………… 3－35
潛夫詩稿一卷 ………………………… 3－32
潛夫論十卷 …………………………… 3－32
潛夫論十卷 …………………………… 3－32
潛夫論十卷 …………………………… 3－32
潛夫論十卷 …………………………… 3－32
[康熙]潛江縣志二十卷首一卷 …… 5－328
[光緒]潛江縣志續二十卷首一卷 … 5－294
潛邱劄記六卷 ………………………… 3－32
潛邱劄記六卷 ………………………… 3－32
潛邱劄記六卷 ………………………… 3－32
潛邱劄記六卷 ………………………… 3－32
潛邱劄記六卷 ………………………… 3－32
潛邱劄記六卷 ………………………… 3－32
潛邱劄記六卷 ………………………… 3－32
潛沱詩鈔不分卷 ……………………… 3－33
潛研堂全書 …………………………… 3－34
潛研堂金石文跋尾二十卷 …………… 3－34
潛研堂金石文跋尾六卷續七卷三續六卷 ……………………………… 3－34
潛研堂答問十二卷 …………………… 3－34
潛研堂詩集十卷 ……………………… 3－34
潛研堂詩集十卷詩續集十卷文集五十卷 ……………………………… 3－34
潛研堂詩集十卷詩續集十卷文集五

十卷 ………………………………… 3－34
潛研堂詩集十卷詩續集十卷文集五
十卷 ………………………………… 3－34
潛研堂詩集十卷詩續集十卷文集五
十卷 ………………………………… 3－34
潛室陳先生木鍾集十一卷 …………… 3－33
潛室陳先生木鍾集十一卷 …………… 3－33
潛室陳先生木鍾集十一卷 …………… 3－33
潛室劄記二卷 ………………………… 3－33
潛峰紀勝一卷 ………………………… 3－32
潛峰紀勝一卷 ………………………… 3－32
潛書二卷 ……………………………… 3－33
潛書二卷 ……………………………… 3－33
潛書二卷 ……………………………… 3－33
潛書四卷 ……………………………… 3－33
潛菴先生疏藁一卷 …………………… 3－34
潛菴先生擬明史稿二十卷 …………… 3－34
潛菴先生擬明史稿二十卷 …………… 3－34
潛菴先生擬明史稿二十卷 …………… 3－34
潛庵先生全集五卷疏稿一卷 ………… 3－32
潛庵先生全集五卷疏稿一卷 ………… 3－32
潛虛先生文集十四卷年譜一卷遺集
一卷 ………………………………… 3－33
潛虛先生文集十四卷遺集一卷 ……… 3－33
潛園友朋書問十二卷 ………………… 3－35
潛園友朋書問十二卷 ………………… 3－35
潛園丙午集四卷 ……………………… 3－35
潛園丙午集四卷 ……………………… 3－35
潛園丙午集四卷 ……………………… 3－35
潛園剩稿六卷 ………………………… 3－35
潛園集錄十六卷 ……………………… 3－35
潛確居類書 …………………………… 3－32
潛確居類書一百二十卷 ……………… 3－33
潛確居類書一百二十卷 ……………… 3－33
潛確居類書一百二十卷 ……………… 3－33
潛確居類書一百二十卷 ……………… 3－33
潛確居類書一百二十卷 ……………… 3－33
潛確居類書一百二十卷 ……………… 3－33
潛確居類書一百二十卷 ……………… 3－33
潛確居類書一百二十卷 ……………… 3－33
潛學稿十九卷 ………………………… 3－34
潛學稿十九卷 ………………………… 3－34
潛學稿十九卷 ………………………… 3－34
潛學稿十九卷 ………………………… 3－34
潛齋先生文集十一卷目錄二卷 ……… 3－35
潛齋先生文集十四卷遺集一卷 ……… 3－35
潤經堂自治官書不分卷 ……………… 3－87
潤經堂自治官書不分卷 ……………… 3－87
澗東詩鈔二卷 ………………………… 2－150
澂景堂史測十四卷 …………………… 1－110
澂景堂史測十四卷 …………………… 1－110
澂景堂史測十四卷 …………………… 1－110
澂景堂史測十四卷 …………………… 1－110
［乾隆］澳門記畧二卷首一卷末一卷
………………………………………… 5－333
潘子全集 ……………………………… 2－477
潘公免災救難寶卷三卷 ……………… 2－477
潘公免災救難寶卷三卷 ……………… 2－477
潘黃門集一卷 ………………………… 2－477
［潘興德稟文］一卷 ………………… 5－332
潯陽萬氏六經家塾讀本 ……………… 4－258
潯聲二卷 ……………………………… 4－258
潯聲二卷 ……………………………… 4－258
澄江集不分卷 ………………………… 1－110
澄衷蒙學堂字課圖說四卷檢字一卷
類字一卷 …………………………… 1－111
澄衷蒙學堂字課圖說四卷檢字一卷
類字一卷 …………………………… 1－111
澄衷蒙學堂字課圖說四卷檢字一卷
類字一卷 …………………………… 1－111
澄衷蒙學堂字課圖說四卷檢字一卷
類字一卷 …………………………… 1－111
澄衷蒙學堂字課圖說四卷檢字一卷
類字一卷 …………………………… 1－111
澄園醫類十五卷首一卷 ……………… 1－111
澄園醫類十五卷首一卷 ……………… 1－111
澄園醫類十五卷首一卷 ……………… 1－111
澄園醫類十五卷首一卷 ……………… 1－111
澄園讀易畧例三卷首一卷 …………… 1－111
澄園讀易畧例三卷首一卷圖說一卷
………………………………………… 1－111
澄懷主人自訂年譜六卷 ……………… 1－110

澄懷主人自訂年譜六卷……………… 1－110
澄懷書屋詩鈔四卷………………… 1－110
澄懷園文存十五卷………………… 1－110
澄懷園文存十五卷澄懷園語四卷…… 1－110
澄懷園詩選十二卷………………… 1－110
澄懷園語四卷……………………… 1－110
澄懷園語四卷……………………… 1－110
澄懷園語四卷……………………… 1－110
澄懷園語四卷……………………… 1－110
澄懷園語四卷……………………… 1－110
澄懷園語四卷……………………… 1－110
澄懷園語四卷……………………… 1－110
澄懷園語四卷……………………… 1－110
澄懷園語四卷……………………… 1－110
寫定尚書不分卷…………………… 4－156
寫信必讀十卷……………………… 4－156
寫信必讀十卷……………………… 4－156
寫韻樓詩集五卷首一卷末一卷……… 4－156
寫讀辨訛二卷……………………… 4－156
審巖文集二卷……………………… 3－143
審巖文集二卷……………………… 3－143
審巖詩集一卷附悼亡詩一卷………… 3－143
憨山老人夢遊集五十五卷 …………… 2－12
慰悼編不分卷 ……………………… 4－22
慰悼編不分卷 ……………………… 4－22
履園叢話二十四卷………………… 2－379
[履歷]不分卷[硃卷]不分卷 ……… 5－331
履齋示兒編二十三卷……………… 2－379
履齋示兒編二十三卷……………… 2－379
層級集時文前編二卷二編二卷三編
　一卷文編二卷 …………………… 1－91
遲鴻軒詩存一卷文存一卷………… 1－112
選日要覽一卷……………………… 4－248
選日要覽一卷……………………… 4－248
選日要覽一卷……………………… 4－248
選日要覽一卷……………………… 4－248
選句韻編□□卷…………………… 4－247
選刻四六夢花四卷………………… 4－247
選訂詳註古文初集六卷…………… 4－247
選訂詳註古文初集六卷…………… 4－247
選訂詳註古文初集六卷…………… 4－247
選時造命四卷……………………… 4－248
選集漢印分韻二卷………………… 4－247
選集漢印分韻二卷………………… 4－247
選集漢印分韻二卷………………… 5－399
選評會試闈藝大全不分卷………… 4－247
選註六朝唐賦二卷………………… 4－248
選註六朝唐賦二卷………………… 4－248
選註六朝唐賦二卷………………… 4－248
選註六朝唐賦不分卷……………… 4－248
選註六朝唐賦不分卷……………… 4－248
選註六朝唐賦不分卷……………… 4－248
選詩七卷詩人世次爵里一卷……… 4－248
選詩補註八卷……………………… 4－248
選詩補遺不分卷…………………… 4－248
選賦六卷附名人世次爵里一卷…… 4－247
選擇抄批點聊齋志異不分卷……… 4－248
選擇求真十卷……………………… 4－248
選擇通書秘竅二卷………………… 4－248
選擇通書秘竅三卷………………… 4－248
選擇備要一卷……………………… 5－257
選擇備要一卷……………………… 5－257
選輯諸名家評註批點蘇文八卷…… 4－247
選輯駢珠小草一卷………………… 4－247
選錄古文一卷……………………… 4－247
駕山鄒氏宗祠記不分卷…………… 2－138
豫省倉儲徵信錄一卷……………… 4－498
豫省倉儲徵信錄一卷……………… 4－498
豫軍紀略十二卷…………………… 4－497
豫軍紀略十二卷…………………… 4－498
豫乘識小錄二卷…………………… 4－497
豫章十代文獻略五十卷首一卷…… 4－500
豫章十代文獻略五十卷首一卷…… 4－500
豫章十代文獻略五十卷首一卷…… 4－500
豫章十代文獻略五十卷首一卷…… 4－500
豫章十代文獻略五十卷首一卷…… 4－500
豫章十代文獻略五十卷首一卷…… 4－500
豫章十代文獻略五十卷首一卷…… 4－500
豫章先賢九家年譜………………… 4－500
豫章先賢九家年譜………………… 4－500
豫章先賢九家年譜………………… 4－500
豫章法政公學講習科講義錄第一期

□□號 …………………………… 4－498
豫章法政公學講習科講義錄第一期
□□號 …………………………… 4－498
豫章法政專門學校講義不分卷 ……… 4－500
豫章風水說一卷 ……………………… 4－498
豫章書院大題文抄不分卷 …………… 4－500
豫章書院四書講習錄十二卷 ………… 4－500
豫章黄先生文集三十卷外集十四卷
別集二十卷簡尺二卷詞一卷 ……… 4－498
豫章黄先生文集三十卷外集十四卷
別集二十卷簡尺二卷詞一卷 ……… 4－498
豫章黄先生文集三十卷外集十四卷
別集二十卷簡尺二卷詞一卷 ……… 4－498
豫章詩話六卷 ………………………… 4－500
豫章詩話六卷 ………………………… 4－500
豫章閨秀詩鈔四卷 …………………… 4－498
豫章叢書 ……………………………… 4－498
豫章叢書 ……………………………… 4－498
豫章叢書 ……………………………… 4－498
豫章叢書 ……………………………… 4－498
豫章叢書 ……………………………… 4－498
豫章羅先生文集十七卷 ……………… 4－499
豫章羅先生文集十七卷首一卷 ……… 4－499
豫章羅先生文集十七卷首一卷 ……… 4－499
豫章羅先生文集十七卷首一卷 ……… 4－499
豫章羅先生文集十七卷首一卷 ……… 4－499
豫章羅先生文集十七卷首一卷 ……… 4－499
豫章羅先生文集十七卷首一卷 ……… 4－499
豫章羅先生文集十七卷首一卷 ……… 4－499
豫章羅先生文集十七卷首一卷 ……… 4－499
豫章羅先生文集十七卷首一卷 ……… 4－499
豫章羅先生文集十七卷首一卷 ……… 4－500
豫章羅先生文集十七卷首一卷 ……… 4－500
豫章羅先生文集十六卷首一卷 ……… 4－499
豫章羅先生文集十六卷首一卷 ……… 4－499
豫章羅先生文集十六卷首一卷 ……… 4－499
豫章羅先生文集十六卷首一卷 ……… 4－499
豫章羅先生文集十六卷首一卷 ……… 4－499
豫章羅先生文集十六卷首一卷 ……… 4－499
豫章羅先生文集十六卷首一卷 ……… 4－499
豫章羅先生文集十六卷首一卷 ……… 4－499
豫游吟草一卷 ………………………… 4－498
豫園賦鈔不分卷 ……………………… 4－498
樂山堂文鈔八卷詩鈔四卷 ………… 5－29
樂山集二卷 ………………………… 5－29
[嘉慶]樂山縣志十六卷首一卷 …… 5－303
[同治]樂平縣志十卷首一卷 ……… 5－371
[同治]樂平縣志十卷首一卷 ……… 5－371
[同治]樂平縣志十卷首一卷 ……… 5－371
[同治]樂平縣志十卷首一卷 ……… 5－371
[同治]樂平縣志十卷首一卷 ……… 5－371
[乾隆]樂平縣志三十二卷首一卷 … 5－340
樂邦文類五卷 ……………………… 5－27
樂至堂文略四卷 …………………… 5－30
[同治]樂安縣志十一卷首一卷附兵
難殉節錄二卷 …………………… 5－371
[同治]樂安縣志十一卷首一卷附兵
難殉節錄二卷 …………………… 5－371
[同治]樂安縣志十一卷首一卷附兵
難殉節錄二卷 …………………… 5－371
[同治]樂安縣志十一卷首一卷附兵
難殉節錄二卷 …………………… 5－371
[同治]樂安縣志十一卷首一卷附兵
難殉節錄二卷 …………………… 5－371
樂英堂補冊一卷 …………………… 5－29
樂英堂補冊一卷 …………………… 5－29
樂英堂圖冊不分卷 ………………… 5－29
樂英堂圖冊不分卷 ………………… 5－29
樂英堂圖冊不分卷 ………………… 5－29
樂英堂續捐圖冊一卷 ……………… 5－29
樂知堂詩集□□卷 ………………… 5－30
樂府外集琴譜四卷首一卷 ………… 5－28
樂府外集琴譜四卷首一卷 ………… 5－28
樂府外集琴譜四卷首一卷 ………… 5－28
樂府外集琴譜四卷首一卷 ………… 5－28
樂府外集琴譜四卷首一卷 ………… 5－28
樂府指迷一卷 ……………………… 1－186
樂府雅詞三卷拾遺二卷 …………… 5－28
樂府雅詞拾遺二卷 ………………… 5－28
樂府傳聲一卷 ……………………… 5－27
樂府詩集一百卷目錄二卷 ………… 5－27
樂府詩集一百卷目錄二卷 ………… 5－27

樂府詩集一百卷目錄二卷 …………… 5－27
樂府詩集一百卷目錄二卷 …………… 5－27
樂府詩集一百卷目錄二卷 …………… 5－27
樂府詩集一百卷目錄二卷 …………… 5－27
樂府詩集一百卷目錄二卷 …………… 5－27
樂府詩集一百卷目錄二卷 …………… 5－27
樂府詩集一百卷目錄二卷…………… 5－402
樂府標源二卷 ………………………… 5－27
樂府遺聲一卷 ………………………… 5－28
樂育堂課草不分卷 …………………… 5－29
樂泮堂圖冊不分卷 …………………… 5－28
樂律全書 ……………………………… 5－28
樂律全書 ……………………………… 5－28
樂律全書 ……………………………… 5－28
樂律表微八卷 ………………………… 5－28
樂章集一卷 …………………………… 5－30
樂章集校勘記一卷補遺一卷逸詞一
　卷 …………………………………… 5－30
樂遊聯唱集二卷 ……………………… 5－29
樂善堂全集四十卷目錄四卷 ………… 5－29
樂善堂全集四十卷目錄四卷 ………… 5－29
樂善堂全集定本三十卷 ……………… 5－29
樂善堂全集定本三十卷 ……………… 5－29
樂善堂全集定本三十卷 ……………… 5－29
樂善堂全集定本三十卷 ……………… 5－29
樂善堂全集定本三十卷 ……………… 5－29
樂善錄一卷 …………………………… 5－29
樂園文鈔八卷詩集六卷 ……………… 5－29
樂經律呂通解五卷 …………………… 5－28
樂經律呂通解五卷 …………………… 5－28
樂經律呂通解五卷 …………………… 5－28
樂經律呂通解五卷 …………………… 5－28
樂經律呂通解五卷 …………………… 5－28
樂經律呂通解五卷 …………………… 5－28
樂經律呂通解五卷 …………………… 5－28
樂經律呂通解五卷 …………………… 5－28
樂經律呂通解五卷 …………………… 5－28
樂經律呂通解五卷 …………………… 5－28
樂餘園百一偶存集三十二卷 ………… 5－29
樂餘靜廉齋文稿一卷 ………………… 5－29
樂餘靜廉齋詩稿初集一卷二集一卷
　……………………………………… 5－29
[樂調鈔]不分卷 ……………………… 5－384
樂潛堂詩二集六卷首一卷 …………… 5－29
練中丞金川集二卷…………………… 2－318
練中丞金川集二卷…………………… 2－318
練中丞金川集二卷…………………… 2－318
練中丞金川集二卷…………………… 2－319
練中丞集二卷附錄一卷……………… 2－318
練中丞集二卷附錄一卷……………… 2－318
練中丞集二卷附錄一卷……………… 2－318
練中丞集二卷附錄一卷遺事錄一卷
　雜錄一卷…………………………… 2－318
練中丞集二卷附錄一卷遺事錄一卷
　雜錄一卷…………………………… 2－318
練中丞集二卷附錄一卷遺事錄一卷
　雜錄一卷…………………………… 2－318
練中丞集二卷附錄一卷遺事錄一卷
　雜錄一卷…………………………… 2－318
練中丞遺事一卷……………………… 2－318
練公文集一卷首一卷附一卷………… 2－318
練公文集一卷首一卷詩集一卷附一
　卷…………………………………… 2－318
練公文集二卷首一卷練公手蹟一卷
　……………………………………… 2－318
練兵實紀九卷雜集六卷……………… 2－317
練兵實紀九卷雜集六卷……………… 2－317
練兵實紀九卷雜集六卷……………… 2－317
練兵實紀九卷雜集六卷……………… 2－318
練兵實紀九卷雜集六卷……………… 2－318
練兵實紀九卷雜集六卷……………… 2－318
練兵實紀九卷雜集六卷……………… 2－318
練兵實紀九卷雜集六卷……………… 2－318
練兵實紀九卷雜集六卷……………… 2－318
練兵實紀九卷雜集六卷……………… 2－318
練兵實紀九卷雜集六卷……………… 2－318
緬述一卷……………………………… 2－413
緝古算經一卷………………………… 2－109
緝古算經攷注二卷…………………… 2－109
緝古算經攷注二卷…………………… 2－109
緝古算經細草一卷…………………… 2－109

緝古算經圖解三卷音義一卷………… 2－109
緝雅堂詩語二卷………………………… 2－109
緯攟十四卷 ……………………………… 4－18
編年史證八卷 ………………………… 1－55
編珠四卷 ……………………………… 1－55
編珠四卷 ……………………………… 1－55
編註醫學入門七卷首一卷 …………… 1－55
編註醫學入門七卷首一卷 …………… 1－55
編註醫學入門七卷首一卷 …………… 1－55
編註醫學入門七卷首一卷 …………… 1－55
編註醫學入門七卷首一卷 …………… 1－55
編註醫學入門七卷首一卷 …………… 1－55
編註醫學入門七卷首一卷 …………… 1－55
編註醫學入門七卷首一卷 …………… 1－55
編註醫學入門七卷首一卷 …………… 1－55
編註醫學入門七卷首一卷 …………… 1－55
編註醫學入門七卷首一卷 …………… 1－55
編註醫學入門七卷首一卷 …………… 1－56
編註醫學入門七卷首一卷 …………… 1－56
編彙鄉談纂要字義音律□□卷 ……… 1－55
編輯四診心法要訣二卷 ……………… 1－55
編纂鹽務歷案緝私章程一卷 ………… 1－56
緣督集十二卷附錄一卷 ……………… 5－19
緣督集十二卷附錄一卷 ……………… 5－19
緣督集十二卷附錄一卷 ……………… 5－19
畿輔人物考八卷………………………… 2－109
畿輔水利四案四卷……………………… 2－110
畿輔水利備覽十四卷…………………… 2－110
[雍正]畿輔通志一百二十卷 ………… 5－382
[雍正]畿輔通志一百二十卷 ………… 5－382
[光緒]畿輔通志三百卷首一卷 …… 5－291
[同治]畿輔通志三百卷首一卷 …… 5－358
畿輔叢書………………………………… 2－109
畿輔叢書………………………………… 2－109
畿輔叢書………………………………… 2－109

十六畫

靜山堂遺詩一卷………………………… 2－225
靜子日記一卷…………………………… 2－225
靜子日記一卷…………………………… 2－225
靜存齋賦二卷…………………………… 2－224
靜存齋賦二卷…………………………… 2－224
靜存齋賦二卷…………………………… 2－224
靜存齋賦二卷…………………………… 2－224
靜志居詩話二十四卷…………………… 2－225
靜志居詩話二十四卷…………………… 2－225
靜坐要訣一卷…………………………… 2－225
靜宜室詩集八卷………………………… 2－225
靜思先生詩集二卷……………………… 2－225
靜耘齋集驗方八卷……………………… 2－225
靜娛室偶存稿二卷首一卷末一卷…… 2－225
靜娛室偶存稿二卷首一卷末一卷…… 2－225
靜愓堂詩集四十四卷…………………… 2－225
靜淨齋第八才子書花箋記六卷……… 2－225
靜寄軒詩鈔十六卷……………………… 2－224
靜儉堂集十卷…………………………… 2－224
靜儉堂集十卷…………………………… 2－224
靜儉堂集十卷…………………………… 2－224
靜儉堂集十卷…………………………… 2－224
靜儉堂集十卷…………………………… 2－225
靜儉堂集十卷…………………………… 2－225
靜觀室三蘇文選十六卷………………… 2－224
駱公[秉章]年譜一卷 ……………… 2－138
駱文忠公自訂年譜二卷………………… 2－138
駱文忠公奏稿十卷……………………… 2－138
駱文忠公奏稿十卷……………………… 2－138
駱文忠公奏稿十卷……………………… 2－138
駱文忠公奏議十六卷續刻四川奏議
　十一卷附錄三卷……………………… 2－139
駱文忠公奏議十六卷續刻四川奏議
　十一卷附錄三卷……………………… 2－139
駱丞集四卷……………………………… 2－138
駮毛西河四書改錯二十一卷 ………… 1－62
駮毛西河四書改錯二十一卷 ………… 1－62
駮毛西河四書改錯二十一卷 ………… 1－62
駮毛西河四書改錯二十一卷 ………… 1－62
駮毛西河四書改錯二十一卷 ………… 1－62
駮毛西河四書改錯二十一卷 ………… 1－62
駢雅十六卷首一卷……………………… 2－492
駢雅訓纂十六卷首一卷………………… 2－492
駢雅訓纂十六卷首一卷………………… 2－492

駢雅訓纂十六卷首一卷 …………………… 2－492
駢雅訓纂十六卷首一卷 …………………… 2－492
駢雅訓纂十六卷首一卷 …………………… 2－492
駢體文二卷 ………………………………… 2－492
駢體文二卷 ………………………………… 2－492
駢體文二卷 ………………………………… 2－492
駢體文未定稿不分卷 ……………………… 2－492
駢體文鈔三十一卷 ………………………… 2－491
駢體文鈔三十一卷 ………………………… 2－491
駢體文鈔三十一卷 ………………………… 2－491
駢體文鈔三十一卷 ………………………… 2－491
駢體文鈔三十一卷 ………………………… 2－491
駢體文鈔三十一卷 ………………………… 2－491
駢體文鈔三十一卷 ………………………… 2－492
駢體文鈔三十一卷 ………………………… 2－492
駢體文鈔三十一卷 ………………………… 2－492
駢體文鈔三十一卷 ………………………… 2－492
駢體文鈔三十一卷 ………………………… 2－492
駢體時務新策不分卷 ……………………… 2－491
駢體摘艷不分卷 …………………………… 5－391
撼山草堂遺稿三卷補錄一卷 ……………… 2－26
撼龍經批註校補不分卷疑龍經批註
　校補三卷 ………………………………… 2－26
撼龍經批註校補不分卷疑龍經批註
　校補三卷 ………………………………… 2－26
撼龍經批註校補不分卷疑龍經批註
　校補二卷 ………………………………… 2－26
撼龍經批註校補不分卷疑龍經批註
　校補三卷 ………………………………… 2－26
[擇吉要言]不分卷 ………………………… 5－386
[擇吉要書]不分卷 ………………………… 5－386
[擇吉摘要]不分卷 ………………………… 5－386
[擇吉寶書]不分卷 ………………………… 5－386
壇廟祀典三卷 ……………………………… 3－423
擁翠園題詞八卷首一卷末一卷 …………… 4－390
燕下鄉脞錄十六卷 ………………………… 4－270
燕下鄉脞錄十六卷 ………………………… 4－270
燕下鄉脞錄十六卷 ………………………… 4－270
燕下鄉脞錄十六卷 ………………………… 4－270
燕山外史註釋二卷 ………………………… 4－269
燕山外史註釋二卷 ………………………… 4－269
燕山外史註釋八卷 ………………………… 4－269
燕山外史註釋八卷 ………………………… 4－269
燕山外史註釋八卷 ………………………… 4－269
燕山外史註釋八卷 ………………………… 4－269
燕山制義不分卷 …………………………… 4－270
燕川集十四卷 ……………………………… 4－269
燕川集十四卷 ……………………………… 4－269
燕子箋彈詞四卷十八回 …………………… 4－270
燕門百菊詠一卷燕門菊譜一卷 …………… 4－269
燕都日記一卷 ……………………………… 4－269
燕巢靈現般若波羅蜜多心經全卷一
　卷 ………………………………………… 5－399
燕遊小草一卷 ……………………………… 4－270
燕寓偶談六卷 ……………………………… 4－270
燕滇雪跡集六卷 …………………………… 4－269
燕樂考原六卷 ……………………………… 4－270
燕蘭小譜五卷 ……………………………… 4－269
薑齋六十自定稿一卷 ……………………… 2－163
薑廬詩鈔十二卷 …………………………… 2－163
薛子條貫續篇十三卷 ……………………… 4－250
薛子庸語十二卷 …………………………… 4－250
薛氏醫按二十四種 ………………………… 4－248
薛氏醫按二十四種 ………………………… 4－248
薛氏醫按二十四種 ………………………… 4－248
薛氏醫按二十四種 ………………………… 4－248
薛氏醫按二十四種 ………………………… 4－249
薛氏醫按二十四種 ………………………… 4－249
薛氏醫按二十四種 ………………………… 4－249
薛氏醫按二十四種 ………………………… 4－249
薛氏醫按二十四種 ………………………… 4－249
薛氏醫按二十四種 ………………………… 4－249
薛氏醫按二十四種 ………………………… 4－249
薛氏醫按二十四種 ………………………… 4－249
薛氏醫按二十四種 ………………………… 4－249
薛氏醫按二十四種 ………………………… 4－249
薛氏醫按二十四種 ………………………… 4－249
薛氏醫按二十四種 ………………………… 4－249
薛氏醫按二十四種 ………………………… 4－249
薛氏醫按二十四種 ………………………… 4－249
薛氏醫按二十四種 ………………………… 4－249
薛氏醫按二十四種 ………………………… 4－249
薛氏醫按十六種 …………………………… 4－249

薛氏醫按十六種 ·························· 4－249
薛氏醫按十六種 ·························· 4－249
薛氏醫按十六種 ·························· 4－249
薛文清公讀書全錄類編二十卷 ········· 4－249
薛文清公讀書錄鈔一卷讀書續錄鈔
一卷 ····································· 4－249
薛文清公讀書錄鈔一卷讀書續錄鈔
一卷 ····································· 4－249
薛文清公讀書錄講義十二卷 ··········· 4－249
薛生白濕熱條辨一卷 ···················· 4－298
薇垣日記不分卷(清咸豐八年四月
至同治八年八月) ························ 4－16
薇垣雜記一卷 ···························· 4－16
薇省同聲集五卷 ·························· 4－16
薇省同聲集五卷 ·························· 4－16
薇雲小舍試帖詩課二卷 ················· 3－212
薇雲小舍試帖詩課二卷 ················· 3－212
薇雲小舍試帖詩課二卷 ················· 3－212
薇雲小舍試帖詩課二卷 ················· 3－212
薇雲小舍試帖詩課二卷 ················· 4－16
薇雲小舍試帖詩課二卷 ················· 4－16
薇雲小舍試帖詩課二卷薇雲小舍詩
課續編二卷 ······························ 3－212
薇雲小舍試帖詩課二卷續編二卷 ······ 4－16
薇雲小舍試帖詩課二卷續編二卷 ······ 4－16
薇雲小舍試帖詩課二卷續編二卷 ······ 4－16
薇雲小舍詩課續編二卷 ················· 3－212
薇雲小舍詩課續編二卷 ················· 4－16
薈蕞編二十卷 ···························· 2－104
薦里雲程堂冊不分卷 ···················· 2－150
薦里雲程堂冊不分卷 ···················· 2－150
薦香遺稾三卷 ···························· 2－150
蕭閒老人明秀集注六卷 ················· 4－130
翰苑十三經集字不分卷 ················· 2－27
翰苑分書 ································· 2－27
翰苑分書 ································· 2－27
翰林考正杜律七言虞註大成二卷 ······ 2－27
翰海十二卷 ······························· 2－27
翰海十二卷 ······························· 2－27
翰海十二卷 ······························· 2－27
翰墨巵言四卷 ···························· 2－27
頤世方書不分卷 ·························· 4－315
頤世方書不分卷 ·························· 4－315
頤世方書不分卷 ·························· 4－315
頤世方書不分卷 ·························· 4－315
頤軒詩鈔二卷 ···························· 4－315
薩天錫詩集三卷集外詩一卷 ··········· 3－87
樹人堂詩七卷多愽唫一卷蒐遺一卷
··· 3－290
樹人堂詩七卷多愽唫一卷蒐遺一卷
··· 3－290
樹人堂詩七卷多愽唫一卷蒐遺一卷
··· 3－291
樹人堂詩七卷多愽唫一卷蒐遺一卷
··· 3－291
樹人堂詩七卷多愽唫一卷蒐遺一卷
··· 3－291
樹人堂詩七卷多愽唫一卷蒐遺一卷
··· 3－291
樹人堂詩七卷多愽唫一卷蒐遺一卷
··· 3－291
樹人堂詩七卷多愽唫一卷蒐遺一卷
··· 3－291
樹人堂詩七卷多愽唫一卷蒐遺一卷
··· 5－393
樹人堂詩七卷多愽唫一卷蒐遺一卷
··· 5－393
樹人堂讀杜詩二十五卷首一卷 ········ 3－290
樹人堂讀杜詩二十五卷首一卷 ········ 3－290
樹人堂讀杜詩二十五卷首一卷 ········ 3－290
樹君詩鈔一卷 ···························· 2－461
樹經堂詠史詩八卷 ······················· 3－290
樹經堂詠史詩八卷 ······················· 3－290
樹經堂詠史詩八卷 ······················· 3－290
樹經堂詠史詩八卷 ······················· 3－290
樹經堂詠史詩八卷 ······················· 3－290
樹經堂詩初集十五卷續集八卷文集
四卷 ····································· 3－290
樹經堂詩初集十五卷續集八卷文集
四卷 ····································· 3－290
樹經堂詩初集十五卷續集八卷文集
四卷 ····································· 3－290

樹廬文鈔十卷………………………… 3－290
樹廬文鈔十卷………………………… 3－290
橫戈集二卷 ………………………… 2－35
橫塘集二十卷 ……………………… 2－35
橫塘集二十卷 ……………………… 2－35
橋西雜記一卷 ……………………… 3－37
橋西雜記一卷 ……………………… 3－37
橋成頌言一卷 ……………………… 3－37
檇李曹太史評鐫古今全史八卷首一
卷…………………………………… 5－261
檇李曹太史評鐫古今全史八卷首一
卷…………………………………… 5－261
檇李曹太史評鐫古今全史八卷首一
卷…………………………………… 5－261
樵川二家詩六卷 …………………… 3－37
樵川四家詩八卷 …………………… 3－37
樵歌三卷補遺一卷 ………………… 3－37
橘天園詩鈔四卷……………………… 2－234
輯刻琵琶亭詩不分卷………………… 2－117
輶軒使者絕代語釋別國方言十三卷
…………………………………… 4－393
輶軒使者絕代語釋別國方言十三卷
…………………………………… 4－393
輶軒使者絕代語釋別國方言十三卷
…………………………………… 4－394
輶軒使者絕代語釋別國方言十三卷
…………………………………… 4－394
輶軒使者絕代語釋別國方言十三卷
首一卷……………………………… 4－394
輶軒使者絕代語釋別國方言十三卷
首一卷……………………………… 4－394
輶軒使者絕代語釋別國方言十三卷
首一卷……………………………… 4－394
輶軒使者絕代語釋別國方言十三卷
首一卷……………………………… 4－394
輶軒使者絕代語釋別國方言箋疏十
三卷………………………………… 4－393
輶軒使者絕代語釋別國方言箋疏十
三卷………………………………… 4－393
輶軒使者絕代語釋別國方言箋疏十
三卷………………………………… 4－393
輶軒使者絕代語釋別國方言箋疏十
三卷………………………………… 4－393
輶軒使者絕代語釋別國方言箋疏十
三卷………………………………… 4－393
輶軒使者絕代語釋別國方言箋疏十
三卷………………………………… 4－393
輶軒集一卷…………………………… 4－393
輶軒語一卷…………………………… 4－394
輶軒語一卷…………………………… 4－394
輶軒語一卷…………………………… 4－394
輶軒語一卷…………………………… 4－394
輶軒語一卷…………………………… 4－394
輶軒語一卷…………………………… 4－394
輶軒語一卷…………………………… 4－394
輶軒語一卷…………………………… 4－394
輶軒語一卷…………………………… 4－394
輶軒語一卷…………………………… 4－394
輶軒語一卷…………………………… 4－394
輶軒語一卷…………………………… 4－395
輶軒語一卷…………………………… 4－395
輶軒語一卷…………………………… 4－395
輶軒語一卷…………………………… 4－395
輶軒語一卷…………………………… 4－395
輶軒語一卷…………………………… 4－395
輶軒語一卷…………………………… 4－395
輶軒語一卷…………………………… 4－395
輶軒語一卷…………………………… 4－395
輶軒語一卷…………………………… 4－395
輶軒語一卷…………………………… 4－395
輶軒語一卷…………………………… 4－395
輶軒語一卷…………………………… 4－395
輶軒語一卷…………………………… 4－395
輶軒語一卷…………………………… 4－395
輶軒語一卷…………………………… 4－395
輶軒語一卷…………………………… 4－395
輶軒語不分卷………………………… 4－394
輶軒語不分卷書目答問不分卷……… 4－394
整翁儀訓錄一卷……………………… 5－103
整翁儀訓錄一卷……………………… 5－103
整翁儀訓錄一卷……………………… 5－103
整庵先生存稿二十卷………………… 5－103

整庵先生存稿二十卷整庵續稿十三卷…………………………………… 5－103
整庵先生存稿二十卷整庵續稿十三卷…………………………………… 5－103
整庵先生存稿二十卷整庵續稿十三卷…………………………………… 5－103
賴古堂尺牘新鈔二選藏弆集十六卷…………………………………… 2－254
賴古堂尺牘新鈔二選藏弆集十六卷…………………………………… 2－254
賴古堂尺牘新鈔二選藏弆集十六卷…………………………………… 2－254
賴古堂尺牘新鈔二選藏弆集十六卷…………………………………… 2－254
賴古堂尺牘新鈔二選藏弆集十六卷…………………………………… 2－254
賴古堂尺牘新鈔三選結鄰集十六卷…………………………………… 2－254
賴古堂名賢尺牘新鈔十二卷………… 2－255
賴古堂集二十四卷…………………… 2－255
賴古堂集二十四卷附賴古堂藏書甲集十種不分卷……………………… 2－255
賴古齋文集八卷……………………… 2－255
橐中集六卷…………………………… 3－490
融谷外集二卷 ……………………… 3－82
融堂書解二十卷 …………………… 3－82
融堂書解二十卷 …………………… 3－82
醒心藥石一卷………………………… 4－222
醒予山房文存九卷師友贈言一卷何有錄一卷續何有錄一卷…………… 4－223
醒予山房文存九卷師友贈言一卷何有錄一卷續何有錄一卷…………… 4－223
醒予山房文存六卷…………………… 4－223
醒世姻緣傳一百回…………………… 4－222
醒世真言不分卷……………………… 4－222
醒世真言不分卷……………………… 4－222
醒迷錄不分卷………………………… 4－222
醒庵詩鈔一卷………………………… 3－488
勵志錄二卷…………………………… 2－296
勵志錄二卷…………………………… 2－296
勵志錄二卷…………………………… 2－296
勵志錄二卷…………………………… 2－296
[歷史綱目]二卷 ………………… 5－330
歷史綱鑑補四十卷首一卷…………… 2－313
歷史稿本不分卷……………………… 2－313
歷史論斷不分卷……………………… 2－313
[歷代干支編年]不分卷 ………… 5－330
歷代大儒詩鈔六十卷首一卷………… 2－298
歷代女才子手簡二卷………………… 2－307
歷代小史 …………………………… 2－311
歷代文選十四卷……………………… 2－311
歷代世系紀年編一卷………………… 2－311
歷代世系紀年編一卷………………… 2－311
歷代甲子編年全圖一卷列國統系一卷歷代帝王統系一卷……………… 2－300
歷代史表五十九卷…………………… 2－308
歷代史表五十九卷…………………… 2－308
歷代史略六卷………………………… 2－310
歷代史略六卷………………………… 2－310
歷代史略六卷………………………… 2－310
歷代史略六卷………………………… 2－310
歷代史略六卷………………………… 2－310
歷代史略六卷………………………… 2－310
歷代史略六卷………………………… 2－310
歷代史略六卷………………………… 2－310
歷代史略六卷………………………… 2－310
歷代史略六卷………………………… 2－310
歷代史略六卷………………………… 2－310
歷代史略六卷………………………… 2－310
歷代史略鼓詞一卷…………………… 2－310
歷代史論一編四卷…………………… 2－310
歷代史論十二卷……………………… 2－308
歷代史論十二卷……………………… 2－308
歷代史論十二卷……………………… 2－308
歷代史論十二卷宋史論三卷元史論一卷…………………………………… 2－308
歷代史論十二卷宋史論三卷元史論一卷…………………………………… 2－308
歷代史論十二卷宋史論三卷元史論一卷…………………………………… 2－308
歷代史論十二卷宋史論三卷元史論一卷…………………………………… 2－308

歷代史論十二卷宋史論三卷元史論
一卷…………………………………… 2－308
歷代史論十二卷宋史論三卷元史論
一卷…………………………………… 2－308
歷代史論十二卷宋史論三卷元史論
一卷…………………………………… 2－308
歷代史論十二卷宋史論三卷元史論
一卷…………………………………… 2－308
歷代史論十二卷宋史論三卷元史論
一卷…………………………………… 2－308
歷代史論十二卷宋史論三卷元史論
一卷…………………………………… 2－308
歷代史論十二卷宋史論三卷元史論
一卷…………………………………… 2－309
歷代史論十二卷宋史論三卷元史論
一卷…………………………………… 2－309
歷代史論十二卷宋史論三卷元史論
一卷…………………………………… 2－309
歷代史論十二卷宋史論三卷元史論
一卷…………………………………… 2－309
歷代史論十二卷宋史論三卷元史論
一卷…………………………………… 2－309
歷代史論十二卷宋史論三卷元史論
一卷…………………………………… 2－309
歷代史論十二卷宋史論三卷元史論
一卷…………………………………… 2－309
歷代史論十二卷宋史論三卷元史論
一卷…………………………………… 2－309
歷代史論十二卷宋史論三卷元史論
一卷…………………………………… 2－309
歷代史論十二卷宋史論三卷元史論
一卷…………………………………… 2－309
歷代史論十二卷宋史論三卷元史論
一卷…………………………………… 2－309
歷代史論十二卷宋史論三卷元史論
一卷…………………………………… 2－309
歷代史論十二卷宋史論三卷元史論
一卷…………………………………… 2－310
歷代史論十二卷宋史論三卷元史論
一卷附史論一編四卷……………… 2－310
歷代史論十二卷宋史論三卷元史論
一卷附史論一編四卷……………… 2－310
歷代史論十二卷宋史論三卷元史論
一卷附史論一編四卷……………… 2－310
歷代史論十二卷宋史論三卷元史論
一卷附史論一編四卷……………… 2－310
歷代史纂左編一百四十二卷………… 2－311
歷代地理志韻編今釋二十卷………… 2－298
歷代地理志韻編今釋二十卷………… 2－298
歷代地理志韻編今釋二十卷………… 2－298
歷代地理志韻編今釋二十卷………… 2－298
歷代地理志韻編今釋二十卷………… 2－298
歷代地理志韻編今釋二十卷皇朝輿
地韻編二卷………………………… 2－298
歷代地理沿革圖一卷……………… 2－298
歷代地理沿革圖一卷……………… 2－298
歷代名人小簡二卷………………… 2－306
歷代名人小簡二卷………………… 2－306
歷代名人年譜十卷附一卷………… 2－305
歷代名人年譜十卷附一卷………… 2－305
歷代名人年譜十卷附一卷………… 2－305
歷代名人書劄二卷………………… 2－305
歷代名臣言行錄二十四卷………… 2－302
歷代名臣言行錄二十四卷………… 2－302
歷代名臣言行錄二十四卷………… 2－302
歷代名臣言行錄二十四卷………… 2－302
歷代名臣言行錄二十四卷………… 2－302
歷代名臣言行錄二十四卷………… 2－302
歷代名臣言行錄二十四卷………… 2－302
歷代名臣言行錄二十四卷………… 2－302
歷代名臣言行錄二十四卷………… 2－302
歷代名臣言行錄二十四卷………… 2－302
歷代名臣言行錄二十四卷………… 2－302
歷代名臣言行錄二十四卷………… 2－302
歷代名臣言行錄二十四卷………… 2－302
歷代名臣言行錄二十四卷………… 2－302
歷代名臣言行錄二十四卷………… 2－302
歷代名臣言行錄二十四卷………… 2－302
歷代名臣言行錄二十四卷………… 2－302
歷代名臣言行錄二十四卷………… 2－303

歷代名臣言行錄二十四卷…………… 2－303
歷代名臣言行錄二十四卷…………… 2－303
歷代名臣言行錄二十四卷…………… 2－303
歷代名臣言行錄二十四卷…………… 2－303
歷代名臣言行錄二十四卷…………… 2－303
歷代名臣言行錄二十四卷…………… 2－303
歷代名臣言行錄二十四卷…………… 2－303
歷代名臣言行錄二十四卷…………… 2－303
歷代名臣言行錄二十四卷…………… 2－303
歷代名臣言行錄二十四卷…………… 2－303
歷代名臣言行錄二十四卷…………… 2－303
歷代名臣言行錄二十四卷…………… 2－303
歷代名臣言行錄二十四卷…………… 2－303
歷代名臣言行錄二十四卷…………… 2－303
歷代名臣言行錄二十四卷…………… 2－303
歷代名臣言行錄二十四卷…………… 2－303
歷代名臣言行錄二十四卷…………… 2－303
歷代名臣言行錄二十四卷…………… 2－303
歷代名臣言行錄二十四卷…………… 2－303
歷代名臣言行錄二十四卷…………… 2－304
歷代名臣言行錄二十四卷…………… 2－304
歷代名臣言行錄二十四卷…………… 2－304
歷代名臣言行錄二十四卷…………… 2－304
歷代名臣言行錄二十四卷…………… 2－304
歷代名臣言行錄二十四卷…………… 2－304
歷代名臣言行錄二十四卷…………… 2－304
歷代名臣言行錄二十四卷…………… 2－304
歷代名臣言行錄二十四卷…………… 2－304
歷代名臣言行錄二十四卷…………… 2－304
歷代名臣言行錄二十四卷…………… 2－304
歷代名臣言行錄二十四卷…………… 2－304
歷代名臣言行錄二十四卷…………… 2－304
歷代名臣言行錄二十四卷…………… 2－304
歷代名臣言行錄二十四卷…………… 2－304
歷代名臣言行錄二十四卷…………… 2－304
歷代名臣言行錄二十四卷…………… 2－304
歷代名臣言行錄二十四卷…………… 2－304
歷代名臣言行錄二十四卷…………… 2－304
歷代名臣言行錄二十四卷…………… 2－304
歷代名臣言行錄二十四卷…………… 2－305
歷代名臣言行錄二十四卷…………… 2－305
歷代名臣奏議三百十九卷…………… 2－305
歷代名臣奏議三百十九卷…………… 2－305
歷代名臣奏議三百十九卷…………… 2－305
歷代名臣奏議三百五十卷…………… 2－305
歷代名臣奏議三百五十卷…………… 2－305
歷代名臣奏議三百五十卷…………… 2－305
歷代名臣奏議三百五十卷…………… 2－305
歷代名臣奏議策論二十卷…………… 2－305
歷代名臣奏議選三十卷……………… 2－305
歷代名臣奏議選三十卷……………… 2－305
歷代名臣奏議選三十卷……………… 2－305
歷代名臣傳三十五卷………………… 2－300
歷代名臣傳三十五卷………………… 2－300
歷代名臣傳三十五卷………………… 2－300
歷代名臣傳三十五卷………………… 2－300
歷代名臣傳三十五卷………………… 2－300
歷代名臣傳三十五卷………………… 2－300
歷代名臣傳三十五卷………………… 2－301
歷代名臣傳三十五卷………………… 2－301
歷代名臣傳三十五卷………………… 2－301
歷代名臣傳三十五卷………………… 2－301
歷代名臣傳三十五卷首一卷續編五
卷首一卷……………………………… 2－301
歷代名臣傳三十五卷續編五卷……… 2－301
歷代名臣傳三十五卷續編五卷……… 2－301
歷代名臣傳三十五卷續編五卷……… 2－301
歷代名臣傳三十五卷續編五卷……… 2－301
歷代名臣傳三十五卷續編五卷……… 2－301
歷代名臣傳三十五卷續編五卷……… 2－301
歷代名臣傳三十五卷續編五卷……… 2－301
歷代名臣傳續編五卷………………… 2－301
歷代名臣傳續編五卷………………… 2－301
歷代名臣傳續編五卷………………… 2－301
歷代名臣傳續編五卷………………… 2－301
歷代名臣傳續編五卷………………… 2－301
歷代名臣傳續編五卷………………… 2－301
歷代名臣傳續編五卷………………… 2－302
歷代名臣傳續編五卷………………… 2－302
歷代名吏錄四卷……………………… 2－305
歷代名媛尺牘二卷…………………… 2－307

歷代名媛圖説二卷 …………………… 2－307
歷代名賢史論統編五十卷 …………… 2－307
歷代名賢列女氏姓譜一百五十七卷
………………………………………… 2－307
歷代名賢列女氏姓譜一百五十七卷
………………………………………… 2－307
歷代名賢列女氏姓譜一百五十七卷
………………………………………… 2－307
歷代名賢列女氏姓譜一百五十七卷
………………………………………… 2－307
歷代名賢列女氏姓譜一百五十七卷
………………………………………… 2－307
歷代名賢齒譜九卷 …………………… 2－306
歷代名賢齒譜九卷 …………………… 4－459
歷代名賢齒譜九卷歷代名媛齒譜三
卷 ……………………………………… 2－306
歷代名賢齒譜九卷歷代名媛齒譜三
卷 ……………………………………… 2－306
歷代名賢齒譜九卷歷代名媛齒譜三
卷 ……………………………………… 2－307
歷代名賢齒譜九卷歷代名媛齒譜三
卷 ……………………………………… 2－307
歷代名儒傳八卷 ……………………… 2－306
歷代名儒傳八卷 ……………………… 2－306
歷代名儒傳八卷 ……………………… 2－306
歷代名儒傳八卷 ……………………… 2－306
歷代名儒傳八卷 ……………………… 2－306
歷代名儒傳八卷 ……………………… 2－306
歷代名儒傳八卷 ……………………… 2－306
歷代名儒傳八卷 ……………………… 2－306
歷代名儒傳八卷 ……………………… 2－306
歷代名儒傳八卷 ……………………… 2－306
歷代名儒傳八卷 ……………………… 2－306
歷代名儒傳八卷歷代名臣傳三十五
卷續編五卷歷代循吏傳八卷 ……… 2－306
歷代名儒傳八卷歷代名臣傳三十五
卷續編五卷歷代循吏傳八卷 ……… 2－306
歷代名儒傳八卷歷代名臣傳三十五
卷續編五卷歷代循吏傳八卷 ……… 2－306
歷代長術輯要十卷附古今推步諸術
攷二卷 ………………………………… 2－297
歷代河防統纂二十八卷 ……………… 2－299
歷代河防類要六卷圖一卷 …………… 2－299
歷代沿革表三卷 ……………………… 2－312
歷代沿革表三卷 ……………………… 2－312
歷代政治類編十二卷 ………………… 2－312
歷代相臣傳一百六十八卷 …………… 2－311
歷代皇紀一卷 ………………………… 2－300
歷代帝王世次紀一卷 ………………… 2－299
歷代帝王世系紀元攷一卷 …………… 2－299
歷代帝王世系統紀一卷 ……………… 2－299
歷代帝王世系曆數一卷 ……………… 2－299
歷代帝王年表一卷 …………………… 2－299
歷代帝王年表一卷 …………………… 4－465
歷代帝王年表一卷附紀元同異考畧
一卷 ………………………………… 2－299
歷代帝王年表八卷 …………………… 2－298
歷代帝王年表三卷 …………………… 2－298
歷代帝王年表不分卷 ………………… 2－298
歷代帝王年表不分卷 ………………… 2－298
歷代帝王年表不分卷 ………………… 2－298
歷代帝王年表不分卷 ………………… 2－298
歷代帝王年表圖歌一卷 ……………… 2－298
歷代帝王法帖釋文十卷 ……………… 2－298
歷代帝王法帖釋文十卷 ……………… 2－298
歷代帝王法帖釋文考異十卷 ………… 2－298
[歷代帝王紀要]不分卷 ……………… 5－330
歷代帝王統紀一卷 …………………… 2－299
[歷代帝王傳]不分卷 ………………… 5－330
歷代帝王廟謚年諱譜一卷 …………… 2－298
歷代帝系年號考二十卷附汲冢周書
謚法解一卷 ………………………… 2－299
歷代帝系年號考二十卷附汲冢周書
謚法解一卷 ………………………… 2－299
歷代帝系年號考二十卷附汲冢周書
謚法解一卷 ………………………… 2－299
歷代神仙史八卷 ……………………… 2－307
歷代神仙通鑑三集二十二卷像一卷
………………………………………… 2－307
歷代紀元部表二卷 …………………… 2－300
歷代紀元纂要不分卷 ………………… 2－300
歷代紀年便覽一卷 …………………… 4－107

歷代都江堰功小傳二卷……………… 2－299
歷代宮閨文選二十六卷……………… 2－299
歷代陵寢備考五十卷附歷代宗廟附
考八卷…………………………… 2－300
歷代陵寢備考五十卷附歷代宗廟附
考八卷…………………………… 2－300
歷代通鑑紀畧便讀一卷…………… 2－311
歷代通鑑纂要九十二卷…………… 2－311
歷代通鑑纂要九十二卷…………… 2－311
歷代通鑑纂要九十二卷…………… 2－311
歷代通鑑纂要九十二卷…………… 2－311
歷代黃河變遷圖考十卷…………… 2－300
歷代黃河變遷圖考十卷…………… 2－300
歷代國號總言一卷………………… 2－299
歷代循吏傳八卷…………………… 2－311
歷代循吏傳八卷…………………… 2－311
歷代循吏傳八卷…………………… 2－311
歷代循吏傳八卷…………………… 2－311
歷代循吏傳八卷…………………… 2－311
歷代循吏傳八卷…………………… 2－311
歷代循吏傳八卷…………………… 2－312
歷代循吏傳八卷…………………… 2－312
歷代循吏傳八卷…………………… 2－312
歷代循吏傳八卷…………………… 2－312
歷代循吏傳八卷…………………… 2－312
歷代循吏傳八卷…………………… 2－312
歷代循吏傳八卷…………………… 2－312
歷代循吏傳八卷…………………… 2－312
歷代循吏傳八卷…………………… 2－312
歷代畫史彙傳七十二卷首一卷目錄
三卷附錄二卷…………………… 2－299
歷代畫史彙傳七十二卷首一卷目錄
三卷附錄二卷…………………… 2－299
歷代畫史彙傳七十二卷首一卷目錄
三卷附錄二卷…………………… 2－299
歷代畫史彙傳七十二卷首一卷目錄
三卷附錄二卷…………………… 2－299
歷代畫史彙傳七十二卷首一卷目錄
三卷附錄二卷…………………… 2－299
歷代畫史彙傳七十二卷首一卷目錄
三卷附錄二卷…………………… 2－300
歷代畫史彙傳七十二卷首一卷目錄
三卷附錄二卷…………………… 2－300
歷代統紀表十三卷………………… 2－311
歷代蒙求一卷……………………… 2－300
歷代詩發四十二卷………………… 2－307
歷代經濟文統三十二卷…………… 2－300
歷代諱名考一卷…………………… 2－300
歷代輿地沿革險要圖一卷………… 2－312
歷代輿地沿革險要圖一卷………… 2－312
歷代輿地沿革險要圖一卷………… 2－312
歷代輿地圖………………………… 2－312
歷代疆域表三卷…………………… 2－300
歷代鐘鼎彝器欵識法帖二十卷…… 2－312
歷代鐘鼎彝器欵識法帖二十卷…… 2－312
歷代鐘鼎彝器欵識法帖二十卷…… 2－312
歷代鐘鼎彝器欵識法帖二十卷…… 2－312
歷代鐘鼎彝器欵識法帖十九卷…… 2－312
歷代鐘鼎彝器欵識法帖摘錄一卷… 2－313
歷次禁燬書目不分卷……………… 2－297
歷官表奏十六卷…………………… 2－313
歷科廷試狀元策十卷總考一卷…… 2－313
歷科直省策備八卷………………… 2－313
歷科典試題名鼎甲錄清朝四卷明朝
二卷……………………………… 2－313
歷科狀元不分卷附榜眼探花不分卷
（明洪武四年至清道光二十年）
………………………………… 2－313
歷科狀元事考三元鼎甲策論考官試
題錄八卷………………………… 2－313
歷科房考酌雅集不分卷…………… 2－313
歷科後場文性理論啃鳳六卷……… 2－313
歷科後場文性理論啃鳳六卷……… 2－313
歷科鄉會經藝精純不分卷………… 2－313
歷科鄉墨彙選不分卷……………… 2－313
歷科程墨文室十帙………………… 2－313
歷科程墨所見集不分卷…………… 2－313
歷科策選類編不分卷……………… 2－313
歷科會試詩三卷…………………… 2－313
歷科試策大成二編不分卷………… 2－313
歷科試策類編不分卷……………… 2－313
歷科殿試策不分卷………………… 2－313

[歷科殿試策]不分卷 ………………… 5－330
歷陽典錄三十四卷補編六卷………… 2－314
歷陽典錄三十四卷補編六卷………… 2－314
歷陽典錄三十四卷補編六卷………… 2－314
歷陽典錄三十四卷補編六卷………… 2－314
歷朝二十五家詩錄三十七卷首一卷
……………………………………… 3－97
歷朝文學史四卷……………………… 2－297
歷朝印識一卷補遺一卷國朝印識二
卷近編一卷………………………… 2－297
歷朝忠臣義士卓行錄八卷…………… 2－297
歷朝紀事本末………………………… 2－296
歷朝紀事本末………………………… 2－296
歷朝紀事本末………………………… 2－296
歷朝紀事本末………………………… 2－296
歷朝紀事本末………………………… 2－296
歷朝紀事本末………………………… 2－296
歷朝紀事本末………………………… 2－297
歷朝紀事本末………………………… 2－297
歷朝紀事本末………………………… 2－297
歷朝紀事本末………………………… 2－297
歷朝紀事本末………………………… 2－297
歷朝紀事本末………………………… 2－297
歷朝紀事本末………………………… 2－297
歷朝紀事本末………………………… 2－297
歷朝紀事本末………………………… 2－297
歷朝詩約選九十二卷………………… 2－297
歷朝詩約選九十二卷………………… 2－297
歷朝詩約選九十二卷………………… 2－297
歷朝詩約選九十二卷………………… 2－297
歷朝閨雅十二卷……………………… 2－296
歷朝綱鑑輯畧五十六卷……………… 2－296
歷朝綱鑑輯畧五十六卷……………… 2－296
歷朝賦格三集十五卷………………… 2－296
歷朝賦鈔十九卷首一卷……………… 2－296
歷朝賦楷八卷首一卷………………… 2－296
歷朝賦楷八卷首一卷………………… 2－296
歷朝賦楷八卷首一卷………………… 2－296
歷朝賦楷八卷首一卷………………… 2－296
歷朝賦楷八卷首一卷………………… 2－296
[歷朝總論]不分卷 ………………… 5－330
曆府鉤圓不分卷……………………… 2－314
[曆書]不分卷 ……………………… 5－330
[曆書]不分卷 ……………………… 5－330
曆象本要一卷………………………… 2－314
曆學資考一卷算學拾遺一卷………… 2－314
曆學疑問三卷補二卷………………… 2－314
霏屑集八卷…………………………… 1－359
霏屑集八卷…………………………… 1－359
霍亂論二卷…………………………… 2－109
霍亂論二卷…………………………… 2－109
霍亂論二卷…………………………… 2－109
頻伽園文集六卷……………………… 2－492
餐花吟館詞鈔四卷 ………………… 1－75
餐花室尺牘叢殘二卷 ……………… 1－75
餐花室尺牘叢殘二卷 ……………… 1－75
餐花館多事篇一卷補遺一卷效顰篇
一卷 ……………………………… 1－75
餐菊齋棋評一卷 …………………… 1－75
盧氏恢業翁享堂祔食會錄不分卷…… 2－353
盧氏珩翁祠冬至祭會不分卷………… 2－353
盧氏習齋翁冬至祔食堂崇祀錄不分
卷………………………………… 2－353
盧氏習齋翁冬至祔食堂崇祀錄不分
卷………………………………… 2－353
盧氏習齋翁冬至祔食堂崇祀錄不分
卷………………………………… 2－353
盧氏習齋翁冬至祔食堂崇祀錄不分
卷………………………………… 2－353
盧昇之集七卷………………………… 2－353
盧忠肅公集十二卷…………………… 2－353
盧忠肅公集十二卷…………………… 2－353
盧厚山[坤]年譜一卷 ……………… 2－353
盧黃合稿……………………………… 2－353
盧黃合稿……………………………… 2－353
盧黃合編……………………………… 2－353
盧黃合編……………………………… 2－353
盧黃合編……………………………… 2－353
[縣署檔冊]不分卷(清光緒四年至
五年) …………………………… 5－376
[縣署檔冊]不分卷(清光緒四年至
六年) …………………………… 5－376

[縣試墨選]不分卷 …………………… 5－376
曉江文鈔不分卷……………………… 4－148
曉園吟一卷…………………………… 1－241
曇花記二卷…………………………… 3－423
曇花夢雜劇一卷……………………… 3－424
器象顯真四卷 ………………………… 3－23
戰法學二卷 …………………………… 5－85
戰書十七卷兵經百篇三卷 …………… 5－87
戰國策十二卷 ………………………… 5－86
戰國策十八卷 ………………………… 5－86
戰國策十八卷 ………………………… 5－86
戰國策十卷 …………………………… 5－86
戰國策十卷 …………………………… 5－86
戰國策十卷 …………………………… 5－86
戰國策十卷 …………………………… 5－86
戰國策十卷 …………………………… 5－86
戰國策十卷 …………………………… 5－86
戰國策十卷 …………………………… 5－86
戰國策十卷 …………………………… 5－86
戰國策十卷 …………………………… 5－86
戰國策十卷 …………………………… 5－86
戰國策十卷 …………………………… 5－86
戰國策十卷 …………………………… 5－86
戰國策十卷 …………………………… 5－87
戰國策十卷 …………………………… 5－87
戰國策十卷 …………………………… 5－87
戰國策十卷 …………………………… 5－87
戰國策十卷 …………………………… 5－87
戰國策九卷 …………………………… 5－85
戰國策九卷 …………………………… 5－85
戰國策三十三卷………………………… 2－3
戰國策三十三卷 ……………………… 5－85
戰國策三十三卷 ……………………… 5－85
戰國策三十三卷 ……………………… 5－85
戰國策三十三卷 ……………………… 5－85
戰國策三十三卷 ……………………… 5－85
戰國策三十三卷 ……………………… 5－85
戰國策三十三卷 ……………………… 5－85
戰國策三十三卷 ……………………… 5－85
戰國策三十三卷 ……………………… 5－85
戰國策三十三卷 ……………………… 5－86
戰國策三十三卷 ……………………… 5－86
戰國策三十三卷 ……………………… 5－86
戰國策三十三卷 ……………………… 5－86
戰國策三十三卷 ……………………… 5－86
戰國策三十三卷 ……………………… 5－86
戰國策去毒二卷 ……………………… 5－85
戰國策去毒二卷首一卷 ……………… 5－85
戰國策奇鈔八卷 ……………………… 5－85
戰國策選四卷 ………………………… 5－87
戰國策選四卷 ………………………… 5－87
還如閣詩存二卷………………………… 2－5
還寃記二卷……………………………… 2－5
還硯齋大學題解參略一卷中庸題解
　參略二卷……………………………… 2－5
還硯齋全集……………………………… 2－5
還硯齋全集……………………………… 2－5
還魂草四卷……………………………… 2－5
還讀軒墨選不分卷……………………… 2－4
還讀軒墨選不分卷二編不分卷………… 2－4
還讀軒墨選不分卷二編不分卷………… 2－5
還讀齋詩鈔二卷………………………… 2－5
圜錐曲線說三卷 ……………………… 2－68
黔中校士錄不分卷 …………………… 3－35
[乾隆]黔南識畧三十二卷 ………… 5－336
黔省主證遺芳五卷 …………………… 3－35
黔記四卷 ……………………………… 3－35
[雍正]黔陽縣志十卷 ……………… 5－382
黔詩紀略三十三卷 …………………… 3－35
黔語二卷 ……………………………… 3－35
蟥蛣雜記十二卷 ……………………… 3－407
憩雲書屋時文錄四卷 ………………… 3－23
憩園詩草不分卷 ……………………… 3－23
憩園詩草不分卷 ……………………… 3－23
積古齋鐘鼎彝器款識十卷…………… 2－110
積古齋鐘鼎彝器款識十卷…………… 2－110
積古齋鐘鼎彝器款識十卷…………… 2－110
積古齋鐘鼎彝器款識十卷…………… 2－110
積古齋鐘鼎彝器款識十卷…………… 2－110
積古齋鐘鼎彝器款識十卷…………… 2－110
積古齋鐘鼎彝器款識十卷…………… 2－110
積古齋鐘鼎彝器款識十卷…………… 2－110

積古齋鐘鼎彝器款識十卷 …………… 2-110
積古齋鐘鼎彝器款識十卷 …………… 2-110
積古齋鐘鼎彝器款識十卷 …………… 2-110
積古齋鐘鼎彝器款識十卷 …………… 2-110
積石文稿十八卷 ……………………… 2-110
積石文稿十八卷詩存四卷 …………… 2-110
積薪園蒙泉錄三卷 …………………… 2-110
積薪園蒙泉錄三卷 …………………… 2-110
積學齋叢書 …………………………… 2-110
積學齋叢書 …………………………… 2-110
積學齋叢書 …………………………… 2-110
積學齋叢書 …………………………… 2-110
穆天子傳六卷 ………………………… 1-136
穆勒名學八卷 ………………………… 2-442
穆勒名學八卷 ………………………… 2-442
穆勒名學八卷 ………………………… 2-442
穆勒名學三卷 ………………………… 2-442
穆勒名學三卷 ………………………… 2-442
穆堂別稾五十卷 ……………………… 2-442
穆堂別稾五十卷 ……………………… 2-442
穆堂別稾五十卷 ……………………… 2-442
穆堂別稾五十卷 ……………………… 2-442
穆堂初稿五十卷 ……………………… 2-443
穆堂初稿五十卷別稿五十卷 ………… 2-443
穆堂初藁五十卷 ……………………… 2-443
穆堂初藁五十卷 ……………………… 2-443
穆堂初藁五十卷 ……………………… 2-443
穆堂初藁五十卷 ……………………… 2-443
穆堂初藁五十卷 ……………………… 2-443
穆堂初藁五十卷 ……………………… 2-443
穆堂初藁五十卷 ……………………… 2-443
穆堂初藁五十卷 ……………………… 2-443
篤生餘事不分卷 ……………………… 1-321
篤生課草不分卷 ……………………… 1-321
篤志堂古文存稿二卷 ………………… 1-321
篤信集一卷 …………………………… 1-321
篤素堂文集四卷 ……………………… 1-321
篤素堂文集四卷 ……………………… 1-321
篤素堂文集四卷 ……………………… 1-321
篤素堂文集四卷 ……………………… 1-321
篤素堂文集四卷 ……………………… 1-321
篤素堂文集四卷 ……………………… 1-321
篤慎堂爐餘詩稿二卷 ………………… 1-321
篤實堂文集八卷 ……………………… 1-321
篤舊集十八卷 ………………………… 1-320
篔谷詩鈔二十卷文鈔十二卷 ………… 5-36
篷窗隨錄十四卷續錄二卷附錄二卷
　…………………………………… 2-489
舉業要言三卷 ………………………… 2-234
舉業要言三卷墨選觀止一卷 ………… 2-234
舉業前模八卷 ………………………… 2-234
舉業筌蹄不分卷 ……………………… 2-234
舉業淵源一卷 ………………………… 2-234
舉業淵源一卷明文小題貫一卷 ……… 2-234
舉業新編不分卷 ……………………… 2-234
舉業辨體不分卷 ……………………… 2-234
[同治]興安縣志十六卷首一卷 …… 5-368
[同治]興安縣志十六卷首一卷 …… 5-368
[同治]興安縣志十六卷首一卷 …… 5-368
[同治]興安縣志十六卷首一卷 …… 5-368
[同治]興安縣志十六卷首一卷 …… 5-368
[同治]興安縣志十六卷首一卷 …… 5-368
[道光]興安縣志三十二卷首一卷 … 5-283
[興宗堂賬薄]不分卷(清同治二年
　至一九四九年) ………………… 5-377
[光緒]興國州志三十六卷首一卷 … 5-296
[道光]興國縣志四十六卷首一卷 … 5-283
[道光]興國縣志四十六卷首一卷 … 5-283
[同治]興國縣志四十六卷首一卷 … 5-368
興國縣鄉土韻語一卷 ………………… 4-225
學一齋文稿不分卷 …………………… 4-253
學文堂文集十六卷詩集五卷詩餘三
　卷 ………………………………… 4-253
學文堂文集十六卷詩集五卷詩餘三
　卷 ………………………………… 4-253
學文堂文集十六卷詩集五卷詩餘三
　卷 ………………………………… 4-253
學文堂文集十六卷詩集五卷詩餘三
　卷 ………………………………… 4-253
學古堂日記 …………………………… 4-250
學古堂日記叢鈔六卷 ………………… 4-250
學古堂藏書目一卷學古堂捐藏書目

一卷…………………………… 4－250
學古齋金石叢書四集………………… 4－250
學仕遺規四卷………………………… 4－252
學仕遺規四卷補四卷………………… 4－252
學仕遺規四卷補四卷………………… 4－252
學仕遺規四卷補四卷………………… 4－252
學仕錄十六卷………………………… 4－252
學安心室詩鈔二卷…………………… 4－250
學安心室詩鈔二卷…………………… 4－250
學佛捷徑十章………………………… 4－250
學言稿六卷…………………………… 4－253
[學事檢身訓道]不分卷 ……………… 5－377
學易集八卷首一卷…………………… 4－253
學治一得編一卷……………………… 4－254
學治一得編一卷……………………… 4－254
學治一得編一卷……………………… 4－254
學治臆說二卷………………………… 4－254
學治臆說二卷………………………… 4－254
學治臆說二卷續說一卷……………… 4－254
學治臆說二卷續說一卷說贅一卷…… 4－254
學治臆說二卷續說一卷說贅一卷…… 4－254
學治識端一卷………………………… 4－254
學治續說一卷說贅一卷……………… 4－254
學治續說一卷說贅一卷……………… 4－254
學治續說一卷說贅一卷佐治藥言一
卷續一卷……………………… 4－254
學治體行錄二卷……………………… 4－254
學春秋隨筆十卷……………………… 4－250
學看銀洋捷徑一卷…………………… 4－251
學計一得二卷………………………… 4－251
學計韻言一卷………………………… 4－251
學津討原……………………………… 4－251
學津討原……………………………… 4－251
學津討原……………………………… 4－251
學校人物志十二卷首一卷…………… 4－253
學校管理法不分卷…………………… 4－253
學校衛生學十篇……………………… 4－253
學校衛生學十篇……………………… 4－253
學部官報不分卷……………………… 4－250
學部官報不分卷……………………… 4－250
學部奏定勸學所章程一卷奏定初等
小學章程一卷……………………… 4－250
學海君道部□□卷目錄□卷………… 4－250
學海津梁四卷………………………… 4－250
學海堂二集二十二卷………………… 4－250
學海堂二集二十二卷………………… 4－251
學海堂三集二十四卷………………… 4－250
學海堂三集二十四卷………………… 4－251
學海堂四集二十八卷………………… 4－251
學海堂志一卷………………………… 4－251
學海堂集十六卷……………………… 4－250
學海堂集十六卷……………………… 4－251
學海堂課藝三編不分卷……………… 4－251
學海堂課藝五編不分卷……………… 4－251
學海堂課藝不分卷…………………… 4－251
學海堂課藝四編不分卷……………… 4－251
學海類編……………………………… 4－250
學案小識十四卷首一卷末一卷……… 4－250
學案小識十四卷首一卷末一卷……… 4－250
學案小識十四卷首一卷末一卷……… 4－250
學案小識十四卷首一卷末一卷……… 4－250
[學術雜鈔]不分卷 ………………… 1－264
學術雜鈔不分卷……………………… 4－252
學庸示掌二卷………………………… 4－253
學庸示掌不分卷……………………… 4－253
學庸脈絡圖一卷三算連環一卷……… 4－253
學庸圖說一卷………………………… 4－253
學詁齋文集二卷……………………… 4－250
學統五十三卷………………………… 4－252
學統五十三卷………………………… 4－252
學統五十三卷………………………… 4－252
學統五十三卷………………………… 4－253
學詩毛鄭異同籤二十三卷…………… 4－252
學詩法程四卷………………………… 4－251
學詩津逮……………………………… 4－251
學詩津逮……………………………… 4－251
學詩津逮……………………………… 4－252
學詩堂經解二十卷…………………… 4－252
學源堂古文十二卷…………………… 4－253
學源堂四書體注合講十九卷四書圖
考一卷……………………………… 4－253
學源堂四書體註合講十九卷………… 4－253

學源堂四書體註合講十九卷………… 4－253
學源堂四書體註合講十九卷………… 4－254
學源堂四書體註合講十九卷………… 4－254
學源堂合纂四書體註十九卷………… 4－253
學算筆談十二卷…………………… 4－252
學算筆談十二卷…………………… 4－252
學算筆談十二卷…………………… 4－252
學算筆談十二卷…………………… 4－252
學算筆談十二卷…………………… 4－252
學算筆談十二卷…………………… 4－252
學算筆談十二卷…………………… 4－252
學算筆談十二卷…………………… 4－252
學算筆談十二卷…………………… 4－252
學算筆談十二卷…………………… 4－252
學憲鑒定諸生問五卷……………… 4－253
學彊恕齋天學問答二卷…………… 4－251
學彊恕齋筆算十卷………………… 4－251
學彊恕齋筆算十卷………………… 4－251
學彊恕齋筆算十卷………………… 4－251
學彊恕齋筆算續編五卷…………… 4－251
學禮質疑二卷……………………… 4－251
儒行集傳二卷 ……………………… 3－84
儒志編一卷 ………………………… 3－85
儒林外史五十六回 ………………… 3－85
儒林外史五十六回 ………………… 3－85
儒林瑣記三卷附記一卷 …………… 3－85
儒林寶筏不分卷 …………………… 3－85
儒門事親十五卷 …………………… 3－85
儒門法語一卷 ……………………… 3－85
儒門法語一卷 ……………………… 3－85
儒門法語一卷 ……………………… 3－85
儒門法語輯要一卷 ………………… 3－85
儒門醫學三卷附一卷 ……………… 3－85
儒門醫學三卷附一卷 ……………… 3－85
儒家尖性學閑筆語錄一卷 ………… 3－84
儒家尖遺訓後集二卷 ……………… 3－84
儒家話不分卷 ……………………… 3－84
儒教衍義三卷 ……………………… 3－85
儒粹三編六卷 ……………………… 3－84
儒醫準繩□□卷 …………………… 3－85
［衡公手澤］不分卷 ………………… 5－299
［乾隆］衡水縣志十四卷 …………… 5－334
衡陽彭剛直［玉麟］行狀一卷 ……… 2－35
［同治］衡陽縣志十二卷 …………… 5－358
［同治］衡陽縣志十二卷 …………… 5－358
［同治］衡陽縣志十二卷 …………… 5－358
衡湘泉清集四卷首一卷 …………… 2－35
衡嶽志八卷續刻附錄一卷 ………… 2－35
衡齋算學 …………………………… 2－35
衡齋算學 …………………………… 2－35
衡齋遺書 …………………………… 2－36
衡齋遺書 …………………………… 2－36
衡廬精舍藏稿三十卷續稿十一卷附
一卷 ……………………………… 2－35
衡廬精舍藏稿三十卷續稿十一卷附
一卷 ……………………………… 2－35
衡廬精舍藏稿三十卷續稿十一卷附
一卷 ……………………………… 2－35
衡廬精舍藏稿三十卷續稿十一卷附
一卷 ……………………………… 2－35
衡廬精舍藏稿三十卷續稿十一卷附
一卷 ……………………………… 2－35
衡廬精舍藏稿三十卷續稿十一卷附
一卷 ……………………………… 2－35
錢氏女科秘方一卷 ………………… 3－36
錢氏小兒直訣四卷 ………………… 3－36
錢氏小兒直訣四卷 ………………… 3－36
錢氏小兒直訣四卷 ………………… 3－36
錢氏小兒直訣四卷 ………………… 3－36
錢氏小兒科一卷 …………………… 3－36
錢氏小兒藥證直訣三卷…………… 5－257
錢吉士先生全稿不分卷 …………… 3－35
錢志新編二十卷首一卷 …………… 3－36
錢辛楣先生年譜一卷續一卷……… 3－203
錢辛楣先生年譜一卷續一卷……… 3－203
錢辛楣先生年譜一卷續一卷……… 3－203
錢牧齋尺牘三卷補遺一卷 ………… 3－35
錢牧齋先生尺牘三卷 ……………… 3－35
錢南園先生遺集五卷 ……………… 3－35
錢南園先生遺集五卷 ……………… 3－36
錢神志七卷 ………………………… 3－36
錢陟園考訂資治通鑑綱目全書五十

九卷 …………………………………… 3－36
錢唐遺事十卷 ……………………………… 3－36
錢唐遺事十卷 ……………………………… 3－36
錢唐遺事十卷 ……………………………… 3－36
錢湘舲先生文集一卷 ………………………… 3－36
錢穀備要十卷 ……………………………… 3－35
錢穀備要十卷 ……………………………… 3－35
錢穀備要十卷 ……………………………… 3－35
錢穀備要十卷 ……………………………… 3－35
錢穀備要十卷 ……………………………… 3－35
錢頤壽中丞全集 …………………………… 3－36
錫山杜雲川先生讀史論畧一卷……… 4－107
錫山李閣學政績錄一卷………………… 4－107
錫山景物略十卷…………………………… 4－107
錫山景物略十卷…………………………… 4－107
錦山初筆一卷……………………………… 2－191
錦帆集四卷解脫集四卷………………… 2－190
錦江脞記十五卷…………………………… 2－190
錦江脞記十五卷…………………………… 2－190
錦江脞記十五卷…………………………… 2－190
錦江脞記十五卷…………………………… 2－191
錦字箋四卷………………………………… 2－191
錦字箋四卷………………………………… 2－191
錦字箋四卷………………………………… 2－191
錦字箋四卷………………………………… 2－191
錦字箋四卷………………………………… 2－191
錦字箋四卷………………………………… 2－191
錦字箋四卷………………………………… 2－191
錦字箋四卷………………………………… 2－191
錦字箋四卷………………………………… 2－191
錦芳醫案初編五卷附誡子八則一卷
………………………………………… 2－190
錦芳醫案初編五卷附誡子八則一卷
………………………………………… 2－190
錦芳醫案初編五卷附誡子八則一卷
………………………………………… 2－190
錦要信式不分卷…………………………… 2－191
錦堂課草一卷……………………………… 2－191
錦堂課草一卷……………………………… 2－191
錦堂課草一卷……………………………… 2－191
錦瑟詞三卷………………………………… 2－191
錦繡萬花谷前集四十卷後集四十卷
續集四十卷…………………………… 2－191
錦繡萬花谷前集四十卷後集四十卷
續集四十卷…………………………… 2－191
錦繡萬花谷前集四十卷後集四十卷
續集四十卷別集三十卷……………… 2－191
錦繡萬花谷前集四十卷後集四十卷
續集四十卷別集三十卷……………… 2－191
録經解不分卷……………………………… 2－363
劒南詩鈔六卷……………………………… 2－150
劒南詩鈔六卷……………………………… 2－150
劒南詩鈔六卷……………………………… 2－150
劒南詩鈔六卷……………………………… 2－150
劒南詩鈔六卷……………………………… 2－150
劒南詩鈔六卷……………………………… 2－150
劒南詩鈔六卷……………………………… 2－150
劒南詩鈔六卷……………………………… 2－151
劒南詩鈔六卷……………………………… 2－151
劒南詩鈔六卷……………………………… 2－151
劒南詩鈔六卷……………………………… 2－151
劒南詩鈔六卷……………………………… 2－151
劒南詩鈔六卷……………………………… 2－151
劒南詩鈔六卷……………………………… 2－151
劒南詩鈔六卷……………………………… 2－151
劒南詩鈔六卷……………………………… 2－151
劒南詩稾八十五卷………………………… 2－151
劒南詩稾八十五卷………………………… 2－151
劒南詩稾八十五卷………………………… 2－151
劒南詩稾八十五卷………………………… 2－151
劒南詩稾八十五卷………………………… 2－151
劒南詩稾八十五卷………………………… 2－151
劒南詩稾八十五卷………………………… 2－151
劒南詩稾八十五卷………………………… 2－151
餞郿詩鈔一卷……………………………… 3－488
館律分韻初編六卷………………………… 1－462
館律鴛鍼四卷……………………………… 1－462
館閣擡頭程式三卷………………………… 1－462
館賦宛虹集四卷…………………………… 1－462
館賦新編一卷……………………………… 1－462
館賦精選四卷……………………………… 1－462
館賦鴛鍼四卷……………………………… 1－462

館賦鴛鍼四卷…………………………1－462
館賦續箋二卷…………………………1－462
館課存稿詩鈔一卷……………………1－462
館課存稿詩鈔一卷……………………1－462
館課我法詩箋四卷……………………1－462
館課我法詩箋四卷……………………1－462
館課我法詩箋四卷……………………1－462
館課我法詩箋四卷……………………1－462
館課詩鈔六卷 …………………………3－97
館課賦鈔十四卷………………………1－462
館課賦鈔八卷…………………………1－462
館課賦鈔□□卷………………………1－462
館課賦稿一卷…………………………1－462
雕菰集二十四卷………………………1－259
雕菰集二十四卷………………………1－259
雕菰集二十四卷………………………1－259
雕菰樓集二十四卷……………………2－412
鮑公[超]年譜一卷 ……………………1－31
鮑祠興祭堂田冊不分卷 ………………1－31
鮑祠興祭堂田冊不分卷 ………………1－31
鮑康日記不分卷(清同治八年至光
緒三年)…………………………………1－31
[乾隆]獲嘉縣志十六卷首一卷 ……5－334
獨旦集八卷……………………………1－302
獨笑齋金石考略四卷…………………1－302
獨漉堂詩集十五卷文集十五卷續編
一卷……………………………………1－302
獨學廬全稿……………………………1－302
獨斷二卷………………………………1－302
鴛鴦宜福館吹月詞二卷………………5－5
謀道續錄二卷…………………………2－437
諧聲別部六卷…………………………4－155
諧聲別部六卷…………………………4－155
諧聲別部六卷…………………………4－155
諧聲別部六卷…………………………5－398
諧聲述略四卷後編二卷………………4－156
諧聲述略四卷後編二卷………………4－156
諧聲譜二卷……………………………4－156
諧鐸十二卷……………………………4－155
諧鐸十二卷……………………………4－155
諧鐸十二卷……………………………4－155
諧鐸十二卷……………………………4－155
諭兒書一卷……………………………4－500
諭摺彙存不分卷………………………4－500
諭摺彙存不分卷………………………4－500
諭摺彙存不分卷………………………4－500
諭摺彙存不分卷………………………4－500
諭摺彙存不分卷………………………4－501
諭摺彙存不分卷………………………4－501
諭摺彙存不分卷………………………5－1
諭摺彙存不分卷………………………5－1
諭摺彙存不分卷………………………5－1
諭摺彙存不分卷………………………5－1
諭摺彙存不分卷………………………5－1
諭摺彙存不分卷………………………5－1
諭摺彙存不分卷………………………5－1
諭摺彙存不分卷………………………5－1
諭摺彙存不分卷………………………5－1
諭摺彙存不分卷………………………5－1
諭摺彙存不分卷………………………5－1
諭摺彙存不分卷………………………5－1
諭摺彙存不分卷………………………5－1
諭摺彙存不分卷………………………5－1
諭摺彙存不分卷………………………5－1
諭摺彙存不分卷………………………5－1
諭摺彙存不分卷………………………5－1
諭摺彙存不分卷………………………5－1
諭摺彙存不分卷………………………5－1
謚忠文古廉文集十二卷古廉李先生
詩集四卷………………………………3－254
謚忠文古廉文集十二卷古廉李先生
詩集四卷………………………………3－254
諺云詩草六卷…………………………4－270
[謎賸]一卷 ……………………………5－331
諮議局章程及選舉章程解釋彙鈔不
分卷……………………………………5－236
憑山閣留青二集選十卷………………3－3
憑山閣留青廣集十二卷………………3－4
憑山閣增定留青全集二十四卷………3－4
憑山閣增輯留青新集三十卷…………3－4
憑山閣增輯留青新集三十卷…………3－4
憑山閣增輯留青新集三十卷…………3－4

憑山閣增輯留青新集三十卷…………… 3－4
憑山閣增輯留青新集三十卷…………… 3－4
憑山閣增輯留青新集三十卷…………… 3－4
憑山閣增輯留青新集三十卷…………… 3－4
憑山閣增輯留青新集三十卷…………… 3－4
憑山閣增輯留青新集三十卷…………… 3－4
憑山閣增輯留青新集三十卷…………… 3－4
憑山閣增輯留青新集三十卷…………… 3－4
憑山閣增輯留青新集三十卷…………… 3－4
憑山閣增輯留青新集三十卷…………… 3－4
憑山閣增輯留青新集三十卷…………… 3－4
憑山閣增輯留青新集三十卷…………… 3－4
憑山閣增輯留青新集三十卷…………… 3－4
憑山閣增輯留青新集三十卷…………… 3－5
憑山閣增輯留青新集三十卷…………… 3－5
憑山閣增輯留青新集三十卷…………… 3－5
憑山閣增輯留青新集三十卷…………… 3－5
憑山閣增輯留青新集三十卷…………… 3－5
憑山閣增輯留青新集三十卷…………… 3－5
憑山閣增輯留青新集三十卷…………… 3－5
憑山閣增輯留青新集三十卷…………… 3－5
憑山閣增輯留青新集三十卷…………… 3－5
憑山閣增輯留青新集三十卷…………… 3－5
憑山閣增輯留青新集三十卷…………… 3－5
憑山閣增輯留青新集三十卷…………… 3－5
憑山閣增輯留青新集三十卷…………… 3－5
憑山閣增輯留青新集三十卷…………… 3－5
憑山閣增輯留青新集三十卷…………… 3－5
憑山閣增輯留青新集三十卷…………… 3－5
憑山閣增輯留青新集三十卷…………… 3－5
憑山閣增輯留青新集三十卷…………… 3－5
憑山閣增輯留青新集三十卷…………… 3－6
憑山閣增輯留青新集三十卷…………… 3－6
憑山閣增輯留青新集三十卷…………… 3－6
憑山閣增輯留青新集三十卷…………… 3－6
憑山閣增輯留青新集三十卷…………… 3－6
憑山閣增輯留青新集三十卷…………… 3－6
憑山閣增輯留青新集三十卷…………… 3－6
憑山閣增輯留青新集三十卷…………… 3－6
憑山閣增輯留青新集三十卷…………… 3－6
憑山閣增輯留青新集三十卷…………… 3－6
憑山閣增輯留青新集三十卷…………… 3－6
憑山閣增輯留青新集三十卷…………… 3－6
憑山閣增輯留青新集三十卷…………… 3－6
憑山閣增輯留青新集三十卷…………… 3－6
憑山閣增輯留青新集三十卷…………… 3－6
憑山閣增輯留青新集三十卷…………… 3－6
憑山閣增輯留青新集三十卷…………… 3－6
憑山閣增輯留青新集三十卷…………… 3－7
憑山閣增輯留青新集三十卷…………… 3－7
憑山閣增輯留青新集三十卷…………… 3－7
憑山閣增輯留青新集三十卷…………… 3－7
憑山閣增輯留青新集三十卷…………… 3－7
憑山閣增輯留青新集三十卷…………… 3－7
憑山閣增輯留青新集三十卷…………… 3－7
[憑編立約簿]不分卷(清同治元年
至光緒二十三年) ………………… 5－332
凝香室鴻雪因緣圖記三集…………… 2－463
凝香室鴻雪因緣圖記三集…………… 2－463
凝香室鴻雪因緣圖記三集…………… 2－463
凝香室鴻雪因緣圖記三集…………… 2－463
凝香室鴻雪因緣圖記三集…………… 2－463
凝香室鴻雪因緣圖記三集…………… 2－463
凝齋先生遺集十卷末一卷…………… 2－463
凝齋先生遺集十卷末一卷…………… 2－463
凝齋先生遺集十卷末一卷…………… 2－464
凝齋先生遺集十卷末一卷…………… 2－464
磨盾餘談二卷……………………… 2－433
辨字摘要不分卷 …………………… 1－57
辨字摘要不分卷 …………………… 1－57
辨字摘要四卷 ……………………… 1－57
辨字摘要四卷 ……………………… 1－57
辨字摘要四卷 ……………………… 1－57
辨字摘要四卷 ……………………… 1－57
辨字摘要四卷 ……………………… 1－57
辨字摘要四卷 ……………………… 1－57
辨字摘要四卷 ……………………… 1－57
辨字摘要四卷 ……………………… 1－57
辨志堂新輯易經集解四卷 ………… 1－57
辨脈篇一卷六經定法一卷 ………… 1－56

辨脈篇一卷六經定法一卷 …………… 1－56
辨訛考異二卷……………………… 2－348
辨訛考異二卷……………………… 2－348
辨學啓蒙一卷 …………………… 1－56
辨譌考異二卷……………………… 2－348
辨譌考異二卷……………………… 2－348
辨證奇聞十五卷 ………………… 1－56
辨證奇聞十五卷 ………………… 1－56
辨證奇聞十五卷 ………………… 1－56
辨證奇聞十五卷 ………………… 1－56
辨證奇聞十五卷 ………………… 1－57
辨證奇聞十卷 …………………… 1－56
辨證奇聞十卷 …………………… 1－56
辨證錄十四卷 …………………… 1－56
親親餘事上編六卷下編六卷 ………… 3－49
親親餘事上編六卷下編六卷 ………… 3－49
龍川文集三十卷附錄二卷…………… 2－348
龍川文集三十卷附錄二卷…………… 2－348
龍川文集三十卷補遺一卷附錄二卷
……………………………………… 2－348
龍川文集三十卷補遺一卷附錄二卷
……………………………………… 2－348
龍川先生文集二卷………………… 2－348
龍川先生文集三十卷……………… 2－348
龍川先生詩鈔一卷………………… 2－348
龍川先生詩鈔一卷 ……………… 5－31
龍文鞭影二卷……………………… 2－350
龍文鞭影二卷……………………… 2－350
龍文鞭影二卷……………………… 2－350
龍文鞭影二卷……………………… 2－350
龍文鞭影二卷……………………… 2－350
龍文鞭影二卷……………………… 2－350
龍文鞭影二卷……………………… 2－350
龍文鞭影二卷……………………… 2－350
龍文鞭影二卷……………………… 2－350
龍文鞭影二卷……………………… 2－350
龍文鞭影二卷……………………… 2－350
龍文鞭影二卷……………………… 2－351
龍文鞭影二卷……………………… 2－351
龍文鞭影二卷……………………… 2－351
龍文鞭影二卷……………………… 2－351
龍文鞭影二卷……………………… 2－351
龍文鞭影二卷……………………… 2－351
龍文鞭影二卷……………………… 2－351
龍文鞭影二卷……………………… 2－351
龍文鞭影二卷……………………… 2－351
龍文鞭影二卷……………………… 2－351
龍文鞭影二卷 …………………… 5－31
龍文鞭影二卷 …………………… 5－39
龍文鞭影二集二卷………………… 2－350
龍文鞭影四卷……………………… 2－351
龍文鞭影四卷……………………… 2－351
龍文鞭影四卷……………………… 2－351
龍尾山房詩存六卷………………… 2－350
龍尾山房詩存六卷………………… 2－350
龍虎山志十六卷…………………… 2－348
龍虎山志十六卷…………………… 2－348
龍門綱鑑正編二十卷綱鑑要箋四卷
……………………………………… 2－348
龍門綱鑑正編二十卷綱鑑要箋四卷
……………………………………… 2－348
龍岡山人詩鈔十八卷……………… 2－348
龍性堂易史參錄二卷……………… 2－351
龍城書院課選不分卷……………… 2－348
龍南留別酬唱錄一卷……………… 2－348
[道光]龍南縣志八卷首一卷 ……… 5－280
[道光]龍南縣志八卷首一卷 ……… 5－280
[光緒]龍南縣志八卷首一卷 ……… 5－294
[光緒]龍南縣志八卷首一卷 ……… 5－294
龍威祕書…………………………… 2－349
龍威祕書…………………………… 2－349
龍威祕書…………………………… 2－349
龍威祕書…………………………… 2－349
龍威祕書…………………………… 2－349
龍威祕書…………………………… 2－349
龍威祕書…………………………… 2－350
龍威祕書…………………………… 2－350
龍威祕書…………………………… 2－350
龍威祕書…………………………… 2－350
龍威祕書…………………………… 2－350
龍威祕書…………………………… 2－350
龍泉園集十二卷…………………… 2－348

[光緒]龍泉縣志十二卷首一卷 …… 5－294
[同治]龍泉縣志十八卷首一卷末一卷……………………………… 5－361
[同治]龍泉縣志十八卷首一卷末一卷……………………………… 5－361
[同治]龍泉縣志十八卷首一卷末一卷……………………………… 5－361
[同治]龍泉縣志十八卷首一卷末一卷……………………………… 5－361
龍洲集十四卷首一卷………………… 2－351
龍洲集十四卷首一卷………………… 2－352
龍洲集十四卷首一卷………………… 2－352
龍珠山房詩集二卷補遺一卷附錄一卷湖上篇一卷………………………… 2－352
[龍朝公衆總錄](清光緒五年至一九五〇年) ……………………… 5－331
龍雲先生文集三十二卷附錄一卷…… 2－351
龍舒宦遊草一卷……………………… 2－348
龍舒淨土文十卷……………………… 2－348
龍舒淨土文十卷首一卷末一卷……… 2－348
龍經校注一卷………………………… 2－348
龍經辨正一卷………………………… 2－348
龍圖公案十卷………………………… 2－349
龍圖公案十卷………………………… 2－349
龍圖公案十卷………………………… 2－349
龍圖公案十卷………………………… 2－349
龍圖公案十卷………………………… 2－349
龍圖公案十卷………………………… 2－349
龍圖公案十卷………………………… 2－349
龍圖公案十卷………………………… 2－349
龍圖公案十卷………………………… 2－349
龍圖公案十卷………………………… 2－349
龍圖公案十卷………………………… 2－349
龍圖公案十卷………………………… 2－349
龍圖公案十卷………………………… 2－349
龍圖公案十卷………………………… 2－349
龍圖公案十卷………………………… 2－349
龍圖公案十卷………………………… 2－349
龍鳳配一卷…………………………… 2－348
龍韶公祠冊不分卷…………………… 2－348
龍潭山志七卷首一卷末一卷………… 2－349
龍潭老人家傳不分卷………………… 2－349
龍興祥符戒壇寺志十二卷…………… 2－351
龍壁山房文集八卷…………………… 2－347
龍壁山房文集八卷…………………… 2－347
龍壁山房文集五卷…………………… 2－347
龍谿王先生全集二十卷……………… 2－351
龍谿王先生全集二十卷……………… 2－351
龍谿王先生全集二十卷……………… 2－351
憺園全集三十六卷…………………… 1－237
憶雲詞四卷刪存一卷………………… 4－329
甑峰先生遺稿二卷 ………………… 5－82
甑峰先生遺稿二卷 ………………… 5－83
螢窓異草四卷………………………… 4－383
螢照閣集十六卷……………………… 4－383
營工要覽四卷………………………… 4－383
營田四局摘要一卷…………………… 2－237
營城揭要二卷………………………… 4－383
營城揭要二卷附圖一卷……………… 4－383
營城揭要二卷附圖一卷……………… 4－383
營城揭要二卷附圖一卷……………… 4－383
[燈會簿]不分卷(清光緒九年至一九五〇年) ………………………… 5－286
燈謎二卷……………………………… 1－244
燈謎二卷……………………………… 1－244
澣江詩鈔不分卷 …………………… 2－27
澣雲詩鈔八卷 ……………………… 2－27
[嘉慶]澠池縣志十六卷 …………… 5－302
潞水客談一卷………………………… 2－363
澡雪堂文鈔十卷 …………………… 5－44
澡雪堂文鈔十卷 …………………… 5－44
澡雪堂文鈔十卷詩鈔一卷聯語一卷籌海蠡言一卷綿江別話一卷 ……… 5－44
澡雪堂文鈔十卷詩鈔一卷聯語一卷籌海蠡言一卷綿江別話一卷 ……… 5－44
澡雪堂文鈔十卷詩鈔一卷聯語一卷籌海蠡言一卷綿江別話一卷 ……… 5－44
澤古齋文鈔三卷詩鈔一卷 ………… 5－45
澤雅堂文集八卷 …………………… 5－45
激素飛青閣摹刻古碑不分卷………… 2－111
澹香齋律賦二卷……………………… 1－237
澹香齋試帖二卷……………………… 1－237

澹香齋試帖四卷 …………………………… 1－237
澹香齋詩草一卷 …………………………… 1－237
澹香齋遺稿 ………………………………… 1－237
澹香齋遺稿 ………………………………… 1－237
澹雅局增定課讀鑑略妥註善本五卷
…………………………………………… 1－237
澹雅局增定課讀鑑略妥註善本五卷
…………………………………………… 1－237
澹雅局增定課讀鑑略妥註善本五卷
…………………………………………… 1－237
澹雅局增定課讀鑑略妥註善本五卷
…………………………………………… 1－237
澹雅局增定課讀鑑略妥註善本五卷
…………………………………………… 1－237
澹雅局增定課讀鑑略妥註善本五卷
…………………………………………… 1－237
澹雅局增定課讀鑑略妥註善本五卷
…………………………………………… 1－237
澹雅局增定課讀鑑略妥註善本五卷
…………………………………………… 1－237
澹雅局增定課讀鑑略妥註善本五卷
…………………………………………… 1－237
澹雅局增定課讀鑑略妥註善本五卷
…………………………………………… 1－237
澹遠堂集 …………………………………… 1－237
澹遠堂集□□卷 …………………………… 1－237
澹遠堂集雜著□□卷 ……………………… 1－237
澹園文集二卷 ……………………………… 1－237
澹慮軒試帖一卷 …………………………… 1－236
澹澄堂集不分卷 …………………………… 1－236
澹靜齋文鈔八卷 …………………………… 1－236
澹靜齋文鈔八卷詩鈔六卷 ………………… 1－236
澹靜齋集二卷 ……………………………… 1－236
澹靜齋詩鈔六卷 …………………………… 1－236
濂亭文集八卷 ……………………………… 2－317
濂亭文集八卷 ……………………………… 2－317
濂亭文集八卷 ……………………………… 2－317
濂亭遺詩二卷 ……………………………… 2－317
濂亭遺詩二卷遺文五卷 …………………… 2－317
濂亭遺詩二卷遺文五卷 …………………… 2－317
濂洛風雅九卷 ……………………………… 2－316
濂洛關閩六先生傳一卷 …………………… 2－316
濂溪志七卷濂溪遺芳集一卷 ……………… 2－317
濂溪志七卷濂溪遺芳集一卷 ……………… 2－317
濂墨軒文集一卷 …………………………… 2－317
憲法古義三卷 ……………………………… 4－116
憲法古義三卷 ……………………………… 4－116
憲法古義三卷 ……………………………… 4－116
憲法古義三卷 ……………………………… 4－116
憲法古義三卷 ……………………………… 4－116
憲法法理要義二卷 ………………………… 4－116
憲法精理二卷 ……………………………… 4－116
憲政增補最新職官全錄不分卷（清
光緒三十四年） ………………………… 4－117
憲政編查館會奏遵議變通府廳州縣
地方審判廳辦法摺一卷憲政編查
館會奏酌擬各省法官變通迴避辦
法摺一卷憲政編查館奏擬訂宗室
覺羅訴訟章程摺一卷 …………………… 4－117
憲廟硃批諭旨不分卷 ……………………… 4－116
憲廟硃批諭旨不分卷 ……………………… 4－116
憲廟硃批諭旨不分卷 ……………………… 4－117
寰宇訪碑錄十二卷 ………………………… 2－68
寰宇訪碑錄十二卷 ………………………… 2－68
寰宇訪碑錄十二卷 ………………………… 2－68
寰宇訪碑錄十二卷 ………………………… 2－69
寰宇訪碑錄十二卷 ………………………… 2－69
寱言二卷 …………………………………… 4－90
禪林僧寶傳三十卷 ………………………… 1－93
禪林僧寶傳三十卷 ………………………… 1－93
禪林寶訓筆說三卷 ………………………… 1－93
禪門日誦一卷 ……………………………… 1－93
禪真逸史四十回 …………………………… 1－93
禪真逸史四十回 …………………………… 1－93
禪真逸史四十回 …………………………… 1－93
禪源諸詮集都序四卷 ……………………… 1－93
禪關策進一卷 ……………………………… 1－93
禪關策進一卷 ……………………………… 1－93
閻潛丘先生［若璩］年譜一卷 …………… 4－264
［避凶趨吉］不分卷 ……………………… 5－274
隱秀軒集八卷 ……………………………… 4－378
隱居放言詩話一卷詞話一卷 ……………… 4－378

隱居通議三十一卷…………………… 4－378
隱居通議三十一卷…………………… 4－378
隱居通議三十一卷…………………… 4－378
隱居通議三十一卷…………………… 4－378
縉山書院文話四卷…………………… 2－196
縉山書院文話四卷…………………… 2－196
縉山書院文話四卷…………………… 4－163

十七畫

麗濾薈錄十四卷……………………… 2－147
環石齋詩集八卷 ………………………… 2－69
環地福分類字課圖說八卷 …………… 2－69
環地福分類字課圖說八卷 …………… 2－69
環地福分類字課圖說八卷 …………… 2－69
環遊地球新錄四卷 …………………… 2－69
環遊地球新錄四卷 …………………… 2－69
環遊地球新錄四卷 …………………… 2－69
環溪山莊存稾百美圖不分卷 ………… 2－69
環溪草堂文集四卷 …………………… 2－69
環碧山房詩鈔四卷 …………………… 2－69
環碧山房詩鈔四卷 …………………… 2－69
環碧主人賸稿一卷 …………………… 2－69
環滸尹氏歷代詩草二卷 ……………… 2－69
環翠樓詩鈔一卷……………………… 4－332
趨庭詩草二卷………………………… 2－222
趨庭詩草二卷 ………………………… 3－58
趨庭詩草二卷 ………………………… 3－58
趨庭詩草二卷 ………………………… 3－58
趨庭詩草二卷 ………………………… 3－58
戴氏先德傳二卷……………………… 1－234
戴氏族譜□□卷……………………… 5－341
戴氏遺書……………………………… 1－234
戴氏遺書……………………………… 1－234
戴氏遺書……………………………… 1－234
戴東原先生年譜一卷覆校札記一卷
……………………………………… 1－234
戴東原先生年譜一卷覆校札記一卷
……………………………………… 1－234
戴東原集十二卷……………………… 1－234
戴東原集十二卷……………………… 1－234
戴南山文鈔六卷……………………… 1－234
戴南山文鈔六卷……………………… 1－234
戴祝三紀事不分卷(清乾隆五十六
年至六十年) ……………………… 1－235
蟄菴存稿不分卷 ……………………… 5－95
蟄庵詩錄一卷 ………………………… 5－95
蟄雲雷齋叢書 ………………………… 5－95
聲律通考十卷………………………… 3－146
聲律通考十卷………………………… 3－146
聲律啓蒙對類四卷…………………… 3－146
聲律啓蒙對類四卷…………………… 3－146
聲律啓蒙撮要二卷…………………… 3－145
聲律啓蒙撮要二卷…………………… 3－145
聲律啓蒙撮要二卷…………………… 3－145
聲律啓蒙撮要二卷…………………… 3－145
聲律啓蒙撮要二卷…………………… 3－145
聲律啓蒙撮要二卷…………………… 3－145
聲律啓蒙撮要二卷…………………… 3－145
聲律啓蒙撮要二卷…………………… 3－145
聲律啓蒙撮要二卷…………………… 3－145
聲律啓蒙撮要二卷…………………… 3－145
聲律啓蒙撮要二卷…………………… 3－145
聲律啓蒙撮要二卷…………………… 3－145
聲律啓蒙撮要二卷首一卷…………… 3－145
聲律啓蒙撮要二卷首一卷…………… 3－146
聲律啓蒙撮要二卷首一卷…………… 3－146
聲律啓蒙撮要二卷首一卷…………… 3－146
聲律啓蒙撮要三卷…………………… 3－146
聲律啓蒙撮要三卷…………………… 3－146
聲律啓蒙撮要三卷…………………… 3－146
聲調三譜十二卷……………………… 3－145
聲調三譜十二卷……………………… 3－145
聲調譜三卷談龍錄一卷……………… 3－145
聲調譜三卷談龍錄一卷……………… 3－145
聲調譜三卷談龍錄一卷……………… 5－391
聲調譜三譜四卷……………………… 3－145
聲調譜三譜四卷……………………… 3－145
聲調譜六卷末一卷…………………… 3－145
聲學八卷……………………………… 3－146
聲學八卷……………………………… 3－146
聲學八卷……………………………… 3－146

聲學不分卷…………………………… 3－146
聲學揭要不分卷……………………… 3－146
聲韻考四卷…………………………… 3－146
聲類四卷……………………………… 3－145
聰山集………………………………… 1－190
聰山集八卷荆園小語一卷進語一卷
…………………………………… 1－190
聯珠經不分卷………………………… 2－317
聯記樂英堂補刊案文一卷…………… 2－317
聯業堂綱鑑易知錄九十二卷明鑑易
知錄十五卷………………………… 2－317
聯業堂綱鑑易知錄九十二卷明鑑易
知錄十五卷………………………… 2－317
聯對新紀二卷………………………… 2－317
[聯語]不分卷 ……………………… 5－330
[聯語]不分卷 ……………………… 5－330
[聯語]不分卷 ……………………… 5－330
[聯語]不分卷 ……………………… 5－330
[聯語]不分卷 ……………………… 5－330
聯璧詩鈔二卷………………………… 2－317
聯璧詩鈔二卷………………………… 2－317
鞞婆沙論十四卷 ……………………… 1－55
藍山集六卷…………………………… 2－255
藍戶部集二十八卷…………………… 2－255
藍戶部集二十八卷…………………… 2－255
藍澗集六卷…………………………… 2－255
藏一話腴内編二卷外編二卷 ………… 1－78
藏真詩草一卷 ………………………… 1－78
藏海園酬唱集一卷 …………………… 1－78
藏海園酬唱集一卷 …………………… 1－78
藏海園酬唱集一卷 …………………… 1－78
藏書六十八卷 ………………………… 1－78
藏書六十八卷 ………………………… 1－78
藏書紀事詩六卷 ……………………… 1－78
藏園詩鈔一卷 ………………………… 1－78
藏龍集六卷病中吟一卷 ……………… 1－78
藏齋詩鈔六卷 ………………………… 1－78
舊五代史一百五十卷目錄二卷……… 2－233
舊五代史一百五十卷目錄二卷……… 2－233
舊五代史一百五十卷目錄二卷……… 2－233
舊五代史一百五十卷目錄二卷……… 2－233
舊五代史一百五十卷目錄二卷……… 2－233
舊五代史一百五十卷附考證………… 2－232
舊五代史一百五十卷附考證………… 2－232
舊五代史一百五十卷附考證………… 2－233
舊五代史一百五十卷附考證………… 2－233
舊五代史一百五十卷附考證………… 2－233
舊五代史一百五十卷附考證………… 2－233
舊五代史一百五十卷附考證………… 2－233
舊五代史一百五十卷附考證………… 2－233
舊五代史一百五十卷附考證………… 2－233
舊五代史一百五十卷附考證………… 2－233
舊五代史一百五十卷附考證………… 4－268
舊言集不分卷………………………… 2－233
舊雨草堂時文不分卷………………… 2－233
舊約聖書□□章……………………… 2－233
舊唐書二百卷………………………… 2－232
舊唐書二百卷………………………… 2－232
舊唐書二百卷………………………… 2－232
舊唐書二百卷………………………… 2－232
舊唐書二百卷………………………… 2－232
舊唐書二百卷………………………… 3－442
舊唐書二百卷附考證………………… 2－232
舊唐書二百卷附考證………………… 2－232
舊唐書二百卷附考證………………… 2－232
舊唐書二百卷附考證………………… 2－232
舊唐書二百卷附考證………………… 2－232
舊唐書二百卷附考證………………… 2－232
舊唐書二百卷附考證………………… 2－232
舊唐書李靖傳攷證一卷 ……………… 4－21
舊唐書李靖傳攷證一卷 ……………… 4－21
舊唐書逸文十二卷…………………… 2－232
韓子二十卷 …………………………… 2－18
韓子二十卷附錄一卷 ………………… 2－18
韓子文鈔十卷 ………………………… 2－18
韓子迂評二十卷 ……………………… 2－18
韓子粹言一卷 ………………………… 2－18
韓子粹言一卷 ………………………… 2－18
韓子粹言一卷 ………………………… 2－18
韓子粹言一卷 ………………………… 2－18
韓子粹言一卷 ………………………… 2－18
韓子粹言一卷 ………………………… 2－18

韓子粹言一卷 ………………………… 2－18
韓五泉詩四卷 ………………………… 2－18
韓五泉詩四卷 ………………………… 2－18
韓內翰別集一卷補遺一卷 …………… 2－16
韓文公年譜一卷 ……………………… 2－17
韓文四十卷外集十卷遺集一卷 ……… 2－17
韓文考異四十卷外集考異十卷遺文
考異一卷首一卷末一卷 …………… 2－17
韓文起十二卷 ………………………… 2－17
韓文起十二卷 ………………………… 2－17
韓文起十二卷 ………………………… 2－17
韓文起十二卷 ………………………… 2－17
韓文評林八卷 ………………………… 2－17
韓文類譜七卷柳先生[宗元]年譜一
卷 ………………………………………… 2－17
韓文類譜七卷柳先生[宗元]年譜一
卷 ………………………………………… 2－17
韓江雜錄一卷 ………………………… 2－16
韓安人遺詩一卷 ……………………… 2－18
韓安人遺詩一卷 ……………………… 2－18
韓非子二十卷 ………………………… 2－15
韓非子二十卷 ………………………… 2－15
韓非子二十卷 ………………………… 2－15
韓非子二十卷 ………………………… 2－15
韓非子二十卷 ………………………… 2－16
韓非子二十卷 ………………………… 2－16
韓非子二十卷 ………………………… 2－16
韓非子二十卷 ………………………… 2－16
韓非子二十卷 ………………………… 2－16
韓非子二十卷 ………………………… 2－16
韓非子二十卷 ………………………… 2－16
韓非子二十卷 ………………………… 2－16
韓非子二十卷 ………………………… 2－16
韓非子二十卷 ………………………… 2－16
韓非子集解二十卷首一卷 …………… 2－16
韓非子識誤三卷 ……………………… 2－16
韓非子識誤三卷 ……………………… 2－16
韓非子識誤三卷 ……………………… 2－16
韓非子識誤三卷 ……………………… 2－16
韓昌黎先生文集三十卷外集十卷 …… 2－15
韓昌黎詩集編年箋注十二卷 ………… 2－15
韓昌黎詩集編年箋注十二卷 ………… 2－15
韓昌黎詩集編年箋注十二卷 ………… 2－15
韓昌黎詩集編年箋注十二卷 ………… 2－15
韓昌黎詩集編年箋注十二卷 ………… 2－15
韓昌黎詩集編年箋注十二卷 ………… 2－15
韓昌黎詩集編年箋注十二卷 ………… 2－15
韓門綴學五卷續編一卷 ……………… 2－16
韓筆酌蠡三十卷 ……………………… 2－15
韓筆酌蠡三十卷 ……………………… 2－15
韓筆酌蠡三十卷 ……………………… 2－15
韓集點勘四卷 ………………………… 1－94
韓集點勘四卷 ………………………… 1－95
韓集點勘四卷 ………………………… 1－95
韓集點勘四卷 ………………………… 1－95
韓集點勘四卷 ………………………… 1－95
韓集點勘四卷 ………………………… 1－95
韓集點勘四卷 ………………………… 1－95
韓集點勘四卷 ………………………… 1－95
韓集點勘四卷 ………………………… 1－95
韓集點勘四卷 ………………………… 1－95
韓集點勘四卷 ………………………… 2－16
韓集點勘四卷 ………………………… 2－16
韓詩外傳十卷 ………………………… 2－16
韓詩外傳十卷 ………………………… 2－16
韓詩外傳十卷 ………………………… 2－17
韓詩外傳十卷 ………………………… 2－17
韓詩外傳十卷 ………………………… 2－17
韓詩外傳十卷 ………………………… 2－17
韓詩外傳十卷 ………………………… 2－17
韓詩外傳十卷 ………………………… 2－17
韓詩外傳十卷 ………………………… 2－17
韓詩外傳十卷 ………………………… 2－17
韓詩外傳十卷 ………………………… 2－17
韓詩故二卷 …………………………… 2－16
[韓溪程氏修墓記]不分卷 ………… 5－299
韓魏公集二十卷 ……………………… 2－17
隸法彙纂十卷 ………………………… 2－315
隸法彙纂十卷 ………………………… 2－315
隸書十法一卷 ………………………… 2－315
隸篇十五卷續十五卷再續十五卷 …… 2－315
隸篇十五卷續十五卷再續十五卷 …… 2－315

隸篇十五卷續十五卷再續十五卷…… 2－315
隸辨八卷…………………………… 2－314
隸辨八卷…………………………… 2－314
隸辨八卷…………………………… 2－314
隸辨八卷…………………………… 2－314
隸辨八卷…………………………… 2－314
隸辨八卷…………………………… 2－314
隸辨八卷…………………………… 2－314
隸辨八卷…………………………… 2－314
隸辨八卷…………………………… 2－314
隸辨八卷…………………………… 2－314
隸辨八卷…………………………… 2－314
隸辨八卷…………………………… 2－314
隸辨八卷…………………………… 2－314
隸辨八卷…………………………… 2－314
隸辨八卷…………………………… 2－315
隸辨八卷…………………………… 2－315
隸辨八卷…………………………… 2－315
隸辨八卷…………………………… 2－315
隸韻十卷…………………………… 2－315
隸韻十卷…………………………… 2－315
隸韻十卷…………………………… 2－315
隸韻考證二卷碑目考證一卷………… 2－315
隸韻考證二卷碑目考證一卷………… 2－315
隸韻考證二卷碑目考證一卷………… 2－315
隸釋二十七卷……………………… 2－315
隸釋二十七卷……………………… 2－315
隸釋二十七卷隸續二十一卷……… 2－315
檉花館試帖輯注一卷……………… 1－106
檉花館試帖輯註一卷……………… 1－106
檉花館試帖輯註一卷……………… 1－106
檉花館試帖輯註一卷……………… 1－106
檉花館試帖輯註一卷……………… 1－106
檉花館試帖輯註一卷……………… 1－106
檉花館試帖輯註一卷……………… 1－106
檉花館試帖輯註一卷……………… 1－106
檉花館試帖輯註一卷……………… 1－106
檉花館試帖輯註一卷……………… 1－106
檉花館試帖輯註一卷……………… 1－106
檉花館試帖輯註一卷……………… 1－106
檉花館試帖輯註一卷……………… 1－107
檉花館試帖輯註一卷……………… 1－107
檉花館試帖輯註一卷……………… 1－107
檉華館全集十二卷………………… 1－107
檉華館試帖彙鈔輯注十卷………… 1－107
檉華館試帖彙鈔輯注十卷………… 1－107
［檢字］一卷 ……………………… 5－303
檢身寶訓一卷……………………… 2－148
檢查廳調度司法員警章程不分卷…… 2－148
檢驗秘錄一卷……………………… 2－148
檢驗合參一卷……………………… 4－243
檢驗合參一卷……………………… 4－243
檢驗集證一卷檢驗合參一卷……… 2－148
檀几叢書…………………………… 3－424
檀几叢書…………………………… 3－424
檀几叢書…………………………… 3－424
檀几叢書…………………………… 3－424
檀几叢書…………………………… 3－424
檀几叢書…………………………… 3－424
檀几叢書…………………………… 5－395
檀弓二卷…………………………… 3－424
檀弓記二卷………………………… 3－424
檀弓問四卷………………………… 3－424
檀弓輯注二卷……………………… 3－424
檀弓辨誣三卷……………………… 3－424
檀弓纂二卷………………………… 3－424
檀氏儀禮韻言塾課藏本二卷……… 3－424
檀園集十二卷……………………… 3－424
懋齋時藝不分卷…………………… 2－394
轅下吟編不分卷 ………………… 5－20
擊鉢吟偶存二卷…………………… 2－111
［臨川十寶］十卷 ………………… 5－330
臨川文選…………………………… 2－332
臨川文選…………………………… 2－332
臨川先生文集一百卷目錄二卷……… 2－332
臨川先生文集一百卷目錄二卷……… 2－332
臨川先生文集一百卷目錄二卷……… 2－332
臨川先生文集一百卷目錄二卷……… 2－332
臨川吳文正公年譜一卷 …………… 1－79
臨川吳文正公年譜一卷 …………… 1－79
臨川吳文正公年譜一卷 …………… 1－79
臨川吳文正公年譜一卷 …………… 1－79

臨川夢二卷二十齣 …………………… 2－332
臨川夢二卷二十齣 …………………… 2－332
臨川詩鈔一卷 ………………………… 2－332
[道光]臨川縣志三十二卷 ………… 5－280
[道光]臨川縣志三十二卷 ………… 5－280
[同治]臨川縣志五十四卷首一卷末一卷 ……………………………… 5－360
[同治]臨川縣志五十四卷首一卷末一卷 ……………………………… 5－360
[同治]臨川縣志五十四卷首一卷末一卷 ……………………………… 5－360
[乾隆]臨川縣志四十九卷 ………… 5－335
[嘉慶]臨川縣續志十二卷 ………… 5－301
臨文便覽不分卷 ……………………… 2－333
臨文便覽不分卷 ……………………… 2－333
臨民要略 ……………………………… 2－333
臨民要略 ……………………………… 2－333
臨民要略 ……………………………… 2－333
臨民要略 ……………………………… 2－333
臨民要略 ……………………………… 2－333
臨民要略 ……………………………… 2－333
臨民要略 ……………………………… 2－333
臨民要略 ……………………………… 2－333
臨民要略 ……………………………… 2－333
臨民要略 ……………………………… 2－333
臨民要略 ……………………………… 2－333
臨民要略 ……………………………… 2－333
臨江玉峽三孔文集三十卷 ………… 2－333
臨江玉峽三孔文集三十卷 ………… 2－333
臨江玉峽三孔文集三十卷 ………… 2－333
臨江玉峽三孔文集三十卷 ………… 2－333
臨江玉峽三孔文集三十卷 ………… 2－333
[康熙]臨江府志十六卷 ………… 5－327
[康熙]臨江府志十六卷 ………… 5－328
[同治]臨江府志三十二卷首一卷 … 5－360
[同治]臨江府志三十二卷首一卷 … 5－360
[同治]臨江府志三十二卷首一卷 … 5－360
[同治]臨江府志三十二卷首一卷 … 5－360
[同治]臨江府志三十二卷首一卷 … 5－360
[同治]臨江府志三十二卷首一卷 … 5－360
臨池一助二卷 ………………………… 2－332
臨池一助集聯四卷 …………………… 2－332
臨安旬制紀三卷 ……………………… 2－332
臨安旬制紀三卷全浙詩話刊誤一卷 ……………………………………… 2－332
[宣統]臨安縣志八卷首一卷末一卷 ……………………………………… 5－377
臨陣管見九卷 ………………………… 2－334
臨陣管見九卷 ………………………… 2－334
臨病考證一卷 ………………………… 2－332
臨漳縣漳水圖經一卷連山綏猺廳志一卷 ……………………………… 2－334
[乾隆]臨潼縣志九卷圖一卷 ……… 5－335
臨證指南不分卷 ……………………… 2－334
臨證指南醫案十卷 …………………… 2－334
臨證指南醫案十卷 …………………… 2－334
臨證指南醫案十卷 …………………… 2－334
臨證指南醫案十卷 …………………… 2－334
臨證指南醫案十卷 …………………… 2－334
臨證指南醫案十卷 …………………… 2－334
臨證指南醫案十卷 …………………… 2－334
臨證指南醫案十卷 …………………… 2－334
臨證指南醫案十卷 …………………… 2－334
臨證指南醫案十卷 …………………… 2－334
臨證指南醫案十卷 …………………… 2－334
臨證指南醫案十卷 …………………… 2－334
臨證指南醫案十卷 …………………… 2－334
臨證指南醫案十卷 …………………… 2－334
臨證指南醫案十卷 …………………… 2－334
臨證指南醫案十卷 …………………… 2－334
臨證指南醫案十卷 …………………… 2－334
臨證指南醫案十卷 …………………… 2－334
臨證指南醫案十卷 …………………… 2－335
臨證指南醫案十卷 …………………… 2－335
臨證指南醫案十卷 …………………… 2－335
臨證指南醫案十卷 …………………… 4－498
臨證指南醫案十卷 …………………… 5－2
臨證指南醫案十卷 …………………… 5－8
臨證指南醫案十卷附種福堂續選臨證指南四卷 ……………………… 2－335
壓線二集一卷 ………………………… 4－261
壓線編六卷 …………………………… 4－261

邇言六卷…………………………… 1 – 339
霜紅龕集十二卷附錄一卷……………… 3 – 292
霞外詩集十卷…………………………… 4 – 110
霞亭集十五卷外集五卷附錄一卷…… 4 – 110
擬明史樂府一卷………………………… 2 – 457
擬明史樂府一卷………………………… 2 – 457
擬明史樂府一卷………………………… 2 – 457
擬莆陽樂府一卷………………………… 2 – 457
擬漢樂府八卷補遺一卷附錄二卷…… 2 – 457
擬漢樂府八卷補遺一卷附錄二卷…… 2 – 457
擬漢樂府八卷補遺一卷附錄兩卷…… 2 – 457
擲地金聲不分卷………………………… 5 – 116
豳風廣義三卷 ………………………… 1 – 58
豳風廣義三卷 ………………………… 1 – 58
罊舟園題詠二卷 ……………………… 2 – 34
罊雲篇文集十五卷 …………………… 2 – 33
[戲曲]不分卷 ……………………… 5 – 376
[戲曲]不分卷 ……………………… 5 – 376
[戲曲]不分卷 ……………………… 5 – 376
戲曲抄本不分卷………………………… 4 – 110
[戲曲鈔]六卷 ……………………… 5 – 376
[戲劇] ……………………………… 5 – 375
[戲劇] ……………………………… 5 – 375
[戲劇] ……………………………… 5 – 375
[戲劇] ……………………………… 5 – 375
[戲劇]一卷 ………………………… 5 – 376
[戲劇]不分卷 ……………………… 5 – 375
[戲劇]不分卷 ……………………… 5 – 375
[戲劇]不分卷 ……………………… 5 – 375
[戲劇]不分卷 ……………………… 5 – 375
[戲劇]不分卷 ……………………… 5 – 375
[戲劇]不分卷 ……………………… 5 – 375
[戲劇]不分卷 ……………………… 5 – 375
[戲劇]不分卷 ……………………… 5 – 375
[戲劇]不分卷 ……………………… 5 – 375
[戲劇]不分卷 ……………………… 5 – 376
[戲劇]不分卷 ……………………… 5 – 376
[戲劇譜]不分卷 …………………… 5 – 376
戲鴻堂法書十六卷……………………… 4 – 110
嬰堂章程不分卷………………………… 4 – 381
嬰童百問十卷…………………………… 4 – 381
嬰童百問十卷…………………………… 4 – 381
嬰童百問十卷…………………………… 4 – 381
闈墨不分卷 …………………………… 4 – 18
[闈墨彙纂]不分卷 ………………… 5 – 373
闈鐙語要不分卷 ……………………… 4 – 18
闈鐙語要不分卷 ……………………… 4 – 18
牆東類稿二十卷補遺一卷 …………… 3 – 37
嶺表錄異三卷…………………………… 2 – 337
嶺南三大家詩選二十四卷……………… 2 – 337
嶺南三大家詩選二十四卷……………… 2 – 337
嶺南即事雜詠六卷……………………… 2 – 337
嶺南即事雜詠初集一卷二集一卷三集一卷四集一卷五集一卷六集一卷七集一卷…………………………… 2 – 337
嶺南逸史二十八回……………………… 2 – 337
嶺南逸史二十八回……………………… 2 – 337
嶺南逸史二十八回……………………… 2 – 337
嶺南逸史二十八回……………………… 2 – 337
嶺南集七卷續集一卷山左集一卷山左續集一卷…………………………… 2 – 337
嶺南集七卷續集一卷山左集一卷山左續集一卷…………………………… 2 – 337
嶺南集七卷續集一卷山左集一卷山左續集一卷…………………………… 2 – 337
嶺南遺書………………………………… 2 – 337
嶺南雜事詩鈔八卷……………………… 2 – 337
嶽雲詩鈔四卷 ………………………… 5 – 24
嶽雲詩鈔四卷…………………………… 5 – 402
點勘記二卷省堂筆記一卷……………… 1 – 259
壘廬山吟草十四卷……………………… 1 – 260
魏文二卷 ……………………………… 4 – 24
魏文貞公故事拾遺三卷 ……………… 4 – 24
魏阮元瑜集一卷 ……………………… 4 – 22
魏伯子文集十卷首一卷 ……………… 4 – 22
魏伯子文集十卷首一卷 ……………… 4 – 22
魏伯子文集十卷首一卷 ……………… 4 – 22
魏叔子日錄三卷 ……………………… 4 – 22
魏叔子文集外篇二十二卷日錄三卷詩集八卷 ………………………… 4 – 23
魏叔子文集外篇二十二卷日錄三卷詩集八卷 ………………………… 4 – 23

魏叔子文集外篇二十二卷日錄三卷
詩集八卷 …………………………… 4－23
魏叔子文集外篇二十二卷日錄三卷
詩集八卷 …………………………… 4－23
魏叔子文集外篇二十二卷日錄三卷
詩集八卷 …………………………… 4－23
魏叔子文集外篇二十二卷日錄三卷
詩集八卷……………………………… 5－396
魏叔子文鈔十二卷 ……………………… 4－23
魏叔子文鈔七卷 ………………………… 4－22
魏季子文集十六卷 ……………………… 4－22
魏季子文集十六卷 ……………………… 4－22
魏季子文集十六卷 ……………………… 4－22
魏昭士文集十卷 ………………………… 4－24
魏昭士文集十卷 ………………………… 4－24
魏書一百十四卷 ………………………… 4－23
魏書一百十四卷 ………………………… 4－23
魏書一百十四卷 ………………………… 4－23
魏書一百十四卷 ………………………… 4－23
魏書一百十四卷 ………………………… 4－23
魏書一百十四卷 ………………………… 4－23
魏書一百十四卷 ………………………… 4－23
魏書一百十四卷 ………………………… 4－23
魏書一百十四卷 ………………………… 4－23
魏書一百十四卷 ………………………… 4－23
魏書一百十四卷 ………………………… 4－23
魏書校勘記一卷 ………………………… 4－23
魏敬士文集八卷 ………………………… 4－22
魏塘文告摘錄一卷 ……………………… 4－24
魏塘南浦吟一卷 ………………………… 4－23
魏塘南浦吟一卷 ………………………… 4－24
魏塘南浦吟一卷 ………………………… 4－24
魏塘楹帖錄存一卷 ……………………… 4－24
魏塘楹帖錄存一卷 ……………………… 4－24
魏塘楹帖錄存一卷 ……………………… 4－24
魏塘楹帖錄存一卷 ……………………… 4－24
魏塘署齋隨筆一卷 ……………………… 4－24
魏塘署齋隨筆一卷 ……………………… 4－24
魏塘署齋隨筆一卷 ……………………… 4－24
魏塘署齋隨筆一卷 ……………………… 4－24
魏塘漱芳集一卷 ………………………… 4－24
魏塘漱芳集一卷 ………………………… 4－24
魏鄭公諫錄五卷 ………………………… 4－24
魏鄭公諫錄五卷 ………………………… 4－24
魏鄭公諫續錄一卷 ……………………… 4－24
魏鄭公諫續錄二卷 ……………………… 4－24
魏鄭公諫續錄二卷 ……………………… 4－24
魏鄭公諫續錄二卷 ……………………… 4－24
魏劉公幹集一卷 ………………………… 4－22
魏默深先生文集三卷 …………………… 4－22
魏興士文集六卷 ………………………… 4－24
魏鶴山先生渠陽詩一卷 ………………… 4－22
輿地三字經便讀一卷…………………… 4－416
輿地紀勝二百卷首一卷………………… 4－415
輿地紀勝二百卷首一卷………………… 4－415
輿地紀勝二百卷首一卷………………… 4－415
輿地教科書五卷高等學堂輿地習問
題一卷………………………………… 4－416
輿地碑記目四卷………………………… 4－415
輿地經緯度里表一卷…………………… 4－416
輿地經緯度里表一卷…………………… 4－416
輿地廣記三十八卷……………………… 4－415
輿地廣記三十八卷……………………… 4－415
輿地廣記三十八卷……………………… 4－415
輿地廣記三十八卷……………………… 4－415
輿地廣記三十八卷……………………… 5－401
輿圖要覽四卷…………………………… 4－416
輿圖記敘一卷…………………………… 4－416
輿誦編二卷……………………………… 4－416
優曇夢一卷哀蟬餘韻一卷……………… 4－392
儲氏六子文不分卷……………………… 1－137
儲遯菴文集十二卷附錄一卷…………… 1－136
儲遯菴文集十二卷附錄一卷…………… 1－137
龜山先生全集四十二卷………………… 1－479
龜山先生全集四十二卷………………… 1－479
龜巢藁十卷補遺一卷…………………… 1－479
[道光]徽州府志十六卷首一卷 …… 5－279
[道光]徽州府志十六卷首一卷 …… 5－279
徽臨公灘□□卷 ………………………… 2－98
鍥旁注事類捷錄十五卷 ………………… 3－39
鍥旁注事類捷錄十五卷 ………………… 3－39
鍥旁訓古事鏡十二卷 …………………… 3－39

鍊石編三卷圖一卷…………………… 2－319
鍊金新語不分卷…………………… 2－319
鍼灸大成十卷…………………… 5－100
鍼灸大成十卷…………………… 5－100
鍼灸大成十卷…………………… 5－100
鍼灸大成十卷…………………… 5－100
鍼灸大成十卷…………………… 5－100
鍼灸大成十卷…………………… 5－100
鍼灸大成十卷…………………… 5－100
鍼灸大成十卷…………………… 5－100
鍼灸大成十卷…………………… 5－100
鍼灸大成十卷…………………… 5－100
鍼灸大成十卷…………………… 5－101
鍼灸大成十卷…………………… 5－101
鍼灸甲乙經十二卷…………………… 5－101
鍼灸甲乙經十二卷…………………… 5－101
鍼灸甲乙經十二卷…………………… 5－101
鍼灸外治一卷…………………… 5－402
鍼灸全生二卷…………………… 5－101
鍼刺手法不分卷…………………… 5－100
鍼砭俚歌不分卷…………………… 5－100
鍼科一卷…………………… 5－101
鍾山書院乙未課藝一卷…………………… 5－132
鍾氏族譜□□卷首一卷…………………… 5－132
鍾石先生文集三十四卷…………………… 5－132
鍾伯敬先生纂輯標題左傳句解必讀十卷…………………… 5－132
［同治］鍾祥縣志二十卷補編二卷 … 5－371
鍾嶸詩品評議三卷…………………… 5－132
爵秩全函不分卷…………………… 2－236
爵秩全函不分卷…………………… 2－236
爵秩全函不分卷附大清中樞備覽不分卷(清光緒二十八年) ………… 2－236
爵秩全函不分卷(清光緒十八年) … 2－236
爵秩新本不分卷…………………… 2－236
邈雲四編一卷…………………… 2－413
邈雲草一卷續草一卷…………………… 2－413
鮚埼亭文錄四卷…………………… 2－171
鮚埼亭集三十八卷首一卷…………………… 2－170
鮚埼亭集三十八卷首一卷…………………… 2－170
鮚埼亭集三十八卷首一卷…………………… 2－170
鮚埼亭集三十八卷首一卷外編五十卷全謝山先生經史問答十卷……… 2－171
鮚埼亭集三十八卷首一卷外編五十卷全謝山先生經史問答十卷……… 2－171
鮚埼亭集三十八卷首一卷外編五十卷全謝山先生經史問答十卷……… 2－171
鮚埼亭集三十八卷首一卷外編五十卷全謝山先生經史問答十卷……… 2－171
鮚埼亭集三十八卷首一卷外編五十卷全謝山先生經史問答十卷……… 2－171
鮚埼亭集外編五十卷…………………… 2－171
鮚埼亭詩集十卷…………………… 2－171
鮮虞中山國事表疆域圖說一卷……… 4－114
鮮虞中山國事表疆域圖說一卷……… 4－114
螽斯集一卷…………………… 5－132
講武全書兵占二十七卷…………………… 2－164
講習續錄六卷 …………………… 4－95
講筵四世詩鈔十卷…………………… 2－164
講筵四世詩鈔十卷…………………… 2－164
講筵四世詩鈔十卷…………………… 2－164
講筵四世詩鈔十卷…………………… 2－164
謝中丞親筆改定詩稿不分卷…………………… 4－159
謝文貞公文集四卷…………………… 4－159
謝文貞公文集四卷…………………… 4－159
謝文貞公文集四卷…………………… 4－159
謝文莊公文集六卷…………………… 4－159
謝文莊公集六卷…………………… 4－159
謝文莊公集六卷…………………… 4－159
謝希逸集三卷…………………… 4－159
謝法曹集二卷…………………… 4－159
謝華啓秀八卷…………………… 4－159
謝華啓秀八卷…………………… 5－398
謝梅莊先生遺集八卷西北域記一卷…………………… 4－159
謝康樂集四卷…………………… 4－159
謝程山全書…………………… 4－158
謝程山全書…………………… 4－158
謝程山全書…………………… 4－158
謝程山全書…………………… 4－158
謝程山集十八卷首一卷附錄三卷…… 4－158
謝皐羽先生年譜一卷…………………… 4－104

謝皐羽先生年譜一卷…………………… 4－105
謝疊山公文集五卷首一卷外集三卷
　末一卷……………………………… 4－158
謝疊山公外集三卷…………………… 4－158
謝疊山先生文章軌範七卷…………… 4－158
謝疊山先生文章軌範七卷…………… 4－158
謝疊山先生文章軌範七卷…………… 4－158
謝疊山先生文章軌範七卷…………… 4－159
謝疊山先生文章軌範七卷…………… 4－159
謝疊山先生文章軌範七卷…………… 4－159
謝疊山先生文章軌範七卷…………… 4－159
謝疊山先生文章軌範七卷…………… 4－159
謝疊山先生文章軌範七卷…………… 4－159
謝疊山先生文章軌範七卷…………… 4－159
謝疊山先生文章軌範七卷…………… 4－159
謝疊山先生文集五卷首一卷外集四
　卷…………………………………… 4－158
謝疊山先生文集五卷首一卷外集四
　卷…………………………………… 4－158
謝疊山先生文集五卷首一卷外集四
　卷…………………………………… 4－158
謝疊山先生文集五卷首一卷外集四
　卷…………………………………… 4－158
謝疊山先生文集六卷………………… 4－158
謝疊山先生評注四種合刻…………… 4－158
謙山鴻印集一卷 …………………… 3－26
謙山鴻印集一卷 …………………… 3－26
謙光堂詩集八卷 …………………… 3－25
謙牧堂條紀一卷 …………………… 3－26
謙益堂詩存一卷附刻一卷 ………… 3－26
謙庵詩鈔十一卷 …………………… 3－25
襄垣雪鴻集不分卷…………………… 4－125
襄陽四略……………………………… 4－125
襄陽金石略十二卷…………………… 4－125
襄陽府輿圖不分卷…………………… 4－125
［應用寶典］不分卷 ……………… 5－382
應制五言排律類選□□卷…………… 4－388
應制詩賦題解四卷…………………… 4－387
應制詩賦題解四卷…………………… 4－388
應制詩賦題解四卷…………………… 5－400
應制體排律自得編四卷……………… 4－388
應酬名聯彙選不分卷………………… 4－385
應酬見錄不分卷……………………… 4－385
應酬帖式□□卷……………………… 4－385
［應酬賀文集］不分卷 …………… 5－382
應酬彙選新集八卷…………………… 4－385
應酬彙選新集八卷…………………… 4－385
應酬彙選新集八卷…………………… 4－385
應酬襪線一卷………………………… 4－385
應試五排精選五卷…………………… 4－386
應試五排精選五卷…………………… 4－386
應試唐詩類釋十九卷………………… 4－386
應試唐詩類釋十九卷………………… 4－386
應試唐詩類釋十九卷………………… 4－386
應試唐詩類釋十九卷………………… 4－386
應試唐詩類釋十九卷………………… 4－386
應試唐詩類釋十九卷………………… 4－386
應試唐詩類釋十九卷………………… 4－386
應試唐詩類釋十九卷………………… 4－386
應試詩文選讀□□卷………………… 4－386
應試詩賦題箋略二十卷……………… 4－385
應試詩賦題箋略二十卷……………… 4－385
應試詩賦題箋略二十卷……………… 4－385
應試詩賦題箋略二十卷……………… 4－385
應試詩賦題箋略二十卷……………… 4－385
應試詩賦題箋略二十卷……………… 4－385
應試詩賦題箋略二十卷……………… 4－385
應試詩賦題箋略二十卷……………… 4－385
應試詩賦題箋略二十卷……………… 4－386
應試詩賦題箋略二十卷……………… 4－386
應試新賦備要初集六卷二集六卷…… 4－386
應試新賦備要初集六卷二集六卷…… 4－386
應齋雜著六卷………………………… 4－387
應驗良方六卷………………………… 4－386
應驗良方六卷………………………… 4－386
應驗良方六卷………………………… 4－386
應驗良方六卷………………………… 4－386
應驗良方六卷………………………… 4－386
應驗良方六卷………………………… 4－386
應驗良方六卷………………………… 4－387
應驗良方六卷………………………… 4－387
應驗良方六卷………………………… 4－387

應驗良方六卷…………………………4－387
應驗良方六卷…………………………4－387
應驗良方六卷…………………………4－387
應驗良方六卷…………………………4－387
應驗良方六卷…………………………4－387
應驗良方六卷…………………………4－387
應驗良方六卷…………………………4－387
應驗良方六卷…………………………4－387
應驗良方六卷…………………………4－387
應驗良方六卷…………………………4－387
應驗良方六卷…………………………4－387
應驗良方六卷…………………………4－387
應驗良方六卷…………………………4－387
應驗良方六卷…………………………4－387
應驗良方六卷…………………………4－387
應驗良方六卷…………………………4－387
應驗良方六卷…………………………4－387
應驗良方六卷…………………………4－387
應驗良方六卷…………………………5－400
療饑良方一卷…………………………2－329
療饑草集十八卷………………………2－329
療饑草集十八卷………………………2－329
麇園詩鈔一卷…………………………2－408
甕牖餘談八卷 ………………………4－57
甕牖餘談八卷 ………………………4－57
燭湖集二十卷附編二卷………………5－212
燭湖集二十卷附編二卷………………5－212
鴻桷齋文集初刻一卷 ………………2－42
鴻雪軒尺牘六卷 ……………………2－42
鴻雪軒尺牘六卷 ……………………2－42
鴻雪軒尺牘六卷 ……………………2－42
鴻雪聯吟一卷 ………………………2－42
鴻雪聯吟一卷 ………………………2－42
鴻雪聯吟一卷 ………………………2－42
鴻雪聯吟一卷 ………………………2－42
鴻雪聯吟一卷 ………………………2－42
鴻雪聯吟一卷 ………………………2－42
鴻雪聯吟一卷 ………………………2－42
鴻雪齋官商便覽五百種不分卷 ………2－42
鴻遺不分卷 …………………………2－42
鴻濛室詩鈔二十卷首一卷末一卷 ……2－42
濤韻吟二卷 …………………………3－215
濬治東湖豫章溝清冊不分卷…………4－261
濬靈秘書二卷…………………………4－261
濟水游氏家傳地學何游問答一卷……2－132
濟世良方一卷…………………………2－132
濟世良方六卷…………………………2－132
濟世良方四卷…………………………2－132
濟世良方四卷…………………………2－132
[濟南紀事]不分卷 …………………5－300
濟陰綱目十四卷………………………2－133
濟陰綱目十四卷………………………2－133
濟陰綱目十四卷………………………2－133
濟陰綱目十四卷………………………2－133
濟陰綱目十四卷………………………2－133
濟陰綱目十四卷………………………2－133
濟陰綱目十四卷………………………2－133
濟陰綱目十四卷………………………2－133
濟陰綱目十四卷………………………2－133
濟陰綱目十四卷………………………2－133
濟陰綱目十四卷………………………2－133
濟陰綱目十四卷………………………2－133
濟陰綱目十四卷………………………2－133
濟陰綱目十四卷………………………2－133
濟陰綱目十四卷………………………2－133
濟陰綱目十四卷………………………2－133
濟陽綱目一百八卷……………………2－133
濟陽綱目一百八卷……………………2－133
濟渴堂冊不分卷………………………2－132
[道光]濟寧直隸州志十卷首一卷末
一卷圖一卷…………………………5－280
[咸豐]濟寧直隸州續志四卷 ………5－376
濯舊稿一卷……………………………5－222
賽金丹二卷 …………………………3－88
邃雅堂集十卷續編一卷………………3－405
邃懷堂文集箋注十六卷………………3－404
邃懷堂文集箋註十六卷………………3－404
邃懷堂文集箋註十六卷………………3－404
邃懷堂文集箋註十六卷………………3－405
邃懷堂全集三十八卷…………………3－404
邃懷堂全集三十八卷…………………3－404
邃懷堂全集三十八卷…………………3－404

邃懷堂全集三十八卷…………………… 3－404
邃懷堂全集三十八卷…………………… 3－404
邃懷堂全集三十八卷…………………… 3－404
邃懷堂詩集前編六卷後編六卷小清
容山館詞鈔二卷…………………… 3－404
禮文備錄十三卷………………………… 2－292
禮文匯十四卷…………………………… 2－292
禮文匯十四卷…………………………… 2－292
禮文匯十四卷…………………………… 2－292
禮文匯十四卷…………………………… 2－292
禮文匯十四卷…………………………… 2－292
[禮制]不分卷 ………………………… 5－330
禮記一說不分卷………………………… 2－287
禮記二十卷……………………………… 2－277
禮記二十卷……………………………… 2－277
禮記二十卷……………………………… 2－277
禮記二十卷……………………………… 2－277
禮記二十卷……………………………… 2－277
禮記二十卷……………………………… 2－277
禮記二十卷附考證……………………… 2－277
禮記二十卷附考證……………………… 2－278
禮記二十卷附考證……………………… 2－278
禮記十卷首一卷………………………… 2－287
禮記十卷首一卷………………………… 2－287
禮記天算釋一卷………………………… 2－287
禮記不分卷……………………………… 2－277
禮記不分卷……………………………… 2－277
禮記不分卷……………………………… 2－277
[禮記]不分卷 ………………………… 5－330
禮記文通一卷…………………………… 2－287
禮記文通一卷…………………………… 2－287
禮記心典傳本三卷……………………… 2－287
禮記正義七十卷………………………… 2－289
禮記四卷………………………………… 2－287
禮記全書彙纂豁解十二卷……………… 2－286
禮記全書彙纂豁解十二卷……………… 2－286
禮記合纂大成十卷……………………… 2－278
禮記析疑四十八卷……………………… 2－287
禮記述注二十八卷……………………… 2－287
禮記或問八卷…………………………… 2－278
禮記易讀二卷…………………………… 2－287
禮記易讀二卷…………………………… 2－288
禮記要義三十三卷……………………… 2－287
禮記省度四卷…………………………… 2－286
禮記省度四卷…………………………… 2－286
禮記省度四卷…………………………… 2－286
禮記省度四卷…………………………… 2－286
禮記省度四卷…………………………… 2－286
禮記省度四卷…………………………… 2－286
禮記省度四卷…………………………… 2－286
禮記省度四卷…………………………… 2－286
禮記省度四卷…………………………… 2－287
禮記省度四卷…………………………… 2－287
禮記省度四卷…………………………… 2－287
禮記省度四卷…………………………… 2－287
禮記省度四卷…………………………… 2－287
禮記便讀二卷…………………………… 2－277
禮記便讀二卷…………………………… 2－277
禮記音義辨讀□□卷…………………… 2－288
禮記約編十卷…………………………… 2－288
禮記約編十卷…………………………… 2－288
禮記約編十卷…………………………… 2－288
禮記約編十卷…………………………… 2－288
禮記約編十卷…………………………… 2－288
禮記約編十卷…………………………… 2－288
禮記約編十卷…………………………… 2－288
禮記約編十卷…………………………… 2－288
禮記約編十卷附圖說五卷……………… 2－288
[禮記時文制藝]不分卷 ……………… 5－330
禮記訓纂四十九卷……………………… 2－287
禮記訓纂四十九卷……………………… 2－287
禮記訓纂四十九卷……………………… 2－287
禮記旁訓六卷…………………………… 2－286
禮記旁訓六卷…………………………… 2－286
禮記旁訓六卷…………………………… 2－286
禮記旁訓辨體合訂六卷………………… 2－286
禮記旁訓辨體合訂六卷………………… 2－286
禮記旁訓辨體合訂六卷………………… 2－286
禮記旁訓辨體合訂六卷………………… 2－286
禮記異文考六卷………………………… 2－288
禮記偶箋三卷…………………………… 2－286
禮記章句十卷…………………………… 2－288

禮記章句十卷或問八卷…………………… 2－288
禮記章句十卷或問八卷…………………… 2－288
禮記章句十卷或問八卷…………………… 2－288
禮記章句十卷或問八卷…………………… 2－289
禮記章句十卷或問八卷…………………… 2－289
禮記章句十卷或問八卷…………………… 2－289
禮記章句十卷或問八卷…………………… 2－289
禮記章句四十九卷………………………… 2－289
禮記章句四十九卷………………………… 2－289
禮記章義十卷……………………………… 2－277
禮記章義十卷……………………………… 2－289
禮記章義十卷……………………………… 2－289
禮記揭要六卷……………………………… 2－285
禮記揭要六卷……………………………… 2－285
禮記備旨萃精十一卷……………………… 2－277
禮記備解二卷……………………………… 2－277
禮記備解二卷……………………………… 2－277
禮記集註十卷……………………………… 2－285
禮記集解六十一卷………………………… 2－278
禮記集解六十一卷………………………… 2－278
禮記集解六十一卷附尚書顧命解一卷……………………………………… 2－278
禮記集解六十一卷附尚書顧命解一卷……………………………………… 2－278
禮記集說十六卷…………………………… 2－285
禮記集說十六卷…………………………… 2－285
禮記集說十六卷…………………………… 2－285
禮記集說十卷……………………………… 2－278
禮記集說十卷……………………………… 2－278
禮記集說十卷……………………………… 2－278
禮記集說十卷……………………………… 2－278
禮記集說十卷……………………………… 2－278
禮記集說十卷……………………………… 2－278
禮記集說十卷……………………………… 2－278
禮記集說十卷……………………………… 2－279
禮記集說十卷……………………………… 2－279
禮記集說十卷……………………………… 2－279
禮記集說十卷……………………………… 2－279
禮記集說十卷……………………………… 2－279
禮記集說十卷……………………………… 2－279
禮記集說十卷……………………………… 2－279
禮記集說十卷……………………………… 2－279
禮記集說十卷……………………………… 2－279
禮記集說十卷……………………………… 2－279
禮記集說十卷……………………………… 2－279
禮記集說十卷……………………………… 2－279
禮記集說十卷……………………………… 2－279
禮記集說十卷……………………………… 2－279
禮記集說十卷……………………………… 2－279
禮記集說十卷……………………………… 2－279
禮記集說十卷……………………………… 2－279
禮記集說十卷……………………………… 2－279
禮記集說十卷……………………………… 2－279
禮記集說十卷……………………………… 2－279
禮記集說十卷……………………………… 2－279
禮記集說十卷……………………………… 2－279
禮記集說十卷……………………………… 2－279
禮記集說十卷……………………………… 2－279
禮記集說十卷……………………………… 2－279
禮記集說十卷……………………………… 2－279
禮記集說十卷……………………………… 2－280
禮記集說十卷……………………………… 2－280
禮記集說十卷……………………………… 2－280
禮記集說十卷……………………………… 2－280
禮記集說十卷……………………………… 2－280
禮記集說十卷……………………………… 2－280
禮記集說十卷……………………………… 2－280
禮記集說十卷……………………………… 2－280
禮記集說十卷……………………………… 2－280
禮記集說十卷……………………………… 2－280
禮記集說十卷……………………………… 2－280
禮記集說十卷……………………………… 2－280
禮記集說十卷……………………………… 2－280
禮記集說十卷……………………………… 2－280
禮記集說十卷……………………………… 2－280
禮記集說十卷……………………………… 2－280
禮記集說十卷……………………………… 2－280
禮記集說十卷……………………………… 2－280
禮記集說十卷……………………………… 2－280
禮記集說十卷……………………………… 2－280
禮記集說十卷……………………………… 2－280
禮記集說十卷……………………………… 2－280
禮記集說十卷……………………………… 2－280

禮記集說十卷…………………………2－280
禮記集說十卷…………………………2－280
禮記集說十卷…………………………2－280
禮記集說十卷…………………………2－280
禮記集說十卷…………………………2－280
禮記集說十卷…………………………2－280
禮記集說十卷…………………………2－280
禮記集說十卷…………………………2－281
禮記集說十卷…………………………2－281
禮記集說十卷…………………………2－281
禮記集說十卷…………………………2－281
禮記集說十卷…………………………2－281
禮記集說十卷…………………………2－281
禮記集說十卷…………………………2－281
禮記集說十卷…………………………2－281
禮記集說十卷…………………………2－281
禮記集說十卷…………………………2－281
禮記集說十卷…………………………2－281
禮記集說十卷…………………………2－281
禮記集說十卷…………………………2－281
禮記集說十卷…………………………2－281
禮記集說十卷…………………………2－281
禮記集說十卷…………………………2－281
禮記集說十卷…………………………2－281
禮記集說十卷…………………………2－281
禮記集說十卷…………………………2－281
禮記集說十卷…………………………2－281
禮記集說十卷…………………………2－281
禮記集說十卷…………………………2－281
禮記集說十卷…………………………2－281
禮記集說十卷…………………………2－281
禮記集說十卷…………………………2－282
禮記集說十卷…………………………2－282
禮記集說十卷…………………………2－282
禮記集說十卷…………………………2－282
禮記集說十卷…………………………2－282
禮記集說十卷…………………………2－282
禮記集說十卷…………………………2－282
禮記集說十卷…………………………2－282
禮記集說十卷…………………………2－282
禮記集說十卷…………………………2－282
禮記集說十卷…………………………2－282
禮記集說十卷…………………………2－282
禮記集說十卷…………………………2－282
禮記集說十卷…………………………2－282
禮記集說十卷…………………………2－282
禮記集說十卷…………………………2－282
禮記集說十卷…………………………2－282
禮記集說十卷…………………………2－282
禮記集說十卷…………………………2－282
禮記集說十卷…………………………2－282
禮記集說十卷…………………………2－282
禮記集說十卷…………………………2－282
禮記集說十卷…………………………2－282
禮記集說十卷…………………………2－282
禮記集說十卷…………………………2－283
禮記集說十卷…………………………2－283
禮記集說十卷…………………………2－283
禮記集說十卷…………………………2－283
禮記集說十卷…………………………2－283
禮記集說十卷…………………………2－283
禮記集說十卷…………………………2－283
禮記集說十卷…………………………2－283
禮記集說十卷…………………………2－283
禮記集說十卷…………………………2－283
禮記集說十卷…………………………2－283
禮記集說十卷…………………………2－283
禮記集說十卷…………………………2－283
禮記集說十卷…………………………2－283
禮記集說十卷…………………………2－283
禮記集說十卷…………………………2－283
禮記集說十卷…………………………2－283
禮記集說十卷…………………………2－283
禮記集說十卷…………………………2－283
禮記集說十卷…………………………2－283
禮記集說十卷…………………………2－283
禮記集說十卷…………………………2－283
禮記集說十卷…………………………2－283
禮記集說十卷…………………………2－283
禮記集說十卷…………………………2－284
禮記集說十卷…………………………2－284
禮記集說十卷…………………………2－284

禮記集說十卷…………………………… 2－284
禮記集說十卷…………………………… 2－284
禮記集說十卷…………………………… 2－284
禮記集說十卷…………………………… 2－284
禮記集說十卷…………………………… 2－284
禮記集說十卷…………………………… 2－284
禮記集說十卷…………………………… 2－284
禮記集說十卷…………………………… 2－284
禮記集說十卷…………………………… 2－284
禮記集說十卷…………………………… 2－284
禮記集說十卷…………………………… 2－284
禮記集說十卷…………………………… 2－284
禮記集說十卷…………………………… 2－284
禮記集說十卷…………………………… 2－284
禮記集說十卷…………………………… 2－284
禮記集說十卷…………………………… 2－284
禮記集說十卷…………………………… 2－284
禮記集說十卷…………………………… 2－284
禮記集說十卷…………………………… 2－284
禮記集說十卷…………………………… 2－284
禮記集說十卷…………………………… 2－285
禮記集說十卷…………………………… 2－285
禮記集說十卷…………………………… 2－285
禮記集說十卷…………………………… 2－285
禮記集說十卷…………………………… 2－285
禮記集說十卷…………………………… 2－285
禮記集說十卷…………………………… 2－285
禮記集說十卷…………………………… 2－285
禮記集說十卷…………………………… 2－285
禮記集說十卷…………………………… 2－285
禮記集說十卷…………………………… 2－285
禮記集說十卷…………………………… 2－285
禮記集說十卷…………………………… 2－285
禮記集說十卷…………………………… 2－285
禮記集說十卷…………………………… 2－285
禮記集說十卷…………………………… 2－285
禮記集說十卷…………………………… 4－421
禮記集說三十卷………………………… 2－278
禮記集說三十卷………………………… 2－278
禮記集說三十卷………………………… 2－278
禮記集說三十卷………………………… 2－278
禮記集說三十卷………………………… 2－278
禮記集說大全三十卷…………………… 2－278
禮記註疏六十三卷……………………… 2－289
禮記註疏六十三卷……………………… 2－289
禮記註疏六十三卷……………………… 2－289
禮記註疏六十三卷……………………… 2－289
禮記註疏六十三卷……………………… 2－289
禮記註疏六十三卷……………………… 2－289
禮記註疏六十三卷……………………… 2－289
禮記疏意大全二十八卷………………… 2－287
禮記疏意大全二十八卷………………… 2－287
禮記節本十卷…………………………… 2－286
禮記節本十卷…………………………… 2－286
禮記節本十卷…………………………… 2－286
禮記節本十卷…………………………… 2－286
禮記箋四十六卷………………………… 2－285
禮記精華不分卷………………………… 2－286
禮記鄭讀考六卷………………………… 2－289
禮記鄭讀考六卷………………………… 2－289
禮記增訂旁訓六卷……………………… 2－288
禮記增訂旁訓六卷……………………… 2－288
禮記增訂旁訓六卷……………………… 2－288
[禮記論]不分卷 ……………………… 5－330
[禮記選抄]不分卷 …………………… 5－330
禮記擇粹□□卷………………………… 2－288
禮記纂言三十六卷……………………… 2－290
禮記纂言三十六卷……………………… 2－290
禮記纂言三十六卷……………………… 2－290
禮記纂言三十六卷……………………… 2－290
禮記纂言三十六卷……………………… 2－290
禮記纂言三十六卷……………………… 2－290
禮記纂言三十六卷……………………… 2－290
禮記纂言三十六卷……………………… 2－290
禮記纂言三十六卷……………………… 2－290
禮記纂言三十六卷……………………… 2－290
禮記纂言三十六卷……………………… 2－290
禮記纂言三十六卷……………………… 2－290
禮記纂言三十六卷……………………… 2－290
禮記纂言三十六卷……………………… 2－290
禮記纂言三十六卷……………………… 2－290
禮記釋注四卷…………………………… 2－287

禮記體注四卷…………………………… 2－287
禮書一百五十卷…………………………… 2－292
禮書一百五十卷…………………………… 2－292
禮書一百五十卷…………………………… 2－292
禮書初編一卷……………………………… 2－291
禮書附錄十二卷…………………………… 2－291
[禮書]□□卷 ………………………… 5－330
禮書條述十三卷…………………………… 2－291
禮書綱目八十五卷首三卷………………… 2－291
禮書綱目八十五卷首三卷………………… 2－291
禮書綱目八十五卷首三卷………………… 2－291
禮書綱目八十五卷首三卷………………… 2－291
禮書綱目八十五卷首三卷………………… 2－291
禮書綱目八十五卷首三卷………………… 2－291
禮書綱目八十五卷首三卷………………… 2－291
禮書綱目八十五卷首三卷………………… 2－291
禮書綱目八十五卷首三卷………………… 2－291
禮書綱目八十五卷首三卷………………… 2－291
禮書綱目八十五卷首三卷………………… 2－291
禮書綱目八十五卷首三卷………………… 2－291
禮堂經說二卷……………………………… 2－292
禮運注一卷………………………………… 4－437
禮經外解四卷……………………………… 2－291
禮經通論一卷……………………………… 2－291
禮經箋十七卷……………………………… 2－290
禮經箋十七卷……………………………… 2－290
禮經釋例十三卷首一卷…………………… 2－291
禮說十四卷………………………………… 2－292
禮說十四卷大學說一卷…………………… 2－292
[禮儀]不分卷 ………………………… 5－330
歗雲文鈔十四卷詩鈔八卷………………… 4－155
歗雲文鈔十四卷詩鈔八卷………………… 4－155
檗隖詞存十二卷別集五卷 ……………… 1－62
檗隖詩存十二卷末一卷 ………………… 1－62
檗隖詩存別集二卷 ……………………… 1－62
檗隖詩存別集二卷………………………… 1－190
檗隖詩存別集(鮫拾集)五卷 …………… 1－62
甓湖草堂文集六卷近集四卷……………… 2－491
甓湖聯吟集七卷…………………………… 2－491
彌山詩草不分卷…………………………… 2－408
彌山詩草不分卷…………………………… 2－408
翼教叢編六卷……………………………… 4－329
翼鞊典略十卷……………………………… 4－329
翼鞊典略十卷……………………………… 4－329
翼鞊典略十卷……………………………… 4－329
翼堂詩草四卷……………………………… 4－329
翼道錄二十四卷首一卷末一卷…………… 4－329
翼頌集□□卷……………………………… 4－329
翼駉稗編八卷……………………………… 4－329
翼藝典略十卷……………………………… 4－329
孺廬全集十四卷 ………………………… 3－85
孺廬全集十四卷 ………………………… 3－85
孺廬全集十四卷 ………………………… 3－85
孺廬全集十四卷 ………………………… 3－85
績學堂文鈔六卷首一卷…………………… 2－134
縵雅堂駢體文八卷………………………… 2－390
總理財源不分卷(清光緒三十二年)
………………………………………… 5－256
總綱曲二卷………………………………… 5－256
總纂升菴合集二百四十卷………………… 5－256
總纂升菴合集二百四十卷………………… 5－256
縱鈞居文集八卷…………………………… 5－256
繆篆分韻五卷補一卷……………………… 2－413

十八畫

騎兵斥候答問一卷 ……………………… 3－21
瓊林仙品不分卷二集不分卷 …………… 3－49
瓊臺紀事錄一卷 ………………………… 3－49
釐正按摩要術四卷………………………… 4－397
聶氏痘門方旨八卷………………………… 2－462
藕香零拾…………………………………… 2－477
藕香零拾…………………………………… 2－477
藕香零拾…………………………………… 2－477
藕香零拾…………………………………… 2－477
職官考四十一卷…………………………… 5－110
藝文備覽一百二十卷檢字一卷附補
詳字義十四篇……………………………… 4－330
藝文備覽一百二十卷檢字一卷附補
詳字義十四篇……………………………… 4－330
藝文備覽一百二十卷檢字一卷附補
詳字義十四篇……………………………… 4－330

藝文備覽一百二十卷檢字一卷附補詳字義十四篇…………………… 4－330
藝文備覽一百二十卷檢字一卷附補詳字義十四篇…………………… 4－330
藝文備覽一百二十卷檢字一卷補詳字義十四卷…………………… 4－330
藝文類聚一百卷…………………… 4－330
藝文類聚一百卷…………………… 4－330
藝文類聚一百卷…………………… 4－330
藝文類聚一百卷…………………… 4－330
藝文類聚一百卷…………………… 4－330
藝文類聚一百卷…………………… 4－331
藝文類聚一百卷…………………… 4－331
藝文類聚一百卷…………………… 4－331
藝舟雙楫不分卷…………………… 4－329
藝舟雙楫六卷…………………… 4－332
藝舟雙楫六卷…………………… 4－332
藝舟雙楫書論二卷…………………… 4－333
藝芸館詩鈔十三卷…………………… 4－332
藝苑名言八卷…………………… 4－331
藝苑名言八卷…………………… 4－331
藝苑名言八卷…………………… 4－331
藝苑名言八卷…………………… 4－331
藝苑名言八卷…………………… 4－331
藝苑名言八卷…………………… 4－331
藝苑名言八卷…………………… 4－332
藝苑名言八卷…………………… 4－332
藝苑名言八卷…………………… 4－332
藝苑名言八卷…………………… 4－332
藝苑名言八卷…………………… 4－332
藝苑名言八卷…………………… 4－332
藝苑名言八卷…………………… 4－332
藝苑名言八卷…………………… 4－332
藝苑名言八卷…………………… 4－332
藝苑名言八卷…………………… 4－332
藝苑名言八卷…………………… 4－332
藝苑名言八卷…………………… 4－332
藝苑名言八卷…………………… 4－332
藝苑名言八卷…………………… 4－332
藝苑名言八卷…………………… 4－332
藝苑名言八卷…………………… 4－332
藝苑名言八卷…………………… 4－332
藝苑名言八卷…………………… 4－332
藝苑名言八卷…………………… 4－332
藝苑名言八卷…………………… 4－332
藝苑名言八卷…………………… 4－332
藝苑名言八卷…………………… 4－332
藝苑捃華…………………… 4－331
藝苑捃華…………………… 4－331
藝苑捃華…………………… 4－331
藝苑捃華…………………… 4－331
藝苑菁華不分卷…………………… 4－331
藝苑叢鈔…………………… 4－331
藝林十鑰不分卷…………………… 3－332
藝林述記六卷續二卷…………………… 4－330
藝林珠玉不分卷…………………… 4－330
藝林珠玉不分卷…………………… 4－330
藝林珠玉不分卷…………………… 4－330
藝林萃珍二十四卷試帖味外味二卷…………………… 4－330
藝林類擷十六卷…………………… 4－330
藝香山館藏稿四卷首一卷…………………… 4－331
藝香山館藏稿四卷首一卷…………………… 4－331
藝香詞鈔四卷…………………… 4－331
藝風堂文集八卷藏書記八卷…………………… 4－329
藝海珠塵…………………… 4－329
藝海珠塵…………………… 4－330
藝海珠塵…………………… 4－330
藝海珠塵…………………… 4－330
藝海珠塵…………………… 4－330
藝概六卷…………………… 4－329
藝概六卷…………………… 4－329
藝概六卷…………………… 4－329
藝概六卷…………………… 4－329
藝學統纂九十五卷…………………… 4－331
藝學統纂九十五卷…………………… 4－331
覲芬室近詩一卷…………………… 1－245
藺齋詩賦稿六卷…………………… 2－148
藤花筱舫字學不分卷…………………… 3－454
藤香草堂詩稿一卷…………………… 3－454
藤香草堂詩稿一卷…………………… 3－454
藤香館詞一卷…………………… 3－454

藤香館詞一卷…… 3－454
藤香館詞一卷…… 3－454
藤香館詩鈔四卷…… 3－454
藤香館詩鈔四卷…… 3－454
藤香館詩續鈔二卷…… 3－454
藤陰雜記十二卷…… 3－454
[藥方選]不分卷 …… 5－378
[藥材清冊]不分卷 …… 5－378
藥性不分卷…… 4－287
[藥性]不分卷 …… 5－378
藥性究源不分卷…… 4－287
藥性炮製歌一卷…… 4－287
藥性氣味類不分卷…… 4－287
藥性須知一卷…… 4－287
藥性歌不分卷…… 4－287
藥性摘要不分卷…… 4－287
藥性賦直解一卷醫方捷徑一卷…… 4－287
藥性總義不分卷…… 4－287
藥性總義不分卷…… 4－287
藥性類抄不分卷…… 4－287
藥性闡微一卷製方玄解一卷…… 4－287
藥房詩集六卷蛩音詞草一卷…… 4－287
藥品化義不分卷…… 4－287
藥酒奇方一卷…… 3－258
藥書不分卷…… 4－287
[藥書]不分卷 …… 5－378
[藥鋪流水簿]不分卷(清光緒六年、十一年、十八年)…… 5－378
轉注古義考一卷…… 5－216
轉情集二卷…… 5－216
轉慧軒詩草一卷…… 3－125
轉蕙軒駢文稿不分卷…… 5－216
轉蕙軒駢文稿不分卷…… 5－216
覆瓿草一卷…… 1－388
覆瓿餘草二卷…… 1－388
醫方一盤珠十卷…… 4－295
醫方十種彙編…… 4－294
醫方不分卷…… 4－292
[醫方]不分卷 …… 5－378
[醫方]不分卷 …… 5－378
[醫方]不分卷 …… 5－378
[醫方]不分卷 …… 5－378
[醫方]不分卷 …… 5－378
醫方考六卷…… 4－294
醫方易簡新編六卷…… 4－295
醫方易簡新編六卷…… 4－295
醫方易簡新編六卷…… 4－295
醫方捷徑一卷…… 4－294
醫方捷徑一卷…… 4－294
醫方捷徑一卷…… 4－294
醫方捷徑二卷…… 4－294
醫方捷徑八卷首一卷末一卷…… 4－294
醫方集解二十一卷…… 4－293
醫方集解二十一卷…… 4－293
醫方集解二十三卷…… 4－293
醫方集解二十三卷…… 4－293
醫方集解二十三卷…… 4－293
醫方集解二十三卷…… 4－293
醫方集解二十三卷…… 4－293
醫方集解三卷…… 4－293
醫方集解三卷…… 4－293
醫方集解三卷…… 4－293
醫方集解三卷…… 4－293
醫方集解三卷…… 4－293
醫方集解三卷…… 4－293
醫方集解三卷…… 4－293
醫方集解三卷…… 4－293
醫方集解三卷…… 4－293
醫方集解三卷…… 4－293
醫方集解三卷…… 4－294
醫方集解三卷…… 4－294
醫方集解三卷…… 4－294
醫方集解三卷…… 4－294
醫方集解三卷…… 4－294
醫方集解六卷…… 4－293
醫方集解六卷…… 4－293
醫方集解六卷…… 4－293
醫方集解六卷…… 4－293
醫方集解六卷…… 4－293
醫方集解六卷…… 4－293
[醫方鈔]一卷 …… 5－379
[醫方鈔]不分卷 …… 5－378

[醫方鈔]不分卷 ······················ 5－378
[醫方鈔]不分卷 ······················ 5－378
[醫方鈔]不分卷 ······················ 5－378
[醫方鈔]不分卷 ······················ 5－378
[醫方鈔]不分卷 ······················ 5－378
[醫方鈔]不分卷 ······················ 5－378
[醫方鈔]不分卷 ······················ 5－378
[醫方鈔]不分卷 ······················ 5－378
[醫方鈔]不分卷 ······················ 5－378
[醫方鈔]不分卷 ······················ 5－378
[醫方鈔]不分卷 ······················ 5－378
[醫方鈔]不分卷 ······················ 5－378
[醫方鈔]不分卷 ······················ 5－379
[醫方鈔]不分卷 ······················ 5－379
[醫方鈔]不分卷 ······················ 5－379
[醫方鈔]不分卷 ······················ 5－379
[醫方鈔]不分卷 ······················ 5－379
[醫方鈔]不分卷 ······················ 5－379
[醫方鈔]不分卷 ······················ 5－379
[醫方鈔]不分卷 ······················ 5－379
[醫方鈔]不分卷 ······················ 5－379
[醫方鈔]不分卷 ······················ 5－379
[醫方鈔]不分卷 ······················ 5－379
[醫方鈔]不分卷 ······················ 5－379
[醫方鈔]不分卷 ······················ 5－379
醫方湯頭歌括一卷 ······················ 4－295
醫方湯頭歌訣一卷 ······················ 4－294
醫方湯頭歌訣一卷 ······················ 4－294
醫方湯頭歌訣一卷 ······················ 4－294
醫方湯頭歌訣一卷 ······················ 4－294
醫方湯頭歌訣一卷 ······················ 4－294
醫方湯頭歌訣一卷 ······················ 4－294
醫方湯頭歌訣一卷經絡歌訣一卷 ······ 4－294
醫方湯頭歌訣一卷經絡歌訣一卷 ······ 4－294
醫方湯頭歌訣一卷經絡歌訣一卷 ······ 4－295
醫方湯頭歌訣一卷經絡歌訣一卷 ······ 4－295
醫方湯頭歌訣一卷經絡歌訣一卷 ······ 4－295
醫方彙編不分卷 ······················ 4－293
醫方彙編六卷 ······················ 4－293
[醫方歌括]不分卷 ······················ 1－279
醫方論四卷 ······················ 4－294
醫方論四卷 ······················ 4－294
醫方論四卷 ······················ 4－294
醫方藥性二卷 ······················ 4－295
醫方藥性十卷 ······················ 4－295
醫方叢話八卷 ······················ 4－292
[醫方雜錄]不分卷 ······················ 5－379
醫林改錯二卷 ······················ 4－295
醫林枕秘保赤存真十卷 ······················ 4－296
醫林枕秘保赤存真十卷 ······················ 4－296
醫林枕秘保赤存真十卷 ······················ 4－296
醫林指月 ······················ 4－296
醫林指月 ······················ 4－296
醫林指月 ······················ 4－296
醫林指月 ······················ 4－296
醫林統要二卷 ······················ 4－295
醫林統要全書□□卷 ······················ 4－296
醫林纂要探源十卷附錄一卷 ··········· 4－296
醫林纂要探源十卷附錄一卷 ··········· 4－296
醫林纂要探源十卷附錄一卷 ··········· 4－296
醫林纂要探源十卷附錄一卷 ··········· 4－296
醫林纂要探源十卷附錄一卷 ··········· 4－296
醫林纂要探源十卷附錄一卷 ··········· 4－296
醫林纂要探源十卷附錄一卷 ··········· 4－296
醫林纂要探源十卷附錄一卷 ··········· 4－296
醫林纂要探源十卷附錄一卷 ··········· 4－296
醫林纂要探源十卷附錄一卷 ··········· 4－296
醫林纂要探源十卷附錄一卷 ··········· 4－297
醫林纂要探源不分卷 ······················ 4－296
醫林纂要探源不分卷 ······················ 4－296
醫林纂要探源不分卷 ······················ 4－296
醫門法律二十四卷 ······················ 4－297
醫門法律六卷 ······················ 4－297
醫門法律六卷 ······················ 4－297
醫門法律六卷 ······················ 4－297
醫門法律六卷 ······················ 4－297
醫門法律六卷 ······················ 4－297
醫門法律六卷 ······················ 4－297
醫門法律六卷 ······················ 4－297
醫門法律六卷 ······················ 4－297
醫門法律六卷 ······················ 4－297

醫門法律六卷………………………… 4－297
醫門法律六卷………………………… 4－297
醫門法律六卷………………………… 4－297
醫門法律六卷………………………… 4－297
醫門法律六卷………………………… 4－297
醫門法律六卷………………………… 4－297
醫門法律六卷………………………… 4－297
醫門法律六卷………………………… 4－297
醫門法律六卷………………………… 4－297
醫門法律六卷………………………… 4－297
醫門法律六卷………………………… 4－297
醫門法律六卷………………………… 4－297
醫門法律六卷………………………… 4－298
醫門法律六卷………………………… 4－298
醫門法律六卷………………………… 4－298
醫門法律六卷………………………… 5－400
醫門法律六卷………………………… 5－400
醫門法律六卷………………………… 5－400
醫門隻眼十二卷……………………… 4－298
醫門棒喝二集傷寒論本旨九卷……… 4－297
醫門摘要□卷………………………… 4－298
[醫法秘錄]不分卷 ………………… 5－378
醫法圓通四卷………………………… 4－292
醫法彙編一卷………………………… 4－292
醫法精義□□卷……………………… 4－292
醫宗必讀十卷………………………… 3－127
醫宗必讀十卷………………………… 4－303
醫宗必讀十卷………………………… 4－303
醫宗必讀十卷………………………… 4－303
醫宗必讀十卷………………………… 4－303
醫宗必讀十卷………………………… 4－303
醫宗必讀十卷………………………… 4－303
醫宗必讀十卷………………………… 4－303
醫宗必讀五卷………………………… 4－303
醫宗必讀五卷………………………… 4－303
醫宗必讀五卷………………………… 4－303
醫宗必讀五卷………………………… 4－304
醫宗必讀五卷………………………… 4－304
醫宗必讀五卷………………………… 4－304
醫宗必讀五卷………………………… 4－304
醫宗必讀五卷………………………… 4－304
醫宗必讀五卷………………………… 4－304
醫宗必讀五卷………………………… 4－304
醫宗必讀五卷………………………… 4－304
醫宗必讀五卷………………………… 4－304
醫宗必讀五卷………………………… 4－304
醫宗必讀五卷………………………… 4－304
醫宗必讀五卷………………………… 4－304
醫宗必讀五卷………………………… 4－304
醫宗必讀五卷………………………… 4－304
醫宗必讀五卷………………………… 4－304
醫宗必讀五卷首一卷………………… 4－304
醫宗必讀五卷首一卷………………… 4－304
醫宗必讀不分卷……………………… 4－303
醫宗金鑑眼科心法要訣二卷………… 4－304
醫宗備要三卷………………………… 4－303
醫宗備要三卷………………………… 4－303
醫宗備要三卷………………………… 4－303
醫宗備要三卷………………………… 4－303
醫宗說約五卷首一卷………………… 4－305
醫宗說約六卷………………………… 4－304
醫宗說約六卷………………………… 4－304
醫宗說約六卷………………………… 4－304
醫宗說約六卷………………………… 4－304
醫宗說約六卷………………………… 4－304
醫宗說約六卷………………………… 4－304
醫宗說約六卷………………………… 4－305
醫宗說約六卷………………………… 4－305
醫宗說約六卷………………………… 4－305
醫按指掌不分卷……………………… 4－292
醫級十卷首一卷末一卷……………… 4－295
醫師秘笈二卷………………………… 4－298
醫效秘傳三卷 ……………………… 3－93
醫效秘傳三卷………………………… 4－299
醫效秘傳三卷………………………… 4－299
醫效秘傳三卷………………………… 4－299
醫效秘傳三卷………………………… 4－299
醫效秘傳三卷………………………… 4－299
醫效秘傳三卷………………………… 4－299
醫效秘傳三卷………………………… 4－299
醫效秘傳四卷………………………… 4－299
醫家心法一卷………………………… 4－295

醫家心法一卷…………………………… 4－377
［醫家格言］不分卷 ………………… 5－379
醫案二卷論八篇一卷附驗方一卷…… 4－292
醫案偶存十二卷……………………… 4－292
醫案輯錄一卷………………………… 4－292
醫案續錄一卷………………………… 4－292
［醫書］二卷 ………………………… 5－379
［醫書］不分卷 ……………………… 5－379
［醫書］不分卷 ……………………… 5－379
［醫書］不分卷 ……………………… 5－379
［醫書］不分卷 ……………………… 5－379
［醫書合鈔］不分卷 ………………… 5－380
［醫書合鈔］不分卷 ………………… 5－381
［醫書］□□卷 ……………………… 5－379
［醫書鈔］不分卷 …………………… 5－379
［醫書鈔］不分卷 …………………… 5－379
［醫書鈔］不分卷 …………………… 5－380
［醫書鈔］不分卷 …………………… 5－380
［醫書鈔］不分卷 …………………… 5－380
［醫書鈔］不分卷 …………………… 5－380
［醫書鈔］不分卷 …………………… 5－380
［醫書鈔］不分卷 …………………… 5－380
［醫書鈔］不分卷 …………………… 5－380
［醫書鈔］不分卷 …………………… 5－380
［醫書鈔］不分卷 …………………… 5－380
［醫書鈔］不分卷 …………………… 5－380
［醫書鈔］不分卷 …………………… 5－380
［醫書鈔］不分卷 …………………… 5－380
［醫書鈔］不分卷 …………………… 5－380
［醫書鈔］不分卷 …………………… 5－380
［醫書鈔］不分卷 …………………… 5－380
［醫書鈔］不分卷 …………………… 5－380
［醫書鈔］不分卷 …………………… 5－380
［醫書鈔］不分卷 …………………… 5－380
［醫書鈔］不分卷 …………………… 5－380
［醫書鈔］不分卷 …………………… 5－380
［醫書鈔］不分卷 …………………… 5－380
［醫書鈔］不分卷 …………………… 5－380
醫書滙參輯成二十四卷……………… 4－298
醫書滙參輯成二十四卷……………… 4－298
醫書滙參輯成二十四卷……………… 4－298
醫書滙參輯成二十四卷……………… 4－298
醫書滙參輯成二十四卷……………… 4－298
醫書滙參輯成二十四卷……………… 4－298
醫書滙參輯成二十四卷……………… 4－298
醫書滙參輯成二十四卷……………… 4－298
醫書滙參輯成二十四卷……………… 4－298
醫書滙參輯成二十四卷……………… 4－298
醫書滙參輯成不分卷………………… 4－298
［醫書摘錄］不分卷 ………………… 5－381
［醫書隨錄］不分卷 ………………… 5－381
［醫書雜鈔］不分卷 ………………… 5－381
［醫書雜鈔］不分卷 ………………… 5－381
［醫書雜鈔］不分卷 ………………… 5－381
［醫書雜鈔］不分卷 ………………… 5－381
［醫書雜鈔］不分卷 ………………… 5－381
［醫書雜鈔］不分卷 ………………… 5－381
［醫理］不分卷 ……………………… 5－379
醫理真傳四卷………………………… 4－295
醫貫六卷……………………………… 4－295
醫貫六卷附殷九峰經驗方一卷宦邸
　千金異方一卷……………………… 5－400
醫貫砭二卷…………………………… 4－295
醫鈔類編二十四卷…………………… 4－292
醫鈔類編二十四卷…………………… 4－292
醫鈔類編二十四卷…………………… 4－292
醫鈔類編二十四卷…………………… 4－292
醫鈔類編二十四卷…………………… 4－292
醫鈔類編二十四卷…………………… 4－292
醫鈔類編二十四卷…………………… 5－400
醫統正脈全書………………………… 4－298
醫統正脈全書………………………… 4－298
醫統正脈全書………………………… 4－299
醫經大旨四卷………………………… 4－295
醫經允中集成二十四卷……………… 4－295
醫經原旨十四卷……………………… 4－295
醫經原旨六卷………………………… 4－295
醫經釋注不分卷……………………… 4－295
醫醇賸義四卷………………………… 4－292
醫醇賸義四卷………………………… 4－292
醫學入門摘抄不分卷………………… 4－299

醫學三字經四卷……………………… 4－299
醫學三字經四卷……………………… 4－300
醫學三字經四卷……………………… 4－300
醫學三字經四卷……………………… 4－300
醫學三字經四卷……………………… 4－300
醫學三字經四卷……………………… 4－300
醫學三字經四卷……………………… 4－300
醫學三字經四卷……………………… 4－300
醫學三字經四卷……………………… 4－300
醫學切要全集………………………… 4－299
醫學心悟五卷附外科十法一卷……… 4－300
醫學心悟五卷附外科十法一卷……… 4－300
醫學心悟五卷附外科十法一卷……… 4－300
醫學心悟五卷附外科十法一卷……… 4－301
醫學心悟五卷附外科十法一卷……… 4－301
醫學心悟五卷附外科十法一卷……… 4－301
醫學心悟五卷附外科十法一卷……… 4－301
醫學心悟五卷附外科十法一卷……… 4－301
醫學心悟五卷附外科十法一卷……… 4－301
醫學心悟五卷附外科十法一卷……… 4－301
醫學心悟五卷附外科十法一卷……… 4－301
醫學心悟五卷附外科十法一卷……… 4－301
醫學心悟五卷附外科十法一卷……… 4－301
醫學心悟五卷附外科十法一卷……… 4－301
醫學心悟五卷附外科十法一卷……… 4－301
醫學心悟五卷附外科十法一卷……… 4－301
醫學心悟五卷附外科十法一卷……… 4－301
醫學心悟五卷附外科十法一卷……… 4－301
醫學心悟五卷附外科十法一卷……… 4－301
醫學心悟五卷附外科十法一卷……… 4－301
醫學心悟五卷附外科十法一卷……… 4－301
醫學心悟五卷附外科十法一卷……… 4－301
醫學心悟五卷附外科十法一卷……… 4－301
醫學心悟五卷附外科十法一卷……… 4－301
醫學心悟五卷附外科十法一卷……… 4－302
醫學心悟五卷附外科十法一卷……… 4－302
醫學心悟五卷附外科十法一卷……… 4－302
醫學心悟五卷附外科十法一卷……… 4－302
醫學心悟五卷附外科十法一卷……… 4－302
醫學心悟五卷附外科十法一卷……… 4－302
醫學心悟五卷附外科十法一卷……… 4－302
醫學心悟五卷附外科十法一卷……… 4－302
醫學心悟五卷附外科十法一卷……… 4－302
醫學心悟五卷附外科十法一卷……… 4－302
醫學心悟五卷附外科十法一卷……… 4－302
醫學心悟五卷附外科十法一卷……… 4－302
醫學心悟五卷附外科十法一卷……… 4－302
醫學心悟五卷附外科十法一卷……… 4－302
醫學心悟五卷附外科十法一卷……… 4－302
醫學心悟五卷附外科十法一卷……… 4－302
醫學心悟五卷附外科十法一卷……… 5－400
醫學心悟不分卷……………………… 4－300
醫學心悟六卷………………………… 4－300
醫學正義不分卷……………………… 4－303
醫學同源三卷………………………… 4－300
醫學同源三卷………………………… 4－300
醫學同源三卷………………………… 4－300
醫學同源三卷………………………… 4－300
醫學啓蒙□□卷……………………… 4－299
醫學啓蒙彙編六卷…………………… 4－299
醫學集成四卷………………………… 4－299
醫學湯頭歌括□□卷………………… 4－300
醫學發明一卷………………………… 4－299
醫學發明一卷………………………… 4－299
醫學源流一卷………………………… 4－302
醫學源流論二卷……………………… 4－302
醫學源流論二卷……………………… 4－302
醫學摘要不分卷……………………… 4－303
醫學摘要□卷………………………… 4－302
醫學摘要□卷………………………… 4－302
醫學摘要□卷………………………… 4－302
醫學摘要秘言不分卷………………… 4－303
醫學精要八卷………………………… 4－299
醫學實在易八卷……………………… 4－300
醫學實在易八卷……………………… 4－300
醫學實在易八卷……………………… 4－300
醫學實在易八卷……………………… 4－300
醫學實在易八卷……………………… 4－300
醫學實在易八卷……………………… 4－300
醫學輯要八卷首一卷………………… 4－299

醫學輯要八卷首一卷………………… 4－299
醫學輯要不分卷…………………… 4－299
醫學辨正不分卷…………………… 4－299
醫學纂要二卷……………………… 4－303
醫學纂要靈機條辨不分卷………… 4－303
醫藥家棖六卷……………………… 4－303
醫醫偶錄二卷……………………… 4－303
醫醫偶錄二卷……………………… 4－303
醫壘元戎十二卷…………………… 4－295
霧海隨筆十四卷 ………………… 4－90
霧海隨筆十四卷 ………………… 4－90
擷紅詞館吟鈔四卷………………… 4－156
擷紅詞館吟鈔四卷………………… 4－156
擷綠山房隱語二卷………………… 4－156
豐干詩一卷 ……………………… 2－14
豐川續集三十四卷………………… 1－369
[同治]豐城縣志二十八卷首一卷 … 5－355
[同治]豐城縣志二十八卷首一卷 … 5－355
[嘉慶]豐城縣志二十三卷首一卷 … 5－300
[嘉慶]豐城縣志二十三卷首一卷 … 5－300
[嘉慶]豐城縣志二十三卷首一卷 … 5－300
[道光]豐城縣志二十四卷首一卷 … 5－278
[道光]豐城縣志二十四卷首一卷 … 5－279
豐陽人文紀略十卷………………… 1－369
豐溪瓣香集四卷…………………… 1－369
豐鎬考信錄八卷…………………… 1－369
[叢書目錄彙鈔]不分卷 ………… 5－276
叢殘集不分卷……………………… 1－191
叢碧山房詩集十卷………………… 1－191
題江南曾文正公祠百詠不分卷……… 3－454
題陰隲文圖證詩二卷……………… 3－455
題減瑞袁浮賦疏一卷……………… 3－454
題減瑞袁浮賦疏一卷……………… 3－454
題減瑞袁浮賦疏一卷……………… 3－454
題減瑞袁浮賦疏一卷……………… 3－454
題減瑞袁浮賦疏一卷……………… 3－454
題減瑞袁浮賦疏一卷……………… 3－454
題減瑞袁浮賦疏一卷……………… 3－454
題襟集一卷………………………… 3－454
題辭一卷…………………………… 5－100
瞿文慎公詩稿不分卷 …………… 3－58
瞿忠宣公集十卷 ………………… 3－58
瞿忠宣公集十卷 ………………… 3－58
瞿唐先生日錄內集八卷 ………… 3－58
瞻岵詩話二卷 …………………… 5－84
瞻衮堂文集十卷 ………………… 5－84
闕史不分卷………………………… 2－465
闕里文獻考一百卷首一卷末一卷 …… 3－67
闕里文獻考一百卷首一卷末一卷 …… 3－67
闕里文獻考一百卷首一卷末一卷 …… 3－67
闕里文獻考一百卷首一卷末一卷 …… 3－67
闕里述聞十四卷 ………………… 3－67
闕里述聞十四卷 ………………… 3－67
闕里誌二十四卷 ………………… 3－67
闕里誌二十四卷 ………………… 3－67
闕里纂要四卷 …………………… 3－67
闕素岡自娛草十四卷附雙節吟一卷
…………………………………… 3－67
曠視山房大題一卷………………… 2－249
曠視山房小題一卷………………… 2－249
曠視山房制藝一卷………………… 2－250
曠視山房制藝二集一卷…………… 2－249
嚝謔餘音三卷 …………………… 5－116
蟫史二十卷………………………… 4－376
蟫餘集不分卷附會墨一卷………… 4－376
[蟫藻閣摹印]不分卷 …………… 5－381
蟠松山房詩本四卷雜著草一卷……… 2－478
蟠松山房詩本四卷雜著草一卷……… 2－478
鵑音一卷白社詩草一卷 ………… 4－11
鵑音一卷白社詩草一卷 ………… 4－11
韞山堂文集八卷 ………………… 5－36
韞山堂時文初集一卷二集一卷三集
一卷 ……………………………… 5－36
韞山堂時文初集一卷二集一卷三集
一卷 ……………………………… 5－36
韞山堂時文初集一卷二集一卷三集
一卷 ……………………………… 5－36
韞山堂時文初集一卷二集二卷三集
一卷 ……………………………… 5－36
韞山堂時文初集一卷二集二卷三集
一卷 ……………………………… 5－36
韞山堂時文初集一卷二集二卷三集

一卷 ………………………………… 5－36
韞山堂時文初集一卷二集二卷三集
一卷 ………………………………… 5－36
韞山堂時文初集一卷二集二卷三集
一卷 ………………………………… 5－36
韞山堂詩集十六卷 ……………… 5－36
韞山堂詩集十六卷 ……………… 5－36
韞山堂詩集十六卷文集八卷 ………… 5－36
韞山堂選本不分卷 ……………… 5－37
穫經堂初稿八卷………………………… 2－109
簪花集五經會課藝不分卷 …………… 5－44
簡字全譜不分卷……………………… 2－149
簡松草堂詩集二十卷………………… 2－148
簡明中西匯參醫學圖說不分卷……… 2－148
簡明捕蝗法一卷……………………… 2－148
簡易方舟車便覽四卷………………… 2－148
簡易方舟車便覽四卷附十二經絡歌
一卷………………………………… 2－148
簡易明經通譜不分卷………………… 2－148
簡易急驗方□□卷…………………… 2－148
簡易神驗方一卷……………………… 2－148
簡易醫訣四卷………………………… 2－149
簡易醫訣四卷………………………… 2－149
簡易識字課本不分卷………………… 2－148
簡易識字課本不分卷………………… 2－149
簡易識字課本不分卷………………… 2－149
簡易識字課本教授書不分卷………… 2－149
簡要醫方一卷附本草備要一卷……… 2－148
簡要醫方一卷附本草備要一卷……… 2－148
簡莊綴文六卷………………………… 2－149
簡學齋試帖輯註一卷………………… 2－148
簡學齋試帖輯註一卷………………… 2－148
簡學齋試帖輯註一卷………………… 2－148
簡學齋試帖輯註一卷………………… 2－148
簡學齋詩刪四卷……………………… 2－148
簡學齋詩刪四卷……………………… 2－148
簡學齋館課試律存一卷……………… 2－148
簡學齋館課賦存一卷續鈔一卷……… 2－148
簣山堂詩鈔二十一卷………………… 2－250
簣山堂詩鈔十六卷…………………… 2－250
鵝峯書院冊不分卷…………………… 1－332
鵝湖客話四卷………………………… 1－332
鵝湖客話四卷………………………… 1－332
鵝湖課士錄不分卷…………………… 1－332
鵝湖講學會編十二卷………………… 1－332
鵝湖講學會編十二卷………………… 1－332
鵝湖講學會編十二卷………………… 1－332
鵞湖遊草二卷………………………… 1－332
雙白燕堂文集二卷外集八卷………… 3－292
雙江聶先生文集十四卷……………… 3－294
雙江聶先生文集十四卷……………… 3－294
雙江聶先生文集十四卷……………… 3－294
雙池文集十卷………………………… 3－292
雙池文集十卷………………………… 3－292
雙池文集十卷………………………… 3－292
雙池文集十卷………………………… 3－292
雙池文集十卷………………………… 3－292
雙池文集十卷………………………… 3－292
雙池文集十卷………………………… 3－292
雙池文集十卷………………………… 3－292
雙池文集十卷………………………… 3－292
雙池先生[汪紱]年譜四卷 ………… 3－292
雙池先生[汪紱]年譜四卷 ………… 3－292
雙池先生[汪紱]年譜四卷 ………… 3－292
雙池先生[汪紱]年譜四卷 ………… 3－293
雙池先生[汪紱]年譜四卷 ………… 3－293
雙池先生[汪紱]年譜四卷 ………… 3－293
雙池先生[汪紱]年譜四卷 ………… 3－293
雙池先生[汪紱]年譜四卷 ………… 3－293
雙池先生[汪紱]年譜四卷 ………… 3－293
雙池先生[汪紱]年譜四卷 ………… 3－293
雙池先生[汪紱]年譜四卷 ………… 3－293
雙池先生[汪紱]年譜四卷 ………… 3－293
雙池策略六卷………………………… 3－292
雙池策略六卷………………………… 3－292
雙池策略六卷………………………… 3－292
雙池策略六卷………………………… 3－292
雙池策略六卷………………………… 3－292
雙池策略六卷………………………… 3－292
雙佩齋文集四卷駢體文集一卷……… 3－294
雙佩齋文集四卷駢體文集一卷詩集
八卷………………………………… 3－294

雙佩齋文集四卷駢體文集一卷詩集八卷…… 3－295
雙佩齋文集四卷駢體文集一卷詩集八卷…… 5－393
雙佩齋詩草五卷…… 3－294
雙忽雷本事一卷…… 3－294
雙貞紀傳詩詞鈔一卷…… 3－296
雙虹陳祠允房丁冊一卷…… 3－294
雙桂堂稿十卷…… 3－293
雙桂堂稿十卷續編十二卷…… 3－294
雙圃氏同館賦鈔一卷周夢巖同館詩鈔一卷…… 3－295
雙峰先生存稿六卷…… 3－293
雙峰猥稿九卷首一卷末一卷…… 3－293
雙峰猥稿九卷首一卷末一卷…… 3－293
雙峰猥稿九卷首一卷末一卷…… 3－293
雙峰猥稿九卷首一卷末一卷…… 3－293
雙梧桐館集二十六卷…… 3－295
雙崖文集四卷首一卷附錄一卷雙崖詩集六卷…… 3－295
雙崖文集四卷首一卷附錄一卷雙崖詩集六卷…… 3－295
雙崖文集四卷首一卷附錄一卷雙崖詩集六卷…… 3－295
雙崖文集四卷首一卷附錄一卷雙崖詩集六卷…… 3－295
雙崖文集四卷首一卷附錄一卷雙崖詩集六卷…… 3－295
雙魚偶存不分卷…… 3－295
雙魚罌齋錄莫子偲友芝集漢碑聯一卷…… 3－295
雙雲堂傳集…… 3－296
雙楳景闇叢書…… 3－294
雙楳景闇叢書…… 3－294
雙楳景闇叢書…… 3－294
雙節堂庸訓四卷…… 3－294
雙節堂庸訓四卷…… 3－294
雙節堂庸訓四卷…… 3－294
雙節堂庸訓四卷…… 3－294
雙節堂庸訓四卷…… 3－294
雙節堂庸訓四卷…… 3－294
雙節堂庸訓四卷…… 3－294
雙節堂庸訓四卷…… 3－294
雙節堂庸訓四卷…… 3－294
雙溪文集十七卷…… 3－295
雙壽贈言三卷…… 3－295
雙鳳奇緣傳二十卷八十回…… 3－293
雙鳳奇緣傳二十卷八十回…… 3－293
雙鳳奇緣傳二十卷八十回…… 3－293
雙鳳奇緣傳二十卷八十回…… 3－293
雙鳳奇緣傳二十卷八十回…… 3－293
雙潤軒詩草四卷…… 3－295
雙橋小筑詞存六卷集餘一卷…… 3－295
雙橋小筑詞存六卷集餘一卷…… 3－295
雙橋小築詞存四卷…… 3－295
雙鴛祠傳奇八齣…… 3－295
雙藤書屋詩集十二卷試帖二卷…… 3－295
雙藤書屋詩集十二卷試帖二卷…… 3－295
雙藤書屋詩集十二卷試帖二卷…… 3－295
雙藤書屋詩集十二卷試帖二卷…… 3－295
[雙蘭圖詠]一卷 …… 5－351
雙籐書屋試帖一卷…… 1－332
歸方評點史記合筆六卷…… 1－479
歸田集十四卷…… 1－480
歸田集十四卷…… 1－480
歸田集十四卷獨旦集八卷…… 1－480
歸田詩話三卷…… 1－480
歸田瑣記八卷…… 1－480
歸田瑣記八卷…… 1－480
歸田瑣記八卷…… 1－480
歸仙二啚保甲局圖冊不分卷…… 1－480
歸舟雜吟一卷…… 1－481
歸雲別集…… 1－480
歸雲別集…… 1－480
歸愚文鈔二十卷餘集八卷…… 1－480
歸愚文鈔十二卷文續十二卷詩鈔十二卷…… 1－480
歸愚文續十二卷…… 1－480
歸愚文續十二卷…… 1－480
歸愚文續十二卷…… 1－480
歸愚文續十二卷…… 1－480
歸愚集…… 1－480

歸愚詩鈔二十卷餘集十卷 …………… 1－480
歸愚詩鈔十四卷文鈔十二卷文續十二卷說詩晬語二卷黃山遊草一卷歸田集一卷南巡詩一卷浙江通省志圖說一卷 ………………………… 1－480
歸愚詩鈔六卷竹嘯軒詩鈔十八卷 …… 1－480
歸震川先生文選六卷 ………………… 1－481
歸震川先生尺牘二卷 ………………… 1－481
歸震川先生尺牘二卷 ………………… 1－481
歸震川先生[有光]年譜一卷 ……… 1－481
歸震川先生別集十卷 ………………… 1－481
歸震川集十卷 ………………………… 1－480
歸餘鈔四卷 …………………………… 1－480
歸潛志十四卷附錄一卷 ……………… 1－479
歸樸齋詩鈔戊集二卷己集二卷 ……… 1－479
歸樸齋詩鈔戊集二卷己集二卷 ……… 1－479
歸樸齋詩鈔戊集二卷己集二卷 ……… 1－479
歸盦文稾八卷 ………………………… 1－479
鎖香室選詩不分卷 …………………… 3－407
鎖院體詩偶存二卷 …………………… 3－407
鎖院體詩偶存二卷 …………………… 3－407
鎖院體詩偶存二卷 …………………… 3－408
翻譯西洋教練炮隊操法口令不分卷 ……………………………………… 1－352
翻譯西洋教練槍隊操法口令不分卷 ……………………………………… 1－352
翻譯西洋教練槍隊操法口令不分卷 ……………………………………… 1－352
翻譯名義集二十卷 …………………… 1－352
翻譯名義集二十卷 …………………… 1－352
翻譯名義集二十卷 …………………… 1－352
翻譯名義集選一卷 …………………… 1－352
雞跖賦續刻二十八卷擬古二卷 ……… 4－12
雞蹠賦正集三十卷續集三十卷 ……… 2－111
雞蹠賦續刻三十卷 …………………… 2－111
雞蹠賦續刻三十卷 …………………… 2－111
餭飢亭後集十二卷 …………………… 2－390
餭飢亭集三十二卷後集十二卷 ……… 2－390
臍風慢驚合編一卷 …………………… 3－21
謹擬京師大學堂章程不分卷 ………… 2－191
謫麐堂遺集四卷 ……………………… 5－95
謫麐堂遺集四卷 ……………………… 5－96
顏山雜記四卷 ………………………… 4－265
顏氏家訓二卷 ………………………… 4－265
顏氏家訓二卷 ………………………… 4－265
顏氏家訓二卷 ………………………… 4－265
顏氏家訓二卷 ………………………… 4－265
顏氏家訓二卷 ………………………… 4－265
顏氏家訓二卷 ………………………… 4－265
顏氏家訓二卷 ………………………… 4－265
顏氏家訓二卷 ………………………… 4－265
顏氏家訓二卷 ………………………… 4－265
顏氏家訓二卷 ………………………… 4－265
顏氏家訓二卷 ………………………… 4－265
顏氏家訓二卷 ………………………… 4－265
顏氏家訓二卷 ………………………… 4－265
顏氏家訓二卷 ………………………… 4－265
顏氏家訓二卷 ………………………… 4－265
顏氏學記十卷 ………………………… 4－265
顏氏學記十卷 ………………………… 4－265
顏氏學記十卷 ………………………… 4－265
顏色對語二卷 ………………………… 4－265
顏李遺書 ……………………………… 4－264
顏習齋先生[元]年譜二卷 ………… 4－265
顏習齋先生[元]年譜二卷 ………… 4－266
顏魯公文集十五卷補遺一卷附錄一卷 ……………………………………… 4－264
顏魯公文集三十卷補遺一卷 ………… 4－264
顏魯公文集三十卷補遺一卷 ………… 4－264
顏魯公年譜一卷 ……………………… 4－264
[雜考]不分卷 ………………………… 5－385
雜字求真不分卷 ……………………… 5－41
雜字旁通二卷 ………………………… 5－41
雜字旁通二卷 ………………………… 5－41
雜要不分卷 …………………………… 5－40
[雜組讀書筆錄]不分卷 …………… 5－386
雜症會心錄二卷 ……………………… 5－40
雜病源流犀燭三十卷首二卷 ………… 5－40
雜病證治準繩八卷 …………………… 5－40
雜病證治類方八卷 …………………… 5－40
[雜著]一卷[雜體詩]一卷 ………… 5－386
[雜著]不分卷 ………………………… 5－386

[雜著]不分卷 …………………………… 5－386
[雜著]不分卷 …………………………… 5－386
[雜著]不分卷 …………………………… 5－386
雜著合刻二卷 …………………………… 5－40
[雜問]不分卷 …………………………… 5－386
[雜術書鈔]不分卷 ……………………… 5－386
[雜項鈔本]不分卷 ……………………… 1－309
雜筆錄稿不分卷 ………………………… 5－40
[雜鈔]不分卷 …………………………… 5－384
[雜鈔]不分卷 …………………………… 5－384
[雜鈔]不分卷 …………………………… 5－384
[雜鈔]不分卷 …………………………… 5－384
[雜鈔]不分卷 …………………………… 5－384
[雜鈔]不分卷 …………………………… 5－384
[雜鈔]不分卷 …………………………… 5－384
[雜鈔]不分卷 …………………………… 5－384
[雜鈔]不分卷 …………………………… 5－384
[雜鈔]不分卷 …………………………… 5－384
[雜鈔]不分卷 …………………………… 5－384
[雜鈔]不分卷 …………………………… 5－384
[雜鈔]不分卷 …………………………… 5－385
[雜鈔]不分卷 …………………………… 5－385
[雜鈔]不分卷 …………………………… 5－385
[雜鈔]不分卷 …………………………… 5－385
[雜鈔]不分卷 …………………………… 5－385
[雜鈔]不分卷 …………………………… 5－385
[雜鈔]不分卷 …………………………… 5－385
[雜鈔]不分卷 …………………………… 5－385
[雜鈔]不分卷 …………………………… 5－385
[雜鈔]不分卷 …………………………… 5－385
[雜鈔]不分卷 …………………………… 5－385
[雜鈔]不分卷 …………………………… 5－385
[雜鈔]不分卷 …………………………… 5－385
[雜鈔雜記]不分卷 ……………………… 5－385
雜詞不分卷 ……………………………… 5－40
[雜稱雜記]不分卷 ……………………… 5－385
[雜劇] …………………………………… 5－385
[雜論]不分卷 …………………………… 5－385
[雜論]不分卷 …………………………… 5－385
[雜論]不分卷 …………………………… 5－386
[雜論]不分卷 …………………………… 5－386
[雜論]不分卷 …………………………… 5－386
雜錦羣芳尺牘□□卷 …………………… 5－40
[雜錄]一卷 ……………………………… 5－385
[雜錄]不分卷 …………………………… 1－287
[雜錄]不分卷 …………………………… 1－302
[雜錄]不分卷 …………………………… 5－385
[雜錄]不分卷 …………………………… 5－385
[雜錄]不分卷 …………………………… 5－385
[雜錄]不分卷 …………………………… 5－385
[雜錄]不分卷 …………………………… 5－385
[雜錄]不分卷 …………………………… 5－385
[雜錄]不分卷 …………………………… 5－385
[雜錄]不分卷 …………………………… 5－385
[雜錄]不分卷 …………………………… 5－385
[雜錄]不分卷 …………………………… 5－385
[雜錄]不分卷 …………………………… 5－385
[雜錄]不分卷 …………………………… 5－385
雜錄錦囊不分卷 ………………………… 5－40
雜錄醫方不分卷 ………………………… 5－40
雜聯一卷 ………………………………… 5－40
雜證謨不分卷 …………………………… 5－40
[雜纂]不分卷 …………………………… 5－386
雜體文四卷附外集一卷 ………………… 5－40
離六堂集十二卷 ………………………… 2－264
離騷正義不分卷 ………………………… 2－265
離騷草木疏四卷 ………………………… 2－265
離騷草木疏四卷 ………………………… 2－265
離騷草木疏四卷 ………………………… 2－265
離騷集傳一卷 …………………………… 2－265
離騷集傳一卷 …………………………… 2－265
離騷集傳一卷 …………………………… 2－265
離騷經一卷 ……………………………… 2－265
離騷箋二卷 ……………………………… 2－265
燼餘詩草四卷 …………………………… 2－196
燼餘詩草四卷 …………………………… 2－196
隴上鴻泥不分卷 ………………………… 2－352
隴上鴻泥不分卷 ………………………… 2－352
隴上鴻泥不分卷 ………………………… 2－352
隴上鴻泥不分卷 ………………………… 2－352
隴上鴻泥不分卷 ………………………… 2－352
隴上鴻泥不分卷 ………………………… 2－352

隴上鴻泥不分卷…………………… 2－352
隴上鴻泥不分卷…………………… 2－352
隴上鴻泥不分卷…………………… 2－352
隴上鴻泥不分卷…………………… 2－352
隴上鴻泥不分卷…………………… 2－352
隴蜀餘聞一卷…………………… 2－352
隴蜀餘聞一卷…………………… 2－352
彝經堂集詩鈔六卷…………………… 4－315
繞竹山房詩稿十卷詩餘一卷詩續稿
十四卷 …………………… 3－70
繞竹山房詩稿十卷詩餘一卷詩續稿
十四卷 …………………… 3－70
織水齋集不分卷…………………… 5－108
織簾書屋詩草不分卷…………………… 5－108
繕摺須知格式不分卷…………………… 3－119
斷水詞三卷…………………… 1－326

十九畫

騷筏一卷…………………… 3－106
騷筏一卷…………………… 3－106
難經一卷…………………… 2－455
難經經解二卷…………………… 2－455
難經經釋二卷…………………… 2－455
難經經釋二卷…………………… 2－455
攟石齋詩集五十卷 …………………… 5－45
蘧盦文鈔一卷詩鈔十一卷 …………………… 3－58
［咸豐］蘄州志二十六卷 …………………… 5－376
［光緒］蘄州志三十卷 …………………… 5－294
勸世文一卷 …………………… 3－65
勸民說一卷 …………………… 3－65
勸民說一卷 …………………… 3－65
勸民說一卷 …………………… 3－65
勸戒二錄不分卷 …………………… 3－65
勸戒必讀三卷 …………………… 3－65
勸戒近錄六卷 …………………… 3－65
勸戒近錄六卷 …………………… 3－65
勸戒溺女彙編二卷 …………………… 3－65
勸孝文不分卷 …………………… 3－65
勸孝詩歌 …………………… 3－65
勸修淨土切要 …………………… 3－65
勸時語二卷 …………………… 3－65
［勸善］□□卷 …………………… 5－343
勸毀淫書徵信集一卷戒演淫戲福慶
集一卷 …………………… 3－65
勸賢堂圖冊不分卷 …………………… 3－65
勸學篇二卷 …………………… 3－65
勸學篇二卷 …………………… 3－65
勸學篇二卷 …………………… 3－66
勸學篇二卷 …………………… 3－66
勸學篇二卷 …………………… 3－66
勸學篇二卷 …………………… 3－66
勸學篇二卷 …………………… 3－66
勸學篇二卷 …………………… 3－66
勸學篇二卷 …………………… 3－66
勸學篇二卷 …………………… 3－66
勸學篇二卷 …………………… 3－66
勸學篇二卷 …………………… 3－66
勸學篇二卷 …………………… 3－66
勸學篇二卷 …………………… 3－66
勸學篇二卷 …………………… 3－66
勸學篇二卷 …………………… 3－66
勸學篇二卷 …………………… 3－66
勸學篇二卷 …………………… 3－66
勸學篇二卷 …………………… 3－66
勸學篇二卷 …………………… 3－66
勸學篇二卷 …………………… 3－66
勸學篇二卷 …………………… 3－66
勸學篇二卷 …………………… 3－66
勸學篇二卷 …………………… 3－66
勸學篇二卷 …………………… 3－66
勸學篇二卷 …………………… 3－66
勸學篇二卷 …………………… 3－66
勸學篇二卷 …………………… 3－66
勸學篇二卷 …………………… 3－67
勸學篇二卷 …………………… 3－67
勸學篇二卷 …………………… 3－67
勸學篇二卷 …………………… 3－67
勸學篇二卷 …………………… 3－67
勸學篇二卷 …………………… 3－67
勸學篇二卷 …………………… 3－67
勸學篇二卷 …………………… 3－67
勸學篇二卷 …………………… 3－67
勸學篇二篇 …………………… 3－67

勸學篇書後一卷 …………………………… 3－67
勸諭不纏足圖說方書一卷 ……………… 3－67
蘇子美文集六卷詩集四卷 ……………… 3－394
蘇子瞻集選二十卷 ……………………… 3－394
蘇文忠公策論選十二卷 ………………… 3－392
蘇文忠公詩集五十卷目錄二卷 ………… 3－392
蘇文忠公詩集五十卷目錄二卷 ………… 3－392
蘇文忠公詩集五十卷目錄二卷 ………… 3－392
蘇文忠公詩集五十卷目錄二卷 ………… 3－392
蘇文忠公詩集五十卷目錄二卷 ………… 3－393
蘇文忠公詩集五十卷目錄二卷 ………… 3－393
蘇文忠公詩集五十卷目錄二卷 ………… 3－393
蘇文忠公詩集五十卷目錄二卷 ………… 3－393
蘇文忠公詩集五十卷目錄二卷 ………… 3－393
蘇文忠公詩集擇粹十八卷 ……………… 3－393
蘇文忠公詩集擇粹十八卷 ……………… 3－393
蘇文忠公詩集擇粹十八卷 ……………… 3－393
蘇文忠公詩集擇粹十八卷 ……………… 3－393
蘇文忠詩合註五十卷首一卷 …………… 3－393
蘇文忠詩合註五十卷首一卷 …………… 3－393
蘇文忠詩合註五十卷首一卷 …………… 3－393
蘇文忠詩合註五十卷首一卷 …………… 3－393
蘇文忠詩合註五十卷首一卷 …………… 3－393
蘇文忠詩合註五十卷首一卷 …………… 3－393
蘇文忠詩合註五十卷首一卷 …………… 3－393
蘇文忠詩合註五十卷首一卷 …………… 3－394
蘇文忠詩合註五十卷首一卷 …………… 3－394
蘇文忠詩合註五十卷首一卷 …………… 3－394
蘇文忠詩合註五十卷首一卷 …………… 3－394
蘇文忠詩合註五十卷首一卷 …………… 3－394
蘇老泉先生全集二十卷 ………………… 3－391
蘇老泉先生全集十六卷 ………………… 3－392
蘇老泉嘉祐集十四卷 …………………… 3－391
蘇米志林三卷 …………………………… 3－392
蘇米齋蘭亭考八卷 ……………………… 3－392
[同治]蘇州府志一百五十卷首三卷
……………………………………………… 5－365
蘇州葉天士先生秘傳眼科奇方不分
　卷 ……………………………………… 3－394
蘇沈良方八卷 …………………………… 3－392
蘇長公外紀十二卷 ……………………… 3－391
蘇林詩賸一卷 …………………………… 3－392
蘇林詩賸一卷 …………………………… 3－392
蘇松財賦考圖說不分卷 ………………… 3－392
[蘇東坡王陽明詩合鈔]不分卷 …… 5－352
蘇東坡詩集注三十二卷失編一卷 …… 3－391
蘇東坡詩集注三十二卷失編一卷 …… 3－391
蘇東坡詩集注三十二卷失編一卷 …… 3－391
蘇東坡詩集注三十二卷失編一卷 …… 3－391
蘇東坡詩集注三十二卷失編一卷 …… 3－391
蘇東坡詩集注三十二卷失編一卷 …… 5－394
蘇東坡詩集注三十二卷失編一卷 …… 5－394
蘇門六君子文粹 ………………………… 3－392
蘇明允文約選不分卷 …………………… 3－392
蘇許公文集十二卷首一卷 ……………… 3－391
蘇庵詩稾九卷 …………………………… 3－391
蘇庵詩稾九卷 …………………………… 3－391
蘇詩選二卷 ……………………………… 3－392
蘇詩續補遺二卷 ………………………… 3－392
蘇詩續補遺二卷 ………………………… 3－392
蘇鄰遺詩續集一卷 ……………………… 3－392
蘇潁濱年表一卷 ………………………… 3－394
蘇學士文集十六卷 ……………………… 3－394
蘇盦集十六卷 …………………………… 3－391
蘇盦集十六卷 …………………………… 3－391
蘇盦集十六卷 …………………………… 3－391
蘇魏公文集七十二卷首一卷目錄二
　卷附錄一卷 …………………………… 3－392
蘇齋叢書 ………………………………… 3－394
警石府君[錢泰吉]年譜一卷 ……… 2－221
[警句摘抄]不分卷 ………………… 5－326
藹廷氏課草不分卷 ……………………… 1－1
藻香館詩鈔六卷 ………………………… 5－44
蘂榜捷報錄四卷 ………………………… 3－86
蘉蒔山莊駢散芟存一卷 ………………… 4－378
麓樵小草二卷 …………………………… 2－363
麓樵小草二卷 …………………………… 5－41
麗句集不分卷 …………………………… 2－315
麗句集六卷 ……………………………… 2－315
麗澤堂試草不分卷 ……………………… 2－315
麗澤論說集錄十卷 ……………………… 1－283
礦務五種 ………………………………… 2－250

礦務新論二卷…………………………… 2－250
礦務新論二卷…………………………… 2－250
願效籍□□卷 ………………………… 5－20
願效籍□□卷 ………………………… 5－20
願學集八卷 …………………………… 5－20
願學集八卷 …………………………… 5－20
願學集八卷 …………………………… 5－20
願學集八卷 …………………………… 5－20
願學集八卷 …………………………… 5－20
願學集會課鈔不分卷 ………………… 5－20
願體集二卷 …………………………… 5－20
攈古錄二十卷…………………………… 2－237
曝書亭集二十三卷 …………………… 3－10
曝書亭集二十三卷 …………………… 3－11
曝書亭集八十卷附錄一卷……………… 3－9
曝書亭集八十卷附錄一卷……………… 3－9
曝書亭集八十卷附錄一卷 …………… 3－10
曝書亭集八十卷附錄一卷 …………… 3－10
曝書亭集八十卷附錄一卷 …………… 3－10
曝書亭集八十卷附錄一卷 …………… 3－10
曝書亭集八十卷附錄一卷 …………… 3－10
曝書亭集八十卷附錄一卷 …………… 3－10
曝書亭集八十卷附錄一卷 …………… 3－10
曝書亭集八十卷附錄一卷 …………… 3－10
曝書亭集八十卷附錄一卷 …………… 3－10
曝書亭集八十卷附錄一卷 …………… 3－10
曝書亭集八十卷附錄一卷 …………… 3－10
曝書亭集八十卷附錄一卷 …………… 3－10
曝書亭集八十卷附錄一卷 …………… 3－10
曝書亭集八十卷附錄一卷 …………… 3－10
曝書亭集外稿八卷 …………………… 3－11
曝書亭集外稿八卷 …………………… 3－11
曝書亭集詞註七卷 …………………… 3－10
曝書亭集詞註七卷 …………………… 3－10
曝書亭集詞註七卷 …………………… 3－10
曝書亭集詞註七卷 …………………… 3－10
曝書亭集詩注二十二卷 ……………… 3－11
曝書亭集詩注二十二卷 ……………… 3－11
曝書亭集詩注二十二卷 ……………… 3－11
曝書亭集詩注二十二卷 ……………… 3－11
曝書亭集詩注二十二卷 ……………… 3－11
曝書亭集詩注二十二卷 ……………… 3－11
曝書亭集詩注二十二卷 ……………… 3－11
曝書亭集詩注二十二卷 ……………… 3－11
曝書亭詩箋注十二卷 ………………… 3－11
曝書雜記二卷 ………………………… 3－11
曝書雜記二卷 ………………………… 3－11
曝書雜記三卷 ………………………… 3－11
曝書雜記三卷 ………………………… 3－11
關夫子實錄不分卷…………………… 1－457
關中金石文字存逸考十二卷首一卷
　……………………………………… 1－458
關中書院課士詩不分卷……………… 1－458
關中書院課士詩不分卷……………… 1－458
關中書院課士賦一卷課士詩一卷…… 1－458
關中漢唐存碑跋一卷………………… 1－458
關尹子二卷…………………………… 1－458
關右經籍考十一卷…………………… 1－458
關邪一卷……………………………… 5－249
關帝全書四十卷……………………… 1－457
關帝全錄一卷………………………… 1－457
關帝桃園明聖經一卷………………… 1－457
關帝廟育才莊圖冊八卷……………… 1－457
關聖大帝明聖經一卷移山經一卷…… 1－457
關聖帝君聖諭十願十戒救劫寶訓一
　卷…………………………………… 1－457
關聖帝君聖蹟圖誌全集五卷………… 1－457
關聖帝君濟世救急文一卷…………… 1－457
關聖帝君濟世救急文一卷…………… 1－457
關聖帝君濟世救急文一卷…………… 1－457
關聖帝君濟世救急文一卷…………… 1－457
關聖帝君濟世救急文一卷…………… 1－457
關聖帝君覺世經一卷文昌帝君本願
　經一卷文昌帝君延嗣經一卷許真
　君淨明忠孝經一卷………………… 1－457
關聖帝君覺世經一卷文昌帝君本願
　經一卷文昌帝君延嗣經一卷許真
　君淨明忠孝經一卷………………… 1－457
關聖帝君覺世經一卷文昌帝君本願
　經一卷文昌帝君延嗣經一卷許真
　君淨明忠孝經一卷………………… 1－457
關聖帝君覺世經一卷文昌帝君本願

經一卷文昌帝君延嗣經一卷許真
君淨明忠孝經一卷…………………… 1－457
關學原編四卷首一卷…………………… 1－458
關學編五卷……………………………… 1－458
關學續編三卷…………………………… 1－458
疇人傳三編七卷附著述記一卷……… 1－127
疇人傳三編七卷附著述記一卷……… 1－127
疇人傳三編七卷附著述記一卷……… 1－127
疇人傳三編七卷附著述記一卷……… 1－127
疇人傳五十二卷………………………… 1－127
疇人傳五十二卷………………………… 1－127
疇人傳五十二卷………………………… 1－127
疇人傳五十二卷………………………… 1－127
疇人傳四十六卷………………………… 1－127
疇人傳四十六卷………………………… 1－127
蟻餘偶筆一卷蟻餘附筆一卷諫言瑣
記一卷…………………………………… 4－316
蟻餘偶筆一卷蟻餘附筆一卷諫言瑣
記一卷…………………………………… 4－316
嚴太僕先生集十二卷…………………… 4－266
嚴太僕先生集十二卷…………………… 4－266
嚴太僕先生集十二卷…………………… 4－266
嚴氏族譜八卷首一卷…………………… 5－342
嚴氏族譜九卷首一卷…………………… 5－342
嚴氏族譜不分卷………………………… 5－342
嚴永思先生通鑑補正略三卷………… 4－266
[景定]嚴州續志十卷 ………………… 5－326
嚴陵張九儀地理穿山透地真傳一卷
………………………………………… 4－266
嚴陵張九儀增釋地理琢玉斧巒頭歌
括五卷…………………………………… 4－266
嚴陵張九儀儀度六壬選日要訣不分
卷………………………………………… 4－266
嚴陵張九儀儀度六壬選日要訣不分
卷………………………………………… 4－266
嚴陵張九儀儀度六壬選日要訣不分
卷………………………………………… 4－266
韡園醫學六種 ………………………… 4－18
韡園醫學六種 ………………………… 4－18
韡園醫學六種 ………………………… 4－19
韡園醫學六種 ………………………… 4－19
韜略元機六卷…………………………… 3－449
羅一峯先生集十卷首一卷補編一卷
附編二卷………………………………… 2－373
羅一峯先生集十卷首一卷補編一卷
附編二卷………………………………… 2－373
羅一峯先生集十卷首一卷補編一卷
附編二卷………………………………… 2－373
羅山遺集………………………………… 2－372
羅山遺集………………………………… 2－373
羅山遺集………………………………… 2－373
羅山遺集………………………………… 2－373
羅山遺集………………………………… 2－373
羅山遺集………………………………… 2－373
羅氏會約醫鏡二十卷…………………… 2－373
羅氏會約醫鏡二十卷…………………… 2－373
羅氏醫錄六卷附湯頭歌括一卷……… 2－373
羅文止先生文鈔不分卷………………… 2－373
羅文止先生文鈔不分卷………………… 2－373
羅文止先生文鈔不分卷………………… 2－373
羅文止先生全稿不分卷………………… 2－373
羅圭峯先生文集三十卷首一卷……… 2－371
羅圭峯先生文集三十卷首一卷……… 2－371
羅冰玉先生文集四卷末一卷………… 2－371
羅近溪先生一貫編四卷………………… 2－371
羅念庵先生文錄十八卷附錄一卷…… 2－372
羅念庵先生文錄十八卷附錄一卷…… 2－372
羅念庵先生文錄十八卷附錄一卷…… 2－372
羅念庵先生文錄十八卷附錄一卷…… 2－372
羅念庵先生文錄十八卷附錄一卷續
編二卷…………………………………… 2－372
羅念庵先生文錄補遺二卷…………… 2－372
羅念庵精選十二家文粹四卷………… 2－372
羅卷彙編………………………………… 2－372
羅昭諫集八卷…………………………… 2－374
羅昭諫集八卷…………………………… 2－374
羅昭諫集八卷…………………………… 2－374
羅昭諫集八卷…………………………… 2－374
羅馬志畧十三卷………………………… 2－372
羅馬志畧十三卷………………………… 2－372
羅馬志畧十三卷………………………… 2－372
羅馬法不分卷…………………………… 2－372

羅浮山志會編二十二卷首一卷……… 2－371
羅浮山志會編二十二卷首一卷……… 2－371
羅浮山志會編二十二卷首一卷……… 2－371
羅浮待鶴山房詩集二卷外集一卷…… 2－371
羅浮紀勝三集三卷…………………… 2－371
羅浮游記一卷………………………… 2－371
羅傳粺男星紀孫金聲真本不分卷
…………………………………………… 2－371
羅傳烈通書…………………………… 2－371
羅傳烈通書…………………………… 2－371
羅溪堰田冊不分卷…………………… 2－373
羅經不分卷…………………………… 2－371
羅經指南撥霧集三卷………………… 2－372
羅經指南撥霧集三卷………………… 2－372
羅經指南撥霧集三卷………………… 2－372
羅經指南撥霧集三卷………………… 2－372
羅經指南撥霧集三卷………………… 2－372
羅經指南撥霧集三卷………………… 2－372
羅經指南撥霧集三卷………………… 2－372
羅經指南撥霧集三卷………………… 2－372
羅經秘竅十卷………………………… 2－371
羅經解定七卷附羅經問答一卷……… 2－371
羅經詳注一卷天玉經詳注三卷……… 2－371
羅經圖說一卷水法圖說一卷………… 2－371
羅經精一解二卷……………………… 5－376
羅德安先生文集三卷詩集三卷附錄
一卷………………………………… 2－371
羅豫章先生集十二卷首一卷末一卷
…………………………………………… 2－373
羅豫章先生集十二卷首一卷末一卷
…………………………………………… 2－373
羅豫章先生集十二卷首一卷末一卷
…………………………………………… 2－373
羅豫章先生集十二卷首一卷末一卷
…………………………………………… 2－373
羅豫章先生集十二卷首一卷末一卷
…………………………………………… 2－373
羅豫章先生集十二卷首一卷末一卷
…………………………………………… 2－373
羅豫章先生集十二卷首一卷末一卷
…………………………………………… 2－374
羅豫章先生集十二卷首一卷末一卷
…………………………………………… 2－374
羅豫章先生集十二卷首一卷末一卷
…………………………………………… 2－374
犢山文稿一卷………………………… 1－302
犢山文稿不分卷……………………… 1－302
犢山文稿不分卷……………………… 1－302
犢山類藁……………………………… 1－302
籀經堂類稿二十四卷齊陳氏韶舞樂
疊通釋二卷………………………… 5－197
簷曝雜記六卷………………………… 4－266
簷曝雜記六卷………………………… 4－266
簷曝雜記六卷………………………… 4－266
簷曝雜記六卷………………………… 4－266
簷曝雜記六卷………………………… 4－266
鏡芙軒集四卷………………………… 2－225
鏡芙軒集四卷………………………… 2－225
鏡花緣二十卷一百回………………… 2－225
鏡花緣二十卷一百回………………… 2－225
鏡花緣二十卷一百回………………… 2－225
鏡花緣二十卷一百回………………… 2－225
鏡花緣二十卷一百回………………… 2－226
鏡花緣二十卷一百回………………… 2－226
鏡花緣二十卷一百回………………… 2－226
鏡花緣二十卷一百回………………… 2－226
鏡香園毛聲山評第七才子書十二卷
首一卷……………………………… 2－226
鏡香園毛聲山評第七才子書十二卷
首一卷……………………………… 2－226
鏡真山房詩鈔六卷…………………… 2－226
鏡真山房詩鈔六卷試帖二卷………… 2－226
鏡烟堂十種…………………………… 2－226
鏡源遺照集二十卷首一卷…………… 2－226
鏡源遺照集二十卷首一卷…………… 2－226
辭賦標義十八卷……………………… 1－189
鵬南初稿不分卷……………………… 2－489
鵬溪縫隱尺餘草一卷………………… 1－359
鵬溪縫隱尺餘草一卷………………… 2－489
鵬溪縫隱尺餘草一卷………………… 2－489
鯤溟先生詩集四卷奏疏一卷………… 2－250
譚史志奇八卷………………………… 3－424

譚詩管見一卷…………………………… 3－424
譚誤四卷………………………………… 3－424
譚襄敏公奏議十卷……………………… 3－424
譚襄敏公奏議十卷……………………… 3－424
譚襄敏公奏議十卷……………………… 3－425
譚襄敏公奏議十卷……………………… 3－425
譚襄敏公遺集三卷首一卷末一卷…… 3－424
譚襄敏公遺集三卷首一卷末一卷…… 3－424
譚襄敏公遺集三卷首一卷末一卷…… 3－424
識小編二卷……………………………… 3－225
識小錄八卷……………………………… 3－225
識字書…………………………………… 3－225
識字最易法一卷………………………… 4－408
證因脈治四卷…………………………… 5－106
證因脈治四卷…………………………… 5－106
證因脈治□卷…………………………… 5－106
證治要訣類方四卷……………………… 5－106
證治要義十卷…………………………… 5－106
證治要義十卷…………………………… 5－106
證治要義十卷…………………………… 5－403
證治準繩………………………………… 5－106
證治準繩………………………………… 5－106
證治準繩………………………………… 5－106
證治準繩………………………………… 5－106
證治準繩………………………………… 5－106
證治準繩………………………………… 5－106
證治準繩八卷…………………………… 5－106
廬山小志二十四卷首一卷…………… 2－356
廬山小志二十四卷首一卷…………… 2－356
廬山志十五卷首一卷………………… 2－356
廬山志十五卷首一卷………………… 2－356
廬山志十五卷首一卷………………… 2－356
廬山志十五卷首一卷………………… 2－356
廬山志十五卷首一卷………………… 2－356
廬山志十五卷首一卷………………… 2－356
廬山志十五卷首一卷………………… 2－356
廬山志十五卷首一卷………………… 2－356
廬山志十五卷首一卷………………… 2－356
廬山志十五卷首一卷………………… 2－356
廬山志十五卷首一卷………………… 2－356
廬山志十五卷首一卷………………… 2－356
廬山志十五卷首一卷………………… 2－356
廬山志十五卷首一卷………………… 2－357
廬山志十五卷首一卷………………… 2－357
廬山志十五卷首一卷………………… 2－357
廬山志十五卷首一卷………………… 2－357
廬山志十五卷首一卷………………… 2－357
廬山志十五卷首一卷………………… 2－357
廬山志十五卷首一卷………………… 2－357
廬山志十五卷首一卷………………… 2－357
廬山志十五卷首一卷………………… 2－357
廬山志十五卷首一卷………………… 2－357
廬山秀峯寺志八卷首一卷…………… 2－356
廬山觀音閣語錄全集一卷…………… 2－356
廬陵宋丞相信國公文忠烈先生全集
　十六卷……………………………… 2－354
廬陵宋丞相信國公文忠烈先生全集
　十六卷……………………………… 2－354
廬陵宋丞相信國公文忠烈先生全集
　十六卷……………………………… 2－354
廬陵宋丞相信國公文忠烈先生全集
　十六卷……………………………… 2－354
廬陵宋丞相信國公文忠烈先生全集
　十六卷……………………………… 2－354
廬陵宋丞相信國公文忠烈先生全集
　十六卷……………………………… 2－354
廬陵宋丞相信國公文忠烈先生全集
　十六卷……………………………… 2－354
廬陵宋丞相信國公文忠烈先生全集
　十六卷……………………………… 2－354
廬陵宋丞相信國公文忠烈先生全集
　十六卷……………………………… 2－354
廬陵宋丞相信國公文忠烈先生全集
　十六卷……………………………… 2－354
廬陵宋丞相信國公文忠烈先生全集
　十六卷……………………………… 2－354
廬陵宋丞相信國公文忠烈先生全集
　十六卷……………………………… 2－354
廬陵宋丞相信國公文忠烈先生全集
　十六卷……………………………… 2－354
廬陵宋丞相信國公文忠烈先生全集
　十六卷……………………………… 2－354

廬陵宋丞相信國公文忠烈先生全集十六卷 …… 2－354
廬陵宋丞相信國公文忠烈先生全集十六卷 …… 2－355
廬陵宋丞相信國公文忠烈先生全集十六卷 …… 2－355
廬陵宋丞相信國公文忠烈先生全集十六卷 …… 2－355
廬陵宋丞相信國公文忠烈先生全集十六卷 …… 2－355
廬陵宋丞相信國公文忠烈先生全集十六卷 …… 2－355
廬陵宋丞相信國公文忠烈先生全集十六卷 …… 2－355
廬陵宋丞相信國公文忠烈先生全集十六卷 …… 2－355
廬陵宋丞相信國公文忠烈先生全集十六卷 …… 2－355
廬陵周益國文忠公集二百卷首一卷附錄五卷 …… 2－355
廬陵周益國文忠公集二百卷首一卷附錄五卷 …… 2－355
廬陵周益國文忠公集二百卷首一卷附錄五卷 …… 2－355
廬陵周益國文忠公集二百卷首一卷附錄五卷 …… 2－355
廬陵周益國文忠公集二百卷首一卷附錄五卷 …… 2－355
廬陵周益國文忠公集二百卷首一卷附錄五卷 …… 2－356
廬陵周益國文忠公集二百卷首一卷附錄五卷 …… 2－356
廬陵詩存十二卷 …… 2－353
廬陵詩存十二卷 …… 2－354
廬陵詩存十二卷 …… 2－354
廬陵詩存十二卷 …… 2－354
廬陵歐陽文忠公年譜一卷 …… 2－473
廬陵歐陽文忠公年譜一卷 …… 2－473
廬陵歐陽文忠公年譜一卷 …… 2－473
廬陵歐陽文忠公年譜一卷 …… 2－473
廬陵歐陽文忠公年譜一卷 …… 2－473
廬陵歐陽文忠公年譜一卷 …… 2－473
廬陵歐陽文忠公年譜一卷 …… 2－474
廬陵歐陽文忠公年譜一卷 …… 2－474
廬陵歐陽文忠公年譜一卷 …… 2－474
廬陵歐陽文忠公年譜一卷 …… 2－474
廬陵歐陽文忠公年譜一卷 …… 2－474
廬陵歐陽文忠公年譜一卷 …… 2－474
廬陵歐陽文忠公年譜一卷 …… 2－474
廬陵歐陽文忠公年譜一卷 …… 2－474
廬陵歐陽文忠公年譜一卷 …… 2－474
廬陵歐陽文忠公年譜一卷 …… 2－474
廬陵歐陽文忠公年譜一卷 …… 2－475
[同治]廬陵縣志五十六卷首一卷附補編一卷 …… 5－361
[同治]廬陵縣志五十六卷首一卷附補編一卷 …… 5－361
[道光]廬陵縣志四十八卷首一卷 …… 5－280
[道光]廬陵縣志四十八卷首一卷 …… 5－280
[道光]廬陵縣志四十八卷首一卷 …… 5－280
[乾隆]廬陵縣志四十五卷首一卷 …… 5－335
廬陽三賢集 …… 2－357
廬陽三賢集 …… 2－357
龐山學隱雙甲倡和集一卷 …… 5－241
癡玉一卷 …… 1－111
癡翁雜草十二卷外編一卷 …… 1－111
瓣香山房詩集十二卷 …… 1－25
瓣香山房詩集十五卷 …… 1－25
韻切指歸二卷 …… 5－39
韻史二卷 …… 5－39
韻史二卷 …… 5－39
韻史補一卷 …… 5－39
韻史補一卷 …… 5－39
韻母五卷 …… 5－39
韻字急就篇十卷 …… 5－40
韻字略十二卷 …… 5－40
韻字略十二卷 …… 5－40
韻字略十二卷 …… 5－40
韻字辨同五卷 …… 5－40
韻字辯同五卷 …… 5－40
韻歧五卷 …… 5－39
韻歧五卷 …… 5－39

韻典析疑六卷 …………………………… 5－37
韻典雜字四卷 …………………………… 5－37
韻府一隅十六卷 ………………………… 5－38
韻府一隅十六卷 ………………………… 5－38
韻府一隅十六卷 ………………………… 5－38
韻府拾遺一百六卷 ……………………… 5－37
韻府拾遺一百六卷 ……………………… 5－37
韻府拾遺一百六卷 ……………………… 5－38
韻府約編二十四卷 ……………………… 5－38
韻府約編二十四卷 ……………………… 5－38
韻府約編二十四卷 ……………………… 5－38
韻府約編二十四卷 ……………………… 5－38
韻府約編二十四卷 ……………………… 5－38
韻府約編二十四卷 ……………………… 5－38
韻府約編二十四卷 ……………………… 5－38
韻府約編二十四卷 ……………………… 5－38
韻府約編二十四卷 ……………………… 5－38
韻府約編二十四卷 ……………………… 5－38
韻府約編二十四卷 ……………………… 5－38
韻府約編二十四卷 ……………………… 5－38
韻府約編二十四卷 ……………………… 5－38
韻府約編二十四卷 ……………………… 5－38
韻府鉤沈五卷 …………………………… 5－37
韻府鉤沈五卷 …………………………… 5－37
韻府羣玉二十卷 ………………………… 5－37
韻府對語四卷 …………………………… 5－37
韻府對語四卷 …………………………… 5－37
韻法一卷 ………………………………… 5－37
韻法一卷 ………………………………… 5－37
韻法直圖一卷 …………………………… 5－37
韻法直圖一卷 …………………………… 5－37
韻法直圖一卷 …………………………… 5－37
韻法直圖一卷 …………………………… 5－37
韻法直圖一卷 …………………………… 5－37
韻法橫圖一卷 …………………………… 5－37
韻法橫圖一卷 …………………………… 5－37
韻法橫圖一卷 …………………………… 5－37
韻法橫圖一卷 …………………………… 5－37
韻法橫圖一卷 …………………………… 5－37
韻法橫圖一卷 …………………………… 5－37
韻法橫圖一卷…………………………… 5－249
韻法橫圖一卷…………………………… 5－250
韻法橫圖一卷…………………………… 5－250
韻法橫圖一卷…………………………… 5－250
韻法橫圖一卷…………………………… 5－250
韻法橫圖一卷…………………………… 5－250
韻法橫圖一卷…………………………… 5－250
韻法橫圖一卷…………………………… 5－250
韻法橫圖一卷…………………………… 5－250
韻法橫圖一卷…………………………… 5－250
韻法橫圖一卷…………………………… 5－250
韻法橫圖一卷…………………………… 5－250
韻法橫圖一卷…………………………… 5－250
韻法橫圖一卷…………………………… 5－250
韻法橫圖一卷…………………………… 5－250
韻法橫圖一卷…………………………… 5－251
韻法橫圖一卷…………………………… 5－251
韻法橫圖一卷…………………………… 5－251
韻法橫圖一卷…………………………… 5－251
韻法橫圖一卷…………………………… 5－251
韻法橫圖一卷…………………………… 5－251
韻法橫圖一卷…………………………… 5－251
韻法橫圖一卷…………………………… 5－251
韻法橫圖一卷…………………………… 5－251
韻法橫圖一卷…………………………… 5－251
韻法橫圖一卷…………………………… 5－251
韻法橫圖一卷…………………………… 5－251
[韻法韻圖]一卷 ……………………… 5－384
韻圃羣芳八卷 …………………………… 5－39
韻海大全 ………………………………… 5－38
韻海大全 ………………………………… 5－38
韻海鴛鴦十六卷仄聲四十二卷 ……… 5－38
韻海鴛鴦十六卷仄聲四十二卷 ……… 5－39
韻海鴛鴦十六卷仄聲四十二卷 ……… 5－39
[韻書]不分卷 ………………………… 5－384
[韻書]不分卷 ………………………… 5－384
[韻書]不分卷 ………………………… 5－384
[韻書]不分卷 ………………………… 5－384
[韻書]不分卷 ………………………… 5－384
[韻書]□□卷 ………………………… 5－384
韻雪廬詩草三卷 ………………………… 5－40

韻補五卷 …………………………………… 5－37
韻銜遺稿不分卷 ………………………… 5－39
韻銜遺稿不分卷 ………………………… 5－39
韻銜遺稿不分卷 ………………………… 5－39
韻銜遺稿不分卷 ………………………… 5－39
韻銜遺稿不分卷 ………………………… 5－39
韻綜五卷集字五卷檢字一卷 ………… 5－40
韻學全書不分卷 ………………………… 5－40
韻學蠡言舉要五卷 …………………… 5－40
韻辨附文五卷 …………………………… 5－37
韻辨附文五卷 …………………………… 5－37
韻辨附文五卷 …………………………… 5－37
韻辨摘要一卷 …………………………… 5－37
韻辨摘要一卷 …………………………… 5－37
韻藻述五卷 ……………………………… 5－40
韻蘭女史詩鈔不分卷 ………………… 5－39
韻蘭集賦鈔二卷 ………………………… 5－39
韻蘭集賦鈔二卷 ………………………… 5－39
韻蘭集賦鈔二卷 ………………………… 5－39
韻蘭集賦鈔不分卷 …………………… 5－39
韻蘭集賦鈔六卷 ………………………… 5－39
韻蘭集賦鈔六卷 ………………………… 5－39
韻蘭賦二卷 ……………………………… 5－39
懷山園武經七書彙解七卷首一卷末
　一卷 ……………………………………… 2－68
懷古田舍詩節鈔六卷 ………………… 2－67
懷永堂繪像第六才子書八卷 ………… 2－68
懷永堂繪像第六才子書八卷 ………… 2－68
懷永堂繪像第六才子書八卷 ………… 2－68
懷永堂繪像第六才子書八卷 ………… 2－68
懷永堂繪像第六才子書西廂記八卷
　……………………………………………… 2－68
懷青盦詞一卷 …………………………… 2－67
懷青盦詞一卷 …………………………… 2－67
懷舫集 ……………………………………… 2－67
懷舫雜著一卷 …………………………… 2－67
懷清堂集二十卷 ………………………… 2－68
懷清堂詩稿不分卷 …………………… 2－68
懷葛堂文集八卷附錄一卷 ………… 2－67
懷葛堂文集八卷附錄一卷 ………… 2－67
懷葛堂文集八卷附錄一卷 ………… 2－67
懷葛堂文集八卷附錄一卷 ………… 2－67
懷葛堂文集八卷附錄一卷 ………… 2－67
懷葛堂文集八卷附錄一卷 ………… 2－67
懷遠堂批點燕子箋二卷四十二齣 …… 2－68
懷園集杜詩八卷 ……………………… 2－68
懷慶府八縣水道圖一卷 …………… 2－68
懷慶府八縣水道圖一卷 …………… 2－68
懷舊百一詩八卷 ……………………… 2－67
懷舊集十二卷續集六卷又續集二卷
　女士詩錄一卷 ………………………… 2－67
懷豳雜俎 …………………………………… 2－67
懷豳雜俎 …………………………………… 2－67
懷麓堂全集一百卷 …………………… 2－67
懷麓堂全集一百卷 …………………… 2－67
懷麓堂全集一百卷 …………………… 2－67
懷麓堂全集一百卷 …………………… 2－67
類方五卷 ………………………………… 2－260
類方準繩八卷 ………………………… 2－260
類方證治準繩八卷 …………………… 2－260
類方證治準繩八卷 …………………… 2－260
類方證治準繩八卷 …………………… 2－260
類字蒙求不分卷 ……………………… 2－263
類字蒙求不分卷 ……………………… 2－263
類字蒙求不分卷 ……………………… 2－263
類字蒙求不分卷 ……………………… 2－263
類字蒙求不分卷 ……………………… 2－263
類字蒙求不分卷 ……………………… 2－263
類字蒙求不分卷 ……………………… 2－263
類字蒙求不分卷 ……………………… 2－263
類字蒙求不分卷 ……………………… 2－263
類字蒙求不分卷 ……………………… 2－263
類字蒙求不分卷 ……………………… 2－263
類字蒙求不分卷 ……………………… 2－263
類字蒙求不分卷 ……………………… 2－263
類林新咏三十六卷 …………………… 2－261
類林新咏三十六卷 …………………… 2－261
類林新咏三十六卷 …………………… 2－261
類林新咏三十六卷 …………………… 2－261
類林新咏三十六卷 …………………… 2－262
類林新咏三十六卷 …………………… 2－262
類林新咏三十六卷 …………………… 2－262

類林新咏三十六卷…………………… 2－262
類林新咏三十六卷…………………… 2－262
類林新咏三十六卷…………………… 2－262
類林新咏三十六卷…………………… 2－262
類林新咏三十六卷…………………… 2－262
類典精華六卷………………………… 2－260
類典精華六卷………………………… 2－260
類書纂要三十三卷…………………… 2－262
類書纂要三十三卷…………………… 2－262
類書纂要三十三卷…………………… 2－262
類書纂要三十三卷…………………… 2－262
類書纂要三十六卷…………………… 2－262
類腋五十五卷補遺一卷……………… 2－262
類腋五十五卷補遺一卷……………… 2－262
類腋五十五卷補遺一卷……………… 2－262
類腋五十五卷補遺一卷……………… 2－262
類腋五十五卷補遺一卷……………… 2－262
類腋五十五卷補遺一卷……………… 2－262
類腋五十五卷補遺一卷……………… 2－262
類腋五十五卷補遺一卷……………… 2－262
類腋五十五卷補遺一卷……………… 2－263
類腋五十五卷補遺一卷……………… 2－263
類腋五十五卷補遺一卷……………… 2－263
類腋五十五卷補遺一卷……………… 2－263
類經三十二卷………………………… 2－260
類經三十二卷………………………… 2－260
類經三十二卷………………………… 2－261
類經三十二卷………………………… 2－261
類經三十二卷………………………… 2－261
類經三十二卷………………………… 2－261
類經三十二卷………………………… 4－397
類經圖翼十一卷……………………… 2－261
類賦玉盆珠不分卷…………………… 2－260
類編四韻鄉音釋義四卷……………… 2－260
類編草堂詩餘四卷…………………… 2－260
類編唐詩絕句不分卷………………… 2－260
類編標註文公先生經濟文衡前集二
　十五卷後集二十五卷續集二十二
　卷………………………………… 2－260
類編諸儒性理文錦八卷……………… 2－260
類編諸儒性理文錦八卷……………… 2－260
類編諸儒性理文錦八卷……………… 2－260
類編諸儒性理文錦八卷……………… 2－260
類薈詩標二卷………………………… 2－260
類聯大全初集四卷…………………… 2－261
類聯雅品四卷祭文類選一卷………… 2－261
類聯集古二編十二卷………………… 2－261
類聯集錦八卷………………………… 2－261
類聯藏珍四卷………………………… 2－261
類聯藏珍四卷補遺一卷……………… 2－261
類聯鴻裁二卷………………………… 2－261
類證治裁八卷首一卷………………… 2－263
類證普濟本事方十卷………………… 2－263
類證普濟本事方十卷………………… 2－263
類類聯珠三十二卷…………………… 2－261
類類聯珠三十二卷…………………… 2－261
類類聯珠三十二卷續編十二卷……… 2－261
類類聯珠三十二卷續編十二卷……… 2－261
類類聯珠初編三十二卷二編十二卷
　………………………………… 2－261
類纂古文雲蒸六卷…………………… 2－263
類纂古文雲蒸六卷…………………… 2－263
類纂古文雲蒸六卷…………………… 2－263
類纂古文雲蒸六卷…………………… 2－264
類纂古文雲蒸六卷…………………… 2－264
類纂古文雲蒸六卷…………………… 2－264
類纂古文雲蒸六卷…………………… 2－264
類纂古文雲蒸六卷…………………… 2－264
類纂精華十四卷……………………… 2－264
瀚海集不分卷 ……………………… 2－27
瀕湖脈學一卷奇經八脈攷一卷……… 1－454
瀕湖脈學一卷奇經八脈攷一卷脈訣
　攷證一卷 ………………………… 1－58
瀕湖脈學一卷奇經八脈攷一卷脈訣
　攷證一卷 ………………………… 1－58
瀕湖脈學一卷奇經八脈攷一卷脈訣
　攷證一卷 ………………………… 1－58
瀕湖脈學一卷奇經八脈攷一卷脈訣
　攷證一卷 ………………………… 1－58
瀕湖脈學一卷奇經八脈攷一卷脈訣
　攷證一卷 ………………………… 1－58
瀕湖脈學一卷奇經八脈攷一卷脈訣

攷證一卷 …………………………… 1－58
瀕湖脈學一卷奇經八脈攷一卷脈訣
攷證一卷 …………………………… 1－58
瀕湖脈學一卷奇經八脈攷一卷脈訣
攷證一卷 …………………………… 1－58
瀕湖脈學一卷奇經八脈攷一卷脈訣
攷證一卷 …………………………… 1－58
瀕湖脈學一卷奇經八脈攷一卷脈訣
攷證一卷 …………………………… 1－58
瀕湖脈學一卷奇經八脈攷一卷脈訣
攷證一卷 …………………………… 1－58
瀕湖脈學一卷奇經八脈攷一卷脈訣
攷證一卷 …………………………… 1－58
瀕湖脈學一卷奇經八脈攷一卷脈訣
攷證一卷 …………………………… 1－58
瀕湖脈學一卷奇經八脈攷一卷脈訣
攷證一卷 …………………………… 1－58
瀕湖脈學一卷奇經八脈攷一卷脈訣
攷證一卷 …………………………… 1－58
瀕湖脈學一卷奇經八脈攷一卷脈訣
攷證一卷 …………………………… 1－58
瀕湖脈學一卷奇經八脈攷一卷脈訣
攷證一卷 …………………………… 1－59
瀕湖脈學一卷奇經八脈攷一卷脈訣
攷證一卷 …………………………… 1－59
瀕湖脈學一卷奇經八脈攷一卷脈訣
攷證一卷 …………………………… 1－59
瀕湖脈學一卷奇經八脈攷一卷脈訣
攷證一卷 …………………………… 1－59
瀕湖脈學一卷奇經八脈攷一卷脈訣
攷證一卷 …………………………… 1－59
瀘溪文集五十卷………………………… 2－357
瀘溪文集五十卷………………………… 2－357
[乾隆]瀘溪縣志十二卷首一卷末一
卷………………………………………… 5－335
[乾隆]瀘溪縣志十二卷首一卷末一
卷………………………………………… 5－335
[同治]瀘溪縣志十四卷首一卷 …… 5－361
[同治]瀘溪縣志十四卷首一卷 …… 5－361
瀘谿文集五十卷………………………… 2－357
瀛奎律髓刊誤四十九卷………………… 4－384
瀛奎律髓刊誤四十九卷………………… 4－384
瀛奎律髓四十九卷……………………… 4－384
瀛海探驪集八卷………………………… 4－383
瀛海探驪集八卷………………………… 4－383
瀛海探驪集八卷………………………… 4－383
瀛海探驪集八卷………………………… 4－383
瀛海論三卷……………………………… 4－383
瀛環志略十卷…………………………… 4－383
瀛環志略十卷…………………………… 4－383
瀛環志略十卷…………………………… 4－383
瀛環志略十卷…………………………… 4－383
瀛環志略十卷…………………………… 4－383
瀛環志略十卷…………………………… 4－383
瀛環志略十卷…………………………… 4－383
瀛環志略十卷…………………………… 4－384
瀛環志略十卷…………………………… 4－384
瀛環志略十卷…………………………… 4－384
瀛環志略十卷…………………………… 4－384
瀛環志略十卷…………………………… 4－384
瀛環志略十卷…………………………… 4－384
瀛環志略十卷…………………………… 4－384
瀛環志略十卷…………………………… 4－384
瀛環志略十卷…………………………… 4－384
瀛環志略十卷…………………………… 4－384
瀛環志略十卷…………………………… 4－384
瀛環新志十卷…………………………… 4－383
瀛壖雜志六卷…………………………… 4－384
瀛壖雜志六卷…………………………… 4－384
瀛壖雜志六卷…………………………… 4－384
繩正堂墨繩不分卷……………………… 3－146
繩正堂墨繩新編不分卷………………… 3－146
繹史一百六十卷………………………… 4－333
繹史一百六十卷………………………… 4－333
繹史一百六十卷世系圖一卷年表一
卷………………………………………… 4－333
繹史一百六十卷世系圖一卷年表一
卷………………………………………… 4－333
繹史一百六十卷世系圖一卷年表一
卷………………………………………… 4－333
繹史一百六十卷世系圖一卷年表一
卷………………………………………… 4－333

繹史一百六十卷世系圖一卷年表一卷…………………………………… 4－333
繹史一百六十卷世系圖一卷年表一卷…………………………………… 4－333
繹史一百六十卷世系圖一卷年表一卷…………………………………… 4－333
繹史一百六十卷世系圖一卷年表一卷…………………………………… 4－333
繹史一百六十卷世系圖一卷年表一卷…………………………………… 4－333
繹史一百六十卷世系圖一卷年表一卷…………………………………… 4－333
繹史摭遺十八卷卹謚考八卷………… 4－333
繹志十九卷……………………………… 4－333
繹志十九卷……………………………… 4－333
繹志十九卷……………………………… 4－333
繹志十九卷……………………………… 4－333
繹志十九卷……………………………… 4－333
繹志十九卷……………………………… 4－334
繹孟百二篇二卷………………………… 4－333
繹堂存稿十卷首一卷…………………… 4－333
繪真記四卷四十回……………………… 2－107
繪像第七才子書六卷…………………… 2－107
繪像第七才子書六卷…………………… 2－107
繪像第七才子書六卷…………………… 2－107
繪像鐵花仙史二十六回………………… 2－107
繪圖七千字文一卷……………………… 2－105
繪圖三國演義十六卷一百二十回…… 2－105
繪圖三國演義十六卷一百二十回…… 2－105
繪圖三國演義十六卷一百二十回…… 2－105
繪圖三國演義十六卷一百二十回…… 2－105
繪圖三國演義十六卷一百二十回…… 2－105
繪圖三國演義六十卷一百二十回…… 2－105
繪圖中國白話地理七章………………… 2－107
繪圖今古奇觀六卷四十回……………… 2－104
繪圖古今奇聞二十二卷………………… 2－104
繪圖平山冷燕四才子書四卷二十回…………………………………………… 2－105
繪圖四千字文不分卷…………………… 2－106
繪圖四書便蒙課本不分卷……………… 2－106
繪圖四書速成新體讀本不分卷……… 2－106
繪圖四書速成新體讀本不分卷……… 2－106
繪圖四書速成新體讀本不分卷……… 2－106
繪圖仙卜奇緣全傳八卷四十回……… 2－106
繪圖包公奇案十卷……………………… 2－104
繪圖花月因緣十六卷五十二回……… 2－104
繪圖批評野叟曝言二十卷一百五十四回………………………………………… 2－105
繪圖英雄奇緣傳十卷…………………… 2－106
繪圖封神傳十二卷一百回……………… 2－104
繪圖封神演義八卷一百回……………… 2－104
繪圖俠義風月傳四卷十八回…………… 2－106
繪圖施公案十集五百二十八回………… 2－105
繪圖神相鐵關刀四卷…………………… 2－105
繪圖校正相理衡真十卷………………… 2－106
繪圖速通虛字法不分卷………………… 2－106
繪圖速通虛字法續編不分卷…………… 2－106
繪圖針灸易學二卷……………………… 2－107
繪圖訓蒙必讀教兒經一卷……………… 2－106
繪圖情史二十四卷……………………… 2－105
繪圖情史二十四卷……………………… 2－105
繪圖情史二十四卷……………………… 2－105
繪圖萬花樓全傳十四卷六十八回…… 2－106
繪圖萬花樓全傳十四卷六十八回…… 2－106
繪圖筆生花十六卷三十二回…………… 2－104
繪圖筆生花十六卷三十二回…………… 2－104
繪圖筆生花十六卷三十二回…………… 2－104
繪圖筆生花十六卷三十二回…………… 2－104
繪圖筆生花十六卷三十二回…………… 2－104
繪圖評點女仙外史八卷一百回………… 2－105
繪圖蒙學造句實在易一卷……………… 2－105
繪圖蒙學體操實在易一卷……………… 2－105
繪圖粵東繁華夢三卷四十回…………… 2－106
繪圖鳳凰山十卷七十二回……………… 2－104
繪圖增批古文觀止十二卷……………… 2－106
繪圖增批古文觀止十二卷……………… 2－107
繪圖增批古文觀止十二卷……………… 2－107
繪圖增註歷史三字經一卷……………… 2－107
繪圖增像西遊記八卷一百回…………… 2－107
繪圖增像第五才子書水滸全傳七十回…………………………………………… 2－107
繪圖增像第五才子書水滸全傳七十

回 …………………………………… 2－107
繪圖增像第五才子書水滸傳八卷七
十回 …………………………………… 2－107
繪圖蕩寇志八卷一百四十回 ………… 2－104
繪圖警世鐘二卷 ……………………… 2－105
繪圖繪芳錄八卷八十回 ……………… 2－104
繪圖繡像重訂通俗隋唐演義八卷一
百回 …………………………………… 2－106
繪圖繡像重訂通俗隋唐演義八卷一
百回 …………………………………… 2－106
繪圖繡像剛直演義新彭公案□□卷
□□回 ………………………………… 2－106
繪圖繡像儒林外史六卷六十回 ……… 2－106
繪圖歡喜冤佳四卷十六回 …………… 2－104
繡虎軒尺牘八卷二集八卷三集八卷
…………………………………………… 4－227
繡虎軒尺牘八卷二集八卷三集八卷
…………………………………………… 4－227
繡刻演劇 ……………………………… 4－227
繡刻演劇 ……………………………… 4－227
繡刻演劇 ……………………………… 4－227
繡像十美圖四十卷 …………………… 4－230
繡像八美圖五卷二十二回 …………… 4－227
繡像八美圖五卷二十二回 …………… 4－227
繡像八美圖五卷二十二回 …………… 4－227
繡像八美圖初集二十卷二集二十九
卷 ……………………………………… 4－227
繡像九美圖全傳十二卷七十五回 …… 4－229
繡像三國演義續編十二卷 …………… 4－230
繡像三國演義續編十二卷 …………… 4－230
繡像三國演義續編十二卷 …………… 4－230
繡像王昭君和番雙鳳奇緣八卷八十
回 ……………………………………… 4－230
繡像六美圖四集七十六卷 …………… 4－229
繡像玉蜻蜓前傳八卷二十八回後傳
八卷三十二回 ………………………… 4－231
繡像玉夔龍全傳六卷五十七回 ……… 4－230
繡像永慶昇平二十四卷九十七回 …… 4－230
繡像永慶昇平十二卷九十七回 ……… 4－230
繡像永慶昇平十二卷九十七回 ……… 4－230
繡像永慶昇平後傳四卷一百回 ……… 4－230
繡像全圖三國演義十六卷一百二十
回 ……………………………………… 4－229
繡像全圖三國演義十六卷一百二十
回 ……………………………………… 4－230
繡像全圖三國演義十六卷一百二十
回 ……………………………………… 4－230
繡像全圖三國演義十六卷一百二十
回 ……………………………………… 4－230
繡像批評麟兒報四卷十六回 ………… 4－229
繡像批點紅樓夢一百二十回 ………… 4－229
繡像批點紅樓夢一百二十回 ………… 4－229
繡像批點紅樓夢一百二十回 ………… 4－229
繡像宋史奇書十二卷六十六回 ……… 4－230
繡像征東全傳四卷四十二回 ………… 4－231
繡像京本雲合奇踪玉茗英烈全傳十
卷八十回 ……………………………… 4－228
繡像京本雲合奇踪玉茗英烈全傳十
卷八十回 ……………………………… 4－228
繡像京本雲合奇踪玉茗英烈全傳十
卷八十回 ……………………………… 4－228
繡像京本雲合奇踪玉茗英烈全傳十
卷八十回 ……………………………… 4－228
繡像京本雲合奇踪玉茗英烈全傳十
卷八十回 ……………………………… 4－228
繡像京本雲合奇踪玉茗英烈全傳十
卷八十回 ……………………………… 4－228
繡像京本雲合奇踪玉茗英烈全傳十
卷八十回 ……………………………… 4－229
繡像京本雲合奇踪玉茗英烈全傳十
卷八十回 ……………………………… 4－229
繡像京本雲合奇踪玉茗英烈全傳四
卷八十回 ……………………………… 4－229
繡像封神演義十二卷一百回 ………… 4－228
繡像封神演義十二卷一百回 ………… 4－228
繡像封神演義八卷一百回 …………… 4－228
繡像後續楊家將文武曲包狄演義十
四卷六十八回 ………………………… 4－228
繡像後續楊家將文武曲包狄演義十
四卷六十八回 ………………………… 4－228
繡像洪秀全演義四集五十四回 ……… 4－228
繡像倭袍傳十二卷一百回 …………… 4－230

繡像第八才子書白圭志四卷十六回 ………………………………… 4－228
繡像評演接續後部濟公傳十二卷一百二十回 ………………………… 4－229
繡像評演接續後部濟公傳十二卷一百二十回 ………………………… 4－229
繡像義妖全傳四卷五十三回 ………… 4－230
繡像義妖傳六卷五十三回 …………… 4－230
繡像說唐征西全傳六卷九十回 ……… 4－230
繡像說唐征西全傳四卷九十回 ……… 4－230
繡像精忠演義說岳全傳十二卷八十回 ………………………………… 4－229
繡像精忠演義說岳全傳八卷八十回 ………………………………… 4－229
繡像精忠演義說岳全傳八卷八十回 ………………………………… 4－229
繡像醒世第二奇書十四卷十四回 …… 4－230
繡像繪圖天雨花二十卷六十回 ……… 4－228
繡像繪圖花月痕十六卷五十二回 …… 4－228
繡像繪圖花月痕四卷五十二回 ……… 4－228
繡像繪圖東晉演義八卷 ……………… 4－228
繡像繪圖續兒女英雄全傳八卷三十二回 ………………………………… 4－228
繡像蘭花夢奇傳八卷六十八回 ……… 4－229
繡像蘭花夢奇傳八卷六十八回 ……… 4－229
繡像蘭花夢奇傳八卷六十八回 ……… 4－229
繡閣聯題六卷 ………………………… 4－227
繡餘小草一卷 ………………………… 3－300
繡餘小草一卷 ………………………… 3－300
繡餘小草一卷 ………………………… 3－300
繡鐙問字圖題詞一卷皇清敕封孺人誥贈淑人旌表節孝顯祖妣倪太淑人行狀一卷 ……………………… 4－227

二十畫

馨秋遺稿一卷 ………………………… 4－219
蘭山詩草一卷 ………………………… 2－255
蘭山課業風騷補編不分卷 …………… 2－255
蘭山課業風騷補編不分卷 …………… 2－255
蘭山課業風騷補編不分卷 …………… 2－255
蘭山課業風騷補編不分卷 …………… 2－255
蘭因一卷仇情記一卷 ………………… 2－257
蘭因集二卷 …………………………… 2－257
蘭行草一卷 …………………………… 2－255
蘭言集四卷 …………………………… 2－257
蘭陔詩集四卷 ………………………… 2－255
蘭香草堂賦二卷 ……………………… 2－256
蘭室秘藏三卷 ………………………… 2－255
蘭室秘藏三卷 ………………………… 2－255
蘭桂編不分卷 ………………………… 2－255
蘭脩館賦稿一卷 ……………………… 2－256
蘭曹讀史日記四卷 …………………… 2－255
蘭雪堂古事苑定本十二卷 …………… 2－256
蘭雪堂古事苑定本十二卷 …………… 2－256
蘭雪堂古事苑定本十二卷 …………… 2－256
蘭雪堂古事苑定本十二卷 …………… 2－256
蘭雪堂古事苑定本十二卷 …………… 2－256
蘭雪堂古事苑定本十二卷 …………… 2－256
蘭雪堂古事苑定本十二卷 …………… 2－256
蘭雪堂古事苑定本十二卷 …………… 2－256
蘭雪堂古事苑定本十二卷 …………… 2－256
蘭雪堂古事苑定本十二卷 …………… 2－256
蘭雪堂古事苑定本十二卷 …………… 2－256
蘭雪堂古事苑定本十二卷 …………… 2－256
蘭雪堂古事苑定本十二卷 …………… 2－256
蘭雪堂古事苑定本十二卷 …………… 2－256
蘭雪堂古事苑定本十二卷 …………… 2－256
蘭雪堂古事苑定本十二卷 …………… 2－256
蘭雪堂古事苑定本十二卷 …………… 2－256
蘭雪堂古事苑定本十二卷 …………… 2－256
蘭雪堂古事苑定本十二卷 …………… 2－257
蘭臺軌範八卷 ………………………… 2－255
蘭臺軌範八卷 ………………………… 2－256
蘭臺軌範八卷 ………………………… 2－256
蘭臺軌範八卷 ………………………… 2－256
蘭閨寶錄六卷 ………………………… 2－255
蘭韻山房詩鈔二卷 …………………… 2－257
蘭韻山房詩鈔二卷 …………………… 2－257
蘭韻山房詩鈔二卷 …………………… 2－257
蘭韻堂詩集八卷 ……………………… 2－257
櫪園詩集六卷續集二卷三集二卷 …… 2－315

[光緒]酆都縣志四卷首一卷附典禮
備考八卷………………………… 5－290
懸榻編六卷……………………………… 4－247
闡性述筆初編四卷 ………………… 1－94
鶡冠子三卷 ………………………… 2－34
鶡冠子三卷 ………………………… 2－34
鶡冠子三卷 ………………………… 2－34
鶡冠子三卷 ………………………… 2－34
鶡冠子三卷 ………………………… 2－34
鶡冠子三卷 ………………………… 2－34
蠛蠓集五卷……………………………… 2－413
蠛蠓集五卷……………………………… 2－413
蠙廬詩鈔十卷………………………… 2－492
蠙廬詩鈔十卷………………………… 2－492
蠙廬詩鈔十卷………………………… 2－493
嚶求集二卷……………………………… 4－381
嚶求集四卷……………………………… 4－381
嚶求集四卷……………………………… 4－381
嚼梅山館詩鈔一卷文鈔七卷………… 2－166
嚼梅吟二卷……………………………… 2－166
籌河論三卷……………………………… 1－127
籌洋芻議一卷………………………… 1－128
籌洋芻議一卷………………………… 1－128
籌洋芻議一卷………………………… 1－128
籌海初集四卷………………………… 1－127
籌海策畧一卷………………………… 1－127
籌海圖編十三卷……………………… 1－127
籌款論一卷…………………………… 1－128
籌餉事例一卷………………………… 1－128
籌餉事例三卷現行常例一卷………… 1－128
籌餉事例條款不分卷………………… 1－128
籌濟編三十二卷首一卷……………… 1－127
籌濟編三十二卷首一卷……………… 1－127
籌濟編三十二卷首一卷……………… 1－127
籌濟編三十二卷首一卷……………… 1－127
籌濟編三十二卷首一卷……………… 1－128
籌濟編三十二卷首一卷……………… 1－128
籌瞻疏稿三卷………………………… 1－128
籌瞻疏稿三卷………………………… 1－128
[籌糧雜纂]不分卷 ………………… 5－276
纂述陽基集腋四卷…………………… 5－259
纂例十二卷…………………………… 1－455
纂例十二卷…………………………… 1－455
纂修醫學入門六卷…………………… 5－259
纂修醫學入門六卷…………………… 5－259
纂修醫學入門六卷…………………… 5－259
纂修醫學入門六卷…………………… 5－259
纂修醫學入門六卷…………………… 5－259
纂修醫學入門六卷…………………… 5－259
纂修醫學入門六卷…………………… 5－259
纂修醫學入門六卷…………………… 5－259
纂詩經摘錄不分卷…………………… 5－259
纂錄四書人名不分卷………………… 5－259
覺世正宗省心經十卷………………… 2－237
覺世真經排律詩箋一卷……………… 2－236
覺世真經排律詩箋一卷……………… 4－287
覺世真經說證彙纂八卷首一卷……… 2－236
覺世新新集八卷……………………… 2－236
覺生自訂年譜一卷…………………… 2－236
覺生時文鈔一卷試律鈔一卷………… 2－236
覺生詩鈔十卷………………………… 2－236
覺生賦鈔一卷………………………… 2－236
覺生賦鈔一卷………………………… 2－236
覺生賦鈔一卷試律鈔一卷…………… 2－236
覺迷要錄四卷………………………… 2－236
覺莊初集文稿一卷詩稿一卷………… 2－237
鐔津文集十九卷……………………… 4－219
鐔津文集十九卷……………………… 4－219
鐫玉茗堂批點殘唐五代史演義傳六
卷六十回……………………………… 2－235
鐫余元素先生國朝禮際往復各箋八
卷……………………………………… 2－235
鐫陳明卿先生彙訂歷朝捷錄四卷…… 2－235
鐫張太史評選古文十卷……………… 2－235
鐫蘇紫溪先生歷朝綱鑑紀要十六卷
首一卷………………………………… 2－235
鐘鼎字源五卷………………………… 5－132
鐘鼎字源五卷………………………… 5－132
釋人注一卷…………………………… 3－255
釋氏十三經…………………………… 3－255
釋氏十三經…………………………… 3－255
釋氏十三經…………………………… 3－255

釋氏十三經 ………………………………… 3－255
釋氏四書 …………………………………… 3－255
釋氏稽古略四卷 …………………………… 3－255
釋名四卷 …………………………………… 3－255
釋名四卷 …………………………………… 3－255
釋名四卷 …………………………………… 3－255
釋名疏證八卷補遺一卷續釋名一卷
………………………………………… 3－254
釋名疏證八卷補遺一卷續釋名一卷
（正字本） ……………………………… 3－254
釋名疏證八卷補遺一卷續釋名一卷
（正字本） ……………………………… 3－255
釋名疏證八卷補遺一卷續釋名一卷
（篆字本） ……………………………… 3－255
釋名疏證八卷補遺一卷續釋名一卷
（篆字本） ……………………………… 3－255
釋名疏證八卷補遺一卷續釋名一卷
（篆字本） ……………………………… 3－255
釋名疏證八卷補遺一卷續釋名一卷
（篆字本） ……………………………… 3－255
釋名疏證八卷補遺一卷續釋名一卷
（篆字本） ……………………………… 3－255
釋名疏證校議一卷 ………………………… 3－254
釋名疏證補八卷續釋名一卷補遺一
卷疏證補附一卷 ………………………… 3－255
釋名疏證補八卷續釋名一卷補遺一
卷疏證補附一卷 ………………………… 3－255
釋名疏證補八卷續釋名一卷補遺一
卷疏證補附一卷 ………………………… 3－255
釋字百韻一卷 ……………………………… 3－255
釋字百韻一卷 ……………………………… 3－256
釋教三字經參解註一卷 …………………… 5－393
釋雅十卷梵言一卷 ………………………… 3－255
[同治]饒州府志三十二卷首一卷 … 5－363
[同治]饒州府志三十二卷首一卷 … 5－363
[同治]饒州府志三十二卷首一卷 … 5－363
[康熙]饒州府志四十卷首一卷 …… 5－328
[康熙]饒州府志四十卷首一卷 …… 5－328
饒雙峰講義十六卷 ………………………… 3－70
饒雙峰講義十六卷 ………………………… 3－70
饒雙峰講義十六卷 ………………………… 3－70
賸存詩草一卷續草一卷 …………………… 3－154
觸藩始末三卷 ……………………………… 1－137
觸藩始末三卷 ……………………………… 1－137
護送越南貢使日記一卷 …………………… 2－58
議書一卷 …………………………………… 4－334
懺花盦叢書 ………………………………… 1－94
懺摩錄一卷 ………………………………… 1－94
懺摩錄一卷 ………………………………… 1－94
懺摩錄一卷 ………………………………… 1－94
懺摩錄一卷 ………………………………… 1－94

二十一畫

[道光]夔州府志三十六卷首一卷 … 5－280
夔門送行詩二卷 …………………………… 2－250
灌香草堂初稿一卷 ………………………… 1－463
灌園餘事八卷 ……………………………… 1－463
[康熙]瀲水志林二十六卷 ………… 5－327
寶山橘話一卷 ……………………………… 1－28
寶宋齋詩稿六卷拾遺一卷茗香詞一
卷 ………………………………………… 1－28
寶宋齋賦抄不分卷 ………………………… 1－28
寶制堂錄二卷 ……………………………… 1－29
寶制堂錄二卷 ……………………………… 1－29
寶刻叢編二十卷 …………………………… 1－28
寶研堂集四卷 ……………………………… 1－29
寶研堂集四卷 ……………………………… 1－29
寶研堂集四卷 ……………………………… 1－29
寶研堂遺稿八卷 …………………………… 1－29
寶韋齋類稿 ………………………………… 1－28
寶韋齋類稿 ………………………………… 1－28
寶韋齋類稿 ………………………………… 1－28
寶韋齋類稿 ………………………………… 1－28
寶華山志十五卷首一卷 …………………… 1－27
寶訓合編六卷 ……………………………… 1－28
寶訓合編六卷 ……………………………… 1－28
寶訓合編六卷 ……………………………… 1－28
寶訓合編六卷 ……………………………… 1－28
寶訓合編六卷 ……………………………… 1－29
寶訓合編六卷 ……………………………… 1－29
寶訓合編六卷 ……………………………… 1－29

寶訓合編六卷 …………………………… 1－29
寶訓合編六卷 …………………………… 1－29
寶訓合編六卷 …………………………… 1－29
寶訓合編六卷 …………………………… 1－29
寶梧軒詩錄二卷 ………………………… 1－28
寶崖山館二卷 …………………………… 1－29
寶經堂綱鑑易知錄九十二卷明鑑易
　知錄十五卷 …………………………… 1－27
寶經堂綱鑑易知錄九十二卷明鑑易
　知錄十五卷 …………………………… 1－27
寶經堂綱鑑易知錄九十二卷明鑑易
　知錄十五卷 …………………………… 1－27
寶漢齋印存一卷 ………………………… 1－27
寶綸堂文鈔八卷詩鈔六卷 ……………… 1－28
寶綸堂外集十二卷 ……………………… 1－28
寶綸堂外集十二卷 ……………………… 1－28
寶墨齋叢書 ……………………………… 1－28
寶藏興焉十二卷 ………………………… 1－27
寶藏興焉十二卷 ………………………… 1－27
寶顔堂訂正四夷考八卷 ………………… 1－29
寶顔堂祕笈 ……………………………… 1－29
寶顔堂祕笈 ……………………………… 1－29
寶顔堂祕笈 ……………………………… 1－29
寶顔堂祕笈 ……………………………… 1－29
寶顔堂祕笈 ……………………………… 1－29
寶嚴堂詩集四卷 ………………………… 3－80
寶鏡圖一卷 ……………………………… 1－28
寶鏡圖一卷 ……………………………… 1－28
寶鏡圖一卷 ……………………………… 1－28
寶鏡圖一卷 ……………………………… 1－28
寶鏡圖一卷 ……………………………… 1－28
寶鏡圖一卷 ……………………………… 1－28
寶鏡圖一卷 ……………………………… 5－256
寶鏡圖一卷 ……………………………… 5－256
寶鏡圖一卷 ……………………………… 5－257
寶鏡圖一卷 ……………………………… 5－257
寶鑑編一卷 ……………………………… 4－109
寶鑑編一卷 ……………………………… 5－155
竇氏正道救人活命書五卷附錄一卷
　…………………………………………… 1－302
竇靜庵先生遺書 ………………………… 1－302
繼述堂塾課彙編不分卷 ………………… 2－134
鰲洲書院章程圖冊不分卷 ……………… 1－6
鰲洲書院章程圖冊不分卷 ……………… 1－6
鰲洲書院章程圖冊不分卷 ……………… 1－6
鰲溪周先生文集四卷 …………………… 1－6
鰲頭通書大全十卷 ……………………… 1－6
鬘天影事譜四卷附檃括古人詩文詞
　一卷 …………………………………… 2－389
權制八卷 ………………………………… 3－64
權制八卷 ………………………………… 3－64
權制八卷 ………………………………… 3－64
權制八卷 ………………………………… 3－64
權制八卷 ………………………………… 3－65
權制八卷 ………………………………… 3－65
權制八卷 ………………………………… 3－65
權制八卷 ………………………………… 3－65
權制八卷 ………………………………… 3－65
權制八卷 ………………………………… 3－65
權衡一書四十一卷 ……………………… 3－64
權衡一書四十一卷 ……………………… 3－64
權衡一書四十一卷 ……………………… 3－64
櫻桃園一卷 ……………………………… 5－400
羼軒孔氏所著書 ………………………… 4－261
羼軒孔氏所著書 ………………………… 4－261
羼軒孔氏所著書 ………………………… 4－261
露花詞二卷 ……………………………… 2－363
露華館詩草一卷 ………………………… 2－363
攝生總要 ………………………………… 3－139
攝生總要 ………………………………… 3－139
齩菜根齋詩話二卷 ……………………… 4－287
賸詩同人錄五卷 ………………………… 2－196
躋春臺二集□□卷 ……………………… 2－111
躋堂雅詠三卷英署聯吟一卷 …………… 2－111
躍劍山房較刻啟彙函□□卷 …………… 5－30
儼山文集一百卷目錄二卷外集四十
　卷續集十卷 …………………………… 4－268
鐵甲叢譚五卷 …………………………… 3－463
鐵血宰相十八章 ………………………… 3－464
鐵花仙史二十六回 ……………………… 3－463
鐵厓三種 ………………………………… 3－464
鐵厓三種 ………………………………… 3－464

鐵厓咏史註八卷 …… 3－464
鐵厓樂府註十卷 …… 3－464
鐵厓樂府註十卷 …… 3－464
鐵厓樂府註十卷 …… 3－464
鐵厓樂府註十卷鐵厓咏史註八卷鐵厓逸編註八卷 …… 3－464
鐵厓樂府註十卷鐵厓咏史註八卷鐵厓逸編註八卷 …… 3－465
鐵香室叢刻 …… 3－464
鐵華館叢書 …… 3－463
鐵華館叢書 …… 3－463
鐵華館叢書 …… 3－463
鐵崖詠史一卷 …… 3－465
鐵船詩鈔二十一卷 …… 3－463
鐵琴銅劍樓藏書目錄二十四卷 …… 3－463
鐵琴銅劍樓藏書目錄二十四卷 …… 3－463
鐵琴銅劍樓藏書目錄二十四卷 …… 3－463
鐵琴銅劍樓藏書目錄二十四卷 …… 3－463
鐵琴銅劍樓藏書目錄二十四卷 …… 3－463
鐵硯齋詩草偶存二卷 …… 3－465
鐵槎詩存八卷 …… 3－463
鐵路紀要三卷 …… 3－463
鐵傭旅寓碑帖隨記十卷 …… 3－465
鐵網珊瑚二十卷 …… 3－464
鐵網珊瑚二十卷 …… 3－464
鐵網珊瑚二十卷 …… 3－464
鐵網珊瑚二集不分卷 …… 3－464
鐵網珊瑚三集不分卷 …… 3－464
鐵網珊瑚初集不分卷 …… 3－463
鐵網珊瑚初集不分卷二集不分卷 …… 3－464
鐵網珊瑚初集不分卷二集不分卷三集不分卷 …… 3－464
鐵網珊瑚書品十卷畫品六卷 …… 3－464
鐵網珊瑚書品十卷畫品六卷 …… 3－464
鐵橋漫稿八卷 …… 3－463
鐵橋漫稿八卷 …… 3－463
鐵簫庵詩鈔二卷鐵簫庵文集四卷 …… 3－464
鐵簫詩藁二卷 …… 3－464
臟府經絡先後病脈證不分卷 …… 5－44
[臟腑證治全書]不分卷 …… 5－386
臟腑證治圖說人鏡經八卷 …… 5－44
辯利院志三卷 …… 1－57
辯論三十篇一卷 …… 1－57
辯論三十篇一卷 …… 4－256
辯論三十篇一卷 …… 4－256
辯論三十篇一卷 …… 4－256
辯論三十篇一卷 …… 4－256
辯論三十篇一卷 …… 4－256
辯論三十篇一卷 …… 4－256
辯論三十篇一卷 …… 4－256
辯論三十篇一卷 …… 4－256
辯論三十篇一卷 …… 4－257
爛喉痧痧輯要一卷 …… 2－257
鶯喬倡和草一卷 …… 4－381
灤陽古蹟唱和集三卷 …… 3－34
灘江泛棹圖五集一卷 …… 2－265
顧太史時文稿不分卷 …… 1－456
顧氏明朝四十家小說 …… 1－456
顧尚之別傳一卷 …… 2－228
顧亭林先生年譜一卷 …… 1－456
顧亭林先生[炎武]年譜一卷 …… 1－456
顧亭林先生[炎武]年譜一卷 …… 1－456
顧亭林先生[炎武]年譜一卷 …… 1－456
顧亭林先生遺書 …… 1－456
顧亭林先生遺書 …… 1－456
顧亭林先生遺書 …… 1－456
顧祠聽雨閣詩錄一卷 …… 1－456
顧華陽集三卷補遺一卷 …… 1－456
顧華陽集三卷補遺一卷 …… 3－87
顧涇陽稿一卷 …… 1－456
顧復初先生讀春秋偶筆不分卷 …… 1－456
顧端文公遺書 …… 1－456
顧端文公遺書 …… 1－456
顧震滄制義不分卷 …… 1－456
鶴山文鈔三十二卷 …… 2－34
鶴山文鈔三十二卷周禮折衷四卷師友雅言一卷 …… 2－34
鶴林玉露十六卷 …… 2－34
鶴林玉露十六卷 …… 2－34
鶴林玉露十六卷 …… 2－34
鶴林玉露十六卷 …… 2－34
鶴林玉露十六卷補遺一卷 …… 2－34

鶴林玉露十六卷補遺一卷 …………… 2－34
鶴舫詩詞二卷 ………………………… 2－34
鶴巢詩存一卷 ………………………… 2－34
鶴巢詩存一卷 ………………………… 2－34
鶴皋詩鈔一卷………………………… 3－143
鶴鳴集六卷 …………………………… 2－34
鶴嶠詩鈔二卷 ………………………… 2－34
鶴徵後錄十二卷首一卷 ……………… 2－35
鶴徵後錄十二卷首一卷 ……………… 2－35
鶴徵錄八卷首一卷 …………………… 2－35
鶴徵錄八卷首一卷 …………………… 2－35
鶴徵錄八卷首一卷 …………………… 2－35
鶴聲詩存四卷 ………………………… 2－35
鶴聲詩存四卷 ………………………… 2－35
鶴歸來傳奇二卷 ……………………… 2－34
蠡海集一卷…………………………… 2－265
蠡龕遺詞二卷………………………… 2－265
續小兒語一卷………………………… 2－291
續小學史斷一卷……………………… 4－146
續太平廣記八卷……………………… 4－241
續分類尺牘備覽十卷………………… 4－236
續分類尺牘備覽十卷………………… 4－236
續文章正宗復刻十二卷……………… 4－242
續文章正宗復刻十二卷……………… 4－242
續文章正宗復刻十二卷……………… 4－242
續文選三十二卷……………………… 4－242
續文獻通考二百五十四卷…………… 4－242
續文獻通考鈔三十卷 ………………… 4－35
續文獻通考纂二十二卷……………… 4－242
續文獻通考纂二十二卷……………… 4－242
續方言二卷…………………………… 4－394
續方言二卷…………………………… 4－394
續方言二卷…………………………… 4－394
續方言二卷…………………………… 4－394
續方言補一卷………………………… 4－394
續方言補一卷………………………… 4－394
續方言補一卷………………………… 4－394
續方言補一卷………………………… 4－394
續刊文廟祀位一卷…………………… 4－240
續刊文廟祀位一卷…………………… 4－240
續刊文廟祀位一卷…………………… 4－240
續刊文廟祀位一卷…………………… 4－240
續刊敬信錄訓言一卷………………… 4－240
續刊經訓書院課藝四卷……………… 5－399
續世說十二卷………………………… 4－241
續古文苑二十卷……………………… 4－237
續古文苑二十卷……………………… 4－237
續古文苑二十卷……………………… 4－238
續古文奇賞三十四卷………………… 4－237
續古文辭類纂二十八卷……………… 1－428
續古文辭類纂二十八卷……………… 4－237
續古文辭類纂二十八卷……………… 4－237
續古文辭類纂二十八卷……………… 4－237
續古文辭類纂二十八卷……………… 4－237
續古文辭類纂二十八卷……………… 4－237
續古文辭類纂十卷…………………… 1－429
續古文辭類纂十卷…………………… 1－430
續古文辭類纂十卷…………………… 1－430
續古文辭類纂十卷…………………… 1－430
續古文辭類纂十卷…………………… 1－430
續古文辭類纂十卷…………………… 1－430
續古文辭類纂十卷…………………… 4－237
續古文辭類纂三十四卷……………… 1－428
續古文辭類纂三十四卷……………… 1－428
續古文辭類纂三十四卷……………… 1－428
續古文辭類纂三十四卷……………… 1－428
續古文辭類纂三十四卷……………… 1－428
續古文辭類纂三十四卷……………… 1－428
續古文辭類纂三十四卷……………… 1－428
續古文辭類纂三十四卷……………… 1－428
續古文辭類纂三十四卷……………… 1－428
續古文辭類纂三十四卷……………… 1－428
續古文辭類纂三十四卷……………… 1－428
續古文辭類纂三十四卷……………… 1－428
續古文辭類纂三十四卷……………… 1－429
續古文辭類纂三十四卷……………… 1－429
續古文辭類纂三十四卷……………… 1－429
續古文辭類纂三十四卷……………… 1－429
續古文辭類纂三十四卷……………… 1－429
續古文辭類纂三十四卷……………… 1－429
續古文辭類纂三十四卷……………… 4－237
續古文辭類纂三十四卷……………… 4－237

續古文辭類纂三十四卷 4－237
續古文辭類纂三十四卷 4－237
續古文辭類纂三十四卷 4－237
續古文辭類纂三十四卷 4－237
續古文辭類纂三十四卷 4－237
續古文辭類纂三十四卷 4－237
續古泉匯元集三卷亨集三卷利集三卷貞集五卷補遺二卷 1－419
續四書遺訓後集四卷 4－241
續四書遺訓後集四卷 4－241
續弘簡錄元史類編四十二卷 4－239
續弘簡錄元史類編四十二卷 4－239
續弘簡錄元史類編四十二卷 4－239
續弘簡錄元史類編四十二卷 4－239
續弘簡錄元史類編四十二卷 4－239
續夷堅志四卷新樂府四卷 5－12
續夷堅志四卷新樂府四卷 5－13
續同人集不分卷 4－242
續同人集不分卷 4－242
續同人集不分卷 4－242
續同人集不分卷 4－242
續同人集不分卷 4－242
續同人集不分卷 4－242
續同人集不分卷 4－242
續同書二十四卷 4－242
續回生集二卷 4－240
續回生集二卷 4－240
續先正事略八卷 4－242
續行水金鑑一百五十六卷圖一卷 4－239
續名醫類案三十六卷 4－241
續名醫類案三十六卷 5－399
續呂氏家塾讀詩記三卷 4－241
續呂氏家塾讀詩記三卷 4－241
續泛槎圖不分卷 4－236
續良史述一卷 4－241
續英烈傳五卷三十四回 4－243
續明紀事本末十八卷 4－241
續典林瑯嬛□□卷 4－236
續和戒淫詩一卷 2－173
續兒女英雄全傳八卷三十二回 4－236
續金山志二卷 2－183
續金瓶梅十二卷六十四回 4－240
續金瓶梅十二卷六十四回 4－240
續刻麻姑山丹霞洞天志十七卷 4－240
續刻麻姑山丹霞洞天志十七卷 4－240
續刻讀史快編七十五卷 4－240
［乾隆］續河南通志八十卷首四卷 5－338
［乾隆］續河南通志八十卷首四卷 5－338
［乾隆］續河南通志八十卷首四卷 5－338
續春秋左氏傳博議二卷 4－236
續春秋左氏傳博議二卷 4－236
續春秋左氏傳博議二卷 4－236
續春秋左氏傳博議二卷 4－236
續春秋左氏傳博議二卷 4－236
續春秋左氏傳博議二卷 4－236
續指月錄二十卷首一卷尊宿集一卷 4－243
續指月錄二十卷首一卷尊宿集一卷 4－243
續修大清會典四卷 4－242
續修文昌橋志略四卷附一卷 4－30
［光緒］續修浦城縣志四十二卷首一卷 5－296
［乾隆］續修臺灣府志二十六卷首一卷 1－126
［乾隆］續修臺灣府志二十六卷首一卷 5－338
［光緒］續修廬州府志一百卷首一卷末一卷 5－296
續泉匯元集三卷亨集三卷利集三卷貞集五卷補遺二卷 4－241
續後漢書四十二卷義例一卷音義四卷 4－239
續後漢書四十二卷義例一卷音義四卷 4－239
續後漢書四十二卷義例一卷音義四卷 4－239
續後漢書四十二卷義例一卷音義四卷 4－239
續後漢書四十二卷義例一卷音義四卷 4－240
續後漢書四十二卷義例一卷音義四

卷 …………………………………… 4－240
續後漢書四十二卷義例一卷音義四
卷 …………………………………… 4－240
續後漢書四十二卷義例一卷音義四
卷 …………………………………… 4－240
續後漢書四十二卷義例一卷音義四
卷 …………………………………… 4－240
續後漢書補十七卷首一卷 ………… 4－239
續後漢書補十七卷首一卷 ………… 4－239
續紅樓夢四十卷四十回 …………… 5－399
續華亭百詠一卷 …………………… 4－240
續栝蒼金石志四卷 ………………… 4－241
續唐三體詩八卷 …………………… 3－432
續唐書七十卷 ……………………… 4－241
續梅花百詠一卷 …………………… 4－241
續梅花百詠一卷 …………………… 4－241
續梅花百詠一卷 …………………… 4－241
續博物志十卷 ……………………… 1－60
續博物志十卷 ……………………… 1－60
續博物志十卷 ……………………… 4－236
續博物志十卷 ……………………… 4－236
續博物志十卷 ……………………… 4－236
續博物志十卷 ……………………… 4－236
續博物志十卷 ……………………… 4－236
[光緒]續雲南通志稿一百九十四卷
首六卷 ……………………………… 5－297
[光緒]續雲南通志稿一百九十四卷
首六卷 ……………………………… 5－297
[光緒]續雲夢縣志畧十卷首一卷末
一卷 ………………………………… 5－296
[光緒]續雲夢縣志畧十卷首一卷末
一卷 ………………………………… 5－296
續集漢印分韻二卷 ………………… 4－240
續集漢印分韻二卷 ………………… 4－240
續詞選二卷 ………………………… 1－186
續詞選二卷 ………………………… 1－186
續詞選二卷 ………………………… 1－186
續詞選二卷 ………………………… 1－186
續詞選二卷 ………………………… 1－186
續詞選二卷 ………………………… 1－186
續詞選二卷 ………………………… 1－186
續詞選二卷 ………………………… 1－187
續詞選二卷 ………………………… 4－236
續富國策四卷 ……………………… 4－237
續富國策四卷 ……………………… 4－237
續富國策四卷 ……………………… 4－237
續富國策四卷 ……………………… 4－237
續富國策四卷 ……………………… 4－237
續碑傳集八十六卷首二卷 ………… 4－235
續碑傳集八十六卷首二卷 ………… 4－235
續試律大觀三十二卷 ……………… 4－241
續試律大觀三十二卷 ……………… 4－241
續試律大觀三十二卷 ……………… 4－241
續試律大觀三十二卷 ……………… 4－241
續新齊諧十卷 ……………………… 4－242
續資治通鑑二百二十卷 …………… 4－244
續資治通鑑二百二十卷 …………… 4－244
續資治通鑑二百二十卷 …………… 4－244
續資治通鑑二百二十卷 …………… 4－244
續資治通鑑二百二十卷 …………… 4－244
續資治通鑑二百二十卷 …………… 4－244
續資治通鑑二百二十卷 …………… 4－244
續資治通鑑二百二十卷 …………… 4－245
續資治通鑑二百二十卷 …………… 4－245
續資治通鑑二百二十卷 …………… 4－245
續資治通鑑二百二十卷 …………… 4－245
續資治通鑑二百二十卷 …………… 4－245
續資治通鑑二百二十卷 …………… 4－245
續資治通鑑二百二十卷 …………… 4－245
續資治通鑑二百二十卷 …………… 4－245
續資治通鑑二百二十卷 …………… 4－245
續資治通鑑二百二十卷 …………… 4－245
續資治通鑑二百二十卷 …………… 4－245
續資治通鑑二百二十卷 …………… 4－245
續資治通鑑二百二十卷 …………… 4－245
續資治通鑑二百二十卷 …………… 4－245
續資治通鑑二百二十卷 …………… 4－245
續資治通鑑二百二十卷 …………… 4－246
續資治通鑑二百二十卷 …………… 4－246
續資治通鑑二百二十卷 …………… 4－246
續資治通鑑二百二十卷 …………… 5－228
續資治通鑑長編五百二十卷目錄二

卷 …………………………………… 4－243
續資治通鑑長編五百二十卷目錄二
卷 …………………………………… 4－243
續資治通鑑長編五百二十卷目錄二
卷 …………………………………… 4－244
續資治通鑑長編五百二十卷目錄二
卷 …………………………………… 4－244
續資治通鑑長編五百二十卷目錄二
卷 …………………………………… 4－244
續資治通鑑長編五百二十卷目錄二
卷 …………………………………… 4－244
續資治通鑑長編五百二十卷目錄二
卷 …………………………………… 4－244
續資治通鑑長編五百二十卷目錄二
卷 …………………………………… 4－244
續資治通鑑長編五百二十卷目錄二
卷 …………………………………… 4－244
續資治通鑑長編拾補六十卷 ………… 4－243
續資治通鑑長編拾補六十卷 ………… 4－243
續資治通鑑長編拾補六十卷 ………… 4－244
續資治通鑑綱目二十七卷 …………… 4－246
續資治通鑑綱目二十七卷 …………… 5－231
續資治通鑑綱目二十七卷 …………… 5－231
續資治通鑑綱目二十七卷 …………… 5－231
續資治通鑑綱目二十七卷 …………… 5－231
續資治通鑑綱目二十七卷 …………… 5－232
續資治通鑑綱目二十七卷 …………… 5－232
續資治通鑑綱目二十七卷 …………… 5－232
續資治通鑑綱目二十七卷 …………… 5－233
續資治通鑑綱目二十七卷 …………… 5－233
續資治通鑑綱目二十七卷末一卷 …… 4－246
續資治通鑑綱目二十七卷末一卷 …… 4－246
續資治通鑑綱目二十七卷末一卷 …… 4－246
續疑年錄四卷 ………………………… 4－243
續廣事類賦三十三卷 ………………… 4－238
續廣事類賦三十三卷 ………………… 4－239
續廣事類賦三十三卷 ………………… 4－239
續廣事類賦三十三卷 ………………… 4－239
續廣事類賦三十三卷 ………………… 4－239
續廣事類賦三十三卷 ………………… 4－239
續廣事類賦三十三卷 ………………… 4－239
續廣事類賦三十三卷 ………………… 4－239
續廣事類賦三十卷 …………………… 4－238
續廣事類賦三十卷 …………………… 4－238
續廣事類賦三十卷 …………………… 4－238
續廣事類賦三十卷 …………………… 4－238
續廣事類賦三十卷 …………………… 4－238
續廣事類賦三十卷 …………………… 4－238
續廣事類賦三十卷 …………………… 4－238
續廣事類賦三十卷 …………………… 4－238
續廣事類賦三十卷 …………………… 4－238
續廣事類賦三十卷 …………………… 4－238
續廣事類賦三十卷 …………………… 4－238
續廣事類賦三十卷 …………………… 4－238
續廣事類賦三十卷 …………………… 4－238
續廣事類賦三十卷 …………………… 4－238
續廣事類賦三十卷 …………………… 4－238
續廣事類賦三十卷 …………………… 4－238
續廣事類賦三十卷 …………………… 4－238
續廣博物志十六卷 …………………… 4－238
續廣達生編五卷首二卷 ……………… 4－238
續廣雅三卷 …………………………… 4－239
續漢志三十卷 ………………………… 4－239
續漢書八志三十卷 …………………… 4－239
續增刑案匯覽十六卷 ………………… 4－243
續增科場條例不分卷 ………………… 4－348
續增科場條例不分卷 ………………… 4－348
續增科場條例不分卷 ………………… 4－348
續增科場條例不分卷 ………………… 4－348
續增科場條例不分卷(同治七年)
…………………………………………… 5－399
續增洗冤錄辨證三卷 ………………… 4－243
續增洗冤錄辨證三卷 ………………… 4－243
續增洗冤錄辨證三卷 ………………… 4－243
續增洗冤錄辨證三卷 ………………… 4－243
續增洗冤錄辨證三卷 ………………… 4－243
續增洗冤錄辨證三卷 ………………… 4－243
續增洗冤錄辨證三卷 ………………… 4－243
[道光]續增高郵州志不分卷 ……… 5－284
續選古文雅正十四卷 ………………… 4－242
續選古文雅正十四卷 ………………… 4－242
續選古文雅正十四卷 ………………… 4－242

續選古文雅正十四卷 …………………… 4－243
續選古文雅正十四卷 …………………… 4－243
續選草堂詩餘不分卷 …………………… 4－242
續編各國通商條款四卷 ………………… 4－236
續編各國通商條款四卷 ………………… 4－236
續編珠二卷 ………………………………… 1－55
續編珠二卷 ………………………………… 1－55
續編資治宋元綱目大全二十七卷 …… 4－236
續編資治宋元綱目大全二十七卷 …… 4－236
[同治]續輯漢陽縣志二十八卷 …… 5－368
[同治]續輯漢陽縣志二十八卷 …… 5－368
[同治]續輯漢陽縣志二十八卷 …… 5－368
續學堂詩鈔四卷首一卷 ………………… 4－243
續錦機十五卷補遺六卷 ………………… 4－240
續藏書二十七卷 ………………………… 4－236
續藏書二十七卷 ………………………… 4－236
續魏塘漱芳集一卷 ……………………… 4－242
[嘉慶]續濟源縣志十二卷 ………… 5－302
續禮記集說一百卷 ……………………… 4－241
續禮記集說一百卷 ……………………… 4－241
續醫宗摘要一卷 ………………………… 4－243
續離騷經七卷 …………………………… 4－241
[光緒]續纂江寧府志十五卷首一卷
………………………………………… 5－297
[光緒]續纂江寧府志十五卷首一卷
勘誤一卷 ……………………………… 5－297
[同治]續纂靖安縣志十卷首一卷 … 5－368
[同治]續纂靖安縣志十卷首一卷 … 5－368

二十二畫

聽月樓遺草二卷 ………………………… 3－466
聽花吟館詩稿五十二卷 ………………… 3－465
聽松別館印存不分卷 …………………… 3－465
聽松樓遺稾四卷附錄一卷 ……………… 3－465
聽松濤館文鈔二十八卷 ………………… 3－465
聽松濤館詩鈔十一卷 …………………… 3－465
聽松濤館詩鈔十一卷 …………………… 3－465
聽松濤館詩鈔十一卷 …………………… 3－465
聽松濤館詩鈔十一卷 …………………… 3－465
聽松濤館詩鈔十一卷 …………………… 3－465
聽松廬詩鈔十六卷 ……………………… 3－465
聽雨草閣日抄不分卷 …………………… 3－466
聽雨齋詩集二十二卷別集一卷補編
一卷 …………………………………… 3－466
聽雨齋詩集二十二卷別集一卷補編
一卷 …………………………………… 3－466
聽雨齋詩集十二卷 ……………………… 3－466
聽泉閣試帖不分卷 ……………………… 3－465
聽黃鸝館詩賦讀本不分卷 ……………… 3－465
聽黃鸝館詩賦讀本不分卷 ……………… 3－465
聽黃鸝館詩賦讀本不分卷 ……………… 3－465
聽雪軒詩鈔十二卷文鈔八卷 …………… 3－466
聽雪軒詩鈔十二卷文鈔八卷 …………… 3－466
聽蕉雨樓外集題詞一卷日記一卷 …… 3－465
聽彝訓齋剩稿三卷 ……………………… 3－466
聽彝堂試體詩選初集四卷二集四卷
………………………………………… 3－466
聽嚶軒談藝十一卷 ……………………… 3－466
聽嚶堂選四六新書廣集八卷 …………… 3－466
聽嚶堂選四六新書廣集八卷 …………… 3－466
聽鐘樓詩稿八卷 ………………………… 3－466
聽鶯居賦鈔不分卷 ……………………… 3－466
聽鸝軒詩鈔不分卷 ……………………… 3－465
蘿藦亭札記八卷 ………………………… 2－374
驚風辨證必讀書二卷 …………………… 2－215
鷗汀漁隱詩集六卷續集三卷外集一
卷 ……………………………………… 2－477
鷗汀漁隱詩集六卷續集三卷外集一
卷 ……………………………………… 2－477
鷗汀漁隱詩集六卷續集三卷外集一
卷 ……………………………………… 2－477
鷗汀漁隱詩集六卷續集三卷外集一
卷 ……………………………………… 2－477
鷗陂漁話六卷 …………………………… 2－476
鷗陂漁話六卷 …………………………… 2－476
鷗堂詩三卷 ……………………………… 2－477
鷗堂遺稿三卷 …………………………… 2－477
鷗跡集二十一卷 ………………………… 2－476
鷗跡集二十一卷 ………………………… 2－476
鷗跡集二十一卷 ………………………… 2－476
鷗跡集二十一卷 ………………………… 2－476

鷗跡集二十一卷…………………………… 2－476
鷗跡集二十一卷…………………………… 2－476
鷗跡集二十一卷…………………………… 2－476
霽岑詩集四卷……………………………… 2－134
躔離引蒙三卷 …………………………… 1－93
體用十章四卷……………………………… 3－455
體用十章四卷……………………………… 3－455
體操保身法不分卷………………………… 3－455
鑄六齋清夜鐘聲錄四卷…………………… 5－215
鑄史駢言十二卷…………………………… 5－215
鑄史駢言十二卷…………………………… 5－215
鑄史駢言十二卷…………………………… 5－215
鑄史駢言十二卷…………………………… 5－215
鑄史駢言十二卷…………………………… 5－215
鑄史駢言十二卷…………………………… 5－215
鑄錢工藝三卷圖一卷……………………… 5－215
鑑止水齋集二十卷………………………… 2－152
鑑止水齋集二十卷………………………… 2－152
鑑止水齋集二十卷………………………… 2－152
鑑止水齋集二十卷………………………… 2－152
鑑止水齋集二十卷………………………… 2－152
鑑古人儀輯略一卷………………………… 2－152
鑑古齋日記四卷…………………………… 2－152
鑑行集三十五卷…………………………… 2－152
鑑略四字書一卷新鐫鑑略釋義一卷
歷代國號歌一卷歷代羣英歌一卷
…………………………………………… 2－152
鑑誡錄十卷………………………………… 2－152
鑑誡錄十卷………………………………… 2－152
鑑綱詠略八卷……………………………… 2－152
鑑綱詠略八卷……………………………… 2－152
鑑綱詠略八卷……………………………… 2－152
鑑撮四卷…………………………………… 2－151
鑑撮四卷…………………………………… 2－151
鑑撮四卷…………………………………… 2－152
讀三國志書後一卷………………………… 1－306
讀三國志書後一卷………………………… 1－306
讀中庸私解答問不分卷敦艮齋答問
不分卷敦艮齋贈言不分卷………… 1－320
讀文不分卷………………………………… 1－317
讀未見書之樓藏一卷……………………… 1－317
讀古紀源不分卷…………………………… 1－304
讀古堂重鐫武經七書大全說約標題
彙解七卷 …………………………… 4－84
讀本不分卷………………………………… 1－302
讀左一隅不分卷…………………………… 1－320
讀左一隅不分卷…………………………… 1－320
讀左補義五十卷首一卷…………………… 1－320
讀左補義五十卷首一卷…………………… 1－320
讀左補義五十卷首一卷…………………… 1－320
讀左補義五十卷首一卷…………………… 1－320
讀左補義五十卷首一卷…………………… 1－320
讀左補義五十卷首一卷…………………… 1－320
讀左補義五十卷首一卷…………………… 1－320
讀史大略六十卷首一卷…………………… 1－307
讀史大略六十卷首一卷…………………… 1－307
讀史大略六十卷首一卷…………………… 1－307
讀史大略六十卷首一卷…………………… 1－307
讀史大略六十卷首一卷…………………… 1－307
讀史方輿紀要一百三十卷………………… 1－307
讀史方輿紀要一百三十卷………………… 1－307
讀史方輿紀要一百三十卷………………… 1－307
讀史方輿紀要一百三十卷………………… 1－307
讀史方輿紀要一百三十卷方輿全圖
總說五卷…………………………… 1－308
讀史方輿紀要一百三十卷方輿全圖
總說四卷…………………………… 1－308
讀史方輿紀要一百三十卷方輿全圖
總說四卷…………………………… 1－308
讀史方輿紀要一百三十卷方輿全圖
總說四卷…………………………… 1－308
讀史方輿紀要一百三十卷方輿全圖
總說四卷…………………………… 1－308
讀史方輿紀要一百三十卷輿圖要覽
四卷………………………………… 1－308
讀史方輿紀要一百三十卷輿圖要覽
四卷………………………………… 1－308
讀史方輿紀要一百三十卷輿圖要覽
四卷………………………………… 1－308
讀史方輿紀要一百三十卷輿圖要覽
四卷………………………………… 1－308
讀史方輿紀要一百三十卷輿圖要覽

四卷…………………………………… 1－308
讀史方輿紀要一百三十卷輿圖要覽
四卷…………………………………… 1－308
讀史方輿紀要一百三十卷輿圖要覽
四卷…………………………………… 1－308
讀史方輿紀要一百三十卷輿圖要覽
四卷…………………………………… 1－308
讀史方輿紀要一百三十卷輿圖要覽
四卷…………………………………… 1－308
讀史方輿紀要一百三十卷輿圖要覽
四卷…………………………………… 1－308
讀史方輿紀要一百三十卷輿圖要覽
四卷…………………………………… 1－309
讀史方輿紀要一百三十卷輿圖要覽
四卷…………………………………… 1－309
讀史方輿紀要一百三十卷輿圖要覽
四卷…………………………………… 1－309
讀史方輿紀要一百三十卷輿圖要覽
四卷…………………………………… 1－309
讀史方輿紀要一百三十卷輿圖要覽
四卷…………………………………… 1－309
讀史方輿紀要十卷……………………… 1－307
讀史方輿紀要十卷……………………… 1－307
讀史方輿紀要十卷……………………… 1－307
讀史方輿紀要十卷……………………… 1－307
讀史方輿紀要十卷……………………… 1－307
讀史方輿紀要十卷……………………… 1－307
讀史方輿紀要十卷……………………… 1－307
讀史方輿紀要十卷……………………… 1－307
讀史方輿紀要九卷……………………… 1－307
讀史方輿紀要不分卷…………………… 1－307
讀史方輿紀要歷代州域形勢九卷…… 1－307
讀史方輿紀要輿圖要覽四卷………… 1－309
讀史方輿紀要輿圖要覽四卷………… 1－309
讀史正氣錄十八卷……………………… 1－311
讀史正氣錄十八卷……………………… 1－311
讀史四集四卷…………………………… 1－311
讀史四集四卷…………………………… 1－311
讀史四集四卷…………………………… 1－311
讀史四集四卷…………………………… 1－311
讀史四集四卷…………………………… 1－311
讀史任子自鏡錄二十二卷首一卷…… 1－311
讀史兵略十二卷………………………… 1－306
讀史兵略四十六卷……………………… 1－306
讀史兵略四十六卷……………………… 1－306
讀史兵略四十六卷……………………… 1－306
讀史兵略四十六卷……………………… 1－306
讀史兵略四十六卷……………………… 1－306
讀史兵略四十六卷……………………… 1－306
讀史兵略四十六卷……………………… 1－306
讀史兵略四十六卷……………………… 1－306
讀史兵略續編十卷……………………… 1－306
讀史兵略續編十卷……………………… 1－306
讀史巵言二卷…………………………… 1－312
讀史糾繆十五卷………………………… 1－309
讀史紀畧四卷…………………………… 1－309
讀史記十表十卷………………………… 1－309
讀史提要錄十二卷……………………… 1－311
讀史提要錄十二卷……………………… 1－311
讀史提要錄十二卷……………………… 1－311
讀史碎金六卷…………………………… 1－311
讀史碎金六卷註八十卷………………… 1－311
讀史碎金四卷…………………………… 1－311
讀史碎金註八十卷……………………… 1－311
讀史摘批不分卷………………………… 1－311
讀史管見三十卷目錄二卷…………… 1－309
讀史漫錄十四卷………………………… 1－311
讀史漫錄十四卷………………………… 1－311
讀史隨筆一卷…………………………… 1－311
讀史論畧一卷…………………………… 1－310
讀史論畧一卷…………………………… 1－310
讀史論畧一卷…………………………… 1－310
讀史論畧一卷…………………………… 1－310
讀史論畧一卷…………………………… 1－310
讀史論畧一卷…………………………… 1－311
讀史論畧一卷…………………………… 2－151
讀史論畧一卷…………………………… 2－151
讀史論畧一卷…………………………… 2－152
讀史論畧二卷…………………………… 1－310
讀史論畧二卷…………………………… 1－310
讀史論畧增註二卷……………………… 1－311
讀史論畧增註二卷……………………… 1－311

讀史論略一卷…………………………1－310
讀史論略一卷…………………………1－310
讀史論略一卷…………………………1－310
讀史論略一卷…………………………1－310
讀史論略一卷…………………………1－310
讀史論略一卷…………………………1－310
讀史論略一卷…………………………1－310
讀史論略一卷…………………………1－310
讀史論略一卷…………………………1－310
讀史論略一卷…………………………1－310
讀史論略一卷…………………………4－465
讀史論略一卷附綱鑑總評一卷………1－310
讀史論略二卷…………………………1－310
讀史論略二卷…………………………1－310
讀史論略二卷…………………………1－310
讀史論略二卷…………………………1－310
讀史論略二卷…………………………1－310
讀史論略二卷…………………………1－310
讀史論略不分卷………………………1－310
讀史論略詳註一卷……………………1－310
讀史舉正八卷…………………………1－309
讀史簡要錄二卷………………………1－309
讀史鏡古編三十二卷…………………1－309
讀史鏡古編三十二卷…………………1－309
讀史鏡古編三十二卷…………………1－309
讀史鏡古編三十二卷…………………1－309
讀史鏡古編三十二卷…………………1－309
讀史鏡古編三十二卷…………………1－309
讀四書大全說十卷……………………1－315
讀四書叢說八卷………………………1－315
讀杜小箋三卷讀杜二箋二卷…………1－303
讀杜心解六卷首二卷…………………1－303
讀杜心解六卷首二卷…………………1－303
讀杜心解六卷首二卷…………………1－303
讀杜心解六卷首二卷…………………1－303
讀杜心解六卷首二卷…………………1－303
讀杜心解六卷首二卷…………………1－303
讀杜心解六卷首二卷…………………1－303
讀杜心解六卷首二卷…………………1－303
讀杜心解六卷首二卷…………………1－303
讀杜心解六卷首二卷…………………1－303
讀杜心解六卷首二卷…………………1－303
讀杜心解六卷首二卷…………………1－303
讀杜心解六卷首二卷…………………1－303
讀杜心解六卷首二卷…………………1－303
讀杜心解六卷首二卷…………………1－303
讀杜心解六卷首二卷…………………1－303
讀杜心解六卷首二卷…………………1－303
讀杜心解六卷首二卷…………………1－303
讀困知記三卷…………………………1－304
讀困知記三卷…………………………1－304
讀困知記三卷…………………………1－304
讀困知記三卷…………………………1－304
讀困知記三卷讀問學錄一卷…………1－304
讀近思錄一卷…………………………1－304
讀近思錄一卷…………………………1－304
讀近思錄一卷…………………………1－304
讀近思錄一卷…………………………1－304
讀近思錄一卷…………………………1－304
讀近思錄一卷…………………………1－304
讀近思錄一卷…………………………1－304
讀近思錄一卷…………………………1－304
讀宋書鈔不分卷………………………1－315
讀粥兩集指錄一卷……………………1－305
讀易大旨五卷…………………………1－320
讀易述十七卷…………………………1－320
讀易質疑八卷…………………………1－320
讀例存疑五十四卷……………………1－305
讀周易記六卷…………………………1－320
讀法圖存四卷…………………………1－303
讀法圖存四卷…………………………1－304
讀法圖存四卷…………………………1－304
讀孟子劄記二卷………………………1－305
讀孟居文集六卷………………………1－305
讀南史鈔不分卷………………………1－306
讀律一得歌四卷………………………1－305
讀律心得三卷…………………………1－305
讀律心得三卷…………………………1－305
讀律心得三卷…………………………1－305
讀風臆評不分卷………………………1－304
讀素問鈔三卷補遺一卷………………1－315
讀海外奇書室雜著一卷………………1－304

讀書引十二卷……………………………1－313
讀書引十二卷……………………………1－313
讀書引十二卷……………………………1－313
讀書引十二卷……………………………1－313
讀書引十二卷……………………………1－313
讀書作文要訣不分卷……………………1－315
讀書作文譜十二卷………………………1－314
讀書作文譜十二卷………………………1－314
讀書作文譜十二卷………………………1－314
讀書作文譜十二卷父師善誘法二卷
……………………………………………1－314
讀書作文譜十二卷父師善誘法二卷
……………………………………………1－314
讀書作文譜十二卷父師善誘法二卷
……………………………………………1－314
讀書作文譜十二卷父師善誘法二卷
……………………………………………1－314
讀書作文譜十二卷父師善誘法二卷
……………………………………………1－314
讀書作文譜十二卷父師善誘法二卷
……………………………………………1－315
讀書作文譜十二卷父師善誘法二卷
……………………………………………1－315
讀書紀數略五十四卷……………………1－312
讀書紀數略五十四卷……………………1－312
讀書紀數略五十四卷……………………1－312
讀書紀數略五十四卷……………………1－312
讀書紀數略五十四卷……………………1－312
讀書紀數略五十四卷……………………1－312
讀書紀數略五十四卷……………………1－312
讀書紀數略五十四卷……………………1－312
讀書記疑十六卷…………………………1－312
讀書堂杜工部文集註解二卷……………1－313
讀書堂杜工部文集註解二卷……………1－313
讀書堂杜工部文集註解二卷……………1－324
讀書堂杜工部文集註解二卷……………1－324
讀書堂杜工部文集註解二卷……………1－324
讀書堂杜工部文集註解二卷……………1－324
讀書堂杜工部文集註解二卷……………1－324
讀書堂杜工部文集註解二卷……………1－324
讀書堂杜工部文集註解二卷……………1－324
讀書堂杜工部詩集註解二十卷文集
註解二卷杜工部編年詩史譜目一
卷……………………………………………1－313
讀書堂杜工部詩集註解二十卷文集
註解二卷首一卷…………………………1－313
讀書堂精選古文晨書十二卷……………1－313
讀書堂綵衣全集四十六卷………………1－313
讀書敏求記四卷…………………………1－312
讀書偶筆二十卷…………………………1－312
讀書偶筆二十卷…………………………1－312
讀書偶筆二十卷…………………………1－312
讀書脞錄七卷……………………………1－312
[讀書筆記]不分卷 ……………………5－287
讀書管見一卷……………………………2－199
讀書隨筆一卷……………………………1－313
讀書隨筆十二卷…………………………1－313
讀書隨筆□□卷…………………………1－313
讀書樂趣八卷……………………………1－313
讀書樂趣八卷……………………………1－313
讀書錄十一卷續錄十二卷………………1－312
讀書錄十一卷續錄十二卷………………1－312
讀書錄十一卷續錄十二卷………………1－312
讀書錄十一卷續錄十二卷………………1－312
讀書叢錄二十四卷………………………1－312
讀書簡要一卷……………………………1－412
讀書雜志八十二卷餘編二卷……………1－313
讀書雜志八十二卷餘編二卷……………1－313
讀書雜志八十二卷餘編二卷……………1－313
讀書雜志八十二卷餘編二卷……………1－314
讀書雜志八十二卷餘編二卷……………1－314
讀書雜志八十二卷餘編二卷……………1－314
讀書雜志八十二卷餘編二卷……………1－314
讀書雜志八十二卷餘編二卷……………1－314
讀書雜志八十二卷餘編二卷……………1－314
讀書雜志八十二卷餘編二卷……………1－314
讀書雜志八十二卷餘編二卷……………1－314
讀書雜志八十二卷餘編二卷……………1－314
讀書雜志八十二卷餘編二卷……………1－314
讀書雜志八十二卷餘編二卷……………2－204
讀書雜識十二卷…………………………1－313
讀書雜釋十四卷…………………………1－313

讀書鐙一卷…………………………………1－312
讀陰符經一卷讀參同契三卷…………1－320
讀陰符經一卷讀參同契三卷…………1－320
讀通鑒論十卷末一卷附宋論五卷……1－315
讀通鑑綱目條記二十卷首一卷………1－315
讀通鑑綱目條記二十卷首一卷………1－315
讀通鑑綱目劄記二十卷………………1－315
讀通鑑綱目劄記二十卷………………1－315
讀通鑑論十六卷附宋論十五卷………1－316
讀通鑑論十六卷附宋論十五卷………1－316
讀通鑑論十六卷附宋論十五卷………1－316
讀通鑑論十六卷附宋論十五卷………1－316
讀通鑑論十六卷附宋論十五卷………1－316
讀通鑑論十六卷附宋論十五卷………1－316
讀通鑑論十六卷附宋論十五卷………1－316
讀通鑑論十六卷附宋論十五卷………1－316
讀通鑑論十六卷附宋論十五卷………1－316
讀通鑑論十六卷附宋論十五卷………1－316
讀通鑑論十六卷附宋論十五卷………1－316
讀通鑑論十卷…………………………1－316
讀通鑑論十卷末一卷附宋論五卷……1－316
讀通鑑論十卷末一卷附宋論五卷……1－316
讀通鑑論十卷末一卷附宋論五卷……1－316
讀通鑑論十卷末一卷附宋論五卷……1－316
讀通鑑論三十卷末一卷………………1－315
讀通鑑論三十卷末一卷………………1－315
讀通鑑論三十卷末一卷………………1－315
讀通鑑論三十卷末一卷………………1－315
讀通鑑論三十卷末一卷………………1－315
讀通鑑論三十卷末一卷………………1－315
讀通鑑論三十卷末一卷………………1－316
讀通鑑論三十卷末一卷………………1－316
讀雪山房唐詩三十四卷………………1－319
讀雪山房唐詩三十四卷………………1－319
讀雪山房唐詩三十四卷………………1－319
讀問學錄一卷…………………………1－317
讀問學錄一卷…………………………1－317
讀問學錄一卷…………………………1－317
讀問學錄一卷…………………………1－317
讀問學錄一卷…………………………1－317
讀書齋叢書……………………………1－304
讀畫齋叢書……………………………1－304
讀詩鈔說四卷附統論一卷……………1－306
讀詩劄記八卷附詩章句攷一卷詩樂
　存亡譜一卷詩經集傳校勘記一卷
　詩古韻表二十二部集說二卷………1－306
讀詩劄記八卷附詩章句攷一卷詩樂
　存亡譜一卷詩經集傳校勘記一卷
　詩古韻表二十二部集說二卷………1－306
讀詩辨字略三卷………………………1－306
讀詩釋物二十一卷……………………1－306
讀詩釋物二十一卷……………………1－306
讀經遺法臆略一卷……………………1－304
讀說文雜識一卷………………………1－315
讀說文雜識一卷………………………1－315
讀儀禮彙編四卷………………………1－319
讀儀禮彙編四卷………………………1－319
讀儀禮彙編四卷………………………1－319
讀儀禮彙編四卷………………………1－319
讀選二種二卷…………………………1－317
讀選樓詩稿十卷………………………1－317
讀選樓詩稿十卷………………………1－317
讀選樓詩稿十卷………………………1－317
讀選樓詩稿十卷………………………1－317
讀選樓詩稿十卷………………………1－317
讀選樓詩稿十卷………………………1－317
讀選樓詩稿十卷………………………1－317
讀選樓詩稿十卷………………………1－317
讀選樓詩稿十卷………………………1－317
讀選樓詩稿十卷………………………1－317
讀選樓詩稿十卷………………………1－317
讀選樓詩稿十卷………………………1－317
讀選樓詩稿十卷………………………1－317
讀選樓詩稿十卷………………………1－317
讀選樓詩稿十卷………………………1－317
讀選樓詩稿十卷………………………1－318
讀選樓詩稿十卷………………………1－318
讀選樓詩稿十卷………………………1－318
讀選樓詩稿十卷………………………1－318
讀選樓詩稿十卷………………………1－318
讀選樓詩稿十卷………………………1－318
讀選樓詩稿十卷………………………1－318

讀選樓詩稿十卷…………………………1－318
讀選樓詩稿十卷…………………………1－318
讀選樓詩稿十卷…………………………1－318
讀選樓詩稿十卷…………………………1－318
讀選樓詩稿十卷…………………………1－318
讀選樓詩稿十卷…………………………1－318
讀選樓詩稿十卷…………………………1－318
讀選樓詩稿十卷…………………………1－318
讀選樓詩稿十卷…………………………1－318
讀選樓詩稿十卷…………………………1－318
讀選樓詩稿十卷…………………………1－318
讀選樓詩稿十卷…………………………1－318
讀選樓詩稿十卷…………………………1－318
讀選樓詩稿十卷…………………………1－318
讀選樓詩稿十卷…………………………1－318
讀選樓詩稿十卷…………………………1－318
讀選樓詩稿十卷…………………………1－319
讀選樓詩稿十卷…………………………1－319
讀選樓詩稿十卷…………………………1－319
讀選樓詩稿十卷…………………………1－319
讀選樓詩稿十卷…………………………1－319
讀選樓詩稿十卷…………………………1－319
讀選樓詩稿十卷…………………………1－319
讀選樓詩稿十卷…………………………1－319
讀選樓詩稿十卷…………………………1－319
讀選樓詩稿十卷…………………………1－319
讀選樓詩稿十卷…………………………1－319
讀選樓詩稿十卷…………………………1－319
讀選樓詩稿十卷…………………………1－319
讀選樓詩稿十卷…………………………1－319
讀選樓詩稿十卷…………………………1－319
讀選樓詩稿十卷…………………………1－319
讀禮條考二十卷…………………………1－304
讀禮條考二十卷…………………………1－304
讀禮條考二十卷…………………………1－304
讀禮條考二十卷…………………………1－305
讀禮條考二十卷…………………………1－305
讀禮條考二十卷…………………………1－305
讀禮條考二十卷…………………………1－305
讀禮條考二十卷…………………………2－175
讀禮條考二十卷…………………………2－178
讀禮條考二十卷…………………………2－195
讀禮通考一百二十卷……………………1－305
讀禮通考一百二十卷……………………1－305
讀禮通考一百二十卷……………………1－305
讀禮通考一百二十卷……………………1－305
讀禮通考一百二十卷……………………1－305
讀禮通考一百二十卷……………………1－305
讀禮通考一百二十卷……………………1－305
讀禮通考一百二十卷……………………1－305
讀禮通考一百二十卷……………………1－305
讀織錦回文法不分卷……………………1－320
讀讀書錄二卷……………………………1－302
讀讀書錄二卷……………………………1－302
讀讀書錄二卷……………………………1－302
讀讀書錄二卷……………………………1－302
讀讀書錄二卷……………………………1－303
讀讀書錄二卷……………………………1－303
鷗言内篇一卷外篇一卷雜錄一卷 ……5－97
龔大興方書不分卷………………………1－409
龔安節公野古集三卷……………………1－409
龔安節公野古集三卷附錄一卷…………1－409
竊憤南渡錄一卷南渡錄大畧一卷 ……3－39
孿史四十八卷……………………………2－363

二十三畫

驗方集要一卷……………………………4－270
驗方集要一卷……………………………4－270
驗方集要一卷……………………………4－270
驗方集要一卷……………………………4－270
驗方集要一卷……………………………4－270
驗方集要一卷……………………………4－270
驗方集要一卷……………………………4－270
驗方集要一卷……………………………4－270
驗方新編二十四卷………………………4－270
驗方新編十八卷…………………………4－270
驗方新編十八卷…………………………4－270
驗方新編十八卷…………………………4－270
驗方新編十八卷…………………………4－271
驗方新編十八卷…………………………4－271
驗方新編十八卷…………………………4－271

驗方新編十八卷…………………… 4－271
驗方新編十八卷…………………… 4－271
驗方新編十六卷…………………… 4－271
驗方新編十六卷…………………… 4－271
驗方新編十六卷…………………… 4－271
驗方新編十六卷…………………… 4－271
驗方新編十六卷…………………… 4－271
驗方新編十六卷…………………… 4－271
驗方新編十六卷…………………… 4－271
驗方新編十六卷…………………… 4－271
驗方新編十六卷…………………… 4－271
驗方新編十六卷…………………… 4－271
驗方新編十六卷…………………… 4－271
驗方新編十六卷…………………… 4－271
驗方新編十六卷…………………… 4－271
驗方新編十六卷…………………… 4－271
驗方新編十六卷…………………… 4－271
驗方新編十六卷…………………… 4－271
驗方新編十六卷…………………… 4－271
驗方新編十六卷…………………… 4－271
驗方新編十六卷…………………… 4－272
驗方新編十六卷…………………… 4－272
驗方新編十六卷…………………… 4－272
驗方新編十六卷…………………… 4－272
驗方新編八卷……………………… 4－270
驗方新編補遺一卷………………… 4－270
驗方續編二卷……………………… 4－272
顯考仙屏府君[許振禕]行述一卷 … 4－115
顯考仙屏府君[許振禕]行述一卷 … 4－115
顯考仙屏府君[許振禕]行述一卷 … 4－115
顯考仙屏府君[許振禕]行述一卷 … 4－115
顯考仙屏府君[許振禕]行述一卷 … 4－115
顯考仙屏府君[許振禕]行述一卷 … 4－115
顯考仙屏府君[許振禕]行述一卷 … 4－115
顯考仙屏府君[許振禕]行述一卷 … 4－115
顯考仙屏府君[許振禕]行述一卷 … 4－115
顯考仙屏府君[許振禕]行述一卷 … 4－115
顯考仙屏府君[許振禕]行述一卷 … 4－115
顯考仙屏府君[許振禕]行述一卷 … 4－116
顯考仙屏府君[許振禕]行述一卷 … 4－116
顯考仙屏府君[許振禕]行述一卷 … 5－398
顯志堂稿十二卷…………………… 4－116
顯志堂稿十二卷…………………… 4－116
顯志堂稿十二卷…………………… 4－116
顯志堂稿十二卷…………………… 4－116
顯密圓通成佛心要集二卷………… 4－116
顯密圓通成佛心要集二卷………… 4－116
鷦史擷餘二卷……………………… 2－166
癯樵詩鈔六卷首一卷 …………… 3－58
癯樵詩鈔續本二卷 ……………… 3－58
麟石文鈔一卷……………………… 2－339
麟臺故事五卷……………………… 2－335
麟臺故事五卷……………………… 2－335
蠲卹不分卷………………………… 2－235
灜經堂詳校醫宗必讀十卷………… 4－384
纔然曉得二卷 …………………… 1－68
纔然曉得二卷 …………………… 1－68
纔然曉得二卷 …………………… 1－68
纔然曉得二卷 …………………… 1－68
纔然曉得二卷 …………………… 1－68
纔然曉得二卷 …………………… 1－68
纔然曉得二卷 …………………… 1－68
纔然曉得二卷 …………………… 1－68
欒城先生全集錄六卷……………… 2－363
欒城集五十卷後集二十四卷三集十
　卷應詔集十二卷………………… 2－363
欒城集五十卷後集二十四卷三集十
　卷應詔集十二卷………………… 2－363
欒城集四十八卷後集二十四卷三集
　十卷應詔集十二卷……………… 2－363
欒城集四十八卷後集二十四卷三集
　十卷應詔集十二卷……………… 2－363
變法平議一卷 …………………… 1－57
變法平議一卷 …………………… 1－57
[變法奏議彙編]不分卷 ………… 5－275
變雅堂文集四卷詩集十卷附錄一卷
　…………………………………… 1－57
變雅堂文集四卷詩集十卷附錄一卷
　…………………………………… 1－57

二十四畫

觀古堂所著書……………………… 1－458

觀古堂書目叢刻…………………………1－458
觀古堂彙刻書…………………………1－458
觀古閣詩鈔八卷………………………1－458
觀古閣叢刻……………………………1－458
觀古閣叢刻……………………………1－458
觀古閣叢刻……………………………1－458
觀古閣叢稿三編二卷…………………1－458
觀自得齋叢書…………………………1－459
觀我生齋詩集十卷……………………1－458
觀其所由不分卷………………………1－458
觀易外編六卷…………………………1－459
觀易外編六卷…………………………1－459
觀易外編六卷…………………………1－459
觀物博異八卷…………………………1－459
觀音大士戒溺女訓不分卷……………1－459
觀音濟渡本願真經二卷………………1－459
觀象玩占五十卷………………………1－459
觀象玩占五十卷………………………1－459
觀象居詩鈔二卷………………………1－459
觀畫絕珠不分卷………………………1－458
觀劇絕句三卷…………………………1－458
［觀摩吟社律賦選評］一卷　………5－289
觀穫堂文集一卷………………………1－458
蠹齋先生鉛刀編三十二卷拾遺詩一
　卷目錄二卷…………………………1－326
鹽法議略一卷…………………………4－266
鹽法議略二卷…………………………4－266
［光緒］鹽城縣志十七卷首一卷　……5－297
鹽釐章程不分卷………………………4－266
鹽鐵論十二卷…………………………4－266
鹽鐵論十二卷…………………………4－266
鹽鐵論十二卷…………………………4－266
鹽鐵論十卷……………………………4－266
鹽鐵論十卷……………………………4－266
鹽鐵論十卷……………………………4－266
鹽鐵論十卷……………………………4－267
鹽鐵論十卷……………………………4－267
釀春閣詩草八卷………………………2－462
釀春閣詩草八卷………………………2－462
釀齋訓蒙雜編…………………………2－462
釀齋訓蒙雜編…………………………2－462
靈山遺愛錄四卷首一卷………………2－336
靈芬館集………………………………2－336
靈芬館詞………………………………2－335
靈芬館詞………………………………2－335
靈芬館詞………………………………2－335
靈芬館詞………………………………2－335
靈言蠡勺二卷…………………………2－336
靈官經一卷……………………………2－336
靈飛經一卷……………………………2－335
靈素集注節要十二卷…………………2－336
靈素集注節要十二卷…………………2－336
靈素集注節要十二卷…………………2－336
靈素集注節要十二卷…………………2－336
靈華館叢稿五卷神異經輯校一卷……2－336
靈峰蕅益大師選定淨土十要十卷……2－336
靈峰蕅益大師選定淨土十要十卷……2－336
靈棋經一卷……………………………2－336
靈棋經一卷……………………………2－336
靈棋經一卷……………………………2－336
靈棋經一卷……………………………2－336
靈棋經二卷……………………………2－336
靈臺秘苑十五卷………………………2－336
［康熙］靈壽縣志十卷末一卷　………5－328
靈隱子六卷……………………………2－337
靈檀碎金六十八卷附錄一卷…………2－336
靈嶽山房重訂四書淺說十三卷………2－337
［乾隆］靈璧縣志略四卷首一卷附河
　防錄一卷河渠原委三卷……………5－335
靈寶大師鍊度科一卷…………………2－335
靈寶正教上臺賑孤科文一卷…………2－335
靈寶畢法三卷…………………………2－335
靈寶牒劄一卷…………………………2－335
靈鶼閣叢書……………………………2－336
靈鶼閣叢書……………………………2－336
靈巖山人詩集四十卷…………………2－337
靈巖山人詩集四十卷…………………2－337
蠶尾集十卷　…………………………1－77
蠶尾集十卷續集二卷後集二卷　……1－77
蠶桑述要不分卷　……………………1－76
蠶桑述要不分卷　……………………1－76
蠶桑述要不分卷　……………………1－76

蠶桑事宜一卷 …………………………… 1－76
蠶桑萃編十五卷首一卷 ………………… 1－75
蠶桑淺說一卷 …………………………… 1－76
蠶桑備要一卷 …………………………… 1－75
蠶桑會粹 ………………………………… 1－75
蠶桑會粹 ………………………………… 1－75
蠶桑會粹 ………………………………… 1－75
蠶桑說一卷 ……………………………… 1－76
蠶桑說一卷……………………………… 1－469
蠶桑實濟六卷 …………………………… 1－76
蠶桑實濟六卷 …………………………… 1－76
蠶桑實濟六卷 …………………………… 1－76
蠶桑輯要一卷 …………………………… 1－76
蠶桑輯要一卷 …………………………… 1－76
蠶桑輯要一卷 …………………………… 1－76
蠶桑輯要一卷 …………………………… 1－76
蠶桑輯要一卷 …………………………… 1－76
蠶桑輯要不分卷 ………………………… 1－75
蠶桑輯要不分卷 ………………………… 1－75
蠶桑輯要不分卷 ………………………… 1－75
蠶桑輯要不分卷 ………………………… 1－75
蠶桑輯要合編一卷 ……………………… 1－75
蠶桑輯要畧編一卷 ……………………… 1－75
蠶桑輯要畧編一卷 ……………………… 1－76
蠶桑輯要畧編一卷 ……………………… 1－76
蠶桑輯要畧編一卷 ……………………… 1－76
蠶桑輯要畧編一卷 ……………………… 1－76
蠶桑輯要畧編一卷 ……………………… 1－76
蠶桑輯要畧編一卷 ……………………… 1－76
蠶桑輯要畧編一卷 ……………………… 1－76
蠶桑簡法二卷 …………………………… 1－76
矚所宜改活板說不分卷………………… 2－111
籬隱園刪存詩七卷……………………… 2－265
鶂花岡詩集八卷………………………… 4－231
[康熙]衢州府志四十卷首一卷 …… 5－328
[康熙]衢州府志四十卷首一卷 …… 5－328
[康熙]衢州府志四十卷首一卷 …… 5－328
鱣堂介祉錄一卷………………………… 3－116
鱣堂介祉錄一卷………………………… 3－116
[道光]贛州府志七十八卷首一卷 … 5－279
[同治]贛州府志七十八卷首一卷 … 5－356
[同治]贛州府志七十八卷首一卷 … 5－356
[同治]贛州府志七十八卷首一卷 … 5－356
[同治]贛州府志七十八卷首一卷 … 5－356
[同治]贛州府志七十八卷首一卷 … 5－356
[乾隆]贛州府志四十四卷首一卷 … 5－333
[乾隆]贛州府志四十四卷首一卷 … 5－333
贛州府學堂讀書錄初編二卷………… 1－389
贛州府學堂讀書錄初編二卷………… 1－389
贛州府學堂讀書錄初編二卷………… 1－389
贛州府學堂讀書錄初編二卷………… 1－389
贛州府學堂讀書錄初編二卷………… 1－390
贛州府學堂讀書錄初編二卷………… 2－452
[贛省臨清三皇宫記]一卷 ………… 5－288
[同治]贛縣志五十四卷首一卷 …… 1－206
[同治]贛縣志五十四卷首一卷 …… 5－356
[同治]贛縣志五十四卷首一卷 …… 5－356
贛關稅則例照錄一卷………………… 1－389

二十五畫

顱顖經二卷…………………………… 2－357
顱顖經秘訣一卷小兒推擦法氣色圖
　一卷秘傳痘疹科一卷……………… 2－357

二十六畫

灤陽消夏錄十二卷…………………… 2－364
灤陽續錄六卷………………………… 2－364

二十七畫

蠡音一卷……………………………… 2－171
鱷渚廻瀾記八卷……………………… 1－333

二十九畫

驪珠百篇不分卷……………………… 2－265
鬱華閣遺集四卷………………………… 5－1
鬱華閣遺集四卷………………………… 5－1

三十畫

鸞諭不分卷…………………………………… 2－364

三十二畫

籲請崇祀一卷………………………………… 5－1

其他

□劫要訣不分卷……………………………… 5－390
□折□總簿不分卷（清宣統二年至民國四年）…………………………………… 5－390
□珍詩韻集成□□卷………………………… 5－390
□□存號來往總録不分卷（清光緒九年至十一年）………………………………… 5－390
□□便覽不分卷……………………………… 5－390
□□通書三卷………………………………… 5－390
□□通書不分卷……………………………… 5－390